2018
(总第24卷)

自贡年鉴

ZIGONG YEARBOOK

《自贡年鉴》编辑委员会 编

方志出版社
Publishing House of Local Records

图书在版编目（CIP）数据

自贡年鉴. 2018 / 自贡市地方志办公室编. —北京：方志出版社，2018.9

ISBN 978-7-5144-3271-8

Ⅰ. ①自… Ⅱ. ①自… Ⅲ. ①自贡-2018-年鉴
Ⅳ. ①Z527.13

中国版本图书馆 CIP 数据核字（2018）第 214418 号

自贡年鉴（2018）

编　　者：自贡市地方志办公室

责任编辑：罗　滔

出 版 人：冀祥德

出 版 者：方志出版社

地址　北京市朝阳区潘家园东里 9 号（国家方志馆 4 层）

邮编　100021

网址　http://www. fzph.org

发　　行：方志出版社发行中心

电话（010）67110500

经　　销：各地新华书店

印　　刷：成都勤德印务有限公司

开　　本：889×1194　　1/16

印　　张：34

字　　数：1033 千字

版　　次：2018 年 9 月第 1 版　　2018 年 9 月第 1 次印刷

印　　数：0001~1000 册

ISBN 978-7-5144-3271-8　　定价：218. 00 元

《自贡年鉴》编纂委员会

顾　　问： 李　刚　何树平　谭　豹　游开余

主　　任： 王　猛

副 主 任： 熊开来　黄雪智　徐玉华　方　矛　白　路　万　一
陈思禄

成　　员： 陈金洪　陈　巍　李雍麟　魏家骏　龚焕楷　徐明远
周　耘　杨洪春　张　序　卢春艳　杨万山　黄如贝
陈　刚　黄　麟　刘晓彬　黄晓燕　陈晏平　王　平
黎　明　张　琼　詹志君　蒙永红　每桂英　加晓昕
胡　立　张　蕾　刘纯忠　龚弟霞　陈　明

主　　编： 王　猛

执行主编： 陈思禄

副 主 编： 詹志君　蒙永红

责任编辑： 刘　刚　谢登高

编　　辑： 钱　力　周晓娟　陈添媛　雷　雨　王　燕　王　利
曾　新　郭泽鲁　陈远明　李国权　缪　勇　崔岩峰

编辑说明

一、《自贡年鉴》以马克思列宁主义、毛泽东思想、邓小平理论、“三个代表”重要思想、科学发展观、习近平新时代中国特色社会主义思想为指导，坚持辩证唯物主义和历史唯物主义的立场、观点和方法，记述内容包括自然、政治、经济、文化、社会、生态等方面的发展全貌。

二、《自贡年鉴》立足客观记述史实、反映市情，为党政领导机关和各部门、各单位决策提供依据；为各级、各部门、各单位开展爱国主义和社会主义教育提供教材；为续编志书和研究地方发展历史提供翔实可靠的资料。

三、《自贡年鉴》采用分类编纂法，由类目、分目、条目组成，条目为记述主体。《自贡年鉴（2018）》设特载、专文、市情概览、大事记、市委、人大、政府、政协、纪检监察、民主党派·工商联、群众团体、法治、军事、环境保护、国土资源管理、城乡建设和管理、交通运输、水务、邮政·信息化、综合经济管理、工业、农业、商贸、对外贸易与经济合作、旅游、财政·税务、金融、科技与知识产权、教育·体育、文化、卫生·计生、人力资源和社会保障、民政·居民生活、民族·宗教、区县概况、人物·荣誉、附录及建设成就图照等类目，反映2017年各方面的主要情况。

四、《自贡年鉴》中的“特载”主要刊载市委、市人大、市政府、市政协的重要报告；专文围绕全面深化改革、脱贫攻坚、“三创联动”工作、环境污染防治“三大战役”、招商引资、重大项目建设等工作开展专题记述；“市情概览”概略介绍自贡地理位置、建置沿革、地形地貌、政区、人口、自然资源、气候、经济社会发展等情况；“大事记”为2017年度各方面的大事纪要，以日期为序；“人物·荣誉”主要刊载国家、省、市表彰的先进人物与集体或授予的荣誉称号、劳动模范、道德模范及组织机构主要负责人；“附录”主要刊载2017年度市委、市政府的重要文件目录及文件选辑等；彩版主要刊载建设成就等方面的图照。

五、《自贡年鉴》条目中的数据由有关业务主管部门、区县提供；与统计资料不一致的，以市统计局的统计资料为准。标点符号、数字、计量单位的使用遵循国家有关标准。

目　录

特　载

全面深入贯彻落实党的十九大精神　开创振兴发展新局面　加快建设城乡一体繁荣幸福新自贡 …… 1
自贡市人民代表大会常务委员会工作报告 …… 11
政府工作报告 …… 18
中国人民政治协商会议自贡市第十五届委员会常务委员会工作报告 …… 29
中国共产党自贡市委员会2018年工作要点 …… 34
2017年自贡市十大新闻 …… 39

专　文

2017年全面深化改革综述 …… 41
2017年脱贫攻坚纪实 …… 43
2017年“三创联动”工作综述 …… 46
2017年环境污染防治“三大战役”推进纪实 …… 47
2017年招商引资工作纪实 …… 49
2017年重大项目建设工作综述 …… 52

市情概览

建置区划 …… 54
地理位置 …… 54
建置沿革 …… 54
行政区划 …… 54
人　口 …… 54
人口数量与分布 …… 54
人口构成 …… 55
人口变动 …… 55
自然环境与资源 …… 55
地形地貌 …… 55
土地资源 …… 55
矿产资源 …… 55
水资源 …… 55
野生动物资源 …… 56
植物资源 …… 56
气　候 …… 56
概况 …… 56
气温 …… 56
降水 …… 56
日照 …… 57
典型暖冬 …… 57
强降温 …… 57
冬干 …… 57
春旱 …… 57
夏旱 …… 57
伏旱 …… 57
高温热浪 …… 57
“5·3”大风 …… 58
“5·9”冰雹 …… 58
“7·16”雷雨大风 …… 58
“7·6”区域性大暴雨 …… 58
“7·18”局地暴雨 …… 58
“7·19”部分地方暴雨 …… 58
“8·8”区域性暴雨 …… 58
“8·24—26”局部暴雨 …… 58
“8·29”局部暴雨 …… 58

春季连阴雨 …… 58
秋绵雨 …… 59
经济社会发展 …… 59
概况 …… 59
农业 …… 59
工业和建筑业 …… 59
固定资产投资 …… 60
国内外贸易 …… 60
交通和邮电 …… 61
财政和金融 …… 61
教育和科技 …… 62
文化　卫生　体育 …… 62
环境保护和安全生产 …… 62
人民生活和社会保障 …… 62
物价 …… 63

大事记

1 月 …… 64
2 月 …… 66
3 月 …… 69
4 月 …… 72
5 月 …… 74
6 月 …… 78
7 月 …… 80
8 月 …… 83
9 月 …… 86
10 月 …… 88
11 月 …… 90
12 月 …… 95

市　委

重大决策 …… 99
十二届常委会第 8 次会议 …… 99
十二届常委会第 9 次（扩大）会议 …… 99
十二届常委会第 10 次（扩大）会议 …… 100
十二届常委会第 16 次（扩大）会议 …… 100
十二届常委会第 17 次（扩大）会议 …… 101
十二届常委会第 19 次（扩大）会议 …… 102
十二届常委会第 24 次（扩大）会议 …… 102
十二届常委会第 25 次会议 …… 103
十二届常委会第 27 次会议 …… 103
十二届常委会第 29 次（扩大）会议 …… 104
十二届常委会第 30 次（扩大）会议 …… 104
十二届常委会第 33 次会议 …… 105
十二届常委会第 38 次（扩大）会议 …… 105
十二届常委会第 39 次会议 …… 106
十二届常委会第 40 次（扩大）会议 …… 106
十二届常委会第 43 次（扩大）会议 …… 107
十二届常委会第 44 次（扩大）会议 …… 107
十二届常委会第 46 次（扩大）会议 …… 109
重大活动 …… 110
自贡灯会全球推介活动在北京举行 …… 110
黄新初一行到自贡调研 …… 110
卡雷尔·史诺一行到自贡考察 …… 110
张茅一行到自贡调研 …… 110
李登菊到自贡调研督导 …… 110
甘霖一行到自贡调研 …… 110
全国部分基层党组织党建标准化宣传贯彻推进会在自贡召开 …… 110
王东明到自贡调研 …… 110
陈文华一行到自贡调研 …… 111
杨洪波到自贡调研 …… 111
邓勇一行到自贡调研督导 …… 111
米洛斯拉夫·斯达谢克一行到自贡考察 …… 111
刘晓峰一行到自贡调研 …… 111
韩启德一行到自贡调研 …… 111
邓小刚一行到自贡调研 …… 111
尹力到自贡调研 …… 111
彭宇行一行到自贡调研 …… 111
重要会议 …… 112
市委十二届二次全体会议 …… 112
市委十二届三次全体会议 …… 112
市委十二届四次全体会议 …… 112
市委十二届五次全体会议 …… 112
中国共产党自贡市代表会议 …… 112
市委办公室工作 …… 112
公文管理 …… 112

服务常委会工作 …… 113
参谋协调作用发挥 …… 113
重大会议活动服务 …… 113
依法治市工作 …… 113
应急值班管理 …… 113
目标管理 …… 113
督查督办工作 …… 113
后勤保障 …… 114
对台工作 …… 114
反邪教工作 …… 114
组织队伍建设 …… 114
组织工作 …… 114
概况 …… 114
“两学一做”学习教育 …… 114
党的建设制度改革 …… 115
干部队伍结构优化 …… 115
干部能力素质建设 …… 115
干部监督管理 …… 116
“第一书记”选派工作 …… 116
基层党组织建设 …… 116
党员队伍建设 …… 116
党建示范创建 …… 117
人才强市战略实施 …… 117
校地合作 …… 117
人才服务环境构建 …… 118
宣传工作 …… 118
中心组学习 …… 118
理论宣讲 …… 118
新闻宣传 …… 118
对外宣传 …… 118
媒体融合发展 …… 118
网络宣传 …… 119
思想政治教育 …… 119
先进典型教育 …… 119
社会主义核心价值观教育 …… 119
爱国主义教育 …… 119
文化乐民惠民工程 …… 119
文艺创作及推广 …… 119
盐都文化传承 …… 119
文化产业发展 …… 119
文化改革创新 …… 119
首批全市优秀宣传文化人才评选 …… 120
公民思想道德建设 …… 120
文明细胞创建 …… 120
志愿服务活动 …… 120
未成年人思想道德建设 …… 120
统战工作 …… 120
思想建设 …… 120
助推发展 …… 120
党外代表人士队伍建设 …… 121
自身建设 …… 121
党外人士座谈会 …… 121
“新盐商”新春座谈会 …… 121
曲凤宏一行到自贡调研 …… 122
市民宗局与市委统战部合署办公 …… 122
宋海一行到自贡调研 …… 122
自贡市新的社会阶层人士联谊会成立 …… 122
政策研究 …… 122
文稿服务 …… 122
课题调研 …… 122
期刊建设 …… 122
决策机制建设 …… 122
群众和信访工作 …… 123
概况 …… 123
基础业务 …… 123
非接待场所上访处置 …… 123
中央环保督察期间信访工作 …… 123
信访积案难案化解 …… 123
信访工作责任机制 …… 123
机构编制工作 …… 124
服务中心工作 …… 124
行政体制改革 …… 124
事业单位改革 …… 124
机构编制管理 …… 124
机构编制调研 …… 124
老干部工作 …… 124
政治思想和党组织建设 …… 124
老干部服务平台搭建 …… 125
离退休干部待遇落实 …… 125
保密工作 …… 125
工作布署 …… 125
宣传教育 …… 125

机要密码管理 …………………………………… 125
国家教育考试保密管理 ………………………… 125
保密专项检查 …………………………………… 125
基础能力建设 …………………………………… 126
党史工作 ……………………………………… 126
工作部署 ………………………………………… 126
著作编撰 ………………………………………… 126
载体建设 ………………………………………… 126
资政服务 ………………………………………… 126
党史宣传 ………………………………………… 126
队伍建设 ………………………………………… 126
党校工作 ……………………………………… 126
概况 ……………………………………………… 126
举办培训班 ……………………………………… 126
教学工作 ………………………………………… 127
时政宣讲及课题研究 …………………………… 127
业务指导 ………………………………………… 127
接待工作 ……………………………………… 127
概况 ……………………………………………… 127
中国·自贡灯会全球推介活动接待 ……… 127
第23届自贡国际恐龙灯会开幕式接待 … 127
张茅到自贡调研接待 …………………………… 127
曲风宏到自贡调研接待 ………………………… 127
全国部分基层党组织党建标准化宣传贯彻推进会接待 ………………………………… 127
王东明到自贡调研接待 ………………………… 127
省环保督察组到自贡督察工作接待 ……… 127
宋海到自贡调研接待 …………………………… 128
杨伟民到自贡专题辅导接待 ………………… 128
柳斌杰到自贡检查接待 ………………………… 128
刘晓峰到自贡调研接待 ………………………… 128
中央第五环保督察组第二组到自贡督察接待 ………………………………………… 128
韩启德到自贡考察接待 ………………………… 128
邓小刚到自贡调研接待 ………………………… 128
尹力到自贡调研接待 …………………………… 128
首届国际盐产业博览会暨井盐文化节接待 ………………………………………… 128

人　大

代表大会 ……………………………………… 129
市十七届人大二次会议 ………………………… 129
常委会会议 …………………………………… 129
市十七届人大常委会第二次会议 ………… 129
市十七届人大常委会第三次会议 ………… 129
市十七届人大常委会第四次会议 ………… 129
市十七届人大常委会第五次会议 ………… 129
市十七届人大常委会第六次会议 ………… 130
市十七届人大常委会第七次会议 ………… 130
市十七届人大常委会第八次会议 ………… 130
市十七届人大常委会第九次会议 ………… 130
市十七届人大常委会第十次会议 ………… 130
市十七届人大常委会第十一次会议 ……… 130
主任会议 ……………………………………… 131
市十七届人大常委会第2次主任会议 …… 131
市十七届人大常委会第3次主任会议 …… 131
市十七届人大常委会第4次主任会议 …… 131
市十七届人大常委会第5次主任会议 …… 132
市十七届人大常委会第6次主任会议 …… 132
市十七届人大常委会第7次主任会议 …… 132
市十七届人大常委会第8次主任会议 …… 132
市十七届人大常委会第9次主任会议 …… 132
市十七届人大常委会第10次主任会议 … 132
市十七届人大常委会第11次主任会议 … 132
市十七届人大常委会第12次主任会议 … 133
市十七届人大常委会第13次主任会议 … 133
市十七届人大常委会第14次主任会议 … 133
市十七届人大常委会第15次主任会议 … 133
市十七届人大常委会第16次主任会议 … 133
市十七届人大常委会第17次主任会议 … 133
市十七届人大常委会第18次主任会议 … 133
市十七届人大常委会第19次主任会议 … 133
市十七届人大常委会第20次主任会议 … 134
市十七届人大常委会第21次主任会议 … 134
市十七届人大常委会第22次主任会议 … 134
常委会主要工作 ……………………………… 134
概况 ……………………………………………… 134

地方立法工作 …………………………… 134
《自贡市物业管理条例》颁布施行 ……… 135
依法决定重大事项 ……………………… 135
工作监督 ………………………………… 135
法律监督 ………………………………… 135
为民履职 ………………………………… 135
代表工作 ………………………………… 136
人大代表议案和建议办理 ……………… 136
人大自身建设 …………………………… 136

政 府

重大决策 ………………………………… 137
市第十七届人民政府第3次常务会议 …… 137
市第十七届人民政府第4次常务会议 …… 137
市第十七届人民政府第5次常务会议 …… 137
市第十七届人民政府第6次常务会议 …… 137
市第十七届人民政府第7次常务会议 …… 137
市第十七届人民政府第8次常务会议 …… 138
市第十七届人民政府第9次常务会议 …… 138
市第十七届人民政府第10次常务会议 … 138
市第十七届人民政府第11次常务会议 … 138
市第十七届人民政府第12次常务会议 … 138
市第十七届人民政府第13次常务会议 … 138
市第十七届人民政府第14次常务会议 … 138
市第十七届人民政府第15次常务会议 … 139
市第十七届人民政府第16次常务会议 … 139
市第十七届人民政府第17次常务会议 … 139
市第十七届人民政府第18次常务会议 … 140
市第十七届人民政府第19次常务会议 … 140
市第十七届人民政府第20次常务会议 … 140
市第十七届人民政府第21次常务会议 … 140
市第十七届人民政府第22次常务会议 … 140
市第十七届人民政府第23次常务会议 … 140
市第十七届人民政府第24次常务会议 … 141
市第十七届人民政府第25次常务会议 … 141
市第十七届人民政府第26次常务会议 … 141
市第十七届人民政府第27次常务会议 … 141
重大活动 ………………………………… 142
第一季度项目集中开工仪式 …………… 142
第七届“携手灯城·龙聚盐都”招商推介会 ………………………………………… 142
市政府与四川发展（控股）有限责任公司签订战略合作协议 ……………………… 142
金融支持自贡建设全国老工业城市转型升级示范区签约仪式 …………………… 142
中央第五环境保护督察组到市开展下沉督察 ………………………………………… 142
四川省重大产业项目（自贡分会场）集中开工仪式 ……………………………… 142
自贡农村商业银行股份有限公司开业 …… 142
自贡恐龙国际马拉松赛举行 …………… 142
成宜高速公路荣县段开工 ……………… 142
市政府与省食品药品监督管理局签署合作备忘录 ………………………………… 142
自贡凤鸣通用机场取得使用许可证 ……… 142
重要会议 ………………………………… 143
全市对外开放工作会 …………………… 143
军民融合共促航空与新材料产业发展大会 ………………………………………… 143
全市科学技术奖励大会 ………………… 143
自贡市中央环保督查发现问题整改工作推进会 ……………………………………… 143
中捷D6通用飞机项目对接会在自贡召开 ………………………………………… 143
自贡·香港投资推介会 ………………… 143
四川省创建AAAA级旅游景区景观资源与景观质量评审会在自贡召开 …………… 143
市政府办公室工作 ……………………… 143
文会办理 ………………………………… 143
督查督办工作 …………………………… 144
政府信息公开工作 ……………………… 144
电子政务建设 …………………………… 144
调研工作 ………………………………… 144
应急管理 ………………………………… 144
机关事务管理 …………………………… 144
外事工作 ………………………………… 144
因公出国（境）管理 …………………… 144
服务国家及省对外交流活动 …………… 145
全市对外开放助推服务 ………………… 145
友好城市交流合作 ……………………… 145

侨务工作 …… 145
侨务惠民活动 …… 145
侨务政策落实 …… 146
侨务资源涵养 …… 146
经济建设助推服务 …… 146
气象工作 …… 146
防灾减灾气象服务 …… 146
重大活动和项目气象服务 …… 146
生态文明气象保障服务 …… 146
“三农”气象服务 …… 146
综合气象观测能力建设 …… 146
预报预警能力建设 …… 146
气象科技创新 …… 146
防雷减灾体制改革 …… 147
气象业务与管理体制改革 …… 147
年度荣誉 …… 147
防震减灾工作 …… 147
工作机制 …… 147
台站建设 …… 147
地震监测预报 …… 147
宣传教育 …… 148
震害防御 …… 148
地震应急救援 …… 148

政　协

常委会议 …… 149
十五届二次常委会议 …… 149
十五届三次常委会议 …… 149
十五届四次常委会议 …… 149
十五届五次常委会议 …… 149
主席会议 …… 149
十五届三次主席会议 …… 149
十五届四次主席会议 …… 150
十五届五次主席会议 …… 150
十五届六次主席会议 …… 150
十五届七次主席会议 …… 150
十五届八次主席会议 …… 150
十五届九次主席会议 …… 150
十五届十次主席会议 …… 150
十五届十一次主席会议 …… 150
十五届十二次主席会议 …… 150
主要工作 …… 150
提案工作 …… 150
政治协商 …… 151
调研工作 …… 151
视察工作 …… 151
民主评议工作 …… 151
反映社情民意 …… 151
文史工作 …… 151
重大活动 …… 152
市外代表团到自贡参观考察 …… 152
陈文华到自贡调研 …… 152
刘晓峰到自贡调研 …… 152
高烽到自贡调研 …… 152
川南片区政协通讯员培训会在自贡举行 …… 152
参加全国11省（区）27城市政协横向联系会第36次会议 …… 152
市政协釜溪河流域综合治理资政会 …… 152
期刊编辑 …… 152

纪检监察

概　述 …… 153
重要会议和活动 …… 153
全市党风廉政建设责任制领导小组2017年第一次会议 …… 153
市十二届纪委二次全体会议 …… 153
“四风”专项督查 …… 153
第16期《盐都问政》开播 …… 153
苑坚一行到自贡调研 …… 154
邓波一行到自贡调研 …… 154
韩晓明一行到自贡调研 …… 154
省委巡视办派员到自贡调研 …… 154
邓波一行到荣县调研 …… 154
作风建设 …… 155
管党治党政治责任落实 …… 155
正风肃纪工作 …… 155
基层不正之风和“微腐败”治理 …… 155

案件查办 …… 155
概况 …… 155
执纪审查运行机制 …… 155
腐败预防 …… 155
践行“四种形态” …… 155
惩防联动 …… 155
廉洁教育 …… 155
执法监察 …… 156
阳光行权 …… 156
媒体监督 …… 156
行权同步上网试点 …… 156
巡察工作 …… 156
巡察监督 …… 156
市县党委巡察工作 …… 156

民主党派·工商联

民革自贡市委 …… 157
概况 …… 157
八届四次全委（扩大）会议 …… 157
八届五次全委（扩大）会议 …… 157
八届六次全委（扩大）会议 …… 157
举办民革成立70周年暨自贡民革60年系列活动 …… 157
参加纪念“9·18”事变86周年暨“抗战专辑”新书首发仪式 …… 158
参政议政 …… 158
资政服务 …… 158
宣传工作 …… 158
社会服务 …… 158
年度荣誉 …… 158
民盟自贡市委 …… 159
概况 …… 159
十四届二次全委（扩大）会暨组织工作会 …… 159
十四届五次主委会议 …… 159
十四届六次主委会议 …… 159
十四届七次主委会议 …… 159
十四届八次主委会议 …… 159
十四届九次主委会议 …… 159
思想宣传 …… 159
组织建设 …… 160
参政议政 …… 160
“盟沿合作” …… 160
民建自贡市委 …… 160
概况 …… 160
十二届二次全委（扩大）会 …… 161
十二届三次全委会 …… 161
十二届四次全委会 …… 161
参政议政 …… 161
服务“三个加快”战略 …… 161
组织队伍建设 …… 161
社会公益活动 …… 162
服务会员企业 …… 162
“建安合作” …… 162
接待与交流 …… 162
农工党自贡市委 …… 162
概况 …… 162
参政议政 …… 162
民主监督 …… 163
参加协商会议 …… 163
农工党中央领导到市调研 …… 163
社会服务 …… 163
精准扶贫 …… 163
九三学社自贡市委 …… 163
概况 …… 163
组织建设 …… 164
中共十九大会议精神学习贯彻 …… 164
参政议政 …… 164
九三学社中央领导到自贡调研 …… 164
服务中心工作 …… 164
市工商联 …… 165
概况 …… 165
弘扬企业家精神 …… 165
招商引资 …… 165
“亲清”新型政商关系助推服务 …… 165
参政议政 …… 166
“万企帮万村”精准扶贫行动 …… 166
交流合作 …… 166
组织建设 …… 166

群众团体

市总工会 …… 167
概况 …… 167
十六届委员会七次全体（扩大）会议 …… 167
主题劳动竞赛 …… 167
职工技能素质提升 …… 167
劳模创新工作室建设 …… 167
弘扬劳模精神 …… 167
职工合法权益维护 …… 167
促进协商民主 …… 168
普惠性服务机制 …… 168
“四季送”活动 …… 168
精准扶贫助推服务 …… 168
职工思想文化建设 …… 168
工会改革 …… 168
团市委 …… 168
概况 …… 168
市十三届青联全委会 …… 168
弘扬社会主义核心价值观 …… 168
脱贫攻坚助推服务 …… 169
全国文明城市创建服务 …… 169
招商引资 …… 169
青年创新创业服务 …… 169
青少年健康成长帮扶 …… 169
共青团改革 …… 169
组织队伍建设 …… 169
市妇联 …… 170
妇联组织改革 …… 170
脱贫攻坚服务 …… 170
项目建设 …… 170
“双百计划”扶贫行动 …… 170
“好习惯、好风气”项目实施 …… 170
全国文明城市创建服务 …… 171
巾帼志愿服务活动 …… 171
留守儿童关爱工作 …… 171
“两纲”实施 …… 171
维权工作 …… 171
“三八”妇女维权周法治宣传活动 …… 172
巾帼文明岗创建 …… 172
家庭教育工作 …… 172
寻找“最美家庭”活动 …… 172
现代媒体宣传网络建设 …… 172
干部队伍建设 …… 172
妇联组织建设 …… 173
市科协 …… 173
《全民科学素质行动计划纲要》推动实施 …… 173
青少年科技创新大赛 …… 173
学术交流和研讨活动 …… 173
“金桥工程”项目实施 …… 173
院士（专家）工作站建设 …… 173
首届“全国科技工作者日”活动 …… 174
科技信息服务站建设 …… 174
自贡“全国科普日活动”启动仪式 …… 174
市第12届青少年科技创新“市长奖”颁奖仪式 …… 174
“基层科普行动计划”实施 …… 174
“银会合作” …… 174
精准扶贫工作 …… 174
市侨联 …… 175
侨联系统改革 …… 175
引资引智引才工作 …… 175
重大节日联络联谊活动 …… 175
开展亲情中华活动 …… 175
侨界扶贫攻坚关爱活动 …… 175
归侨侨眷合法权益维护 …… 175
市文联 …… 175
“深入生活、扎根人民”主题文艺实践活动 …… 175
文艺惠民扶贫 …… 176
文艺创作 …… 176
品牌文化和主题性文艺活动 …… 177
文艺创作激励扶持机制 …… 177
刊物与网站建设 …… 177
队伍建设 …… 177
开展首届中国民间花灯精品展初评 …… 177
市残联 …… 177
残疾人民生工程 …… 177
“量体裁衣”式残疾人服务 …… 178

残疾人康复工作 …… 178
残疾人教育 …… 178
残疾人就业 …… 178
残疾人扶贫 …… 178
残疾人体育文化 …… 178
残疾人家庭医生签约服务 …… 178
市红十字会 …… 179
“博爱送万家”活动 …… 179
“三献”工作 …… 179
救护培训 …… 179
救助工作 …… 179
志愿服务工作 …… 179
市社科联 …… 179
课题规划立项 …… 179
成果评奖与阵地建设 …… 179
社科普及工作 …… 179
交流学习 …… 180
市消费者协会 …… 180
维权体系建设 …… 180
维权成效 …… 180
市关工委 …… 180
落实《四川省关心下一代工作委员会工作规则》 …… 180
育人铸魂工作 …… 181
脱贫助困工作 …… 181
关爱品牌创建 …… 181
成立市关心下一代基金会 …… 182
基层基础建设 …… 182

法　治

政法委及综治工作 …… 183
概况 …… 183
维护社会稳定工作 …… 183
地方经济社会发展服务 …… 183
社会治理工作 …… 183
政法改革 …… 184
政法队伍建设 …… 184
平安自贡建设 …… 184
全国公共安全视频监控建设联网应用重点支持城市项目 …… 184
法治政府建设 …… 184
重点工作任务 …… 184
第一责任人责任落实 …… 185
完善行政决策机制 …… 185
完善执法联动协作机制 …… 185
行政审批事项清理 …… 185
商事制度改革 …… 185
“互联网＋政务服务”工作 …… 185
三级联审工作 …… 185
行政权力运行监督 …… 186
行政应诉工作 …… 186
地方立法工作 …… 186
行政执法能力建设 …… 186
规范性文件监督管理 …… 186
完善法律顾问制度 …… 187
政务信息公开 …… 187
公　安 …… 187
概况 …… 187
完成十九大安保任务 …… 187
立体防控建设 …… 187
违法犯罪惩治 …… 187
消防安全专项整治 …… 187
道路交通安全治理 …… 187
缉枪治爆专项整治 …… 188
公安改革 …… 188
“雷霆－1”集中统一清查行动 …… 188
“110”宣传日活动 …… 188
省禁毒委督导组到自贡督导 …… 188
全市公安工作会 …… 188
全省公安机关警务保障工作会在自贡召开 …… 188
市出入境管理支队获全国“模范出入境管理支队”称号 …… 188
邓勇一行到自贡调研 …… 189
全市禁毒工作会 …… 189
何洪接受《人民公安报》专访 …… 189
“行车卫士”惠民工程工作推进现场会 …… 189
检　察 …… 189
经济发展服务 …… 189

民生改善服务 …… 189
绿色发展服务 …… 189
平安自贡建设 …… 189
参与社会治理 …… 190
未成年人司法保护 …… 190
职务犯罪查办 …… 190
职务犯罪预防 …… 190
刑事诉讼监督 …… 190
刑事执行检察监督 …… 191
民事行政诉讼监督 …… 191
司法体制和检察改革 …… 191
规范司法行为 …… 191
组织队伍建设 …… 191
接受监督 …… 192
法　院 …… 192
概况 …… 192
刑事审判 …… 192
民事审判 …… 192
行政审判 …… 192
执行工作 …… 193
经济发展服务 …… 193
基层社会治理 …… 193
审判司法改革 …… 194
智慧法院建设 …… 194
司法为民 …… 194
司法行政 …… 195
概况 …… 195
公共法律服务体系建设 …… 195
律师与基层法律工作者行业服务 …… 195
公证工作 …… 195
司法鉴定工作 …… 195
“七五”普法 …… 195
“法律七进”活动 …… 196
司法行政改革 …… 196
社区矫正工作 …… 196
人民调解工作 …… 196
基层阵地建设 …… 197
政风行风建设 …… 197
仲　裁 …… 197
概况 …… 197
调解中心成立 …… 197
加入互联网仲裁联盟 …… 197
仲裁调解制度建设 …… 197
队伍素质提升 …… 197

军　事

自贡军分区 …… 198
战备训练 …… 198
国防动员能力建设 …… 198
安全稳定工作 …… 198
综合保障能力建设 …… 198
推进军民融合 …… 199
武警自贡支队 …… 199
演练与勤务 …… 199
安全稳定工作 …… 199
基层建设 …… 199
服务保障 …… 199
拥政爱民活动 …… 199
安全保卫任务 …… 199
武装押解押运勤务 …… 200
人民防空 …… 200
平战结合建设 …… 200
组织指挥平台建设 …… 200
专业队伍建设 …… 200
行政审批工作 …… 200
宣传教育 …… 200
消　防 …… 200
综合训演 …… 200
后勤保障 …… 201
消防安全责任制 …… 201
执法监督 …… 201
年度荣誉 …… 201

环境保护

概　述 …… 202
大气环境保护 …… 202
防控机制 …… 202
综合治理 …… 202

声环境保护 …… 202
布置“两考”禁噪工作 …… 202
执法检查 …… 202
水环境与自然生态保护 …… 202
饮用水源保护 …… 202
废水污染治理 …… 203
编报生态保护红线 …… 203
越溪河“河长制”工作联席会 …… 203
环境管理 …… 203
“双随机”抽查工作 …… 203
远程在线实时监控 …… 203
重点行业环保专项执法检查 …… 203
核与辐射安全监管 …… 204
环境信访工作 …… 204
环保执法 …… 204
环境应急管理 …… 204
大型央企跨地区应急联动演练 …… 204
内宜高速公路危化品泄露事件处置 …… 205
污染物排放许可证核发与监管 …… 205
环境影响评价审批与管理 …… 205
项目竣工验收 …… 205
农村环境管理 …… 205
企业环境信用评价结果公布 …… 205
环境监测 …… 205
监测能力建设 …… 205
空气质量监测 …… 205
酸雨监测 …… 205
地表水水质监测 …… 206
城市集中式生活饮用水源地水质监测 …… 206
噪声监测 …… 206
重点工业污染源监督性监测 …… 206
环保督察 …… 206
中央环保督察迎检工作 …… 206
市级环保督察 …… 206
督察问题整改 …… 207
全市环境保护工作新闻发布会 …… 207

国土资源管理

国土资源规划 …… 208
综合规划 …… 208
专项规划 …… 208
土地资源管理 …… 208
建设用地 …… 208
耕地保护 …… 208
土地市场 …… 208
农村土地交易 …… 208
全市永久基本农田划定工作 …… 209
全市重大项目土地报征工作会 …… 209
不动产管理 …… 209
产权证颁发 …… 209
不动产便民窗口管理 …… 209
地质矿产资源管理 …… 209
矿山监测检查 …… 209
矿业管理 …… 209
地质环境管理 …… 209
地质灾害防治机制 …… 209
地质灾害工程治理 …… 210
地质灾害防治知识宣传培训会 …… 210
地质灾害排查和防治 …… 210
执法与监察 …… 210
日常巡查执法 …… 210
卫星图片监测执法 …… 210
《自贡市“十三五”基础测绘发展规划》印发实施 …… 210

城乡建设和管理

概　述 …… 211
城乡规划 …… 212
自贡市规划管理局成立 …… 212
年度规划概况 …… 212
全域自贡空间战略规划编制 …… 212
全域自贡交通战略规划编制 …… 212
历史文化名城名镇名村保护规划 …… 212

重点项目规划服务 …………………………… 213
规划审批 …………………………………… 213
规划管理 …………………………………… 213
“放管服”改革 ……………………………… 213
城市规划展览馆建设 ……………………… 213
市政建设 …………………………………… 213
道路交通 …………………………………… 213
海绵城市和地下综合管廊建设 …………… 213
燃气管理 …………………………………… 213
其他市政建设 ……………………………… 213
村镇建设 …………………………………… 214
农村住房 …………………………………… 214
百镇试点镇建设 …………………………… 214
特色小镇建设 ……………………………… 214
传统村落保护 ……………………………… 214
棚户区改造 ………………………………… 214
概况 ………………………………………… 214
棚改攻坚工作机制 ………………………… 215
助推城市基础设施配套建设 ……………… 215
助推文化旅游发展 ………………………… 215
新城区建设空间拓展 ……………………… 215
助推产城发展 ……………………………… 215
工业遗迹遗存复兴改造 …………………… 215
房地产开发与管理 ………………………… 216
概况 ………………………………………… 216
商品房市场 ………………………………… 216
居家民生工程 ……………………………… 216
房地产市场监管 …………………………… 216
物业监管 …………………………………… 216
建筑业 ……………………………………… 216
概况 ………………………………………… 216
民工权益维护 ……………………………… 217
“创文”宣传 ………………………………… 217
扬尘治理 …………………………………… 217
市场拓展与行业监管 ……………………… 217
非法预拌混凝土搅拌站取缔 ……………… 217
园林绿化 …………………………………… 217
概况 ………………………………………… 217
项目编审 …………………………………… 217
项目建设 …………………………………… 217
园林式单位创建与城市绿化成果维护 …… 217
城乡管理 …………………………………… 218
环境卫生项目建设 ………………………… 218
城乡环境综合治理 ………………………… 218
环保督察问题整改 ………………………… 218
城管执法体制改革 ………………………… 218
行政审批与执法 …………………………… 218
釜溪河复合绿道（示范段）自行车收购工作 ……………………………………… 219

交通运输

概　述 ……………………………………… 220
基础设施建设 ……………………………… 220
概况 ………………………………………… 220
高速公路建设 ……………………………… 220
干线公路建设 ……………………………… 220
农村公路建设 ……………………………… 221
客货站点建设 ……………………………… 221
重点项目前期工作 ………………………… 221
首个公路桥梁变形自动检测系统投入使用 ……………………………………… 221
北环路改扩建工程竣工投用 ……………… 221
中铁交通投资集团派员考察自贡市交通基础设施项目 ……………………………… 221
牛佛沱江二桥主桥合龙 …………………… 222
成宜高速公路自贡段项目动工建设 ……… 222
赵化沱江大桥主桥合龙 …………………… 222
自隆高速公路富顺连接线建成通车 ……… 222
客货运输 …………………………………… 222
概况 ………………………………………… 222
运输保障能力 ……………………………… 222
建制村客运开通情况 ……………………… 222
城市公交服务 ……………………………… 222
自贡公交集团公司获“交通运输节能减排示范企业”称号 ……………………… 223
道路运输服务 ……………………………… 223
道路货运信息平台建设 …………………… 223
行业管理 …………………………………… 223
公路养护管理 ……………………………… 223
工程建设管理 ……………………………… 223

智慧交通建设 …… 223
绿色交通建设 …… 223
政务服务 …… 223
行政执法 …… 223
行业改革 …… 224
《自贡市深化出租汽车行业改革实施方案》印发 …… 224
安全维稳工作 …… 224

水 务

水利工程 …… 225
概况 …… 225
小井沟水利工程 …… 225
向家坝灌区工程 …… 225
狸狐洞水库工程 …… 225
楼房湾水库工程 …… 225
大坡上水库工程 …… 225
城镇防洪堤工程 …… 225
城乡供水 …… 225
城市供水 …… 225
农村供水 …… 226
水务管理 …… 226
流域治理规划编制 …… 226
流域治理机制建设 …… 226
水环境治理专项行动 …… 226
污水处理设施建设 …… 226
水环境综合治理项目 …… 226
水务执法 …… 226
农村基础水利设施建设 …… 226
全市农田水利基本建设暨高标准农田建设工作会议 …… 227
水土保持 …… 227
水土流失综合治理 …… 227
水保项目 …… 227
防汛抗旱 …… 227
工作推进机制 …… 227
“7·6”洪灾处置 …… 227
金鱼河城区段河道清淤一期工程 …… 227

邮政·信息化

邮政管理 …… 228
概况 …… 228
县级监管机构建设 …… 228
行业规划与政策制定 …… 228
邮政普遍服务监管 …… 228
快递市场监管 …… 228
行业队伍建设 …… 228
行业车辆规范管理 …… 229
邮政业务 …… 229
概况 …… 229
基础建设 …… 229
经济建设服务 …… 229
创新发展 …… 229
信息化建设 …… 229
通信基础设施建设 …… 229
智慧城市建设 …… 230
信息化与工业化融合发展 …… 230
信息安全管理 …… 230
电 信 …… 230
概况 …… 230
“宽带乡村”建设 …… 230
网络运营服务 …… 231
移动通信 …… 231
概况 …… 231
网络与信息建设 …… 231
联合通信 …… 231
发展概况 …… 231
企业管理 …… 231

综合经济管理

经济发展综述 …… 232
概况 …… 232
农业生产基本稳定 …… 232
工业经济发展平稳 …… 232
投资规模逐步扩大 …… 232

消费市场保持平稳 …… 232
财税收入稳步增加 …… 232
城乡居民收入增长 …… 232
物价水平温和上涨 …… 233
发展和改革 …… 233
投资和重大项目建设 …… 233
产业结构转型升级 …… 233
重大基础设施建设 …… 233
全面创新改革试验 …… 234
供给侧结构性改革 …… 234
经济体制专项改革 …… 235
其他领域改革 …… 235
自贡市入选全国首批老工业城市和资源型城市转型升级示范区 …… 235
国有资产监管 …… 235
概况 …… 235
监管体系建设 …… 235
企业融资服务 …… 235
国有资本经营预算管理 …… 235
企业统一监管 …… 235
出资人审批管理 …… 235
企业负责人经营业绩考核 …… 235
监事会监督 …… 236
4 家投资集团公司成立 …… 236
统　计 …… 236
统计调查工作 …… 236
经济运行分析 …… 236
统计产品开发 …… 236
统计体制改革 …… 236
小康进程监测 …… 237
统计基础建设 …… 237
统计法治建设 …… 237
统计信息化建设 …… 237
基本单位名录库试点工作 …… 237
建立绿色发展指标体系 …… 237
全市第三次全国农业普查工作 …… 237
全市第四次全国经济普查启动 …… 237
价　格 …… 237
概况 …… 237
价格监测分析和预警 …… 237
稳定物价 …… 238
资源环境供给侧价格改革 …… 238
规范收费行为 …… 238
成本调查和监审服务 …… 239
价格监督检查 …… 239
工商行政管理 …… 239
商事制度改革 …… 239
招商引资与企业融资服务 …… 239
信用监管 …… 239
商标战略 …… 239
市场监管 …… 240
质量技术监督 …… 240
质量管理 …… 240
标准化工作 …… 240
品牌建设 …… 240
特种设备安全监管 …… 240
计量管理 …… 241
打假治劣 …… 241
自贡检验检测院成立 …… 241
省级泵阀产品公共检验检测平台建设 …… 241
食品药品监管 …… 241
重大活动 …… 241
食品药品产业发展 …… 242
食品药品安全专项整治 …… 242
食品药品抽验工作 …… 242
食品药品风险防控 …… 242
明厨亮灶和快检室建设 …… 242
基层能力建设 …… 242
重大活动餐饮保障 …… 243
食品安全示范区县创建 …… 243
不良反应监测 …… 243
行政审批改革 …… 243
市级食盐质量安全监管职责交接 …… 243
年度荣誉 …… 243
审　计 …… 243
审计成果 …… 243
政策跟踪审计 …… 243
扶贫资金审计 …… 243
预算执行审计 …… 243
民生审计 …… 244
政府投资审计 …… 244
领导干部经济责任审计 …… 244

审计廉政建设 …………………………… 244
联网审计监督 …………………………… 244
安全生产监管 …………………………… 244
概况 …………………………… 244
全市安全生产领域改革启动 ………… 244
党政主要领导率队开展“节前”安全检查 …………………………… 244
全市安全生产工作会 ……………… 245
开展全国第16个“安全生产月”活动 … 245
四川省第三片区安全生产监察执法实训暨比武活动在自贡举行 ……………… 245
市安全生产监察执法支队高新区大队成立 …………………………… 245
全市首批安全生产专家库建立 ……… 245
行政审批管理 …………………………… 245
投资项目审批服务 ………………… 245
行政审批制度改革 ………………… 245
推动企业减负 …………………………… 246
政务服务管理 …………………………… 246
便民服务体系建设 ………………… 246
公共资源交易电子化平台建设 ……… 246
惠民帮扶进社区 ……………………… 246
住房公积金管理 ………………………… 246
公积金缴存 …………………………… 246
住房保障服务 ………………………… 247
服务能力建设 ………………………… 247
公积金风险防控 ……………………… 247

工　业

概　述 …………………………… 248
工业规模及结构 ………………………… 250
效益规模 …………………………… 250
轻重工业 …………………………… 250
“633”产业结构 …………………………… 250
区县工业 …………………………… 250
工业投资 …………………………… 250
固定资产投资 ………………………… 250
重大项目投资 ………………………… 251
项目管理 …………………………… 251
项目申报 …………………………… 251
机械装备产业 …………………………… 251
概况 …………………………… 251
科技创新 …………………………… 251
项目实施 …………………………… 251
重点企业 …………………………… 251
盐化产业 …………………………… 251
概况 …………………………… 251
盐业监管体制改革 ………………… 252
重点项目建设 ………………………… 252
创新发展及品牌建设 ……………… 252
新材料产业 …………………………… 252
概况 …………………………… 252
科技创新 …………………………… 252
重点项目实施 ………………………… 252
产业集群发展 ………………………… 252
战略性新兴产业 ………………………… 253
概况 …………………………… 253
环保装备产业 ………………………… 253
生物医药产业 ………………………… 253
电力装备产业 ………………………… 253
新能源汽车产业 ……………………… 253
农产品加工业 …………………………… 254
概况 …………………………… 254
行业统计 …………………………… 254
产业调研 …………………………… 254
市场开拓 …………………………… 254
落实产业扶贫资金 ………………… 254
项目建设与管理 ……………………… 254
航空与燃机产业 ………………………… 254
概况 …………………………… 254
科技创新 …………………………… 255
重点项目建设 ………………………… 255
潜力产业 …………………………… 255
电子信息产业 ………………………… 255
石墨烯产业 …………………………… 256
工业园区 …………………………… 256
概况 …………………………… 256
发展升级 …………………………… 256
自贡航空产业园区党工委及管委会成立 …………………………… 256

沿滩工业园区通过创建省级高新区现场考察及专家论证 …… 256
电力生产和供应 …… 256
电力生产 …… 256
电力供应 …… 257
电网建设与发展 …… 257
国网自贡供电公司概况 …… 257
企业经营管理 …… 257
企业安全生产 …… 257
农电工作 …… 257
市场服务能力建设 …… 257
天然气和成品油供应 …… 258
天然气供应 …… 258
成品油供应 …… 258
市燃气有限责任公司 …… 258
工业节能环保 …… 258
落后产能淘汰 …… 258
节能绩效 …… 258
节能改造与管理 …… 258
企业改革与服务 …… 259
川玻公司破产清算工作 …… 259
长征公司破产重整工作 …… 259
组织工业“633”产业转型升级专题培训 …… 259
企业上市 …… 259
确定上市培育企业 …… 259
企业上市服务 …… 259
优势企业与名优特产品 …… 259
优势企业概况 …… 259
政策引导 …… 259
名牌产品创建 …… 259
商标培育和管理 …… 260

农　业

概　述 …… 261
统筹城乡综合配套改革 …… 261
农村产权综合改革 …… 261
农村资源要素整合 …… 262
农村用地机制改革 …… 262
农村土地流转机制创新 …… 262
农村集体经济发展培育 …… 262
农村集体资产股份制改革 …… 262
供销合作社综合改革 …… 262
农业科技体制改革 …… 262
荣县农村改革综合试验区建设 …… 262
种植业 …… 262
概况 …… 262
全省“突破性粮油作物新品种提质增效关键栽培技术研究”现场观摩会在自贡召开 …… 263
省级现代农业示范园区建设 …… 263
畜牧业 …… 263
概况 …… 263
“1 + N”模式推进100万头生猪基地建设 …… 263
畜禽养殖标准化示范创建 …… 263
畜牧业绿色发展 …… 263
畜禽养殖污染防治 …… 264
动物防疫 …… 264
饲料兽药及畜禽定点屠宰 …… 264
动物检疫技能大比武活动 …… 264
全市首个动物无害化处理收集点通过验收 …… 264
林　业 …… 265
城乡绿化 …… 265
林业产业 …… 265
民生工程 …… 265
生态旅游 …… 265
国有林场改革 …… 265
集体林权制度改革 …… 265
森林资源保护 …… 265
水产业 …… 265
概况 …… 265
渔政管理 …… 265
水产品质量安全 …… 265
农村经营管理 …… 266
农村土地确权管理 …… 266
农村土地流转 …… 266
农村集体资产股份制改革 …… 266
农民专业合作社及家庭农场建设 …… 266

休闲农业 …………………………………… 266
农业行政管理 ………………………………… 267
农业综合执法 ………………………………… 267
农产品质量安全监管 ………………………… 267
农业行政审批 ………………………………… 267
农业科技 …………………………………… 267
科技人员 ……………………………………… 267
科技成果 ……………………………………… 267
基层农技人员知识更新培训 ………………… 267
名优特产 …………………………………… 268
“三品一标”认证 …………………………… 268
产品展销 ……………………………………… 268
农业机械与农村新能源 ……………………… 268
农村机电提灌 ………………………………… 268
农机化发展 …………………………………… 268
农村沼气工程 ………………………………… 268

商　贸

概　述 ……………………………………… 269
服务业管理 ………………………………… 269
规划编制 ……………………………………… 269
市场调研 ……………………………………… 269
商贸网点 …………………………………… 269
专业市场 ……………………………………… 269
农贸市场 ……………………………………… 270
特色商业街区 ………………………………… 270
物流企业 ……………………………………… 270
物流网络 ……………………………………… 270
服务业企业 …………………………………… 270
个体经营 ……………………………………… 270
批发零售贸易业 ……………………………… 270
零售业 ………………………………………… 270
批发业 ………………………………………… 270
“现代生活·时尚汽车”展 ………………… 270
餐饮和住宿业 ………………………………… 271
餐饮业 ………………………………………… 271
第八届“盐帮美食文化节”活动 …………… 271
自贡盐帮味企业参加中国食品餐饮博览会 ………………………………………… 271
住宿业 ………………………………………… 271
电子商务 …………………………………… 271
概况 …………………………………………… 271
市场培育 ……………………………………… 271
供　销 ……………………………………… 271
概况 …………………………………………… 271
招商引资 ……………………………………… 272
“自然贡品”公共品牌打造 ………………… 272
脱贫攻坚 ……………………………………… 272
土地托管服务 ………………………………… 272
农村现代流通体系建设 ……………………… 272
供销社基层基础建设 ………………………… 272
发展农村合作金融 …………………………… 272
青理东一行到自贡调研 ……………………… 272
全市深化供销合作社综合改革推进会 …… 273
粮　油 ……………………………………… 273
概况 …………………………………………… 273
项目建设 ……………………………………… 273
保护价收购稻谷 ……………………………… 273
储备粮油管理 ………………………………… 273
放心粮油工程 ………………………………… 273
粮食流通市场监管 …………………………… 274
粮食科技应用 ………………………………… 274
粮油价格 ……………………………………… 274
烟草专卖 …………………………………… 274
卷烟营销 ……………………………………… 274
专卖管理 ……………………………………… 274

对外贸易与经济合作

进出口贸易 ………………………………… 275
概况 …………………………………………… 275
经贸活动 ……………………………………… 275
境外投资与对外经济技术合作 ……………… 275
境外招商引资 ………………………………… 275
对外经济技术合作 …………………………… 275
招商引资 …………………………………… 275
概况 …………………………………………… 275
项目推进 ……………………………………… 275
招商活动 ……………………………………… 276

基础工作 …… 276
第七届“携手灯城·龙聚盐都”招商推介会 …… 276
全市对外开放工作会议 …… 276
李刚率队到北京开展投资促进活动 …… 276
自贡·重庆地区招商推介会 …… 276
自贡高新区杭州地区投资推介会暨签约仪式 …… 277
参加中外知名企业四川行活动 …… 277
金融支持自贡建设全国老工业城市转型升级示范区签约仪式 …… 277
航空产业招商推介会暨项目签约仪式 …… 277
大安区（佛山）投资促进推介会暨项目签约仪式 …… 277
四川省重大招商引资项目集中开工暨自贡市第七批粤创微电子科技产业园等47个重大项目集中开工仪式 …… 277
沿滩区广州投资推介会暨项目签约仪式 …… 277
自流井区北京投资推介会暨项目集中签约仪式 …… 278
参加第三届中国（四川）国际旅游投资大会 …… 278
李刚到深圳开展投资促进活动 …… 278
2017中国西部（四川）国际投资大会·自贡投资推介会 …… 278
何树平到重庆开展投资促进活动 …… 278
富顺现代农业投资推介会 …… 278
何树平率队到深圳市开展投资促进活动 …… 279
四川省产业发展投资引导基金市州行（自贡站）活动 …… 279
自贡航空产业招商引资引智推介会暨项目签约仪式 …… 279
自贡·香港投资推介会暨项目签约仪式 …… 279
自贡首届国际盐业博览会 …… 279
李刚率团到美国开展投资促进活动 …… 279
市政府与清华大学全面合作签约仪式 …… 279
海　关 …… 280
概况 …… 280
通关业务改革 …… 280
助推外向型经济发展 …… 280

旅　游

概　述 …… 281
旅游景点 …… 281
概况 …… 281
国家AAAA级景区创建 …… 281
旅游项目与设施 …… 281
项目培育 …… 281
项目建设 …… 281
旅游基础设施建设 …… 282
富顺县文旅开发建设项目签约 …… 282
旅游市场 …… 282
会展推介 …… 282
合作平台搭建 …… 282
旅游扶贫 …… 282
旅游活动 …… 283
概况 …… 283
首届中国·荣县大佛文化灯会 …… 283
四川花卉（果类）生态旅游节分会场暨自贡市第十八届飞龙峡桃花生态旅游节 …… 283
第二届草雕节暨首届乡村音乐节 …… 283
中国旅游纪念日暨自贡市第13届乡村旅游节 …… 283
第七届中国·富顺豆花文化旅游节 …… 283
行业管理 …… 284
专项整治 …… 284
安全管理 …… 284
纠纷调解 …… 284

财政·税务

财　政 …… 285
财政收支 …… 285
服务经济发展 …… 285
支持国有企业改革 …… 285

支持重大项目建设 …… 285
财政收入管理 …… 286
助推脱贫攻坚 …… 286
民生保障和改善 …… 286
财税改革 …… 286
财政监督检查 …… 286
政府采购管理 …… 286
国家税务 …… 287
税收收入 …… 287
征管体制改革 …… 287
“营改增”改革 …… 287
“放管服”改革 …… 287
助推供给侧结构性改革 …… 287
征管基础建设 …… 287
税种管理 …… 288
风险管理 …… 288
依法治税 …… 288
地方税务 …… 288
地税收入 …… 288
税收改革 …… 288
纳税服务 …… 288
依法治税 …… 289
税收惠民 …… 289

金 融

概 述 …… 290
存贷款 …… 290
存款规模 …… 290
贷款规模 …… 290
货币政策工具运用 …… 291
支持实体经济发展 …… 291
“插花式”地区金融扶贫 …… 291
货 币 …… 291
现金投放 …… 291
县级反假货币示范区建设 …… 291
硬币自循环体系建设 …… 291
建立普通纪念币主办银行制度 …… 291
支付结算 …… 292
“惠农示范工程”建设 …… 292
网点建设与支付市场 …… 292
农村支付新模式探索 …… 292
非银行支付机构助农取款服务点建设 …… 292
非现金支付场景打造 …… 292
外汇管理 …… 292
外汇收支 …… 292
登记管理 …… 292
执法与宣传 …… 292
金融市场 …… 292
货币市场 …… 292
票据市场 …… 292
金融监管 …… 293
概况 …… 293
服务实体经济 …… 293
金融风险防控 …… 293
银行业改革 …… 293
金融服务 …… 294
多层次资本市场体系建设 …… 294
金融助力招商 …… 294
推动保险业健康发展 …… 294
金融风险防范和化解 …… 294
推动金融机构改革 …… 294
组团参加天府金融博览会 …… 294
金融支持精准扶贫 …… 295
银行业 …… 295
农发行市分行 …… 295
工行自贡分行 …… 295
农行自贡分行 …… 295
中行自贡分行 …… 296
建行自贡分行 …… 296
交行自贡分行 …… 296
自贡农商银行 …… 296
自贡银行 …… 297
邮储银行市分行 …… 297
自贡中成村镇银行 …… 298
乐山市商行自贡分行 …… 298
攀枝花市商行自贡分行 …… 298
天府银行自贡分行 …… 298
恒丰银行自贡分行 …… 298
光大银行自贡分行 …… 299

保险业 …………………………………………… 299
概况 …………………………………………… 299
协会工作 ……………………………………… 299
人保财险自贡市分公司 ……………………… 299
中国人寿自贡市分公司 ……………………… 299
太平洋寿险自贡中心支公司 ………………… 300
太平洋产险自贡中心支公司 ………………… 300
平安产险自贡中心支公司 …………………… 300
平安寿险自贡中心支公司 …………………… 300
泰康人寿自贡中心支公司 …………………… 300
中华财险自贡中心支公司 …………………… 300
大地财险自贡中心支公司 …………………… 301
华安财险自贡中心支公司 …………………… 301
永安财险自贡中心支公司 …………………… 301
天安财险自贡中心支公司 …………………… 301
安邦财险自贡中心支公司 …………………… 301
中宏保险自贡市自流井营销服务部 ………… 301
民生人寿自贡中心支公司 …………………… 301
新华保险自贡中心支公司 …………………… 301
华泰财险自贡中心支公司 …………………… 301
合众人寿自贡中心支公司 …………………… 302
人保寿险自贡中心支公司 …………………… 302
太平人寿自贡中心支公司 …………………… 302
国寿财险自贡中心支公司 …………………… 302
锦泰财险自贡中心支公司 …………………… 302
太平财险自贡中心支公司 …………………… 302
农银人寿自贡中心支公司 …………………… 302
光大永明人寿自贡市自流井区支公司 ……… 302
恒大人寿自贡中心支公司 …………………… 302
华夏保险自贡中心支公司 …………………… 303
安诚财险自贡中心支公司 …………………… 303
证券业 …………………………………………… 303
华西证券自贡五星街营业部 ………………… 303
华西证券自贡丹桂街营业部 ………………… 303
中投证券自贡丹桂南大街营业部 …………… 303
国都证券自贡紫薇路营业部 ………………… 303
国信证券自贡紫薇路营业部 ………………… 303
海通证券自贡丹桂街营业部 ………………… 303
光大证券自贡汇川路营业部 ………………… 303
英大证券自贡汇川路营业部 ………………… 303
万联证券自贡汇川路营业部 ………………… 303

科技与知识产权

概　述 …………………………………………… 304
科技产业 ………………………………………… 304
科技项目实施 ………………………………… 304
工业科技 ……………………………………… 304
农业科技 ……………………………………… 305
科技创新与成果 ………………………………… 305
创新平台建设 ………………………………… 305
成果转化与应用 ……………………………… 305
高新科技产业发展 …………………………… 305
科技活动 ………………………………………… 306
科技普及 ……………………………………… 306
合作与交流 …………………………………… 306
知识产权 ………………………………………… 306
管理服务 ……………………………………… 306
专利培育与应用 ……………………………… 306
维权保护 ……………………………………… 307
宣传培训 ……………………………………… 307
科技人才 ………………………………………… 307
育才机制 ……………………………………… 307
育才成果 ……………………………………… 307

教育·体育

概　述 …………………………………………… 308
教育教学改革 …………………………………… 308
概况 …………………………………………… 308
保障机制 ……………………………………… 308
试点项目 ……………………………………… 308
社会办学 ……………………………………… 309
中小学课堂教学改革 ………………………… 309
各类教育 ………………………………………… 309
学前教育 ……………………………………… 309
义务教育 ……………………………………… 309
职业技术教育 ………………………………… 309
普通高中教育 ………………………………… 310
高等教育 ……………………………………… 310

特殊教育 …… 311
四川理工学院宜宾校区启用 …… 311
自贡成都外国语学校开学 …… 311
四川卫生康复职业学院组团参加“第三届全国康复治疗技术专业学生技能大赛” …… 311
师资队伍 …… 311
教师队伍建设 …… 311
干部队伍建设 …… 312
基础建设 …… 312
校区建设 …… 312
信息化建设 …… 312
教育扶贫 …… 312
综合素质教育 …… 312
德育 …… 312
阳光体育 …… 313
艺术教育 …… 313
卫生教育 …… 313
学校管理 …… 314
教育科研 …… 314
后勤工作 …… 314
行业风险体系建设 …… 314
体　育 …… 314
体育设施 …… 314
群众体育 …… 314
竞技体育 …… 315
自贡恐龙国际马拉松比赛 …… 315
首届青少年攀岩锦标赛 …… 315
首届中小学生“三好杯”“萌芽杯”气排球比赛 …… 315
首届电子竞技运动会 …… 315
体育训练 …… 315
体育产业 …… 316

文　化

概　述 …… 317
体制改革 …… 317
管理体制改革 …… 317
管理机制改革 …… 317
公共文化服务 …… 317
设施建设 …… 317
队伍建设 …… 317
文化民生工程 …… 318
文化活动 …… 318
大型文化活动 …… 318
文化惠民活动 …… 318
宣传报道 …… 318
艺术创作 …… 319
舞蹈 …… 319
歌曲 …… 319
杂技 …… 319
曲艺 …… 319
戏剧 …… 319
绘画 …… 319
媒介作品 …… 319
文化遗产保护 …… 320
文物保护 …… 320
自贡世界地质公园扩园申请成功 …… 320
博物馆事业 …… 320
非物质文化遗产 …… 320
文化产业 …… 321
产业服务引导 …… 321
项目招商推介 …… 321
文化项目及园区建设 …… 321
彩灯业 …… 321
文化旅游业 …… 321
演艺娱乐业 …… 321
新闻出版业 …… 321
文化贸易交流 …… 321
文化市场监管 …… 322
行政审批 …… 322
监管整治 …… 322
安全管理 …… 322
图书出版发行 …… 322
出版印刷管理 …… 322
版权保护 …… 322
图书出版 …… 323
图书阅览 …… 323
图书活动 …… 323

报　刊 …… 323
报刊发行 …… 323
报刊活动 …… 323
广播电影电视 …… 324
基础建设 …… 324
产业发展 …… 325
行业管理 …… 325
地方志 …… 325
概况 …… 325
《自贡年鉴（2017）》出版 …… 325
综合年鉴实现全覆盖 …… 325
《自贡大事记》按季出版 …… 325
部门（行业）志编修 …… 325
地情资料库建设工作 …… 325
地情资料开发利用 …… 326
承编《巴蜀史志·封面故事》 …… 326
《自贡市乡镇简志》编纂完成 …… 326
网站建设 …… 326
地方志理论研究 …… 326
《自贡年鉴（2016）》获全国地方志优秀成果三等奖 …… 326
档　案 …… 326
概况 …… 326
档案业务指导 …… 327
档案法治工作 …… 327
档案信息化建设 …… 327
档案资源开发 …… 327
档案接收工作 …… 327
档案宣传教育 …… 327
灯　贸 …… 327
第23届自贡国际恐龙灯会经贸交易会 …… 327
灯会宣传 …… 328
“中国灯城”建设 …… 328
第24届自贡国际恐龙灯会筹备工作 …… 328
彩灯公园建设管理 …… 329

卫生·计生

概　述 …… 330
卫生计生机构及人员 …… 330
卫生计生机构 …… 330
卫生计生人员 …… 330
医疗卫生服务 …… 330
诊疗服务 …… 330
住院服务 …… 330
健康扶贫 …… 330
医疗技术及设备 …… 331
医疗技术 …… 331
医疗设备 …… 331
医疗管理 …… 331
“名医名科名院”建设工程 …… 331
医疗废物管理 …… 331
无偿献血工作 …… 331
疾病防治 …… 331
概况 …… 331
主要病种防控 …… 331
公共卫生 …… 332
妇幼健康服务 …… 332
爱国卫生 …… 332
综合监督执法 …… 332
食品安全 …… 332
卫生应急 …… 332
卫生计生项目与设施 …… 332
项目建设 …… 332
设施资产 …… 333
中　医 …… 333
体系建设 …… 333
合作发展 …… 333
医药卫生体制改革 …… 333
出台自贡市深化医药卫生体制改革规划 …… 333
公立医院改革 …… 333
分级诊疗 …… 333
基层医疗服务能力建设 …… 334

全市二级以上公立医院 101 个病种试行按病种收费 …… 334
计划生育管理服务 …… 334
计生管理 …… 334
计生帮扶 …… 334
卫生计生宣传 …… 334
信息宣传 …… 334
阵地建设 …… 334
人才队伍和科研教育 …… 334
队伍建设 …… 334
科研教育 …… 335

人力资源和社会保障

概　述 …… 336
人事人才工作 …… 336
人事制度改革及人才队伍建设 …… 336
人事考试 …… 336
中德合作职业教育试点推广项目 …… 336
自贡广播电视大学获准设立“四川省专业技术人员继续教育基地” …… 337
就业创业 …… 337
就业工作 …… 337
创业工作 …… 337
就业扶贫 …… 337
自贡市公共就业创业服务中心成立 …… 337
就业培训 …… 337
技能和创业培训 …… 337
扶贫培训 …… 338
首届跨县区就业培训“扶贫专班” …… 338
社会保险 …… 338
全民参保登记 …… 338
被征地农民参保 …… 338
完善医保政策 …… 338
落实社保扶贫政策 …… 338
医保基金智能化监管审核 …… 338
养老金认证清理 …… 338
社保经办业务下延 …… 338
企业减负 …… 339
乡镇医保直通平台和“村医通” APP …… 339
“自贡人社通” 手机 APP 上线运行 …… 339
社保卡发行应用 …… 339
综合柜员制试点 …… 339
异地就医直接结算 …… 339
劳动关系和收入分配 …… 339
和谐劳动关系构建 …… 339
收入分配改革 …… 339
劳动保障执法维权 …… 340
劳动监察执法 …… 340
劳动保障维权 …… 340

民政·居民生活

民　政 …… 341
概况 …… 341
城乡基层组织建设 …… 341
优抚安置 …… 341
社会救助 …… 342
社会福利和慈善事业 …… 342
婚姻家庭 …… 342
社会事务管理 …… 343
上善颐养苑老年公寓获评“四川示范性社区居家养老机构” …… 343
自贡地名走进“中国地名文化大直播” …… 343
居民生活 …… 343
城镇居民收入 …… 343
城镇居民消费 …… 343
农村居民收入 …… 343
农村居民消费 …… 343
居民住房 …… 343
居民耐用消费品拥有量 …… 343

民族·宗教

概述 …… 345
民族工作 …… 345
概况 …… 345
落实民族政策和项目 …… 345

"民族团结进步"创建活动 …… 345
宗教工作 …… 346
概况 …… 346
落实宗教政策 …… 346
宗教场所与协会建设 …… 346
和谐寺观教堂创建活动 …… 346

区县概况

自流井区 …… 347
概貌 …… 347
政治建设 …… 348
经济建设 …… 352
城乡建设 …… 355
文化建设 …… 357
社会建设 …… 358
乡镇街道概况 …… 359
贡井区 …… 361
概貌 …… 361
政治建设 …… 361
经济建设 …… 368
城乡建设 …… 371
文化建设 …… 373
社会建设 …… 374
乡镇街道概况 …… 375
大安区 …… 377
概貌 …… 377
政治建设 …… 378
经济建设 …… 383
城乡建设 …… 388
文化建设 …… 390
社会建设 …… 390
乡镇街道概况 …… 392
沿滩区 …… 394
概貌 …… 394
政治建设 …… 395
经济建设 …… 400
城乡建设 …… 402
文化建设 …… 404
社会建设 …… 405
乡镇概况 …… 407
荣　县 …… 409
概貌 …… 409
政治建设 …… 410
经济建设 …… 414
城乡建设 …… 416
文化建设 …… 418
社会建设 …… 419
乡镇概况 …… 421
富顺县 …… 423
概貌 …… 423
政治建设 …… 424
经济建设 …… 429
城乡建设 …… 433
文化建设 …… 435
社会建设 …… 437
乡镇概况 …… 438
自贡高新技术产业开发区 …… 444
概貌 …… 444
政治建设 …… 445
经济建设 …… 448
城乡建设 …… 450
文化建设 …… 452
社会建设 …… 454
乡镇街道概况 …… 456

人物·荣誉

2017 年自贡市入选"中国好人"名单 …… 457
2017 年自贡市入选"中国好医生"名单 …… 457
2017 年自贡市入选"四川好人"名单 …… 457
2017 年自贡市入选"四川省第五届道德模范"名单 …… 458
2017 年自贡市获四川省"五一劳动奖章"名单 …… 458
2017 年自贡市入选"四川工匠"名单 …… 458
2017 年自贡市获"四川工匠"提名奖名单 …… 458
2017 年自贡市获全国特级优秀人民警察名单 …… 459
2017 年自贡市获全国农业先进工作者名单 …… 459

2017 年自贡市获全国巾帼建功标兵名单……… 459
2017 年自贡市获全国“六五”普法先进个人名单 ……………………………………………… 459
2017 年自贡市获全国模范人民调解员名单…… 459
2017 年自贡市获全国卫生计生系统劳动模范名单 ……………………………………………… 460
2017 年自贡市获全国卫生计生系统先进工作者名单 ……………………………………………… 460
自贡市获 2016 年全省脱贫攻坚“五个一”驻村帮扶先进个人名单 ………………………… 460
第四届自贡市十大道德模范名单 ……………… 461
第四届自贡市道德模范提名奖名单 …………… 461
2017 年自贡市获全国“六五”普法先进县名单 ……………………………………………… 462
2017 年自贡市获全国平安建设先进县名单…… 462
2017 年自贡市获全国模范出入境管理支队名单 ……………………………………………… 462
2017 年自贡市获全国巾帼建功先进集体名单 ……………………………………………… 462
2017 年自贡市获全国模范人民调解委员会名单 ……………………………………………… 463
2017 年自贡市获全国卫生计生系统先进集体名单 ……………………………………………… 463
自贡市获 2013—2016 年度全国群众体育先进单位名单 ………………………………………… 463
自贡市入选第五届全国文明单位名单 ………… 463
自贡市入选第一届全国文明校园名单 ………… 464
自贡市获 2016 年全省脱贫攻坚“五个一”驻村帮扶先进集体名单 ………………………… 464
组织机构主要负责人名录 ……………………… 464

附　录

附录一　中共自贡市委 2017 年文件目录 …… 468
附录二　自贡市人民政府 2017 年重要文件目录 ……………………………………………… 470
附录三　文件选辑 ……………………………… 472

索　引

索引 ……………………………………………… 504

特　载

全面深入贯彻落实党的十九大精神
开创振兴发展新局面
加快建设城乡一体繁荣幸福新自贡

（在市委十二届五次全会第一次全体会议上的报告）

中共自贡市委书记　李　刚

（2017 年 12 月 29 日）

今天，我们召开市委十二届五次全会，主要任务是深入学习贯彻中共十九大、中央经济工作会议和省委十一届二次全会、省委经济工作暨全省金融工作会议精神，审议通过《关于全面深入贯彻落实党的十九大精神，开创振兴发展新局面，加快建设城乡一体繁荣幸福新自贡的决定》和关于富顺县撤县设市工作、自流井区贡井区大安区行政区划微调的《决议》，总结今年以来市委常委会工作，安排部署 2018 年各项任务，动员全市各级党组织和广大党员干部拼搏奋进、攻坚突破，切实把党的十九大精神转化为推动振兴发展、决胜全面小康的生动实践和良好成效。

下面，我代表市委常委会报告工作，并讲几点意见。

一、始终坚持转型发展追赶跨越，全市各项事业多点突破、提速推进

今年以来，我们坚定践行“五位一体”总体布局和“四个全面”战略布局，深入实施省委“三大发展战略”，凝心聚力抓发展，一门心思干事业，经济社会持续健康发展，人民生活水平稳步提升。预计全年地区生产总值增长 8.2%，全社会固定资产投资增长 16.9%，规模以上工业增加值增长 9.3%，社会消费品零售总额增长 12.5%，地方一般公共预算收入同口径增长 11.5%，城乡居民人均可支配收入分别增长 8.8%、9.1%。

我们奋力把发展往前追往前赶，后发赶超态势日益凸显。项目投资创历史新高，集中开工 10 批次 384 个项目，全社会固定资产投资增速居全省第 2 位。“优二兴三”迈出实质步伐，成功列为全国首批老工业城市产业转型升级示范区，新一代电子信息、石墨烯产业从无到有，航空与燃机、节能环保装备制造等战略性新兴产业产值增长 17%，自贡恐龙文化科技产业园开工建设，仙市古镇等 10 个景区通过国家 AAAA 级景区资源和景观质量评审，现代农业“一区六园”启动建设。城乡面貌显著变化，川南城际铁路自贡段、成宜高速公路等项目提速推进，凤鸣通用机场竣工投用；新增城市建成区4平方公里，完成4.9万户245万平方米棚户区改造，17条城区街道提档升级，建成市级“四好村”273个。

我们突出向改革要动力要活力，开明开放格局加速形成。全面深化改革头三年夯基垒台、立柱架梁的阶段目标基本实现，完成175项重大改革事项。供给侧结构性改革、全面创新改革扎实推进，高新技术产业产值占比达31%，新增军品直供企业4户。市场化改革取得突破，获得18家金融机构授信2800亿元，组建运行100亿元城市建设发展等8支基金，“4+N”国有资本投资运营体系基本形成。完成永久基本农田划定，深化增减挂钩、农村产权抵押融资等改革试点有序实施。开放合作水平大幅提升，与四川自贸试验区川南临港片区、成都高新区开展区域协作，自贡彩灯闪耀G20汉堡峰会，成功创建国家级出口彩灯文化产品质量安全示范区，70余户企业与“一带一路”40多个国家和地区开展经贸合作，招商引资到位省外资金增速列全省第1位。

我们聚焦奔小康解民困惠民生，执政为民温度切实体现。前两年脱贫集中攻坚任务如期完成，所有贫困村、贫困人口达到退出脱贫标准，提前三年完成易地扶贫搬迁任务，新改建农村公路602公里。环保督察问题整改坚决有力，张家坝渣场等突出环境问题妥善处置，釜溪河流域综合治理等群众关切的重大生态项目加快推进，PM_{10}、$PM_{2.5}$年均浓度分别下降10%、6.5%。九大民生工程和10件承诺民生实事全部完成，城镇新增就业4.2万人，所有区县通过义务教育发展基本均衡县国家认定，多元化办学打开新局面，H7N9疫情有效处置，省级医养结合试点启动实施，居民基本医疗保险实现市级统筹，盐业历史博物馆升级国家一级博物馆，第十三届市运会、首届国际盐业博览会成功举办。

我们围绕强治理建良序聚合力，民主法治建设不断加强。积极支持人大及其常委会行使职权，制定《自贡市物业管理条例》等地方性法规，法律监督和工作监督取得明显成效。积极支持政协履行职能，协商民主主渠道作用充分发挥，政治协商、民主监督、参政议政水平不断提升。爱国统一战线进一步巩固，群团改革深入推进，保密、党史、老干部、关心下一代等各项工作取得新成绩。加强党管武装工作，国防动员、后备力量建设和双拥共建成效明显。依法治市扎实开展，司法改革有力有序，建成法治示范基地19个，创新农村院落“微自治”等治理方式。坚守“三条底线”，一批信访积案有效化解，圆满实现“六个不发生”目标。

我们从严抓党建扬正气树新风，苦干实干氛围更加浓厚。深入学习宣传贯彻中共十九大、省第十一次党代会精神和市第十二次党代会部署，“两学一做”学习教育常态化制度化扎实推进。健全“三个一线”考察识别干部机制，出台盐都人才新政，在全省率先全覆盖常态化选派村（社区）党组织第一书记。严管厚爱并重，整顿软弱涣散党组织138个，创新实行干部逆向测评、村（社区）干部小错歇职管理；建立关心关爱老党员长效机制，设立党内帮扶专项资金，细化容错纠错实施办法。压实扛牢“两个责任”，深化正风肃纪，运用“四种形态”处理2710人，严肃查处市粮油系统、水务集团等一批腐败案件。完成两轮市县巡察，启动监察体制改革试点，市级部门实现派驻监督全覆盖。坚持以事业凝聚人心，各级领导干部带头招商引资、带头推动项目、带头抓点示范，各条战线紧扣“三个加快”抓推进促落实，用干部辛苦指数换取群众幸福指数加快成为自觉行动。

一年来，市委常委会高度重视自身建设，始终坚持以上率下、带头示范，始终做到旗帜鲜明讲政治、事不避难敢担当、千方百计惠民生、同心同德重团结、心存敬畏守底线，带领带动全市各级和广大党员干部干在实处、走在前列。

总体上看，今年延续了良好发展势头，各项工作呈现出新气象、新变化，全市发展按下了“快进键”、跑出了“加速度”，后发争先的底气更足更强，追赶跨越的目标一步一步变成现实。这些成绩是全市上下用智慧和汗水干出来、拼出来的。在这里，向各位同志的辛勤付出表示衷心感谢，向奋战在各条战线的广大干部群众致以崇高的敬意！

同时，我们也清醒地看到发展和工作中存在的问题：一是发展不足、发展不优的现状与构建全省多点多极重要支点的新任务之间存在差距；二是体制机制创新不够与加速转型突破的新要求之间存在差距；三是生态环境质量与建设美丽自贡的新标准之间存在差距；四是一些党员干部的观念作风与推动振兴发展新使命之间存在差距。我们务必正视这些问题，用超常思维、超常举措、超常付出，破难题、闯险关、打硬仗，以全新作为把自贡发展推向新的高度。

二、坚定以习近平新时代中国特色社会主义思想统揽全局，把党的十九大精神全面落实在盐都大地上

中共十九大具有划时代的里程碑意义，提出的重要思想、作出的科学论断、描绘的宏伟蓝图、谋划的重大部署，进一步指明了党和国家事业的前进方向。省委十一届二次全会站在新时代新起点，进一步丰富完善治蜀兴川总体工作格局，为谱写中国梦四川篇章提供了科学指引。为切实推动十九大精神在自贡落地生根、开花结果，更好服务于建设美丽繁荣和谐四川的大局，市委在分专题开展调查研究基础上，经过广泛征求意见和市委常委会慎重研究，形成了提请本次全会审议的《决定（草案）》，请大家认真讨论、提出意见。

学习宣传贯彻中共十九大精神，是当前和今后一段时期的首要政治任务，全市各级党组织和广大党员干部要着力在学懂弄通做实上下功夫，领会好落实好省委全会按照十九大精神作出的部署要求，知行合一、学以致用，奋力推动各项事业更好更快发展。

*（一）压紧扛牢政治责任，坚定维护以习近平同志为核心的党中央权威和集中统一领导。*党中央集中统一领导是党的领导的最高原则。加强和维护党中央集中统一领导，坚定维护习近平总书记作为党中央的核心、全党的核心地位，是全党共同的政治责任。习近平总书记是全党拥护、人民爱戴、当之无愧的党的领袖，中共十九大把“坚定维护以习近平同志为核心的党中央权威和集中统一领导”写入党章，以党内根本大法的形式固定下来，充分体现了全党的共同意志、全国人民的共同心愿，是夺取新时代中国特色社会主义伟大胜利的根本保证。

我们要进一步树牢“四个意识”，把坚定维护以习近平同志为核心的党中央权威和集中统一领导作为第一位的政治要求，自觉在政治立场、政治方向、政治原则、政治道路上同党中央保持高度一致，坚定维护习近平总书记的核心地位。要始终听党话跟党走，自觉向习近平总书记看齐，向党中央看齐，向党的理论和路线方针政策看齐，向党中央决策部署看齐。要严守党的政治纪律和政治规矩，坚持党的思想原则、政治原则、组织原则、工作原则，坚决做到“五个必须”、防止“七个有之”，自觉同违反党章、破坏党的纪律、危害党中央集中领导和团结统一的言行作斗争，始终对党绝对忠诚。要坚定贯彻执行党的基本理论、基本路线、基本方略，切实做到党中央提倡的坚决响应、党中央决定的坚决照办、党中央禁止的坚决不做。

*（二）深刻领会习近平新时代中国特色社会主义思想的精髓要义，在各项工作中全面准确贯彻落实。*习近平新时代中国特色社会主义思想是马克思主义中国化的又一次历史性飞跃，是党和人民实践经验和集体智慧的结晶，是管根本、管方向、管长远的。中共十九大将其确定为我们党必须长期坚持的指导思想，为我们走好新的长征路、奋力夺取新时代中国特色社会主义伟大胜利提供了科学指南。

我们要深刻领会这一重要思想的时代背景、历史地位、理论品格和指导意义，准确把握“8个明确”丰富内涵和“14个坚持”基本方略，自觉在发展理念、发展布局、发展路径、发展举措上全面对表，作为武装头脑、指导实践的强大思想武器和根本工作遵循。尤其要与老工业城市的市情特点和阶段特征联系起来，坚持把党的领导作为战胜一切困难和风险的定海神针，充分发挥党委总揽全局、协调各方的领导核心作用，确保自贡各项事业沿着正确方向前进。坚持把发展作为解决一切问题的基础和关键，抓牢第一要务，突破性推动重大基础设施建设、产业结构优化、城乡功能品质整体提升，着力增强综合经济实力和城市竞争力。坚持把全面深化改革作为破解老工业城市根源性问题的关键一招，坚决破除一切不合时宜的思想观念和体制机制弊端，让受制于陈规、潜藏于基层、蕴含于市场的内在动力加速释放。坚持把全面开放作为内陆地区突破地域限制、借势借力发展的必由之路，主动融入国家陆海内外联动、东西双向互济的开放格局，面向资本市场拓空间、区域市场抓协同、国际市场走出去，加快培塑区域竞争新优势。坚持把增进盐都人民福祉作为发展的根本目的，着力在生态环境、公共服务、社会治理等方面补强短板、回应关切，不断满足人民群众对美好生活的需要。

（三）充分对接分两步走的战略安排，深入谋划推动振兴发展、加快现代化进程的美好蓝图。中共十九大作出了在2020年全面建成小康社会的基础上，分两步走建成富强民主文明和谐美丽的社会主义现代化强国的战略安排；省委十一届二次全会结合四川实际，也确定了相应的阶段安排和总体目标。我们要紧紧跟随、紧密对接，在历届党委政府打下的坚实基础上，以更长远的眼光谋划发展，制定新目标、肩负新使命、开启新征程。

从现在到2020年，是全面建成小康社会决胜期。我们要盯牢小康标准，抓重点、补短板、强弱项，突出抓好以工业为主的实体经济培育、以“三大战役”为主的生态环境治理、以扩大优质供给为主的公共服务水平提升，坚决打赢防范化解重大风险、精准脱贫、污染防治的攻坚战，确保与全国全省同步全面建成小康社会，为我市实现现代化打下决定性基础。

从2020年到2035年，在全面小康基础上，再奋斗十五年，基本建成城乡一体繁荣幸福新自贡，基本实现社会主义现代化。全市综合经济实力极大提升，产业形态脱胎换骨，成为全省多点多极重要支点；法治自贡基本建成，公平正义更加彰显，治理体系和治理能力现代化基本实现；社会文明达到新高度，文化软实力显著增强，盐龙灯特色文化充分绽放；人民生活水平迈上新台阶，共同富裕迈出坚实步伐，城乡群众享有外联内畅的交通、经济舒适的住房、优质均衡的公共服务、支撑有力的社会保障；绿色发展方式基本形成，生态环境质量根本好转，天蓝、地绿、水清、城美变成现实。

从2035年到本世纪中叶，在基本实现现代化的基础上，再奋斗十五年，建成城乡一体繁荣幸福新自贡，全面实现社会主义现代化。物质文明、政治文明、精神文明、社会文明、生态文明全面提升，社会生产力高度发达，经济实力、综合实力迈上更高台阶，实现治理体系和治理能力现代化，人与自然和谐共生，全市人民基本实现共同富裕、享有更加幸福安康的生活。

实现这一宏伟蓝图，必须深度融入全面建设社会主义现代化国家新征程，紧密对接治蜀兴川“一个愿景、两个跨越、三大发展战略、四项重点工程”的战略谋划，认真审视和丰富完善我市的发展思路和实施路径。实践充分证明，市第十二次党代会以来作出的系列安排部署，是契合中央精神、紧扣省委要求、符合自贡实际的，我们要在坚持中深化、深化中坚持，坚定不移走下去，奋力开启新的发展篇章。

实现以上目标，我们要始终坚持“三个加快”的发展定位不动摇。加快建设全国老工业城市转型升级示范区，着力经济发展“三个变革”，促进城乡融合发展，构建共建共治共享社会治理格局，加快产业、城市、社会同步全面转型，推动老工业城市向现代化城市跨越。加快建设西部内陆融入“一带一路”先行区，积极开拓国际国内两个市场，全面提升外向型经济水平，打造四川西向汇入丝绸之路经济带和南向汇入海上丝路的重要节点、长江经济带和成渝经济区的重要经济走廊，推动腹地城市向开放前沿跨越。加快建设独具特色的国际文化旅游目的地，推进优秀传统文化创造性转化、创新性发展，打造国际井盐文化博览园、国际恐龙文化旅游区、国际彩灯文化中心，推动文化资源大市向文化旅游强市跨越。

当前和今后一段时期，要着眼决胜全面小康，把深化实施“六大行动”作为战略抓手。深化实施产业转型行动，着力“优二兴三”，以优化供给质量为方向改造提升传统产业，以引育高端为切入发展壮大新兴产业，以文旅融合为突破口提档升级服务业，着力打造一批1000亿元、500亿元特色产业集群，加快建设实体经济、科技创新、现代金融、人力资源协同发展的产业体系。深化实施城市升级行动，加快推动以东部新城为重点的新区建设、以棚改为重点的旧城有机更新、以标志性精品工程为重点的特色街区打造、以“三创联动”为重点的治理水平提升，着力打造宜居宜业、宜品宜游城市。深化实施乡村振兴行动，坚持“3346”工作思路，全面推进农业农村改革，打造现代农业“一区六园”，加快建设“四好村”和幸福美丽新村，健全自治、法治、德治相结合的乡村治理体系，实现产业兴旺、生态宜居、乡风文明、治理有效、生活富裕。深化实施创新引领行动，抓牢全面创新改革试验“一号工程”，强化企业创新主体、集聚创新资源、优化创新平台、培塑创新文化，着力打通军民融合、科技与经济、科技与金融“三条通道”，赢得持续深厚的创新红利。深化实施全面开放行动，构建川渝滇黔重要的综合交通枢纽，深度融入四川自贸试验区建设，做优国际化市场化法治化营商环境，着力招商引资、招才引智，扩大外经外贸合作，打造内外联动、优进优出、活力迸发的内陆开放前沿。深化实施生态建设行动，以改善环境质量为核心，以推动转型升级为根本，以形成人文风尚为引领，坚决打赢污染防治“三大战役”，全域植绿增绿，协同推进发展观念、产品供给、生产方式、城乡建设、生活方式、治理方式“六个转变”，扛牢建设长江上游生态屏障的自贡担当。

三、全面贯彻落实新发展理念，筑牢推动振兴发展、决胜全面小康坚实基础

2018年是全面贯彻落实中共十九大精神的开局之年，是改革开放40周年，是推动振兴发展、决胜全面小康承上启下的关键一年。做好全年工作，必须坚持目标导向、问题导向，持续深化实施项目年，对标先进干、争分夺秒干、创新突破干、务求实效干，努力开创全市经济社会发展新局面。

全年工作总的要求是：以习近平新时代中国特色社会主义思想为指导，坚定贯彻中共十九大、中央经济工作会议精神，全面落实省委十一届二次全会、省委经济工作暨全省金融工作会议部署，深入实施省委“三大发展战略”，围绕“推动振兴发展、决胜全面小康”主题，突出统筹城乡、转型突破、追赶跨越工作基调，坚持稳中求进、好中求快，坚持新发展理念，紧扣社会主要矛盾变化，按照高质量发展的要求，以供给侧结构性改革为主线，扎实推进“三个加快”，深化实施“六大行动”，统筹推进稳增长、促改革、调结构、惠民生、防风险，全面从严管党治党，在建设城乡一体繁荣幸福新自贡征程中迈出坚实步伐。

市委研究，2018年全市经济增长预期为8.3%左右，规模以上工业增加值增长9.5%，全社会固定资产投资增长16%，社会消费品零售总额增长13%，地方一般公共预算收入同口径增长12%，城乡居民人均可支配收入分别增长8.8%和9.3%。确定这样的目标，符合当前发展走势，具备支撑条件，既有利于巩固经济持续向好态势、缩小与先进地区的差距，加快全面小康进程；也为推动转型升级、高质量发展留出了空间。完成这些目标并不容易，需要全市上下付出更为艰苦的努力。

做好2018年工作，要突出抓好七项任务：

*（一）专注转型升级，着力做强产业支撑。*紧紧扭住“优二兴三”，推动三产融合，加快建设全国老工业城市产业转型升级示范区，提升产业综合竞争力。

推进工业高端化集群化发展。坚持“量、质、效”并重，大力实施“633”转型升级行动，推动新兴产业规模化、传统产业高端化、优势产业集群化。在抓好盐及盐化工、绿色食品加工等传统产业改造升级的同时，重点发展航空与燃机产业，抓好瀚宇通用航空零部件、无人机引进和运营等项目，加快建设全省通用航空基地，实现产值增长30%以上。发展节能环保装备制造产业，规划建设泵阀产业园，支持东锅、川润股份等骨干企业开发新产品开拓新市场，产值总规模达400亿元以上。发展新材料产业，促进大西洋焊接产业园全面投产，加快晨光有机氟新材料产业化、硬合深加工智能化生产线扩能改造等项目建设和企业发展，实现产值增长15%以上。发展新一代电子信息产业，加快西南智能终端制造产业园、创示电子信息产业园、粤创微电子产业园等项目建设，着力打造全省智能终端产业基地。发展灯（光）产业，大力引进新光源和现代照明研发制造，集聚发展现代灯企，为“灯之城”注入全新产业内涵。要突出企业主体，持续推进行业领军企业、朝阳企业培育发展计划，妥善处置“僵尸企业”，推动“企业+科技+金融”，新增规上工业企业50户以上。要按照产城一体、园城相融理念，加快“两区多园”建设，推动高新区由制造型向智造型园区升级，主营业务收入突破700亿元；围绕创建国家级经开区，突破性推动航空产业园建设，新增重大产业项目10个以上；统筹推进各园区发展，力争沿滩工业园区建成省级高新区，3个以上园区纳入国家开发区目录，全市新增园区承载能力5平方公里以上，工业集中度提高到60%以上。

培塑服务业区域竞争优势。着眼构建区域服务业中心，打造个性化、多样化、便利化、舒适化的服务业态，新增规模以上服务业企业和限额以上商贸企业40户以上。要突破性发展文化旅游业，着力加强盐龙灯特色文化保护开发利用，推动文旅融合、打造全域景区，以国际一流水准加快恐龙文化科技产业园、中华彩灯大世界等重大文旅项目建设，建成运营“老盐场1957”、玉章故里·漫画小镇等一批特色景点，力争建成国家AAAA级景区4个。要加快传统服务业提档升级，着力改造提升商贸服务业，大力培育城区核心商圈、县级商贸中心、重点商贸镇，打造特色商街4条以上，力促万达广场等品牌城市综合体落地，推进城市会展中心建设；推动传统行业电商化改造，引导餐饮、家政等行业转型提质，塑造盐帮美食特色品牌。要着力培育新兴先导型服务业，围绕构建“三港两园三通道”国际物流体系，加快推进中国（西南）自贡国际航空物流中心、中国供销川南国际农贸城、自贡南铁路物流基地、大山铺铁路物流园等项目建设；实施全企入网、全民触网、电商示范三大工程，建设省级电商示范基地；围绕打造川南康疗养生养老基地，加快建设卧龙湖康疗中心、卫康院综合体；积极发展工业设计、文化创意、生产性中介服务等新兴业态。

深化农业供给侧结构性改革。坚持质量兴农、绿色兴农，实施基地提升、品牌创建、加工壮大三项行动，加快构建现代农业产业体系、生产体系、经营体系。要高标准建设“一区六园”，全面提速起步区建设，强化农业招商、龙头带动，新发展特色产业15万亩以上，力争建成省级现代农业产业融合示范园区2个。要用好用活“自然贡品”区域品牌，新认证“三品一标”农产品25个，重点支持香辣酱、冷吃兔等特色品牌扩大市场影响力。要着力构建“五园一城”农产品加工园区格局，实施技改扩能项目10个以上，新增产值100亿元。

加快推进产业发展、构建现代产业体系，必须作为贯彻新发展理念、落实高质量发展要求的核心任务强力推进。要抓好规划布局，完善重点产业规划和推进方案，深入研究产业链延伸方向、目标和项目来源，编制完善园区主导产业指导目录，推动各园区错位发展、特色发展、协同发展。要加强要素供给，实效性推进与金融机构的战略性合作，用好各类产业发展基金，加强煤电油气等供应保障；对投资规模大、带动力强的重大产业项目，在土地、能源、资金等方面予以重点倾斜，促进早开工早投产早见效。要大力弘扬企业家精神和工匠精神，紧扣产业转型发展需要，着力打造现代企业家、新时代盐都工匠和产业大军三支队伍。要强化机制保障，完善重点产业推进、领导联系企业等工作机制，建立重点企业联席会议制度，加大产业发展、园区建设、项目推进等方面的督查考核力度，跟踪问效、推动落实。

（二）坚持全域统筹，着力促进城乡融合。以全域规划为引领，着力构建四级现代城镇体系，持续推进“三创联动”，加快城市骨架拓展、功能完善、品质提升。

加快重大基础设施建设。要突出交通先行，围绕构建“七纵六横两航一环”立体交通骨干网络，加快建设川南城际铁路、成宜高速自贡段、自贡至泸州港公路、北环城市快速通道，提速推进蓉昆高铁自贡段、沱江航道升级改造工程，全面推进G348等国省干道改造，启动建设汽车客运枢纽站、高铁综合枢纽站及其配套工程，做好雅眉乐自铁路、内江至南溪高速等前期工作。要完善市域水网体系，实施城乡供水能力提升工程，推进东部新城水系连通、“一大三中”水库渠道配套工程，开工建设向家坝灌区一期工程。要提升能源和信息保障能力，改造城乡电网1500公里，在主城区布局一批公共充电基础设施，推动城市公共区域免费WiFi全覆盖。

统筹实施新区建设和旧城更新。要坚持规划战略引领和刚性控制，优化完善全域空间规划，启动新一轮城市总体规划修编，做好东部新城城市设计。要着力拓展优化城市空间，高起点建设东部新城，实施污水处理、地下综合管廊等市政基础设施工程，加快布局一批高端功能性设施，开工汇川路至高铁站连接线、城市规划展览馆等项目；推进旧城有机更新，全面完成棚改三年攻坚，打通大安寨隧道、汇柴口隧道等重要节点，实施老旧小区改造工程；完善南部、西部新城功能，提升富顺、荣县城市建设水平。要着力提升城市内涵品质，实施城市“双修”，规划建设“盐都之心”，打造釜溪历史文化长廊、公井古城、近现代工业文明博物馆等一批特色名片，实施一街一景环境改造提升；推行大城管体制，升级数字城管平台，不断推进城管向市场化、社区化、专业化转变，提升精细管理水平。

大力推动镇村一体发展。坚持内涵发展、绿色发展、全域发展，加快构建“镇村一体、产镇相融、特色凸显”的发展格局。要打破行政区划界限，组团发展特色镇村，突出“产、城、人、文”融合，重点抓好大山铺、邓关等一批特色小城镇、历史文化名镇和传统村落建设。要大力实施“三区同建”，围绕“一区六园”完善全域覆盖的镇村一体建设规划，建成幸福美丽新村150个，创建省级“四好村”80个。要全面改善农村基础条件，启动土坯房两年攻坚，新改建农村公路600公里，大力推进“三建四改”，配套集中供水供气、宽带网络等设施。

（三）*坚守绿色生命线，着力打赢环境翻身仗。*坚持把生态文明建设和环境保护作为生命工程，痛下决心解决环保突出问题，以最严格的环境保护倒逼转型发展、增进民生福祉、提升区域价值。

加快形成集约高效生产生活方式。要全域重构绿色发展空间，突出战略规划环评引领作用，强化生态保护、永久基本农田、城镇开发边界三条红线管控，以主体功能区规划为指导，以G348产城融合带、釜溪河流域生态保护廊道、沱江绿色经济发展带为主轴，着力构建生产、生活、生态互融共生的新格局。要加快推动生产方式绿色化，严格项目环境准入，大力发展低碳循环集约的绿色工业、高效清洁协同的绿色服务业、生态有机安全的绿色农业，万元GDP能耗完成省定目标。强化资源利用和循环使用，开工建设循环经济产业园，加快建设西南静脉产业园，建成荣县、富顺县生物质天然气试点项目，秸秆综合利用率达到84%。要倡导简约适度、绿色低碳的生活方式，开展节约型机关、绿色家庭、绿色学校、绿色社区创建，优先发展公共交通，引导绿色出行。

强力推进污染防治“三大战役”。大力实施治水、治气、治土、植绿，抓快抓实19个专项治理行动，确保所有环保督察发现反馈问题限期整改到位，实现环境质量提质升位。要坚决打好“蓝天”保卫战，深入实施“治霾十大专项行动”，$PM_{2.5}$、PM_{10}平均浓度下降8%以上，空气优良天数率达到70%以上。要坚决打好“碧水”保卫战，加强城乡集中式饮用水水源地保护和达标整治，科学划定和严格管理禁养区限养区，推进城乡生活污水处理设施建设运营一体化，实施截污管网新建延伸工程，建成东北部新城、舒坪生活污水处理厂和4个工业园区污水处理厂，完成沱江、釜溪河、越溪河等主要流域污水处理设施提标、双凤片区湿地公园、金鱼河河道治理等工程，确保主要河流出境断面水质达省控目标。要坚决打好“净土”保卫战，稳步推进耕地污染和工业用地土壤污染修复试点工作，健全覆盖城乡、科学有效的垃圾收运处理体系，防止各类有害物质对土地的次生污染，实现土壤环境质量不断提升。要大力实施道路、水系和村庄绿化，着力推进“一江两河”绿化建设工程，城市建成区绿地率提高到36%以上。

健全绿色发展常态长效机制。要将生态环境保护全面纳入法治化轨道，加快制订《釜溪河流域污染防治条例》等地方性法规，深化河长制工作，设立环保督察月，完善常态化督察考核机制，运用行政、法律等方式强化环境综合执法，开展领导干部自然资源资产离任审计。要建设大气、水、土壤网格化监测大数据平台，不断提升治理科学化水平。要深化环保市厅战略合作，细化落实与毗邻城市共同应对跨区域环境污染及突发环境事件框架协议，构建上下游联防联控联治工作格局。要设立环保基金，健全举报奖励、媒体曝光等制度，培育环保公益组织，引导公众有序参与。

（四）*锐意改革创新，着力增强发展动能。*建立完善面向市场、灵活高效的体制机制，引导人才、资本、技术、管理等要素优化配置，强化科技引领、做强人才支撑、释放改革红利。

抓牢全面创新改革“一号工程”。要主动对接四川建设国家创新驱动发展先行省的目标，加强产学研协同创新，建设发展科技创新平台、创新联盟，深化与浙大、清华等知名高校的校地合作，积极引导金融资本为科技创新服务，实施关键技术攻关、培育重点新产品、重大成果转化应用项目30项以上，推动高新区创建省级科技成果转移转化示范区。要围绕建设省级军民深度融合发展示范区，深化与航天科技、成飞等军工企业的战略合作，大力发展军用机械、新材料成套产品产业群，新培育民参军企业5户以上。要实施大规模招才引智计划，用好用活盐都人才新政，设立高端人才创投基金，推行“人才服务绿卡”，着力培育引进复合型创新人才、领军人才和创新团队。

突出激发市场主体活力推进重点领域改革。制定出台政策措施，加快破除制约市场主体作用发挥的制度性障碍。要着力构建多层次资本市场，开展资产证券化试点，推动一批“新三板”企业预转创业板融资，探索组建金融控股集团，组建文化旅游投资等基金，挂牌运行盐产品交易中心，推进4户企业在主板上市。要深化国资国企改革，推动四大投资运营公司实体化市场化转型，加快燃气公司等企业混合所有制改革，开展国有资本授权经营试点，推进长征公司重整。要深化落实两个“20条”，实施特色经济强县行动，引导各区县错位协同发展，整体提升县域经济发展水平。要深化农业农村改革，大力放活农村土地经营权，培育多元化农村新型经营主体，推进集体资产股份合作制改革等试点。要深入推进财税改革，建成涉税信息交换与共享平台，做好环境保护税开征、水资源费改税等工作，启动市级事业单位政府购买服务改革试点。要开展纪念改革开放40周年系列活动，评选一批改革大事、改革人物，营造崇尚创新、锐意改革的浓厚氛围。

优化政务服务环境。着力“放管服”改革，要最大限度简政放权，实施行政审批流程再造，完善重大项目、重点企业服务“绿色通道”，深化相对集中行政许可权改革试点，实行一体化网络政务服务平台应用。要加强事中、事后监管，健全企业信用联合激励惩戒机制，进一步规范中介行为。要对本土企业新上项目给予招商引资同等优惠政策，定期开展惠企政策兑现情况检查；加强产业园区政务服务能力建设，常态化开展行政审批上门服务；多渠道降低企业运行成本，争取扩大企业直购电范围。

（五）深度开放合作，着力推进双向互动。坚持双向开放、高端切入、量质并举，着力构建全方位、多层次、宽领域的开放格局。

提高招商引资实效。抓牢第一要事，在引进具有支撑性、引领性重大项目上实现突破。要强化“一把手”招商、专业化招商，健全驻外招商网络，围绕延链补链、无中生有，瞄准领军企业、关联企业、朝阳企业寻求突破，引进10亿元以上产业项目20个、到位市外资金突破1000亿元。要推动签约项目实质性落地，建立项目全过程推进机制，加大项目进展考核权重，签约项目履约率达到90%、开工率达到80%、资金到位率达到30%以上。

展现“走出去”新姿态。沿“一带一路”深化拓展发展空间，着力构建产业联盟、创新联盟、文化联盟，实效开展经贸、文化交流合作，外贸进出口总值增长18%以上。要充分发挥节能环保装备制造和新材料的独特优势，支持华西能源、运输机械等企业进一步拓展国际市场，提高自贡产品市场占有率。要充分发挥自贡彩灯作为国家对外文化输出战略品牌的聚集效应、联动效应，积极开展川灯耀丝路、中华彩灯世界行等活动，创建国家彩灯文化出口基地。

深度融入区域协同发展。主动对接先进生产力，积极参与区域产业分工合作，打造协同创新共同体。要主动接受成渝“双核”辐射带动，探索建立生产制造、商贸物流、文旅休闲等产业协同合作示范区。要实质性推动与成都高新区在贸易便利化、产业培育、创新创业等方面多领域合作，推进与川南临港片区协同发展。加快创建国家级综合保税区，努力提升通关贸易便利化水平。

（六）对标全面小康，着力保障改善民生。坚持把人民利益摆在至高位置，大力实施九大民生工程，切实办好民生实事，不断增进民生福祉。

巩固提升脱贫攻坚成效。细化实化查漏补缺、巩固提升阶段的各项措施，抓牢六项重点工程，进一步强化帮扶力量和人才支撑，确保稳定脱贫、持续增收。要统筹整合各类项目、政策、资金，用好用活扶贫基金，引导群众增强自主发展能力，把70%以上的贫困户稳固在产业链上。要扎实开展“回头看”“回头帮”，脱贫不脱政策、脱贫不脱项目、脱贫不脱帮扶，尤其是对易返贫人员重点关注、因户施策，确保长效脱贫，做好34个村、3.6万人省级达标退出工作。

增加优质公共服务供给。优化公共财政支出结构，进一步提高公共服务体系建设投入。要坚持全覆盖保基本、信息化促均衡、标准化强质量，统筹推进城乡义务教育一体化，着力解决中小学生“择校热”“大班额”等突出问题，积极发展婴幼儿照护和儿童早期教育服务，实施高中教育特色化优质化发展工程，加快建设促进转型升级的职业技术学院，大力支持四川理工学院等高校建设。要扎实推进健康自贡建设，深化医药卫生体制改革，加强全民预防保健和基层医疗服务，深入实施名医名科名院工程，加快医联体建设，推进家庭医生签约服务，广泛开展全民健身活动。要传承发展优秀传统文化，完善公共文化服务体系，建成市文化艺术中心，深入实施文化惠民工程，打造文化名家、创造名作名剧，大力推进基本公共文化服务标准化、均等化。要有序补齐公共服务设施短板，下大力解决停车难问题，实施“厕所革命”，加快城区农贸市场标准化改造，开工建设政务服务（市民）中心。

强化社会保障。按照兜底线、织密网、建机制的要求，着力完善社会保障体系。要出台支持就业创业政策措施，强化职业技能培训，启动新一轮中德职业教育试点推广项目，新增城镇就业3.3万人。要实施全民参保计划，改革完善基本养老保险制度，健全全民医保制度，扩大异地就医即时结算范围。要深化社会救助体系建设，稳步提高城乡低保标准，关心关爱农村留守群体，发展残疾人事业、慈善事业，开展养老机构公建民营、民办公助试点。要构建多主体供给、多渠道保障、租购并举的住房制度，大力发展住房租赁特别是长期租赁。

*（七）加强民主法治，着力提升治理能力。*坚持把法治作为发展核心竞争力，构建法治良序，巩固发展生动活泼、安定团结的政治局面。

扎实推进民主政治建设。支持人大及其常委会依法行权履职，落实“两个机关”建设要求，围绕重大项目建设、重点工作推进开展监督视察，充分发挥地方立法主导作用，健全人大组织制度和工作制度。支持政协依照章程开展工作，聚焦中心任务，把协商民主贯穿政治协商、民主监督、参政议政全过程，加强政协民主监督，重点监督重大方针政策和重要决策部署的贯彻落实。巩固发展最广泛爱国统一战线，支持各民主党派、工商联和无党派人士积极发挥作用，深化“万企帮万村”行动。引导群团组织和各类社会组织融入大局、建功立业。畅通民意渠道，保障群众民主权益。加强党管武装工作，支持驻地部队和民兵预备役建设。

深化依法治市。要强化依法行政，建立健全市县两级权责清单，严格规范行政决策和行政执法行为。要深化司法体制综合配套改革，全面落实司法责任制，着力提升两法衔接、生效判决执行等工作实效。要大力开展全民普法，健全落实领导干部学法用法四项制度，持续深化“法律七进”，打造一批法治示范点和法治文化阵地，营造依法治市浓厚氛围。

构建共建共治共享治理格局。要围绕提高社会治理社会化、法治化、智能化、专业化水平，加快重心下移，强化网格化管理，推广“三事分流、三社互动、三治并举”社区治理模式。要推动社会主义核心价值观融入社会发展各方面，大力弘扬开明开放、创新创造、苦干实干的城市时代精神，深入实施公民道德建设工程，加强未成年人思想道德教育，整体提升社会文明程度。要健全社会治安立体防控体系，严厉打击和惩治违法犯罪活动，加快公共安全视频监控建设联网应用，积极创建新一轮全国社会治安综合治理优秀市。

巩固发展和谐稳定良好局面。要全面落实打好防范化解重点领域风险攻坚战的部署要求，进一步规范金融秩序，整治非法集资、乱办金融等现象，稳妥推进互联网金融专项整治；防范化解企业债务风险，多方位拓展融资渠道，切实降低企业杠杆率；加强对政府债务、或有债务和隐性债务情况的动态监控；加强社会保险基金管理，确保养老、医保等社保待遇按时足额发放；加快住房制度改革和长效机制建设，促进房地产市场平稳健康发展。要强化社会稳定风险预测预警预防，进一步规范信访秩序，依法、及时、就地疏导化解矛盾问题。要严格安全生产责任制，保障食品药品安全，坚决遏制重特大安全事故。

四、践行新时代党的建设总要求，着力推动全面从严治党向纵深发展

推动振兴发展，关键在党、关键在把全市各级党组织建设得更加坚强有力。各级党组织必须认真落实新时代党的建设总要求，切实担负主体责任，扎实推进党的各项建设，不断提升管党治党水平。

*（一）加强政治建设。*把保证全党服从中央、坚持党中央权威和集中统一领导作为首要任务，时

时铭记在心，事事对标对表，切实把中央大政方针、省委决策部署和市委工作要求见行动、抓落地。全面加强党的政治领导、思想领导和组织领导，健全党委领导小组运行机制，充分发挥各类智库作用，提升党委对经济社会发展科学决策、依法决策的能力和水平。认真落实民主集中制，坚持“三会一课”，切实增强党内政治生活政治性原则性时代性战斗性。抓好领导班子思想政治建设，推进“两学一做”学习教育常态化制度化，按照中央、省委统一部署扎实开展“不忘初心、牢记使命”主题教育，组织广大党员干部学新思想、学新党章，用党的创新理论武装头脑、指导实践、推动工作。牢牢掌握意识形态工作领导权，加强新闻舆论工作，探索建立网络综合治理体系，积极推进媒体改革融合。

（二）建强班子队伍。坚持“好干部”标准，落实省委“三重”用人导向和“三个六”工作要求，用“四有”衡量干部，紧扣改革发展大局排兵布阵、调兵遣将，动态调整优化干部队伍结构，大力培养使用优秀年轻干部。围绕增强“八种执政本领”，抓好十九大精神全覆盖轮训、振兴发展专题培训，强化在“三个一线”培养选拔干部，大力建设高素质、专业化、实干型干部队伍。加强党校阵地建设，打造一批党性教育基地。坚持党管人才原则，深化人才发展体制机制改革。进一步完善关怀帮助、容错免责澄清保护等机制，旗帜鲜明为敢于担当、踏实做事、不谋私利的干部撑腰鼓劲，关心爱护基层干部，做好离退休干部工作。

（三）打牢基层基础。以提升组织力为重点，突出政治功能，把基层党组织建成坚强战斗堡垒。推行“大党建”、区域联建模式，全覆盖开展党建规范化标准化建设，常态化整顿软弱涣散党组织，村（社区）基层党建示范点覆盖面达25%以上。注重从产业工人、青年农民、高知识群体和非公经济、社会组织中发展党员，加强和改进党员教育管理，稳妥处置不合格党员。深化“盐都先锋”行动，建强基层党组织带头人队伍，充分发挥基层党员干部特别是“第一书记”骨干带头作用，大力培养村级后备干部。健全村（社区）干部考核激励机制，规范待遇增长办法，对“两委”班子实行差别化绩效考核，对不胜任干部实行小错歇职管理。

（四）持续正风肃纪。认真贯彻中央八项规定实施细则、省委省政府十项规定实施细则精神，聚焦“四风”突出问题特别是形式主义、官僚主义的新表现，着力整治慢作为、中梗阻、不担当。压紧压实“两个责任”，严格“双责约谈” “一案双查”，完善国有企业、学校、医院等领域主体责任落实机制，健全领导干部负面信息预警、逆向测评等制度。严明政治纪律政治规矩，树牢党章党规党纪意识，深入查纠不讲政治、不守规矩、不抓落实等问题。充分运用监督执纪“四种形态”，抓早抓小、动辄则咎。常态化开展“走基层”活动，不断整治微腐败、规范微权力、涵养微生态。

（五）坚决惩治腐败。坚持无禁区、全覆盖、零容忍，坚持重遏制、强高压、长震慑，坚持受贿行贿一起查，持续用力惩贪治腐。深化惩防衔接、一体联动，强化警示教育，抓好风险防控，围绕重点领域薄弱环节建章立制、堵塞漏洞。深入开展政治巡察，探索“机动式”巡察，切实发挥巡察“利剑”作用。全面完成市、区县监察体制改革试点，构建集中统一、权威高效的监察体系，实现对公权力监督全覆盖，确保干部清正、政府清廉、政治清明。

同志们，新思想引领新时代，新时代呼唤新作为。我们要更加紧密地团结在以习近平同志为核心的党中央周围，在省委坚强领导下，不忘初心、牢记使命，振奋精神、苦干实干，为加快建设城乡一体繁荣幸福新自贡而努力奋斗！

自贡市人民代表大会常务委员会工作报告

（在自贡市第十七届人民代表大会第三次会议上）

自贡市人大常委会主任 谭 豹

（2018 年 1 月 8 日）

2017 年工作回顾

2017 年是中共十九大胜利召开之年。在中共自贡市委的坚强领导下，市人大常委会坚持以马克思列宁主义、毛泽东思想、邓小平理论、“三个代表”重要思想、科学发展观、习近平新时代中国特色社会主义思想为指导，紧紧围绕“五位一体”总体布局和“四个全面”战略布局，紧扣中央和省市委重大决策部署，坚持维护核心、围绕中心、紧贴民心、凝聚人心，认真履行宪法和法律赋予的职责，在以往工作基础上推动人大工作迈出新步伐，实现本届常委会工作的良好开局。全年，开展视察、执法检查 22 次；召开常委会会议 11 次，作出决议决定 10 项，形成审议意见 13 份，任免国家机关工作人员 85 人次（任命 58 人次、免职 27 人次）；召开主任会议 22 次，转达主任会议建议意见 8 份；开展调查研究 25 次并形成调研报告，在推动振兴发展、决胜全面小康，建设城乡一体繁荣幸福新自贡中展现了人大新作为、贡献了人大新力量。

一、坚持党对人大工作的领导，履职担当迈出新步伐

坚持把党的领导贯穿于依法履职全过程，落实到人大工作各方面，确保党的路线方针政策和市委重大决策部署得到全面贯彻落实。

（一）*把握政治方向，始终与党委同心同向。*强化党的意识，坚持重大事项向市委请示报告制度。紧扣市委重大决策部署，确定人大“656”工作重点[①]，始终与市委同心同向。常委会党组提高政治站位，推进全面从严治党，制定了常委会党组工作规则、关于加强和规范党内政治生活严格党内监督的意见，充分发挥党组把方向、管大局、议大事、保落实的领导核心作用，确保人大工作的正确政治方向。

（二）*落实决策部署，科学决定重大事项。*深入贯彻落实中央、省委关于健全和落实人大讨论决定重大事项等部署要求，积极推动市人大常委会讨论决定重大事项相关规定的修订工作。坚持人大决定与市委决策的有机统一，紧扣全市改革发展稳定中带全局性、长远性、根本性的重大事项，听取审议相关工作报告，依法作出关于设立代表资格审查委员会的决定、关于开展第七个五年法治宣传教育的决议等，较好地发挥了依法决定重大事项对全市经济社会发展和民主法治建设的保障作用。

（三）*贯彻党委意图，依法规范人事任免。*坚持任前资格审查、法律知识考试、供职报告、颁发任命证书和宪法宣誓制度，保证了市委意图的圆满实现，为全市经济社会发展提供了有力支撑和重要保障。

二、推进科学立法民主立法，立法工作取得新进展

坚持立良法、施善治，突出问题导向，体现地方特色，强化务实管用，扎实推进地方立法工作。

（一）*突出问题导向，推进科学民主立法。*制定市十七届人大常委会立法规划（2017—2021 年）及 2018 年度立法计划，着力增强立法的系统性、时代性和可操作性。制定公布《自贡市物业管理条例》，完成《自贡市井盐历史文化遗迹保护条例（草案）》二审，开展自贡市违法建设治理、自贡市农村村民住房建设管理等立法工作调研，积极回应群众关切，务求立法为民。

（二）健全工作机制，强化立法质量保障。建立基层立法联系点，选聘立法咨询小组成员和特邀立法咨询员，搭建基层群众、社会组织和立法专家直接参与立法活动的平台，吸纳专业人士为立法工作"把脉"。制定"五个办法、三个规程"②，构建立法质量保障体系。有计划组织全市立法工作者培训，加强立法能力建设，探索建立长效机制。

（三）推进法规实施，维护法制统一权威。召开《自贡市物业管理条例》新闻发布会和工作推进会，为贯彻实施营造良好舆论氛围和社会环境。开展《自贡市集中式饮用水水源地保护条例》实施情况的执法检查，明确"三抓三强三兴"③的工作要求，推动条例有效贯彻实施。修订规范性文件备案审查规定，对"一府两院"和区县人大常委会报送的97件规范性文件进行了备案审查，做到有件必备、有备必审、有错必纠。

三、服务改革发展稳定大局，监督工作打开新局面

坚持围绕中心服务大局，突出监督重点，改进监督方式，促进"一府两院"依法行政、公正司法。

（一）围绕振兴发展，促进经济健康运行。着眼产业转型发展，对老工业城市产业转型升级示范区建设、重大项目和招商引资项目推进、市政府履行出资人职责情况和国有资产监督管理运营、独具特色的国际文化旅游目的地建设、科技创新平台建设及成果转化、都市休闲农业发展、彩灯产业发展、节能减排等工作开展视察，听取审议市政府相关工作报告，提出把握机遇、找准路径，抓重点产业发展、抓重大项目推进、抓实体经济振兴、抓改革措施落地的意见建议。着眼经济平稳运行，听取审议市政府关于国民经济和社会发展计划、财政预算执行和其他财政收支审计、市本级财政预算调整及2017年地方政府债务举借规模、部分民生政策和重大专项支出绩效评价结果及财政存量资金清理盘活、财政审计查出问题整改等情况的报告，审查和批准2016年市本级财政决算、2017年市本级财政预算调整方案，及时作出决议决定。对2016年中央预算内投资项目和扶贫资金使用、财政与金融互动政策措施落地及推动情况开展专项督查或调研，对2017年省财政厅转移支付项目安排情况进行深度分析，提出可行性意见建议，力促政府部门最大限度争取上级资金支持。着眼增强监督实效，制定经济咨询专家库管理办法、市人大代表计划和预算审查监督联络员工作制度，完善预算审查咨询专家库管理办法；创新决算审查监督举措，推进"四审联动"④；探索财政审计监督"清单制""三审制"和"报告制"⑤，探索开展对审计查出问题较多和问题比较突出的单位进行询问；探索人大预算联网监督工作，切实管好人民群众的"钱袋子"。

（二）关注民生热点，主动回应社会关切。紧扣生态文明建设和环境保护工作，对城乡管理及城乡生活垃圾收运体系建设、釜溪河流域综合治理等情况开展视察或调研，听取审议市政府关于2016年环境状况和环境保护目标完成情况的报告，提出全力打好环境保护"三大战役"⑥攻坚战、构建共治共享机制等意见建议。牵头开展"自贡环保世纪行"督导宣传行动，加快补齐生态环境短板，推动生态环境质量全面改善。紧扣精准扶贫和城乡统筹，对脱贫攻坚年度专项扶贫计划落实、中心城区缓堵保畅体系建设、棚户区改造、全市省级示范性普通高中学校建设发展、全市基层医疗卫生机构规范化和标准化建设、社会治安防控体系建设等情况开展专项视察，听取审议相关工作报告，提出具体意见建议。市政府及相关部门高度重视，多措并举，中心城区交通状况明显改观，基层卫生服务能力不断提升，立体化社会治安防控体系初步建立。紧扣民生改善，对最低生活保障、卫生人才队伍建设等情况开展专项调研，推动惠民政策落地见效，人民群众获得感进一步增强。

（三）聚焦法治建设，力促法律法规有效实施。加强法律监督，对我市贯彻实施四川省农村扶贫开发条例情况开展执法检查，及时向市政府转达重点问题清单；对精神卫生法、律师法实施情况开展调研，提出意见建议。积极配合全国人大常委会、省人大常委会对我市贯彻实施药品管理法、四川省公共图书馆条例、固体废物污染环境防治"一法一条例”[⑦]、宗教事务条例和四川省宗教事务条例开展执法检查或调研，力促相关法律法规在我市落地实施。加强司法监督，听取审议市中级人民法院关于执行工作、市人民检察院关于民事行政检察工作的情况报告，转达意见和要求，力促“两院”公正司法。坚持常委会领导接访和重要信访包案制，畅通信访渠道，化解矛盾纠纷。全年，受理群众来信来访567件次，重要信访包案7宗，推动了一批信访问题的解决。

四、支持保障人大代表依法履职，代表工作呈现新起色

尊重代表主体地位，加强管理服务，搭建履职平台，完善工作机制，不断提高代表工作水平。

（一）夯实工作基础，服务代表履职。健全“三联系”[⑧]制度，加强与代表经常性、制度化联系。组织全市各级人大代表参加履职培训。邀请人大代表列席常委会会议，参加常委会组织的视察、调研、执法检查等活动。制定常委会组成人员履职规定，编印组成人员《履职手册》，规范组成人员履职行为。推进代表履职服务平台建设，积极为代表知情知政创造条件、提供服务。

（二）搭建履职平台，促进代表履职。深化“脱贫攻坚—人大代表再行动”[⑨]活动，组织我市全国人大代表、省人大代表开展脱贫攻坚专题调研和代表“1+1”联系帮扶贫困户工作，全市6000多名人大代表主动作为，联系2万多名群众和“1+1”帮扶对象，聚力帮助贫困村发展产业、改善生产生活条件，帮助贫困户脱贫致富，充分发挥了人大代表在脱贫攻坚中的积极作用。

（三）强化议案办理，支持代表履职。高度重视代表议案建议办理工作，落实常委会领导牵头督办、专委会分工督办、提出建议代表参与督办的工作机制。聚力开展“坚持统筹城乡一体化发展，推进精准脱贫攻坚”和“加强釜溪河流域综合治理”两个议案的督查督办工作，力促脱贫攻坚政策、措施精准落地，推动市委确定的脱贫集中攻坚任务如期完成；力促政府实施水系连通、截污治污、河道建设、生态补水、景观塑造、文旅产业“六大工程”，打造宜居宜业生态环境。目前，2件议案办理扎实推进；121件代表建议办结，代表满意和基本满意率达100%。

五、夯基筑垒全面加强自身建设，履职水平得到新提升

坚持抓班子、带队伍、夯基础，抓实机关党的建设、团队建设和理论宣传工作，为常委会履职行权提供保障。

（一）抓引领明规矩，政治素质有效提升。迅速掀起中共十九大精神学习热潮，教育引导党员干部准确把握党的初心和使命、旗帜和方向、目标和任务，树牢“四个意识”，坚定不移同以习近平同志为核心的党中央保持高度一致。深入推进“两学一做”学习教育制度化、常态化，组织开展政治理论和党纪党规学习，健全会前学法制度。组织开展常委会组成人员学习培训和全市人大工作培训，提高人大干部政治素质和业务水平。坚持不懈抓作风建设，深入推进正风肃纪，良好的政治生态得到巩固和发展。

（二）抓团队强担当，干事氛围更加浓厚。在市人大常委会机关提出了“强精神、重实干、争一流”的价值追求，制定了“三规三严三细”[⑩]的工作要求。加强目标绩效管理，建立定期专题分析和通报制度，强化干部责任担当。充分发挥机关党组织、群团工会作用，组织参与“三创联动”[⑪]，开展干部能力素质拓展训练等主题活动，激发干部队伍活力，凝聚团队力量。推行机关管理服务标准化建设，启动并优化办公自动化系统和人大会议管理系统建设。切实加强老干部工作，全面落实老干部待遇。制定市人大常委会加强与区县人大常委会工作联系的意见，加强对区县人大的工作指导和支持，形成人大工作整体合力。

（三）抓宣传重导向，人大意识不断增强。制定加强人大宣传信息工作意见，召开全市人大宣传信息工作会议，强化宣传信息队伍建设；组织开展人大“好新闻”评选活动，把握时代脉搏，传递人大声音，当好人大“扬声器”。通过网络平台、新闻媒体、自贡人大刊物、市人大常委会网站，大力宣传人民代表大会制度、人大工作亮点和代表风采，努力营造全市人大工作和民主法治建设良好氛围。

各位代表，过去的一年，市人大常委会工作取得了新成绩，这是市委坚强领导的结果，是全市各级人大代表共同努力的结果，是常委会机关和各区县人大常委会辛勤工作的结果，是“一府两院”及其职能部门配合支持的结果，更是社会各界、全市人民积极有序参与民主政治建设的结果。在此，我谨代表市十七届人大常委会向大家表示崇高的敬意和衷心的感谢！

回顾过去一年的工作，面对新形势、新任务，我们清醒认识到市人大常委会的工作还存在一些差距和不足，主要表现在：一是综合运用监督手段不够，特别是刚性监督手段探索应用少，监督实效还需进一步增强；二是代表履职服务机制还需完善，代表的主体作用还有待进一步发挥；三是人大工作制度执行还需进一步落实。我们要高度重视这些问题，虚心听取代表和各方面的意见建议，自觉接受监督，不断加强和改进各项工作。

2018年主要工作任务

2018年是全面贯彻落实中共十九大精神的开局之年，是推动振兴发展、决胜全面小康承上启下的关键一年，也是市人大常委会工作砥砺奋进的重要之年。中共十九大为新时代长期坚持、不断完善人民代表大会制度指明了方向，为发展社会主义民主政治提供了行动指南，也对人大工作提出了新任务和新要求。我们要深刻领会和牢牢把握人民代表大会制度是我国的根本政治制度，必须毫不动摇地长期坚持、不断完善；要深刻领会和牢牢把握支持和保证人民通过人民代表大会行使国家权力的要求，不断推进民主法治建设；要深刻领会和牢牢把握人大及其常委会在立法工作中的主导作用，依法行使立法权、监督权、决定权、任免权；要深刻领会和牢牢把握“两个机关”⑫的丰富内涵和要求，努力把人大及其常委会建设成为全面担负起宪法法律赋予各项职责的工作机关、同人民群众保持密切联系的代表机关；要深刻领会和牢牢把握新时代对人大工作的新要求，务实践行新时代人大工作的新使命；要深刻领会和牢牢把握民主法治建设的新要求，依法履职行权，切实保证宪法法律得到全面遵守和执行。

各位代表，同志们！新时代赋予新使命，新目标开启新征程。我们要以中共十九大精神为统领，坚持以人民为中心的发展理念，充分发挥人民代表大会制度优势，以实际行动推动人民代表大会制度在自贡的实践创新。

2018年市人大常委会工作的总体要求是：以习近平新时代中国特色社会主义思想为指导，全面贯彻落实中共十九大精神和省委十一届二次全会、市委十二届五次全会精神，坚持党的领导、人民当家作主、依法治国有机统一，紧紧把握新时代人大工作新要求，准确把握人大及其常委会作为工作机关和代表机关的职能定位，围绕“三个加快”⑬发展定位和深化实施“六大行动”⑭部署要求，依法履行宪法法律赋予的职责，为推动振兴发展、决胜全面小康，建设城乡一体繁荣幸福新自贡做出新贡献。

一、坚持党的领导，在坚定正确政治方向上保持定力。旗帜鲜明讲政治，始终坚持党的领导。坚决维护党中央权威和集中统一领导。认真学习中共十九大精神，牢固树立“四个意识”，自觉在思想上政治上行动上同以习近平同志为核心的党中央保持高度一致，坚决贯彻党中央和省市委重大决策部署，及时把党的主张通过法定程序转化为人民群众的共同意志和自觉行动。充分发挥常委会党组领导核心作用。切实履行管党治党政治责任，推动全面从严治党，注重发挥机关党组织战斗堡垒作用和党员干部先锋模范作用。严格执行请示报告制度。坚持重大问题、重要事项向市委请示报告，确保与市委思想同心、政治同向、行动同步。

二、坚持法治引领，在提高立法质量上持续用力。充分发挥人大及其常委会在立法工作中的主导作用，以良法促进发展、保障善政。加强立法工作组织协调。进一步健全立法起草、调研、论证、评估、审议和协商机制，加强对地方立法工作的统筹协调。强化立法工作调研。加强对我市违法建设治理、建设施工现场管理、沱江釜溪河流域污染防治等立法项目的调研，加强对现行地方性法规实施过程中存在困难和问题的专题调研，科学制定立法计划。稳步推进地方立法。坚持务实管用原则，突出民生需求，继续审议《自贡市井盐历史文化遗迹保护条例（草案）》；新审议《自贡市文明行为促进条例（草案）》。督促法律法规有效实施。对《自贡市物业管理条例》实施情况开展执法检查，督促贯彻落实。

三、坚持集体行权，在讨论决定重大事项上健全机制。落实中央、省委、市委关于健全和落实人大讨论决定重大事项的部署要求，不断推动决策的科学化民主化。推动工作机制完善。进一步明确重大事项范围、程序和工作要求，探索建立协商通报、重大事项和重大决策提出以及人大审议等工作机制。依法决定重大事项。修订《自贡市人大常委会讨论决定重大事项的规定》，坚持抓大事议大事，围绕全市改革发展稳定中的重大事项和人民群众关心的重大问题，听取审议国民经济和社会发展计划执行、财政预算执行和其他财政收支审计、财政决算及预算调整、政府性债务等情况汇报，及时就有关重大事项作出决议决定。健全跟踪督办制度。及时跟进重大事项决议决定贯彻落实情况，督促解决存在问题，切实推动落地见效。

四、坚持服务大局，在提高监督工作实效上积极实践。围绕市委中心工作，找准监督的着力点和切入点，坚持寓监督于支持之中，与“一府两院”形成推动问题解决、协同共促发展的合力。突出监督重点。对政府与社会资本合作（PPP）项目、特别重大项目、产业项目招商引资、国有资产平台公司运营、政府债务及风险防控、高中学校适应高校招生制度改革、禁毒工作、2017年度环境状况和环境保护目标完成等情况开展视察，对医保基金管理使用情况开展专题询问，听取审议相关工作报告，推动建设城乡一体繁荣幸福新自贡。聚焦依法治市，听取审议市中级人民法院关于行政审判、市人民检察院关于刑事司法与行政执法衔接工作的情况报告；对我市贯彻实施预算法情况开展执法检查，力促相关法律法规在我市贯彻实施。完善监督方式。通过听取审议专项工作报告、执法检查、专题询问、备案审查等方式的有机结合、深度融合、相互补充，加大监督力度。积极探索大会议政、联网督政、代表问政、组成人员审政等多种方式，推动监督工作持续深入开展。全面推动预算联网监督工作，开展大气污染特定问题调查。探索开展审计整改情况满意度测评，逐步建立预算审查前听取人大代表和社会各界意见建议的机制。增强监督实效。加强对审议意见落实情况的监督，督促有关部门改进工作，探索引入第三方服务机构对部分财政专项资金使用绩效进行评估，切实增强人大监督实效。

五、坚持严格程序，在推进依法任免上强化保障。坚持“好干部”标准，依法行使人事任免权。实现党委意图。坚持党管干部与人大依法任免的有机统一，把坚持党委的领导与发挥人大的职能作用高度统一起来，保证党委推荐和人民公认的干部得以任免。完善任免机制。坚持任前资格审查、法律知识考试、供职报告、颁发任命证书、宪法宣誓制度，增强任命人员的民主意识、法治意识、责任意识，确保人民赋予的权力真正用来为人民服务。强化任后监督。依法对市经济和信息化委、市国土资源局、市商务局、市水务局、市文广新局等5个部门开展工作评议；对市政府秘书长及未被评议的工作部门主要负责人、市法院副院长、市检察院副检察长开展年度工作测评，对常委会任命的部分“两院”人员进行述职测评，促进国家机关及其工作人员依法履职、廉洁奉公、勤政为民，务实高效开展本职工作。

六、坚持主体地位，在提升代表履职能力上强化服务。突出人大代表的主体地位和作用，加强履职服务，激发履职热情，努力建设“代表之家”。发挥代表主体作用。支持和保障代表依法履职，积极为代表联系群众、开展活动提供条件。实现代表参与常委会、专门委员会工作常态化，进一步发挥代表在常委会立法、监督工作等方面的作用。加强代表履职服务。完善代表学习培训制度，提高代表履职能力和水平；加强代表履职服务网络平台建设，充分保障代表知情知政权利；加强代表履职过程常态化管理，督促代表依法履行代表义务，增强代表职务意识。密切代表与人民群众的联系。完善“三联系”制度，搭建代表联系服务群众平台，使人大及其常委会成为同人民群众保持密切联系的代表机关。强化议案和建议批评意见的督办工作。进一步规范议案、建议批评和意见的督办和回复工作，通过开展议案办理满意度测评、代表建议全程督办、代表批评意见跟踪反馈等方式，提升办理质效。夯实基层人大工作基础。认真落实《中共全国人大常委会党组关于加强县乡人大工作和建设的若干意见》精神，加强基层人大工作专题调研，推广建立街道人大工作站（委员会）和乡镇代表联络站，探索乡镇人大代表向所在选区选民进行年度述职的办法。

七、坚持问题导向，在提升调查研究水平上增强实效。强化人大责任担当，围绕党委工作的重点、政府工作的难点、代表关注的焦点、群众反映的热点开展工作调研。精选调研课题。坚持问题导向，力求精准发力，对我市产业转型、城市升级、乡村振兴战略实施、釜溪河流域综合治理、棚户区改造专项资金使用绩效、医养结合发展、公共法律服务体系建设，以及人大代表作用发挥、基层人大组织建设、增强监督工作质效等情况开展调研，增强人大调研的前瞻性、针对性和实效性。改进调研方式。认真制定调研方案，明确调研重点内容，注重解决突出问题，深入基层、深入一线开展调研，力戒形式主义。注重调研成果的转化和运用。加强对调查情况的研究分析，找准问题，提准建议，形成高质量调研报告，为常委会科学决策提供依据，为市委决策当好参谋。

八、坚持强基固本，在加强自身建设上提升能力。坚持把加强人大及其常委会自身建设作为发挥“工作机关”和“代表机关”作用的重要保证，不断加强和改进人大工作，提升常委会组成人员的履职能力和水平。抓牢政治思想建设。全面深入学习中共十九大精神，提高政治站位，增强政治定力，坚定维护以习近平同志为核心的党中央权威和集中统一领导。抓好组织建设。坚定人民代表大会制度的制度自信，进一步理顺专委会和常委会办事机构职能职责，优化结构，健全制度，不断健全完善人大工作组织机构和制度体系。抓实能力建设。突出依法履职能力建设，开展人大业务知识培训，全面提升常委会组成人员履职水平。抓细制度建设。围绕常委会组成人员在视察调研、执法检查、联系群众、出席会议、审议发言等方面的履职要求，进一步健全议事规则、创新议事形式、完善审议程序，提高审议质量，推动常委会工作更加规范化、程序化、制度化。抓紧作风建设。坚决贯彻落实中央八项规定实施细则和习近平总书记关于进一步纠正“四风”、加强作风建设重要批示精神，大兴调查研究之风，大办民主法治之事，坚持民主集中制，集体行使职权，集体决定问题，严格依法履职。

九、坚持精准发力，在助推乡村振兴战略上积极作为。立足人大自身优势，充分发挥在乡村振兴战略和脱贫攻坚中的助推作用。主动服务乡村振兴战略。按照产业兴旺、生态宜居、乡风文明、治理有效、生活富裕的总要求，围绕脱贫攻坚、“一区六园”[15]建设、“四好村”[16]推进等重点开展监督，推动各项惠农政策措施落地落实。注重发挥人大代表推动作用。继续深入开展“脱贫攻坚—人大代表再行动”活动，引导代表主动融入脱贫攻坚和全面推进乡村振兴战略大局，发挥在打赢脱贫攻坚“硬仗”和建设美丽乡村中的示范作用。巩固提升人大机关脱贫攻坚工作成效。努力拓展产业扶贫新路径，不断增强贫困户自身的造血功能，切实提升扶贫帮扶工作成效，推动联系村在“四好村”建设中全面提档升级。

十、坚持内强素质，在锻造一流人大队伍上树立形象。深入贯彻落实中共十九大对人大工作提出的新要求，坚持内强素质，外树形象，锻造一流干部队伍。着力抓好学习培训。坚持党组中心组学习、党支部学习和机关学习制度，组织开展中共十九大精神系列学习活动，完善领导带头学、干部集体学、专家辅导学、个人自主学、活动促进学“五学并举”学习形式，开展机关业务培训，全面提高人大机关干部的理论素养和业务素质。着力抓好机关党风廉政建设。认真履行“一岗双责”，全面落实党风廉政建设责任制，努力营造忠诚、干净、担当的干事创业氛围，打造廉洁机关。着力抓好团队精神锤炼。坚持“强精神、重实干、争一流”价值追求和“三规三严三细”工作要求，扎实开展“不忘初心、牢记使命”主题教育，进一步提升团队精、气、神，引导干部形成积极向上、干事创业、担当有为的精神追求。着力抓好机关管理服务标准化建设。厘清岗位职责，规范工作流程，努力使机关工作职责更加明晰，工作要求更加精准，工作运行更加协调，推行办公自动化建设，全面提升机关工作质效。着力抓好人大宣传工作。讲好“人大故事”、发出“人大声音”，使广大人民群众不断增强对人大的情感认同、制度认同和工作认同。

各位代表，同志们！千川汇海阔，风好正扬帆。中共十九大的胜利召开，使我们党和国家又一次站在新的历史起点上，也为坚持和完善人民代表大会制度、不断加强和改进人大工作提供了更加广阔的空间。新目标催人奋进，新征程任重道远。让我们紧密团结在以习近平同志为核心的党中央周围，在中共自贡市委的坚强领导下，不忘初心、牢记使命，开拓创新、锐意进取，凝心聚力、攻坚克难，为推动振兴发展、决胜全面小康，建设城乡一体繁荣幸福新自贡做出新的更大的贡献！

名词注解

①“656”工作重点（“六大任务”：老工业城市转型升级、釜溪河流域综合治理、推进“预算在线监督”试点工作、探索地方立法的关键和难点、城乡一体脱贫攻坚、科技创新平台及转化机制；“五大课题”：人大落实重大事项决定权、人大代表作用发挥的机制和途径、人大监督工作的重点范围方式及结果运用、指导区县人大工作和对外联系机制的建立、人大机关自身建设；“六件实事”：开展培训、开展机关招商引资工作、机关管理服务标准化建设、明晰岗位职责、机关环境整治、机关对外宣传和沟通协调）。

②五个办法、三个规程：《自贡市人大常委会公开征集地方立法选题和立法建议办法》《自贡市人大常委会立法规划和年度立法计划编制办法》《自贡市人民代表大会常务委员会立法咨询管理办法》《自贡市人民代表大会常务委员会立法联系点联系办法》《自贡市地方性法规编号办法》《自贡市人大常委会立法论证工作规程（试行）》《自贡市人大常委会立法听证工作规程（试行）》《自贡市人大常委会立法评估工作规程（试行）》。

③三抓三强三兴：抓宣传和培训，强责任兴保护；抓规划和建设，强管控兴治理；抓监管和机制，强执法兴能力。

④四审联动：专家审查、软件审查、重点审查、核实审查。

⑤清单制、三审制和报告制（“清单制”：列出审计查出问题清单；“三审制”：人大有关专委会和常委会有关办事机构对政府审计工作报告进行“初审”，人大常委会主任会议进行“二审”，人大常委会进行法定审议；“报告制”：审计查出问题及其整改情况定期向市人大常委会报告）。

⑥三大战役：大气、水、土壤污染防治“三大战役”。

⑦固体废物污染环境防治“一法一条例”：固体废物污染环境防治法及四川省固体废物污染环境防治条例。

⑧三联系：市人大常委会主任、副主任、秘书长联系市人大常委会委员，市人大常委会组成人员联系市人大代表，市人大代表联系人民群众。

⑨脱贫攻坚——人大代表再行动：为充分发挥人大代表在脱贫攻坚中的积极作用，省人大常委会出台《关于深化“脱贫攻坚——人大代表再行动”活动的意见》（川人发〔2017〕4号），号召全省各级人大代表主动融入全省脱贫攻坚大局，始终聚焦“两不愁、三保障”和“四个好”目标，结合代表自身实际，采取多种形式为脱贫攻坚出招献力，全力以赴助力打赢脱贫攻坚战。

⑩三规三严三细：讲规矩、讲规范、讲规则，作风严谨、管理严格、办事严实，做事细心、工作细致、注重细节。

⑪三创联动：创建全国文明城市、国家卫生城市、省级环保模范城市。

⑫两个机关：中共十九大报告提出的“使各级人大及其常委会成为全面担负起宪法法律赋予的各项职责的工作机关，成为同人民群众保持密切联系的代表机关”。

⑬三个加快：加快建设全国老工业城市转型升级示范区，推动老工业城市向现代化城市跨越；加快建设西部内陆融入“一带一路”先行区，推动腹地城市向开放前沿跨越；加快建设独具特色的国际文化旅游目的地，推动文化资源大市向文化旅游强市跨越。

⑭六大行动：产业转型行动、城市升级行动、乡村振兴行动、创新引领行动、全面开放行动、生态建设行动。

⑮一区六园（“一区”：自贡市现代农业园区；“六园”：自流井区绿色现代农业示范园、贡井区农村产业融合发展示范园、大安区长滩河现代农业产业融合示范园、沿滩区现代农业［柑橘·花椒］产业园、荣县茶叶产业园、富顺县苗仙湖现代产业融合示范园）。

⑯四好村：全省开展的以“住上好房子、过上好日子、养成好习惯、形成好风气”为主要内容的“四好村”创建活动。

政府工作报告

（在自贡市第十七届人民代表大会第三次会议上）

自贡市人民政府市长　何树平

（2018 年 1 月 6 日）

2017 年工作回顾

过去的一年，在省委、省政府和市委的坚强领导下，我们紧紧依靠全市人民，围绕“推动振兴发展、决胜全面小康”主题和统筹城乡、转型突破、追赶跨越工作基调，统筹稳增长、促改革、调结构、惠民生、防风险，较好地完成了市第十七届人大一次会议确定的各项目标任务，实现了新一届政府工作良好开局。

一年来，我们始终保持专注发展定力，经济实现平稳较快增长。积极应对复杂经济形势，采取一系列有力措施，经济运行总体平稳、稳中向好，主要经济指标好于预期、高于全省。地区生产总值实现 1312.07 亿元、增长 8.3%；全社会固定资产投资完成 832.24 亿元、增长 17.2%，增速居全省前列；地方一般公共预算收入实现 53.21 亿元、增长 11.5%（同口径）。大力实施“项目年”，重点推进 120 个市级重大项目建设，成立 18 个特别重大项目指挥部，实行挂图作战，每季度组织现场观摩，市级重大项目完成投资 480 亿元，超计划 37 个百分点，30 个项目竣工投产投用；先后 10 批次集中开工项目 384 个，完成投资 460 亿元；争取到项目无偿补助资金 55 亿元、增长 25.7%，争取到用地计划 2000 余公顷。积极引导消费需求，举办灯贸交易会、房交会、盐帮美食节等活动 65 场次，乡村旅游、休闲娱乐、体育健身等新兴消费成为热点，汽车和住房消费保持活跃，社会消费品零售总额完成 624.04 亿元、增长 12.3%。加强对外贸易，积极参加西博会进出口商品展，进出口总额实现 30.6 亿元、增长 18%。努力稳定实体经济，强化领导联系重点企业制度，帮助协调解决突出问题 213 个；出台供给侧结构性改革 50 条政策措施，运用应急转贷资金、中小微企业“提升贷”[①]，支持 117 户企业转贷 13.3 亿元，多渠道为企业减负 15.2 亿元，新创四川名牌产品 14 个，新增规模以上工业企业 40 户，规模以上工业增加值增长 9.4%。

一年来，我们全力推进“优二兴三”，产业转型升级步伐加快。紧紧抓住列为全国首批老工业城市产业转型升级示范区的机遇，大力实施“633”[②]工业转型升级行动，航空与燃机产业发展势头良好，瀚宇航空燃机零部件项目主体完工，大华通用飞机生产基地开工建设，捷克 D6 飞机研发制造项目启动实施，航空产业园建设取得新进展。电子信息产业加速发展，聚集企业 16 户，粤创微电子科技产业园、西南智能终端产业园开工建设，星诺科技手机生产线等 8 个项目建成投产。新材料产业不断壮大，大西洋焊接产业园竣工投产，石墨烯产业园一期开工建设，战略性新兴产业产值占比达 36%。大力培育现代服务业，自贡南铁路物流基地、大山铺铁路物流园加快推进，中国供销川南国际农贸城一期建成营运，新培育电商企业和创客个体 65 家，快递业务量增长 31.6%。文化旅游业蓬勃发展，自贡恐龙文化科技产业园开工建设，仙市古镇等 10 个景区通过国家 AAAA 级景区资源和景观质量评审；第 23 届恐龙灯会观灯人数和门票收入再创新高，自贡灯会首次亮相G20峰会，先后在17个国家（地区）和国内45个城市展出，与华侨城8个主题公园合作举办灯展，成功创建国家级出口彩灯文化产品质量安全示范区。服务业增加值增长9.5%。积极推进农业供给侧结构性改革，“一区六园”[③]启动建设，新发展柑橘、蔬菜等特色产业10万亩，“自然贡品”区域品牌培育成效初显，新认证“三品一标”[④]农产品25个，马安贡醋等35户企业入驻农产品加工园区，新培育国家和省级示范合作社10个、省级示范家庭农场10个、新型经营主体1024个，粮食总产达135万吨，农业增加值增长4.2%，荣县列为全国首批农业可持续发展试验示范区。

一年来，我们坚持建管并重，城乡面貌不断改善。交通水利建设有序推进，凤鸣通用机场竣工并取得使用许可证，自隆高速富顺连接线、内威荣高速荣县连接线和牛佛沱江二桥建成，川南城际铁路和一批国省干道改造加快推进，成宜高速公路、北环快速通道启动建设，新建改建农村公路602公里；狸狐洞等3座水库大坝主体完工。东部新城两横两纵道路、水系连通工程、地下综合管廊等基础建设进展有序，南部、西部新城和两县新区建设稳步推进，新增建成区面积4平方公里。棚户区改造新开工4.9万户，规模全省第一，14万棚户区居民陆续喜迁新居；东兴寺道路建成通车，大安寨隧道、汇柴口隧道、天池山路、汇兴路一号桥加快建设，檀木林等17条街道功能提档升级、面貌焕然一新。智慧城市建设积极推进，交通、医疗、城管等领域的数字化、信息化水平不断提高。“三创”[⑤]联动扎实推进，城乡环境综合治理深入开展，“六乱”[⑥]得到有效治理，釜溪河复合绿道城区段、东兴寺滨河文创公园即将竣工。特色镇村建设成效初显，仲权镇、赵化镇分别创建为国家、省特色小镇，80个村创建为省级“四好村”[⑦]，170个村建成幸福美丽新村，百胜村创建为国家美丽乡村示范村。

一年来，我们大力深化改革开放，发展活力明显增强。国资国企改革加快推进，四大投资运营公司组建运行，“4+N”[⑧]国有资本投资运营体系基本形成，川玻公司依法破产，长征公司加快重整。农业农村改革全面开展，农村承包地“三权”[⑨]分置、农村产权抵押融资试点有序推进，水利工程确权全面完成，深化双挂钩试点完成拆旧复垦1934亩。投融资改革不断突破，西南联合产权交易所自贡分所和自贡农商银行、富顺农商银行挂牌营业，航空产业发展基金等8支基金相继组建，114户企业在天府联合股权交易中心挂牌，与18家金融机构开展战略合作，获得授信2800亿元。新一轮市区财政体制调整完成，区级财力明显增强。“放管服”改革稳步推进，取消下放行政审批事项20项，“多证合一”[⑩]全面实施，企业登记注册实现全程电子化，在全省率先启动统计管理体制改革，富顺县相对集中行政许可权试点有序开展。军民融合发展势头良好，新增军品直供企业4户，晨光、中天胜等企业产品进入海空军装备领域。科技创新体系逐步完善，建成四川理工学院省级大学科技园，40户企业与高校缔结创新共同体，17项科技成果获国省奖励，10项科技成果实现产业化，高新区创建为国家知识产权示范园区，全市高新技术产业产值占比达31%。组建4个驻外招商机构，出台引资引智25条和工业招商奖励政策，在香港、北京、深圳等地举办投资推介会72次，航空与燃机、电子信息、文化旅游等精准招商成果初显，投资100亿元的创示产业园等项目成功引进，投资300亿元的中华彩灯大世界取得实质性进展，全年签约重大项目264个，到位市外项目资金910亿元，到位省外项目资金增速名列全省前茅。对外合作不断拓展，与自贸区川南临港片区、成都高新区开展区域协同，与“一带一路”沿线国家和地区签订经贸和工程项目订单10亿美元。

一年来，我们持续用力改善民生，群众生活水平稳步提高。抓牢脱贫攻坚头等大事，强化目标导向，压实工作责任，全覆盖开展驻村帮扶，整合资金42亿元，实施六大重点扶贫工程和22个扶贫专项，60个贫困村退出，20522名贫困人口脱贫，所有贫困村、贫困人口达到退出脱贫标准，提前三年完成易地扶贫搬迁任务。以迎接中央和省环保督察为契机，重拳出击整治突出环境问题，长达70多年的张家坝渣场等一批历史遗留问题得到妥善处置；污染防治“三大战役”[⑪]全面打响，铁腕治霾专项行动强力推进，PM_{10}、$PM_{2.5}$年均浓度分别下降10%和6.5%；80条河流全部落实“河长”，启动

“一河一策”流域综合治理，沱江、釜溪河出境断面水质稳定在Ⅳ类，城乡生活污水集中处理率分别达92%和70%、生活垃圾无害化处理率分别达96%和92%。在财政收支矛盾突出的情况下，继续加大民生投入，一般公共预算民生支出占比达65%，九项民生工程和10件承诺民生实事全部完成，城镇新增就业4.4万人，城乡居民人均可支配收入均增长9.0%；全民参保登记提前完成，5万多征地农民社保历史遗留问题妥善解决，居民基本医疗保险实现市级统筹，异地住院费用即时结算积极推进；建成保障性住房3915套，住房公积金为3.9万名职工改善住房条件提供有力支持。教育事业加快发展，在川南率先实现所有区县通过义务教育发展基本均衡县国家认定，自贡成都外国语学校实现招生，四川卫生康复职业学院新校区、自贡成都嘉祥外国语学校、衡水第一中学川南分校加快建设，多元化办学打开新局面。公立医院综合改革深入推进，重点人群家庭医生签约率达80%，医疗责任统一保险制度全面建立，省级医养结合试点启动实施，与成都中医药大学建立全面战略合作关系，卧龙湖康疗中心等项目快速推进。全面两孩政策有序实施。H7N9疫情得到有效防控。文化体育事业蓬勃发展，《盐神》入选中国民族歌剧传承发展工程重点剧目，第十三届市运会、国际盐业博览会、恐龙国际马拉松赛、中国飞行器设计挑战赛暨航模公开赛成功举办，自贡世界地质公园完成扩园，盐业历史博物馆升级国家一级博物馆。加强和创新社会治理，深入开展“七五”普法，扎实做好信访和应急处突工作，妥善处置了浙江商城烂尾楼等信访积案；强化社会治安综合治理，依法打击违法犯罪活动，刑事案件发案率下降28.7%；扎实开展安全生产大检查和食品药品专项整治，生产安全事故起数和死亡人数分别下降32.3%、41.8%。行政区划微调工作有序推进。国防动员和“双拥”工作扎实开展。外事、档案、防震减灾、地方志、气象、人防、民族、宗教、侨务、对台、邮政、妇女儿童、老龄和残疾人等各项工作取得新成绩。

一年来，我们坚持不懈转变作风，政府自身建设进一步加强。依法行政全面推进，提请审议《自贡市井盐历史文化遗迹保护条例（草案）》，编制完成行政权力、责任两张清单，行政权力全部网上公开运行。认真执行市人大及其常委会的决定决议，自觉接受市人大及其常委会法律监督、工作监督和市政协民主监督，主动接受民主党派监督、社会和舆论监督，人大议案办理取得阶段性成效，代表建议、政协提案全部办结。建立行政决策咨询制度，完善重大行政决策风险评估机制，政府科学决策水平进一步提升，涉诉行政案件同比下降38.9%。深入推进“两学一做”学习教育常态化制度化和正风肃纪专项整治行动，认真贯彻执行中央和省、市转变作风各项规定，依托“阳光政务”和“盐都问政”，面对面接受群众监督，严肃查处了挪用扶贫资金等一批群众身边的“微腐败”问题。出台新型政商关系十项行为规范，加强行政监察和审计监督，廉洁政府建设不断加强。

各位代表，过去一年，我们在经济形势错综复杂、改革发展任务异常艰巨、环境资源约束不断加大的情况下，取得上述成绩，实属来之不易。这些成绩的取得，是市委坚强领导科学统揽的结果，是市人大、市政协加强监督大力支持的结果，是全市广大干部群众挥洒汗水奋力拼搏的结果。在此，我代表市人民政府，向各位人大代表、政协委员，向各民主党派、工商联、无党派人士、各人民团体和社会各界人士，向各条战线辛勤工作的广大建设者、驻市解放军和武警、消防官兵、政法干警，向关心支持自贡发展的老领导、同志们、朋友们，表示衷心的感谢并致以崇高的敬意！

在总结成绩的同时，我们也清醒地看到，经济社会发展和政府工作中还存在一些突出的矛盾和问题。一是作为最重要支柱的工业发展后劲不足，投资下滑，重大项目偏少，企业运行仍比较困难，经济持续稳定增长压力较大。二是新兴产业接续效应不明显，优势企业梯次支撑格局还没有形成，现代服务业发展相对滞后，农业规模化、品牌化水平仍然较低，推进转型升级的任务依然艰巨。三是城乡开发建设品质有待提升，文化底蕴和中国灯城的品位彰显还不够，乡村发展活力还不足，道路、教育等领域的短板还比较突出。四是环境改善面临巨大压力，环保基础设施欠账多，水环境质量和秋冬季节雾霾问题依然突出。五是少数干部安于现状、不愿担当、懒政庸政怠政等现象还不同程度存在，办事效率与群众的期望还有差距。对此，我们要高度重视，拿出更加有力的措施，切实加以解决。

2018 年工作总体考虑

2018 年是贯彻中共十九大精神的开局之年，是改革开放 40 周年，也是我市加快推动振兴发展、决胜全面小康的关键一年。世界经济有望继续复苏，但美国加息、缩表、减税可能带来的不利影响不容忽视。我国发展仍处于重要战略机遇期，中共十九大为党和国家各项事业发展作出了一系列重大战略部署，进一步指明了前进的方向，国内经济稳定向好的因素增多。我市产业转型升级多点突破，对外开放新局面逐步打开，建设全国老工业城市产业转型升级示范区、西部大开发、全面创新改革等政策和改革红利持续释放，这些都有利于我们做好今年工作。我们要保持专注发展定力，砥砺奋进再前行，撸起袖子加油干，坚定不移推动经济社会发展乘势而上，坚定不移开创“三个加快”新局面，坚定不移向着全面建成小康社会的宏伟目标奋勇前进。

政府工作的总体要求是：以习近平新时代中国特色社会主义思想为指导，深入贯彻中共十九大和中央、省委经济工作会议精神，围绕市第十二次党代会和市委十二届五次全会的部署，坚持新发展理念，深入实施省委“三大发展战略”，突出统筹城乡、转型突破、追赶跨越工作基调，紧扣“三个加快”发展定位和“六大行动”[12]总体安排，以高质量发展为取向，以供给侧结构性改革为主线，着力稳定经济增长，着力产业转型升级，着力城乡协调发展，着力创新开放引领，着力加强环境保护，着力保障改善民生，着力防范化解风险，加快建设城乡一体繁荣幸福新自贡。

主要预期目标是：地区生产总值增长 8.3% 左右，规模以上工业增加值增长 9.5%，全社会固定资产投资增长 16%（同口径），社会消费品零售总额增长 13%，地方一般公共预算收入增长 12%（同口径），城乡居民人均可支配收入分别增长 8.8% 和 9.3%，城镇登记失业率控制在 4.4% 以内，居民消费价格指数涨幅控制在省下目标以内，环境保护和节能减排完成省下目标。

上述目标的安排，从产业和需求支撑方面作了测算分析，同时与全面建成小康社会要求作了衔接，具有可行性。但这些目标绝不是轻轻松松就能完成的，需要我们付出艰苦的努力，并在工作中把握好以下几点：一要坚持融入成渝促转型。自贡正处在转型突破、爬坡迈坎的紧要关口，我们要坚定实施产业转型行动，把转型发展放到成渝城市群的大背景下来谋划，抓住成渝两核加速崛起和我市外围交通条件加速改善带来的机遇，主动对接，全方位多层次融入，努力为两个特大城市提供更多优质农产品，主动为两个城市的汽车、电子等产业做配套，吸引更多的人群来自贡旅游消费，借势借力实现自身发展。二要坚持加力加劲抓招商。自贡昨天因开放而业兴，今天必须靠开放而繁荣。我们要进一步凝聚大抓招商的共识和合力，以更广的视野、更多的精力、更大的投入、更优的力量，把招商引资作为第一要事抓好，让高端项目、优秀企业、领军人才在自贡加速汇聚，不断为振兴发展增添新的活力。三要坚持改革创新激活力。改革创新是自贡老工业城市实现振兴的根本出路和原生动力。我们必须把发展的支点放在改革创新上，深化实施创新引领行动，坚持向改革要动力，向创新要竞争力，勇于破除体制机制障碍，让土地、人才、科技、资金等要素顺畅流动，让创新的种子在各个领域、各条战线生根发芽、开花结果。四要坚持倾情民生补短板。让人民生活更美好是政府一切工作的根本出发点。我们必须坚持民生需求导向，从增加优质教育供给、方便就医看病、抓好“厕所革命”、改善环境质量、缓解交通拥堵等具体的事情抓起，有条件解决的问题坚决不拖不等，一时难以解决的，也要拿出时间表、路线图，想方设法逐步解决，以实际成效增强全市人民的获得感、幸福感和安全感。五要坚持透明高效优环境。优良的营商环境，是一个地区最重要的软实力。作为内陆地区的自贡，必须做到硬件不足软件补、区位不足服务补，认真兑现向投资者的承诺，切实简化项目审批环节，真心实意帮助解决实际问题，努力让每一位来自贡的投资者都有到家的感觉，让他们把更多的精力用于经营，把更多的资金投在自贡，把更多的朋友引到自贡。

2018年主要工作任务

第一，抓牢项目和实体经济，力促经济较快增长

强力推进重大项目。始终把项目作为推动发展的重要抓手，继续深入实施“项目年”，抓好230个市级重大项目建设，确保完成投资560亿元以上。突出抓好市领导牵头的特别重大项目，确保完成投资240亿元。健全重大项目管理办法，完善分级调度、协调服务、绩效考核机制，增强项目推进实效。加强要素协调保障，健全快速审批机制，多渠道解决项目融资、用地问题。用好用活全国老工业城市产业转型升级示范区等政策，力争更多项目得到国家和省上支持。

力促投资结构优化。积极对接国家和省政策导向，争取启动实施一批交通、水利、信息、能源、环保重大项目，保持政府投资稳定增长。发挥产业引导基金作用，加快推进航空与燃机、节能环保装备、新材料等领域重大项目，扩大新兴先导型服务业投资，提升产业投资比重，坚决扭转工业投资负增长局面，全年完成工业投资140亿元以上。促进房地产投资稳定增长。落实好促进民间投资的政策措施，在城乡基础设施、棚户区改造、园区开发和社会事业等领域，向民间资本敞开大门，不断释放民间投资活力。

振兴发展实体经济。实体经济是自贡发展的根基。要继续推进供给侧结构性改革，出台降低企业成本政策，进一步规范和减少涉企收费，扩大天然气转供改直供和直购电实施范围，实施工业用电增量补贴，推动实施园区电力体制改革，研究降低企业物流成本和社保缴费率措施，让企业切实感受到减负带来的效益；健全银政企担融资机制，加快运机公司等4户企业A股上市步伐，推进122户企业在新三板和天府股权交易中心挂牌。实施企业梯次培育计划，支持企业提质量创品牌，对现有企业新上项目给予招商引资同等优惠政策，落实工业运行月调度和领导联系重点企业制度，帮助解决突出问题，新增30亿元以上企业1户、10亿元以上企业2户、亿元以上企业5户、规模以上企业50户。激发和保护企业家精神，弘扬劳模精神、工匠精神，表彰奖励优秀企业家，鼓励干事创业、创新创造。

积极扩大消费需求。顺应居民消费升级趋势，加强多元化、多层次载体搭建，促进健康、旅游、信息、教育、文化等服务消费，鼓励品质消费、绿色消费，培育消费新热点。做响做亮盐帮菜特色餐饮，举办盐帮菜论坛，打造“美食之府”品牌。积极参加惠民购物全川行、川货全国行，组织开展汽车、家电展销和各类节庆促销，挖掘消费潜力。合理引导住房消费，优化商品房供给结构，落实棚改居民购房政策，促进房地产市场平稳健康发展。推进放心舒心消费城市建设，开展食品安全示范县创建，新改建灯杆坝等13个农贸市场。

第二，加快推进转型升级，做强产业核心支撑

加快工业转型升级。工业兴则自贡兴。我们要大力推进全国老工业城市产业转型升级示范区建设，继续实施“633”产业转型升级行动，实施高新技术产业和新兴产业双倍增计划，推动形成转型多点发力格局。继续高起点、突破性推进航空与燃机产业，加快全产业链布局，抓好航空发动机零部件生产线、大华通用飞机生产基地、D6飞机研发、无人机研发制造运营等项目，增强产业集群效应，航空与燃机产业产值增长30%以上。推动新材料产业向材料制品、材料装备制造转型升级，加快晨光有机氟新材料产业化、硬合深加工智能化生产线扩能改造等项目建设，促进大西洋焊接产业园全面投产、石墨烯产业园一期建成投产，实现产值增长15%以上。推进军民深度融合发展，支持航空与燃机、新材料企业拓展军品市场，新培育民参军企业5户以上。强力推进电子信息产业集群发展，依托龙头带动配套，建成投产西南智能终端制造产业园，推动创示电子信息产业园、粤创微电子产业园、中誉瑞禾电声产业园等项目建设，引进更多的电子信息企业，加快形成集群发展效应。鼓励东锅、华西能源、川润股份等节能环保装备制造骨干企业开拓国际国内市场，着力发展太阳能光热发电、生物质发电，规划建设泵阀产业园，产值总规模达到400亿元以上。规划建设灯（光）产业园，设立灯（光）产业发展基金，引进新光源和灯具灯饰研发制造企业，着力在产业培育上取得突破。推进页岩气开发，新建4口开发平台，年产页岩气达到1亿立方米，扩大就地利用规模。支持机械制造、盐及盐化工、食品加工、纺织等传统产业改造升级。完善工业园区“管委会+公司”开发模式，支持自贡国家高新区加速发展，力争航空产业园建成省级经开区、沿滩工业园建成省级高新区，推动荣县、富顺工业园创建省级园区，规划建设大安牛佛重装产业园，全市工业园区新增承载能力5平方公里。

大力发展现代服务业。服务业聚商气、活人气，我们要着力提升服务业的层次和水平，把产业做兴，把城市做活。积极发展生产性服务业，加快专业市场与电子商务、现代物流、文化旅游融合发展，抓好航空物流中心、自贡南铁路物流基地、大山铺铁路物流园、川南电商快递物流园等项目建设，积极引进航空物流龙头企业，着力构建现代物流重要节点城市；发展楼宇经济，培育创意设计、科技服务、产业互联网等新业态。大力发展家政服务、体育健身、文化娱乐等生活性服务业，设立家政服务业发展基金，打造家政服务品牌；培育会展经济、康疗养生等新产业。推进互联网+服务业，实施全企入网、全民触网、电商示范三大工程，加快建设省级电商示范基地，促进天府商品交易所自贡盐交易中心挂牌运行，培育年交易额1000万元以上电商平台2个。新增规模以上服务业企业和限额以上商贸企业40户以上，服务业增加值增长9.3%。

全面提升文化旅游业。文化旅游业是我市产业转型升级的重要发力点。要紧紧围绕加快建设独具特色的国际文化旅游目的地，大力推进盐龙灯特色文化资源与产业资本融合，以国际一流水准打造自贡恐龙文化科技产业园、中华彩灯大世界精品景区，高水平举办第24届国际恐龙灯会、首届中华彩灯博览会、第二届国际盐业博览会，高品质实施城区灯饰亮化工程，全面提升“中国灯城”魅力。推进全域旅游开发，抓好盐都之心景区建设，开业运营“老盐场1957”，引导乡村旅游特色化、差异化发展，力争建成燊海井等4个国家AAAA级景区。提升旅游基础设施水平，加快飞龙峡旅游快速通道、智慧旅游平台系统建设，实施“厕所革命”三年行动计划，全年新建改建公厕179座。强化旅游营销，与成渝、川南各市合作推出精品线路，引导景区景点与旅行社增进互利合作，加强特色旅游商品开发，吸引更多游客到自贡旅游，旅游综合收入增长11%以上。

第三，推动城市升级发展，提升城市品质和集聚力

顶层规划设计城市。优化完善全域空间规划，科学布局资源要素，形成全域空间规划“一张蓝图”。开展自流井区、荣县多规合一试点，探索推进国民经济发展规划、城乡建设规划、土地利用总体规划、生态保护规划等多规合一。启动新一轮城市总体规划修编，优化配置城市资源，推动城市能级转换、功能升级、品质提档。高质量做好东部新城、卧龙湖国际旅游度假区城市设计，提升单体建筑设计水平，着力打造建筑精品，彰显文化特色和时代风采。

全面提升基础保障能力。实施交通三年攻坚计划，大力推进以城际轨道交通和快速路网为重点的大通道建设，加快建设川南城际铁路、成宜高速公路自贡段、自贡至泸州港公路，开工沱江航道升级改造工程，力争蓉昆高铁自贡段开工建设，推进G348荣县绕城段、S213沿滩段改造，开工G348城区段、S309舒坪至牛佛段改造，加快构建川渝滇黔重要的综合交通枢纽。优化市域交通网络，建成成自泸高速大安连接线，加快乐自高速贡井连接线建设。加快构建市域水网体系，推进东部新城水系连通、“一大三中”水库渠道配套工程，开工建设向家坝自贡灌区一期、小井沟饮用水管网工程和荣县双龙桥水库。建成琵琶220千伏输变电工程，新改建城乡电网1500公里。抓好智慧城市建设，依托大数据中心，大力整合信息资源，推进“三网”融合，实现主要公共区域免费WiFi全覆盖。

建设现代精致都市。一座有品位的城市，是我们最好的“会客厅”。要深化实施城市升级行动，高品质推进东部新城开发，加快地下综合管廊、海绵城市建设，启动市政基础设施二期工程，开工建设高铁综合枢纽站及城区连接线、城市规划展览馆、政务服务（市民）中心、会展中心；完善南部、西部新城功能，开工建设西部水厂。提升富顺、荣县城市建设水平。推进旧城有机更新，建成汇兴路一号桥和大安寨、汇柴口隧道，加快东光路、大同路改造，启动釜溪东路建设和光凤路改造。新开工棚户区改造2万户，全面完成棚改三年攻坚任务，让更多的住房困难家庭告别棚户区、开启美好新生活。科学实施城市“双修”[13]，保护好维系着自贡人乡愁的八大历史文化街区，实施釜溪历史文化长廊和公井古城、燊海井、西秦会馆片区打造，启动王家大院改造和卧龙湖东区建设，完成7个老旧小区和8条街道提升改造，进一步塑造城市特色风貌，彰显“半城青山半城楼、彩灯辉映碧水流”的城市品韵。

提升城市治理水平。持续深化“三创”联动，大力开展“六乱”治理，加强农贸市场、背街小巷、城乡接合部等环境综合整治，推进市政设施、园林绿化、环境卫生养护管理市场化、社会化、专业化。完成城管执法体制改革，升级数字化城管平台。实施缓堵保畅工程，建设智能交通，推进全国公交都市创建，改造4个高速公路出入口交通节点，新建通达路等4个城区公共停车场，提升城市运行效率，让市民生活更方便、更舒心、更美好。

第四，实施乡村振兴战略，提高农业农村现代化水平

大力发展现代农业。围绕“建基地、创品牌、搞加工”，坚持“接二连三”发展，推进农业规模化、标准化、品牌化。加快现代畜牧业重点县、现代农业重点县和示范县建设，稳定粮食生产，巩固提升和扩面建设五大特色产业基地，全力推进“一区六园”建设，新发展花椒、茶叶等特色产业15万亩。推进农旅融合，重点打造环城乡村旅游产业带，大力发展休闲观光农业，促产区变景区。启动建设沿滩食品工业园。实施区域品牌、特色品牌、企业品牌创建计划，推广使用“自然贡品”区域品牌，培育“三品一标”农产品25个，支持香辣酱、冷吃兔等产品扩大市场影响力。加强农超对接，推动20个品牌农产品进入超市和批发市场。农业增加值增长3.7%。

加快建设特色镇村。推进镇村一体发展，坚持“产、城、人、文”融合，提升12个省级试点镇承载能力，培育双石漫画小镇、仲权彩灯小镇等一批特色镇。按照产业兴旺、生态宜居、乡风文明、治理有效、生活富裕的总要求，深化实施乡村振兴行动，全面启动乡村人居环境三年整治计划，着力打造幸福美丽新村“升级版”，建成幸福美丽新村150个，创建省级“四好村”80个，新建农民集中居住区50个，改造农村危旧房3000户，整治土坯房3.6万户。加强山水林田路综合治理，推进农村公路升级联网工程，新建改建农村公路600公里，建设高标准农田12万亩，使美丽村庄、金色田园、蜿蜒村道绘织成现代农村的壮美图景，让乡村成为幸福生活的美好家园。

激活农村发展要素。坚持激活人、地、钱、主体的改革方向，推动资源变资产、资金变股金、农民变股东，为乡村振兴注入强大活力。实施新型经营主体培育计划，鼓励农业科技人员领办创办示范基地，引导农民工返乡创业，培育新型经营主体200个、新型职业农民4000人。推进深化双挂钩试点，探索宅基地有偿使用和闲置农房退出机制，完成拆旧复垦6000亩。抓好承包地“三权”分置改革，发展适度规模经营，实施土地流转履约行为保险，新流转土地6万亩。加快农村集体产权制度改革，完成集体资产清产核资。扩大农村土地承包经营权、林权等抵押融资试点，规范发展农村合作金融。

第五，深化全面创新改革，持续增强发展动力

强化科技创新支撑。紧扣产业链构建创新链，完善企业为主体、市场为导向、产学研融合的技术创新体系，抓好智能环保输送装备等省级工程技术中心建设，力争建成四川泵业工程技术中心，推进浙江大学自贡创新中心创建省级工业技术研究院，设立四川大学技术转移中心自贡分中心，深化与清华大学、四川理工学院等的校地合作。在电子信息、节能机电装备、新材料和生物医药等领域开展一批重大科技攻关，实施重大科技成果转化10项，新增国家高新技术企业2户，推动高新区创建省级科技成果转移转化示范区。落实“盐都人才”新政，加强创新人才培养，着力在高端制造、金融等领域引进一批领军人才和创新团队。

深化重点领域改革。持续深化国资国企改革，推进四大投资运营公司实体化、市场化，完成长征公司重整，推动燃气公司、智慧城市科技公司等企业混合所有制改革。深化投融资改革，推动水务、公交等领域国有资产证券化，探索组建金融控股集团，设立股权投资政府引导基金，撬动更多社会资本投入；抓好国投20亿元公司债、高投10亿元中期票据发行。建立健全金融风险监测预警和联合处置机制，有效防范化解非法集资、互联网金融、企业信贷违约、地方准金融机构等领域风险；规范政府举债行为，严格债务限额管理，切实防范政府债务风险。支持富顺撤县设市。启动市本级事业单位政府购买服务改革试点。

推进大众创业万众创新。健全“双创”政策，激励科技人才、大学生、草根能人创新创业，新培育“双创”主体300个以上。积极搭建“双创”平台，建成南岸科技新区孵化器一期，支持晨光工业园孵化器建设，鼓励区县利用闲置厂房建设众创空间。设立高端人才创新创业投资基金，推进知识产权质押融资，落实创业担保贷款、创业补贴等政策，促进创新创造活力竞相迸发。

第六，高水平推进全面开放，不断激发经济新活力

持续用力抓好招商第一要事。只有项目引进来，发展才有源头活水。要深化实施全面开放行动，坚持高位推动，强化一把手招商责任，建立健全重大招商项目领导联系、全程跟踪对接、督导推进和绩效考核机制，凝聚起强大招商合力。坚持引进增量与盘活存量并重，围绕新一代电子信息、航空与燃机、轨道交通、泵阀、灯（光）、新能源汽车、食品加工等产业领域，包装推出亿元以上项目200个，组建专业招商工作组，集中力量开展针对性招商，努力实现重点产业招商新突破。加强与华侨城、万达、川发展、中车、中信等企业的精准对接和深度合作，瞄准世界500强、国内500强和行业龙头企业招商，力促一批大项目签约落地。围绕机床、盐及盐化工等产业，引进战略投资者，采取股权投资、租赁、品牌合作等方式，盘活一批存量优质资产。全年引进10亿元以上产业项目20个，到位市外资金突破1000亿元。强化签约项目落地服务，确保履约率达90%、开工率达80%、资金到位率达30%以上。

深化对外交流合作。抓好外经外贸工作，抓住“一带一路”建设机遇，引导支持节能环保装备制造、新材料等优势企业“走出去”，与沿线国家和知名企业开展经贸技术合作，参与国际产业分工和工程总包，争取更多的国际订单；深入实施“环球灯会”计划，引导彩灯企业抱团开拓外展市场，加快创建国家彩灯文化出口基地，全年进出口总值增长18%以上。加强与成渝的产业配套协作，培育引进一批电子和汽车制造配套企业。推进与成都高新区和川南临港片区自贸区协同合作，创建国家综合保税区。加快推进川南城市群基础设施互联互通、污染联防联治，共促川南经济区加速崛起。

第七，坚决打好污染防治攻坚战，加快建设美丽自贡

痛下决心整治突出环境问题。改善自贡的环境质量已经刻不容缓，我们要深化实施生态建设行动，以壮士断腕的决心，向环境污染“宣战”。认真整改中央、省环保督察发现问题，扎实实施19个专项治理行动。坚决打好蓝天保卫战，持续开展秸秆禁烧、建筑扬尘、散乱污企业专项治理，PM_{10}、$PM_{2.5}$年均浓度下降8%以上，空气优良天数率达70%以上。严格落实五级“河长制”，强力推进沱江、旭水河、釜溪河、越溪河等流域综合治理，全面消除主城区黑臭水体，稳定改善水环境质量；深入实施《自贡市集中式饮用水水源地保护条例》，一库一策整治不达标水源地，乡镇集中式饮用水源水质达标率达70%以上。积极推进土壤污染防治，启动农用地和重点企业用地土壤污染详查。多渠道筹措资金，加大环保基础建设投入，推进城乡生活污水处理投资运营一体化，建成东北部新城、舒坪生活污水处理厂和4个工业园区污水处理设施，加快东部新城污水处理厂建设和城市生活污水处理厂提标改造，全面完成乡镇污水处理设施提标改造，实施生活污水截污管网新建延伸工程。完善环境监测体系，开展第二次全国污染源普查，加快建设大气、水、土壤网格化监测大数据平台。设立环保基金，建立随机抽查、不定期暗访、媒体曝光、举报奖励等制度，让环境违法行为无处遁形。加强环保督察，严格考核和问责追究，严肃查处环境违法行为。我们要坚决扛起环境保护的责任担当，以对人民健康高度负责的态度，矢志不渝地推进环境改善，让自贡的天更蓝、水更清、空气更清新。

加强生态系统保护。加快构建生态功能保障基线、环境质量安全底线、自然资源利用上线三大红线，积极争取国家山水林田湖生态修复试点。持续推进大规模绿化自贡行动，实施沿江沿河绿色长廊建设，推进道路和村庄绿化，抓好天然林保护、新一轮退耕还林工程，新增造林4.95万亩；扎实推进园林绿化，建设釜溪河复合绿道郊野段、双凤片区滨河景观公园等绿化工程，新增城市绿地750亩，让更多的森林绿地装点盐都大地。

推动形成绿色生产生活方式。严格项目环境准入，大力发展低能耗、低碳产业，规划建设循环经济产业园，开工垃圾焚烧发电二期工程，加快西南静脉产业园建设，推进工业和城市废弃物综合治理和回收利用。鼓励发展种养结合、生态循环农业，推进畜禽养殖废弃物无害化处理和资源化利用，建立完善秸秆收运体系，建成荣县、富顺县生物质天然气试点项目，秸秆综合利用率达84%。倡导简约适度、绿色低碳的生活方式，积极推进垃圾分类收集处理，开展节约型机关、绿色家庭、绿色学校、绿色社区创建行动，优先发展公共交通，努力让自然、环保、节俭、健康的生活方式成为广大市民的自觉行动。

第八，全力保障和改善民生，共创共享幸福美好生活

坚决打好精准脱贫攻坚战。坚持脱贫攻坚与建设幸福美丽新村、“四好村”创建紧密结合，把促进贫困户增收和改善贫困村基础条件作为重点，继续整合资源加大投入，深入实施22个扶贫专项计划，把贫困户稳定在产业链、就业链上，确保34个村、3.6万人省级达标退出，提前两年完成“十三五”脱贫攻坚目标。对已脱贫对象开展“回头看”“回头帮”，脱贫不脱政策、脱贫不脱项目、脱贫不脱帮扶，巩固脱贫成果，让贫困户充分感受到党委、政府的真情关怀。深入开展扶志扶智行动，树立一批自力更生增收致富的典型，激励更多贫困群众用勤劳的双手创造美好生活。

扎牢民生保障网。民生连着民心。要以更多投入、更大力度改善民生，继续实施九项民生工程，办好16件民生实事。制定支持就业创业的政策措施，开展针对性职业技能培训，缓解就业供需矛盾，促进高校毕业生、失业人员、农民工多渠道创业就业，全年新增城镇就业3.3万人。健全企业工资支付保障机制，拓宽居民劳动收入和财产性收入渠道。完善基本养老保险制度，全面实施全民参保计划，力争实现法定人群全覆盖；健全统一的城乡居民医疗保险和大病保险制度，完善城镇职工医保办法；推进多元化养老服务体系建设，稳步提高低保补助水平。加强住房保障，加大住房公积金支持力度，落实住房租赁补贴政策，帮助更多家庭实现安居梦想。

协调发展社会事业。教育寄托着每个家庭的梦想，要切实增加优质教育供给，努力办人民满意的教育。加快改善薄弱学校办学条件，实施40所学校旱厕改造和9所义务段学校建设改造，着力解决中小学“择校热”“大班额”等突出问题，建成自贡成都嘉祥外国语学校、衡水第一中学川南分校，推动义务教育向优质均衡发展。实施高中教育特色化优质化发展工程，加快普及高中段教育。积极发展学前教育，新建和改扩建公办幼儿园15所。推进职业教育产教融合，实施新一轮中德职业教育合作项目，推动新建1所高职院校，规划建设科技教育新区，建成投用四川卫生康复职业学院新校区。大力支持四川理工学院发展，努力办好自贡人民的大学。推动健康自贡建设，完善医疗卫生服务体系，支持市三医院创建三甲，建成市一医院儿科暨全科医生培训基地、荣县人民医院城北院区和富顺中医院业务大楼，加快英祥妇女儿童医院建设，开工建设市老年病医院，乡镇卫生院、村卫生室规范化标准化率达90%；发展中医药健康产业，加快卧龙湖康疗中心建设；深化医药卫生体制改革，加强全民预防保健，深入实施名医名科名院工程，加快发展医疗联合体，努力让群众享受更加优质便捷的医疗服务。加强人口和计划生育服务。繁荣发展文化事业，推动市文化艺术中心建成并投入运营，打造舞台精品剧目20个以上，举办文化惠民展演1500场次，推进“高清自贡、智慧广电”建设。广泛开展全民健身活动，扎实做好省第十三届运动会备战参赛工作。积极培育和践行社会主义核心价值观，推进社会公德、职业道德、家庭美德、个人品德建设，持续深化全国文明城市创建，提高市民文明素质和社会文明程度。加强统计、外事、档案、防震减灾、地方志、气象、人防、民族、宗教、侨务、对台、邮政、妇女儿童、老龄和残疾人等工作。

加强和创新社会治理。推动社会治理重心下移，健全村（社区）治理体系，增强基层组织管理服务能力，发动社会组织参与社会治理，构建形成党委领导下的政府治理和社会调节、居民自治良性互动格局。推进依法治市，深入开展“七五”普法和法治示范创建，深化法律“七进”[14]，提高全民法治意识。建立城市信用监测评价体系，营造重信守诺的社会风尚。畅通群众诉求表达渠道，依法规范信访秩序，健全多元化矛盾纠纷解决机制，妥善化解社会矛盾。完善社会治安立体防控体系，严厉打击违法犯罪活动，加快建设警务及反恐训练基地，积极创建社会治安综合治理优秀市。推进安全生产领域改革，抓好重点领域安全隐患排查整治，有效防范重特大安全事故。强化食品药品安全监管，切实把好人民群众饮食用药安全的每一道关口。加强防灾减灾救灾能力建设。做好国防动员和省“双拥”模范城创建工作。

努力建设人民满意的服务型政府

我们已经进入中国特色社会主义新时代，向着全面建成小康社会的宏伟目标阔步前进。时代呼唤我们锐意开拓，使命鞭策我们勇于担当，人民期待我们奋发有为。我们一定要以昂扬的斗志、饱满的精神、扎实的作风，兢兢业业地做好每一项工作，努力创造无愧于党、无愧于人民、无愧于时代的新业绩。

我们要切实加强思想建设。坚持用习近平新时代中国特色社会主义思想武装头脑、指导实践、推动工作，扎实开展“不忘初心、牢记使命”主题教育，筑牢“四个意识”，坚定维护以习近平同志为核心的党中央权威和集中统一领导。大力解放思想，大兴学习之风，广泛学习借鉴先进经验，积极创新思路举措，着力破解矛盾难题。坚决反对不敢担当、不想担当、避事畏难、贪图安逸等消极思想，始终保持与时俱进、开拓进取的良好状态。

我们要大力推进依法行政。把政府工作全面纳入法治化轨道，加强政府制度建设，积极做好地方立法相关工作。自觉接受市人大及其常委会的法律监督、工作监督和市政协民主监督，认真办理人大议案、代表建议和政协提案，主动接受民主党派监督、社会和舆论监督。推进依法科学民主决策，落实好重大行政决策向人大报告、专家咨询、风险评估等制度。深化政府信息公开，及时回应群众关切。认真落实“双随机一公开”[15]制度，依法公正文明执法，让权力在阳光下运行。

我们要不断提升行政效能。深化“放管服”改革，清理规范行政审批和公共服务事项，扩大“多证合一”“证照分离”改革，积极推进互联网+政务服务，推动网上政务大厅和政务服务中心融合发展，逐步实现“一号申请、一窗受理、一网通办”。强化“12345”政务服务热线功能，建立第三方评估机制，制定损害投资软环境责任追究办法，积极构建“亲清”的新型政商关系，全力打造最佳投资软环境。健全工作责任体系，加强目标考核和督查问责，切实提高工作实效。完善容错纠错机制，旗帜鲜明鼓励干事创业，为敢于担当的干部担当，为敢于负责的干部负责。

我们要坚持不懈正风肃纪。始终牢记为民宗旨，广泛开展扶贫济困、结对帮扶活动，真心实意为群众排忧解难，坚决查处损害群众利益的不正之风，不断增进与人民群众的血肉联系。坚决贯彻落实习近平总书记关于进一步纠正“四风”、加强作风建设的重要批示精神，认真查找和解决形式主义、官僚主义等突出问题，严格执行中央八项规定实施细则和省、市委转变作风各项规定，深入开展走基层活动，进一步改进调查研究，严格清理、切实减少各类会议活动和文件简报，把更多的时间和精力用在推动发展、抓好工作落实上。

我们要不断加强廉政建设。严格落实党风廉政建设“一岗双责”，加强公务人员廉洁教育，筑牢法纪防线，使遵规守矩成为自觉行为。健全廉政风险防控体系，加强公共资源交易、政府工程项目、财政资金分配等重点领域和关键环节的制度设计，强化财政资金支出绩效评价，发挥好审计监督作用，让制度笼子更加细密管用。严厉查处各类违法违纪案件，不断增强政府公信力，努力让人民群众从政府工作和服务中感受到新风正气。

各位代表，幸福都是奋斗出来的，发展都是实干出来的。阔海行舟，奋楫者先。让我们更加紧密地团结在以习近平同志为核心的党中央周围，在市委的坚强领导下，紧紧依靠全市广大干部群众，满怀豪情，开拓创新，砥砺奋进，加快推动振兴发展、决胜全面小康，为建设城乡一体繁荣幸福新自贡而不懈奋斗！

名词注解

①“提升贷”：自贡市制定的一项金融扶持政策，由市和区县共同出资设立保证及风险补偿金，专户存入承办银行，承办银行按1:8放大贷款金额，支持中小微企业流动资金贷款。

②“633”：节能环保装备制造、新材料、航空与燃机、电力装备、生物医药、新能源汽车六大战略性新兴产业，新一代电子信息、石墨烯、页岩气三大潜力产业，盐及盐化工、食品加工、纺织服装三大传统产业。

③“一区六园”：100平方公里的自贡市现代农业园区和6个区县各一个10万亩的现代农业园区。

④“三品一标”：无公害农产品、绿色食品、有机农产品和农产品地理标志。

⑤“三创”：创建全国文明城市、国家卫生城市、省级环保模范城市。

⑥“六乱”：垃圾乱扔、广告乱贴、摊点乱摆、车辆乱停、工地乱象、乱搭乱建。

⑦“四好村”：住上好房子、过上好日子、养成好习惯、形成好风气。

⑧“4＋N”（4是新组建的国投、高投、城投和水投四大国有资本投资运营集团公司；N是若干由四大国有资本投资运营集团公司控股的国有企业或参股的企业）。

⑨“三权”分置：将农村土地实行所有权、承包权、经营权分置并行的农村产权改革制度。

⑩“多证合一”：将企业（包括个体工商户、农民专业合作社）的一般经营项目涉企证照多个事项，整合到营业执照上，以“减证”推动“减政”。

⑪“三大战役”：蓝天、碧水和净土三大环境保护战役。

⑫“六大行动”：产业转型、城市升级、乡村振兴、创新引领、全面开放、生态建设六大行动。

⑬“双修”：生态修复、城市修补，生态修复是指修复城市中被破坏的自然环境和地形地貌，改善城市生态环境质量；城市修补是指拆除违章建筑，修复城市设施、空间环境、景观风貌，提升城市特色和活力。

⑭法律“七进”：法律进机关、进学校、进乡村、进社区、进寺庙、进企业、进单位。

⑮“双随机一公开”：随机抽取检查对象、随机选派执法检查人员，将抽查结果通过企业信用信息公示系统及时向社会公示。

中国人民政治协商会议
自贡市第十五届委员会常务委员会工作报告

（在政协自贡市第十五届委员会第二次会议上）

自贡市政协主席　游开余

（2018 年 1 月 5 日）

2017 年工作回顾

2017 年，在中共自贡市委坚强领导下，在市人大、市政府的大力支持下，市政协高举中国特色社会主义伟大旗帜，以习近平新时代中国特色社会主义思想为指导，坚持团结民主主题，以“谋发展大事、助振兴大业”统揽政协工作，认真履行政治协商、民主监督、参政议政职能，积极投身“三个加快”主战场，为建设城乡一体繁荣幸福新自贡贡献了政协力量。

一、强化党的领导，夯实政治基础

深入学习贯彻中共十九大精神。在深入学习贯彻中共十八届历次全会精神基础上，把学习贯彻中共十九大精神作为首要政治任务，通过多种形式迅速掀起了学习热潮。全市政协各级组织、各参加单位和广大政协委员坚决维护党中央集中统一领导，坚决维护习近平总书记的核心地位，牢固树立“四个意识”，努力用习近平新时代中国特色社会主义思想武装头脑，夯实了团结奋斗的共同思想政治基础。

始终与市委保持同心同向同行。市委高度重视政协工作，充分发挥政协作用，大力支持政协履职，积极采纳政协建议。市政协自觉服从市委的坚强领导，始终与市委保持同心同向、同频共振。深入学习贯彻市第十二次党代会和市委十二届三次、四次全会精神，按照市委书记李刚专题调研市政协提出的“站得高、谋得准、抓得实”要求，自觉围绕中心服务大局，认真落实“三个加快”“六大行动”等决策部署，努力助推了振兴发展。

充分发挥党组的核心领导作用。市政协党组切实加强对政协工作的领导，坚持中国共产党领导的多党合作和政治协商制度，促进了各民主党派、工商联、无党派人士和各族各界的团结合作。切实履行全面从严治党责任，认真开展党风廉政建设和反腐败工作，扎实推进“两学一做”学习教育常态化制度化，不断加强队伍建设，营造了风清气正、干事创业的良好氛围。

二、助推“三个加快”，服务振兴发展

大力助推“示范区”建设。紧扣加快建设全国老工业城市转型升级示范区，深入系统研究新材料关键技术攻关、区域性物流枢纽建设、优化农业全域发展规划等重大问题，提出建议 72 条，大部分被市委、市政府及有关部门采纳。盐是自贡的“根”和“魂”，如何应对盐业体制改革，是必须回答的问题。对此，我们立足“跳出自贡看自贡”，组织委员和市发改委、市经济和信息化委等部门，深入企业，走访省主管部门、科研院校，咨询权威专家，形成了《关于我市应对国家盐业体制改革的建议》报告，提出的成立盐业振兴领导小组、举办盐业博览会等建议意见被市委、市政府采纳，推动了盐产业的转型发展。军民融合发展既是国家战略，又是加快“示范区”建设的重要路径。我们深入开展专项研究，向市委、市政府提出构建军民融合产业发展通道等 5 个方面建议意见，积极服务

“民参军”，指导帮助中天胜公司、兆强实业公司等拓展了产品市场。

大力助推“先行区”建设。紧扣加快建设西部内陆融入“一带一路”先行区，侧重围绕民营企业融入“一带一路”专题，深入企业调研，组织外出学习和专家专题论证，提出的搭建发展平台、提供人才保障、打通政策通道等意见建议得到重视采纳。引导企业家委员积极投身“一带一路”、参与“先行区”建设，刘建文、陈祥平、甘雪梅等委员，主动更新观念，抢抓机遇，走出国门，不仅推广了“自贡造”，弘扬了自贡文化，而且开阔了视野，获得了商机，发展了企业。钟东泉、黄德春等彩灯行业的委员，带领自贡彩灯人积极传播彩灯文化，先后在多个国家和地区组织大型灯展100余场次，让中华彩灯点亮“G20峰会”，闪耀“一带一路”。自贡市华刚硬质合金新材料公司胡海波委员，联手世界500强企业，积极开发新产品，开拓美国、加拿大、德国、法国、英国等欧美市场，年出口创汇5000余万美元，取得了良好的经济效益和社会效益。

大力助推“目的地”建设。紧扣加快建设独具特色的国际文化旅游目的地，深入开展专题研究，并召开常委会专题协商，提出的加强全域景区规划、充分挖掘“盐龙灯”文化资源、高质量营销城市等意见建议，为市委、市政府推动旅游发展改革工作提供了决策参考。支持民建自贡市委开展茶旅融合发展调研，组织开展传统村落保护利用、盐业遗迹保护等对口协商，积极议政建言。将民革自贡市委提出的《全力打造盐龙灯旅游城市名片的建议》作为“1号提案”，得到市委、市政府高度重视，市政府常务会认真研究1号提案办理工作，精心制定实施方案，专门成立协调小组，市旅游发展委等19个单位和各区县千方百计解难题，多种措施强办理，办理效果十分明显。目前，方特恐龙王国公园等一批重大旅游项目建设工作顺利推进，国际文化旅游目的地建设初见成效。

三、突出履职为民，促进社会和谐

倾力脱贫攻坚。广泛动员全市政协各级组织、各参加单位和广大委员，深入开展“我为扶贫攻坚做件事”活动，1698名市、区县两级政协委员全部参与助推脱贫攻坚，累计筹资1.38亿元，帮助贫困群众发展生产、改善生产生活条件。在帮扶中，涌现了刘家臻、王宝、胡华、虞桂兰委员等一大批先进典型。巴尔农牧集团黄俊芳委员致富不忘乡邻，累计捐资1100多万元，改善贫困村基础条件，发展特色产业，资助贫困学生，救助老弱病残，用真情和行动展示了政协委员的风采，2017年10月荣获全省首届脱贫攻坚奉献奖。市政协机关把脱贫攻坚作为硬任务，组织干部职工积极扶贫济困，扎实开展定点帮扶工作，对口帮扶的39户贫困户变化很大，可望全部实现脱贫。

献策环境改善。与农工党省、市委联合开展沱江流域综合治理调研，受到农工党中央关注，提出的意见建议得到有关地区和市水务局、市环保局等部门采纳，跨区域的联防共治新机制得以逐步实施。高规格召开釜溪河流域综合治理专题资政会，提出的提升城市污水处理能力、实施雨污分流、加强农业面源污染治理等建言，得到与会领导和相关部门的肯定。围绕大气污染防治扎实开展专题研究，组织委员协商座谈，协商意见得到重视。按照市委、市政府的统一部署，市政协领导多次深入有关区县开展环保督察，督促解决突出问题，完成了迎检督察任务。

助力社会建设。着眼改善民生和提升社会治理水平，深入开展办学体制改革、公立医院改革和检务公开、基本解决判决执行难等调研视察，积极建诤言、献良策，有力推动了工作。认真开展养老服务体系建设调研，提出了增强公办养老机构托底功能、激活民间资本满足多层次养老需求、打造医养结合品牌亮点等建议，为主动谋划应对老龄化问题提供了有益借鉴。食品药品安全问题，是老百姓最关心的问题。对此，我们历时5个月，采取调研视察、问卷调查、综合评价、跟踪整改等措施，扎实开展食品药品监督的民主评议工作，提出加强农贸市场农产品质量检测及公示等评议监督意见34条，市政府及市食品药品监管局认真制定整改措施，大力强化监管工作，食品药品安全形势进一步好转。

四、坚持团结民主，汇聚各界力量

强化合作共事。进一步健全主席会、常委会工作规则，认真完善主席会成员联系常委、常委联系委员、委员联系群众制度，切实加强主席恳谈工作，广泛搭建聚智议政平台，拓宽了团结民主、合作共事的沟通渠道，积极支持各民主党派、工商联、无党派人士及各族各界，充分利用政协平台履行职能，在招商引资、产业培育、转型发展、扶贫济困、社会事业等许多方面贡献了智慧和力量。今年，市级各民主党派、工商联提交集体提案27件，在政协会议作大会发言18次，与政协专委会联合开展调研视察7次。

激发委员活力。在《自贡日报》《自贡政协》开设“委员风采”等专栏，传递委员议政声音，宣传委员先进事迹，不断深化“五个一”活动，认真完善委员履职台账，加大委员培训力度，激发了委员履职和投身振兴发展的活力。四川理工学院陈建委员，潜心研发新材料，积极推动成果转化，努力使新材料新产品走向市场，为我市材料产业转型升级贡献了力量。市歌舞曲艺演艺公司钟丽委员，带领市文化志愿服务队，深入农村、社区、学校、敬老院、戒毒所，开展文化惠民活动，受到群众欢迎。

加强协作联动。主动争取全国政协副主席韩启德、刘晓峰和省政协6位领导莅市指导工作，积极与省政协有关专委会开展联合调研，28名驻市省政协委员通过大会发言、提交提案等提出建议意见39条，努力争取了省上的支持。加强与省内外兄弟市州政协的联系协作，积极宣传推介自贡。进一步加强对区县政协的联系指导，各区县政协围绕中心，主动作为，不断创新履职方式，不断丰富履职载体，积极投身振兴发展主战场，不仅为加强地方政协工作提供了不少经验和做法，而且为县域经济的发展、社会进步、改善民生做出了积极贡献。

五、着力继承创新，提高履职能力

强化调查研究，提高工作质量。紧紧抓住调查研究这个“牛鼻子”，把议政建言的基础建立在广泛深入的调查研究之上，尽可能使政治协商站位高远、精准有力，尽可能使民主监督有的放矢、务实有效，尽可能使参政议政言之有智、议之有据。为此，我们充分发挥智力密集、人才荟萃的优势，以问题为导向，紧紧围绕自贡经济社会和改革发展的重大问题，精准选题，深入调查，系统研究，广谋良策，为党委、政府科学民主决策提供了不少“金点子”，34份报告或建议得到党政领导批示。其中，市委李刚书记在《关于加强我市物流体系建设的建议》报告上批示：“《建议》值得借鉴。请张铭研，适时专议。（抄腾鑫同志），请树平同志阅批。”市长何树平在《关于推动泵阀产业链延链补链招商的建议》上批示：“此建议很好！请明全同志牵头研究提出一个推进泵阀企业引进的工作小组。原则上集中布点，全力招大引强，力争尽快形成一定的集聚效应。”

推动机制创新，增强工作实效。立足创新发展，认真履行政治协商、民主监督、参政议政职能。坚持全会、常委会、主席会、专委会多层次协商议政，推动提案办理协商、界别协商、委员专题协商等制度化开展，始终把协商民主贯穿到履职全过程。通过民主评议、专题视察等方式深化民主监督实践，做到在参与中支持、在支持中服务、在服务中监督，始终把民主监督落实到工作的各方面。进一步建立健全提案工作“三提前”“三主动”“三体系”机制，提升了提案工作质效，提案全部办结，满意和基本满意率达100%，市经济和信息化委、市教育体育局、市规划局、市住房城乡建设局、市交通运输局、市文广新局、高新区管委会等提案办理较多的单位，“一把手”亲自抓，分管领导主动抓，切实解决具体问题，做到了件件有落实、事事有回音。完善反映社情民意信息工作体系，信息质量大幅提升，信息工作名列全省第二。

提升保障能力，夯实工作基础。市委、市政府认真落实中央和省委关于进一步加强政协工作的要求，进一步建立健全了“党委重视、政府支持、政协主动、各方配合”的工作格局，确保了政协自身建设不断加强。新组建了委员联络委员会，理顺了机关工作机构设置，加强了专委会工作力量，加大了人才培训培养使用力度，启动了市政协机关、民主党派、工商联办公场所改善工作，保障能力进一步提升，工作环境进一步优化，工作积极性进一步调动。一年来，市政协开展专题调研15次，开展重点视察18次，向市委、市政府报送调研视察报告16份，立案提案333件，反映社情民意信息29条，召开委员协商座谈会9次，市政协机关提供招商引资有效线索15条。市政协领导联系区县、重点培育企业，参与重大项目建设、信访包案等工作，取得了明显成效。

各位委员，同志们，一年来取得的这些成绩，是中共自贡市委坚强领导的结果，是市人大、市政府和社会各方面大力支持的结果，是政协各级组织、各参加单位和广大委员团结奋斗的结果。在此，我谨代表市政协常委会向大家表示衷心的感谢！

同时，我们也清醒地认识到工作中还存在一些不足：政治协商的方式方法有待创新，民主监督的主动性和实效性有待提高，参政议政的质量和水平有待提升。这些不足，需要我们在今后工作中认真研究，逐步加以改进完善。

2018年工作意见

2018年，市政协工作总体要求：全面贯彻中共十九大精神和市委十二届五次全会精神，以习近平新时代中国特色社会主义思想为指导，坚持新发展理念，紧扣“推动振兴发展、决胜全面小康”主题，突出统筹城乡、转型突破、追赶跨越工作基调，大力聚焦“三个加快”“六大行动”“七项任务”，在中共自贡市委坚强领导下，坚持团结民主主题，充分发挥政协优势，认真履行政协职能，广泛汇聚各方力量，为建设城乡一体繁荣幸福新自贡做出新贡献。

一、着力学懂弄通做实，深入学习贯彻落实十九大精神

把学习贯彻落实中共十九大精神作为当前和今后一个时期的首要政治任务。通过举办报告会、常委学习会等多种形式，将学习不断引向深入，在学懂弄通做实上下功夫，切实增进高度的政治认同、思想认同、理论认同、情感认同，进一步夯实团结奋斗的共同思想政治基础。坚定维护以习近平总书记为核心的党中央权威和集中统一领导，把习近平新时代中国特色社会主义思想和十九大对人民政协工作的要求，作为统揽政协工作的总纲，进一步强化“四个意识”，坚定“四个自信”。认真学习贯彻市第十二次党代会、市委十二届五次全会精神，自觉服从市委的坚强领导，始终与市委保持同心同向同行，重大事项及时向市委请示报告，切实把思想和行动统一到市委决策部署上来，切实把“站得高、谋得准、抓得实”的要求落到实处。

二、聚焦全市工作大局，大力助推振兴发展第一要务

“三个加快”“六大行动”“七项任务”，既是市委贯彻落实十九大精神的重大举措，更是市政协新一年工作的着力点。新的一年，我们一定要聚焦中心工作，围绕“三个加快”“六大行动”“七项任务”，及时确定推动航空产业、新材料发展等一批重点课题、项目，整合各方力量，扎实开展联合、专题研究；围绕“三个加快” “六大行动”“七项任务”，切实制定年度协商计划，积极开展灯（光）产业发展、基础设施建设等专题协商、对口协商、界别协商和提案办理协商；围绕“三个加快”“六大行动”“七项任务”，立足落实见效，认真开展生态建设、法治建设等视察监督、评议监督、提案监督；围绕“三个加快” “六大行动”“七项任务”，大力开展资政议政、建言献策，积极参与重大项目建设、重点企业培育和联系区县等工作。

三、持续关注民生改善，当好真心服务群众的贴心人

坚持以调研视察、民主评议、提案和社情民意信息等为抓手，组织全市各级政协组织、广大政协委员和各界别人士深入基层，倾听群众呼声，反映群众诉求，重点关注环境治理、棚户区改造、出行难等焦点问题，持续推动环保、教育、医疗、文化、就业、社会保障、安全生产、社会治理等方面不断改善，更好满足人民群众对美好生活的需要。坚持以“我为扶贫攻坚做件事”活动为载体，充分发挥政协联系广泛的优势，鼓励和引导政协委员积极投身脱贫攻坚工作，用心用情用力扶贫济困。全面完成市政协机关脱贫攻坚任务。

四、坚持团结民主主题，广泛汇聚各族各界智慧力量

进一步创新机制，切实加强与民主党派、工商联和无党派人士的联系，充分发挥协商民主重要渠道和专门协商机构作用，大力支持民主党派和社会各界参政议政，将智慧和力量汇聚到做强产业支撑、促进城乡融合、打造绿水青山、增强发展动能、推进双向互动、保障改善民生、提升治理能力等重点任务上来，努力营造畅所欲言、合作共事的良好氛围。进一步开辟渠道，切实加强对积极履职尽责、主动投身“三个加快”“六大行动”“七项任务”主战场委员的宣传力度，充分激发委员履职主观能动性。进一步发挥联系广泛的优势，加强对上争取支持、对外交流联谊，汇聚各方力量共同致力于自贡经济发展和社会建设。

五、不断加强自身建设，努力提升政协工作科学化水平

加强党的建设，充分发挥市政协党组核心领导作用，牢牢把握正确的政治方向，全面落实从严治党责任、党风廉政建设主体责任和中央八项规定精神，推动“两学一做”教育常态化制度化，扎实开展“不忘初心、牢记使命”主题教育活动。加强制度建设，不断总结推广先进经验，积极探索创新体制机制，坚持把协商民主贯穿到履职全过程，把民主监督落实到各方面；坚持以调查研究为“牛鼻子”，把政协议政建言的基础建立在以质量为本的调查研究之上；坚持提案工作“三提前”“三主动”“三体系”机制，完善考核评价体系，不断提高提案工作质量。加强专委会建设和委员管理服务，充分发挥专委会的基础作用和委员的主体作用，不断夯实政协履职基础。加强对区县政协工作的指导，认真总结和大力推广基层工作经验，深化政协工作向基层延伸试点，努力提升各级政协围绕中心服务大局的工作能力和水平。

各位委员，同志们，中共十九大绘就了新的宏伟蓝图，中共自贡市委十二届五次全会作出了新的部署。新蓝图新征程，新部署新要求。让我们更加紧密地团结在以习近平同志为核心的中共中央周围，在中共自贡市委的坚强领导下，不忘初心、牢记使命，埋头苦干、锐意进取，为推动振兴发展、决胜全面小康，建设城乡一体繁荣幸福新自贡而团结奋斗！

中国共产党自贡市委员会 2018 年工作要点

根据中央、省委决策部署，结合自贡实际，提出 2018 年工作要点。

2018 年是全面贯彻落实中共十九大精神的开局之年，是改革开放 40 周年，也是推动振兴发展、决胜全面小康承上启下的关键一年。市委工作总体要求是：以习近平新时代中国特色社会主义思想为指导，坚定贯彻中共十九大、中央经济工作会议精神，全面落实省委十一届二次全会、省委经济工作暨全省金融工作会议部署，深入实施省委“三大发展战略”，围绕“推动振兴发展、决胜全面小康”主题，突出统筹城乡、转型突破、追赶跨越工作基调，坚持稳中求进、好中求快，坚持新发展理念，紧扣社会主要矛盾变化，按照高质量发展的要求，以供给侧结构性改革为主线，扎实推进“三个加快”，深化实施“六大行动”，统筹推进稳增长、促改革、调结构、惠民生、防风险，全面从严管党治党，在建设城乡一体繁荣幸福新自贡征程中迈出坚实步伐。

主要工作目标：地区生产总值增长 8.3% 左右，规模以上工业增加值增长 9.5%，全社会固定资产投资增长 16%，社会消费品零售总额增长 13%，地方一般公共预算收入同口径增长 12%，城乡居民人均可支配收入分别增长 8.8% 和 9.3%。

做好 2018 年工作，必须坚持目标导向、问题导向，抓牢发展第一要务，持续实施项目年，对标先进干、争分夺秒干、创新突破干、务求实效干，努力开创全市经济社会发展新局面。

——坚持“三个加快”发展定位。抓牢建设全国老工业城市产业转型升级示范区历史机遇，推进产业、城乡、社会同步转型；深度融入“一带一路”、长江经济带等国家区域战略，全面提升外向型经济水平；推进“盐龙灯”文化创造性转化、创新性发展，加快打造一流文旅项目、文旅产业。

——突出深化实施“六大行动”战略抓手。按照全面建成小康社会各项要求，抓重点、补短板、强弱项，深化实施产业转型、城市升级、乡村振兴、创新引领、全面开放、生态建设行动，着力提升区域发展综合实力和竞争力。

——提高保障和改善民生水平。坚持把人民利益摆在至高位置，巩固和提升脱贫攻坚成果，切实解决群众最关心最直接最现实的利益问题，统筹推进社会事业发展，不断满足人民群众日益增长的美好生活需要。

——加强民主政治建设。坚持党的领导、人民当家做主、依法治国有机统一，推进治理体系和治理能力现代化，提高服务经济发展、保障社会民生、促进公平正义、维护和谐稳定的能力。

——全面从严管党治党。坚定践行新时代党的建设总要求，坚持思想建党和制度治党同向发力，加强各级党组织和党员队伍建设，严肃党内政治生活，巩固发展良好政治生态。

一、树牢四个意识，始终对党绝对忠诚

1. 坚持党对一切工作的领导。完善坚持党的领导体制机制，全面加强党的政治领导、思想领导和组织领导。完善党委议事决策规则，健全党委领导小组运行机制，充分发挥智库作用，提高党委把方向、谋大局、定政策、促改革的能力，充分发挥总揽全局、协调各方的领导核心作用。

2. 坚决维护习近平总书记在党中央和全党的核心地位。坚持把维护习近平总书记核心地位作为最重要的政治纪律和政治规矩，在思想上拥戴核心、政治上维护核心、行动上紧跟核心。深入学习领会习近平新时代中国特色社会主义思想，自觉在发展理念、发展布局、发展路径、发展举措上全面对表，作为武装头脑、指导实践的强大思想武器和根本工作遵循。

3. 坚决维护党中央权威和集中统一领导。坚定贯彻党的基本理论、基本路线、基本方略，自觉在以习近平同志为核心的党中央集中统一领导下履行职责，做到党中央提倡的坚决响应、党中央决定的坚决照办、党中央禁止的坚决不做，确保党中央大政方针、省委部署要求在自贡落地生根。

二、专注转型升级，着力做强产业支撑

4. 推进工业高端化集群化发展。大力实施“633”转型升级行动，重点发展航空与燃机产业，加快建设全省通用航空基地，实现产值增长30%以上；发展节能环保装备制造产业，产值规模达到400亿元以上，规划建设泵阀产业园；发展新材料产业，实现产值增长15%以上；发展新一代电子信息产业，着力打造全省智能终端产业基地；发展灯（光）产业，大力引进新光源和现代照明研发制造，集聚发展现代灯企。持续推进行业领军企业、朝阳企业培育发展计划，妥善处置“僵尸企业”，新增规模以上工业企业50户以上。加快“两区多园”建设，推动高新区由制造型向智造型园区升级，突破性推动航空产业园建设，力争沿滩工业园区建成省级高新区，3个以上园区纳入国家开发区目录，全市新增园区承载能力5平方公里以上，工业集中度提高到60%以上。

5. 培塑服务业区域竞争优势。突破性发展文化旅游业，推动文旅融合、打造全域景区，以国际一流水准加快恐龙文化科技产业园、中华彩灯大世界等重大文旅项目建设，力争建成国家AAAA级景区4个。构建“三港两园三通道”国际物流体系，加快推进中国（西南）自贡国际航空物流中心等项目建设。实施全企入网、全民触网、电商示范工程，建设省级电商示范基地。打造川南康疗养生养老基地，加快建设卧龙湖康疗中心、卫康院综合体。培育城区核心商圈、县级商贸中心、重点商贸镇，打造一批特色商街，推进城市会展中心建设。塑造盐帮美食特色品牌。新增规模以上服务业和限额以上商贸企业40户以上。

6. 持续深化农业供给侧结构性改革。实施基地提升、品牌创建、加工壮大三项行动，加快构建现代农业产业体系、生产体系、经营体系。高标准建设“一区六园”，新发展特色产业15万亩以上，力争建成省级现代农业产业融合示范园区2个。用好用活“自然贡品”区域品牌，新认证“三品一标”农产品25个。构建“五园一城”农产品加工园区格局，新增产值100亿元。

三、坚持全域统筹，着力促进城乡融合

7. 加快重大基础设施建设。围绕构建“七纵六横两航一环”立体交通骨干网络，加快建设川南城际铁路、成宜高速自贡段、自贡至泸州港公路、北环城市快速通道，提速推进蓉昆高铁自贡段、沱江航道升级改造工程，全面推进G348等国省干道改造，启动建设汽车客运枢纽站、高铁综合枢纽站，做好雅眉乐自铁路、内江至南溪高速等前期工作。实施城乡供水能力提升工程，推进东部新城水系连通、“一大三中”水库渠道配套工程，开工建设向家坝灌区一期工程。提升能源和信息保障能力。

8. 实施新区建设和旧城更新。优化全域空间规划，启动新一轮城市总体规划修编，做好东部新城城市设计。高起点建设东部新城，加快实施一批市政基础设施工程，布局一批高端功能性设施。推进旧城有机更新，全面完成棚改三年攻坚，实施老旧小区改造。完善南部、西部新城功能，提升富顺县、荣县城市建设水平。实施城市“双修”，规划建设总面积17平方公里“盐都之心”，打造釜溪历史文化长廊、近现代工业文明博物馆等一批特色名片，实施一街一景环境改造提升。推行大城管体制，升级数字城管平台。

9. 推动镇村一体发展。坚持内涵发展、绿色发展、全域发展，加快构建“镇村一体、产镇相融、特色凸显”的发展格局。打破行政区划界限，组团发展特色镇村，重点抓好一批特色小城镇、历史文化名镇和传统村落建设。大力实施“三区同建”，建成幸福美丽新村150个，创建省级“四好村”80个。全面改善农村基础条件，启动土坯房两年攻坚，新改建农村公路600公里。

四、坚守绿色生命线，着力打赢环保翻身仗

10. 加快形成集约高效生产生活方式。全域重构绿色发展空间，突出战略规划环评引领作用，强化生态保护、永久基本农田、城镇开发边界三条红线管控，以主体功能区规划为指导，以G348产城融合带、釜溪河流域生态保护廊道、沱江绿色经济发展带为主轴，着力构建生产、生活、生态互融共生的新格局。加快推动生产方式绿色化，严格项目环境准入，万元GDP能耗完成省定目标。强化资源利用和循环使用，开工建设循环经济产业园，秸秆综合利用率达84%。倡导绿色低碳生活方式，开展节约型机关、绿色家庭、绿色学校、绿色社区创建。

11. 强力推进污染防治“三大战役”。深化“三创联动”，大力实施治水、治气、治土、植绿，抓快抓实19个专项治理行动，确保所有环保督察发现反馈问题限期整改到位。坚决打好“蓝天”保卫战，深入实施“治霾十大专项行动”，$PM_{2.5}$、PM_{10}平均浓度下降8%以上，空气优良天数率达70%以上。坚决打好“碧水”保卫战，加强城乡集中式饮用水水源地保护和达标整治，推进城乡生活污水处理设施建设运营一体化，建成东北部新城、舒坪生活污水处理厂和4个工业园区污水处理厂，完成主要流域污水处理设施提标工程，确保主要河流出境断面水质达省控目标。坚决打好“净土”保卫战，稳步推进耕地污染和工业用地土壤污染修复试点，健全城乡垃圾收运处理体系。大力实施道路、水系和村庄绿化，城市建成区绿地率提高到36%以上。

12. 健全绿色发展常态长效机制。将生态环境保护全面纳入法治化轨道，加快制订《釜溪河流域污染防治条例》等地方性法规，深化河长制工作，设立环保督察月，完善常态化督察考核机制，强化环境综合执法，开展领导干部自然资源资产离任审计。建设大气、水、土壤网格化监测大数据平台。深化环保市厅战略合作，构建上下游联防联控联治工作格局。设立环保基金，健全举报奖励、媒体曝光等制度，培育环保公益组织，引导公众有序参与。

五、锐意改革创新，着力增强发展动能

13. 抓牢全面创新改革试验“一号工程”。主动对接四川建设国家创新驱动发展先行省目标，建设发展科技创新平台，深化与知名高校合作，引导金融资本为科技创新服务，实施关键技术攻关、培育重点新产品、重大成果转化应用项目30项以上，创建省级科技成果转移转化示范区。建设省级军民深度融合发展示范区，大力发展军用机械、新材料成套产品产业群，新培育一批民参军企业。实施大规模招才引智，用好盐都人才新政，设立高端人才创投基金，大力培育引进复合型创新人才、领军人才和创新团队。

14. 突出激发市场主体活力推进重点领域改革。构建多层次资本市场，开展资产证券化试点，推进4户企业在主板上市、一批“新三板”企业预转创业板融资，探索组建金融控股集团，组建文化旅游投资等基金。深化国资国企改革，推动四大投资运营公司实体化市场化转型，加快企业混合所有制改革，开展国有资本授权经营试点。深化落实加快县域经济、高新区发展两个“二十条”，实施特色经济强县行动。大力放活农村土地经营权，培育多元化农村新型经营主体，推进集体资产股份合作制改革等试点。深入推进财税改革，启动市级事业单位政府购买服务改革试点。开展纪念改革开放40周年系列活动。

15. 优化政务服务环境。持续推进“放管服”，实施行政审批流程再造，深化相对集中行政许可权改革试点，实行一体化网络政务服务平台应用。加强事中、事后监管，健全企业信用联合激励惩戒机制，进一步规范中介行为。对本土企业新上项目给予招商引资同等优惠政策，定期开展惠企政策兑现情况检查，加强产业园区政务服务能力建设。多渠道降低企业运行成本，争取扩大企业直购电范围。

六、深度开放合作，着力推进双向互动

16. 提高招商引资实效。强化“一把手”招商、专业化招商，健全驻外招商网络，瞄准领军企业、关联企业、朝阳企业寻求突破，引进10亿元以上产业项目20个、到位市外资金突破1000亿元。建立招商项目全过程推进机制，加大项目进展考核权重，签约项目履约率达90%、开工率达80%、资金到位率达30%以上。

17. 展现“走出去”新姿态。深化拓展与“一带一路”沿线国家和地区的经贸合作，构建产业联盟、创新联盟、文化联盟，外贸进出口总值增长18%以上。充分发挥自贡彩灯作为国家对外文化输出战略品牌的聚集效应、联动效应，积极开展川灯耀丝路、中华彩灯世界行等活动，创建国家彩灯文化出口基地。

18. 深度融入区域协同发展。主动接受成渝“双核”辐射带动，探索建立生产制造、商贸物流、文旅休闲等产业协同合作示范区。实质性推动与成都高新区在贸易便利化、产业培育、创新创业等方面多领域合作，推进与川南临港片区协同发展。加快创建国家级综合保税区，努力提升通关贸易便利化水平。

七、对标全面小康，着力保障改善民生

19. *巩固提升脱贫攻坚成效*。细化实化查漏补缺、巩固提升阶段的各项措施，抓牢六项重点工程，进一步强化帮扶力量和人才支撑，确保稳定脱贫、持续增收。统筹整合各类项目、政策、资金，用好用活扶贫基金，引导群众增强自主发展能力，把70%以上的贫困户稳固在产业链上。扎实开展“回头看”“回头帮”，确保长效脱贫，做好34个村、3.6万人省级达标退出工作。

20. *增加优质公共服务供给*。统筹推进城乡义务教育一体化，着力解决中小学生“择校热”“大班额”等问题，发展婴幼儿照护和儿童早期教育服务，实施高中教育特色化优质化发展工程，加快建设促进转型升级的职业技术学院，支持四川理工学院等高校建设。深化医药卫生体制改革，加强全民预防保健和基层医疗服务，实施名医名科名院工程，加快医联体建设。广泛开展全民健身活动。深化文化惠民工程，建成市文化艺术中心，打造文化名家、创造名作名剧。有序补齐公共服务设施短板，实施“厕所革命”，加快城区农贸市场标准化改造，开工建设政务服务（市民）中心。

21. *强化社会保障*。出台支持就业创业政策措施，新增城镇就业3.3万人。实施全民参保计划，完善基本养老保险制度，健全全民医保制度，扩大异地就医即时结算范围。完善社会救助体系，稳步提高城乡低保标准，关心关爱农村留守群体，发展残疾人事业、慈善事业，开展养老机构公建民营、民办公助试点。构建多主体供给、多渠道保障、租购并举的住房制度，大力发展住房租赁特别是长期租赁。

八、加强民主法治，着力提升治理能力

22. *扎实推进民主政治建设*。支持人大及其常委会依法行权，落实“两个机关”建设要求，围绕重大项目、重点工作开展监督视察，充分发挥地方立法主导作用。支持政协依照章程开展工作，把协商民主贯穿政治协商、民主监督、参政议政全过程，加强政协民主监督。巩固发展最广泛的爱国统一战线，支持各民主党派、工商联和无党派人士发挥作用，引导群团组织和各类社会组织融入大局、建功立业，做好对台、民族、宗教、外事、侨务和新阶层等工作。畅通民意渠道，保障群众民主权益。加强党管武装，支持驻地部队和民兵预备役建设。

23. *深化依法治市*。强化依法行政，建立健全市县两级权责清单，严格规范行政决策和行政执法行为。深化司法体制综合配套改革，全面落实司法责任制，着力提升两法衔接、生效判决执行等工作实效。大力开展全民普法，持续深化“法律七进”，打造一批法治示范点和法治文化阵地，营造依法治市浓厚氛围。

24. *构建共建共治共享治理格局*。提高社会治理社会化、法治化、智能化、专业化水平，加快重心下移，强化网格化管理，推广“三事分流、三社互动、三治并举”社区治理模式。推动社会主义核心价值观融入社会发展各方面，深入实施公民道德建设工程，加强未成年人思想道德教育，整体提升社会文明程度。健全社会治安立体防控体系，严厉打击和惩治违法犯罪活动，积极创建新一轮全国社会治安综合治理优秀市。

25. *巩固发展和谐稳定良好局面*。打好防范化解重点领域风险攻坚战，进一步规范金融秩序，防范化解企业债务风险，强化对政府债务、或有债务和隐性债务情况的动态监控，加强社会保险基金管理，促进房地产市场平稳健康发展。强化社会稳定风险预测预警预防，进一步规范信访秩序，依法、及时、就地疏导化解矛盾问题。严格安全生产责任制，保障食品药品安全，坚决遏制重特大安全事故。

九、践行新时代党的建设总要求，着力推动全面从严治党向纵深发展

26. *加强政治建设*。抓好领导班子思想政治建设，推进“两学一做”学习教育常态化制度化，扎实开展“不忘初心、牢记使命”主题教育，用党的创新理论武装头脑、指导实践、推动工作。认真落实民主集中制，坚持“三会一课”，增强党内政治生活政治性原则性时代性战斗性。牢牢掌握意识形态工作领导权，加强新闻舆论工作，探索建立网络综合治理体系，积极推进媒体改革融合。

27. *建强班子队伍*。坚持“好干部”标准，落实省委“三重”用人导向和“三个六”工作要求，用“四有”衡量干部，紧扣改革发展大局排兵布阵、调兵遣将，动态调整优化干部队伍结构，大力培养使用优秀年轻干部。围绕增强“八种执政本领”，抓好十九大精神全覆盖轮训、振兴发展专题培训，强化在“三个一线”培养选拔干部，大力建设高素质、专业化、实干型干部队伍。加强党校阵地建设，打造一批党性教育基地。坚持党管人才原则，深化人才发展体制机制改革。进一步完善关怀帮助、容错免责澄清保护等机制，旗帜鲜明为敢于担当、踏实做事、不谋私利的干部撑腰鼓劲，关心爱护基层干部，做好离退休干部工作。

28. 打牢基层基础。以提升组织力为重点，突出政治功能，把基层党组织建成坚强战斗堡垒。推行“大党建”、区域联建模式，全覆盖开展党建规范化标准化建设，常态化整顿软弱涣散党组织，村（社区）基层党建示范点覆盖面达到25%以上。加强和改进发展党员、教育管理工作，稳妥处置不合格党员。深化“盐都先锋”行动，建强基层党组织带头人队伍，充分发挥基层党员干部特别是“第一书记”骨干带头作用，大力培养村级后备干部。健全村（社区）干部考核激励机制，对不胜任干部实行小错歇职管理。

29. 持续正风肃纪。认真贯彻中央八项规定、省委省政府“十项规定”及实施细则精神，聚焦“四风”老问题新表现，着力整治慢作为、中梗阻、不担当。压紧压实“两个责任”，严格“双责约谈”“一案双查”，健全领导干部负面信息预警、逆向测评等制度。严明政治纪律政治规矩，深入查纠不讲政治、不守规矩、不抓落实等问题。充分运用监督执纪“四种形态”，抓早抓小、动辄则咎。常态化开展“走基层”活动，不断整治微腐败、规范微权力、涵养微生态。

30. 坚决惩治腐败。坚持无禁区、全覆盖、零容忍，坚持重遏制、强高压、长震慑，坚持受贿行贿一起查，持续用力惩贪治腐。深化惩防衔接、一体联动，强化警示教育，抓好风险防控，围绕重点领域薄弱环节建章立制、堵塞漏洞。深入开展政治巡察，探索“机动式”巡察，切实发挥巡察“利剑”作用。全面完成市、区县监察体制改革试点，构建集中统一、权威高效的监察体系，实现对公权力监督全覆盖，确保干部清正、政府清廉、政治清明。

2017年自贡市十大新闻

1. 市委十二届五次全会明确推动振兴发展加快现代化进程新目标

中国共产党自贡市第十二届委员会第五次全体会议于12月29日举行。全会审议通过《关于全面深入贯彻落实中共十九大精神，开创振兴发展新局面，加快建设城乡一体繁荣幸福新自贡的决定》，明确推动振兴发展加快现代化进程新目标，从2017年到2020年，是全面建成小康社会决胜期；从2020年到2035年，在全面建成小康社会的基础上，基本建成城乡一体繁荣幸福新自贡，基本实现社会主义现代化；从2035年到21世纪中叶，在基本实现现代化的基础上，建成城乡一体繁荣幸福新自贡，全面实现社会主义现代化。

2. 自贡入选全国首批老工业城市产业转型升级示范区

4月21日，国家发改委、工信部等五部委联合出台《关于支持老工业城市和资源型城市产业转型升级的实施意见》，自贡作为西部典型的老工业城市，成为全省唯一入选全国首批产业转型升级示范区的城市。市委、市政府随后出台《关于加快建设国家老工业城市产业转型升级示范区的实施意见》，提出到2021年，自贡市要力争建成产业转型升级示范市、新兴产业培育壮大示范市、现代服务业特色发展示范市和金融生态示范市。

3. 脱贫攻坚两年集中攻坚任务圆满完成

全市抓牢脱贫攻坚头等大事，全覆盖开展驻村帮扶，整合资金42亿元，实施六大重点扶贫工程和22个扶贫专项，60个贫困村退出，20522名贫困人口脱贫，所有贫困村、贫困人口达到退出脱贫标准，提前三年完成易地扶贫搬迁任务。至此，市第十二次党代会提出的前两年集中攻坚、后三年查漏补缺，确保2017年全面实现摘帽脱贫目标圆满完成。

4. 全面开放为振兴发展增添新活力

全面开放格局加速形成。组建4个驻外招商机构，出台引资引智25条和工业招商奖励政策，举办各类投资推介活动72次，全年签约重大项目264个，招商引资到位省外资金增速列全省第1位。项目投资创历史新高。全市集中开工10批次384个项目，全社会固定资产投资增速居全省第2位，大华通用飞机生产基地、粤创微电子科技产业园、恒力盛泰石墨烯产业园等370个重大项目开工建设。

5. 自贡恐龙文化科技产业园等项目加快特色文旅打造

全市加快建设独具特色的国际文化旅游目的地。自贡恐龙文化科技产业园即“方特恐龙王国”项目开建。1月10日，全国友协与市政府签署关于推动自贡灯会走向全球战略合作框架协议，自贡灯会升级成为“环球灯会”；当地时间7月6日晚，“感知中国·环球灯会——中华彩灯汉堡行”在德国汉堡市开幕，自贡彩灯闪耀G20峰会。5月5日，联合国教科文组织执行局会议通过自贡世界地质公园扩园申请，在中国属首次，成为中国地质公园建设里程碑式案例。5月19日，中国邮政发行的第一套中国恐龙主题邮票《中国恐龙》特种邮票首发式在自贡市举行，自贡独有的太白华阳龙首次亮相“国家名片”。

6. 自贡凤鸣通用机场获准投运

12月26日，自贡凤鸣机场获颁通用机场使用许可证，标志着自贡凤鸣通用机场正式建成投入运行。于2015年12月25日开工建设的自贡凤鸣通用机场建设项目，是国务院将新建通用机场项目核准权限下放到省级政府后，四川省政府核准的全省首个通用机场项目。自贡凤鸣通用机场是自贡航空产业园的重要基础平台和重要招商平台，航空产业园已有中国航空工业集团、中国民航飞行学院、捷克伊赫拉瓦通用飞机制造公司等企事业单位、中外合资企业先后投资项目入驻。

7. 践行绿色发展理念重拳整治环境突出问题

自贡市以迎接中央环保督察和省环保督察为契机，重拳出击整治环境突出问题，长达70多年的张家坝渣场等一批历史遗留问题得到妥善处置，蓝天、碧水、净土三大环境保护战役全面打响，铁腕治霾专项行动强力推进，一批群众关注的环保热点、难点、突出问题得到解决。中央环保督察期间，全市219件信访件按程序全部办结。对中央、省环保督察梳理出的问题，制定整改工作方案，强力推进整改。

8. 扬正气树新风全面从严管党治党

自贡市在全省率先实现“第一书记”全覆盖常态化选派，向全市所有村（社区）选派党组织“第一书记”1314人，“第一书记”成为推动脱贫攻坚和基层组织强起来的重要力量。深化正风肃纪，运用“四种形态”处理2710人，严肃查处市粮油系统、市水务集团等一批腐败案件，形成有力震慑。

9. 联防联控有效处置H7N9疫情

5月20日和24日，市内确诊两例人感染H7N9流感病例。各级突发公共卫生事件应急指挥部和成员单位迅速行动、有力处置，采取果断措施关闭活禽市场，切实加强疫情监测和预警，全市H7N9疫情得到有效控制，2名感染病例人员经积极治疗痊愈出院。7月7日，省专家组对全市人感染H7N9流感疫情处置情况进行评估后认为，自贡市已达到终止疫情应急反应标准。

10. 自贡恐龙国际马拉松赛等大型赛事成功举办

10月，自贡市第十三届运动会举行。14个代表团、160支运动队、4860名运动员及1500余名领队、教练员和裁判员参加该届运动会。比赛共设25个项目，是历年来比赛项目最多的一次市运会。12月10日，2017自贡恐龙国际马拉松赛举行。来自美国、韩国、印度、埃塞俄比亚等多个国家和地区的选手，以及国内选手共9910人参赛。

（市委宣传部）

专　文

2017 年全面深化改革综述

2017 年，市委、市政府贯彻中央、省委改革决策部署，以压实责任、规范运行、推动落实、强化督察为突破口，全市深化改革工作呈现出全面发力、多点突破、纵深推进的良好态势。

一、坚持责任导向，不断提升工作运行质效

*闭合链条，锁紧改革责任关。*层层定责压责履责，形成责任清单、述职述评、绩效考核三个全覆盖。各级“一把手”带头抓总、带头破题、带头督导，全年市级班子成员领办重大改革方案 60 个、重大改革任务 32 项，市全面深化改革领导小组成员专题研究环境保护、军民融合、脱贫攻坚和供给侧结构性改革等专项改革工作 200 余次，进行现场调研督导 600 余次。

*压茬推进，盯牢改革实施关。*实行每月对表、季度盘点、年底对账，先后出台专项改革方案 54 个，其中对接省上方案 44 个，对接率 100%；完成专项改革方案销账 35 个；完成 212 项改革规划任务的 177 项；完成中央及省改革试点结题 12 个。

*贴身紧逼，严把改革质效关。*实行查台账、查现场、查实物、查轨迹、听服务对象评议“四查一听”，综合运用联合督察、媒体晒账、第三方评估等方式，力促改革落地见效，改革助推发展效应持续显现。2017 年，对全市 220 项改革台账、出台的 136 个专项改革方案、31 个中央及省部署改革试点等 6 大类重大改革事项，进行全方位、立体式督察，形成专项督察报告。

二、突出精准发力，纵深推进重点领域改革

*经济体制改革方面。*一是推进供给侧结构性改革。制定实施“三去一降一补”、支持企业提品质创品牌等 8 个方面 50 项政策措施，抓实降成本，淘汰落后企业 8 户，关停退出煤矿 12 处，化解产能 100 万吨，超额完成“十三五”省下达目标任务。二是深度促进军民融合。构建军地院所专家组指导、综合政务平台服务、专项政策扶持三项机制，截至 2017 年，全市航空与燃机产业从无到有，硬合公司、兆强密封公司等 7 户企业成为军品直供企业，“自贡造”产品运用到五代战机。以航空与燃机为代表的军民融合产业年均增长 30% 以上。三是稳步推进放管服改革。完成省下放行政审批事项办结率 100%，实现审批提速达 75%。创新“三随三走”机构编制动态管理模式，一次性收回 24 个市级党政群机关 61 名行政编制，不断优化机构编制资源。四是拓展多层次资本市场。制定财政金融互动、资产证券化、优化金融生态等 25 项改革措施，搭建银政企常态化对接平台，新增市外银行 5 家、挂牌上市企业 8 户。设立 100 亿元城市发展、20 亿元高端产业等 8 支基金，获 18 家金融机构支持老工业城市转型升级授信 2800 亿元。

国企科技改革方面。一是优化国有资本布局。成功组建市国有资本投资运营公司、自贡高新国有资本投资运营公司、市城市建设投资开发公司、自贡水务集团投资运营公司，形成“4 + N”国有资本运营体系，总资产由500亿元增加到1400多亿元，实现由单一融资向经营性、实体化转变。制定市属国企发展混合所有制经济的实施意见，采取战略合作、员工持股等方式，引导各类资本200多亿元参与国企改革。二是放大科技基础优势。建立企业牵头实施重大科技项目、项目经费后补助等机制，提升企业创新主动性。制定激励科技人员创新创业16条政策，实行兼薪留职、不影响职称评定，调动科技人员积极性。开展知识产权质押融资、专利技术作价入股等改革，增强科技金融支撑性。全市国家与省级科技平台增加到61个。三是深化产学研协同创新。加强与浙江大学、中科院天津生物所等院校战略合作，狠抓科技成果就地转化、集成应用及产业化。截至2017年，全市30户企业与浙江大学、清华大学等高校缔结创新共同体，重点科技成果转化25项、产业化10项，新增产值近50亿元。

农业和农村改革方面。一是推进新型农业经营体系建设。推动新型农业经营主体培育、创新农业社会化服务和推动土地适度规模经营三个方面改革，荣县成功申报为国家级农业化示范基地。完成市、区县、乡镇三级农村产权流转交易平台和延伸到村的四级信息体系建设，农村产权流转交易体系实现与成都农交所联网运行。制定最高奖励100万元的国家级、省级新型农业经营主体创建考核奖励办法，探索租赁返聘、订单收购、“企政银 + 贫困户”等利益联结机制，带动1.12万户贫困户进入产业链。二是深化农村土地制度改革。采取租赁、托管、股份合作等方式，建立规模流转激励机制和土地流转履约行为保险机制。扎实推进深化城乡建设用地增减挂钩试点项目，探索农村宅基地有偿使用和退出机制，累计获节余挂钩周转指标371.07公顷，增加农民财产性收入11.1亿元。三是不断拓宽农民增收渠道。以“一区六园”为引领，推广“龙头企业（专合社） + 基地 + 贫困户”模式，探索“合同订单收购”“企政银 + 贫困户”“财政资金折股到户”等利益联结机制，通过项目争取、项目整合、项目实施“三张清单”管理，全年整合各类涉农资金36.8亿元，比2016年增长2倍以上。

民生事业改革方面。一是推进义务教育均衡发展。制定城乡义务教育一体化发展、“全面改薄”、交互式网络课堂全覆盖等多个专项改革方案，促进优质教育资源全市共享。创新校企合作模式，组建4个职业教育集团，开展中德合作职业教育试点。二是实施医疗卫生体制改革。全面推进分级诊疗，基层医疗机构100%实现与上级机构双向转诊。全部取消城市公立医院药品加成，药品收入占比全省最低。健全医疗责任统一保险机制，公立医院投保率100%。全面建立医患纠纷调解新机制，形成医疗纠纷人民调解与医疗责任险统保相结合的医疗纠纷处置机制。三是创新社会治理体系建设。明确“一个信息支撑、两个阵地建设、三个重点突破、完善四项机制”责任体系。全年排查化解矛盾达98.6%，保持在全省一类市州行列。创新制定《自贡市食品药品生产经营严重失信联合惩戒制度》，构建起“一处失信、处处受限”的信用惩戒大格局。四是加快推进绿色发展变革。划定生态保护、基本农田保护、城镇开发边界3条红线。出台《集中式饮用水水源地保护管理条例》，制定沱江、釜溪河流域污染防治条例。牵头建立川南四市大气污染联防联控机制，与眉山市、内江市签订共同应对流域污染及突发环境事件协议。实行大气和水质网格化监测，建立日分析、周通报、旬排名制度，对环境违法行为一律依法顶格处理。

党的建设和纪检体制改革方面。一是创新人才培育机制。在全国率先推行“一把手”抓人才工作述职制度，创新建立领导干部德能勤绩廉“反向测评”指标体系。在全省率先实现村（社区）党组织“第一书记”常态化全覆盖，实行提拔使用、评先晋级、定向遴选、待遇保障“四优先”。制定《关于实施盐都人才新政策的意见》，突破性实施鼓励扶持高层次人才创新创业、提高产业人才待遇、组建高层次人才创投基金等10个方面政策措施，增强对名优人才的吸附力。二是创新推进党建示范点建设。制定《关于推进社区党建标准化建设的意见》，在全市所有6个区县和高新区打造示范点，带动基层党建工作整体水平提升，该项工作得到省委副书记邓小刚，省委常委、组织部部长黄建发的肯定，拟在全省推广。三是创新逆向监测机制。针对党员干部不严不实六类表现，细化54项负面行为，配套建立轻度、中度、重度三级预警机制，织密干部监督网络。制定反向测评办法，细化30项指标，对市管干部全覆盖测评。四是创新“两个责任”落实。制定廉情分析报告工作法、“惩防衔接、一体联动”立项治理实施方案，分类建立廉情信息库，分层形成问题清单，并固化为常态长效机制，该项工作得到省委、省纪委领导肯定。

三、强化探索创新，着力增强试点示范效应

把试点变成示范。将试点工作作为改革先手棋、试验田，截至2017年，全市共开展各级各类改革试点任务60项，结题12项。其中，荣县在创新农村公共服务运行维护标准化建设过程中，首创“35186”工作法，即将作为省级地方标准推广。大安区三绿资金互助合作社在全省率先挂牌营业，累计发放借款96笔，总金额2416.1万元。

把亮点变为特色。始终把推广自贡改革过程中的特色亮点作为工作根本遵循，《自贡市用制度创新倒逼产业革命》《自贡战略性新兴产业增加值占比近三成——看千年盐都的新突围》分别于5月23日和9月5日在《人民日报》刊发。《自贡市探索建立“反向测评”机制提升领导干部评价精准化水平》《老工业基地转型突破的自贡探索》在《四川改革专报》第49期、61期刊发，分别得到省委副书记邓小刚，省委常委、秘书长、省委改革办主任王铭晖肯定性批示。是年，承办全省市（州）改革工作片区调研座谈会，并对自贡市全面深化改革亮点工作作经验交流。

把探索变为经验。探索开放式改革运行机制，在自贡广播电视台《盐都问政》开设改革专栏，实行“一把手现场问政、群众现场打分”，通过电视、手机APP等方式实现全媒体联动直播。在《自贡日报》《看度·自贡》对17个市级部门24个改革事项进展情况进行媒体公示，增强改革的落地率和透明度。

2017年，自贡市全面深化改革存在的主要问题和不足：一是基层改革动力需加强。由于改革工作自上而下推动，造成基层对改革工作的推进过于依赖中央及省设计和部署，工作的主动性和创新性不够。二是群众参与度不够。全市改革工作主要是依靠体制内力量在推动，群众参与方案制定、谋划改革举措、监督改革成效的范围和渠道不宽，尤其是对前期改革谋划的参与度还不够。三是重点领域和关键环节改革突破不多。全市绝大多数改革在突破中，改革成效的显现和红利释放离群众期盼尚有距离。

（市深改办）

2017年脱贫攻坚纪实

2017年，全市立足脱贫攻坚实际，着眼“两不愁、三保障”目标和“四个好”要求，坚持脱贫与奔康两步并做一步走，把脱贫攻坚融入“三农”发展大局中谋划和推进，与区域发展、幸福美丽新村建设、新型城镇化、社会治理统筹结合，全力推动扶贫工作取得实效。全市贫困对象从2013年年底的113个贫困村15.1万人减少到2017年年底的34个贫困村3.6万人，贫困发生率从2013年的6.9%降至2017年的1.9%。是年，全面完成60个贫困村退出和20522名贫困人口脱贫，群众认可度达99.2%，比2016年增长近1个百分点，全市脱贫攻坚通过省级验收。

一、工作责任更加压实

一是签订责任书压实责任。市委、市政府在对上履行承诺的同时，与全市各级各部门、各帮扶主体层层签订脱贫攻坚责任书，立下“军令状”，层层传导工作压力，推动政策落地落细落小。二是绘制作战图压实责任。年初将任务分解到区县、乡镇村、户、人，制定作战图、落实工作方案，正排工序、倒排工期，推动各项工作在规定的时间内高标准高质量完成。三是庄严承诺压实责任。坚持将精准识别作为脱贫攻坚的“第一颗纽扣”，各级对精准再识别后的贫困人口数据进行庄严承诺，推动工作精准到位。四是健全规章制度压实责任。出台《自贡市脱贫攻坚督查巡查工作实施细则》（自委办〔2017〕12号）、《自贡市脱贫攻坚重要部署责任清单》（自委办发〔2017〕52号）等制度，出台问责和约谈、诫勉办法，严肃问责追责，推动工作依法依规落实，推进全市精准扶贫、精准脱贫工作。五是定期公开晒账压实责任。对驻村帮扶、易地扶贫搬迁等重点工作、重点项目，每季度召开一次现场推进会，对区县现场点位进行“验靶”，并在市级主流媒体每月晒账，主动接受群众监督和组织考验。

二、基础工作更加夯实

一是贫困人口识别更加精准。为确保扶贫对象识别更加精准，采取市、县、乡、村、组“五级联动”方式，动员2.5万余人，用2个月时间，开展贫困人口购车、购房情况比对。严格按照贫困村“一低五有”、贫困户“一超六有”指标进行“回头看”，对“一超六有”指标未达标的已脱贫人口1470人列出“回头帮”清单，全面补齐短板，早、快、严、准地完成精准再识别工作。二是贫困人口动态管理更加有效。坚持把贫困人口动态管理作为精准扶贫精准脱贫“头等大事”，每个区县落实专职人员、专用电脑、专项经费，做好动态调整工作，严把信息采集关，把数据日常校正和集中审核有机结合，建立健全贫困人口动态管理机制。三是档案痕迹管理更加规范。集中2个月时间，开展脱贫攻坚档案痕迹管理专项整治行动，专题召开脱贫攻坚档案资料痕迹管理现场推进会，组织区县现场观摩，集体讨论，统一认识；制定全市统一的脱贫攻坚档案和《扶贫手册》模板，市、县、乡三级确定政策“明白人”进行逐级指导；各区县单独安排350余万元用于该项工作，通过层层培训、层层检查、层层验收，实现脱贫攻坚档案“情景再现、过程还原、成效体现”。

三、重点工作更加落实

一是强化基础设施建设。按照统一规划、合理布局、协调推进原则，统筹推进交通、水利、能源、通信等基础设施建设。全市共整合涉农项目资金13.5亿元投入贫困村建设，退出的60个贫困村全部实现通村公路硬化且宽度均达4.5米以上，全年加宽村道224.9公里，新改建农村道路602.3公里；建成“1+6”公共服务中心44个、贫困村综合文化服务中心68个、甲级标准化村卫生室60个，升级改造45个村级电商代购点；113个贫困村实现宽带全覆盖、广播“村村响”。二是强化农业产业带动。以贫困人口脱贫增收为核心，以培育新型经营主体为抓手，加快发展优势特色产业，多措并举精准发力推进产业扶贫。努力招大引强，德康100万头生猪养殖、江苏立华3500万羽一体化养鸡、海升万亩柑橘种植等一批重大项目落地农村特别是贫困村；全年新培育专业合作社204个、家庭农场770家，实现每个贫困村至少引进1户龙头企业或组建1个专业合作社目标，将78.2%的当年脱贫贫困户聚集到产业链上。三是强化创业就业增收。以“培训一人，就业一人，脱贫一户”为目标，开展贫困人口就业技能“菜单式”提升培训。编写“农民夜校”乡土教材《做强产业脱贫奔康》《脱贫攻坚工作手册》等，全年组织开展就业创业扶贫培训4914人，为29名自主创业贫困劳动力发放创业补贴29万元，全年为贫困劳动力创业提供贷款256.5万元；开展就业扶贫专场招聘会205场，开发农村公益性岗位3031个，帮扶3295名贫困劳动力就业，贫困劳动力转移就业规模达1.78万人；7户企业被评为国家级就业扶贫示范基地，富顺县狮市镇马安村、大安区新店镇何院村被评为省级就业扶贫村。四是强化贫困户住房安全保障。实行任务、责任、范围、时间、标准“五定”，将易地扶贫搬迁与深化城乡增减挂钩、幸福美丽新村、危房改造、地质灾害避险搬迁等项目统筹安排，提前三年完成“十三五”确定的16390人易地扶贫搬迁建设任务，并实现入住；6670户贫困户危房改造实现竣工，确保当年度脱贫户实现住房安全。五是强化扶贫政策落实。坚持脱贫不脱政策、脱贫不脱项目、脱贫不脱帮扶，统筹整合社会救助、医疗、教育等政策，提高农村社会保障水平。全市1.92万名贫困家庭义务教育学生入学率100%；累计投入5312万元，资助贫困家庭学生5.17万人次；累计向1.26万名贫困家庭子女发放教育扶贫救助基金631.49万元，没有出现一名义务教育段学生因贫辍学。创新“十一免两补一减一控”医疗扶持政策，贫困人口医疗保险参保率100%、大病保险参保率100%，县域内住院和门诊特殊疾病治疗个人支付比例均控制在10%以内；卫生扶贫救助基金累计救助贫困患者4.1万人次，发放救助资金575.4万元。落实“两线合一”政策，为5.1万余名贫困人口发放低保金，为7.5万余名符合条件的贫困人口代缴养老保险费；累计发放残疾人生活费、重度残疾人护理补贴等4995.9万元。

四、帮扶工作更加务实

一是驻村帮扶有强度。印发《2017年全市干部驻村帮扶工作要点》，制定干部驻村帮扶工作“作战图”，在全省率先建立非贫困村“三个一”帮扶机制，全覆盖选派村党组织“第一书记”1048人，选派461名驻村帮扶干部、113名农技员，成立6个专家服务团，组建98个农业技术巡回服务小组；组织开展“第一书记”、驻村帮扶干部、农技员专题培训7200多人次。二是结对帮扶有力度。联系领导、结对帮扶部门（单位）、驻村工作组和驻村干部等各帮扶主体按帮扶工作要求开展工作。实行市级领导结对2户贫困户、县级领导结对3户贫困户、科级干部结对2户贫困户、一般干部结对1户贫困户的“2321”模式，全年到村参与结对帮扶11万余人次，入户走访贫困群众7.7万余户次，为贫困村、贫困户解决各类问题1.3万余个，协调资金9.6亿元。三是社会帮扶有热度。统筹抓好社会扶贫工作各环节，形成上下联动、左右协调、富有活力的工作机制，发挥扶贫“两会”、工商联等作用，引导爱心企业、爱心人士等捐款捐物3800万余元，签署产业扶贫项目226个，总投资15.12亿元。出台《关于支持农业产业化龙头企业带动脱贫攻坚的实施意见》，通过“企政银+贫困户”等模式，全市189家龙头企业对接带动贫困户12616户。

五、金融扶贫更加抓实

一是创新金融扶贫机制。用好用活货币政策工具，推动精准扶贫精准脱贫，市财政局联合人民银行市中心支行制订《自贡市财政金融扶贫专项方案》，设立市、县两级扶贫开发财政专项资金，逐步建立扶贫投入稳定增长机制。通过建立“金融扶贫三级联动工作机制”，初步形成从普惠金融到精准扶贫，再到金融系统定点扶贫的立体化、全方位金融扶贫工作推进体系。二是发动金融机构参与。人民银行市中心支行发挥货币政策工具的导向功能，通过支农再贷款、切块合意贷款定向支持等方式引导金融机构将信贷资源向县域农村地区倾斜，提升涉农金融机构金融扶贫的积极性。全市产业精准扶贫贷款余额23.5亿元，项目精准扶贫贷款余额25.5亿元，分别比2016年增长17.5%、26.9%；扶贫小额信用贷款余额2.7亿元，是2016年的2.5倍，受益贫困户6320户。

六、媒体宣传更加求实

一是加大媒体宣传力度。组织市级媒体开设“决战全面小康　全力精准脱贫”“脱贫攻坚进行时”等专栏，持续推出系列报道，2016年6月至2017年12月共刊登稿件1000余篇（条）。依托新媒体平台，组织网络评论员解读政策、撰写评论，在新闻网站和新媒体上发布新闻稿件800余篇（条）。借力中央和省媒体开展宣传，展示全市精准扶贫精准脱贫工作取得的成效和特色亮点，截至2017年年底共刊载相关稿件300余篇（条）。二是加大政策宣传培训力度。召开专题培训、整改提升、精准识别、“回头看、回头帮”、四项基金、档案痕迹管理、贫困退出验收考核等专题工作会；组织区县、市级相关部门开展脱贫攻坚专题培训；四次邀请省级部门领导为全市县、乡级干部作专题培训。三是加大专项宣传力度。印发《贫困人口精准识别政策解答40问》《脱贫攻坚工作手册（1—6）》等一系列政策和文件，制作和发放脱贫攻坚漫画集2万册，对扶贫政策、先进典型、好经验好做法进行宣传报道。四是加大活动宣传力度。开展“万企帮万村”“走基层送温暖”等走访慰问活动。开展主题为“10·17，邀您一起来扶贫”第四个全国扶贫日系列活动，组织“八个一”（一幅标语，一次培训，一次慰问，一次宣传，一次摄影，一次推进会，一次表扬，一次捐赠）活动。

七、督查考核更加扎实

一是强化目标督查。按“月督查、月通报、月公示、季考核”要求，采取市目督办主导、市脱贫办主办、区县为主体的方式，每月制定督查方案，重点核查减贫任务、各项规章制度执行、政策措施落实、资金项目管理、档案资料完善等情况。市领导每季度带队开展专项督导，市纪委开展脱贫攻坚“3 + X”专项巡查，市目督办、市脱贫办每月开展联合督查，市脱贫办定期不定期明察暗访，每月通报督查情况，推动脱贫攻坚工作落地落实。二是强化目标考核。将脱贫攻坚作为党政目标考核的重要内容，细化量化考核指标和评分标准，建立日常监管台账，每季度开展一次脱贫攻坚综合督查考评，对区县、市级部门进行考核评分。每季度开展一次脱贫攻坚综合督查考评工作，并按 20%、30%、30%、20% 比例实行季度评分。连续 2 年考核结果排名末位的区县，由市脱贫攻坚领导小组对区县党委、政府主要负责人进行诫勉谈话。三是强化问题整改。按“坚持问题导向、确保整改到位”原则，聚焦每月督查、省督查暗访反馈、全覆盖督导、扶贫领域“3 + X”专项检查的 1083 个问题，采取“抽查 + 回头查”“排查 + 整改”“清单制 + 责任制”等方式，全面对标整改补短板。举一反三，全面查摆脱贫攻坚中的问题，深入分析原因，建立整改台账，明确整改责任人，整改一项销号一项，推动问题整改到位。

（李　洋）

2017 年“三创联动”工作综述

一、推进责任落实

7 月，市“三创联动”办将临时办公地点从市政府移至市创建全国文明城市指挥部，整合工作力量，重点围绕创建全国文明城市“保提名”目标逐项推进各项工作。为依法规范公民行为，倡导文明风尚，培塑开明开放、创新创造、苦干实干的城市时代精神，经调研论证拟定《自贡市文明行为促进条例（草案）》并报请市政府审定。印发《自贡市三创联动工作运行规则》，将“三创”工作纳入市委市政府年度目标考核，将 2017 年度“三创”工作、十大综合整治行动和十大群众参与活动任务分解下达到各区县和责任单位。强化指挥部与部门、区县之间沟通协调，召开办公室、指挥部专题会议，重点对市政基础设施、生态保护、城乡管理执法等领域的突出问题进行协调联动，建立城市“牛皮癣”专项治理工作联席会议制度等；加强与中央和省的汇报衔接，第一时间掌握和贯彻上级的新要求。

二、加强宣传发动

统筹“三创”宣传工作，实施《三创联动工作宣传方案》，既对标各单项创建各项要求，又结合“三创联动”工作实际。市党政网、政务外网、传统媒体、新媒体开设“三创联动”等栏目，设计制作图片、标语、户外广告，营造良好的“三创”氛围。每周编印“三创联动”工作简报，及时反映指挥部、区县和责任单位工作动态，借鉴市外先进做法和经验。针对水、大气污染防治等突出问题实地考察，形成专报。

三、加强检查督促

层层落实各级督察责任，咬定工作目标和效果开展形式多样的督察，形成“三创联动”办抽查重点工作、指挥部跟踪暗访具体工作，区县和责任单位自评自查的大督察格局。“三创联动”办对固废危废治理、建筑扬尘治理、重点公共场所脏乱差等突出问题进行明察暗访，督促辖区党委政府和市级主管部门实施整改。各指挥部根据年初下达的创建目标任务开展常态化督察，督促牵头部门和责任区县整改。“创文”指挥部全年累计督察点位 1500 余个次，点对点督察交办问题 335 个。各区县和市级责任单位做到每周自查、每周报告。

四、突出创建重点

积极推动“创文”工作。一是抓总结整改。及时总结 2016 年“创文”工作，按市委书记李刚“问题导向、差距倒逼，一件件事情地落实”的要求，对照 2016 年中央测评问题清单，逐个分解落实到责任单位，向13个单位交办重难点问题34项。二是抓对标创建。网报资料对标方面，对36个单位进行全方位业务培训，审核修改188个规范性文件。实地考察点位常态对标方面，进一步掌握实地考察测评标准和细则，委托第三方专业测评队伍对全市1159个实地考察点位进行考察。盯分对标方面，围绕“盯分保提名”，分解下达坚决不能丢分项167项，不能再丢分项56项，争取多得分项17项，尽量减少扣分项20项。示范对标方面，集中命名30个市级示范大街、示范旅游、示范学校，组织召开示范点现场会25场。三是抓专项整治。有序推进践行社会主义核心价值观等四大综合治理行动和十大群众参与活动，印制发放24.8万册《市民文明手册（2017年版）》。

务实推动“创卫”工作。一是实施《自贡市创建国家卫生城市实施方案》8个方面、40项任务，开展环境卫生、重点场所公共卫生、食品安全、交通秩序、集贸市场、病媒生物防治等七大行动。二是各项行动取得初步成效。清理垃圾8.56万吨、清除卫生死角1.11万处、清除“牛皮癣”7.33万处、治理越门经营1.45万个、拆除乱搭乱建1.17万平方米。新增环卫设施150余套。监督检查食品药品生产经营单位1.02万家，全年投放灭鼠用毒饵8万余包、灭蚊蝇用药20吨。

合力推进“创模”工作。一是加快《自贡市创建四川省环境保护模范城市规划》编审进度，积极对接省“创模”标准。二是大力推进大气污染防治，建立大气污染防治联席会议制度和川南地区大气联防联控机制，实施预拌混凝土生产企业绿色化改造，开展渣土运输专项整治行动，组织检查66次，整改问题134个。三是实施水污染防治，成立釜溪河流域综合治理建设指挥部，建立自贡市水污染防治联席会议制度，实施釜溪河流域水环境生态补偿办法。四是强化土壤污染治理，开展2017年自贡市土壤污染防治行动，推进张化渣场渗滤液污染治理。五是开展噪声污染整治，禁止使用高噪声设备。六是加强环境风险防控，初步建成环境风险防控体系，加快园区为主的环境风险应急设施建设，开展危险化学品环境安全专项整治。

（市“三创联动”工作领导小组办公室）

2017年环境污染防治“三大战役”推进纪实

2017年，自贡市全面打响大气、水、土壤污染防治“三大战役”，一大批突出环境问题得以化解，环境质量持续改善，环境保护工作迈上新台阶。

一、环境质量持续好转

（一）大气质量持续改善。2017年，全市环境空气例行监测365天，有效天数362天，达标天数227天，达标率62.7%，较2016年上升1.8个百分点。

（二）水环境质量稳中有升。2017年全市主要河流13个监测断面总体水质为轻度污染，4个断面达标，达标率30.8%。釜溪河总体水质为轻度污染，较2016年有所好转，出境邓关断面达Ⅳ类水质。城市集中式饮用水水源地双溪水库水质达标率100%，乡镇集中式饮用水源地水质达标率逐步提升。

（三）主要污染物排放得到控制。通过采取淘汰落后产能、狠抓工程治理及严格监督管理“三大措施”，推进总量减排。2017年全市主要污染物化学需氧量、氨氮排放总量分别为3.56万吨、0.42万吨，比2015年分别减少9.23%和8.19%。

二、治理力度不断加大

（一）持续用力推进大气污染防治。一是分解细化目标任务。出台大气污染防治年度实施方案及农作物秸秆禁烧、秋冬季大气污染综合治理、铁腕治霾十大专项行动和燃煤锅炉脱硫设施等方案，印发《关于重污染天气应急响应期间实行限产减排的通知》，公布限产、减产重点企业名单，将大气污染防治任务具体细化到区县政府和市级部门（单位）。二是强化区域联防联控。按季召开川南地区大气污染防治联防联控联席会议，建立健全农作物秸秆禁烧和综合利用长效工作机制，组织开展交叉检查。多次会同威远县有关部门就区域大气污染联防联控工作进行深入探讨。三是着力实施专项行动。开展春、秋季秸秆和露天全域禁烧专项行动，建立“市、县（区）、乡（镇、街道）、村（社区）”四级责任体系和巡查夜查机制，签订秸秆禁烧目标责任书。2017 年 5 月、9 月，可吸入颗粒物（PM_{10}）和细颗粒物（$PM_{2.5}$）浓度均值分别比 2016 年同期下降 14.0%、9.3% 和 16.3%、18.9%；开展砖瓦行业整治行动，完成 79 户砖瓦企业污染物排放调查；开展小散乱污企业专项整治，清理“小散乱污”企业 559 家，全年完成整治 393 家，完成率 70.30%。四是强化督查问责。出台《自贡市大气污染防治工作问责暂行办法》《自贡市重污染天气应急响应工作问责暂行办法》，按月召开全市大气污染防治工作例会，组织相关区县政府和目督办、公安、住建、交通、农牧、城管等市级有关部门针对建筑施工、道路扬尘治理及露天焚烧等问题开展专项督查，召开全市秋季秸秆禁烧工作集中约谈会议，自流井区、沿滩区、贡井区、荣县、富顺县签领约谈纪要。

（二）全面打响水污染防治攻坚战。一是强化流域水污染防治。全面落实“河长制”工作。开展越溪河流域污染联防联控综合整治调研，与眉山市、内江市环境保护局签订《共同应对跨区域环境污染及突发环境事件框架协议》；配合完成环保部、省环保厅到自贡开展沱江流域总磷污染源调查并组织召开座谈会；启动《釜溪河流域污染防治条例》立法程序，出台《自贡市釜溪河流域水环境生态补偿办法（试行）》，在釜溪河流域跨界断面间实施生态补偿。建立釜溪河流域生态补水机制，启动落实《小井沟水库向旭水河釜溪河实施生态补水及建立长效机制工作方案》，通过小井沟水库向旭水河、釜溪河补水 700 万立方米，从自流井双龙桥水库向金鱼河补水 20 万立方米。二是强化集中式饮用水源保护。合理划定集中式饮用水源地空间布局，完成全市 50 个乡镇集中式饮用水水源地调整；开展小井沟饮用水水源地保护区划定工作，将其纳入双溪水库保护区范围，委托省环境保护科学研究院编制完成《自贡市双溪水库集中式饮用水水源保护区调整划分技术报告》；实施饮用水源地规范化整治，完成 5 个乡镇集中式饮用水源综合性整治，修建一级保护区隔离网约 5 万米，设置各类标志标牌约 490 块，修建垃圾收集库 65 个，拆迁一级保护区违章建筑物约 5700 平方米，取缔 64 艘游览木船和 4 艘机动船，修建化粪池、排污沟等。三是加强基础设施建设。完成富顺县狮市镇马安村生态扶贫人居治理、彭庙镇大塘村生活污水收集治理工程等 4 个涉水民生工程项目建设；督促推进工业园区污水处理厂建设。

（三）推进土壤污染防治。一是制定方案，分解任务。出台《土壤污染防治行动计划自贡市工作方案（2017—2020）》《〈土壤污染防治行动计划自贡市工作方案〉2017 年度实施计划》，全面安排部署自贡市土壤污染防治工作。二是全面启动土壤污染状况详查。开展农用地土壤详查点位初步布设，完成 842 处点位信息遥感核实。三是构建土壤环境监测网络体系。设置国家级监测点位 55 个、省级监测点位 16 个，将土壤环境污染事件纳入各区县政府和环保部门突发环境事件应急预案。四是开展市控土壤污染重点监管企业筛查工作。印发《关于筛选建立全市省控以下土壤污染重点监管企业名单的通知》，筛查确定 33 家企事业单位为 2018 年市级重点土壤污染监管企业。五是开展污染地块修复工作。落实资金 580 万元，实施张化渣场应急抢险工程，截至 12 月底，张化渣场渗滤液应急抢险工程主体基本完工，河道清淤约 4800 立方米，土石方开挖约 4.3 万立方米，修筑条石挡墙约 220 米，修筑渗滤液截污沟 187 米，并对张化厂原污水处理站进行功能修复，张化渣场渗滤液污染得到有效控制。

三、保障措施不断完善

（一）健全落实长效推动机制。在组织领导上，严格落实“党政同责、一岗双责”，市委书记和市长亲自抓、亲自推动，市委常委会、市政府常务会、市环境保护委员会专题研究生态环保工作 23 次。在考核问责上，将环保工作由党政目标绩效倒扣分目标调整为评分目标，权重达 14.17%；全年对涉嫌生态环境损害责任的领导干部实施追责问责51人。在规划引领上，统筹推进城乡空间重构、产业升级、绿色风尚养成，编制完成《沱江干流、釜溪河、越溪河流域综合治理方案》《环境空气质量达标规划》及综合治理方案，规划建设重大生态项目120个，总投资600多亿元，启动实施釜溪河流域治理等36个项目。

（二）保持铁腕执法高压态势。一是强化企业日常监管。开展双随机抽查，制订《自贡市污染源日常监管随机抽查制度落实方案》，重新划分污染源企业1146家，全市完成“双随机”年度任务601件，其中自派任务360件，通过“双随机”查处环境行政违法案件15件。发挥在线及视频监控作用，每日查阅23户企业在线监控数据，全年国家重点监控企业自动监控数据传输有效率88.25%。二是全面实施工业污染源全面达标计划。对钢铁、火电、水泥等8个行业污染物排放情况进行评估。三是依法足额征收排污费。全年征收567家企业排污费948.75万元（市本级征收178.12万元）；全市清理欠缴排污费企业49户，追缴排污费60.91万元。完成排污费费改税工作。四是强化专项执法检查。开展纳污坑塘及溶洞整治、长江经济带化工生产企业和化工园区摸底排查等专项行动；实施环境监察稽查，查阅17套档案资料，现场检查企业5户。

（三）促成市厅战略合作。主要以大气、水、土壤污染防治为重点、以项目建设为支撑开展环境保护目标综合绩效考核试点合作，签订（自贡）市（省环保）厅战略合作协议，向省环保厅争取总投资超3亿元的项目支持。截至12月底，争取到各类环境污染防治专项资金6110.5万元。

（四）加强宣传教育。一是加强与媒体合作。组织《自贡日报》、自贡电视台、《自贡晚报》《华西都市报》、自贡在线等媒体刊登、播放环境保护和“生态自贡”建设新闻报道300余篇。市环保局与自贡日报社专题合作，开设“改善环境质量　推动绿色发展”“利剑斩污　环保在行动”2个环保专栏，对环境保护督察问题整改情况等群众关心的热点、难点问题进行通报曝光。二是开展全方位法治宣传活动。以“6·5”环境日和中央环保督察工作为契机，开展环保法律进机关、进企业、进社区、进农村、进学校及“环保开放日”等活动，推动环保法治宣传。市环保局与市教育体育局联合开展环保大手牵小手系列普法活动，创办自贡环保微博、微信，设立法治宣传专栏；市环保局与中国移动公司进行合作，发送公益短信6万余条；市环保局牵头组织编写自贡市“农民夜校”农村环境保护乡土案例教材《爱护生态环境　建设美好家园》，印制发放2000余册；召开环境保护工作新闻发布会1次，举行“环保局长面对面”主题活动1次，就群众关心的热点难点环保问题进行通报。

（市环保局）

2017年招商引资工作纪实

2017年，全市围绕“优二兴三”和“三个加快”战略，坚持“招商引资是第一要事”理念，创新体制机制、优化营商环境、强化基础保障，招商引资工作呈现良好发展态势。

一、主要工作亮点

（一）招商引资到位资金取得“量的突破”。全年到位市外项目资金910亿元，比2016年增长46.1%；到位省外项目资金401.8亿元，比2016年增长28.8%，增速全省第一。招商引资到位资金绝对量和增幅创历年新高。

（二）招商引资重大项目取得“质的提升”。全年新签约重大项目264个，比2016年增长126%，完成年度目标任务220%；计划投资1497.5亿元，比2016年增长127%。从产业分类来看，第一产业70个，计划投资123.1亿元，占计划总投资8.2%；第二产业82个，计划投资543亿元、占计划总投资36.3%，其中，10亿元以上工业项目15个，计划投资373.5亿元；第三产业112个，计划投资831.4亿元、占计划总投资55.5%。从投资额来看，5亿元以上项目103个、占项目总数39%，计划投资1277.2亿元、占计划总投资85%；10亿元以上项目45个、占项目总数17%，计划投资947.1亿元、占计划总投资63%。成功引进计划投资41亿元的美国恒力国际石墨烯产业园项目、计划投资30亿元的深圳市盛世国泰西南智能终端制造产业园项目、计划投资160亿元的多资源综合利用项目，项目质量不断提升。

（三）招商成效不断凸显。2017年，新签约项目264个，为2016年的2.26倍；计划总投资1497.5亿元，为2016年的2.27倍；项目履约率66.3%、开工率58.7%、资金到位率14.7%。电子信息产业方面，计划投资10亿元的深圳百川源自贡电声产业园项目、计划投资6亿元的粤鸿科技Open Cell面板项目、计划投资6亿元的朗新达电池项目建成投产，计划投资100亿元的创示电子信息产业园项目、计划投资30亿元的西南智能终端产业园项目稳步推进；航空与燃机产业方面，计划投资10亿元的轻型飞机制造项目建成投产，计划投资6亿元的航空与燃机零部件制造项目开工建设；新能源汽车产业方面，计划投资30亿元的广东天非尼迪欧洲标准低速电动车产业园项目租赁厂房生产的产品成功下线；装备制造产业方面，计划投资15亿元的科技型中小企业装备制造产业园项目投产；文化旅游产业方面，计划投资3.5亿元的自贡玫瑰小镇建设项目、计划投资4亿元的紫檀国际梅西购物广场项目等建成投入使用，计划投资31亿元的华强方特恐龙公园项目加紧建设。传统加工产业方面，计划投资6亿元的美为食品加工项目建成投产。

（四）招商活动更加务实。积极参加四川石墨烯产业合作项目对接会、中外知名企业四川行活动、2017中国西部（四川）国际投资大会和2017厦门国际投资贸易洽谈会等国家级、省级平台活动。在中外知名企业四川行活动中，全市签约项目31个，签约金额355.9亿元，排名全省第二、川南第一；在中国西部（四川）国际投资大会中，全市新签约项目27个，总投资471.65亿元。全年通过省级平台签约项目22个，签约金额352.65亿元，签约金额排名全省第六、川南第二。在2017四川省重大招商引资项目集中开工仪式上，自贡引进的深圳粤创集团投资80亿元的COF载带+驱动IC项目等47个项目集中开工，总投资366亿元（排名全省第四、川南第一）。举办全国友协2017年新春招待会暨自贡灯会全球推介会、第七届“携手灯城·龙聚盐都”招商推介会暨自贡通用航空发展论坛、2017年中国西部（四川）国际投资大会·自贡投资推介会等重大招商活动72次。其中，装备制造产业专题活动9次、航空与燃机专题活动7次、现代农业专题活动6次、文化旅游专题活动4次、新材料专题活动3次、现代物流专题活动3次、金融服务专题活动1次。活动促成意大利天空骑士机型直升机总装及零部件生产基地项目、捷克D6飞机研发项目等一大批重大项目签约。

（五）开放合作领域不断扩大。2017年，全市各级各部门党政“一把手”外出招商806次，其中，市委、市政府主要领导率小分队外出70余次，到北京、深圳、上海、广州、杭州、荆门、厦门、成渝等城市开展重点区域招商。实现首次到香港举办投资推介会。广东、重庆、浙江、云南、北京5省（市）是全市到位省外资金的主要来源地，占比43%；青海、宁夏、新疆等省（区）到位资金实现“零的突破”。招商引资呈现“走出去”的地域越来越宽、“请进来”的资金来源地越来越广的局面。

二、重要工作举措

（一）围绕中心，服务大局。牢记“招商第一要事”，围绕老工业城市转型升级和17个特别重大项目开展招商引资工作。围绕六大高端新兴产业，对接中铁、中车、国机、川航、中航工业成都飞机设计研究所、川发展、汉能控股等企业，组织开展自贡通用航空发展论坛、自贡市2017航空产业招商推介会暨项目签约仪式、军民融合等重大活动；成功落户鲨鱼2座轻型运动飞机组装及零部件生产、捷克D6飞机等项目、多资源综合利用循环经济产业化项目，重点推进中建材“三新”产业园、中车时代电动车等在谈项目。围绕三大传统优势产业，对接太极集团、川联家居商会、重庆耐德集团等企业，组织开展2017年自贡（厦门）服务业投资推介会、清华大学与自贡技术开放战略合作签约协议、富顺县元谋招商引资项目推介会等活动；深圳美为食品生产、上海双箭纺织纱锭及无梭布机织布生产线等项目成功落户，重点推进太极集团盐日化品生产基地、西南家居产业园等在谈项目。围绕三大潜力产业，对接东旭集团、上海复星医药等企业，组织开展金融支持老工业城市转型升级示范区签约仪式、四川石墨烯产业合作项目对接会；深圳粤创COF载带+驱动IC、美国恒力国际石墨烯产业园一期、荣县页岩气废水处理等项目成功落户，重点推进东旭集团自贡合作在谈项目。围绕文化旅游产业，对接华侨城、深圳华强集团、浙江横店集团、碧桂园、绿城等企业，华强恐龙方特王国项目成功落户，中华彩灯大世界项目有序推进。

（二）创新机制，凝聚合力。一是继续坚持高位推动。召开高规格的全市对外开放工作会，对招商引资工作进行再动员、再部署，持续加力。市委、市政府及各区县各部门主要领导坚持走出去，登门拜访重点客商，参与重点到访客商接待、重大项目洽谈，重大问题协调，推动项目落地。2017年，全市各级各部门党政“一把手”外出招商806次，完成全年目标任务的201.4%，招商引资氛围日渐浓厚。二是用好“指挥棒”，突出考核督促。突出科学考核，分类下达目标任务；修订完善招商引资按季度考核细则，建立工作台账，实行当期统计、季度考评、定期通报，层层传导压力、层层落实责任。强化到位资金数据与前三年签约项目情况、重大项目年度投资计划、入统开工情况、固定资产投资完成情况、投资强度的比对评估，数据更加科学有效；完善小分队精准招商考核内容。三是不断解放思想，优化干事创业环境。出台招商顾问管理办法、“飞地”招商共享政策、招商引资涉企投诉快速处理机制。出台工业招商奖励政策，营造宽松环境。与媒体开展专题合作，加大投资环境和招商成果报道，引导全社会支持招商、参与招商。四是强化网络建设，完善“末梢神经”。设立驻上海、广州招商联络处（副县级事业单位），在全市选拔优秀干部担任联络处主任，到一线重点区域获取招商信息。

（三）夯实基础，苦练内功。一是抓早抓细包装项目，精准对接客商需求。提早谋划，2017年包装推出《自贡市招商引资重推项目册》，包装项目290个，总投资2951亿元，其中，农业项目41个，总投资163亿元；工业项目80个，总投资801亿元；现代服务业项目102个，总投资915亿元；基础设施项目67个，总投资1071亿元。二是描绘招商地图，小分队对接。分析全市产业发展需求，主动对接企业，获取投资意向。市投资促进委2017年牵头接待重要客商425批次5175人次。三是建立“项目清单”，挂图作战。收集整理全市招商引资项目线索、在谈项目、已签约项目、已开工需协调项目四张清单台账，对纳入“清单”的项目全市统筹、重点跟进、集中协调，做好动态管理，定期组织对签约项目开工建设情况进行实地督查，促进项目尽快落地见效。成功促成总投资10亿元的年产3万吨输变电装备材料项目、新能源动力电池生产项目签约。四是强化队伍建设，不断提升战斗力。市投资促进委会同市委组织部举办全市招商引资专题培训班，组织全市各级招商骨干参加全省招商引资精品班培训，提升队伍战斗力。出台内部考核细则，激发职工干事创业激情。与各地四川商会开展合作，与浙江省四川商会开展双向挂职，做好“乡情”招商。加强驻点招商管理和指导，2017年各驻外招商联络处报送有效重大招商引资项目线索303条，拜访企业1370户，邀请并组织110批次企业到自贡考察，报送各类招商引资信息379条，举办32场推介会（邀请385户企业参会，促成31个项目签约）。五是发挥基层党组织的先进堡垒作用，不断增强凝聚力。市委组织部、市直机关工委加强指导和帮助，成立市投资促进委机关党委，设立4个驻外联络处党支部，加强基层党支部建设，强化党员干部责任担当，发挥党员先锋模范带头作用，以党建促招商。制定“党员干部作风建设专项整治方案”，加强效能建设，推动机关作风持续改变。推进党风廉政建设，完善各类内控制度，出台“招商引资接待管理办法”，廉政建设和制度建设同向发力，机关管理进一步规范有序，确保阳光招商、平安招商、廉洁招商。开展“扶贫攻坚产业先行”等主题党日活动，增强干部职工凝聚力和向心力。

（市投资促进委）

2017年重大项目建设工作综述

2017年，全市坚持以抓项目统揽经济社会发展，制定“项目年”工作方案，明确工作目标，分解落实责任，分级调度协调，加强要素保障，适时举办活动，营造“抓大项目、大抓项目、抓好项目”氛围，发挥项目投资在稳增长、促改革、调结构、惠民生、防风险的关键作用，完成省委、省政府下达的投资和项目工作目标任务。

一、重大项目工作总体情况

2017年全市独立管理的省重点项目完成投资113.3亿元，占年计划179.7%，超额完成全年目标。其中，14个续建项目完成投资55.1亿元，占年计划182%，超目标任务82个百分点；10个新开工项目全部开工建设，完成投资44.3亿元，占年计划135.2%；6个储备项目前期工作进展顺利，均完成2017年计划任务，其中，自贡川南铁路二级口岸建设项目、旭水河流域生态修复工程、恒力盛泰石墨烯及其应用产业化项目提前启动实施，完成投资13.9亿元。全市纳入管理的市级重大项目120个，完成年度投资522.9亿元，比预期计划多完成143.9亿元。其中，56个续建项目完成投资329.4亿元，为年计划136.5%；51个开工项目完成投资187.6亿元，为年计划135.9%；13个储备项目前期工作有序开展，其中，3个项目提前实施，完成投资5.9亿元。44个产业项目完成投资175.7亿元，天非尼迪低速电智能车等22个项目建成投产，形成新的经济增长点；44个基础设施项目完成投资144亿元，凤鸣通用机场等5个项目建成，增强了城市功能；32个社会民生项目完成投资203.3亿元，龙湖实验学校等5个项目建成，改善了居民生活条件。先后设立18个重大项目指挥部，涉及55个子项，其中，17个续建项目完成投资102.57亿元，1个项目建成；27个新开工项目全部启动实施。

二、主要工作措施

（一）加强领导，明确责任抓落实

根据省委、省政府“项目年”工作部署，制定《2017年自贡市“项目年”工作方案》，明确全年项目工作目标，安排10项重点工作，提出4项保障措施和3项工作要求，进一步完善“三级责任”体系。成立自贡市项目决策咨询委员会，审议年度市级重大项目计划、政府投资项目计划、市级政府与社会资本合作（PPP）项目等事项，对涉及全局的重大项目建设方案、融资方案、规划选址、用地协调等重要事项进行研究。深化市级领导联系重大项目制度，先后成立18个市级领导联系特别重大项目指挥部，由市委常委、副市长分别任指挥长，并按“五个一”的要求，抽调专人，成立班子，建立制度，倒排工期，挂图作战。定期召开经济运行调度会，层层传导压力，层层落实责任，形成全市上下齐抓共管、有效推进的局面。

（二）强化服务，分类协调破难题

市委、市政府每季度召开党政领导联席会议和重大项目专题调度会议，集中研究有关重大问题，解决中华彩灯大世界、四川卫生康复职业学院、恐龙王国公园等项目的选址、用地等问题。市委、市政府主要领导适时召开项目现场协调会，督导重大项目建设，现场解决相关问题。18个重大项目的市级联系领导、市政府分管领导，每月深入项目单位督导工作，全年市级领导共开展督导工作200余人次，东部新城建设指挥部、恐龙王国公园指挥部等每周定期召开进度分析例会，分析解决项目推进中存在的问题，加快项目实施进度，确保项目顺利推进。

（三）创新方式，拓宽渠道抓融资

落实财政金融互动政策，推动项目单位创新融资。通过财政奖补措施，鼓励金融机构支持项目建设，与18家金融机构开展老工业基地转型升级示范区战略合作，获授信2800亿元。各区县相继设立贷款风险补偿金。稳步推进“PPP”模式融资，54个项目纳入省“PPP”项目库，10个在建“PPP”项目引进社会资本75亿元。鼓励重点项目企业直接融资，新增96户企业在天府（四川）联合股权交易中心挂牌，通过资本市场实现直接融资25亿元。围绕中央、省重点投向，争取到上级补助及低成本资金38亿元。

（四）对外引进，招商引资添活力

创新招商体制机制，制定出台招商引资“二十条”优惠扶持政策，大幅提升考核权重，抽调精干人员充实上海、重庆、深圳、杭州招商联络处。围绕航空燃机、电子信息、文化旅游等领域，加强产业链精准招商，积极参加西博会、厦洽会，举办自贡灯会全球推介会，举办各类推介会72次；加强招商项目对接跟踪，成功引入西南智能终端制造产业园、捷克D6飞机研发等重大项目，签约亿元以上项目264个，到位市外项目资金910亿元，比2016年增长59.3%。

（五）突出重点，千方百计保用地

坚持用地指标重点保障重大项目建设，强化重大项目用地台账管理，争取到用地指标580公顷，上报重大项目14个批次用地192公顷，保障四川卫生康复职业学院、中华彩灯大世界等重大项目用地。支持企业将退出后的工业用地用于发展第三产业，工业企业技改项目增加容积率不增收土地价款，鼓励企业对所需用地实行先租用后出让。采取模拟征收方式，推行棚改和集体土地征收货币化安置，提高棚改居民购买新房补助标准，减少住房新增用地，促进征地拆迁工作顺利开展。

（六）夯实储备，加快前期促开工

围绕加快建设全国老工业城市转型升级示范区、西部内陆融入“一带一路”先行区、独具特色的国际文化旅游目的地，规划一批重大项目，建立国家重大项目储备库自贡分库、市级政府投资项目库、市级重大项目库。加快项目前期工作，对特别重大项目和政府投资项目的前期工作实行“领办制”，由专门机构开展前期工作。在“十三五”重大项目储备库基础上，对接国家政策进行补充和完善，形成自贡市老工业城市转型升级重大项目储备库，储备项目600余个，规划总投资超6000亿元。推进重点储备项目前期工作，城市轨道交通项目、雅（安）眉（山）乐（山）自（贡）铁路等一批重点项目顺利开展，每年安排1000万元前期工作经费，用于支持重大项目前期工作。对于成熟的重点项目，适时举行集中开工仪式，全年通过省、市和区县三个层级共组织384个项目集中开工，总投资1870亿元。

（七）建章立制，督查奖惩抓激励

出台《关于建立重点工作推进机制的通知》《项目工作目标绩效考评细则》《2017年度市级领导联系特别重大项目综合考评细则》《媒体公示重点工作重大项目进展情况实施方案》，完善重大项目常态化督查考核机制，通过现场督察、暗访抽查、专题通报等方式，定期开展重大项目督查工作，以“清单交办”形式对进度滞后的省重点项目开展一对一督查，对特别重大项目实行周督查，促进项目加快实施。提高重大项目在综合目标绩效考核中的权值，对18个市级领导联系特别重大项目和省重点项目实行重点考核，重点奖励，未完成双倍扣分。

（八）优化环境，营造氛围促建设

深化行政审批制度改革，全面公开审批事项，制定行政审批《服务指南》，清理行政权力清单和责任清单，进一步下放一批审批事项。组织季度重大项目集中开工仪式，组织到成都等学习考察重大项目管理情况，每季度召开区县重大项目建设现场会，营造抓项目氛围。开展项目工作培训，邀请省“PPP”等方面融资专家团队到市和部分区县授课，专题讲授重大项目创新融资、谋划储备等知识。加大媒体宣传，在自贡电视台设立《重大项目进行时》专栏，定期播放重大项目情况，通过《自贡日报》、网站、手机短信等渠道公示市级领导联系项目工作情况，专题宣传重大项目进展情况。

（陈建伟）

市情概览

建置区划

【地理位置】 自贡市地处四川盆地南部，位于北纬28°55′37″～29°38′25″、东经104°02′57″～105°16′11″之间。东邻隆昌市、泸县，南界泸州市江阳区、江安县、宜宾市南溪区、宜宾市翠屏区、宜宾县，西与犍为县、井研县毗邻，北靠仁寿县、威远县、内江市市中区、内江市东兴区。

【建置沿革】 自贡市建市前，境域分属荣县、富顺县。秦代，富顺和荣县地区分属巴郡、蜀郡。汉代置犍为郡，富顺地区属犍为郡江阳县，荣县则属犍为郡南安县。东汉章帝时，自贡地区即生产井盐，著名的盐井有富世井、大公井。北周武帝时，因盐置县设镇。以富世井为名置富世县，唐代改名为富义县，明代易名富顺县；以大公井为名设公井镇，唐代升公井镇为公井县，隶荣州，宋代废公井县入荣德县，明代降荣州为县。明代嘉靖年间（1522—1566），富顺盐业生产中心西移，新开自流等井。富顺县自流井盐区与荣县贡井盐区相距5公里，产、运、销联系十分密切，“前明以来本属一厂，名曰富义”。富义厂是构成今日自贡城市框架的雏形。清咸丰年间（1851—1861），太平军建都南京，淮盐不能上运，清廷饬令川盐济楚。富义厂盐业生产步入鼎盛时期，年产量占全川的一半以上，年征税银占全川盐税收入的40%，自贡成为四川井盐业的中心，被誉为“富庶甲于蜀中”的“川省精华之地”“盐都”。抗日战争时期，沿海沦陷，川盐再次济楚，但两县分治的弊端却阻碍自贡盐业的进一步发展。为适应经济发展的需要和战时军需、民食及支援抗战，国民政府决定设市。民国28年（1939）8月，经四川省政府批准，划出富顺县第五区和荣县第二区的产盐区，取自流井和贡井第一字合称自贡市。同年9月1日，自贡市政府成立，隶属于四川省政府。1949年12月5日，自贡市解放，隶属于川南行政公署。1952年，川南行署被撤销，自贡市隶属于四川省人民政府。1978年4月，荣县全部及富顺县何市区6个公社划归自贡市管辖。1983年3月，富顺县全部划归自贡市管辖。至2017年无变化。

【行政区划】 自贡设市后，政区先后多次调整。2017年年末，自贡市辖自流井、贡井、大安、沿滩四区和荣县、富顺县，辖区面积4381平方公里。其中：自流井区辖6街3镇4乡，面积154平方公里；贡井区辖2街9镇2乡，面积410平方公里；大安区辖4街9镇3乡，面积401平方公里；沿滩区辖11镇2乡，面积469平方公里；荣县辖21镇6乡，面积1605平方公里；富顺县辖22镇4乡，面积1342平方公里。

（市地方志办）

人　口

【人口数量与分布】 截至2017年年底，全市人口1082378户，其中，市辖区528512户（自流井区82572户、贡井区102343户、大安区160531户、沿滩区113418户、高新区69648）、荣县231272户、富顺县322594户；全市总人口3239353人，其中，市辖区1487396人（自流井区224408

人、贡井区 287531 人、大安区 439964 人、沿滩区 355207 人、高新区 180286 人）、荣县 676362 人、富顺县 1075595 人。

【人口构成】 2017 年年末，全市户籍总人口 3239353 人，其中，非农业人口 1342601 人、农业人口 1896752 人；男性 1646833 人、女性 1592520 人，男女性别比为 1.0341∶1；0～17 岁 574270 人、18～34 岁 676367 人、35～59 岁 1263073 人、60 岁及以上 725643 人。年末常住人口 290.14 万人，其中，城镇人口 147.74 万人，乡村人口 142.4 万人，人口城镇化率 50.92%。

【人口变动】 2017 年度，全市出生 33346 人，死亡 49582 人，自然负增长 16236 人；全市迁入 24749 人，迁出 42997 人。

（市公安局）

自然环境与资源

【地形地貌】 自贡大地构造系杨子淮地四川台坳、川中台拱、自贡凹陷。北与威远—龙女寺台穹相邻，东南为赤水凹陷，南与泸州凸起相接，西南与凉山褶断带相邻。境内构造简单、岩层产状平缓。东南部褶皱紧密，构造狭长；西北部构造相对宽缓。地形西北部地势高、东南部地势低。西北部是全市低山集中分布区，山岭海拔一般在 500 米～800 米。最高点在荣县丁家山主峰，海拔为 901 米。东南部海拔一般在 300 米～400 米左右，多为 300 米（±50 米），最低点在沱江出富顺境处水面，海拔为 241 米。最大相对高差为 661 米，一般地形相对高差小于 50 米。地貌类型属低山丘陵，由低山地貌、丘陵地貌、平坝地貌和沟谷地貌组成。低山呈条带状，分布在西北和东南，分布面积广，沟谷纵横交错，穿插在丘间。地形以丘陵为主，平坝地形十分狭小、分布零星，一般多为沿河阶地、丘陵间之平地。全市低山面积占 7.1%，丘陵占 83.7%，缓丘平坝占 9.2%。此外，尚有各类沟谷，分为冲谷、冲沟、侵蚀沟以及喀斯特槽谷和盆地、河谷。各类沟谷密度为每平方公里 2.85 公里。

【土地资源】 全市土壤在特定气候、地形、母质、生物和人为综合作用下，形成 5 个土类，9 个亚类，25 个土属，70 个土种。高产土壤占 33.5%，中产土壤占 42.6%，低产土壤占 23.9%；紫色土占土壤总面积的 50.1%，水稻土占土壤总面积的 34.6%，新积土占土壤总面积的 0.9%，黄壤土占土壤总面积的 13.7%，黑色石灰土占土壤总面积的 0.7%。

（汪　雪）

【矿产资源】 自贡属矿产资源贫乏地区，区域内矿产资源种类有煤矿、盐矿、水泥用灰岩、建筑石料用灰岩、水泥配料用砂岩、砖瓦用黏土、建筑用砂岩、砖瓦用页岩、高岭土、陶瓷土、膨润土、砂岩、矿泉水、石灰岩矿、石英岩、页岩等 16 种。主要矿种为盐和煤。页岩气资源理论储量约 2.5 万亿立方米，行政辖区被页岩气区块基本覆盖，主要涉及富顺—永川、威远、井研—犍为 3 个区块，其中，富顺—永川区块涉及富顺地区，威远区块涉及荣县大部分地区，井研—犍为区块涉及荣县与乐山市交界地区。中石油区块约占 93%，中石化区块约占 4.5%，空白区块约占 2.5%。岩盐资源集中分布在荣县西侧的长山镇一带，占“威西岩盐体”的 1/3；煤炭资源集中分布在北西部的荣县和南东侧的富顺县；石灰岩矿分布在荣县、富顺县、贡井区、大安区境内；石英砂岩主要分布在荣县、富顺县、沿滩区、自流井区；膨润土主要分布在荣县双石镇、贡井区龙潭镇；高岭土集中分布在荣县西北侧的于佳乡、双古镇、铁厂镇一带；普通建材类矿产资源、砖瓦页岩广泛分布于全市各区、县境内。境内探明的岩盐资源储量 79.3 亿吨；煤炭资源储量 1.7 亿吨；高岭土矿资源储量 891 万吨；石灰岩矿资源储量 1.07 亿吨。

（雷　洁）

【水资源】 境内河流分属岷江、沱江两大河流水系。西部越溪河、茫溪河属岷江水系，境内流域面积 1207 平方公里，其余河流属沱江水系，该水系在境内有一级支流釜溪河、二级支流旭水河、威远河、长滩河、镇溪河等。全市流域面积在 50 平方公里以上的河流 44 条，河流形状多为羽毛状或树枝形。自贡水资源极度匮乏，水资源总量 18.42 亿立方米，其中地下水资源量 2.11 亿立方米，是全国 50 个最严重缺水城市之一。人均水资源量和亩均水资源量分别为 576 立方米和 960 立方米，分别约为全省平均水资源量的 18.2% 和

31.0%；特别是人口稠密、厂矿集中、商贸繁荣的城市中心区，缺水问题尤为突出，人均水资源量仅为307立方米，占全省人均水资源量的9.7%。

（唐　荣）

【野生动物资源】　境内有野生动物46科300余种，其中以蛇、蛙、鸟类等种群数量居多，主要分布在森林资源较多的丘陵地区。全市有国家二级保护的陆生野生动物15种：水獭、大灵猫、小灵猫、金猫、鸢、苍鹰、雀鹰、红角鸮、领角鸮、雕鸮、鹰鸮、斑头鸺鹠、长耳鸮、短耳鸮、黄喉貂，其中常见的有水獭、小灵猫、金猫、鸢、苍鹰、雀鹰、红角鸮、领角鸮、雕鸮、长耳鸮、短耳鸮11种。有省重点保护的陆生野生动物11种：香鼬、豹猫、赤狐、普通夜鹰、小白腰雨燕、红翅凤头鹃、鹰鹃、小鸊鷉、宜宾龙蜥、中白鹭、董鸡，其中常见的有香鼬、豹猫、赤狐、小白腰雨燕、红翅凤头鹃、鹰鹃、小鸊鷉、中白鹭、董鸡9种。

【植物资源】　境内已知有高等植物71科163属314种，其中乔木48科129种，灌木23科79种，藤本21种，竹类13种，蕨类30种，草本42种。森林以人工松林为主，部分区域有成片针阔混交林。植被类型属川东盆地偏湿性常绿阔叶林。自然植被由亚热带常绿阔叶林、低山常绿针叶林、竹林组成。国家重点保护的野生植物有桫椤、银杏、楠木、油樟、香樟、苏铁、红豆树、厚朴、任豆、红椿、川黄檗、水杉等18种，其中，桫椤面积49公顷，1.3万余株。

（张　涛）

气　候

【概况】　2017年，全市年平均气温18.8℃，较常年偏高1.0℃，居历史第3高位；全市年平均总降水量780.7毫米，较常年偏少20%，居历史第5少位。全市冬季和夏季气温异常偏高，春季和秋季气温正常略偏高；冬季和春季降水偏少，夏季和秋季降水略偏少。年内冷空气活动少、强度弱；西部地区出现严重的冬春夏连旱，东部部分地方出现中等强度伏旱；汛期出现6次区域或局部暴雨天气过程，局部出现雷暴、大风、冰雹天气；盛夏高温酷热时间长；秋季秋绵雨天气明显。全年干旱突出，“7·6”暴雨造成严重洪涝灾害，农业气候条件为略偏差年景；汛期降水偏少，导致水利工程蓄水不足；冬春季气温偏高，降水偏少，森林火险气象等级较高；秋冬季雾霾天气对交通运输造成一定影响；环境空气质量达标率较低。经综合分析评估，2017年全市气候属正常略偏差年景。

【气温】　2017年，全市年平均气温18.8℃，居历史第3高位，比常年偏高1.0℃。其中，荣县、市区、富顺县年平均气温分别为18.5℃、18.9℃、18.9℃，分别居历史第2高位、第3高位、第4高位，分别偏高0.9℃、1.0℃、0.9℃。2017年冬季（2016年12月—2017年2月），全市平均气温10.4℃，较常年同期偏高1.7℃，居历史同期第1高位。其中2016年12月平均气温10.7℃，偏高1.8℃；2017年1月平均气温9.7℃，偏高2.2℃；2017年2月平均气温10.6℃，偏高0.9℃。2017年春季（3—5月），全市平均气温18.8℃，较常年同期偏高0.5℃。其中，3月平均气温13.3℃，偏低0.3℃；4月平均气温19.9℃，偏高1.3℃；5月平均气温23.3℃，偏高0.7℃。2017年夏季（6—8月），全市平均气温27.6℃，居历史同期第3高位，较常年同期偏高1.6℃。其中，6月平均气温24.7℃，偏高0.1℃；7月平均气温29.4℃，偏高2.6℃；8月平均气温28.6℃，偏高2.0℃。2017年秋季（9—11月），全市平均气温18.8℃，较常年同期偏高0.4℃。其中，9月平均气温23.8℃，偏高0.9℃；10月平均气温17.9℃，偏低0.3℃；11月平均气温14.9℃，偏高0.9℃。

【降水】　2017年，全市年平均降水量780.7毫米，居历史第5少位，较常年偏少20%。其中，荣县、市区、富顺县年总降水量分别为721.9毫米、849.5毫米、770.7毫米，分别偏少23%、14%、24%。2017年冬季（2016年12月—2017年2月），全市平均降水量23.1毫米，较常年同期偏少46%。其中，2016年12月降雨量15.6毫米，偏多27%；2017年1月降雨量5.3毫米，偏少58%；2月降雨量2.2毫米，偏少88%。2017年春季（3—5月），全市平均降水量113.5毫米，较常年同期偏少41%。其中，3月降雨量19.9毫米，偏少36%；4月降雨量46.7毫米，偏少23%；5月降雨量46.8毫米，偏少53%。2017年夏季（6—8月），全市平均降水量485.8毫米，较常年同期偏少12%。其中，6月降雨量108.5毫米，偏少35%；7月降雨量228.8毫米，偏多16%；8月降雨量148.5毫米，偏少21%。2017年秋季（9—11月），全市平均降水量163.2毫米，较常年同期偏少15%。其中，9月降雨量57.0毫米，偏少49%；10月降雨量93.6毫米，偏多79%；11月降雨量12.6毫米，偏少54%。

【日照】 2017年，荣县、市区、富顺县总日照时数分别为1391.9小时、1260.0小时、1197.8小时，比2016年分别偏多166.1小时、288.8小时、100.9小时。

【典型暖冬】 全市冬季（2016年12月1日—2017年2月28日）平均气温10.4℃，创历史新高，较常年同期偏高1.7℃。其中，荣县、市区、富顺县冬季平均气温分别为10.1℃、10.4℃、10.6℃，分别位列历史同期第2高位、第1高位、第1高位，分别偏高1.6℃、1.7℃、1.7℃。2017年冬季是全市有气象记录以来出现的最暖冬季。

【强降温】 2017年，全市在1月、2月、4月出现3次强降温天气。1月9—11日平均气温从12℃左右降至5℃左右，累计降温7℃左右；2月21—23日平均气温从16.5℃左右降至7.5℃左右，累计降温9℃左右；4月19—21日，全市日平均气温从23.0℃～24.5℃下降到15.5℃。

【冬干】 2016年12月中旬后期开始，全市降水持续异常稀少，大部分地方相继出现冬干并持续。其中，2016年12月16日到2017年2月28日，荣县、市区、富顺县降水量分别为7.8毫米、6.6毫米、15.9毫米，分别较常年同期偏少73%、83%、64%，降雨日数分别为10天、11天、19天，分别较常年同期偏少12天、14天、7天；市区2月降水量0.8毫米，位列历史同期最少位，其中2月1—20日滴雨未下。根据气象监测显示，截至2017年2月28日，在全市73个监测站中有67站出现冬干，中西部旱情特别严重，荣县、贡井区、自流井区、大安区和沿滩区均达75～90天的特旱标准。

【春旱】 3月初开始，全市降水量总体偏少，其中西部偏少尤为显著，3月1日至4月25日，荣县总降水量34.7毫米，较常年同期偏少54%，日均降水量仅0.62毫米。根据气象监测显示，2017年全市73个监测站中有67站出现春旱，旱情在4月20日达最盛，截至2017年4月20日8时，旱情持续的52站中，特旱26站、重旱2站、中旱3站、轻旱21站，荣县大部、贡井区、自流井区西部旱情特别严重。4月20—21日、23—27日，全市出现两次明显的降水过程，旱情得到彻底解除。

【夏旱】 4月下旬末开始，全市降水偏少，到5月中旬，夏旱在全市露头并逐渐发展。5月20日晚上到21日上午，全市普降中雨，中东部部分地方大雨，个别站点暴雨，中东部大部旱情得到解除或缓解，西部地区旱情持续发展到6月中旬才解除。2017年全市各区县先后出现夏旱，其中，中东部大部分为轻旱，西部荣县达重旱标准。4月28日—6月14日，荣县总降水量69.4毫米，居历史同期第3少位，较常年同期偏少59%。

【伏旱】 7月上旬后期至8月上旬中期，全市东南部降水持续偏少，部分地方出现伏旱。7月7日—8月7日，富顺县总降水量64.4毫米，较常年同期偏少64%。7月31日晚上，富顺县部分地方小到中雨，个别地方大雨，部分地方旱情有所缓解，但随着高温天气的持续，伏旱仍继续发展，到8月7日为最盛。根据气象监测显示，截至8月7日，在全市105个气象监测站中有36站出现伏旱，其中，轻旱18站、中旱18站。经过8月8日和11日的两次降雨过程，大部分地方旱情得到解除。

【高温热浪】 7月下旬至8月上旬，全市出现高温晴热少雨天气。7月21日—8月7日，全市平均气温31.3℃，居历史同期第1高位，较常年同期偏高3.6℃。其间，荣县、市区、富顺县日最高气温≥35℃的天数分别为14天、17天、18天，日平均气温≥30℃的天数分别为14天、16天、17天，均居历史同期第1多位；7月27日，荣县、市区、富顺县极端最高气温分别达38.4℃、38.4℃、38.8℃，是2017年出现的最高气温；7月21日—8月7日，富顺县连续18天日最高气温≥35℃，与2006年出现的最长连续高温时段持平；7月21日—8月6日，市区连续17天日最高气温≥35℃，持续天数次于2006年的25天和1994年的18天；7月25日—8月6日，荣县连续13天日最高气温≥35℃，持续天数仅次于2006年的14天。以上数据表明，2017年盛夏出现的高温热浪天气是全市有气象记录以来历史同期较强的1次。

【“5·3”大风】 5月3日早上，市内出现雷雨大风天气，全市监测到大风以上天气9站，其中，富顺县骑龙镇上湾村6时1分风速达24.3米/秒，风力达9级。

【“5·9”冰雹】 5月9日晚22时50分左右，沿滩区联络镇出现雷电、冰雹、阵性大风等强对流天气，在冰雹集中的八一村、江冲村、中心村，有大约12公顷农户晾晒在地里未打收的油菜籽损失率近40%，另有部分水稻秧苗、玉米苗受损。

【“7·16”雷雨大风】 7月16日傍晚，全市出现一次雷雨大风天气过程，部分地方大到暴雨。最大降雨量出现在荣县留佳镇老祠村，为72.1毫米；最大降雨强度出现在荣县长山镇，为62.1毫米/小时（7月16日18—19时）。全市监测到大风以上天气2站，其中，荣县长山镇18时37分风速达23.2米/秒，风力9级；贡井区成佳镇17时23分风速达17.9米/秒，风力8级。全市在该次雷雨大风天气过程中发生雷电1646次。

【“7·6”区域性大暴雨】 7月5日晚上到6日上午，全市出现一次大暴雨天气过程，强降雨区位于荣县中东部、贡井区、自流井区、大安区、沿滩区、富顺县西部和东北部，降雨中心主要位于大安区范围内。在全市105个监测站中，有59站降水量50毫米以上，其中，48站100毫米以上，9站250毫米以上。最大降水量出现在大安区硬质合金厂，为403.1毫米；最大降雨强度出现在富顺县互助镇永和村，为84.8毫米/小时（7月6日0—1时）。全市共发生雷电天气396次。该次大暴雨天气过程造成河水猛涨、山体滑坡、农田被淹、城市内涝，给全市工农业生产和人民生活造成较大影响和经济损失。据市防洪办统计，全市85个乡镇不同程度受灾，受灾人口18.4万余人，转移人口2092人，倒塌房屋443间，农作物受灾1.78万公顷，成灾7526.67公顷，大牲畜死亡840余头，水产养殖损失1713.33公顷、6100余吨，水库受损10座，护岸受损27处，冲毁塘坝192座，洪灾导致29个工矿企业停产，直接经济损失2.07亿元。

【“7·18”局地暴雨】 7月18日凌晨，市境西部出现雷阵雨天气，部分地方大到暴雨。在全市105个监测站中，有10站降水量25毫米以上，其中有4站降水量50毫米以上。最大降雨量和最大降雨强度均出现在荣县留佳镇老祠村，分别为91.2毫米和50.4毫米/小时（7月18日1—2时）。荣县发生雷电天气1782次。

【“7·19”部分地方暴雨】 7月19日凌晨，全市普降中到大雨，部分地方暴雨，个别地方大暴雨，部分地方出现阵性大风。在全市105个监测站中，有61站降水量25毫米以上，其中，22站50毫米以上，1站100毫米以上。最大降雨量和最大降雨强度均出现在沿滩区板仓工业园区，分别为119.8毫米和107.5毫米/小时（7月19日2—3时）。该强对流天气造成部分地方玉米大面积倒伏、局地水稻被淹，据市民政局统计，全市受灾人口10010人，损坏房屋4间，农作物受灾面积854公顷、成灾面积494公顷、绝收面积3公顷，直接经济损失444万元，其中农业损失406万元。

【“8·8”区域性暴雨】 8月7日晚上到8日上午，全市出现一次暴雨天气过程，中西部普降暴雨，部分地方大暴雨，东部普降中雨。在全市105个监测站中，61站降水量25毫米以上，53站降水量50毫米以上，13站降水量100毫米以上。最大降水量出现在荣县东佳镇石庄村，为140.4毫米；最大降雨强度出现在贡井区莲花镇黄桷村，为70.9毫米/小时（8月8日1—2时）。

【“8·24—26”局部暴雨】 8月24—26日，全市连续出现雷阵雨天气，普降中到大雨，部分地方暴雨。在全市105个监测站中，累计降水量25毫米以上站点97个，其中，54站累计降水量50毫米以上，4站累计降水量100毫米以上。最大累计降水量出现在富顺县石道乡龙滩村，为155.9毫米；最大降雨强度出现在富顺县飞龙镇真觉村，为49.9毫米/小时（8月25日3—4时）。

【“8·29”局部暴雨】 8月28日夜间到29日凌晨，全市出现一次雷阵雨天气，普降中到大雨，部分地方暴雨。在全市105个监测站中，44站降水量25毫米以上，9站降水量50毫米以上。最大降水量出现在荣县古文镇朱家湾村，为77.7毫米；最大降雨强度出现在汇东新区南湖体育场，为42.7毫米/小时（8月29日0—1时）。该次降水过程中，全市共发生雷电天气1184次。

【春季连阴雨】 4月23—27日，全市出现一次持续连阴雨天气，累计降雨量10毫米~50毫米，其中24—27日白天无日照。

【秋绵雨】 10月，全市雨日多，日照少，阴雨寡照天气明显。全月降雨日数20～21天，无日照天数18～24天，其中，10—18日、21—25日出现两段连阴雨天气过程，雨量以小雨为主，部分地方中雨。

（甘 敏）

经济社会发展

【概况】 2017年年末，全市辖区面积4381平方公里，共108个乡镇（街道）、1427个村（社区）。全市共有法人单位22197个，其中，规模以上工业企业534个、资质建筑业企业132个、房地产开发企业96个、限额以上批发和零售业210个、限额以上住宿和餐饮业78个、规模以上服务业210个。全年实现地区生产总值（GDP）1312.07亿元，按可比价格计算，比2016年增长8.3%。其中，第一产业增加值142.94亿元，增长4.1%；第二产业增加值638.25亿元，增长8.4%；第三产业增加值530.88亿元，增长9.5%。三次产业对经济增长的贡献率分别为5.8%、48.4%和45.8%。人均地区生产总值46182元，按可比价格计算，比2016年增长5.8%。三次产业结构为10.9∶48.6∶40.5。全年民营经济（不包括港澳台和外商）实现增加值716.44亿元，按可比价格计算，比2016年增长8.5%，占GDP的比重为54.6%，对GDP增长的贡献率55.8%。其中，第一产业增加值44.42亿元，增长2.6%；第二产业增加值366.56亿元，增长8.3%；第三产业增加值305.46亿元，增长9.7%。

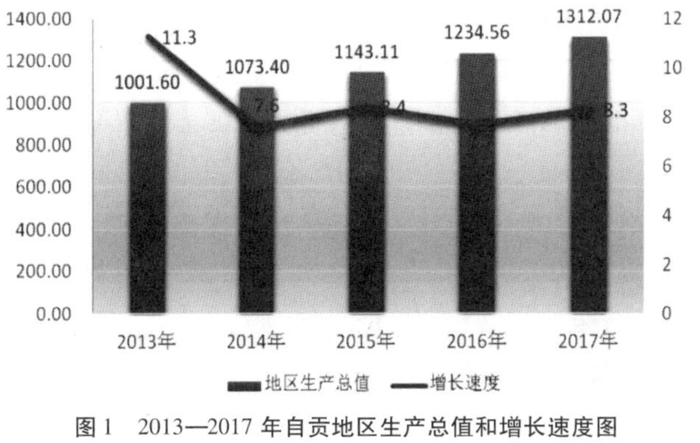

图1 2013—2017年自贡地区生产总值和增长速度图

【农业】 2017年，全市粮食种植面积21.85万公顷，比2016年增加1338公顷；油料种植面积3.34万公顷，增加3313公顷；蔬菜种植面积5.85万公顷，增加1632公顷。全年粮食产量137.20万吨，比2016年增产1.9%；油料产量7.35万吨，增产11.9%；蔬菜产量212.47万吨，增产4.1%。全年肉类总产量27.17万吨，比2016年下降2.2%。其中，猪牛羊肉产量16.58万吨，下降4.1%；生猪出栏205.95万头，下降4.9%；肉牛出栏4.51万头，下降0.2%；肉羊出栏114.99万只，基本持平；家禽出栏2612.15万羽，下降3.5%。全年水产养殖面积8137公顷，比2016年增加47公顷；水产品产量7.23万吨，增长6.5%。全年完成人工造林面积8640公顷，其中，中央财政造林补贴项目面积1533.33公顷；完成低产低效林改造面积1220公顷；森林抚育总面积446.67公顷；“四旁植树”1026.64万株。全市森林覆盖率35.01%，比2016年提高0.33个百分点。年末农业机械总动力106.7万千瓦，比2016年增长6.8%。全市有水库381座，其中，小（二）型水库301座、小（一）型水库78座、中型水库2座。全市有农民专业合作社1649个、家庭农场2566个、县级以上龙头企业199个。

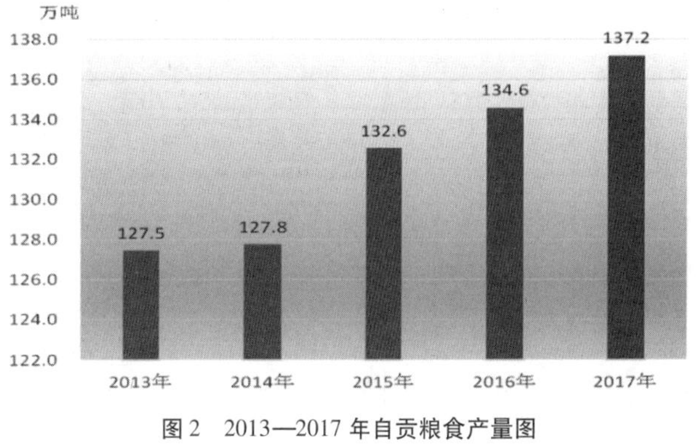

图2 2013—2017年自贡粮食产量图

【工业和建筑业】 2017年，全市规模以上工业企业（年主营业务收入2000万元以上）增加值比2016年增长9.4%；实现出口交货值28.99亿元，增长18.0%；工业产品销售率99.1%；实现主营业务收入1708.37亿元，增长17.4%；盈亏相抵后实现利润总额70.23亿元，增长34.2%。规模以上工业企业增加值按轻重工业分，轻工业增加值比2016年增长18.9%，重工业增加值比2016年增长6.8%，轻重工业增加值所占比重分别为

23.7%、76.3%。规模以上工业增加值按行业分，煤炭开采和洗选业下降16.5%，采盐业增长20.8%，农副食品加工业增长14.4%，食品制造业增长31.2%，化学原料及化学制品制造业增长0.5%，医药制造业增长17.4%，化学纤维制造业增长11.2%，橡胶和塑料制品业增长21.3%，非金属矿物制品业增长6.8%，黑色金属冶炼和压延加工业下降21.8%，有色金属冶炼和压延加工业增长13.4%，金属制品业增长5.1%，通用设备制造业增长9.9%，专用设备制造业下降2.9%，电气机械和器材制造业增长3.8%，电力热力的生产和供应业增长18.6%。全市建筑业完成总产值312.35亿元，增长28.9%；房屋建筑施工面积2473.71万平方米，增长21.8%。

2017年自贡市规模以上工业企业主要产品产量及其增长速度表

表1

产品名称	单位	绝对数	比2016年增长（%）
原盐	万吨	125.75	35.9
饲料	万吨	68.36	23.4
鲜、冷藏肉	万吨	10.82	16.7
纱	万吨	4.42	14.7
人造板	万立方米	61.28	-3.5
机制纸及纸板	万吨	4.98	12.2
纯碱（碳酸钠）	万吨	10.20	6.8
合成氨	万吨	3.07	10.7
农用氮、磷、钾化学肥料	万吨	10.38	7.0
中成药	万吨	1.58	105.6
塑料制品	万吨	58.34	26.9
水泥	万吨	171.15	9.3
电站锅炉（蒸发量）	万吨	10.77	14.6
金属切削机床	万台	0.37	8.1
泵	万台	49.03	27.7
皮革皮靴	万双	589.02	5.5

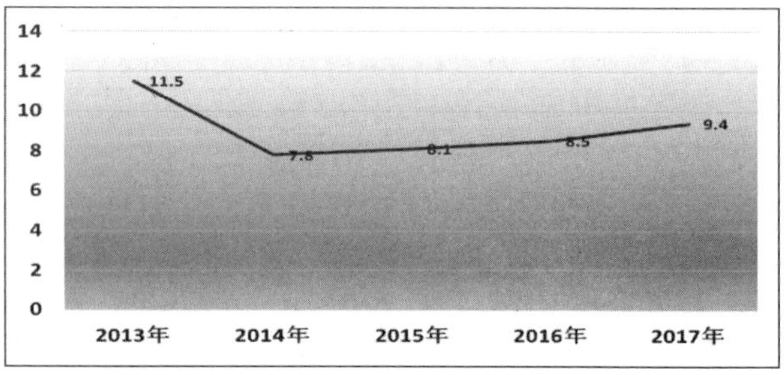

图3　2013—2017年自贡规模以上工业增加值增长速度图

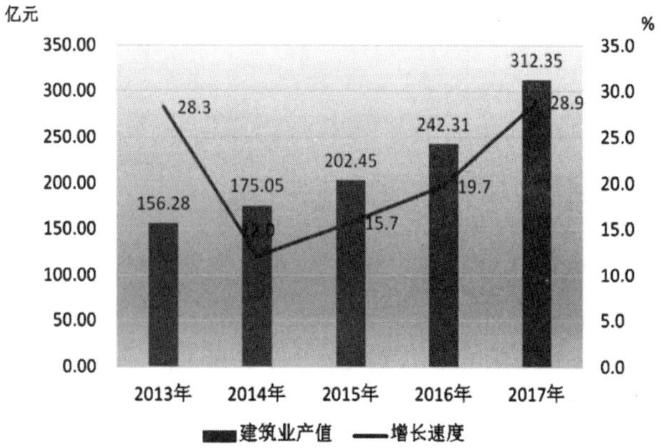

图4　2013—2017年自贡建筑业总产值和增长速度图

【固定资产投资】　2017年，全社会固定资产投资完成832.24亿元，比2016年增长17.2%。其中，民间投资434.12亿元，下降1.3%。分产业看，第一产业完成投资53.76亿元，下降30.8%；第二产业完成投资166.04亿元，增长3.8%，其中，工业投资164.10亿元，增长3.8%；第三产业完成投资612.44亿元，增长29.7%。全年房地产开发投资完成122.59亿元，比2016年下降1.0%。商品房屋施工面积954.14万平方米，下降2.0%，其中，住宅施工面积635.57万平方米，增长0.9%。商品房新开工面积413.74万平方米，增长48.7%，其中，住宅新开工面积290.26万平方米，增长63.5%。房屋竣工面积181.59万平方米，下降54.2%，其中，住宅竣工面积117.66万平方米，下降53.7%。商品房销售面积309.56万平方米，增长32.4%，其中，住宅销售面积271.23万平方米，增长28.5%。商品房待售面积109.07万平方米，比2016年下降8.0%，其中，住宅待售23.07万平方米，比2016年下降15.4%。

【国内外贸易】　2017年，全市实现社会消费品零售总额624.04亿元，比2016年增长12.3%。

按经营地分，城镇消费品零售额481.27亿元，增长12.2%；乡村消费品零售额142.76亿元，增长12.6%。按行业分，批发业零售额84.60亿元，增长11.1%；零售业零售额456.94亿元，增长12.4%；住宿业零售额2.84亿元，增长11.9%；餐饮业零售额79.65亿元，增长13.1%。全年进出口总额4.54亿美元，增长15.3%。其中，出口额2.59亿美元，增长15.1%；进口额1.95亿美元，增长15.6%。

2017年全市限额以上批发和零售业零售额增幅情况表

表2

批发和零售商品分类	比2016年增长（%）
食品、饮料、烟酒类	14.1
服装、鞋帽、针织纺织品类	13.7
化妆品类	20.5
金银珠宝类	107.4
日用品类	20.5
书报杂志类	23.7
汽车类	15.1
中西药类	23.9
石油及石油制品	11.6
建筑及装潢材料类	-5.4
体育、娱乐用品类	69.8
家用电器和音像器材类增长	16.4
通信器材类	61.3
文化办公用品类	7.1

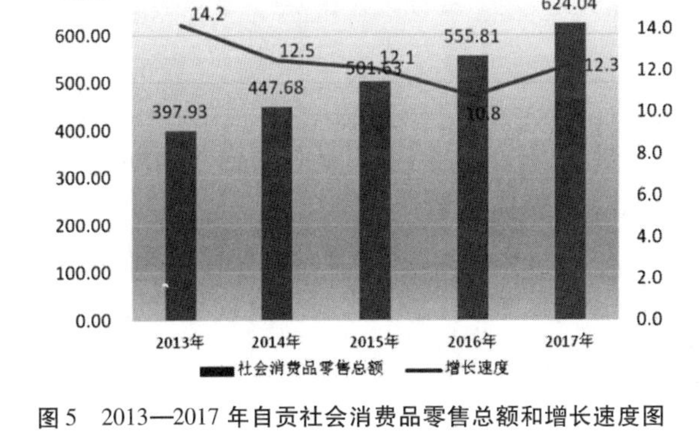

图5　2013—2017年自贡社会消费品零售总额和增长速度图

【交通和邮电】　截至2017年年末，全市公路通车里程6540公里，其中，高速公路236公里，一级公路112公里，二级公路176公里，三级公路314公里，四级公路4667公里，等外级公路1035公里。全年完成公路客运量3975万人，旅客运输周转量13.60亿人公里；完成公路货运量5299万吨，货物运输周转量60.80亿吨公里。水路客运量67万人，水路旅客运输周转量441万人公里；水路货运量177万吨，水路货物运输周转量3296万吨公里。全市有汽车22.36万辆，比2016年增长17.0%。其中，营运车辆1.98万辆、增长3.0%；非营运车辆20.37万辆、增长18.6%；非营运小型车辆18.98万辆、增长20.3%。全年完成邮电业务总量34.9亿元，比2016年增长55.6%。其中，邮政业务总量5.71亿元，增长27.3%；电信业务总量29.19亿元，增长62.7%。年末固定电话用户51.46万户，年末移动电话用户253.17万户。

【财政和金融】　2017年，全市财政总收入178.43亿元，比2016年增长34.6%，其中，地方一般公共预算收入53.22亿元，增长11.6%。一般公共预算支出222.90亿元，增长24.1%。全年实现税收收入79.48亿元。其中，国税税收收入49.96亿元，增长33.6%；地税税收收入29.52亿元，增长18.3%。年末金融机构人民币存款余额1723.67亿元，比2016年增长13.1%，其中，住户存款1033.62亿元，增长11.9%。年末金融机构人民币贷款余额825.98亿元，增长16.6%，其中，中长期贷款492.75亿元，增长24.1%；短期贷款325.69亿元，增长15.4%。全年保费收入38.85亿元，比2016年增长13.0%，其中，财产险收入9.91亿元，增长6.5%；人寿险收入28.95亿元，增长15.4%。全年处理各种保险赔案支付额15.15亿元，下降0.1%，其中，财产险赔付金额4.73亿元，增长4.3%；人寿险赔付金额10.42亿元，下降2.0%。截至2017年年底，全市有效证券账户22.35万户，其中，是年新开户1.29万户。证券交易额1573.24亿元，比2016年下降5.4%。

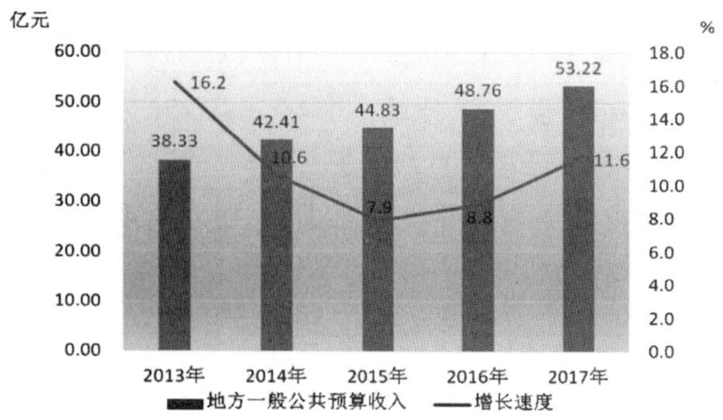

图6　2013—2017年自贡一般公共预算收入和增长速度图

【教育和科技】　2017年，全市有各级各类学校（园）714所，在校生44.12万人，教职工2.81万人。其中，幼儿园427所，在园幼儿7.01万人；小学119所，教学点263个，在校学生17.75万人，小学学龄儿童净入学率100%；初中（含九年制学校）117所，在校初中生8.10万人，义务教育巩固率97.2%；普通高中21所，在校学生4.11万人，高中阶段毛入学率89.2%；中等职业学校20所，在校学生2.55万人；特殊教育学校6所，在校学生780人；工读学校1所，在册学生40人；高等院校3所，在校学生4.52万人。全年实施市以上重点科技项目274项，其中，省重点科技项目91项。全年实施科技攻关项目229个。全市高新技术企业46户，高新技术产业产值862.88亿元。全年申请专利2469项，其中，发明专利申请量727件，比2016年增长16.9%。授权专利1141项，其中，发明专利授权量196件，比2016年增长16.7%。全年技术交易合同329项，登记合同金额5.13亿元。

【文化　卫生　体育】　2017年，全市有专业艺术表演团体44个，演出719场次。全市有博物馆3个，文化馆7个，文化站100个，文物保护单位175个。全市出版图书种类87种，出版量12.02万册；出版报纸种类13种，出版量7万份；出版期刊种类30种，出版量18.05万册。全市有公共图书馆7个，图书总藏量56.87万册。全市有广播电视台3座，调频电视转播发射台3座。广播电视综合覆盖率99.6%。全市有卫生计生机构2331个，其中，医院68个，基层医疗卫生机构2238个，专业公共卫生机构24个，其他卫生机构1个。在基层医疗卫生机构中，乡镇（中心）卫生院96个，社区卫生服务中心（站）31个，村卫生室1600个，诊所、卫生所、医务室、门诊部511个。在专业公共卫生机构中，疾病预防控制中心7个、妇幼保健院（所、站）7个、急救中心（站）1个、采供血机构1个、卫生监督支队（大队）8个。全市卫生机构有床位20064张，其中，医院15197张，基层医疗卫生机构4357张，专业公共卫生机构510张。全市有卫生计生人员23893人，其中，卫生技术人员18542人，其他技术人员720人，管理人员1390人，工勤人员1923人，乡村医生1311人，卫生员7人。全市医疗卫生计生机构总诊疗人次1627.21万人次，其中，公立医疗卫生计生机构诊疗1287.63万人次，非公立医疗卫生机构诊疗339.58万人次。全市居民每年到医疗卫生计生机构平均就诊5.85次。全市法定传染病报告发病率303.80/10万，孕产妇死亡率24.1/10万，婴儿死亡率3.28‰，五岁以下儿童死亡率5.48‰。全市有体育场馆17个，全民健身路径386条。全年举办体育竞赛表演120场次。全年获省级以上奖牌128块，其中金牌54块（省级金牌47块）。

【环境保护和安全生产】　2017年，全市完成491户工业企业污染治理任务，环境影响评价项目481个（市级49个）。市污水处理厂和贡井污水处理厂的污水日处理量（一期+二期）分别达9.61万吨和2.35万吨，全市城区生活污水集中处理量5053.71万吨，城市饮用水源达标率100%。城区生活垃圾无害化处理率96.5%；环境空气质量达标率62.7%；全年区域环境噪声平均等效声级56.6分贝。全年各类安全事故死亡53人，未发生较大及以上生产安全事故，全市亿元GDP生产安全事故死亡人数0.04人。

【人民生活和社会保障】　2017年，城乡居民人均可支配收入22151元，比2016年增长9.1%，城乡居民人均消费性支出15718元，比2016年增长7.0%。其中，城镇居民人均可支配收入31016元、增长9.0%，城镇居民人均消费性支出20208元、增长4.1%；农村居民人均可支配收入14380元、增长9.0%，农村居民人均消费性支出11790元、增长11.5%。年末全市城镇新增就业人数4.34万人，城镇登记失业率3.87%，失业保险参保人数15.16万人，增长21.4%。全市城镇职工养老保险参保人数36.67万人，增长15.8%，全年养老保险费征缴率94.9%；工伤保险参保人数18.90万人，增长6.6%；生育保险参保人数14.97万人，增长5.9%；全市城镇职工基本医疗保险参保人数为37.76万人，增长1.6%；城乡居民医疗保险参保人数255.73万人，下降0.6%。全市公租房年内完成投资5.31亿元，增长54.8%；公租房施工面积41.06万平方米，增长150.7%；公租房竣工面积23.8万平方米，增长46.2%；全年实施棚改项目29个，涉及4.91万户棚改居民，改造房屋面积约245万平方米。

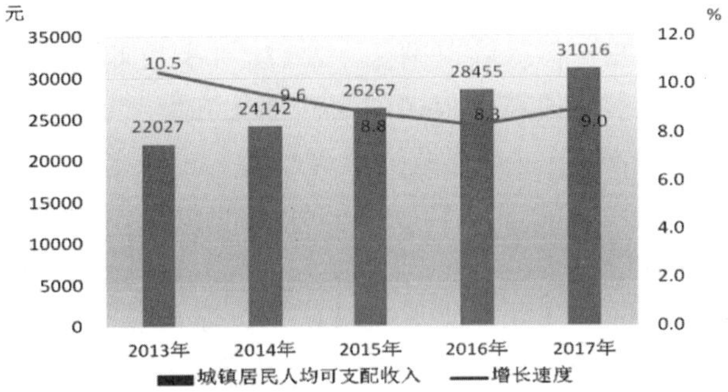

图7　2013—2017年自贡城镇居民人均可支配收入和增长速度图

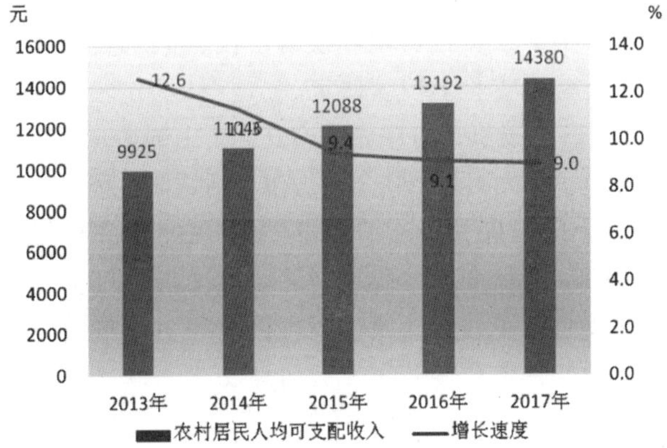

图8　2013—2017年自贡农村居民人均可支配收入和增长速度图

【物价】　2017年，全市居民消费价格比2016年上涨1.3%。其中，食品价格下降2.5%，非食品价格上涨2.3%；服务价格上涨3.8%。在企业生产价格方面，工业生产者出厂价格上涨4.4%，工业生产者购进价格上涨7.0%。

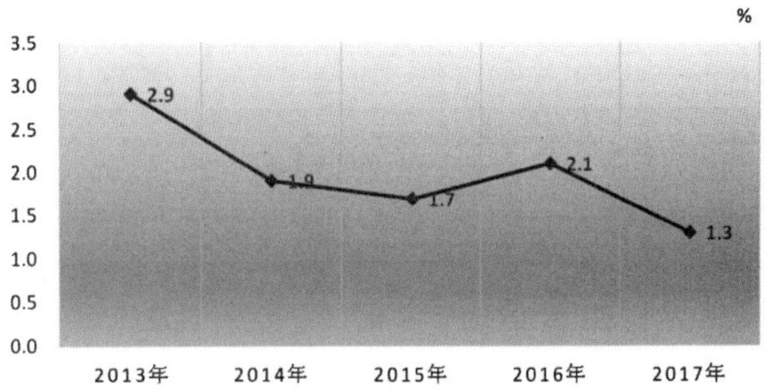

图9　2013—2017年自贡居民消费价格涨跌幅度图

（市统计局）

大事记

1月

1日 自贡市第三次全国农业普查进入入户登记阶段。入户登记为期3个月，涉及全市96个乡镇、1131个村民委员会、70万户农户和大量农业生产经营单位，2000多名普查员参与登记工作。普查内容包括农业从业者、土地利用和流转、农业新型经营主体和粮食生产安全等13个方面的情况，共1000多个指标。

3日 中共自贡市委十二届二次全会召开。全会贯彻中共十八届六中全会、省委十届九次全会和中央、省委经济工作会议精神，听取并讨论市委常委会工作报告，审议通过《中共自贡市委关于加强和规范党内政治生活严格党内监督巩固发展良好政治生态的实施意见》。市委书记李刚，市委副书记、市长刘永湘等出席会议。

5日 自贡市2017年第一季度重大项目集中开工仪式在四川卫生康复职业学院新校区项目现场举行。参加集中开工仪式的重大项目共70个，总投资438亿元，2017年计划投资136亿元。其中，产业项目29个，总投资98亿元；基础设施项目21个，总投资61亿元；民生及社会事业项目20个，总投资279亿元。集中开工的代表项目四川卫康院新校区综合体总投资15亿元，2017年计划投资5亿元，规划占地面积86.67公顷，总建筑面积60万平方米，包括教育、医院、康复养老、医疗服务4个板块。市委书记李刚，市委副书记、市长刘永湘，市人大常委会主任谭豹，市政协主席游开余等出席开工仪式。

同日 国务院以国函〔2017〕1号文批复同意国家发展和改革委报送的《西部大开发“十三五”规划》，其中，自贡城市轨道交通、沱江（自贡至泸州段）航道升级均纳入该规划的重大工程项目储备。

8日 自贡4所学校被认定为全国特色学校。教育部以“教体艺函〔2017〕1号”文印发《关于公布2016年国防教育特色学校名单的通知》，认定全国1430所学校为“国防教育特色学校”。其中，市第六中学校、自贡职业技术学校、汇东实验学校和蜀光绿盛实验学校获认定。

9日 凌晨3时左右，大安区大山铺街一民房发生火灾，过火面积120余平方米，造成2人死亡。

10日 自贡灯会全球推介会在北京举行。会上，市政府和全国友协签署关于推动自贡灯会走向全球战略合作框架协议，双方鼓励和引导自贡彩灯企业参与各类对外文化交流活动及“一带一路”对外宣传推介活动，并联合举办彩灯文化发展与合作论坛、行业展会、经贸洽谈与对接活动。推介会由全国友协主办，英国、加拿大、捷克等46个国家使馆的代表，美国商会、德国商会等13家驻北京的外国商会、协会代表，塔斯社、《华盛顿邮报》等19家海外媒体和《人民日报》、中央人民广播电台、中央电视台、《环球时报》、人民网等30多家国内媒体参加推介会。全国友协会长李小林，市委书记李刚，市委副书记、市长刘永湘等共同启动自贡环球灯展。

12日 省委常委黄新初率队到自贡调研。黄新初一行先后实地调研四川安益生物科技有限公司、华西科技园、浙江大学自贡创新中心、自贡中天胜新材料科技有限公司、中昊晨光化工研究院有限公司、四川理工学院及大学生创新创业俱乐部、大西洋焊接产业园、自贡航空产业园、海川实业有限公司等企业和项目，了解企业自主研发创新、生产经营情况。市委书记李刚陪同调研。

14日 贡井区成佳镇发生1起摩托车坠入池塘事件，造成2人死亡。

16日 市政府与中华文化促进会、中国文化译研网签署“华灯耀丝路”合作协议。协议拟于2017年10月至2019年8月举办“华灯耀丝路——中华彩灯上的语言艺术”彩灯国际巡展。其中，国外拟办城市为巴林麦纳麦市、土耳其伊斯坦布尔市、俄罗斯莫斯科市、马耳他瓦莱塔市、韩国首尔市、蒙古乌兰巴托市、尼泊尔加德满都市，国内拟办城市为西安、昆明、北京、深圳、南京等。

同日 首届中国·荣县大佛文化灯会在大佛寺景区开幕。此届灯会观灯区域6万余平方米。其中，超大型灯组《吉祥佛陶宝瓶》以佛教八宝中的“宝瓶”为创意设计元素，首次采用具有千年历史的荣县制陶工艺与自贡彩灯制作技艺相结合，分别使用约1万个土陶罐、土陶莲花瓣和LED灯，经特殊处理后捆扎成灯，灯组长25米、高18米，拟申请吉尼斯世界纪录。

同日 荣县举办首届中国·荣县大佛文化灯会招商推介会暨项目签约仪式。仪式上，共签订战略性框架协议7个，总投资114亿元。项目涉及生态旅游、基础设施建设、工业加工等领域。其中，产业项目3个、总投资37亿元，文化旅游项目2个、总投资62亿元，基础设施项目2个、总投资15亿元。

17日 自贡5户企业被评为“四川省诚信守法示范企业”。省依法治省领导小组办公室、省国有资产监督管理委员会以“川国资委〔2017〕20号”文印发《关于命名表扬“诚信守法示范企业”创建合格单位的通知》，四川花语精细化工有限公司、同兴建筑安装工程有限责任公司、农团天然山泉水有限公司、德明电站锅炉有限公司、华刚硬质合金新材料有限公司等5户自贡企业被评为“四川省诚信守法示范企业”。

18日 自贡市5件注册商标被认定为2016年度省著名商标。5件注册商标分别是四川英祥实业集团有限公司的“英祥及图”、自贡市俊鸿鞋业有限公司的“華锦春及图”、四川大西洋焊接材料股份有限公司“大西洋及图”、自贡市华刚硬质合金新材料有限公司的“华刚及图”、四川川润股份有限公司“川润及图”。

19日 自贡51户企业的62个产品或服务入选省政府办公厅公布的第十二届四川名牌名单。其中，四川大西洋焊接材料股份有限公司等47户企业入选四川名牌产品名单，自贡汇东大酒店有限公司等5户企业入选四川服务名牌名单，芭夯餐饮管理有限公司同时入选四川名牌产品名单和四川服务名牌名单。中昊晨光化工研究院有限公司、四川金瑞克动物药业有限公司、远达美乐食品、四川洛源食品、四川赛尔阀门制造有限公司、戎春酒业、巧媳妇米业、富顺电力金具、富兴电力金具、东变集团等企业的14个产品为新入选的四川名牌。

20日 东兴寺公路大桥及铁路桥改造竣工通车。其中，东兴寺大桥立交拓宽改造由双向6车道扩至8车道，桥面拓宽5米，西岸增设9条立交匝道实现全互通；东兴寺铁路桥由单孔16米长拓宽到三孔33.5米长；东兴寺（南段）道路建设由双向4车道扩至6车道。

21日 自贡恐龙欢乐王国主题公园开园。该主题公园为恐龙王国综合旅游度假区第1期项目，占地8公顷，有20余种娱乐项目，其中摩天轮和四环过山车为自贡首次引入。

22日 市统计局发布2016年经济统计数据。全市实现地区生产总值（GDP）1234.56亿元，同比增长7.7%，增速与全省水平持平、比全国高1个百分点。其中，第一产业增加值136.13亿元，增长4.0%；第二产业增加值710.37亿元，增长8.1%；第三产业增加值388.06亿元，增长8.3%。

同日 第二十三届自贡国际恐龙灯会开幕。灯会由市政府和省文化厅联合主办，以“多彩新丝路、最炫中国风”为主题，设置“多彩新丝路”“最炫中国风”“大美巴蜀情”“时尚光影湖”“南北彩灯汇”“吉祥中国年”板块，共展出大、中型彩灯130余组。灯会门票价格为春节（正月初一至十五）100元/人，周末（周五至周日）60元/人，平时40元/人。市委副书记、市长刘永湘，市人大常委会主任谭豹，市政协主席游开余等出席开幕式。

同日 自贡首届恐龙文化旅游节在大山铺镇土柱村“恐龙谷”开幕。旅游节展区约10万平方米，分为“上谷区”和“下谷区”两大板块，有仿真恐龙200余只。

同日 自贡首家省级农业示范主题公园——贡井区花香田园农业主题公园开园。该主题公园设有旅游接待服务区、民俗民风体验区、户外运动区、生态水产区及花卉展示区等功能区。其中，花卉展示区域约26.67公顷，有郁金香100万余株、年宵花卉200万余株和珍惜花木400万余株，打造出15个主题景点和100余个配套景点。

同日 大安区签订首个PPP项目合同——《棚户区改造及配套基础设施建设工程PPP项目合同》。该项目合同总金额约11.7亿元，涉及东城雅郡、东城雅苑、东城雅筑及光明雅庭等4个建设子项目，每个子项目特许经营期12年（其中建设期2年、运营维护期10年），拟于2017年2月开工建设。

23日 自贡通用航空发展论坛在檀木林城市名人酒店举行。论坛由市政府、省投资促进局、四川博览事务局联合主办，以通用航空产业“新智造、新技术、新跨越、新发展”为主题，近200名专家学者及相关企业负责人参加论坛。

同日 第七届“携手灯城·龙聚盐都”招商推介会在檀木林城市名人酒店举行。

同日 自贡市商业银行获批更名为自贡银行。该银行成立于2001年12月，更名后英文名称变为“BANK OF ZIGONG CO.，LTD.”（简称“BANK OF ZIGONG”）。

同日 大安区与香港弘道东恩实业投资集团有限公司签订川南红星美凯龙生活广场项目投资意向协议。该项目一期占地20.33公顷，投资约10.5亿元，主要建设爱情海购物公园、星级酒店、休闲会所及配套商业设施等。

24日 中共自贡市第十二届纪律检查委员会第二次全体会议召开。会议传达中纪委十八届七次全会、省纪委十届六次全会精神，通报2016年党风廉政建设考核结果，总结和部署全市党风廉政建设和反腐败工作。市委书记李刚出席全会并讲话。

28日至2月2日 自贡灯会接待中外观灯游客40万余人次、同比增长5.3%。其中，31日（正月初四）彩灯公园观灯游客超过7万人次，创历史新高。

31日 盐商文化体验馆开业。该体验馆选址于王爷庙，由自贡国际恐龙灯会指挥部主办，自贡市盐业历史博物馆、自贡灯彩文化产业集团承办，为“第二十三届自贡国际恐龙灯会”重大系列活动之一，主要体验自贡盐商生活和盐灯文化。

是月 自贡2名小学生参加全国第十二届中国少年科学院“小院士”课题研究答辩活动获一等奖并获“小院士”称号。

2月

3日 2017年自贡市“新盐商”新春座谈会在檀木林城市名人酒店举行。100余名市内外商会、企业家代表参加会议。市委书记李刚，市委副书记、市长刘永湘，市人大常委会主任谭豹，市政协主席游开余等出席会议。

4日 全市党员干部作风建设工作会在市委大礼堂召开。会议通报2016年全市党员干部作风建设情况，安排部署2017年工作任务并观看作风建设专题片。市委书记李刚出席会议并讲话，市委副书记、市长刘永湘主持会议，市人大常委会主任谭豹、市政协主席游开余等出席会议。

同日 大安区大山铺镇被列入全省首批健康村镇试点名单。根据省爱卫办发布的《关于开展健康城市健康村镇建设工作的通知》，全省21个乡镇入选省首批健康村镇试点名单，大安区大山铺镇是全市唯一入选乡镇。

6日 全市对外开放工作会议在市委大礼堂召开。会议总结2016年招商引资和对外开放工作，安排部署2017年工作任务，通报2016年招商引资目标任务完成情况，表彰2016年度招商引资先进单位并与区县、部门签订2017年招商引资目标责任书。市委书记李刚出席会议并讲话，市委副书记、市长刘永湘主持会议，市人大常委会主任谭豹、市政协主席游开余等出席会议。

7日 中共自贡市委十二届三次全体会议在市

委会议厅召开。会议通过《自贡市出席党的十九大代表候选人推荐建议人选》。市委书记李刚，市委副书记、市长刘永湘，市人大常委会主任谭豹，市政协主席游开余等出席会议。

10日 国家工商总局局长张茅率队到自贡调研。张茅一行先后实地调研华西能源公司和市工商局，了解工商系统服务地方经济发展、维护群众合法权益的情况。市委书记李刚等陪同调研。

同日 16时30分左右，贡井区艾叶镇韭菜嘴社区发生一起轿车与中巴车相撞事故，造成1人死亡、5人受伤。

10日至24日 省环保督察组对自贡市开展环境保护督察。该督察组由省人大常委会、省公务员局、省交通运输厅、省环境保护厅工作人员组成。督查期间，督察组采取查阅资料、现场检查、个别谈话、调研座谈等方式，对荣县、富顺县和大安区开展下沉督察，对高新区、自流井区、贡井区开展重点督察，并公开受理市容卫生、畜禽养殖、社会噪声、餐饮油烟、道路扬尘、废水废气排放等有关环境保护及生态文明建设方面的举报投诉，共处理来信来电177件。

11日 央视集中宣传报道元宵节自贡灯会。其中，央视新闻频道《新闻直播间》以连线方式分别在15时、17时、18时用现场直播、猜灯谜、讲故事等方式报道灯会；19时的央视《新闻联播》以“花灯璀璨元宵至，良辰美景正当时”为题，用现场场景报道灯会亮灯盛况；20时的《东方时空》以“自贡灯会年味浓，如梦似幻醉游人”直播灯会现场近6分钟；21时，中国国际电视台（中国环球电视网）CGTN以网络和电视方式直播灯会1个小时。

14日 自贡市2017年第二批重大项目集中开工暨天非尼迪低速电动智能车项目开工仪式在沿滩工业园举行。参加集中开工的重大项目共35个，总投资126亿元，2017年计划投资27亿元。其中，产业项目24个，总投资72亿元；基础设施项目7个，总投资48亿元；民生及社会事业项目4个，总投资6亿元。集中开工的代表项目天非尼迪低速电动智能车项目占地20公顷，总投资30亿元，2017年计划投资2亿元。市委书记李刚，市委副书记、市长刘永湘，市人大常委会主任谭豹，市政协主席游开余等出席开工仪式。

14日至15日 省政协副主席、省总工会主席李登菊率省督导组到市就稳定经济增长工作进行督导。李登菊一行先后考察川南国际农贸城项目建设现场、自贡超越科技公司、四川卫生康复职业学院新校区综合体项目，实地了解项目建设和企业生产经营情况，并召开工作汇报会听取自贡市稳定经济增长工作的情况汇报。市委书记李刚陪同督导并参会，市委副书记、市长刘永湘作工作汇报。

15日 华西能源公司与泰国波艾生物质有限公司签订泰国生物质发电2号机组项目合作协议。该项目位于泰国波艾市，拟建成为泰国生物质锅炉单台发电量最多、设计规格最高的专烧稻壳生物质锅炉。

16日 自贡世界地质公园与四川光雾山—诺水河国家地质公园签署缔结姊妹公园协议。

同日 市疾控中心被列入国家致病菌识别网第一批实验室名单。国家卫生计生委以“国卫办疾控函〔2017〕149号”文发布《关于开展国家致病菌识别网有关工作的通知》，市疾控中心作为中西部地区唯一入选单位，成为全国首批国家致病菌识别网实验室。

20日 四川友华科技集团与波兰BWCP公司在自贡举行合作框架协议签字仪式。根据协议，双方拟在波兰设立合资公司，在产品出口贸易、道路基础设施建设项目、新能源建设项目等方面开展业务。市委副书记、市长刘永湘等出席签字仪式。

20日至22日 市委书记李刚率队到北京市开展投资促进活动。

21日至26日 “四川水彩——德阳·自贡作品展”在市艺术展厅开展。展出由省美术家协会水彩画艺委会、德阳市文联、自贡市文联主办，主要反映新农村建设、城乡统筹、精准扶贫、生态农业等内容，共有德阳、自贡的30余位水彩画家创作的80余件作品参展。

22日 东方锅炉公司、四川理工学院和自贡市中天胜新材料科技有限公司签订聚酰亚胺涂料技术合作开发协议。三方拟通过合作开发，实现聚酰亚胺涂层材料技术在电力行业上的应用，推动电力行业降低成本、提升竞争力。

22日至23日 省关工委执行主任、省委原副书记、省政府原省长张中伟率队到自贡调研。张中伟一行先后实地调研市未成年人心理成长指导中心、沿滩新城龙湖远达社区青少年活动中心“道德银行”、富顺县富世镇后街社区“宋婆婆爱心辅导班”、富顺县青少年学生校外活动中心、富顺一中“青春健康俱乐部”、自流井区关工委青少年法治教育基地和高新区明珠社区青少年科普教育基地，详细了解全市在教育、引导、关爱、保护青少年等方面的工作情况并听取自贡市工作汇报。市委书记李刚，市委副书记、市长刘永湘等陪同调研。

23日 川南地区公共图书馆区域共建共享研讨会在自贡召开。自贡、泸州、乐山、宜宾、内江、雅安等6个市的图书馆馆长、专家和自贡市各区县文体局、图书馆分管领导参会。

23日至24日 农工党中央专职副主席兼秘书长曲凤宏到自贡调研。曲凤宏实地调研市生物科技发展、盐业文化传承保护、古生物科研等情况，听取农工党自贡市委工作汇报，接见农工党自贡市委及基层组织负责人。

24日 贡井区政府与市精神卫生中心签订“自贡市老年病医院建设项目”投资协议。该项目总投资10亿元，选址贡井区工业集中区，建筑面积约16万平方米，建设周期为4年。项目一期于年内开工，占地面积2.67公顷，包含门诊部、手术室、ICU室、康复中心、住院部、行政办公区域等。

同日 自贡举行军民融合共促航空与新材料产业发展大会。大会由市政府和省国防科学技术工业办公室共同主办，拟通过搭建平台，壮大现有军品生产企业，引导新材料企业进入军工研发、生产领域，培育一批“民参军”支柱企业，争取一批军工企业和科研机构落户，实现“军转民”，创建军民深度融合发展示范区。大会成立市军民融合发展推进工业专家组，并颁发聘书；中昊晨光化工院与浙江格尔泰斯公司，中天胜公司与佛山市柯博明珠公司，辉腾公司与成都海蓉公司，东新电碳公司与贵州航天林泉公司签署军民融合产业发展军品供货合同。市委书记李刚致欢迎辞，市委副书记、市长刘永湘主持大会。

同日 富顺县与陕西海升集团果业发展股份有限公司签订苗仙湖现代标准化柑橘产业示范园投资合作协议书。根据协议，项目选址狮市镇马安村，计划分三期建设，总投资约2.1亿元。其中，项目一期于2017年2月开工，投资额约0.8亿元。

26日 西南油气田公司自贡地区首口页岩气井——自201井经分段压裂改造后，获日产天然气14万立方米。该气井位于荣县双石镇，经直井取得实钻储层相关资料后，进行直井改水平井钻井，完钻井深5167米，水平段长1300米，经18段大型水力压裂后测试获工业气流。

27日 2017年自贡市第三批项目集中开工仪式在大安区举行。集中开工项目共53个，总投资117亿元，2017年计划投资51亿元。从主要分布领域看，基础设施项目15个，总投资37.5亿元；产业项目16个，总投资28.4亿元；社会事业项目10个，总投资8.2亿元；民生工程项目12个，总投资42.9亿元。其中，成自泸高速北互通连接线配套基础设施项目计划总投资20.1亿元，2017年计划投资8亿元。市委副书记、市长刘永湘，市政协主席游开余等出席开工仪式。

同日 市政府与法国盖亚克市在檀木林城市名人酒店签署建立发展友好合作关系备忘录。根据备忘录，2017年拟开展自贡灯会赴法国展出等经贸、文化交流活动。市委副书记、市长刘永湘，法国盖亚克市市长菲利普·高斯朗分布代表两市签署备忘录。

27日至3月3日 四川书画名家作品邀请展暨书画名家创作笔会系列活动在南湖体育文化中心举行。活动由市文化馆、市美术馆、市美术家协会主办，通过举办书画展、书画名家创作笔会、书画名家讲座等形式进行，共展出国画、书法作品92幅，梁时民、武海成、李青稞等四川书画名家参加活动。

是月 沿滩区仙市镇大岩村川南城际铁路施工现场发现明代墓葬群。

是月 市第四人民医院新建住院大楼正式投入使用。该大楼于2013年9月27日动工，总投资1.7亿元，建筑总面积2万平方米，共15层，设置床位500余张。大楼设有医学影像中心、数字化医学中心、数字一体化杂交手术室等高端医疗设施设备，配有信息基础设施系统、公共安全系统、医护专用系统等智能系统，每个病房均设置独立卫生间、衣物柜、数字电视、信息呼叫系统等。

是月 自贡至泸州港大件公路被列入交通运输部“十三五”港口集疏运公路项目库。

3月

1日 全市全面实行企业简易注销登记改革。改革后，对领取营业执照后未开展经营活动、申请注销登记前未发生债权债务或已将债权债务清算完结的有限责任公司、非公司企业法人、个人独资企业、合伙企业，由企业自主选择适用一般注销程序或简易注销程序。

1日至2日 七市州红十字能力建设培训在自贡举行。德阳、凉山、内江、雅安、宜宾、遂宁、自贡市红会负责人和自贡市各区县红十字会负责人等参加培训。

同日 外交部使节团到自贡考察。该使节团由中国驻10个国家和地区及常驻联合国的大使、领事、参赞、代表等组成。使节团先后实地参观华西能源公司、高新区和盐业历史博物馆等，考察了解全市经济社会发展状况。市委书记李刚，市委副书记、市长刘永湘等会见使节团并陪同参观考察。

2日 省委常委、组织部部长范锐平率队到自贡调研。范锐平一行先后实地调研大安区新店镇何院村、何市镇高庙村、东部新城、四川卫生康复职业学院新校区项目建设现场、富顺县狮市百年贡醋文化产业园项目建设现场和狮市镇马安村居民集中居住点，了解基层党组织引领产业发展、助民增收等情况。市委书记李刚等陪同调研。

3日 市高新投资有限公司与国家开发银行四川省分行、华泰证券股份有限公司签订“双创票据”非公开定向债务融资工具意向性承销协议。根据协议，双方拟发行5年期“双创票据”20亿元，通过股权或债权方式投入到产业项目。

4日至5日 市委书记李刚率市委中心组“美丽新村及脱贫攻坚”工作专题组到贵州省黔西南州考察学习。李刚一行围绕美丽新村建设、产业扶贫、易地扶贫搬迁、农旅结合以旅促农等主题，先后实地参观兴义市十里坪现代高效农业生态产业园、万峰林景区、册亨县陂鼐布依古寨和大寨村羊博园等地。各区县委书记和市级有关部门主要负责人参加考察。

同日 西部首届多媒体航拍摄影大赛分站——“自贡飞常美”多媒体航拍摄影大赛在自贡举行。比赛由市委宣传部和四川在线“航拍四川”联合举办，拍摄地点为仙市古镇、南湖公园、彩灯公园、恐龙博物馆等，有25名省内选手参赛。

6日 自贡市2017年重庆地区招商推介会暨项目签约仪式在重庆举行。市委书记李刚等出席仪式。

7日 省委常委、宣传部部长甘霖率队到自贡调研。甘霖一行先后实地调研吴玉章故居、自贡海天文化股份有限公司、自贡日报社和市广播电视台，了解传统文化传承发展情况。市委书记李刚等陪同调研。

同日 市委书记李刚率市委中心组“美丽新村及脱贫攻坚”工作专题组到川东北考察学习。李刚一行先后实地考察广元市苍溪县五龙镇三会村、东青镇寻乐书岩景区和农业园区及南充市仪陇县新政镇安溪潮村，学习美丽新村建设、产业扶贫、易地扶贫搬迁、农旅结合以旅促农等方面的先进经验和做法。各区县委书记和市级有关部门主要负责人参加考察。

9日 全国首家盐业职业教育集团——四川盐化职业教育集团在自贡成立。该集团由省盐业学校牵头组建并经省经济和信息化委批准成立，有42个理事单位。

同日 法国国家自然历史博物馆Yves Girault教授一行5人到自贡考察。

9日至12日 自贡企业组团参加第十三届中国（天津）国际装备制造业（工业）博览会。自贡硬质合金有限责任公司、四川大西洋焊接材料股份有限公司、四川川润股份有限公司、自贡中天胜新材料科技有限公司、自贡市川力科技股份有限公司、自贡市嘉特数控机械制造有限公司、四川飞球（集团）有限责任公司、自贡中兴耐磨新材料有限公司等8户企业组成参展团，展出包括优质切削刀具、大口径球阀、数控设备、新型焊接和阻燃材料等行业领先技术和产品。

11日至14日 市委副书记、市长刘永湘率队到山东省、安徽省学习考察。刘永湘一行实地考察山东省聊城市阳谷县祥光铜业公司、安徽省合肥市中建材（合肥）新能源公司、蚌埠玻璃工业设计研究院等，学习当地新型工业化和园区建设的经验和做法，推介自贡优势产业。

14日 大安区重大招商引资项目签约仪式在檀木林城市名人酒店举行。仪式上，西南智能终端制造产业园、嘉丰·民俗城、上海双箭纺织品生产线等3个项目现场签约，总投资约43亿元。其中，西南智能终端产业园项目选址新民镇，总投资约30亿元，拟建设年产2000万台智能终端生产线。市委书记李刚等出席仪式。

15日 自贡灯会获首届“2016年度四川省消费者点赞的服务项目”奖项。该奖项分为消费者点赞商品和消费者点赞服务，通过公众评审、网络投票、公示等环节评选产生，自贡灯会是全省20个“消费者点赞的服务项目”之一。

同日 自贡开通消费维权协同工作平台。该平台由工商、质监、食药监、旅游、交通、卫生、住建、邮政、人民银行、烟草、保险协会等近20个市级部门及相关单位共同组建，拟通过协作第一时间维护消费者的合法权益。

同日 全市全覆盖常态化选派村（社区）第一书记工作启动。该项工作与“三联三服务”“走基层”“脱贫攻坚结对帮扶”、民营企业“万企帮村”等活动结合，要求全市各区县、各部门、各单位党委（党组）按照后备干部优先、递进培养对象优先、选调生优先、缺乏多岗锻炼的优先、30岁以下的优先等选派原则，择优选拔出符合条件的党员干部担任村（社区）党组织第一书记。

同日 根据Asiabrand（亚洲品牌集团）在“2017中国品牌总评榜——‘3·15’中国十大行业品牌价值榜发布会”的发布结果，自贡银行获“2017年中国城商行品牌价值100强”称号。

15日至16日 市委书记李刚率市委中心组城市建设及文化旅游工作专题组赴浙江省学习考察。李刚一行先后实地参观杭州市富阳区场口镇东梓关村村史馆、古村落及新杭派民居、钱江新城、杭州城市规划展览馆、中国美院凤凰创意园、宋城影视文化主题公园、西溪国家湿地公园、湖州市德清县展示馆、莫干山特色旅游小镇等，学习统筹城乡发展、城市规划建设管理、文化旅游业发展、特色小镇建设等方面的经验。

16日 自贡国家高新区杭州投资推介会暨项目签约仪式在杭州市举行。市委书记李刚等出席签约仪式。

17日 自贡市与四川发展（控股）有限责任公司1+N战略合作协议暨重点合作项目签约仪式在成都举行。仪式上，市政府与四川发展（控股）有限责任公司签订战略合作框架协议和《关于设立自贡市城市发展建设基金合作协议》；市城投公司分别与四川发展通号城市投资公司、四川发展国冶建设投资公司签订《轨道交通项目合作框架协议》《自贡市东部新城开发建设意向合作协议》；市国投公司与西南联合产权交易所公司签订《关于全面加强金融合作服务产业转型发展的合作协议》。副省长、省政协副主席刘捷，市委书记李刚，市委副书记、市长刘永湘等出席签约仪式。

同日 全市首本林权类不动产权证书正式颁发。该证书先由林主向区县林业部门提交林权申请，再由受理单位开展初审、勘测、审查、公告等程序后予以登记和发放，登记的权利包含林地使用权、林木所有权和林木使用权。

18日至24日 市跳水学校运动员参加2017年全国青年跳水冠军赛获金、银牌。其中，陈佳、苗裕琳获女子双人跳台冠军，刁智广获男子单人三米跳板亚军。

20日 自贡高新国有资本投资运营集团有限公司成立。该公司是市委、市政府组建的全市首家投融资集团公司，注册资本3亿元。

21日 自贡高新区节能环保装备产业入围全国区域品牌价值百强榜。评选共设置全国知名品牌创建示范区2016年区域品牌价值百强榜、农业区域品牌价值10强、制造业区域品牌价值30强、服务业区域品牌价值10强和最具潜力区域品牌30强等5个榜单，有160个区域品牌参评。高新区节能环保装备产业以157.85亿元的品牌价值位居全国区域品牌价值百强榜第28名和制造业区域品牌30强第15名。

21日至4月20日 中国流动科技馆四川巡展活动在沿滩区蜀南国际会展中心开展。巡展活动由中国科学技术协会主办，以“体验科学”为主题，设置声光体验、电磁探秘、运动旋律、数学魅力、健康生活、安全生活和数字生活等主题展区，展出50余件与科学表演、科学实验和科普影视相结合的互动展品。

23日 自贡市2017年第四批重大项目集中开工仪式在荣县举行。集中开工项目共45个、总投资150.7亿元，2017年计划投资47亿元，涉及产业发展、基础设施、民生工程等领域。其中：荣县17个，总投资79.8亿元；自流井区4个，总投资37.5亿元；贡井区7个，总投资9.3亿元；大安区4个，总投资4.6亿元；沿滩区6个，总投资8.2亿元；富顺县3个，总投资7.4元；高新区4个，总投资3.9亿元。市委书记李刚，市委副书记、市长刘永湘，市人大常委会主任谭豹等出席开工仪式。

同日 自贡市加快推进多层次资本市场建设工作会在檀木林城市名人酒店召开。会议邀请上交所、深交所等资本市场专家围绕促进企业多层次资本市场融资，为全市企业及市级相关部门和各区县负责人进行培训，搭建企业和证券业金融机构对接平台。市委书记李刚，市委副书记、市长刘永湘，中国证券行业协会会长、银河证券董事长陈共炎等出席会议。

23日至26日 自贡在省第32届青少年科技创新大赛上获佳绩。其中，一等奖10项，二等奖15项，三等奖24项，有7项作品入围全国大赛，创全市获省级一等奖和入围全国大赛的历史最好成绩。

24日 自贡27个村落入选第三批省传统村落名录。分别是大安区何市镇高庙村、牛佛镇张家坝社区、三多寨镇徐家村、回龙镇回龙场社区、新民乡董家村，富顺县板桥镇红岩村、板桥镇王湾村、富世镇后街社区、富世镇锁江村、赵化镇普安村、中石镇垟坪村，贡井区艾叶镇竹林村、牛尾乡新民村、桥头镇永顺村，荣县复兴乡蔡家湾村、来牟镇新寺村、雷音乡塘咀村、留佳镇留佳场社区、墨林乡吕仙村、双石镇蔡家堰村、长山镇胡家村、旭阳镇波罗村，沿滩区黄市镇黄镇铺社区、仙市镇百胜村、永安镇鳌头铺社区，自流井区龙凤山社区、张家沱社区。

26日 “爱心手拉手·成长心连心”全国大型公益活动在檀木林体育馆举行。该活动由12岁到14岁的中学生与他们的老师、父母共同参与，通过不同形式的心理体验游戏为学校、学生、家庭搭建沟通平台。全国各地的义工代表及龙潭中学、桥头中学的老师、家长和学生共400余人参与活动。

27日 市委副书记、市长刘永湘率队考察深圳高新企业及产品。刘永湘一行实地考察深圳岚锋创视网络科技公司的全景相机Insta 360品牌、深圳国安精密机电有限公司的电动新能源汽车零部件生产项目、深圳光启高等理工研究院开发的“马丁包”载人飞行器、光子识别系统等高科技产品项目，并邀请企业到自贡考察洽谈。

同日 富顺县2017年深圳投资推介会暨项目签约仪式在深圳市举行。仪式上，幽门螺旋杆菌试剂生产项目、新建君子林西南总部和全产业链工业园、VR小镇建设等11个项目实现现场签约，项目总投资186.6亿元。市委副书记、市长刘永湘等出席签约仪式。

28日 四川页岩气勘探开发有限责任公司在自贡注册成立。该公司由市国有资产能源投资有限责任公司与中国石油天然气股份有限公司、省能源投资集团有限责任公司、中国华电集团清洁能源有限公司、北京市燃气集团有限责任公司、内江投资控股集团有限公司共同出资组建，矿权区面积为12778平方公里，主营业务为页岩气勘探开发、生产及销售，主要开发内江—犍为、泸县—长宁、璧山—合江区块矿权内下古界志留系龙马溪组、奥陶系五峰组合寒武系筇竹寺组层系内的页岩气资源。公司首期注册资本30亿元，其中，市国资能投公司出资3亿元，占股比例10%。

同日 自贡FM977爱心公益协会被授予“全国最佳志愿服务组织”。该协会于2012年6月组建，会员由自贡新闻综合广播（FM97.7）的热心听众构成，主要开展爱心助学、阳光助残、敬老助老、关爱留守儿童、救灾援助等志愿服务。

29日 自贡石墨烯产业合作交流对接会在成都召开。对接会上，国内外部分石墨烯行业知名企业、大专院校、科研机构代表围绕加快推动自贡石墨烯产业发展进行交流对接并签署合作协议。其中，华西能源公司、恒力盛泰石墨烯科技有限公司、美国加州锂电公司、英国Haydale石墨烯科技公司、美国Novus公司、Tetrels烯族科技石墨烯公司及首尔大学金龙协教授团队等联合签署《关于成立国际石墨烯应用技术科研中心的合作意向协议》。

同日 全国部分基层党组织党建标准化宣传贯彻推进会在自贡召开。会议围绕推进机关党建标准化进行宣讲，安徽省委组织部、湖南省直机关工委、自贡市委等10家单位作交流发言，7个中央国家机关部门、17个省份，共52家单位、100名代表参加会议。中央国家机关工委副书记陈存根、国家质检总局副局长梅克保、市委书记李刚等出席会议。

30日 省委书记王东明到自贡调研。王东明先后实地调研自贡航空产业园、自贡运输机械集团股份有限公司、浙江大学自贡创新中心，了解全市技术研发创新和成功转化应用、产业转型升级等情况。市委书记李刚等陪同调研。

31日至4月1日 省政协副主席、民建四川省委主委陈文华率队到自贡调研。陈文华一行先后实地调研自贡海天文化股份公司、自贡灯贸集团股份有限公司等，了解自贡彩灯文化企业发展及“走出去”情况，并召开座谈会听取自贡市工作汇报。市委书记李刚，市政协主席游开余等陪同调研。

是月 自贡做出首例文物行政处罚决定。该案涉及当事企业在东源井古盐场的保护范围内违建并开展具有污染性的生产活动，对这座全国重点文物保护单位的历史风貌和文物本体造成损害，构成擅自在文物保护单位的保护范围内进行建设工程的违法行为，涉事企业被给予罚款5万元的行政处罚。

是月 市国有资本投资运营集团有限公司、自贡水务投资集团有限公司、自贡高新国有资本投资运营集团有限公司、市城市建设投资开发集团有限公司等四大投资集团公司正式组建。其中，市国有资本投资运营集团有限公司整合市工信企业投资有限公司，重点支持工业经济、战略性新兴产业和公共服务业发展；市城市建设投资开发集团有限公司整合自贡交通投资开发有限公司、市文化旅游投资开发有限公司、市东部新城投资开发有限公司，重点服务城市、交通基础设施建设和文化旅游开发建设；自贡水务投资集团有限公司在原水务集团的基础上组建，并新组建自贡釜溪水务投资开发有限公司，致力于打造成全市水资源投资运营总平台，推动重大水务建设和水务产业跨越发展；自贡高新国有资本投资运营集团有限公司集基础设施投融资管理、城市资产开发经营、园区投资运营、科技金融服务于一体，着力打造现代投融资企业集团。四大投资集团公司总注册资本40亿元，总资产规模近1000亿元。

4月

1日 全市停止征收婚姻登记费和收养登记费。停征依据财政部、发展改革委下发的《关于清理规范一批行政事业性收费有关政策的通知》和民政部、省民政厅要求。停征后，涉及部门和单位依法履行管理职能所需的相关经费，由同级财政予以保障。

同日 富顺县发现大规模明代墓葬群。该墓葬群位于龙万乡龙硐学校建筑工地，初步勘探有10个连体墓穴，经文物部门鉴定为明代家族墓葬群。

4日 自贡网与自贡警方联合制作的短视频《我的好兄弟，你的理想就是我的理想》在央视综合频道《朝闻天下》和新闻频道清明特别节目中播出。

同日 自贡网络司法拍卖首单成交。9时47分，富顺县人民法院通过网络司法拍卖平台发起拍卖，3名竞买者经过92轮竞价，最终拍得富顺县某公司部分股权。

5日 自贡检验检测院成立。该院为市政府直属公益二类事业单位，委托市质监局管理，挂自贡市食品药品检验检测中心、市药品不良反应监测中心、自贡市计量测试研究所、自贡市产品商品质量监督检验所、自贡市流量计量公正站的牌子，主要承担产品、食品、药品、化妆品、包装材料等检验检测工作，受理第三方申请的委托检验和仲裁检验等服务。

6日 副省长杨洪波率队到自贡调研。杨洪波一行实地调研富顺县城市污水处理厂、大安区庙坝镇脚仙村水质自动监测站，了解沱江自贡段水质状况和“河长制”工作推进、城镇污水处理等情况。市委书记李刚等陪同调研。

6日至8日 自贡市在“2017中外知名企业四川行”活动中签约31个项目，投资总金额355.92亿元。

7日 中昊晨光化工研究院有限公司被省政府表彰为“第四届四川质量奖提名奖集体”，为全省获该奖项的5个集体之一。

同日 自贡2件版画作品入展国际性画展——2017第六届中国·观澜国际版画双年展。该展出由中国美术家协会主办，经过初评和复评，从国内外2175位作者的4054件作品中评选出入选作品304件，并评出荣誉作品13件（国外5件、国内8件）。其中，自贡画家谢晓笛的作品《寻找二三四》为全省入选的两件荣誉作品之一，欧勇的作品《桌面上的风景》为入选作品。

同日 华西能源公司与非洲能源公司签订塞内加尔洁净高效电厂EPC工程总承包项目合同。该合同总金额4.85亿美元（约合人民币32.95亿元），拟建设塞内加尔国内最大的发电站项目，华西能源公司首次以工程总包方身份进入非洲市场。

9日 自贡籍选手陈慧玲与队友在加拿大加蒂诺站举行的“2017年国际泳联大奖赛”中代表中国队参赛获女子双人3米板冠军。

10日 自贡10项科技成果获省科技进步奖。其中，四川大西洋焊接材料股份有限公司的“大型LNG储罐用9Ni钢焊接材料关键技术研究及产业化”和自贡长城硬面材料有限公司的“面向绿色再制造的钨基表面材料开发及产业化”等2个项目获省科技进步二等奖；自贡运输机械集团股份有限公司的“超长距离管状带式输送机关键技术研究应用”等8个项目获省科技进步三等奖。

12日 全国政协常委、民建中央副主席宋海到自贡调研民建市级组织建设情况。宋海实地参观调研自贡恐龙博物馆、燊海井、自贡市盐业历史博物馆、民建自贡市委机关和自贡航空产业园等，并召开座谈会听取自贡民建工作等情况汇报。市政协主席游开余等陪同调研。

13日 自贡入选全国首批老工业城市和资源型城市转型升级示范区。根据发展改革委发布的《关于支持首批老工业城市和资源型城市产业转型升级示范区建设的通知》，明确自贡等12个城市（经济区）为首批产业转型升级示范区，拟在产业、创新、投资、金融、土地等方面予以政策支持。自贡是全省唯一入选的城市。

14日 市委书记李刚率队到浙江大学考察。李刚一行实地考察浙江大学科技创新项目，参观科技成果展，并就深化校地合作，共同推进浙江大学自贡创新中心发展与浙江大学相关负责人进行会谈。双方一致表示，将共同努力，推动浙江大学自贡创新中心提档升级、扩大辐射范围，进一步拓展合作领域、提升合作层次。

同日 遂筠路至隆雅路自贡连接线（北环路）K0+100至K4+258段改扩建工程通过验收并投入使用。该改扩建工程起于北环路与东环路交叉口，止于一桥，全长4162米，项目总投资9610万元。其中K0+095至K3+603.202段为加宽扩建段，全长3508米，路基宽度为40米，设计时速为60公里；K3+603.202至K4+256.925段为路面改造路段，全长654米；新建涵洞1个，长度为487米。

15日 自贡市智慧服务业峰会在汇东大酒店举行。峰会由川南商业连锁投资开发联合会主办，40余家省、市级商会及企业的负责人围绕跨界合作、迎战变革、转变思维等议题进行交流。

17日 市中级人民法院率先在全省发布《2016年度产权保护状况及典型案例》白皮书。该书内容主要涵盖产权保护刑事审判、民商事审判、行政审判及涉产权保护案件等10个审结生效典型案例，为平等、全面、依法保护各种所有制经济组织和公民财产权提供范例。

21日 自贡市安全生产专家库建立。80名企业、院校、科研单位的技术和管理人员被聘为首批自贡市安全生产专家委员会专家，分为煤矿及非煤矿山、危险化学品与烟花爆竹、建筑消防、职业健康、冶金工贸及其他等5个专业组，拟在安全检查、事故调查、隐患评估、行政审批等方面发挥智囊作用，提高安全生产工作的科学性和实效性。

22日 自贡脱贫攻坚工作在全省脱贫攻坚总结推进会上获省委省政府表彰。其中，大安区被表彰为先进县，为全省72个有扶贫任务的非贫困县中受表彰的14个区县之一；王珊娟、曾宗林、李畅3人被表彰为优秀驻村第一书记；孟飞被表彰为优秀驻村干部；曾向荣、朱德高、邱源3人被表彰为优秀农技员。

同日　自贡5个集体（个人）被授予2017年度全国城乡妇女岗位建功立业先进集体（个人）称号。其中，市第四人民医院健康管理中心、富顺县地方税务局第一税务所、沿滩新城区龙湖远达社区等3个单位被授予“全国巾帼文明岗”称号；市妇幼保健院被授予“全国巾帼建功先进集体”称号；市第一人民医院叶秋棠被授予“全国巾帼建功标兵”称号。

24日　自贡市2017年第五批重大项目集中开工仪式在自贡通用航空产业园举行。集中开工项目共31个、总投资160.3亿元，2017年计划投资55亿元。从项目分布领域看，产业项目9个，总投资63.9亿元；基础设施项目14个，总投资76.2亿元；社会事业及民生项目8个，总投资20.2亿元。其中，代表项目四川大华通用飞机生产基地项目总投资10亿元，2017年计划投资4.2亿元。市委书记李刚，市委副书记、市长刘永湘，市人大常委会主任谭豹等出席开工仪式。

24日至27日　“2017全国网络媒体自贡行”活动在自贡举行。活动由市委宣传部、四川经济日报社共同主办，人民网、中新网、央广网、新华网、央视网、光明网等中央和省级共35家网络媒体参加。采访活动分为工业、文化旅游、城市3个报道组，通过宣传报道展示自贡经济社会发展成效，向全球推广千年盐都、恐龙之乡、中国灯城、美食之府等城市特色名片。

26日　全市深化领导班子思想政治建设工作推进会暨县处级主要领导干部读书班在市委会议厅开班。该读书班为期4天，以“专题讲座+研讨交流”方式学习习近平参加十二届全国人大五次会议四川代表团审议时的重要讲话和2013年到省视察的重要讲话精神，并安排《脱贫攻坚与城乡一体化发展》《社会治理与网络舆情》《供给侧结构性改革》《智慧城市与信息化产业建设》《以现代手段破解融资难题》等5场专题辅导。市委书记李刚，市委副书记、市长刘永湘，市人大常委会主任谭豹等出席开班仪式。

同日　市委书记李刚在檀木林城市名人酒店会见深圳国安精密机电公司总经理刘非一行。双方就新能源汽车和国防军事科技产品研发进行交流。

同日　“四川·富顺2017年宁波投资推介会暨项目签约仪式”在浙江省宁波市举行。签约仪式由富顺县与宁波市四川商会联合举办，富顺县与宁波市相关企业现场签订汽车座椅面套和骨架生产线、电梯配件生产、按摩椅生产线、机器人智能制造等13个项目，总投资66亿元。

27日　金融支持自贡建设全国老工业城市转型升级示范区签约仪式在檀木林城市名人酒店举行。副省长朱鹤新，市委书记李刚，市委副书记、市长刘永湘等出席签约仪式。

同日　中国民航飞行学院党委中心组到自贡调研对接飞行教学基地建设。中心组实地调研考察自贡通用航空机场及飞行教学基地规划用地，并与自贡市就校地合作、推动发展双赢进行座谈。市委副书记、市长刘永湘，中国民航飞行学院党委书记陈布科，党委副书记、院长关立欣等出席座谈会。

同日　自贡启动国家级出口彩灯文化产品质量安全示范区创建。

同日　第六届荣县大佛文化旅游节在荣县大佛寺景区开幕。旅游节为期7天，以“亲近荣县大佛·相约田园荣州”为主题，安排有大相国寺梵乐团禅意音乐会、荣县大佛文化论坛、动漫游乐美食周等活动内容。

28日　浙江大学与自贡三辰实业有限公司举行物流技术联合研发中心签约揭牌仪式。

是月　市疾控中心与吉林医药学院公共卫生学院签署实践教学基地合作协议并举行揭牌仪式。

是月　自贡首个公路桥梁变形自动检测系统在牛佛沱江大桥投入使用。该系统可利用手机等移动客户端和电脑终端实时互通监测，获取桥梁动态数据、统计数据、历史数据和状态评估。当发生超过预设阈值波动时，系统可向指定目标发送报警信息及执行预设动作，确保桥梁管养安全。

5月

1日　自贡实施重污染天气机动车禁、限行应急管制。市公安局和市环保局发布《关于在我市重污染天气应急响应期间实行机动车禁限行管理的通告》，对启动相应交通管制条件、应急管制区域、限行规则、发布事宜等进行明确。其中，重污染天气应急响应分4个级别，即蓝色预警（Ⅳ级）、黄色预警（Ⅲ级）、橙色预警（Ⅱ级）、红色预警（Ⅰ级），红色为最高级别。

3日　“千人计划”专家“自贡行”活动在汇东大酒店举行。活动由省“千人计划”专家联谊会、市人才工作领导小组主办，拟通过引进高素质紧缺人才和投资项目，为推动建设全国老工业城市转型升级示范区、西部内陆融入“一带一路”先行区、独具特色的国际文化旅游目的地等提供人才保障和智力支撑。

4日　自贡5户企业获选2017年全省外贸重点企业。根据省商务厅印发的《关于做好2017年重点和潜力外贸企业工作的通知》，东方电气集团东方锅炉股份有限公司、自贡硬质合金进出口贸易有限责任公司、四川汇维仕化纤有限公司、中昊晨光化工研究院、四川大西洋焊接材料股份有限公司获选外贸重点企业，自贡塞迪维尔钢化玻璃绝缘子有限公司、四川丽鹰鞋业有限公司、华西能源工业股份有限公司、自贡华鑫硬面材料有限公司获选潜力企业。

同日　国家致病菌识别网自贡市网络实验室在市疾控中心挂牌成立。该实验室以网络化信息平台为依托，采用病原识别、分子分型、基因组溯源等新型调查分析技术，开展细菌性传染病监测与防控。这是国家建立的首批致病菌识别网实验室，自贡是中西部地区唯一入选的城市。

5日　自贡世界地质公园扩园申请获联合国教科文组织执行局第201次会议通过，成为全国首批扩园申报成功的世界地质公园。扩园后，自贡世界地质公园面积由56.6平方公里增至1630.46平方公里，涵盖4个区县、42个乡镇、450个行政村，除原有景点外，新增艾叶古镇、乐德红土地、铁厂镇石笋沟等11个地质遗迹点。

同日　市委、市政府表彰奖励全国和省、市“六五”普法先进集体和个人。其中，荣县获全国“六五”普法先进县，富顺县司法局法制宣传股股长张长奇获全国“六五”普法先进个人；富顺县、沿滩区获省“六五”普法先进区县，市委宣传部、市城乡管理行政执法局、贡井区教育局获省“六五”普法先进单位，钟朝根等5人获省“六五”普法先进个人；市政府法制办等35个单位、殷俊等70人获市级表彰。

6日　“自贡味道”新辣道鱼火锅获选“2016年度中国餐饮业十大火锅品牌”。该鱼火锅为新辣道集团采用自贡盐商徐氏的家传做法以38种材料烹制而成。该集团全资子公司——自贡盐味源食品有限公司位于大安区何市镇，生产的调味品和酱腌菜主要负责供应新辣道旗下的各门店。

7日　自流井区杭州投资促进会暨项目签约仪式在杭州市举行。仪式上，共签订海大生物饲料、“一带一路”川南对外开放服务中心、川南海鲜及火锅配料电商物流园等8个项目，总投资137亿元。浙江传化物流集团有限公司、深圳铁汉物流生态环境股份有限公司、远成集团等25家企业客商参加活动。市委副书记、市长刘永湘等出席签约仪式。

8日至9日　市委书记李刚率队到广东、湖北开展投资促进活动。李刚一行先后实地考察中山市古镇镇、圣丽灯饰公司、中国灯都国际路灯城、深圳国安精密机电有限公司、深圳市比翼小蜜蜂科技有限公司、湖北省荆门市高新区“三电”（新能源汽车电池、电机、电控）项目建设现场等，就相关项目与企业负责人进行对接和洽谈，并邀请企业负责人到自贡考察和投资。

9日　自贡3个村落被列入2017年中央财政支持范围名单。根据住房城乡建设部等7部（局）联合公布的2017年列入中央财政支持范围的中国传统村落名单，自流井区龙凤山社区、荣县墨林乡吕仙村、富顺县富世镇后街社区入选。中央财政将按平均每村（社区）300万元的标准提供补助资金，主要用于基础设施和公用设施建设，整体保护和改善传统村落的历史遗存和人居环境。

10日　自贡市2017年防灾救灾综合实战演练在大安区牛佛镇举行。演练历时1小时40分钟，现场通过模拟暴雨、洪水、滑坡等自然灾害，检验各应急救援力量的联动处置能力。其中，着重演练信息处置、指挥决策、转移安置、抢通保通、抢险救援、医疗救护、远程指挥和秩序维护等9个科目，涉及27个模拟场景、56个应急处置动作。参演队伍16支，由市、区两级党、政、军、警、民等领域的29个单位、400余人组成。市委副书记、市长刘永湘等到现场观摩指导。

同日　四川理工学院举行干部大会，宣布省委对学校党委主要负责人的调整决定。省委决定：王洪辉任四川理工学院党委委员、常委、书记。

11日　自贡市科学技术奖励大会在市委大礼堂召开。会上，市委、市政府对省、市科学技术奖获得者和国家、省、市专利奖获得者及市第十届科技杰出贡献奖获得者进行表彰奖励。其中，四川大西洋焊接材料股份有限公司等单位的7项科技成果获“2016年度省科技进步奖”，东方电气集团东方锅炉股份有限公司等单位的7项专利分获第十八届中国专利奖和省专利奖，另有58项成果获市科技进步奖和专利奖；四川大西洋焊接材料股份有限公司蒋勇、东方电气集团东方锅炉股份有限公司易广宙获“自贡市第十届科技杰出贡献奖”。市委书记李刚，市委副书记、市长刘永湘，市人大常委会主任谭豹等出席会议。

同日　全市人才工作会议召开。会议学习贯彻全国、全省人才工作会议精神，命名表彰全市第二、三批高层次人才“双千计划”入选团队、个人，为第五批院士（专家）工作站授牌，安排部署2017年及今后一个时期全市人才工作。会上，华西能源公司生活固废焚烧余热回收锅炉设计团队等6个团队，市轻工业设计研究院董事长、高级工程师蔡晓波等19人被命名为全市第二批高层次人才“双千计划”团队和个人；东锅公司燃煤洁净高效利用技术试验平台开发及应用团队等5个团队，自贡兆强密封制品公司总工程师文传顺等16人被命名为全市第三批高层次人才“双千计划”团队和个人；命名院士（专家）工作站2个。市委书记李刚出席会议并讲话，市委副书记、市长刘永湘，市人大常委会主任谭豹等出席会议。

同日　沿滩区投资推介会暨项目签约仪式在檀木林城市名人酒店举行。仪式上，王家大院文旅项目、卧龙湖东区开发建设等11个项目现场签约，总投资208.8亿元。其中，卧龙湖东区开发建设项目总投资60亿元，为该次签约投资规模最大项目。四川川瑞发展投资有限公司、华融国际信托有限责任公司等27户企业代表应邀参加推介会。市委书记李刚出席推介会并见证签约。

12日　市委、市政府聘请新一轮法律顾问。13名执业律师经遴选被聘为市委第二轮、市政府第七轮法律顾问并获颁聘任书，拟为推进市委、市政府依法执政和科学决策提供法律支撑。

同日　自贡市2017年航空产业投资推介会暨项目签约仪式在成都举行。市委书记李刚出席投资推介会。

13日　四川汇东通用飞机公司与中捷航空工业协会在捷克驻华大使馆签订《关于8座螺旋桨飞机合资项目第一期和第二期研发合作的协议》。根据协议，双方拟在自贡设立四川—捷克飞机研发中心，共同开发、认证、生产、销售6至8座通用航空飞机。捷克总统米洛什·泽曼、捷克总统顾问科胡特、市委书记李刚等出席签约仪式。

16日　自贡体操选手周瑞雨与队友在第七届亚洲体操锦标赛上代表中国参赛获女子青年组团体冠军。

18日　自贡（厦门）服务业投资推介会在厦门市举行。推介会围绕自贡区位、产业基础、政策环境、交通物流等优势，对招商项目进行专题推介。与会客商和各市级相关部门、各区县负责人进行项目对接洽谈。正邦集团、厦门优传供应链有限公司、深圳广通科技有限公司等33户企业的40余名客商参加推介会。

同日　自贡1个组织和2名人民调解员获司法部表彰。根据司法部以司发通〔2017〕51号文印发的《关于表彰全国模范人民调解委员会模范人民调解员的决定》，其中，自流井区医疗纠纷人民调解委员会李剑平、大安区马冲口街沙鱼坝社区人民调解委员会乔剑等2人被授予“模范人民调解员”称号，荣县旭阳镇人民调解委员会被授予“模范人民调解委员会”称号。

19日　自贡太白华阳龙作为自贡独有的恐龙属种首次入选《中国恐龙》特种邮票。该邮票由中国邮政集团公司发行，包含6枚恐龙邮票和一枚小型张。

同日　市第13届乡村旅游节在贡井区花香田园开幕。该旅游节由市旅游发展委和贡井区政府联合主办，以“旅游让生活更幸福”为主题，活动至6月19日止，内容包括花香田园旅游景区风筝文化节、艾叶早糯玉米文化节、乡村旅游发源地·建设枇杷甲川南—2017建设枇杷采摘活动、纪念“5·19”中国旅游日健身暴走活动、自贡市名优特产品展销会、纪念“5·19”公益惠民演出活动等。

同日 全市公安系统1个集体1名个人在全国公安系统英雄模范立功集体表彰大会上受到表彰。其中，市公安局出入境管理支队被国务院授予“模范出入境管理支队”称号；富顺县公安局网络安全监察大队主任科员曾有成被表彰为“全国特级优秀人民警察”。市委副书记、市长刘永湘代表市委、市政府参加表彰大会并受到习近平、李克强等中央领导接见。

同日 中国酿酒高校联盟在自贡成立。该联盟拟通过合作建立酿酒工程平台，促进资源共享，实现优势互补，引领促进学科建设和区域高等教育发展，提升区域高等教育竞争力和影响力。全国16所高校相关负责人参加成立大会，江南大学当选理事长单位，四川理工学院当选秘书长单位。

同日 四川自贡驰宇盐品有限公司与清华大学战略合作签约仪式在荣县举行。

同日 北环快速通道（自贡至泸州港公路自贡段延伸线）开工。该通道宽22.5米~40米，全长9500米，总投资约8.5亿元。

20日 “第三届中国白酒学术研讨会”在自贡举行。中国科学院、北京工商大学、四川大学、江南大学等全国27个省市的行业协会、高等院校、科研机构、白酒企业负责人、专家等200余人参加会议。

23日 市委书记李刚署名文章《用制度创新倒逼产业革命》在《人民日报》第13版刊发。文章从向科技要竞争力、向改革要动力、向开放要活力等方面阐述自贡如何在全国老工业城市转型升级中率先突破、做出示范。

24日 央视军事农业频道《乡约》栏目到富顺县录制节目。该节目以男女青年相亲为载体，全面展示富顺县的自然风貌、特色产业、民俗文化和发展环境。央视主持人肖东坡，央视电影频道编剧牛永刚、导演欧凡及近3000名市民参与节目录制。

同日 大安区新民镇周治芳家庭获2017年全国“最美家庭”称号，为全市唯一获选家庭。周治芳是一个朴实善良，勤奋好学的女性。在22年的婚姻生活中，与丈夫、女儿、婆婆、父母6人一起生活，通过自学改变家风，通过家风改变家庭贫困状况，成功构建和睦相处、生活富裕的家庭。

25日 四川省“聚焦制造、智慧转型”服务型制造进市（州）自贡站主题活动在汇东大酒店举行。活动围绕服务型制造理念、工业设计与企业发展、创新与企业转型升级、发展服务型制造经验、云制造服务等主题，开展专题讲解、现场互动交流和技术指导。相关业界专家学者，部分企业、科研院所及全市各区县政府、经济和信息化主管部门负责人等140余人参加活动。

26日 四川·自贡首届精品旅游线路推介会在汇东大酒店举行。推介会由市旅游发展委员会主办，以“自游盐都龙乡灯城，贡享快意美好旅行”为主题，推介自贡“盐、龙、灯、食”四张旅游名片和优质旅游景点线路。会上，自贡、宜宾、泸州、内江签署《旅游共同发展宣传营销合作协议》，成立川南旅游营销联盟，拟在四市区域旅游线路互连、旅游客源市场开发、区域旅游一体化建设等方面开展工作；市旅游发展委与浙江省海宁市旅游局签署合作协议，双方拟在3年内就互动宣传、输送游客、拓展旅游市场、交流学习等方面开展合作。全省排名前20名的旅行社、自驾游联盟和部分中央、省新闻媒体及市内部分旅行社、景区、高星级农家乐业主出席会议。

27日 雅眉乐自城际铁路四市（雅安市、眉山市、乐山市、自贡市）工作会在自贡召开。会上，四市发改委、铁建办负责人和铁路规划专家讨论形成该城际铁路建设方案。根据方案，该城际铁路定位为区域性干线铁路，设计时速350公里；线路全长约200公里（自贡境内约75公里），西起雅安市，途经眉山市洪雅县，到乐山市与成贵客专交汇，进入自贡市荣县、贡井区后连接川南城际铁路和蓉昆高铁。项目估算投资280亿元，拟于2020年开工建设，预计建设工期4年。

30日 大型纪录片《中国影像方志·富顺篇》于20时45分在央视综合频道播出。该纪录片由央视科教频道制作，片长约40分钟，通过地名记、物产记、美食记、人物记、影像记、交通记等展现富顺县的井盐开采、文化魅力以及在历史发展中对四川、全国经济社会发展的作用。

31日 自贡首台新能源电动车在沿滩区下线。该车由四川天非尼迪新能源科技有限公司生产，拥有无线充电技术、可伸缩织物软顶、过载防倒滑、太阳能增程装置、民用电安全充电技术和电池智能修复系统等自主知识产权，属欧洲标准 L6、EL7E 低速电动汽车，百公里耗电 5.5 千瓦时，满电续航 110 公里（选锂电 350 公里），最高时速 45 公里，总重量 550 公斤。

同日 大安区（佛山）投资促进推介会暨项目签约仪式在广东省佛山市举行。仪式上，碧桂园商业文化广场、大安中科循环产业园等 3 个项目现场签约，总投资 91 亿元。国内 40 多户企业参加活动。市委副书记、市长刘永湘出席签约仪式。

是月 自贡确诊 2 例人感染 H7N9 流感病例。分别是 20 日由自流井区确诊的全市首例人感染 H7N9 流感病例和 24 日由沿滩区确诊的第 2 例病例。首例病例确诊后，全市启动疫情防控应急处置措施，于 22 日零时起关闭全市所有活禽交易市场，关闭时间 1 个月。

6 月

1 日 市委副书记、市长刘永湘率队到碧桂园集团总部参观考察。刘永湘与碧桂园集团董事局主席杨国强就推进自贡旧城棚户区改造、打造品牌项目亮点、提升城市品质等进行座谈交流。

同日 自贡市 2017 年第六批重大项目集中开工仪式在富顺县举行。集中开工的项目共 33 个，总投资 107 亿元，2017 年计划投资 36 亿元。其中，产业项目 17 个，总投资 68 亿元，主要包括大安区西南智能终端生产线、高新区安益生物产业园、富顺县君子林服装总部基地等；基础设施项目 7 个，总投资 13 亿元，主要包括自流井区两河流域治理及生态工程、荣县公共停车场、贡井区移动 4G 网络工程等；社会事业及民生项目 9 个，总投资 26 亿元，主要包括富顺县衡水第一中学川南分校、沿滩区公租房四期工程等。集中开工代表项目——衡水第一中学川南分校总投资 16.9 亿元，2017 年计划投资 4 亿元，建设年限为 2017 年至 2019 年。市委书记李刚、市政协主席游开余等出席开工仪式。

2 日 自贡世界地质公园与贵州兴义国家地质公园缔结为姊妹公园。

5 日 富顺籍运动员刘禹辰代表四川队参加全国青年（U20）田径锦标赛，与队友合作以 40 秒 55 的成绩获 4×100 米全国冠军。

6 日 市政府与雅安市荥经县政府签署《全面战略合作协议》。根据协议，双方建立长期合作机制，拟在医疗卫生、教育、产业园区、投资促进等领域开展合作。

同日 全市 5 家农民专业合作社获全国“2016 年专业合作社示范社”称号。5 家农民专业合作社分别是荣县永盛果蔬专业合作社、荣县盈收蚕桑养殖专业合作社、荣县金桥草决明种植专业合作社、荣县旭阳润兴果蔬种植专业合作社、沿滩区金银湖农民蛋鸡养殖专业合作社。

7 日 自贡国家新材料高新技术产业化基地招商引资暨招才引智浙江专场推介会在浙江大学举行。推介会由市政府、浙江大学联合主办，现场签订 4 个产业化项目、3 个产学研合作项目，项目总金额 32.85 亿元。

7 日至 8 日 2017 年高考开考。全市设 6 个考区、10 个考点、449 个考场。考生人数 13369 人，其中，文科考生 7128 人，理科考生 6241 人，报考对口招生的职教师资和高职班的考生 1806 人。

9 日 全市首家基层医疗机构健康管理站投入使用。该健康管理站设在大安区新民镇卫生院，业务用房面积约 500 平方米。

10 日 大安区杭州投资推介会暨项目签约仪式在杭州市举行。会议现场签订青龙湖乐活小镇、绿色装配式建筑产业化、特种碳素硅胶新材料制品生产线、商业文化广场等 4 个项目战略合作协议，总投资 173 亿元。市委书记李刚出席推介会并见证签约。

10 日至 18 日 自贡参展第六届中国成都国际非物质文化遗产节并获奖。自贡展馆以“千年盐都中国灯城”为主题，展出井盐深钻汲制技艺、自贡灯会、自贡龚扇、自贡扎染等 4 个国家级保护项目和自贡剪纸、富顺手工微刻技艺等 2 个省级保护项目；展示扎染、微雕等 20 多个种类的文创品和富顺秸秆画工艺、赵氏核雕、荣县土陶技艺等市级非遗项目。其中，龚扇艺人杨晓丽、周群英在中国传统工艺新生代传承人竞技和成果展中分获“新生代工匠之星”和“新生代手艺之星”称号。

11 日 2017 年中考开考。全市设考区 6 个、考点132个、考场1700个，考试时间为11日至13日。其中，2017届毕业生参考人数23613人，2018届学生参加生物、地理结业考试24633人。

14日 “港资企业四川行”嘉宾代表团到自贡考察调研。代表团先后参观高新孵化园、华西能源公司、自贡运输机械公司，听取自贡高新产业发展情况介绍并参加“港资企业四川行”自贡投资推介会。市委副书记、市长刘永湘参加推介会并致辞。

同日 市委书记李刚会见捷克共和国外交部副部长米洛斯拉夫斯达谢克一行。双方围绕通用航空产业合作等进行交流。

15日 自贡籍歌手甘笠童在首届“嘉陵江之春”C—POP流行音乐节——全国流行音乐歌手邀请赛获个人演唱组金奖。

同日 市司法局在全省率先推行移动客户端申请办理行政审批和公共服务事项。办理人通过下载登录“四川政务通”APP，点击“在线办事”并上传相关材料，可在线申请执业证换领或补办等服务事项，并通过邮寄、代领等方式送达。

16日 四川理工学院新材料新产品发布会暨技术合作签约仪式在市技术转移中心举行。会上，四川理工学院发布“聚醚醚酮高性能聚苯砜规模化生产成套技术”等11个最新技术成果，并分别与四川川油天然气科技股份有限公司、自贡锋锐新材料有限公司签订“固体氧化物燃料电池研发合作协议”和“产学研合作协议”。

18日 自贡灯会在第六届中国民族节庆峰会暨“2017中国优秀民族节庆”颁奖典礼上获奖。该峰会设置“最具民族特色节庆”“最具国际影响力节庆”“最具创新价值节庆”“最具魅力节庆城市”“年度优秀节庆人物”等5个奖项，其中，自贡灯会获“最具国际影响力节庆”奖，自贡灯会总策划师沈宏跃获“2017年度优秀节庆人物”称号。

19日 自贡启动治理微腐败“百日攻坚”行动。该攻坚行动为期3个月，以村组长、站所长、科股长、医院院长、校长等为重点对象，以脱贫攻坚、民生保障、征地拆迁、棚户区改造等为重点领域，解决以权谋私、办事不公、作风不实、滥用职权等4类重点问题。

同日 自贡2个乡镇获选首批省级特色小镇。根据省住建厅印发的《关于公布第一批省级特色小镇名单的通知》（川城镇化办〔2017〕8号），认定全省42个镇为第一批省级特色小镇，其中，自流井区仲权镇、富顺县赵化镇获选。

同日 富顺县与中国电建集团贵阳勘测设计研究院有限公司签订战略合作协议。该协议包含沱江河、釜溪河等19条河流水环境综合治理等项目，拟通过合作提高该县水环境治理水平和河流水质。

同日 自贡银行与中融金（北京）科技有限公司举行战略合作协议签约仪式。根据协议，双方拟在银行助贷、信贷工厂、微信T0、数字货币、合资公司等领域建立战略合作伙伴关系。

21日 自贡市2017年第七批重大项目集中开工仪式在高新区粤创微电子科技产业园项目施工现场举行。参加集中开工的重大项目47个，总投资365.8亿元，2017年计划投资95.6亿元。市委书记李刚，市委副书记、市长刘永湘，市政协主席游开余等出席开工仪式。

同日 自贡广播电视大学签约全国中小学生“天车—井盐—油田”研学旅行基地建设合作意向协议。该协议拟借助虚拟现实（VR）技术，模拟自贡盐井和现代油井钻凿三维空间的虚拟世界，让体验者在线上通过感观模拟体验井盐和石油的钻凿开采过程，激发其前往现场探究体验古代科技和现代石油工业的意愿，促进自贡城市知名度提升和推动建设独具特色的旅游目的地。

同日 经市政府第16次常务会议审议决定，全市城市低保保障标准由430元/人·月调整为470元/人·月，从2017年1月1日起执行。

同日 自贡7家企业被认定为全国就业扶贫基地。人力资源社会保障部、国务院扶贫办发布《关于公布全国就业扶贫基地名单的通知》，自贡彩灯之乡旅游开发有限公司、创美家具有限公司、中兴耐磨新材料有限公司、富顺县电力金具有限公司、春兰茶业有限公司、四川旭阳药业有限责任公司、新雄风陶瓷制造有限公司等7家企业被认定为全国就业扶贫基地。

22日 市政府与省环保厅签订战略合作协议。根据协议，双方拟围绕环保绩效考核和大气、水、土壤污染防治、项目支持等开展合作，建立大项目联动协作机制。市委书记李刚，市委副书记、市长刘永湘，市政协主席游开余等出席签约仪式。

同日　市委市政府决策咨询委员会成立。该委员会是市委、市政府领导下的决策咨询机构，由60余名市内外专家学者组成，主要职能是围绕“四个全面”战略布局和全市中心工作，发挥专家学者的智力优势和集体智慧，为市委、市政府提供决策参考、咨询建议，为促进全市经济社会发展提供智力支持。决策咨询委员会首任主任由市人大常委会原主任陈华担任。省委、省政府决策咨询委员会主任甘道明、市委书记李刚出席成立仪式并讲话。

同日　2017高考成绩公布，全市一本上线人数1646人，比2016年增加112人；二本上线4864人，比2016年增加174人。全市理科最高分671分，文科最高分623分。

23日　市歌舞曲艺演艺公司选送的群舞《幸福小院》在2017四川省舞蹈新作比赛上获群舞类作品创作一等奖、表演二等奖。

23日至25日　自贡参展在重庆举办的第五届中国西部旅游产业博览会暨中国西部旅游互联网营销大会。自贡展馆以“一座有盐有味的城市”为主题，参与四川馆“天府四川熊猫故乡”为主题的集中宣传展示，通过平面宣传、LED现场播放城市形象宣传片、川剧变脸等特色民俗表演推广自贡“盐龙灯”旅游品牌和精品旅游线路。

26日至27日　省政协副主席、省总工会主席李登菊率队到自贡开展专项督导。督导组一行先后实地调研大安区三多寨镇八甲村的川南城际铁路第二标段建设现场、张家坝渣场抢险治理项目现场、牛佛沱江大桥、富顺县狮市镇马安村党群服务中心、市中医院卧龙湖康疗中心项目等，就学习贯彻省第十一次党代会精神，推动脱贫攻坚、稳定增长、深化改革、环境保护、防汛减灾等工作开展专项督导。市委书记李刚陪同督导并主持工作汇报会，市委副书记、市长刘永湘代表市委、市政府汇报全市工作情况。

29日　沿滩区2017年广州投资推介会暨项目签约仪式在广州市举行。市委书记李刚等出席投资推介会。

30日　自贡籍歌手谭维维参加“庆祝香港回归祖国20周年文艺晚会”。

是月　2017年四川业余足球联赛川南赛区比赛在自贡举行。川南赛区包括自贡、内江、宜宾、泸州、乐山等城市的16支代表队，共500多名足球爱好者参加。经过36场比赛，富顺红谷队、自贡Z1队、宜宾前卫队、乐山宁格郎队分获前四名进入全省总决赛。

是月　全国首例井盐矿山恢复治理示范工程——大安区盐卤矿山地质环境恢复治理示范工程竣工。该工程通过对大山铺镇大33#、大40#等5口废弃盐井进行通井封堵治理，减少卤水（气）渗漏或外溢，削减二氧化硫、硫化氢排放量，减轻卤水（气）对周边地区地下水、大气的污染程度，消除有害气体危害隐患。

是月　自贡在全国城市竞争力2016年度排行榜中综合经济竞争力位列全省第三，宜居竞争力位列全省第八，可持续竞争力位列全省第四。该排行榜由中国社会科学院与经济日报社共同发布，全国289个城市参与排名，全省18个城市进入榜单。

7月

2日　2017年海外华裔青少年“中国寻根之旅”夏令营在自贡开展。该活动由国务院侨办主办，有美国、加拿大、瑞典、西班牙、葡萄牙和尼泊尔等6个国家的120名12～18岁的华裔青少年及领队参加。活动期间，营员们将参观自贡恐龙博物馆、燊海井、海天文化股份有限公司等。

4日　中国红十字总会事业发展中心向自贡捐赠总价值2000万元的“云住养”智能软件，拟通过该软件提高全市养老机构数字化、信息化、科技化及规范化水平。

5日　自贡市2017年第八批重大项目集中开工仪式在自流井区举行。仪式上，集中开工项目45个，总投资649亿元，2017年计划投资57亿元。其中，基础设施项目20个，总投资195亿元，主要包括自贡南铁路物流基地、北环快速通道、东部新城水系连通工程、荣县双龙桥水库、富顺特色街区建设等项目；产业项目15个，总投资437亿元，主要包括西南农商国际物流港、自流井历史街区商业旅游改造、华商国际城二期、通用航空博览会展中心等项目；社会事业及民生项目10个，总投资17亿元，主要包括市残疾人康复中心、自流井区中华路西段棚户区改造、金鱼河流域综合治理、卧龙湖湿地公园二期等项目。本次集中开工的代表项目——自贡南铁路物流基地项目，总投资10亿元，占地约58公顷，建设周期约18个月，集运输、仓储和区域配送功能于一体。市委书记李刚，市委副书记、市长刘永湘，市政协主席游开余等出席开工仪式。

同日 市政府与成都铁路局在檀木林城市名人酒店举行铁路项目合作工作会。双方围绕合作建设的高铁、铁路物流基地等重大项目推进进行交流，决定进一步加强合作，加快铁路物流基础设施建设，将自贡建设成为川、渝、滇、黔重要综合交通枢纽。市委书记李刚，市委副书记、市长刘永湘等出席会议。

同日 高新区与浙江长兴合利光电公司在檀木林城市名人酒店举行“四川合利电子信息产业园”项目签约仪式。该项目规划占地约60公顷，总投资约100亿元，拟分批引进“触控液晶显示模组”“智能终端产业结构件、晶圆片”等电子产品制造项目。市委副书记、市长刘永湘主持签约仪式。

5日至6日 全市出现强降雨天气过程。5日20时至6日14时，全市105个气象监测站有59站降水量达50毫米以上，其中，48站达100毫米以上，9站达250毫米以上。最大降水量在硬质合金厂，为403.1毫米，是全市有气象记录以来观测到的最大降水量。

6日至16日 “感知中国·环球灯会——中华彩灯汉堡行”活动在德国汉堡市举行。该活动作为G20峰会整体活动的一部分，由国务院新闻办公室、中国驻德国大使馆和汉堡市政府主办，四川省人民政府新闻办公室、自贡市人民政府承办。灯展由23组自贡彩灯组成，以花卉、大熊猫、生肖、昆虫和青花瓷等中华传统文化题材为主。中宣部常务副部长黄坤明宣布亮灯，中国驻德国大使馆、汉堡市、省政府新闻办、自贡市相关负责人及新华社、人民日报社等30余家中外媒体记者出席开幕式。

7日 “新超越集团智能终端产业园”项目开工建设。该项目位于板仓工业园区，总投资7亿元，占地面积2.33公顷，主要建设10条高速SMT贴片生产线、30条掌机组装线、10条包装线及LCD模组，拟于2018年3月建成投产。

11日 “2017年自贡·广州现代物流项目投资推介会”在广州市举行。推介项目18个，计划总投资244.9亿元。香港航运物流协会、广东铧为现代物流、西南晟铁物流、香港雅琪集团、广州增信信息科技公司等企业代表参加推介会。

14日 全国中小银行“互联网+人力资源管理研讨会”在自贡举行。研讨会由中国地方金融研究院主办，自贡银行承办。省内外21家中小银行的78名负责人参加会议。

同日 自贡4个镇被命名为“国家卫生乡镇”。全国爱卫会以“全爱卫发〔2017〕4号”文印发《关于命名2014—2016周期国家卫生县城（乡镇）的决定》，大安区大山铺镇、沿滩区仙市镇、贡井区五宝镇、富顺县代寺镇被命名为“国家卫生乡镇”。

15日 全国老工业城市转型升级示范区·自贡市自流井区投资推介会暨项目签约仪式在北京市举行。仪式上，自流井区签约“一带一路”川南对外开放服务中心、田园综合体、生态文明示范镇等7个项目，总投资135亿元。市委书记李刚等出席签约仪式。

16日 省政协副主席、省工商联主席陈放率队到市调研华西能源工业股份公司。陈放一行先后听取公司历史、科研成果、运营情况等汇报，了解企业总资产和装备制造业运营、上市融资效果等情况，并与企业负责人座谈，就企业促进传统制造业转型发展进行探讨。

同日 西藏自治区政协副主席、工商联主席阿沛·晋源率队到市考察工商联工作。阿沛·晋源一行实地考察富顺县狮市镇马安村，了解该村贡醋产业园生产、管理及销售情况，并参观该村公共服务中心。省政协副主席、省工商联主席陈放等陪同考察。

19日至21日 市委书记李刚率队到上海和江苏开展投资促进活动。李刚一行先后实地考察上海复星医药（集团）股份有限公司、昆山维信诺科技有限公司等企业，与企业负责人进行会谈，介绍自贡相关行业发展情况，邀请各企业到自贡实地考察、投资兴业。

20日 省海外交流协会2017年理事年会暨自

贡投资推介会在城市名人酒店举行。会上，自贡向参会人员介绍基本市情、全市投资环境等，部分海外交流协会理事代表作交流发言。美国、英国、加拿大、爱尔兰、希腊、墨西哥、哥斯达黎加、南非、日本、意大利、马来西亚、泰国等国的50余名海外交流协会理事参会。

21日至8月6日 全市出现持续高温天气。在高温期间，荣县连续14天、市区和富顺县连续17天日最高气温35℃以上，其中达38℃以上的分别有1天、3天、5天；极端最高气温分别达到38.4℃、38.4℃、38.8℃；平均气温分别达30.8℃、31.6℃、31.6℃，均创历史同期新高。

25日 市统计局发布信息，上半年全市城乡居民人均可支配收入10552元，同比增长9.0%，首次突破1万元。其中，城镇居民人均收入15342元，同比增长8.9%；农村居民人均收入6353元，同比增长9.1%。

26日 自贡12个项目入选全省2017年“10+30+100”优选旅游招商项目。其中，自贡航空产业园、三多古寨梨花休闲游等5个文旅产业项目入选“10大旅游产业集群”；自贡贡井航空航天欢乐世界项目、自贡中国盐业活化石博览园项目入选“30个旅游新业态项目”；富顺县李桥镇舒家坝乡村旅游·黑龙谷自然风景区项目、文庙—西湖国家AAAA景区项目、莲花—牛尾彩色生态公园项目、荣县花龙沟旅游景区项目、大山铺特色小镇开发建设项目等5个项目入选“100个精品旅游项目”。

同日 富顺县文旅开发建设项目在第三届中国（四川）国际旅游投资大会上现场签约。该项目总投资25亿元，拟围绕城市基础设施领域与中国核工业中原建设有限公司、四川金兴和投资有限公司开展合作，重点建设古城复兴、文庙—西湖国家AAAA级景区、狮市古镇等文化旅游开发项目。

27日 自贡、内江、眉山签订《共同应对跨区域环境污染及突发环境事件框架协议》。

同日 全省统计体制改革现场会在富顺县召开。会议就全省深化统计体制改革进行交流发言，并举行自贡市统计执法监督局、富顺县统计执法监督局挂牌成立仪式。省统计局、全省21个市州统计局及20个改革试点区县统计局相关负责人参加现场会。

28日 自贡江姐中学获2017年四川省青少年校园足球联赛总决赛暨四川省中学生足球比赛初中组女队冠军。

29日 全国政协副主席、农工党中央常务副主席刘晓峰率队到自贡调研。刘晓峰一行围绕长江经济带绿色发展与生态环境保护工作先后实地调研东兴寺片区综合改造现场、富顺县城市生活污水处理厂、金子凼堰闸等地，了解全市生态修复工作、釜溪河流域综合治理、水污染防治等情况，并出席自贡调研汇报会。中国环境科学院副院长宋永会，省政协副主席、农工党四川省委主委王正荣，市委书记李刚，市政协主席游开余等陪同调研。

同日 “全国老工业城市转型升级示范区·自贡市文化产业（浙江）推介会暨项目签约仪式”在浙江省桐乡市举行。推介会向20余家江浙知名企业推介中国井盐文化旅游康养产业园、自贡大剧院等18个重点文化产业项目。签约仪式上，四川有线广播电视网络股份有限公司自贡分公司与杭州天夏科技集团公司签订总投资50亿元的“高清自贡·智慧广电”智慧城市建设项目；自贡灯彩文化产业集团与深圳文科园林股份有限公司、吉林省金冠电气股份有限公司、深圳宝丰股权投资基金管理有限公司签署投资合作协议，拟联合打造“海外中国文化主题园”“特色主题文化小镇及自贡彩灯文化工业观光园”“中国彩灯艺术学院”“中国彩灯文化研究中心”等产业项目，项目总投资20亿元。

同日 中国（四川）自由贸易试验区川南临港片区“自贸红利、区域共享”对接会在自贡举行。会上，自贡高新技术产业开发区管理委员会与中国（四川）自由贸易试验区川南临港片区管理委员签订战略合作协议，部分自贡与会企业围绕自贸试验区的进出口贸易相关优惠政策、物流运输保障措施等问题与泸州市相关部门进行对接交流。

7月30日至8月6日 2017年四川省青少年校园足球联赛总决赛暨四川省中学生足球比赛（高中组）在自贡举行。比赛由省教育厅、省体育局主办，省学生体育艺术协会、省足球协会、市教育和体育局承办。比赛采用分组单循环赛和交叉淘汰赛形式，分别在蜀光中学、汇东实验学校、自贡职业技术学校3个场地举行，全省各市州41支高中男女足球队1000余名运动员参赛。蜀光中学获男子组冠军。

是月 自贡启动银行柜台申领社保卡试点工作。试点工作由市人社局与工商银行、农业银行、中国银行、自贡银行等8家银行开展合作，为全市异地就医人员和市本级办理退休的城镇职工养老保险个体参保人员办理申领社保卡业务。8家银行在市区和荣县、富顺县设立45个网点，参保人持本人身份证原件等相关资料即可到网点申领社保卡。

是月 自贡大型原创歌剧《盐神的女儿》作为全国9部入选作品之一成为文化部2017“中国民族歌剧传承发展工程”重点扶持剧目，是全省唯一入选作品。

是月 自贡盐税史陈列馆被命名为“全国税收普法教育示范基地”，成为全国第一批、西部唯一一个全国税收普法教育示范基地。该陈列馆设立在市盐业历史博物馆内，是全国地级市中的首个盐税史陈列馆。

是月 全市2017年退休人员养老金调整到位。此次调整涉及全市35.98万名机关企事业单位退休人员，1—7月补发养老金3.29亿元，人均增加130.63元/月。

8月

2日 省人大常委会副主任刘道平率队到自贡调研。刘道平一行先后实地调研自贡航空产业园、海川公司、东兴寺片区改造工程项目现场，了解全市实施军民融合项目建设情况并出席自贡调研汇报会。市人大常委会主任谭豹等陪同调研。

同日 自流井区仲权镇入选第二批全国特色小镇公示名单，为全省入选的13个镇之一。该镇属典型的近郊商贸型中心镇，以彩灯文化为核心，围绕中国特色彩灯小镇定位，建成彩灯文化创意园、彩灯艺术园、创意教育园三大园区，打造彩灯文化创意产业和相关旅游产业。

3日 省中小企业发展基金创新融资基金与市国投担保有限责任公司投资签约暨盈创动力科技金融服务平台授牌仪式在汇东大酒店举行。会上，双方签署协议，省中小企业发展基金创新融资基金拟向市国投担保有限责任公司投资1500万元。成都高投盈创动力投资发展有限公司在市国投融资担保有限责任公司授牌成立盈创动力科技金融服务平台自贡工作站，拟帮助自贡建立中小企业科技金融服务体系，促进科技型中小企业成长。

同日 自流井区被省卫生计生委授予“四川省免疫规划示范区”称号，为全市首个创建成功的区县。

4日 自贡入选全国首批“公交都市”创建城市名单，为全省4个获选城市之一。根据创建工作要求，全市拟建设3条轨道交通线路、2条快速公交线路，在2020年年底前实现城市交通绿色出行分担率80%。

5日 “2017台湾地区大学院校艺文中心协会访问团”一行24人到自贡考察。访问团先后参观自贡恐龙博物馆和市盐业历史博物馆，并与灯彩集团、天煜文化、灯贸集团开展座谈交流。

7日至9月10日 全市收到并办结中央环保督察组转交信访举报件33批219件。在219件信访举报件中，来电72件，来信147件，涉及群众反映问题251个（重复案件64个，重复问题72个），反映问题主要为水、噪音和大气污染等，总占比71.55%，不属实案件2件。

8日 全市首个围网塑胶乡镇农民健身工程建成开放。该健身工程由中央体彩资金投资50余万元建设，包含围网、灯光篮球场、看台、塑胶健身步道、乒乓球场、室外体育健身器材、室内健身房健身器材等体育设施设备。

9日 市棋类协会代表队在雅安市举行的四川城际围棋邀请赛上获亚军，为历年最好成绩。

11日 自贡高新区与成都高新区签订《关于在自贸框架内开展协同创新发展的合作协议》。双方拟围绕自身经济、社会发展需求及产业结构特色，在改革创新、贸易便利化、产业培育、创新创业等方面开展多领域合作，建立“人、财、物”和“园区、企业、社会”两个“三位一体”的协同发展机制，争取中央改革创新试点和部分省级权限下放协同发展试验区。

12日 北京自贡企业商会成立大会暨市政府招商推介会在省驻京办举行。会上，北京自贡企业商会分别与京东集团大客户部、民生银行工体支行、银座银行、京视网签订战略合作协议，选举产生首届北京自贡企业商会会长。

14日 自贡航空产业园招商引智签约仪式在檀木林城市名人酒店举行。仪式上，市政府与西华大学、中博四川智库签订战略合作协议，贡井区政府与浙江大学工业技术与转化研究院、四川理工学院签订战略合作协议，协议双方拟在人才培养、科研服务、成果转化和军民融合等领域开展战略合作。其中，市政府拟与西华大学共建“西华大学航空航天学院分院”“四川省军民融合协同创新中心分中心”，与中博四川智库共建“中博四川智库自贡市工作站”；贡井区政府拟与四川理工学院共建“科技创新开发基地”，浙江大学则拟为自贡航空产业园提供人才、成果转化、新产品推广、新设备等支撑条件。

同日 台湾地区南投县师生代表团一行64人到自贡参观交流。代表团先后实地参观市盐业历史博物馆、燊海井、恐龙博物馆和海天文化公司，感受自贡文化魅力。

15日至17日 2017年中国国际飞行器设计挑战赛暨科研类全国航空航天模型公开赛（自贡站）在自贡航空产业园举行。公开赛由国家体育总局航管中心、中国航空运动协会、“科研类”飞行器设计挑战赛组委会、省体育局、市政府主办，省航空航海车辆模型运动协会、市教育和体育局、贡井区政府、自贡航空产业园区管理委员会承办。清华大学、中国民用航空飞行学院、浙江大学、西北工业大学、成都理工大学、四川理工学院、自贡市航协等40余支代表队近500名运动员参加比赛，全国约40家媒体对赛事进行全程直播和录播。市航协代表队在遥控电动四机空战比赛中获冠军。

17日 自贡1个集体和2名个人在全国卫生计生系统表彰大会获表彰。其中，市疾控中心被评为“全国卫生计生系统先进集体”，市中医医院医生何爱国被评为“全国卫生计生系统先进工作者”，贡井区龙潭镇将军村乡村医生刘利被评为“全国卫生计生系统劳动模范”。

同日 2017年下半年公务员考试开始报名。该次公务员考试面向社会公开考试录用公务员（含参照公务员法管理工作人员）和公安机关人民警察271名，报名时间截至8月22日，笔试时间为9月23日。

18日 自流井区在“2017互联网+农业论坛”上获“四川生态休闲旅游目的地”称号，为全省入选的12个市（县）之一。

20日 自贡代表队在首届“一带一路”成都国际乒乓球公开赛上获团体冠军。

20日至21日 市委书记李刚率队到广东省深圳市开展投资促进活动。李刚一行先后实地考察深圳湾欢乐海岸商业项目和深圳市电子信息产业项目，向相关企业负责人推介自贡优势产业，并邀请深圳市企业家到自贡考察投资。

21日至23日 省政协副主席李登菊率队到市督导环境保护等专项工作。督导组一行先后到荣县、沿滩区、自流井区、大安区、高新区，实地察看三八路顺安驾校料厂、釜溪河复合绿道连接线建设现场、生活垃圾焚烧发电厂等企业和项目，对全市环保问题整改落实、饮用水源保护、地质灾害防治、安全生产、釜溪河流域综合治理、“河长制”推进等工作开展调研督导，并听取相关工作汇报。市委书记李刚等陪同督导。

同日 四川省2017年下半年创建国家AAAA级旅游景区景观资源与景观质量评审会在自贡召开。专家评审会按照《旅游景区质量等级的划分与评定》国家标准的相关要求，通过观看参评景区视频和电子资料、听取现场汇报的方式对全省13个市州的32家拟创建景区的景观资源和景观质量进行评分。其中，自贡釜溪河文化博览园、燊海井景区、尖山风景区、观音湖景区、艾叶古镇、富顺文庙西湖、花香田园七星湖景区、仙市古镇、玉章故里、玫瑰海景区等10家创建景区全部通过评审，为该次评审通过景区最多的市州。

同日 自贡商品在“第二届四川生态旅游博览会”参展并获多项奖。其中，青山岭铁皮石斛获博览会商品展金奖，双溪湖油茶籽油、清芷园九叶青花椒获商品展银奖，牛佛蜂蜜、贡富烘肘、贡富笋获商品展铜奖。

22日 东方锅炉公司与中国电力工程顾问集团有限公司在北京签订哈密熔盐塔式5万千瓦光热发电项目聚光集热系统和蒸汽发生器项目合同。该项目是国家能源局确定的太阳能热发电20个示范项目之一，是新疆首个太阳能热发电项目，项目总投资约15.8亿元，计划21个月建成。

22 日至 26 日 四川省第八届大学生艺术展演活动在四川理工学院举行。活动由省教育厅主办，以“理想与信念”为展演主题。全省 67 所高校选送的舞蹈、合唱、戏剧、器乐、朗诵等 200 余个艺术节目和 500 余件省内大学生的美术、书法、摄影类艺术作品参加展演。省级相关部门领导、全省各高校及观摩师生、各市州嘉宾约 7000 人参加活动。

24 日 富顺县与中国航空国际建设投资有限公司签订“富顺通用航空机场”项目建设合作协议，签约金额 8 亿元。

同日 自贡高新区被授予“国家知识产权示范园区”，成为全省第二个国家知识产权示范园区。

同日 自贡市海峡两岸青年文化创意交流峰会在四川理工学院举行。该峰会由国台办九州文化传播中心、市青年联合会、台湾乡土文化青年协会主办。会上，自贡、台湾两地专家学者与文创设计人员围绕自贡彩灯、盐业、恐龙等文化元素进行互动交流，并实地考察自贡恐龙博物馆、桑海井、市盐业历史博物馆和富顺文庙等地。

25 日至 27 日 自流井区仲权镇和富顺县赵化镇参展首届中国（西部）特色小镇创新发展论坛并入选“四川网络评选人气小镇”前十名。其中，仲权镇以 1288956 票位列第一名，赵化镇位列第九名。

26 日至 28 日 自贡新开通花海、燕子山公交专线车。

27 日至 9 月 8 日 自贡代表团在第十三届全运会上获竞技体育项目 5 枚银牌、8 枚铜牌、25 个前八名和群众比赛项目 2 枚金牌。在竞技体育项目中，刁智广、李劲聪获跳水男团银牌，朱霖峰、严升获乒乓球男团银牌，刘杰获男子飞碟多向银牌，陈慧琳、苗裕琳、陈佳获跳水女团铜牌，滕添宇获女子赛艇铜牌，杜可心和队友获 U18 女篮铜牌，刘金浩、王清江、刘逸超与队友获 U18 男排铜牌；在群众比赛项目中，田依然、吴曦、应凯杰获健身气功易筋经冠军；黄英俊获群众乒乓球男子单打 50 岁年龄组冠军。

28 日 自贡 6 家单位获评“2013—2016 年度全国群众体育先进单位”。根据全国群众体育先进及体育系统先进表彰大会表彰结果，市教育和体育局、市老年人体育协会、市棋类协会、富顺县文体广电旅游和新闻出版局、市体育中心、贡井区旭川青少年体育俱乐部获“2013—2016 年度全国群众体育先进单位”称号。

30 日 大山铺铁路物流园区铁路专用线项目开工。该项目属省政府重点支持项目，占地约 66.67 公顷，计划投资约 20 亿元。

同日 全市 3 个村入选“2017 四川百强名村”。3 个村分别是荣县来牟镇来牟村、富顺县琵琶镇金竹村和大安区大山铺镇江姐村。

31 日 大安区签约全市首家宠物药品保健品研发生产基地建设项目。该项目选址长滩河现代农业示范园区，计划一期投资 2 亿元，由自然人和 1 家新药研发科技公司共同投资，拟建设以宠物药品和保健品为主业的研发生产基地。

是月 自贡在全省首创设立市级扶贫开发基金。该基金总额 4 亿元，由市政府出资 1 亿元、各区县政府共同出资 1 亿元、募集社会资金 2 亿元组建，重点投向农村基础设施建设、新村扶贫建设和需提前实施易地扶贫搬迁建设等项目。

是月 中央第五环境保护督察组到市开展下沉督察。在下沉督察期间，督察组主要通过书面汇报、个别谈话、走访问询、调阅资料、现场抽查等方式进行督察，先后现场检查市污水处理厂、鸿化片区、晨光科技园区、富顺县飞龙镇飞安水库、富顺县万寿酒业有限公司、荣县城市生活垃圾处理场等 11 个点位。

是月 市委、市政府出台《关于加快建设国家老工业城市产业转型升级示范区的实施意见》。该意见提出：到 2021 年，自贡力争建成产业转型升级示范市、新兴产业培育壮大示范市、现代服务业特色发展示范市和金融生态示范市，工业总产值突破 3000 亿元，地区生产总值突破 2000 亿元，地方公共财政预算收入突破 100 亿元。

是月 高新区发行 15 亿元“双创票据”。该“双创票据”由高新国投集团公司发行，国开行四川分行、华泰证券承销，募集资金以股权或债权方式，重点进入成果转化、设备更新、人才引进等创新型领域，支持高端装备制造、新一代信息技术等 7 大战略性新兴产业，拟对南岸科技新区孵化园、粤创微电子科技产业园等 10 个转型升级项目注入资金 4.5 亿元。

9月

1日 自贡“箴茶”系列茶品在“2017中国特色旅游商品大赛”上获茶品类银奖，为全省茶品类唯一获奖旅游商品。

3日 市委召开全市领导干部大会，宣布省委关于市政府主要领导调整的决定。省委决定：何树平任中共自贡市委委员、常委、副书记；免去刘永湘中共自贡市委副书记、常委、委员职务。省委同意：提名何树平任自贡市人民政府市长；提名免去刘永湘自贡市人民政府市长职务，另有任用。会议由市委书记李刚主持。市人大常委会主任谭豹、市政协主席游开余等出席会议。

4日 自贡恐龙博物馆被命名为“国家国土资源科普基地”。国土资源部、科技部以“国土资发〔2017〕106号”文印发《关于命名国家国土资源科普基地的通知》，自贡恐龙博物馆成为首批32个“国家国土资源科普基地”之一。

同日 自贡主城区新增高硐、贡井青杠林学生直通车专线。

同日 四川久大制盐有限责任公司在2017年中国国际商标品牌节暨中华品牌博览会上被评为“中国国际商标品牌节金奖”，成为全市唯一获奖企业。

6日 市委副书记、市政府党组书记何树平会见新西兰驻华大使馆商务参赞康立。双方围绕通用航空产业和高空跳伞旅游开发进行交流。会见后，康立一行实地考察自贡航空产业园建设现场。

7日 自贡2名选手在首届“创业引领者专项活动暨创业培训讲师大赛”全国总决赛上获奖。其中，汪芳获“课程设计作品全国十强”，雷崇华获“课程设计作品佳作奖”。

7日至8日 市委书记李刚率队赴重庆开展投资促进活动。李刚一行先后实地参观考察重庆德马变频电机研发制造公司、重庆耐德工业股份有限公司、重庆药友制药有限公司等企业，了解产品研发、应用及销售、企业发展历程及战略规划等情况，介绍自贡相关产业优势，邀请企业负责人到市考察、对接、推动合作。

7日至9日 自贡组团参加第五届中国（绵阳）科技城国际科技博览会。代表团由市、县（区）相关部门和企事业单位负责人组成，涉及自贡市挚诚科技有限公司、自贡中天胜新材料科技有限公司、四川远德安防检测设备有限公司等17户科技型企业。代表团先后参加川南成果展示、企业项目融资对接、四川省高新区创新合作发展论坛、科技成果和专利技术发布交易等专场活动。全国政协副主席、民革中央常务副主席齐续春，省委书记王东明等到自贡展区指导，对自贡参展产品给予肯定。

8日 2017年自贡现代物流项目投资推介会在成都举行。推介会向与会客商介绍自贡投资环境，推介物流产业项目18个，涵盖园区建设、平台建设、无人机等6个方面，总投资244.9亿元。推介会由省政府口岸与物流办公室、市政府共同主办，成都铁路局、远成物流、交投物流、民生物流等45户物流企业的代表参会。

12日 中国民航飞行学院2017年招飞总结暨2018年招飞计划会在自贡举行。中国民用航空局及国航、东航、南航、厦航、川航、山航、首航等全国46家航空公司的108位招飞负责人和代表参加会议。

13日 全国政协副主席、九三学社中央主席韩启德率队到自贡开展长江上游生态保护与流域城市绿色发展工作专题调研。韩启德一行实地调研自贡恐龙博物馆、燊海井、市盐业历史博物馆、自贡彩灯之乡文化产业集团有限公司、久大盐业公司和东兴寺片区综合改造现场，了解自贡文博产业发展、彩灯产业转型升级、盐业转型发展和生态文明建设等情况。全国政协常委、九三学社中央副主席赖明，省政协副主席崔保华，自贡市委书记李刚，市政协主席游开余等陪同调研。

同日 横店集团车用橡胶配件生产项目开工奠基仪式在高新区板仓工业集中区举行。该项目总投资10亿元，主要开展汽车减震、密封等橡塑制品的研发、生产和销售。项目分两期建设，第一期总投资3亿元。

14日 2017年“海科会”海外高新科技人才走进自贡暨项目投资与人才引进推介会在檀木林城市名人酒店举行。推介会向与会海外高新科技人才介绍自贡投资环境和人才政策环境，推介全市投资项目，发布人才需求。推介会由省外事侨务办公室、省人才办和市委、市政府联合主办，30余名海外高新科技人才参会。

同日 自贡在《四川城市可持续发展报告(2017)》中多项指标排名靠前。该报告由省社科院与联合国开发计划署驻华代表处共同发布，其中，自贡在“可持续竞争力综合评价”和“城市创新能力”两项指标中均排名西部前30位，在“城市社会结构”指标中排名西部前10位，在“四大城市群综合评价”指标中排名“川南城市群”第1位。

15日 “2017年中国西部（四川）国际投资大会·大安区投资恳谈会”在成都举行。恳谈会上，大安区推出70余个项目，涉及工业产业发展、现代服务业、城市建设等领域，并签约团结岛影视基地、水上游乐园、医药物流配送、红萝卜龙精加工等4个项目，总投资26亿元。其中，团结岛影视基地项目总投资约20亿元，主要建设集摄影技术制作、特色旅游、休闲体验、餐饮娱乐、民族风情街、特色体验、院线电影、情景剧场等于一体的影视拍摄基地。国内30余户知名投资商参会。

同日 “2017中国西部（四川）国际投资大会·自贡投资推介会暨项目签约仪式”在成都举行。现场签约深圳创示（自贡）四川电子信息产业园项目、北京田雨强固建材有限公司建材产业园项目、广州幸福时代自贡特色旅游小镇项目等27个项目，总投资471.65亿元。省政协副主席、省总工会主席李登菊，市委书记李刚，市委副书记、代理市长何树平及中国图书进出口（集团）总公司、京东集团等企业负责人约300人参加推介会。

15日至18日 自贡组团参加第二届中国西部国际博览会进出口商品展暨中国西部（四川）国际投资大会。参会代表团先后参加“第九届中国西部国际资本论坛”、2017“一带一路”国际多式联运与跨境贸易发展大会、“第十届中国西部国际采购商大会”“第二届中国西部体育产业大会”“第三届国际口岸经贸物流合作大会”“第四届西部电子商务发展高峰论坛”等活动。

17日至24日 自贡参展第四届四川国际旅游交易博览会。参展团由自流井区、贡井区、大安区、沿滩区、荣县、市文旅投公司及旅游商品企业、景区景点等13个单位组成，主要展销盐雕、创意熊猫灯等以“盐、龙、灯、食”品牌为主的60余种特色旅游商品。

18日 自贡在第四届西部电子商务发展高峰论坛上获评“2017四川‘走出去’开放前沿区”。该评选结果由四川博览事务局和四川日报社主持发布，自贡是全省5个获选的区域之一。

19日 贡井区在全国社会治安综合治理表彰大会上获“全国平安建设先进县（市、区、旗）”称号，为全省9个被表彰的“全国平安建设先进县（市、区、旗）”之一，也是全市唯一获奖的县（区）。

同日 全市首份集群企业营业执照在荣县颁发。该营业执照是《自贡市企业集群注册登记管理暂行办法》施行后颁发的第一份“集群登记”托管企业营业执照。

20日至21日 省委副书记邓小刚到自贡调研。邓小刚先后实地调研自贡航空产业园、华西能源工业股份有限公司、“中国彩灯之乡”文化创意产业园、釜溪河复合绿道城区连接线建设现场和沿滩区恒大绿洲社区，了解产业转型升级、沱江流域综合治理和抓基层党建、推进依法治理等方面工作。市委书记李刚等陪同调研。

21日 自贡市关心下一代基金会成立。该基金会是依法设立的慈善组织，通过依法开展资金募集等活动，接受社会各界捐赠捐助，实现基金保值增值，服务青少年儿童健康成长。

同日 自贡银行在“2017中国银行家论坛暨2017中国商业银行竞争力排行颁奖典礼”上获颁“全国资产规模1000亿元以下城市商业银行综合竞争能力第四名”。该活动由《银行家》杂志社主办，排名依据全国数百家商业银行的核心财务数据，涵盖盈利能力、资产质量、经营收入、不良资产率等核心经营指标。

22日 2017年四川省重大产业项目（自贡分会场）集中开工仪式在板仓工业园“恒力盛泰石墨烯产业园”项目施工现场举行。集中开工项目共11个，其中，高新区5个、大安区3个、富顺县3个，总投资38.4亿元，2017年计划投资16.3亿元。该次集中开工的代表项目——恒力盛泰石墨烯产业园一期项目占地10.47公顷，计划2018年建成约7万平方米的研发中心、先进制造工厂、水处理中心等设施，拟建设石墨烯、石墨烯前驱体制备生产线8条。

同日 自贡市汽车协会成立。该协会拟在各大汽车厂商之间、企业与消费者之间搭建沟通交流平台，在促进本地汽车行业良性竞争和加强同行间的互促共进等方面发挥作用。首届会员由30多家品牌车商组成。

22日至23日 市委副书记、代理市长何树平率队赴重庆开展投资促进活动。

23日 自贡市文化旅游投资开发有限公司揭牌暨招商推广、战略合作签约仪式在釜溪河复合绿道举行。该公司注册资本5亿元，政府投入资产130亿元，是市政府批准市国资委管理的国有独资平台公司。仪式上，该公司对部分项目进行招商推广，与中国工商银行自贡分行、交通银行自贡分行、中国民生银行成都分行等金融单位举行金融授信签约仪式；与中广核服务集团有限公司、四川产业振兴发展投资基金有限公司、幸福时代生态城镇开发有限公司举行战略合作签约仪式；与灯彩集团、荣州乡愁项目举行合作签约仪式；为中外专家颁发证书。

24日 自贡棋手在2017中国体育彩票全国象棋业余棋王赛四川赛区决赛暨四川省全民健身第十届象棋棋王赛上获佳绩。其中，李先进获“四川老年棋王”冠军；蔡润清、李艳分获公开女子组亚军、季军；朱羽荣获儿童女子组季军。

同日 自贡牧天食品有限公司“盐帮厨子”冷吃兔产品获第十五届中国国际农交会金奖，为全省获此奖项的8个产品之一。

25日 自贡世界地质公园与希腊莱斯沃斯岛世界地质公园签订合作协议。根据协议，双方结为姊妹公园，在地质公园建设与管理、地质遗产管理与地质保育、地质遗迹解说、地球科学普及、地学旅游、地学教育等方面开展合作交流、信息共享。

同日 自贡市第十六届文化艺术节在市川剧艺术中心开幕。该届艺术节由市政府主办，活动内容包括演艺、比赛、展览等4大类22项主题活动。活动设主会场和分会场，主会场设在市川剧艺术中心，分会场设在春华广场、四川理工学院、东方广场、龙湖市民广场、华商国际城等。

27日 沿滩区发放全市首批农村土地承包经营权证，该区联络镇江冲村14组36户村民领取证书。

28日 自贡市第十七届人民代表大会第二次会议选举何树平为自贡市人民政府市长。

同日 “刘光第故居生活场景陈列馆”和“赵化古牌匾陈列馆”开馆仪式在富顺县赵化镇举行。

30日 富顺现代农业投资推介会暨中国西部皮具产业园项目签约仪式在富顺县举行。推介会现场签约中国西部皮具产业园、富顺县红粱种植收储加工基地等11个项目，总投资76亿元，包装推出总投资约150亿元的农业项目45个。本次签约代表项目——“中国西部皮具产业园”，选址晨光科技园区，总投资约36亿元，建筑面积30万平方米。市委书记李刚及红谷尚品集团、中广核环保产业有限公司等企业的100余名企业家参加推介会。

是月 南苑街南延线建成通车。该工程于2013年9月15日开工，道路为双向6车道，长1632米，宽21米，两边的人行道各宽4.5米。

是月 中昊晨光化工研究院有限公司氟化三厂党支部被国务院国资委表彰为“中央企业第一批基层示范党支部”，为全国受表彰的103个党支部之一。

是月 沿滩区和富顺县被确定为“四川省第二批工业强县示范县（市、区）”，自贡市因此成为仅次于成都市入选县（市、区）最多的市。

10月

1日至8日 全市“国庆中秋”假期实现旅游收入11.25亿元，接待游客242.79万人次，分别比2016年国庆假期（7天）增长45.54%和45.61%。

4日 自贡杂技演员李熹获“2017年全国魔术精英挑战赛”银奖。该比赛共18个节目参赛，奖项设1金、2银、3铜，李熹以魔术“变伞—雨中情”获银奖。

10日 华西能源公司与英国彼得伯勒绿色能源公司签署36兆瓦生活垃圾焚烧发电项目EPC工

程总包合同。该合同总金额 3.46 亿英镑（折合人民币约 30.08 亿元），主要包括设计、制造、采购、工程施工建设、安装、调试、竣工验收等。

同日 自贡灯贸集团股份有限公司承办的 2017“东方之灯耀丝路”灯展在新加坡开幕。该灯展展期 45 天，展出《月圆中秋》《中国红》《国宝熊猫》《天鹅之恋》《恐龙王国》等 35 组灯组。

12 日 自贡市第十三届运动会在南湖体育中心开幕。该届运动会由市政府主办，设比赛项目 25 个，其中成年组 17 个，青少年组 8 个，部分先期项目从 8 月 15 日起举行。开幕式文体表演以“腾飞自贡”为主题，分“美丽盐都”“健康荣耀”“追梦腾飞”“再铸辉煌”四个板块，表演时长约 35 分钟。全市 14 个代表团、160 支运动队、4860 名运动员及 1500 余名领队、教练员和裁判员参加。

同日 市政府与成都中医药大学战略合作框架协议签约仪式在成都市举行。协议确定市中医医院为成都中医药大学附属自贡医院，市一医院、市四医院为成都中医药大学定点教学医院，市妇幼保健院为成都中医药大学非直属附属医院。双方拟从提升区域影响力、发挥中医药特色优势、强化医院管理水平、抓好优秀人才培养、加快中医药产业发展等 5 个方面开展合作。

同日 市盐业历史博物馆成立第一届理事会和监事会。理事会由机关干部、文化工作者、教师、博物馆志愿者等社会各界代表组成，对博物馆重大事项进行商议，为科学决策提供依据。

13 日 自贡被国家知识产权局评为“2016 年度国家知识产权试点示范城市工作先进集体”，为全国 39 个、全省 2 个入选的试点城市之一。

同日 四川百万人口大县城市功能研究座谈会在富顺县举行。座谈会由九三学社四川省委、省县域经济学会主办。全国政协常委、九三学社中央副主席赖明，省决策咨询委员会主任、省县域经济学会顾问甘道明，省政府参事、省县域经济学会会长张成明，市委书记李刚等出席会议，省级有关部门、全省 19 个市州、20 个百万人口大县和九三学社 14 个市级组织的有关负责人及高等院校、科研单位的专家学者 100 余人参加会议。

13 日至 15 日 市委副书记、市长何树平率队到深圳市开展投资促进活动。

14 日 自贡国家级高新区电子信息产业投资推介会在深圳市举行。会上，高新区与深圳市经略长丰投资管理有限公司签订“集成电路用 8 英寸、12 英寸硅片产品项目”。该项目总投资约 80 亿元，涉及购置工艺设备 400 余台（套），建设标准化生产体系，形成月产 10 万片 8 英寸及 40 万片 12 英寸硅片的生产能力。市委副书记、市长何树平等出席推介会。

同日 贡井区、荣县、富顺县获义务教育均衡发展基本均衡县国家认定。该结果由国家教育督导检查组评估后认定，主要考核区县义务教育学校办学基本标准达标情况、义务教育校际间均衡状况、县级人民政府推进义务教育均衡发展工作情况、公众对本县义务教育均衡发展的满意度等四个方面。至此，全市 6 个区县全部通过国家认定，在川南率先实现县域义务教育基本均衡。

16 日 自贡农村商业银行股份有限公司举行开业庆典暨战略合作签约仪式。仪式上，自贡银监分局、中国人民银行市中心支行等单位负责人分别宣读关于同意自贡农商银行开业的批复和同意加入中国人民银行金融管理服务体系的通知，并向该行颁发“金融许可证”。市总商会、四川英祥实业集团、自贡海川实业公司及自贡新成车业公司与该行现场签订战略合作协议。

17 日 市委第三轮巡察工作全面启动。该轮巡察为期 2 个月，从 10 月下旬起至 12 月底前结束，拟对市委党校、自贡广播电视大学、市市场服务中心、市中医医院、市第四人民医院、市精神卫生中心、蜀光中学、自贡江姐中学等 8 个单位开展巡察。

同日 市政府与中国红十字会总会事业发展中心在北京签订养老产业农村示范合作框架协议。根据协议，双方拟在乡镇敬老院、医养结合、“互联网 +”等领域开展合作；贡井区、大安区分别与该中心签订“曜阳农村养老示范项目合作框架协议”。

20 日 自贡首个动物无害化处理收集点通过验收。该收集点位于大安区何市镇永丰村，占地 0.07 公顷，分为办公区、生活区和生产区。收集点内配有消毒池、冷冻库、污水处理池、视频监控、密封冷藏专用车等设施设备，可对区内养殖、屠宰、城乡环境各环节所有病死动物及病害动物产品进行无害化处理。

20 日至 22 日　自贡代表队在“2017 年四川省青少年游泳冠军赛”上获 2 金、1 银、1 铜。其中，杨语谋获 50 米自由泳冠军、100 米蝶泳亚军；郑野获 50 米蝶泳冠军、50 米自由泳季军。

20 日至 23 日　自贡天工艺术品公司工艺美术工作者创作的大幅扎染壁画《散花舞女》获“2017 百花杯中国工艺美术精品奖”铜奖。

26 日　自贡成立川南首个带电作业中心。该中心覆盖板仓工业园和沿滩新城，涉及面积 25 平方公里，实现在高压电气设备上进行检修、搭接、测试等不停电作业。

27 日　全市首个餐饮商圈食品安全监管中心——自贡高新区华商国际城食品安全监管中心成立。该中心是自贡高新区食品药品监管局的派出机构，主要负责华商国际城片区的食品安全日常巡查、现场核查、监管执法、投诉举报处置、食品快检指导、食品从业人员教育培训和突发事件调查核实工作。成立仪式上，食品快检室和 12331 投诉举报站同时启用。

同日　《自贡历史文化名城保护规划（2016—2030）》获省政府批复。

30 日　自贡市传达学习中共十九大精神大会在市委大礼堂举行。市委书记李刚出席大会并讲话，市委副书记、市长何树平传达中共十九大精神及省委常委会（扩大）会议、省传达学习中共十九大精神大会的精神。市人大常委会主任谭豹、市政协主席游开余和市委、市人大常委会、市政府、市政协的相关领导出席会议，各区县和市级各部门及有关企事业单位负责人参加会议。

同日　自贡恐龙博物馆研究馆员彭光照入选国家“古生物化石专家库”专家名单，为全省入选的三名专家之一。

30 日至 11 月 1 日　中国博物馆协会博物馆数字化专业委员会 2017 年年会暨中国博物馆“互联网 + 博物馆”案例分析与信息化应用实践培训（第一期）在自贡举行。国家博物馆、故宫博物院、上海博物馆、南京博物院、敦煌研究院、中国科学院、复旦大学等全国 34 个省市的 116 家国家级、一级博物馆和科研院校等单位的专家、学者共 360 余人参加会议。

31 日　自贡市中央环保督查发现问题整改工作推进会召开。会议通报省政府指出的突出环境问题，传达省政府的整改要求，安排部署下阶段问题整改的工作重点和措施。市委副书记、市长何树平等出席会议。

是月　自贡世界地质公园与西班牙马埃斯特地质公园签署姊妹公园合作协议。

是月　自贡首座钢桁架拱桥——汇兴路一号桥开建。该桥位于汇兴路与毛家坝交接处，向东跨越釜溪河后，将汇东新区与东部新城相连接。桥梁全长 191.2 米，主跨跨径 106 米，桥宽 38 米，设计为双向 6 车道并配建 4.5 米宽人行道，设计时速 50 公里。大桥总造价约 1.5 亿元，计划 2018 年 5 月完工。

是月　大安区 1 案件获全国文化市场重大案件奖。根据文化部印发的《关于通报表扬 2016—2017 年度全国文化市场十大案件及重大案件办案单位的通知》，大安区“星扬文化传媒有限公司变更节目未重新报批案”获“全国文化市场重大案件奖”，为全省获奖的 5 个重大案件之一。

11 月

1 日　四川省产业发展投资引导基金市州行（自贡站）活动在自贡举行。活动现场签约 31 个项目、总投资额 369 亿元。市委书记李刚，市委副书记、市长何树平等出席活动。

同日　“国家艺术基金自贡扎染艺术创新人才培养项目”在自贡开班。该培养项目为期 60 天，主要采取集中面授、实践指导、交流考察等形式，开展扎染工艺理论、传统技艺与现代工艺培训、行业考察、自贡扎染工艺的创新实践与制作等课程培训，推动自贡扎染艺术传承及创新人才队伍建设。

同日　爱尔兰“中国彩灯节”开幕。该彩灯节由自贡灯彩集团投资主办，至 2018 年 1 月 7 日结束。彩灯节期间，灯展与中国杂技、川剧等传统民间技艺表演和书画、乐器、玉石雕刻、刺绣等传统非遗产品展示同时进行。爱尔兰都柏林市市长等嘉宾及近 3000 名观众参加开幕式。

同日　荣县城市形象及品牌产品在央视军事农业频道《农业气象》栏目播出。是日起，每日 6

时、15时13分、21时12分播出“田园荣州　如愿之旅”及荣县—绿茶主产区版块，并拟在2018年持续展示荣县城市形象及其他品牌产品。

2日　市委中心组举行中共十九大精神专题学习会。会议集中学习中共十九大精神，推动中共十九大精神在自贡落地落实。市委书记李刚主持学习会并讲话。市人大常委会主任谭豹，市政协主席游开余等参加学习。

同日　市委副书记、市长何树平率队到重庆市开展招商考察推介活动。何树平一行先后实地参观太极集团重庆涪陵制药厂、华晨鑫源重庆汽车有限公司生产基地，向企业介绍自贡投资环境，并就双方开展项目合作进行交流磋商。

同日　自贡首次启动重污染天气交通管制。应急管制区域包括：自流井区五星街、新民街、同兴路、光大街、自由路、人民路、檀木林街、塘坎上路、交通路、东兴寺片区；大安区仁和路、广华路；高新区汇东路、丹桂大街、汇兴路；贡井区贡兴路、盐马路等道路。限行区域内限行柴油车辆和老旧车辆；停止使用以柴油为燃料的非道路工程机械和车辆；加强交通执法检查。

同日　市一医院眼科医生李爽乐获选“中国好医生”，为全省获选的两名医生之一。李爽乐因精湛的诊疗技艺和待人如亲的诊疗风格受患者好评，先后获全国“五一劳动奖章”和全国先进工作者、全国巾帼建功标兵、全国“三八红旗手”等荣誉称号。

2日至3日　自贡通过国家质检总局“国家级出口彩灯文化产品质量安全示范区”创建考核验收，成为全国第62个、全省第3个安全示范区。

3日　自贡选手魏玮以参赛项目“中国彩灯文化传播与运营平台”获全省首届创业大赛“创业创富组创业之星”称号，并晋级总决赛。该比赛设大学生创业组、返乡下乡创业组、创业创富组3个组别，分市州初赛、分组决赛、总决赛3个环节，全省21个市州66个项目参赛，涉及“互联网+”、大健康、服务业、文化创意、制造业、现代农业等行业产业。

3日至4日　沿滩工业园区创建省级高新技术产业园区通过现场考察和专家论证。该园区设立于2009年，规划面积13.5平方公里，重点发展以节能环保设备为代表的高端装备制造产业和以盐化新材料为代表的新材料产业，为《四川省“51025”重点产业园区发展计划》规划的500亿元园区，先后获批为省级循环经济示范园区、省级特色高新技术产业化基地、省特色产业基地、省绿化模范单位、全国老工业城市产业转型升级示范园区。

6日　市委副书记、市长何树平会见昆仑石（深圳）投资基金公司董事长徐英力一行。何树平向徐英力一行介绍全市的人文历史、交通区位、投资环境和产业优势，重点推介自贡的高端装备和汽车制造产业。双方围绕汽车制造、文化旅游、航空产业等进行洽谈，就自贡通用航空产业园建设、培植主题公园、智慧城市建设等项目进行交流。

8日至10日　市委书记李刚率队到浙江省开展投资促进活动。李刚一行实地参观考察宁波激智科技股份有限公司、博威集团有限公司、君禾泵业股份有限公司和杭州市鸿雁电器有限公司等企业，向企业推介自贡的区位和产业优势，邀请企业到市考察投资。

9日　市古迹遗址保护协会成立。该协会作为群众性、非营利性学术团体，由从事文化遗产保护与研究的专家学者和管理人员组成。

同日　自流井区东街社区卫生服务中心获“2017年全国百强社区卫生服务中心”称号，为全市唯一获选单位。

同日　市政务服务中心获全国百优案例。根据中央国家机关工委《紫光阁》杂志社、中国行政体制改革研究会、人民网组织召开的“深入学习贯彻党的十九大精神、推进‘放管服’改革交流研讨会暨第二届全国行政服务大厅典型案例展示活动总结会”公布的评选结果，市政务服务中心获第二届全国行政服务大厅典型案例展示活动“百优十佳”信息化优秀奖，为全省唯一参加展示并获奖的单位。

11日　大安区2017年云南投资推介会暨项目签约仪式在云南省昆明市举行。仪式上，大安区政府与四川威鹏电缆制造股份有限公司、四川万瑞合景投资有限公司等7户企业集中签约，项目总投资61亿元，包括龙都海洋大世界、回龙钱家溪商业步行街、自贡海螺湾水上乐园、特种钢芯铝绞线和铝锭加工项目、恐龙谷旅游度假公园、生态循环农业产业化和智慧城市建设等项目。其中，总投资30

亿元的龙都海洋大世界项目选址团结镇朝天村，用地面积约 80 公顷，主要建设集海洋动物表演、海洋珍奇观赏、科普教育、休闲娱乐、购物、五星级酒店、5D 电影院为一体的大型海洋公园商业综合体。

同日 自贡银行在全国地方金融第二十一次论坛年会上获评“中国地方金融（2016）十佳城市商业银行”，为全省唯一获该称号的城市商业银行。

13 日 自贡“国家历史文化名城和中国历史文化名镇名村保护工作”接受国家检查组评估检查。

同日 自贡 2 个家庭入选 2017 年度四川省“最美家庭”。该评选由省妇联、省文明办、省直机关工委联合举办，180 户参评家庭经过网络公示、投票、大众评审、专家评审等环节，分别评选出“孝爱和乐”“绿色洁美”“亲善教子”“勤俭自强”和“清廉敬业”五项“十大最美家庭”。其中，富顺县曾道珍家庭获评“孝爱和乐最美家庭”，自流井区王典华家庭获评“绿色洁美最美家庭”。

14 日 中捷 D6 通用飞机项目对接会在自贡召开。对接会上，省经信委、中捷航空工业协会及市经信委、四川汇东通用飞机有限公司相关负责人与中捷双方项目技术专家就项目联合团队组建、运行管理机制、技术研发工作等进行协调洽谈。该项目是 2016 年 3 月国家主席习近平访问捷克时与捷克总统泽曼达成的合作协议，即由中捷双方共同实施开发、认证、生产、销售 6 至 8 座通用航空飞机。

同日 “2017 外国媒体自贡行”活动启动。该活动历时 5 天，由市委宣传部、环球时报社共同主办，主题为“老工业城市转型升级走向世界”。美国合众社、今日俄罗斯、英国《头条辰报》等 10 个国家的 15 家外国媒体和新华社、中新社、《四川日报》等 17 家国内媒体参加活动。

同日 自贡 8 户企业和 1 个项目进入“2017—2018 年度国家文化出口重点企业和重点项目”公示名单。8 户企业分别是自贡市恐龙景观艺术有限公司、自贡亘古龙腾科技有限公司、自贡灯贸集团股份有限公司、四川天煜文化传播有限公司、中艺文化产业有限公司、自贡新亚彩灯文化产业有限公司、自贡华灯文化交流有限公司、自贡海天文化股份有限公司；自贡海天文化股份有限公司旗下美国海天国际有限公司的“中国彩灯文化传播推广项目”获批“重点项目”，为全省仅有的三个重点项目之一。

15 日 副省长杨洪波率队到自贡调研督导沱江流域综合治理工作。杨洪波一行实地调研市污水处理厂、金鱼河人工湿地项目，听取全市乡镇污水处理设施建设和运行及河湖管理保护等情况汇报，对推进沱江流域治理提出要求。市委书记李刚等陪同调研。

同日 成都中医药大学与自贡四家医院举行合作签约授牌仪式。市委书记李刚，成都中医药大学党委书记刘毅等出席仪式。

15 日至 17 日 市委副书记、市长何树平率队赴北京、河北开展投资促进活动。何树平一行先后实地考察北京首航直升机股份有限公司八达岭机场、赛伯乐绿科投资管理有限公司、易汇资本公司、北京金唐奕丰新能源汽车科技有限公司和河北京华电子实业有限公司、君乐宝乳业集团、河北先河环保科技股份有限公司，邀请相关企业到自贡考察布点，并与部分企业就投资合作事宜进行洽谈。

16 日 自贡组建全市首家紧密型医疗联合体。该医疗联合体由省总工会自贡工人疗养院和市五医院共同建立，实行人、财、物统一调配和经济利益一体化。

17 日 首届国际盐产业博览会暨井盐文化节在市盐业历史博物馆揭幕。揭幕仪式分为“塑梅泽铜像·传工匠精神”“展非遗神韵·观驰宇盐品”“铸千年盐魂·谱时代新篇”3 个篇章。美国合众社、今日俄罗斯、东洋经济周刊等 15 家外国媒体和人民网、中国网、《四川日报》、四川电视台、《华西都市报》等国内媒体记者到现场观看、采访。

同日 自贡日报社“脱贫攻坚·自贡故事”大型主题采访报道活动启动。该活动整合《自贡日报》《自贡晚报》《自贡手机报》、自贡网等媒体平台，采访记录全市在脱贫攻坚中的励志感人故事，利用报纸、网站、微信、微博等平台，以视频、图片、文字等方式传播。

同日 自贡 2 家单位在全国精神文明建设表彰大会上获表彰。其中，市育才小学获“第一届全国文明校园”称号，为全省获该称号的 21 所学校之一；市检察院获“第五届全国文明单位”称号。

同日 蜀光中学被确定为第二批四川省中小学知识产权普及教育试点学校。根据试点要求，学校应制订试点工作方案和教学计划，组织开展知识产权教育和科技创新活动，培养学生知识产权意识和创新精神。

同日 自贡工艺美术大师徐仁杰作品《刺绣扎染新工艺》在“天府·宝岛工业设计大赛”上获金奖。

17日至20日 自贡设馆参展第五届四川农业博览会。该展馆布展面积800平方米，融合“盐、龙、灯”“小三绝”等独特地方文化元素，设“品贡然自”特色产品、电商营销、休闲农业与乡村旅游等3个展区，有48家涉农企业、农民合作社参展，展出地理标志保护产品、有机产品、绿色食品等59个名优品牌和以富顺香辣酱、豆花蘸水、自贡冷吃兔、火边子牛肉为代表的各类特色产品及自贡“小三绝”等非物质文化遗产保护项目。在博览会期间，签订农业招商引资项目3个，引资6.4亿元；签订21亿元的产品销售合同。

18日 “盐与城：历史叙述与现实观照”学术研讨会在自贡举行。该研讨会是自贡首届国际盐产业博览会暨井盐文化节系列活动的重要组成部分，以大会发言与分组讨论结合方式进行。全国17个省、直辖市、自治区的53个高校、科研机构、文博单位、传媒机构、盐业公司及文化旅游公司等单位的125位专家、学者参加研讨会。

20日 自贡市2017年航空产业招商引资引智推介会暨项目签约仪式在北京举行。市政府、贡井区政府、自贡航空产业园与北京首航直升机航空股份有限公司等8家企业分别签订投资协议，8个项目总投资额132.8亿元。市委书记李刚出席会议并致辞。

同日 中央电视台《新闻联播》播出自贡籍青年歌手谭维维《用作品传承中华优秀传统文化》的专访视频。

同日 自贡音乐作品在“天籁之音·石海之约”四川省第三届民歌大赛上获奖。其中，由何永良作词、蔡俊良作曲、罗立章演唱的《父爱如山》获二等奖；由金强作词作曲并演唱的《留守的孩子》获三等奖；由王谦作词、金强作曲、唐贵飞演唱的《家乡》获优秀奖。

21日 市委书记李刚率队考察京东集团全球总部和万达集团。李刚一行先后实地参观京东之家智慧平台、无人机飞行体验营、无人超市和智慧物流展厅及数据中心等，并分别与京东集团副总裁肖军和万达集团董事长王健林进行会谈，向两家企业做投资推介。

22日 自贡颁发首张银行网点代办营业执照。该营业执照由自贡高石梯茶叶有限公司申报，由自贡工商银行南湖支行代办。该业务是市工商局委托银行网点开展的企业登记注册代办服务，申请人申报和办理工商登记业务时可自主选择银行网点，约3个工作日实现领照。

23日 学习贯彻中共十九大精神省委宣讲团报告会在市委大礼堂举行。市委书记李刚，市委副书记、市长何树平，市人大常委会主任谭豹，市政协主席游开余等出席报告会。

同日 自贡在2017第八届C21论坛上获2项大奖。分别是自贡市获“四川最具投资价值城市奖”、自流井区获“四川全域旅游示范奖”。

24日 省政协副主席、省总工会主席李登菊率队到富顺县调研督导。李登菊一行先后实地调研富顺县原野生态食用菌有限公司、富顺县东湖镇山林村，对自贡学习贯彻中共十九大精神、稳增长惠民生、脱贫攻坚、环境保护等情况进行督导，并向山林村的党员干部群众宣讲中共十九大精神。市委书记李刚等陪同调研督导。

同日 市房产交易（棚改购房）服务中心揭牌。该中心主要为棚改居民和其他购房群体提供信息，宣传优惠政策，提供购房及资金监管等服务，市民可享受选房、购房、登记办理、金融服务、政策咨询等一站式服务。该中心同时开通“自贡市棚改购房服务平台”和“自贡市房产交易服务平台”两个线上服务平台，实现线上线下联动服务。

24日至26日 自贡设馆参展首届天府金融博览会。自贡展馆由自贡银行股份有限公司、高新区国有资本投资运营集团有限公司、市国有资本投资运营集团有限公司、市城市建设投资开发集团有限公司、市文化旅游投资开发有限公司等多家政府平台公司和金融机构组成。展馆以“盐龙灯”为主题，配以各平台公司投融资亮点和自贡金融产业发展业绩成果。副省长朱鹤新等巡视自贡展区。

28日 自贡首个旅游集散中心建成投入营运。该中心位于自贡汽车客运总站内，拟通过整合旅游资源和交通资源，开通市内景区直通车（一日游）线路，覆盖自贡盐业历史博物馆、大安燊海井、自贡恐龙博物馆、中国玫瑰海、仙市古镇、仙市镇百胜村、富顺文庙、荣县大佛、自贡花香田园、荣县高石梯森林公园等主要景区，为游客提供一站式服务。

同日 自贡总商会浙江商会、浙江省四川商会自贡分会成立庆典与自贡市招商推介会暨项目签约仪式在杭州市举行。在成立庆典上，约80个会员企业参会，选举产生市总商会浙江商会会长。在签约仪式上，西部鞋业产业园项目、现代农业旅游及生态养殖加工项目、现代立体高效水产养殖观光项目、川南木地板生产基地项目与自贡相关单位签署投资意向协议，投资总额18亿元；市总商会浙江商会与恒丰银行杭州支行签署战略合作协议，获授信100亿元。

29日 省委副书记、省长尹力到自贡调研。尹力先后实地调研东方锅炉股份有限公司、自贡综合保税区、大西洋焊接产业园、沿滩区垃圾综合焚烧发电项目现场、大安区老盐厂和荣县吴玉章故里，了解重点企业生产经营和重点产业培育发展情况，查看城市生活垃圾无害化处理情况和文旅项目规划建设情况。市委书记李刚等陪同调研。

同日 省政协党组副书记、副主席高烽到自贡调研。高烽先后实地参观大安区永嘉乡立华牧业肉鸡养殖基地、富顺县狮市镇马安村及贡醋产业园，了解自贡市政协委员“我为扶贫攻坚做件事”活动开展情况，并听取市政协关于政协委员参与助推脱贫攻坚的情况汇报。

同日 自贡灯彩集团承办的苏格兰爱丁堡市首届“中国彩灯节”开幕。该彩灯节展出灯组共34组，兼具中国传统元素和爱丁堡特色，展出至2018年2月25日结束。英国BBC、中央电视台等国内外知名媒体进行报道。

29日至12月1日 2017自贡文化旅游投资暨盐帮美食推介会在自贡举行。活动由市政府、省旅游协会主办，包括自贡文化旅游投资暨盐帮美食节推介会、区县旅游投资暨2018年自贡国际恐龙灯会推介会、商务对接及自由采访茶会、线路考察等活动。其中，推介会现场签约文旅项目14个，总投资额163.9亿元。市委书记李刚等出席推介会并讲话。

30日 2017年自贡·香港投资推介会暨项目签约仪式在香港特别行政区举行。中国光大国际有限公司、香港隆源公司等企业的150名企业家和工商界人士参加推介会。市委副书记、市长何树平等出席推介会。

同日 首届加亚克中国彩灯节在法国加亚克市开幕。彩灯节由中国人民对外友好协会、加亚克市政府和自贡市政府主办，共展出花卉、昆虫、动物等融合中国彩灯手工技艺和现代光源的彩灯灯组35组。中国人民对外友好协会副会长宋敬武、加亚克市市长帕特里斯·戈斯朗、中国驻马赛总领事朱立英等250多名中法友好人士参加开幕式。

30日至12月1日 自贡召开幸福美丽新村建设现场推进会暨市脱贫攻坚领导小组第九次会议。会议通过看现场、查进度、比成效、学经验等方式，对领导抓点示范情况逐一检查，并安排部署全市幸福美丽新村建设暨脱贫攻坚工作。市委书记李刚出席会议并讲话。

是月 全国首部“反电鱼非法捕捞”专题片在自贡开拍。该专题片共4集，由湖南电视台快乐钓鱼频道和大本营设在自贡的全国反电鱼协作中心共同拍摄，主要记录渔政执法人员与志愿者配合拦获涉嫌非法电鱼的行为。

是月 全市2种农产品入选2017年度全国名特优新农产品目录。其中，自贡市泰福农副产品加工厂生产的成佳大头菜获“2017年度全国名特优新农产品（蔬菜类）”称号，自贡市白庙塔罗科血橙专业合作社生产的白庙血橙获“2017年度全国名特优新农产品（果品类）”称号。

是月 “世界之光——彩灯嘉年华”于美国当地时间16日晚在美国亚利桑那州菲尼克斯市开幕。灯展展出灯组70余组，并有自贡“非遗”特色的扎染、剪纸、川剧变脸、吐火等传统艺术展演和盐商（帮）菜、风味小吃等地方美食体验。灯展至2018年1月2日结束。

是月 “奇妙假日”彩灯节在美国得克萨斯州达拉斯市开幕。该彩灯节展出由自贡手工艺人制作的23组大型彩灯，主要展现西方圣诞节主题。灯展持续至2018年1月7日结束。

是月 川南城际铁路自贡至宜宾线可行性报告获中国铁路总公司与省政府联合批复。该线路北起自贡东站，向南经自贡邓关、宜宾大观，在临港与渝昆高铁汇合，共同引入宜宾站。项目总投资178.68亿元，正线长度82.4公里，按双线时速350公里设计，拟于2017年年内开工建设。

是月 自贡“世界地质公园网络GGN”开通运行。

12月

1日 全市水资源税改革试点工作启动。该试点工作以现行水资源费制度为基础，实现收费制度向征税制度转换。

2日 荣县入选“第一批国家农业可持续发展试验示范区”名单。根据农业部网站发布的《关于启动第一批国家农业可持续发展试验示范区建设开展农业绿色发展先行先试工作的通知》，确定全国首批40个试验示范区。其中，荣县作为全省唯一示范区入选。

3日 自贡获新浪微博2017“百强城市味擂战”票选冠军。活动中，全国340座城市在新浪微博同城和微博美食中发布家乡美食143万道、美味视频31837个，全国335万名网民参加投票评选。最终，自贡以270万票获全国冠军，领先第二名83万票。

4日 市歌舞曲艺演艺公司歌剧《盐神》入选第三届中国歌剧节参演节目公示名单。该剧将盐井开凿和红军长征、抗日战争等事件联系，体现盐工为国奉献的主题。

5日 副省长彭宇行率队到自贡调研。彭宇行一行实地调研自贡航空产业园、海川实业有限公司、四川大西洋焊接材料股份有限公司焊接产业园，了解全市推动产业转型、城市升级的总体谋划和战略举措。市委书记李刚，市委副书记、市长何树平等陪同调研。

同日 市政协组织22名驻市的省政协委员视察全市重大工程。

6日 市检察系统“天车文化”品牌在最高人民检察院机关文化墙“示范领航”板块展示。

7日 “千年盐都盐泽天下”自贡首届国际盐产业博览会暨井盐文化节签约仪式在自流井区综合物流园区举行。日本、西班牙、意大利、美国等国及国内10多个省市的盐业企业参展，现场签约中国·盐业小镇、富锶盐产品开发等项目28个，总投资172.8亿元。

8日 “转折·未来——2017中国盐业发展高峰论坛”在自贡举行。论坛上，日本海水株式会社、日本盐商株式会社、四川省盐业总公司、益海嘉里集团等130余家国内外知名企业的相关负责人和四川大学、浙江大学、天津科技大学等高校的专家学者围绕盐产业政策、盐业标准、盐业监管、盐业生产技术、食盐安全和井盐文化等分析和研判盐业发展形势。

同日 自贡盐业博览园奠基仪式在自流井区综合物流园举行。该博览园占地面积20公顷，总投资约30亿元，以精细化盐产业为核心，建设以产品研发、产业孵化、企业服务、产品推广等为一体的生态化盐产业博览园，涵盖企业总部基地、盐创企业孵化园、国家级盐品盐创实验室、企业服务中心、盐立方、五星级酒店等设施，拟于2020年前竣工投用。

同日 市精神卫生中心与上海复星医院投资（集团）有限公司签署老年病医院项目框架协议。该项目选址贡井区长土镇石牛村，规划占地面积24公顷，计划总投资10亿元，总建筑面积16万平方米，重点发展老年肿瘤、老年介入、老年骨外科、老年康养、老年精神、安宁照护等专业，设置医疗床位2000张、养老床位1000张。

10日 2017自贡恐龙国际马拉松赛举行。该比赛由中国田径协会、市政府联合主办，以“跑马盐都城、寻遍自贡味”为主题，设有半程马拉松和“欢乐跑”两项，中国、美国、韩国、印度、埃塞俄比亚等国家和地区的9910名选手参赛。其中，半程马拉松3958人参赛，“欢乐跑”5952人参赛。最终，中国运动员沙正友获男子半程马拉松第一名，骆滔和王孝成分获第二、三名；埃塞俄比亚运动员棱脊索和森博踏分获女子半程马拉松第一、二名，中国运动员谭琳琳获第三名。

同日 市委副书记、市长何树平率队参加在杭州举行的首届浙江川商大会。会上，何树平就自贡历史人文底蕴、基础设施建设、产业发展和投资优势等向浙商、川商作现场介绍。会后，何树平分别会见浙江长城影视传媒（集团）公司、浙江迪森国大清洁能源有限公司、上海杜赛阀门有限公司、浙江南洋科技股份有限公司、颐高集团等企业的负责人。

12日 自贡2018年第一批重大项目集中开工仪式在大安区自贡恐龙文化科技产业园项目现场举行。集中开工项目共79个，计划总投资247亿元，2018年计划投资74亿元。自贡恐龙文化科技产业园项目作为代表项目，由自贡文旅公司与深圳华强方特集团共同投资建设，总投资31亿元，占地面积约66.67公顷，是以恐龙文化为主题的大型高科技现代主题公园。市委书记李刚，市委副书记、市长何树平，市人大常委会主任谭豹，市政协主席游开余等出席开工仪式。

同日 市廉政文化教育基地启用。该基地以“清风盐都，廉洁自贡”为主题，分为增强精神之“钙”、绷紧法纪之“弦”、警醒前车之“鉴”、筑牢自律之“堤”、走好廉洁之“路”五个主题篇章，使用场景演绎、虚拟成像、全息投影、多媒体技术等高科技手段与传统图文等方式布展。市委书记李刚，市委副书记、市长何树平，市人大常委会主任谭豹，市政协主席游开余及市委中心组成员等参加基地启用仪式并举行廉政教育专题学习会。

同日 省泵阀产品质量监督检验中心获批在自贡筹建。经省质监局批准，该中心由市检验检测院、高新区管委会共同筹建，拟解决全市泵阀产品检验检测困难、研发成本高、技术标准信息不畅等问题，促进全市泵阀产业提质增效、转型升级。

13日 自贡两项专利获中国专利优秀奖。获奖专利分别为：东方电气集团东方锅炉股份有限公司“切圆锅炉燃烧装置及超低氮燃烧方法”和四川升拓检测技术股份有限公司“消减冲击弹性波激振残留信号以识别反射波信号的方法”。

15日 荣县在第四届中国绿色发展与生态建设峰会上获“2017中国绿色发展优秀城市”称号，为全省获该称号的4个市（县）之一。

18日 自贡设立全国首个盐交易中心。经省金融工作局批复，自贡盐交易中心有限公司注册资金5000万元，由市国投公司持股51%、天府商品交易所持股49%，为国内首家、全球唯一的以盐为主体的大宗商品交易中心。

19日 成（都）宜（宾）高速公路荣县段开工。该段高速公路全长46.2公里，设计时速120公里，总投资70.5亿元，预计建设工期4年。项目建成后，荣县铁厂互通立交到成都会展中心约130公里，到成都新机场约106公里。

21日 市政府与清华大学全面合作签约仪式在清华大学举行。按照协议，双方拟在战略决策咨询、科技创新合作、科技成果转化、干部人才交流培训、自贡高新区转型发展等方面开展合作。市委书记李刚，市委副书记、市长何树平，清华大学副校长尤政等出席签约仪式。

同日 自贡召开新的社会阶层人士联谊会成立大会。会议为该联谊会授牌，选举理事会会长。该联谊会拟通过团结带领全市新的社会阶层人士，用新的形式、方法和手段开展活动，展示各自优势，增强统战工作合力。

22日 自贡灯贸集团股份有限公司承办的“东方灯韵——中国秘鲁彩灯文化节”在秘鲁首都利马举行亮灯仪式。该彩灯文化节以“致王者之城的礼物”为主题，有“南方丝绸之路”“两国友谊”“中华瓷龙”“太阳之子”“熊猫”等灯组，现场展示变脸喷火、茶艺表演、糖画等四川“非遗”传统艺术，推广四川美景、美食和特色产品。该彩灯文化节为省商务厅“万企出国门”重要活动项目。

23日 自贡恐龙在辽宁省大连市公开展览。该展览命名“中生代剑客——剑龙特展”，由自贡恐龙博物馆与大连自然博物馆合作举办，展期91天，分“剑客家族”“剑之始祖”“披甲剑客”“佩刀而立”“图穷匕见”“剑者柔情”六个篇章。该次展览是自贡恐龙博物馆外展史上首个原创性临展，也是国内首个剑龙专题展。

同日 富顺县赵化沱江大桥合龙。该大桥位于富顺县赵化镇车渡口下游100米处，路线全长1.229公里，于2015年12月开工建设。项目总投资约1.2亿元，拟于2018年上半年通车。

24日 自（贡）隆（昌）高速公路富顺连接线建成通车。该连接线北起富顺县互助镇，南接县城二环路桥，于2016年1月开工。项目总投资4.3亿元，线路全长7.14公里，其中主线5.1公里，为双向8车道，路幅宽度38米；支线2.04公里，为双向两车道，道路宽度8.5米。

24日至2018年1月1日 自贡启动重污染天气橙色预警，首次实施机动车尾号限行。其间，除城市运行保障车辆和特种车辆外，采取小型汽车尾号限行，2个尾号一组轮换限行（车牌尾号分为1和6周一限行、2和7周二限行、3和8周三限行、4和9周四限行、5和0周五限行），法定节假日和公休日不限行。限行时段为每日零时至24时。限行区域包括：自流井区五星街、新民街、同兴路、光大街、滨江路、解放路、自由路、人民路、檀木林街、塘坎上路、交通路、东兴寺片区等。贡井区贡兴路、盐马路。大安区仁和路、广华路、人民路。高新区汇东路、丹桂大街、汇兴路、龙汇街、通达街、兴川街等。

25日 市政府与省食品药品监督管理局在成都签署合作备忘录。根据备忘录，双方围绕推进自贡食盐监管体制改革、盐产业发展、药物临床试验基地建设和做优做响"盐帮菜"品牌开展合作。市委书记李刚，市委副书记、市长何树平等出席签署仪式。

同日 荣县被中国建筑卫生陶瓷协会命名为"中国（西部）陶都"。荣县有丰富的陶土资源，有两千余年的制陶历史，截至2017年年底有陶瓷企业300多户，产品涵盖工业、景观园林、建材等行业，其中工业用酒坛约占全国市场份额的25%。

26日 自贡凤鸣通用机场使用许可证颁发仪式在自贡航空产业园举行。仪式上，中国民用航空西南地区管理局向自贡通航机场发展有限公司颁发"自贡凤鸣通用机场使用许可证"，使该机场成为西南地区第一个建成投运的A1类通用机场。中国民用航空西南地区管理局局长、党委副书记蒋文学，航空工业局四川局党组书记、局长胡元兵及市、区相关领导、有关部门负责人、自贡航空产业园区管委会及自贡通航机场发展有限公司等80余人参加仪式。

27日 自贡市被国家卫生计生委评为"全国第二批创建幸福家庭活动示范市"，为全省唯一获该称号的城市。

28日 川南城际铁路首片箱梁在富顺县狮市镇梓林村高铁建设工地架设成功。该箱梁长32米、重720吨，属川南城际铁路CN3标段，由中铁八局二公司施工架设。

同日 全市首列医疗卫生项目用地按商业服务业宗地出让。出让地块为南湖生态城B－03地块，面积6.90公顷，规划容积率≤3.0，出让年限40年，由四川英祥爱洛妇女儿童医院有限公司竞得，成交价为70万元/亩，总额7243.51万元。

同日 自贡发放新能源汽车专用号牌，为全省除成都外第一个发放新能源汽车号牌的城市。

28日至29日 清华大学副校长、中国工程院院士尤政率队到自贡调研。尤政一行先后到恐龙博物馆、盐业历史博物馆、自贡高新孵化园、华西能源公司、自贡运机集团、灯彩集团、朗星达电池公司、自贡工业泵公司等实地考察，了解自贡古生物遗迹保护和科学研究、盐文化传承发扬和盐业开发利用及历史文化资源、交通区位优势、基础设施建设、城市规划发展、产业结构布局、教育资源结构等情况。

29日 中共自贡市委十二届五次全会在市委大礼堂举行。全会深入学习贯彻中共十九大、中央经济工作会议和省委十一届二次全会、省委经济工作暨全省金融工作会议精神，听取并讨论市委书记李刚代表市委常委会所作的工作报告，审议通过《关于全面深入贯彻落实党的十九大精神　开创振兴发展新局面　加快建设城乡一体繁荣幸福新自贡的决定》等文件。

同日 市委十二届五次全会审议通过关于《自流井区、贡井区、大安区行政区划微调的决议》。会议同意将由自流井区管辖的川玻公司区域，面积约28万平方米，调至大安区管辖；川南钢材市场区域，面积约52万平方米，调至贡井区管辖。由贡井区管辖的东碳厂区域，面积约181万平方米，调至大安区管辖；马老山区域，面积约12万平方米，调至自流井区管辖。由大安区管辖的伍家坝、钟云山、香炉寺和马吃水立交桥区域，面积总计约363万平方米，调至自流井区管辖；虎头桥和马吃水紫荆花都区域，面积总计约111万平方米，调至贡井区管辖。调整后，自流井区增加面积约375万平方米，增加约28800人；贡井区减少面积约29

万平方米，增加约 3100 人；大安区减少面积约 265 万平方米，减少约 31900 人。

同日 荣县人吴剑作为全省唯一代表被表彰为“全国农业先进工作者”并受到习近平、李克强等党和国家领导人接见。吴剑是荣县正紫镇农业服务中心副主任、四川大农和农业开发有限公司总经理，长期从事农业技术推广与研究工作，先后自主开发出“大农和云平台”“大农汇”“农村资金互助平台”系统，发展 1 个专业合作联社和 4 个专合社，带动荣县推广订单种植水稻、高粱、土豆等作物约 2.67 万公顷。

同日 “四川自贡国家级出口彩灯文化产品质量安全示范区”入选第六批“国家级出口工业产品质量安全示范区”名单。该示范区内有彩灯、仿真恐龙制作企业约 600 余户，从业人员约 8 万人，年产值 20 多亿元。彩灯产业占国内 80%、国外 90% 以上的市场份额。有“天煜文化”“新亚彩灯”“东方彩灯”“海天彩灯”“中艺彩灯”等多个知名彩灯文化品牌。

30 日 富顺县华英实验学校学生在第十三届中国少年科学院“小院士”课题研究论文答辩活动中获一等奖并获“小院士”称号。获奖课题为张悦铃、张泠暄、罗浩勋的小课题《阳台雨棚雨水收集自动浇灌装置》。张悦铃被聘为“中国少年科学院小院士”。

是月 自贡恐龙博物馆被评为“四川省优秀科普基地”，为全省获评的 14 个科普基地之一。

是月 大安区“团结镇生姜”被国家工商行政管理总局商标局确定为国家地理标志商标。

是月 自贡硬质合金有限责任公司被国家知识产权局列为“2017 年度国家知识产权示范企业”。

是月 富顺县明英泥鳅养殖家庭农场入选“第一批省级稻渔综合种养示范基地”名单，为全市唯一入选基地。

市　委

重大决策

【十二届常委会第 8 次会议】　1 月 6 日召开。会议听取市人大常委会、市政府、市政协、市法院、市检察院党组 2016 年工作情况暨 2017 年重点工作安排的汇报。会议要求：2017 年，市人大常委会党组、市政府党组、市政协党组要围绕中央、省委和市委的部署，尤其是市第十二次党代会和市委十二届二次全会精神，结合自身职责，大胆创新创造，积极主动作为，凝神聚力、攻坚克难，为推动振兴发展、决胜全面小康做出新的更大贡献；市法院党组、市检察院党组要围绕市委工作大局，深入贯彻落实依法治市的决策部署，充分发挥职能作用，带头弘扬法治精神，全面履行法律实施和监督职能，为全市改革发展稳定营造更加优良的法治环境。

【十二届常委会第 9 次（扩大）会议】　1 月 13 日召开。会议专题听取区县委书记、市级部门党组（党委）书记抓党建工作述职。会议对 2017 年全市党建工作提出要求。一是突出思想政治建设：牢固树立“四个意识”，把拥护以习近平同志为核心的党中央落实到思想和行动上，坚决维护党中央权威和集中统一领导，确保中央大政方针和省、市委重大决策部署不折不扣落实；扎实抓好领导班子和广大党员干部思想政治建设，深入开展思想理论教育、法纪教育、警示教育和先进典型教育“四项教育”，筑牢永葆共产党人政治本色的思想根基；深入学习习总书记系列重要讲话精神和治国理政新理念新思想新战略，引导党员干部切实把理想信念牢固树立起来，坚守共产党人的政治灵魂；抓好十八届六中全会、省委十届九次全会和市委十二届二次全会精神学习，不断提高领导经济社会发展的水平和能力。二是聚焦强班子带队伍：认真贯彻“好干部”标准和“三严三实”要求，坚持重实干、重品行、重公认，围绕振兴发展排兵布阵、调兵遣将，全方位加强领导班子建设；大力实施“干部能力素质提升年”行动、年轻干部“壮苗”计划，系统性、针对性开展干部培训锻炼，推动干部思想大解放、能力大提升；深入实施高层次人才“双千计划”，在“吸才聚才、用才兴才、安才留才”等方面采取举措，不断优化全市人才培养引进的政策环境、发展环境、服务环境；坚持从严要求和正向激励有机统一，认真落实市委干部容错纠错机制，进一步完善干部考核体系，健全能上能下、追责问责机制，充分激发党员干部干事创业激情。三是持续筑牢基层基础：大力推进基层党的组织和工作覆盖，抓好基层服务型党组织建设，继续整顿软弱涣散基层党组织，着力提高基层党组织政治功能和服务功能；扎实抓好基层党组织“带头人”队伍建设，利用村（社区）换届，选好配强村（社区）“两委”班子；加强贫困村、软弱涣散村党组织建设，充分发挥带领群众脱贫奔康的“领头雁”作用；全面推进基层依法治理，扎实推进社区网格化管理、村规民约等为重点的基层法治示范创建，健全村务监督委员会工作机制，加快形成以党组织为核心的基层依法治理体系。四是持续推动正风反腐：不断强化主体责任，各区县党委、各部门党组（党委）书记要把党风廉政建设主体责任牢牢扛在肩上、始终抓在手上，切实担起全面从严治党政治责任，管好一方、守好一线；严格落实中央八项规定、省委省政府“十项规定”和市委市政府“十一项规定”精神，严抓严管重点领域和重点环节，持续用力正风肃纪，坚决防止“四风”反弹；保持反腐败高压态势，持续抓好警示教育，重点查处不收敛不收手和发生在群众身边的腐败行为，努力构建“不敢腐、不能腐、不想腐”的制度机制，维护风清气正的政治生态。五是紧扣振兴发展大业：牢固树立“把抓好党建作为最大政绩”的理念，坚持统揽全局全面抓、问题导向精准抓、压实责任逗硬抓、把握规律创新抓，让自贡党建工作在全省有声音、有特色、有地位；把党建工作与经济发展一同研究、一同部署、一同推进、一同考核，紧紧围绕“三个加快”，着力从改革发展稳定任务最重的地方抓起，从党建工作最薄弱的地方抓起，以党建促发展，推动各项事业加快向前迈进。会议对各区县委书记、市级部门党组（党委）书记提出要求：时刻保持政治清醒和政治定力；自觉落实管党治党政治责任；坚守清正廉洁的政治本色；永葆敢做善成的昂扬锐气。

【十二届常委会第10次（扩大）会议】 1月23日召开。会议传达学习省“两会”精神并研究自贡市贯彻意见。会议要求，全市各级各部门要倍加珍惜来之不易的新成就，增强追赶跨越的决心和信心；要准确把握新常态下的新形势，抢抓工作的主动权；要深刻领会省委、省政府工作新部署新要求，紧密结合自贡市实际，更加奋发有为地推进各项事业健康发展。市委一班人要带头学习，各级干部要结合工作学习，宣传部门要精心组织宣传，把全市干部群众的思想和行动统一到省“两会”精神上来。当前和今后一段时期的关键是按照省“两会”精神，结合市委十二届二次全会、市“两会”精神抓好落实，努力在项目推动、产业发展、招商引资、城乡建设、社会治理和民生改善上实现新突破，把学习贯彻省“两会”精神转化为推动全市工作的直接动力。全市各级人大、政协要紧紧围绕全市发展大局，积极发挥自身优势，为“推动振兴发展、决胜全面小康”做出新的更大贡献。

【十二届常委会第16次（扩大）会议】 3月21日召开。会议传达学习习近平总书记参加十二届全国人大五次会议四川代表团审议时发表的重要讲话，传达学习全国“两会”精神、省委常委会（扩大）会议有关精神并研究自贡市贯彻意见。会议要求，全市各级各部门要把认真学习贯彻习近平总书记重要讲话精神作为当前和今后一个时期的重大政治任务，要及时把习近平总书记重要讲话精神传达到各级党组织和广大党员干部群众，把习近平总书记的要求和希望转化为推动改革发展的强大动力，努力把自贡各项工作做得更好。一是始终保持专注发展定力，推动全市经济社会发展稳中求进、好中求快。一要深化“项目年”建设。以抓项目来统筹做好稳增长、促改革、调结构、惠民生、防风险各项工作，已开工项目要实质性动起来，早日投产见效，尤其是16个重大项目指挥部要强力推进。市重大项目办、市目督办要切实加强督促，对不作为、慢作为的要通报问责。二要切实加强重点产业培育，对重点企业实行保姆式、星级式服务。工业要做好传统产业改造提升、主导产业加快发展、新兴产业强化培育；服务业要切实抓好文旅康养、商贸物流、金融中介服务业发展，突破性推动消费热点培育；农业要切实加强发展现代农业、效益农业，实现三次产业联动发展。三要进一步扩大开放合作，加大招商引资力度。市领导、区县一把手、部门负责人要带头走出去，力争引进更多更优的大项目。二是着力推动农业供给侧结构性改革，整体提升全市“三农”工作水平。一要突破性抓好重点镇、中心村、聚居点建设，形成农村基础设施、公共服务、产业培育、农民综合素质提高、生态环境保护等方面的新格局。二要突破性推动农村产权制度改革，放活土地经营权，提高全要素生产力，尤其是要盘活土地、人力、财产。三要突破性培育新型农业经营主体，始终坚持市场导向，大力引进和培育新型经营主体，切实提升农业效益。三是坚定不移打赢脱贫攻坚战，以“绣花”功夫促进贫困群众脱贫致富。一要按小康标准抓好脱贫工作，以统筹城乡、全面小康的总体标准来统揽“三农”工作，实现脱贫攻坚，走出丘陵地区“插花式”扶贫的新路子。二要始终把农村环境和产业培育作为“三农”工作的重中之重，按照市场化、组织化、产业化的要求来调整提升农村区域发展方式，把贫困人口聚集到产业链上，实现可持续增收致富。三要切实解决好群众的住房、出行、教育、就医等困难和问题，相关职能部门要用活政策，实现资金捆绑、资源整合，整村启动、多村联动建设幸福美丽乡村。四是旗帜鲜明鼓励支持创新创造，充分增强区域发展竞争力。一要扎实推动军民融合，既要盘活存量，充分引进培育增量，又要积极争取政策和资金支持。二要深化推动四大平台公司实质性运行，用活用好市场这只手助力全市加快发展。三要突破性引进高端产业、高端技术、高端人才，引领自贡加快发展。四要着力体制机制创新，尤其要在“奖勤罚懒”的干部评价机制和“高效公平”的政务服务机制上下功夫、求实效。五是把牢用权“方向盘”，系好廉洁“安全带”，巩固发展良好政治生态。一要加强思想政治教育，特别是要加强干部的培训工作，提升党员干部的政治素养、综合素质。二要严守法纪规矩红线，进一步建立健全巡察制度，开展好党风党纪教育，旗帜鲜明地反对腐败、惩处腐败，同时营造良好的干事创业环境。三要推动基层组织工作品牌化。要注重创新，以品牌化推动整体水平提升。

【十二届常委会第17次（扩大）会议】 4月1日召开。会议传达学习省委书记王东明到市调研督导重要指示精神和在川南经济区工作座谈会上重要讲话精神并研究贯彻意见。会议要求：一是切实稳定经济增长。全市上下要始终保持专注发展转型发展定力，持续巩固扩大良好态势，推动稳中求进、好中求快。一要突破性推动项目建设。着力抓好新签约项目履约率和资金到位率、在建项目建设进度、已投产项目达产达效、储备项目科学谋划等工作。要逗硬执行每月通报预警、协调调度，以及每季度现场促进等制度，尤其是17个特别重大项目指挥部要抓快、抓效、抓出成果。二要着力强化产业支撑。加快发展节能环保装备、航空与燃机等战略性新兴产业，改造提升传统产业和重点培育新一代电子信息等潜力产业，大力发展文化旅游、医疗康养等新兴先导型服务业和特色优质现代农业。特别是要突破性推动航空产业园建设，抓好通用航空小镇试点、通用航空产业综合示范区的争取工作以及园区管委会的建立和运行，加大专业招商，让更多项目入驻园区。三要抓好招商引资“第一要事”，继续加大招商引资力度。市领导、区县一把手、部门负责人要带头走出去，紧紧围绕产业发展需求，实施精准招商和专业化招商，力争引进更多更优的大项目。二是提升“三农”发展水平。要以推进农业供给侧结构性改革作为全市“三农”工作的主线，加快推动农村农业提质增效。一要抓结构调整，进一步优化农业产业体系、生产体系、经营体系，促进农业规模化、品牌化、组织化发展，力争2年内打造100平方公里的现代农业示范区、6个10万亩的特色产业园和1个区域农产品综合品牌。二要抓农村改革，放活土地经营权，提高全要素生产力，尤其是要盘活地权、林权、宅基权等资源，推动农村产权抵押取得实质性突破，不断激活农业农村内生发展动力。三要抓美丽乡村，紧紧围绕助农增收、脱贫致富这个核心，着力抓好幸福美丽新村建设，实现业兴、家富、人和、村美，让广大农村群众住上好房子、过上好日子、养成好习惯、形成好风气。三是打好脱贫攻坚硬仗。要突出抓好脱贫攻坚头等大事，努力走出一条“插花式”扶贫的新路子。要按小康标准抓好脱贫工作，统筹脱贫攻坚与全面小康，两步并成一步走，坚定不移打赢脱贫攻坚战，以“绣花”功夫促进贫困群众脱贫致富，确保小康路上不落下一户一人。要切实解决好群众的住房难、行路难、上学难、就业难等问题，相关职能部门要拿出规划，一项项解决，补齐民生短板。要用好“第一书记”，所有村（社区）选派“第一书记”关键在“选”和“用”上，坚持以“能干成事”选派，以“干成的事”考核。四是鼓励支持创新创造。要发挥好人才、科技基础优势，下大功夫引进高端产业、高端技术、高端人才，引领区域加快发展。要做好军民融合深度发展这篇文章，一手抓盘活存量，一手抓培育增量，不断创新融合形式，提升融合层次，为全市经济社会加速发展注入新的动力。要加强市场化改革，加快推动四大平台公司实质运行，用好发展基金，发展多层次资本市场。要着力体制机制创新，尤其要在“奖勤罚懒”的干部评价机制和“高效公平”的政务服务机制上下功夫、求实效。要全方位推进开放合作，加快推动“综保区”的创建，不断提升自贡对外开放合作水平。五是不遗余力推动绿色发展。要切实打好污染防治“三大战役”，强化重点领域和关键环节治理。要全面落实河长制，切实较真碰硬，做好河流防治。要突出抓好城乡环境综合治理，聚焦抓实、抓效，推动全市环境面貌和治理水平整体提升。要大力发展绿色低碳循环经济，坚定走生态优先、绿色发展之路。会议要求，要坚定推动全面从严治党向纵深发展，不断巩固和发展良好政治生态。一要强化思想教育，以党委（党组）中心组、党校主体班、领导干部读书班等为载体，对换届后各级班子实施开放式全员培训，提升党员干部的政治素养、综合素质。二要持续用力正风肃纪，旗帜鲜明惩治腐败、坚决有力刷新吏治。要深化干部德能勤绩廉反向测评、村（社区）干部“歇职”管理等机制，着力整治为官不为和隐形变异“四风”问题。强化深化惩防衔接、一体联动，抓早抓小、及时防范，推动巡察工作全覆盖，发挥巡察“利剑”作用。三要营造好干事创业氛围。要鲜明崇尚实干用人导向，以实绩论英雄。特别是要注重在项目建设、脱贫攻坚、招商引资“三个一线”培养选拔干部。要细化实化容错纠错机制办法，为干部大胆闯、大胆试、大胆干营造良好环境。

【十二届常委会第19次（扩大）会议】 4月25日召开。会议传达学习全省深化领导班子思想政治建设工作推进会暨市厅级主要领导干部读书班精神并研究自贡市贯彻意见。会议要求，一是用习近平总书记系列重要讲话精神和治国理政新理念新思想新战略统揽振兴发展各项事业。全市各级各部门既要学深悟透、武装头脑，又要结合实际、落到实处。市委组织部、市委宣传部要制定计划、抓好学习宣传；各级党委（党组）要拿出具体方案，一条一条地学、一项一项地抓。二是坚持以供给侧结构性改革为主线，强化创新驱动、扩大开放，推动老工业城市转型升级。要珍惜和把握自贡列为全国首批老工业城市产业转型升级示范区的大好机遇，下真功夫探索新路径、新模式，加快建立创新驱动的产业转型升级内生动力机制，形成以园区为核心载体的平台支撑体系，构建特色鲜明竞争力强的现代产业集群，力争在全国树典型、立标杆、做示范。三是坚持以小康标准推动脱贫攻坚。要统筹脱贫攻坚和全面小康，两步并作一步走，按照既定目标，注重提升扶贫质量；要坚持“四好”标准，全面把贫困村打造成示范村。农业产业上要在建基地、创品牌、搞加工上下深功夫，整体提升农业农村发展水平。四是坚定不移走绿色发展之路，下大力气打好水、空气、土壤污染防治“三大战役”，推动全市生态环境持续改善。要逗硬落实“河长制”，下狠功夫推动“三创联动”，切实抓好城乡环境综合治理，不断改善城乡面貌。五是坚持底线思维，创新社会治理，努力把振兴发展各项事业全面纳入法制化轨道。要从制度上、法律上解决制约发展的根本性、全局性、稳定性和长期性问题，加强网格化管理，把管事和办事结合起来；同时要注重各类矛盾纠纷的排查化解，充分运用法治思维和法治方式来治理城市。六是持续深化领导班子思想政治建设，把各级领导班子和党员干部队伍建设得更加坚强有力。要强化引领，对换届后各级班子实施开放式全员培训；要从严监管，尤其是严明政治规矩和纪律，对中央、省委、市委作出的决策部署，要不折不扣落实到位。

【十二届常委会第24次（扩大）会议】 5月31日召开。会议传达学习省第十一次党代会精神并研究自贡市贯彻意见。会议要求，要按照新要求准确把握工作方向。以新理念推动振兴发展各项事业，把习近平总书记系列重要讲话和治国理政新理念新思想新战略作为指南，学深悟透、守正笃行；任何时候都不能放松抓发展，必须扭住不放、奋力作为、干出成果；必须把转型升级作为发展的主路径，突破性推动产业形态、城市形态、社会形态转型升级；要让“干事创业”成为党员干部的自觉追求，旗帜鲜明地倡导以实绩、以实干论英雄。会议要求全市上下要把省党代会确定的“路线图”与市党代会确定的“作战图”结合起来，聚焦重点攻坚突破，推动省党代会各项决策部署在自贡落地生根。一要抓牢抓实项目工作，着力稳增长。要巩固发展向好态势，进一步加大向内加力、向上争取、向外招引力度，大力谋划项目、加快推进在建项目，积极主动跑政策、要项目，要始终坚持招商引资第一要事，大马力“走出去”开展小分队招商。市级领导、区县主要负责同志要带头抓项目、跑项目。二要抓牢抓实老工业城市产业转型升级示范区建设，推动“优二兴三”。示范区建设不能局限于“政策洼地”，要成为“创新高地”，一定要探索新路径、新模式，树典型、作示范。工业上，要大力改造提升传统产业、加快发展新兴产业和重点培育潜力产业，尤其是以航空与燃机为突破口，加快形成支柱产业；服务业上，要以文旅融合发展为突破口，以加快彩灯大世界、恐龙王国主题公园等项目为抓手，擦亮“盐、龙、灯”这三张“金字招牌”。当前要紧紧扭住重点产业、重点企业，实打实地搞好服务、解决问题，推进落地见效。三要抓牢抓实创新驱动，培育发展新动能。着力科技创新，要切实发挥科技创新平台作用，李国贵、曾明全要专门研究，突破性推进企业创新、市场创新、品牌创新、产品创新，打造开放型区域科技创新高地；着力制度创新，在激发科技人员创新创业、理顺区县管理体制、推动国企改革、优化政务环境等方面下功夫，最大限度地激发市场活力、企业活力、资金活力和人才活力，充分增强区域发展竞争力。李国贵、王猛要强力推动“两个 20 条”落地落实。四要抓牢抓实城乡建设，提升城市能级水平。加快建设川滇黔渝重要综合交通枢纽，统筹推进旧城改造和新区建设，突破性推动釜溪河流域综合治理等重点工程。五要抓牢抓实脱贫攻坚，整体提升“三农”工作水平。对标小康，提升脱贫攻坚工作标准；要坚持统筹城乡，以片区大产业、大市场、大交通、大物流、大数据作支撑，确保精准扶贫可持续；集聚攻坚要素，尤其要支持各类市场主体到农村；要以争创国家级农业现代化示范园区为抓手，加快推动农业农村提质增效。六要抓牢抓实从严治党，以“严”字当头、“治”字着力、“干”字托底，巩固发展良好政治生态，激发干部干事创业。

【十二届常委会第 25 次会议】　6 月 14 日召开。会议审议市政府党组《关于报请审定〈关于加快建设老工业城市产业转型升级示范区的实施意见（送审稿）〉的请示》。会议原则同意该请示，由李国贵、王猛牵头，根据会议提出的意见完善后，高效组织实施。会议要求，要坚持市场主导与政府引导相结合、创新引领与开放合作相结合、高端切入与集约发展相结合。一是谋划上要高起点。要在全国老工业城市中走在前列、作出示范，不管是目标设置还是重大项目都要前瞻性、超常规谋划。二是支撑上要突破性。立足自贡基础优势，要突破性抓成一批具有支撑性的项目。要抓住全市关键性体制机制制约，突破性出台一系列改革措施。三是推动上要项目化。要把工作谋划、工作目标落实到具体项目中去，要细化责任清单，能量化的尽量量化，落实到单位、到时间节点、到责任人，一项项地推动。

【十二届常委会第 27 次会议】　7 月 14 日召开。会议传达学习十一届省委常委会第 6 次会议精神并研究自贡市贯彻意见。会议要求，一要千方百计稳增长。要按照“稳中求进、好中求快，下半年必须好于上半年”的目标要求，聚焦重点领域、重要任务，坚定信心、自我加压，冲刺三季度、决战四季度。要狠抓项目建设，继续坚持用集中开工倒逼项目工作，尤其是下决心狠抓项目推进、实物量提升。要充分利用全国老工业城市产业转型升级示范区建设，大力度谋划一批重大项目。要狠抓产业发展，尤其是工业要坚持扩大增量与盘活存量并重，在“育”“引”上下功夫。要狠抓对外开放，更加突出以区县、园区主体精准招商、专业招商，实现量质提升；更加突出区域的协同发展，在体制机制上、项目上深度融入成渝经济区、四川自贸区川南临港片区。二要坚决打赢脱贫硬仗。既要识别精准，更要施策精准，及时调整帮扶措施，建立完善动态问效机制。要针对致贫原因，着力补齐短板，大力推行大病救助、乡村医疗条件提升等工作，尤其是要彻底解决好路、水、房、就医、上学等基本困难。要融入区域发展，把壮大区域产业、提升区域发展水平作为脱贫攻坚的可持续支撑，要打破行政区划，大力度引进业主，发展优质产业，稳定贫困户增收。三要全力解决环保问题。要突出整改。既要强化环保问题清单制，又要确定更高工作标准、工作时限，进一步明确责任和任务。要夯实基础。既要立足当前问题整改，又要聚焦薄弱环节，做好环保事项规划，一项一项加紧推进，尤其是污水处理厂建设、饮用水保护、釜溪河流域综合治理问题等工作要扎实往前推进。要着眼长远。用环保准入倒逼产业转型升级，结合自贡市实际，制定出台一批严于国家标准的地方环保标准体系，着力构建绿色生产生活方式。四要着力维护安全稳定。要逗硬落实“属地管理、分级负责，条块结合、以块为主，谁主管、谁负责”以及“一岗双责”，把工作做实、做深、做细，确保社会大局和谐稳定。要强化底线思维，严格按照“全覆盖、零容忍、严执法、重实效”的要求，统筹做好各方面安全稳定工作，坚决守住食品药品安全、安全生产和社会稳定底线，及时发现隐患、整改隐患、确保安全，始终把保护人民群众生命财产安全放在首位。要强化舆论管控，着力构建清朗的舆论空间。

【十二届常委会第29次（扩大）会议】 8月1日召开。会议传达学习省部级主要领导干部“学习习近平总书记重要讲话精神，迎接中共十九大”专题研讨班精神和省委常委会（扩大）会议暨省委中心组学习会精神。会议要求，一要树牢“四个意识”，坚定自觉地维护核心。一是思想上对标对表、自觉拥戴核心。向以习近平同志为核心的党中央看齐，向党的理论和路线方针政策看齐，向党中央各项决策部署看齐，把对党忠诚作为立身做人从政的生命线和根本点。二是行动上紧跟紧随、坚定维护核心。始终把坚决维护习近平总书记核心地位作为第一遵循、第一标准、第一要求，时时、事事、处处维护习近平总书记核心地位、领导权威。三是执行上要坚定坚决、绝对服从核心。听党话、跟党走，以对党负责、对历史负责、对人民负责的态度，不折不扣地贯彻落实中央的各项决策部署，确保中央政令畅通、决策落地生根。二要把准政治方向，以重要讲话精神统揽思想和行动。全市各级党组织要把学习贯彻习近平总书记在专题研讨班上的重要讲话精神作为当前的重要政治任务，迅速掀起学习宣传贯彻的热潮。一是筑牢思想基础。全市党员干部要把学习习近平总书记在专题研讨班上的重要讲话精神与学习总书记系列重要讲话精神结合起来，与学习总书记关于做好四川当前工作的重要指示精神结合起来，与学习省第十一次党代会精神结合起来，与落实市第十二次党代会精神推动振兴发展结合起来，深入融入“两学一做”学习教育，把自己真正摆进去，学深悟透、入脑入心。二是凝聚广泛共识。各级宣传部门要全方位发挥主渠道作用，精准解读、深度宣传、广泛宣讲习近平总书记在专题研讨班上的重要讲话精神，最大限度地凝聚社会共识，由唐杰牵头做好该项工作。各级党组织要迅速召开中心组学习会、专题学习会等，开展集体学习和专题研讨，深化对讲话丰富内涵、精神实质、基本要求的认识和把握，更好地武装头脑。三要抓好实践推动。各级党员干部要立足于学、聚焦于干，把学和干深度结合起来。尤其是领导干部要先学一步、深学一步，知行合一，带头干、带领干、带动干，要立足本地区、本领域的工作，对标重要讲话精神，对照时代责任，把心思和精力聚到抓发展、破难题、作奉献上，用实际作为体现担当和水平。三要奋力推动振兴发展，以优异成绩迎接中共十九大胜利召开。一是专注发展定力。在“好”字上精准发力、在“快”字上持续用力，按照“各项主要经济指标高于全省平均水平、总体好于上半年、各项工作创先争优”要求，千方百计稳定经济增长，聚精会神抓好党的建设，把各项工作往前赶。二是致力转型升级。抓快抓实全国老工业城市产业转型升级示范区建设，聚力创新驱动、区域协同、深化改革、双向开放，在体制机制、自主创新和人才培育引进上做足文章，在先行先试中实现新突破，推动城市整体转型。三是办好民生实事。坚决打赢两年脱贫集中攻坚硬仗，下死决心整治流域污染、大气污染等突出环境问题，集中办好一批群众就业、就医、就学、住房、出行等具体实事。四是营造优良环境。把群众问题解决在基层、化解在萌芽，扎实开展安全专项整治，全程全面坚守“三条底线”，强化风险管控，切实推进党的建设这个新的时代伟大工程，巩固发展风清气正的政治生态，为中共十九大胜利召开营造良好社会环境。

【十二届常委会第30次（扩大）会议】 8月4日召开。会议传达学习省委专题会议精神并研究自贡市贯彻意见。会议要求，一要保持头脑绝对清醒。要进一步统一思想认识、切实提高政治站位，深入学习贯彻习近平总书记生态文明建设战略思想和省委生态优先、绿色发展重要要求，始终把生态文明建设摆在全局工作位置抓紧抓实。各级各部门要严格落实党政同责、一岗双责，健全责任体系，切实做到守土有责、守土负责、守土尽责，以责任落实倒逼工作落实。二要主动接受配合督察。各级各部门要精细准备、周密安排、加强沟通协调，主要领导要亲自部署，定人定责、抓紧抓细，按照督察重点逐项落实责任。要不折不扣落实好督察组的各项要求，及时提供有关材料，实事求是介绍情况、报告问题。要加强统筹协调，扎实做好组织保障、工作保障、服务保障，确保顺利通过中央环保督察。三要下死决心整改问题。要抓好省、市督办问题整改，对已完成整改的问题，要扎实开展“回头看”工作，严防问题反弹回潮。要把突出环境问题整改作为重中之重来抓，对当期问题务必按照时限要求整改到位，对涉及长远的问题必须拿出规划和方案，列出时间表、路线图，分期分步往前推进。要做好环保设施建设、功能建设、能力建设，强化市场化取向，拿出高标准规划，自加压力加快推动建设。要健全长效机制，充分认识抓好生态环境保护工作的长期性、艰巨性，既立足当前又着眼长远，加快构建绿色发展长效机制，推动生态环境保护制度化、常态化。四要层层压紧压实责任。各级干部尤其是党员领导干部，要勇挑重担，少讲客观理由，多找主观原因，直面矛盾问题，主动克服困难，加力推动整改。要列出整改清单，尤其是“任务、目标、问题、责任”四张清单，细化完善工作方案，确定完成时间节点。要集中力量攻坚，注重协调配合，有效整合力量，形成工作合力。要强化责任追究，对不作为、慢作为、乱作为和弄虚作假的，一律严肃追究责任。要强化宣传引导，进一步营造推动绿色发展的良好氛围。

【十二届常委会第33次会议】 8月31日召开。会议听取全市2017年1—8月工业经济运行情况汇报并研究下一步工作。会议要求，要按照激活存量、做优增量、做大总量的总体要求，确保实现“好于上半年、高于全省平均水平”的目标任务。一要抓整改，加快企业恢复生产。对涉及环保整改的企业，环保和经信部门要加强分类指导、应改尽改，尽快恢复企业生产。需要短期整改到位的，要全力整改；需要长期整改的，要拿出计划，分阶段推进；对于落后淘汰产能，要坚决关停。二要抓转型，推动企业提质增效。要抓龙头带动，突出大企业引进和培育，形成全市产业发展新优势。要抓高端切入，引进战略性投资者、植入高科技成果，突破性推动先进制造业发展。要抓创新驱动，在科技、人才、管理机制上下功夫，提升企业核心竞争力。三要抓开放，强化延链补链强链。要坚持扩大开放、借势借力，以产业链高端推动价值链高端。一是加大招商力度，围绕主导产业链，把大企业、大集团作为招商引资主攻目标；二是积极走出去，帮助东锅、华西能源等一批本地优质企业走出去，积极开拓国际国内市场。要推动区域协同发展，通过区域间的合作，构建产业联盟、技术联盟、资本联盟，特别是要强化校地合作、融入自贸区。四要抓园区，提升承载吸附能力。要提升园区功能，强化园区基础设施配套，凸显集约集聚作用。要优化管理体制，坚持市场化取向，采取封闭式管理，用企业化运营模式提升园区现代化管理水平。要加快推动“飞地园区”建设，有关部门要加强指导、协同推进。五要抓服务，构建优质高效环境。要提升政务效能，加大简政放权、简政便民力度，不断提升服务水平。要强化金融支持，帮助企业扩大融资渠道、提高融资效率，特别是银政联席会要常态化，形成金融支持实体经济新通道。要帮助解决问题，强化市县领导联系重点企业、重点项目的“挂、包、帮”制度，针对企业提出的困难问题，列出清单、定期销号。

【十二届常委会第38次（扩大）会议】 10月30日召开。会议传达学习中共十九大精神及省委常委会（扩大）会议、省传达学习中共十九大精神大会精神并研究自贡市贯彻意见。会议要求，要认真践行习近平新时代中国特色社会主义思想，迅速掀起学习宣传贯彻中共十九大精神热潮。一要深入传达学习。各级党组织要通过多种形式，系统传达、深入研讨、入心入脑；各级党员领导干部要带头学习、带头解读、带头宣讲；广大党员干部要结合“两学一做”学习教育常态化制度化，原原本本地学、深入细致地悟。二要广泛开展宣传。宣传部门、新闻媒体、网络媒体要精心策划、精心组织，广泛利用电视、报刊等媒介集中宣传报道。尤其是要全方位、多维度宣传报道各条线学习贯彻十九大精神的生动实践，形成正面宣传攻势。三要集中组织宣讲。要分级组建宣讲骨干力量，结合“三下乡”“法律七进”等活动推动中共十九大精神进机关、进企业、进农村、进社区；各级领导干部要深入分管联系、挂联企业部门集中宣讲，深入联系贫困村入户宣讲，把十九大精神传达到基层一线；第一书记要结合政策宣讲，将十九大精神及时传播到工厂社区、田间地头、农家院户；各级党校要把党的十九大精神列入干部学习教育培训规划、主体班次培训课程，分期、分批、分层次进行轮训。会议要求，当前和今后一个时期，全市要突破性抓好“六大行动”。一是深化实施产业转型行动。总的要按照集约、高效、绿色的方向，推动新兴产业规模化、传统产业高端化、优势产业集群化。大力引进和培育大的产业项目；坚持走高端化、差异化的路子；下决心把园区和政务环境优化好。二是深化实施城市升级行动。要在完善城市功能、提升城市品质、强化城市治理上下深功夫。三是深化实施乡村振兴行动。总的思路是“3346”：实施好三化、三区、四结合、六大工程。要以新居建设为抓手整体推动农村基础设施提升，以示范园区建设为重点整体推动农村产业水平提升，以深化农村产权制度改革为突破口激活农村发展内生动力。四是深化实施创新引领行动。要重点在科技创新、人才创新、机制创新三个方面寻求大的突破。五是深化实施全面开放行动。要在质效上下功夫，尤其要紧紧围绕高端产业和产业高端，集中力量招引一批对区域发展支撑性强的大项目；要推动区域协同发展，深度融入成渝经济区，尤其要高效推动与成都高新区、自贸试验区的合作，努力形成更多成果；要突出双向开放，既要“请进来”，又要“走出去”，在强链、补链、延链和建链上想办法，推动重点产业、重点企业走出去。六是深化实施生态建设行动。要把生态建设和环境保护的决心落实到行动上，既要立足当前、痛下决心，全力以赴抓好环保突出问题整改，又要着眼长远、持续用力，推动环保工作从治标到治本发展。要坚持用新发展理念建设新环境，以最大决心、最高标准、最严监管推动生态建设、倒逼转型发展，再现一片碧水蓝天。

【十二届常委会第 39 次会议】 11 月 8 日召开。会议听取市政府党组《关于 2017 年 1—10 月全市九项民生工程及 26 件民生实事推进情况的报告》。会议要求，一要对照目标全面梳理。全市的民生工程、民生实事推进中，各地推进不平衡、部分项目推动严重滞后，特别是“生活污水无害化处理”和“重点流域污染防治江河”。要解决好能干、会干、干得成、干得好的问题，在推进工作中真干、实干、敢干，不停步不闪火；要坚持目标导向认真梳理，找出短板、剖析症结、列出清单，一项一项抓落实；要开放、开门、开明搞督查，形成政府主导、社会参与的大督查格局。二要实实在在解决问题。一是坚持多元化开放式推动，以政府主导为前提，最大限度强化市场化取向。要把民生工作融入经济社会发展全局中去，集中财力人力攻坚。二是推动工作力量下沉，最大限度下放权限到区县、到社区、到街道，打破行政区域界限，破除体制问题，确保各项民生工程政策落地生根，群众得实惠。三要扭住重点持续突破。要深度把握老工业城市的阶段性发展特征，充分考虑民生、民计、民意，抓好几件大事。城市范围内，以棚户区改造为主要抓手，完善城市基础设施及功能、公共服务配套；脱贫攻坚上，以新居工程和新村建设为抓手，整体提升农村基础设施和公共服务建设水平；社会事业上，聚焦教育、交通、卫生、保障等公共服务短板，分类补齐、提升质效。要坚持以考核抓促进、以检查促服务，全面提升民生工作实效。

【十二届常委会第 40 次（扩大）会议】 11 月 16 日召开。会议传达学习《中共中央政治局关于加强和维护党中央集中统一领导的若干规定》（以下简称《规定》）、《中共中央政治局贯彻落实中央八项规定的实施细则》（以下简称《细则》）并研究自贡市贯彻意见。会议要求，全市各级党组织和广大党员干部，尤其是各级领导干部要原原本本认真研读，全面领会把握《规定》和《细则》要求，真正从思想上提高认识、行动上作出示范。一是务必清醒坚定，始终保持绝对忠诚，坚决维护党中央权威和集中统一领导。一要坚决维护习近平总书记在党中央和全党的核心地位。牢固树立“四个意识”，向习近平总书记看齐，向党中央看齐，向党的理论和路线方针政策看齐。尤其是要深入学习贯彻习近平新时代中国特色社会主义思想，一定要学懂、弄通、做实，领导干部当前要带头学、带头讲、带头实践。二要坚决维护以习近平为核心的党中央权威和集中统一领导。要自觉在政治立场、政治方向、政治原则、政治道路上同党中央保持高度一致，做到党中央提倡的坚决响应、党中央决定的坚决执行、党中央禁止的坚决不做。三要坚决落实中央重大决策部署。要高标准、高效率、高质量落实好省委、市委贯彻中央精神的各项部署，决不能打折扣、做选择、搞变通。全市各级部门和广大党员干部必须严格纪律规矩，严格执行重大事项报告制度。二是务必从严从实，始终聚焦作风转变，不断巩固拓展落实中央八项规定精神成果。全市各级党员干部要对标《细则》，以更严的标准、更实的举措贯彻好，推动全市党风政风持续好转。一要从抓细抓小入手抓常，解决效率提升的问题。办文、办会、办事总的一条就是要坚持从实、从简、从效，逗硬全面落实中省要求。要进一步精简会议活动、文件简报，开短会、发短文、讲短话；要进一步增强工作的计划性，建立健全周安排、月计划制度，推动各项工作高效有序运转，严格发文、会议、接待、活动等审批制度。二要从关键少数入手，解决以上率下的问题。党员领导干部要带头示范，以行动作号令、以身教作榜样，改进调查研究、厉行勤俭节约，坚决反对特权思想和特权现象，一级做给一级看，一级带着一级干，以上率下、以上促下。三要从督查问责入手，解决工作执行的问题。当前，推动自贡发展的思路、重点工作都比较清晰，关键是要落地见效。必须用最严、最硬的督查问责来倒逼。纪委监察、目标督查部门要紧盯突出问题、重要环节、关键领域，持续加大督查考核问责力度，让干事创业的新风正气常态化、长效化。三是务必干字当头，始终专注发展定力，奋力推动老工业城市振兴发展。在距2017年年底1个多月时间里，全市必须把工作重心聚焦在重点工作突破、重大事项落地上，各条线要对标目标全面梳理，找差距、上措施，确保全面完成全年各项目标任务。一要对上抢抓政策争取，要吃准吃透中央及省的政策和市场趋势，争取2018年的项目和政策，尤其要加紧争取推动老工业城市转型升级政策。二要扭住重点事项突破，尤其是要抓紧抓实项目工作，17个重大项目指挥部必须加力推动，形成实质性成效。当前，要突出抓好民生事项、社会治理、困难群众生产生活和安全稳定工作，更好地满足人民群众对美好生活的需要。三要抓好2018年工作谋划。要精准研判全国、全省经济走势和政策变化，尤其是要深度研究党的十九大报告，结合自贡实际，深度谋划、列出清单，坚持重点工作项目化、工程化、具体化。特别是项目工作，要体现支撑性、实效性、精准性，形成具体的工作计划、量化目标、项目安排。

【十二届常委会第43次（扩大）会议】 12月1日召开。会议传达学习省委副书记、省长尹力率队到市调研指示精神并研究贯彻意见。会议要求，要把省委、省政府的关怀转化为推动发展的强大动力。一要不断解放思想、更新理念。把中共十九大精神、省委及省政府决策部署融入具体实践中，以新理念、新思想、新要求不断深化发展思路、发展举措。二要提升工作标准、争创一流。必须以超常的思维、超常的举措、超常的付出推动发展。三要强化使命担当、履职尽责。在全市进入转型发展关键时期，各级一定要知责明责、履责尽责，紧起来、跑起来、干起来。会议要求，要以务实求实落实的精神抓好贯彻落实。一要抓紧抓实中共十九大精神学习贯彻，把学习贯彻中共十九大精神不断深化下去，真正学懂弄透做实。对市委中心组学习安排要再细化、深化、实化，把《习近平谈治国理政》（第二卷）纳入学习安排。二要抓紧抓实产业转型，加力加劲推动传统产业高端化、优势产业集群化、新兴产业规模化。要持续加大招商引资力度、强化大企业的培育、着力盘活存量资源，把工业这个柱子立起来；充分利用技术支撑、金融扶持等，尤其是四大国有平台公司要起到对区域经济的支撑性、引领性作用。三要抓紧抓实城市升级，持之以恒、下硬功夫，着力提升城市功能、品质和管理。东部新城2018年必须形成形象进度；棚户区改造要加力，尤其要兼顾功能与品质提升；要着力推动主要街区风貌塑造，抓紧重点镇、中心村、聚居点建设。四要抓紧抓实文旅产业为主导的现代服务业发展，要把文化形态转变为高端业态。把文旅项目放到经济社会发展大局中去谋划，结合自贡市地域特点和文脉，做出特色和品质；要充分考量市场，搞好精准测算，大马力包装、推动一批文旅项目；加快推动方特恐龙王国公园、华侨城彩灯大世界、中华盐文化博览园等文旅重大项目。五要抓紧抓实环境保护，下死决心、硬功夫，在一段时间内使自贡的环境质量发生明显改变。

【十二届常委会第44次（扩大）会议】 12月11日召开。会议传达学习省委十一届二次全体会议精神并研究自贡市贯彻意见。会议要求，一要深刻领会、准确把握省委全会精神。全市各级党组织和广大党员干部务必高度自觉肩负政治责任，准确认识省委全会是贯彻落实中共十九大精神这一重要历史背景，牢牢把握新时代新任务新要求。一是准确把握坚定维护以习近平为核心的党中央权威和集中统一领导的重大政治要求。二是准确把握以习近平新时代中国特色社会主义思想为指导、丰富完善治蜀兴川总体工作格局的深刻内涵。三是准确把握“一个愿景、两个跨越、三大发展战略、四项重点工程”的战略谋划。四是准确把握全面落实中共十九大经济社会发展重大部署、推动治蜀兴川再上新台阶的重点任务。五是准确把握高质量高水平推进九寨沟地震灾区重建和发展提升的部署要求。六是准确把握坚定不移全面从严治党的总体要求。二要迅速掀起学习宣传贯彻省委全会精神热潮。一是做好结合文章。要把学习贯彻中共十九大精神、全面落实习近平总书记对四川工作的系列重要指示批示，与贯彻落实省党代会精神、省委全会精神、市第十二次党代会精神紧密结合。二是广泛宣传宣讲。要深化媒体正面宣传、宣讲团宣讲、“第一书记”讲党课等举措，尤其要充分利用新媒体进行多角度、立体化解读，推动中共十九大和省委全会精神进机关、进企业、进农村、进社区，做到深入基层、深入人心。三是抓好教育培训。结合党中央即将组织开展的“不忘初心、牢记使命”主题教育，通过举办各种形式的学习班、培训班、研讨班，组织全体党员干部分专题、分步骤，扎扎实实、认认真真、系统全面地学。三要不断丰富完善推动振兴发展的工作思路。一是坚持党对一切工作的领导，体现在振兴发展的各方面、全过程。二是以习近平新时代中国特色社会主义思想统揽自贡发展全局。三是按照“两步走”的战略安排，科学谋划自贡发展的美好远景。四是深刻把握新时代的新内涵，找准自贡所处的历史方位和深化战略路径。四要以更加实干、更加有为的精神状态奋力开启振兴发展的新征程。一是以提升供给质量效益为方向推动产业转型。要深化实施工业“633”行动，尤其在航空与燃机、化工与新材料、节能环保、光电制造、电子信息等方面取得重大突破；要坚持以文旅融合为抓手提升服务业，尤其是方特恐龙王国公园、中华彩灯大世界、井盐文化博览园要提速推进。二是以提升能级水平为目标推动城市升级。要加快推动以东部新城为重点的新区建设、以棚改为重点的旧城有机更新、以城市标志性精品工程为重点的特色街区打造、以“三创联动”为重点的城市治理水平提升。三是以城乡融合发展为路径推动乡村振兴。要坚持“3346”总体思路，以新居建设为抓手整体推动农村基础设施提升，并加快推进农村土坯房改造；以示范园区建设为重点整体推动农村产业水平提升，建基地、创品牌、搞加工，高标准建设“一区六园”；以深化农村产权制度改革为突破口激活农村发展内生动力，继续加大土地流转力度、深化推动土地增减挂钩、积极培育新型农业经营主体。四是以科技创新为基点推动创新引领。要以科技创新带动理论、产业、管理、体制机制和文化等全面创新，推动“科技 + 金融 + 企业”深度融合，打造产业联盟、技术联盟、资本联盟；盘活资源要素，尤其要加快推动四大平台公司实质运行，用好发展基金，发展多层次资本市场；大力推动军民融合发展；突破性推动人才引育计划，尤其要强化与高校联盟。五是以内外联动为关键推动全面开放。坚持“引进来”，凸显招商引资第一要事，下大功夫引进高端产业、高端技术、高端人才，引领区域加快发展；坚持“走出去”，推动“自贡造”系列产品走出国门，参与“一带一路”产能合作和基础设施建设，为企业赢得更广阔的发展空间。六是以“三治一植”为抓手推动生态建设。按照“坚决改、铁腕治、注重防”的总体要求，推动自贡环境质量得到根本性改变和提升，在长江上游生态屏障中体现自贡担当。会议要求，着力在干事创业激励机制、人才引进培育机制、从严治党制度建设等方面下深功夫，确保中央、省委各项决策部署在自贡落地落实。各级各部门要立足 2017 年收好官、2018 年开好局，对各自承担的任务全面梳理、查漏补缺，确保完成 2017 年各项任务，抓紧谋划 2018 年工作，牢牢掌握发展主动权。会议听取市重大项目推进及 2018 年重大项目编制情况汇报。会议要求，立足项目可行性和综合效益，坚持单个和集成结合、当前和长远结合、政府行为和市场行为结合、创新社会治理和环境价值提升结合，打破行政区划、地域界限，形成区域发展支撑。要创新项目管理方式，强化日常考核监督，抓紧出台项目管理意见；要加大要素保障和协调，尤其是行政资源保障要有效作用于、服务于项目；要提升招商引资实效，做大项目增量。要下真功夫抓实园区建设，突破性推动综合保税区、光电制造、循环经济园建设；统筹规划东部新城、东北部新城，有效整合项目指挥部，“一盘棋”推动大东部新城建设。要明确责任要求，务实高效、锲而不舍推进项目工作。

【十二届常委会第46次（扩大）会议】 12月28日召开。会议。传达学习中央经济工作会议、省委经济工作暨全省金融工作会议精神并研究自贡市贯彻意见。会议要求，一是深刻把握精神实质。要深刻理解和把握习近平新时代中国特色社会主义经济思想的丰富内涵；深刻理解和把握中共十八大以来全国全省取得的历史性成就、发生的历史性变革；深刻理解和把握全国经济已由高速发展转向高质量发展阶段的重大判断；深刻理解和把握2018年经济工作的总体要求和重点工作任务；深刻理解和把握推动金融改革发展更好服务实体经济的重点原则和主要任务；深刻理解和把握坚持和加强党对经济工作领导的重要要求，切实提高各级党委“把方向、谋大局、定政策、促改革”的能力和定力，推动经济社会持续健康发展，加快建设城乡一体繁荣幸福新自贡。二是看清大势、理清思路。一要兼顾质量、效益和速度。2018年全市经济工作要更加注重推动高质量发展，持续巩固向好态势，整体提升区域竞争力，促进经济发展结构更优、后劲更足、效益更好。二要增强发展的活力和韧性。要坚持以供给侧结构性改革为主线，进一步下大功夫推动对内改革、对外开放取得突破，充分激发市场主体活力，实现质量变革、效率变革、动力变革，为区域转型升级提供可持续支撑。三要突出“破”“立”“降”。要切实破除低端存量，尤其是要淘汰落后产能、僵死企业。要把战略性产业“立”起来，突破性降低实体经济运行成本。四要强化项目统揽经济工作全局。要牢牢抓住项目这个“牛鼻子”，强力推进项目建设。五要注重防范化解区域性风险。要增强忧患意识、坚持问题导向，抓实抓好重点领域风险防范化解，坚决守住社会稳定、安全生产、食品药品安全底线。三是结合实际科学谋划。一要深入研判、把握主动。2018年是实现从“蓄势”到“跨越”的重要一年，市级各分管领导和相关部门要结合新形势、新要求，看清楚优势和劣势，想明白机遇和挑战，找准突破口、干在关键处。二要抓住重点、攻坚突破。要扎实推进“三个加快”、深化实施“六大行动”，尤其是要抓紧抓实产业发展，加快补短板、攻难点、强基础，在航空与燃机、节能环保装备、新材料、电子信息、光电产业取得突破性进展。三要细化方案、超前部署。对基础建设、产业发展、改革开放、城镇建设、乡村振兴、脱贫攻坚、社会治理等重要工作，要明确目标、思路和重点举措，列出任务清单，制定时间表和路线图，加紧向前推往前赶。要抓紧出台进一步加强县域经济发展的意见、鼓励和支持民营经济发展的意见、深化银政企联席会议制度和重点企业联席会议制度，确保2018年开好局、起好步。各级各部门要统筹做好岁末年初工作，尤其是要做好关心群众生产生活工作，切实维护社会和谐稳定。会议传达学习中央第五环境保护督察组督察四川省情况反馈会精神并研究自贡市贯彻意见。会议要求，各级各部门必须进一步提高政治站位，以对自贡这片土地负责、对历史负责、对子孙后代负责的态度，坚决做到整改上立说立行、落实上务求实效、责任上逗真碰硬，全面彻底整改环保突出问题，扎实抓好生态环境保护各项工作，不断增强全市人民的生态福祉。一要彻底整改问题。以更高标准和更严要求，严格落实“清单制＋责任制”，坚持一个问题、一套方案、一名责任人、一抓到底，做到原因不查清不放过、问题不解决不放过、责任追究不到位不放过、监管措施不落实不放过、长效机制不建立不放过、社会不满意不放过。二要开展专项治理。必须直面问题、突出重点，坚持长短结合、源头治理，强化研判、注重监测，以行政化、专业化、市场化方式，推动环境保护各项工作取得实效。要驰而不息抓好大气污染防治，较快取得实实在在的变化。三要建立长效机制。既要立足当前抓好“治”，更要着眼长远注重“防”。要抓紧出台推进生态文明建设长效机制的工作意见，把推进生态文明建设、加强环境保护与产业转型、城市升级、生产生活方式转变结合起来，走生态优先、绿色发展之路，大力推动绿色经济、循环经济发展，构建绿色发展新空间、营造低碳生活新风尚。四要逗硬问责追责。必须严格“党政同责、一岗双责”，把落实整改作为对各级党委、政府和各级领导干部政治担当的现实检验，对慢作为、不作为造成生态环境负面影响的，必须严肃问责；对失职、渎职造成生态环境负面后果的，必须从严处置。

重大活动

【自贡灯会全球推介活动在北京举行】 1月10日，全国友协2017年新春招待会暨自贡灯会全球推介会，在北京全国友协礼堂举行。推介会上，全国友协与市政府签署关于推动自贡灯会走向全球战略合作框架协议。46个国家驻中国使馆代表和50多家海内外媒体记者参加推介会并见证自贡灯会升级为“环球灯会”。全国友协会长李小林，省政府副秘书长赵卫平，市委书记李刚，市委副书记、市长刘永湘及省委宣传部、省文化厅、省人民对外友好协会负责人共同启动自贡环球灯展。

【黄新初一行到自贡调研】 1月12日，省委常委黄新初率队到市围绕全面创新改革、产业转型升级开展调研。黄新初要求，自贡要把握经济社会发展特征，用足用好国家和省委、省政府支持政策，全面推进创新改革，实现政产学研用的紧密结合，推动老工业城市加快产业转型升级。市委书记李刚陪同调研。

【卡雷尔·史诺一行到自贡考察】 1月23日，市委书记李刚会见捷克共和国驻成都总领事馆总领事卡雷尔·史诺，双方就加快推动通航产业项目建设，进一步深化更多领域合作进行交流。市委常委、宣传部部长唐杰参加会见。

【张茅一行到自贡调研】 2月10日，国家工商总局局长张茅率队到市调研工商工作。市委书记李刚，国家工商总局办公厅主任于法昌，国家工商总局综合司司长袁喜禄，省政府副秘书长滕中平，省工商局局长万鹏龙等参加调研。

【李登菊到自贡调研督导】 2月14日至15日，省政协副主席、省总工会主席李登菊率省督导组到市，对全市稳定经济增长工作进行专项督导。市委书记李刚陪同督导并主持工作汇报会，市委副书记、市长刘永湘代表市委、市政府作工作汇报。6月26日至27日，李登菊率队到市，就学习贯彻省第十一次党代会精神，推动脱贫攻坚、稳定增长、深化改革、环境保护、防汛减灾等重点工作落地落实开展专项督导。市委书记李刚陪同督导并主持工作汇报会。市委副书记、市长刘永湘汇报工作情况。8月21日至23日，李登菊率队到市，对环境保护、“河长制”、防汛减灾、安全生产等工作开展专项督导。李登菊要求，自贡市要以中央、省环保督察为契机，从严从实抓问题整改，借势借力推动全市上下对新发展理念的认识再深化，对推进绿色发展、转型发展的措施再完善，提升生态文明建设等各项工作水平，为建设美丽繁荣和谐四川、推动治蜀兴川再上新台阶谱写自贡篇章，以优异的工作成效迎接中共十九大胜利召开。督导组副组长、省公安厅副厅长袁刚，省总工会党组成员、经审委主任苗勇，省安监局、省国土厅、省文化厅、省环保厅、省水利厅等有关负责人参加督导。市委书记李刚等陪同督导。11月26日，李登菊率队到市，对学习宣传贯彻中共十九大精神及推进当前重点工作开展调研督导，并到基层一线宣讲中共十九大精神。李登菊要求，自贡市各级各部门要学习领会中共十九大精神实质和丰富内涵，在学懂、弄通、做实上下足功夫，把中共十九大精神转化为指导实践、推动工作的强大动力，为推动治蜀兴川再上新台阶、实现人民对美好生活的向往做出新的更大贡献。省军区政委冷志义参加调研督导。市委书记李刚等陪同调研督导。

【甘霖一行到自贡调研】 3月7日，省委常委、省委宣传部部长甘霖到市，围绕中华优秀传统文化传承发展工作开展调研。市委书记李刚，省委宣传部副部长向宝云，四川出版集团有限责任公司党委书记、董事长罗勇参加调研。

【全国部分基层党组织党建标准化宣传贯彻推进会在自贡召开】 3月29日，全国部分基层党组织党建标准化宣传贯彻推进会在自贡檀木林城市名人酒店举行。中央国家机关工委副书记陈存根，国家质检总局副局长梅克保出席会议并讲话。市委书记李刚致辞，市委副书记李国贵参加会议。7个中央国家机关部门、17个省的52家单位共100名代表参加会议。

【王东明到自贡调研】 3月30日，省委书记、省人大常委会主任王东明先后到自贡航空产业园、四川自贡运输机械集团股份有限公司、浙江大学自贡创新中心调研，了解自贡市技术研发创新和成果转化应用、产业转型升级等情况。市委书记李刚等陪同调研。

【陈文华一行到自贡调研】 3月31日至4月1日，省政协副主席、民建四川省委主委陈文华率省政协调研组对自贡市彩灯文化产业及“走出去”工作进行调研。陈文华要求，要把握好传统文化传承方向，实现传统与现代文化结合；政府相关职能部门要倡导和鼓励彩灯文化企业主动“走出去”，做大做强彩灯产业，推动自贡振兴发展。市委书记李刚，市政协主席游开余等参加调研活动。

【杨洪波到自贡调研】 4月6日，副省长杨洪波率队到市，实地调研“河长制”工作推进情况。杨洪波要求，要全面落实“河长制”，完善水污染防治工作长效机制，统筹上下游、干支流、左右岸关系，从源头治理河流污染；要延伸污染源监测系统覆盖范围，加快污水处理设施建设，切实改善水生态环境，推进沱江流域水污染防治。市委书记李刚，省政府副秘书长黄小平参加调研。11月15日，杨洪波率队到市调研督导沱江流域综合治理工作开展情况。杨洪波要求自贡市牢固树立和贯彻落实新发展理念，坚持生态优先，筑牢沱江生态安全屏障，为建设美丽繁荣和谐四川、推动治蜀兴川再上新台阶做出新贡献。省政府副秘书长黄小平参加调研。市委书记李刚等陪同调研。

【邓勇一行到自贡调研督导】 6月5日至6日，省委常委、省委政法委书记、省公安厅厅长邓勇率队到市调研督导省第十一次党代会精神贯彻落实情况，要求各级政法部门深入学习贯彻省第十一次党代会精神，精心组织、周密安排、细化举措，为地方经济社会发展提供坚强政法保障。市委书记李刚，省委政法委副书记、省综治办主任杨勇，省公安厅党委副书记、政治部主任胡钢等陪同调研。

【米洛斯拉夫·斯达谢克一行到自贡考察】 6月15日，市委书记李刚在檀木林城市名人酒店会见到市考察的捷克外交部副部长米洛斯拉夫·斯达谢克一行，双方围绕拓展通用航空产业合作进行交流。捷克驻成都总领馆总领事卡雷尔·史诺，捷克贸易促进局成都代表处首席代表高乐棣，市委常委、市委宣传部部长唐杰参加会见。

【刘晓峰一行到自贡调研】 7月29日，全国政协副主席、农工党中央常务副主席刘晓峰率调研组到市，围绕长江经济带绿色发展与生态环境保护工作开展专题调研，并出席自贡调研汇报会。刘晓峰要求，自贡要牢固树立新发展理念，坚持生态优先，筑牢长江生态安全屏障，推动长江经济带绿色发展。中国环境科学院副院长宋永会，农工党中央参政议政部副部长王素芬，农工党中央参政议政部处长王善学参加调研。省政协副主席、农工党四川省委主委王正荣，自贡市委书记李刚，市政协主席游开余等陪同调研。

【韩启德一行到自贡调研】 9月13日，全国政协副主席、九三学社中央主席韩启德率调研组到市，围绕长江上游生态保护与流域城市绿色发展工作开展专题调研。韩启德要求，自贡市应认真践行新发展理念，始终保持转型发展绿色发展定力，奋力谱写“中国梦”自贡篇章，以优异的工作实绩迎接中共十九大胜利召开。全国政协常委、提案委员会副主任、九三学社中央副主席赖明，九三学社中央副秘书长兼参政议政部部长赵勇，九三学社中央人口资源环境专门委员会主任、清华大学教授周建军等参加调研。省政协副主席崔保华，省委统战部常务副部长刘坪，省政协副秘书长李华峰，九三学社四川省委专职副主委沈光明，中共自贡市委书记李刚，自贡市政协主席游开余等陪同调研。

【邓小刚一行到自贡调研】 9月20日至21日，省委副书记邓小刚率队到市调研产业转型升级、沱江流域综合治理和抓基层党建、推进依法治理等情况。邓小刚要求自贡发挥优势、抢抓机遇，加快走出老工业基地转型升级发展新路，为建设美丽繁荣和谐四川做出贡献。市委书记李刚等陪同调研。

【尹力到自贡调研】 11月29日，省委副书记、省长尹力先后到东方电气集团东方锅炉股份有限公司、自贡综合保税区、大西洋焊接产业园、沿滩区垃圾综合焚烧发电项目现场、大安老盐厂和荣县吴玉章故里调研，了解重点企业生产经营和重点产业培育发展情况，查看城市生活垃圾无害化处理情况和文旅项目规划建设情况。市委书记李刚等陪同调研。

【彭宇行一行到自贡调研】 12月5日，副省长彭宇行率队到市，对产业转型升级、企业改革发展、推动智能制造等工作开展调研。彭宇行要求以中共十九大精神统揽自贡各项工作，不断增强转型发展的定力和信心，推动新旧动能加快转换，奋力走出老工业城市转型升级新路子，在推进治蜀兴川事业发展、加快建设美丽繁荣和谐四川的进程中实现新作为。省经济和信息化委主任陈新有参加调研。市委书记李刚，市委副书记、市长何树平等陪同调研。

重要会议

【市委十二届二次全体会议】 1月3日召开。会议贯彻落实省委十届九次全体会议和省委经济工作会议精神，总结市委2016年工作，安排部署2017年工作；市委书记李刚代表市委常委会向全委会作工作报告；市委副书记、市长刘永湘安排部署2017年经济工作；审议通过《中共自贡市委关于加强和规范党内政治生活严格党内监督巩固发展良好政治生态的实施意见（送审稿）》。市委副书记李国贵，市委常委王猛、李清、徐其斌、刘敏、刘笑禹、李红强、唐杰、张邦举参加会议。

【市委十二届三次全体会议】 2月7日召开。会议表决自贡市出席中共十九大代表候选人推荐建议人选。市委书记李刚，市委副书记、市长刘永湘，市委副书记李国贵，市委常委王猛、李清、徐其斌、刘敏、刘笑禹、李红强、唐杰、张邦举参加会议。

【市委十二届四次全体会议】 4月12日召开。市委常委、市委组织部部长刘敏就自贡市出席省第十一次党代会代表候选人预备人选建议名单作说明；投票确定自贡市出席省第十一次党代会代表候选人预备人选；讨论通过《关于召开中国共产党自贡市代表会议的决议》。市委书记李刚，市委副书记、市长刘永湘，市委副书记李国贵，市委常委王猛、李清、刘笑禹、李红强、唐杰、张邦举参加会议。

【市委十二届五次全体会议】 12月29日召开。会议学习贯彻中共十九大、中央经济工作会议和省委十一届二次全会、省委经济工作暨全省金融工作会议精神，总结市委2017年工作，安排部署2018年工作；市委书记李刚代表市委常委会向全委会作工作报告；市委副书记、市长何树平安排2018年经济工作；审议通过《中共自贡市委关于全面深入贯彻落实中共十九大精神开创振兴发展新局面加快建设城乡一体繁荣幸福新自贡的决定（草案）》《关于富顺县撤县设市（县级）工作的决议（草案）》《关于自流井区贡井区大安区行政区划微调的决议（草案）》《关于文光兰等3名同志递补为中共自贡市第十二届委员会委员的决定（草案）》《中国共产党自贡市第十二届委员会第五次全体会议公报（草案）》。市委副书记李国贵，市委常委王猛、李清、徐其斌、刘敏、刘笑禹、李红强、唐杰、张邦举参加会议。

【中国共产党自贡市代表会议】 4月25日召开，会议选举产生自贡市出席省第十一次党代会代表。受中国共产党自贡市委员会委托，市委书记李刚主持会议。市委副书记刘永湘、李国贵，市委常委王猛、李清、徐其斌、刘敏、刘笑禹、李红强、唐杰、张邦举出席会议。会议应到会代表173人，实到会代表153人。大会采取无记名投票方式，选举产生22名自贡市出席中国共产党四川省第十一次代表大会代表。会议期间，全体与会代表集中观看警示教育片《警钟》《镜鉴》。

市委办公室工作

【公文管理】 2017年，市委办公室调整理顺文稿服务职能，充实队伍力量，建立重要文稿集体会商制度，提升文稿服务质量。先后组织起草市委全委会、县处级主要领导干部读书班等重要会议，西博会、国际恐龙灯会等重要活动，脱贫攻坚、重大项目推进、环保督察等系列督导调研及报省综合性汇报材料330余篇。把控发文质量，完善不合格公文退文、约谈、通报制度，建立公文格式错情通报、中央及省文件管理提醒等制度。全年办理各类文件2386份，审核印发市委、市委办文件180份，退文28份。召开全市党内法规工作会议，起草全市进一步加强党内法规工作的责任分工方案，前置审核市委党内规范性文件73件，向省委报送市委规范性文件43件并通过审核备案；制定《市委市政府法律顾问工作规则》，选聘市委、市政府法律顾问13人。

【服务常委会工作】　2017年，优化“常委办+”模式，发挥常委办作为市委运转中枢的职能作用，整合内外资源为市委提供决策服务。组织议题谋划、议题审核，全年服务市委常委会会议41次。推行议题联合预审、合法性前置审查、重大决策稳定风险评估等机制，提高议题质量。服务市委推进项目建设、招商引资、脱贫攻坚等工作，策划市委专题会议和党政联席会15次。

【参谋协调作用发挥】　2017年，搜集整理中央、省委最新决策部署和理论前沿资料，为市委决策提供参考。围绕市委中心工作，组织人员到基层开展工作研讨和课题研究，形成《自贡通用航空产业培育引导问题研究》等调研报告13篇。畅通党委信息主渠道，向省委及时报告自贡的主要工作情况，向市委客观反映区县和部门工作情况，80篇信息被省委办公厅《每日要情》采用，其中，《自贡市1314名第一书记推动十九大精神进村入户》先后获省委书记王东明，省委常委、省委组织部部长黄建发肯定性批示；《高点谋划创新驱动自贡突出发展通用航空产业引领产业转型升级》被省委办公厅《工作情况交流》采用；《自贡市加快建设老工业城市产业转型升级示范区》被省委办公厅信息专报采用。创办《工作情况交流》《内部参考》刊物，市委书记李刚在《内部参考》上批示9次。牵头组织市委党的建设工作、市级领导联系重大项目的17个指挥部前期筹建、深化拓展“三项整改”回头看等工作。坚持市四套班子每周重点工作“先行统筹协调”制度，加强市委各部委、市级各部门的沟通联系，及时对市委重要工作进行协调落实。

【重大会议活动服务】　2017年，按“零差错”“零失误”要求，落实会议活动“年计划、季安排、月重点、周推进”工作机制。全年谋划经济稳增长、环保督察、基层党建等专题活动60次，统筹协调外出投资促进活动20次、省部级领导到市活动30次，完成全市公务接待225批次，其中，国家级领导2批次，省部级领导50批次。印发《关于进一步严肃会风会纪的通知》，承办以市委名义召开的全市性会议32场次，比2016年下降3.9%，承办或指导各类会议250余次，完成各类会议服务工作848场次。

【依法治市工作】　2017年，推进依法治市七大主体工作，推行“挂图作战”和“台账管理”，开展暗访督查和专项检查22次。开展法治氛围营造、法治文化阵地、法治示范创建三项行动，建成法治示范基地19个，其中，建成国家级法治教育示范基地1个和全国“零犯罪”学校2个，沿滩区“全国法治县（市、区）创建活动先进单位”通过检查验收。探索建立“法治建设第一责任人履职十项措施”、机关标准化建设、九大法治示范创建标准等15项工作制度，全面推行“法治工作反馈清单”，受到省依法治省办肯定。

【应急值班管理】　2017年，健全应急值班协调联动机制，完善《市委值班室工作制度》《市委值班室工作流程图》《市委值班室服务市委处置突发事件规范》。组织开展值班工作督促检查，在重大节假日和重要时段检查各区县、乡镇、市级部门应急值班工作。向市委领导发送突发事件短信598条，编辑《一周值班信息综述》49期，为稳定全市社会大局提供基础保障。

【目标管理】　2017年，围绕市委中心工作，实施清单式管理，制定各区县、各部门目标任务作战图，实行挂图作战。强化重大项目、招商引资、脱贫攻坚、主要经济指标四项重点工作目标绩效考核，加大分值权重，实行加分奖励、季度考核，助推全市经济社会发展提速升位、提质增效。完善重大项目推进机制，对17个市级领导联系特别重大项目实行目标考核，推动50余个项目建设。坚持“奖优罚劣、奖勤罚懒”工作导向，指导市级各部门推行单位内部目标绩效考评。

【督查督办工作】　2017年，制定贯彻落实市第十二次党代会精神5年期间90项重点任务清单，确定市委、市政府198项重点工作任务“作战图”，将27类126项议定事项实行立项督办管理。全年重点督查民生工程和民生实事、供给侧结构性改革、环境保护、17条街道专项整治等工作，形成督查通报91期、督查专报189期，市委、市政府主要领导批示37次。完成省委、省政府交办督导事项20余项。落实市委主要领导交办批示件1207件。推动目标督查系统化管理，完成市委、市政府目督工作力量实质性整合。印发全市关于加强新形势下督查工作的实施意见及若干措施，完善目督工作制度框架体系。建立督查工作落实不力情况台账，健全联合督导工作机制，落实督促检查工作约谈机制，全年对工作落实不力的单位和个人开展约谈9次，向市纪委移交问责3批次共50余件。

【后勤保障】 2017年，实施市委机关大院环境综合整治工程，改造市委机关大院绿化面积约2万平方米、停车场4个；完成1号楼、3号楼、4号楼、5号楼、11号楼立面整治和风貌塑造，新增综合楼电梯2部；启动市委机关食堂（6号楼、7号楼）改造。调整优化市委机关大院办公楼布局，拆除原保卫科办公危房及旱厕2座、垃圾库1座，新建变压器2台、标准化公共厕所1座。调整充实安保特勤力量，完成市委大院视频监控高清升级改造工程，处置到市委机关非法上访172起560人次。

【对台工作】 2017年，制定和完善《市委对台工作领导小组工作规则》《自贡市涉台突发事件应急预案（修订）》等12项规章制度。搭建经贸文化交流合作桥梁，协调接待台海投资管理集团水生物科技公司等11批次台湾到市参访交流团。首次举办自贡市海峡两岸青年文化创意交流峰会，全市4组彩灯白选送到台湾南投县展出，中国台湾网、华夏经纬网等登载自贡市对台工作信息40篇。服务台胞台商，实现台胞台商零投诉零上访。

【反邪教工作】 2017年，落实市、区县、乡镇三级防范控制体系和应急处置工作机制，落实重大节假日和敏感时段重点人员防控责任，协调市级有关部门开展邪教组织专项整治，实现“三零”和“三无”目标。处置邪教违法犯罪活动，全面推进解脱和重点人员教育转化工作，初步构建多层次反邪教宣传教育工作格局。

【组织队伍建设】 2017年，先后派员到雅安、泸州等市州学习办公室工作先进经验。健全内部管理工作制度体系，编印《市委办公室工作制度汇编》。推行机关内部目标绩效管理，制定《市委办公室机关内部目标绩效责任考核办法》。推进机关党建工作，制定《关于深化“两学一做”学习教育加强思想政治工作和业务能力建设的实施意见》。加强基层党组织建设，配齐配强市委办机关党委和支部班子，完成基层党支部、基层工会换届选举。加强学习型机关建设，全年开展中心组学习会、北苑讲堂等集中学习20次，编发《学习与思考》12期，干部撰写学习心得体会文章239篇。机关党支部每月集中学习和开展组织生活进入常态。发展入党积极分子3人，创作3部反映办公室工作的微视频并在全市展播。完善市委办公室室务会决策机制，制定《市委办公室室务会议事决策规则》。拓宽干部培养渠道，选派3人到省委办公厅上挂锻炼，选派3名优秀干部到基层一线全脱产培养锻炼，提拔、轮岗交流干部13人，选调9人充实文稿服务等工作力量。开展精准扶贫，帮助联系村协调项目资金700余万元，联系村各项指标均达整村脱贫条件。

（市委办）

组织工作

【概况】 2017年年末，全市有中共党员147473人，其中，1949年9月及以前入党的118人；35岁以下的党员30283人；女党员42120人。全年发展党员2691人。年末全市机关干部13386人，其中，市厅级干部40人，县级干部665人；市级机关干部3628人。全市基层党组织6014个，其中，党委393个、党总支361个、党支部5260个。

【“两学一做”学习教育】 2017年，举办中共十九大精神及省第十一次党代会精神轮训培训、论坛讲坛、知识竞赛，驻村“第一书记”和广大基层干部到田间地头宣讲5000余场次（省委书记王东明，省委常委、组织部部长黄建发作出肯定性批示）。全覆盖实施业务素质教育与党性教育“双育”工程，创新党性教育嵌入式教学模式，在市内举办1天及以上的培训班次中开办党性教育精品课程29期。《弘扬玉章精神，永葆党员本色》等2门课程入选全省“好课程”。盐都党性教育综合基地入选四川省党员教育培训省级示范基地。探索“互联网+党员教育”新模式，《盐都先锋》《博士乡长》获全省“党员教育电视栏目类”“微视频类”奖项。开展“四位一体”农民夜校培训，发挥1081所农民夜校思想教育主阵地作用，分层分类开办市级套餐式大讲堂、区县巡回式特色讲堂、乡镇融入式微课堂、村组分散式实践课堂，编发“六个一”特色乡土教材2万余册，教育培训农民70万余人次。选树一批新时代干事先锋，制作展播《盐都先锋》形象宣传短片，展现全市各条战线优秀共产党员正能量；突出榜样示范，追授邹德才“全市优秀共产党员”称号，开展“学习邹德才、做实干先锋”主题活动；在《自贡日报》开设“党建先锋”专栏，推出先进典型47个。发布“两学一做”百部微视频“征集令”，发动党员群众寻找身边干事先锋，评选展播“微党课”“微故事”“微活动”“微事迹”40部。全覆盖推行“党建开放日”，要求全市各级基层党组织每年开门“晒”党建不少于1次，邀请党员、群众、企业主、青少年代表、服务对象等零距离“触”党建，线上线下跟踪问效“盯”党建，在开放互动中转变作风、凝神聚气，《四川日报》对该工作予以报道。

【党的建设制度改革】　2017年，先后召开4次专项小组会议，稳妥推进全市党的建设制度改革工作。建立完善《党的建设制度改革台账》《重大任务清单》《部内分工表》，承担22项改革任务，明确责任人、责任科室、进度安排、成果形式等内容。推动党的组织制度建设，出台“两学一做”学习教育常态化制度化的意见。推动干部人事制度改革，出台进一步加强领导班子思想政治建设巩固发展良好政治生态的实施意见和全市机关中层干部定期轮岗制度。推动党的基层组织制度建设，联合四川理工学院，创新建立党的建设创新研究中心；召开全市国有企业党建暨国资国企改革工作会；选派1314名年轻干部到村、社区党组织任“第一书记”，配套出台考核、保障等制度；出台社区党建标准化意见。推动人才体制机制改革，建立高端人才储备中心，出台“盐都人才新政”。

【干部队伍结构优化】　截至2017年，统筹选派2000余名干部到项目建设、招商引资、脱贫攻坚“三个一线”工作历练，坚持成熟一个提拔一个，全年提拔重用“三个一线”干部144人，《中国组织人事报》刊载报道。推动“一把手”、年轻干部、专业干部“三支队伍”建设，新选拔任用市级部门“一把手”17人，提拔使用“80后”县级干部18人，面向全国遴选紧缺专业干部4人，启动市场化选聘国企高管。搭建年轻干部锻炼成长平台，选派45名选调生担任村（社区）“第一书记”，推荐10余名优秀年轻干部到苍溪县、驻京办等地区（单位）挂职锻炼，选派1名年轻干部到九寨沟灾区援助锻炼。全年招录17名选调生和5名急需紧缺专业选调生，强化选调生跟踪培养。推进干部档案数字化工作，全市4500余本干部档案实现数字化管理，该工作通过省委组织部专项验收检查。

【干部能力素质建设】　2017年，以政治素养和专业能力为重点，出台大规模培训干部的实施意见，分层次、分类别、分阶段开展培训。全年举办主体班72个、精品化培训班52个、部门常规培训班（大讲堂、论坛）566个，培训各类干部5.01万人次，其中，各级党校、行政学院主体班培训0.81万人次，各类专题培训2.5万人次，网络培训1.7万人次。举办县级主要领导干部读书班，邀请中财办副主任杨伟民等5位“顶尖级”专家到市辅导，32名市厅级领导干部、124名县级主要领导干部参加学习。分类举办卫生、统战、国企系统递进培养班3个，培养优秀年轻干部141人。举办脱贫攻坚和统筹城乡发展“三农”工作专题培训班、村党组织书记示范培训班、村（社区）“第一书记”示范培训班，采取课堂教学、实地参观、分组讨论等方式，培训脱贫攻坚一线干部366人。大安区《拓宽产业路，共圆小康梦》案例入选全省脱贫攻坚培训典型案例。提升干部国际视野，举办新加坡理工大学境外培训班，选送20名专业干部参加学习。

【干部监督管理】 2017年，制定《干部监督督查员工作制度》，聘任4名政治坚定、德高望重、熟悉干部选任工作的厅（处）级老领导为干部监督督查员，列席党委（党组）讨论干部任免会议95次，讨论干部人数1165人，提出建议意见100余条。落实干部选拔任用工作有关事项报告制度，审批同意干部选任有关事项27件。开展“干部作风大攻坚行动”，全覆盖谈心谈话3.8万人次，提醒函询诫勉干部1807人。实施“组织有话对你说”短信提示，推送提醒信息8000余次，该工作得到中组部干部监督局领导肯定；创新推行领导干部“反向测评”机制，该工作得到省委副书记邓小刚，省委常委、组织部部长黄建发肯定性批示。按新规执行个人有关事项报告制度，完成全市1098名领导干部和47名省管领导干部个人事项报告的集中上报工作，并在全省部署培训会上作经验交流。整治消化全市625名超职数配备干部，通过中组部“三超两乱”专项督查。

【“第一书记”选派工作】 2017年，拓展向贫困村选派“第一书记”的“自贡经验”，将选派“第一书记”作为加强基层工作、培养锻炼干部的常态化制度化安排，全市统筹选派1314名优秀干部人才全脱产担任村（社区）党组织“第一书记”，实现各级部门全面参与、村（社区）全域覆盖。制定选派、培训、管理、保障、培养锻炼等配套办法，针对各村（社区）发展需要和存在问题“订单式”选派“第一书记”，突出党政干部进“软村”、经济人才进“穷村”、政法干部进“乱村”、涉农人才进“产业村”用人导向。开展“千名第一书记访万家”活动，收集群众反映突出问题320余个、“微心愿”1.6万余个，帮助解决矛盾纠纷3500余件、帮助完成“微心愿”1.1万余个。“第一书记”助力脱贫攻坚，全年培育特色优势产业品种332个，引进项目286个，引进帮扶资金1.97亿元，推动60个贫困村摘帽、20522人脱贫。按提拔使用、评先晋级、定向遴选、待遇保障“四优先”用人导向，提拔重用成绩突出的第一书记46人。省委常委范锐平、黄建发对自贡市做法给予肯定性批示。

【基层党组织建设】 2017年，围绕基层党组织组织力提升，制定基层党组织设置、功能定位、工作职责、党员管理、服务群众、运作保障等措施，争取市财政每年预算500万元基层党建专项经费，计划2017—2019年面向基层党组织书记定向招录公务员50人、选拔科级干部100人，《四川组工动态》对自贡基层党组织建设刊载介绍。围绕乡村振兴发展需要，推动带头人队伍建设，选拔924名“双强型”党员进入村党组织班子任职，计划2017—2018年在全市动态培养储备3000名、每个村至少2名村级后备干部，省委办《每日要情》刊登介绍该项工作。加大资金投入，改造提升基层阵地94个，集体经济空壳村比例由53%下降到14%。建立村（社区）“两委”班子绩效考核制度，每年实行不低于6000元的绩效考核。创新建立党建督查员制度，首批选聘4名退休厅（处）级干部担任党建督查员，整改完成直接督查的43个新改建村级活动阵地建设。

【党员队伍建设】 2017年，开展中央及省党代表推选，全市5308个基层党组织参与率100%，

党员参与率99.1%。自贡市出席省第十一次党代会代表22人（含省委提名2人）均全票当选，李刚、陈正平当选中共十九大代表。建立党员关怀关爱机制，印发《关于进一步做好关心关怀老党员工作的通知》，设立党内帮扶专项资金，向1.56万名党龄50年以上老党员发放补贴450万余元。推动失联党员处置工作，完成“全国党员管理信息系统”信息录入，举办2次信息录入和功能使用培训会，印发《关于做好党组织和党员基本信息采集工作的通知》及专门辅导资料，入库基层党组织6014个，其中，党委393个、党总支361个、党支部5260个，信息维护平均完整度100%。

【党建示范创建】　2017年，围绕“一年打基础、两年创品牌、三年全覆盖”党建示范创建目标，首批创建44个市级、300个县乡和行业系统基层党建示范点，各行业各领域基层党组织示范建设投入资金5000万余元，整顿后进党组织138个。承办全国基层党组织党建标准化宣传贯彻推进会，自贡市被国家标准委确定为全国首批40个试点单位之一。

【人才强市战略实施】　2017年，围绕产业转型出台《关于实施盐都人才新政策的意见》，“打包”推出10条具体措施，对高层次人才、产业人才、返乡人才等群体实行分类政策扶持，对到自贡创新创业的国内外优秀人才（团队）可给予最高2000万元综合资助，对首次认定或新设立的各类创新创业平台可给予最高100万元补助，《四川日报》对自贡引才资助举措刊载报道。完善高端人才引进储备机制，建立市高端人才储备中心，配备30个引才专项事业编制，面向国内外常年引进储备高端人才。对引进储备的硕士或博士、高级职称人才给予5万元～30万元安家补助，由市高端人才储备中心按事业人员身份聘用（储备），并派驻机关、企业挂任领导职务或中高层管理职务，全年引进急需紧缺硕士及博士8人，《四川组工动态》对自贡引进高端人才情况刊载介绍。实施“双千计划”，命名第三批高层次人才培养引进“双千计划”团队5个、个人16人，资助资金560万元；评出第四批拟入选“双千计划”团队5个、个人41人。全年引进培育1000余名高层次人才，5000余名各类人才到产业一线创新创业，1个大学生创新创业俱乐部入选省级俱乐部，1人入选省优秀科技人才创业典型。开展“千人计划”专家“自贡行”暨项目人才对接活动，成功举办“海科会”自贡专场活动。

【校地合作】　2017年，拓展校地合作“朋友圈”，先后与清华大学、中国民航飞行学院、西华大学、成都中医药大学签订战略合作协议，与中国人民大学、四川大学、西南交通大学、电子科技大学、上海交通大学四川研究院等5所高校对接洽谈，推动浙江大学自贡创新中心创建浙江大学四川省工业技术研究院。派员到浙江大学推介人才环境，到北京召开清华大学、北京大学部分川渝籍学生座谈会，“组团”到四川大学宣传推介自贡和开展人才专场招聘。

【人才服务环境构建】 2017年，实施党委联系专家、“一把手”抓人才述职制度，出台服务高层次人才提供更好生活便利的5项措施，在子女入学、医疗保健、配偶就业、政务服务等方面开启“绿色通道”，首批50套青年人才公寓投入使用。

（市委组织部）

宣传工作

【中心组学习】 2017年，把学习宣传贯彻习近平新时代中国特色社会主义思想和十九大精神作为主线，以党委（党组）中心组学习为龙头，强化广大党员干部理论武装。坚持“看、讲、议”相结合推动市委中心组理论学习，集中专题学习党内法规制度、中共十九大、省第十一次党代会、脱贫攻坚、生态环保等内容17次。各级党组织开展专题学习5500余场次，参学18万人次。市委中心组学习制度建设工作被省委宣传部评为先进。

【理论宣讲】 2017年，开展理论宣传普及，组织征订中共十九大读本和《习近平谈治国理政》第二卷24.2万册。开展“讲话七进”“三级三讲”活动，集中宣讲中共十九大、省第十一次党代会精神，全年组建各级宣讲团430个、宣讲小分队1870支，累计宣讲5200余场，受众47.9万人次。是年，大学生村干部入户宣讲中共十九大精神的经验做法得到中宣部宣传推广，理论读物推广使用工作在全省作经验交流发言。

【新闻宣传】 2017年，围绕学习宣传贯彻中共十九大和省市党代会、省市委全会精神，以及招商引资、重大项目、环保督查、脱贫攻坚、三创联动等重大主题，开展新闻宣传，推出一批有深度、有影响的重点报道，举办《盐都问政》等一批特色栏目、节目。全年市级媒体刊载刊播稿件2.4万余条。

【对外宣传】 2017年，举办自贡灯会北京全球推介会、自贡彩灯亮相汉堡G20峰会及外国媒体自贡行、全国网络媒体自贡行、“自贡飞常美”航拍大赛等大型采访活动，在中央电视台投放城市形象宣传片，与《人民日报》、新华网、《四川日报》、四川电视台等中央及省主流媒体和新浪、腾讯等商业网站合作，通过CGTN（中国国际电视台）全球直播自贡灯会，全方位高频次推广宣传自贡。全年15家境外媒体、45家中央和省媒体集中宣传自贡，发稿量首次破1万篇（条）。是年，自贡市被知名媒体评为全省最具投资价值城市。外宣工作得到省委宣传部表扬，首次获中宣部奖励资金。

【媒体融合发展】 2017年，《自贡日报》完成文迅V3.0全媒体新闻采编系统开发任务；自贡网视频演播室建成投入使用；推进《自贡日报》移动客户端新闻APP开发工作。自贡广播电视台“看度·自贡”APP手机客户端用户下载量、注册量均超2

万人次，月均点击率近40万次，月最高点击率超70万次。新媒体矩阵建设全面铺开，开通“头条号”“企鹅号”，加强自贡广播电视台、自贡广播传媒等重点微信微博公众号建设，推出网络直播、早新闻等新媒体产品，各类新媒体粉丝量稳步提升。

【网络宣传】 2017年，开展中共十九大等重大会议精神宣传，开展“砥砺奋进的五年”等专题宣传，发布网上宣传稿件6000余篇。开展“网络文化嘉年华”等主题活动，吸引200余万人次网民参与。落实网络工作责任制，提升网络空间清朗度。

【思想政治教育】 2017年，印发《关于开展2017年思想政治工作课题研究的通知》，开展32个课题调研，其中2项调研报告分别被省政研会评为二等奖和三等奖。市委宣传部与四川理工学院马克思主义学院合作，共建中国化马克思主义与传统文化研究中心。开展第十三届青少年书信文化活动，推动未成年人思想道德和爱国主义教育。开展“盐都好家规”征集活动，向省推荐11条好家规参加“天府好家规”评选，贡井区胡氏好家规入选全省前十名。拍摄吴玉章家训和胡氏家训专题片，在市级媒体宣传，引领广大家庭成员弘扬中华民族家庭美德，传播盐都文明家风。

【先进典型教育】 2017年，开展“身边雷锋时代榜样——争创‘岗位学雷锋先进集体’、争当‘岗位学雷锋敬业标兵’”主题实践活动。向省委宣传部推荐报送敬业标兵9人，先进集体6个。

【社会主义核心价值观教育】 2017年，制定《自贡市社会主义核心价值观工作测评体系（试行）》，完善工作考核机制，涵盖8个方面、44项考核指标。组织召开全市社会主义核心价值观工作推进会和示范创建工作会；创建27个示范点，推动社会主义核心价值观融入社会环境、彩灯文化、法治建设、全国文明城市创建等。利用漫画、版画、剪纸等本土文化构建新载体，推动社会主义核心价值观融入生活、融入社会，荣县乡土漫画宣讲经验在《人民日报》刊发。

【爱国主义教育】 2017年，向省委宣传部推荐吴玉章故居申报全国爱国主义教育基地，推荐邓萍故居申报省级爱国主义教育基地，开展全市7个省级爱国主义教育基地的评审验收工作。在清明节、“五四”青年节组织党员干部、青少年、公安干警、社会人士等，到市烈士陵园、吴玉章故居、江姐故居等爱国主义教育基地进行祭扫，接受爱国主义教育。

【文化乐民惠民工程】 2017年，借助“文明新盐都·快乐自贡人”“自贡市文化艺术节”“自贡春晚”“盐都新年音乐会”等文化活动品牌，举办重大文化活动100余场次、群众性文化活动2000场次，其中，市文化艺术节期间演出630场次，观众超100万人次。开展文化惠民扶贫“六项工程”，成功创建2个省级文化扶贫示范村，市文化艺术中心文化馆基本建成。

【文艺创作及推广】 2017年，首次建立文艺创作扶持机制，推出一批优秀文艺作品。其中，歌剧《盐神》入选全国9部、全省唯一一部“中国民族歌剧传承发展工程”重点扶持剧目，成功参演第三届中国歌剧节，入选北京中国民族歌剧15部展演作品；现代川剧《惊蛰》完成剧本创作；舞蹈《幸福小院》《红盐道》、四川竹琴《盐都壮美图》获省级奖项，川剧《还我河山》获省精神文明建设“五个一”工程奖。

【盐都文化传承】 2017年，市盐业历史博物馆晋升国家一级博物馆，联合国教科文组织批准自贡世界地质公园扩园申请，举办首届井盐文化节。原大安盐厂改建成“老盐场1957”文创园区，成功引进厦门功夫动漫。推进中国自贡“彩灯小镇”、玉章故里·漫画小镇等项目建设。

【文化产业发展】 2017年，推进中华彩灯大世界、自贡方特恐龙王国等重大文旅项目建设。推动彩灯、杂技、仿真恐龙等特色文化对外展演，自贡彩灯文化产品及服务贸易出口达2500万美元，自贡彩灯企业在国内85个城市举办灯展122场，在国外21个国家（地区）、47个城市举办灯展53场，自贡彩灯成为传播中华文化、讲好中国故事的重要载体。组织申报“一带一路”文化贸易重点项目、四川省文化产业发展专项资金等。组团参加第13届深圳文化博览会、第2届中国（敦煌）国际文化博览会，宣传推介自贡文化产业招商项目。建立自贡市文化产业统计网报平台；试点文化金融项目，推出“支持小微彩灯文化企业贷款”项目。

【文化改革创新】 2017年，出台《自贡市优秀文艺作品扶持办法（试行）》等，扶持5个市级重大文艺题材项目，创作各门类重点作品50余件。

【首批全市优秀宣传文化人才评选】 2017年，按《自贡市“十三五”人才发展规划》和《自贡市优秀宣传文化人才评选管理办法》，开展首批全市优秀宣传文化人才评选。经个人申报、单位推荐，专家评审委员会从115名申报者中投票选出58名优秀宣传文化人才，向社会进行公布。

【公民思想道德建设】 2017年，推动道德讲堂建设，全市各级各单位举办道德讲堂5000余场次。开展身边好人推荐评议，评选第四届“自贡市道德模范”（含团体）10个和道德模范提名奖10个；韩天学等4人被评为第五届“四川省道德模范”，邹德才等11人入选“四川好人榜”。以“我们的节日”为主题，全年开展系列活动万余次。推进“互联网+创建”，在“三网两微”（自贡文明网、四川文明网—自贡联盟网站、文明自贡志愿服务网、“文明自贡”微信公众号和“自贡市文明办”微博）编发稿件1.19万条。

【文明细胞创建】 2017年，创建2个全国文明单位（市建行、市检察院）、3个全国文明村镇（富顺县童寺镇、富顺县琵琶镇土地村、贡井区龙潭镇中坝村）、1个全国文明校园（市育才小学）、21所省级文明校园、1个全国文明家庭（贡井区杨进强家庭）和4个省级文明家庭，5个全国文明单位通过复查。推进全国文明城市创建工作，自贡市获2018—2020年新一轮创建周期提名城市。

【志愿服务活动】 2017年，推动志愿服务队伍建设，依托“文明自贡志愿服务网”运行注册志愿服务组织691个、志愿者18.2万人，全市公共文化设施100%设立学雷锋志愿服务站点。大安区龙井街大樘桶社区获省十佳志愿服务社区，李艺被评为省十大最美志愿者，曹天浩等6人被评为省百名优秀志愿者。常态化开展“党员义工日”、文化科技卫生“三下乡”、党政机关“25小时”、“暖冬行·爱传递”及岗位学雷锋等志愿服务活动。

【未成年人思想道德建设】 2017年，开展“少年强·中国梦”主题教育实践活动，引导未成年人培养和树立正确理想信念。举办第二届全市美德少年评选活动，评选美德少年30人。组织开展全市“童心向党”文艺汇演，唱响“三爱”主旋律。全市累计建成81所市级乡村学校少年宫项目学校，包括43所中央彩票公益金项目学校。全市各级未成年心理成长指导中心接受咨询辅导80多人次、组织参观考察22批次、培训540人次，市指导中心、区（县）指导分中心累计接待咨询2000余人次。

（黄 洁 程 健）

统战工作

【思想建设】 2017年，组织学习中共十九大报告精神，举办“不忘初心·牢记使命”脱产专题培训班，先后召开党外人士专题学习座谈会、讨论会等20多次，确保统一战线成员思想和行动与中央、省市委保持一致。支持各民主党派、无党派人士开展“不忘合作初心，继续携手前进”专题教育活动，组织举办党外人士谈心会、“团结杯”统战系统第一届大众运动会、自贡在外成功人士座谈会、年轻一代非公有制经济人士理想信念教育、“推动振兴发展、决胜全面小康”主题征文等活动10余期，参加人员300余人。组织召开市委民族宗教工作会议，举办全市宗教界代表人士学习中共十九大精神和新修订的《宗教事务条例》座谈会、宗教活动场所依法管理现场演练等重大活动10余次，加强少数民族和宗教界代表人士思想政治引导。发挥市海联会、留学人员联谊会等平台作用，组织归国留学人员学习中共十九大精神，增强命运共同体意识。举办自贡市海峡两岸青年文化创意交流峰会，促进两岸同胞交流，增进互助互信。

【助推发展】 2017年，制定《2017年政党协商（会议协商）计划》，支持民主党派、无党派人士围绕釜溪河流域治理、文化彩灯产业发展等开展专题协商，召开各类协商会、通报会10次，提出并由市委办交办各市级部门办理意见、建议50多条。发挥党派“直通车”优势，助推自贡市申报为全国老工业城市产业转型升级示范区，承办全省首次百万人口大县城市功能研究座谈会；全国政协副主席、九三学社中央主席韩启德，农工党中央专职副主席曲凤宏，民建中央副主席宋海等应邀到市调研指导工作。协调指导各民主党派、市工商联到民主党派中央、全国工商联、民政部等汇报工作，分别就“关于规划建设雅眉乐自城际铁路的建议”“自贡市纳入国家低空空域管理改革试点的建议”

等6个重大问题争取关注和支持。深化各民主党派市委与区县对口合作，聘请14名党外人士担任脱贫攻坚民主监督员；开展统战系统“同心助力脱贫攻坚对口帮扶工作”“万企帮万村”行动，引导非公有制经济人士参与富顺县马安村、吴山村精准脱贫工作，累计投入帮扶资金近亿元，解决产业发展、危房改造、社区治理等实际困难100多个。发挥行业商会、异地商会作用，在北京、上海等设立招商联络服务站，开展招商引资和项目服务工作，助力发展“归雁经济”，全市统一战线引进资金约4亿元。建立市委民族宗教工作联席会议制度，探索荣县天主教爱国会民主办教新模式。协调财政、审计、工商、税务等部门，推进宗教场所财税监管全国试点工作。加强与国安、公安、教育等部门沟通联系，做好抵御境外势力利用宗教进行渗透工作。

【党外代表人士队伍建设】 2017年，首次在全市范围开展党外优秀人才递进遴选培养工作，对59名党外优秀人才开展为期3个月的递进培养。建立党外后备人才队伍发现和储备机制，完善600余人的党外后备人才数据库。组织党外代表人士学习中共十九大报告精神座谈会、民主党派基层组织负责人骨干培训班、全市乡镇街道专兼职统战委员读书班、2017年中国人民大学——自贡市新时期统战工作专题研修班等各类专题培训10余期，培训党外代表人士500余人次。落实中央《中国共产党统一战线工作条例（试行）》、省委《四川省〈中国共产党统一战线工作条例〉（试行）实施细则》规定，截至2017年，在市、区（县）两级人大、政府和政协领导班子中安排党外代表人士28人，按规定比例在市人大、市政协安排党外代表人士担任人大常委、代表及政协常委、委员。自贡市被省委统战部列为全省第二批党外干部实践锻炼基地，建立市发改委、自流井区、自贡高新产业园区3个市级党外干部实践锻炼基地。在市发改委等政府工作部门配备党外干部8人，在市检察院配备副县级检察员1人。开展基层统战工作示范创建，在全省率先制定《关于加强新的社会阶层人士统战工作的实施方案》，明确22条举措，确立17个示范创建点，其中，荣县吴玉章故居爱国主义教育基地、荣县工业园区党外干部实践锻炼基地、富顺县琵琶镇“归雁经济”助推精准脱贫示范点被确定为全省基层统战工作示范创建点。

【自身建设】 2017年，市、区（县）党委常委会累计研究统战工作40余次。落实省委民族宗教工作机构改革政策，调整市民族宗教工作机构设置，增加人员编制。协调帮助各民主党派自贡市委、市工商联机关改善办公条件，增加工作经费。全年新增异地商会工作经费100万元。健全工作机制，制定《关于围绕中心服务大局主动作为争创一流推动全市统战工作再上新台阶的实施意见》《自贡市区县委统战部“主动作为、争创一流”考评办法》，建立区县统战部部长双月联系会议制度、民主党派自贡市委、市工商联驻会领导季度联席会制度、市委统战部机关月工作例会制度。落实党风廉政建设和反腐败工作“主体责任”和“监督责任”，组织民主党派、工商联等干部职工参观自贡市廉政教育警示基地，增强拒腐防变意识。开展机关“两学一做”学习教育常态化制度化、争做“六有自贡人”等活动。开展机关标准化建设，制定27项机关管理服务标准。

【党外人士座谈会】 1月24日，市委召开党外人士座谈会，就推动全市经济社会发展听取各民主党派市委、市工商联和无党派人士的意见建议。市委书记李刚，市委副书记、市长刘永湘，市人大常委会主任谭豹，市政协主席游开余，市委副书记李国贵，市委常委、市委统战部部长徐其斌，市委常委、市委组织部部长刘敏等出席会议。民革自贡市委主委叶智英、民盟自贡市委主委石岷嘉、民建自贡市委主委王孝谦、农工党自贡市委主委徐武斌、九三学社自贡市委主委陈张铭、市工商联主席但积忠、无党派人士代表杨廷卫参加座谈会。

【“新盐商”新春座谈会】 2月3日，自贡市“新盐商”新春座谈会在檀木林城市名人酒店举行。市委书记李刚出席会议并讲话，市委副书记、市长刘永湘致辞。市人大常委会主任谭豹，市政协主席游开余，市委常委、常务副市长王猛，市委常委、统战部部长徐其斌，市委常委、副市长李红强，九三学社自贡市委主委、副市长陈张铭等出席会议。市委、市政府有关副秘书长及各区县党委政府主要负责人、高新区管委会主任，市金融机构代表及市级有关部门负责人列席会议。全市近60名民营企业家及商会代表参加会议。

【曲凤宏一行到自贡调研】 2月23日至24日，农工党中央专职副主席兼秘书长曲凤宏一行到自贡，对生物科技发展、盐业文化传承保护、古生物科研等进行考察调研。市委书记李刚，市委常委、统战部部长徐其斌等陪同调研。

【市民宗局与市委统战部合署办公】 3月17日，经市委编委会议研究，并报十二届市委常委会第15次会议同意，市委编办印发《关于自贡市人民政府民族宗教事务局调整设置的通知》（自委编发〔2017〕36号），明确市民宗局与市委统战部合署办公。在市民宗局增加1个内设科室，市委统战部增设1名副部长（兼市民宗局局长）；市民宗局设局长1名、增设副局长1名，设正科级领导职数2名、副科级领导职数1名；市委统战部增加行政编制1名（从事民族宗教工作）。

【宋海一行到自贡调研】 4月12日，全国政协常委、副秘书长，民建中央副主席宋海一行到自贡，参观考察市盐业历史博物馆和航空产业园，对民建市级组织自身建设等情况进行调研。市委常委、统战部部长徐其斌等陪同调研。

【自贡市新的社会阶层人士联谊会成立】 12月21日，召开自贡市新的社会阶层人士联谊会成立大会。会议审议通过《联谊会章程》，选举理事会会长、副会长、秘书长及常务理事。市委常委、统战部部长徐其斌出席会议并讲话。市委统战部班子成员、自贡新的社会阶层人士统战工作联席会议领导小组成员，各区县委统战部、市级各民主党派、市工商联、市党外知识分子联谊会、市海外联谊会、市统战理论研究会、市光彩事业促进会、市留学人员联谊会负责人及新的社会阶层人士联谊会全体理事等130余人参加会议。

（万亚琴）

政策研究

【文稿服务】 2017年，审核、起草市委综合性文稿50余篇，审核市级部门报送省委重要文稿40余篇。围绕市委“推动振兴发展、决胜全面小康”主题，起草《市委贯彻落实省第十一次党代会精神任务分解方案》《关于加强社会主义协商民主建设的十项措施》等文件，发挥参谋作用。审核印发《办公室通报》18期，推动市委相关工作开展。向市委收集反馈影响全市经济社会发展的各类普遍性、规律性和苗头性问题，其中，《我市城市公交发展中的问题亟待解决》《办好国际恐龙灯会需要解决的重点难点问题》获市委主要领导批示，提升决策参考质量。

【课题调研】 2017年，围绕稳定经济增长、产业转型升级、生态文明建设、社会事业发展和从严治党等，指导市级单位开展调查研究，形成调研报告50余篇。其中，《我市重大项目市外中标企业税收征管情况报告》《我市不同人群健康体检、医疗保障情况报告》等调研报告，被市委决策采纳。

【期刊建设】 2017年，将《学习与调研》改版升级为季刊，增设专刊征集和刊载全市稳定经济增长、促进产业转型升级、全覆盖“第一书记”、学习贯彻中共十九大精神等内容，增强刊物的务实性和指导性。借助《决策参考》平台，围绕中央、省市委决策部署，重点关注改革发展新动向、新趋势，借鉴外市经济社会发展经验并开展分析研究，为市委领导提供完善招商引资政策、优化基层文化活动供给和加快特色园区培育等“短平快”政策参考。

【决策机制建设】 3月，成立市委市政府决策咨询委员会，印发《市决咨委主任委员会成员分工方案》《市决咨委研究课题管理办法（试行）》《市决咨委办公室财务管理办法（试行）》等制度。落实工作责任制，确保市决咨委人员、任务和责任“三个明确”，审议通过市决咨委《章程》《工作规则》等制度。6月，召开市决策咨询委员会第一次全体会议，开启全市决策咨询工作新阶段。

（市委政策研究室）

群众和信访工作

【概况】 2017年，推进信访工作责任落实年、信访基础业务规范年和信访部门自身建设强化年等主题活动，推动信访积案难案和复杂疑难信访问题化解，信访形势总体平稳。是年，市、区（县）两级信访部门统计信访总量16483件（人）次，比2016年上升3.9%。其中，市级信访量6836件（人）次，比2016年下降13.9%；区（县）级信访量9647件（人）次，比2016年上升21.9%。

【基础业务】 2017年，强化领导接待日工作制度，在每周五上午的市领导定期接待群众的基础上，在省“两会”、“一带一路”峰会、省党代会、中共十九大等重要会议和活动举办期间，坚持每天落实1名市领导到群众工作中心接待群众。全年市级领导接访182次，接待来访群众113批2110人次，其中，5人以上集体访78批2044人次。开展领导干部“六下访”和信访代理，推动信访工作关口前移。推进网上信访工作，全年通过各级领导信箱、网上投诉平台、人民网留言等网上渠道受理信访2061件次，与2016年同口径（2016年不含区县受理量）相比上升11.8%；上级单位登记信访部门及时受理率98.33%，上级单位登记责任单位及时受理率91.48%，上级单位登记按期办结率97.98%，上级登记信访部门满意率83.08%，上级单位登记责任单位满意率87.93%。完成市、县两级视频接访系统建设，实现省、市、县三级互联互通。

【非接待场所上访处置】 2017年，妥善处置出租汽车经营者群体拟到省进京集体上访事件及军队退役人员、国企退休教师、东大家具城业主等群体到市委、市政府机关的可能影响稳定的群体性上访事件。全年共处置到市委、市政府机关非接待场所上访140批2915人次，未发生因处置不当引发的信访群体性事件或信访个人极端事件。

【中央环保督察期间信访工作】 2017年，在中央第五环境保护督察组入驻四川省期间，确定市委群工局为全市中央环保督察组转办件归口管理责任单位，建立“一个口子进出、两个小时交办、三个班口轮换”的“123”工作机制，统一管理中央环保督察组交办群众来电来信投诉举报案件工作，选派业务骨干驻守成都，每日领签案件；出台系列文件明确案件程序和办理实体内容等，组织开展业务培训，对中央环保督察交办案件逐一落实市级和区县包案领导，确保中央环保督察组转交自贡市办理的群众来电来信举报件33批219件（重点交办件42件）全部处理。落实10名干警、8名信访维稳干部每天24小时在驻地现场值守等安保维稳措施，确保中央环保督察组到自贡督察期间工作正常开展。

【信访积案难案化解】 2017年，对省交办自贡市信访积案逐案落实包案领导、化解责任单位、责任领导和责任人，推动案件化解。其中，省信访局交办5件信访积案全部办结并录入信访信息系统，办结、录入率100%；省信访工作联席会议办公室交办7件信访积案办结2件，剩余5件政策类信访案件采取密切关注动态、及时接访疏导等措施。是年，全市梳理筛选35件信访积案，全部落实市、区（县）包案领导。其中，办结31件，办结率88.6%；息诉息访25件，息诉息访率71.4%。市委、市政府、市信访工作联席会议领导小组等先后多次召开各类专题会议，推动解决市电筒厂职工拖欠医保社保信访问题、国企退休教师信访问题、鸿兴公司退休职工医保问题；基本化解近10年的浙江商城烂尾楼信访问题，出租汽车经营者群体信访问题得到缓解；推动高新机械公司拖欠职工工资、医保社保信访问题及原市纺织厂企业改制未签协议信访问题取得重大进展。

【信访工作责任机制】 年初，市委群工局与各区县签订《2017年信访工作目标责任书》，明确各区县2017年信访工作任务和工作责任。市委编办印发《关于进一步明确信访安全生产环境保护“三项工作”岗位职责的通知》（自委编发〔2017〕6号），对全市各级各部门主要领导、分管领导、领导班子其他成员履行信访维稳工作的责任进行明确和强调。市信访工作联席会议办公室分别致函各区县，将重要工作进行量化，通过责任落实推动工作落实。

（冉康林）

机构编制工作

【服务中心工作】 2017年，围绕市委、市政府推动老工业城市产业转型升级、航空产业园区建设、金融促进发展、脱贫攻坚、安全生产、资源环境保护等决策部署，争取省委编办支持，在全省率先设立市金融工作局，组建自贡航空产业园区管委会、市老工业城市产业转型升级办、市重大项目推进服务中心等机构，为市委农工委、市旅游发展委、市环保局、高新区管委会等10余个部门增核行政编制50余名。全年受理机构编制申请、备案事项1000余次，调整优化40余个部门的机构编制。

【行政体制改革】 2017年，按中央、省委纪检监察体制改革总体部署，设立市监察委员会，指导区县同步推进纪检监察体制改革，调整设置市纪委派驻纪检监察组24个，核定编制104名，纪检监察派驻机构实现"全覆盖"。在市委编办增挂市行政审批制度改革办公室牌子，理顺审批制度改革管理体制；经省政府批准在富顺县开展相对集中行政许可权改革试点。推进执法监管体制改革，出台《深入推进城市执法体制改革改进城市管理工作的实施意见》。按省委、省政府统一部署完成盐业监管体制改革职责划转、编制核定等事项。以市本级统一执法为目标，采取"1+4"纵向整合模式，实现市本级和自流井、贡井、大安、沿滩四区文化市场执法机构实质性整合。完成富顺县、荣县交警大队及驻外中队交由两县公安局管理的体制划转。

【事业单位改革】 2017年，出台《市属事业单位党组织负责人设置及职级的意见》，首次对189个市属事业单位的党组织负责人及职级进行统一明确；在全省率先启动公益类事业单位"三定"规定暨公共服务清单制定，一次性明确189个事业单位"三定"方案及97个事业单位500多条公共服务项目清单。采取"撤、并、转"等方式，稳妥推进11个生产经营性事业单位改革，其中，撤销并注销法人2个（市建设工程质量检测中心、市公路工程质量检测中心）、完成转企改制方案1个（市供排水事务管理处），收回事业编制32名。完成全市2039个单位的政务和公益域名注册、2226家单位的统一社会信用代码赋码工作，两项工作分别获国家域名中心和省委编办通报表扬。

【机构编制管理】 2017年，破除编制"一核定终身"管理模式，一次性收回24个市级党政群机关61名行政编制，分批次核减收回21个市属事业单位500余名事业编制。制定《市级党政群机关行政编制动态管理实施意见》，将收回的编制实行集中统一动态管理。采取"基本编制+临时编制"的"动态用编"模式，按"编随事走、人随编走"原则统筹调剂部门编制，实现机构编制资源的良性循环。规范"单列编制"管理，出台《市级单列行政编制管理办法》，首次对单列编制的基本原则、使用范围、审批程序等作出明确，一次性为17个部门核定单列编制66名。将机构编制工作纳入市委巡察工作内容、经济责任审计事项和市级目标绩效管理考评体系，完成对市水务局、市城管执法局等10个市级部门、富顺县及县属60个事业单位的巡察工作。

【机构编制调研】 2017年，以机构编制动态管理、乡镇公共服务能力建设、生产经营性事业单位改革等为课题开展调查研究，形成10篇调研报告，部分稿件被中央编办、省委编办刊用。探索破解机构编制动态管理、制约乡镇发展等办法，形成调研报告《自贡市探索机构编制动态管理新路径》。开展市级行政编制首次减编控编调整，该项工作被省委编委评为"2017年度全省机构编制系统最佳工作"。《以行政管理体制改革之变破解乡镇发展之难》一文作为经验典型，在"中国机构编制网"刊载发表，《"三板斧"让编制资源成为源头活水》在全省机构编制工作会上作经验交流。

（市委编办）

老干部工作

【政治思想和党组织建设】 2017年，通过举办文艺汇演、书画展演、问卷调查、征文等活动，引导离退休干部"畅谈十八大以来变化，展望十九大胜利召开"，营造迎接中共十九大和省第十一次党代会召开氛围。通过集中收听收看开幕式、召开情况通报会、举行宣讲报告会等，组织全市离退休干部和老干部工作者学习中共十九大、省第十一次党代会和市委十二届二次全会精神。开展离退休干部党性教育，举办“老干部党性与正能量发挥”专题报告会。印发《关于进一步加强和改进离退休干部党组织建设工作的意见》，把离退休干部党组织建设纳入党建工作总体规划，探索建立符合离退休干部党组织、党员队伍的考核评价办法，落实离退休党支部书记、委员工作补贴。

【老干部服务平台搭建】 2017年，开展全市老干部“百村帮扶志愿行动”。组织引导113名熟悉农业农村工作的老干部结对帮扶贫困村，通过实施“老干部+第一书记”行动、“老干部+支部建设”行动、“老干部+农民夜校”行动，助力帮扶村产业发展和农民致富。依托市扶贫开发协会、市关工委、市老科协等涉老团体，面向全市离退休干部分类建立老干部专家库，定期组织“老专家”到贫困村开展政策宣讲、思想教育、种养殖技术推广和送医送药等志愿活动。

【离退休干部待遇落实】 2017年，完善离休干部离休费、医药费保障机制和财政支持机制，确保离休干部离休费、医疗费和生活补贴按时足额发放。落实中央、省委政策，提高部分离休干部待遇标准。走访慰问易地安置离退休干部和长期居住在外的市四大班子老领导。全年投入资金39.63万元，帮助196名老干部解决实际困难。推进老干部学习活动阵地建设。组织全市1300多名副县级以上离退休干部参加体检，体检费用提高到750元/人，较2016年提高36.37%。在春节、重阳节前夕，走访慰问特殊困难老干部196人，落实帮扶资金39.63万元。通过组织观灯游园、桥牌比赛、钓鱼比赛等活动，丰富老干部晚年生活。

（市委老干部局）

保密工作

【工作布署】 3月31日，组织召开全市保密工作会议，传达全省保密工作会议精神，总结2016年全市保密工作情况，安排2017年工作任务。是月，印发《自贡市2017年保密工作要点》，部署保密法制、监督管理、宣传教育、保密技术等方面工作；制订《2017年度区（县）保密工作考评细则》《2017年度市级部门保密工作考评细则》。

【宣传教育】 11月21日，组织全市31名在职省管干部参加专题保密学习并观看窃密泄密技术演示，推动领导干部保密责任落实。开展涉密人员教育，组织人员先后到市委党校、自贡银监分局、荣县纪委、自流井区交警大队、市委统战部、自贡海关等单位举行保密形势和保密知识专题讲座，参训人员1000余人。全年向涉密单位人员发送警示短信近万条。推动保密工作“两识”教育，全年征订“七五”宣传资料1000余套（册），征订保密文献纪录片《胜利之盾》49套。

【机要密码管理】 2017年，推进基层密码部门标准化建设，完成电子政务内网业务用房主体工程，完成电子政务内网建设项目的监理、设计和密码设备招标工作，完成省至市155MSDH链路建设工作。开展应急密码通信实战演练26次，完成中共十九大、省十一次党代会等重要时期密码通信和信息技术保障服务，收发、办理、打印各类电报8202份。是年，市委机要局被省委机要局评为全省党政机要密码系统“保密、优质、高速、无事故”先进单位。

【国家教育考试保密管理】 2017年，落实省、市保考工作会议精神，市保密局统一安排部署“两考”工作。市、区县两级保密部门联动，与教育、公安等部门联合建立高考保密突发事件应急处置机制。落实公务员招考、教师考录、医师资格考试、成人高考等保考工作机制，确保全市各类国家统一考试平稳、安全。

【保密专项检查】 3月至5月，组织开展全市机关、单位保密工作自查自评，先后对市人大办公室、市档案局等重点涉密单位进行抽查，督促问题整改；组织开展互联网门户网站专项保密检查，收集、解答各单位在自查中遇到的政策和技术性问题，依托互联网政府门户网站保密管理平台，加强日常互联网政务信息监管，通报抽查中发现的问题单位。7月至8月，市保密局联合市测绘管理局对全市涉密测绘资质单位、涉密测绘成果使用单位开展保密专项检查，现场检查涉密测绘地理信息生产、保管、复制、转借、销毁等重点环节管理情况和相关电子数据的存储、传输、使用情况。推进军民融合发展，3月至11月对晨光公司、大西洋公司、华西能源公司、四川龙源动力公司、福兴汽配公司等申请军工保密资质进行指导，其中，福兴汽配公司、晨光公司、华西能源公司等3家企业通过军工保密资格现场测评。

【基础能力建设】 2017年，推进保密技术服务体系建设，成立自贡市保密技术检查服务中心（公益一类事业单位），配备事业编制5人。围绕涉密载体销毁、涉密设备维修维护、保密技术检查、专项服务保障等保密技术服务需要，开工新建市委保密技术业务用房并投入使用。

（黄　超）

党史工作

【工作部署】 4月14日，召开全市党史研究室主任会议，传达贯彻全国、全省党史研究室主任会议精神，听取各区县党史研究室关于2016年党史“四个一”工作开展情况、存在的问题及2017年工作打算的情况汇报，并部署全市2017年党史工作。

【著作编撰】 11月，完成《中国共产党自贡执政实录（2016年卷）》《忠诚与信仰——自贡党史人物专辑》编纂工作，12月正式出版；12月，完成《中共自贡市委大事记（2017年）》的资料征集工作；指导区县在全省率先完成年内规划的党史基本著作编写。自贡市执政实录编纂工作在全省党史系统作交流。

【载体建设】 2017年，编纂出版《自贡党史》4期。该期刊设本期特稿、领导讲话、学习心得、党史人物、专题研究、党史资政、大事回放、工作体会、文苑等栏目，向全市机关、企事业单位及学校发行，为自贡地方党史宣传搭建平台。新设“今日头条”《盐都党史》栏目，充实党政内网党史宣教内容。

【资政服务】 2017年，围绕市委“推动振兴发展、决胜全面小康”主题，以《党史研究专报》为载体，组织市、区县党史部门撰写资政报告，其中，《自贡市国有企业建立和改革的历程》等报告获市委领导肯定性批示。组织以自贡地区“西南服务团”老战士为核心的抢救性访谈，收集“西南服务团”在自贡的活动资料，启动“西南服务团”老战士口述历史研究项目。

【党史宣传】 9月，市委党史研究室会同市委宣传部、市委组织部等10余个部门开展卢德铭牺牲90周年系列纪念活动，市委领导应邀参加。市和区县党史研究室联动开设“自贡党史人物讲坛”，全年举办讲坛6场，听众1000余人。发挥吴玉章故居作为“四川省中共党史教育基地”作用，打造全市党史宣传主阵地。

【队伍建设】 2017年，以《中共自贡市委执政实录》编纂为契机，在全市各区县、市级各部门（单位）确立100多名党史联络员。在全市党史党建领域相关单位、大专院校（党校）、学会、协会等机构中收集建立党史人才智库，为史料征集、专题研究和党史论坛等提供人才保障。

（市委党史研究室）

党校工作

【概况】 截至2017年年底，市委党校在职职工51人。其中，公务员24人，专业技术人员20人，职员6人，工勤人员1人。在职职工中，有专兼职教师12人（副高职称12人）。

【举办培训班】 2017年，完成学习贯彻省第十一次党代会精神县级领导干部培训班、市优秀年轻干部递进培养培训班、公务员任职培训班、公务员初任培训班、民主党派基层组织负责人（骨干）培训班等20个主体班培训任务，培训学员1901人次；拓展培训领域，与市级相关部门联合开展专题培训班7期，培训学员1002人次。

【教学工作】　2017年，落实省委、市委《关于加强和改进新形势下党校工作的实施意见》，在课程设置中确保党的理论教育和党性教育不低于总课时70%。全年围绕中共十九大精神、习近平新时代中国特色社会主义思想、省第十一次党代会、省委十一届二次全会和市委十二届五次全会精神及市委“推动振兴发展、决胜全面小康”发展主题和“三个加快”目标，开设专题90个，其中，新专题42个。在主体班次教学中探索完善教学新方式，80%的课程采用案例式、体验式、互动式、现场考察、异地教学等教学方式，提高党校教学质量。完成2017年省委党校在职研究生招生工作，参考100人，录取28人。落实《主体班教学管理规程》和《主体班学员管理规程》，执行主体班学员学风建设“六项制度”“八个不准”和“25不禁令”规定，提高党校教学管理水平。

【时政宣讲及课题研究】　2017年，抽调教师担任市委学习贯彻“党的十九大、省第十一次党代会、省委十一届二次全会、市委十二届五次全会精神”宣讲团骨干成员，到市级机关、企事业单位和基层部门开展宣讲近200场次。全年完成各类课题24项，其中，省委党校课题1项，省社会主义学院课题1项，市社科规划课题3项，市重点课题2项，市思政会课题1项，市党校系统课题12项，县级领导干部课题4项。编辑出版《盐都论坛》4期、《重要成果专报》3期，发表文章62篇。获各类成果奖9项，其中，《关于自贡推进供给侧结构性改革构建区域综合交通枢纽的思考》获四川省资本论研究会2017年年会暨理论研讨会一等奖，《强制拆除违法建筑法律问题研究》获省委党校第十届科研成果三等奖，《网络反腐背景下民众心理调查与思考》等5篇论文或调研报告获市第十六次社会科学优秀成果三等奖。

【业务指导】　2017年，召开全市区县党校工作交流座谈会；举办全市党校系统师资培训班，邀请省委党校哲学教研部副教授顾炯为全市党校系统教研人员授课；组织区县党校相关人员参加全市党校系统档案业务培训，采取跟班培训区县党校教师50余人次；指导区县党校申报各级各类课题，提升基层党校教师教学科研水平。

（王贵锌）

接待工作

【概况】　2017年，完成接待任务225批3521人次。其中，国家级领导2批，省部级领导50批。是年，市接待办获省委省政府接待办表彰的“全省政务接待工作优秀集体”、第三次全国接待交际工作评选表彰的“全国城市优秀党政接待部门”。

【中国·自贡灯会全球推介活动接待】　1月10日，全国友协2017年新年招待会暨中国·自贡灯会全球推介活动在北京举行。全国友协会长李小林、各国驻华使馆代表、各类新闻媒体近200人出席。

【第23届自贡国际恐龙灯会开幕式接待】　1月22日，第23届自贡国际恐龙灯会在彩灯公园开幕。省级相关部门领导，中外客商，媒体记者等近500人出席开幕式。

【张茅到自贡调研接待】　2月10日，国家工商总局党组书记、局长张茅到市调研华西能源工业股份有限公司、市工商局、盐业市场监管工作等相关情况。

【曲凤宏到自贡调研接待】　2月23日，农工党中央专职副主席兼秘书长曲凤宏到市参观第23届自贡国际恐龙灯会，24日调研盐业文化传承保护、古生物科研情况，并听取农工党自贡市委工作情况汇报。

【全国部分基层党组织党建标准化宣传贯彻推进会接待】　3月29日，全国部分基层党组织党建标准化宣传贯彻推进会在自贡召开。会议由国家标准化管理委员会和中央国家机关工委紫光阁杂志社举办，中央国家机关部门、部分省、市单位共109名代表参加会议。中央国家机关工委副书记陈存根，国家质检总局党组副书记、副局长梅克保出席会议并讲话。

【王东明到自贡调研接待】　3月30日，省委书记王东明一行调研自贡航空产业园航空制造业推动产业转型升级情况、自贡运输机械集团股份有限公司技术创新加快发展情况、浙江大学自贡创新中心产学研创新平台建设运营情况。

【省环保督察组到自贡督察工作接待】　2月9日至24日，省环保督察组对自贡市环境问题进行督导检查；4 月 7 日，省环保督查组组长、省人大常委会原副主任张东升到自贡出席省环境保护督察意见反馈会。

【宋海到自贡调研接待】 4 月 12 日，民建中央副主席、全国政协常委、副秘书长宋海到民建自贡市委机关、自贡航空产业园调研，并与市相关领导进行座谈。

【杨伟民到自贡专题辅导接待】 4 月 27 日，中央财经领导小组办公室副主任杨伟民对自贡市县处级领导干部进行“金融促进发展”专题辅导。

【柳斌杰到自贡检查接待】 5 月 10 日，由全国人大常委会委员、全国人大常委会教科文卫委员会主任委员柳斌杰率队的《中华人民共和国药品管理法》执法检查组到四川金岁方药业有限公司、自贡市第一人民医院实地检查，并听取自贡市《中华人民共和国药品管理法》实施情况工作汇报。

【刘晓峰到自贡调研接待】 7 月 29 日，全国政协副主席、农工党中央常务副主席刘晓峰调研东兴寺片区改造和釜溪河复合绿道连接线建设现场、富顺县城市生活污水处理厂、金子凼堰闸和自贡市盐业历史博物馆，并出席“长江经济带绿色发展与生态环境保护”自贡调研汇报会。

【中央第五环保督察组第二组到自贡督察接待】 8 月 17 日至 22 日，中央第五环保督察组第二组到自贡开展下沉督察工作。18 日，督察张化渣场渗漏液应急抢险治理项目、金鱼河流域黑臭水体整治项目、釜溪河流域综合治理工程；20 日，督察荣县垃圾填埋场、荣县污水处理厂、荣县金龙水泥厂、富顺县万寿酒业有限公司、晨光科技园、富顺县飞龙镇飞安水库；21 日，督察市污水处理厂、鸿鹤坝工业园、金河源屠宰场、川玻公司等。

【韩启德到自贡考察接待】 9 月 13 日，第十二届全国政协副主席、九三学社中央主席韩启德与省政协副主席崔保华到市考察文博产业发展情况、自贡彩灯产业转型升级情况、沱江自贡段综合治理情况。

【邓小刚到自贡调研接待】 9 月 20 日，省委副书记邓小刚到自贡航空产业园、华西能源工业股份有限公司、釜溪河复合绿道连接线建设现场、“中国彩灯之乡”文化创意产业园、市盐业历史博物馆和自贡恐龙博物馆实地调研。

【尹力到自贡调研接待】 11 月 29 日，省长尹力先后到东方电气集团东方锅炉股份有限公司、自贡市文旅项目现场、自贡综合保税区、自贡能投华西环保发电有限公司、大西洋焊接产业园、玉章故里·漫画小镇调研。

【首届国际盐产业博览会暨井盐文化节接待】 12 月 6 日至 8 日，自贡首届国际盐产业博览会暨井盐文化节在自贡举行。中国盐业协会理事长茆庆国等国家部委及行业协会领导、省级部门负责人、专家学者、外国嘉宾共 280 余人出席。

（王守安）

人 大

代表大会

【市十七届人大二次会议】 9月27日至28日召开。会议选举何树平为自贡市人民政府市长。

常委会会议

【市十七届人大常委会第二次会议】 1月10日召开。会议听取和审议市政府关于提请审议批准将自贡市2016年第二批棚户区改造政府购买服务项目资金列入市财政年度预算的议案，并作出决定；审议通过《自贡市人大常委会公开征集地方立法选题和立法建议办法》《自贡市人大常委会立法规划和年度立法计划编制办法》《自贡市地方性法规编号办法》；审议通过市人大常委会2017年工作要点、市人大常委会2017年立法监督工作计划；通过人事任免事项。

【市十七届人大常委会第三次会议】 2月27日召开。会议书面传达省十二届人民代表大会第五次会议精神；听取和审议市政府关于自贡市2016年市本级财政预算调整方案的报告及市人大财经委关于该方案的审查报告，并作出决议；审议通过《自贡市人大常委会立法论证工作规程（试行）》《自贡市人大常委会立法听证工作规程（试行）》《自贡市人大常委会立法评估工作规程（试行）》；书面听取市政府关于市十六届人大常委会第三十八次会议对全市脱贫攻坚工作情况、自贡市2016年上半年国民经济和社会发展计划执行情况的审议意见办理情况报告；书面听取市人大财经委关于市十六届人大常委会第四十三次会议常委会组成人员对自贡市2016年节能工作情况、自贡市2015年度财政审计查出问题整改情况的审议意见处理结果报告；通过人事任免事项。

【市十七届人大常委会第四次会议】 4月27日召开。会议书面传达十二届全国人大五次会议精神、省人大常委会第三十二次会议主要精神；书面听取市政府关于市十六届人大常委会第四十次会议对全市部分重大项目推进情况、全市养老服务体系建设工作情况的审议意见办理情况报告；审议通过市人大常委会代表资格审查委员会关于市第十七届人民代表大会个别代表的代表资格审查报告；通过人事任免事项。

【市十七届人大常委会第五次会议】 6月27日召开。会议书面传达省人大常委会第三十三次会议主要精神；听取和审议市政府关于全市社会治安防控体系建设工作情况、关于履行出资人职责情况和国有资产监督管理运营情况、关于自贡市2016年度环境状况和环境保护目标任务完成情况、关于2016年度法治政府建设工作情况等报告；听取和审议市政府关于全市“六五”普法完成暨“七五”普法工作安排的报告，并作出关于开展第七个五年法治宣传教育的决议；听取和审议市政府关于提请审议《自贡市井盐历史文化遗迹保护条例（草案）》的议案，市人大教科文卫委关于《自贡市井盐历史文化遗迹保护条例（草案）》的审议意见；听取和审议《自贡市人大常委会组成人员履职规定（草案）》；书面听取市人大常委会关于全市最低生活保障工作情况的调研报告；审议通过市第十七届人大常委会代表资格审查委员会关于自贡市第十七届人民代表大会个别代表的代表资格审查报告；通过人事任免事项。

【市十七届人大常委会第六次会议】 8月25日召开。会议书面传达省人大常委会第三十五次会议主要精神；听取和审议市政府关于2017年上半年国民经济和社会发展计划执行情况的报告、关于全市重大项目推进情况的报告、关于自贡市2016年度市级财政预算执行和其他财政收支的审计工作报告；听取和审议市政府关于自贡市2016年财政决算及2017年上半年财政预算执行情况的报告，批准2016年市本级财政决算；听取和审议市政府关于自贡市2017年地方政府债务举借规模及市本级财政预算调整方案的报告，批准2017年市本级财政预算调整方案；听取和审议《自贡市物业管理条例（草案）》（第三次审议稿），通过《自贡市物业管理条例（草案）》（表决稿）；听取和审议《自贡市人大常委会关于规范性文件备案审查的规定（修订草案）》；审议市人大常委会加强与区县人大常委会工作联系的意见（草案）；审议通过市人大常委会代表资格审查委员会关于自贡市第十七届人民代表大会个别代表的代表资格审查报告；书面听取市人大常委会关于自贡市独具特色国际文化旅游目的地建设情况的调研报告。

【市十七届人大常委会第七次会议】 9月8日召开。会议听取和审议市人大常委会关于接受辞职的决定（草案）；听取和审议市人大常委会主任会议关于代理市长的议案；通过人事任免事项。

【市十七届人大常委会第八次会议】 9月18日召开。会议听取和审议市人大常委会办公室关于市第十七届人民代表大会第二次会议筹备工作情况的报告，并作出市人大常委会关于召开第十七届人民代表大会第二次会议的决定；审议通过市人大常委会代表资格审查委员会关于市第十七届人民代表大会个别代表的代表资格审查报告。

【市十七届人大常委会第九次会议】 10月31日召开。会议书面传达中共十九大精神和省市传达学习中共十九大精神大会、省市委常委会（扩大）会议精神；书面传达省人大常委会第三十六次会议主要精神；听取和审议市政府关于请求将自贡市东部新城生态示范区一期工程“PPP”项目政府支出责任纳入市年度财政预算的请示、关于自贡市2016年以来招商引资项目推进情况、关于脱贫攻坚年度专项扶贫计划落实情况、关于贯彻执行《自贡市集中式饮用水水源地保护条例》情况、关于全市省级示范性普通高中学校建设发展情况的报告；听取和审议《自贡市井盐历史文化遗迹保护条例（草案）》（第二次审议稿）；书面听取市人大常委会关于加快推进自贡市全国老工业城市产业转型升级示范区建设、关于全市2016年扶贫专项资金管理使用情况的调研报告。

【市十七届人大常委会第十次会议】 11月27日召开。会议听取和审议市政府关于市十七届人大一次会议代表建议批评和意见办理情况、关于坚持统筹城乡一体化发展推进精准脱贫攻坚议案办理情况、关于釜溪河流域综合治理议案办理情况、关于全市2017年节能减排工作情况、关于全市2016年部分民生政策和重大专项支出绩效评价结果及财政存量资金清理盘活情况的报告；听取和审议市政府关于自贡市2017年市本级财政预算调整方案（第二次）的报告，批准2017年市本级财政预算调整方案（第二次）；书面听取和审议市人大常委会办公室关于市第十七届人民代表大会第三次会议筹备工作情况的报告及相关草案；书面听取市人大常委会关于全市卫生人才队伍建设情况、关于开展大规模绿化自贡行动情况的调研报告；书面听取市人大人代委、市人大常委会人代工委关于进一步发挥代表作用的调查报告；书面听取市政府关于市十七届人大常委会第五次会议对市政府履行出资人职责情况和国有资产监督管理运营情况、关于市十七届人大常委会第五次会议对全市2016年环境状况和环境保护目标完成情况报告的审议意见办理情况报告；书面听取和审议关于接受辞职的决定（草案）；审议通过市第十七届人大常委会代表资格审查委员会关于市第十七届人民代表大会个别代表的代表资格审查报告；通过人事任免事项。

【市十七届人大常委会第十一次会议】 12月21日召开。会议书面传达省人大常委会第三十七次会议主要精神；听取和审议市人大常委会主任会议关于提请审议《自贡市人民代表大会常务委员会关于自贡市监察委员会副主任、委员任免及主任、副主任、委员宪法宣誓有关事项的决定（草案）》的议案；听取和审议关于提请免职的议案；书面听取和审议市人大常委会关于推迟召开市第十七届人民代表大会第三次会议的决定（草案）；对市人大常委会任命的市政府工作部门主要负责人、市中级人民法院副院长、市人民检察院副检察长个人年度工作情况进行测评。

主任会议

【市十七届人大常委会第 2 次主任会议】 1 月 9 日召开。会议听取有关人事任免情况的汇报；听取市政府关于提请审议批准将自贡市 2016 年第二批棚户区改造政府购买服务项目资金列入市财政年度预算的议案的汇报，市人大财经委关于该议案的审查报告及关于同意将自贡市 2016 年第二批棚户区改造政府购买服务项目资金列入市财政年度预算的决定（草案）的汇报；听取市人大常委会法工委关于《自贡市人大常委会公开征集地方立法选题和立法建议办法（草案）》《自贡市人大常委会立法规划和年度立法计划编制办法（草案）》《自贡市地方性法规编号办法（草案）》的汇报；听取市人大常委会研究室关于市人大常委会 2017 年工作要点（草案）的汇报；听取市人大常委会办公室关于市人大常委会 2017 年立法监督工作计划（草案）和 2017 年市人大调研课题安排的汇报；听取市人大常委会办公室关于市十七届人大常委会第二次会议时间及议程、日程安排建议情况的汇报。

【市十七届人大常委会第 3 次主任会议】 2 月 27 日召开。会议听取有关人事任免情况的汇报；听取自贡市 2016 年市本级财政预算调整方案的报告；听取市人大财经委关于市人大代表计划和预算审查监督联络员工作制度及计划预算代表联络员名单的汇报；听取市十六届人大常委会第四十三次会议关于全市 2016 年节能工作情况的审议意见，市人大财经委关于常委会组成人员审议意见处理情况的报告；听取市十六届人大常委会第四十三次会议关于自贡市 2015 年度财政审计查出问题整改情况的审议意见及市人大财经委关于常委会组成人员审议意见处理情况的报告；听取市人大常委会法工委关于《自贡市人大常委会立法论证工作规程（草案）》《自贡市人大常委会立法听证工作规程（草案）》和《自贡市人大常委会立法评估工作规程（草案）》的起草说明；听取市人大常委会预算工委关于预算审查咨询专家筛选及预算审查咨询专家库管理办法修改情况的汇报；书面听取市人大常委会办公室关于《市十七届人大常委会班子成员 AB 岗制度（送审稿）》《市人大常委会机关值班制度（送审稿）》《干部职工加班报销规定（送审稿）》《机关差旅费管理办法（送审稿）》《领导干部定期接待群众来访制度（送审稿）》的汇报；书面听取市人大城环资委关于全市人防工程建设及地下空间开发利用情况的调研报告；听取市人大常委会办公室关于市十七届人大常委会第三次会议时间及议程、日程安排建议情况的汇报。

【市十七届人大常委会第 4 次主任会议】 4 月 24 日召开。会议听取有关人事任免情况的汇报；传达市委关于贯彻省委书记王东明到市调研督导重要指示精神暨在川南经济区发展座谈会上重要讲话精神的意见，研究市人大常委会贯彻措施；书面传达全省人大信访工作会议精神；书面听取市政府关于开展“六五”普法及今后普法工作安排的情况报告，听取市人大内司委关于开展第七个五年法制宣传教育的决议（草案）的汇报；听取市人大常委会代表联络办公室关于市十七届人大一次会议代表议案建议督办任务分解情况的汇报；听取市人大常委会法工委关于市人大常委会立法联系点联系办法（草案）和市人大常委会立法联系点建议名单、关于市第十七届人大常委会立法咨询小组成员及特聘立法咨询员建议名单、关于市第十七届人大常委会立法规划（草案）的汇报；听取市人大常委会预算工委关于向社会力量购买开展人大预算审查咨询服务的实施方案的汇报；书面听取市人大内司委关于全市贯彻实施《中华人民共和国律师法》情况、市人大财经委关于财政金融互动政策措施落实情况、市人大城环资委关于全市城乡生活垃圾收集运输处理体系建设情况的调研报告；书面听取市人大常委会办公室关于进一步加强和完善人大宣传信息工作的意见；审议 2017 年度市人大机关综合目标绩效综合考评实施办法（送审稿）；听取市人大常委会机关第一考察组到广安市、达州市、南充市、遂宁市考察学习情况的报告；听取市人大常委会办公室关于市十七届人大常委会第四次会议时间及议程、日程安排建议情况的汇报。

【市十七届人大常委会第5次主任会议】
4月25日召开。会议听取市检察院关于报请对市人大代表阳跃平采取强制措施的汇报。

【市十七届人大常委会第6次主任会议】
4月27日召开。会议听取市人大常委会代表资格审查委员会关于市第十七届人民代表大会个别代表的代表资格审查报告。

【市十七届人大常委会第7次主任会议】
5月19日召开。会议听取全市基层医疗卫生机构规范化、标准化建设情况及全市休闲农业发展情况的汇报；书面听取市人大城环资委关于到广西壮族自治区南宁市、桂林市考察水环境治理情况的报告；书面听取市人大常委会研究室关于全省市（州）人大常委会秘书长（研究室主任）研讨会精神的传达提纲；听取市人大常委会办公室关于市十七届人大常委会第五次会议时间及议程、日程安排建议情况的汇报。

【市十七届人大常委会第8次主任会议】
6月14日召开。会议听取市检察院关于报请对市人大代表帅辉采取强制措施的汇报。

【市十七届人大常委会第9次主任会议】
6月16日召开。会议听取市检察院有关人事任免情况的汇报；听取《自贡市井盐历史文化遗迹保护条例（草案）》的汇报；听取市人大内司委关于全市社会治安防控体系建设工作情况的视察报告；听取市人大财经委关于市政府履行出资人职责的情况和国有资产监督管理运营情况的视察报告、关于《自贡市人大常委会经济咨询专家库管理办法（草案）》的汇报；听取市人大城环资委关于全市2016年度环境状况和环境保护工作情况的视察报告；听取市人大常委会人代工委关于《自贡市人大常委会组成人员履职规定（草案）》的汇报；听取市人大常委会办公室关于市十七届人大常委会第五次会议时间及议程、日程安排建议情况的汇报；书面听取市人大内司委关于全市最低生活保障工作情况的调研报告。

【市十七届人大常委会第10次主任会议】
7月31日召开。会议听取市法院、市检察院2017年上半年重点工作情况的报告；听取全市棚户区改造实施情况的报告；听取市人大常委会预算工委关于2016年市级部门决算（草案）审查情况报告；听取市人大常委会法工委关于2016年12月至2017年6月规范性文件备案审查情况的报告；听取市人大内司委关于全市社会治安防控体系建设工作情况、市人大财经委关于市政府履行出资人职责和国有资产监督管理运营情况、市人大城环资委关于2016年环境状况和环境保护目标任务完成情况的审议意见；听取市人大常委会办公室关于市人大常委会加强与区县人大常委会工作联系的意见（草案）的汇报；书面听取市人大常委会2017年上半年工作总结及下半年工作计划的报告；书面听取市人大常委会履职能力提升培训情况总结；听取市人大常委会办公室关于市十七届人大常委会第六次会议时间及议程、日程安排建议情况的汇报。

【市十七届人大常委会第11次主任会议】
8月22日召开。会议书面学习中华人民共和国水污染防治法；听取市中心城区缓堵保畅体系建设情况的报告；听取市人大财经委关于自贡市2017年上半年国民经济和社会发展计划及重大项目推进情况的视察报告；书面听取市人大常委会预算工委关于自贡市2016年财政决算草案及报告的预先审查意见，市财政局关于落实《自贡市人大常委会预算工委关于2016年财政决算草案及报告的预先审查意见》的情况报告；听取市人大财经委关于自贡市2016年财政决算审查结果的报告及关于批准自贡市2016年市本级财政决算的决议（草案）的汇报；书面听取市人大常委会预算工委关于自贡市2017年地方政府债务举借规模及市本级财政预算调整初步方案的预先审查意见，市财政局关于落实《自贡市人大常委会预算工委关于自贡市2017年地方政府债务举借规模及市本级财政预算调整初步方案预先审查意见》的情况报告；听取市人大财经委关于自贡市2017年市本级财政预算调整方案的审查报告及关于批准自贡市2017年市本级财政预算调整方案的决议（草案）的汇报；书面听取市人大财经委、市人大预算工委关于2016年度审计工作报告的审议意见；听取市人大法制委关于《自贡市物业管理条例（草案）》审议结果的报告（草案）；听取市人大人代委关于市第十七届人民代表大会个别代表的代表资格审查报告；听取市人大常委会法工委关于《自贡市人大常委会关于规范性文件备案审查的规定（修订草案）》的说明；听取市人大常委会办公室关于市人大常委会机关2017年1—7月目标任务推进情况的汇报；书面听取市人大常委会关于自贡市独具特色国际文化旅游目的地建设情况的调研报告；听取市人大常委会办公室关于市十七届人大常委会第六次会议时间及议程、日程安排建议情况的汇报。

【市十七届人大常委会第12次主任会议】 8月25日召开。会议听取市人大法制委关于《自贡市物业管理条例（草案）》审议情况的报告，讨论《自贡市物业管理条例（草案）》建议表决稿。

【市十七届人大常委会第13次主任会议】 9月8日召开。会议听取市政府有关人事任免情况的报告。

【市十七届人大常委会第14次主任会议】 9月8日召开。会议听取市人大人代委关于市人大常委会接受刘永湘辞职请求的决定；听取市人大人代委关于市人大常委会主任会议提请审议决定何树平为市政府代理市长的议案及关于何树平为市政府代理市长的决定（草案）的报告。

【市十七届人大常委会第15次主任会议】 9月18日召开。会议听取市人大人代委关于市第十七届人民代表大会个别代表的代表资格审查报告；听取市人大常委会办公室关于市第十七届人民代表大会第二次会议筹备工作情况的汇报。

【市十七届人大常委会第16次主任会议】 9月27日召开。会议听取大会秘书处关于各代表团推选代表团团长、副团长，代表小组组长、副组长的情况汇报；听取大会秘书处关于各代表团讨论大会议程（草案）的情况汇报；听取大会秘书处关于各代表团酝酿大会主席团和秘书长名单（草案）的情况汇报。

【市十七届人大常委会第17次主任会议】 10月26日召开。会议书面学习全省依法治省工作推进会及全市依法治市领导小组第七次会议精神；听取全市法院执行工作情况的报告；听取市政府关于请求将自贡市东部新城生态示范区一期工程“PPP”项目政府支出责任纳入市年度财政预算的请示的报告；听取全市彩灯产业发展情况的报告；听取市人大法制委关于《自贡市井盐历史文化遗迹保护条例（草案）》修改情况的报告；听取市人大常委会法工委关于市人大常委会2018年度立法计划（草案）的报告；听取市人大财经委关于全市2016年来招商引资项目推进情况的视察报告；听取市人大教科文卫委关于全市省级示范性普通高中学校建设发展情况的视察报告；听取市人大农委关于脱贫攻坚年度专项扶贫计划落实情况的视察报告；听取市人大农委、市人大城环资委关于开展《自贡市集中式饮用水水源地保护条例》执法检查的情况报告；听取市人大财经委关于自贡市2017年上半年国民经济和社会发展计划执行情况、关于自贡市2017年上半年财政预算执行情况、关于自贡市2017年上半年重大项目推进情况的审议意见；书面听取市人大常委会调研组关于加快推进自贡市全国老工业城市产业转型升级示范区建设的调研报告；书面听取市人大城环资委关于全市城乡电力保障情况的调研报告；书面听取市人大常委会研究室关于全市贯彻落实省、市委人大工作会议精神的调研报告；书面听取市人大常委会预算工委关于全市2016年扶贫专项资金管理使用情况的调研报告；书面听取市人大常委会法工委关于市立法能力建设专题培训情况的总结报告；听取市人大常委会办公室关于市十七届人大常委会第九次会议时间及议程、日程安排建议情况的汇报。

【市十七届人大常委会第18次主任会议】 11月7日召开。会议听取市公安局关于报请对市人大代表杨远贵交通违法行为予以行政拘留的报告。

【市十七届人大常委会第19次主任会议】 11月24日召开。会议听取有关人事任免情况的汇报；听取市人大人代委关于接受辞职的决定的情况汇报；听取全市民事行政检察工作情况的报告；听取市发改委关于全市2017年节能减排工作情况报告；书面听取市人大常委会预算工委关于自贡市2017年市本级财政预算调整方案（第二次）的预先审查意见，市财政局关于落实《自贡市人大常委会预算工委关于自贡市2017年市本级财政预算调整方案（第二次）的预先审查意见》的情况报告；听取市人大财经委关于自贡市2017年市本级财政预算调整方案（第二次）的审查报告及关于批准自贡市2017年市本级财政预算调整方案（第二次）

的决议（草案）的报告；听取市人大财经委关于全市2016年部分民生政策和重大专项支出绩效评价结果、财政存量资金清理盘活情况的视察报告；听取市人大常委会关于全市2016年来招商引资项目推进情况的审议意见；听取市人大常委会办公室关于市第十七届人民代表大会第三次会议筹备工作情况的报告；听取市人大常委会人代工委关于市十七届人大一次会议代表建议、批评和意见办理情况的视察报告；听取市人大农委关于坚持统筹城乡一体化发展，推进精准脱贫攻坚议案督办情况的报告；听取市人大城环资委关于釜溪河流域综合治理议案督办情况的报告；听取市人大常委会关于全市省级示范性普通高中学校建设发展情况、关于脱贫攻坚年度专项扶贫计划落实情况、关于贯彻执行《自贡市集中式饮用水水源地保护条例》情况的审议意见；书面听取市人大教科文卫委关于全市科技创新平台建设及成果转化工作情况的调研报告；书面听取市人大常委会调研组关于全市卫生人才队伍建设情况、关于实施大规模绿化自贡行动情况、关于探索地方立法重点难点和途径方法的调研报告；书面听取市人大城环资委关于全市农村产权流转交易三级平台建设情况、关于全市住房公积金管理工作情况的调研报告；书面听取市人大人代委、市人大常委会人代工委关于进一步发挥代表作用的调查报告；书面听取市人大常委会法工委关于强化监督重点创新监督方式提升监督工作针对性实效性的调研报告；书面听取市人大常委会学习考察组关于人大机关自身建设情况的考察报告、关于到贵州省3个市考察学习脱贫攻坚情况的报告；书面听取关于川东川南第三十三次人大财经工作座谈会情况汇报；书面听取关于2017年全省人大法制工作会议的情况汇报；听取市人大常委会办公室关于市十七届人大常委会第十次会议时间及议程、日程安排建议情况的汇报。

【市十七届人大常委会第20次主任会议】 11月27日召开。会议听取市第十七届人民代表大会常务委员会代表资格审查委员会关于市第十七届人民代表大会个别代表的代表资格审查报告。

【市十七届人大常委会第21次主任会议】 12月21日召开。会议听取市检察院关于提请免职的情况报告；听取自贡市2017年财政预算执行情况及2018年财政预算（草案）有关情况的报告；听取市人大财经委关于2016年度市级财政预算执行和其他财政收支审计查出问题整改情况的视察报告。听取市人大财经委关于市第十七届人大常委会第十次会议关于对全市2016年部分民生政策和重大专项支出绩效评价结果、财政存量资金清理盘活情况的审议意见的情况报告，关于市第十七届人大常委会第十次会议关于对全市2017年节能减排工作的审议意见的情况报告；听取市人大人代委关于《自贡市人民代表大会常务委员会关于自贡市监察委员会副主任、委员任免及主任、副主任、委员宪法宣誓有关事项的决定（草案）》的说明；听取市人大常委会办公室关于《自贡市人大常委会关于推迟召开自贡市第十七届人民代表大会第三次会议的决定（草案）》的情况报告；书面听取市人大内司委关于2017年全省人大内务司法工作会议的情况汇报；听取市人大常委会办公室关于市十七届人大常委会第十一次会议时间及议程、日程安排建议情况的汇报。

【市十七届人大常委会第22次主任会议】 12月28日召开。会议听取市人大常委会办公室关于市第十七届人民代表大会第三次会议召开时间的报告。

常委会主要工作

【概况】 2017年，开展视察、执法检查22次；召开常委会会议11次，作出决议决定10项，形成审议意见13份，任免国家机关工作人员85人次（任命58人次、免职27人次）；召开主任会议22次，转达主任会议建议意见8份；开展调查研究25次并形成调研报告，受理群众来信来访567件次，重要信访包案7宗，备案审查规范性文件97件。

【地方立法工作】 2017年，制定市十七届人大常委会立法规划（2017—2021年）及2018年度立法计划。制定公布《自贡市物业管理条例》，完成《自贡市井盐历史文化遗迹保护条例（草案）》第二次审议修改。建立基层立法联系点，选聘立法咨询小组成员和特邀立法咨询员。制定自贡市人大常委会公开征集地方立法选题和立法建议办法、立法规划和年度立法计划编制办法、立法咨询管理办法及立法论证、听证、评估工作规程等，构建立法质量保障体系。

【《自贡市物业管理条例》颁布施行】　8月25日，自贡市第十七届人民代表大会常务委员会第六次会议审议通过《自贡市物业管理条例》（以下简称《条例》）。《条例》共九章七十三条，主要从物业管理的适用范围、政府及相关职能部门的职能职责、物业管理的区域及设施、前期物业管理、物业服务、物业的使用与维护、旧住宅小区物业的管理、法律责任等方面作出具体规定，明确物业管理区域的划分及调整、前期物业服务企业的选聘、物业服务合同内容、专项维修基金的管理与使用等法律规范。《条例》于9月22日经四川省第十二届人民代表大会常务委员会第三十六次会议批准，自2018年1月1日起施行。

【依法决定重大事项】　2017年，贯彻中央、省委关于健全和落实人大讨论决定重大事项等要求，推动市人大常委会讨论决定重大事项相关规定的修订工作。围绕全市改革发展稳定中带全局性、长远性、根本性的重大事项，依法作出关于设立代表资格审查委员会的决定、关于开展第七个五年法治宣传教育的决议等，发挥依法决定重大事项对全市经济社会发展和民主法治建设的促进作用。

【工作监督】　2017年，围绕产业转型发展，对老工业城市产业转型升级示范区建设、重大项目和招商引资项目推进、独具特色的国际文化旅游目的地建设、科技创新平台建设及成果转化等工作开展视察，听取审议市政府相关工作报告。围绕经济平稳运行，听取审议市政府关于国民经济和社会发展计划执行情况、财政预算执行和其他财政收支审计情况、市本级财政预算调整及2017年地方政府债务举借规模情况、财政审计查出问题整改情况等工作报告，提出可行性意见建议。探索开展对审计查出问题较多和问题比较突出的单位进行询问；探索人大预算联网监督工作，管好人民群众的“钱袋子”。

【法律监督】　2017年，对全市贯彻实施《四川省农村扶贫开发条例》《自贡市集中式饮用水水源地保护条例》情况开展执法检查，及时向市政府转达重点问题清单；对《中华人民共和国精神卫生法》《中华人民共和国律师法》开展调研。配合全国人大常委会、省人大常委会对自贡市贯彻实施《中华人民共和国药品管理法》《四川省公共图书馆条例》《固体废物污染环境防治法》及《四川省固体废物污染环境防治条例》等开展执法检查或调研。听取审议市法院关于执行工作、市检察院关于民事行政检察工作的情况报告，转达意见和要求，促进公正司法。

【为民履职】　2017年，围绕生态文明建设和环境保护工作，对城乡管理及城乡生活垃圾收运体系建设、釜溪河流域综合治理等情况开展视察或调研，听取审议市政府关于2016年环境状况和环境保护目标完成情况的报告，牵头开展“自贡环保世纪行”督导宣传行动，补齐生态环境短板，推动生态环境质量全面改善。围绕精准扶贫和城乡统筹，对脱贫攻坚年度专项扶贫计划落实、中心城区缓堵保畅体系建设、棚户区改造、全市省级示范性普通高中学校建设发展、全市基层医疗卫生机构规范化和标准化建设、社会治安防控体系建设等情况开展专项视察，增进民生福祉，促进“城乡一体繁荣幸福新自贡”建设。

【代表工作】 2017年，健全“三联系”制度，加强全市各级人大常委会与人大代表经常性、制度化联系。组织全市各级人大代表参加履职培训。邀请人大代表列席市人大常委会会议，参加市人大常委会组织的视察、调研、执法检查等活动。制定市人大常委会组成人员履职规定，编印组成人员《履职手册》，规范组成人员履职行为。深化“脱贫攻坚——人大代表再行动”活动，组织自贡市全国人大代表、省人大代表开展脱贫攻坚专题调研和代表“1+1”联系帮扶贫困户工作，全市6000多名人大代表，联系2万多名群众和“1+1”帮扶对象，帮助贫困村发展产业、改善生产生活条件，帮助贫困户脱贫致富，发挥人大代表主体作用。

【人大代表议案和建议办理】 2017年，落实人大常委会领导牵头督办、人大专委会分工督办、提出建议代表参与督办的工作机制，推动人大代表议案和建议办理。开展“坚持统筹城乡一体化发展，推进精准脱贫攻坚”和“加强釜溪河流域综合治理”2个议案的督查督办工作，助推市委确定的脱贫集中攻坚任务如期完成，助推政府打造宜居宜业生态环境。是年，推进市十七届人大一次会议提出的2件议案办理；完成市人大代表提出的121件建议办理，人大代表满意和基本满意率100%。

【人大自身建设】 2017年，坚持以学习贯彻中共十九大精神为抓手，推进“两学一做”学习教育制度化、常态化，组织开展政治理论和党纪党规学习，教育引导党员干部把握党的初心和使命、旗帜和方向、目标和任务，树牢“四个意识”。在市人大常委会机关提出“强精神、重实干、争一流”的价值追求，制定“三规三严三细”的工作规法。开展干部能力素质拓展训练等主题活动，强化干部责任担当，激发干部队伍活力，凝聚团队力量。开展作风建设，推进正风肃纪，市人大常委会机关形成干事创业、团结奋进、风清气正的政治生态。

（市人大研究室）

政　府

重大决策

【市第十七届人民政府第3次常务会议】 1月9日召开。会议审议《关于曾嵘等36人职务任免的请示》，要求以市政府名义行文，其中，提名任命的人员由市政府依法提请市人大常委会审议。

【市第十七届人民政府第4次常务会议】 1月22日召开。会议审查通过《自贡市2017年〈政府工作报告〉重点工作任务分解表》《关于立即启动四川玻璃股份有限公司实施依法破产的请示》《关于通报2016年省对自贡市专项转移支付情况及做好2017年争取工作建议的请示》。审议同意《关于报请审定2017年10件民生实事的请示》《关于审定自贡市2017年重大项目计划草案和市级领导联系重大项目名单的请示》《自贡市国有资本投资运营集团有限公司组建实施方案》《自贡市城市建设投资开发集团有限公司组建实施方案》《自贡水务投资集团有限公司组建实施方案》《自贡高新国有资本投资运营集团有限公司组建实施方案》《关于成都外国语学校自贡普润校区建设规费减免事项的请示》《关于报请审定〈关于自贡市2016年市本级财政预算调整方案的报告〉的请示》，报市委审定。听取市环保局《关于全省环境保护督察工作和大气、水、土壤污染防治“三大战役”领导小组全体（扩大）会议精神及有关情况的报告》，以市政府党组名义报市委，要求各级各部门针对该报告提出的问题和建议，制定工作措施，健全完善制度，抓好整改落实，并做好迎接省环保督察相关准备工作。

【市第十七届人民政府第5次常务会议】 2月17日召开。会议审查同意《关于承办2017年人大议案代表建议及政协提案情况的报告》《自贡市人民政府2017年立法计划（草案）》《关于市属国有企业发展混合所有制经济的意见》《关于变更市政府出资入股川南城际铁路公司出资人代表的请示》《关于四川友华房地产开发有限公司“华商国际城”项目南湖生态城B－13－2地块增加地下空间使用权的请示》《关于报请审定2017年自贡市城镇棚户区改造有关事项的请示》《自贡市釜溪河流域水环境生态补偿办法（试行）》《关于申请市委农工委办公用房维修资金的请示》《关于将市级储备菜油费息补贴纳入市级财政预算的请示》。

【市第十七届人民政府第6次常务会议】 2月24日召开。会议审查通过《关于提请审定2016年度安全生产目标考核结果和奖励情况的请示》《关于报请审定第二届自贡市政府质量奖评审结果的请示》。

【市第十七届人民政府第7次常务会议】 3月8日召开。会议审查通过《自贡市“十三五”新型城镇化发展规划》《自贡市“十三五”能源发展规划》《自贡市“十三五”科技创新规划》《关于报请审定〈进一步完善社会救助和保障标准与物价上涨挂钩联动机制的实施意见〉的请示》《自贡市市属国有企业董事会专职外部董事管理办法（试行）》《关于自贡南铁路物流基地建设有关问题的请示》。审查同意《关于审定2016年度市级“四好村”的请示》《关于命名授牌自贡市第五批院士（专家）工作站的请示》《自贡市创新和完善机关事业单位人事管理的意见（送审稿）》，报市委审定。听取市民政局《关于贯彻落实国务院第162次常务会议精神做好困难群众基本生活保障有关工作的报告》，要求各级各部门做好困难群众基本生活保障工作，从2017年起将保障困难群众基本生活的支付放在优先位置，确保政府投入只增不减。

【市第十七届人民政府第8次常务会议】 3月14日召开。会议审查通过《关于提高农村居民最低生活保障标准有关问题的请示》。审查同意《自贡市人民政府 四川发展（控股）有限责任公司战略合作协议》《四川大西洋焊接材料股份有限公司国有股份无偿划转框架协议》《自贡市人民政府 四川发展（控股）有限责任公司投资合作协议书》《关于命名第三批高层次人才“双千计划”团队和个人的请示》《关于2017年市级机关事业单位编制使用计划的请示》，报市委审定。

【市第十七届人民政府第9次常务会议】 3月20日召开。会议审查通过《关于报请审定自贡市人民政府2017—2021年拟定地方性法规草案建议项目的请示》。审查同意《关于报请审议自贡市委市政府法律顾问候选人员名单的请示》《关于2017年党风廉政建设和反腐败工作的意见》《2017年自贡市九项民生工程及17件民生实事实施方案》《关于设立自贡市城市发展建设基金的请示》《自贡市法治宣传教育第七个五年规划（2016—2020年）》《关于提请审议表扬2011—2015年全市法治宣传教育先进集体和先进个人的请示》《关于对2016年工业综合实力十强企业予以奖励的请示》和《关于对2016年工业成长型十佳企业予以奖励的请示》，报市委审定。

【市第十七届人民政府第10次常务会议】 3月30日召开。会议审议通过《贡井伍家坡、建设路片区棚户区改造城市设计及公井古城保护规划》《关于追加不动产登记档案数字化经费的请示》《关于在乡镇设立不动产登记便民服务窗口的请示》。审查同意《自贡市招商“飞地”项目成果分享暨奖励办法》《关于报请审议发行双创票据的请示》，报市委审定。

【市第十七届人民政府第11次常务会议】 4月17日召开。会议审议通过《关于对四川长征机床集团有限公司实施重整的请示》《关于向市财政局借款用于归还中国水务投资有限公司股权回购款的请示》《自贡市市级行政权力清单（2017年本）》。审查同意《自贡市2017年一季度经济运行情况及下一步工作措施的建议》《四川省环境保护督察自贡市督察意见整改方案制定任务分解表》，报市委审定。同意《自贡市井盐历史文化遗迹保护条例（草案送审稿）》，提请市人大常委会审议。

【市第十七届人民政府第12次常务会议】 4月24日召开。会议审查通过《自贡市促进经济稳定增长推进供给侧结构性改革政策措施（送审稿）》，以市政府党组名义报市委审定。审查同意《自贡市2017年推进供给侧结构性改革工作方案（送审稿）》《关于申请2017年全市乡镇（街道）便民服务中心、村（社区）便民服务室升级达标财政补助资金的请示》《关于申请批准市委机要保密技术业务用房及附属建筑建设项目的请示》《自贡市人民政府工作规则》《关于审定自贡市民族团结进步模范集体和模范个人名单的请示》。审查同意农业专项资金、工业发展专项资金、服务业发展专项资金、招商引资专项资金、旅游发展专项资金、市级重大项目前期专项资金、教育专项资金、体育彩票公益金专项资金、卫生和计划生育专项资金、对外宣传专项资金、宣传文化事业发展专项资金、人才开发专项资金、城市维护费专项资金、地方水利建设基金、排污费专项资金、污水处理费专项资金、垃圾处理费专项资金、成品油价格和税费改革转移支付专项资金、福利彩票公益金专项资金2016年收支执行情况及2017年收支计划安排，要求必须严格执行专项资金管理使用办法，确保专项资金使用依法合规，提高财政资金使用绩效。

【市第十七届人民政府第13次常务会议】 5月15日召开。会议通过《关于坚持统筹城乡一体化发展 推进精准脱贫攻坚的议案办理实施方案》《自贡市“十三五”基本公共服务发展规划》《关于审批第十届市科技杰出贡献奖拟奖人选和2017年度市科技进步奖、专利奖拟奖项目的请示》《关于张化渣场渗滤液应急抢险治理的请示》。原则同意《关于采取政府购买服务模式实施卧龙湖片区城中村棚改项目的请示》，报市委审定后实施。

【市第十七届人民政府第14次常务会议】 5月18日召开。会议审查同意《关于报请审议设立华融贡达城市交通发展投资基金的请示》《关于报请审议采取政府购买服务模式实施自贡市农村公路提升改造工程有关事项的请示》《关于报请审议自贡市东部新城生态补水工程、东部新城水系连通工程、双河口至凤凰坝片区综合治理示范项目 PPP 模式建设的请示》《关于报请审议双河口至凤凰坝片区棚改项目建设问题的请示》《关于报请审议采取政府购买服务方式实施四川玻璃股份有限公司和长征集团公司土地收储有关事项的请示》《关于报请审议东部新城二期土地整理和市政基础设施特许经营项目政府购买服务的请示》《关于报请审议采用政府购买服务模式实施自贡市釜溪河复合绿道城区连接段建设工程项目的请示》《关于报请审议采用政府购买服务的模式推进自贡市天池山西环线交通枢纽工程项目的请示》《关于高新区物流仓储一期项目采用政府购买服务方式实施的请示》和《关于高新区城镇化片区改造一期项目采用政府购买服务方式实施的请示》，报市委审定。审议通过《关于引进“显示器面板及模组”等 10 个项目的请示》。

【市第十七届人民政府第 15 次常务会议】

6 月 2 日召开。会议审查同意《关于加快建设老工业城市产业转型升级示范区的实施意见（送审稿）》，报市委审定。审议通过《自贡市“十三五”生态环境保护规划》《自贡市“十三五”农业和农村经济发展规划》《自贡市“十三五”文化发展规划》。审查同意应用技术研究与开发专项资金和残疾人就业保障金 2016 年收支计划执行情况及 2017 年收支计划安排。

【市第十七届人民政府第 16 次常务会议】

6 月 21 日召开。会议审议通过《自贡市“十三五”水务发展规划》《关于加强釜溪河流域综合治理的议案办理实施方案》《关于提请审议自贡市深化出租汽车行业改革有关事项的请示》《关于四川大西洋集团有限责任公司无偿划转四川大西洋焊接材料股份有限公司国有股份的请示》《关于市局机关招用警务辅助人员用人计划和经费保障的请示》《关于提高城市居民最低生活保障标准有关问题的请示》《关于安排市级选派第一书记相关人员经费的请示》《关于请求解决异地商会招商引资工作专项经费的请示》《关于审定 2016 年及 2017 年 1—3 月釜溪河流域跨界断面水质超标资金扣缴考核结果的请示》。审查同意《自贡市进一步深化国资国企改革若干措施》，报市委审定。听取市环保局《关于省环保督察发现问题整改情况的报告》，要求各级各有关部门必须本着依法、安全、有序、彻底的原则，对省环保督察发现问题抓紧进行整改，确保在规定时限内整改完毕；对市环保督察发现问题，要移交区县，边查边改，确保全部整改到位。听取市发改委《关于全国部分城市信用监测工作座谈会议精神传达及下步工作建议的报告》，同意市发改委提出的下步工作建议，要求加快制定 2017 年社会信用体系建设工作方案，以问题为导向，突出工作重点，落实工作责任。听取并同意市文明办《关于〈2017 年自贡市精神文明建设工作要点〉的报告》，由市文明办向市委报告，要求必须围绕践行社会主义核心价值观，组织开展好 2017 年精神文明建设各项工作，提升全市精神文明水平。

【市第十七届人民政府第 17 次常务会议】

6 月 29 日召开。会议审查同意《关于提请审议釜溪河、越溪河自贡段、旭水河、威远河自贡段、沱江自贡段等五条河流一河一策管理保护方案的请示》《自贡市中心城区水系规划》《关于提请审议实施金鱼河清淤保洁有关事项的请示》《关于设立自贡市中小微工业企业提升贷新增贷款增信保证及风险补偿金的请示》《关于报请审定〈关于表扬 2016 年落实老工业基地调整改造政策真抓实干成效明显部门和单位的通报（代拟稿）〉的请示》《关于举办自贡市第十三届运动会的请示》。同意《自贡市扶贫开发基金投资决策委员会工作规则（送审稿）》《关于报请审议采用政府购买服务模式推进自贡市 2017 年第一批棚户区改造项目的请示》《关于报请审议自贡市“中华彩灯大世界”招商引资项目协议的请示》《关于高新区机构人事制度改革有关事项的请示》《关于报请审议引进恒力盛泰石墨烯产业园项目相关事项的请示》，报市委审定。听取市城乡管理执法局、市水务局《关于报送省政府沱江流域七市落实污水垃圾设施建设三年推进方案现场会精神及我市贯彻建议意见的报告》，同意该报告提出的建议意见，要求市环保委员会负责统筹推进垃圾和污水处理设施建设工作，进一步研究完善工作机制和工作计划，确保工作推进有力有序、任务按期完成。听取市国土资源局《关于传达全省地质灾害隐患排查与防治工作电视电话会议精神及我市工作情况的报告》，同意该报告提出的下步工作打算，要求集中用1个月时间抓好隐患排查、“回头看”等各项工作，打好防汛减灾人民战争。

【市第十七届人民政府第18次常务会议】 7月24日召开。会议决定同意《自贡市2017年上半年经济运行情况及下一步工作建议》《关于2017年新增地方政府债券额度分配建议意见的请示》《关于构建新型政商关系促进非公有制经济健康发展的意见（代拟稿）》，报市委审定。审议同意《关于我市取消和保留的村（社区）证明事项清理结果的请示》《关于自流井区原水利局地块改造项目享受棚改有关政策的请示》《关于请求安排市规划局办公用房维修装修和办公家具及设备采购专项资金的请示》。

【市第十七届人民政府第19次常务会议】 8月10日召开。会议审查同意《关于中央环境保护督察四川动员会会议精神及我市贯彻意见的报告》和《关于市级环境保护督察情况的报告》《关于报请审定城乡污水处理项目一体化投运有关事项的请示》，报市委审定。同意《自贡市2016年度市级财政预算执行和其他财政收支的审计工作报告》《自贡市2016年财政决算及2017年1—6月财政预算执行情况的报告》和《关于自贡市2017年地方政府债务举借规模及市本级财政预算调整初步方案的报告》，报市委审定后，按程序向市人大常委会报告。

【市第十七届人民政府第20次常务会议】 8月23日召开。会议审查同意《关于中央环保督察组下沉督察和省专项督导有关工作情况、全省边督边改提高环保整改质量电视电话会议主要精神及我市贯彻落实建议的报告》《关于国家统计局对高新区统计执法检查的情况报告》《关于自贡市国有资本投资运营集团有限公司非公开发行20亿元公司债券的请示》《关于四川玻璃股份有限公司依法破产涉及职工安置有关问题的请示》，报市委审定。同意《自贡市“十三五”服务业发展规划》《自贡市“十三五”综合交通运输发展规划》《自贡市“十三五”工业和信息化规划》，经修改完善后印发。决定同意《关于报请审定〈自贡市人民政府办公室关于国有建设用地使用权供应成本确认工作的通知（代拟稿）〉的请示》《自贡市市属国有企业负责人经营业绩考核办法及经济增加值等相关考核细则》《关于提请审议自贡市国有资本投资运营集团有限公司为自贡市盐都建设有限责任公司贷款8亿元提供连带责任保证担保的请示》《关于提请审议自贡市国有资本投资运营集团有限公司为四川跨越投资实业有限公司贷款2亿元提供连带责任保证担保的请示》《关于请求解决监管中心相关设施维护改造工程建设资金的请示》。

【市第十七届人民政府第21次常务会议】 9月6日召开。会议审查通过《关于何树平等3人职务任免的请示》，要求依法提请市人大常委会审议。

【市第十七届人民政府第22次常务会议】 9月11日召开。会议审查同意《关于报请审定〈自贡市东部新城生态补水工程、东部新城水系连通工程、双河口至凤凰坝片区综合治理示范项目PPP项目实施方案〉请示》，报市委审定后以市政府名义行文批复，并向财政部出具《承诺函》。同意《关于建立我市城市公共交通财政补贴长效机制的请示》，报市委审定。决定同意《关于对4户国企负责人2016年度经营业绩考核与奖励有关事项的请示》《自贡市市级机关培训费管理实施办法》《关于沿滩区沿滩镇棚改项目有关政策的请示》《关于富顺和荣县两县交警大队下放县级管理相关事项的请示》《关于参加2017中国西部国际博览会进出口商品展组展的请示》。

【市第十七届人民政府第23次常务会议】 9月25日召开。会议审查通过《关于撤销富顺县设立富顺市（县级）的请示》《关于撤销富顺县设立富顺市（县级）论证情况的报告》《关于撤销富顺县设立富顺市（县级）风险评估的报告》《关于富顺县撤县设市机构调整和人员编制控制的情况报告》《关于中央环保督察重点问题整改工作的报告》，报市委审定。决定同意《关于更新自贡市城区国有建设用地使用权基准地价的请示》《关于请求审批〈自贡市中心城区控制性详细规划维护方案(2015.11.1—2016.12.31)〉的请示》《关于报请审定自贡市2016年度标准化工作奖励的请示》《关于报送第十二届“自贡市青少年科技创新市长奖”建议名单的请示》《关于报请审定〈自贡市人民政府 成都中医药大学战略合作框架协议（代拟稿）〉的请示》。会议传达全国易地扶贫搬迁现场会议精神，提出要加快拆旧复垦，加强质量管理，完善配套建设，强化后续帮扶，压实工作责任，加强宣传引导。

【市第十七届人民政府第 24 次常务会议】 10 月 11 日召开。会议审议通过《自贡市 2017 年前三季度经济运行情况及下一步工作措施的建议》《关于请求批准北环快速通道（自贡至泸州港公路自贡段延伸线）工程 PPP 模式实施方案的请示》，报市委审定。决定同意《关于自贡市职业培训学院或有债务转化政府债务的请示》。审议市公安局《关于全市开展禁毒工作的情况报告》，要求认真分析当前禁毒形势，加大打击毒品犯罪力度，加强宣传发动，打好禁毒的人民战争。听取《关于 2018 年〈政府工作报告〉起草工作有关事项的报告》，要求政府班子成员认真总结 2017 年工作，深入谋划 2018 年工作，全力提升政府工作水平。会议对市政府领导工作分工进行部分调整。

【市第十七届人民政府第 25 次常务会议】 10 月 26 日召开。会议审查同意《关于 2017 年 1—9 月全市九项民生工程及 26 件民生实事推进情况的报告》《关于报请审议采取市场化企业化方式实施沱江经济带综合开发的请示》《关于报请审定〈自贡市市场开发服务中心改革方案〉的请示》《关于报请审议〈自贡市招商引资工业项目奖励试行办法（代拟稿）〉的请示》《关于报请审议引进四川创示电子信息产业园项目相关事项的请示》《关于报请审议引进北京中交信达“智慧充电桩生产及国家级充电桩检测实验室（西部检测中心）”项目相关事项的请示》《关于报请审议引进中科西部光谷项目相关事项的请示》《关于自贡市小井沟水利工程供水管线合同有关情况的请示》，报市委审定。审议通过《关于贯彻落实全省“四好农村路”建设现场会议精神的报告》《关于妥善处置国有企业办中小学退休教师相关诉求的请示》《关于自贡高新技术产业开发区道路命名更名的请示》。传达省推进中央环保督察发现问题整改沟通会精神，要求以市政府党组名义向市委报告省推进中央环保督察发行问题整改沟通会精神，并及时召开专题会议进行部署落实，加快准备市政府环境保护新闻发布会和大气污染防治座谈会，回应上级和社会群众对环境问题的关注关切。

【市第十七届人民政府第 26 次常务会议】 11 月 20 日召开。会议审查同意《中共自贡市委自贡市人民政府关于深入推进城市执法体制改革改进城市管理工作的实施意见》《关于审定 2017 年度市级“四好村”的请示》《关于命名市级最佳文明单位、文明单位、文明村镇、文明社区、文明行业的请示》《关于创新和完善市级机关事业单位补充人员工作九条措施》，报市委审定。审议通过《关于调整企业在天府（四川）联合股权交易中心挂牌奖励方式及标准有关事项的请示》《关于义务兵家庭优待金发放标准的请示》《关于报请审定〈自贡市人民政府　四川省食品药品监督管理局自贡特色食品医药产业创新发展战略合作备忘录〉的请示》。同意《关于自贡市 2017 年市本级财政预算调整方案（第二次）的报告》，报市委审定后向市人大常委会报告。

【市第十七届人民政府第 27 次常务会议】 12 月 18 日召开。会议审议并原则同意《2018 年〈政府工作报告〉》《自贡市 2017 年国民经济和社会发展计划执行情况及 2018 年计划草案报告》《关于自贡市 2017 年财政预算执行情况和 2018 年财政预算草案的报告》，提交市政府全体会议讨论通过后报市委审议。同意《自贡市市级重大项目管理办法》《关于进一步深化文化市场综合行政执法改革的实施意见》《关于报请审议〈自流井区、贡井区、大安区行政区划微调方案〉的请示》，报市委审定。同意《自贡市 2016 年度市级财政预算执行和其他财政收支审计查出问题整改情况的报告》，报市委审定后向市人大常委会报告。审议通过《自贡市行政执法过错责任追究办法》《自贡市重大行政决策实施后评估暂行规定》《关于借入财政资金缴纳成自泸赤高速公路被征地农民社保资金欠款的请示》。同意《关于调整部分乡镇集中式饮用水水源地的请示》，以市政府名义报省政府备案后行文公布。听取市人力资源社会保障局《关于全省解决被征地农民社会保障遗留问题专题会精神的报告》，要求市级有关部门、各区县要高度重视、抢抓机遇，千方百计筹措资金，务必按省上要求的时间节点清缴到位，确保全市征地工作顺利推进。审议市外事侨务局《关于四川省侨务工作会议有关情况的报告》，要求各级各有关部门要认真学习省侨务工作会议精神，切实抓好贯彻落实，推动侨务工作取得新进展。

重大活动

【第一季度项目集中开工仪式】 1月5日，自贡市2017年第一季度重大项目集中开工仪式在四川卫生康复职业学院新校区项目现场举行。参加集中开工仪式的重大项目70个，总投资438亿元，2017年计划投资136亿元。市委书记李刚，市委副书记、市长刘永湘，市人大常委会主任谭豹，市政协主席游开余等出席开工仪式。

【第七届“携手灯城·龙聚盐都”招商推介会】 1月23日，第七届“携手灯城·龙聚盐都”招商推介会在檀木林城市名人酒店举行。推介会由市政府和省投资促进局、四川博览事务局主办，推出航空、汽车零部件制造和装备制造业及IT信息业、生物医药业、交通、基础设施（PPP）等领域项目180个，总投资约1500亿元，现场签约项目21个，总投资额193.2亿元。市委副书记、市长刘永湘主持推介会。

【市政府与四川发展（控股）有限责任公司签订战略合作协议】 3月17日，自贡市政府与四川发展（控股）有限责任公司“1+N”战略合作协议暨重点合作项目签约仪式在成都举行。仪式上，市政府与四川发展（控股）有限责任公司签订战略合作框架协议和《关于设立自贡市城市发展建设基金合作协议》。副省长、省政协副主席刘捷，市委书记李刚，市委副书记、市长刘永湘等出席签约仪式。

【金融支持自贡建设全国老工业城市转型升级示范区签约仪式】 4月27日，金融支持自贡建设全国老工业城市转型升级示范区签约仪式在檀木林城市名人酒店举行。签约仪式上，市政府与省金融工作局、人行成都分行、四川银监局、四川证监局、四川保监局分别签署战略合作备忘录，与国家开发银行四川分行等18家金融机构签订金融支持自贡转型发展战略合作协议，授信额度约2800亿元。副省长朱鹤新，市委书记李刚，市委副书记、市长刘永湘等出席签约仪式。

【中央第五环境保护督察组到市开展下沉督察】 8月17日至9月6日，中央第五环境保护督察组到市开展下沉督察。在下沉督察期间，督察组先后现场检查市污水处理厂、鸿化片区、晨光科技园区、富顺县飞龙镇飞安水库、富顺县万寿酒业有限公司、荣县城市生活垃圾处理场等11个点位。

【四川省重大产业项目（自贡分会场）集中开工仪式】 9月22日，2017年四川省重大产业项目（自贡分会场）集中开工仪式在板仓工业园“恒力盛泰石墨烯产业园”项目施工现场举行。集中开工项目11个，总投资38.4亿元，2017年计划投资16.3亿元。

【自贡农村商业银行股份有限公司开业】 10月16日，自贡农村商业银行股份有限公司举行开业庆典暨战略合作签约仪式。仪式上，自贡银监分局、中国人民银行市中心支行等单位负责人分别宣读关于同意自贡农商银行开业的批复和同意加入中国人民银行金融管理服务体系的通知。市总商会、四川英祥实业集团、自贡海川实业公司及自贡新成车业公司与该行现场签订战略合作协议。

【自贡恐龙国际马拉松赛举行】 12月10日，2017自贡恐龙国际马拉松赛在自贡举行，该比赛由中国田径协会、市政府联合主办，以“跑马盐都城、寻遍自贡味”为主题，设有半程马拉松和“欢乐跑”2项，中国、美国、韩国、印度、埃塞俄比亚等国家和地区的9910名选手参赛。

【成宜高速公路荣县段开工】 12月19日，成（都）宜（宾）高速公路荣县段开工。该段高速公路全长46.2公里，设计时速120公里，总投资70.5亿元，预计建设工期4年。项目建成后，荣县铁厂互通立交到成都会展中心约130公里，到成都新机场约106公里。

【市政府与省食品药品监督管理局签署合作备忘录】 12月25日，市政府与省食品药品监督管理局在成都签署合作备忘录。根据备忘录，双方围绕推进自贡食盐监管体制改革、盐产业发展、药物临床试验基地建设和做优做响“盐帮菜”品牌开展合作。市委书记李刚，市委副书记、市长何树平等出席签署仪式。

【自贡凤鸣通用机场取得使用许可证】 12月26日，自贡凤鸣通用机场使用许可证颁发仪式在自贡航空产业园举行。仪式上，中国民用航空西南地区管理局向自贡通航机场发展有限公司颁发“自贡凤鸣通用机场使用许可证”，使该机场成为西南地区第一个建成投运的A1类通用机场。中国民用航空西南地区管理局局长、党委副书记蒋文学，航空工业局四川局党组书记、局长胡元兵参加仪式。

重要会议

【全市对外开放工作会】 2月6日，全市对外开放工作会议在市委大礼堂召开。会议总结2016年招商引资和对外开放工作，安排部署2017年工作任务，通报2016年招商引资目标任务完成情况，表彰2016年度招商引资先进单位并与区县、部门签订2017年招商引资目标责任书。市委书记李刚出席会议并讲话，市委副书记、市长刘永湘主持会议，市人大常委会主任谭豹、市政协主席游开余等出席会议。

【军民融合共促航空与新材料产业发展大会】 2月24日，自贡举行军民融合共促航空与新材料产业发展大会。大会由市政府和省国防科学技术工业办公室共同主办，拟通过搭建平台，壮大现有军品生产企业，培育一批“民参军”支柱企业，争取一批军工企业和科研机构落户自贡，创建军民深度融合发展示范区。市委书记李刚致欢迎辞，市委副书记、市长刘永湘主持大会。

【全市科学技术奖励大会】 5月11日，自贡市科学技术奖励大会在市委大礼堂召开。会上，市委、市政府对省、市科学技术奖获得者和国家、省、市专利奖获得者及市第十届科技杰出贡献奖获得者进行表彰奖励。市委书记李刚，市委副书记、市长刘永湘，市人大常委会主任谭豹等出席会议。

【自贡市中央环保督查发现问题整改工作推进会】 10月31日，自贡市中央环保督查发现问题整改工作推进会召开。会议通报省政府指出的突出环境问题，传达省政府的整改要求，安排部署下阶段问题整改的工作重点和措施。市委副书记、市长何树平等出席会议。

【中捷D6通用飞机项目对接会在自贡召开】 11月14日，中捷D6通用飞机项目对接会在自贡召开。对接会上，省经济和信息化委、中捷航空工业协会及市经济和信息化委、四川汇东通用飞机有限公司相关负责人与中捷双方项目技术专家就项目联合团队组建、运行管理机制、技术研发工作等进行协调洽谈。该项目是2016年3月国家主席习近平访问捷克时与捷克总统泽曼达成的合作协议，主要内容是中捷双方共同实施开发、认证、生产、销售6至8座通用航空飞机。

【自贡·香港投资推介会】 11月30日，2017年自贡·香港投资推介会暨项目签约仪式在香港举行。签约仪式上，自流井区、高新区、荣县、贡井区、大安区、富顺县分别与香港、台湾等地企业签署新能源汽车充换电站及充电桩基础设施、物联网智能终端等项目投资合作协议11项，总投资额84.77亿元。中国光大国际有限公司、香港隆源公司等企业的150名企业家和工商界人士参加推介会。市委副书记、市长何树平等出席推介会。

【四川省创建AAAA级旅游景区景观资源与景观质量评审会在自贡召开】 8月21日，四川省2017年下半年创建AAAA级旅游景区景观资源与景观质量评审会在自贡召开。专家评审会按照《旅游景区质量等级的划分与评定》国家标准的相关要求，对全省13个市州的32家拟创建景区的景观资源和景观质量进行评分。其中，自贡釜溪河文化博览园、燊海井景区、尖山风景区等10家创建景区全部通过评审，为该次评审会通过景区最多的市州。

市政府办公室工作

【文会办理】 2017年，办理公文2259件。其中，请示性文件996件、审核起草代拟稿1263件，拟办意见领导采纳率96%，1个工作日内回复率100%，10天办结率90%，未发生政策性失误和重大文字差错。清理中华人民共和国成立后市政府制发的规范性文件1600余件。组织召开工作协调会300余次，承办市政府常务会26次，筹办全市重大项目集中开工仪式8次。完成国家工商总局局长张茅、副省长杨洪波等省部级领导到市调研，法国盖亚克市政府代表团到市考察，以及省政府稳增长专题调研督导等重大活动的统筹协调和服务保障工作。

【督查督办工作】 2017年，开展《政府工作报告》督查督办，将报告分解成160项重点工作任务，建立季度月度台账，实行全程跟踪督查，确保重点工作任务推进。开展政府领导特别是主要领导批示交办事项跟踪督办，建立《市政府领导批示件督查台账》，实行领导批示交办事项立项督办制度。印发《政府工作报告》重点工作任务完成情况通报7期，组织现场督查52次，提出合理化建议83条，形成《政务督查专报》18期。制定2017年公文办理等8项政务目标绩效管理办法，完成全市政务目标绩效考评工作。全年承办人大议案2件，办结人大代表建议113件、政协提案315件、市人大常委会审议意见16件，协办省政协提案2件，满意和基本满意率100%。

【政府信息公开工作】 2017年，通过政府网站集约化平台、政务微信、微博等新媒体，主动公开政府信息2.1万余条，向省政府网站推送公开信息2600余条。推动环境保护、公共资源配置等22个重点领域信息公开，公开信息3500余条。开展政策解读121次，公开各级政府常务会议信息126次，办理领导信箱网民留言139件，依法办结申请公开政府信息74件。按“三集中、三统一”方式，在全省率先完成政府网站集约化平台建设，政府网站集约化工作被列入省政府网站建设优秀案例，并在全国政府网站发展研讨会上交流经验。全年组织开展信息调研12次，编发《每日要情》248期，编报政务信息专报16篇，上报信息886篇，被国务院办公厅、省政府办公厅采用98篇。

【电子政务建设】 2017年，出台《自贡市电子政务建设管理办法》，组建市智慧城市大数据管理中心，推动智慧城市建设。夯实政务信息资源目录，升级改造共享交换平台，推进全市政务信息系统整合共享，政务信息系统数据资源整合共享工作位处全省前列。实施电子政务外网升级改造，形成自主可控、上下连通、宽带高速、独具特色的电子政务网络体系，建成国家级电子认证注册点，完成全市电子认证体系建设。

【调研工作】 2017年，先后组织开展棚户区改造、盐业体制改革、农产品深加工、促进招商项目落地等专题调研，形成调研报告4篇。其中，《自贡在盐业体制改革中面临的机遇和挑战》被国务院办公厅刊用，《做好城市棚户区改造这篇文章，加快建设城乡一体繁荣幸福新自贡》被省委政研室刊用。起草2017年第一、二、三季度全市经济运行情况分析报告，制定全市2017年供给侧结构性改革50条政策措施；起草、审核市领导讲话材料、总结汇报材料、新闻稿件等文稿200余篇；完成《政府工作报告》起草工作。

【应急管理】 2017年，开展预案联查，新制定和调修重污染天气等专项应急预案14个、特种设备事故等部门应急预案35个，横向到边、纵向到底的预案体系基本形成。开展隐患治理，排查各类隐患63个，完成整治59个。完善市政府综合应急指挥平台功能，提升智能化水平，推进区县平台建设，对6个区县及高新区、17个市级部门的视频会商系统进行组网互联，增配呼叫中心、APP服务器等硬件设备，全面升级GIS地理信息系统，提升平台指挥调度能力。组织开展“防灾救灾宣传月”活动，安排应急演练40场（次），完成市级防灾救灾综合实战演练，处置各类突发事件566起。在全国率先开展应急文化阵地建设，打造8个市级和21个区县级应急文化宣传阵地。

【机关事务管理】 2017年，推进公车改革管理，拍卖取消公务用车339辆，处置报废公务用车134辆；建设市级公务用车集中保留车辆管理服务平台，健全车辆使用、租赁等管理制度；完成市级非参公事业单位321辆车辆信息的初步核实工作。加强机关资产管理，制定《市级机关办公用房管理办法》；牵头组织实施市人大、市政协及市民主党派机关办公用房搬迁暨沙湾饭店维修改造等项目；启动市级行政事业单位国有资产统一权属、分批次划转工作。加强公共机构节能管理，建立公共机构的单位基础信息和能耗统计数据信息名录库。

（市政府办）

外事工作

【因公出国（境）管理】 2017年，全市审查、报批因公出国（境）50批138人次（双跨团4

批4人，培训团19批36人，本地自组团27批98人)。其中，公务员（含参公管理人员）出访控制在省控制指标40人以内，实际执行10批30人（自组团7批14人，参加双跨团培训团3批3人，培训团1批13人）。执行《致因公出国（境）团组团长的一封信》和《因公出国（境）人员守则》要求，全市因公出国团组和个人没有违反外事纪律情况。全年因公出国主要团组有市教育和体育局组织首批全市中学骨干校长到美国开展教育交流，四川卫生康复职业学院组团到日本开展护理服务和职业教育学习交流，市文广新局（地质公园管理处）组团参加联合国教科文组织在葡萄牙亚速尔群岛举行的第14届欧洲地质公园大会，市规建局组团参加在新加坡南洋理工大学公共管理研究生院举办的“城市地下综合管廊与绿色建筑”精品培训班。

【服务国家及省对外交流活动】　3月，接待外交部、省外侨办领导及中国驻10个国家和地区（含常驻联合国）的大使、领事、参赞、代表等组成的使节团到市交流、洽谈，搭建自贡新型对外发展平台。配合中联部在四川调研，自贡市以《弘扬传统文化，架设友谊桥梁——自贡灯会在民间外交中显身手》为题做经验交流。接待中日会馆到市调研团，助力开展全市教育、文化、经贸等交流合作。组织自贡灯会在G20峰会期间出展德国汉堡，为峰会增添中国文化元素。配合省对外友协在香港举办首届欢乐春节文化庙会，支持市灯彩集团在“熊猫故里·锦绣四川”活动中举办灯会。6月，接待捷克共和国外交部副部长米洛斯拉夫·斯达谢克一行到市交流，推动中捷传统友谊，助力全市通用航空产业合作。

【全市对外开放助推服务】　1月10日，争取省对外友协和全国对外友协支持，自贡灯会全球推介会在北京举办，市政府与全国对外友好协会签署将自贡灯会推向全球的合作协议。英国、加拿大等46个国家驻北京使馆，欧盟商会、德国商会等13家国外驻京商协会，48家海内外媒体代表出席推介会。1月22日，邀请接待捷克共和国驻成都总领事馆总领事卡雷尔·史诺到市交流、参加第23届自贡灯会开幕式，为推动自贡市与捷克通航产业合作项目建设及深化双方更多领域合作搭建平台。邀请美国、印度、塞拉利昂、尼泊尔、孟加拉国、老挝、韩国等国家的驻市留学生和外企员工90多人出席灯会开幕式。5月，市委书记李刚在捷克驻华大使馆与捷克总统泽曼见证（自贡）四川汇东通用飞机公司与中捷航空工业协会签订《关于8座螺旋桨飞机合资项目第一期和第二期研发合作的协议》。12月，争取省外侨办支持，报经省委外事工作领导小组批准，市委书记李刚率队到美国开展以通用航空项目为重点的投资促进活动。11月，市委副书记、市长何树平率团到香港开展投资促进活动，推动建立自贡市对港招商常态化机制。争取省外侨办支持，为全市符合条件的企业申办APEC卡提供便利，其中，有3家民营企业申办APCE商务旅行卡。支持全市外向型企业华西能源工业股份有限公司开拓泰国、老挝、塞内加尔等国际市场；支持大西洋焊接材料公司到越南发展业务。

【友好城市交流合作】　2017年，安排韩国青少年到市交流，选派2名公务员到韩国固城郡研修，推进自贡市、固城郡的友好交往与经贸合作。2月，法国盖亚克市市长高斯朗率法国欧中经济文化交流协会代表团到访自贡，双方签署友好合作备忘录。12月，自贡灯彩集团与法国盖亚克市政府合作，成功举办中国彩灯节，成为自贡市与盖亚克市第一个合作项目。

侨务工作

【侨务惠民活动】　1月，开展“侨爱（心）工程”、侨务冬赈扶贫及春节期间贫困归侨侨眷慰问等活动。3月，帮助归侨都本贵解决征地信访难题；全年多次参与处置、化解解玉妹的上访难题。

10月，争取四川品冠律师事务所支持，成立自贡市首家为侨法律服务站，免费为全市“三侨”人员提供法律咨询。

【侨务政策落实】 3月，市外事侨务局与市招办联合发文，统计全市“三侨”学生情况，落实“三侨”学生升学加分政策。6月，配合市人大常委会就全市贯彻实施《中华人民共和国归侨侨眷权益保护法》《中华人民共和国公民出境入境管理法》《中华人民共和国慈善法》等涉侨法律情况开展工作调研。12月，市外事侨务局与市财政局联合发文，兑现全市老归侨生活补贴。

【侨务资源涵养】 5月，邀请全国侨乡广东省梅州市组团到市开展侨务工作交流。7月，组织100多名海外华裔青少年到自贡参加“中国寻根之旅”夏令营。是年，开展侨情普查工作并将自贡侨情录入四川省侨政工作信息管理系统。

【经济建设助推服务】 2017年，先后组织“港资企业四川行”自贡活动及投资推介会、四川省海外交流协会理事年会自贡活动及投资推介会和“海科会”海外高新科技人才走进自贡暨项目投资与人才引进推介会，为自贡市对外招商引资、促进本地企业和国内外侨资侨属企业融合发展搭建平台。

（市外事侨务局）

气象工作

【防灾减灾气象服务】 2017年，准确预报4次区域性暴雨天气过程和高温、夏伏旱等天气气候事件。其中，准确预报“7·6”全市有气象记录以来最强特大暴雨过程，为成功处置灾害赢得先机。全年发布暴雨、大风、雷电等预警信号117次，为地方党委政府决策提供各项服务材料527期，发送气象短信800万人次和微信、微博150条，拨打语音信箱30余万次，科学转移安置人员474人。

【重大活动和项目气象服务】 2017年，为第23届自贡国际恐龙灯会展、中国国际飞行器设计挑战赛、自贡恐龙国际马拉松赛、富顺豆花文化旅游节、荣县大佛文化旅游节等重大活动提供专题气象保障服务，为凤鸣通用航空机场、现代农业产业园区、沿滩工业园区及釜溪河流域综合整治等重大项目建设提供专项气象服务。

【生态文明气象保障服务】 2017年，制订实施《重污染天气应急气象服务方案》，市气象局与市环保局联合印发《自贡市深化完善气象环保大气污染防治部门合作机制工作方案》，加强大气污染防治工作。完成《自贡市城市空气质量预报业务系统》研发并投入运行。完善大气污染会商研判机制，开展气象扩散条件会商29次。新建小井沟水库集雨区4个人工增雨标准化炮点并投入使用。全年组织实施人影作业46次，开展飞机增雨作业3次，累计增加降水近2000万立方米，为全市生态修复、环境改善、污染防治发挥气象服务作用。

【“三农”气象服务】 2017年，深化气象为农服务“两个体系”建设。在荣县新建成农村气象灾害防御示范乡镇1个；在富顺县深化再生稻、水产养殖、大棚蔬菜、甜橙等特色农业气象服务，新建2套智慧水产气象服务监测系统，水产养殖气象服务指标集和气象适应技术研究取得新成果。

【综合气象观测能力建设】 2017年，全面完成4个骨干区域自动观测站升级改造任务；完成3个国家级台站的降水现象仪和串口服务器的安装调试，实现观测数据格式标准化传输；完成3个国家级台站星光级超低照度实景监控系统建设。

【预报预警能力建设】 2017年，进一步优化《精细化降水超级集合预报系统》《短临预报平台》《物理量综合预报系统》《大雾释用预报方法研究》等预报预警平台，提高气象灾害监测预报预警能力。是年，暴雨、大风、雷电预警信号命中率分别达100%、88%、96%，强对流天气预警时间提前量达80分钟。

【气象科技创新】 2017年，市气象局承担的《精细化降水多模式释用预报方法研究》《气候变化对自贡市再生稻生产的影响及区划研究》2 项课题通过省气象局验收。市气象局参与“高原与盆地暴雨旱涝灾害四川省重点实验室”技术研发，完善市、县暴雨预报概念模型；与西南科技大学合作开展《天气系统自动识别平台》研发，推进前沿人工智能技术在天气预报领域的应用；与国家气象中心、省气象台等开展科研合作，推进预报经验智能工具箱项目研发。是年，《多措并举推进智慧气象预报能力建设》创新项目被省气象局认定为 2017 年全省气象部门创新成果。

【防雷减灾体制改革】 2017 年，初步形成防雷安全责任体系和联合监管工作机制，市气象局与市安监局联合印发《关于进一步加强防雷安全工作的通知》，与市住房城乡建设部门完成防雷审批权限、管理权限的划分和平稳交接。完成市县防雷中心人员分流工作。全市建立防雷安全监管对象名录库，将 239 家监管企业纳入名录库和“双随机一公开”监管平台。

【气象业务与管理体制改革】 2017 年，实施现代气象预报业务流程改革，基本实现气象预报业务集约化，预报流程、预报预警业务分工更加科学。稳步推进事业单位分类改革、养老体制改革工作。增加地方财政对气象现代化建设、业务运行维持、人影保障和人员津贴补贴经费投入。市、县分别成立气象行政执法队伍，调整充实执法人员 11 人。建立健全气象行政执法制度 6 个，推进依法行政工作常态化、规范化。年内对全市易燃易爆场所、危化品企业开展多批次随机抽查和联合执法检查，28 家企业接受检查、完成问题整改和通过复查验收。

【年度荣誉】 2017 年，市气象局获“2017 年四川省重大气象服务先进集体”称号，3 人获“四川省重大气象服务先进个人”表彰。市气象局通过“全国文明单位”复查验收，获全省气象部门计财业务技能竞赛“三等奖”、职工国学知识竞赛“三等奖”；2 人被省气象局评选为“敬业标兵”；6 人在全国、全省气象部门书画摄影大赛上分获二、三等奖。富顺县气象局被县委、县政府评为“7·6”暴雨抗洪救灾先进单位。

（甘 敏）

防震减灾工作

【工作机制】 2017 年，设立市、区县、乡镇（街道）三级抗震救灾指挥部，调整充实指挥部成员。召开全市防震减灾工作联席会议，总结 2016 年工作，部署 2017 年工作。印发《自贡市 2017 年度防震减灾工作考核评分标准》，将防震减灾工作纳入市委、市政府对区县政府和市级相关部门年度目标绩效考评内容，强化督查考核，确保全市防震减灾各项工作落实。

【台站建设】 2017 年，荣县长山地震综合观测台全面建成并投测使用，新增钻孔倾斜前兆监测手段；大安区大山铺深井地震综合观测台站完成基建工程；实地勘选野外流动地震观测台点 7 个，架设流动观测台 4 个，新增水温观测点 2 个。全年完成台站建设投资近 80 万元。落实《四川省水库地震监测规定》，开展小井沟水库工程拟建地震监测台站现场执法调研。截至年底，全市建成测震台 7 个、强震台 13 个、前兆台 3 个、烈度速报台 19 个、动物宏观点 2 个，全市 108 个乡镇（街道）建立防震减灾“三网一员”制度，确定 49 个乡镇为地震灾情上报节点，全市地震监测能力提升到 1.0 级。

【地震监测预报】 2017 年，开展野外台站维护巡检 80 次，全市地震监测系统和仪器设备正常运行率 98.7%。全年编制观测报告和地震目录 12 期，监测记录自贡及邻区地震 2501 次，其中，自贡辖区地震 602 次（0～0.9 级 316 次，1～1.9 级 271 次，2～2.9 级 15 次），最大地震为 1 月 4 日 12 时 16 分荣县双石镇发生的 ML2.6 级地震。制定并实施《2017 年度震情跟踪方案》和《十九大地震安全保障服务工作方案》，推进震情会商改革，印发《自贡市防震减灾系统震情会商制度》。全年组织开展各类震情趋势分析会商 83 次，编报会商意见 69 篇，开展现场宏观考察 4 次，上报宏（微）观异常“零报告”52 篇，撰写地震趋势研究综合报告 2 篇。推进地震科研工作，成功申报 2018 年度中国地震局地震监测、预测、科研“三结合”课题 1 项和 2018 年度四川省地震局科技专项 2 项。

【宣传教育】 2017年，采用行风热线广播节目、志愿服务、专家讲座、知识竞赛、街头宣传、党校培训等形式，开展防震减灾宣传教育“七进”活动近160场次，设置展板1700余张，制作标语1300余幅，发放资料16种共30余万份，群众参与15万余人次。新增创建和巩固升级防震减灾宣传教育阵地，全市建成防震减灾示范阵地79个，其中：国家级安全示范社区1个，农村民居安全示范村7个，宣传教育基地1个，示范学校22所，示范社区19个，样板社区1个，群测群防网点28个。

【震害防御】 2017年，落实《中国地震动参数区划图》和建筑抗震设计标准规范，对重大建设工程和可能发生严重次生灾害的建设工程及新建、改建、扩建工程进行抗震设防监管，依法提高医院、学校等人员密集场所抗震设防标准。执行《四川省农房建设管理办法》，结合脱贫攻坚、异地搬迁、幸福美丽新村建设等工作，推进农村安全民居地震安全工程建设，全年新建地震安全示范村2个。坚持关口前移、突出重点，开展地震安全隐患排查治理。推进居民住宅地震巨灾保险工作，印发并实施《自贡市城乡居民住宅地震巨灾保险实施方案》，全年城乡居民住宅参保率10%，其中，农村散居五保户、城乡低保对象、贫困残疾人100%参保。

【地震应急救援】 2017年，完善抗震救灾指挥体系和地震应急预案体系，更新印发全市地震应急通讯录1000册。在全市学校、社区、企业、机关开展地震应急演练800余场次，组织富顺县职业技术学校开展大型防震减灾应急疏散演练。加强应急队伍建设，投入60余万元购置无人机、单兵、车载照明等应急指挥装备，配置防潮垫、打印机、充电器及手电筒等地震现场工作装备。推进应急避难场所建设，全年新增乡镇临时应急避难场所18个，全市建有城市应急避难场所82个、乡镇应急避难场所37个，总面积187万平方米，可容纳120余万人应急避险。制定《舆情监测与舆论引导工作方案》和《关于加强紧急信息报送工作的通知》，加强正面宣传和舆论引导，规范紧急信息报送。强化地震应急值守，坚持领导带班和震情监测、地震应急“24小时”值班制度。完成汛期、十九大期间地震安全保障服务工作，成功处置“8·8”九寨沟7.0级地震对全市的波及影响。

（吕运娜）

政 协

常委会议

【十五届二次常委会议】 3月23日召开。会议审议并通过《中国人民政治协商会议自贡市委员会全体会议工作规则》《中国人民政治协商会议自贡市委员会常委会议工作规则》《中国人民政治协商会议自贡市委员会专门委员会通则》，会议确定市政协2017年度主要工作项目和工作"作战图"，通过相关人事事项。

【十五届三次常委会议】 6月27日召开。会议审议通过《关于我市推进军民融合发展促进产业转型升级的建议》《关于我市应对国家盐业体制改革的建议》《关于加强我市新材料关键技术攻关推动转型升级的建议》《自贡市民营企业融入"一带一路"建设的建议》《关于我市大气污染防治的建议》《关于围绕农业供给侧结构性改革目标优化我市农业全域发展规划的建议》等6个调研报告，通报表扬2016年度优秀提案、提案工作先进单位及个人。市政协经济委等7个单位和部门围绕"老工业城市转型升级"主题作大会发言。会议通过相关人事事项。

【十五届四次常委会议】 9月29日召开。会议听取市旅游发展委关于十五届一次会议"1号提案"《关于全力打造盐龙灯旅游城市名片的提案办理实施方案》办理情况汇报，并就办理情况进行民主评议；会议审议通过《关于我市传统村落保护与利用的建议》《关于加强我市物流体系建设的建议》《关于基本解决我市法院生效判决裁定执行难的建议》《关于我市加快建设国际文化旅游目的地的建议》4个调研报告；6个单位分别围绕资源融合创新、科学推进旧城改造、有序发展乡村旅游等主题进行大会发言。会议审议通过有关人事事项。

【十五届五次常委会议】 11月24日召开。会议听取市政府关于市政协十五届一次会议后提案办理情况的通报和市纪委（市监察局）2017年全市党风廉洁建设和反腐败工作情况的通报及市政协各专门委员会工作总结（书面）；会议审议通过《关于大力实施医疗扶贫助推全市脱贫攻坚的建议》《关于推进我市"全面两孩"政策实施的建议》《关于我市养老服务体系建设的建议》《自贡市农村产业扶贫模式的探索与实践》《关于发挥政协委员人才智力优势的建议》《沱江流域水环境综合治理研究》6项调研报告；审议通过《关于召开政协自贡市第十五届委员会第二次会议的决定》及会议所涉相关事项。会议听取市政协主席、党组书记、副主席年度述职并进行考核测评。

主席会议

【十五届三次主席会议】 2月14日召开。会议学习市委书记李刚在市政协机关调研座谈会上讲话精神并研究贯彻意见。

【十五届四次主席会议】 3月15日召开。会议讨论《市政协常委会议工作规则》《市政协全体会议工作规则》《市政协专门委员会通则》，决定提交常委会议审议；会议审议通过《市政协主席会议工作规则》《市政协秘书长会议工作规则》《关于助推全面创新改革试验工作的意见》《关于进一步发挥优势助推扶贫攻坚的意见》《关于进一步加强和改进反映社情民意信息工作的意见》《关于进一步加强和改进政协宣传工作的意见》《关于进一步做好界别工作的通知》。会议集中学习《中华人民共和国刑法修正案（九）》，研究委员培训、市政协机关目标绩效考评及相关人事事项。

【十五届五次主席会议】 4月11日召开。会议传达学习省委书记王东明到市调研指示和在川南经济区发展座谈会上讲话精神；传达学习省政协副主席陈文华到市调研彩灯文化产业“走出去”工作讲话精神；听取各专委会主任就市政协2017年10项重大研究项目推进情况汇报；审议通过《自贡市政协主席会议成员联系常委、常委联系委员、委员联系群众制度》。会议学习《中华人民共和国物权法》，书面传达全省政协经济委员会工作座谈会精神。

【十五届六次主席会议】 6月15日召开。会议学习传达省第十一次党代会精神，研究审议市政协贯彻落实意见。会议审议通过《关于我市推进军民融合发展促进产业转型升级的建议》《关于我市应对国家盐业体制改革的建议》《关于加强我市新材料关键技术攻关推动转型升级的建议》《自贡市民营企业融入“一带一路”建设的建议》《关于我市大气污染防治的建议》《关于围绕农业供给侧结构性改革目标优化我市农业全域发展规划的建议》等6个调研报告和《2016年度优秀提案、提案工作先进单位及个人建议名单》及相关人事事项。

【十五届七次主席会议】 9月19日召开。会议传达省政协有关会议精神，审议通过《关于加强和改进政协民主监督工作的调研报告》（审议稿）等8个调研报告和有关人事事项。会议集中学习《中华人民共和国水污染防治法》。

【十五届八次主席会议】 11月20日召开。会议听取市政协各专门委员会2017年工作情况的书面汇报，传达相关会议精神，审议通过《关于我市实施医疗扶贫助推全市脱贫攻坚的建议》《关于推进我市“全面两孩”政策实施的建议》《关于我市养老服务体系建设情况的建议》《自贡市农村产业扶贫模式的探索与实践》《关于发挥政协委员人才智力优势的建议》和《沱江流域水环境综合治理研究》等调研报告；审议通过《政协自贡市第十五届委员会常务委员会工作报告》及建议报告人、《政协自贡市第十五届委员会常务委员会关于提案工作情况的报告》及建议报告人和《政协自贡市委员会2018年工作要点》；审议通过关于召开政协自贡市第十五届委员会第二次会议相关事项。

【十五届九次主席会议】 12月11日召开。会议传达学习省委十一届二次全会精神和全省政协民族宗教工作交流会议精神，研究讨论市政协2018年主要工作项目。

【十五届十次主席会议】 12月14日召开。会议专题协商市政府工作报告。市政协主席游开余主持会议，市委副书记、市长何树平，副市长鲜光鹏到会听取意见建议。

【十五届十一次主席会议】 12月15日召开。会议专题协商讨论“两院”工作报告和财政、计划工作报告。

【十五届十二次主席会议】 12月21日召开。会议审议通过关于调整政协自贡市第十五届委员会第二次会议召开时间的决定；审议通过市政协办公室关于机关后勤服务社会化的实施方案。

主要工作

【提案工作】 2017年，向党政部门征集提案选题，听取各方意见，协商确定《提案参考目录》。完善提案工作协同推进、监督落实、考核评价“三体系”，探索提案办理工作考核评价新模式、新机制。全年收集提案343件，立案333件。其中，市级各民主党派、工商联、各人民团体和市政协专门委员会集体提案28件，委员个人或联名提案305件。按分级负责、归口办理原则，市政协将立案提案送交市委、市政府所属55个部门（单位）办理。截至年底，立案提案全部办结。其中，所提问题已解决或采纳的（A 类提案）257 件，占 77.18%；列入计划逐步解决的（B 类提案）70 件，占 21.02%；留作参考的（C 类提案）6 件，占 1.8%。提案者表示满意的 322 件，占 96.7%；基本满意的 11 件，占 3.3%。开展提案督办工作，深化重点提案协商督办，坚持市领导督办和部门负责人领办重要提案制度，召开重点提案办理协商会议，对部分单位承办的重点提案办理工作进行视察督办，民主评议 1 号提案办理情况，听取提案承办大户对办理工作的情况汇报。召开提案协商和提案督办会议，市政协办与市政府办联合进行提案督办。对 2016 年优秀提案、提案工作先进单位及先进个人进行表扬，编印《优秀提案汇编》。

【政治协商】 2017 年，通过市政协全委会围绕“一府两院”、计划、预算报告和十三五规划等开展整体协商，与会委员提出推进产业、金融、科技融合发展等意见建议 90 余条，转送市政府部门（单位）办理，多数建议被采纳；通过主席会议对市委 2017 年工作安排、2017 年财政预算草案等内容进行重点协商，通过常委会议围绕“助推老工业城市转型升级”“建设独具特色的国际文化旅游目的地”等主题进行专题协商，提出意见建议 40 余条，供市委、市政府决策参考；通过市政协学文委、法群委与市级相关部门专题协商会议，就《自贡市井盐历史文化遗迹保护条例（草案）》开展对口协商，提出意见建议，得到重视和采纳。组织召开委员协商座谈会 9 次，近 100 名委员围绕优化经济发展环境及推进养老服务体系建设、生态文明等主题，提出意见、建议 200 余条，送相关职能部门决策参考。

【调研工作】 2017 年，组织开展专题调研 15 项，形成调研报告 15 份。围绕市委“三个加快”战略定位，选定重点课题，对全市加快建设国际旅游目的地、民营企业融入“一带一路”建设、推进军民融合发展促进产业转型升级、物流体系建设、解决“执行难情况”、政协工作向基层延伸等开展调查研究，提出一批意见建议。其中，《关于加强我市物流提体系建设》等调研报告得到党政主要领导批示，《关于我市应对国家盐业体制改革的建议》等成果助推全市产业转型发展。

【视察工作】 2017 年，先后到基层和企业一线开展视察，重点围绕银财联动支持服务业发展、主板上市企业发展、教育办学体制改革、营商环境、沱江流域综合治理、农业服务体系建设等专题视察 18 次，并提出合理化建议。

【民主评议工作】 2017 年，发挥民主评议在履行民主监督职能中的作用，历时 5 个月，采取调研视察、问卷调查、综合评价、跟踪整改等措施开展食品药品监督的民主评议工作，提出加强农贸市场农产品质量检测及公示等评议监督意见 34 条，市政府及市食品药品监管局认真制定整改措施，强化监管工作，改进食品药品安全形势。

【反映社情民意】 2017 年，完善反映社情民意信息工作体系，通过选题策划会和委员协商座谈会等形式收集社情民意信息，整理印送市委、市政府及相关部门 28 期，报送省政协 112 条，转报全国政协 21 条，其中，畜禽养殖污染防治设施实行农用电价格政策的建议，经省政协采用、省发改委办理，惠及全市上千家养殖户。反映社情民意信息工作首次被评为全省一等奖。

【文史工作】 2017 年，市政协编印《自贡文史》2 期；完成《自贡记忆》系列丛书（6 卷）编辑工作，由中国文史出版社正式出版，向学校、图书馆、档案馆及丛书作者等发出 2400 余套，并通过自贡在线进行网上展示。市政协联合中国盐文化研究中心、市策划院、市评论家协会、市国画院等 10 多个文艺社团对荣县地域文化进行考察，与市文化馆联合举办为期 7 天的自贡国画院“金秋墨华”提名展。组稿完成省政协《市井闲谭（自贡卷）》，从历史、人文、乡土、美食 4 个方面展示市民衣、食、住、行、乐等变化，反映自贡市情和民风民俗。

重大活动

【市外代表团到自贡参观考察】 3月15日，乐山市政协副主席刘波一行9人到市，就自贡市高新技术产业政策支撑情况进行考察。3月20日，兰州市政协副主席张永财带领民族宗教委员会相关委员到市，就民族特色优势产业发展情况进行考察。3月26日至28日，六盘水市政协副主席、民进六盘水市委主委田满华带领考察团到市考察灯会工作。6月8日，宜宾市政协副主席王邦兴率调研组到市，围绕“扩大开放合作，加快建设内陆开放高地”主题进行考察。6月21日，温江区政协副主席邱成明一行9人到市考察釜溪河“复合绿道”建设、地绿水清打造及城市规划建设相关工作经验。7月16日至17日，西藏自治区政协副主席、工商联主席、总商会会长阿沛·晋源到自贡调研考察工商联工作，省政协副主席、省工商联主席陈放，市政协副主席肖光俊等陪同考察。

【陈文华到自贡调研】 3月31日至4月1日，省政协副主席陈文华率省政协调研组一行到市，就“更好发挥自贡彩灯文化在我省文化服务贸易走出去战略中的作用”进行专题调研。

【刘晓峰到自贡调研】 7月29日，全国政协副主席、农工党中央常务副主席刘晓峰率调研组到市，对沱江流域（自贡段）水环境情况进行考察，并在市政协与农工党四川省委员会联合调研成果《沱江流域（自贡段）水环境综合治理研究报告》上作批示。

【高烽到自贡调研】 11月29日，省政协党组副书记、副主席高烽到市，调研政协委员“我为扶贫攻坚做件事”活动开展情况。市委副书记李国贵、市政协副主席杨玉康等陪同调研。

【川南片区政协通讯员培训会在自贡举行】 4月24日至26日，2017年川南片区政协通讯员培训会在自贡举行。会议邀请新闻领域专家为川南片区政协系统通讯员作业务培训，就新形势下如何做好政协新闻宣传工作进行交流探讨。攀枝花、泸州、乐山、内江、宜宾、凉山、自贡等7个川南城市的近140名政协通讯员参加培训。

【参加全国11省（区）27城市政协横向联系会第36次会议】 11月8日，市政协副主席徐武斌率队到湖北省黄石市参加全国11省（区）27城市政协横向联系会第36次会议，就“创新提案工作机制、加强提案办理协商、提高提案办理实效”进行交流发言。

【市政协釜溪河流域综合治理资政会】 12月14日，市政协在市委会议厅召开釜溪河流域综合治理资政会。市委副书记、市长何树平，市委副书记李国贵，市委常委、统战部部长徐其斌，市人大常委会副主任蒲定波，副市长鲜光鹏等出席会议。市政协各专门委员会，各县区政协，市级各民主党派、工商联提交专题发言材料21篇，其中，8篇作大会口头交流，13篇作书面交流。会议由市政协主席游开余主持。

【期刊编辑】 2017年，市政协分别就“助推老工业城市转型升级”“加快推进国际旅游目的地建设”等主题，出刊发行第21至24期《自贡政协》内刊，围绕本土文化挖掘出刊《自贡文史》2期。

（陈学华）

纪检监察

概 述

2017年，市委坚持习近平新时代中国特色社会主义思想，落实管党治党政治责任，全市各级纪检监察组织忠诚履职、勇于担当，党风廉政建设和反腐败工作取得新成效。是年，全市党风廉政建设社会评价指数达87.77，较2016年提升2.68，列全省第1位，在全省市州的排名上升7位。

重要会议和活动

【全市党风廉政建设责任制领导小组2017年第一次会议】 1月23日，市党风廉政建设责任制领导小组2017年第一次会议在市委小会议厅召开。会议传达学习中央纪委、省纪委有关会议和文件精神，研究自贡市贯彻落实意见；审议2016年度全市落实党风廉政建设责任制考核结果。会议由市委书记、市党风廉政建设责任制领导小组组长李刚主持。市委副书记、市党风廉政建设责任制领导小组副组长李国贵，市委常委、市党风廉政建设责任制领导小组副组长李清、徐其斌、刘敏、唐杰出席会议。

【市十二届纪委二次全体会议】 会议于1月24日举行。出席会议的市纪委委员26人，列席275人。市委书记李刚出席会议并讲话。市委常委，市人大常委会、市政府、市政协领导出席会议。全会由市纪委常务委员会主持。会议传达学习十八届中央纪委第七次全会和十届省纪委第六次全会精神，学习讨论中共中央总书记习近平、省委书记王东明以及市委书记李刚重要讲话，审议通过李清代表市纪委常委会作的《纵深推进全面从严治党 维护发展良好政治生态》工作报告。会议开展述责述廉和民主测评，听取中共荣县县委、沿滩区政府、市人力资源社会保障局、市食品药品监管局主要负责人向全会作的述责述廉报告，对报告人进行现场询问。会议要求，更加紧密地团结在以习近平为核心的党中央周围，在省纪委和市委领导下，埋头苦干、攻坚克难，不忘初心、继续前进，不断开创党风廉政建设和反腐败斗争新局面，纵深推进全面从严治党，为建设城乡一体繁荣幸福新自贡做出更大贡献。

【“四风”专项督查】 4月至5月，市纪委抽调干部19人，组成3个明察组、2个暗访组，采取事前不打招呼、不定路线、不定单位的方式，对市级部门、四区两县及高新区落实中央八项规定精神情况、机关作风、工作状态等进行明察暗访。明察暗访重点督查贯彻落实中央八项规定精神、“三公”经费开支、违规发放津补贴、违规接待、违规使用工会经费、违规使用公车及上班纪律、工作效率等情况。

【第16期《盐都问政》开播】 4月27日，由市纪委、市委宣传部、市监察局主办，自贡广播电视台承办的大型电视问政节目《盐都问政》第16期正式开播，自贡广播电视台综合频道、公共频道、FM97.7广播频率、看度自贡手机客户端、自贡网络广播电视台同步直播。市委副书记李国贵、市人大常委会副主任官勇、市政协副主席毛碧等到现场指导。节目邀请30名市党代表、市人大代表、市政协委员、特邀监察员和群众代表组成问政评议团，对被问政官员的回答做满意度评判。该期《盐都问政》以“行政权力依法规范公开运行”为主题，18名干部在问政现场就市民关注的行权事项上网运行率低下、乱用执法权力、“钓鱼执法”、违规“吃”低保等问题作解答和整改承诺。节目共曝光5个方面问题：沿滩区行权事项网上运行率全市最低；市交通运输局上网运行率仅4.9%；公安民警私家车套牌；无告示牌的流动测速车；低保补助只拿到一半。

【苑坚一行到自贡调研】 6月15日，省纪委宣传部副部长苑坚一行到沿滩区、富顺县调研廉政文化建设和农村基层干部警示教育基地工作。在沿滩区，苑坚一行先后参观沿滩新城龙湖远达社区“道德银行”“家风家训主题墙”，了解“寻找好家风好家训”“家风家训大讲堂”等主题活动，肯定沿滩区廉洁文化建设工作。在富顺县，苑坚一行到该县狮市镇马安村查看纪检监察助力脱贫攻坚工作情况，到该县农村基层干部警示教育基地观看展厅主题设置和布展情况，就如何提升和发挥警示教育基地作用提出指导性意见。

【邓波一行到自贡调研】 6月22日，省纪委常委邓波一行到自贡调研。调研组通过召开座谈会、听取专案汇报、实地考察等方式，对自贡市党风廉政建设和反腐败工作进行调研，听取全市专案进展情况汇报，对2017年全市执纪审查尤其是专案前阶段工作成效给予肯定，要求市纪委坚决落实省委常委、省纪委书记王雁飞对专案的批示意见，在省纪委和市委领导下坚定信心、明确重点、讲究策略、细摸线索、加强统筹、重视安全、定期汇报。市委常委、市纪委书记李清等陪同调研。

【韩晓明一行到自贡调研】 9月12日，省纪委离退休工作室主任韩晓明一行到荣县双石镇调研“玉章故里·漫画小镇”项目建设情况，市委常委、市纪委书记李清，荣县县委副书记、县长郑小清等陪同调研。韩晓明一行听取吴玉章故居工作人员讲解回顾吴玉章的革命历程，察看“玉章故里·漫画小镇”建设规划图和项目施工进度图，了解各项工程进度及创建工作中遇到的困难和问题，提出意见建议。韩晓明要求挖掘梳理好吴玉章一生的革命历程，注重吴玉章精神的传承发扬，加强景区家风家训文化建设，完善景区规划，做好景区产业规划和产业配套，促进文旅产业融合发展。

【省委巡视办派员到自贡调研】 9月12日，省委巡视办专职副主任周元军一行到自贡市调研巡察工作情况。市委常委、市纪委书记李清陪同调研。调研组一行听取市委巡察办、市委巡察组相关负责人对全市巡察工作情况的汇报：市委巡察办2016年9月成立以后，推动各市委巡察组通过实战练兵开展首轮巡察，发现问题85个，移交线索23件，立案调查22人，涉及县级干部6人；2017年7月，市、区（县）巡察组联动拉网式对全市109个乡镇（街道）全覆盖专项巡察，就全市扶贫领域的突出问题和“微腐败”，发现基层党组织领导弱化、违反中央八项规定、截留挪用私分等损害群众利益问题1035个，问题线索729条。

【邓波一行到荣县调研】 12月12日，省纪委常委、省监察厅副厅长邓波一行到荣县调研指导深化国家监察体制改革试点工作。调研指导组一行看望慰问荣县人民检察院涉改部门全体拟转隶人员，了解他们对深化国家监察体制改革试点工作的看法、转隶到县监察委员会工作的想法及对荣县深化国家监察体制改革试点工作和人员转隶工作的意见建议，对拟转隶人员关心关注的问题给予回应。

作风建设

【管党治党政治责任落实】 2017年，健全市县乡村履责体系，强化“一对一”廉情分析、“点对面”动态提醒、“二对二”双责约谈，市级领导带队抽查考核党风廉政建设责任制落实情况，推行逆向测评、触点扣分、歇职管理等办法，逐级压实责任。落实《中国共产党问责条例》，对执行“两个责任”不力的32个党组织、39名党员干部严肃问责；对11起案件开展“一案双查”，问责党组织2个、党员领导干部10人。

【正风肃纪工作】 2017年，印发市委、市政府“十一项”规定实施细则，巩固落实中央八项规定精神成果。深化三项整改“回头看”，开展正风肃纪“1+X+3”常态监督检查，集中整治公款购买消费高档白酒、变相公款旅游等顽症痼疾，纠正“四风”问题1000余个，处理121人。全媒体直播《盐都问政》5期，发现纠正问题120余个，问责338人，通报典型案例100件。

【基层不正之风和“微腐败”治理】 2017年，立案查处“微腐败”案件662件，公开曝光212件，449名党员、干部主动向组织讲清问题，退还违纪款54.23万元。健全党风廉政建设社会评价反馈问题边评边议边整改机制，督促整改突出问题1089个。创新“大数据+”监督模式，精准发现不符合贫困户条件的2000余人、公款消费线索153条、农村基层干部违纪线索151条。

案件查办

【概况】 2017年，全市各级纪检监察机关共处置问题线索2358件，立案745件，处分717人，比2016年分别增长49.7%、22.3%、28.3%。其中，立案审查县处级干部30人、乡科级干部145人，公开曝光212起；市、区县纪委派驻纪检组立案86件，比2016年增长45.76%；乡镇纪委立案411件，比2016年增长16.43%，消除执纪审查“空白点”。把违反政治纪律作为执纪审查重点，立案审查11件。坚持惩处与保护并重，查处诬告陷害行为，为1187名党员干部澄清是非。抽调100余人参与省纪委办理的四川电视台系列严重违纪违法案件。

【执纪审查运行机制】 2017年，健全反腐败协调小组工作职责及议事规则，编制《中共自贡市纪委监督执纪流程图》《自贡市纪委执纪审查内部签批程序》。完善执纪审查工作考核办法，建立问题线索管理闭环机制，实行线索归口管理、线索排查月报和线索处置定期汇总；执行审查工作纪律和安全规定，实现执纪审查零违纪、零事故。市级执纪审查场所和警示教育基地建成并投入使用。

腐败预防

【践行“四种形态”】 2017年，坚持抓早抓小、综合施治，完善与组织部门、司法机关和执法单位案件通报、协商等机制。是年，全市谈话函询或要求在民主生活会上作说明2138人次，党纪轻处分或组织处理591人，党纪重处分或重大职务调整123人，开除党籍并移送司法机关18人，运用监督执纪“四种形态”处理2710人，分别占73%、22%、3%、2%。

【惩防联动】 2017年，完成惩防体系建设2013—2017年规划任务。深化惩防衔接、一体联动，对8个单位开展立项治理，预警纠错1400余次，督促落实整改措施400余项。开展一级廉政风险岗位抽查审计，创新开展预防腐败“体检行动”，持续强化风险防控。

【廉洁教育】 2017年，建成市廉政教育中心和农村基层干部警示教育基地，编印警示教育读本1500册，制作警示教育片3部，任前廉政谈话1009人次，常态化开展“四项教育”。弘扬吴玉章、卢德铭、江姐等红色廉洁文化，开展“传家风、立家规、树新风”活动，自贡“胡氏家训”获评全省首届十佳“天府好家规”称号。

执法监察

【阳光行权】 2017年，市监察局配合市政府办出台《自贡市推进行政权力依法规范公开运行工作制度》，将行政权力运行纳入党风廉政建设责任制考核及市委、市政府综合目标考核内容，通过函询、约谈、问责等方式，加强行政权力依法规范公开运行监督执纪，推动网上行权100.05万件，比2016年增长17.8倍。

【媒体监督】 3月，《盐都问政》新版第3期（总第16期）以《行政权力依法规范公开运行》为主题，围绕行政权力网上运行率低等问题开展问政，现场问政干部18人，问政问题14个，收集全媒体互动反映问题29个，交办11个单位核查问责整改。

【行权同步上网试点】 2017年，选取市司法局等4家行权工作基础好、办件量稳定的市级单位开展行权网上同步运行试点工作，按规定权限、固化程序、承诺时限等要求推行全面网上行权。

巡察工作

【巡察监督】 2017年，围绕“坚持党的领导、加强党的建设、全面从严治党”组织开展3轮常规巡察，市本级完成23个单位常规巡察，完成十二届市委巡察任务的21%，发现问题328个，移交线索63件，其中，立案调查22人，涉及县级干部5人；市委组织21个专项巡察组对全市6个区县及高新区的109个乡镇集中开展扶贫领域突出问题暨整治“微腐败”专项巡察，巡察村级党组织427个，走访调查1484户，受理信访举报389件，发现问题1035个，问题线索729条，被巡察单位均完成问题整改，有关纪检部门开展线索办理。

【市县党委巡察工作】 2017年，落实《四川省市（州）、县（市、区）党委巡察工作办法》。4月，各区县完成机构（领导小组、巡察办、巡察组）组建工作，机构编制（巡察办、巡察组在编制部门全部正式列编，保障各巡察组至少2名以上固定人员编制）、人员配备、办公场地、经费保障全部到位。5月，各区县开展巡察工作，有序推进常规巡察、专项巡察。是年，各区县常规巡察89个单位，覆盖届内任务的20%；发现问题757个，移交线索173件，立案调查41人。

（曾沁媛）

民主党派·工商联

民革自贡市委

【概况】 2017年年末，民革自贡市委有基层组织23个（基层委员会2个、总支部3个、支部18个），有民革党员487人。民革党员中出席省、市、区（县）人大代表会议39人次、出席代表会议100人次。在人大代表中，有省人大代表1人，市人大常委2人，区、县人大常委8人；在政协委员中，有省政协委员3人，市政协常委4人，区、县政协常委17人。

【八届四次全委（扩大）会议】 1月6日召开。会议传达学习中共自贡市委十二届二次全体会议精神，市十七届人大一次会议精神，市政协十五届一次会议精神；审议通过民革自贡市委员会2016年度工作总结暨2017年工作安排。

【八届五次全委（扩大）会议】 6月13日召开。会议传达学习中国共产党四川省第十一次代表大会精神；推荐自贡市出席民革第十三次全国代表大会代表候选人和选举出席民革四川省第十二次党代会代表。

【八届六次全委（扩大）会议】 8月30日召开。会议专题学习中共四川省委书记王东明在各民主党派省委、省工商联新老领导班子成员座谈会上的讲话精神；讨论通过民革自贡市委员会、专委会工作规则，安排部署纪念民革成立70周年暨自贡民革60年的“六个一”系列活动和2017年下半年有关工作。

【举办民革成立70周年暨自贡民革60年系列活动】 9月11日，出版《自贡民革报》专刊一期，其中刊载100道知识竞赛题，内容涵盖习近平系列重要讲话精神、中共中央关于多党合作制度系列文件、统一战线和多党合作历史、民革章程、民革党史等知识，要求全体党员应答尽答。9月20－25日，举办“观故居，走多党合作之路”主题学习教育活动，组织民革自贡市委班子成员、各基层组织负责人、党员骨干及民革自贡市委机关人员近30人，到广西瞻仰参观民革中央第一任主席李济深、民革原中央常委李任仁和陈铭枢故居及中国第一座孙中山纪念馆——梧州孙中山纪念馆。10月12日，召开理论政策研讨会，评选2017年度“纪念民革成立70周年暨自贡民革60年”主题理论研讨优秀论文一等奖4篇、二等奖9篇、三等奖14篇、优秀奖6篇，获奖论文作者代表进行论文交流发言；与会人员围绕纪念民革成立70周年暨自贡民革60年主题进行座谈交流。11月16日，召开学习贯彻中共十九大精神和基层组织骨干培训会，安排《民革党员如何做好参政议政工作》《重要信息工作浅析》等专题讲座。11月16—17日，召开基层组织建设交流会，各基层组织负责人在会上就本基层组织的组织建设工作情况和经验进行交流，并围绕组织建设工作中遇到的问题进行探讨。12月2日，召开民革成立70周年暨自贡民革60年纪念大会。会上，民革省委主委欧阳泽华，中共自贡市委常委、市委统战部部长徐其斌分别代表民革省委和中共自贡市委讲话，市级民主党派和市工商联代表致贺词；民革自贡市委主委叶智英作《不忘合作初心，继续携手前进，为建设城乡一体繁荣幸福美丽新自贡作出新贡献》的主题报告；向党龄35年及以上党员颁发荣誉证书；党员代表发言。会后，举行文艺汇演。

【参加纪念“9·18”事变86周年暨“抗战专辑”新书首发仪式】 9月16日，民革自贡市委参加由荣县政府举办、民革荣县总支协办的纪念“9·18”事变86周年暨民国时期荣县档案选编丛书“抗战专辑”新书首发仪式。民革四川省委主委欧阳泽华、副主委里赞，中共自贡市委常委、市委统战部部长徐其斌，副市长李世宏和民革自贡市委主委叶智英等为新书启幕。

【参政议政】 2017年，在市十七届人大一次会议上，民革党员中的人大代表提交建议意见17件。在市政协十五届一次会议上，民革系统提交集体提案4件、个人或联名提案39件。13件提案被列为市领导督办、有关单位主要负责人领办和市政协专委会督办重要提案，占62件重要提案的1/5。其中，集体提案《关于突出重点，集中力量，全力打造盐龙灯旅游城市名片的建议》《关于加快川南城际铁路建设，拉动我市经济第二增长极的建议》和缪建飞的个人提案被列为市领导督办重要提案，约占市领导督办案的1/5；《关于突出重点，集中力量，全力打造盐龙灯旅游城市名片的建议》被确定为市政协一号提案。是年，民革自贡市委主委叶智英代表民革四川省委在政协四川省第十一届五次全会上作题为《加快城际铁路建设的建议》的大会发言；在民革十三次全国代表大会一次会议期间，提出意见建议3条，并刊发在大会《简报》和《团结报》上。

【资政服务】 2017年，邀请民革省委副主委、省政府金融办主任欧阳泽华调研自贡市盐业体制改革工作。争取民革中央协调国家空管委、民航局及空军等单位同意将自贡市纳入国家低空空域管理改革试点。全年完成《贯彻乡村振兴战略 加快乡村道路建设》《关于加强集中式饮用水水源地保护的建议》《关于加快我市乡村旅游发展的建议》《关于传统文化进校园的调研报告》等4篇调研报告。在市政协十五届四次常委会上，民革自贡市委副主委王瑛作《关于自贡市乡村旅游发展的调查与思考》的大会发言，民革自贡市委秘书长缪建飞作《关于对市政协第十五届一次会议一号提案办理工作的评议意见》的大会发言。是年，民革党员中各级各类特约员、监督员分别参加有关部门的民主监督、正风肃纪等工作，提出意见、建议。

【宣传工作】 2017年，自贡民革向各级媒体报送信息400余条，其中，被《团结报》采用6条，团结网采用1条，民革中央网站采用7条，《四川政协报》采用2条，四川政协网采用38条，民革省委采用76条，市委统战部采用21条，《自贡日报》采用6条，自贡电视台采用5条。全年出版《自贡民革》5期，为思想政治宣传、交流经验、指导基层工作发挥作用。完成《团结报》征订工作。

【社会服务】 2017年，开展送科技、医疗、文化“三下乡”活动，民革贡井区总支、民革四川卫生康复职业学院支部、民革自流井区一支部组织党员累计义诊510余人次；民革富顺县基层委员会、民革四川理工学院支部、民革自流井区二支部组织党员多次到乡镇村落开展文化惠民活动；民革富顺县基层委员会、民革自贡中山学校支部、民革蜀光中学支部组织教师开展教学帮扶、共同教研、上示范课等活动，为农村和薄弱学校送去先进的教育教学理念。民革自贡市委法制支部、民革自流井区一支部组织民革党员律师及所在律师事务所开展法律援助服务。

【年度荣誉】 11月20日，在民革全国组织建设社会服务参政议政工作表彰会上，民革自贡市委副主委王瑛获“民革全国参政议政工作先进个人”，民革荣县总支主委、荣县副县长杨泽荣获“民革全国组织建设工作先进个人”，民革荣县总支副主委、四川巴尔农牧集团有限公司董事长李金玉获“民革全国社会服务工作先进个人”。

（杨　岚）

民盟自贡市委

【概况】 2017 年，全市发展新盟员 36 人，其中，博士 1 人、硕士 4 人，副高职称 8 人，新社会阶层人士 6 人，发展率 5.2%。截至是年年底，全市有盟员 729 人，平均年龄 55 岁，具有高级职称的盟员 328 人，占 45%，中上层人士 720 人，占 98.8%；自贡民盟有 33 个基层组织，其中，1 个基层委员会，5 个总支委员会，27 个支部委员会。盟员中有全国人大代表 1 人，省人大代表 1 人，市人大代表 16 人；省政协委员 1 人，市政协委员 24 人；担任县处级领导职务的盟员 18 人，担任科级领导职务的 40 人。

【十四届二次全委（扩大）会暨组织工作会】 1 月 23 日，民盟自贡市委召开十四届二次全委（扩大）会暨组织工作会。会议对市管干部及盟市委领导班子进行测评，组织学习中共十八届六中全会精神；听取《继往开来 砥砺前行 为建设城乡一体繁荣幸福新自贡而努力奋斗》的工作报告；表彰先进集体、优秀盟员；表彰组织工作先进集体、先进个人；民盟蜀光中学支部、民盟荣县三支部作组织工作经验交流发言；民盟富顺县总支代表获奖优秀盟员发言。

【十四届五次主委会议】 2 月 23 日，民盟自贡市委召开十四届五次主委会议。会议学习中央和省委经济工作会议精神；确定 11 人为民盟四川省第十三次代表大会代表候选人；决定在全盟开展思想建设年活动；讨论民盟四川卫生康复职业学院支部筹建事宜；确定召开自贡民盟参政议政培训会。

【十四届六次主委会议】 4 月 17 日，民盟自贡市委召开十四届六次主委会议。会议讨论 2017 年录用遴选公务员事宜。

【十四届七次主委会议】 9 月 22 日，民盟自贡市委召开十四届七次主委会议。会议学习习近平“7·26”重要讲话精神；听取关于《自贡民盟志（1946—2015）》编修情况；讨论民盟市委机关人事事项；决定“自贡民盟”微信公众号正式上线；审批 2017 年上半年发展的 21 名新盟员入盟；讨论新盟员培训事宜。

【十四届八次主委会议】 11 月 3 日，民盟自贡市委召开十四届七次主委会议。会议专题学习中共十九大精神；研究通过《民盟自贡市委学习贯彻中共十九大精神“不忘合作初心　继续携手前进”教育活动方案》；讨论推荐有关人事事项。

【十四届九次主委会议】 12 月 14 日，民盟自贡市委召开十四届九次主委会议。会议传达学习民盟第十二次全国代表大会精神、中共中央政治局常委栗战书代表中共中央致中国民主同盟第十二次全国代表大会的致辞，张宝文代表民盟第十一届中央委员会作的工作报告，民盟中央主席丁仲礼在民盟十二届中央委员会一中全会上的讲话精神；就《中国民主同盟会章程》的修改进行说明；审批 2017 年下半年发展的 15 名新盟员入盟；讨论 2017 年度新盟员培训方案；通过《民盟自贡市委评选思想建设先进集体和先进个人的方案》；讨论决定召开民盟自贡市委十四届三次全委（扩大）会议相关事宜；通报《自贡民盟志》出版印刷情况和兴华职业高等专修学院近 2 年经费收支情况；通报 2017 年度民盟市委机关经费收支情况和稿费情况。

【思想宣传】 2017 年，组织开展全市民盟系统“思想建设年”活动。组织盟员参加市政协理论与实践研究会 2017 年度征文活动，提交论文 5 篇；参加市委统战部、市统一战线理论研究会“推动振兴发展 决胜全面小康”征文活动，提交论文 12 篇；参加四川民盟“教育论坛”，报送征文 3 篇；参加四川民盟“法治论坛”，报送征文 4 篇；参加四川民盟组织建设工作征文活动，报送文章 8 篇。组队参加“不忘合作初心 继续携手前进‘团结杯’2017 年自贡市统战系统大众体育运动会”，获团体一等奖。编发《盐都盟声》12 期，向各级媒体报送宣传信息、盟员风采稿件 60 余条（篇），其中，民盟四川省委网站采用 18 条（篇），《四川民盟》采用 8 条（篇），《自贡统一战线》采用 32 条

（篇），市政协网站采用44条（篇），《自贡政协》采用12条（篇）。为全市各级盟组织和骨干盟员征订《群言》杂志67份。

【组织建设】 4月14日，召开中国民主同盟四川卫生康复职业学院支部成立大会，选举汤勇任主任委员。12月15日，民盟东锅支部举行换届大会，选举王风浪任主任委员。民盟自贡市委选派12名盟员参加2017年自贡市优秀年轻干部人才递进培养（党外系统）班培训；10人参加自贡市第三期民主党派基层组织负责人（骨干）培训班培训；民盟市委班子成员参加自贡市新时期统战工作专题研修班学习；派员参加民盟四川省委新一届委员综合素能提升专题培训班培训。12名盟员参加民盟四川省第十三次代表大会，石岷嘉、何德华、丁杰当选民盟四川省第十二届委员会委员，石岷嘉当选民盟四川省第十二届委员会常委。石岷嘉、何德华出席民盟第十二次全国代表大会。1人调任市政务服务中心副主任，1人任市金融工作局局长，1人挂职宜宾市金融工作局副局长。1人当选市青年联合会第十三届委员会副主席，1人当选委员。是年，民盟自贡市委被民盟省委表彰为“组织建设工作先进集体”。

【参政议政】 2017年，民盟自贡市委重点组织开展《关于全面二孩政策后我市儿科医疗资源配置的情况》《以应对新高考为契机 全面提升自贡高中教育质量》等调研；与市政协委员联络委员会联合开展调研，形成《紧扣中心发挥优势 全力助推脱贫攻坚》的调研报告。全年各民盟基层组织及专委会共组织撰写调研报告21篇，其中，将《关于全面二孩政策后我市儿科医疗资源配置的情况》报送民盟四川省委及中共自贡市委供领导决策参考，将《以应对新高考为契机 全面提升自贡高中教育质量》转化为市政协十五届二次会议的大会口头发言材料和集体提案。是年，组建社情民意信息员队伍，全市各民盟基层组织和盟员报送社情民意信息200余条，其中，《建议在无子女继承的易地扶贫搬迁户中探索集体公租房制度》被全国政协采用；《部分党外全国人大代表、政协委员关于促进农业现代化的意见建议》被中央统战部采用；民盟中央采用2条；省政协采用8条；民盟省委采用17条；市政协采用1条。在市政协十五届一次全会上，民盟自贡市委提交《关于落实“全面二孩”政策 大力发展学前教育的建议》《关于推动我市生物医药产业发展的建议》《关于推动高校科技成果转化的建议》《关于开展清理废旧枯井 消除安全隐患的建议》《关于大力发展我市公共交通事业的建议》5件集体提案，盟员中的政协委员提交个人提案35件。1件集体提案成为市政协专门委员会督办的重点提案，2件个人提案成为市领导督办的重要提案，4件个人提案成为市政协专委会督办的重要提案。《关于自贡大力发展“智慧交通”的建议》《关于我市职业教育技能培训与产业发展的建议》2件集体提案、5件个人提案获评市政协优秀提案。民盟自贡市委先后参与全市彩灯产业发展、上半年经济工作、棚户区改造、市政府工作报告征求意见、党风廉政建设工作、釜溪河流域综合治理等情况通报会。是年，民盟自贡市委被民盟四川省委表彰为“参政议政工作先进集体”和“反映社情民意信息工作先进集体”；被市政协表彰为提案工作先进单位。3人被表彰为“四川民盟2017年度反映社情民意信息工作先进个人”，7人获市政协提案工作先进个人表彰。

【“盟沿合作”】 2017年，民盟自贡市委与中共沿滩区委签订第五轮“盟沿合作”协议。第五轮“盟沿合作”以帮扶沿滩区兴隆镇（光辉村）为重点，通过实施“五个一”活动，助力沿滩区“一区两城三基地”建设。1月19日，民盟自贡市委在沿滩区兴隆镇光辉村开展“盟沿合作”2017年春节送温暖活动，对结对帮扶的26户困难群众捐款捐物2万余元。4月11日，民盟自贡市委与市文化广电新闻出版局在沿滩区兴隆镇中心小学举办“关注留守儿童 播撒爱心阳光”公益演出活动。4月20日，民盟自贡市委在沿滩区联络镇开展“送教育、送医疗、送文艺”三下乡扶贫活动。

（黎　明）

民建自贡市委

【概况】 截至2017年年底，民建自贡市委辖1个基层委员会、1个区县级委员会、3个总支委员会、17个支部委员会。全年发展会员35人，发展率5.3%，净增率5%。全市民建会员平均年龄36岁；中高级职称4人；大专及以上文化27人，其中，硕士研究生1人、博士研究生1人；全市688名会员中，经济界会员620人，占90.1%。

【十二届二次全委（扩大）会】 1月12日召开。会议学习民建四川省委八届七次全体会议精神与中共自贡市委第十二次党代会精神；听取并审议民建自贡市委员会2016年工作报告；审议决定民建自贡市第十二届委员会专委会设置及组成人员；表彰宣传信息工作、反映社情民意工作先进集体和先进个人。中共自贡市委常委、市委统战部部长徐其斌出席会议。

【十二届三次全委会】 2月6日召开。会议学习习近平在2017年春节团拜会上的讲话精神；传达中共自贡市委党外人士座谈会上市委书记李刚的讲话精神；推选民建四川省委第九次代表大会代表。

【十二届四次全委会】 7月4日召开。会议传达民建四川省委第九次代表大会精神，学习中共四川省第十一次党代会精神；听取并审议民建自贡市委员会2017年上半年工作报告；审议《民建自贡市委关于市委委员履职“五个一工程”的实施意见（征求意见稿）》。

【参政议政】 2017年，开展新材料产业发展、茶旅融合发展、釜溪河流域综合治理河道建设、智慧旅游等课题调研，与市政协外联委联合开展民营企业融入“一带一路”情况调研，形成调研报告和建言材料10余篇，其中，转化为大会发言稿3篇、集体提案4件、社情民意3篇。在市政协十五届一次会议上，提交《关于尽快立项建设我市轨道（轻轨）交通的建议》等集体提案3件，作《关于提升我市招商引资质量与有效性的建议》大会发言。在年度内的市政协常委会和专题资政会上作《抢抓政策机遇加快高新材料产业发展》《加强河道建设和管理打造魅力母亲河》等2次大会发言。是年，在市“两会”上，市民建会员中的政协委员和人大代表共提交提案及建议意见（含联名）62件，其中，市政协委员个人及联名提案46件。1件集体提案和11件个人提案（含联名）被列为市政协十五届一次会议市领导和专委会督办的重点提案。集体提案《关于提升我市招商引资质量与有效性的建议》被市委、市政府采纳，相关建议被写进《关于加强招商引资提升开放水平的意见》《自贡市促进经济稳定增长推进供给侧结构性改革政策措施》文件中。民建自贡市委主委王孝谦在省十二届人大五次会议上牵头提出的《将省内国家级高新区统一纳入四川自贸试验区范围的建议》和参与提出的《关于加快沱江（自贡至泸州）航道升级工程的建议》等提案，促成成都自贡共建自贸试验区平台合作协议的签订。参加市委、市政府召开的高层谈心会、专题协商会、座谈会、通报会等各类会议，就全市重要人士安排、重要决策、重大事项及中共自贡市委、市政府工作要点及工作报告修改、反腐败和党风廉政建设、彩灯产业发展、釜溪河流域综合治理等发表意见并提出建议，其中，提出《政府工作报告》修改意见建议14条（8条被采纳吸收）。出台《反映社情民意信息和重要信息工作考评暂行办法》，开展1期信息员培训。全年收集编发社情民意信息和重要舆情信息53条，其中，《关于盐业体制改革实施以来市场情况及建议》被全国政协、民建中央、省政协、省委统战部采用，《3D打印技术普及应用的三大风险》被省委统战部采用。

【服务“三个加快”战略】 2017年，发挥党派直通车作用，争取民建中央、民建省委将沱江航道自贡段升级工程纳入全国内河航道与港口布局规划进行协调支持，该举措得到全国人大常委会副委员长、民建中央主席陈昌智肯定。助力招商引资，促成投资30亿元的智能终端产业园项目落户大安区，引入宜宾智溢酒业有限公司为省定点贫困村富顺县狮市镇马安村捐赠300万元新建“五粮春马安希望小学”。

【组织队伍建设】 2017年，选派1名会员参加四川省党外干部第二期挂职实践锻炼，到攀枝花市仁和区担任副区长。加强与成都、北京、重庆、上海等地自贡籍经济界人士联系，在成都、北京发展会员14人，成立成都异地组织和北京异地组织筹建小组。调整沿滩区支部主委，增补民建自流井区二支部支委2人，增补鸿化支部支委1人；民建自贡市委机关支部更名为直属支部，民建鸿化支部更名为民建自流井区第四支部；民建贡井区总支部更名为民建贡井区委员会，增补民建贡井区委第二届委员会副主委1人、委员2人，选举民建贡井区委一支部第十届委员会副主委1人、委员3人，选举民建贡井区委二支部第六届委员会委员2人。

【社会公益活动】 2017年，参与脱贫攻坚民主监督。配合开展对自流井区漆树乡杨柳村（民建自贡市委主委联系点）和富顺县富和乡吴山村（市委统战部联系点）的帮扶工作。落实思源基金65万元援建大安区大山铺镇盐井村排灌渠道2公里，解决当地旱片死角的农业用水。组织“自贡同心·专家志愿者民建服务团”到富顺县富和乡开展“岗位学雷锋、争做志愿者”活动，向贫困户赠送蔬菜及水果种子300多袋，发放种养殖资料700余份。3名民建自贡市委机关干部参与全市第三轮脱贫攻坚全覆盖督导检查工作，走访检查贫困户56户。是年，泰丰集团、川圣能源、久诚商贸、绿食佳、绿茗春茶业、华燃天然气、阿郎食品、光明医院等30余户会员企业和全市各级民建组织捐款捐物超过250万元，帮扶贫困村21个、贫困户134户、贫困人口671人，帮助贫困大学新生和贫困学生103人，集中慰问敬老院老人75人，帮扶五保户、弱势群体308人，向7所农村小学捐赠书籍1201册、体育用品20件。

【服务会员企业】 2017年，对泰丰集团、光明医院、绿茗春茶业、久义建材科技、健康田园农业科技等5家公司开展专题调研，组织企业家俱乐部理事会人员集中走访调研贡井区、沿滩区辖内会员企业，帮助企业解决融资、用地、搬迁选址和周边环境等困难和问题。深化企业家俱乐部与四川理工学院战略合作，举办企业家俱乐部和四川理工学院“服务地方经济、服务企业”签约仪式，促成绿茗春茶业公司、绿食佳农业公司与四川理工学院签订“校企合作备忘录”。

【“建安合作”】 2017年，民盟自贡市委加强与大安区政府和新确定的市级对口联系部门对接联系，签订《关于进一步发展大安经济及社会事业的合作协议》和《关于加强对口联系工作的会议纪要》。民建自贡市委牵头召开由市发改委、市经济和信息化委、市国土资源局、市住房城乡建设局、市审计局等5家市级部门参加的对口联系工作会议。中共自贡市委常委、市委统战部部长徐其斌和副市长曾明全出席会议。“建安合作”经验《以对口帮助为重点全力助推精准扶贫》在市级民主党派、工商联与区县对口合作暨开展脱贫攻坚民主监督工作会上进行交流。

【接待与交流】 4月12日，民建中央副主席，全国政协常委、副秘书长宋海率队到自贡，就民建自贡市委组织建设、思想建设等工作进行调研。民建中央组织部会员权益保障处处长王杰、民建四川省委副主委毛凯、民建四川省委秘书长刘正方等陪同调研。在调研座谈会上，民建自贡市委主委王孝谦作《夯实基础　凝聚力量 打造高素质参政党队伍》的汇报发言。是年，接待乐山民建、眉山民建等代表团到自贡参观交流，民建自贡市委组团到泸州、宜宾等民建组织进行学习考察。

（古若愚）

农工党自贡市委

【概况】 截至2017年12月底，农工党自贡市委辖县级委员会1个，基层组织24个（2个基层委员会、1个总支委员会和21个支部委员会）；全市有农工党员550人，其中，博士5人、硕士12人、本科205人，正高级职称30人、副高级职称208人、中级职称217人，医卫界288人、人资环界66人、教育界78人、科技界67人，平均年龄55岁。有省、市、县人大代表、政协委员124人次，9人担任市级特邀检察员、监察员、审计员、教育督导员和行风监督员。

【参政议政】 2017年，围绕“推动振兴发展、决胜全面小康”主题，就沱江流域水环境治理、农业科技创新等内容开展调研活动，完成调研报告9篇，其中，《沱江流域水环境综合治理情况研究》被农工党中央和农工党四川省委采用，《对农村闲置房屋合理利用的建议》被农工党四川省委采用，《关于自贡市养老服务体系建设的调研》得到中共自贡市委书记李刚批示，并被省老龄工作委员会办公室评为2017年度老龄政策调研优秀成果二等奖。提交的《关于加大医疗保障力度有效控制传染病流行的建议》《关于完善产业扶持周转金的建议》《精准扶贫不能替代子女的赡养义务》等信息被省政协采用，《关于实施光伏产业的建议》《当前招商引资工作中存在的问题不容忽视》被农工党省委采用，《关于加大节前食品安全监管的建议》《关于构建社区矫正执法体系的建议》《关于加强我市城区生活污水处理工作的建议》《关于做好自贡市商贸基层基础统计工作的建议》被市政协采用；《关于加大我市埋地钢塑复合缠绕排水管推广应用的建议》被市政协作为社情民意采用。在市政协十四届五次会议提交的《关于加强社区矫正工作的建议》等4件集体提案和《关于设立产业投资基金的建议》等12件个人提案分别被确定为市领导、市政协专门委员会督办和有关市级单位部门主要负责人领办提案。集体提案《关于全力推进城市公立医院改革服务我市经济社会发展的建议》《关于我市环境服务业发展的建议》被市政协评为优秀提案。向省政协十一届五次会议提交《关于尽快取消职称评定英语和计算机统一考试的建议》等5件个人提案，提交《关于加大医疗保障力度，有效控制传染病流行的建议》《关于完善产业扶持周转金的建议》2条建议；向省十二届人大五次会议提交《关于进一步加强小井沟流域上游跨境污染综合治理的建议》等12条建议。

【民主监督】 2017年，参加市人大民主监督、市政协民主评议工作，提出协商建议；参加市委统战部、市人大法制委员会组织的《自贡市文明行为促进条例》立法征求意见会；通过政协界别平台对市法院、市检察院提出建议15条；参加市纪检监察系统内部巡察工作。9名特邀监察员、特邀审计员、行风监督员参与对口联系单位重大活动，开展行风政风测评、“盐都问政”等民主监督工作。

【参加协商会议】 2017年，农工党自贡市委班子成员参加市党外人士座谈会、市政协年度工作情况通报会、市党风廉政建设暨反腐败工作情况通报、市政协关于全市彩灯产业发展情况通报会、市教育局重大决策征求意见会；参加市政协委员座谈会2次，参加市人大常委会组织的重大项目建设、老工业城市转型升级调研视察2次，提出意见建议40余条。

【农工党中央领导到市调研】 2月23—24日，农工党中央专职副主席兼秘书长曲凤宏到自贡调研生物科技发展、盐业文化传承保护、古生物科研等情况；7月28—29日，全国政协副主席、农工党中央常务副主席刘晓峰到自贡调研“长江经济带绿色发展与生态环境保护”情况。曲凤宏、刘晓峰在自贡调研期间，听取农工党自贡市委工作情况汇报，接见农工党自贡市委及基层组织负责人。

【社会服务】 2017年，开展“三下乡”活动，全市农工党各级组织参加送医送药下乡活动17次，受益5000余人，发放健康知识宣传资料1万余份。开展“百名民主党派成员帮扶百名困难群众活动”，在春节、儿童节期间向困难群众送大米、油、文具、彩电等生活用品和慰问金7.5万元。2名党员加入关心下一代基金会并捐资4000元。开展对口联系工作，与富顺县政府签订“农富合作”框架协议，邀请农业专家到富和乡吴山村实地调研指导农业产业发展；组织市一医院、市二医院、市四医院的医疗卫生专家在富和乡开展“中国环境与健康宣传周”活动、在琵琶镇开展“国际科学与和平周”活动，与农工党富顺县委在富顺县举行“送医进村”系列活动。开展帮扶援助工作，在沿滩区、贡井区、荣县等乡镇示范推广瓜菜水肥一体化技术约1330公顷；在沿滩区九洪乡白罗村发展红高粱新品种核心示范区33.33公顷，带动发展约130公顷。推荐党员担任市委、市政府法律顾问，参与市领导接访工作，到市法院参与接待涉诉信访、申诉群众，参加《自贡市物业管理条例》立法论证会2次，完成法律援助案例3件，免费开展援助咨询50余次。

【精准扶贫】 2017年，推荐2名农工党县级领导担任脱贫攻坚民主监督员，参加由市委、市政府组织的脱贫攻坚全覆盖督导工作；定点帮扶大安区庙坝镇九房村，开展精准扶贫督导工作4次，送价值2450元的大米、菜油和慰问金，帮助解决贫困户生活、生产问题3件；指导协调庙坝镇九房村集体经济发展、项目建设等工作，对10户贫困户开展健康扶贫跟踪调研，协调解决贫困户生产生活困难。

（张智敏）

九三学社自贡市委

【概况】 2017年，共新发展社员36人，其中，高级、中级职称7人，占19%；硕士与博士

10 人，占 27%；新社员平均年龄 35.5 岁。是年末，全市有九三学社社员 510 人。

【组织建设】 2017 年，出台《九三学社自贡市委员会监督委员会工作规程》《九三学社自贡市委工作规则（试行)》。成立九三学社自贡市委监督委员会和青年工作委员会，建立九三学社自贡市委领导联系基层组织机制。坚持主委会、全委会集中学习制度，落实年度述职与民主测评工作。全年组织 150 余人次参加各级各类培训班。九三学社贡井区委员会和九三学社久大（集团）支社完成届中人员调整。

【中共十九大会议精神学习贯彻】 2017 年，组织九三学社自贡市委机关干部收看中共十九大开幕式，九三学社自贡市委领导班子成员参加九三学社省委、中共自贡市委统战部组织的各类学习中共十九大精神座谈会、培训班。在九三学社自贡市委主委会全体（扩大）会、庆祝重阳节离退休社员座谈会、参政议政新社员培训班、机关干部学习专题会等各种会议上组织社员学习中共十九大精神。与泸州、内江、西昌等市州九三学社交流学习中共十九大精神心得体会。全年累计开展中共十九大精神学习活动 30 余次。

【参政议政】 2017 年，市九三学社在市政协大会发言 5 次，提交社情民意信息 63 篇，被采用 18 篇，在各级“两会”上提交 100 余条（件）建议意见和提案。1 名社员被九三学社中央评为“2013—2017 年度参政议政先进个人”，九三学社自贡市委被九三学社省委评为 2017 年度参政议政工作先进集体、全市 2016 年度提案工作先进单位，6 名社员等被评为全市 2016 年度提案工作先进个人；个人提案《关于提升食品药品监管能力的建议》获省政协优秀提案奖，集体提案《关于加快推进我市二手车交易市场产业发展的建议》被市政府采纳落实，有集体提案 3 件、个人提案 5 件获市政协 2016 年度优秀提案奖。

【九三学社中央领导到自贡调研】 9 月 13 日，全国政协副主席、九三学社中央主席韩启德率调研组到市，视察自贡全国首批老工业城市转型升级示范区建设，围绕长江上游生态保护与流域城市绿色发展工作开展专题调研。韩启德肯定自贡经济社会发展成绩，对盐、龙、灯产业发展和长江上游流域生态保护与城市发展工作提出要求，肯定九三学社自贡市委探索的“九三社员之家”及“九三农场”建设模式，要求在全国九三学社内推广。10 月 13 日，九三学社中央副主席、全国政协提案委副主任赖明出席在富顺县召开的“四川省百万人口大县城市功能研讨会”并作主旨演讲，为县域经济发展出谋划策。

【服务中心工作】 2017 年，争取九三学社中央、九三学社省委通过党派直通车助力自贡市全国老工业城市产业转型升级示范区创建工作。九三学社中央、九三学社省委通过致函对接国家发改委，并委派专家到自贡市指导。九三学社自贡市委以“老工业城市产业转型升级示范区建设”为主题，围绕科技成果转化、生态环境保护、城乡统筹、脱贫攻坚等中心工作，组建重点课题调研组，形成调研报告 40 余篇。其中，与省县域经济学会合作完成的《关于加快完善城市功能促进百万人口大县转型发展的报告》得到常务副省长王宁批示；5 名社员完成九三学社中央《以规划统筹长江上游生态保护与城市发展——自贡市生态保护与绿色发展规划调研报告》调研课题；2 名社员完成市委统战部《科技创新助推老工业城市产业转型升级调研报告》调研课题，并转化为市政协 1 号提案；完成 6 篇市政协调研课题，并在市政协常委会、市政协资政会上做交流。以科技扶贫为主，把贡井区牛尾乡、富顺县富和乡、沿滩区刘山乡等作为脱贫攻坚主要阵地。在沿滩区刘山乡建成“九三农场”，发动九三学社社员通过认租和认筹方式，聘请当地建档立卡贫困户为农场服务，帮助贫困户年均增收 2.5 万元；九三学社四川理工学院委员会与沿滩区刘山乡自贡彩灯之乡产业集团有限公司联合申报自贡市彩灯技术研发机构，获政府技术研发经费5万元，通过科技扶贫带动产业发展；为贡井区牛尾乡2家建档立卡贫困户赠送价值1.2万元预混饲料，并提供技术支持，帮助生猪养殖户年增收6000余元。派员多次到乡镇为建档立卡贫困户开展蔬菜种植、畜牧兽医等知识讲座。推荐社员担任市级、区级（自流井区）脱贫攻坚民主监督员。是年，全市社员获专利19项，其中，九三学社晨光支社社员胡显权获2017年四川省专利一等奖，胡显权、杨志忠分获自贡市专利奖一等奖。九三学社东锅支社社员郑兴胜参与完成的“600兆瓦超临界循环流化床锅炉技术开发、研制与工程示范”项目在2017年度国家科学技术奖励大会上获国家科学技术进步奖一等奖，刘斌、李明田获四川省科技进步三等奖。1名社员被市政府授予“自贡市民族团结进步模范个人”称号，1名社员获四川省同心服务团先进个人，1名社员在2017年“创客中国”先进制造创新创业大赛上获优胜奖，1名社员获四川省“十佳辩护词”律师称号，1名社员获自贡市返乡下乡创业大赛比赛第1名。

（汤文靖）

市工商联

【概况】 2017年，市工商联获全省工商联系统宣传工作先进单位、信息突出单位、组织工作先进单位和法律服务先进单位等荣誉，获2016年度全市政协新闻宣传工作先进单位、反映社情民意信息工作先进单位和市政协十四届五次会议提案工作先进单位等荣誉。

【弘扬企业家精神】 2月，启动自贡市2016年度（首届）经济人物推选活动，有35名候选人参与评选；8月6日，举行自贡市2016年度（首届）经济人物颁奖典礼，10名企业家被评为“2016年度十大经济人物”，18名企业家获“2016年度经济人物优秀奖”和“2016年度经济人物入围奖”。组织企业家参与“家乡助你上大学”“关心关爱下一代”“残疾人送温暖”和“敬老爱老”四大主题爱心活动，为1050名贫困大学生捐款229.6万元，捐赠关心下一代基金235万元，向1086位残疾人捐款156万元，为26个乡镇敬老院1455位老人捐款捐物194万元。

【招商引资】 2017年，市工商联成立招商引资引智工作领导小组，制发年度招商引资引智工作职能职责及任务，落实招商引资目标责任。市工商联主要领导带队招商引资6次，组织大型招商投资推介活动3场，促成龙湖锦城综合体等3个招商签约项目（总投资7.3亿元，到位省外资金5亿元），策划包装5亿元以上重大项目2个，超额完成招商引资年度目标任务。指导异地商会配合参与全市重大招商项目谈判76场次。

【“亲清”新型政商关系助推服务】 3月起，市工商联配合市纪委开展构建“亲清”政商关系专题调研，助推自贡市在全省率先出台《构建新型政商关系促进非公有制经济健康发展的意见》，市工商联与市纪委、市监察局、市委统战部联合发出《自贡市关于规范政商交往行为的倡议书》。牵头承办2017年“新盐商”座谈会；协同市委统战部开展6批次155名非公有制经济代表人士综合考察评价，推荐1人当选为省工商联（商会）副会长、6人当选为常委、17人当选为执委。

【参政议政】 2017年，开展促进非公有制经济健康发展、釜溪河综合治理、构建新型政商关系等专题调研。在全市各类会议上，就助推大开放大招商、加快产业转型升级助力自贡振兴发展、进一步优化经济发展环境等提出意见建议。全年向省工商联、市政协、市委统战部报送信息、社情民意和非公有制经济人士意见建议75条。2件调研成果获全省工商联系统优秀调研成果一等奖；2件提案获市政协十四届五次会议优秀提案；1篇理论文章获2017年市政协理论研究会三等奖。

【“万企帮万村”精准扶贫行动】 2017年，动员组织189户民营企业开展“五大专项行动”，累计投入资金8.72亿元，公益扶贫捐资捐物1363万元；全市143个商会组织和会员企业实现对113个建档立卡贫困村结对帮扶全覆盖，推动实施222个产业扶贫项目，投入资金8.52亿元。大安区等3个区县工商联、富顺县赵化镇等2个乡镇商会、四川绿茗春茶叶有限公司等2户企业和刘家臻分别被评为全省“万企帮万村”精准扶贫行动先进单位和先进个人。10月17日，组织召开全市“万企帮万村”精准扶贫行动提质增效工作推进会，总结交流经验，明确工作目标，富顺县工商联等19个单位和20人被评为全市“万企帮万村”精准扶贫行动先进单位和先进个人。

【交流合作】 2017年，市工商联与自贡农商行达成战略合作协议，获授信100亿元。与江苏省镇江市等16个省内外商会及澳大利亚四川商会建立全面友好合作发展关系，实现与国外商会缔结友好商会“零”的突破。接待香港贸促局代表、眉山市工商联、宜宾市工商联等到市考察团。

【组织建设】 2017年，制定《企业家副主席、副会长工作述职办法》《直属商会年度工作考评办法》《直属商会管理办法》《异地商会年度工作考核办法》。大安区、富顺县、自流井区、贡井区、沿滩区5个区县工商联获评2017年度全国“五好”县级工商联，荣县工商联获评2017年度全省“五好”县级工商联。完成4个商会换届工作；组织开展11个“四好”商会示范创建工作；新建华商国际城商会、自贡安岳商会、自贡总商会浙江商会、广东东莞自贡商会4个商会，发展新会员485个，全市各类商会组织累计81个，会员总数8200余个。

（王朝阳）

群众团体

市总工会

【概况】 2017年年末，全市基层工会5809个，其中，独立基层工会5174个，联合工会635个，基层工会涵盖单位18916个。全市工会会员累计113.97万人。全市工会组建率95%，职工入会率98.4%。

【十六届委员会七次全体（扩大）会议】 会议于3月16日召开。市委副书记、市总工会主席李国贵出席会议并讲话。会议由市总工会党组书记、常务副主席宋国强主持。会议免去张琪聪、熊珍银的自贡市总工会第十六届委员会委员职务，替补刘忠明、陈蔓玲2人为自贡市总工会第十六届委员会委员，增补庞博为自贡市总工会第十六届委员会委员；免去张琪聪的自贡市总工会第十六届委员会副主席、常务委员会委员职务，选举陈蔓玲为自贡市总工会第十六届委员会常务委员会委员、副主席。

【主题劳动竞赛】 2017年，推进“工业强市做贡献，创新发展立新功”等主题劳动竞赛。全年开展主题劳动竞赛单位2281个，举办竞赛项目241个，参与职工12.73万人次，节约创造经济效益2.31亿元。

【职工技能素质提升】 2017年，开展10万名职工“大培训、大练兵、大比武”活动。开展职工合理化建议活动，参与职工5.4万人次，建议被采纳实施5611条，节约创造价值6.3亿元。开展“金牌工人”“首席技师”“首席员工”选树工作，命名812人，师带徒387对。

【劳模创新工作室建设】 2017年，推进劳模创新工作室创建，全市累计建各级劳模创新工作室19个，完成6项重大项目研发，培训技能人才1.33万人次，创经济价值17亿元。

【弘扬劳模精神】 2017年，组织开展全国、省、市五一劳动奖、工人先锋号评选工作，108个先进集体和个人获选。全年慰问各级劳模731人，发放慰问金80.69万元。组织269名劳模免费体检。召开劳模座谈会21场，举办劳模事迹报告会9场，通过新闻媒体宣传报道劳模先进事迹41次。

【职工合法权益维护】 2017年，制定修改涉及全市职工利益的规范性文件10件。开展“走基层、送法律、惠民生”三百行动，全市开展送法下基层活动111场，服务职工2.35万人次，发放宣传资料7.79万份；收集职工权益侵害线索141件，立案123件；为职工免费维权119件，办结111件。推动工会职工维权律师团建设，全年完成法律援助案件83件，挽回经济损失190.01万元。办理“12351”法律维权热线咨询429人次，接待职工来访272人次。落实《女职工劳动保护特别规定》。开展女职工大病互助保险工作，全市有1.64万名女职工参保。

【促进协商民主】 截至2017年，全市厂务公开、职工代表大会建制率在公有制企事业单位中实现全覆盖，在规模以上已建工会的非公有制企业中达90%以上。全市已建工会企事业单位签订（含续签）工资集体协商合同2861个，建制率96%。

【普惠性服务机制】 2017年，启动工会会员普惠服务，以会员实名制为基础、以会员服务卡（会员一卡通）为载体，为会员提供线上线下服务，构建工会服务职工“特惠（困难职工、劳模）+普惠（全体会员）”新模式。

【“四季送”活动】 2017年，开展“春送岗位”活动，为产能过剩企业下岗职工等举办专场招聘20场，现场达成就业意向万余人；开展“夏送清凉”活动，筹资40万元购置清凉药品，慰问企业59户，涉及职工7800人；开展“金秋助学”活动，筹集200余万元，帮助1260余名困难职工子女缓解上学难问题；开展“冬送温暖”活动，筹集483.1万元，对4831户困难职工进行帮扶慰问。

【精准扶贫助推服务】 2017年，为富顺县童寺镇周河村、自流井区东兴寺街盐店街社区送去工作经费和帮扶物资10万余元；争取供给侧结构性改革专项资金160万元，用于昊华鸿鹤化工有限责任公司等3家企业困难职工帮扶工作；为7513名困难职工发放医疗救助、生活救助等资金534.2万元；为棚户区改造中的困难职工发放2000元/户生活救助；为4600名建档困难职工发放乘车、粮油等爱心卡，涉及资金74万元。

【职工思想文化建设】 2017年，深化“中国梦·劳动美”主题教育，组织微电影、庆“五一”晚会等活动。以创建全国文明城市为契机，成立自贡市职工志愿服务支队，开展职工帮扶、文化服务等。推动“职工书屋”建设，国网四川省电力公司自贡供电公司等2个单位被命名为2017年全国工会职工书屋示范点。在企业开展“争当学习型职工读书活动”和全健排舞活动。市总工会职工排舞队参加2017年全国全健排舞大赛三个组别比赛，分获3个一等奖，市总工会获2017年全健排舞优秀省市组织推广奖。

【工会改革】 2017年，出台《自贡市总工会改革实施方案》，坚持问题导向，编制改革清单，围绕强“三性”、去“四化”和解决基层“四缺”问题，明确改革举措、责任边界、完成时限，整合成立网络和社会工作部，确定2018年年底全面完成改革目标。

（苟　芳　林　楠）

团市委

【概况】 2017年年末，全市14岁至28岁青年53万人，其中，团员8.9万人，团员占青年比16.79%；团委229个，团工委14个，团支部4218个，团总支106个；团干部6712人，其中，专职316人，兼职6393人。

【市十三届青联全委会】 会议于11月29日召开。省青联副主席、市委常委、市委组织部部长刘敏出席会议并讲话。大会选举市青年联合会第十三届委员会常委33人，其中，市青年联合会第十三届委员会主席1人，副主席4人。

【弘扬社会主义核心价值观】 2017年，利用“五四”青年节、“十·一三”建队日等重要节点，

开展优秀青年代表座谈会、入团（队）集中示范仪式、讲述“我与共青团的故事”等系列主题活动，进行中国梦宣传教育。是年，“@自贡共青团”微博公众号“粉丝”突破10万人，年度阅读量破3亿人次，单条微博最高阅读量1423万人次，12个话题内容被《人民日报》、团中央、团省委等微博平台点赞转发23次，微博影响力指数2次位列全国政务微博榜前3，被“@人民日报”评定为四川十大团委系统微博。针对网络青少年舆情事件“一张恐怖的全家福照片”，发布辟谣微博还原事件真相，被“@共青团中央”原文转发，阅读量破1405万人次，转发量达2547次。“青年之声”平台浏览量3148万人次，服务青年1.65万人。“网上共青团”建设获全省团内评比特等奖。

【脱贫攻坚助推服务】 2017年，整合资金20万元建成“盐义仓”贫困村聚力公益项目站8个；实施“盐都·阳光助学”项目，募集助学金12万元，资助100名贫困学生；发动青联委员为扶贫户捐款1.88万元、冬衣100件、红砖1.15万匹。

【全国文明城市创建服务】 2017年，建立“学雷锋”志愿服务站点172个；“青年先锋”网上文明志愿者注册超3万人，微博专栏阅读量破530万人次，完成全国航模公开赛、市第十三届运动会和恐龙国际马拉松等志愿服务保障工作。全年协力网络公益组织开展爱心送考、文明劝导、缓堵保畅等主题志愿服务活动340余次，参与志愿者9000余人次。

【招商引资】 2017年，邀请中国青年企业家协会37名会员到自贡开展主题经贸考察，收集整理有效项目线索19条，促成自贡灯彩集团和武汉鸿程投资有限公司及红星电瓷公司和河北冀高电力公司合作项目，涉及金额3亿元。

【青年创新创业服务】 2017年，发放SYE免息贷款100万元，推动建成四川理工学院和四川卫生康复职业学院大学生创新创业俱乐部，举办青年创业促进协会“一带一路”青年创业分享会，建成全国首批青年创业就业信息技能培训中心，与台湾乡土文化青年协会共同举办海峡两岸青年文化创意交流峰会。

【青少年健康成长帮扶】 2017年，实施“情暖盐都”“快乐学校”等公益品牌活动，发放价值9万元的暖冬贫困学生爱心礼包。实施“我要上大学”项目，帮扶47名大学新生，资助金额21.4万元。创建“童伴之家”6所，建成“青年之家”76所。开展共青团与人大代表、政协委员“面对面”活动，办结预防青少年违法犯罪提案、意见建议各1个。6个县（区）预防青少年违法犯罪工作通过四川省综治委预防青少年违法犯罪专项组考核。

【共青团改革】 8月中旬，市委常委会审议通过并印发《自贡市共青团改革实施方案》，自贡市成为全省共青团系统最先出台改革方案的市州。乡镇团组织集中换届全面完成，新当选的团委书记全部为乡镇党委成员；市、县两级团委启动挂职团干部选任，9名挂职干部被选派到团组织工作；县（区）、乡（镇）团组织工作经费得到足额保障；市、区县青联和学联完成换届；初中毕业班团员与学生比控制到27.96%；探索启动“第三方评议”，推动建立多元化考核评价机制。截至2017年年底，16项改革任务全面完成，23项改革任务顺利推进，全市共青团改革攻坚工作获全省团内评比特等奖。

【组织队伍建设】 2017年，开展“学习总书记讲话、做合格共青团员”教育实践，全市4.7万名团员参与。市、县（区）团委专职干部全面完成团干教育必修课程，全年组织培训33场次，培训团干部2539人次。印发“三会两制一课”实施细则，规范团内组织生活。实行“一人一编号”，新发展团员7998人。指导6个市直属团组织完成换届工作，新增“两新”团组织70个。推进“1+100”改革任务，379名团干部直接联系2.29万名青年，开展线上线下互动活动5851次。是年，自流井区检察院未成年人刑事检察科被评定为“四川青年五四奖章集体”，四川盐业钻井大队钻井片区团支部被评定为“全国五四红旗团支部”，自贡职业技术学校林巧婧被评定为“全国优秀共青团员”。全年231名（个）优秀共青团员、团干部和团组织受省、市团委表彰，树立身边青年榜样人物（集体）50余个。

（团市委）

市妇联

【妇联组织改革】 2017年，推进全市四级妇联组织改革，编制《自贡市妇女联合会改革实施方案》，将15项改革举措细化为4大类26条改革任务，建立改革工作台账，并纳入内部目标考核体系。全市妇联组织改革方案提出“4533”改革目标：明确市、县、乡、村四级妇联改革方向，建立五项长效工作机制，创新工作“三化”建设和“有人干事，有钱办事，有阵地做事”三大保障。是年，重点推进村（社区）妇代会改建妇联、乡镇（街道）妇联区域化建设改革、下属事业单位改革等3项工作，市妇联改革领导小组多次召开专题会议研究部署。通过改革，重构妇联基层组织形态，夯实妇联组织基层基础。

【脱贫攻坚服务】 2017年，开展以“巾帼心向党，共建共享繁荣幸福新自贡”为主题的四大系列送温暖活动，整合各类资金240万余元，慰问困难群众2000余户，为750名贫困妇女每人送去价值150元的毛毯和春联；为183名“两癌”贫困妇女每人发放1万元救助金；为1000名贫困儿童每人送去价值400元的羽绒服，为150户贫困家庭每户送去价值100元的母亲邮包贴心包。引导非公有制经济人士为留守儿童捐赠羽绒衣1000件；“幸福使者·爱心企业”率长江商学院第28期深圳班学员为全市留守儿童专项捐赠20万元关爱基金。募集“春蕾计划”助学款28.64万元，帮助378名大、中、小学贫困学生完成新学年学业。整合企业、巾帼文明岗资源，“送产业、送技能、送健康、送科技教育、送家风家教”到沿滩区詹井村、贡井区白房村实施“精准”脱贫。

【项目建设】 2017年，市妇联对上争取项目资金211万元，争取省发改资金支持的100万元居家灵活就业基地储备项目2个、后备项目1个，启动300万元项目的筹备工作。争取省妇联妇女儿童项目7个，建立面向妇女儿童和家庭共性需求为导向的四大类重点项目库33个，其中，全国类3个，省妇联类7个，市本级类20个，社会公益类3个。审批实施区县妇联、高校、社会组织等项目20个（包括向社会发布的妇女儿童项目5个），探索妇联参与社会治理新路径。结合“百企联百村”行动，联合一家年产值3000万元的成衣加工企业，盘活村级闲置资源，整合120万元项目资金，建立自贡市妇女居家灵活就业2个缝纫基地（桥头和詹井）。接受非公经济人士捐赠20万元留守儿童专项关爱基金和价值40万元羽绒衣1000件。引进爱心企业上海越光医疗科技有限公司援赠价值650万元心脏检测项目1个。

【“双百计划”扶贫行动】 2017年，市妇联启动“百岗联百村”和“百企联百村”“双百”计划，动员100户企业、100个“巾帼文明岗”，到2020年完成100个村的结对帮扶工作。截至年底，整合资金306.93万元（其中公益捐款189万元），完成42个示范岗（企）村的帮扶结对工作。举办公益讲座122场，受益家长4200余人次；开展各类培训43场，培训968人次；新建彩灯制作、缝纫、手工缝织等5个居家灵活就业基地，解决贫困妇女和留守妇女就业460人。

【“好习惯、好风气”项目实施】 2017年，市妇联围绕脱贫攻坚和“四好村”创建任务，组建10支宣讲队伍，培训讲师180余人，举办线上线下“幸福使者·母亲课堂”1200余场，录制“科学家教走进田园农家”音频教材100期，建家风家教微课堂群105个，助力脱贫攻坚。在贡井区成佳镇友好村投入4万元实施脱贫攻坚和“两好进村、助力脱贫”项目。从精准帮扶户开始，将“两好”项目延伸到以友好村贫困妇女、留守儿童等为重点的全体村民，通过开展“五比五看”活动，培树一批“两好”示范家庭，在全村形成“孝老爱亲、自力更生、勤劳俭朴、诚实守法、团结友爱”的好风气，推进美丽宜居乡村建设。

【全国文明城市创建服务】 2017 年，市妇联继续实施“紫薇花家庭微公益”“新家园、新女性、新生活”“让爱回家·守护成长”等巾帼服务品牌，推动灵犀义工、紫薇家园社会服务中心等社会组织承接妇女儿童项目，壮大巾帼志愿服务队伍，为提升城市文化品质注入公益能量。是年，全市获全国“巾帼建功先进集体”1 个、“巾帼文明岗”3 个、“巾帼建功标兵”1 人；获省“巾帼文明岗”5 个、“巾帼建功标兵”3 人；获省“三八红旗手标兵”1 人、“三八红旗手”3 人、“三八红旗集体”2 个。开展微课家风进家庭，新建 105 个“家风家教微课堂”。开展有声家风进农户，录制“科学家教走进田园农家”的音频教材 100 期。开展廉洁家风进机关，引导机关干部重拾家规家训。开展文明家风到社区，1300 余所“家长学校”对学生家庭和社区形成全覆盖。开展“热爱生命·健康成长”公益巡讲 20 场，受众 5 万多人。市妇联完成创建全国文明城市牵头任务 6 项、配合任务 12 项、共性任务 23 项、机关创建任务 22 项；开展结对帮扶工作，在自流井区红旗乡大岩社区实施共创全国文明城市“新家园、新女性、新生活”项目，组织开展志愿服务活动 19 次，帮助社区粉刷墙壁、更新宣传栏等，累计投入社区帮扶资金近 4 万元；组织到自流井区红旗乡大岩社区、贡井区成佳镇友好村等开展道德讲堂 4 次，联系领导到基层创建全国文明城市“一线履责”26 次。

【巾帼志愿服务活动】 2017 年，市妇联推进在全国首创以家庭为单位的“紫薇花家庭微公益”志愿服务项目，拓展“巾帼志愿者家庭联盟”，完善组织架构、壮大志愿队伍、推广公益文明，引导社会组织发挥志愿作用。通过“带着孩子做公益”的“全家总动员”志愿服务模式，累计发展各类巾帼志愿者 1.1 万人（其中年内新增巾帼志愿者 1200 人），组织开展活动 910 多次，派出志愿者 4800 余人次，服务人群 1.45 万人次。建立富顺县、荣县 2 个巾帼志愿者服务支队，组织专题培训志愿者 100 余人。累计招募志愿者家庭 648 户共 3114 人。

【留守儿童关爱工作】 2017 年，市妇联举办第四届“让爱回家·守护成长——援助留守儿童父母返乡就业创业”招聘会，提供各类就业岗位 3257 个，约 3800 名求职者进场求职，现场达成就业意向 1021 人；发放家庭教育等相关资料近 2 万份，赠送学习用品 1500 套，通过搭建留守儿童家长创业就业信息库和家庭教育信息库“两个平台”，实施就业创业技能培训和家庭教育知识培训“两个培训”，实现为地方经济发展服务和引导农民工返乡减少儿童留守现象“两个目标”。走访慰问留守儿童、困境儿童 3568 人，赠送价值 28.6 万元慰问物资，营造“尊重儿童、关心儿童、支持儿童、儿童优先”的社会氛围。组织市心灵花园婚姻家庭教育咨询中心儿童心理学专家到富顺县狮市镇马安村开展为期 3 天的留守儿童心理素质训练营活动。

【“两纲”实施】 2017 年，市妇联将“两纲”工作纳入对各区县和成员单位的综合目标绩效考核体系，重新印发《关于调整市政府妇儿工委委员及办公室人员的通知》，充实妇儿工委成员单位，明确成员单位职能职责，落实“两纲”工作政府主体责任，推进“两纲”实施，全市妇女发展纲要 105 项主要目标达标 98 项，达标率 93.3%；全市儿童发展纲要 83 项主要目标全部达标，达标率 100%。指导区县妇儿工委加强自身建设，针对“两纲”重难点指标和问题开展专题调研。完成 2016 年启动的“成立市性别平等评估咨询委员会”组建任务，建立工作规程及工作意见等制度；建立性侵未成年被害人一站式保护机制；建立并完善反家暴联动工作机制。

【维权工作】 2017 年，依托全市村（社区）

"妇女之家"，健全市、区县、乡镇、村四级妇女维权网络，纵向围绕覆盖全市的"12338"维权热线，打造依法维权信息阵地，建立信息员队伍1500余人。探索推动婚姻家庭纠纷"三调联动"机制，协调司法行政机关落实婚姻家庭纠纷个案补贴。推动信访工作，化解矛盾纠纷，全年妇联系统接待信访307例，办理率100%，其中，市妇联接待信访117例，办理率100%；协调法律援助中心为26名妇女提供法律援助。争取"金甲虫"困难妇女儿童救助经费3000元，救助3人。向云南省某监狱女性服刑人员寄鼓励信2封，慰问受艾滋病影响的家庭10户。开展以《中华人民共和国反家庭暴力法》为主的维权普法宣传活动，组织开展2017年"巾帼维权大讲堂"之"以案说法到身边"专题系列讲座35场。推进"护佑天使·安全童行"女童防性侵项目，实施"儿童防性侵情景剧"项目，开展防性侵讲座、主题活动等36场，服务女童3000余人次，发放安全手册1800余本，完成问卷调查2204份，为63名高危女童落实安全陪伴服务。

【"三八"妇女维权周法治宣传活动】 2007年，市妇联以"反对家庭暴力"为主题，在第18个"三八"妇女维权宣传周期间，创新开展"1+1+6"法治宣传活动：推出1个由贡井区妇联自编自导自演的反家暴小品，各区县分别建立1支维权志愿者队伍，由市、区县法院、检察院和律师协会等相关部门精选6个典型案例进行解析，通过重点宣传的方式增加各相关部门、社会各界依法维护妇女儿童合法权益的意识。邀请法官、检察官、律师等具体案件承办者通过"以案说法"，为基层妇联组织开展妇女儿童维权工作提供指导，引导妇女依法维权。

【巾帼文明岗创建】 2017年，结合"巾帼创新创业建功'十三五'"主题，组织开展"巾帼建功""巾帼文明岗""巾帼创业就业基地"创建活动，其中，市第四人民医院健康管理中心、富顺县地方税务局第一税务所、沿滩新城区龙湖远达社区等3个单位被授予"全国巾帼文明岗"称号；市第一人民医院科研科主任叶秋棠被授予"全国巾帼建功标兵"称号；市妇幼保健院被授予"全国巾帼建功先进集体"称号；全市获省级巾帼文明岗5个、省级巾帼建功标兵3人，新创"自贡市巾帼文明岗"47个。拓展深化"巾帼文明岗"创建活动，推动城乡妇女结对共建。利用互联网+，培育女性电商，发掘、培育、树立产业升级和产业融合发展的女性典型。

【家庭教育工作】 2017年，开展"向幸福出发——寻找最美家庭 共筑幸福家园"系列主题活动，重点组织"传家风家训·创最美家庭"文明家庭创建活动、幸福使者"母亲课堂"宣讲系列活动和全市家庭文化作品推荐评选活动；开展微课家风进家庭、有声家风进农户、廉洁家风进机关和文明家风到社区活动。

【寻找"最美家庭"活动】 2017年，市妇联联合市委宣传部、市文明办、市网信办在全市开展以"家风力量·幸福守望"为主题的"向幸福出发"——寻找"最美家庭"活动，全市共推荐132户家庭参选"孝爱和乐、亲善教子、勤俭自强、扶贫助困、清廉敬业、绿色洁美"等6大类自贡市"最美家庭"，其中60户被当选"最美家庭"。推荐7户参加省"最美家庭"评选，其中，曾道珍、王典华家庭被评为四川省"最美家庭"，4户家庭获省"最美家庭"提名。

【现代媒体宣传网络建设】 2017年，市妇联积极"一微一网一平台"建设，打造"互联网+妇联"模式。"一微一网一平台"新媒体网络平台，"紫薇花开"微信公众号、自贡妇女网、自贡志愿服务网初步形成，全年发布信息650条，编发"巾帼心向党 家风故事汇"等系列原创工作信息105条。四区两县妇联均开通微信公众号，初步建成各类QQ群、微信群、妇联通工作群等各类联系群300余个，妇联通入驻人员1154人。

【干部队伍建设】 2017年，召开市妇联十二届执委六次、七次会议，进行替补执委、增补常委选举工作，新当选执委2人、常委1人、副主席1人。推进"会改联""区域化"建设改革工作，村（社区）妇联执委达1.4万人，乡镇（街道）妇联执委达2700人，解决基层妇联人员短缺问题。选送妇女干部参加省妇联各类培训班20余人次。开展妇联干部履职能力培训，实现市、县、乡、村四级妇联主席培训全覆盖，培训人数1445人。开展"争做幸福使者素质提升月"主题活动，联合市委党校举办2017年"幸福使者"乡镇（街道）妇联主席 2 期培训班、村（社区）妇联主席履职能力培训班，培训乡镇（街道）、村（社区）妇联主席 210 人。印发《关于选派基层优秀女干部上挂锻炼的通知》，选派 5 名优秀女干部到市妇联挂职锻炼，打造“专兼挂”妇联干部队伍，搭建女干部成长成才平台。

【妇联组织建设】 截至 2017 年 3 月，全市 1328 个村（社区）完成“会改联”任务。市妇联与复旦大学智库合作开展《基于制度性扩容的组织创新——“会改联”与基层妇联改革的研究》课题项目，印发《关于全面推进村（社区）妇联组织健康有序发展的实施意见》，全市统一印制《村（社区）妇联工作手册》，创建示范“妇女之家”，确保村（社区）妇联持续健康发展。探索“区域化”改革重构乡镇妇联工作模式，落实乡镇（街道）妇联主席进党委、政府班子制度，全市统一编印“区域化”改革《工作流程》，建立区域化妇联工作联席会议制度和轮值主席制度，开启组织联建、人员联管、活动联办的跨区域合作妇联工作新模式。截至年底，全市 108 个乡镇（街道）区域化改革任务基本完成。创新方式建妇联填补组织覆盖盲区，在自贡市灵犀义工联合会和自贡市灯彩集团建立 2 个新型妇女组织。发挥妇联组织“枢纽型”作用，新孵化 2 个服务妇女儿童及家庭的社会组织，搭建“幸福使者公益平台”，探索“1 +2 +5 + N”女性社会组织培育模式，全市 13 家核心社会组织入驻，组建 5 支家庭公益支队，提升社会组织服务妇女儿童和家庭的能力。

（杨璐瑶）

市科协

【《全民科学素质行动计划纲要》推动实施】 1 月，启动中国流动科技馆四川巡展——自贡沿滩站（大安、自流井、高新区）、富顺站巡展活动，体验参观的学生及群众 21.6 万余人次。5 月，召开自贡市全民科学素质行动计划纲要工作联席会，总结 2015 年工作，安排部署 2016 年工作。7 月，起草、报审《全民科学素质行动计划纲要实施方案（2016—2020）》，以自府办发〔2017〕60 号文印发。市科协牵头开展《全民科学素质行动计划纲要》实施情况督查。推动科普基地共建共享，在全国科普日活动期间免费或优惠向市民开放 4 家科普教育基地。推动科普基础设施建设，新建成科普 e 站 35 个。

【青少年科技创新大赛】 1—2 月，市第 32 届青少年科技创新大赛举行。全市 76 所学校 13.2 万多名学生参赛，报市参赛作品 1276 项，评选各类奖项 418 项。市科协牵头推荐 70 项科技创新作品参加省级大赛，其中获省级一等奖 10 项、二等奖 15 项、三等奖 24 项，1 项科技创意作品获科技之星奖，1 项科技教师作品获四川省科协主席奖，1 名科技教师获全省“十佳优秀科技辅导员”称号，入围全国大赛作品 7 项，创 10 年中获省级一等奖和入围全国大赛最好成绩。在 8 月举行的全国青少年科技创新大赛中，自贡市获全国一等奖 1 项、二等奖 1 项、三等奖 3 项、优秀奖 1 项。

【学术交流和研讨活动】 4 月，开展市科协系统 2016 年度优秀学术活动和学术期刊、科技社团评选，收到 13 个企事业科协、学会申报的学术活动 29 项、学术期刊 8 个，评出优秀科技社团 12 个，优秀学术活动二类奖补 5 个、三类奖补 12 个、优秀奖补 12 个，优秀学术期刊一类奖补 1 个、二类奖补 3 个、三类奖补 4 个。其中，中昊黑元化工研究设计院有限公司申报的学术活动《2016 年中国炭黑展望会》获二类奖补活动。围绕“推动振兴发展、决胜全面小康”主题，开展不同层次、不同形式的学术活动 150 余次。

【“金桥工程”项目实施】 4—6 月，组织各市级学会、企事业科协和区县科协申报“金桥工程”项目，确立《高温型氟橡胶耐磨涂料的研发与应用》等 11 个项目为市级重点“金桥工程”项目，报送省级“金桥工程”项目 9 个，均被省科协立项。全年完成“金桥工程”项目 12 个，年创产值 1.50 亿元，年增利润 2062 万元，年增税收 1374.11 万元。

【院士（专家）工作站建设】 5 月，在全市人才工作会上，市领导为自贡市第五批院士（专家）工作站（东方电气集团东方锅炉股份有限公司、四川大农和农业开发有限公司）进行授牌。9 月，推荐指导东方电气集团东方锅炉股份有限公司等3家单位申报省级院士（专家）工作站，推荐指导四川川润股份有限公司申报全国示范院士（专家）工作站。11月，市科协与市委组织部联合印发《自贡市院士（专家）工作站建站资助资金实施细则（试行）》。12月，开展自贡市第六批院士（专家）工作站评审工作，四川自贡驰宇盐品有限公司、四川健能制药有限公司等2家企业被确定为自贡市第六批院士（专家）工作站建站单位。

【首届“全国科技工作者日”活动】 5月，市科协组织开展首届“全国科技工作者日”活动。通过报纸、电视台等媒体及电子显示屏、科普宣传栏等载体开展宣传，营造氛围；组织935人参加健康体检；组织召开“全国科技工作者日”座谈会，全市四区两县（含高新区）的科协干部代表、部分科技工作者代表参加座谈会。

【科技信息服务站建设】 8月，在汇东大酒店举办2017年自贡市专利应用工程师培训会，有82家企业153名科技人员参加培训，其中企业高管人员78人。在全省率先完成信息服务站建设任务，全年新增注册80家企业，培育新增企业转化应用科技信息典型案例5个。

【自贡“全国科普日活动”启动仪式】 9月，以“创新驱动发展，科学破除愚昧”为主题的自贡市2017年全国科普日活动启动仪式和以“体验、创新、成长”为主题的自贡市第32届青少年科技创新大赛颁奖仪式在蜀光绿盛实验学校举行。仪式上，通报市第32届青少年科技创新大赛活动情况和全市科普活动日活动安排，宣读“自贡市第32届青少年科技创新大赛获奖名单”；向获市第32届青少年科技创新大赛一等奖的部分代表（20个项目、29名学生）颁发获奖证书，获奖学生和相关辅导员教师作交流发言。

【市第12届青少年科技创新“市长奖”颁奖仪式】 12月，在四川理工学院举行市第12届青少年科技创新“市长奖”颁奖仪式。副市长李世宏向获该届青少年科技创新市长奖的13名同学颁发获奖证书和奖金，向胡敬民等教师颁发“自贡市青少年科技创新优秀科技辅导员”证书，向富顺县华英实验学校等颁发“自贡市青少年科技创新优秀学校”奖牌；向蜀光中学等7所学校授予“自贡市首批创新拔尖人才培养基地”牌匾。颁奖仪式后，举办青少年科技创新大赛培训。

【“基层科普行动计划”实施】 12月，完成“基层科普行动计划”项目申报，争取省科普经费80万元，争取省级“基层科普行动计划”项目8个，获奖补资金64万元；争取国家“基层科普行动计划”项目14个，获奖补资金100万元。举办全市第二届农村乡土人才创新创业大赛，评选推荐5名优胜者参加省级大赛。推动科普基础设施建设，全年建成乡镇、街道不锈钢标准科普画廊和电子显示屏30个，建成“银会合作”金融服务站4个。

【“银会合作”】 12月，组织全市农技协会完成2017年度自贡市“银会合作”贴息项目计划申报工作，年内发放“银会合作”贷款1809笔，发放贷款1.25亿元，市科协为农技协会贴息21万元。

【精准扶贫工作】 12月，推动科技助力精准扶贫工作，全市科协系统完成农村实用技术培训20场，建成“银会合作”服务站4个，助力424人脱贫。开展“扶贫日”系列活动和节日走访慰问活动，向4户结对帮扶户赠送慰问金及物品价值1.88万元。

（陈智英）

市侨联

【侨联系统改革】 8月18日，市委办公室印发《自贡市侨联改革实施方案》，方案含总体要求、强化职能任务、创新工作方式、优化组织设置、加强组织领导等5个部分21条。9月15日，召开自贡市侨联改革动员会，全面启动各改革事项，制定方案推进落实台账，明确改革时限、落实改革责任。

【引资引智引才工作】 2017年春节前夕，召开由美国中餐联盟密西根分会会长钟富华、美国晶相光电资深研发总监李正宇、加拿大蒙特利尔中华文化艺术基金会主席黄显淑、澳大利亚四川商会副会长王敏等自贡籍知名侨胞参加的座谈交流会，搭建招商引资平台。4月，协调组织市灯彩集团等5家彩灯、仿生恐龙企业参加2017中阿经贸文化交流峰会，推动自贡参与“一带一路”建设。5月，制作“盐帮锦府”宣传展板参加芝加哥国际餐饮博览会会展，宣传自贡高新产业、美食和侨企风采。8月，协调将自贡彩灯文化引入美国波特兰和加拿大温哥华，助力自贡企业“走出去”。

【重大节日联络联谊活动】 1月17日，组织市五侨部门、基层侨联、区县外事侨务旅游局、侨商协会、海外侨胞及归侨侨眷代表60余人参加“携手并进、迎战鸡年——自贡侨联迎春座谈会”。3月，组织侨界代表参加“团结杯”2017自贡市统战系统大众体育运动会。5月，组织归侨侨眷、侨企代表同到市的广东省梅州市外事侨务局考察团一行开展“共促两地发展——梅州·自贡端午联谊座谈会”活动，建立两地友好协作。9月，邀请自贡市精神卫生中心主任谭友果举办“喜迎国庆中秋·关注侨界人士心理健康知识讲座”，进一步凝聚侨界力量，助推自贡发展。

【开展亲情中华活动】 7月2日，市侨联会同市外事侨务局开展2017海外华裔青少年“中国寻根之旅”夏令营四川营自贡行活动，协调组织美国、加拿大、瑞典、西班牙、葡萄牙和尼泊尔等6个国家的120名华裔青少年参观恐龙馆、桑海井、海天集团并绘制彩灯，让华裔青少年感受自贡“盐龙灯”文化魅力。7月，组织参加第十八届世界华人学生作文大赛，自贡10名中小学生获奖。3—12月，富顺县侨联举办第二届“侨之光”文化艺术作品邀请展暨“凝聚侨心·情系富顺”为主题的征文活动，向广大归侨侨眷、海外侨胞等征集书法、美术、摄影作品以弘扬中华传统文化，展示侨界文化风采。

【侨界扶贫攻坚关爱活动】 2017年春节前，慰问重点和贫困归侨侨眷18户，发放慰问金和慰问品1万余元。4月25日，富顺县侨联组织县城区优秀骨干教师到飞龙镇九年制学校举行“关注农村教育，侨心送教进镇乡”活动，提升农村教育教学水平。5月，富顺县侨联在板桥镇贫困村——张坝村建立《显淑侨心书屋》，该书屋是富顺县侨联发动侨胞捐资在农村等基层建立的第5家侨心书屋，该做法被中国侨网刊载报道。同月，向省侨联申报“侨爱心暖心包”和“侨爱心助孤计划”项目，对全市20名贫困学生和7名贫困孤儿进行华侨华人结对助学帮扶。侨商协会会员企业自贡胥机农业开发有限公司围绕培育贫困户发展产业，探索“政府+金融机构+公司+专业合作社+贫困农户”及“公司+基地+贫困农户”产业扶贫模式，带动沿滩区瓦市镇刘山村等3个贫困村297名贫困农户实现产业脱贫，该做法被自贡电视台专题报道。

【归侨侨眷合法权益维护】 2017年，推荐自贡市品冠律师事务所、自贡市泰逸律师事务所各1名侨界律师当选四川省侨联法律顾问委员会委员。在自贡市品冠律师事务所建立“为侨法律服务站”，为归侨侨眷提供法律咨询和服务。

（市侨联）

市文联

【“深入生活、扎根人民”主题文艺实践活动】 2017年，继续开展“深入生活、扎根人民”主题实践活动，组织337名文艺工作者在基层乡镇、文化站、社区、贫困村、学校、军警营和企事业单位等96个联系点开展艺术知识普及、文艺志愿服务、艺术人才辅导、文艺惠民演出、文学作品研讨和创作交流采风等活动260余次。其中，围绕迎接中共十九大胜利召开、建军90周年、元旦、春节、“五一”“六一”、中秋、国庆等重要节点和“文明新盐都·快乐自贡人”主题，开展“情暖盐都”送文化下乡惠民演出和写春联、送“福”字等惠民活动210余场次，观众参与30余万人，送字画春联5000余幅、拍摄“全家福”照片近400张。开展“川南文艺风——川南首届戏剧季”及四市文艺家“重走革命老区 体验僰苗风情”文学摄影采风和摄影培训等活动；市作协、市美协、市书协、市民协、市诗词学会等组织艺术家到沿滩区邓关镇高石村、富顺县狮市镇马安村等农村基层一线采风创作30余次；开展书画、戏剧、舞蹈培训进校园进社区进机关辅导培训60余次。

【文艺惠民扶贫】 2017年，确定大安区团结镇朝天寺村等10个贫困村为文艺惠民扶贫联系点，组织10个文艺家协会和3个区县文联到贫困村开展文艺惠民扶贫工作。全年开展“文艺惠民扶贫”专场文艺演出12场，文艺辅导培训23次，文艺创作采风活动26次，写春联送福字3次，其中，送字画春联600余幅，拍摄“全家福”照片30余套。

【文艺创作】 组织2017年度重大文艺创作项目的立项和实施，有5项作品入选，分别是“自贡市重大历史题材美术创作工程（2017年度）”、川剧《惊蛰》、四川竹琴《盐都壮美图》、自贡当代画家评传《艺苑风流》、电影《江姐的童年》，4件作品完成创作，其中《惊蛰》剧本通过国家艺术基金2018年度大型舞台剧资助项目的申报初审。全年获省级以上奖励或入选省级以上展览、在省级以上刊物发表作品120余件，涉及80余人次。其中，川剧《还我河山》获第14届四川省精神文明“五个一工程”优秀奖；歌剧《盐神》入选文化部中国民族歌剧重点扶持剧目，并参加第3届中国歌剧节演出；版画《寻找系列二三四》《桌面上的风景》分获第6届中国·观澜国际版画双年展优秀作品奖和入围奖（全国仅13件），《生态物语系列之蚁族》入选第22届全国版画作品展，《雄关漫道》入选第3届“朝圣敦煌”全国美术作品展，《一溪寒水入禅林》入选第3届全国山水画作品展，《幽鸟戏新篁》获第3届“群星璀璨”四川省群文美术书法摄影优秀作品展三等奖，《丰碑》入选“庆祝建军90周年”全国美术作品展，《和风三月》入选庆祝中共十九大胜利召开四川省美术书法摄影主题展，《心里装着老百姓》《回家过年》《怕羞》《喜出望外》发表于人民日报；小说《快乐欢欢》《象棋的故事》发表于《少年文艺》，小说《寻银诀》发表于《今古传奇·故事版》，诗歌《我所珍爱的海南》《听风》《一天说长也长》发表于《诗刊》，诗歌《方言里的故乡》《诗瘾症》《涟》《树下的蔷薇》发表于《星星诗刊》，文艺评论《新诗创作中的海洋意象与海洋元素》发表于《诗刊》，并被省文联作为优秀作品推荐参加第2届“啄木鸟杯”评选；《庞居士诗帖》入选全国第2届书法临帖作品展，书法《行书对联》《陆游冬夜读书示子聿》获第4届中国廉政文化书画展——习近平引经据典主题展优秀作品奖，书法《荆轲刺秦王》《广川书跋》分获第3届“群星璀璨”四川省群文美术书法摄影优秀作品展二等奖、三等奖，《云绕桥横对联》入选全国第8届楹联书法作品展，《行草书》获“向钢铁长城致敬——纪念中国人民解放军建军90周年”四川美术书法作品展优秀奖，《余代田山村新貌》入展“庆祝党的十九大胜利召开”四川省美术书法摄影主题展，硬笔书法《书论》入选第3届全国大书法艺术册页手卷大赛，《行草书论》《三都赋》《姜夔词抄》入选全国第3届硬笔书法家作品展览；儿歌《幸福歌儿天天唱》获“第4届全国少儿歌曲创作”二等奖，音乐《故乡》《美丽的紫薇花》《盐都城中瀑布》《中国主旋律，中国梦》《盐都扎染姑娘》发表于《中国乐坛》；舞蹈《幸福小院》获四川省第4届舞蹈新作比赛创作一等奖、表演二等奖；微电影《此间少年》获全国“第2届平安中国微电影微视频大赛”最佳微电影和优秀编剧奖，《寻找叶竹儿》获2017年中国国际女性微电影年度大展入围奖，电影剧本《纸魂》获“大地魂杯”全国闪小说、微电影、微电视剧本征文活动一等奖，电影《盐马帮》在“爱奇艺”全网播放；杂技《父亲》获四川省第3届“曲艺、杂技、木偶、皮影”比赛二等奖；摄影《深秋寒夜》《山乡春色》入选第5届希腊国际摄影四地巡回展，《山神》入选“水韵江南 醉美凤县”全国摄影作品展，《工地之夜》入选首届鄱阳湖候鸟全国摄影大展；民间文艺《农家乐》《古镇遗风》《山居图》《荷》《梦境》《彩林中的小鸟》入选四川首届漆艺精品展。

【品牌文化和主题性文艺活动】 2017年，持续打造“自贡文化艺术讲坛”等10项品牌文化活动。举办自贡文化艺术讲坛和自贡市文化艺术公开课8场；举办“第8届翰墨缘·自贡情四川省工笔画名家邀请展”“川南四市—南京书画作品邀请展”“四川水彩—德阳·自贡水彩画联展”“汕头、自贡、遂宁书画印联展”“第5届中国彩灯创意设计作品展”“第8届书法篆刻作品展”等大型艺术展览28次，南湖艺术展厅接待参观群众15万多人次；举办第4届诗歌散文朗诵大赛暨2017年“中秋诗会”“自贡市第5届原创音乐会”和“川南文艺风”——川南四市创作采风交流活动。举办主题性文艺活动，市文联与自流井区委宣传部联合开展“纪念卢德铭牺牲90周年系列活动”，与市纪委联合开展“翰墨话清廉”书画创作暨警示教育基地文化共建；配合市农工委开展自贡市脱贫攻坚摄影大赛，配合市司法局开展“以案说法进社区（乡村）活动”“法润盐都·法治文艺进万家”活动。

【文艺创作激励扶持机制】 2017年，市文联联合市委宣传部、市财政局、市文广新局等单位出台《关于加强文艺社团建设的意见》《自贡市优秀文艺作品扶持办法（试行）》和《自贡市政府购买文艺产品和服务实施方案（试行）》等文件，建立优秀文艺作品创作、优秀文艺人才激励的长效机制，该经验得到省文联主要领导肯定，并要求在《四川文艺报》分2期向全省推介。

【刊物与网站建设】 2017年，编辑出版《蜀南文学》4期，推出新人新作421篇。完善“自贡文艺网”、市文联政务微博、微信，适时反映全市文艺界文化惠民、展厅展览、文化讲坛和品牌活动等工作动态。自贡文艺网全年发布信息270条（四川文艺网采用31条，《四川文艺报》采用6条）。

【队伍建设】 2017年，开展市级文艺家协（学）会年度考核评定工作。自贡市硬笔书法家协会被中国硬笔书法家协会评为全国优秀团体，自贡市美术家协会被省美术家协会授予先进集体称号，富顺县作家协会被四川省作协评为先进集体荣誉称号。选送40余名文联领导干部和艺术家参加中国文联、省文联组织的培训。全年新增国家级文联会员1人，省级文联会员20人。张跃进、李轶荣获省文联2017百家“推优工程”优秀艺术家称号。张学礼、黄忠诚被中国硬笔书法家协会评为全国先进个人，欧勇、牛杰、赵霞被省美术家协会评为先进个人。开展为期2个月的新文艺组织调研工作，形成《自贡市新文艺组织、新文艺群体和聚落的生存发展情况》的调研报告并报送省文联。

【开展首届中国民间花灯精品展初评】 2017年，为扩大自贡民间花灯影响，市文联与中国民协和四川省文联共同举办“首届中国民间花灯精品展”暨“第十四届山花奖·优秀民间工艺美术作品”初评活动，并得到省文联30万元资金支持，实现向省文联争取资金零的突破。

（罗先荣）

市残联

【残疾人民生工程】 2017年，为5591名贫困残疾人适配基本辅助器具，超年度目标任务44.66%；为3.03万名重度残疾人发放护理补贴，超年度目标任务39.7%；帮助3.02万名城乡残疾人实现居家灵活就业，超年度目标任务35.79%；为594户贫困残疾人家庭实施无障碍改造，超年度目标任务18.8%；为5532名农村贫困残疾人实施扶贫解困，超年度目标任务 27.32%；为 217 名贫困家庭脑瘫儿童实施康复救助，超年度目标任务 3.33%；为 43 名重度听力残疾儿童实施康复救助，完成率 100%。落实“向持有第二代‘残疾人证’的低保对象发放困难残疾人生活补贴”政策，将补贴标准从 70 元/月提高到 80 元/月，全年向 2.98 万人发放补贴 2863 万元。

【“量体裁衣”式残疾人服务】 2017 年，“量服”平台累计录入残疾人 11.78 万人，其中，持证残疾人 8.40 万人。持证残疾人落实覆盖率 99.42%，“量服”手持终端录入率 100%，“量服”自助业务办理率 92.09%，残疾人监督评价率 91.89%，各项残疾人工作任务全面完成。

【残疾人康复工作】 2017 年，推进市残疾人康复中心建设，主体工程于 9 月 5 日封顶。出台《自贡市特殊人群患者医疗优惠实施意见》，对享受低保和一、二级残疾人就医给予检查费、治疗费、手术费等优惠。组织各类康复人才培训 47 人次。完成免费贫困白内障患者复明手术 540 例；为 752 名贫困精神病患者提供医疗救助（提供免费服药 707 人，提供住院医疗救助 45 人）；为 189 名 7 岁以下智残儿童提供康复训练；为 35 名 7 岁以下孤独症儿童提供康复训练；为 20 名 0～6 岁智残、脑瘫儿童提供康复救助；组织开展第 18 次“全国爱耳日”和首次全国“残疾预防日”宣传教育活动。

【残疾人教育】 2017 年，市残联与市大学中专招生委员会、市教育体育局联合出台《自贡市初中学业考试残疾考生考试管理规定（暂行）》，帮助残疾学生和困难残疾人子女入学，全年投入 40.4 万元对 134 名学生进行资助。调整特殊教育学校就读残疾困难学生生活补贴标准，全年为 722 名学生发放补贴资金 288.8 万元。

【残疾人就业】 2017 年，举办残疾人种养殖技术培训班 7 期和残疾人电子商务职业技能培训班 1 期；开展就业援助月活动，464 名援助对象获得就业岗位，666 名残疾人享受专项扶持政策；推荐 6 名残疾人手工艺从业者参加四川省“精准对接·助残脱贫”残疾人手工艺品大赛暨展销洽谈会，自流井区蛋雕手工艺者陈英的“蛋雕熊猫”获最具市场潜力奖；落实全市用人单位按比例安置残疾人就业认证工作，市残联协助税务部门征收残保金；制定《自贡市残疾人居家托养服务实施办法》《自贡市残疾人“双创”示范基地扶持办法》，命名市级残疾人“双创”示范基地 11 个。

【残疾人扶贫】 2017 年，开展“残疾人温暖万家行”活动，慰问贫困残疾人和残疾人专职委员共 4000 余人。发放残疾人扶贫对象生活费补贴 1152 人次，发放资金 113.63 万元；制定《自贡市残疾人特殊困难临时救助办法（试行）》，3 名困难残疾人获市级临时救助。市委书记李刚、副市长鲜光鹏分别带队看望慰问富顺县特殊教育学校残疾儿童和走访慰问高新区红旗乡大湾社区贫困残疾人。

【残疾人体育文化】 11 月 21—22 日，举办自贡市第二十届残疾人“志坚杯”运动会。自贡籍运动员刘法科在 4 月举行的全国硬地滚球锦标赛中获双打冠军，射击残疾运动员张玉在 5 月举行的全国残疾人射击锦标赛中获 1 金、5 银；举办“推进残疾预防、健康成就小康”残疾人文艺演出和自贡市第二届残疾人“我的梦”演讲比赛。组织编排以全国自强模范、自贡市残联副主席胡林为原型的大型情景剧《空袖丹青》，推荐 4 名残疾人分别参加第二届“阿炳杯”全国盲人器乐独奏大赛和“书香承载梦想，阅读点亮人生”全国优秀盲人读者读书交流活动。市残联与市教育体育局联合发起“爱心图书进校园·我为孩子捐套书”募捐活动，筹集善款 6.16 万元，购置《关爱青少年成长系列丛书》6694 册。

【残疾人家庭医生签约服务】 5 月 21 日，市残联与市卫生计生委联合举行“自贡市残疾人家庭医生签约服务启动仪式”。是年，全市 8 万余名残疾人与家庭医生签订“一对一”服务协议，其中，持证残疾人签约率 93.19%。

（市残联）

市红十字会

【“博爱送万家”活动】 2017年，组织红十字志愿者到儿童福利院、贫困村等开展送温暖活动，共投入资金15.88万元，其中，市红十字会投入资金4.74万元（2.8万元用于购买大米、菜油等物资；1.94万元用于现金慰问），区（县）红十字会投入资金3.15万元，省红十字会下拨物资7.99万元。送温暖活动中，受益家庭户607户，受益群众1627人。

【“三献”工作】 5月12日，市红十字会联合市卫生计生委在华商国际城举办“‘5·8’世界红十字日”活动，倡议社会各界关心关注白血病儿童，普及白血病知识，倡导造血干细胞捐献。全年遗体器官捐献登记新增16人，实现遗体捐献2例、眼角膜2例、肾脏捐献1例；造血干细胞血样入库新增383份。

【救护培训】 2017年，市红十字会联合市安监局开展安全社区创建工作，组织人员到14个乡镇开展急救员专题培训，参训人员1700余人，1326人获急救员证书。全年普及救护培训7000余人次。

【救助工作】 2017年，为15名患儿争取45万元小天使专项救助金，为2名大病求助者争取1.5万元人道救助金；向部分白血病和先天性心脏病儿童赠送“六一”大礼包，进学校开展“献爱心、促健康”关爱活动。向中国红十字会总会和红十字基金会争取救灾物资22.9万元，帮助“7·5”强降雨受灾群众。

【志愿服务工作】 5月8日，成立自贡市红十字志愿服务队并举行授旗仪式。全年到社区、农村开展志愿宣传活动35次，累计服务工时800余小时。邀请省红十字会专家对60名参加自贡市首届国际马拉松赛事服务的红十字志愿者开展应急救护专题培训，通过贴近实战、练训结合，提高志愿者急救意识和现场急救能力。

（廖其发）

市社科联

【课题规划立项】 2017年，制定并发布《自贡市哲学社会科学研究2017年规划课题指南》，全市各单位申报近100项课题，经专家评审、论证，确定《川南城市群一体化发展背景下的自贡战略定位及其支撑体系构建》《吴玉章精神深入开发与利用研究——自贡市党员干部教育为例》等10个重大课题和《自贡市脱贫攻坚相关问题研究》《自贡加快建设老工业城市转型升级示范区路径研究》等22个重点课题进行立项研究，每个立项研究课题给予资助2000元～6000元课题经费。全年各区县、各学会开展重点课题研究近200项。

【成果评奖与阵地建设】 2017年，组织自贡市第十六次社科优秀成果评选，其中，一等奖3项，二等奖8项，三等奖39项。拓展会刊《社科天地》办刊思路、提升学术品质，全年刊登文章110余篇；改版自贡市社科联网站，开通自贡市社科联微信公众号。

【社科普及工作】 2017年，市社科联与市委宣传部联合命名市精神卫生中心“社会群体心理健康科普基地”、市“图书馆社科普及基地”等7家单位为自贡市“社会科学普及示范基地”。全年先后组织30多个学术团体的100多名专家和社科工作者到荣县长山镇、自流井区仲权镇等乡镇开展咨询服务活动，接受群众咨询1000多人次，免费义诊100多人次。全市社科类各学会开展培训活动和举办讲座200余次；上街、下乡开展科普咨询活动200多次；接受服务的群众近3万人次。发放社科宣传资料30多万份。四川省盐文化科普基地、自贡市知识产权教育普及基地、自贡市群众钢琴文化普及基地全年为老人、留守儿童、监狱人员等开设讲座60余次。社会群体心理健康科普基地在2016—2017年开展点对点健康教育讲座195场，举办社会公益讲座23次。先后组织“自贡市学习十九大精神理论研讨会”“自贡市社科普及工作经验交流会”。组织全市社科学会和省市科普基地开展《文明自贡共同建，社区文明我带头》《人像摄影知识》《中国梦·青春梦》《小学生谜语知识》《摄影后期制作》等公益讲座上百场，受众3万余人。

【交流学习】 9月24日至30日，组织52名社科理论骨干参加“中山大学——自贡理论社科骨干培训班”，提高全市社科干部的宣传文化理论素养和实际工作能力。10月10日至16日，组织全市6区县社科联负责人到眉山、绵阳、成都、沈阳、杭州学习考察，其间召开5场座谈会，参观考察8个社科普及基地，并在社科研究、人文讲坛、社科工作宣传、规划评奖、科普活动、基地建设等方面与5市社科联工作者进行交流。11月27日至28日，组织全市社科工作者11人到宜宾市南溪区参加全省基层社科组织学习贯彻中共十九大精神培训班。

（李 兰）

市消费者协会

【维权体系建设】 2017年，市消费者权益保护委员会牵头建立22个市级部门参与的消费者权益保护工作局际联席会议制度，整合消费维权社会资源，推动社会共治。开发消费维权协同工作平台，实现接听分流、跟踪、督办全方位的维权网络体系，提高维权效率。在全省率先完成“12315”指挥中心升级改造，实现市工商局、区县工商局、工商所及维权站点四方视频调解通话、基层工商干部维权前沿通过执法记录仪实时传输现场情况等十大功能。

【维权成效】 2017年，市“12315”指挥中心被国家工商总局列入全国90个工商和市场监管部门“12315”工作联系点之一（四川仅3个单位入选），市创建全国文明城市办将指挥中心确定为“创文”政务示范窗口，市“12315”调解室被市矛盾纠纷多元化解工作领导小组办公室评为自贡市“十佳品牌调解室”。是年，市“12315”指挥中心接听来电9725件，其中，咨询7736件、投诉1774件、举报215件。全市各级消费维权组织受理消费投诉2127件，调解成功2084件，成功率98%，为消费者挽回经济损失315万元。对消费者投诉举报办结情况实施回访，回访率51%。

（洪 波）

市关工委

【落实《四川省关心下一代工作委员会工作规则》】 5月，市委办、市政府办联合印发《自贡市贯彻落实〈四川省关心下一代工作委员会工作规则〉的实施意见》（自委办〔2017〕17号），重点解决基层工作中存在的实际问题。其中，市委编办印发调整市关工委办公室机构编制的文件，增设团市委副书记1名并兼任市关工委办公室主任，增设1名市关工委办公室副主任，增加2名行政编制从事关工委办公室工作；落实市关工委办公室搬迁经费和新的办公用房、办公设备，市委、市政府的重要文件发至市关工委，重要会议通知市关工委参加等；富顺县委全年落实关工委工作经费40万元，将关心下一代工作纳入县党政综合目标考核；荣县县委对县各级关工委工作经费的“三个三”标准进行保障，县关工委领导班子调整后形成梯次配备；自流井区印发《自流井区贯彻落实〈四川省关心下一代工作委员会工作规则〉的实施办法》；贡井区落实乡镇关工委工作经费和“五老”差旅费；大安区、沿滩区解决基层“五老”的工作补贴等问题；市教育体育局党组多次召开现场会推进系统关工委工作，区县教育部门关工委和全市有法人资格的中小学校全部建立关工委并落实“三有”。省关工委执行主任张中伟一行就自贡市贯彻省《关心下一代工作委员会工作规则》进行调研并给予肯定。

【育人铸魂工作】 2017年，全市各级关工委开展育人铸魂工作，通过组织“两史”宣讲、观看爱国电影、参观爱国主义教育基地、举办纪念江姐英勇就义68周年文艺汇演等活动，引导青少年了解历史，爱党爱家乡。全年各级关工委开展各类宣讲报告近900场次，受教育青少年近15万人。推进社会主义核心价值观融入法治建设，围绕作风建设、法治宣传、基层治理、难题破解、督查督办和形象提升“六大专项行动”，强化对青少年的教育疏导、帮扶救助、权益维护等法治宣传教育。市关工委法治教育团依托市职业技术学院建立青少年法治关爱基地。组织2000余名青少年开展“绿色发展，健康成长”夏令营活动，围绕绿色发展主题开展社会主义核心价值观教育、党史国史教育、环保理念教育及各类实践体验活动。是年，全市700余名“五老”网吧义务监督员对全市近300所网吧开展监督检查1万余人次，帮教违规上网未成年人500余人次。全市各级关工委发挥家长学校、四点半课堂、校外辅导站作用，开展青少年家庭教育。市关工委组织家庭教育专家编写《家庭教育实用读本》，为开展家庭教育提供指南；荣县关工委注重家庭、家教、家德、家风教育，联合有关单位举办《传承优良家风，做时代好少年》庆“六一”广场文化活动暨艺术展演，现场观众3000余人。

【脱贫助困工作】 2017年，印发《关于加强关爱帮扶“五失”青少年工作的意见》，截至年底累计帮教“五失”青少年4644人，占2014年确定的3年帮扶任务总数的86.27%。全市各级关工委与民政、公安、教育、妇联等部门推动构建关爱网络，落实家庭监护责任、强制报告责任、临时监护责任、控辍保学责任、户口登记责任等工作机制。针对重点人员开展“结对式”和“谈心式”教育，帮助青少年树立正确理想信念。各级关工委助力全市“两年脱贫，三年巩固”脱贫攻坚目标任务。市关工委科技辅导团帮助大安区团结镇朝天村引进“自贡·中国玫瑰海”项目，实现流转土地73.33公顷，为农民获取流转土地费400万元，助力服务该项目的农民工年人均收入2万元以上。沿滩区黄市镇关工委开展青年农民技能培训，帮助全镇483名返乡人员实现再就业。市关工委联合市教育体育局开展“家乡助你上大学”活动，全年提供助学贷款8984万元，帮助11347名青少年圆梦大学；联合团市委等开展暖冬行动，为全市困境儿童送去“爱心包”；市关工委联合市扶贫协会等单位开展“爱心包裹”捐赠活动，向全国贫困地区的贫困学生捐赠爱心包裹1000余个，价值近20万元；联合市委统战部、市工商联等开展“栋梁工程——家乡助你上大学”活动，全年筹资200余万元帮助1050名学生圆梦；联合市教育体育局、市民政局对市儿童福利院孤儿开展关爱帮扶，提供心理辅导、学业辅导和康复治疗工作。

【关爱品牌创建】 2017年，荣县关工委将周末活动室关爱模式延伸到村和社区。富顺县教育局关工委将青春期性知识和防性侵教育推广到全县各级中小学、幼儿园。自流井区关工委将“三结合”教育普及到全区各级中小学。贡井区关工委推进心理健康教育，深化“一中心五基地”建设，在旭川中学成立贡井区青少年心理健康服务中心。大安区关工委凉高山“四点半课堂”新增社区书屋功能，补充各种课外读物。沿滩区龙湖社区关工委的道德银行、高新区明珠社区关工委的科普教育基地逐步打造完善。四川理工学院推出“1+1+N”帮教模式，其经验先后在省市交流。市关工委在全市各级关工委中开展创建“法治关爱伴成长”工作品牌，增强青少年学法、尊法、懂法、守法和用法的自觉性。自流井区关工委组织全区中小学参与由国家关工委、司法部、中央综治办共同举办的第三届“关爱明天、普法先行”——青少年普法教育活动之零犯罪学校创建活动，自贡六中和光大街小学成功创建为全国“零犯罪学校”。市关工委联合市文明办、市教育体育局建立市级未成年人心理成长指导中心，对学生进行常态化心理健康教育，对各区县、直属学校近200名专兼职心理健康教师开展培训；联合市教育体育局编辑《青少年心理健康教育实用读本》，为教师、家长提供指导用书；配合市教育体育局在全市中小学校开展“心理健康教育活动月”，通过心理健康教育宣传、知识讲座、心理咨询等活动，促进中小学生心理健康与快乐成长。

【成立市关心下一代基金会】 9月22日，自贡市关心下一代基金会成立大会在市委会议厅召开。省关工委名誉主任谢世杰、常务副主任陈官权，省民政厅相关领导及自贡市党政主要负责人等到会致辞祝贺。该基金会建立后，各区县相继筹建关爱公益协会。截至年底，全市关心下一代基金会筹资2200万元，其中，市级800万元、区县600万元、乡镇800万元，超1200万元筹资目标，并制定《关心下一代基金会章程》及项目管理办法等相关制度。

【基层基础建设】 2017年，开展第三轮创建“六好关工委组织、四好五老志愿者”活动，推进“七有”建设。截至年底，全市建有各级关工委组织4353个，参与关工委活动的“五老”志愿者8.85万人，其中“六好”关工委组织3106个，占总数的71.4%。开展市第二届“十佳五老”表彰活动，贡井区龙潭镇关工委执行主任杨进强获省第五届关爱明天“十佳五老”提名奖。开展贯彻市“两会”精神和家庭教育骨干培训，300多人参与培训。召开全市首次关心下一代理论研讨会，全年收到调研论文34篇。

（邱海燕）

法　治

政法委及综治工作

【概况】 2017年，全市政法维稳综治战线围绕中心、发挥职能，全面完成各项急难险重任务。完成中共十九大安保维稳任务，实现“六个不发生”目标；项目化推进综治重点工作，继续实施平安自贡建设。是年，在全省平安建设群众满意度测评中，自贡市排名第3，连续2年进入全省前三位；贡井区获“2013—2016年全国平安建设先进区（县）”。

【维护社会稳定工作】 2017年，以中共十九大安保维稳为主线，提升风险预测预警预防能力，解决影响社会稳定的源头性基础性问题，确保全市社会大局稳定。推进反渗透反暴恐反邪教反间谍斗争，管控、消除一批重大政治安全隐患；挂牌督办突出涉稳问题，开展重大事项稳定风险评估316件，防范化解一批突出不稳定风险隐患；妥善化解省交办的信访积案等一批“骨头案”“钉子案”；稳妥处置“出租车”“失独家庭”“涉军”等稳定问题。是年，全市在中共十九大、“一带一路”峰会、省、市“两会”及党代会等重点时段和敏感时期社会稳定，实现“六个不发生”目标。

【地方经济社会发展服务】 2017年，继续为妥善处理和化解鸿化、久大、川玻、长征等大中型企业的涉法涉诉风险创造执法司法环境。推动长达15年的“浙江商城烂尾楼”纠纷进入诉讼程序，维护160余户购房户、拆迁安置户合法权益。围绕环保、扶贫等中心工作，制定全市政法机关保障服务绿色发展的“二十一条措施”和法治扶贫实施意见。组织开展“清水行动”，推动小井沟水库域外水域治理。在全省率先公开发布《2016年度产权司法保护状况及典型案例白皮书》，推动产权司法保护。保护企业海外利益，服务企业融入“一带一路”战略。

【社会治理工作】 2017年，实施全市治安防控和公共安全体系建设，推动平安自贡创建。推进综治重点工作项目化建设，成功申报公共安全视频监控建设联网应用全国重点支持城市项目，推进“雪亮工程”和综治中心建设，建成市综治中心，完成自流井区综治中心省级试点任务，提升综治工作信息化、智能化水平。创新基层社会治理，试点探索“三事分流、三社联动、三治并举”社区治理体系和社会心理服务体系，构建新的社区治理模式，贡井区“双四五”社会心理服务模式在全省推广。开展寄递物流、危爆物品、禁毒防艾、网络安全和治安突出问题专项整治，推进网格化服务管理，全市网格化基础工作保持全省领先。推进重点人群服务管理，社区矫正人员重新犯罪率低于全国、全省平均水平。开展“十佳平安小区”“十佳品牌调解室”评选活动，深化平安医院建设，增强“平安细胞”活力。坚持“调解跟着项目走”，完

善一站式调解服务品牌建设，推动“大调解”向多元化解转型升级，矛盾纠纷多元化解保持全省一类市州行列，人民群众的安全感达93.66%。

【政法改革】 2017年，推进司法责任制及配套改革，明确“权力清单”，全市法院与检察院系统院长、庭长办案比例高于全省平均水平。推进规范刑事诉讼涉案财物管理处置、政法系统智能辅助办案系统省级试点建设、刑事庭审实质化等改革，证人、鉴定人出庭率均比2016年增加。推进公安“大部门、大警种”和派出所警务机制改革，推进司法行政和律师制度改革。推进解决执行难工作，全年执结案件7355件，执行到位金额11.03亿元，比2016年分别上升7.2%、9.2%。

【政法队伍建设】 2017年，以“四对照四提升 做忠诚卫士”专题教育为载体，开展系列学习教育活动，组织全市政法系统学习市公安局出入境管理支队先进事迹，推进“两学一做”学习教育常态化制度化。推进正风肃纪，组织开展“以案为鉴”警示教育，持续整治“六难三案”。市委政法委与中国人民大学、中国政法大学合作举办“社会治理能力提升专题研修班”“盐都政法大讲堂”等培训、讲座，提升全市政法队伍法治能力和专业水平。开展重大法治案事件评选活动，获公众投票105.35万张，旨在弘扬法治精神、引领社会新风尚、养成市民新习惯、开创法治新局面。

【平安自贡建设】 2017年，全市平安建设群众满意度排名全省第3，连续2年排名前3。匹配300万元专项经费，同步推进综治中心建设、严重精神障碍患者救治救助管理、创新群防群治机制等10项重点任务，落实综治领导责任制，开展寄递物流、禁毒防艾、网络安全等突出问题专项整治，惩治“恐爆枪”“黄赌毒”“黑拐骗”“食药环”等违法犯罪活动。创新“三事分流、三社联动、三治并举”基层治理新模式，打造“医疗纠纷、交通肇事、劳资纠纷”一站式调解品牌，开展“十佳平安小区”“十佳品牌调解室”评选活动，深化平安医院、平安校园等“平安细胞”建设，贡井区“双四五”社会心理服务体系在全省交流推广。依托全国公共安全视频监控建设联网应用重点支持城市项目，整合智慧城市、公安天网、大数据中心等资源，搭建以四级综治中心、“雪亮工程”、网格化服务管理信息系统为支撑的社会治理信息化体系和社会治安立体防控体系，人民群众安全感达93.66%。

【全国公共安全视频监控建设联网应用重点支持城市项目】 2017年，自贡市被确定为全国“公共安全视频监控建设联网应用”重点支持城市（全国第二批，全省2个市州），争取到中央财政项目资金2800万元。年内完成视频联网应用项目“一总两分”平台建设，实现农村“雪亮工程”全覆盖，推进城区平安智慧小区（院落）建设，全面实施“技防入户”工程和开展物联网小区试点，构建大数据引领下的人防、物防、技防综合管控网，整体提升全市社会治理的信息化、智能化水平。

（市委政法委）

法治政府建设

【重点工作任务】 4月，根据《自贡市法治政府建设工作方案（2016—2020年）》《2016—2020年法治政府建设工作任务及进度安排清单》，出台《自贡市人民政府2017年度法治政府建设工作安排》，重点明确2017年度法治政府建设的工作任务，提出21项具体工作措施，确定各项工作措施的牵头单位和责任单位。

【第一责任人责任落实】 3月20日，市政府第9次常务会议专题学习《党政主要负责人履行推进法治建设第一责任人职责规定》（以下简称《规定》），要求市政府班子成员、各级各部门主要负责人对照法治政府建设和《规定》要求，履行法治建设各项职责，运用法治思维和法治方式推进政府各项工作。印发《市县区政府及部门主要负责人履行推进法治建设第一责任人职责清单》，明确市区县政府主要负责人职责20项、部门主要负责人职责6项，市政府与各区县政府和33个市政府部门签订2017年度法治政府建设责任书。落实法治政府建设情况年度报告制度，市政府向省政府和市委、市人大常委会分别报告2016年度全市法治政府建设工作情况。完善法治政府建设考核机制，印发《自贡市法治政府建设考评办法》，对考评原则、依据、对象、方式、程序、结果运用等进行全面规定。

【完善行政决策机制】 2017年，制发《自贡市行政决策合法性审查规定》《自贡市重大行政决策实施后评估暂行规定》，规范决策程序。落实《四川省行政决策合法性审查规定》《自贡市行政决策合法性审查规定》，全年完成提交市政府审议的重大行政决策合法性审查257件，其中，合法性审查一次性通过248件，需进行修改完善的5件，审查不予通过的4件。提高合法性审查质量，针对决策中涉及公民、法人和其他社会组织切身利益的，组织召开专题论证会，邀请法律顾问参与合法性审查，并提出书面意见。

【完善执法联动协作机制】 3月，市检察院、市政府法制办、市公安局、市国土资源局、市食品药品监管局等11个部门印发《自贡市“打击破坏环境资源违法犯罪专项活动”和“打击危害食品药品安全违法犯罪专项活动”实施方案》，在全市组织开展专项监督活动，推进民生相关重点领域和重点问题执法。7月，市政府法制办、市检察院、市环保局印发《关于开展环境行政执法监督检查的通知》，组成联合检查组，在全市开展环境行政执法监督检查。建立健全“两法衔接”机制，成立以市检察院检察长为组长、市委副秘书长、市依法治市办主任、市检察院副检察长、市政府法制办主任为副组长，49个相关单位为成员的“两法衔接”工作领导小组，制定《自贡市行政执法与刑事司法衔接工作联席会议制度》，不定期召开联席会议，解决行政执法与刑事司法中的难点问题。截至年底，全市登录接入“两法衔接”信息共享平台的单位263家，接入率100%；行政执法机关向平台推送行政处罚案件信息1.30万条，录入“两法衔接”平台涉嫌犯罪案件信息168条，案件录入率100%，市、区县两级检察机关建议移送涉嫌犯罪案件108件，推动“线上执法”与“线下执法”，确保行政执法机关和刑事司法机关信息传递和内容共享。

【行政审批事项清理】 2017年，根据国家、省关于取消中央指定地方实施行政许可事项的要求，印发《关于取消13项中央指定地方实施行政许可事项目录的通知》，调整后全市市级行政许可事项为192项。对照《市、县部门取消、调整和保留的行政审批项目前置条件目录》，对1136项市级行政审批前置条件进行清理，其中，取消市级行政审批项目前置条件276项，调整为受理后由行政机关组织实施的市级行政审批项目前置条件2项，调整为申请人自行编制（提供）的市级行政审批项目前置条件56项，保留市级行政审批项目前置条件802项。

【商事制度改革】 2017年，推进实施“多证合一”工作，累计办理“五证合一、一照一码”营业执照2.35万户（含“三证合一”），启动企业简易注销程序，办理简易注销公告372条（含已注销）；办理简易注销登记299户。

【“互联网+政务服务”工作】 2017年，依托全省统一的“电子政务大厅”，开展互联网在线咨询工作，按月通报窗口在线值守时间和回复质量情况，全年窗口工作日在线值守时间6.3小时以上，接受群众在线咨询1289次。优化政务服务事项服务流程，实现57个政务服务事项网上一次办理，累计通过电子政务大厅网上办事平台和部门业务平台网上办理各类政务服务事项1257件。

【三级联审工作】 截至2017年，根据四川省《取消、调整和保留的省市县联审项目目录》要求，保留市、县初审环节的省级行政审批项目共75大项99小项，保留县级初审环节的市级行政审批项目共8大项2小项。督促市级相关部门和各区县录入、配置联审事项并开展联审工作，全年市级相关单位办理省、市、县三级联审件1007件。6月15日，市司法局审批窗口通过“四川政务通”APP成功办理律师执业证书换领，在全省率先试点移动客户端申请办理行政审批和公共服务事项。

【行政权力运行监督】 2017年，对市级33个部门报送的5140项行政权力进行联合审核，编制《自贡市市级行政权力清单（2017年本）》，将清理结果在行政权力公开运行平台上予以公布并及时动态调整。开展行政权力上网公开运行监督，制定行政权力上网公开运行联席会议制度、巡查制度、通报制度和考核评价、行业指导等制度，全年对开展较差的6个市级部门和区县分管负责人进行约谈。自贡电视台以“行政权力运行”为主题制作盐都问政节目。是年，通过督查、约谈、通报等措施推进行政权力上网公开运行，全市行政权力上网运行97.9万件。

【行政应诉工作】 2017年，出台《自贡市加强和改进行政应诉工作实施方案》，建立应诉案件分析制度，把行政机关负责人出庭应诉情况纳入依法行政责任考评，自觉执行人民法院作出的生效判决和裁定，回应司法建议；将行政诉讼日常办案经费、案件诉讼费、律师代理费等列入财政预算。全年办理市政府作为被告的行政应诉案件33件，其中，一审18件（审结11件）、二审15件（审结6件）。健全行政复议委员会工作机制，建立行政复议案卷评查制度，不断提高行政复议案件的办理质量及档案管理水平；建立了行政复议、应诉案件分析制度，针对案件中反映出的典型问题，及时就规范具体行政行为问题向区县政府和市级部门提出意见和建议。全年办理市政府行政复议案件42件，其中，2016年结转10件，全部审结；新收32件，受理25件（审结24件、未审结1件）、不予受理4件、其他处理3件。

【地方立法工作】 2017年，落实《自贡市人民政府拟定地方性法规草案和规章程序规定》，通过搜集区县政府和市级部门意见和建议、依托《自贡日报》和政府门户网站面向社会公众征集意见、邀请具有代表性的利益群体及人大代表、政协委员参与听证、邀请大专院校、科研机构和行业协会等专家学者参与立法论证等措施，确保立法程序公开透明、立法内容科学可行。征集立法选题，制定《自贡市人民政府2017—2021年拟定地方性法规草案的规划》《自贡市人民政府2017年立法计划》，内容覆盖城乡建设管理、环境保护、历史文化保护等。是年，完成《自贡市井盐历史文化遗迹保护条例（草案）》的起草和审查工作，并以市政府议案形式提请市人大常委会审议；完成《自贡市国有土地上房屋征收与补偿办法》《自贡市农村村民住房建设管理条例》立法调研工作。

【行政执法能力建设】 2017年，完善行政执法工作制度，35个市级部门制定行政执法公示制度、重大执法决定法制审核制度、行政执法过错责任追究制度等行政执法制度。督促各部门开展专项检查、案卷评议、执法人员培训等执法监督工作，规范行政许可、行政处罚、行政强制、行政征收、行政收费、行政检查等行政执法行为。推进“双随机一公开”工作，各区县政府、35个市级部门建立“一单两库一细则”，规范行政执法部门对市场主体实施行政检查和事中事后监管的行为。落实行政执法责任制，将法定职权层层分解到具体执法机构和执法岗位。规范压缩行政执法自由裁量权，除市公安局、市林业局细化量化32项处罚的适用情形和处罚幅度外，其他部门未再另行制定裁量标准。出台《自贡市行政执法过错责任追究办法》，对行政不作为、乱作为等问题进行责任追究。运用行政指导、奖励等柔性执法手段，提高非强制执法效能。其中，市国土资源局建立约谈机制，市旅游发展委开展“精准指导、定点服务”工作，市统计局在全市推行统计法律事务告知书制度。出台《关于规范公安机关辅助人员管理工作的实施意见》，明确公安机关辅助人员的适用岗位、身份性质、职责权限、权利和义务等内容。

【规范性文件监督管理】 2017年，落实《自贡市行政规范性文件制定和备案规定》，执行部门规范性文件“三统一”和有效期制度。全年向省政府、市人大常委会报送规范性文件备案13件；市政府收到区县政府报送备案的规范性文件12件，收到市级部门报送备案的规范性文件14件。对2012年12月31日以前制发的全部涉密文件和2008年5月1日至2012年12月31日制发的所有规范性文件进行全面清理。经清理，纳入清理范围的市政府文件752件，其中，继续有效的125件、拟修改84件、废止208件、失效335件；纳入清理范围的44个市级部门规范性文件993件，其中，继续有效

418件、拟修改61件、废止102件、失效412件；各区县政府（含高新区管委会）规范性文件533件，其中，继续有效140件、拟修改13件、废止14件、失效366件；纳入清理的151个区县部门规范性文件205件，其中，继续有效131件、拟修改13件、废止31件、失效30件；纳入清理的109个乡镇（街道）规范性文件86件，其中，继续有效23件、拟修改19件、废止4件、失效40件。对涉及“放管服”改革等规范性文件进行清理，完成清理结果报送。

【完善法律顾问制度】 2017年，市委办公室、市政府办公室印发《自贡市委市政府法律顾问工作规则》，完善法律顾问选聘方式，建立新增法律顾问动态调整、绩效考评、分歧意见听证等机制，健全法律顾问工作台账和意见反馈等制度。是年，市委、市政府聘请2名法学教授、11名律师为法律顾问，法律顾问参与市政府决策事项审查7人次，参加立法论证5人次，参加行政复议案件讨论8人次，代理行政诉讼案件31件。

【政务信息公开】 2017年，推进决策、执行、管理、服务、结果“五公开”和重点领域信息公开，出台政务公开实施方案、重点任务分解方案、网站信息内容保障等文件，修订完成政务公开规章制度。创新优化政务公开载体，在全省率先完成政府网站集约化平台建设，建成市级主站1个、区县子站6个、部门政务频道51个。全年向省政府网站推送重要信息2500余条，在市政府门户网站、官方微博、微信公开政府信息1.9万余条，办理申请公开信息74件，征集意见建议31次。

（市政府法制办）

公 安

【概况】 2017年，全市破刑事案件5277起，刑拘2150人，提请逮捕1052人，直诉1003人；受理治安案件9088起，查处治安案件7679起，治安处罚3617人，治安拘留2050人。

【完成十九大安保任务】 2017年，全市公安系统围绕中共十九大期间“三个不发生”和“六个零”工作目标，开展各项维稳工作，圆满完成全市中共十九大安保任务。其间，收集掌握涉稳线索2900余条，处置各类集体访事件50余起，推送各类辟谣、宣传信息600余篇。

【立体防控建设】 2017年，编制《全市平安小区创建规划》，启动60个小区的平安创建工作，探索“三无”院落“看、管、围、亮、巡”自治工程建设，小区发案数比2016年下降28.54%。改造城市高清视频监控点位830个，安装农村视频监控点位1950个，整合公共视频监控图像3.9万路，推广“行车卫士”1.41万台。是年，全市公安机关立案8784起，比2016年下降28.68%。

【违法犯罪惩治】 2017年，破获各类刑事案件5277起，刑事拘留2150人；查处治安案件7679起，治安拘留2050人。开展“打黑恶、净环境、保民生、促发展”专项行动，一审判决九类涉恶犯罪人员376人。攻克命案积案2起，破获现行命案13起，连续8年保持现行命案全破。破获经济案件118起，破获“盗抢骗”案件4513起，打掉犯罪团伙40个155人。持续惩治“黄赌毒”违法犯罪，破获毒品刑事案件208件，缴获各类毒品2500.4克，查处吸毒人员1974人；查处“黄赌”案件499件，取缔赌博游戏室75家，收缴销毁赌博游戏机1377台。

【消防安全专项整治】 2017年，督促整改隐患6.64万处，挂牌督办重大火灾隐患7起，参加抢险救援、社会救助2252起，抢救被困人员116人，保护财产价值134万元。

【道路交通安全治理】 2017年，以整治酒驾、毒驾为重点，查处交通违法行为68.7万起，人均查获量居全省第三；推动智能交通建设，改造信号灯79处、LED诱导屏21处、流量检测939处（视频流量313处、地磁流量626处）。

【缉枪治爆专项整治】 2017年，收缴枪支424支、子弹312发、管制刀具304把，收缴雷管873发、烟花爆竹5640件。

【公安改革】 2017年，推进“大部门、大警种”制改革，整合机构56个，下沉警力217人，其中，市交警支队将所属机关10个科室整合为5个职能大队，精简机构50%。推进派出所警务机制改革，城区派出所回归基层基础、治安防控、服务群众主业；农村派出所全面担负辖区治安、消防和道路交通管理工作，整合农村派出所19个，改善农村派出所警力分散问题。是年，市出入境管理支队获国务院表彰，被授予“全国模范出入境管理支队”称号；“1+N”执法管理系统获全国公安创新科技优秀奖，“公安车驾管综合服务管理平台”被公安部确定为公安科技改革应用创新项目，在全国推广应用。

【“雷霆-1”集中统一清查行动】 1月11日至12日，全市公安机关组织开展以惩罚“盗抢骗”犯罪为重点的“雷霆-1”集中统一清查行动。全市公安机关出动警力1124人次、群防群治力量840人次、警车230台次；设置治安检查卡点14个，检查可疑车辆221台，盘问可疑人员1359人，查扣被盗抢车辆5台，查扣无牌无证车辆15台；检查宾馆、酒吧、旅店、出租房屋831家、娱乐、洗浴场所154处、典当废旧回收行业173家、其他场所131处；破获刑事案件46起，查处治安案件29起；抓获违法犯罪嫌疑人67人，其中，网上逃犯6人，盗窃嫌疑人19人，抢劫嫌疑人1人，诈骗嫌疑人3人，吸贩毒28人；刑事拘留17人，治安处罚38人，收戒7人，缴获冰毒3克、麻古2.29克；追缴赃款赃物折合人民币11.3万元。

【“110”宣传日活动】 1月10日，全市公安机关借助全国第31个“110”宣传日，组织开展“公安110，为民保安宁”主题宣传活动。是日，全市公安机关设立“110”宣传点60余个，出动民警、辅警、消防官兵900余人，宣传车100余台次，散发宣传资料3.2万余份，通过网络媒体发送宣传信息1000余条，现场参与群众1.96万人次，接受群众咨询及现场答疑6000人次。市公安局和各区县公安局通过官方微信、微博发布一系列“110”宣传信息和知识，引导网民在线参与“110集中宣传日”网上互动，接受群众咨询。

【省禁毒委督导组到自贡督导】 1月9日至10日，省卫生计生委副主任徐旭率省督导组到自贡市督导禁毒工作。督导组一行先后到自流井区戒毒中心、自贡市第四中学校实地调研，了解缉毒执法、社区戒毒康复、学校毒品预教等工作情况，听取全市禁毒工作汇报。市委常委、市委政法委书记、市禁毒委主任刘笑禹，市政府副秘书长、市禁毒委副主任阳胜平等参与督导调研。

【全市公安工作会】 会议于2月17日召开。会议印发《全省公安局处长会议精神传达提纲》《全市党员干部作风建设工作会传达提纲》《全市目标绩效管理工作会传达提纲》《2017年全市公安工作意见》；传达学习全省公安局处长会议精神；宣读《自贡市公安局关于表彰2016年度目标绩效优胜单位部门的决定》，为2016年度目标绩效优胜单位、部门颁奖；总结2016年工作，安排部署2017年工作。

【全省公安机关警务保障工作会在自贡召开】 会议于4月7日在市公安局召开。会议现场观摩自贡市公安局机关规范化管理、装备财务精细化管理、警营文化建设等成果；传达省委常委、副省长，省公安厅党委书记、厅长邓勇作出的重要指示精神；总结2016年全省公安警务保障工作，分析当前形势和任务，安排部署2017年全省警务保障工作。省公安厅党委委员、副厅长张颖出席会议。

【市出入境管理支队获全国“模范出入境管理支队”称号】 5月19日，全国公安系统英雄模范立功集体表彰大会在人民大会堂举行，全国公安系统615个先进单位和1320名先进个人受到表彰，其中，自贡市公安局出入境管理支队被国务院授予“模范出入境管理支队”称号。市委副书记、市长刘永湘代表中共自贡市委、自贡市政府应邀参加表

彰大会，市公安局出入境管理支队支队长梁林作为获奖集体代表到北京参会领奖。表彰大会前，刘永湘、梁林等参会代表受到习近平、李克强等中央领导接见。

【邓勇一行到自贡调研】 6月5日至6日，省委常委、政法委书记、公安厅厅长邓勇到自贡市调研指导公安工作。邓勇一行先后到自流井公安分局五星街派出所、荣县公安局双石派出所和市公安局出入境支队调研，看望慰问民警；听取全市公安工作汇报，对自贡公安工作取得的成绩给予充分肯定。邓勇要求：全省公安机关要深入学习贯彻习近平系列重要讲话精神，特别是对公安机关提出的"对党忠诚、服务人民、执法公正、纪律严明"总要求及四川省第十一次党代会精神，结合本地实际和公安机关职责使命，抓好各项业务工作和队伍建设，再创佳绩，为中共十九大召开营造安全稳定的社会治安环境。

【全市禁毒工作会】 6月8日在市公安局召开。会议宣布对市公安局、荣县禁毒委、市教育体育局等16个单位予以通报表扬的决定；总结2016年全市禁毒工作，分析毒情形势及存在的问题，安排部署2017年全市禁毒工作；市综治办、市教育体育局、市邮政管理局分别就加强吸毒人员网格化服务管理、"6·27"青少年毒品预防教育、物流寄递渠道禁毒管理工作进行工作交流。

【何洪接受《人民公安报》专访】 9月5日，副市长、市公安局局长何洪接受《人民公安报》专访。采访期间，何洪就自贡公安改革的总体目标、实现路径、工作展望等回答了记者提问。

【"行车卫士"惠民工程工作推进现场会】 9月27日，全市"行车卫士"惠民工程工作推进现场会在荣县召开。参会代表观摩荣县"行车卫士"开卡安装点、集中退赃、工作展板、追车演练；观看荣县"行车卫士"专题片，听取荣县公安局和荣县移动公司经验介绍。市公安局组织召开座谈会，就全市"行车卫士"惠民工程工作进行安排部署。

（市公安局）

检 察

【经济发展服务】 2017年，综合运用惩治、预防、监督、教育、保护职能，营造发展环境，服务全市"优二兴三"、交通先行、城乡一体建设、科技创新等重点工作。对川南城际铁路等全市18个重大建设项目全程跟踪服务，开展预防职务犯罪专项调查21件，行贿犯罪档案查询2898次。立案查办工程建设领域职务犯罪10人，起诉串通投标、行贿犯罪40人。惩治破坏市场经济秩序犯罪，批捕传销、合同诈骗等犯罪73人，起诉88人。防范和化解金融风险，批捕非法吸收公众存款、集资诈骗等破坏金融秩序犯罪8人，起诉20人，涉案金额1亿余元，妥善处置刘某梅非法吸收公众存款案等涉众型经济犯罪14件。服务创新型发展和知识产权示范市建设，批捕侵犯知识产权犯罪5人，起诉10人。惩治危害企业生产经营犯罪，办理涉企案件慎用人身强制和查封、扣押、冻结财物账目等措施，做到打击与保护并重。

【民生改善服务】 2017年，市检察院与市扶贫办联合开展集中整治和预防扶贫领域职务犯罪专项工作，立案查办挪用、截留、虚报、冒领扶贫资金等职务犯罪28人，发出完善扶贫资金监管检察建议11件。到7个村开展对口帮扶，选派11名青年骨干担任"第一书记"、驻村干部，助力2个贫困村脱贫摘帽。惩治电信网络诈骗犯罪，批捕利用网络、微信实施诈骗犯罪9件20人，起诉5件9人。成功办理省公安厅督办的刘某华、赵某健、王某芬电信诈骗案。组织开展"危害食品药品安全犯罪专项活动"，起诉制售有毒有害食品、假药劣药等犯罪15件19人。

【绿色发展服务】 2017年，重点惩治破坏生态环境资源违法犯罪，起诉非法采矿等犯罪9人。组织开展"清水行动"，对全市集中式水源地开展职务犯罪预防专项调查及环境保护行政违法检察监督，形成《小井沟流域水质污染存在的职务犯罪隐患情况报告》，发出行政违法检察建议33件，被采纳28件，督促关停5个污染企业、整改43个养殖场及污水处理厂。推动小井沟水库自贡境外水域治理，通过省检察院指定眉山、内江检察机关对小井沟上游仁寿段、威远段开展预防调查，督促关停16个违建养殖场，重点监控仁寿铁马焦化有限公司污染治理。

【平安自贡建设】 2017年，批捕各类刑事犯罪嫌疑人1091人，起诉2073人，比2016年分别上升0.46%、6.25%。惩治故意杀人、强奸等侵犯人身民主权利犯罪，批捕213人，起诉264人；批捕涉枪涉爆、危险驾驶等危害公共安全犯罪23人，起诉301人；批捕“两抢一盗”、诈骗等多发性侵财犯罪539人，起诉720人；批捕制造、贩卖毒品等犯罪190人，起诉241人。

【参与社会治理】 2017年，推动依法治市，构建检察环节以惩治犯罪为重点、以化解矛盾为核心、以预防犯罪为主线的“三位一体”工作方法。剖析犯罪特点和规律，对骗取医保资金等犯罪动向提出检察建议55件，促进社会治理。健全公开听证、律师参与代理化解涉法涉诉信访机制，化解矛盾纠纷65件。建立司法救助快速办理工作机制，对生活确有困难的30名刑事被害人开展救助。落实“谁执法谁普法”责任制，开展以案释法、“法律七进”宣讲160余场次，市检察院及3个区县检察院被评为全市“六五”普法先进集体。落实社会风险研判和预警防范稳控机制，妥善处理信访315件，在十九大等重大节点期间排查处置风险案件27件。富顺县检察院、自流井区检察院被评为全国文明接待示范窗口、文明接待室。

【未成年人司法保护】 2017年，落实“少捕、慎诉、少监禁”原则，不捕未成年犯罪嫌疑人26人，不起诉、附条件不起诉14人，对145人开展心理疏导和法律援助。牵头构建性侵未成年被害人一站式保护体系，综合运用司法救助、转学安置等方式对31人开展救助。打造康桥心灵驿站等未成年人检察工作品牌，发布《未成年人刑事检察工作白皮书》，通过招募志愿者、政府购买服务，推动社会共同参与未成年人保护。启动为期3年的“法治进校园”巡讲，到40余所学校开展宣讲50余场。组织维护幼儿园安全专项活动，推动幼儿园安全办学专项检查。自流井区检察院被评为全国青少年维权岗、四川五四青年奖章集体。未成年人检察题材微电影《此间少年》被中央政法委表彰。

【职务犯罪查办】 2017年，立案查办职务犯罪案件88件114人，立案人数比2016年上升3.64%，其中，大案82件105人，县处级以上要案16人（含正厅级1人）。立案查办省广播电视台原副台长张某涉嫌受贿500万余元案、市水务集团原董事长阳某平受贿98万余元案等职务犯罪大要案。开展查办粮食系统、交通系统职务犯罪专项活动，立案46人，其中县处级以上9人，涉案金额3300万余元。

【职务犯罪预防】 2017年，向党委政府提交预防职务犯罪调查报告21件，向发案单位及主管部门发出检察建议11件。反映小井沟流域职务犯罪隐患的预防调查报告获全省一等奖。打造“定制式”预防职务犯罪宣传教育平台，开展警示宣传教育109场，受教育人数6400余人。自流井区检察院廉政教育基地被评为“四川省法治教育示范基地”。联合市邮政公司开展“预防职务犯罪邮路”活动，初步形成覆盖城乡的职务犯罪预防网络。预防惠农扶贫领域职务犯罪，完善扶贫领域数据报备与信息共享机制，监管扶贫资金1.3亿元。富顺县检察院针对预防涉农扶贫领域乡镇干部违法违纪，打造全省首个农村基层廉政和法治教育基地。

【刑事诉讼监督】 2017年，监督侦查机关立案34件，监督撤案28件；监督纠正侦查活动中的违法情形81件次；纠正漏捕、漏诉129人；发挥诉前主导和审前过滤功能，启动非法证据排除程序2件，对不构成犯罪和证据不足的不捕414人、不诉92人。推动“两法衔接”工作纳入政府年度考核，督促行政执法机关移送犯罪线索40件、侦查机关立案侦查35件，“两法衔接”工作受到依法治省领导小组肯定；对刑事裁判提出抗诉10件。在全国率先建立刑事拘留检察监督信息平台，监督纠正刑事拘留违法行为96件。承办省检察院在自贡召开的"信息化背景下的侦查活动监督论坛"，"自贡经验"被推广。

【刑事执行检察监督】 2017 年，监督纠正刑罚执行和监管活动中各类违法情形 171 件，对 81 名无羁押必要的犯罪嫌疑人提出释放或变更强制措施建议。开展财产刑事执行专项检察"回头看"。在全省率先开展重大刑事案件侦查终结前询问核查工作，该经验被最高检察院推广。4 个派驻监管场所检察室成功创建一级规范化检察室。付某义羁押必要性审查案等 3 件刑事执行监督案件被评为全国、全省检察机关精品案件。

【民事行政诉讼监督】 2017 年，办理民事行政监督案件 56 件，提请抗诉 6 件，提出再审检察建议 18 件，和解 4 件；提出审判活动违法检察建议 15 件，被采纳 13 件；提出执行监督检察建议 22 件，被采纳 21 件；办理劳动就业等重点领域支持起诉案件 12 件；办理行政违法检察监督案件 32 件，被采纳 31 件。制定《民事行政检察暨公益诉讼案件一体化办案实施办法（试行）》等工作机制，立案办理环保等领域公益诉讼案件 8 件，发出诉前检察建议 5 件。荣县检察院针对小井沟周边污染源，向长山镇政府发出诉前检察建议，督促对 12550 余吨垃圾进行无害化处理，修复生态环境。

【司法体制和检察改革】 2017 年，推进人员分类管理，遴选 156 名员额制检察官，占政法编制的 34%，检察官、检察辅助人员、司法行政人员全部实行分类定岗。完善入额院领导直接办案工作规定及办案通报制度，入额院领导办理案件 638 件。在富顺县检察院启动基层检察院内设机构大部制改革试点，实行扁平化管理。推进智慧公诉建设，市检察院被最高检察院、省检察院确定为公诉智能出庭、轻刑快办智能化双试点检察院。自流井区检察院建成轻刑快办智能化系统，通过远程视频开庭、远程讯问提升办案效率 40% ~60%。贡井区检察院开发智能语音识别系统，推动智能语音识别在讯问、庭审中运用，被确定为全省检察机关开发运用智能语音识别系统唯一试点检察院。

【规范司法行为】 2017 年，依托案件集中管理制度，巡查案件 465 件次，发现并纠正问题 223 件次，梳理 5 个司法不规范问题，建立整改台账，规范司法行为。推动常态化案件质量评查，对 149 件重点案件进行评查。引入互联网、物联网构建涉案财物保管信息平台，公开涉案财物信息 351 条，涉案金额 7820 万余元，涉案物品 2648 件，工作经验被省委政法委推广。

【组织队伍建设】 2017 年，开展"四对照四提升、做忠诚卫士"专题教育，组织"十大青年检察官"评选、廉政警示教育、三类人员大学习大讨论等活动。落实"两个责任"，支持派驻纪检组工作。建立全覆盖的干部谈心谈话制度。整治"四风"和司法作风问题，开展涉案款物、办案安全等检务督察和专项检查 72 次。坚持"五小情形"情况说明制度，开展约谈提醒 27 人次，纠正整改 24 件。开展专题培训、业务竞赛、岗位练兵，举办专题培训班 6 期，培训 500 余人次，2 名干警入选全国检察人才库，4 名干警获全省申诉、公诉竞赛十佳业务标兵、业务能手，得奖数居全省前列。推动检察理论研究，与四川大学等高校开展检校合作，2 个课题被确定为最高检察院重点课题，31 篇调研成果被省级以上刊物采用。依托"三园六基地"，组织开展党史检察史知识竞赛、"贡井检察"杯全国微型小说大赛等检察文化活动。自流井区、贡井区检察院分别被评为全省检察文化建设示范检察院、优秀检察院。刑事拘留检察监督、以审判为中心的诉讼制度改革、公益诉讼等16项工作经验被最高检察院、省检察院推广，64个集体、62人受到市委、市政府及省级以上表彰。市检察院被中央文明委授予“全国文明单位”称号。推进基层检察院“八化”建设，6个基层检察院分别被评为全省文明单位、全省青年文明号、全国检察宣传先进单位、全省检委会规范化建设示范单位、全省科技强检示范检察院。推进科技强检和检务保障，全面升级驻狱检察室与监狱监控联网系统、上线队伍管理等电子检务平台。

【接受监督】 2017年，向人大及人大常委会报告重点工作、重要部署和类案综述，专题报告开展清水行动、民事行政检察监督工作25次，落实审议意见。向政协通报检务公开等工作18次。完善与人大代表、政协委员联络机制，邀请参加调研视察、听庭评议等200余人次。市检察院与市司法局联合制定《深化人民监督员改革方案》，协助完成48名人民监督员选任工作，提请人民监督员监督职务犯罪案件7件10人。拓宽人民群众参与和监督检察工作渠道，拓展法律文书公开范围，公开终结性法律文书1293份，公开案件信息247条，工作经验被最高检察院推广。全面开通案件信息公开微信平台，向律师、案件当事人推送案件信息，194名律师、群众成为该微信平台注册用户。

（凌 超）

法 院

【概况】 2017年，全市法院受理各类案件3.11万件，审（执）结3.00万件，比2016年分别上升9.51%、10.32%，结案率96.46%。其中，市中院受理2875件，审（执）结2812件。

【刑事审判】 2017年，审结刑事案件1832件。其中，一审审结故意杀人、“两抢一盗”等犯罪案件475件；审结非法吸收公众存款、集资诈骗、合同诈骗等涉众型犯罪案件16件；审结危害食品药品安全、危险驾驶、交通肇事等侵犯群众切身利益犯罪案件250件；审结制造、贩卖毒品等犯罪案件147件；审结贪污贿赂、渎职等职务犯罪案件42件。推动刑事大要案审判，审理“华商国际城故意杀人案”“达州市委原副书记易某受贿案”“自贡水务集团原董事长阳某平等人受贿窝案”等一批重大案件；对2016年以前省法院交办的原双流县委书记高某坚等人重大职务犯罪案件，全部审结交付执行。坚持宽严相济刑事政策，对912名被告人依法判处非监禁刑或免于处罚，对认真遵守监规、确有悔改表现的414名罪犯予以减刑、假释。

【民事审判】 2017年，审结民商事案件1.68万件。其中，一审审结人身损害、教育医疗、劳动争议、物业服务等民生权益案件3309件；审结公司破产解散、兼并重组、股权转让等案件146件；审结房地产、建设工程、买卖合同等案件2098件；审结金融借款、证券保险等案件1396件，民间借贷案件1784件；完善知识产权案件“三合一”审理模式，审结著作权、商标权等知识产权案件31件，为企业挽回经济损失5400万元；健全环境资源案件“三合一”审判机制，审结土地、林木、水源等各类环境资源案件128件。依法审慎处理涉及全市经济发展与民生保障的重大敏感案件，妥善化解东锅公司、友华集团、川润公司等企业涉诉纠纷；采取诉讼手段化解长达15年的“浙江商城烂尾楼”纠纷，维护165户购房户、拆迁安置户合法权益和社会稳定。曾某等3人诉高新区板仓街道某村民小组侵害集体经济组织成员权益纠纷案，被评为第二届四川省维护妇女儿童合法权益十大优秀案例。

【行政审判】 2017年，审结行政案件172件，审查行政非诉案件775件。审查行政行为合法性，依法判决变更、撤销行政行为或确定具体行政行为违法案件30件，维护行政相对人合法权益。

落实行政审判与行政执法联席会议制度，协调处理政府信息公开、征地安置、劳动保障等行政案件，促进行政争议实质性化解。落实政机关负责人出庭应诉制度，全市行政机关负责人出庭率 86.87%，名列全省前茅。坚持发布行政案件年度司法审查报告、专项司法建议制度，对交警、银监等系统开展专题法律培训，助力提升行政执法水平。是年，全市法院向行政机关发出司法建议 62 条，被采纳 40 条。

【执行工作】 2017 年，全市法院受理执行案件 9425 件，执结案件 9113 件，执行到位金额 18.7 亿元。构建执行工作大格局，推动基本解决执行难纳入依法治市和综治工作考核。组织实施“有财产可供执行案件集中攻坚”，开展“夏日攻坚”“执行大会战”、涉金融案件等专项执行活动，依法惩治失信被执行人。全年传唤被执行人到案 82 人、强制腾迁房屋 9 起、罚款 2 人、拘留 72 人、移送公安机关追究刑事责任 7 人。对“老赖”实施联合信用惩戒，截至年底累计纳入失信被执行人名单 3527 人，限制高消费和出境 1442 人，受到惩戒后主动履行债务 624.79 万元，初步形成“一处失信、处处受限”的信用惩戒格局。试行人民法庭办理简单执行案件，探索执行网格化等新路径，整合各类资源，提升执行效率效果。开展“消极执行、选择性执行、乱执行”专项整治，完善执行指挥中心工作机制，严格终结本次执行程序，规范执行行为。市中院连续 6 年获全省执行工作年度考核一等奖。《人民法院报》对自贡市法院破解执行难的经验做法予以整版报道。

【经济发展服务】 2017 年，围绕全市中心工作，完善“推动振兴发展、决胜全面小康”等司法意见，健全研判、预警、防范、化解发展风险的工作机制，把可能反映在司法领域的矛盾纠纷预判在前、应对在先。参加困难企业帮扶、重点企业发展专题工作会，推进川玻公司、长征公司等企业破产清算、破产重整，为全市产业延续发展和经济转型升级建言献策。推动产权司法保护，率先在全省公开发布《2016 年度产权司法保护状况》白皮书，发挥司法裁判引领示范作用，增加群众财产财富安全感。与人民银行自贡中心支行开展合作，推进金融风险司法防控，助力“金融生态示范市”建设。与环保部门建立联席会议制度，开展“绿水青山司法护航工程”，推动形成环境保护整体合力，促进“美丽自贡”建设。围绕招商引资、项目建设、民营经济发展等重点领域，组织人员到企业走访座谈，丰富法律服务举措，保障全市支柱产业和重点企业健康发展。围绕全市“三个加快”发展定位，为东部新城建设、自贡航空产业园发展、板仓华融工业园升级等项目推进提出法律意见，为经济社会建设提供司法支持。全市法院服务和保障老工业城市转型升级的实践做法，作为 2017 年自贡市依法治市唯一范例，纳入《四川省法治蓝皮书》。

【基层社会治理】 2017 年，推进“三型法庭”建设，完善以人民法庭为中心、巡回审判联系点为纽带的基层司法工作体系，全年巡回审判案件 5649 件。建立道路交通事故纠纷联调联动机制，整合公安交警、人民调解组织、保险行业协会等资源，开展道路交通纠纷“诉源治理”，进入诉讼的道路交通案件比 2016 年下降 26.18%。推进矛盾纠纷多元化解，实施诉讼狱调解对接，引导当事人选择人民调解、行政调解、仲裁等非诉方式化解矛盾纠纷，全年诉前调解、立案调解和确认调解协议案件 3305 件。开展未成年人司法保护，对 59 名未成年被告人进行判后帮教和心理疏导；“送法进社区关爱留守儿童”法治宣传活动，被《人民法院报》头版报道。推动“法律七进”活动，开展“6·26”毒品犯罪案件集中宣判；组织《中华人民共和国反家庭暴力法》《中华人民共和国妇女儿童权益保障法》等宣传，全年刊发法治宣传稿件 1701 篇，创作法治微电影 4 部，发布微博、微信 2292 条。在中国行为法学会、依法治省办等联合主办的“基层治理创新与法治四川建设”会上，市法院作为全省法院代表作经验交流。

【审判司法改革】 2017年，完成全市法院首批员额法官遴选，优质审判资源配置到办案一线，基本完成员额法官、审判辅助人员、司法行政人员等司法人员分类管理改革。组建法官为中心的新型审判团队，取消行政化案件审批制，确立法官、合议庭办案主体地位，形成新型办案机制，全年由独任法官、合议庭签发裁判文书占99.54%。明确法官、合议庭和院（庭）长“权力清单”，限制缩减审判委员会讨论案件范围，实行办案质量终身负责制，做到“让审理者裁判、由裁判者负责”。落实院（庭）长办理重大、疑难、复杂案件要求，院（庭）长全年办结案件1.65万件，占全部结案数的54.96%。建立专业法官会议制度，探索类案同判机制，统一裁判标准。推行院（庭）长对办案重要节点和“四类案件”的静默化监督，确保审判权依法行使。建立绩效考评制度，科学评价工作业绩，实现绩效考评与奖勤罚懒、评先选优衔接。设立法官权益保障委员会，实施员额法官单独职务序列管理，完善司法职业保障机制，提高法官职业尊荣感，激发改革内生动力。全市法院司法责任制改革通过省委政法委、省法院检查验收。开展审判为中心的刑事诉讼制度改革，给予控辩双方平等对抗权，加强多媒体示证等配套工作，发挥庭审在刑事诉讼中的决定性作用。全年通过庭审实质化审理刑事案件208件，证人、鉴定人出庭65件，当庭宣判率51.42%，工作成效信息被2017年《中国法院》画册收录。规范刑事诉讼涉案财物管理，保护当事人及利害关系人合法财产权益。开展家事审判改革探索，引入家事调查员、心理咨询员等参与家事案件处置，促进纠纷实质化解。推动审判组织专业化建设，发挥未成年人审判、破产审判、执行裁判等专业审判庭作用，提升类型案件审判水平。探索民事、行政庭审优质化改革，建立民事审判庭前会议和行政案件简易审判工作机制，提高审判质量和效率。推进案件繁简分流，扩大简易程序、小额诉讼程序适用范围，推动轻微刑事案件快速审理。全年小额诉讼、“轻刑快办”案件分别审结531件、470件，平均审理时间分别为16.51天、8天。构建法官与律师良性互动关系，共同维护司法公正。

【智慧法院建设】 2017年，依托信息化手段，以审判流程、庭审活动、裁判文书、执行信息四大公开平台为重点，构建开放、动态、透明、便民的阳光司法机制，确保案件当事人知情权。全年在互联网公开庭审直播228件，公开裁判文书2.86万份，公开执行信息2849条。推进网络司法拍卖，全年在京东、淘宝等平台拍卖标的物62件，成交额2.11亿元，促进阳光司法，降低当事人诉讼成本。推行庭审同步录音录像，发挥办案平台信息化作用，实现办案全程留痕监管。完善“总对总”“点对点”和不动产自主查询等执行网络查控平台，实现对存款、房屋、车辆、证券等主要财产形式实时精准查控。开展档案数字化工作，完成所有库存卷宗扫描，实时挂接办案系统，初步实现法院档案管理信息化。推动电子卷宗智能服务、类案比对、语音识别等“六项重点”工作，探索建设司法智能化平台，提升办案质效。在全省法院工作考核中，市中院审判管理工作连续4年获一等奖。

【司法为民】 2017年，推进诉讼服务中心提档升级工作，完善诉讼服务大厅、“12368”诉讼服务热线、智能自助终端诉讼服务等功能，为当事人提供“一站式”、个性化服务，全年实现当场立案率99.60%。推动律师入驻诉讼服务中心工作，探索实行网上立案、网上送达，让信息多跑路、让群众少跑腿。实施法治扶贫，严惩贪污挪用扶贫款等犯罪，开展法律宣讲、法律咨询等特色帮扶活动，为困难群众、农村产业发展提供物质帮助和法律支持。坚持以法治方式解决信访问题，引导群众依法有序表达诉求，妥善化解一批信访老案、难案，维护中共十九大、省十一次党代会等重要节点期间的社会稳定。

（市法院）

司法行政

【概况】 截至2017年年末，全市有律师事务所28家，执业律师377人；公证处7个，执业公证员26人；司法鉴定机构5家，司法鉴定人员152人；基层法律服务所28个，基层法律服务工作者131人；司法所108个，管理社区服刑人员1307人；法律援助中心7个，法律援助工作站（点）179个，基层法律援助联络点564个；人民调解组织1645个，人民调解员7723人。

【公共法律服务体系建设】 2017年，建立全省首家采用实体化运行模式，接入网络、热线、站点平台，集中司法行政多项职能的市级公共法律服务中心，探索全市公共法律服务体系集中宣传形式，邀请《法制日报》《四川日报》等11家媒体参与宣传，该经验做法受到省司法厅党委书记、厅长陈明国肯定。推进法律援助示范窗口建设，建成规范化接待受理厅5个、工作站25个（新建8个）。开展"岁末年初为农民工讨薪法律援助专项活动"，受理农民工法律援助案件152件，提供法律咨询2480人次。全年提供法律援助服务2.05万人次（完成年度目标任务136.41%），其中，办理法律援助案件1792件、其他法律援助事项1.69万件。

【律师与基层法律工作者行业服务】 2017年，出台《自贡市司法行政系统充分发挥司法行政职能优势保障服务经济发展工作的意见》。全市律师担任1004家单位法律顾问，全年办理案件5714件；基层法律服务工作者担任225家单位法律顾问，全年办理案件2184件。组织全市首届"十佳律师"评选活动，在《自贡日报》专版宣传候选人先进事迹，在自贡网、自贡长安网、自贡网官方微信公众号开展候选人网络推选。接受市人大常委会调研组对全市贯彻实施《中华人民共和国律师法》情况的专题调研。组织20名律师参与化解和代理涉法涉诉信访案件8件，接待群众41人次。市律师协会成立维护律师执业权力中心、投诉受理查处中心。

【公证工作】 2017年，推动公证执业管理，组织2个公证处试点开展诉讼与公证协同服务工作，市司法局会同市法院召开公证机构参与司法辅助事务和"三项工作"推进座谈会，接受省公证协会质量检查组对全市公证工作质量情况的专项检查。选派7名公证员参加省级以上培训，为重大项目提供专项法律服务1500余件（次）。全年办理公证事项1.97万件。

【司法鉴定工作】 2017年，推进司法鉴定规范化管理，在全市率先开展中介组织档案规范管理工作，试运行司法鉴定业务软件，探索建立司法鉴定管理评价制度，推荐上报的《董某交通事故伤残程度司法鉴定意见出庭作证》案例入选司法部典型案例库。全年受理司法鉴定案件3948件。

【"七五"普法】 2017年，召开全市"六五"普法总结暨"七五"普法推进会，印发《自贡市法治宣传教育第七个五年规划（2016—2020年）》，市司法局会同市委宣传部印发《自贡市2017年法治宣传工作要点》。落实"谁执法谁普法"责任，围绕"3·15""5·4""6·5""10·17"等重要节点开展"10+1"法治宣传教育主题活动、

"12·4"国家宪法日集中宣传暨法治宣传月活动、"共建文明·法治先行"专题活动，在《自贡日报》刊发"让法治阳光照亮城市文明"署名文章。全市开展各类主题宣传活动4650次，发放宣传资料53万份，接受群众法律咨询46万余人，培养法律明白人4550人，解答法律问题1670个，现场办理便民法律服务事项764个。

【"法律七进"活动】 2017年，召开全市"法律七进"工作交流推进会，市司法局会同市依法治市办、市委宣传部印发《自贡市"法律七进"工作要点》。打造"法律诊所""法治评书"等法治文化品牌，自贡盐税史陈列馆获评首批"全国税收普法教育示范基地"，自流井区检察院法治教育基地、沿滩区岱山法治文化公园获评全省首批法治教育示范基地，市工商局、市住房城乡建设局等12个部门、单位通过省级"法律七进"示范点检查验收。市司法局派员在全市依法治市暨信访维稳工作推进会上就"法律七进"工作进行大会交流发言。截至2017年，全市建成法治公园（广场）7个、法治教育基地12个、法律图书室（角）225个、法治宣传橱窗320个，创编法治文艺作品121个、微电影45部。全年举办法治文艺演出350场（次），播出法治节目370期，推送法治公益广告330个。

【司法行政改革】 2017年，市司法局会同市依法治市办、市委组织部、市委宣传部、市人力资源社会保障局印发《自贡市关于贯彻实施〈完善国家工作人员学法用法制度的实施意见〉责任分工方案》，市委办、市政府办印发《自贡市关于深化律师制度改革的实施意见》《自贡市关于完善法律援助制度的实施意见》。市司法局会同市检察院印发《自贡市市级人民监督员考核实施方案》，全市推荐选任省级人民监督员10人、市级人民监督员38人，全年参加案件督查7件10人次。市司法局会同市委政法委、市财政局印发《自贡市律师参与化解和代理市本级涉法涉诉信访案件补助资金管理办法（暂行）》，争取市财政专项资金36万元。全面启动律师调解、法律援助值班律师、刑事案件律师辩护全覆盖、公证参与法院司法辅助事务4项改革。

【社区矫正工作】 2017年，市司法局会同市人力资源社会保障局、市财政局、市公安局、市法院、市检察院等部门印发《进一步加强社区矫正工作的意见》《进一步明确社区矫正工作衔接配合管理几个具体问题的意见》《关于建立完善社区服刑人员信息交互共享机制的通知》，其经验做法在全省社区矫正工作推进会议上作交流，获司法部副部长刘振宇肯定性批示，并在10月14日《法制日报》头版刊发。推进社区矫正中心、社区矫正指挥中心建设，提高社区矫正定位管理系统使用效率。建立随机督查、诫勉谈话、异地交流"三项制度"，推进政府购买社区矫正公共服务工作，开展社区矫正执法队伍风貌展示暨业务技能竞赛，组织社区矫正专题培训6场次、700余人次，招募矫正志愿者2990人。落实刑释人员帮教措施，在自贡科瑞德新材料有限责任公司设立市级刑满释放人员过渡性安置帮教基地。落实社区服刑、刑释人员重要敏感时期稳控措施，召开十九大期间全市社区矫正及安置帮教安全稳定工作会。是年，全市新接收社区服刑人员1071人，减少1012人，在矫人员1307人，其中再犯罪1人（再犯罪率0.04%）；衔接刑释人员2500人，安置2467人，帮教2499人。

【人民调解工作】 2017年，印发《关于完善矛盾纠纷多元化解机制的实施方案》，全面落实诉讼与人民调解对接、公安与人民调解对接、检察与人民调解对接、交通事故与人民调解对接、医患纠纷与人民调解对接等工作，市司法局会同市法院、市公安局、市卫生计生委等部门印发《关于建立完善人民调解与治安调解衔接联动机制的实施意见》等文件，建成治安纠纷人民调解委员会11个，人民调解室直接入驻派出所41个，自流井区张正然人民调解工作室、大安区金桂大妈调解室等6个调解室获评"自贡市十佳品牌调解室"。建立"保险赔偿+人民调解"医疗纠纷化解机制，"自贡市医

疗纠纷人民调解委员会”挂牌成立，自贡成为全省继南充后第二个实施“调赔结合”“医责险统保”的市州。是年，市医疗纠纷调解委受理医疗纠纷人民调解案件24件，调解结案12件，介入并转移纠纷现场18件。创新开展特邀调解组织、调解员入驻法院工作；推进交通事故人民调解工作，全市有道路交通事故调解委员会7个、专兼职调解员55人。全市各类人民调解组织开展矛盾纠纷排查活动3658次，调解纠纷6749件，调解成功6688件（成功率99%）。

【基层阵地建设】 2017年，推进司法所规范化建设，全市108个司法所建成规范化司法所83个，超省下达任务6个百分点，配有基层司法助理员180人，通过协调地方编制人员兼职、政府购买服务岗位等方式补充人员174人。试点推行“乡村司法行政工作室”，提供“一站式”法律服务，沿滩区詹井村、荣县马石村、富顺县马安村、自流井区竹元村等6个司法行政工作室投入使用。推进司法行政信息化建设，开通108条到司法所的30兆专线光纤，被省司法厅确定为全省首批试点公共法律服务平台的2个市州之一，市司法局以《信息化建设助力司法行政工作的实践》为题在全省司法局长培训班上作专题发言。

【政风行风建设】 2017年，优化行政审批服务，办结行政审批和管理服务事项345件。争取行政审批移动端APP全省首批试用，开展法律服务执业证书换领或补办行政审批“网办”业务，提高行政审批效率。规范案件质量评查，自查、复查人民调解、公证案件1497件，抽查130件。完成2017年国家司法考试自贡考区组织考试工作，为全市821名考生提供服务，实现连续8年“零差错”。推动宣传阵地建设，开办“盐都司法”微信公众号，《自贡司法行政》出刊62期，市政府集群网站司法局频道、四川司法行政工作平台内网网站刊载各类信息1035条（篇），各级媒体刊发全市司法行政新闻宣传报道701篇（中央媒体9篇、省级媒体255篇、市级媒体187篇、其他媒体250篇）。

（市司法局）

仲 裁

【概况】 2017年，自贡仲裁委受理各类案件51件，涉案标的额8978.91万元，其中，调解和解案件5件、裁决案件32件，当事人自动履行率在60%以上。

【调解中心成立】 2017年，自贡仲裁委成立仲裁调解中心，建立仲裁调解与人民调解相互衔接配合的工作机制，整合和提升各类调解资源，发挥人民调解和仲裁调解各自优势，实现法律效果和社会效果统一，维护社会和谐稳定。

【加入互联网仲裁联盟】 2017年，自贡仲裁委加入“中国互联网仲裁联盟”，与互联网仲裁联盟成员签订《中国互联网仲裁联盟合作协议书》，与广州仲裁委签订《互联网仲裁联盟云平台测试协议》，就推动网络仲裁示范规则制定、制定网络仲裁通用技术标准、开放仲裁员名册、互为线下办案点等内容开展合作。

【仲裁调解制度建设】 2017年，制订全市仲裁调解标准化办案流程和仲裁调解文书标准化版本，推进仲裁调解办案管理系统信息化建设；建立仲裁调解质量保障和监督制度，保障仲裁调解依法独立进行，公平合理解决纠纷，提高仲裁调解效率；建立健全仲裁调解与人民调解、行政调解、司法调解的衔接联动机制。

【队伍素质提升】 2017年，完善仲裁、调解等专兼职人员培训制度，对仲裁员、调解员培训实行课时管理。派员参加中国政法大学、九江仲裁国际培训中心等单位组织的专家培训。派员到广州参加第七届大中华仲裁论坛及全新升级的仲裁云平台2.0发布会，了解智能仲裁发展趋势，开阔仲裁视野。

（自贡仲裁委）

军　事

自贡军分区

【战备训练】　2017年，坚持党委集中议训、领导带头参训、机关督导促训，形成“党委统管、领导带头、机关合力、全力保障”训练机制。规范战备值班秩序，健全日、周、月情况报告制度。修订应急预案，定期维护保养战备物资器材、及时撤旧补新。担负重要敏感时期维稳执勤，参与森林灭火、汛情监控等任务。组织首长机关基础体能、军事技能和业务训练，接受省军区年度军事训练考核成绩良好；落实训练保障，完成器械训练场建设。完成《民兵军事训练大纲》“民兵参与防风救灾”科目试训论证任务，提出修改意见建议52条，大安区人武部试训论证工作方法受到省军区通报表扬；组织39期民兵军事训练，超额完成年度训练任务，富顺县人武部实行训练质量“问责回炉”制度，提升民兵军事训练水平。完成年度学生军训和军队院校招生工作。

【国防动员能力建设】　2017年，联合市公安局、市教育体育局出台兵役登记和查验提示工作措施，全市兵役登记率96.47%。实施“五率”量化考评，荣县“五率”量化考评位列全市第一，自流井区大学生征集比例连续2年近70%，四川理工学院连续2年被表彰为全省大学生征兵工作先进单位。探索量化考评打分定兵模式，以区（县）为单位，集中预定新兵开展役前训练，强化新兵适应能力。组织签订廉洁征兵责任书，设立举报信箱、举报电话，公示双合格、定兵人员名单，遴选391名廉洁征兵监督员，组织开展应征青年电话回访。完成全年新兵征集任务，未发生责任退兵和不廉洁征兵问题。全面开展国防动员潜力数据核查更新，通过集中汇总和实地采集方式，全年核查更新3万余条数据。

【安全稳定工作】　2017年，军分区党委定期分析安全形势，及时调整安全委员会成员，明确责任分工。坚持不定期安全巡查和常态化安全隐患排查，开展每周安全讲评、每月安全教育。开展心理疏导，及时“诊疗”官兵亚健康心理状态。开展“百日安全活动”，发现38项安全隐患和问题，集中力量整改。开展枪弹专项清查整治工作“回头看”，组织签订《个人私存枪弹情况报告责任书》，对全区35名装备管理人员进行政治考核，未发现私存枪支弹药情况。落实“人车枪弹密、水火电钱网、酒油黄赌毒、涉外涉地方”17个重点要素的安全管理。修订完善“五防”预案，与市武警支队开展联防联治，组织开展应急处突、营门防冲击演练，完善机关营区全覆盖视频监控和全区营门防冲击设施，推进民兵武器仓库监控报警系统三级联网建设。

【综合保障能力建设】　2017年一季度，自贡军分区所属系统开展财务自查整改，6月接受中央军委审计署拉萨审计中心生活费专项审计。稳步推进停偿工作，全部关停自贡军分区所辖单位对外有偿服务项目。落实房清工作，组织全体人员填报年度家庭住房情况报告表，对个别超面积办公用房进行整改。推动基础设施建设，对机关路灯和民兵武器装备仓库受损营房进行修缮。定期组织驾驶员安全行车教育，办理军车商业保险。开展经常性卫生防病工作，定期组织官兵职工健康教育和体检，收集报送干部健康评估状况信息。规范集中采购渠道和程序，实行办公用品定点采购、机关食堂菜品集中配送、车辆定点维修。协调开通自贡市第四人民医院军人就医优先通道和工行网银支付平台，建立军人服务窗口。

【推进军民融合】　2017 年，贡井区人武部利用自贡航空产业园区域优势，参与军民融合示范区创建工作。沿滩区人武部开展少年军校“六个一”活动，完成沿滩小学全国国防教育特色学校创建申报工作。助力脱贫攻坚，先后投入 120 余万元帮扶 7 个贫困村，其中 3 个贫困村实现脱贫。协调地方解决 7 名军人子女入学问题。解决随军未就业家属实际困难，发放随军未就业补助 20 余万元。组织干休所老干部到驻地社区慰问困难群众。协助地方做好涉军群体稳控工作，妥善处理涉军维权来信来访。

（自贡军分区）

武警自贡支队

【演练与勤务】　2017 年，组织“卫士－17”演习，开展“魔鬼周”极限训练及特勤排、应急班对抗训练，组织教练员集训、勤训轮换、首长机关训练和军事比武竞赛，开展“争当做创”活动。开展执勤安全教育整顿和勤务鉴定活动，成功处置多起影响目标安全的事件。完成自贡国际恐龙灯会安保、春运执勤、设卡清查、长途押解、联勤武装巡逻等临时勤务。

【安全稳定工作】　2017 年，落实安全工作“八个规范”要求，开展“学法规、用法规、守法规”“群众性创安”“百日安全竞赛”“九过”“八治两抓”等活动，先后 10 次组织安全检查，7 次召开安全形势分析会议，10 次跟进重大任务开展风险评估，10 次组织法规知识专题辅导，制定《在外人员管理办法》《手机管理实施细则》，规范机关办公秩序、基层库室设置，加强“小散远直”单位、身边人管控。健全“值班首长点名、‘四个半小时’查控、周一专勤专训”等制度机制，投入经费 100 余万元，解决 1 个总队挂号硬隐患和 8 个一般隐患。支队连续 22 年被总部表彰为“安全工作先进单位”。

【基层建设】　2017 年，组织机关“三办”培训、周三夜校学习、基层干部轮训和党小组长培训。坚持按“五步法”制定《按纲建队计划》，用“五用”规范部队建设秩序，制定《精准帮建计划》《一队一策方案》，建立“领导包队、股队挂钩、末位整治、双向讲评”机制，8 次到基层蹲点帮建，4 次召开基层建设形势分析会，开展每周全覆盖督查。开展“双争”和“争当做创”活动，评选表彰“五大标兵、二十名优秀士官”。

【服务保障】　2017 年，修订完善《经费资产管理规定》《地方保障性经费管理实施细则》《物资集中采购管理办法》，组织财务大清查“回头看”，严格军委审计、总队巡察问题整改纠治，规范地方保障性经费使用，实现经费管理安全。组织军械员、驾驶员、炊事员培训和“一组五队”拉动演练，增强后勤战备和应急保障能力。严格“1126”和“6211”保障模式，落实食物验收、留验和食谱审批制度。投入 933 万元新建公寓房 54 套；完成卫生队 DR 机房建设，推进富顺县中队新营房建设。

【拥政爱民活动】　2017 年，参加创建全国文明卫生城市、全国优秀旅游城市、双拥模范城活动。组织官兵义务献血 8000 多毫升，义务植树 200 多棵，慰问孤寡老人 10 人次，捐资助学 5 万元，开展便民活动 4 次，清运垃圾 10 余吨，举办国防知识讲座 2 场。全年没有发生警民纠纷问题。

【安全保卫任务】　1 月 19 日至 3 月 16 日，担负灯会及春节期间城市武装巡逻勤务。1 月 19 日至

3月12日，担负第23届国际恐龙灯会安保任务。1月29日至2月21日，担负自贡火车站春运执勤任务。3月3日至3月15日，担负全国“两会”期间和三月敏感期安保备勤任务。3月30日，担负省委书记王东明在自贡检查期间的备勤任务。4月28日至5月20日，担负“一路一带”高峰论坛及自贡市“五一”期间城市武装联勤巡逻勤务。5月2日至10日，参加自贡市2017年抢险救援综合演练。7月28日至29日，担负全国政协副主席刘晓峰到自贡考察期间安保任务。9月13日至14日，担负全国政协副主席韩启德在自贡考察期间的住地警卫任务。9月18日，担负自贡市火车站新兵起运现场警戒勤务。10月1日至25日，担负“两警”联合城市武装巡逻勤务。

【武装押解押运勤务】 2月14日，协助富顺县看守所将罪犯押解至雷马屏监狱。3月23日，协助自贡监狱将罪犯押至锦江监狱。6月1日至2日，协助自贡监狱将罪犯押解至眉州监狱进行技能培训。6月6日至7日，协助自贡市看守所将罪犯押解至西昌市荞窝监狱。7月28日，担负上交废旧军械押运任务。8月16日，担负富顺县看守所在押人员外出就医警戒勤务。9月13日，担负领装武装押运任务。9月20日，押解即将刑满罪犯到锦江监狱进行出监培训。10月25日、11月3日、11月8日，3次担负自贡监狱罪犯离监就医勤务。

（彭俊杰 符玉寒）

人民防空

【平战结合建设】 2017年，通过汇西广场人防工程平战结合经营权拍卖，引进社会资金1000余万元打造汇西地下购物商场和停车场；通过置换使用权年限，引进社会资金120余万元投资建设汇西人防主题广场LED电子显示屏。

【组织指挥平台建设】 2017年，全市新增警报器8台，升级改频防空警报控制器90台，扩大警报报知系统覆盖率，实现远程控制。增配人防低空无人机1台，初步构建地下、地面和空中“三位一体”指挥通信系统。全市制作安装250块防空地下室标识标牌，夯实防空防灾基础条件。

【专业队伍建设】 2017年，市人防机动指挥通信支队完成自贡市2017年防灾救灾综合实战演练机动通信保障任务，首次将“设施装备碎片化，通信保障一体”的技战法运用于演练通信保障中；参与四川省人民防空综合演习（代号“蜀盾—2017”）。全市人防系统结合民兵点验，整组人防专业队伍400人，骨干训练80人，人防队伍专业化水平得到提升。

【行政审批工作】 2017年，印发《关于进一步规范防空地下室易地建设费的通知》和《关于明确防空地下室易地建费收费范围的请示》，对人防易地建设收费政策作调整。向自流井、贡井、大安、沿滩4个区下放行政审批事项1个，向社会公布人防责任权力清单10项。全年审批新建民用建筑修建防空地下室10件，防空地下室补建审批3件。全年收取人防易地建设费3592.3万元。

【宣传教育】 2017年，全市人防系统结合“‘3·1’国际民防日”“‘5·12’防震减灾日”和“‘9·18’警报试鸣日”开展集中宣传教育活动。9月，在《自贡日报》和《自贡晚报》开辟“聚焦九一八”宣传专栏，刊发10余篇关于自贡人防的报道；制作《自贡人防宣传片》，在320个社区中循环播放。开展人防知识宣传“五进”活动，全年完成1万名以上中小学生现代防空知识教育和4000名以上大中专学生及党校、行政院校学员的防空知识教育。

（周小婕）

消　防

【综合训演】 2017年，坚持党委议训议战制度，推进部队实战化训练改革，完成训练塔实战化和车辆上装改造，建成支队小型训练基地和“两室一站”，指挥中心和通信设备升级改造。完成专业救援队伍建设。先后开展高层建筑灭火救援、大跨度大空间、石油化工等特殊火灾实兵演练 12 次，举办首届“金水枪杯”技能比武竞赛。全年累计出警 4342 次，营救疏散被困人员 2266 人，抢救财产价值 1852 万元。完成第 23 届自贡国际恐龙灯会、“8・8”九寨沟地震救援及中共十九大消防安保等任务。

【后勤保障】　2017 年，完成市公安局消防支队公寓房、队史馆、机关营区文化墙、机关办公楼外墙装修和楼顶改造等重点建设项目。党员之家、红门影院、图书室、电子阅览室、官兵宿舍等升级改造。推进大中队营容营貌改造工程。贡井消防站完成主体建设并进行内部装修，大安消防站建设有序推进。启动公消警联合应急救援基地和支队战勤保障大队建设。先后购置 8 辆执勤消防车和 6375 件套器材装备。开展 2017 年社会联勤战勤保障综合拉动演练，举办首届炊事员技能竞赛活动，16 名炊事学员通过国家等级资格考试。

【消防安全责任制】　2017 年，市政府召开消防工作会，逐级签订消防工作目标责任书，将消防工作纳入目标责任考核、日常检查、政务督察内容。落实“谁主管、谁负责”消防工作机制，每季度召开 1 次“两委”联席会，定期开展集体会商。推进网格化综治服务平台建设，落实网格员“以奖代补”措施。启动全市消防专项规划编制，完成《自贡市住宅物业消防安全管理办法》制定申报立项。

【执法监督】　2017 年，结合冬春火灾防控、夏季消防安全检查工作，部署开展人员密集场所、易燃易爆场所、电气火灾防范、文物古建筑、养老机构、商场市场、医疗机构、高层建筑消防安全综合治理等 10 余个专项行动，检查单位场所 2. 89 万家，发现并督促整改火灾隐患 6. 64 万处，发出责令改正通知书 2. 10 万份，制作处罚决定书 954 份，临时查封 455 家，责令“三停”426 家。推进执法规范化建设，开展“三达标、三掌握”创建活动，完成执法档案管理“七站一中心”建设，配备 8 辆监督执法车和 20 余套监督执法装备，召开全市执法规范化建设现场会。开展火灾防控基础“三个三”建设，建成 32 个消防安全示范社区和 771 个微型消防站。开展“全民消防我代言”和“119”消防宣传月活动，聘请谭维维任自贡消防公益宣传大使，建成全省首个消防主题公园，拍摄自贡消防首部微电影《红色的树》。

【年度荣誉】　2017 年，市公安局消防支队保持“省级文明单位”称号，14 个单位、26 名官兵受各级表彰。市公安局消防支队法制宣传科被评为全国优秀法制部门。市公安局消防支队在全省 2016—2017 年冬春火灾防控工作中被评为优秀单位，在中共十九大消防安保任务中被省消防总队评为先进支队。市公安局消防支队文艺小分队自创节目《光荣花》获省级二等奖，微电影《红色的树》获公安部消防局三等奖、省消防总队二等奖。

（唐春雨）

环境保护

概　述

2017年，全市环境空气例行监测365天，有效天数362天，达标天数227天，达标率62.7%，较2016年上升1.8个百分点。有效天数中，优55天、良172天、轻度污染83天、中度污染29天、重度污染22天、严重污染1天。首要污染物为细颗粒物$PM_{2.5}$（202天）、可吸入颗粒物PM_{10}（21天）、二氧化氮（3天）和臭氧8小时（86天），主城区可吸入颗粒物（PM_{10}）、细颗粒物（$PM_{2.5}$）浓度均值分别为88.8微克/立方米、66.1微克/立方米，比2016年下降10.6微克/立方米、7.1微克/立方米。是年，全市主要河流13个监测断面总体水质为轻度污染，4个断面达标，达标率30.8%，河流监测断面主要污染物为总磷、化学需氧量、高锰酸盐指数。与2016年比较，河流监测断面总体水质无变化，为轻度污染，其中，劣Ⅴ类水质断面减少1个，劣Ⅳ类水质断面增加1个。

大气环境保护

【防控机制】　2017年，坚持川南地区大气联防联控机制、“日督查、周通报”制度、大气例会制度和环保气象合作机制。开展春、秋季秸秆和露天全域禁烧专项行动，落实市、区县、乡镇、村四级责任体系和巡查夜查机制，落实资金1300余万元购置秸秆粉碎机解决秸秆还田问题。

【综合治理】　2017年，开展挥发性有机物调查，上报477家企业均通过省环保厅审批。开展“散乱污”企业专项整治，清理“小散乱污”企业814家。开展重污染天气应急预案修订，启动4次重污染天气应急预警；启动空气质量达标规划编制；完成1户企业的强制性清洁生产审核验收，完成39户砖瓦企业整治，加强9个机动车环保检测机构监管。是年，完成省下达自贡市可吸入颗粒物（PM_{10}）平均浓度93.3微克/立方米的年度目标任务。

声环境保护

【布置“两考”禁噪工作】　5月11日，市环保局牵头召开全市“两考”禁噪工作会，市教育体育局、市招办、市公安局、市住房城乡建设局、市文广新局、市城乡管理执法局、市工商局等部门及各区县环保局参加会议。会上，相关单位就“两考”期间的“坝坝舞”提出劝导措施。

【执法检查】　5月，市环保系统组织力量对全市“两考”考点周边的环保问题进行重点排查，对反映的富顺二中周边废气污染等问题，环保执法人员到现场依法进行调查处理。发挥“12369”环保投诉平台作用，重点对考点周边开展专项检查，有效处置“两考”环境投诉。

水环境与自然生态保护

【饮用水源保护】　2017年，合理划定集中式饮用水源地空间布局，完成全市50个乡镇集中式饮用水水源地调整。开展小井沟饮用水水源地保护区划定工作，将其纳入双溪水库保护区范围，委托省环境保护科学研究院编制完成《自贡市双溪水库集中式饮用水水源保护区调整划分技术报告》。实施饮用水源地规范化整治，完成5个乡镇集中式饮用水源综合性整治，修建一级保护区隔离网约5万米，设置各类标志标牌约490块，修建垃圾收集库65个，拆迁一级保护区违章建筑物约5700平方米，取缔64艘游览木船和4艘机动船，修建化粪池、排污沟等。

【废水污染治理】 2017年，出台《自贡市釜溪河流域水环境生态补偿办法（试行）》。推进污水处理设施建设，建成自流井区舒坪镇污水处理厂主体工程，开工建设荣县污水处理厂、富顺晨光工业园区污水处理厂；建成市污水处理厂应急池，完成张家坝渣场渗滤液处置装置建设；启动市污水处理厂及荣县、富顺、贡井、沿滩等污水处理厂提标改造项目。

【编报生态保护红线】 2017年，将尖山—飞龙峡风景区核心景观区、生态保育区，自贡世界地质公园地质遗迹区，荣县金花桫椤自然保护区及双溪水库饮用水源地一、二级保护区，富顺县生态公益林等面积为25.8平方公里的区域编报纳入省级生态保护红线范围。

【越溪河“河长制”工作联席会】 7月27日，自贡、眉山、内江3市召开越溪河河长制工作联席会，3市负责人及环保、水务部门和相关县负责人参加会议。会议代表到威远县碗厂镇与仁寿县汪洋镇铁马桥交接断面河段调研越溪河流域水质情况，现场调研仁寿县汪洋镇铁马焦化厂和仁寿县第三污水处理厂，并在仁寿县汪洋镇召开座谈会，听取自贡市荣县、眉山市仁寿县和内江市威远县关于越溪河污染防治工作情况介绍，就如何推进越溪河流域共同治理进行探讨。会上，自贡、眉山、内江3市环保局签订《共同应对跨区域环境污染及突发环境事件框架协议》。

环境管理

【“双随机”抽查工作】 2017年，市本级完成移动执法系统平台建设，落实全市环境监察系统在编在岗人员46人，其中，“双随机”执法人员35人，全市环境监察系统配备PDA移动执法终端50台。年末全市污染源企业1261家（重点污染源117家、一般污染源1138家、特殊监管对象6家）。全年完成“双随机”系统派发任务616件（市环保执法支队101件），其他执法任务649件（市环保执法支队148件），通过现场检查发现26起环境违法行为。

【远程在线实时监控】 2017年，对23户安装自动监控系统的企业60台（套）设备和10台视频监控设备进行每日在线监控，落实专人负责及“日调阅、周分析、月通报”等制度，对发现的传输异常情况和超标情况进行通报。是年，完成荣县驰宇盐化有限责任公司废气在线监控设备、5家城镇污水处理厂新增总磷在线监控设备安装及验收工作。

【重点行业环保专项执法检查】 2017年，实施长江经济带化工生产企业和化工园区摸底排查，检查入园企业68个、化工行业分类表中需排查的企业15户、园区外企业45户，对21户存在环境问题的企业开展全面整治，其中，查处涉嫌环境违法行为化工企业19户，处罚款153万元，移送公安机关拘留2起3人。制定《自贡市砖瓦行业环境保护专项执法检查及整治方案》，拉网式检查砖瓦企业82户，对15户环境违法砖瓦企业实施行政处罚，罚款31.75万元。开展地下水环境保护执法专项行动，检查41户园区企业、5户矿山开采区企业、8户垃圾填埋场和1户危险废物堆存场；处罚园区企业4户、矿山开采企业5户（祥玉片石厂2次）、垃圾填埋场7户，罚款68.91万元。开展水泥玻璃行业环保专项执法检查，市内3户水泥生产企业接受执法检查，其中，对自贡金龙水泥有限公司余热发电系统未验收和未采取有效措施防止扬尘污染的环境违法行为处以罚款7万元，对自贡市童寺化工建材有限公司富顺分公司未办理环保手续投入生产的环境违法行为处以罚款4万元。市环保局配合相关部门开展“地条钢”暗访督查与“回头看”工作，完成年度执法检查任务。开展长江经济带饮用水水源地环境保护执法专项行动，按季报送全市饮用水水源地环境保护执法专项行动工作情况，对市级饮用水水源地双溪水库饮用水源保护区内的游船、码头于2017年6月底前取缔，对二级保护区内的1处违法违规建设项目于2017年2月13日实施拆除。开展未利用地非法排污专项环境执法检查，出动执法人员753人次，对滩涂、山地、草地、沼泽地等未利用地周边257个排污企业进行重点排查及跟踪督察。

【核与辐射安全监管】 2017年，提高核技术利用项目的固有安全性，重点排查治理32家涉放射源核及Ⅱ类射线装置辐射企业的安全隐患；对现役放射源加强安全管理，要求放射源使用单位必须安排专人值守，严格落实放射源“六防”措施，确保万无一失；督促单位及时收贮废弃放射源，消除安全隐患。开展核与辐射监督检查，强化核技术利用单位的辐射安全主体责任和安全文化素养，合法合规调解移动基站纠纷，督促核技术应用单位完善和落实核与辐射安全管理措施，组织辐射工作人员培训，提升安全管理水平。落实全市核与辐射单位日常监管，按属地管理原则，市环保局负责省环保厅核发“辐射安全许可证”的核技术利用单位现场检查，区县环保局负责市环保局核发“辐射安全许可证”的核技术利用单位现场检查，重点检查相关单位是否具备辐射安全许可证、核技术应用项目的环评报批手续办理情况、“三同时”制度落实情况、是否进行项目竣工环境保护验收、辐射安全防护措施是否到位有效、辐射安全管理制度是否建立并完善、辐射操作人员及管理人员是否经过省环保厅上岗培训等。

【环境信访工作】 2017年，全市环保系统接到并受理各类环保投诉1859件次，按期办结1689件次，未办结170件次。其中，来电投诉（包括“12369”热线）1377件次、来信投诉92件次、来访129件次（涉及231人次）、网上（含微信）投诉261件次；水污染投诉412件次、大气污染类投诉888件次、噪声污染类投诉339件次、固体废物污染投诉94件次、电磁辐射类投诉10件次、其他投诉116件次。全年市本级收到并受理各类投诉326件次，其中，来信14件次、来访19件次、来电200件次、网上（含微信）投诉93件次；办结280件次，未办结46件次。全年未发生一起因处置不当引起环境安全或影响稳定环境信访案件。

【环保执法】 2017年，全市立案查处环保违法行为894起，下达行政处罚决定书688起，罚款2386.71万元；法院执行结案461起，执行金额1503.34万元，15起案件移交法院强制执行。下达16份限制生产、停产整治决定书；下达查封扣押决定书21份；按日计罚6起，涉及金额2.54万元；移送公安机关行政拘留10起，其中，执行拘留7人、退回案件3起；发出责令改正违法行为决定书574份。

【环境应急管理】 2017年，全市完成318户企业环境应急预案备案，全市6个工业园区均完成突发环境事件应急预案备案。依托中昊晨光化工研究院有限公司开展氢氟酸泄漏事故应急演练。定期开展环境风险隐患专项执法检查，重点管控风险源企业。妥善处置2起一般性突发环境事件。印发《自贡市环境应急管理体系建设工作方案》《自贡市环境风险防控体系建设方案》，完善组织管理、预防预警、应急响应体系。市环保局与眉山市环保局、内江市环保局签订共同应对跨区域环境污染及突发环境事件框架协议，形成“联席会商制度、信息通报制度、协同应急处置、协调处理纠纷、联合督导检查、经验交流学习”等基本制度。

【大型央企跨地区应急联动演练】 12月20日，蜀南气矿自贡采气作业区与内江华润燃气有限公司在内江市城西天然气储配站联合开展“大型央企跨地区应急联动演练”。自贡市和内江市共15家单位到现场观摩。该演练模拟内江华润燃气有限公司城西天然气储备站5000立方米球罐底部进气阀门法兰连接处泄漏，处于失控状态，如果不能及时处置，可能引起着火爆炸等严重后果，对周边地区造成威胁。内江华润燃气有限公司现场启动《燃气泄漏事故应急救援预案》进行处置，通知消防救援，并协调中石油蜀南气矿自贡采气作业区控制气源。

【内宜高速公路危化品泄露事件处置】 3月8日3时，内（江）宜（宾）高速公路自贡段釜溪河大桥上发生13车追尾交通事故，导致装有危险化学品三氯化磷的货车损毁，车上部分三氯化磷发生泄露。事故发生后，市政府应急办、高新区管委会、市安监局、市环保局、市食品药品监管局、高速交警队、辖区交通局和公安局、自贡消防特勤中队、中昊晨光化工研究院等单位到现场参与处置泄露危化品工作，并于4日凌晨将卸下的剩余危化品转移至宜宾市江安县某农药厂。

【污染物排放许可证核发与监管】 2017年，分批次办理火电、造纸、水泥、氮肥、印染、电镀、原料药、农药等涉及6个行业的排污许可证15张。落实证后监管，2017年下半年集中开展火电、造纸行业排污许可证执法专项检查，督促企业严格落实"持证排污、按证排污"主体责任，促进排污许可证申领和核发工作。

【环境影响评价审批与管理】 2017年，坚持重大项目"主动联系、跟踪服务、批复销号"的环评服务制度，执行大气污染防治相关政策和总量控制指标前置管理要求，全年审批项目49个，没有新上高污染、高耗能、严重破坏环境的项目。执行规划环境影响评价制度，督促相关部门在编制上报专项规划时完成环保篇章编制，督促相关区县按要求跟踪推进工业园区环境影响评价。

【项目竣工验收】 2017年，对企业建设项目竣工验收提供技术指导和服务，全年受理企业申请环保验收的建设项目120个，其中，建设项目113个、核与辐射项目9个，完成率100%。

【农村环境管理】 2017年，完成富顺县狮市镇马安村生态扶贫人居治理、彭庙镇大塘村生活污水收集治理、安溪镇富南村居民点生活污水处理等工程。出台《自贡市推进农村垃圾治理实施方案》，明确到2020年全市98%以上村庄的生活垃圾得到有效治理，到2018年底90%以上的乡镇生活垃圾集中到市（县）进行无害化处理。按省、市城乡环境综合治理办关于农村环卫设施设备建设标准（即每个村2~5个院落建设1个垃圾收集池，每个乡镇至少建1~2座垃圾库或中转站，每个村配备1辆小型垃圾收集转运车，每2~5个组配备1辆三轮车和一定数量的环卫工具），各区县、乡镇查漏补缺，新建设施、添置设备、新增清扫保洁和垃圾收集转运人员。全年完成农村环境综合整治村庄100个。

【企业环境信用评价结果公布】 2017年，自贡市作为全省企业环境信用评价的试点地区，全年有27家企业参加省级企业环境信用评价。经过企业自行申报并自评，区（县）、市、省三级环保部门逐级审查，共评选出环境信用良好企业21家、警示企业5家、不良企业1家。环境信用评价结果将应用于企业信贷、融资等方面。

环境监测

【监测能力建设】 2017年，发挥环境监测的技术支撑作用，组织开展大气、水、土壤、挥发性有机物VOC_S等监测能力建设，服务全市大气、水、土壤污染防治"三大战役"。推进环境监测人才队伍建设，严把进人关，有序增加和配置环境监测专业人员。

【空气质量监测】 2017年，按环境空气质量新标准，通过环境空气质量自动监测系统开展二氧化硫（SO_2）、二氧化氮（NO_2）、可吸入颗粒物（PM_{10}）、细颗粒物（$PM_{2.5}$）、臭氧（O_3）、一氧化碳（CO）6项指标24小时连续监测，按要求公开监测数据。

【酸雨监测】 2017年，按《酸沉降监测技术规范》（HJ/T165—2004），对酸碱度、电导率、降雨量、硫酸根离子、硝酸根离子 5 项必测项目及氟、氯、铵、钙、镁、钠、钾 7 项选测项目进行分析，按要求报送月报、季报、年报数据。是年，全市 6 个监测点采集 186 个样品，降水总量 3952.7 毫米，降水 pH 值（酸碱度）范围 3.90～8.41，降水 pH 平均值 5.68。全年酸雨个数 39 个，酸雨频率 21.0%，酸雨 pH 平均值 5.02；酸雨量 630.8 毫米，占总雨量 16.0%，其中，强酸性降水 3 次（pH 值 < 4.50）、中度酸性降水 11 次（4.50 ≤ pH 值 < 5.00）、弱酸性降水 25 次（5.00 ≤ pH 值 < 5.60）。

【地表水水质监测】 2017 年，每月对全市主要河流 13 个国家、省、市控断面开展采样监测，全年监测断面总体水质为轻度污染，4 个断面达标，达标率 30.8%，优良（Ⅰ类至Ⅲ类）水质及重度污染（劣Ⅴ类）水质比例均 7.7%，其中：沱江自贡段脚仙村、李家湾、釜沱口前、怀德渡口断面水质均为轻度污染（Ⅳ类），未达标，主要污染物均为总磷，与 2016 年比，各断面水质类别无变化；釜溪河流域 7 个断面达标率 42.9%，总体水质为轻度污染，主要污染物为总磷、化学需氧量、氨氮，与 2016 年比，釜溪河流域总体水质有所改善，从中度污染变为轻度污染，水质达标率持平；越溪河自贡段平均水质为轻度污染，较 2016 年有所变差（黄龙桥断面水质为轻度污染〈Ⅳ类〉，主要污染物为化学需氧量、高锰酸盐指数；两河口断面水质为良〈Ⅲ类〉，达标，出境水质优于入境水质）。

【城市集中式生活饮用水源地水质监测】 2017 年，每月对市级集中式生活饮用水源地水质开展监测，每季度完成县（区）所在地集中式生活饮用水源地水质监测，每半年完成乡镇饮用水水源地水质监测。是年，市级集中式生活饮用水水源地荣县双溪水库水质达标率 100%，长沙坝—葫芦口水库入烈士堰水厂进水口水质达标率 91.7%，12 月监测硫酸盐（以 SO42－计）超标 0.06 倍；县级集中式生活饮用水水源地富顺县木桥沟水库高硐取水点水质达标率 100%，沿滩区碾子滩水库取水点达标率 50.0%（1 季度和 2 季度超标）；乡镇集中式饮用水水源地上半年实际监测 58 个（30 个达标，达标率 51.7%），下半年实际监测 54 个（36 个达标，达标率 66.7%）。

【噪声监测】 2017 年，完成每季度城市功能区噪声监测、一年一次城市区域噪声监测、一年一次交通干线噪声监测。是年，全市区域噪声昼间平均等效声级 56.6 分贝，比 2016 年上升 0.4 分贝，声环境质量达标率 84.4%；交通噪声平均等效声级 66.8 分贝，声环境质量等级为一级（好），全市 50 个测点中有 18 个测点等效声级超标，超标路段比例为 30.3%，与 2016 年比降低 9.1 个百分点；功能区噪声昼间达标率 88.3%，夜间达标率 75.0%。

【重点工业污染源监督性监测】 2017 年，每季度对全市国控、省控、市控污染源开展监督性监测，对安装在线监控设备的企业进行比对监测，为环境管理和污染防治提供科学依据。建立环境监测与环境执法协同联动机制，全年开展“测管协同”性执法监测 120 余次，查处和曝光一批违法违规企业。

环保督察

【中央环保督察迎检工作】 2017 年，印发《自贡市迎接中央环境保护督察工作方案的通知》（自委办发〔2017〕64 号）、《自贡市深入推进环保问题整改做好迎接中央环保督察工作总体方案》（自委发〔2017〕28 号），成立以市委书记、市长为组长的自贡市迎接中央环境保护督察工作领导小组，明确责任，推动工作落实。收集迎检资料 A 类 190 盒 3735 份，收集准备 B 类资料 199 盒 4505 份，指导各区县准备迎检资料近 3.5 万份。10 月，成立由市委、市政府主要领导任组长的中央环境保护督察发现问题整改工作领导小组，印发《关于做好中央环境保护督察发现问题整改工作的通知》（自委办发〔2017〕99 号）、《关于印发〈自贡市铁腕治霾十大专项行动工作方案〉等 19 个环境问题整治专项行动方案的通知》（自委办发〔2017〕100 号）。建立市级、市级牵头部门、各区县、社会“四级”督导和定期调度机制，推动环保督察发现问题整改。

【市级环保督察】 印发《2017 年自贡市环境保护督察工作方案》（自委办发〔2017〕47 号）。6 月 1 日至 22 日，市环境保护督察组先后对高新区、自流井区、大安区、贡井区、沿滩区、荣县、富顺县开展市级环保督察。督察组接受并移交信访案件

74起，检查点位696个，反馈现场问题413个，督察意见经市委市政府审定后反馈高新区、各区县。

【督察问题整改】 截至2017年12月底，全市调度中央环保督察发现问题512项，完成整改297项，完成率58.01%。其中，群众来电来信举报219件，完成整改178件，完成率81.28%。调度省环保督察发现问题471项，完成整改451项，完成率95.8%。据《四川省环境保护督察工作领导小组通报》（2017年第35期、总第35期），自贡市为全省完成2017年环保督察整改任务的6个市州之一，且为全省唯一一个全面完成自然保护区专项督察突出问题整改工作的市州。调度市环保督察发现问题1263项，完成整改1200项，完成率95%。

【全市环境保护工作新闻发布会】 11月9日，市政府新闻办公室和市环境保护局联合召开环境保护工作新闻发布会，发布全市1—10月环境质量状况和大气“十大”专项行动、工地建设管理、“河长制”、农业面源污染治理等环境保护工作情况，市纪委监察局通报生态环境保护领域责任追究典型案例。市纪委、市环保局、市住房城乡建设局、市水务局、市农牧业局、市城乡管理执法局等部门负责人参加发布会，并就大气污染防治、河长制工作、农业面源污染治理、环境保护有奖举报等市民关心关注的话题回答记者提问。

（市环保局）

国土资源管理

国土资源规划

【综合规划】 2017 年，围绕市委、市政府决策部署，确保 120 个市级重大项目和“17 个指挥部”项目建设用地。结合永久基本农田划定，有效避让基本农田，为自贡航空产业园、沿滩区食品产业园规划用地 55 平方公里，优先保障 7 平方公里起步区建设。结合土地规划的调整完善，新增规划建设用地指标 4100 公顷，优先保障重大项目和产业园区用地；抢报用地指标，全年上报省国土资源厅农用地转征用地 109 个批次 2328 公顷，占省下达年度计划的 400%，创历史新高。

【专项规划】 2017 年，开展规划调整完善及永久基本农田划定，全市永久基本农田划定通过省级终审验收，为全省首个一次性通过成果验收的市（州）。深化增减挂钩改革试点，全年累计完成拆旧复垦 128.93 公顷，占目标任务的 193.4%；以集中区方式安置拆旧复垦农户 607 户 1867 人，以货币化方式安置拆旧复垦农户 505 户 1632 人，发放货币化安置补助资金 9004 万元。

土地资源管理

【建设用地】 2017 年，经省政府批准农用地转征收项目 68 宗，总面积 2877.62 公顷，其中，耕地 1425.28 公顷，保障小井沟水利建设、自贡航空产业园、中华彩灯大世界、四川卫生康复职业学院、四川理工学院、自贡卧龙湖游客聚散中心等项目建设用地。

【耕地保护】 2017 年，落实最严格的耕地保护制度，层层压实耕地保护责任，开展耕地保护补偿基金试点和耕地破坏程度鉴定，确保全市耕地保有量 20.45 万公顷和基本农田保护面积 16.36 万公顷不减少。完成全域永久基本农田划定工作，优化用地结构布局；全年实施 21 个土地整治项目和“一区六园”土地整治项目，整理土地 8006.67 公顷，建成高标准基本农田 7026.67 公顷；提升耕地质量，落实市、县（区）、乡（镇）、村四级耕地保护责任，自流井区耕地保护补偿基金试点成果初显；对受污染土地实施用途管控与治理，完成耕地破坏程度鉴定 11 宗 47.05 公顷。

【土地市场】 2017 年，实施土地营销策划，开展土地供应全程监管。全年招拍挂出让土地 85 宗，面积 395.57 公顷，比 2016 年增长 100.25%；实现土地价款 81.8 亿元，比 2016 年增长 130.12%。其中，经营性用地 65 宗，面积 304.11 公顷、比 2016 年增长 119.98%，成交价款 79.88 亿元、比 2016 年增长 132.69%；工业用地 20 宗，面积 91.46 公顷、比 2016 年增长 54.25%，成交价款 1.92 亿元、比 2016 年增长 57.54%。办理划拨用地 38 宗，面积 54.56 公顷，保障全市重大项目实施。

【农村土地交易】 2017 年，构建市、区县、乡镇三级交易平台和市、区县、乡镇、村四级流转服务体系，全年通过农村产权交易平台完成土地流转交易 66 宗，面积 350.6 公顷。

【全市永久基本农田划定工作】 5月25日至26日，自贡市永久基本农田划定通过省国土资源厅、省农业厅联合验收组的省级验收确认，标志着自贡市成为全省第一个通过永久基本农田划定成果验收的市（州）。全市划定永久基本农田16.38万公顷，落实省级下达的16.36万公顷永久基本农田保护目标任务，实现“划足、划优、划实”的目标；签订区（县）、乡（镇）、村组“三级”保护责任书1.36万份，更新、增设永久基本农田保护标志牌114块，界桩718根。

【全市重大项目土地报征工作会】 12月20日，召开全市重大项目土地报征工作会。市政府分管领导，各区县政府、高新区管委会分管国土资源工作的领导、市级有关部门领导、全市“17个指挥部”办公室主要负责人参加会议。会议通报全市用地报征工作总体情况，对下一步报征工作进行安排，要求务必确保在12月25日前完成所有批次、项目用地报征组卷资料上报省国土资源厅审查，确保各级重大项目土地顺利报征。

不动产管理

【产权证颁发】 2017年，市辖各区受理不动产登记10.74万件，颁发不动产证书及证明10.36万份，其中，林权证11本。

【不动产便民窗口管理】 2017年，在市辖区各乡镇设立不动产登记便民服务窗口，为群众就近提供政策咨询、申请登记服务。是年，全市不动产便民服务窗口接受咨询4万余人次，登记申请6793件，办结登记4517件，公示4977户，完成现场查看5662次；开具不动产登记证明和办理档案查询7.12万份，接收各类实物档案8.17万卷，加工实物档案7.64万卷，上架实物档案7.08万卷。

地质矿产资源管理

【矿山监测检查】 2017年，完成118个动态监测的矿山储量年报的评审、备案工作；完成全市140个应当参与2016年度矿业权人勘查开采信息公示工作，对随机抽查的9个采矿权、1个探矿权公示情况进行实地核查，在全国矿业权人勘查开采信息公示系统中上报核查结果；完成2宗探矿权实地核查和直报工作。

【矿业管理】 2017年，办理5宗（次）矿山企业申请抵押备案登记资格审查，转报省国土资源厅办理抵押备案登记手续。依法提请上报注销煤矿采矿许可证5个，上报清退关闭煤矿企业剩余采矿权价款3个。编制完成《自贡市历史遗留工矿废弃地复垦利用试点专项规划（2016—2020年）》并通过省国土资源厅专家评审，推进工矿废弃地复垦利用试点。

地质环境管理

【地质灾害防治机制】 2017年，成立自贡市地质灾害应急指挥部，建立健全市、县、乡、村地灾防治体系，印发《自贡市2017年度地质灾害防治预案》《关于开展2017年地质灾害防范汛前排查工作的通知》等40余个指导性文件。开展3次地质灾害隐患拉网式大排查，排查出地灾隐患点493个，发放“地质灾害防治工作明白卡”490余份和“地质灾害防灾避险明白卡”1000余份，逐点制订防灾应急预案和防灾预案表，落实防灾责任单位、责任人和监测人员。

【地质灾害工程治理】 2017年，投资2900余万元，完成地质灾害避险搬迁72户，完成19处地质灾害工程治理及45处应急排危除险项目的竣工终审验收，完成大安区盐卤矿山地质环境恢复治理示范工程竣工初步验收，完成自贡世界地质公园扩园评估工作，公园面积从56.62平方公里扩大到1630.46平方公里。

【地质灾害防治知识宣传培训会】 4月6日，市地质灾害应急指挥部组织召开2017年地质灾害防治知识宣传培训会议。市地质灾害应急指挥部各成员单位，各区县住房和城乡建设、交通、水务、国土等相关部门分管负责人、工作人员，在建工程施工单位、监理单位、甲方代表等共120余人参加培训。

【地质灾害排查和防治】 地质灾害隐患排查从7月1日开始。7月3日，市政府召开全市集中开展地质灾害隐患排查和防治工作部署会议，各区县政府、高新区管委会，各市级有关单位及7个地勘单位的主要负责人参加会议。7月31日，集中开展地质灾害隐患排查与防治工作全面完成。8月3日，省级专家对全市6个区县、高新区管委会地质灾害隐患排查与防治工作成果报告进行审查。

执法与监察

【日常巡查执法】 2017年，全市巡查发现并制止土地违法行为276件，巡查现场拆除构（建）筑面积2.90万平方米。巡查立案查处土地违法38件，结案31件，结案率81.57%，退还土地面积3.04公顷，其中，退还耕地0.50公顷；没收违法建筑面积1.68万平方米，拆除违法建筑面积2.23万平方米，罚没款139.89万元。全市立案查处并结案矿产资源违法案件13件（4件属企业越界开采，9件属自然人无证开采），没收违法所得16.74万元，罚款3.33万元。

【卫星图片监测执法】 2017年，对国土资源部下发全市2016年度土地变更调查遥感监测图斑1453个、面积726.07公顷（耕地483.52公顷）土地开展核查整改，查处土地违法案件14宗、面积5.19公顷（耕地3.28公顷），占全市土地违法案件的1.34%，问责案件的1.43%。开展对国土资源部下发矿产卫片图斑共16宗的核查，其中，合法矿产图斑6宗、伪变化矿产图斑4宗、立案查处违法矿产图斑6宗，没收违法所得6.07万元，罚款4.28万元。

【《自贡市“十三五”基础测绘发展规划》印发实施】 年底，《自贡市“十三五”基础测绘发展规划》（以下简称《规划》）经市政府领导批准，正式由市国土资源局、市发改委、市测绘地理信息局联合印发。《规划》总结了全市“十二五”期间基础测绘工作取得的成就及存在的问题，分析了目前基础测绘工作面临的形势，确立了“十三五”规划的指导思想、基本原则，提出了“十三五”基础测绘的总体目标和主要任务，明确了自贡市测绘基准体系升级改造、基础测绘地理信息数据更新与维护、测绘应急保障系统建立、地理国情常态化监测、地理信息交换共享平台建设、智慧自贡时空信息云平台建设等重点工作。

（雷　洁）

城乡建设和管理

概　述

2017年，以“推动振兴发展，决胜全面小康”为主题主线，围绕“三个加快”，坚持“城乡统筹、产城融合、镇村一体”理念，完善城市基础设施、推进新型城镇化建设、实施保障性安居工程、规范建筑业市场和房地产市场、强化城镇管理，全市住房保障和城乡建设事业健康发展。

*着力提升城市品质，提高承载能力。*2017年，以提升城市品质、改善人居环境为目标，强化项目策划包装。实施城市发展、城市修复、棚改攻坚、城市畅通等城市复兴计划，总投资1172.49亿元，2017年完成投资305.25亿元。集中力量加大以自贡东部新城（地处沿滩区、大安区）为代表的新区建设，东部新城示范区一期工程加快推进，“两横两纵”道路基本建成、打通断头路、升级改造主街大道、新建组团道路，新老城区交通联系更加便捷。分别位于沿滩区、贡井区、大安区的南部、西部、东北部新城功能进一步完善，荣县、富顺县新区建设进展顺利。坚持做优做精做美城市，建成5公里东部新城地下综合管廊，推进东兴寺滨河文创公园、釜溪河复合绿道城区连接段建设，大安区文旅项目一期、水涯居市政广场等项目和17条城市主街大道环境艺术提升工程如期完成。提高城市建设水平，PPP融资新模式、EPC工程总承包模式和绿色建材、节能建筑等得到推广应用，全市城镇化率50.92%，比2016年提高1.78个百分点。全年城乡建设固定资产投资286.01亿元，比2016年增长16.27%，超过全市固定资产投资1/3，创历史新高。

*着力提高居住水平，促进社会治理。*2017年，扩大住房保障覆盖范围，新增公共租赁住房3915套。改造城市危旧房棚户区4.9万户，面积245万平方米，完成固定资产投资81.98亿元，棚户区改造新开工量居全省第一，整理城市建设用地133公顷以上，可解决17万人住房问题。搭建“自贡市棚改购房服务中心”（“自贡市房产交易服务中心”）平台，实现房地产开发企业和居民在“超市”自主售房、购房，推动房地产去库存。改造农村危房6482户，创历史之最。推进城市“缓堵保畅体系”建设，居民出行更加便捷。实施老旧社区改造，综合整治背街小巷91条，主城区建成13个公共厕所，全市建成1500个公共停车位和6个社区绿化健身小广场，全年新增城市绿地约60公顷、公园绿地40公顷，建成区绿地率35.5%，人均公园绿地面积12平方米。解决群众反映的民生问题，“浙江商城烂尾楼”四大群体567户涉案矛盾得到化解；办理提案建议30件、各类热线交办件172件、群众来信来访168件，办结率、满意率均100%。将住房和城乡建设绩效战略管理引入到民生发展中，提高公共服务体系的管理效能，提升全市人民的获得感、满意度。

*着力统筹城乡建设，推进镇村一体化发展。*2017年，深化“百镇建设行动”，培育和打造特色小镇，启动8个示范特色小镇建设，其中，自流井区“仲权彩灯小镇”申报为国家特色小镇，富顺县“赵化文旅小镇”申报为省级特色小镇，贡井区成佳航空特色小镇、大安区大山铺恐龙风情小镇、沿

滩区永安运动休闲小镇、沿滩区黄市亲子小镇、荣县双石民间漫画小镇、富顺县狮市田园小镇等镇域风貌塑造、基础设施、产业项目建设有序推进。推动城镇化、农业现代化和新农村建设同步发展，沿滩区仙市镇百胜村创建为国家级“美丽乡村示范村”。争取国家和省、市专项补助资金和银行贷款，引导社会资本进入城市建设项目投入，全年获四川省城镇基础设施建设专项资金3900万元、四川省新型城镇化建设专项债券资金1.32亿元。

*着力干部队伍培养和制度体系建设，夯实城乡建设基础。*2017年，落实“导师制度”加强培育全市建设事业接班人，推进依法行政和地方立法工作，出台《自贡市物业管理条例》，对《自贡市农村村民住房建设管理条例》《自贡市国有土地上房屋征收与补偿办法》开展前期调研论证工作。围绕打造行政管理、勘察设计、开发建设三支队伍，培训各类人员6896人次，促进一批优秀年轻干部脱颖而出。

（何西南）

城乡规划

【自贡市规划管理局成立】 2月20日，根据《中共自贡市委机构编制委员会关于自贡市城乡规划建设和住房保障局调整设置的通知》，设立自贡市规划管理局，为市政府工作部门。5月26日，根据《自贡市人民政府办公室印发自贡市规划管理局主要职责内设机构和人员编制规定》，市规划局机关行政编制30人，机关工勤人员控制数3人；主要承担全市城乡规划监督管理，组织编制和审查、审批、审转各类城乡规划，指导、监督全市城乡规划的实施和管理等12项职责；设办公室、城乡规划编审科、城乡规划实施监管科、市政规划管理科、行政审批服务科、组织人事科（政策法规科）6个内设机构，设自流井区、贡井区、大安区、沿滩区和高新区规划管理分局5个派出机构。

【年度规划概况】 2017年，编制完成自贡航空产业园区概念性总体规划，完成张家坝老工业基地转型升级示范区、沿滩食品工业园区等3项控制性详细规划，为产业集约节约发展提供依据；编制完成东部新城市政专项规划、中心城区加油加气站专项规划等4项专项规划方案，为优化完善城市功能提供技术支撑；编制完成东部新城起步区城市设计、卧龙湖国际旅游度假区城市设计等5项城市设计方案，为提升城市形象提供指引。

【全域自贡空间战略规划编制】 2017年，编制完成《全域自贡空间战略规划》。该规划主要内容：通过整体设计、统筹布局，对全域4381平方公里进行优化重塑；以资源环境承载能力为基础，整合生态保护、产业发展、城镇建设和基础设施配套的需要，科学划定全域范围内“生态、农业、城镇”三大空间；突出规划的全域性，凝聚发展合力，重塑四区两县发展格局，构建次级辐射点，形成“一城五组团七片区”空间布局。

【全域自贡交通战略规划编制】 2017年，规划建设凤鸣通用航空机场、沱江航运港口，编制乐（山）自（贡）渝（重庆）城际铁路等5条铁路自贡段规划，乐（山）自（贡）隆（昌）等8条高速公路自贡段规划，G348、G427等4条快速公路自贡段规划，构建全市“两航四环十七射线”交通体系，支撑形成川渝滇黔重要的综合交通枢纽。

【历史文化名城名镇名村保护规划】 2017年，编制完成《自贡历史文化名城保护规划（2016—2030）》，10月27日经省政府正式批复。编制完成西秦会馆—中华路、贡井老街河街片区等8个历史文化街区保护规划，艾叶镇、牛佛镇等6个历史文化名镇保护规划，荣县墨林乡吕仙村等13个传统村落保护规划。开展历史建筑保护工作，在全市范围筛选出自流井区高氏图书馆、贡井区吉武英宅院、大安区大安寨义门堂、沿滩区永安文昌宫等56处具有重要历史价值的历史建筑，汇编形成《自贡市历史建筑名录》，该名录于12月12日由市政府批复。

【重点项目规划服务】 2017年，编制完成自贡航空产业园概念性总体规划，经市城乡规划委员会审议通过；完成高铁站场周边100公顷匹配用地划定和高铁站场的初步选址方案；出具四川卫生康复职业学院新校区规划条件，完成方案审批；开展华侨城项目区域控制性详细规划方案设计，出具方特恐龙王国公园规划条件，开展中华彩灯大世界片区规划设计；委托中国规划设计研究院完成《自贡市卧龙湖片区产业策划及城市设计》编制，经专家论证会通过；按期完成面积4平方公里的自贡综合保税区规划，促成第一期6栋12万平方米的标准厂房开工建设。

【规划审批】 2017年，依法对约833万平方米用地下达规划设计条件，核发《建设项目选址意见书》100件，核发“建设用地规划许可证”97件，核发“建设工程规划许可证”125件，核发“乡村建设工程规划许可证”699件，行政审批即时办结率、提前办结率、群众满意率均100%。全年125个建设项目完成规划审批，设计建筑面积565.08万平方米、市政道路2.30万米、各类管线3.28万米，比2016年分别增长64.5%、211.5%、114.1%。

【规划管理】 2017年，按照“全域规划、圈层管理”要求，规划审批后跟踪管理实现全覆盖。全年完成规划用地性质确认474件，开展规划验线148项，开展规划验基151项，实施中间检查380余次，完成建设工程竣工规划条件核实93项，核实建筑面积275.94万平方米，向市城乡管理执法部门移交违法建设案件111件。

【“放管服”改革】 2017年9月，落实市委、市政府“放管服”改革要求，将建设项目选址审批、建设用地规划许可、建设工程规划许可、临时建设工程规划许可和依附于城市道路、桥梁建设各种管线、杆线等设施的规划审批5项审批权授权各区规划管理分局行使，并在各区政务服务中心设置规划窗口，实现工作重心下沉、靠前服务。

【城市规划展览馆建设】 2017年，完成自贡城市规划展览馆（自贡市展览中心一期工程）建筑设计方案竞赛并进入优胜单位确定环节，完成环境影响评价工作。该展览馆拟建于东部新城，项目北侧为东盐都大道，西侧为规划的东城街，东侧为规划的宜陈河，南侧为规划的汇兴路延长线，与釜溪河复合绿道隔河相望。项目规划用地3.38万平方米，地上建筑6层，地下建筑3层，建筑高度30米。

（市规划管理局）

市政建设

【道路交通】 2017年，推进东部新城建设，“两纵两横”道路路基工程基本完工。先后启动尚义灏支路、珍珠寺片区内部支路、中华路西段断头路及汇北路断头路打通工程。投入9.5亿元，基本完成全市17条主街大道环境艺术整体提升工程。陆续启动钟云山支路、和大市场支路、大榕桶路等7条道路改造，提升现有道路整体通行能力。启动连接汇东路、学苑街、东光路和光大街的汇柴口道路和天池山道路工程建设。完成东兴寺立交桥及铁路桥拓宽改造工程，推进旭水河大桥、汇兴路一号桥、索桥项目建设。

【海绵城市和地下综合管廊建设】 2017年，推进东部新城地下综合管廊建设，其中，建成5公里，长15.4公里的二期工程基本完成前期工作；重点实施釜溪复合绿道城区连接段、东兴寺滨河景观工程、东兴寺水涯居市政设施改造工程等海绵城市建设项目。

【燃气管理】 2017年，开展燃气安全专项检查，抽查燃气企业17家；指导企业开展应急演练，完善抢险预案。指导燃气企业强化燃气设施安保检查，从生产、经营、使用等环节进行管控，制定反恐预案，强化组织训练和演练，提高燃气企业应对各种突发事件的能力。

【其他市政建设】 2017年，基本建成公共停车场4个，新增公共停车位1500个以上。对14组彩灯公园外灯组进行修复，其中，5个灯组完工，其余灯组现场实施组装。推进实施“厕所革命”，编制《自贡市中心城区公共厕所专项规划（2017—2030）》，制定建设和考核标准，全年新建厕所13座。

村镇建设

【农村住房】 2017年，建立市农村住房建设统筹管理联席会议制度，推进农村住房质量安全管理，组织召开危房改造工作推进会5次，通过制作政策告知卡、编印精准扶贫农村危房改造施工图设计图集、进村入户实地宣讲等方式，向基层干部群众宣传相关政策和要求，全年累计免费发放图集1000余册，开展各类宣传活动20余场次。实施脱贫攻坚，全年累计争取中央及省补助资金1.05亿元，实施危房改造6670户，超额完成省下目标（2200户）与市下目标（2800户）任务，组织人员到乡镇开展专项督查4轮，检查农村建房户近600户，通过住房城乡建设部和省住房城乡建设厅组织的2017年度农村危房改造验收检查。在全省市州率先启动农村住房建设管理的前期立法工作。组织区县、乡镇负责村镇建设的干部500余人次，对《四川省农村住房建设管理办法》进行专题培训；分批次组织各级领导干部及农村建筑工匠等进行培训和宣讲，累计培训1000余人次。

【百镇试点镇建设】 2017年，争取省级小城镇建设资金3000万元（长山镇1200万元，赵化镇800万元，五宝镇、牛佛镇各500万元）。全年12个百镇建设行动试点镇完成基础市政设施项目建设投资7.92亿元，占省下达任务的144.26%；完成公共服务设施项目建设投资1.00亿元，占省下达任务的287.14%；试点镇带动全市小城镇完成基础设施建设投资11.73亿元，占省下达任务的100.02%；试点镇就地就近吸纳农业人口0.79万人，占省下达任务的141%。是年，12个试点镇辐射带动全市村镇建设固定资产投资26.52亿元。

【特色小镇建设】 2017年，将特色小镇培育作为全市小城镇建设年度重点工作，建立业务指导队伍，确立“立足乡镇资源禀赋，着力破格局、塑风貌、强产业、夯基础，以点示范、带动周边”的工作思路。实行定期检查督促，发挥区县责任主体和乡镇实施主体作用，各示范特色小镇基本完成实施方案、建设项目计划表的制订，初步形成“仲权彩灯文化、成佳民用航空、大山铺恐龙风情、永安运动休闲、黄市亲子文化、双石红色教育+民间漫画、狮市田园风情、赵化古镇文旅”的发展格局。是年，自流井区仲权镇申报为国家特色小镇，富顺县赵化镇申报为省级特色小镇。省住房城乡建设厅组织的第一期特色小镇建设培训班在自贡市举办，自流井区仲权镇的建设经验在培训会上交流。

【传统村落保护】 2017年，争取富顺县富世镇后街社区、荣县墨林乡吕仙村、自流井区新街街道龙凤山社区传统村落补助资金各300万元。沿滩区仙市镇百胜村创建为全国美丽乡村示范村，并获100万元项目资金补助。自贡市历史文化名镇建设工作代表四川省通过住房城乡建设部验收检查。推动历史文化传承与保护，组织富顺县赵化镇普安村等6个行政村申报全国第五批传统村落。安排市级专项资金510万元，支持全市镇村建设项目。

棚户区改造

【概况】 2017年，全市新开工实施棚改项目

29个，改造棚户居民房屋4.91万户245万平方米，完成固定资产投资81.98亿元，棚改新开工量为市定目标任务的118.9%，省下目标任务的131%，占全省棚改新开工总量的19.37%（居全省第一位）；全市棚改项目年度投资占城市建设固定资产投资1/4以上。实现城市建设用地整理133公顷以上，可解决17万名城镇棚户区居民和失地农民的住房问题。

【棚改攻坚工作机制】 2017年，坚持市区联动，分类、分级、分片推进旧城棚户区改造。市委、市政府召开全市棚改推进工作会，成立棚改攻坚建设指挥部，制定《2017年自贡市城镇棚户区改造实施方案》。市政府与各区县政府及责任单位签订目标责任书，明确年度工作要求和总体工作目标，拟定项目作战图，实施挂图作战。全面推行棚户区改造工作“一把手负总责”制度和“五个一”项目推进机制，各区县成立相应的棚改攻坚指挥机构，为组织实施棚改房屋征收及工程建设提供保障。对各区县政府和市级相关部门棚改工作开展督查督办，按各项目作战图的工作及时间节点细化督查内容，提高督查效率，强化过程监控。

【助推城市基础设施配套建设】 2017年，按棚户区改造助力城市修复、提升城市品质要求，制订城市复兴计划，以棚改为主导，开展城市基础设施建设、城市修复和城市畅通行动。推进城市缓堵保畅体系建设，打通8个城市重要交通节点，扩建及黑化城市主干道路近30公里。开展老旧社区改造和既有建筑增设电梯工作，综合整治背街小巷91条，建成13座公厕、4个公共停车场（新增1000个停车位）和5个社区绿化健身小广场。

【助推文化旅游发展】 2017年，全市结合棚户区改造，推进自流井老街、贡井老街河街整体改造，启动西秦会馆、富顺文庙·西湖、荣县“两河四岸”整体改造项目中的房屋征收工作。结合大安区旧城棚户区改造，投资近亿元完成占地5.2公顷的“老盐厂1957”大安区文化旅游项目一期工程建设，通过保留和延续老建筑原有形态和历史痕迹，融入现代元素，完善配套功能，让沧桑、厚重的制盐工业遗存再次焕发蓬勃生机，为全市棚户区改造与文化旅游融合发展的样板工程。

【新城区建设空间拓展】 2017年，全市新开工板仓、卧龙湖、东北部新城、东部新城沿滩片区、荣县板板桥7个“城中村”改造项目，涉及居民1.75万户，项目建成后可解决新城新区近6万名失地农民的住房问题。是年，调整征收安置政策，全面推行货币化补偿安置，鼓励和引导棚户区居民到新区购房，基本完成“城中村”农民土地征收安置工作，为新区建设提供人员集聚效应。

【助推产城发展】 2017年，实施退城入园发展战略，推进久大集团大安盐厂等一批旧城区规模以上工业企业搬迁工作，为旧城改造和转型升级，促进城市功能调整完善奠定基础。与国网自贡供电公司、中国石油天然气股份有限公司四川自贡销售分公司等央企签订所属房屋的征收协议。东兴寺片区所有企事业单位房屋征收工作全面完成，东兴寺片区综合改造工程进入冲刺阶段。

【工业遗迹遗存复兴改造】 2017年，发挥棚户区周边老盐场工业遗迹遗存基础和优势，把文化遗迹遗存作为城市“原住民”，对大安盐厂等闲置厂房重构功能布局，在保留7处原有工业制盐厂房基础上，对保护修缮类建筑依照原样修旧如旧，对“改老入新”类建筑保留局部历史要素，对破损严重类建筑整体重构加入盐都特色。一期投资6800万元，打造占地近2公顷的“老盐场1957”盐博览园文旅综合体，将原30万吨真空制盐车间建设为工业博物馆，注入创意、画廊、演义等现代文化功能，引进哲匠创意工作室、盐味外婆菜、婚庆大厅等新型业态，实现闲置资源再利用。并联打造燊海井盐业遗址公园、吉成井、大安老街，建设集历史文脉、工业文化、园林景观、休闲娱乐等为一体的旅游景观带。

房地产开发与管理

【概况】 2017年，全市商品房销售面积309.56万平方米，销售金额158.15亿元，均创历史新高。全市商品房住宅销售均价每平方米4889元，比2016年增长9.9%，总体运行态势较平稳。房地产销售收入实现税收40.44亿元，占全市税收总额的30.14%。

【商品房市场】 2017年，市政府印发《房地产去库存专项实施方案》。会同省农村信用社自贡办事处出台支持农民进城购房贷款政策，鼓励农民进城购房，满足市民住房新需求。搭建交易平台，举办市第16届房交会，引入互联网+房地产模式，依托房产“168”网站开通网上房交会，实现网上网下房交会同步进行。是年，全市房地产开发完成投资122.59亿元，比2016年下降1%。其中，商品住宅投资91.28亿元，增长1.1%。全市商品房销售面积和销售金额分别达309.56万平方米和158.15亿元，比2016年分别增长32.4%和41.2%；销售均价5109元/平方米，比2016年增长6.7%。全年商品房住宅销售面积271.23万平方米，比2016年增长28.5%；商品房住宅销售额132.6亿元，住宅均价每平方米4889元，比2016年增长9.9%。全年非住宅销售额25.55亿元，销售面积38.33万平方米，均价每平方米6666元。

【居家民生工程】 2017年，争取老旧小区综合改造资金240万元，启动贡井区滨江小区等10个小区改造任务。组织相关单位人员到成都学习老旧小区改造经验，在自流井区芭茅塘盐业职工宿舍开展老旧小区改造现场观摩会，推动建立老旧小区改造后的长效管理机制。推进既有住宅增设电梯工作，完成梨园小区、科信苑小区、银桦小区等3部既有住宅电梯增设的前期资料审核。市住房城乡建设局、市质监局、市安监局联合出台《关于对2017年住宅老旧电梯进行更新改造工作的通知》，计划投入100万改造资金，对全市14部存在重大安全隐患的15年以上住宅老旧电梯进行改造。

【房地产市场监管】 2017年，开展房地产市场统计分析和预警，针对问题提出解决措施。实施房地产交易环节监管，推进商品房销售方案备案管理和合同网签监管，保护购房者合法权益。加强房地产开发企业、评估机构、经纪机构监管，对审查合格的8家房地产企业进行新版核定，为15家房地产企业办理资质延续，对13家房地产企业进行变更审核，对1家企业进行重新核定，对7家房地产经纪机构进行备案登记，对全市房地产经纪机构和评估机构人员挂证情况进行专项检查。市住房城乡建设局联合市工商局对全市16个在售房地产项目和24家已备案经纪机构进行专项检查。

【物业监管】 9月22日，《自贡市物业管理条例》通过省人大常委会审议并公布。开展物业管理安全年活动，指导市物业管理协会编制《自贡市物业管理区域突发公共事件应急预案指引》；组织全市首次最大规模物业管理突发事件综合应急演练；对200余名物业从业人员开展消防、电梯、维修资金使用知识培训；督促行业主管部门对51个小区进行安全检查。推动物业服务企业诚信体系建设，对全市113家物业服务企业2016年度信用档案进行评定，对信用记分低于60分的企业限制参与招投标和比选活动。理顺监管体系，出台《自贡市物业服务企业监督考核办法（试行）》（自住建发〔2017〕18号），引导街道、社区参与物业服务项目检查考核，将考核结果与信用档案挂钩。完善市物业管理协会官方网站、自贡物业微信公众号，通过新媒体推送行业政策法规、企业动态。印发《关于建立物业管理联席会议制度的通知》（自住建发〔2017〕89号），落实物业矛盾纠纷处理联席会议制度。是年，办理人大建议、政协提案3件，受理房地产、物业管理纠纷45件，处理浙江商城、檀香蓝天、南湖郡停车收费等信访难题，维护社会稳定。

建筑业

【概况】 2017年，完成建筑业总产值312.31亿元，比2016年增长28.89%；实现建筑业增加值79.12亿元，比2016年增长15.6%。全市新增6家总承包一级资质企业（华兴、名城、明昊、自贡建工、英祥、江阳爆破），总承包一级企业累计14

家，33家企业实现资质增项和业务拓展。

【民工权益维护】 2017年，受理并化解拖欠工程款和农民工工资投诉案件28批131人次，协调解决工程款1800余万元，其中，民工工资370余万元，涉及18家企业、24个工程项目、39个民工班组的310名民工。对民工信访问题做到“百分之百接访，百分之百协调化解”。

【“创文”宣传】 2017年，组织到建筑工地开展创建全国文明城市专项检查20次，日常巡查51次，参与人员194人次，发现并责令建设业主、施工单位整改施工乱象、围挡破损、公益广告缺失等问题400多个，更换、维修、加固工地围挡1.1万平方米，更换公益广告1.2万余平方米，新张贴公益广告10.5万平方米。在东兴寺河岸家园一期工地组织全市建筑工地整治“创文”宣传示范现场会。

【扬尘治理】 2017年，清理并形成全市城乡建设领域环保工作职责档案资料55卷。发出扬尘治理现场检查工作通报13份，印发工作简报21期；《自贡日报》《自贡晚报》、自贡电视台对全市建筑工地、商混企业扬尘治理跟踪报道5次。截至年底，全市277个工地（高新区63个、自流井区49个、贡井区29个、大安区37个、沿滩区30个、荣县35个、富顺县34个）基本实现扬尘治理措施全覆盖，“六必须六不准”落实到位率90%以上；13家合法商混企业绿色化改造全面完成；全市83家非法商混站均按“两断三清”标准全部取缔拆除。

【市场拓展与行业监管】 2017年，助力省建十一司、市建一司、市建二司、龙盘集团、赛狮、龙辉、富大、怀德等建筑施工企业“走出去”发展，全年建筑企业实现市外产值约90亿元。结合环保督察，抽查143个建筑项目，重点检查人员持证上岗和在位履职情况、安全生产、工程质量等问题。开展建筑施工企业动态核查，核查企业33家（含省外企业3家），其中，合格23家，将10家不合格企业列入2018年重点监控企业。举办岗位培训、技能培训、生产作业人员培训、继续教育培训等95个班次，参训人数5696人次。

【非法预拌混凝土搅拌站取缔】 6月21日，启动非法预拌混凝土搅拌站取缔拆除工作，制定《取缔非法预拌混凝土搅拌站工作方案》，明确取缔标准、目标、措施及时限；按照属地管理原则，严格落实党政同责、失职追责；累计出动车辆近150台次、人员360人次、行程近万公里，对全市85个非法搅拌站点位平均巡查4次以上；对未按照“两断三清”（断水、断电、清理原料、清理产品、清理设备）取缔标准按期完成取缔工作的多名责任人，由市纪委、市监察局进行责任追究。至年底前，经市委中央环保督察发现问题领导小组办公室督导组验收，全市85家非法搅拌站全部按标准取缔，13家合法搅拌站全面完成绿色化改造，实现非法混凝土搅拌站全面“清零”。

园林绿化

【概况】 2017年，建成区新增绿地面积60万平方米，城市绿地率35.5%，人均公园绿地面积12平方米，基本形成以规划为基础、以公共绿地为重点、以道路绿化为网络、以小区绿化为依托、以街头绿地为点缀，具有城市园林特色的点、线、面相结合的绿化体系。

【项目编审】 2017年，依托《自贡市城市绿地系统规划》为依据，组织开展《风景名胜区总体规划》调修工作。审查釜溪河复合绿道城区连接段、东部新城宜陈河、创兴·金湖湾、卧龙湖疗养院等项目园林建设方案；办理川南农贸市场、果丰农贸市场等地块的移植、占绿申请20余件。

【项目建设】 2017年，组织实施釜溪河复合绿道城区连接段主体工程建设，基本完成主骑游道绿化工程。助推上堰湿地公园、燊海井山地运动公园等专类公园建设。助推东兴寺水崖居市政设施改造工程建设。结合全市特色乡镇建设，分别在自流井区仲权镇，大安区大山铺镇、三多寨镇，贡井区成佳镇，沿滩区黄市镇、永安镇等乡镇建设社区绿化小广场，改善周边居民出行环境。

【园林式单位创建与城市绿化成果维护】 2017年，加强省级园林式单位（小区）创建工作的技术指导服务，初审通过市精神卫生中心、南湖体育文化中心、丹桂银领公寓等3家单位创建省级园林式单位（居住小区）。完成城区重大节假日鲜花摆放600余万盆。实施城市绿地内黑臭水体整治，完成盐都植物园镜湖、南湖公园等公园水体相关工程治理，并通过第三方检测机构评估。开展各辖区古树名木养护管理工作，对排查出的75棵古树名木实行挂牌更新，采取设置保护支撑、砌设围栏、树木复壮、病虫防治等保护措施。推进园林绿化科研工作，开展引种植物观测和外调，梳理科研基地植物。

（何西南）

城乡管理

【环境卫生项目建设】 2017年，落实《自贡市城乡垃圾处理体系建设3年行动计划（2017—2019）》，自流井区、大安区城区垃圾压缩中转站开工建设。全年新（改）建公厕13座，实施9个乡镇品质打造、7条街道牌匾升级、13个非正规生活垃圾堆放点治理等。全市纳入省民生实事工程的12个乡镇、100个村生活垃圾无害化治理任务超额完成。市循环经济产业园总体规划经市城乡规划委员会审议通过，进入项目用地动迁协议签署及土地报征阶段。全年完成固定资产投资2.98亿元，对上争取资金9818万元。城市生活垃圾无害化处理率96.5%。

【城乡环境综合治理】 2017年，按全域治理城乡“六乱”要求，牵头开展垃圾乱扔、广告乱贴、摊位乱摆、乱搭乱建等基础治理，结合全市“三创联动”工作，重点推进“牛皮癣”、道路扬尘、餐饮油烟、露天烧烤等专项治理。全年拆除各类招牌6580块，治理占道经营6万余起，查处违法建设面积14.2万平方米，查处扬尘污染事件143件，清除城市“牛皮癣”28万余处，查处餐饮油烟污染事件518件、露天烧烤事件885件。创新“牛皮癣”治理方式，采取电话追呼系统和启动行政处罚相结合的办法对乱张贴、喷涂“牛皮癣”行为实施治理，共追呼号码167个，处罚76人，治安拘留15人。创新违法建设查处机制，起草《自贡市违法建设治理条例》并纳入2018年立法调研内容。坚持综合督查，市城乡管理执法局会同市目标督查办每月对各区县和市级部门开展城乡环境治理联合督查，全年督查排名考核9次，整改问题607个，约谈区县1个、专题通报批评乡镇2个，对5个区县的“六乱”突出问题实施曝光，并问责23人。

【环保督察问题整改】 2017年，市城乡管理执法局建立环保督查问题整改工作领导小组，确定专门机构、专人负责环保督查工作。全年完成现场检查反馈问题整改19个，全市城管系统办理中央环境保护督察组交办群众来电来信案件74件，办结率100%。针对各级环保督察中群众投诉频率较高的问题，建立长效管控机制，落实专人开展网络舆情监控，第一时间发现和处理问题，全年监测网络舆情30件并全部处理。开展问题“回头看”，彻底解决一批群众关注的环境污染问题。

【城管执法体制改革】 2017年，推进全市城管执法体制改革，市委、市政府出台《关于深入推进城市执法体制改革改进城市管理工作的实施意见》（自委发〔2017〕42号）。完成全市城管执法人员制式服装和标志标识的统一采购并发放到位，整合形成市、区（县）数字化城市管理平台，完成局（处）级干部轮训，有序推进其他各项改革，初步形成改革后全市城管执法框架体系。

【行政审批与执法】 2017年，办理审批事项193项，办结率100%；解决群众反映的政风行风问题7个，市数字化城管中心办理“12319”群众投诉件5839件，结案率99.5%。执行执法全过程记录等6项制度，推行“721”工作法，推动文明执法。开展“强转树”专项行动，全年开展集中培训796人次。完成市委巡察组反馈的12个问题整改。采取“主流媒体+网络媒体+自媒体”方式开展城管执法和城乡环境综合治理宣传，全年发出信息、简报和媒体稿件2899篇。

【釜溪河复合绿道（示范段）自行车收购工作】 8月20日，釜溪河复合绿道示范段经营性自行车的收购工作结束。自8月2日至20日，复合绿道自行车收购小组共收购自行车经营户76户，自行车3809辆（篷车1489辆、单车2320辆）。自行车收购后由专人进行入库标记和上锁，并统一存放管理。

（王　超）

交通运输

概　述

2017年，全市交通运输系统围绕建设川渝滇黔重要综合交通枢纽目标，统筹推进稳增长、促改革、调结构、惠民生、防风险等各项工作，较好完成年度目标任务。全年完成交通固定资产投资74.1亿元，超年度目标任务14%。争取部（省）补助资金5.26亿元，比2016年增长60.3%。完成《自贡市综合交通枢纽规划》编制，综合交通规划体系基本形成。高速公路、干线公路、农村公路、客货运输场站等一批重大交通项目有力推进。实施交通扶贫工程，通村公路实现全面硬化，农村客运覆盖范围进一步扩大。加强公路管养，推进“四好农村路”建设，深化超限治理，公路路况不断改善。增强运输保障能力，完成春运、灯会、国庆等重点时段运输保障任务，公路货运周转量增幅列全省第3名。推进城市公交优先发展。推进行业管理，加强安全监管，安全生产形势总体稳定；加强环境保护，道路扬尘、汽修污染等突出问题得到有效控制；建设管理进一步规范，工程质量总体可控。推进出租汽车行业改革，深化交通投融资体制改革。创新融资方式，争取省农发行低息贷款支持农村公路建设。

基础设施建设

【概况】　截至2017年年底，全市公路总里程6538.75公里，其中，高速公路235.83公里、一级公路111.54公里、二级公路176.00公里、三级公路314.14公里、四级公路4666.51公里、等外级公路1034.73，公路密度为149.29公里/百平方公里，基本形成“市域半小时、川南1小时、成渝2小时”交通圈。全市汽车客运站83个，其中，一级站1个、二级站7个、四级及以下站75个。全市通航总路程497.54公里，其中，五级航道12公里、六级航道110.15公里、七级航道375.39公里；有码头108个。

【高速公路建设】　2017年，建成自（贡）隆（昌）高速公路富顺连接线、内（江）威（远）荣（县）高速公路荣县连接线；开工建设成（都）宜（宾）高速公路自贡段；开工建设乐（山）自（贡）高速公路贡井连接线，形成路基3.5公里，完成建筑安装投资5000余万元；成（都）自（贡）泸（州）赤（水）高速公路大安北互通及连接线完成投资1.02亿元；推进内江至南溪高速公路建设项目前期工作。

【干线公路建设】　2017年，建成牛佛沱江二桥、赵化沱江大桥；G247自贡境改建工程（飞龙

峡旅游快速通道）完成路基80%，完成建筑安装投资1.5亿元；实施S213沿滩段改建工程，其中，簸箕滩大桥至成（都）自（贡）泸（州）赤（水）高速公路瓦市互通段和至仙市古镇段，完成“PPP”投资人招标，进入“PPP”合同谈判程序；推进自贡至泸州港公路、自贡市北环快速通道项目前期工作。

【农村公路建设】 2017年，新改建农村公路602.47公里，其中，县乡道198.27公里、村道404.2公里，通村公路实现全面硬化。贫困村村道建设任务完成，94个未退出贫困村村道“窄加宽”224.97公里。推进“四好农村路”创建工作，派员到宜宾市江安县学习“四好农村路”建设经验，指导沿滩区开展2017年“四好农村路”创建工作。

【客货站点建设】 2017年，续建富顺县客运中心东城客运站、荣县综合客运枢纽站；开工建设自贡市高铁枢纽站，该站完成征地拆迁，年度投资180万元；储备建设舒坪综合汽车枢纽站项目，该站被纳入省交通运输厅“十三五”站点建设计划。

【重点项目前期工作】 12月，自贡至泸州港公路项目被列入国家《“十三五”港口集疏运系统建设方案》，并启动环境影响评价、水土保持及林业勘查等开工前期报告编制和报批工作。3月，沱江航道（自贡段）升级改造工程立项，项目涉及河道全长103.9公里，总投资53.14亿元，与中国交通建设（集团）有限公司天津航道局签订战略合作框架协议，完成规划选址、通航影响、社会稳定风险评价、节能评价等专题编制工作，进入土地预审环节。

【首个公路桥梁变形自动检测系统投入使用】 4月，全市首个公路桥梁变形自动检测系统在牛佛沱江大桥投入使用。牛佛沱江大桥建于1991年，是全省唯一一座继续使用的预应力混凝土桁式拱桥。为及时观测大桥桥梁出现的结构衰减、损伤等情况，大安区交通部门在桥梁上安装公路桥梁变形自动检测系统，利用移动客户端和电脑终端实时互通监测，及时接收突发报警信息，为便民出行和桥梁管养安全提供保障。

【北环路改扩建工程竣工投用】 4月14日，遂（宁）筠（连）路至隆（昌）雅（安）路自贡连接线（北环路）“K0+100—K4+258”段改扩建工程通过交工验收，正式投入使用。北环路改扩建工程起于北环路与东环路交叉口，止于一桥，道路全长4.16公里，项目总投资9610万元。该项目为自贡市实施建设100平方公里的“东部新城”的发展战略奠定交通基础，为大山铺铁路物流园、东部新城高端商务区、高档住宅区、川南商圈中心和旅游目的地打造等项目提供支撑。

【中铁交通投资集团派员考察自贡市交通基础设施项目】 8月15日，中铁交通投资集团投资部部长裴远建、建设管理部部长邓亚平一行到自贡市考察交通基础设施项目。市交通运输局有关人员向考察组一行介绍自贡市建设川渝滇黔综合交通枢纽规划及有关重大项目前期工作推进情况。双方就推进自贡至泸州港公路、北环快速通道等项目前期工作及推进交通 + 旅游、交通 + 产业融合发展等进行交流。裴远建一行表示将发挥中铁交通投资集团优势，参与自贡交通基础设施建设。

【牛佛沱江二桥主桥合龙】 8 月 31 日，牛佛沱江二桥主桥合龙。该桥起于张家坝牛佛卫生院，止于牛佛镇星光村湖狮坝，东接太大（隆昌市太平镇至自贡市大安区）路，向西跨越沱江接板牛（富顺县板桥镇至大安区牛佛镇）路。桥梁于 2015 年 5 月开工建设，总投资 1.69 亿元，桥梁总长 765.8 米，其中，桥长 751.75 米、引道 14.05 米，桥宽 30.0 米，双向四车道，按一级公路标准建设，设计时速 60 公里/小时。项目建成后，对完善区域路网、改善区域交通条件，对自贡市重装产业园、牛佛港建设及沱江航道升级改造发挥促进作用。

【成宜高速公路自贡段项目动工建设】 12 月 19 日，成（都）宜（宾）高速公路自贡段举行交地动工仪式。该项目起于成都经济区环线高速公路，对接成都新机场高速公路南线，止于宜宾过境高速公路西段中峰寺枢纽互通立交，总投资 246 亿元，道路全长约 157 公里，双向 6 车道，其中自贡境内约 47 公里，自贡段投资 74 亿元。自贡境内途经荣县河口镇、乐德镇、过水镇、度佳镇、铁厂镇、双古镇。

【赵化沱江大桥主桥合龙】 12 月 23 日，富顺县赵化沱江大桥主桥合龙。赵化沱江大桥及连接线工程位于富顺县赵化镇、万寿镇，于 2015 年 12 月开工建设，总投资 1.24 亿元，主桥为预应力混凝土连续刚构，桥梁全长 669 米，桥宽 20.5 米；连接线长 560 米，路基宽 12 米，路面结构为沥青混凝土。

【自隆高速公路富顺连接线建成通车】 12 月 24 日，自（贡）隆（昌）高速公路富顺连接线建成通车。该项目于 2016 年 5 月开工建设，总投资 4.29 亿元，全长 7.14 公里，其中，主线 5.1 公里、支线 2.04 公里。主线全线采用双向 8 车道，路幅宽 38 米；支线为双向两车道，道路宽 8.5 米。该项目南接县城二环路、富州大桥，与 S305 富顺绕城改线相接，与成（都）自（贡）泸（州）赤（水）高速公路富顺连接线对接。

客货运输

【概况】 2017 年年末，全市营运车辆 19439 辆，其中，客车 1386 辆、货车 16074 辆、城市公交车 883 辆、出租汽车 1096 辆。营运船舶 259 艘，其中，客船 40 艘、1811 座，货船 219 艘、2.52 万吨位。

【运输保障能力】 2017 年，全市完成公路客运量 3974.67 万人次、旅客周转量 13.60 亿人公里；公路货运量 5298.53 万吨、货物周转量 60.80 亿吨公里，货物周转量比 2016 年增长 7.7%，增幅列全省第 3 名。完成城市公共交通客运总量 2.17 亿人次。港口（码头）旅客吞吐量 67.34 万人次，货物吞吐量 177 万吨；完成水路客运量 67.34 万人次、客运周转量 441 万人公里，水路货运量 177 万吨、货物周转量 3296 万吨公里。完成春运、国庆等重点时段运输保障任务，安全运送道路及水路旅客 1164.55 万人次。

【建制村客运开通情况】 2017 年，完成建制村客运通达目标任务 64 个（年度目标任务 60 个）。全市开通班线客运的建制村 925 个，未通班线客运车辆的建制村 203 个。

【城市公交服务】 2017 年，自贡市入选“十三五”期间全国公交都市建设首批创建城市名单，公交都市创建活动全面启动，公交“1 小时半价优惠换乘”全面实行，完成全国交通一卡通互联互通系统建设，与全国 164 个城市实现城市公共交通互联互通。9月30日起，自贡市城区城市公交车实行1小时内刷卡换乘减半收费。全年新增公交线路4条，优化调整公交线路60条次，安装公交电子站牌48个，新增高级公交车100辆。开展“黄丝带”爱心送考活动，城区公交车向高考学生免费开放，并开设4条定点接送线路，高考期间累计发放1.41万趟公交班次，接送高考学生1.2万余人次；省汽车运输自贡集团公司及下辖分公司派出83台大客车、公交车、出租车，接送考生近8000人次。市公交集团有限责任公司与自流井区、大安区、贡井区、沿滩区政府及高新区管委会，签订城市公共交通服务区域经济社会发展“5+1”战略合作协议。

【自贡公交集团公司获“交通运输节能减排示范企业”称号】 7月，市公交集团有限责任公司被中国交通企业管理协会评为全国公交行业“交通运输节能减排示范企业”，属该公司第三次获该项荣誉。

【道路运输服务】 2017年，全市24所驾驶培训机构实现“计时培训、按学时收费、先培训后付费”的新服务模式和学员“自选时间、自选教练、按时计价”的培训方式，6个汽车综合性能检测站完成改造升级，完成11户客运企业和15户危险品运输企业车辆技术档案信息系统安装工作。完成具有大中型客货车培训项目的4所驾校45辆大中型客货车计时培训系统终端的安装工作。

【道路货运信息平台建设】 2017年，自主开发建成川南地区第一个公共物流信息平台——自贡三辰实业有限公司，实现多式联运的信息交换；全市15家危险货物运输企业启用电子运单系统，使用率100%。

行业管理

【公路养护管理】 2017年，推进公路日常养护精细化和病害治理，国道与省道平均好路率86.8%，县道平均好路率80.6%，专用道平均好路率76.6%。完成干线公路大中修63.23公里，实施公路安防工程67公里，整治危病桥4座、建成沿滩簸箕滩大桥等渡改公路桥3座，国家和省级干线公路路面使用性能指数达87.1。推动超限治理工作，坚持每天24小时不间断监测，严格治超标准，保障路桥安全。

【工程建设管理】 2017年，成立市重大交通基础设施建设指挥部，实行挂图作战。加强招投标管理，全年未发生工程招标违纪违法事件。加强工程造价管理，开展重点项目的造价监督检查。加强项目勘察设计、招标代理、施工、监理等参建单位行政监管工作，推进市场主体诚信机制建设，保证工程质量。对全市交通重点在建工程开展质量监督检查，监督覆盖率100%。

【智慧交通建设】 2017年，自贡汽车客运总站实现手机微信扫码购票，建成覆盖全市8个三级以上汽车客运站联网售票服务网络。完成荣县汽车客运站电子客票建设，乘客凭二代居民身份证或电子客票凭证即可乘车。推进交通运行监测与应急指挥系统建设，项目初步设计基本完成。

【绿色交通建设】 2017年，开展汽修和道路扬尘专项整治行动，印发《自贡市重污染天气交通运输保障应急预案（2017年修订）》，完成735台“黄标车”营运注销，一、二类汽车维修企业全部取得环境影响评价报告或环境影响评价登记手续并签订危险废品回收协议，532家三类维修业户取得环境影响评价登记手续，509家三类维修业户签订废油回收协议。45辆油罐车全部安装油气回收装置。开展船舶生产企业环保专项检查和船舶防污染设备检验，对2家船舶生产企业环境保护问题提出整改要求。开展船舶油水分离器安装检查，全市各类船舶新安装油水分离器192台、生活污水处理装置2台，全市所有应安装油水分离装置的客（渡）船均安装到位。

【政务服务】 2017年，落实“两集中，两到位”“放管服”要求，清理规范全市交通运输系统行政权力。全年受理办结行政审批服务事项2.82万件（行政审批事项0.68万件、公共服务事项2.14万件），按时办结率、承诺办结率、现场办结率和群众评议率、评议满意率均100%。开展交通运输行政权力依法规范公开运行督查指导和问题整改跟踪监督，全年行政权力发生1.10万件，行政权力平台录入1.65万件（补录2016年行政权力5585件）。

【行政执法】 2017年，出动执法人员3.74万人次，检查车辆（船舶）22.09万辆（艘）。开展道路客运行业“打非治违”，查获涉嫌非法营运车辆453辆，查处违规出租汽车160辆。开展辖区水路运输市场秩序整治专项行动，推进个体客船公司化，新成立客运经营公司7家，光船租赁船舶7艘，退出市场个体船舶38艘。

【行业改革】 2017年，推进出租汽车行业改革，出台改革相关政策文件，完成自流井、贡井、大安、沿滩四城区出租汽车经营权清理确认及新一轮经营权配置工作，开展出租汽车行业综合治理六大行动，完善服务质量信誉考核管理体系。深化交通投融资体制改革，组建市交通建设开发投资有限公司，搭建融资平台。开展“放管服”工作8个方面26项内容调研，对交通运输部、省交通运输厅下放的审批事项列入清单、编制操作规范和流程图，要求进驻市政务服务中心交通窗口办理；对交通运输部、省交通运输厅取消的审批事项及时调整出审批目录不再予以审批，配合省交通运输厅推进“交通运输网上审批平台一张网”建设。创新融资方式，争取省农发行低息贷款支持农村公路建设，全年申报项目9个，申请扶贫过桥贷款资金15亿元（到位资金12.05亿元）。

【《自贡市深化出租汽车行业改革实施方案》印发】 7月3日，市政府办公室印发《自贡市深化出租汽车行业改革实施方案》。该方案适用于市辖自流井区、贡井区、大安区、沿滩区行政区域内的出租汽车行业管理、经营服务活动。方案从深化巡游出租汽车改革、规范发展网络预约出租汽车、营造良好市场环境、保障改革4个方面提出深化全市出租汽车行业改革的20项措施。

【安全维稳工作】 2017年，开展“平安交通”“道路运输平安年”等专项活动，派出检查人员1.63万人次，检查企业697家，惩治违法行为1590起，罚款409万元。全年开展安全生产大检查56次，举办水上应急抢险、危化品运输泄漏燃爆等突发事件实战演练18次。是年，全市发生道路运输一般事故6起死亡6人，生产安全事故死亡人数控制率－53.85%（年度10%）；水上交通、交通建设、公路养护和交通运输行业其他领域未发生安全事故。全年受理各类信访件161件，坚持依法分类处理信访诉求，筹集3.16亿元妥善解决高速公路建设涉稳问题。

（市交通运输局）

水　务

水利工程

【概况】　截至2017年年末，全市有水库381座，蓄水能力2.18亿立方米，其中，小（一）型水库78座、小（二）型水库301座、中型水库2座，蓄水能力分别为1.06亿立方米、5076万立方米、6100万立方米；石河堰1349处；山坪塘25617口，蓄水能力1.04亿立方米。

【小井沟水利工程】　2017年，大坝枢纽工程、输水干渠工程、排洪渠工程完工；鱼类增殖站主体工程基本完工，库区提灌站土建部分主体工程基本完工，管线工程开工建设。完成年度投资6.78亿元。

【向家坝灌区工程】　2017年，自贡市相关单位及专家协助编制的该工程选址意见书、用地预审、社会稳定风险评估、文物影响评估、压覆矿产评估、地质灾害危险性评估、航道通航条件影响评价报告、项目移民大纲规划、项目招投标方案、环境影响报告书10个专题获批复，项目可行性研究报告通过水利部审查报国家发改委待批。该工程中的北总干渠建设涉及市内沿滩区、大安区、富顺县，其中，沿滩区、富顺县列入北总干渠一期工程建设区县。

【狸狐洞水库工程】　该工程为中型水利设施。截至2017年，大坝C15细石混凝土砌条石至351.6米高程，取水隧洞开挖585米。推进干渠施工现场“三通一平”工作，移民征地工作全部完成，淹没区移民征地协议基本签订完毕，启动干渠征地相关工作。完成年度投资1.3亿元。

【楼房湾水库工程】　该工程为中型水利设施。2017年，大坝合同工程完工验收，完成管理房及提水泵站主体工程建设，完成放水、放空（导流）隧洞、溢洪道等工程验收，完成蓄水安全鉴定工作。完成年度投资3.90亿元。

【大坡上水库工程】　该工程为中型水利设施。2017年，完成大坝主体工程、溢洪道主体工程、大坝附属工程建设，开工建设泵站工程。完成年度投资1.25亿元。

【城镇防洪堤工程】　2017年，开工建设大安区新民镇威远河防洪治理工程、大安区永和乡长滩河防洪治理工程，推进东兴寺堤防工程、富顺县城区C段堤防工程建设。

城乡供水

【城市供水】　2017年，全市总供水量和售水量分别达9280.15万立方米和7150.62万立方米。城市供水能力（含市中心城区、荣县、富顺县城区）达38.2万立方米/日。中心城区、荣县城区、富顺县城区城市自来水普及率分别达 99.9%、98%、100%，城市居民饮用水达标率 100%。

【农村供水】 截至 2017 年，累计投资 3997 万元，建成 44 处集中供水工程、800 处分散供水工程，巩固提升 15.26 万名农村居民饮水安全，其中建卡贫困人口 3.02 万人。

水务管理

【流域治理规划编制】 2017 年，编制釜溪河流域达标规划，完成釜溪河流域综合治理总体规划，制定釜溪河、旭水河等 5 条河流目标、问题、任务、责任 4 张清单，细化水资源保护、水污染治理、水生态修复等 7 个方面 44 项任务。规划生成 2018—2020 年重大治水项目 47 个，总投资 330 亿元。全年实施截污治污、生态修复等 28 个项目，完成年度投资 28.82 亿元。

【流域治理机制建设】 2017 年，设置市、县、乡、村、组五级河（段）长3650 人，制作201 块“河长制”公示牌；完善 80 条河流的河湖名录。制订《自贡市全面落实河长制工作方案》《自贡市 2017 年度河长制工作实施方案》，编制釜溪河、旭水河、威远河、沱江自贡段等“一河一策”方案。建立全市河长制工作运行机制，出台《自贡市河长制工作运行规则》《自贡市河长制督办考核办法》《自贡市河长制年度考核办法》等，推进落实“河长制”各项工作。建立联防联治机制，与眉山市仁寿县、内江市威远县签订《共同应对跨区域环境污染及突发环境事件框架协议》，大安区新民镇与威远县向义镇、界牌镇签订联防联治协议。开展全流域水质监测，增设人工监测点，全面监测流域水质，将各河流监测的水质指标作为河流河段治理的重要参数。建立部门联合执法机制，查处水环境违法问题 58 起。宣传、落实《自贡市饮用水水源地保护条例》，启动《釜溪河流域污染防治条例》立法程序。

【水环境治理专项行动】 2017 年，开展河道水面清漂保洁、河道清淤疏浚、河岸垃圾治理、违建违养取缔、入河排污口整治、小散乱污企业关停、城市黑臭水体消除、农业面源污染防治八大专项整治行动。

【污水处理设施建设】 2017 年，推进城市污水处理设施建设，东部新城生活污水处理厂及配套管网工程（一期）的配套截污干道管网开工建设；东北部生活污水处理厂完成主体工程施工场地的基础平整；实现 8 个民生项目开工建设；完成 2017 年度 430 万元专项资金支持的贡井区建设镇和长土镇、荣县河口镇、富顺县万寿镇污水管网完善工程；全面启动城乡污水处理厂（站）提标改造及配套截污管网新建延伸、维修改造前期工作。

【水环境综合治理项目】 2017 年，全面启动由市内已建、在建和拟建的全部城市、乡镇生活污水处理项目打捆装入的自贡市水环境综合治理“PPP”项目前期工作，完成可行性研究报告初稿编制，推进“两报告一方案”编制。

【水务执法】 2017 年，组织开展全市水务综合检查行动 806 次，立案查处涉水违法案件 20 起。完成省水利厅执法总队牵头开展的执法案卷评查工作。

【农村基础水利设施建设】 2017 年，完成富顺县中央小型农田水利设施重点县及沿滩区、荣县省级小型农田水利设施重点县建设项目，新建山坪塘 25 处，整治山坪塘 654 处，新建泵站 12 座，整治泵站 65 座，修复水毁工程 139 处，新修防渗渠道 257.2 公里，疏浚河道 5 公里，清淤沟渠 321 公里，整治病险水库 1 座，新增有效灌溉面积

2333.33公顷，恢复改善灌溉面积5533.33公顷，新增节水灌溉面积3400公顷，新增蓄水能力399.8万立方米。

【全市农田水利基本建设暨高标准农田建设工作会议】　2月8日上午，召开全市农田水利基本建设暨高标准农田建设工作会议，贯彻落实全省农田水利基本建设会议精神，交流、部署全市农田水利暨高标准农田建设工作。市政府分管副市长、市农工委主任，市农建办（高农田联办）各部门负责人，各县（区）政府分管领导，农业、水务局长参加会议。会议参观沿滩区联络镇高滩村小型农田水利建设现场和沿滩区富全镇现代农业产业发展高标准农田建设现场，对丘陵区高标准农田建设模式进行现场观摩、探讨；通报2016年度农田水利基本建设的绩效考核结果，总结全市2016年度农田水利基本建设工作的情况，安排部署2017年农田水利基本建设工作。

水土保持

【水土流失综合治理】　2017年，全市完成水土流失综合治理任务104平方公里，完成水系绿化8.8公里。

【水保项目】　2017年年底，大安区和荣县完成坡耕地项目主体工程建设，总投资1300万元。

防汛抗旱

【工作推进机制】　5月下旬，市水务局（市防汛抗旱指挥部）会同市目督办对区县、乡镇的防汛减灾工作进行现场督查；7月，组织开展为期1个月的防汛安全隐患排查，排查全市重点部位1444处，对发现的24处安全隐患进行整改消除；8月至10月，派出6个防汛减灾和地质灾害防范督查组与2个暗访组，开展全覆盖督查、暗访，对督查组反馈的290个问题，督促相关区县完成整改消除；严格执行防汛24小时值班制度，落实值班人员和带班领导，保障安全度汛。

【“7·6”洪灾处置】　7月5日晚上至6日上午，全市出现区域性大暴雨天气过程，市防汛办及时布置洪涝灾害损失核查工作。该次区域性大暴雨造成全市85个乡镇共18.4万人受灾，直接经济损失2.07亿元。市防汛办将全市洪灾损失情况及时向省防汛办作专题报告，争取到省防汛经费600万元。

【金鱼河城区段河道清淤一期工程】　6月26日，金鱼河城区段河道清淤一期工程动工。该工程由市水务集团按城市黑臭水体治理应急工程模式对金鱼河胡家桥至大河桥进行整治，主要包括河道淤泥、垃圾清除，河道护坡及排水设施治理。金鱼河城区段清淤疏浚工程总投资约800万元，先期对双龙桥段500米进行清淤疏浚，年内完工。

（唐　荣）

邮政·信息化

邮政管理

【概况】 2017年，全市完成邮政业务总量5.71亿元，比2016年增长27.30%；完成邮政业务收入4.62亿元，比2016年增长17.94%。完成快递业务量1519.73万件，比2016年增长28.22%；完成快递业务收入1.47亿元，比2016年增长31.06%。截至年底，全市有邮政营业网点174处，揽投点179个，邮政报刊零售终端72个，便民服务站992个，“三农”服务站（村邮站）669个；全市有快递法人企业23家，备案分支机构334家（其中区域分拨中心6家），涵盖26个品牌，从业人数2600余人，各类车辆800余辆。

【县级监管机构建设】 2017年，推进全市邮政监管体系建设。3月15日，荣县邮政管理局正式揭牌成立；9月、10月分别任命荣县、富顺县邮政业服务（发展）中心负责人为两县邮政管理局副局长（挂职），县级行业管理、服务机构实行合署办公，提高监管和服务效能。

【行业规划与政策制定】 3月21日，市邮政管理局联合市发改委、市交通运输局发布《自贡市邮政业发展“十三五”规划》。11月2日，联合市经济和信息化委员会出台《关于推进快递服务制造业工作的实施意见》。

【邮政普遍服务监管】 2017年，根据《邮政普遍服务监督沟通约谈暂行办法》，全市邮政行业行政管理部门与邮政企业建立政企联席会议制度，通过每季度召开一次政企联席会，加强对邮政企业履行邮政普遍服务的事中、事后监督。

【快递市场监管】 2017年，收到快递业务经营许可协助核查4家，备案分支机构申请80家，变更申请20家；完成变更17家，核准市内新增设分支机构56家；完成分支机构到期换证延续经营87家；依法注销快递企业分支机构2家。全年立案调查邮政、快递企业违法案件5起，处罚5起；开展集体约谈3次，约谈企业负责人30人次；处理全市邮政快递服务申诉815件。

【行业队伍建设】 2017年，市邮政管理局联合市快递行业协会举办自贡市邮政快递业第四届突发事件应急演练；联合市快递行业协会举办“自贡市快递员夜校”；承办全国邮政行业职业技能竞赛四川省初赛，自贡选手魏力获第一名，并代表四川省邮政行业在全国竞赛中获三等奖。是年，就读四川省自贡倍乐职业技术学校第一届快递员学历教育专业课程——“邮政通信管理”的55名学生，完成学习课程，其中被杭州百世物流有限公司、成都公司录用30人。

【行业车辆规范管理】 7月26日，市邮政管理局联合市发改委、市公安局、市交通运输局印发《关于进一步规范邮政和快递车辆运行管理的通知》。11月，举行快递三轮车规范化启动仪式，全市首批74辆快递专用三轮车按统一备案、统一标识、统一编号和统一购买保险等四项原则进行规范管理。

（文志雪）

邮政业务

【概况】 2017年，中国邮政集团公司自贡市分公司实现业务总收入3.12亿元，比2016年增长10.6%，高于全省平均增幅。

【基础建设】 2017年，全市开通各级邮路35条，优化邮路10条；实施仓储配送一体化建设，完成板仓新处理场地租赁并启动改造；新增各类投递车辆48辆、手持PDA智能终端111台、便携式打印机80台，累计建成并投入使用智能包裹柜232台；推进县域转、分、投“三合一”，全市收集名址信息准确率及进出口邮件实效达标率均超省邮政公司分解指标；推进信息化工程建设，全市共上线各类自助设备235台，完成7个“十二五”普通服务网点信息化改造，完成133个代理金融网点主备电路建设，新增存折取款机6台、沿滩和贡井电视会议系统2套，完成38处营业网点标准化改造，完成四川邮政数据总和应用平台二期上线、133个邮政网点数据平台网段地址迁移工作；投入380万余元完成四川邮政智能管控平台自贡市中心建设。

【经济建设服务】 2017年，自贡恐龙被推荐印制为邮票，并成功举办《中国恐龙》特种邮票首发仪式；先后升级改造恐龙主题邮局、大佛主题邮局，将“大山铺邮政所”更名为“恐龙邮政所”，使之成为全球首个“恐龙邮政所”，有效助推自贡旅游发展。开展关爱留守儿童活动和少儿书信活动，加强邮政行业社会服务；依托邮政农村电商，开展“造血式”精准扶贫，促进白庙血橙、荣县望佳不知火等地方农特产品扩大销售覆盖面；累计发展邮掌柜1174个，38家零售商家约1600种产品入住邮乐网，推动地方电商业务发展。

【创新发展】 2017年，依托云创平台，开展“创新意、争创新”活动，全市获准创建省级员工创新工作室3个、市级员工创新工作室7个，发布省级创新课题4个、市级创新课题5个，全面创新活动综合排名全省第四。

（徐 鹏）

信息化建设

【通信基础设施建设】 2017年，全市完成通信网络基础设施建设投资5.9亿元，新建光纤（光缆）4069皮长公里，完成改（扩）建基站2259

个，其中4G基站2030个，互联网出口总带宽达620G；完成电信业务总量（新计算方式）29.19亿元，比2016年增长62.7%。推进“宽带乡村”民生工程项目，全年实施94个行政村试点工程建设，实现全市所有行政村（包括113个贫困村）光纤网络全覆盖。城区、乡镇和行政村均实现100兆宽带接入能力。

【智慧城市建设】 印发《2017年自贡市智慧城市建设工作实施意见》（自智领办〔2017〕1号），分解落实年度工作任务。督促和指导信息系统迁移工作，建立工作进度台账。全年实现工商共享数据库、雪亮工程、人大代表建议与政协委员提案信息管理系统等17个信息系统迁移进入市大数据中心，教育平台自动化办公系统并入市政府“OA”系统。市经济和信息化委与市委组织部在贵阳联合举办“互联网时代信息化建设与大数据应用”精品培训班，助推全市信息化建设。建成自贡市智慧民政服务监督管理平台，通过运用云计算、大数据、互联网、物联网、移动通信等技术，整合各类社会资源，实现智慧民政应用集约化、数据大共享、信息可视化，提升自贡城市民政体系监督管理效率和各类服务主体的服务质量。推动“雪亮工程”建设，结合视频监控、云计算、互联网、IPTV等信息化技术，在全市各乡镇村组重要路口设置视频监控探头，视频监控图像资源通过电信网络传输到“雪亮工程”平台处理，接入各级综治中心和公安局指挥中心，提高全市治安管理效率，建成市综治中心信息化管理平台。推动“政务ITV业务”平台建设，构建集便民服务、信息互动、资源共享、“三务”公开、治安监控为一体的综合性信息服务，用户可通过操作电视机顶盒查看党建动态、“三务”公开、民生服务、惠农政策、XX发布、生活百科等内容。是年，完成富顺县富兴公交公司“智能公交”建设，形成可持续交通发展模式。

【信息化与工业化融合发展】 2017年，制订《自贡市工业化与信息化深度融合发展推进方案》。对上争取项目资金和政策支持，5个项目获“两化融合”、大数据应用等项目支持资金400万元。推进东方锅炉股份有限公司“大型清洁高效电站锅炉高温高压部件智能制造两化融合项目”、四川金软科技有限公司“四川中小微企业ERP云服务平台”、四川大农和农业开发有限公司“‘大农和云’农业智能化平台建设及应用示范”等信息化项目建设，为企业发展提供新动能。组织企业开展“两化融合”贯彻国家标准工作，2户企业获批国家级“两化融合”管理体系贯彻国家标准试点企业，4户企业获批省级“两化融合”管理体系贯彻国家标准试点企业。

【信息安全管理】 2017年，开展重点工业制造企业信息系统安全检查，组织11家重点企业开展工业控制系统信息安全自查，对中皓化工、驰宇盐品等2家企业进行现场抽查。完成中考、高考等重要考试通信保障工作。强化通信行业安全管理，对通信企业信息安全和生产安全进行3次检查，对检查中发现的问题提出整改要求。开展中共十九大网络安全保障工作，十九大期间全市未发生网络安全事件。

（市经济和信息化委　电信自贡分公司）

电　信

【概况】 2017年，围绕全市“两化”互动及统筹城乡发展战略，推动城市智能化和农村信息化进程。全年投入“智慧城市建设”和“宽带乡村工程”等项目资金1亿余元，全面实施智慧民政服务监督管理平台建设、雪亮工程、政务ITV等信息化项目。

【“宽带乡村”建设】 2017年，农村光网建设新覆盖住户8万户，新建杆路500余公里，全市行政村宽带覆盖率100%，全年投入专项资金建设800兆无线低频通信网络，实现有线光纤网络和无线网络在城市、农村的立体全覆盖。

【网络运营服务】 2017年，推动电信承载网络向高速、扁平、大容量演进升级，自贡市城域网核心路由器出口带宽提升至1000G，为实现智慧城市信息化奠定基础。强化服务质量，中国电信自贡分公司推出城区安装维修服务“660”和农村“单日装、当日修、慢必赔”等服务承诺。

（电信自贡分公司）

移动通信

【概况】 2017年，移动自贡分公司实现财务收入8.34亿元，完成投资1.89亿元，实现本地入库税收2623万元，客户规模超138万户，累计解决就业超1000人次。

【网络与信息建设】 2017年，移动自贡分公司从高清语音、高速上网、融合通信三维度打造4G精品网。全年新建基站450个，基站规模累计超3000个，实现99%自然村网络覆盖；PTN高速光纤网络接入全市各行政、企事业单位，100%覆盖到行政村，4G网络覆盖全市城区、各区县、乡镇和所有行政村，实现国家AAA级以上景区、重要高速公路、高校全域覆盖，4G网络下行单用户理论峰值速率100兆位/秒。落实“提速降费”要求，投入9500万元用于4G+全网通终端补贴；7月初，推出“流量不限量”套餐，流量资费比2016年下降幅度超45%；创新推出融合电视、宽带、手机的“和家庭”平台，超20.8万人次使用。截至年底，全市移动4G用户近100万户，宽带电视用户超24万户。开展“智慧城市”应用项目建设，为政府管理部门提供“河长通”、智慧党建、智慧旅游平台等解决方案，为东方锅炉、华西能源、友华科技等企业提供产业升级技术咨询。累计参与125个单位信息化建设，覆盖政府、医院、银行、学校、交通等领域，累计建设政企专线8000余条，物联网连接数超20万个。

（移动自贡分公司）

联合通信

【发展概况】 2017年，联通自贡分公司主营业务收入完成1.8亿元，比2016年增长3.4%，考核利润完成率100.2%。全年净增移网用户2.5万户，面向云计算、大数据、物联网、智慧城市的项目型平台型业务收入占比提升6.82个百分点。开通4G基站101个，总量达1301个。新增光纤到户端口1.2万个，端口达13.3万个，100兆以上端口占80.31%。客户申诉率达省联通公司管控目标，投诉客户满意度优于目标值2.38个百分点；投诉限时办结率优于目标值3.8个百分点。

【企业管理】 2017年，围绕“六张网”，提高资源及成本使用效率和效益，压降比例达全年预算的10.9%。围绕机制变革，稳步推进混合所有制改革工作。宣传贯彻企业文化理念，落实“厚德诚信、善学精进”的企业精神。围绕“三个一切”，建立专业化销售体系，精简组织机构和编制，充实一线人员，优化薪酬激励体系。全年组织开展“党员示范岗”“明星员工”“好员工”评选活动，树立典型，弘扬正能量；承担困难员工帮扶、公益志愿、电信普遍服务等社会责任。

（王　玮）

综合经济管理

经济发展综述

【概况】 2017年，全市地区生产总值(GDP)实现1312.07亿元，按可比价格计算，比2016年增长8.3%。其中，第一产业增加值142.94亿元，比2016年增长4.1%，增速比全省高0.3个百分点；第二产业增加值638.25亿元，比2016年增长8.4%，增速比全省高0.9个百分点；第三产业增加值530.88亿元，比2016年增长9.5%，增速比全省低0.3个百分点。

【农业生产基本稳定】 2017年，全年粮食产量137.20万吨，比2016年增长1.9%；油料产量7.35万吨，比2016年增长11.9%。生猪出栏205.95万头，较2016年下降4.9%；肉牛出栏4.51万头，较2016年下降0.2%；肉羊出栏114.99万只，与2016年基本持平；家禽出栏2612.15万羽，较2016年下降3.5%。

【工业经济发展平稳】 2017年，全市规模以上工业增加值比2016年增长9.4%，增速比全省平均水平高0.9个百分点。按轻重工业分，轻工业增加值比2016年增长18.9%；重工业增加值比2016年增长6.8%。按行业分，17个大类行业中有14个行业增加值实现增长。全年规模以上工业企业出口交货值比2016年增长18.0%。规模以上工业产销率99.1%。全年规模以上工业企业实现主营业务收入1708.37亿元，比2016年增长17.4%；实现利润总额70.23亿元，比2016年增长34.2%。

【投资规模逐步扩大】 2017年，全市完成全社会固定资产投资832.24亿元，比2016年增长17.2%。按产业投资情况分，第一产业投资53.76亿元，比2016年下降30.8%；第二产业投资166.04亿元，比2016年增长3.8%，其中，工业投资164.10亿元，比2016年增长3.8%；第三产业投资612.44亿元，比2016年增长29.7%。全年房地产开发完成投资122.59亿元，比2016年下降1.0%。商品房施工面积954.14万平方米，比2016年下降2.0%；商品房竣工面积181.59万平方米，比2016年下降54.2%；商品房销售面积309.56万平方米，比2016年增长32.4%。

【消费市场保持平稳】 2017年，全市实现社会消费品零售总额624.04亿元，比2016年增长12.3%。按经营单位所在地分，城镇消费品零售额481.27亿元，比2016年增长12.2%；乡村消费品零售额142.76亿元，比2016年增长12.6%，增速比城镇快0.4个百分点。按消费形态分，批发业零售额84.60亿元，比2016年增长11.1%；零售业零售额456.94亿元，比2016年增长12.4%；住宿业零售额2.84亿元，比2016年增长11.9%；餐饮业零售额79.65亿元，比2016年增长13.1%。

【财税收入稳步增加】 2017年，全市地方一般公共预算收入完成53.22亿元，同口径比2016年增长11.6%；一般公共预算支出实现222.90亿元，比2016年增长24.1%。全市税收收入79.48亿元，其中，国税税收收入49.96亿元，比2016年增长33.6%；地税税收收入29.52亿元，比2016年下降18.3%。

【城乡居民收入增长】 2017年，全市城镇居民人均可支配收入31016元，比2016年增长

9.0%，增速比全省平均水平高0.6个百分点。农村居民人均可支配收入14380元，比2016年增长9.0%。

【物价水平温和上涨】 2017年，全市居民消费价格比2016年上涨1.3%。按类别分，消费品价格上涨0.1%，服务项目价格上涨3.8%；食品价格下降2.5%，非食品价格上涨2.3%。工业生产者出厂价格上涨4.4%，工业生产者购进价格上涨7.0%。

（肖　帆）

发展和改革

【投资和重大项目建设】 2017年，全社会固定资产投资832.24亿元，比2016年增长17.2%，增速居全省前列。开展“项目年”活动，推进120个市级重大项目建设，完成投资522.9亿元，占年计划137.97%；成立18个特别重大项目指挥部推动项目集中攻坚，全年组织集中开工10批次384个项目，完成投资460亿元。推进要素保障，争取用地计划2000余公顷，为历年之最；实现直接融资25亿元，在建10个“PPP”项目引入社会资本74亿元，争取上级项目无偿补助资金55亿元，比2016年增长25.7%。

【产业结构转型升级】 2017年，规模以上工业增加值增长9.4%，比2016年提高0.9个百分点，创近4年新高。自贡入选全国首批老工业城市产业转型升级示范区，老工业基地调整改造工作受国家表彰。推进“633”工业转型升级行动，战略性新兴产业产值占比36%。推进航空与燃机产业发展，瀚宇航空燃机零部件项目主体完工，大华通用飞机生产基地开工建设；推进电子信息产业发展，粤创微电子科技产业园、西南智能终端产业园开工建设，星诺科技手机生产线等8个项目建成投产；节能环保、新材料、生物医药产业分别比2016年增长10%、24.5%、21.7%；石墨烯产业园一期开工建设，页岩气勘探开发利用初见成效。稳步推进盐化、食品、纺织三大传统产业改造，冷吃兔地标产业园、恒信昌纺织公司二期工程有序实施。加强企业培育，强化领导联系重点企业制度，出台供给侧结构性改革50条政策措施，运用应急转贷资金、中小微企业“提升贷”，支持117户企业转贷13.3亿元，多渠道为企业减负15.2亿元，新创四川名牌产品14个，建立小型企业升规模企业重点培育数据库，新增规模以上工业企业40户。构建“两区多园”格局，新增园区承载能力5平方公里，园区企业营业收入2000亿元，自贡高新区成功创建国家知识产权示范园区，沿滩工业园区通过省级高新区评审。富顺县、沿滩区成功创建省工业强县示范县。全年服务业增加值增长9.5%，比2016年提高1.2个百分点。发展现代物流业，中国供销川南国际农贸城一期建成营运，推进自贡南铁路物流基地、大山铺铁路物流园区等项目建设，快递业务量增长31.6%。发展电子商务，增强普润电商基地、川南跨境电商孵化中心聚集辐射效应，新培育电商企业和创客个体65家，阿里巴巴自贡服务中心跨境电商累计增长量居全省第一。发展金融服务业，航空产业发展基金等8支基金相继组建，“基金市州行”签约369亿元，光大银行、万联证券、国网英大证券等在市内设立金融分支机构，西南联合产权交易所设立自贡分所。推进国际文化旅游目的地建设，实现旅游总收入340亿元，比2016年增长21.7%。自贡灯会首次亮相G20峰会，与华侨城8个主题公园联合展灯，第23届国际恐龙灯会实现综合收入8100万元，比2016年增长36.8%，创历史新高；中华彩灯大世界、自贡恐龙文化科技产业园等项目有序推进；仙市古镇、燊海井等10个景区通过国家AAAA级旅游景区资源和景观质量评审。全年农业增加值比2016年增长4.2%。推进现代农业发展，启动“一区六园”建设，新发展柑橘、蔬菜等特色产业6666.67公顷，实施“区域品牌+特色品牌+企业品牌”培育计划，“自然贡品”区域品牌培育取得进展，新增“三品一标”农产品25个，马安贡醋等35户企业入驻农产品加工园区，新培育国家级和省级示范合作社10个、省级示范家庭农场10个，新型经营主体累计1024个，荣县被列为全国首批农业可持续发展试验示范区。全市粮食产量135万吨。

【重大基础设施建设】 2017年，推进川南城际铁路建设和蓉昆（成都—昆明）高速铁路成自（成都—自贡）段、雅（安）眉（山）乐（山）自

（贡）铁路等前期工作；自（贡）隆（昌）高速公路富顺连接线、内（江）威（远）荣（县）高速公路荣县连接线建成，启动北环快速通道、G348荣县绕城段、乐（山）自（贡）高速贡井连接线建设，推进G247自贡段、成（都）自（贡）泸（州）高速公路大安连接线等建设，推进自贡至泸州港公路、富（顺）荣（县）产城融合带基础设施建设及生态修复项目前期工作有序推进；凤鸣通用机场竣工并取得使用许可证，推进沱江航道升级改造工程等前期工作。推动“缓堵保畅”工作，东兴寺道路改造建成通车，开工建设天池山路、大安寨及汇柴口隧道等项目，建成4个停车场、新增公共停车位1000个。推进能源基础设施建设，自贡汽车南站页岩气子站建成投产，推进富顺琵琶220千伏输变电工程、荣县双石110千伏输变电工程，新改建城乡电网2100公里。推进智慧城市建设，提高交通、医疗、城管等领域的数字化、信息化水平，推进4G网络、宽带提速、全光网建设。狸狐洞、大坡上、楼房湾3座中型水库大坝主体完工，启动东部新城水系连通前期基础工程，长征渠灌区工程被纳入省“十三五”水利发展规划。落实耕地保护责任制，永久基本农田划定通过省级终审验收，全年建成高标准基本农田6113.33公顷；推进农田水利维修养护、高效节水灌溉、中小河流治理等工程建设。

【全面创新改革试验】 2017年，制定《自贡市推进全面创新改革试验2017年工作计划》《自贡市推进全面创新改革试验工作任务清单》《自贡市推广四川省第一批全面创新改革试验经验成果工作方案》，推动军民融合发展、科技创新和人才培养等三大重点改革创新。组建市军民融合发展推进工作专家组，构建军地院所专家组指导、综合政务平台服务、专项政策扶持“三大推进机制”。出台军民融合产业政策，设立总规模20亿元的市航空产业发展基金，在市级工业发展专项资金中安排1000万元支持航空产业发展；制定《军工资质认证奖励资金申报指南》，对新取得保密单位资格证和武器装备科研生产许可证的企业，一次性给予20万元奖励。全市取得保密资格认证、武器装备科研生产许可证的军民融合企业8户，军品直供企业10户。推进创新平台建设，新授牌2家院士（专家）工作站，建成四川理工学院省级大学科技园、四川省焊接工程技术研究中心等科技创新平台，全市各类创新创业平台累计144个。建成市科技创新综合服务中心，建立市技术交易市场，构建成果发布、运用、转化和推广的公共服务体系。组织实施市级以上科技成果转化项目25项，重点推动实施核电军工焊接材料等10项重大科技成果产业化，实现项目产值19.82亿元。10个项目纳入国家、省级重大科技攻关项目，10项科技成果获2016年度四川省科技进步奖。全市共登记技术合同215项，实现技术合同成交额3.13亿元。新增高新技术企业2户。建立自贡高新区知识产权质押融资服务平台，与3家知识产权中介服务机构签订框架协议。依托工行自贡分行高新科技支行开展科技金融创新试点，为20户高新技术企业和科研机构贷款2.57亿元，支行存贷比105.45%。制定《自贡市职务科技成果权属混合所有制改革试点实施方案》《自贡市激励科技人员创新创业十六条政策》《自贡市关于鼓励科技人员创办（领办）企业试点的意见》，开展高等院校、科研院所科技人员领办创办科技型企业试点，激发科技人员创新创业活力和积极性。制定《关于实施盐都人才新政策的意见》《自贡市高层次人才特殊支持办法（试行）》《自贡市高端人才引进储备管理办法（试行）》，引进硕士、博士人才10人。

【供给侧结构性改革】 2017年，制定《自贡市2017年推进供给侧结构性改革工作方案》《自贡市促进经济稳定增长推进供给侧结构性改革政策措施》和“三去一降一补”5个子方案。全市淘汰煤炭过剩产能提前超额完成“十三五”省下目标；推动房地产去库存工作，全市商品房施工面积比2016年下降2.0%，商品房竣工面积比2016年下降54.2%；全市新增直接融资额35.56亿元；全市取消或停征收费项目48个，降低8项收费标准，实现降低税费、用能等成本16亿多元；规模以上工业战略性新兴产业实现产值604.63亿元，比2016年增长16.7%；完成60个贫困村退出、20522名贫困人口脱贫任务；优化产业结构，三次产业占比由2016年的11.0∶57.5∶31.5调整为2017年的10.9∶48.6∶40.5，全市经济运行总体稳定，好于2016年同期、高于是年全省平均水平。

【经济体制专项改革】 2017年，制定市经济体制改革专项小组年度工作要点和重点改革任务，组织召开市经济体制改革小组工作会议5次，审议《全面推进税收现代化改革实施方案2.0版》等7个专项改革方案，制定全市《关于2017年深化经济体制改革重点工作的意见》《中共自贡市委自贡市人民政府关于深化投融资体制改革的实施意见》《自贡市鼓励非国有资本进入国有企业投资项目的实施意见》等文件。

【其他领域改革】 2017年，按省公务用车改革办部署，开展公务用车标识化管理，组织建设市、县公务用车平台。开展区县公务用车改革调研检查和全市公务用车改革工作自查整改，推进公务用车改革取消车辆的处置工作，全市拍卖、报废处置公务用车778辆。制定《关于做好第二批全市性行业协会商会与行政机关脱钩试点工作的通知》，推进23家市级行业协会（商会）实现与行政机关脱钩，90多家行业协会（商会）收费信息上网公示。

【自贡市入选全国首批老工业城市和资源型城市转型升级示范区】 4月21日，国家发改委印发《关于支持首批老工业城市和资源型城市产业转型升级示范区建设的通知》，确定全国12个对老工业基地调整改造力度较大、工作成果突出，在全国具有一定示范效应的城市（经济区）建设首批产业转型升级示范区。自贡市成功入选，成为全省唯一入选的地级市。

（陈建伟）

国有资产监管

【概况】 截至2017年年底，纳入市国资委企业国有资产统计报表汇编范围企业59户（包括子企业），资产总额694.91亿元，负债总额376.90亿元，归属于母公司所有者权益总额303.08亿元；年末国有资产总量298.30亿元，国有资本保值增值率101.12%；实现营业总收入49.22亿元、利润总额3.43亿元，归属于母公司所有者的净利润2.70亿元，上缴税费总额2.28亿元。其中，市国资委监管企业资产总额600.83亿元，负债总额378.67亿元，归属于母公司所有者权益总额267.23亿元。市国资委非监管企业和区县监管企业资产总额94.07亿元，负债总额58.23亿元，归属于母公司所有者权益总额32.72亿元。

【监管体系建设】 2017年，出台《自贡市进一步深化国资国企改革二十条措施》《坚持党的领导加强党的建设推进国有企业治理现代化的实施意见》《关于加强和改进企业国有资产监督防止国有资产流失的实施意见》《自贡市市属国有企业负责人经营业绩考核办法》《自贡市市属国有企业负责人经营业绩考核办法经济增加值等考核细则》《自贡市国资委出资企业董事会年度工作报告制度实施意见》，取消、下放审批和核准事项19项，形成国有资产监管机构权力清单和责任清单24项，编制出资人审批事项服务标准30项，清理规范性文件140余件，完成国资监管政策法规文件选编。

【企业融资服务】 2017年，通过项目贷款、专项基金、发行债券等方式实现对外融资132.84亿元，支持企业组建盐锦扶贫开发、盈丰高端产业发展投资等4支基金，累计撬动各类资本214.67亿元。

【国有资本经营预算管理】 2017年，编制市属国有企业年度国有资本经营预算建议草案，正常经营的监管企业实现国有资本经营预算全覆盖，对市国资委履行出资人职责的5户国有独资企业及1户控股企业进行国有资本经营收入收缴，完成国有资本收益收缴731.78万元。

【企业统一监管】 2017年，制定市级部门所属企业移交市国资委管理的实施意见，纳入市国资委统一监管范围的市属国有企业由原来的13户增加到38户。

【出资人审批管理】 2017年，办理担保备案13件，涉及金额27.10亿元；办理评估备案2件，评估价值11.82亿元，增值率9.29%；办理破产企业评估核准1件，净资产评估值－2013.61万元，增值率－48.39%。

【企业负责人经营业绩考核】 2017年，制定《市国资委监管市属国有企业负责人薪酬制度改革实施方案》，出台《自贡市市属国有企业负责人经营业绩考核办法及经济增加值等考核细则》，完成大西洋股份公司等4户国有企业负责人2016年度薪酬考核、报审、兑现工作，实施国企负责人薪酬收入信息披露。开展市属国有企业负责人公务用车清理摸底，为市属国企负责人公务用车改革做准备。

【监事会监督】 2017年，对大西洋集团公司等4户企业开展年度监督检查，形成监督报告，针对企业存在的突出问题，提出整改措施21条。

【4家投资集团公司成立】 3月30日，自贡市国有资本投资运营集团有限公司、自贡水务投资集团有限公司、自贡高新国有资本投资运营集团有限公司、自贡市城市建设投资开发集团有限公司完成工商注册登记，标志全市4家投资集团公司正式组建。4家投资集团公司整合市级投融资平台和市属国有企业资产，总注册资本40亿元，总资产规模近1000亿元。其中，国投集团整合市工投公司，重点支持工业经济、战略性新兴产业和公共服务业发展；城投集团整合市交投公司、市文旅投、市东投，重点服务于城市、交通基础设施建设和文化旅游开发建设；水投集团在原水务集团的基础上组建，并新组建自贡釜溪水务投资开发有限公司，打造全市水资源投资运营总平台，推动重大水务建设和水务产业跨越发展；高投集团集基础设施投融资管理、城市资产开发经营、园区投资运营、科技金融服务于一体，打造现代投融资企业集团。按照规划，4家投资集团公司5年内要发展成集投融资、持股管理、资本运作、资产经营为一体的国有资本投资运营公司，资产规模1750亿元，形成市属国有企业“4+N”发展格局。

（市国资委）

统　计

【统计调查工作】 2017年，完成国民经济综合统计、国民经济核算、工业统计、农业经济统计、建设领域统计、贸易经济统计、人口和就业统计、能源和环境统计、社会和科技统计、服务业统计、县级经济统计监测、社会经济调查、“三新”统计等各项统计监测任务。

【经济运行分析】 2017年，常态化开展经济运行综合分析和行业专题分析，及时报告经济运行动向，提出针对性意见建议。是年，向市委办、市政府办报送内部参考信息和各类经济信息500余条，市统计局获市政务信息工作第一名；上报经济运行分析报告40篇、预警预报14篇、统计专报15篇，其中，20余篇经济运行分析报告被市委、市政府主要领导批示或电话指示。

【统计产品开发】 2017年，丰富完善《统计信息月刊》《统计专报》《产业自贡》《工业生产快报卡片》等统计期刊内容。首次制作形成《自贡统计年鉴2017》数据库电子光盘。市统计局与市发改委、市经济和信息化委、市商务局分别联合编印《固定资产投资和重大项目月刊》《自贡新型工业化进程监测》《自贡服务业发展动态》等，全方位满足社会各界对统计产品的需求。创新印制并向有关单位和个人赠送《统计专用笔记本》《统计法律法规选编》《自贡市统计工作介绍暨主要统计指标数据解读》《自贡市统计改革汇编》等统计产品。每季度及时在自贡电视台、《自贡日报》《自贡晚报》《华西都市报》等新闻媒体发布全市国民经济运行情况和信息。及时发布《2016年自贡市经济和社会发展统计公报》。

【统计体制改革】 2017年，自贡市被确定为全省深化统计管理体制改革先行先试和重点突破市（州）之一，富顺县被确定为全省首批20个县级以下统计机构垂直管理试点县之一。7月，出台《自贡市深化统计管理体制改革实施方案》，挂牌成立自贡市统计局执法监督局，为全省率先完成统计执法机构挂牌的市（州）；承办全省深化统计管理体制改革现场会（富顺站）。全市区县均成立统计执法监督机构、大数据中心；各区县、乡镇（街道）增挂“统计工作站”和“名录库管理办公室”牌子，配备1名综合统计员。

【小康进程监测】 2017年，根据《四川省全面建设小康社会统计监测方案》，收集汇总2000年起自贡市全面建设小康社会的指标数据，对全面建设小康社会进展情况进行测算和分析，形成《自贡市全面建设小康社会统计监测报告（2016）》。

【统计基础建设】 2017年，出台《自贡市统计基础规范化建设工作方案》等制度，开展乡镇（街道、园区）、部门、企业统计基础规范化建设，计划2019年前全面达标，形成规范的统计管理长效机制。在富顺县召开规范化建设现场会，出台《自贡市部门统计工作规范化管理办法》（自府办函〔2017〕124号），进一步推动全市统计基础规范化建设工作。

【统计法治建设】 2017年，制定统计行政执法全过程记录、行政执法人员资格管理、行政执法公示等系列制度。深化法治学习，把统计法律法规纳入各级党校（行政学院）领导干部主体班培训必修课，9月20日在"自贡市2017年国企系统人才递进培训班"上首次开课讲授"强化统计意识严格依法统计"。利用全市手机廉政教育"组织有话对你说"平台，向全市副县级及以上党政领导干部推送"对统计造假实行'一票否决制'专题宣传"，开创统计法治宣传新途径。将《中华人民共和国统计法》《〈中华人民共和国统计法〉实施条例》《统计违纪违法责任人处分建议办法》等法律法规编成教案，印送区县、部门作统一宣讲内容。市委常委会议、市政府常务会议先后3次学习统计法律法规，市统计局班子成员分别到区县常委会议、常务会议上宣讲统计法律法规，强化全市领导干部依法统计意识。

【统计信息化建设】 2017年，采用"VMWARE 6.0"全面建成主机房服务器虚拟化平台，借助金山全网管理平台、"三农"普数据处理服务器等，为各类普查和系统应用提供虚拟服务应用，提高全市统计信息化系统的整体安全。防控网络信息安全，从"机房安全、网络安全、数据安全"入手，安装和国家统计局及省统计局一致的金山毒霸网络版防病毒软件，实现系统软件和应用软件全部正版使用。实现市统计局到各区县统计局的电信100兆光纤、移动100兆光纤互为备份、负载均衡，实现各乡镇联入统计内网工作。

【基本单位名录库试点工作】 2017年，市统计局与市综治办联合制订《自贡市网格化管理基本单位名录库工作方案（试行）》，初步形成全市推广网格化维护名录库模式；市统计局与市公安局建立名录库共建共享和资料交换制度，在全省率先使用公安"一标三实"资料开展基本单位名录库维护更新工作。

【建立绿色发展指标体系】 2017年，制定《自贡市绿色发展指标体系》，该指标体系包括资源利用、环境治理、环境质量、生态保护、增长质量、绿色生活、公众满意程度等7个一级指标和50个二级指标。

【全市第三次全国农业普查工作】 2017年，按国务院、省和市农业普查要求，通过全市4000余名普查工作人员的努力，完成自贡市第三次全国农业普查数据采集、审核、验收、评估、公报发布、先进表彰等各项工作。

【全市第四次全国经济普查启动】 2017年，成立自贡市第四次全国经济普查筹备领导小组。编制市级经费预算，提交审批。转发《国家统计局关于做好第四次全国经济普查经费保障相关工作的通知》，督促、指导各区县落实经费预算。

（肖　帆）

价　格

【概况】 2017年，全市价格总水平保持基本稳定，全年居民消费价格上涨1.3%，实现省下达的3%预期调控目标。

【价格监测分析和预警】 2017年，推动价格监测网点布局和建设，巩固45个价格监测网点基础上，增加劳动力价格监测直报点13个，形成市、区（县）两级价格监测网络体系。执行价格监测报告制度，推动日常和应急监测，重点对肉、蛋、粮、油及相关主副食品价格开展调查分析和预警报告工作。针对生猪价格低迷，盐业体制改革对市场的影响，蔬菜、鸡蛋价格及生产供给情况，房地产市场状况及各项政策实施效果等问题，开展专题调研，形成多个专题调查报告。实行物价形势定期会商，执行定期公布价格监测数据和分析报告制度，为各级政府和相关部门掌握市场动态、制定监管措施、出台重大决策提供依据。

【稳定物价】 2017 年，落实价格改革措施，制定《2017 年物价工作要点》，明确 23 项价格调控、价格改革、价格监管、价格服务等重点工作和措施。落实全省低价药品价格管理政策，监测低价药品成本和实际购销价格，减轻群众用药经济负担。公布 2017 年粮食最低收购价格，落实《四川省中籼稻最低收购价执行预案》，保持市场粮价基本稳定。修订完善社会救助和保障标准与物价上涨挂钩联动机制，扩大保障对象范围，完善机制启动条件，缩短启动补贴时限，提高民生保障水平和可操作性。完善生猪市场价格调控机制，细化预警区域和应急处置预案，开展猪粮比监测和信息发布工作，促进生猪产业平稳健康持续发展。推动生猪价格指数保险工作，降低生猪养殖风险，保护猪农养殖积极性。

【资源环境供给侧价格改革】 2017 年，推进农业水价综合改革，出台《自贡市农业水价综合改革实施方案》，分解年度农业水价综合改革计划任务。规范城市居民生活用水价格，取消原城市自来水价格中的城市公用事业附加，落实旅游景区、宾馆饭店餐饮用水与工业同价政策。贯彻国家、省电价改革政策，推进风电和光伏发电上网电价市场化。实施电力管理体制改革，推进输配电价改革和四川电网供区同网同价，实现原荣县地方电网电价与国家电网同价。试行丰水期居民生活电能替代电价和电能替代输配电价，取消暂停降低部分政府性基金及附加。落实四川电网目录销售电价降价政策，全市四川电网大工业用电和一般工商业及其他用电目录电价分别降价 1.2 分/千瓦时和 1.87 分/千瓦时。落实全市重点培育行业企业 2017 年第一季度用电临时电价补贴措施，补贴用电企业 19 户，补贴电价 730.44 万元。完善居民生活用气阶梯价格制度，落实非居民用天然气基准门站价格降价政策，中心城区非居民用天然气每立方米降低 0.11 元，车用压缩天然气每立方米降低 0.10 元，荣县、富顺县非居民用天然气价格每立方米分别降低 0.13 元。开展电动汽车充电服务价格调查测算和天然气配气定价成本监审工作。

【规范收费行为】 2017 年，落实国家清费减负政策，围绕推进供给侧结构性改革，开展涉企收费专项清理，对以企业为缴费主体的各类经营服务性收费进行清理规范。督促清费减负政策落实，取消或停征公安、环保、交通等 20 余个部门的收费项目 41 个，减轻社会负担 5000 万元。降低经济和信息化、公安、水利等 5 个部门共 8 项收费标准，降低税务部门税控系统产品和维护服务价格，取消或暂停银行系统个人异地本行柜台取现手续费等 6 项收费，减轻社会负担 783 万元。执行收费目录清单管理，实行《行政事业性收费目录》和《涉企行政事业性收费目录》管理，制定并公布《自贡市政府定价涉企经营服务性收费目录清单》，督促区（县）同步建立同级政府定价的涉企经营服务性收费目录清单，构建四级目录清单体系。推进医疗服务价格改革，放开公立医疗机构提供的部分个性化需求较强、市场化程度较高的 7 类共 89 个医疗服务项目价格。启动单病种收费改革工作，出台《自贡市实行按病种收费的病种项目收费标准的通知》，在二级（含二级）以上公立医院甲状腺全切术等 101 个病种实行按病种收费。对 50 余个试行期满的医疗服务项目、部分除外内容、项目内涵、计价说明等需要修订的医疗项目和新增医疗服务项目重新进行审核和修订完善。规范公办学校学前、学历教育和民办学校学历教育收费行为，严格审批四川卫生康复职业学院新增专业学历教育学费、自贡成都

外国语学校义务教育阶段和高中阶段学历教育学费等一批收费项目和标准，保持各级各类学校收费标准基本稳定。按国家和省推进教育收费改革精神，全面放开非学历教育收费。

【成本调查和监审服务】 2017 年，组织农产品成本调查，开展粮食、生猪、化肥等调查数据的收集、分类、上机、汇总、审核、分析、报送工作，对农户生猪养殖成本等情况进行专项调查，对主要农产品成本变动情况作分析和预测。先后对汇东丹桂幼儿园保教费、占道停车收费、自贡成都外国语学校学费及城市管道燃气配气定价实施成本监审，依法核减企业上报成本 1800 万余元。全年完成价格认定案件 601 件，涉及金额 767.32 万元。

【价格监督检查】 2017 年，完善价格应急监管制度，集中力量对扶贫搬迁中建材价格市场和汛期市场价格进行监管，维护突发、敏感时段市场价格秩序。围绕盐龙灯旅游城市名片开展检查，重点结合元旦、春节（灯会）、中秋、国庆等时间节点，对主要旅游景区、宾馆酒店和购物娱乐点采取重点抽查和市场巡查相结合的形式开展检查，规范旅游行业价格行为。开展电价专项检查，对国家电网自贡分公司等 4 家电力企业开展实地检查，对自贡辖区内电网、发电企业情况，差别电价和阶梯电价执行现状、建立电力市场主体名录库等开展摸底调查。推进价格诚信建设，开展价格诚信建设试点单位评定工作，全市评定价格诚信 A 级单位 4 家、B 级单位 35 家、C 级单位 2 家。受理群众价格举报，畅通群众诉求渠道，全年处理群众投诉举报和咨询 641 件，办结率 100%。

（陈建伟）

工商行政管理

【商事制度改革】 2017 年，出台《企业集群注册登记管理办法（试行）》。开展企业登记全程电子化、企业简易注销改革、在线申请名称预先核准等工作。会同市工商银行，开通工商注册登记银行代办服务点，加快企业开办进度。实施“多证合一”改革，在原“五证合一、一照一码”基础上，首批将公安、住房城乡建设、商务、交通运输、旅游、海关等 6 部门 15 个涉企证照事项整合到营业执照，实行“二十证合一”。在大安区、富顺县开展个体工商户登记制度改革试点，降低初创成本。是年，全市新设市场主体 22997 户，比 2016 年增长 27.51%。其中，新登记各类企业 4627 户、个体工商户 18166 户、农民专业合作社 204 户，分别比 2016 年增长 4.87%、52.51%、5.69%。年末全市实有各类市场主体 121984 户。其中，各类企业 28528 户（含外资企业 99 户）、个体工商户 91820 户、农民专业合作社 1636 户，分别比 2016 年增长 21.41%、18.35%、42.5%。

【招商引资与企业融资服务】 2017 年，报送招商引资线索 2 条，向上争取资金 489 万元，比 2016 年增长 30%。全年通过动产抵押、股权质押、商标质押、邮政储蓄银行办理小额贷款、巾帼贴息贷款等实现企业融资 132.11 亿元，比 2016 年增长 41.29%。

【信用监管】 2017 年，完成全市企业和农民专业合作社、个体工商户 2016 年年报工作，年报率分别达 100%、99.73%、99.71%。牵头完成全市商务诚信体系建设工作，全市 43 个部门通过“四川省政府部门信息共享及监管协作平台”，向“全国企业信用信息公示系统”推送公示行政许可信息 1.11 万条、行政处罚信息 1314 条、抽检信息 254 条、检查小微扶持信息 1.68 万条。工商部门应当记于企业名下的信息的公示率、及时率、准确率均 100%，实现部门间信息共享。

【商标战略】 2017 年，推动四川省商标战略示范城市建设。围绕“商标品牌建设”主题，编制自贡市“十三五”商标发展规划，推进自贡品牌融入“互联网+”。是年，全市新申报商标 3328 件，比2016年增长76%，高于全省增速21.8个百分点；新注册商标1318件，增长30.37%，高于全省增速3.73个百分点。截至年底，全市有效商标注册量8160件，每万户市场主体商标拥有量671件；有驰名商标10件，著名商标61件，知名商标142件，地理标志证明商标3件。

【市场监管】 2017年，完成流通环节商品抽检444个批次，查出164批次不合格产品。开展“红盾春雷行动2017”、“三名”商标保护、虚假违法广告等专项整治行动，重点整顿医疗行业、供水企业、教育、商品供应等领域。全年查处各类违法违章案件7629件，其中，立案查处案件572件；捣毁制售假窝点15个，移送司法机关案件1件。全年监测广告1.4万条次，查处违法广告案件79件；驱散传销人员156人次；查处各类农资违章违法案59件。

（洪　波）

质量技术监督

【质量管理】 2017年，印发《自贡市质量发展“十三五”规划》。是年，省政府对市政府2016年度质量工作考核结果为B级。组织对市级有关部门、各区县政府2016年度质量工作进行考评，全市基本建立“政府主导、企业主体、部门联动、社会参与”的大质量工作机制。是年，注册QC小组182个，创可计算经济效益4994万元；开展工业产品质量监督抽查470批次，合格率98.3%。

【标准化工作】 2017年，编制《自贡市贯彻实施〈四川省标准化体系建设规划（2016—2020）〉实施方案》。3月29日，承办全国部分基层党组织党建标准化宣传贯彻推进会，中央国家机关工委副书记陈存根、国家质检总局副局长梅克保出席会议并讲话，市委书记李刚致辞。7个中央国家机关部门、17个省份共52家单位、100名代表参加该会议。中共自贡市委作为唯一地级市党组织被列入全国首批40家党建标准化试点单位，全市机关管理服务标准化成为全国示范样板之一。自贡高新区国家高端装备制造业标准化试点（全省唯一）项目有序推进，并启动国家、行业和团体标准研制。推进自贡出口彩灯文化产品质量安全示范区建设，制定或修订“自贡工艺灯”“自贡仿真恐龙”“恐龙行业术语”3个标准，实现全市彩灯行业产品标准“从无到有”。制定自贡彩灯术语，作为示范区标准在45家企业推广使用。开展高分子材料、有色金属等4大行业质量对标提升行动。

【品牌建设】 2017年，中昊晨光化工研究院有限公司获第四届四川质量奖提名奖，实现全市该奖项“零”的突破。评选第二届市政府质量奖获奖企业8户。全市51户企业62个产品（服务）被新确认为第十二届四川名牌，其中，新创四川名牌产品14个，新培育四川名牌争创企业25户。自贡高新区被命名为全省节能环保产业知名品牌示范区。成佳大头菜、白庙血橙进入国家地理标志保护产品申报程序。自贡高新区以157.85亿元上榜2016年全国区域品牌价值评价100强榜，并进入全国制造业区域品牌30强，富顺香辣酱（62.31亿元）、自贡冷吃兔（33.66亿元）登上2016年国家地理标志产品区域品牌价值榜（全省仅11个）。指导高新区等2个园区、富顺香辣酱等3个地理标志产品、5户企业参加2017年度品牌价值评价。

【特种设备安全监管】 截至2017年9月30日，全市有特种设备14312台（未含气瓶和压力管道），其中，锅炉645台、压力容器6471台、电梯3763台、起重机械3136台、大型游乐设施86台、场（厂）内机动车辆211台；有气瓶16万只、压力管道4162单元；全市有持证特种设备生产（含设计、制造、安装、改造、维修）单位45家。是年，开展特种设备大检查大整治，累计出动26个检查组，检查496家生产经营使用单位，整治违法违规行为41起，罚款34万元。开展特种设备安全隐患治理，组织特种设备安全大宣讲，完成55家特种设备使用单位风险辨识工作，排查严重事故隐患15起，整改15起。推进燃煤锅炉节能提标升级，在全市范围对燃煤锅炉进行核查并建立台账，严格执行“地级及以上城市建成区禁止新建每小时20蒸吨以下燃煤锅炉，其他地区原则上不得新建每小时10蒸吨以下燃煤锅炉”的政策。对“国十条”颁发后新建的燃煤锅炉进行清理，并按省质监局关于迎接环保督查所发现问题抓紧进行整改的要求，对4户企业燃煤锅炉采取整改措施，相关25台锅炉中23台进行淘汰并注销，2台改用生物质燃料。完成全市14台15年以上住宅老旧电梯更新改造。完善特种设备应急救援体系，修订《自贡市特种设备事故应急预案》，开展新加坡花园电梯应急救援演练、东方电气集团东方锅炉股份有限公司350吨桥式吊车吊物坠落伤人事故应急救援演练、富顺金沙燃气有限公司防震减灾应急救援演练，提升全市特种设备事故应急救援水平。

【计量管理】 2017年，减免计量器具强制检定收费约800万元。突出集贸市场、商场超市、加油站、医疗卫生等民生保障及安全生产领域的计量监督管理。开展节日市场计量专项检查3次，开展“民用三表”专项监督检查，抽查21个小区水、电、气表各630只，合格率100%。开展加油机专项计量监督检查，对市内45家加油站156台加油机进行监督检查，未发现擅自改动或拆装加油机、更换加油机电脑芯片或主板等违法行为。

【打假治劣】 2017年，围绕“质检利剑”专项行动，开展基础教育装备、烟花爆竹、汽车配件等重点领域专项执法行动7次，辖区内质量违法行为发生率持续下降。完善“双随机”执法检查制度，全年立案6起，其中，大案要案1起、省质监局转办案件3起，查获涉案产品货值20万元，结案率100%。

【自贡检验检测院成立】 4月5日，成立自贡检验检测院，为市政府直属公益二类事业单位，委托市质监局管理，挂自贡市食品药品检验检测中心、自贡市药品不良反应监测中心、自贡市计量测试研究所、自贡市产品商品质量监督检验所、自贡市流量计量公正站牌子。该院主要承担产品、食品、药品、化妆品、包装材料等检验检测工作，受理第三方申请的委托检验和仲裁检验；负责建立并保存最高社会公用计量标准，开展量值传递及溯源；依法开展计量器具的强制检定和其他计量检定、检验、校准、检测和咨询服务工作；承担能效测试能源审计和计量仲裁检定工作；依据《中华人民共和国计量法》等法律法规提供公正计量服务。

【省级泵阀产品公共检验检测平台建设】 2017年，全省首个省级泵阀产品公共检验检测平台落户自贡高新区，主要开展泵阀产品原材料、性能检测，泵阀新产品试验、鉴定、仲裁、可靠性评价，将填补川内泵阀检验检测空白，为全市泵阀、机械密封等产业提供技术支撑。

（袁　媛）

食品药品监管

【重大活动】 1月24日，市委书记李刚率队对全市人员密集场所、食品药品安全重点部位等开展春节前安全检查。2月14日，市食品药品安全委员会办公室印发工作方案，以富顺、荣县为示范创建主体，全面启动第二批省级食品安全示范县创建工作。4月至10月，市政协组织开展为期7个月民主评议市食品药品监督管理局评议活动。5月10日，国家食品药品监督管理局总局副局长、国家药品安全总监孙咸泽陪同全国人大常委会执法检查组对自贡市贯彻实施《中华人民共和国药品管理法》的情况开展执法检查。9月6日，省食品药品监管局局长鞠波到自贡调研考察四川久大盐业集团舒坪工业园区，副市长李世宏陪同考察。9月30日，市委书记李刚率队检查中秋国庆节前食品安全工作。11月17日，“自贡市2017年药品安全突发事件（Ⅲ级）应急演练”在四川理工学院汇南运动场举办。12月25日，市政府与省食品药品监管局在成都举行“自贡特色食品医药产业创新发展”战略合作备忘录签署仪式，省食品药品监管局党组书记、局长鞠波，市委书记李刚，市委副书记、市长何树平，市委常委、统战部部长徐其斌，副市长李世宏等出席仪式。

【食品药品产业发展】 5月19日，副市长李世宏带队到上海市上药控股有限公司招商引资，就自贡市医药第三方物流及四川卫生康复职业学院医养项目进行重点推介。6月6日，市食品药品监管局到富顺县狮市镇马安村现场指导百年贡醋文化产业园项目建设，并邀请四川理工学院生物工程学院教授刘军对企业厂房布局、生产工艺流程等进行专业指导，促进企业尽快投入生产。6月14日，副市长李世宏率队到自贡鸿鹤制药有限责任公司调研，鼓励企业致力于创新和发展，走出一条符合自己产品特点和行业特性的转型升级之路。10月13日，召开发展药物临床试验机构推进会，促进全市药物临床试验产业发展。12月19日，召开全市特色食品产业发展暨监管研讨会，就冷吃兔质量标准与技术规范开发与运用进行讨论交流。是年，报送食品药品项目线索16条，包装重大项目8个，累计到位资金8455.6万元，完成年度目标任务的190%。

【食品药品安全专项整治】 2017年，开展“拔毒瘤保平安”食品药品安全百日会战、保健食品会议营销、“地沟油”等专项行动21项，持续惩治食品药品安全违法犯罪行为。全年立案查处违法案件1224件，结案1182件，移送公安机关涉嫌犯罪案件22件，法院作出有罪判决6件，判刑8人。采取“一校一策”对全市26所学校食堂无证供餐问题进行整治。取缔和驱散涉嫌保健食品非法会议营销及虚假宣传的“会议机构”15家，为当事人挽回经济损失60万余元。对辖区5家网络订餐平台和近700家入网餐饮单位开展拉网式监督检查，查处无证餐饮单位25家、违法行为76起，查获某订餐平台未履行入网食品经营者审查义务而导致5家未经许可餐饮单位从事网络食品经营的典型案例。

【食品药品抽验工作】 2017年，围绕学校、景区、农村等重点区域，开展食品药品医疗器械等监督抽检4957批次。其中，食品不合格160批次，不合格率3.92%；药品不合格14批次，不合格率1.93%。针对牛肉水分、兽药残留、腌腊制品亚硝酸盐含量、火锅底料添加罂粟壳或罗丹明B、白酒甜蜜素和甲醇含量等高风险品种和项目，快检食品5797批，检出不合格9批次，不合格产品处置率100%。

【食品药品风险防控】 2017年，全市检查“四品一械”（食品、药品、化妆品、保健品、医疗器械）企业1.94万家次，发现问题隐患3730个，整改到位3142个，专项约谈24家次，作出行政处罚87件次，停产停业46家；通过“回头看”发现隐患659个，整改到位624个，作出行政处罚41件次，停产停业1家，对35个未完成整改问题的企业实行重点督办，逐一完成销号。完善食品药品安全信息管理制度和“属地管理、立体发声、科学引导”的舆情处置机制，妥善处置突发事件5起、网络舆情72条，排查虚假舆情2条，全市连续13年未发生较大及以上食品药品安全事故。

【明厨亮灶和快检室建设】 2017年，将量化分级工作与“明厨亮灶”工作结合，实现量化等级评定结果信息公示全覆盖，全年累计建成“明厨亮灶”单位4408家，建设率75%。推进果蔬农残检测室建设，启动使用华商国际城食品安全监管中心暨食品快检室，全市设立并投入使用农残检测室30家，梨苑农贸市场、步步高超市檀木林店等5家快检室实现检测结果电子公示。

【基层能力建设】 2017年，以食品药品基层监管所建设为重点，充实执法监管人员，配置执法装备，健全管理制度，推进基层监管所规范化建设。是年，全市108个乡镇街道建成监管所56个，

其中，标准化示范所37个，标准化率66%。采取以会代训、送出去等方式组织开展监管实务、稽查技巧等内容的集中培训，从专业知识、监管技能、廉洁自律等方面提高基层监管队伍履职能力。全年举办复旦大学“自贡市食品药品监督管理干部能力提升培训班”等培训16期，培训5200余人次。

【重大活动餐饮保障】 2017年，完成中共十九大、第23届自贡灯贸会、2018年春节及全市“两会”等重大活动期间的餐饮服务食品安全保障工作任务，累计开展重大活动保障145次，保障人数44.47万人。

【食品安全示范区县创建】 2017年，巩固沿滩区省级食品安全示范区创建成果，推进富顺县、荣县第二批省级食品安全示范县创建工作，推荐大安区、贡井区纳入第三批省级食品安全示范区创建试点，启动自流井区仲权镇、贡井区艾叶镇等16个食品安全乡镇细胞创建工作。落实“实施食品安全战略，让人民吃得放心”要求，提升餐饮业质量安全水平，累计建成餐饮食品安全示范街（特色美食街）7条。

【不良反应监测】 2017年，全市监督涉药单位上报药品不良反应病例报告3666份，其中，严重病例报告172份，新的一般病例报告491份，累计百万人口报告数1358份。全年累计上报医疗器械不良事件报告889份，其中，严重医疗器械不良事件报告244份。

【行政审批改革】 2017年，创新审批方式，将筹建、核发与药品GSP认证“三合一”，实行一次申报、一并审核、一次现检、一并发证、一并公告等“五个一”简化程序。全年办理行政许可及服务事项645件，实现办结率、提速率、满意率3个100%，行政效能零投诉。

【市级食盐质量安全监管职责交接】 12月27日，自贡市举行食盐质量安全监管职责交接仪式，市食品药品监管局、市盐政稽查处负责人和相关科室负责人参加交接。市食品药品监管局副局长陈红、市盐政稽查处副处长何克拉分别在职能移交清单上签字，标志着自贡市食品药品监管局正式履行食盐质量安全监管职责。

【年度荣誉】 3月，“自贡食药监”微信账号被省互联网信息办公室表彰为“四川省优秀政务新媒体账号”。4月，市食品药品监管局被市委、市政府表彰为“2011—2015年全市法治宣传教育先进集体”。5月，市食品药品监管局被市政府表彰为“自贡市民族团结进步模范集体”。11月，自贡市完成金砖国家领导人厦门会晤供会食品安全保障任务，获省食品药品监管局通报表扬。12月，“自贡食药监”被“四川发布”评为“2017年度四川食药系统十佳政务新媒体”。

（万绮丽）

审　计

【审计成果】 2017年，完成40个审计项目，查出主要问题金额30.55亿元，其中，违规金额0.34亿元，管理不规范金额30.21亿元；审计发现非金额计量问题399个；损益收支不实1503万元；审计期间整改金额1330万元。审计处理处罚6.89亿元，其中，应上缴财政金额0.10亿元，应减少财政拨款或补贴0.49亿元，应归还原渠道资金0.38亿元，应缴纳其他资金0.06亿元，应调账处理金额5.85亿元。通过审计，促进整改落实有关问题资金3.46亿元，其中，为财政增收节支0.31亿元，已缴纳其他资金0.02亿元，已调账处理金额3.13亿元。审计后挽回（避免）损失2784万元；核减政府投资额2658万元。提出审计建议137条，被采纳60条；提交审计报告和专项审计调查报告、信息271篇；审计移送处理事项31项，向社会公告审计工作报告和单项审计结果21篇。

【政策跟踪审计】 2017年，分季度组织开展重大政策措施落实情况跟踪审计，重点关注全市供给侧结构性改革政策措施贯彻落实、“项目年”决策部署推进、简政放权政策落实等情况，推动政策落地。

【扶贫资金审计】 2017年，组织对全市6个区（县）扶贫资金进行专项审计，审计发现扶贫“四项基金”使用率低、违规投放产业扶持基金等问题，移送纪检监察机关和有关部门问题线索20件。

【预算执行审计】 2017年，开展2016年度市本级财政预算执行、决算草案、地税系统税收征管情况审计、7个市级部门预算执行情况审计及26个市级党群部门财务核算管理规范性审计调查，推动建立健全提高绩效的体制机制。

【民生审计】 2017年，开展全市保障性安居工程跟踪审计，推动城镇棚户区和城乡危房改造及配套基础设施建设3年计划等安居工程政策落实到位。开展全市2016年城乡集中式饮用水水源地保护情况审计调查，针对较大部分乡镇饮用水源监测水质不达标等问题提出建议意见。

【政府投资审计】 2017年，围绕省、市“项目年”各项部署，开展“项目年”决策部署推进情况专项审计调查、重大项目跟踪审计及工程项目竣工结算审计，核减投资额2658万元。强化对项目审批、征地拆迁、工程招投标、工程结算、资金管理等关键环节的监督，促进重大项目建设。

【领导干部经济责任审计】 2017年，开展1个区党政主要领导和5名市级部门（单位）主要领导经济责任审计，促进领导干部依法履职、尽责有为、廉洁从政。

【审计廉政建设】 2017年，将全面从严治党贯穿审计工作主线，全年移送处理事项31件，其中，移送司法机关1件、纪检监察机关21件、有关部门9件，移送处理人员41人，涉及金额854万元。市审计局协助纪检监察、司法机关、巡察组查处一批腐败案件，推进全市党风廉政建设和反腐败工作。

【联网审计监督】 2017年，制定《自贡市联网审计监督试行办法》，经市委全面深化改革领导小组审议同意后于8月以市政府名义批转。创建全市审计机关联网审计监督平台，实现全市审计数据集中分析、分散核查及联网审计系统共享，并在多个审计项目中开展运用。

（杨　瑶）

安全生产监管

【概况】 2017年，全市发生生产安全事故153起，死亡53人，比2016年分别下降32.3%和41.8%。亿元GDP生产安全事故死亡率0.040，比2016年减少33.8%。各项事故指标均未突破省下达控制指标，生产安全事故死亡人数占全年控制指标的55.2%，重特大事故连续13年零发生，全市安全生产形势持续稳定向好。

【全市安全生产领域改革启动】 12月，市委、市政府印发《自贡市关于推进安全生产领域改革发展的实施意见》（以下简称《实施意见》）。《实施意见》包括制定年度工作目标、分解落实改革任务、建立督查督办机制等内容，明确把落实《实施意见》情况纳入各区县党委政府、高新区管委会重大督办事项，确保各项改革措施落地落实。

【党政主要领导率队开展“节前”安全检查】 9月30日，市委书记李刚，市委副书记、市长何树平分别率市级有关部门人员，对人员密集场所、客运、危险化学品、燃气等重点行业节前安全生产工作情况进行检查。

【全市安全生产工作会】 2月28日，在市委会议厅召开全市安全生产工作会。市委书记李刚向会议召开作出批示。市委副书记、市长刘永湘，市委常委、宣传部部长唐杰，副市长曾明全等出席会议并作讲话。市安委会各单位主要负责人和分管负责人、各县（区）政府主要负责人和分管负责人、市、县（区）两级安监系统干部及媒体记者200余人参加会议。

【开展全国第16个“安全生产月”活动】 6月，在春华广场、汇东公园广场等居民广场和区县、镇乡、街道等群众活动场所举办“安全生产月”活动100余场，依托市电视台、《自贡日报》播放、刊登安全生产月系列宣传资料20期，利用公交车载电视播放安全警示教育片和公益广告1万余次，通过手机客户端发送安全生产宣传短信300余万条。

【四川省第三片区安全生产监察执法实训暨比武活动在自贡举行】 9月18日至22日，由省安监局主办、市安监局筹办的全省第三片区安全生产监察执法实训暨比武活动在自贡举行。该执法比武暨实训活动以安全生产大检查为主，活动内容包括安全生产培训教育、事故隐患排查治理、安全生产事故应急管理、安全生产责任制健全与落实、主要负责人履职、职业卫生健康6个专项。该次活动有自贡、甘孜、宜宾、泸州、内江、资阳、遂宁7个市（州）代表队300余人参加，自贡市代表队获执法比武赛事冠军。

【市安全生产监察执法支队高新区大队成立】 7月31日，市安全生产监察执法支队高新区大队成立。该大队为市安全生产监察执法支队派出机构，负责高新区安全生产监察执法工作，日常管理以高新区管理委员会为主，业务受市安全监察执法支队指导。主要职责：贯彻安全生产法律、法规和规章，负责高新区安全生产违法行为的查处、安全生产行政执法工作；负责高新区安全生产行政执法统计和分析工作；依法组织对高新区生产安全事故开展调查处理工作和监督事故查处的落实情况；负责生产经营单位作业场所的职业危害违法行为的查处；负责受理和查处涉及有关安全生产方面的投诉事宜、群众举报、来信来访；承办市安全生产监察执法支队交办的其他事项。市安全生产监察执法高新区大队行政执法类事业编制3人，设大队长1人（副科级）、副大队长1人。

【全市首批安全生产专家库建立】 4月21日，来自企业、院校、科研单位的80名技术和管理人员被聘为首批自贡市安全生产专家委员会专家。自贡市安全生产专家委员会受聘专家分煤矿及非煤矿山、危险化学品与烟花爆竹、建筑消防、职业健康、冶金工贸及其他等5个专业组，按《自贡市安全生产专家委员会专家管理办法》，为安全检查、事故调查、隐患评估、行政审批等工作提供智囊服务。

（市安监局）

行政审批管理

【投资项目审批服务】 2017年，全面运行项目审批新流程和三级联动审批服务，全市168个投资项目按新流程办理建设审批事项。组织相关部门开展并联审批，协调审批项目20个，办理三级联审件1007件。完善重大招商引资项目领代办服务机制，印制《自贡市重大招商引资项目全程领代办服务工作试行办法》，全市政务服务系统领代办项目141个，市政务服务中心直接协调解决项目审批问题136个。落实专人为凤鸣机场、成都嘉祥外国语学校自贡分校等10个重点产业、重大项目提供“一对一”服务；组织对口审批部门开展“政务服务直通车”进园区活动，现场协调解决问题10个。是年，《自贡市建立投资项目快审联动机制》获四川省法治政府建设入围案例。

【行政审批制度改革】 2017年，按“成熟一批下放一批”原则，全面梳理保留市本级行政许可事项192项，比2016年减少27项（含取消、下放、合并等）。落实“两集中两到位”，通过专项督查提出整改方案，协调行政审批部门整合职能并加大对窗口的授权力度，提高审批服务效率。推进相对集中行政许可权改革试点，富顺县行政审批局于12月挂牌运行。推进“互联网+政务服务”，拟定《自贡市“互联网+政务服务”工作方案》，按全省统一部署，启用一体化政务服务平台。清理22个市级部门（单位）158项村（社区）证明许可，其中，保留 14 项，取消 144 项。是年，市政务服务中心深化行政审批制度改革获自贡市“重大法治案事件”。

【推动企业减负】 2017 年，受理供给侧结构性改革政策措施申请 240 件，接受群众咨询 300 余人次。牵头受理 9 个项目行政事业性收费（基金）减免申请，共减免资金 4743 万元。政府采购合同授予中小微企业总采购额 9165.42 万元，占普通采购项目实际采购金额的 42.2%，87 家小微企业享受 10% 的价格扣除政策，累计扣除金额约 1130 万元。

【政务服务管理】 2017 年，督促协调市级有关部门编制和完善行政审批事项办事指南并附格式文本、示范文本及常见错误示例，确保申请人按新的《服务指南》制作合格申请材料。推进行政审批“直通车进园区、上门服务、预约服务、个性化服务、局长（主任）进大厅”等 20 多项特色服务 3891 次，服务企业 560 户、服务群众 5000 余人次。创建市不动产登记中心、市住房公积金中心等特色服务窗口单位，规范提高窗口服务水平。是年，市政务服务中心办理行政审批（服务）事项 943.7 万件，行政审批服务事项承诺提速 65.22%，实际平均办结时间 0.51 个工作日，办理提速 97.17%，提前办结率 100%，按时办结率 100%、现场办结率 100%，评议率 98.81%，满意率 100%；获第 2 届全国行政服务大厅典型案例展示“信息化优秀奖”，全省政务服务和公共资源交易组量化评分第 4 名。

【便民服务体系建设】 2017 年，完成市政务服务（市民）中心迁建项目的选址、规划红线图设计、征地、建设主体确定等前期工作。重点推进基层便民服务阵地建设，完成 10 个乡镇（街道）便民服务中心和 250 个村（社区）便民服务室升级达标工作。推进社区事项网上办理，对近 40 个市级部门涉及的社区办理事项逐一梳理，形成《加快建设全市便民社区网络工作议定事项任务安排表》，全市社区便民服务已上网运行事项稳定运行 23 项，拟上网运行事项按期上网办理 18 项，全市社区便民服务未上网运行事项按期接入市政府公共服务平台 16 项。

【公共资源交易电子化平台建设】 2017 年，自贡市统一公共资源信息门户网（含市区县公告发布）建成并投入使用，实现网站数据自动向省公共服务平台推送。出台《关于进一步完善“自贡市建设工程电子招标投标系统”的通知》，房屋建筑和市政基础设施工程施工项目实施全流程上网运行。是年，市本级完成项目交易 376 个，交易金额 304 亿元。其中，政府采购项目 95 个，采购金额 205 亿元；工程建设项目 232 个，中标金额 51 亿元；土地使用权和采矿权出让项目 49 个，成交金额 48 亿元。

【惠民帮扶进社区】 2017 年，市政务服务中心组织人员先后到高新区板仓街道糍粑坳、自流井区东兴寺街道钟云山社区开展活动 2 次，现场接待群众咨询 326 人次，发放宣传资料 2668 份，提供就业岗位 556 个，就业咨询 204 人次，达成就业意向 24 人，开展惠民义诊 308 人次，慰问社区困难群众 110 人，发放慰问品和慰问金 1.93 万元。日常救助困难群众 31 人，发放救助现金 4.3 万元。

（王姝婧）

住房公积金管理

【公积金缴存】 2017 年，市政府、各区县政府分别召开住房公积金建制扩面联席会议，安排部署公积金建制扩面工作。分解建制扩面年度任务，落实责任，实行挂图作战开展全市机关事业单位临聘人员住房公积金建制专项清理，督促 1100 名临聘人员建制。各区县先后将机关事业单位聘用人员和社区工作人员公积金全部纳入财政预算并陆续建制。调整 2017 年住房公积金缴存基数和缴存额上下限，督促问题整改；落实目标奖匹配公积金缴存。向全市2552个单位16万余名缴存职工支付利息7470万元。推动川玻集团破产和长征公司重组涉及的3000名职工住房公积金缴存工作。全年新建制1.22万人，比2016年增长21.35%；新增归集住房公积金19.92亿元，比2016年增长22.32%，完成年度计划的110.69%。全市住房公积金累计建制26.66万人，累计归集公积金120亿元。

【住房保障服务】 2017年，适度调整市外购房提取、二套房贷款首付款比例等8项使用政策，管控公积金流动性风险，保障职工基本住房需求。全年为3.22万名职工和4986户职工家庭改善住房条件提供资金支持25.81亿元。为328户职工家庭发放异地贷款1.04亿元，为204户农民工家庭发放个人住房贷款6958万元。助力房地产“去库存”，公积金贷款楼盘覆盖率100%。采用存单质押贷款和信用贷款方式融资1.45亿元，缩短贷款轮候周期。全年注入房地产市场支持职工住房消费资金25.81亿元，拉动住房消费69.91万平方米，为全市房地产去库存贡献约26.5%。

【服务能力建设】 2017年，市住房公积金中心作为全省住房公积金综合服务平台建设试点单位，建成综合服务平台八大服务渠道，在全国首批通过部、省检查验收，形成“7窗口+8平台”线上线下服务体系。市公积金微信公众号关注人数累计4万余人；短信平台向全市8万多名缴存职工发送年度结息对账单，推送账户变动通知短信55.85万条；97.54%的建制单位使用网上营业厅办理公积金缴存业务。调整审批流程，公积金受委托银行全面进驻公积金窗口办理贷款收件初审，实现贷款“一站式”服务；简化贷款手续，推出“四取消、四便利”新举措；优化业务流程，全面实施公积金委托按年提取，将还清贷款需临柜终止委托提取协议调整为系统自动解除。市住房公积金中心作为全国试点单位之一，在省内率先接入全国住房公积金异地转移接续平台，实现公积金转移“户随人走”、全国“漫游”，全年办理公积金异地转移接续业务285笔。

【公积金风险防控】 2017年，民主审议表决《关于调整住房公积金贷款风险准备金计提办法》等7个议题，从源头上防范公积金运行风险。健全内控机制，修订完善4个考核办法，制定预算管理、政府采购等制度。创新建立“两结合”内审稽核模式，稽核审计工作在全省公积金系统作大会经验交流发言。开展公积金廉政风险防控自查，细化实化工作措施。惩治公积金骗提套取行为，全年防范6名职工骗提套取公积金45万元，首次对骗提公积金职工进行通报。实行财务公开，高标准、多渠道披露2016年住房公积金年度报告；通过政府网站公开2017年部门预算、2016年部门决算和“三公经费”支出。主动接受监督，通过门户网站、微信公众号等媒介接受社会各界监督；接受市人大城环资委及研究室视察；接受市财政局委托中介机构进行年度审计。

（罗钦波）

工 业

概 述

2017年，落实省、市稳增长决策部署，坚持目标导向和问题导向，全市工业保持稳中有进、稳中向好发展态势，规模以上工业增加值增速高于全国、全省平均水平。是年，全市规模以上工业实现产值比2016年增长17.3%，规模以上工业增加值比2016年增长9.4%；主营业务收入完成1708.4亿元，比2016年增长17.4%；实现利润总额70.2亿元，比2016年增长34.2%；全市工业园区新增承载能力5平方公里；战略性新兴产业实现产值604.6亿元，比2016年增长16.7%；完成工业投资164.1亿元，比2016年增长3.8%；完成更新改造投资157.1亿元，比2016年增长28.7%；单位工业增加值能耗下降8.53%；规模以上工业企业管理系统信息化率76.5%。

*推进产业发展，工业转型升级步伐加快。*2017年，借助全国首批老工业城市产业转型升级示范区获批机遇，全市编制节能环保装备产业等3个实施方案、高新产业和新兴产业“双倍增”等4个行动计划，形成指导2017—2021年产业转型发展的工作指南，富顺县和沿滩区入选四川省第二批工业强县示范县。突出盐化、食品、纺织服装等三大传统产业高端化发展，举办首届国际盐产业博览会暨井盐文化节活动，签约项目28个，总投资172.8亿元，该活动入围2017四川十大经济影响力事件。新兴产业壮大，航空与燃机产业发展强劲，自贡凤鸣通用机场获批机场使用许可证，是四川首个建成投用的A1类通用机场。电子信息产业加速发展，聚集企业16户，粤创微电子科技产业园、西南智能终端产业园开工建设，星诺科技手机生产线等9个项目建成投产，全市电子信息产业产值增速达652.7%。大西洋焊接产业园竣工投产，石墨烯产业园一期开工建设，全市战略新兴产业产值占比达34%，较2016年同期提高7.0个百分点。

*推进军民融合发展，增添产业发展新活力。*2017年，召开首次军民融合发展大会，成立首批由15名专家组成的军民融合工作专家组，全市军民融合企业达8户。中昊晨光化工研究院有限公司、自贡中天胜新材料科技有限公司产品进入航海、单兵装备等领域，四川辉腾科技股份公司等4户企业签署4.12亿元军品合同。与捷克签订8座螺旋桨飞机合资项目相关协议，成功组建D6飞机研发专家团队，组装下线5架SL600捷克轻型飞机，四川省自贡市海川实业有限公司成为美国GE、惠普公司的直接供应商；与成都飞机工业公司等在川军工生产企业和科研单位取得“建立一个机制、达成两项协议、拓展三方面业务”的合作成果。自贡航空产业园形成3平方公里承载能力，初步形成高分子材料、航空与燃机制造、机电装备制造等军民融合产业格局。

*推进项目和园区建设，增强工业发展支撑。*2017年，推动四川省自贡市海川实业有限公司航空发动机动力涡轮部件生产线等9个工业和信息化部入库项目建设，四川凯茨实业集团有限公司数字智能钢压延锻造生产线等2个项目争取到国家开发银行融资贷款贴息。自贡超越科技有限公司智能通信研发生产线等9个项目完成评审；石墨烯研发和产

业化、航空产业园等项目获3000万元省级工业发展资金支持；全年为企业争取中央及省项目资金1.62亿元，为近三年最高。编制园区创新改革发展五年行动计划和航空产业园、牛佛临港重装产业园、北部工业园、食品工业园控制性详细规划并推动实施。开展园区污染治理，出台园区水污染防治行动计划，启动自流井区、贡井区、沿滩区、荣县、富顺县等园区污水处理厂建设。启动自贡航空产业园综合服务中心、科技孵化器建设。全年工业类项目完成投资164.3亿元，完成更新改造投资157.1亿元。

抓好企业培育，实现工业生产稳定增长。2017年，出台精准帮扶困难工业企业意见，帮助自贡市贡井红星标准件厂等17户企业恢复生产。全年新增自贡朗星达科技有限公司等规模以上工业企业50户，其中，新建入统企业15户。50户企业获1010万元资金支持，20户企业获厂房租赁补助，36户企业获中小微企业发展补助券；华西能源工业股份有限公司、自贡硬质合金有限责任公司获省大企业大集团资金支持450万元，东方电气集团东方锅炉股份有限公司等十强工业企业、四川省自贡市海川实业有限公司等成长型十佳企业获市委、市政府表彰奖励350万元。在全省创新出台"提升贷"实施意见，15户企业获贷款1.35亿元；用活工业应急周转金，全年累计办理127家企业186笔转贷业务，借款金额14.56亿元。

抓好工业招商，深化开放合作。2017年，开展重大投资活动16次，组织5次专题投资推介会，成功引进多资源综合利用、石墨烯产业园等项目。梳理包装99个技改、扩建、续建项目，计划投资239.2亿元。推动产业链发展，与中航、湖南五矿、深圳粤创、中建材等大集团对接合作，全年新签约工业项目80个，总投资509亿元。

实施创新驱动，推动新动能转换。2017年，富顺县蜀佳味业有限公司获省级企业技术中心认定，四川健能制药有限公司等9户企业获市级企业技术中心认定，大西洋科创公司、浙江大学自贡创新中心被列入省制造业创新中心创建计划。四川辉腾科技股份有限公司芳纶Ⅲ和芳纶1313沉析纤维分别通过省级新产品、新技术鉴定。四川久大盐业（集团）公司等19户企业的81个产品被列入省级名优产品推广目录，东方电气集团东方锅炉股份有限公司等3户企业被列入品牌培育试点示范企业。5个"两化"融合项目获400万元资金支持，东方电气集团东方锅炉股份有限公司大型清洁高效电站锅炉高温高压部件智能制造等3个项目加快建设，2户企业获批国家级、4户企业获批省级"两化"融合管理体系贯彻国家标准试点企业。

推动信息化与工业化融合发展。2017年，围绕老工业城市转型升级示范区建设，举办以"互联网时代信息化建设与大数据应用"为主题的精品培训班，推进4G网络、宽带提速、全光网城市等信息基础设施建设，新建成光纤2534公里，新建成光纤通达89个行政村，改、扩建基站1581个，通信基础设施建设投入3.8亿元；完成9个信息系统迁移工作，5个"两化融合"大数据应用项目获支持资金400万元，推进东方电气集团东方锅炉股份有限公司大型清洁高效电站锅炉高温高压部件智能制造"两化融合"等3个重点项目建设，分别有2户和4户企业获批国家级、省级"两化融合"管理体系贯彻国家标准试点企业；推进电子信息产业发展，8户企业建成投产，其中4户企业升级入统为规模以上企业。

工业扶贫助推脱贫攻坚。2017年，实施产业扶贫，重点发展特色农产品精深加工业，自贡市春兰茶业有限公司等5户企业获150万元工业产业扶贫资金支持，荣县、富顺县农产品加工产业加快发展，自贡食品工业园落户沿滩工业园区，助推贫困村实现"造血"式脱贫。实施一批轻纺、食品、中医药、农产品加工与商品化处理、林竹加工等对农业增效、农民增收带动作用较强的传统产业技术改造项目，乡巴佬农牧公司新建饲料厂等5个工业产业项目获省工业发展支持资金758万元。组织参加全省工艺美术大师扶贫行动。推进信息通信扶贫，实现全市113个贫困村宽带网络全覆盖，提前完成全年目标任务。加强驻村帮扶工作，市经济和信息化委帮助贡井区长土镇大坝村和元坝村协调解决盐井沱危桥改造、村道拓宽等基础设施建设资金近70万元，完成脱贫任务10户，指导帮助元坝村创建示范农民夜校。

落实环保整改和安全生产要求，增强绿色可持续发展能力。2017年，配合做好中央和省环保督察工作，组织开展182户涉水工业企业减排达标整治专项行动，限期整改问题69个，督促7个工业园区和久大公司等300余户工业企业开展问题整改“回头看”。淘汰落后产能，通过拆除、改烧生物质燃料、“煤改气”等方式，全部淘汰建成区内尚存的13台10蒸吨/小时及以下燃煤锅炉；安排工业发展资金100万元支持落后产能淘汰，11户企业通过检查验收，完成年度任务。推动企业安全生产工作，成立7个工业领域安全督查组，开展安全生产专项督查，对查出的19项隐患问题全部进行整改。组织危险化学品、民爆物品、油库加油站等重点行业领域大检查，查出晨光院等10余户企业隐患问题13个，提出整改措施12条，全部完成整改。限期整改落实省政府安委会第二巡查组发现的问题。

工业规模及结构

【效益规模】 2017年年末，全市规模以上工业企业534户。全年规模以上工业增加值比2016年增长9.4%，增速高于全国2.8个百分点，高于全省0.9个百分点，高于2016年0.9个百分点。实现工业销售产值（按现行价格，下同）1761.5亿元（居全省第6位），比2016年增长13.2%；产销率99.0%，高于全省1.7个百分点。完成主营业务收入1708.4亿元，比2016年增长17.4%，增速居全省第8位；实现利润总额70.2亿元，比2016年增长34.2%，增速居全省第6位。

【轻重工业】 2017年，全市轻工业总产值比2016年增长24.8%，轻工业销售产值比2016年增长24.9%，轻工业增加值比2016年增长18.9%。重工业总产值比2016年增长15.1%，重工业销售产值比2016年增长15.3%，重工业增加值比2016年增长6.8%。

【“633”产业结构】 2017年年末，全市节能环保产业企业61户，完成年度总产值354.7亿元，比2016年增长9.7%；生物医药产业企业11户，完成年度总产值79.2亿元，比2016年增长26.4%；新材料产业企业28户，完成年度总产值120.5亿元，比2016年增长23.3%；新能源汽车产业企业6户，完成年度总产值11.1亿元，比2016年增长11.6%；电力装备产业企业21户，完成年度总产值67.8亿元，比2016年增长19.2%；航空与燃机产业企业1户，完成年度总产值3.8亿元，比2016年下降31.4%。盐及盐化工产业企业52户，完成年度总产值179.7亿元，比2016年增长15.1%；绿色食品产业企业88户，完成年度总产值203.6亿元，比2016年增长23.8%；纺织服装产业企业20户，完成年度总产值71.4亿元，比2016年增长18.8%。新一代信息技术产业企业5户，完成年度总产值17.3亿元，比2016年增长652.7%。

【区县工业】 2017年，自流井区完成规模以上工业总产值177.7亿元，对全市总产值增长的贡献率-3.3%，规模以上工业增加值增速3.1%，居全市区县第7位；贡井区完成规模以上工业总产值361.1亿元，对全市总产值增长的贡献率26%，规模以上工业增加值增速12.7%，居全市区县第3位；大安区完成规模以上工业总产值417.4亿元，对全市总产值增长的贡献率23.3%，规模以上工业增加值增速8.8%，居全市区县第6位；沿滩区完成规模以上工业总产值175.5亿元，对全市总产值增长的贡献率10.1%，规模以上工业增加值增速15.8%，居全市区县第1位；荣县完成规模以上工业总产值178亿元，对全市总产值增长的贡献率12.3%，规模以上工业增加值增速11.7%，居全市区县第4位；富顺县完成规模以上工业总产值315.9亿元，对全市总产值增长的贡献率20.3%，规模以上工业增加值增速11.7%，居全市区县第4位；高新区完成工业总产值152.8亿元，对全市总产值增长的贡献率11.3%，规模以上工业增加值增速12.9%，居全市区县第2位。

工业投资

【固定资产投资】 2017年，全市工业固定资产投资164.1亿元，比2016年增长3.8%，完成省下达目标任务的93.23%；更新改造投资157亿元，比2016年增长28.7%，完成省下达目标任务的130.89%。经济和信息化系统固定资产投资166.7亿元，比2016年下降3.1%，完成市下达经济和信息化系统年度目标任务的82.53%。

【重大项目投资】 2017年，全市实施重大工业项目31个（总投资400亿元），完成年度投资57.2亿元，占计划的111.1%。其中，全市有16个项目被列入2017年省经济和信息化委500个重点工业及技改项目内（涵盖4个省领导联系的56个重大产业项目和6个省政府重大项目），完成年度投资26.7亿元，占完成年度计划的106.8%。是年，自贡航空产业园产业项目、四川大西洋焊接材料股份有限公司新建5000吨有色金属焊丝生产线等13个续建项目进展顺利；石墨烯产业园一期工程、天非尼迪低速电动智能车生产线项目等16个项目开工建设；通成宏业科技公司线材生产线、星诺科技手机生产线等12个项目竣工投产或部分投产。

【项目管理】 2017年，实施项目建设分类管理，按“储备一批、新开一批、建设一批、竣工一批”思路，完善技术改造项目库，形成省、市、县、企业四级联动整体推进项目建设局面。落实项目建设支持政策，安排市本级工业发展资金500万元支持2017年开工、在建和竣工且符合产业政策的技术改造和转型升级项目；继续实施开工和竣工工业项目补助政策，对总投资1000万元以上的季度新开工或竣工项目予以补助。坚持“项目申报和项目管理并重”，对项目扶持及项目建设全过程实施管理，做到项目申报与项目建设、项目申报与项目验收“两个结合”。

【项目申报】 2017年，重点围绕全市“633”产业包装申报项目。围绕新技术、新工艺、新设备、新材料，实施工业强基工程、产品提质增效行动，推动企业项目技术改造，争取上级资金支持，全年向上争取财政专项资金2108万元。

机械装备产业

【概况】 2017年，全市机械装备企业落实《中国制造2025》，坚持以转型升级为中心，重点突出创新和项目建设，加快发展节能环保装备、航空与燃机、新能源汽车等高端成长型产业产品，推动装备制造业实现平稳增长。是年，全市机械装备制造业规模以上企业工业总产值比2016年增加12.47%。全年生产制造电站锅炉10.77万蒸发量吨，比2016年增长14.6%；生产金属切削机床3700台，比2016年增长8.1%。全年机械装备产业规模、效益、就业人员、资产总额等主要经济指标均排在全市工业各行业之首。

【科技创新】 截至2017年年末，全市机械装备企业建有国家级企业技术中心1个、省级企业技术中心11个、市级企业技术中心20个，省级工程技术研究中心1个，省级重点（工程）实验室1个。实施四川威鹏电缆制造股份有限公司低电阻高导电率钢芯绞线电缆技术创新能力提升平台建设、四川省工业泵有限责任公司自贡“ZBG”化工流程泵工业产品设计、四川国立能源科技有限公司利用烧结砖隧道窑生产线协同处置城市污泥技术等3个省技术创新计划项目；实施自动化改向调心滚筒高端装置研制、大型清洁高效电站锅炉高温高压部件智能制造、基于“PLC”自动控制系统的蒸汽蓄热器研制、1000兆瓦超超临界锅炉大板梁研制及产业化、煤层气页岩气截止节流阀、自洁硬密封球阀研制等6个省重大技术装备创新研制和产业化专项。

【项目实施】 2017年，全市机械装备企业实施省、市重大工业项目5个，占全市重大工业项目数的16.13%，完成年度投资7.1亿元，占计划总投资的55.47%。四川大西洋焊接材料股份有限公司新建5000吨有色金属焊丝生产线项目、四川金牛智能机械有限公司金牛智能立体泊车设备生产线项目建成投产。

【重点企业】 截至2017年年末，市内有东方电气集团东方锅炉股份有限公司、华西能源工业股份有限公司、四川省自贡运输机械集团股份有限公司、四川川润股份有限公司等4户四川省重大技术装备重点企业。4户企业完成年度工业总产值178.88亿元。

盐化产业

【概况】 2017年，通过采用高新技术和先进适用技术、优化资源配置、淘汰落后产能、提升关键工艺水平、发展高附加值拳头产品等措施，推动全市盐化产业结构优化升级。推动盐业发展和食盐专营管理，成功举办“自贡盐产业博览会”。全年盐化工业产值比2016年增长15.12%。

【盐业监管体制改革】 2017年，按国家、省关于盐业监管体制改革要求，全市完成改革相关工作。市、县（区）两级工业和信息化主管部门承接盐业行业管理和食盐专营管理工作职能，市、县（区）两级食品药品监管部门承接食盐质量安全管理和监督执法工作职能。

【重点项目建设】 2017年，推动实施自贡中天胜新材料科技有限公司万吨特种聚酰亚胺树脂及复合材料产业化项目，建成1条聚酰亚胺树脂生产线、1条聚酰亚胺泡沫中试生产线、1条六氟二酐生产线，开展聚酰亚胺泡沫扩能建设，推进聚酰亚胺结构件技术研发并形成试制样品。中昊晨光化工研究院2500吨/年聚偏氟乙烯树脂续建项目完成安全评价、环境影响评价和部分设备订购，商业计划书和可行性研究报告进入中国化工集团审批环节；3万吨/年聚合氯化铝项目进入场地平整阶段。推进四川上氟科技有限公司氟系列精细化学品新建工程围墙、厂区道路及实验楼主体框架建设。恒力国际控股有限公司石墨烯产业园一期工程完成基础施工，进入环境影响评价和安全评价手续办理环节。

【创新发展及品牌建设】 截至2017年，中昊晨光化工研究院建为国家级企业技术中心，中橡集团炭黑工业研究设计院、昊华鸿鹤化工有限责任公司建为省级企业技术中心，自贡天龙化工有限公司、四川辉腾科技有限公司、自贡市裕丰化肥厂建为市级企业技术中心；拥有国家炭黑材料工程技术中心、四川省有机氟工程技术研究中心、四川省精细化工工程技术研究中心等研发平台。是年，中昊晨光化工研究院有限公司首次获四川质量奖提名奖，该企业的聚四氟乙烯浓缩分散液被新认定为四川名牌；四川省精细化工研究设计院实施的环保型阻燃剂三聚氰胺聚磷酸盐制备关键技术成果转化列入年度省化工产业创新专项计划，并获省工业发展支持资金106万元。是年，新开发上市的自贡井盐系列、千米深井系列、盐当家系列、自流井贡盐系列、雪井系列等20多个食盐单品，远销台湾等地区。全市研发的千年盐都系列礼品盐、绿色食品盐、天然食用盐、多品种食用盐、高品质行业食用盐等5个系列产品近100种产品，通过ISO 9001质量管理体系认证，先后获四川省著名商标、四川名牌、四川省质量管理先进企业、四川省小巨人企业等10多个省级以上荣誉。

新材料产业

【概况】 2017年，全市推进实施工业“633”转型升级行动，助力实现新兴产业规模化、传统产业高端化、优势产业集群化。自贡市被科技部批复为国家新材料高新技术产业化基地，被科技部、商务部联合认定为新材料国家科技兴贸创新基地。是年年末，全市新材料产业规模以上企业28户，全年实现工业总产值120.47亿元（调整后），比2016年增长23.3%。

【科技创新】 截至2017年，全市新材料产业中的有机氟、芳纶纤维、聚苯硫醚树脂合成及纺丝、燃烧法批量制备富勒烯、含氟聚酰亚胺、硬质合金深加工、特种焊接材料等一批关键技术达到或接近国际先进水平，并拥有一批自主知识产权；初步形成以企业为主体、以科研院所和高校为依托的产学研创新机制，拥有国家级企业技术中心2户、省级企业技术中心3户、国家级工程技术研究中心1户、省级工程技术研究中心4户、省级重点实验室3个。

【重点项目实施】 2017年，新材料企业实施市级以上重点项目7个，完成投资4.63亿元。中昊晨光有机氟新材料产业化项目、氟系列精细化学品新建工程等项目有序推进。四川大西洋焊接材料股份有限公司新建5000吨有色金属焊丝生产线、自贡中天胜新材料科技有限公司万吨特种聚酰亚胺树脂及复合材料产业化项目竣工投产。

【产业集群发展】 截至2017年，全市新材料产业初步形成以自贡硬质合金有限责任公司、四川大西洋焊接材料股份有限公司为龙头的金属及复合材料产业群，以中昊晨光化工研究院有限公司、自贡中天胜新材料科技有限公司、四川辉腾科技股份有限公司为龙头的高分子合成材料产业群，以中昊黑元化工研究设计院有限公司、自贡东新电碳有限责任公司、恒力盛泰为龙头的新型碳材料产业群，以四川久大盐业（集团）公司、四川省精细化工设计研究院为龙头的精细化工新材料产业群，以西艾氟科技有限公司、四川花语精细化工有限责任公司为龙头的环境友好材料产业群。

战略性新兴产业

【概况】　2017 年，全市规模以上战略性新兴产业企业完成工业总产值 604.63 亿元，比 2016 年增长 16.7%，拉动全市规模以上工业企业产值增长 5.7 个百分点，其中，节能环保产业工业总产值比 2016 年增长 9.7%，生物医药产业工业总产值比 2016 年增长 26.36%，电力装备制造产业工业总产值比 2016 年增长 19.22%，新能源汽车产业工业总产值比 2016 年增长 11.55%。战略性新兴产业产值占规模以上工业总产值的 34%。

【环保装备产业】　2017 年，印发《自贡市节能环保装备产业发展工作推进方案（2017—2021)》，制定 2017 年度重点工作方案，建立节能环保装备产业发展推进情况月报制度，推进自贡高新区国家级高端装备制造业（节能环保装备制造）标准化试点工作。组织实施“清洁高效锅炉智能制造数字化车间”等 9 个省级以上重大产业攻关项目；“新型抽油泵阀球阀座产品开发”等 2 个项目纳入省级科技型中小企业技术创新基金支持，组织开展“煤层气页岩气智能联动控制球阀研发”等 21 个市级节能环保装备技术研发项目。华西能源低排放余热高效节能锅炉产业化项目通过省验收、四川新吉隆环保科技有限公司激光再制造项目生产线、四川大禹机械密封件制造有限公司大型集装式烟气脱硫及船舶艉轴机械密封生产线等项目完工，自贡市德明电站锅炉有限公司管式螺旋换热装置生产线等项目加快推进，筹建四川省泵阀产品质量监督检验中心，持续推动国家节能环保装备制造基地建设。是年，节能环保产业规模以上企业实现工业总产值 354.74 亿元，比 2016 年增长 9.7%。

【生物医药产业】　2017 年，重点推动现代中药、化学新药、生物农业等发展，重点培育四川安益生物科技有限公司、四川旭阳药业有限责任公司、四川省旺林堂药业有限公司等一批生物制药企业，并在一批关键核心技术上实现突破。四川省旺林堂药业有限公司整体迁建项目通过省验收，四川安益生物科技有限公司 1 万吨肌醇项目获省重点支持，四川旭阳药业有限责任公司现代中药园项目建设加快推进。是年，生物医药产业规模以上企业工业总产值比 2016 年增长 26.36%。

【电力装备产业】　截至 2017 年，全市培育形成四川东方变压器集团有限公司、自贡威鹏电缆制造股份有限公司、四川省富兴电力金具制造有限公司、自贡塞迪维尔钢化玻璃绝缘子有限公司、四川天护线缆有限责任公司等电力装备骨干企业。重点打造大容量电炉变压器、新型非晶合金变压器、复合绝缘子、铁道棒式瓷绝缘子、电线电缆、电力金具、电力配件、高压输电设备等优势产品，推进实施基于智能电网的大截面、高强度、耐热特高压导线的研制、干变生产线新增项目、耐火阻燃电缆技改项目、年产 3.7 万台（套）高低压配电柜、配电箱、变压器项目等重点项目，通过对外工程总包，扩大火电、水电、核电装备在“一带一路”沿线国家和地区的市场份额，推动电力装备产业结构转型升级。是年，电力装备产业规模以上企业工业总产值比 2016 年增长 19.22%。

【新能源汽车产业】　2017 年，依托明君汽车有限公司、四川天非尼迪新能源科技有限公司、四川新国荣能源材料有限责任公司、自贡朗星达科技有限公司、自贡市江阳磁材有限责任公司等，开展整车、汽车电池及电池关键零部件、电机零配件制造。明君汽车有限公司拥有新能源汽车整车控制系统的核心技术，其研发设计能力符合新能源汽车研发设计要求，并获 MJC5060XXYEBLBP2 - BEV、MJC5020XXYN2L6BEV、MJC6443N2L6BEV 3 个生产许可的产品品牌及型号，涵盖纯电动厢式运输车、纯电动乘用车 2 个车型。四川天非尼迪新能源科技有限公司建成投产，累计生产 1500 台欧洲标准低速电动车。是年，新能源汽车产业规模以上企业工业总产值比2016年增长11.55%。

农产品加工业

【概况】 2017年，全市规模以上食品产业总产值比2016年增长23.83%，工业增加值比2016年增长31.2%。年末全市规模以上农产品加工企业88户，占全市规模以上企业的16%，规模以上农产品加工行业从业人员超2万人，形成以肉副食品、白酒饮料、茶叶调味品、果蔬笋竹、粮油加工五大类为主的食品加工业。全年食品行业企业争取省、市产业扶贫、技改支持、创新驱动及中心企业提升发展能力等各类专项资金378万元。

【行业统计】 2017年，开展2016年全省农产品加工业年度统计工作，统计四川远达集团富顺县美乐食品有限公司、四川自贡百味斋食品股份有限公司、自贡市刀刀爽食品股份有限公司、自贡盐味源食品有限公司等71户农产品加工企业基本情况，入统企业占农产品加工企业的83.5%，为全市农产品加工行业的规划、生产管理、项目实施、优惠政策出台等提供依据。

【产业调研】 2017年，市经济和信息化委与四川理工学院生物工程学院联合组织人员到富顺县、荣县、贡井区等区县，调研全市白酒产业发展，形成《自贡市白酒产业发展情况报告》供市政府决策参考。通过调研，促成自贡白酒产业联盟的筹备建立和市政府办印发《自贡市加快农产品加工业发展的实施意见》，助推2017—2021年全市农产品加工业发展。

【市场开拓】 2017年，组织富顺县蜀佳味业有限公司、四川芭夯餐饮管理有限公司、四川省洛源食品有限公司和四川省红茅烧酒业有限公司、佳逸草编等5户企业参加各级各类商贸展销活动，展出香辣酱、冷吃兔、冷吃牛肉、饮料、白酒、草编等14个系列60余个产品，接待100余家各地经销商洽谈业务，实现订单销售金额50.6万元，达成意向代销协议金额300万余元；收集47家采购商信息、62家各省市农副产品企业信息。

【落实产业扶贫资金】 2017年，按《2016年省级产业扶贫资金补贴安排评审办法》，对全市9户申报企业开展评审，经区县初审、资金评审委员会复审、现场核实、行业专家评审、向社会进行公示等程序，确定符合补贴条件的企业5户。5户企业获产业扶贫资金150万元，其中，自贡盐味源食品有限公司5万元、荣县阳光农业发展有限公司18万元、四川绿茗春茶业有限公司27万元、四川黄金叶茶业有限公司50万元、自贡市春兰茶业有限公司50万元。

【项目建设与管理】 2017年，完成自贡食品工业园选址（落地沿滩区）、规划编制、首期76.67公顷土地利用总体规划调修等前期工作。自贡市春兰茶业有限公司投资2100万元茶叶无尘自动化生产线建设项目、四川牧天食品有限公司投资2000万元肉制品加工生产车间改扩建项目、四川光明雪食品有限公司投资2200万元氨制冷改氟制冷项目、自贡盐味源食品有限公司投资700万元基于传统风味的泡菜发酵工艺改进与开发项目、自贡世臻食品有限公司投资1.8亿元贡醋生产线项目、富顺县蜀佳味业有限公司投资2050万元扩建牛油生产车间2000平方米与新建2万吨/年生态牛油油脂生产线项目等建成投产。建立2013—2016年省级技术改造与转型升级资金农产品加工项目台账，开展完工项目验收，其中，自贡市泰福农副产品加工厂的老坛盐菜生产线建设项目、自贡市国名食品有限公司的冷吃兔扩建项目、四川盐帮年代食品有限公司的肉制品加工生产线升级改造项目通过验收。

航空与燃机产业

【概况】 2017年，围绕全省三大聚集区之一的区域布局和建设川南航空与燃机零部件研发生产基地、西部航空与燃机新材料研发应用基地、西南通用航空飞机组装与服务基地的市场定位，推动全市航空与燃机产业发展，促进工业转型升级。

【科技创新】 截至 2017 年，全市航空与燃机产业拥有国家级高新技术企业 1 户、省级企业技术中心 1 个。推动军工企业与科研院所合作，促进核心技术攻关和科技成果转化，研发出燃气轮机叶片、飞机发动机叶片、航空与燃机关键零部件等一批具有国际国内竞争力的重点新产品和多项领先技术。推动四川省自贡市海川实业有限公司等企业开展军品研制，重点切入航空发动机叶片应用领域。

【重点项目建设】 2017 年，采用本地企业强强联合或引进外地实力企业做法，促进航空与燃机产业集群化发展。8 座螺旋桨飞机合资项目（简称 D6）落户自贡市，建设用场地平整完毕，中捷研发团队组建完成，进入市场分析和开展研发前期飞机定义工作环节；自贡瀚宇航空科技有限公司航空与燃机零部件制造项目厂房主体工程、办公楼主体工程基本完工，生产设备订购完成；四川大华通用飞机生产基地项目一期（占地 18.27 公顷）完成平场，办公楼完成 3 层主体工程建设，3 号、4 号车间完成基础施工；自贡凤鸣通用机场于 12 月 22 日获机场使用许可证并投入运营，获批开通凤鸣机场至新津、绵阳、广汉、遂宁 4 条通用航线；中国民航飞行学院自贡训练基地项目完成训练中心平场工作，形成正式协议起草文本，相关转场训练物资、设施设备陆续筹备。

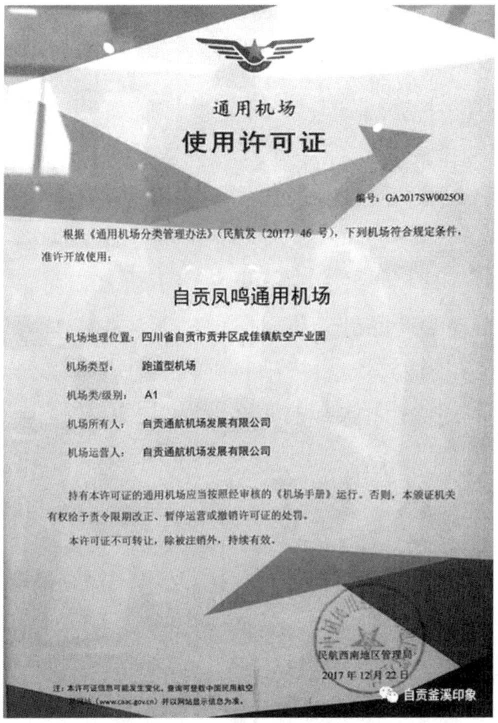

潜力产业

【电子信息产业】 2017 年，先后完成自贡国家高新区电子信息产业园、西南智能终端制造产业园建设规划，引进四川中誉瑞禾实业有限公司、自贡超越科技有限公司等 16 户企业。推进星诺科技手机生产线、朗星达新能源动力电池、粤海显示器面板及模组等项目建设，重点打造新超越集团智能终端产业园、粤创微电子科技产业园、百川源科技电声产业园等产业园区，其中，9 户企业建成投产，4 户企业升级入统为规模以上企业。是年，全市电子信息产业实现工业总产值 17.28 亿元，比 2016 年增长 651%；增加值 1.87 亿元，比 2016 年增长 696%。

【石墨烯产业】 2017年，恒力盛泰石墨烯产业园落户自贡高新区，标志全市石墨烯材料产业从无到有。中昊黑元化工研究设计院有限公司石墨烯/高分子复合功能涂料及应用关键技术和四川恒力盛泰石墨烯科技有限公司年产300吨石墨烯及前驱体项目均获2017年第二批省级工业发展资金支持。截至是年年底，中昊黑元化工研究设计院有限公司石墨烯产品处于研发阶段；四川恒力盛泰石墨烯科技有限公司石墨烯项目建设有序推进，该项目投产后预计年均收入1.5亿元，年均利润0.33亿元。

工业园区

【概况】 截至2017年，全市工业园区建成面积62.12平方公里，集聚规模以上工业企业324户。全年园区工业总产值实现1340.59亿元，园区营业收入1695.15亿元，均比2016年增长10%以上。

【发展升级】 2017年，根据国家发展改革委等6部委发布的《中国开发区审核公告目录》，自贡航空产业园、荣县经济技术开发区、富顺晨光经济技术开发区被省政府批准为省级开发区，沿滩工业园区被省政府认定为省级高新区，实现全市省级园区“零”的突破。自贡高新区、自贡航空产业园、沿滩工业园区入选全国首批老工业城市产业转型升级示范园区，为全省184个园区中仅有的3个园区。

【自贡航空产业园区党工委及管委会成立】 根据省委办公厅、省政府办公厅印发的《关于创新体制机制优化机构编制资源配置推动产业园区发展的意见》要求，为加快自贡航空产业园区建设，经市委编委会议研究，并报十二届市委常委会第15次会议同意，自贡航空产业园区党工委、管委会于2017年3月17日正式获批成立，分别为市委、市政府的派出机构，园区党工委和管委会实行合署办公，并与贡井区实行“政区合一”的管理模式。同步设立自贡航空产业园区管理服务中心，为市政府直属的公益一类事业单位，由市政府委托自贡航空产业园区管理委员会管理。

【沿滩工业园区通过创建省级高新区现场考察及专家论证】 1月3日至4日，省级高新技术产业园区评审专家组对沿滩工业园区创建省级高新技术产业园区工作开展现场评审工作。由四川大学著名经济学家、教授邓玲等产业、规划、环保、技术专家组成的专家组，与省科技厅、省发改委、省经济和信息委、省国土厅、省住房城乡建设厅、省环保厅、省商务厅、省统计局等8个部门相关业务处室负责人参与现场考察评审工作。专家组首先现场察看沿滩工业园区孵化园高新技术产业服务体系建设和产业培育发展情况，重点了解自贡天龙化工有限公司等高新技术企业生产经营情况，听取沿滩工业园区负责人关于省级高新技术产业园区创建工作汇报，查阅创建文档资料。专家组一致认为：沿滩工业园区申报创建省级高新区意义重大，申报条件达到省级高新区的建设要求，申报材料较为规范，沿滩工业园区符合省级高新技术产业园区的认定条件，同意通过现场论证考察。

电力生产和供应

【电力生产】 2017年，全市发电量2.98亿千瓦时。其中，国网富顺县供电有限责任公司水电装机容量3.67亿千瓦，全年发电量1.76亿千瓦时。自贡市垃圾焚烧电厂火电装机容量2.4亿千瓦，全年发电量0.67亿千瓦时。

【电力供应】 2017年，全市用电量35.90亿千瓦时，比2016年增长2.26%。其中，工业用电量15.72亿千瓦时，比2016年下降2.65%（20户主要工业企业主网用电量6.26亿千瓦时，比2016年下降6.97%）。争取并落实省直购电扶持政策，在保留中昊晨光化工研究院有限公司等12户企业直购电基础上，全年新增9户企业进入全省直购电试点范围，为企业减少电费支出约933万元。

【电网建设与发展】 2017年，启动荣县双石、自流井农团等7个35千伏及以上输变电工程前期工作。沿滩沙坪输变电工程等7个35千伏及以上项目建成投产，新增变电容量126.3兆伏安、输电线路45.22公里，解决板仓工业园单电源、沿滩工业园区周边线路重载等问题。投入1000余万元建成川内首家带电作业中心，在板仓工业园及沿滩新城区打造25平方公里的不停电作业示范区，该示范区供电可靠性达99.999%，基本达一流城市配电网评价标准。开展电网综合整治，检修变电站18座、输电线路22条，治理配网主（支）线408条、台区693个，新（改）建城区及农村电网线路2100公里，线路故障停运率比2016年降低28.18%。推动电力城乡一体化进程，荣县全域实现与国网直供区“同网同质同价”，富顺县完成36万只智能电表安装。

（市经济和信息化委）

【国网自贡供电公司概况】 该公司属四川省电力公司特二型企业，担负自贡市四区两县和内江市威远县部分区域电能供应、电网建设和运行管理任务。2017年年末，公司本部设11个职能部室，辖7个直属二级单位（1个直管县级供电企业，6个业务支撑和实施机构），有全资分公司国网四川省电力公司自贡市荣州供电分公司和全资子公司国网四川富顺县供电有限责任公司。是年，该公司实现连续4年在自贡市公共服务行业行风测评中排名第一。

【企业经营管理】 2017年，国网自贡供电公司完成固定资产投资5.4亿元，销售电量32.31亿千瓦时，比2016年增长4.16%。开展“管理提升年”活动，提炼最佳实践案例23个。3个专业获全省标杆、38项指标排全省第一位，其中，检修专业连续4年获省供电公司标杆，交直流电缆隐患整治纳入省供电公司“领先型”典型经验进行推广。建成中心数据监控大厅，通过监测成果运用，消除异动3605项。创新制定重点工作考核细则，修订业绩考核管理办法。提升电网经济运行水平，对外停电次数降低16.29%；停运轻载主变，全年减少电量损耗120万千瓦时；开展带电作业615次，减少电量损失130万千瓦时。富顺县供电有限责任公司实现扭亏目标。全年开展工程竣工决算审计846个，节支229.61万元。全年查处违约用电、窃电行为17起，追补电费5.61万元。参与地方立法，推动《自贡市物业管理条例》出台。

【企业安全生产】 2017年，国网自贡供电公司开展“电力建设安全年”等专项活动15项，整改隐患321处。创新“三级双月安全述职”模式，引入法律点评，全年实现8197个现场作业点安全可控。创新微信精准“日管控”，该经验在全省供电系统推广。治理涉电可垂钓场所隐患7181处，实现农村地区用电“零伤亡”。开展大面积停电等应急演练61场次，提升应急处置能力。实现“两无两降一优化”迎峰度夏目标。完成中共十九大期间等重大保电任务115项。截至2017年12月31日，实现连续安全生产4853天。公司被评为省公司“安全先进单位”、四川省“三电”设施安全保护“先进单位”。

【农电工作】 2017年，国网自贡供电公司按期完成2016—2017年农网工程建设任务，其中，年内完成投资1.02亿元，新建改造10千伏线路140.05公里，新增配变232台/59.13兆伏安，新建改造低压线路645.41公里。实现国网四川富顺县供电有限责任公司资产国有全资化。深化农电体制改革，完善企业内控机制，推进“星级”“全能型”农村供电所建设。

【市场服务能力建设】 2017年，国网自贡供电公司实现与所有市内省级及以上园区签订战略合作协议，并建立“两重一园”VIP服务机制。完成荣县成佳和贡井五宝供电所供区划转，助力自贡航空产业园发展。在板仓工业园及沿滩新城打造25平方公里不停电作业示范区，高标准建成川内首家配网带电作业中心。优化配抢平台，故障处理平均时长缩短近 40 分钟，停送电投诉率比 2016 年降低 62.9%。推进全采集、全费控、全智能建设，智能电表覆盖率 99.75%，费控购电户数覆盖率 95.27%，购电制实施居全省首位。完成电能替代 7338 万千瓦时。

（邹　庆）

天然气和成品油供应

【天然气供应】　2017 年，全市天然气供应量 4.80 亿立方米，比 2016 年增长 11.60%。其中，工业用气 1.37 亿立方米，比 2016 年增长 9.13%。

【成品油供应】　2017 年，全市成品油销售量 29.90 万吨，比 2016 年下降 22.14%。其中，汽油 16.18 万吨，比 2016 年下降 16.06%；柴油 13.68 万吨，比 2016 年下降 27.91%。

（市经济和信息化委）

【市燃气有限责任公司】　2017 年年末，公司资产总额 5.1 亿元，拥有总储气能力 18 万立方米的加压储气球罐站 2 座，配气站 12 座，维修服务站 5 座，CNG 加气站 3 座，形成适应工业生产和城市生活供气的主干环状输配管网近 1000 公里，供气范围覆盖自流井区、大安区、贡井区、沿滩区及自贡高新开发区。公司先后获“全国先进基层党组织”“省级先进企业”“省民主管理先进单位”“省模范职工之家”、省燃气行业“最佳效益十强”、“省级最佳文明单位”、“省五一劳动奖状”等荣誉。是年，天然气销售量 14384 万立方米；新发展燃气民用户 1.73 万户、商业用户 375 户，改造室内燃气设施 1.56 万户；投资 1513.7 万元，新建、改造主干管网 28.95 公里。

（沈颖倩）

工业节能环保

【落后产能淘汰】　2017 年，组织区县开展收集、审查上报淘汰落后和过剩产能年度计划。开展督查等工作，保证淘汰落后产能年度计划完成。将市级淘汰落后产能工业发展补助资金（100 万元）发放到相关区县，对按时完成淘汰任务的企业进行资金配套补助，为企业安置职工、化解债务提供支持。全年完成 11 户企业落后产能的淘汰任务。

【节能绩效】　2017 年，全市规模以上工业企业单位工业增加值能耗降至 0.703 吨标准煤/万元，绝对值排名全省第三，较 2016 年降低 8.53%，降幅列全省第 10 名，超额完成省下达的 2% 目标任务。

【节能改造与管理】　2017 年，实施自贡硬质合金有限责任公司“硬质合金深加工智能化生产线扩能改造”、中昊晨光化工研究院有限公司“1 万吨/年的无水氯化钙生产装置”及“车用特种氟橡胶材料项目”等 5 个工业节能减排技术改造项目。推进工业绿色制造体系建设，推荐自贡检验检测院和自贡市轻工业设计研究院有限责任公司申报国家“工业节能与绿色发展评价中心”。强化重点用能单位节能管理，对企业贯彻执行单位产品能耗限额及其他强制性节能标准情况开展监察。推动重点用能企业开展能源管理体系建设，其中，中昊晨光化工研究院有限公司获能源管理体系认证，自贡硬质合金有限公司能源体系建设系统进入试运行。强化重点用能设备节能管理，严格常态化执法和强制性标准实施，促使一批能耗、环保、安全、技术达不到标准和生产不合格产品或淘汰类产能依法依规关停退出。对 2013 年后在市经济和信息化委立项的 15 个技术改造项目进行节能审查与专项监察。

（市经济和信息化委）

企业改革与服务

【川玻公司破产清算工作】 2017 年 7 月 7 日，四川玻璃股份有限公司召开职工代表大会，讨论《川玻公司依法破产职工安置方案》。8 月 24 日，川玻公司由市中级人民法院依法裁定破产。9 月 14 日至 16 日，川玻公司对在册职工集中实施安置（包括领取经济补偿金、相关资料及办理相关手续等），共安置职工 741 人，占在册职工总数的 91%。截至 2017 年 12 月 31 日，该公司安置在册职工 814 人，占在册职工总数的 99.9%。

【长征公司破产重整工作】 2017 年 5 月 31 日，四川长征机床集团公司向市中级人民法院申请破产重整。6 月 21 日，市中级人民法院裁定受理该公司重整申请，并指定四川中立中清算事务所有限公司自贡分公司担任其破产重整管理人，负责推进破产重整工作。11 月，该公司按全覆盖原则，组织召开 9 场次重整工作职工座谈会。

【组织工业“633”产业转型升级专题培训】 4 月 17 日至 21 日，为推动企业创新驱动发展，促进工业产业转型升级，加快新型工业化进程，自贡市工业“633”产业转型升级专题培训班在复旦大学举办。培训班由副市长曾明全带队，市级相关部门负责人、各区县分管工业的领导、园区和部分经济和信息化系统干部、部分企业的经营管理者共 65 人参加培训。培训围绕自贡工业“633”产业转型升级主题，安排宏观经济形势与供给侧改革、产业变革的趋势与应对、新一轮改革开放与国家产业政策调整、“工业 4.0”与“中国制造”转型升级等课程，并组织学员到上海通用汽车公司、上海自贸区—外高桥保税区片区进行现场教学。

（市国资委）

企业上市

【确定上市培育企业】 2017 年，制定公布上市企业培育的基本条件：完成股份制改革前期基础工作或对实施股份制改造主观意愿强烈、积极性较高的企业；成长性较好，企业产品在市场中处于领先地位的“专精特新”企业。经择优筛选，四川省自贡市海川实业有限公司、四川自贡华气科技公司、四川驰宇盐品公司、四川省自贡运输机械集团股份公司被确定为主板上市培育企业。

【企业上市服务】 2017 年，开展上市指导服务，协调会计、审计、法律、证券、创投、财务、主管部门等各类服务资源向培育企业倾斜，促进企业建立现代企业制度，推动企业上市。拓宽企业上市融资渠道，与四川中小企业股份转让系统公司（川藏板）对接，向外推介上市培育企业，邀请知名券商到市考察调研培育企业，对企业进行专题培训和“一对一”业务洽谈。截至 2017 年，全市 126 户企业在川藏板挂牌。

优势企业与名优特产品

【优势企业概况】 2017 年，全市主营业务收入超 10 亿元企业 48 户，其中，100 亿元以上企业 1 户；10 亿元～30 亿元企业 47 户；“十三五”首批省级“专精特新”中小企业 99 户。

【政策引导】 2017 年，为拥有省级以上名牌产品、中国驰名商标和四川省著名商标的企业通过各种渠道争取专项资金，在生产要素保障上给予重点倾斜，对首次获四川名牌产品、中国驰名商标和四川省著名商标称号的企业给予补助，对牵头参与修（制）订国家、行业标准和采用国际标准的企业给予补助，鼓励企业提高产品质量，争创品牌。组织企业参加四川省工业企业品牌培育和先进质量管理方法培训，组织企业参加中国工业企业质量信誉承诺活动，指导企业加强品牌建设。建立和完善品牌培育管理体系，开展品牌培育管理体系试点企业认定和品牌培育培训、质量品牌诊断，东方电气集团东方锅炉股份有限公司等 3 户企业列入四川省品牌培育试点示范单位，促进企业发挥四川省著名商标、中国驰名商标作用。开展四川地方标准立项工作，推进企业全面质量管理。

【名牌产品创建】 2017 年，开展第十三届四川名牌培育工作，四川省富兴电力金具制造有限公司等 14 户企业的 14 个产品新创四川名牌。推荐四川久大制盐有限责任公司等17户企业的71个产品列入《省级名优产品推广应用目录》。

【商标培育和管理】 2017年，推进全市商标战略体系建设，开展商标品牌提升行动。出台《自贡市商标战略2017年实施计划》，制定《2017年商标品牌提升计划》和《自贡商标品牌提升行动规划（2017—2020年）》。开展“商标助企大走访活动”，指导“三名”商标培育，举办商标广告法律法规培训班。组织、指导企业参加“2017中国国际商标品牌节暨中华品牌博览会”，四川久大制盐有限责任公司、自贡市刀刀爽食品股份有限公司分别获金奖和银奖。全年新申报商标2374件，新注册商标936件，比2016年分别增长75%、38.9%，增速分别高于全省27.3个百分点、10个百分点。其中，新培育驰名商标1件、著名商标11件、知名商标18件。实施品牌运用与保护，办理商标专用权质押权登记1件，贷款金额500万元；重点保护驰（著）名商标、地理标志商标和涉外商标专用权；制定《自贡市工商局“红盾春雷行动2017”保护驰名商标、著名商标、知名商标专用权专项行动实施方案》，全市工商系统立案查办商标一般违法案件2件，案值4.77万元，查办商标侵权案25件，案值35.9万元；开展打击侵犯知识产权和制售假冒伪劣商品工作及维护中国制造海外形象“清风行动”，开展打击侵犯注册商标专用权子行动。指导商标国际注册，新增国际注册商标2件。截至2017年，全市有中国驰名商标10件、四川省著名商标61件、自贡市知名商标142件。

（市经济和信息化委）

农 业

概 述

2017年，全市农村居民人均可支配收入1.44万元，比2016年增长9%，农业增加值141.83亿元，比2016年增长4.19%，全市农业农村经济总体形势趋好。

脱贫攻坚再战再胜。年内完成省定60个贫困村20522名贫困人口退出任务，群众认可度99.2%。市级扶贫开发基金规模4亿元，年度投资1.54亿元，涉162个项目。市、县安排财政专项扶贫资金6756万元，争取中央、省财政专项扶贫资金7831万元，整合涉农资金42亿元，分别比2016年增长48.1%、27%、249%。22个扶贫专项投入资金30亿元。易地扶贫搬迁2980户7840人，提前完成“十三五”建设任务。通过“企政银+贫困户”“公司+家庭农场+贫困户+能人经营”等模式，全市176户龙头企业对接带动贫困户1.06万户。

现代农业加速发展。“一区六园”加速推进，完成自贡市现代农业产业园区总体规划编制，年内启动实施44个项目，完成投资5.1亿元。6个区县园区完成总体规划编制，年内启动实施73个项目，完成投资10亿元以上。强化农产品品牌建设，新增全国“一村一品”示范镇1个（贡井区五宝镇五宝花生），认证“三品一标”农产品25个。借“自然贡品”区域公共品牌，首批优选18户企业或农民合作社使用并建立形象店。新启动7个农产品加工流通项目，其中，建成投产5个、在建2个。新增市级重点龙头企业15户。

新村建设扎实推进。自流井区仲权镇、富顺县赵化镇分别创建为国家、省特色小镇。统筹实施新村基础设施、易地扶贫搬迁、农村危旧房改造等项目，1.3万户农户住上新房。新建、改建农村公路602公里。开展“四好村”创建，创新督导、评选、推广等常态化推进机制，促进养成好习惯、形成好风气。落实领导抓点示范，所有市领导、区县主要领导和分管领导分别联系1个示范村，共抓点53个村，年度实施项目510个、完成投资21亿元以上。

农村改革全面深化。加快农村土地确权登记管理信息平台建设，截至2017年年底，全市农村土地流转总面积4.29万公顷，流转率30.5%，比2016年提高5.6个百分点。在41个村开展集体资产股份制改革试点。全面推进“河长制”，建立河湖名录、五级河长体系和跨区域联防联治、水质监测和执法监管机制。多渠道培育村集体经济增收，113个贫困村全部消除“空壳村”；向56个村集体经济发展试点村提供启动资金3440万元，成立村集体资产管理有限公司42个。

（李宗跃）

统筹城乡综合配套改革

【农村产权综合改革】 2017年，在全面完成集体土地（含宅基地）、承包地、林权、农房等所有权、使用权（经营权）确权颁证基础上，累计完成小型水利工程确权3.70万处，探索农业用水水权分配、水价形成和节水奖励制度。完成国家标准化管理委员会“农村公共服务运行维护标准化试点”，制定12项地方标准和78项内控标准。健全市、区县、乡镇三级农村产权流转交易服务平台和延伸到村的四级信息网络体系，形成规则、鉴证、服务、监管、平台“五统一”运行管理模式。

【农村资源要素整合】 2017年，实施农村产权抵押融资和土地流转收益保证贷款试点，区县分别设立300万元~500万元风险补偿基金，全市累计实现农村产权抵押贷款595笔5.44亿元。推进大安区经济林木（果）权抵押贷款改革试点，颁发“经济林木（果）权证”7本（面积89.9公顷），抵押贷款260万元；启动沿滩区经济林木（果）权抵押贷款改革试点，推进8个制度性文件制发工作。开展生猪、蔬菜价格指数保险，启动实施粮食及其他畜禽等价格指数保险工作。创新财政支农方式，推广政府和社会资本合作“PPP”模式，执行涉农资金整合“四到县”制度，通过税收优惠、财政贴息、农业担保补贴等政策，引导金融资本和社会资金投入农业基础设施、农业产业化领域。

【农村用地机制改革】 2017年，实施国家深化集体建设用地增减挂钩试点，探索农村宅基地有偿退出办法。在富顺县赵化镇、自流井区漆树乡探索耕地保护经济补偿机制改革试点：按不低于省下达计划总量的8%单列安排农业农村建设用地，将农产品冷链烘干、初加工、储藏流通及休闲采摘等设施纳入农业附属设施范围，对休闲旅游、现代种养殖业、现代农业等项目，不改变用途的均不需办理农转用和土地征收手续。

【农村土地流转机制创新】 2017年，出台土地流转履约行为保险政策，将“一区六园”新增流转土地和全市6.67公顷以上规模流转土地全部纳入履约行为保险，建立政府、保险公司、业主和农户四方共同参与的土地流转风险防范机制。

【农村集体经济发展培育】 2017年，出台《促进村集体经济发展的实施意见》，为56个村注入多元经营试点资金3440万余元。全市集体经济村均实现收入3.97万元以上，260个村实现集体经济收入2万元以上，占比23.35%；贫困村全部消除“空壳村”，沿滩区率先在全市消除“空壳村”。新成立43个村集体资产经营管理公司，改造专业合作社、股份合作社131个，与村“两委”实现政经分离，开展多元化经营活动，构建“支部领导、政经分离、多元发展”的农村集体经济组织法人主体体系。

【农村集体资产股份制改革】 2017年，总结2016年试点村改革经验，初步形成资产量化入股、产业扶贫资金量化贫困户抱团发展和搭建电算化管理平台规范农村集体资产管理3种改革模式。荣县、富顺县及大安区获准全省农村集体资产股份制改革试验县（区），全市确定41个农村集体资产股份制改革试点村，制定《自贡市关于稳步推进农村集体产权制度改革的实施意见》及改革流程、推进方案和培训计划，启动宣传动员及前期摸底调查工作。

【供销合作社综合改革】 2017年，供销基层社实现乡镇全覆盖，供销社基层组织体系逐步完善，形成县有农资、日用品消费品配送中心、再生资源集散加工管理中心和农副产品专业市场、批发市场，乡镇有中心超市、直营店，村有连锁便民店的网络格局。中国供销·川南国际农贸城一期主体工程封顶，成立自贡市中农联试产给管理公司。通过农资、农技、营销服务合作机制，全托管和半托管土地5466.67公顷。

【农业科技体制改革】 2017年，印发《激励农业科技人员创新创业推进农业科技体制改革的实施意见》，取消农业科技成果使用、处置审批或备案限制，允许职务科技成果转化收益归完成人，鼓励农业科技人员领办创办农业企业、停薪留职或兼职取酬，畅通农业科技人员进出通道。

【荣县农村改革综合试验区建设】 2017年，荣县被确定为省级农村改革综合试验区，按“接续试点、全面探索、重点突破”思路，重点推进土地股份合作经营、新型职业农民培养、扶持村级集体经济发展、农村产权抵押融资等10个方面改革，试验区机制体制初见成效。

（谭雪梅）

种植业

【概况】 2017年，全市粮食播种面积稳定在21.8万公顷，推进绿色高产高效示范片创建，粮食单产比2016年增长1.4%，粮食总产137.2万吨、比2016年增长1.9%。建成以柑橘、茶叶、蔬菜为主的现代特色效益农业标准化产业基地5300公顷，提高产业基地规模化、规范化水平；全年水果产量33万吨，比2016年增长4.5%；蔬菜产量212万吨，比2016年增长4.1%；茶叶产量1.1万吨，比2016年增长0.3%。

【全省“突破性粮油作物新品种提质增效关键栽培技术研究”现场观摩会在自贡召开】 2017年10月30日，四川农业大学在自贡市召开全省育种攻关项目“突破性粮油作物新品种提质增效关键栽培技术研究”现场观摩会。省农村科技发展中心、省农技推广总站相关领导，“突破性粮油作物新品种提质增效关键栽培技术研究”项目专题负责人及课题骨干、“优质大豆种质资源创新与新品种选育”子专题承担单位负责人及课题骨干，成都市、南充市、资阳市、内江市、遂宁市、广安市、眉山市、自贡市等套作大豆生产地区的市农（牧）业局农技站站长，省内豆制品加工企业代表，《四川日报》《农民日报》等媒体记者共50余人参加现场会。参会人员观摩荣县、贡井区、大安区大豆高产创建示范现场，对自贡市发展大豆产业的举措和成效予以肯定。

【省级现代农业示范园区建设】 2017年，经省现代农业发展推进工作联席会议办公室审定，贡井区菜畜产业示范园区、自贡市沿滩区仙市—瓦市近郊都市现代农业综合园区被命名为省级现代农业示范园区，全市省级现代农业示范园区累计5个。

畜牧业

【概况】 2017年，全市继续推进“种养结合、畜牧优先、集中连片、特色精品”的现代畜牧业发展战略，克服生猪、鸡蛋和禽兔价格下滑的不利态势，全市畜牧经济总体保持平稳健康发展。全年肉、蛋、奶产量分别达30.5万吨、5.62万吨和1.69万吨，分别比2016年增长4.51%、1.66%和0.78%；畜牧业产值占农业总产值比重、畜牧业增加值占农业增加值比重、农民牧业人均可支配收入占农民人均可支配收入比重均比2016年提高0.8个百分点。

【“1+N”模式推进100万头生猪基地建设】 2017年，依托四川德康集团，重点在“1区6园”现代农业示范园区、示范村和贫困村（户）中推行“1+N”生猪产业化发展模式，推进全市100万头生猪基地建设。“1+N”发展模式：1个单元（存栏种猪50头或年出栏商品猪1000头）由1个养猪能人出资10万元，N个贫困户每户贷款5万元以内入股，再整合扶贫资源和其他项目资金共同构成80万元家庭农场建设资金，破解贫困户发展生猪养殖投资大、技术难和市场波动等瓶颈；家庭农场每年产生的收益用于贫困户分红，归还扶贫资金、项目资金、扶贫贷款本息等。是年，全市通过该模式发展年出栏1000头以上生猪自繁自养或育肥猪代养户200户。

【畜禽养殖标准化示范创建】 年初，制发《2017年畜禽标准化示范创建活动工作方案》，继续开展畜禽养殖标准化示范创建。各参与创建场均在禁养区外，具备环境影响评价、用地等相关手续，且各养殖场粪污处理利用符合《四川省畜禽养殖污染防治技术指南》，粪污处理设施装备配套，未造成环境污染问题；创建场在选址与布局、设施与设备、管理及防疫、环保要求、生产水平等方面符合标准化生产要求，实现“畜禽良种化、养殖设施化、生产规范化、防疫制度化、粪污无害化”。全年创建省级示范场9个、市级示范场22个。截至2017年年底，全市创建市级以上畜禽养殖标准化示范场165个（其中国家级示范场5个、省级示范场50个、市级示范场110个），带动全市畜禽规模养殖标准化生产面达75%。

【畜牧业绿色发展】 2017年，按省委、市委“绿化全川”“绿化自贡”的绿色发展总要求，依托南方现代草地畜牧业推进行动，继续推行粮、经、饲三元种植结构，推广饲用玉米、桂牧一号等新型饲用作物，发展节粮型草食畜禽产业、黄羽肉鸡养殖和四川麻鸭“稻鸭共育”。推行生态养殖+沼气+绿色种植、畜禽养殖废弃物处理利用、第三方集中处理等模式，提高畜禽养殖废弃物无害化处理、资源化利用水平。截至2017年，全市改良天然草地1106.67公顷，建植优质人工饲草地786.67公顷，建立种养循环示范场50个，规模化养殖场畜禽粪污综合利用率91.4%。

【畜禽养殖污染防治】 制发《2017年自贡市畜禽养殖污染防治工作方案》。按《畜禽养殖禁养区划定技术指南》等要求，完成养殖区域划定工作，全市划定禁养区68个，面积817.5平方公里。全面开展禁养区和宜养区畜禽养殖污染防治，按“一场一策”制订关闭搬迁或整改方案，明确时间表、路线图，落实责任人和监管人，设立整治公示公告牌，实施挂图作战。经全面排查，全市畜禽养殖场（户）6342个，其中，需要关闭或搬迁258个（岷江流域9个、沱江流域183个），需要配套完善粪污处理设施等整改2348户。2017年，全市关闭或搬迁畜禽养殖场（户）288个，其中，岷江流域9个、沱江流域183个；完成整改2348个，其中，岷江流域177个、沱江流域227个。全年办理中央环保督查畜禽养殖污染信访件10件，涉及需关闭或搬迁养殖场（户）27个，需整改养殖场（户）16个；分别整改省、市级环保督查发现的30个、32个养殖污染问题。

【动物防疫】 2017年，全市动物防疫工作在全省21个市州中保持上游水平。是年，全市重大动物疫病群体免疫密度95%以上，免疫抗体合格率70%以上；全省春防交叉检查中，免疫抗体平均合格率94.82%，排名全省第五；全省秋防交叉检查中，免疫抗体平均合格率100%，排名全省第一。

【饲料兽药及畜禽定点屠宰】 2017年，开展兽用抗菌药专项整治，推进二维码追溯体系建设。是年，畜产品药残抽样检测35份，合格率100%；全市查处饲料兽药违法案件13起，罚没金额5.41万元，查处率100%；饲料及饲料添加剂总产量47.54万吨，饲料产品质量合格率100%；生猪定点屠宰检疫及肉品品质检验开展面100%，定点屠宰场病死猪无害化处理率100%，继续开展全市生猪定点屠宰清理整顿，开始筹建高标准屠宰场项目，取缔整合乡镇小型屠宰企业30余家。

【动物检疫技能大比武活动】 10月30日至31日，为推动全市动物卫生监督执法队伍能力建设，提高执法人员综合素质和检疫技能，保障动物及动物产品质量、维护公共卫生安全，在天马牲畜屠宰有限公司举办全市动物检疫技能大比武活动。该活动由各区县组成以动物卫生监督机构负责人为领队、2名选手为成员的参赛队，按《生猪屠宰检疫规程》分宰前检疫、头蹄及体表检疫、内脏检疫、胴体检疫4个考点，考生实施各环节的检疫操作并围绕“检疫什么”和“怎么检疫”回答考官的提问。比武结束后，由各考点考官进行点评，对检疫人员检疫中不规范的行为进行培训指导。最终，荣县、富顺县、沿滩区3个综合成绩最好的单位被评为“先进集体”；廖晓寒等5名成绩前列的选手被评为“检疫能手”。

【全市首个动物无害化处理收集点通过验收】 10月20日，由市农牧、市环保、市国土、市财政以及大安区、何市镇政府等相关部门人员组成的验收组，对大安区动物无害化处理收集点进行验收。大安区动物无害化处理收集点位于何市镇永丰村，占地约670平方米，分办公区、生活区和生产区。收集点内消毒池、冷冻库、污水处理池、视频监控等一应俱全。该无害化处理收集点，配备有一台自动消毒设备、电动绞盘及车载监控的密封冷藏专用车。依照《自贡市动物无害化集中处理收集点验收标准》，通过看现场、听汇报、开展讨论等形式进行严格考核，最后以95.51分考评验收合格。至此，全市首个动物无害化处理收集点投入使用。

（汪　雪）

林 业

【城乡绿化】 2017 年，组织实施《大规模绿化自贡行动方案（2016—2020 年）》，全市投入绿化资金 9.11 亿元，完成营造林 6913.33 公顷，巩固和发展农林业产业基地 8400 公顷，营建河流环湖库渠系绿色生态廊道 9.04 公里，完成国家、省级干道公路绿化 44.03 公里，新增城市绿地 70 公顷。

【林业产业】 2017 年，全市新发展林业专业合作组织 15 个，建设现代林业产业基地 4600 公顷，建设短周期工业原料林和珍稀树木基地 933.33 公顷。全年实现林业总产值 51.6 亿元。

【民生工程】 2017 年，管护国有林 3920 公顷，巩固退耕还林成果 2.06 万公顷，兑现集体和个人公益林生态效益补偿资金 1.97 万公顷。由市林业科技推广中心完成的《自贡市九叶青花椒高效经营技术研究与推广应用》项目获市政府科技成果二等奖。

【生态旅游】 2017 年，依托 3 个省级森林公园和飞龙峡桃花会、金银湖樱花节等生态节庆活动，重点发展花木产业，打造形成雁溪谷、花香田园、观音湖等乡村旅游景点，培育发展以森林旅游为主体的生态观光休闲旅游业。全年实现生态与休闲观光旅游收入 15.6 亿元。

【国有林场改革】 2017 年，全市争取到中央、省国有林场改革财政专项补助资金 601 万元，富顺县、荣县国有林场均划定为公益一类事业单位，调整落实了“三定”方案。改革后，富顺县国有林场由自收自支事业单位调整为全额预算管理事业单位，单位级别从股级升为副科级，荣县国有林场由差额预算管理事业单位调整为全额预算管理事业单位，单位级别保持副科级不变，两个林场没有一名职工在改革中被下岗分流，国有林场主体改革任务全面完成。

【集体林权制度改革】 2017 年，完善林权登记工作，市林业局与市国土局联合出台《林权登记工作实施意见》，明确和规范林权登记的职责分工、登记流程等。开展林权纠纷调解处理，全年调解林权纠纷 5 起，涉纠纷面积 14.99 公顷。规范林权流转，全市林权流转 5 宗，面积 92.57 公顷，流转金额 126.7 万元。完善政策性森林保险制度，将公益林全部纳入保险范围，全市政策性森林保险投保面积 2.37 万公顷，保险金额 4.13 亿元。

【森林资源保护】 2017 年，全市发生森林火灾 7 起，受害森林面积 3.7 公顷，森林火灾损失率 0.04‰，低于省、市控制指标 0.1‰；林业有害生物成灾面积 30 公顷，成灾率 0.37‰，控制在省下达成灾率 3‰以下的指标内。全年办理占用、征收林地 123 宗，面积 300.7 公顷，为自贡东部新城、川南城际铁路等重大项目建设提供林业服务保障。

（张 涛）

水产业

【概况】 2017 年，鱼种投放量 1.68 万吨；水产品产量 7.23 万吨，比 2016 年增长 6.48%；水产品产值 16.93 亿元，比 2016 年增长 11.11%；渔政执法案件办结率 100%；渔业船舶登记、检验率 95%，推进渔业船舶“三证合一”管理工作和安全监管，全年未发生渔业船舶安全责任事故。

【渔政管理】 2017 年，严格执行禁渔期制度，严厉打击非法捕捞行为，全市共收缴销毁地龙等违规网具 1200 余副，收缴电鱼设备 17 套，放生渔获物 237 千克；立案查处违法捕捞案件 17 件，罚款 1.2 万元，移送司法机关 1 件，以“非法捕捞水产品罪”判处拘役 3 个月，缓期 4 个月，春季禁渔秩序稳定。是年，全市人工增殖放流 200 余万尾。

【水产品质量安全】 2017 年，组织水产品质量安全宣传，增强水产养殖业主食品安全和遵纪守法意识；开展水产投入品、生产环节和产地准出监管工作，推进水产品质量专项整治行动。全年监督抽检水产品132个样，合格率100%；新申报农业部健康养殖示范场1个，复核检查农业部健康养殖示范场1个。

农村经营管理

【农村土地确权管理】 2017年，全面完成农村土地承包经营权确权登记工作，确权数据库送省农业厅进行数据入库检测，上报农业部实现数据汇交，确权登记数据汇交率100%。全市统一采购农村土地承包经营权确权登记管理信息软件，市、区县分别采购必要的硬件设施、设备，建立农村土地确权登记管理专用机房，初步搭建起市、区县、乡镇三级农村土地承包经营权确权登记管理信息平台，逐步实现对全市农户承包地的信息化管理。各区县进入制证、陆续开展“农村土地承包经营权证”颁发工作。

【农村土地流转】 2017年，继续贯彻落实中央及省、市《关于进一步引导农村土地经营权有序流转发展农业适度规模经营的意见》，规范土地流转行为，将农村土地经营权流转纳入农村产权交易中心，统一发布流转交易信息，落实合同交易鉴证，初步搭建起市、区县、乡镇三级农村土地规范流转交易网络。兑现土地流转发展特色农业补贴政策。全年新增流转土地（单宗3.33公顷以上）1510.75公顷，发放补贴208.5万元。据农村经济年报统计，截至2017年年底，全市农村土地流转总面积4.14万公顷，比2016年增加3280公顷；流转率31.5%，比2016年提高2.4个百分点；单宗2公顷及以上规模的土地流转面积1.54万公顷，占总流转面34.9%，比2016年增加3406.67公顷，提高5.5个百分点。

【农村集体资产股份制改革】 2017年，在沿滩区王井镇桂花村召开全市农村集体产权制度改革现场推进会，副市长鲜光鹏作专题动员部署。截至2017年，全市农村集体产权制度改革41个扩大试点村组全部完成清产核资；开展集体经济组织成员资格确认，工商注册村集体资产经营管理有限公司或土地股份合作社56个，注册改革实体完成率136.6%。沿滩区通过引进业主发展特色产业，业主量化股份给村资产公司，实现“集体经济有发展、群众收入有增长”目标，受到省委常委、省农工委主任曲木史哈肯定。

【农民专业合作社及家庭农场建设】 2017年，加大对新型农业经营主体培育，先后制定《自贡市促进经济稳定增长和提质增效推进供给侧结构性改革政策措施》（自府发〔2017〕10号）、《自贡市关于支持返乡下乡人员创业创新促进农村一、二、三产业融合发展的实施意见》（自府办发〔2017〕61号）、《自贡市关于支持新型农业经营主体开展农业社会化服务的实施意见》（自府办发〔2017〕75号），明确在土地规模流转、乡村旅游、农产品加工、品牌创建和融资贷款等方面给予资金扶持，促进全市新型农业经营主体发展。是年，全市新型农业经营主体新增培育1120个，工商注册的家庭农场总数累计2566家，比2016年增加770家，增长42.9%；农民合作社总数1649个，新增204个，增长14.1%。开展农业社会化服务的新型农业经营主体占总数30%以上。富顺县成为全市第一个承担农业社会化服务中央财政项目400万元的试点县，主要在水稻、油菜机械化耕作、水稻机插集中育秧插秧、病虫绿色防控、机械化收割4个环节实施，提升农业社会化服务能力。

【休闲农业】 2017年，加快发展以特色水果、茶叶、蔬菜、花卉为依托的休闲农业，培育观赏、采摘、休闲为一体的休闲农业经营主体，累计建成各类采摘园、休闲园、休闲农庄、主题公园190余个。沿滩区“草雕节”“永安郁金香观赏”

“百胜生态体验”、贡井区“塔罗科血橙采摘”、大安区“雁溪谷”、自流井区“尖山葡萄采摘”、荣县“荣国故事”“铁厂生态茶园”等一批休闲农业品牌知名度得到提升，建成沿滩区仙市镇箭口村、百胜村，自流井区荣边镇尖山村，贡井区建设镇固胜村等休闲农业专业村，中国玫瑰海、中艺文化休闲农庄等8个休闲农庄成功创建省级示范休闲农庄。

农业行政管理

【农业综合执法】 2017年，严格全市动物检疫执法，全面实施电子联网出具“动物检疫合格证明”，产地检疫畜禽571.34万头（只），屠宰检疫畜禽371.24万头（只），检出染疫猪234头、禽兔1.83万只，完成运输环节瘦肉精抽检5649头（只）、屠宰环节瘦肉精抽检5.83万头（只）。惩罚违法行为，全市出动执法人员3.25万人次，监督检查屠宰场1372个次、农贸市场及超市1916个次、养殖场1万余个次、仓储场所501个次、加工场所143个次、诊疗机构330个次、农资企业5708个次，整顿市场1780个次，办理违法案件124件，罚没违法所得22.14万元，挽回经济损失97.5万元。全年无重大动物疫情和无农产品质量安全事故发生。

【农产品质量安全监管】 2017年，开展禁限用农药、兽用抗菌药、“三鱼两药”“瘦肉精”、生鲜乳、农资打假、畜产品质量安全、生猪屠宰“扫雷”专项整治行动，提升农产品质量安全水平，省例行抽检总体合格率98.6%。推进省级农产品质量安全监管示范县创建，自流井区、贡井区农产品质量安全示范县创建通过市级初步验收，进入省级复查验收准备。

【农业行政审批】 2017年，落实会前学法制度，继续开展送法进村、农民法治、农资生产经营人员和执法人员培训，举行农业法治宣传523人次，发放宣传资料12万份，培训人员1.26万人次。推进行政审批制度改革，落实“自贡市农牧业局行政许可标准”，全面清理、规范审批事项，全面实行行政审批“两集中、两到位”，农业行政审批（服务）事项减少到13项，审批事项及时办结率100%、群众满意度100%。梳理市、县两级“行政权力清单”“行政权力责任清单”，建设行政权力一体化运行平台，优化行政权力操作流程，实行行政权力依法规范公开运行。2017年，全市农牧业综合执法体制机制建设经验在全省交流，受到省农业厅领导肯定。

农业科技

【科技人员】 截至2017年年底，全市有各类农业科技人员1409人。其中，农业技术推广研究员22人、高级职称143人、中级职称505人、初级职称636人。

【科技成果】 2017年，市农技站范昭能获市委、市政府命名的“自贡市杰出创新人才”称号。贡秋豆5号通过国家新品种审定，贡夏豆11号通过四川省新品种审定；引进农业良种45个、推广技术28项，示范推广农业优质高产生产技术17.33万公顷，建成“中稻+再生稻”“高粱+再生高粱”“玉米—大豆”带状复合种植、秋冬马铃薯四大优势特色粮油产业基地8.67万公顷。实施川南黑山羊高繁系和肥羔系选育，建立濒临灭绝的四川麻鸭保种核心群，奠定开发利用基础。组织培训新型农民1177人、基层农技人员知识更新510人。

【基层农技人员知识更新培训】 为培养一支“爱农业、懂技术、善经营”的农业人才和新型职业农民队伍，从11月13日开始，分2期举办大安、沿滩、自流井、贡井4区基层农技人员知识更新培训班，由农村专业合作社负责人、农产品生产者、种养殖大户、乡镇基层农技人员等共385名人员参加培训。该培训采取课堂讲授、现场授课、实地观摩、过关考试等形式，邀请四川农业大学、四川理工学院和市内20多名农业技术专家、领导、教授授课，从种植业、农机、畜牧、水产4个方面，围绕粮油生产、经济作物生产、农业机械化、农民（农机）专业合作社、植物保护、农产品质量安全、畜牧兽医及屠宰管理、现代渔业、农村电子商务等内容开展培训。

名优特产

【“三品一标”认证】 2017 年，认证及复查换证“三品一标”（无公害农产品、绿色农产品、有机农产品）62 个，全市累计 200 个。

【产品展销】 2017 年，组织四川长明集团食品公司、四川牧天食品有限公司、四川远达集团富顺县美乐食品有限公司、自贡市泰富农副产品加工厂、四川龙都香茗茶叶有限公司等龙头企业 10 余家及龙须淡口大头菜、美豆香辣酱及豆花蘸水、龙都香茗茶叶、长明火边子牛肉等系列产品 40 余个，参加在北京举办的第十五届中国国际农产品交易会；组织绿茗春、春兰、黄金叶等茶业企业及专业合作社，参加在成都举办的第六届中国四川国际茶业博览会。在农产品交易会和茶叶博览会期间，举办品牌推介、宣传展示、商贸洽谈等活动，共接待农业部、省农业厅等各级领导及客商、观众 33 余万人，自贡市牧天食品有限公司选送的“盐帮厨子冷吃兔”获第十五届中国国际农产品交易会组委会金奖。

农业机械与农村新能源

【农村机电提灌】 2017 年，安排农村机电提灌站维修改造市级财政补助资金 100 万元，修复改造机电提灌设备 3083 台/2.33 万千瓦，其中，修复提灌站 303 处/307 台/1.25 万千瓦、改造提灌站 114 处/114 台/3924 千瓦；新增提水设备 762 台/4306 千瓦，其中，新增提灌站 29 处/31 台/1064 千瓦。是年，全市新增控灌面积 4906 公顷，组织提水 7320.2 万立方米，灌溉 9.94 万公顷。

【农机化发展】 2017 年，全市组织购买农业机械 2219 台（套），兑付中央补贴资金 232.52 万元，受益农户 2156 户，兑付地方累加补贴资金 17.44 万元。全市主要农作物耕种收综合机械化水平达 54.33%，比 2016 年增加 8.3%。全年完成机耕作业面积 21.3 万公顷，机播作业面积 2.79 万公顷，机收作业面积 7.2 万公顷。荣县开展全程机械化示范项目，创建水稻、油菜全程机械化示范园区 1333.33 公顷。

【农村沼气工程】 2017 年，加快畜禽规模养殖场粪污治理与资源化利用，推进生态循环农业发展、美丽乡村建设。按农业生态环境保护要求，因地制宜实施沼气工程，特别是集中供气沼气工程，巩固沼气建设成果，推进沼渣沼液综合利用，发挥沼气工程项目在种养殖循环农业中的纽带作用。截至是年年底，全市拥有沼气用户 19.31 万户，沼气工程 64 处，农村沼气村级服务网点 240 个。

（汪　雪）

商 贸

概 述

2017年，全市实现服务业增加值530.88亿元，比2016年增长9.5%，增速列全省第9位，比2016年提升5位；增速比2016年提升1.2个百分点，高于全市GDP增速1.2个百分点。服务业增加值占全市GDP比重达40.5%，比2016年提升9.1个百分点。服务业增加值对经济增长的贡献率45.8%，拉动经济增长3.8个百分点。全市服务业完成税收49.61亿元，增长20.47%，比2016年提升17.05个百分点。服务业税收占比61.5%，比2016年提升4.3个百分点。

全市社会消费和零售总额实现624.04亿元，比2016年增长12.3%，高于全省平均增速0.3个百分点，增速全省排名第9，比2016年提升7位，总量全省排名第9。分地域看，城镇实现零售额481.27亿元，增长12.2%；乡村实现零售额142.76亿元，增长12.6%。分行业来看，餐饮业实现零售额79.65亿元，比2016年增长13.1%；零售业实现零售额456.94亿元，比2016年增长12.4%；住宿业实现零售额2.84亿元，比2016年增长11.9%；批发业实现零售额84.6亿元，比2016年增长11.1%。

全市服务业完成投资612.44亿元，比2016年增长29.7%，增速比2016年提升18.5个百分点；服务业固定资产投资占全市固定资产投资的比重为73.6%，比2016年提升7.1个百分点。其中，商贸固定资产投资完成63.68亿元，比2016年增长66.53%。全年实现外贸进出口30.75亿元，比2016年增长18.4%，结束3年负增长，总量排全省第7位，比2016年提升8位。

服务业管理

【规划编制】 2017年，围绕自贡老工业城市产业转型升级示范区建设，编制并由市政府办印发《自贡市服务业发展转型升级行动计划（2017—2021)》。市商务局联合14部门制定《加快内贸流通创新推动供给侧结构性改革专项行动工作方案》，推进企业降本增效，助力发展现代流通服务业。出台《自贡市城市商业网点规划（2016—2030)》，统筹中心城区商业网点布局。

【市场调研】 2017年，完成《关于我市建设铁路物流园的情况报告》《我市电子商务数据统计调研报告》《自贡市专业市场调研报告》《自贡市农产品市场体系建设研究报告》，为推进全市服务业发展提供决策服务。

商贸网点

【专业市场】 截至2017年年底，全市有27个专业市场（中心城区25个，富顺县和荣县各1个），全年专业市场成交总额163.86亿元。其中，交易额1亿元～10亿元9个，10亿元以上5个。市场总营业面积124.12万平方米，经营业态有汽车、二手车、五金机电、钢材、建材、家具、装饰、皮革、农副产品、干副食品、小商品等20余种。

【农贸市场】 截至2017年年底，全市有城乡农贸市场212个，其中，中心城区37个（国有市场18个）、乡镇36个（国有市场15个），富顺县和荣县城区139个。农产品批发市场2个（其中1个在建）。

【特色商业街区】 2017年，完成对高新区布鲁克广场、自流井区温州商城特色商街、贡井区西城国际财富中心商业街、贡井区艾叶古镇商街4条市级特色商业街区打造及评定。

【物流企业】 2017年年末，全市有物流企业180余家，其中，国家AAA级物流企业3家，省级物流重点联系企业4家，物流技术联合研发中心1个（由自贡三辰实业有限公司与浙江大学合作成立），快递企业30余家（法人企业22家，分支机构328家），申通、圆通、顺丰、天天、百世汇通、京东等物流企业在自贡成立川南转运中心6个。全市物流企业完成货运量3983万吨，比2016年增长3.19%。其中，公路货运量3636万吨、比2016年增长3.62%，货物周转量40.91亿吨公里、比2016年增长8.52%；完成水路运输货运量147万吨、比2016年下降12.50%，货物周转量2728万吨公里、比2016年下降10.03%；完成铁路货运量200万吨，比2016年增长5.26%。全市邮政行业业务收入、业务总量分别为4.22亿元、5.2亿元，比2016年分别增长17.79%、28.62%。快递行业业务收入1.33亿元，比2016年增长32.31%；快递业务量、投递量分别为1390.33万件、3108.11万件，比2016年分别增长31.61%、33.51%。

【物流网络】 2017年，以“空间统筹、区域协调、全面覆盖、经济合理”为原则，规划形成“一港两园三通道四中心五节点”的全市物流空间布局体系。其中，“一港”为西南（自贡）无水港，“两园”包括大山铺物流园、舒坪物流园；“三通道”包括川贵广（自贡）—广东—南亚物流大通道、川南（自贡）—北部湾—东南亚物流大通道、川南（自贡）—昆明—缅甸、老挝、泰国物流大通道；“四中心”包括保税物流中心（B型）、川南（自贡）电商快递物流中心、川南城市共配物流中心、川南通用航空物流中心；“五节点”包括贡井物流节点、沿滩物流节点、富顺物流节点、荣县物流节点、高新物流节点。

【服务业企业】 2017年，全市新增入统限额以上商贸企业和规模以上服务业企业125户，创历史新高，其中，新增限额以上商贸企业87户，比2016年净增17户；新增规模以上服务业企业38户，比2016年净增19户。全年新增外贸进出口实绩企业15户，累计进出口实绩企业达111户。

（市商务局）

【个体经营】 2017年，新发展个体工商户1.82万户，比2016年增长52.51%。全市累计有个体工商户9.18万户，从业人员12.94万人，注册资金35.17亿元，比2016年分别增长18.35%、14.63%、40.46%。

（洪　波）

批发零售贸易业

【零售业】 2017年，全市零售业实现总产值456.94亿元，比2016年增长12.4%；零售业实现增加值44.93亿元，比2016年增长8.0%，增长幅度比2016年提升1.4个百分点。

【批发业】 2017年，全市批发业实现总产值84.6亿元，比2016年增长11.1%；批发业实现增加值55.75亿元，比2016年增长8.0%，增长幅度比2016年提升3.9个百分点。

【“现代生活·时尚汽车”展】 2017年，由市商务局指导、市汽（摩托）车协会主办的2017自贡“现代生活·时尚汽车”系列展在市檀木林体育场举行。4月14—16日，举办2017自贡“现代生活·时尚汽车”春季展，汇聚自贡新成集团、四达集团、庞大集团等市内主要车商33户，共164

辆各种型号的车辆参加该次展会。为期3天的展销会共吸引市民3万余人次入场参观选购，现场销售各类车辆370台，销售总金额4391万元。8月11—13日，举办2017自贡“现代生活·时尚汽车”消夏展，汇聚自贡新成集团、四达集团、庞大集团等市内主要车商30户，共158辆各种型号的车辆参加该展会。为期3天的展销会共吸引市民2万余人次入场参观选购，现场销售各类车辆203台，销售总金额2450万元。12月15—17日，举办自贡“现代生活·时尚汽车”迎春展，汇聚自贡新成集团、四达集团、槟豪集团等市内主要车商28户，共158辆各种型号的车辆参加该次展会。为期3天的展销会吸引市民4万余人次入场参观选购，现场销售各类车辆536台，销售总金额6508万元。

餐饮和住宿业

【餐饮业】　2017年，全市餐饮业实现零售额79.65亿元，比2016年增长13.1%；餐饮业实现增加值43.33亿元，比2016年增长7.5%，增长幅度比2016年提升0.7个百分点。11月，在第3届川菜创新挑战大赛初赛中，自贡市代表团获团体1金1银，个人获金奖4人、银奖4人、优秀奖3人。

【第八届“盐帮美食文化节”活动】　1月中旬至2月底，在全市开展“第八届盐帮美食文化节”活动。活动以“观恐龙灯会，品盐帮美食”为主题，由市商务局、市食品药品监管局指导，市餐饮美食协会主办。美食文化节期间，制定主城区电子美食地图索引，开展好门店评选、名嘴品美食、青年厨师大赛、美食每日推介等系列活动，重点推荐华商国际美食城和同兴路、汇东路东段、汇兴路、学苑街、青杠林等5条美食街区。全市参与美食节活动的餐饮企业218家。1—2月全市餐饮业

营业额实现15.38亿元，增长14.7%，餐饮业增幅高于全市社会消费品零售总额增幅1.1个百分点。

【自贡盐帮味企业参加中国食品餐饮博览会】9月14—17日，2017中国食品餐饮博览会在湖南长沙市国际会展中心举行，四川芭夯餐饮管理有限公司、四川自贡百味斋食品股份有限公司、自贡市国民食品有限公司、自贡市刀刀爽食品股份有限公司、四川太源井醋业有限公司、四川牧天食品有限公司、自贡市开洪食品有限公司、四川自贡仙味酿造有限公司等8家餐饮及食品生产企业携带100余类特色产品参加展出。活动期间，市内8户参展企业实现现场销售收入13.6万元，与21户当地企业达成销售合同（含意向）金额超1150万元。其中自贡市开洪食品有限公司与湖南德科商贸有限公司、武汉珍正美食品有限公司等达成500余万元的供销合同；四川芭夯餐饮管理有限公司与长沙大碗先生餐饮连锁管理有限公司、岳阳沃尔玛超市等达成300余万元的供销合同。

【住宿业】　2017年，全市住宿业实现零售额2.84亿元，比2016年增长11.9%；住宿业实现增加值2.91亿元，比2016年增长6.4%，增长幅度比2016年提升2个百分点。

电子商务

【概况】　2017年，全市网络交易额108亿元，比2016年增长38.66%，全省排第10位，其中，网络零售额比2016年增长28.4%。

【市场培育】　2017年，普润电商基地新增入驻商户50家，全年该基地举办电商培训会10场次；川南跨境电商孵化中心新增跨境电商企业16家，企业增长量、增长率均位列全省地级市第1。9月，组团参加“第四届西部电子商务发展高峰论坛”，自贡获评“2017四川‘走出去’开放前沿区”，为全省5个获选区域之一。

（市商务局）

供　销

【概况】　2017年，全市供销系统以农业供给

侧结构性改革为引领，推进供销合作社综合改革，实现“强供销社基础、树供销社形象、助农民增收、为政府分忧”的年度目标。是年，全系统实现经营服务总额91.1亿元，比2016年增长13.6%；销售总额48.1亿元，比2016年增长16.4%；利润总额4630万元，比2016年增长7.95%；帮助农民人均增收67元。

【招商引资】 2017年，围绕自贡市现代农业产业园区项目，创新开展“基金带产业植入”模式，引进深圳前海中基基金管理有限公司及39家国内外龙头企业联盟，与市政府签署计划总投资210亿元的《自贡市现代农业产业园区战略合作协议》。全年完成到位省外项目资金6000万元，包装重大项目2个，外出招商12次，接待客商到访7批次。

【“自然贡品”公共品牌打造】 1月25日，向国家工商总局商标局提交“自然贡品”商标注册申请。5月8日，自贡市农产品区域性公共品牌“自然贡品”创建工作领导小组成立，由分管副市长任组长，18个市级政府部门分管领导和6个区县政府分管领导为成员，领导小组下设办公室，办公室由市供销社牵头，8家市级相关部门组成。7月6日，出台《自贡市农产品区域性公共品牌商标使用管理办法（试行）》。是年，首批18家龙头企业开始试用商标，成功组织贴标企业参加四川省第5届农业博览会；在城区建立“自然贡品”展示展销店1家。

【脱贫攻坚】 4月，市供销社与市扶贫移民局印发《关于开展“供销社+合作社+村两委+贫困户”脱贫攻坚模式工作的通知》，在贫困村中开展“供销社+合作社+村两委+贫困户”产业扶贫模式创新试点，组织贫困户发展生产、搞活流通，将贫困户捆绑在产业链上。全年在贫困村新建和规范发展农民合作社15个，帮助解决村卫生室、村文化室建设资金缺口10多万元，落实资金14.6万元帮扶9户贫困户实现脱贫目标。

【土地托管服务】 2017年，围绕解决“谁来种地，地怎么种”问题，按推进农业现代化、服务规模化、经营市场化目标，开展以新型农业经营主体为重点，以一家一户小农经济为拓展的土地托管服务。为普通农户、家庭农场、专业大户、农民合作社等规模经营主体提供“耕、种、管、收、加、销”全过程服务，形成“农民外出打工、供销社给农民打工”的新格局，实现农民打工、种地同增收两不误。全年新增土地托管服务面积2000公顷，累计达5466.67公顷。

【农村现代流通体系建设】 2017年，继续采取社有企业投资、引进社会资本等方式，推进建设一批农产品批发市场、仓储运输、冷链物流等配套服务设施，完善县、乡、村三级现代物流配送体系，推进网上交易、仓储物流、终端配送一体化经营，实现线上线下融合发展。支持中国供销·川南国际农贸城建设，全面启动“互联网+”模式，举办6期电商培训班，培训农村电商人才1000余人次，全年实现电子商务销售额5500万元，比2016年增长96.4%。

【供销社基层基础建设】 2017年，按“社有网络向村居延伸、经营服务向田间覆盖、行业指导向基层聚合”思路，推进构建生产合作、供销合作、信用合作、消费合作“四位一体”的新型农村合作经济组织体系，推动基层社、社有企业与各类农村经营主体融合发展。是年，提升改造新型基层社15个，实现全市96个乡镇全覆盖；新建农民合作社20个，总数275个。

【发展农村合作金融】 2017年，按“组织封闭、对象封锁、上限封顶”和“有效控制风险、规范管理运作”原则，支持和培育农村资金互助合作组织发展和区域性农村资金互助社联合社建设。全年新成立农村资金互助合作社2家，累计成立4家，入社社员540户，入社社员股金2220万元；全年发放贷款158笔，发放金额3458.2万元，实现利润126万元，为社员返利15万元。

【青理东一行到自贡调研】 8月1日，省供销社主任青理东一行到自贡市调研供销社综合改革工作。青理东一行先后到大安区艾康农机专业合作社、三绿农村资金互助合作社、汇民供销中央厨房门店、中国供销·川南国际农贸城、自流井区荣边镇干塘村产销公司及产业基地，调研供销社为农服务体系建设、农产品流通体系建设、土地托管、农村合作金融、农村电商、党建带社建等工作；听取市供销社工作汇报，对全市供销社工作给予肯定；支持省供销社与自贡市及区县所属企业在共同建设自贡特色优质农产品生产基地、共同推动自贡特色优质农产品品牌建设、共同构建自贡特色优质农产品供销流通体系、共同探索建设自贡特色农博园等方面开展合作。市委书记李刚、市委副书记李国贵会见青理东一行，副市长鲜光鹏陪同调研。

【全市深化供销合作社综合改革推进会】 会议于4月7日在市委大礼堂召开。省供销社总会计师郭云、市委副书记李国贵出席会议并分别作指导报告和讲话。市委农工委、市财政局、市发改委、市农牧业局等市级部门负责人及市供销社系统相关负责人共90余人参加会议。大安区政府、荣县政府和大安区三绿农村资金互助合作社派代表作交流发言。

（韩莹莹）

粮 油

【概况】 2017年，全市粮食系统落实粮食安全省长责任制，加强粮油购销，充实粮油储备，推进仓储设施和物流项目建设，提高仓储管理水平，开展粮食流通市场监管，保障地方粮食安全，维护市场粮油供应和价格的基本稳定。是年，全市入统企业累计收购粮食23.46万吨，完成省下达目标任务的123.46%，较2016年同期减少24.87%；销售粮食40.51万吨，完成省下达目标任务的112.52%，较2016年同期减少3.57%；全年从市（省）外采购粮油49.24万吨，较2016年同期增长23.41%。

【项目建设】 2017年，2个粮油仓储设施项目开工建设，完成投资8399.5万元；自贡北部湾油脂工业有限公司项目全年完成投资3396.27万元，累计投资4.43亿元，项目完成主体工程建设及各车间大型设备安装工作。

【保护价收购稻谷】 9月28日，全市启动2017年中籼稻最低收购价执行预案。全市5个委托收储库点按最低收购价收购稻谷1.25万吨，助农增收100万元以上。全年为企业增加代储保管费收入110万元。

【储备粮油管理】 2017年，完成1.41万吨地方储备粮、2410吨地方储备油轮换任务，确保储备粮油数量真实、质量良好、储存安全。

【放心粮油工程】 2017年，全市各放心粮油工程单位推动项目实施和监管，累计建成3个标准化配送中心、12个放心粮油示范店、13个乡村粮油超市和连锁店、3333.33公顷优质订单基地。打造地方优质粮油品牌，全市累计创建粮油品牌15个。

【粮食流通市场监管】 2017年，先后组织开展粮食库存检查、粮食安全隐患“大排查快整治严执法”集中行动、夏秋粮食收购、政策性粮食销售出库等监督检查212次，出动执法人员551人次，检查企业和经营户379个次，查处行政处罚案例10件（责令改正6件、警告4件）。实施质量监管，全年开展质量监测样品363个，其中，库存粮油质量检验监测样品170个，大小春收获粮油质量调查检测样品165个。

【粮食科技应用】 2017年，全市准低温储粮能力达1.60万吨；应用粮情测控技术实现仓容19.41万吨；环流熏蒸储粮实现仓容15.82万吨；机械通风储粮实现仓容21.19万吨。全年检查粮油25万多吨，“一符四无粮油”达100%，以机械通风、粮情测控、环流熏蒸和准低温为主的科学储粮比例99.3%。

【粮油价格】 2017年，国家公布的小麦（三等）最低收购价格2.36元/千克，早籼稻（三等，下同）、中晚籼稻和粳稻最低收购价分别为2.60元/千克、2.72元/千克、3.00元/千克。全市年平均实际中等收购价格：小麦2.41元/千克、中籼稻2.71元/千克、玉米1.89元/千克、油菜籽5.42元/千克；全年平均实际中等出库价格：小麦2.49元/千克、中籼稻2.68元/千克、玉米1.99元/千克；全年平均实际零售价格：特一小麦粉5.03元/千克、特等中籼米4.50元/千克、四级菜籽油16.28元/千克。

（陈建伟）

烟草专卖

【卷烟营销】 2017年，全市销售卷烟7.47万箱，其中，销售川烟1.02万箱；实现税利6.31亿元，比2016年增长1.7%；上缴财政4.52亿元。是年，卷烟总销量和税利额均完成年度目标。

【专卖管理】 2017年，强化市烟草专卖局、市公安局、市邮政管理局等部门协作机制，相继开展“元旦春节”“盐都100日”“大户整治”“物流快递”等专项整治行动，全年查获涉烟案件1760起，查获涉案卷烟1328万支，案值1205万元，其中，通过省烟草专卖局认定验收网络案件4起，刑拘25人，提请逮捕12人，判刑24人。开展“3·15”假烟销毁活动，公开采取环保方式销毁标值500余万元的一批假烟、制假工具和原材料。

（陈　杰）

对外贸易与经济合作

进出口贸易

【概况】 2017 年，全市实现进出口 30.75 亿元，比 2016 年增长 18.4%，较 2016 年同期提高 38.2 个百分点，进出口总额排全省第 7 位，比 2016 年提升 1 位。其中，出口 17.55 亿元，比 2016 年增长 18.4%；进口 13.2 亿元，比 2016 年增长 18.5%。

【经贸活动】 2017 年，组织“万企出国门”经贸活动 66 场次，参与企业 37 户次，达成合同签约资金 6.1 亿元；全市 72 户企业与“一带一路”沿线国家开展经贸往来，全年进出口总额 6.5 亿元。

境外投资与对外经济技术合作

【境外招商引资】 举办“2017 年自贡·香港投资推介会”，是自贡市首次在境外举办的大型投资活动，现场促成签约 13 个项目，总金额近 100 亿元。

【对外经济技术合作】 2017 年，深化国际产能合作，华西能源工业股份有限公司正式启动 10.28 亿元的老挝发电总包项目，并签约 3.4 亿元的斯里兰卡首都科伦坡生活垃圾焚烧发电 EPC 总承包项目、30.08 亿元的英国 36 兆瓦生活垃圾焚烧发电项目 EPC 工程总承包项目，自贡市节能环保锅炉首次进入英国市场。培育对外文化服务贸易，成功创建国家级出口彩灯文化产品质量安全示范区，全年有 8 户企业获批年度国家文化重点出口企业，占全省的 53.3%，有 10 户企业举办境外灯展 40 场次。

（市商务局）

招商引资

【概况】 2017 年，全市到位市外项目资金 910 亿元，比 2016 年增长 46.1%。其中，到位省外项目资金 401.8 亿元，比 2016 年增长 28.8%，增速全省第 1。全市新签约重大项目 264 个，比 2016 年增长 126%，计划投资额 1497.5 亿元，比 2016 年增长 127%。

【项目推进】 2017 年，计划投资 10 亿元的轻型飞机制造项目建成投产，计划投资 6 亿元的航空与燃机零部件制造项目开工建设；计划投资 10 亿元的深圳百川源自贡电声产业园项目、计划投资 6 亿元的粤鸿科技 Open Cell 面板项目、计划投资 6 亿元的朗新达电池项目建成投产；计划投资 100 亿元的创示电子信息产业园项目、计划投资30亿元的西南智能终端产业园项目稳步推进；计划投资30亿元的广东天非尼迪欧洲标准低速电动车产业园项目租赁厂房生产的产品成功下线；计划投资15亿元的科技型中小企业装备制造产业园项目投产；计划投资3.5亿元的自贡玫瑰小镇建设项目、计划投资4亿元的紫檀国际梅西购物广场项目等投产，计划投资31亿元的华强方特恐龙文化科技园推进建设；计划投资6亿元的美为食品加工项目建成投产。

【招商活动】 2017年，市委、市政府主要领导率小分队到北京、深圳、上海、广州、杭州、荆门、厦门等城市及成渝等地区招商70余次，各级各部门党政“一把手”外出招商806次。参加四川石墨烯产业合作项目对接会、中外知名企业四川行活动、2017中国西部（四川）国际投资大会和2017厦门国际投资贸易洽谈会等国家级、省级活动。中外知名企业四川行活动中，自贡市签约项目31个，签约金额355.9亿元，排名全省第2、川南第1。2017中国西部（四川）国际投资大会期间，自贡市新签约项目27个，总投资471.65亿元，签约金额排名全省第6、川南第2。在2017四川省重大招商引资项目集中开工仪式上，深圳粤创集团投资80亿元的COF载带+驱动IC项目等47个项目集中开工，总投资366亿元，排名全省第4、川南第1。举办全国友协2017年新春招待会暨自贡灯会全球推介会、第七届“携手灯城·龙聚盐都”招商推介会暨自贡通用航空发展论坛、2017年中国西部（四川）国际投资大会·自贡投资推介会等重大招商活动72次。

【基础工作】 2017年，出台《自贡市投资促进顾问服务管理暂行办法》《自贡市招商“飞地”项目成果分享办法》《自贡市招商引资涉企投诉快速处理机制（试行）》《自贡市招商引资工业项目奖励试行办法》，优化投资环境。推出《自贡市招商引资重推项目册》，包装项目290个，总投资2951亿元，其中，农业项目41个、总投资163亿元，工业项目80个、总投资801亿元，现代服务业项目102个、总投资915亿元，基础设施项目67个、总投资1071亿元。

【第七届“携手灯城·龙聚盐都”招商推介会】 1月23日，第七届“携手灯城·龙聚盐都”招商推介会在檀木林城市名人酒店举行，航空与燃机、节能环保装备制造、新材料、生物医药、新能源汽车、电子信息、文化旅游等产业的200余位国内外客商参加该次推介会。会上，全市推出总投资约1500亿元的180个项目，新签约意大利天空骑士机型直升机总装及零部件生产基地项目、深圳前海中基基金文化旅游项目等重大项目21个，总投资193.2亿元；搜集到西南智能终端制造产业园项目、“一线经济带”整体开发旅游项目、晨光科技园区产城一体化建设项目等重大项目线索54条。

【全市对外开放工作会议】 2月6日，全市对外开放工作会议在市委大礼堂召开。会议由市委副书记、市长刘永湘主持。市委常委、副市长李红强宣读2016年招商引资目标任务完成情况及目标绩效考评结果和表扬通报；市政府与区县和市级部门签订招商引资目标责任书；高新区、沿滩区、四川煜峰鞋业有限责任公司、市经济和信息化委和市工商联派出代表先后作交流发言；市委副书记李国贵总结2016年全市对外开放工作，安排部署2017年全市对外开放工作。市委书记李刚出席会议并讲话。

【李刚率队到北京开展投资促进活动】 2月20日至22日，市委书记李刚，市委常委、副市长李红强一行到北京开展投资促进活动。李刚一行与中青旅控股股份有限公司、华融国际信托有限责任公司、京东集团、中国机械工业集团有限公司和中国通用机械工程有限公司围绕寻求项目合作及推进自贡文化旅游、金融投资、工业制造、电子商务等产业发展进行对接交流。

【自贡·重庆地区招商推介会】 3月6日，市委书记李刚，市委副书记李国贵，市委常委、副市长李红强等到重庆开展自贡·重庆地区招商推介会暨项目签约仪式。李刚一行与重庆力帆汽车有限公司、重庆中车长客轨道车辆有限公司进行对接交流。会上，荣县如来福城文化旅游项目、文化产业基金项目、荣县医疗及康养中心项目、旭水酒全产业链技改4个招商引资项目签约，投资金额129亿元。

【自贡高新区杭州地区投资推介会暨签约仪式】 3月16日，市委书记李刚，市委常委、统战部部长徐其斌，市委常委、高新区党工委书记张邦举等到杭州出席自贡高新区投资推介会暨签约仪式。会上，横店集团“车用橡塑配件生产”项目、东莞环阳通“新能源充电桩产业园”项目、香港嘉凯特“手机及智能终端产品”项目、东莞华新光电“新能源动力电池二期”项目、四川天法科技“水煤浆技术产业化”等5个重点项目签约，总投资约34亿元，预计全部项目投产后年产值可达47.2亿元，年纳税1.89亿元，解决就业4000人以上。

【参加中外知名企业四川行活动】 4月6日至8日，自贡组团参加在成都举行的中外知名企业四川行活动，并于6日举办中外知名企业四川行·自贡投资推介会暨项目签约仪式。活动期间，自贡市签约31个项目，总投资355.9亿元，排名全省第四、川南第一。深圳盛世国泰科技有限公司在大安区投资30亿元的“西南智能终端制造产业园项目”、拉萨世臻投资有限公司在贡井区投资7亿元的“年产3万吨输变电装备材料项目”现场签约。市委副书记、市长刘永湘，市委常委、副市长李红强出席签约仪式。

【金融支持自贡建设全国老工业城市转型升级示范区签约仪式】 4月27日，由市政府、省金融工作局、人民银行成都分行、四川银监局、四川证监局、四川保监局联合主办的金融支持自贡建设全国老工业城市转型升级示范区签约仪式在自贡举行。市委副书记、市长刘永湘主持仪式，省金融工作局等5家省金融管理部门负责人及近30名在川金融机构负责人参加签约仪式，副省长朱鹤新、市委书记李刚、市委副书记李国贵等出席仪式。仪式上，自贡市分别与省金融管理部门及在川金融机构签署战略合作备忘录及合作协议共33个，其中，与5家金融管理机构签订战略合作备忘录，与18家金融机构签订金融支持自贡转型发展战略合作协议，授信额度近2800亿元；10家省、市银行机构与自贡市8个项目业主单位签订合作协议，意向合作金额约200亿元。

【航空产业招商推介会暨项目签约仪式】 5月12日，自贡市2017航空产业招商推介会暨项目签约仪式在成都香格里拉酒店举行，市委书记李刚，市委常委、市委宣传部部长唐杰，副市长曾明全出席。仪式上，贡井区政府与浙江四川商会、浙江嘉丰房地产开发有限公司等企业签订川商示范园、鲨鱼两座轻型运动飞机组装及零部件生产等7个项目，总投资60亿元。

【大安区（佛山）投资促进推介会暨项目签约仪式】 5月31日，2017年自贡市大安区（佛山）投资促进推介会暨项目签约仪式在广东省佛山市顺德区举行。市委副书记、市长刘永湘，副市长龙腾鑫出席推介会。会上，签约碧桂园商业文化广场建设项目、大安中科循环经济产业园项目及万憬智能空调设备制造项目，总投资91亿元。

【四川省重大招商引资项目集中开工暨自贡市第七批粤创微电子科技产业园等47个重大项目集中开工仪式】 6月21日，2017年四川省重大招商引资项目集中开工暨自贡市第七批粤创微电子科技产业园等47个重大项目集中开工仪式在自贡高新区板仓工业集中区“粤创微电子科技产业园项目”现场举行。该次集中开工的47个项目，总投资365.8亿元，与2016年同期相比增长82%。市委书记李刚，市委副书记、市长刘永湘，市政协主席游开余，市委副书记李国贵，市委常委、副市长王猛，市委常委、市统战部部长徐其斌，市委常委、副市长李红强，市委常委、高新区党工委书记张邦举，市人大常委会副主任杨征宇等出席开工仪式。

【沿滩区广州投资推介会暨项目签约仪式】 6月29日，“全国老工业城市转型升级示范区·自贡市沿滩区2017年广州投资推介会暨项目签约仪式”在广州举行。市委书记李刚，市委副书记李国贵出席推介会。会上，签约全智能车辆底盘及自动伸缩软顶生产项目、橡胶电池原材料生产项目等11个项目，总投资81亿元。签约仪式前，李刚一行到广州国光电器股份有限公司及广州红谷皮具有限公司考察。

【自流井区北京投资推介会暨项目集中签约仪式】 7月15日，“全国老工业城市转型升级示范区·自贡市自流井区投资推介会暨项目集中签约仪式”在北京举行。市委书记李刚，市委常委、副市长李红强出席推介会。会上，自流井区政府与北京中创碳投科技有限公司、北京吉奥金禾农业发展有限公司、中国东方航空股份有限公司签订招商引资正式协议，与中国保利国际生态环境治理有限公司等4户企业签订意向协议，7个签约项目总投资135亿元。

【参加第三届中国（四川）国际旅游投资大会】 7月26日，市委常委、副市长李红强率市旅游发展委、市投资促进委相关负责人参加在成都举行的“第三届中国（四川）国际旅游投资大会”。会上，总投资25亿元的富顺县文旅开发建设项目现场签约。李红强一行与中国核工业中原建设有限公司、四川金兴和投资有限公司就富顺县城市基础设施领域开展深度合作达成共识，重点就古城复兴、文庙·西湖AAAA级景区、狮市古镇等文化旅游开发进行对接交流。

【李刚到深圳开展投资促进活动】 8月20日，市委书记李刚到深圳开展投资促进活动。李刚一行先后考察深圳市铁汉生态环境股份有限公司、深圳市鑫华通科技有限公司和深圳市雅视科技有限公司，围绕寻求项目合作及推动自贡市文化旅游、电子信息产业发展与企业负责人进行对接交流。

【2017中国西部（四川）国际投资大会·自贡投资推介会】 9月15日，由市委、市政府主办，市投资促进委承办的“2017中国西部（四川）国际投资大会·自贡投资推介会暨项目签约仪式”在成都锦江宾馆锦江厅举行。会议期间，自贡签约项目27个，总投资471.65亿元，签约金额全省排名第六。省政协副主席、省总工会主席李登菊，市委书记李刚，市委副书记、代市长何树平，市委副书记李国贵，市委常委、副市长李红强，市委常委、高新区党工委书记张邦举等出席会议。欧美同学会企业家联谊会会长、美国美中投资基金有限公司董事局主席徐昌东、中国图书进出口（集团）总公司党委书记聂静、京东集团副总裁徐春俊、东旭集团高级副总裁马红、中电科技国际贸易有限公司监事会主席黄国强等300余名企业负责人参加会议。

【何树平到重庆开展投资促进活动】 9月22日至23日，市委副书记、代理市长何树平到重庆开展投资促进活动。何树平一行先后考察东风小康汽车有限公司、重庆领工云电子商务有限公司、重庆绿康实业集团、重庆永鹏网络科技股份有限公司，围绕自贡汽车企业寻求合作建立生产基地，实现集群式发展，推动自贡老工业城市产业转型升级，重点培育电子信息、石墨烯等潜力产业，引进物联网产业园等与企业合作洽谈。

【富顺现代农业投资推介会】 9月30日，2017年富顺现代农业投资推介会暨中国西部皮具产业园项目签约仪式在富顺瑞祥大酒店举行。市委书记李刚、市委副书记李国贵等出席推介会。会上，签约中国西部皮具产业园、水环境治理及农产品基地休闲康养文化旅游、富顺绿色粮食生产基地建设及产品订单收购、绿色果汁加工生产线、现代化水产园区、立体绿色生态农业、四川农业大学农业科技合作、中国农业科学院柑橘研究所农业科技合作等11个项目，总投资76.7亿元。

【何树平率队到深圳市开展投资促进活动】 10月13日至15日，市委副书记、市长何树平率队到深圳市开展投资促进活动，出席自贡高新区电子信息产业投资推介会。国内电子信息行业的近60家知名企业和商（协）会代表出席推介会。会上，自贡高新区与深圳市经略长丰投资管理有限公司签订“集成电路用8/12吋硅片产品”项目，总投资约80亿元。其间，何树平一行先后考察深圳华侨城集团、深圳粤创控股集团、比亚迪股份有限公司、深圳华强方特文化科技集团股份有限公司和木林森股份有限公司，分别就加快推动中华彩灯大世界项目、深化粤创集团电子信息产业合作项目、寻求明君汽车集团与比亚迪公司合作项目、加快推动自贡方特恐龙王国项目及木林森公司布局西部等主题与相关企业负责人进行对接。

【四川省产业发展投资引导基金市州行（自贡站）活动】 11月1日，由省财政厅和市政府联合主办的四川省产业发展投资引导基金市州行（自贡站）活动在自贡举办。省财政厅厅长王一宏、四川发展控股有限责任公司总经理李文清、四川产业振兴发展投资基金有限公司总经理周兴云、省商务厅副厅长刘祥超、省国防科技工业办副主任张勇、省投资促进局副巡视员张树华等200余名领导及企业负责人出席活动。活动由市委副书记、市长何树平主持，市委书记李刚致辞，市委常委、常务副市长王猛介绍自贡市产业发展情况，副市长袁熙参加活动。活动期间，全市签约投资项目31个，总投资369亿元。

【自贡航空产业招商引资引智推介会暨项目签约仪式】 11月20日，自贡市2017年航空产业招商引资引智推介会暨项目签约仪式在北京举行。市委书记李刚及航空产业近50户企业负责人参加推介会。会上，签约北京首航直升机股份公司自贡通航运营合作项目、四川发展新兴产业园区投资建设管理有限责任公司川南航空产业发展综合示范区项目等8个项目，签约金额132.8亿元。活动结束后，李刚一行考察京东集团和大连万达集团，就推进相关合作项目进程与企业对接。

【自贡·香港投资推介会暨项目签约仪式】 11月30日，2017年自贡·香港投资推介会暨项目签约仪式在香港举行。会上，自贡市包装推出总投资1500亿元的招商项目55个；与香港、台湾等地企业签订投资合作协议11个，总投资90亿元。活动由副市长陈张铭主持，市委副书记、市长何树平出席活动并重点围绕自贡“四大名片”、先进制造业集聚地和重点发展产业等主题作投资环境和项目推介，香港、台湾等地150余名工商界人士受邀出席活动。

【自贡首届国际盐业博览会】 12月6日，自贡首届国际盐业博览会在自流井区物流园区举行。该届盐博会以“千年盐都、盐泽天下”为主题，以盐业生产企业为主体，以博览会和文化节为载体，弘扬盐业历史文化，交流展示盐业产品和技术，共商盐业发展大计。博览会围绕盐化产业招商引资，提升自贡井盐品牌影响力，打造全国盐产品研发中心、盐产业博览中心和盐产业交易中心。日本、西班牙、意大利、美国等地及国内10多个省市的盐业企业参展，现场签约28个项目，总投资172.8亿元。

【李刚率团到美国开展投资促进活动】 12月14日至19日，市委书记李刚率团到美国开展投资促进活动，与美国纽瓦克市政府建立友好合作关系，促进双方在通航产业、文化、旅游等领域开展合作；与美国通航生产企业负责人及该领域资深专家交流、商谈合作，推进自贡市航空产业园建设的合作空间。

【市政府与清华大学全面合作签约仪式】 12月21日，市政府与清华大学全面合作签约仪式在清华大学举行，市委书记李刚，市委副书记、市长何树平出席仪式。根据协议，双方将立足自贡市资源禀赋和“推动振兴发展、决胜全面小康”需要及清华大学科技、人才、智力等优势，在战略决策咨询、科技创新合作、科技成果转化、干部人才交流培训、自贡高新区转型发展等方面开展全面合作。

（孙力宾）

海 关

【概况】 2017年，全市实现对外贸易进出口总值30.75亿元，较2016年增长18.4%。其中，出口17.55亿元，增长18.4%；进口13.2亿元，增长18.5%。成都海关驻自贡办事处全年监管进出口货物3.2万吨，增长69.6%，货值13.8亿元，增长45.1%。其中，进口2.3万吨、增长85.4%，货值8.8亿元、增长45.9%；出口9055吨、增长39.2%，货值5亿元、增长45.2%。"两税"入库1.56亿元，增长16.9%，其中，关税4281万元、进口环节代征税1.1亿元。接受申报报关单2109份，增长26.7%，其中，进口1300份，增长53.5%；出口809份，下降1.1%。办理减免税33份，减免税货值447万美元，减免税款481万元；办理加工贸易手册7份，备案总值1.7亿美元。

【通关业务改革】 2017年，开展通关无纸化改革，关区进出口企业除必须验核原件的原产地证外，全面实行无纸化通关。推动全国通关一体化改革，进口从2017年7月1日起，出口从10月1日起全面实行全国通关一体化（企业可自主选择在货物进出口口岸或者货物的指运地、起运地海关申报进出口，货物不需按转关货物运输方式运输）。改革后，企业进口通关时间压缩65%，出口通关时间压缩78%。截至年底，有四川省自贡市海川实业有限公司、四川丽鹰鞋业有限公司、四川煜峰鞋业有限责任公司、自贡市大成电子材料有限公司等民营企业按一体化通关模式申报进出口。推进以电子支付为主要方式的税收征管改革，实行汇总征税、企业"自报自缴"，最大限度减少企业支付税款及海关放行操作时间，提升通关效率，减少企业流动资金压力。截至年底，东方电气集团东方锅炉股份有限公司采用该税收征管模式。推进"信任通关"模式改革，在关区内选取企业管理类别，进出口报关单占一定比重的企业实行信任通关。是年，四川汇维仕化纤有限公司被选为自贡关区首家适用"信任通关"企业。深化加工贸易及保税监管改革，变加工贸易以合同单元管理为企业单元管理，引导企业自律管理。改革后，可简化手册设立、内销、余料结转、深加工结转手续，企业自主选择核销周期，增强企业自主能力。是年，选取四川汇维仕化纤有限公司进行该项改革试点。

【助推外向型经济发展】 2017年，跟踪和对接重大招商引资尤其是与"一带一路"有关联度的项目进展，提出个性化物流通关方案。建立重大项目专人联系、全程服务制度，助力全市"燃机和航空产业""节能环保装备产业"、彩灯等产业发展。全年组织到企业开展调研30余家次，了解重点企业经营状况、税源变化、异地报关等情况，通过宣传培训、落实税收优惠政策，帮助实体经济发展。扶持彩灯等特色产业，针对彩灯无具体列明海关税号的实际，调研形成"新增彩灯税则子目并提高出口退税率的税则调整"建议报告并上报。助推自贡市老工业城市转型升级示范区建设，为示范区申报设立综合保税区、推进示范区与中国（四川）自由贸易试验区协同改革试点等提供服务。推动区县开放发展，支持自流井区政府建立自贡南铁路物流基地进口保税仓和出口监管仓及海关监管场所。

（曾晓旭）

旅　游

概　述

2017年，围绕建设独具特色的国际文化旅游目的地，推进体制机制改革创新、实施重点旅游项目建设、开展旅游宣传营销、推进旅游标准化创建，全市旅游业呈现新的发展势头。全年接待国内外游客4025.54万人次，比2016年增长27.63%；实现旅游经济综合收入340.95亿元，比2016年增长20.18%。

旅游景点

【概况】　自贡是世界地质公园、国家级历史文化名城、国家级园林城市及中国优秀旅游城市，拥有“千年盐都”“恐龙之乡”“中国灯城”“美食之府”4张名片。主要景区景点有自贡恐龙博物馆、荣县大佛、市盐业历史博物馆、燊海井、中国彩灯博物馆、自贡灯会等，形成江姐故居、吴玉章故里、卢德铭故居、邓萍故居、荣县军政府旧址、仿建渣滓洞等一条红色旅游环线。截至年底，全市拥有国家AAAA级景区2个（恐龙博物馆、荣县大佛），国家AAA级景区2个（彩灯博物馆、盐业历史博物馆），国家AA级景区2个（艾叶古镇、七星湖）。

【国家AAAA级景区创建】　2017年，推动燊海井景区、贡井花香田园景区、釜溪河文化博览园、尖山风景区、仙市古镇、荣县玉章故里、富顺文庙·西湖、大安玫瑰海等创建国家AAAA级景区工作，在全省首次一次性全部通过景区景观资源与质量专家评审。

旅游项目与设施

【项目培育】　7月，自贡12个项目入选全省2017年“10+30+100”优选旅游招商项目。其中，自贡航空产业园、三多古寨梨花休闲游等5个文旅产业项目入选“10大旅游产业集群”；自贡贡井航空航天欢乐世界项目、自贡中国盐业活化石博览园项目入选“30个旅游新业态项目”；富顺县李桥镇舒家坝乡村旅游·黑龙谷自然风景区项目、富顺文庙·西湖AAAA景区项目、莲花—牛尾彩色生态公园项目、荣县花龙沟旅游景区项目、大山铺特色小镇开发建设项目等5个项目入选“100个精品旅游项目”。

【项目建设】　2017年，推进自贡方特恐龙王国项目建设，完成项目总体创意设计和分项创意设计，启动场地平整工作，全年完成投资4.09亿元。

富顺文庙·西湖、玉章故里、燊海井等景区实施升级改造，老盐场 1957 开业运营。打造涵盖井盐文化、工业旅游、城市生态 3 个版块内容的井盐文化度假区项目，布局形成“一核心六片区”空间结构；推进通航旅游发展，凤鸣机场投用，打造低空观光、飞行表演、动力伞、热气球观光体验、航空文化创意产业、航空服务培训等通航产业园旅游项目。富顺文庙·西湖 AAAA 级旅游景区二期项目以“儒学圣地、人文西湖”为主题，实施游客中心、古县衙、古城楼等工程建设，招商实施棚户区改造、商业开发、景观塑造、文化创意等项目，总投资约 30 亿元。

【旅游基础设施建设】 2017 年，全市新增星级饭店 5 家，其中，三星级 2 家、二星级 3 家；注销旅行社 1 家；新增星级农家乐 49 家，其中，五星级 2 家、四星级 10 家、三星级 15 家、二星级 17 家、一星级 5 家；新增五星级乡村酒店 1 家。全市旅游应急指挥平台建成并试运行。市旅游集散中心建成运营，实现城市旅游集散中心零的突破。实施“厕所革命”，全市新改建公厕 174 座。

【富顺县文旅开发建设项目签约】 7 月 26 日，由省政府、中国投资协会、中国国际投资促进会共同举办的第三届中国（四川）国际旅游投资大会在成都召开。自贡市富顺县文旅开发建设项目在大会现场签约，总投资 25 亿元，拟与中国

核工业中原建设有限公司、四川金兴和投资有限公司就富顺县城市基础设施领域开展深度合作，重点建设古城复兴、文庙·西湖 AAAA 级景区、狮市古镇等文化旅游开发项目，提升富顺县旅游综合整体水平。

旅游市场

【会展推介】 2017 年，举办自贡首届精品旅游线路推介会，推出 10 条精品旅游线路、25 条乡村旅游线路；举办 2017 自贡文化旅游投资暨盐帮美食节推介活动，首次融文化旅游、景区推广、项目招商、美食推介为一体，将“盐龙灯食”4 张旅游名片整体塑形，市、区（县）两级整体 + 多点共融宣传。参加第四届四川国际旅游交易博览会、2017 中国—东盟博览会旅游展、2017 广东国际旅游产业博览会、第五届中国西部旅游产业博览会暨中国西部旅游互联网营销大会等旅游会展活动，提升自贡旅游知名度。

【合作平台搭建】 2017 年，推动川南 4 市区域旅游一体化合作，签署《川南四市旅游共同发展宣传营销合作协议》，与浙江省海宁市旅游局、成都市旅行社协会签署合作协议。

【旅游扶贫】 2017 年，推进荣县白坡村创建省级旅游扶贫示范村，培育 2 个旅游扶贫重点村（荣县长山镇双河村、度佳镇胡家巷村），推动建设 4 个民宿达标户，指导荣县雷音乡旅游扶贫规划编

制和基础设施建设。实施旅游扶贫示范提升项目、乡村文化旅游节、旅游产品开发、旅游公共设施建设项目等13个。

旅游活动

【概况】 2017年，借助“盐龙灯”特色品牌，先后举办首届中国荣县大佛文化灯会、2017四川花卉（果类）生态旅游节分会场暨自贡第十八届飞龙峡桃花生态旅游节、刘山乡第二届草雕节暨首届乡村音乐节、第七届中国·富顺豆花文化旅游节、“5·19”中国旅游日纪念活动暨第十三届乡村旅游节等乡村旅游会节活动26个。

【首届中国·荣县大佛文化灯会】 1月16日至3月16日，首届中国·荣县大佛文化灯会在荣县大佛寺景区举行。该灯会观灯区域6万余平方米，分大佛寺文化元素氛围区、佛教题材灯区和佛教元素灯饰树木亮化区3个展区。其中，超大型灯组《吉祥佛陶宝瓶》以佛教八宝中的“宝瓶”为创意设计元素，首次采用具有千年历史的荣县制陶工艺与自贡彩灯制作技艺相结合，分别使用约1万个土陶罐、土陶莲花瓣和LED灯，经特殊处理后捆扎成灯，灯组长25米、高18米，拟申请吉尼斯世界纪录。灯会期间，举办大佛庙会、荣州美食三绝评选、非遗民间文艺大展演、招商推介会暨项目签约等活动。签订战略性框架协议7个，总投资114亿元，签约项目涉及生态旅游、基础设施建设、工业加工等领域。其中，产业项目3个，总投资37亿元；文化旅游项目2个，总投资62亿元；基础设施项目2个，总投资15亿元。

【四川花卉（果类）生态旅游节分会场暨自贡市第十八届飞龙峡桃花生态旅游节】 3月6日，四川花卉（果类）生态旅游节分会场暨自贡市第十八届飞龙峡桃花生态旅游节在自流井尖山风景区开幕。该旅游节由省生态旅游协会、市林业局、市旅游发展委、自流井区政府主办，至4月20日结束。旅游节期间，主办方推出网络直播开幕式、盐帮味特色美食节、12名“桃花仙子”微信投票评选、第三届尖山诗词大会、第三届“玉兰花海养生”徒步游、川南百车游荣边、漆树乡玫瑰李赏花、自流井区特色农产品展销、“萌兔亲子体验园”互动、“醉美农家乐”评选、“兔女郎合影”、观众互动游戏、名家书画作品展等13个主题活动。

【第二届草雕节暨首届乡村音乐节】 8月26日至10月31日，自贡第二届草雕节暨首届乡村音乐节在沿滩区刘山乡中国彩灯之乡文化创意产业园举行。该届草雕节布展面积30余公顷，展出“丝绸之路”等主题草雕创意作品300余件。该活动被列为“自贡市第十六届文化艺术节活动”分会场，设草雕艺术展、音乐主题（首届乡村音乐节）、儿童乐园、露营基地、特色商业等5个板块，推出“草雕艺术品+热辣音乐+美食计划+温馨亲子互动+创意市集”等体验式创意套餐。活动期间，入园游客60余万人，实现门票收入1000多万元。

【中国旅游纪念日暨自贡市第13届乡村旅游节】 5月19日，中国旅游纪念日暨自贡市第13届乡村旅游节在贡井区花香田园开幕，相关领导为全市部分旅游标准化建设的乡村旅游特色业态经营点进行授牌，沿滩樱花山庄、自流井湘雨休闲庄、贡井恒大花园等分获“养生山庄”“生态渔庄”“花果人家”“农家乐园”称号。该旅游节由市旅游发展委和贡井区政府联合主办，以“旅游让生活更幸福”为主题，活动至6月19日止，内容包括花香田园旅游景区风筝文化节、艾叶早糯玉米文化节、乡村旅游发源地·建设枇杷甲川南——2017建设枇杷采摘活动、纪念“5·19”中国旅游日健身暴走活动、自贡市名优特产品展销会、纪念“5·19”公益惠民演出活动等。

【第七届中国·富顺豆花文化旅游节】 9月30日，由市旅游发展委和富顺县委、富顺县政府主办，以“绿色智慧·助城市起飞”为主题的第七届中国·富顺豆花文化旅游节在富顺县文体中心开

幕。贵州民族大学航空旅游学院院长、中国乡村旅游专委会副主任龚锐、自贡市政协副主席王孝谦等出席开幕式。该活动至10月7日结束。旅游节期间，主办方举行以《盐之源》《豆花城》《才子乡》3个篇章构成的“千年之约，富顺风韵”开幕式文艺演出；举行第二届富顺文化守望者、富顺文化特别贡献奖颁奖仪式；省散文学会会长、省广播电视厅原厅长卢子贵为富顺县“四川散文之乡”授牌；举办文化名人情系桑梓研讨会、张新泉诗歌品鉴会暨“富顺诗歌现象”研讨会、“情醉西湖”中秋晚会、第七届富顺豆花名店评选、招商推介会等。

行业管理

【专项整治】 2017年，组织开展规范旅行社及分支机构备案专项行动、打击虚假旅游广告、规范使用国家旅游局推荐旅游合同及旅游团队电子行程单使用情况等检查。市旅游发展委联合市公安、消防、质监、安监、食药监、交通等部门开展“第二十三届国际恐龙灯会”“永安观音湖第二届郁金香旅游节”等重大旅游节庆综合整治行动。其中，联合物价部门开展A级景区价格检查，联合工商部门开展店招店牌宣传、老年人权益保护检查，联合安监、水务、交通、海事等部门开展水上航运安全专项检查，市旅游执法支队单独组织28次旅游市场专项整治检查。全年出动旅游执法检查车辆230余台次，出动联合检查人员700余人次，检查旅行社及分支机构、星级饭店、旅游景区、星级农家乐、旅游车公司350家次，检查旅游包车35台次，检查导游IC卡207个次，对星级饭店、旅行社和景区、星级农家乐旅游执法监督覆盖面达100%。

【安全管理】 截至2017年，全市连续保持12年无重大旅游安全责任事故发生。全年组织开展安全执法检查27次，出动检查人员150余人次，检查企业140家次。其中，市旅游发展委联合市公安、消防、交通、食药监、安监、质监、工商等部门检查6次，出动检查人员112人，检查涉旅企业23家。查出不规范操作及安全隐患18个，督促企业完善安全标识21处、张贴安全标语11幅，对检查出的其他问题进行现场指导并提出限期整改意见。组织开展全市旅游安全应急培训及演练活动13次，全市重点旅游企业开展应急演练达100%。

【纠纷调解】 2017年，接到群众旅游咨询和游客投诉126件，旅游投诉立案件结案率100%。全年为游客挽回经济损失36.06万元。

（市旅游发展委）

财政·税务

财　政

【财政收支】　2017年，全市地方一般公共预算收入53.22亿元，同口径增长11.52%。其中，税收收入34.13亿元，同口径增长14.17%，占地方一般公共预算收入的比重为64.13%；非税收入19.09亿元，增长7.16%。全市一般公共预算支出222.9亿元，增长24.14%。全市政府性基金预算收入76.9亿元，增长79%；政府性基金预算支出70.51亿元，增长39.85%。全市国有资本经营预算收入1153万元，全市国有资本经营预算支出1821万元。全市社会保险基金（不含省级统筹社会保险基金）收入40.54亿元，全市社会保险基金支出36.2亿元。全市一般公共预算民生保障支出147.69亿元，较2016年增加26.75亿元，占一般公共预算支出的66.2%。全市财政总收入178.43亿元，同口径增长34.61%。

【服务经济发展】　2017年，支持中小微企业流动资金贷款，在全省创新制定“提升贷”管理办法，安排5000万元设立保证金及风险补偿金，缓解中小微企业融资难问题，全年15户企业获贷款1.35亿元。承办“四川省产业发展投资引导基金市州行（自贡站）”活动，签署合作协议31份，协议投资金额369亿元，签约项目涵盖航空产业、基础设施建设、健康养老、文化旅游、智能终端制造等领域。安排500万元市工业发展资金，用于企业技术改造，支持企业转型升级。安排288万元市级工业发展资金，用于企业创品牌、技术中心及标准化奖励等。安排1000万元市工业发展资金，支持航空产业园发展。建立城市公共交通财政补贴长效机制，兑现市公交公司2016年度财政补贴7200万元。市财政局会同市商务局设立4000万元的现代服务业“财银联动”资金，破解企业融资难。创建国家级出口彩灯文化产品质量安全示范区；推进市市场中心改革，理顺全市农贸市场管理运营体制机制。围绕“三大活动”，稳内需拓市场，全年安排市场开拓专项资金1728万元。

【支持国有企业改革】　2017年，落实企业奖励制度，安排350万元对工业企业综合十强、成长型十佳企业给予奖励。安排100万元用于淘汰落后产能。安排中央、省、市煤炭行业化解过剩产能奖补资金8639.55万元，化解煤炭行业过剩产能64万吨，安置职工1756人。筹资2.04亿元，完成四川玻璃股份有限公司依法破产及职工安置工作。启动四川长征机床集团有限公司破产重整工作。动用3亿元工业企业应急临时周转金，解决企业资金链断裂风险，全年累计办理127家企业186笔转贷业务，金额14.56亿元。

【支持重大项目建设】　2017年，支付基建资金3.39亿元，推进城市新区、小城镇、农村危房改造、农村饮水安全工程、海绵城市、小井沟水利工程、狸狐洞水库、地质灾害综合治理、高标准农田、易地扶贫搬迁等重大项目建设。争取水利设施、城乡建设、农林发展、节能环保、国土资源、文化体育、教育支出、医疗卫生、社会保障、公共安全等上级补助资金3.70亿元。按“高标准、规范化、多领域”原则，推广运用“PPP”模式，助推大安寨综合交通枢纽、汇柴口道路建设工程等重大项目实施。

【财政收入管理】 2017年，发挥财政统筹协调职能，督促税收征管和非税收入收缴，组织开展收入预计和测算，坚持收入调研和运行分析、部门协作上下联动、目标考核等机制，实施收入进程管理，确保收入目标实现。落实国家税收优惠政策和结构性减税措施，推进水资源税、环境保护税改革，改进金融保险业增值税征管方式，按国家税制改革进程开展税制改革研究，把握财政收入方向。执行国家停征、减征、免征行政事业性收费和政府性基金政策，实行收费基金目录动态管理。落实非税收入征收管理条例和实施办法，完善非税收入缴款方式，实时监控执收单位开票、收款及非税资金解缴情况。加强专户资金、经营服务性收费、代收代管资金审核与拨付管理，挖掘非税收入增收潜力。加强财政票据管理，执行申领、审核、缴销制度，实现以票控收。

【助推脱贫攻坚】 2017年，全市各级财政扶贫专项资金到位1.46亿元，比2016年增长15.5%，其中，争取中央、省级财政扶贫专项资金7831万元，落实市、县两级财政扶贫专项投入6756万元（市级财政扶贫专项资金投入1700万元）。按教育扶贫救助基金和卫生扶贫救助基金规模不低于500万元、贫困村产业扶持基金规模每村不低于50万元的标准，建立县级扶贫小额信贷分险基金、贫困村产业扶持基金、县级教育和卫生扶贫救助基金。截至2017年年底，全市“四项基金”总体规模1.76亿元，累计使用教育、卫生和产业扶持基金5426.77万元，惠及贫困人口6.07万人。

【民生保障和改善】 2017年，全市各级财政继续优化一般公共预算支出结构，全市民生保障支出147.7亿元，占一般公共预算支出的66.2%。支持“九项民生工程”和16件民生实事实施，全市累计投入资金48.97亿元，为年初计划的139.52%；实际拨付资金42.42亿元，为年初计划的120.85%。

【财税改革】 2017年，按《自贡市深化财税体制改革总体方案》明确的时间表和路线图，完成各项财税体制年度改革任务。健全政府预算体系，完整编制“四本预算”，统筹推进政府性基金预算、国有资本经营预算与一般公共预算管理，完善跨年度预算平衡机制，全面规范、公开透明的现代预算制度基本建立。推进部门预算管理改革，建立部门预算项目分类管理机制，分“通用项目”和“专用项目”编制项目支出预算；完善以绩效目标为依据的预算决策机制，对50万元以上的专项项目全部按规定编制绩效目标；实施待分配预算管理，将市级政府专项资金分别列入市级部门预算和对区县补助支出进行编制；开展部门（单位）结转结余资金清理收回，盘活财政存量资金，提升部门预算管理实效。实施金融保险增值税收入划分改革，推进市本级交警、城管等部门与各区县事权和支出责任划分。继续开展国库现金管理试点，提高财政资金收益。完成新一轮市区财政体制调整，在维持“属地征管、收入共享”基础上，出台《关于调整完善市与区分税制财政体制的通知》并于3月1日运行，提高各区税收收入分享比例，调动各级发展经济的积极性。

【财政监督检查】 2017年，执行《自贡市财政局内部控制基本制度》《自贡市财政局法律风险内部控制办法》等9个风险防控制度。对全市财政安排的7772.7万元“四项扶贫基金”实施监督检查。开展预决算公开情况、重度残疾人护理费用补贴资金、私设“小金库”问题整改“回头看”及行政事业单位会计信息质量等专项监督检查，维护财政财经纪律。

【政府采购管理】 2017年，编印《政府采购宣传手册》，开展采购人、政府采购评审专家业务培训。执行《中华人民共和国政府采购法》及《中华人民共和国政府采购法实施条例》，强化政府采购预算管理，支持中小微企业发展，建立政府采购信息公开制度，完善政府采购监管手段。扩大政府采购范围和规模，全年执行政府采购预算10.32

亿元，实际采购金额9.27亿元，节约率10.17%，超额完成全年目标任务。对政府采购社会代理机构实施监督管理，全市首次举办政府采购社会代理机构专题业务培训班，提高社会代理机构采购监管从业人员素质。

（冉　兴）

国家税务

【税收收入】　2017年，全市国税系统组织税收收入49.96亿元，比2016年增长33.63%，税收收入创历史新高。落实各项税收优惠政策，全市国税系统办理税收减免12.56亿元，比2016年同期增加5.35亿元，增长74.28%。全年累计办理出口退（免）税1.49亿元，较2016年同期增长1.24%。

【征管体制改革】　2017年，全面推行征管服务现代化改革，全市统一制定方案、统一征管服务模式、统一征管机构，在整合征管机构职能、转变征管理念、夯实征管基础、转变征管方式、强化风险管理、推进税收共治等方面取得成效，得到省国税局肯定。深化国税与地税部门合作，“一窗一人一机”国税地税通办模式办税服务厅由2个扩大到4个，联合举办纳税人培训21场次，联合对6125户纳税人开展信用评价。在税务登记、变更、非正常户、注销等环节实行联合登记管理。

【“营改增”改革】　2017年，探索“营改增”行业管理，编印建筑业和房地产业税收管理操作指南。开展“营改增”政策大辅导，通过市国税局纳税人学堂对全市800余户“四大行业”重点纳税人开展专题培训。

【“放管服”改革】　2017年，精简行政审批事项，除国家税务总局要求的7项行政许可外，其余80项非行政许可审批事项全部取消。强化后续监管，利用“金三”核心征管系统等大数据手段，了解核实企业申报情况，增强后续管理的针对性。是年，全市25.09万户次小微企业免征增值税1.41亿元，2881户小微企业减免企业所得税2134.31万元。开展“便民办税春风行动”和纳税服务“百千万”行动，制定《自贡市国家税务局“问需求 走访万名纳税人”行动实施方案》，推进涉税业务网上办、自助办、全市通办，推行电子发票，打造“线上申领、线下配送、自助领票”模式，全市“非接触式”服务推行率15.78%，较2016年增加10.17个百分点。车辆购置税自助办税模式实现购车、缴税、登记上牌一站式服务。推进出口退（免）税无纸化申报试点工作，全年有15户出口企业纳入出口退（免）税无纸化管理。

【助推供给侧结构性改革】　2017年，落实《自贡市推进供给侧结构性改革总体方案》，深化商事登记制度改革，对“一照一码”市场主体简化办税流程，全面实行“免填单”服务，对无风险纳税人注销清税实行简易注销即办服务。深化“银税互动”发展，市国税局联合建行自贡分行创新推出“云税贷”项目。

【征管基础建设】　2017年，制定《实施转变税收征管方式提高税收征管效能实施方案》，开展“基础事项规范、税户普查、走逃（失联）纳税人虚开发票治理”3个专项工作，全年完成2508户漏征漏管税户普查。推行实名办税，全年综合实名采集率99.26%，实名认证率86.31%。企业所得税汇算清缴实现100%申报率、零差错率。

【税种管理】 2017年，实行“增值税、消费税、所得税、车购税”四税联动，统一政策标准，按“项目+团队”“专业化+团队”要求实施人才联动，建立全市国税系统税收政策研讨制度，开展政策培训，规范税种管理。开展2016年度企业所得税汇算清缴和企业所得税核定征收专项清理工作。是年，全市累计入库企业所得税9.21亿元，与2016年同期相比增加3.59亿元，增长63.89%。优化车购税管理，启动全国4省车购税最低计税价格核价新机制（均价版）试点工作，探索建立车购税完税证明、机动车销售发票信息共享及核查工作机制，提高车购税征管质效。

【风险管理】 2017年，制定《风险应对工作项目负责制管理办法》等5个办法和《关于规范风险管理相关工作流程》等4个流程规范，搭建集强制监控、风险提示和税收数据提取3个功能为一体的“税务注销风险监控模型”。对房地产、建设项目等重点行业和重点事项实施风险管理，推动“千户集团”“百户集团”企业风险管理工作。是年，全市完成风险应对任务463户次，查补入库税款及滞纳金1.26亿元，占全市税收总收入的2.77%，较2016年增加3087.42万元，增长32.37%。

【依法治税】 2017年，开展“优化税收法治年”活动，制定《“优化税收法治年”工作实施方案》，推进法治税务建设。制定《全市国税系统开展法治宣传教育第七个五年规划》，开展全国税收宣传月、“12·4”全国法制宣传日活动。探索建立市国税局税收执法违法案例警示信息库。面向社会公布3类8项处罚权力事项，增强税收执法“透明度”。实施规范性文件管理，推行税收规范性文件和政策解读同步起草、同步报审、同步发布“三同步”制度和税收政策执行反馈制度，执行税收规范性文件备案审查和定期清理制度。规范重大税务案件审理工作，开展“执法大督察”，规范税收执法行为。推进法律顾问制度，形成国税系统内部法制机构与律师团队、法律顾问相结合，优势互补的法律服务辅助决策机制，降低执法风险。开展税务稽查，全年累计组织开展自查和重点检查272户，组织稽查收入7838.01万元，较2016年增长10%，立案查处虚开增值税企业124户，查处非法发票1812份，向公安机关移送虚开增值税案件18户，13人因虚开或接受虚开增值税专用发票获刑。落实“稽查工作规范1.0”，推进“双随机、一公开”制度。

（黎小林）

地方税务

【地税收入】 2017年，全市地税系统完成总收入32.44亿元，比2016年增长17.11%，其中，税收收入29.52亿元，比2016年增长18.30%；基金附加收入2.92亿元，同口径比2016年增长6.55%。组织地方一般公共预算收入23.66亿元，对全市地方一般公共预算收入的贡献率44.47%，在全省市州的位次由2016年的第14位上升到第4位，税收规模位次由2016年的第15位上升到第14位。

【税收改革】 2017年1月，全面推行“3+1”税收现代化改革，进入税收现代化改革2.0版，按“机关实体化、机构扁平化、管理专业化”工作思路，重新构建岗责体系、组织架构、业务流程、工作平台，探索建立“以风险管理为导向，税源管理为重点，分类分级为基础，税收共治为拓展，信息平台为支撑，促进纳税遵从为目标”的“燊税”大征管体系。完善风险管理制度体系建设，各区县地税局均建立风险控制中心和风险应对机构，负责推送风险应对任务，对纳税人开展涉税风险提醒。实施欠税管理，与国税部门联合开展欠税公告、信用等级评定等，查补入库税款。落实税制改革部署，做好税制衔接和水资源税、环境保护税开征的准备工作。利用共享信息平台，落实“三证整合”“五证合一”登记制度改革。以分类分级管理为重点，推动无差别管理向差异化管理转变，搭建起全市税收涉税信息共享与交换平台，实现征管电子档案上线和CA业务办理服务全覆盖。推进国税与地税合作，建立多层面、多级别联席会议制度，从纳税服务、征管基础、信息共享、风险管理、征管改革、示范区建设和干部交流培训等方面，打造合作升级版。

【纳税服务】 2017年，结合“3+1”改革，构建自贡地税特色的现代化“燊税”服务体系。开展“便民办税春风行动”，建立纳税人需求响应分析机制，推进涉税业务“全市通办”，实施国税与地税业务“一窗一人一机”办税模式，创新推出容缺接件服务，改版提速网上纳税申报业务，编发《税情通报》，服务税收决策，提升纳税人满意度和获得感。利用“互联网＋税务”，推进网上办税和“自助办税”，网上申报比例达90%以上。以纳税人需求为导向，在自贡地税微信公众号上推出“桑税超市”和“桑税指引”。推广手机APP、“桑税秘书”和微信公众平台办税动态查询等移动互联办税应用系统，升级“12366‘六能’”型综合办税服务平台，深化“银税互动”。开展2016年度纳税信用等级评定，按“分级分类”管理要求，对A级、B级纳税信用等级企业提出激励措施7条，对D级纳税信用等级企业提出惩戒措施6条。是年，通过“银税互动”向143户企业贷款1.79亿元。市地税局会同市委统战部、市发改委、人行市中心支行等8个部门开展诚信体系建设，实施联合激励与惩戒，促进纳税人依法诚信纳税。

【依法治税】 2017年，落实国家税务总局“坚决依法收好税、坚决不收‘过头税’、坚决落实减免税、坚决打击偷骗税”组织收入原则，开展全市地税系统税收执法大督察及“回头看”。实施“七五”普法规划，接受各方监督，实行税务行政许可项目目录管理，推动行政审批事中事后监管，编制公布行政权力清单85项，全年公开税务行政权力事项5.4万条。市地税局行政执法案卷在市政府开展的2017年度案卷评查中获一等奖。推进“依法行政示范创建单位”“法治税务示范基地”创建活动，盐税史陈列馆被国家税务总局和司法部命名为“全国税收普法教育示范基地”，是全国第一批9个示范基地单位之一和西部唯一一个示范基地，入选自贡市2017年度“重大法治案事件”。

【税收惠民】 2017年，落实供给侧结构性改革、国务院6项减税政策及小微企业系列税收优惠政策，减免税金11.1亿元，比2016年增长71.52%，其中，改善民生减免税金9.41亿元；促进小微企业发展减免税金0.13亿元；为西部大开发企业减免税金0.75亿元；鼓励高新技术、促进企业转型升级，助推区域经济向好发展等减免税金0.82亿元。

（马晓磊）

金 融

概 述

截至2017年年底，全市有银行17家、证券公司9家、保险协会1家、保险代理机构18家、小额贷款公司4家、融资性担保公司5家、农村资金互助组4家。是年，市政府金融办（副县级）更名为市金融工作局（正县级），为市政府直属事业单位，内设6个科室，人员扩编至24名。落实金融服务实体经济、防控金融风险、深化金融改革等任务，全市主要金融指标呈现“稳中有进、持续向好、风险可控”态势。

全年存款小幅增长。全市银行业金融机构人民币存款余额1723.67亿元，比2016年增加199.62亿元，增幅13.10%；环比增加72.15亿元，增幅4.37%；比年初增加199.62亿元，增幅13.10%。其中，单位存款环比增加88.67亿元，住户存款环比减少5.15亿元。

贷款增速位于全省前列。全市银行业金融机构人民币贷款余额825.98亿元，比2016年增加117.63亿元，增幅16.61%；环比增加12.67亿元，增幅1.56%；比年初增加117.63亿元，增幅16.61%。

保费收入增速高于全省平均增速。全市保费累计收入38.85亿元，比2016年增加5.84亿元，增幅17.7%。其中，12月保费收入2.19亿元，比2016年增加0.39亿元，增幅21.67%。

证券交易活跃度有所下降。证券交易累计成交额1969.62亿元，比2016年减少275.40亿元，降幅12.27%；环比减少73.09亿元，降幅3.58%。

准金融业发展停滞。全市小额贷款公司贷款余额7.81亿元，比2016年减少1.14亿元，降幅12.74%；全市融资性担保公司在保余额18.05亿元，比2016年减少3.97亿元，降幅18.03%。

（秦建国）

存贷款

【存款规模】 2017年年末，全市金融机构本外币存款余额1726.53亿元，比2016年增长13.05%，全年新增存款余额199.27亿元。其中，人民币存款余额1723.67亿元，比2016年增长13.1%，全年新增存款余额199.62亿元；外币存款余额4369.76万美元，比2016年下降5.51%。全年减少存款余额254.73万美元。全市金融机构住户存款余额1033.62亿元、比2016年增长11.92%，全年新增存款余额109.93亿元、比2016年多增存款余额5.74亿元，其中，个人定期存款全年增加余额46.01亿元、个人活期存款全年增加余额31.05亿元。单位存款余额665.38亿元、比2016年增长14.67%，全年新增存款余额85.25亿元。其中，单位活期存款余额新增50.24亿元、单位协议存款新增余额116.62亿元、单位协定存款新增余额35.04亿元。

【贷款规模】 2017年年末，全市金融机构本外币贷款余额826.87亿元、比2016年增长16.56%，全年新增贷款余额117.47亿元。其中，人民币贷款余额825.98亿元、比2016年增长

16.61%，全年新增贷款余额117.63亿元；外币贷款余额1358.38万美元，比2016年降低10.11%，全年减少贷款余额152.74万美元。全市人民币短期贷款余额325.69亿元，比2016年增长15.40%，全年新增贷款余额43.47亿元；中长期贷款余额492.75亿元，比2016年增长24.12%，全年新增贷款余额95.74亿元；票据融资余额7.47亿元，比2016年下降74.29%，全年减少融资余额21.58亿元。

【货币政策工具运用】 2017年，运用货币政策工具17.95亿元，较2016年增加2.35亿元，其中，支小再贷款12.2亿元、支农再贷款3.9亿元，再贴现1.85亿元，重点引导银行机构支持小微企业、新型农业经营主体及“双创”、精准扶贫等薄弱领域。

【支持实体经济发展】 2017年，本外币信贷增量（不含贴现）主要投向个人贷款及交通运输和邮政业、批发和零售业、建筑业、房地产业、水利、环境和公共设施管理业等领域，全年新增135.26亿元（个人贷款57.8亿元、交通运输和邮政业8亿元、批发和零售业30.32亿元、建筑业20.10亿元、房地产业10.33亿元、水利、环境和公共设施管理业8.7亿元），增加额占全部贷款增加额的114.99%。其中，个人住房贷款比2016年增长30.83%，高出全市各项贷款增速14.27个百分点，较年初新增45.31亿元，占全市贷款新增的38.51%。年末辖内大、中、小、微型企业人民币贷款余额（不含贴现）分别为38.02亿元、125.44亿元、271.62亿元和26.81亿元，其中小微企业贷款余额占比64.61%，较2016年年末提高4.08个百分点。全年小微企业新增贷款72.68亿元，占企业贷款新增额的81.74%。是年，发挥支农支小再贷款、再贴现等货币政策工具及专项信贷政策等引导功能，全市金融机构1—4季度加权平均贷款利率分别为6.27%、6.45%、6.73%、6.61%，较2016年同期分别下降0.85个百分点、0.12个百分点和上升0.15个百分点、0.19个百分点。

【“插花式”地区金融扶贫】 2017年，制定《2017年银行业金融机构金融精准扶贫工作实施方案》，编制《自贡市金融精准扶贫特色产品手册》。投放金融精准扶贫贷款为重点的信贷资金，年末扶贫小额信用贷款余额和支持建档立卡贫困户数分别比2016年年末增长294.16%（超年度任务47.05%）、219.01%。推进农村信用体系建设，优化农村金融生态环境；提升农村基础金融服务，推进农村普惠金融发展；运用“市级扶贫开发基金+村级产业发展基金+银行扶贫小额贷款”探索光伏扶贫模式，深化以银行业金融机构捐赠资金为扶贫信用奖励基金的金融系统定点帮扶模式。

货　币

【现金投放】 2017年，现金投放、回笼分别比2016年增长0.87%、1.4%，收支品迭为净回笼，净回笼金额比2016年增长6.77%。

【县级反假货币示范区建设】 2017年，制定《富顺县“五个一”反假货币示范区创建实施方案》，确定富顺县代寺镇、狮市镇为先行试点区域，推动全县各乡镇反假货币“一行一站一校一队一街区”建设。打造反假货币示范街区和商贸街区阵地，组建反假货币志愿服务队，推进和完善基层警务大厅反假货币站建设；建立反假货币知识进校园普及教育基地，编印《中小学生反假货币知识教材》，重点对11～15周岁（小学五年级至初中三年级）中小学生开展反假货币微课堂活动；打造以村组助农取款点、反假货币教育基地和反假货币工作站为支撑的县级反假货币工作网络。

【硬币自循环体系建设】 2017年，对公交公司、医院、超市商场等硬币余缺大户及配备硬币兑换机的银行网点进行实地调研，设立硬币调剂示范站，推进市公交公司和市内超市、批发市场、菜市场、医院等社会主体间硬币余缺调剂，畅通人民币流通环境。

【建立普通纪念币主办银行制度】 2017年，指定工行、农行、中行、建行4家国有银行自贡分行为主办银行，设立农行荣县支行城区营业部、工行富顺县支行城区营业部等为主办网点，为公众办理普通纪念币（钞）交存业务，解决纪念币发行后交存不明确的问题。

支付结算

【"惠农示范工程"建设】 截至2017年12月末，全市建有助农取款服务点3208个，助农支付交易量累计151.63万笔，交易金额7亿余元。全年创建支付惠农示范行（社）1个、农村金融综合服务示范站6个、助农取款优质服务示范点38个。

【网点建设与支付市场】 截至2017年，辖区内两县金融机构网点270个，其中乡镇营业网点181个，全部营业网点接入人行大小额支付系统。荣县、富顺县辖内金融机构累计发放银行卡335.41万张，其中，借记卡317.15万张、信用卡18.26万张；发展特约商户7075户，布放POS机具3099台、转账电话机具4537台。

【农村支付新模式探索】 2017年，市内人行县支行探索创建"短信银行+手机银行+助农取款点""网上申贷+手机银行+支付终端""商户+农户统一结算"等农产品收购支付新模式，为农村粮食、茶叶、蚕桑收购提供快速、便捷、灵活支付服务。

【非银行支付机构助农取款服务点建设】 2017年，银联商务和通联支付公司通过安装智能POS和专用助农服务机具，在市内农村地区设立5个助农取款服务点，首次将支付机构服务业务拓展到乡村。

【非现金支付场景打造】 2017年，组织辖内金融机构及主要支付机构在华商国际城拓展特约商户，向商户提供至少一种可接受的非现金支付方式，满足群众在该商圈内无现金购物需求，打造全市首个无现金支付场景，搭建"无钱包享服务"示范环境。

外汇管理

【外汇收支】 2017年，全市跨境资金收支规模4.7亿美元，比2016年下降57.82%。其中，跨境资金收入3.28亿美元，比2016年增长34.57%；跨境资金支出1.42亿美元，比2016年下降80.58%。全年跨境资金净流入1.86亿美元，跨境资金净流出4.88亿美元。

【登记管理】 2017年，全市办理人民币外债登记1笔、金额3亿元，办理外币外债登记4笔、金额2535万美元；办理货物贸易项下名录登记和变更登记58家，办理企业现场报告18笔。开展直接投资存量权益登记工作，辖内22家外商投资企业申报成功率100%。

【执法与宣传】 2017年，对辖区银行开展个人外汇业务现场核查、国际收支统计申报现场核查、外汇业务合规性全面检查，立案查处违规分拆购付汇1人。对货物、服务、个人和资本项目外汇收支行为按季开展监测分析。召开企业座谈会、银行联系会、涉外监管部门联系会、"银政企"对接外汇商务政策宣讲会，印发《外汇管理业务疑难问题集》《自贡市外汇金融产品推介》《个人外汇知识小学堂》等手册，借助"自贡金融服务网"互联网平台、"自贡外汇业务交流微信群""银企对接工作微信群""3·15宣传活动""金融宣传月活动"等平台，对外汇政策、形势和业务进行宣传。

金融市场

【货币市场】 2017年，全市货币市场成交2883笔、比2016年下降30.02%，成交量4279.16亿元、比2016年下降44.57%。其中，同业拆借成交183笔，比2016年下降40%，成交量185.48亿元，比2016年减少41.66%；债券质押式回购成交2318亿元、比2016年减少5.54%，成交量3881.09亿元、比2016年减少40.64%；债券买断式回购成交28笔、比2016年减少85.42%，成交量27.66亿元、比2016年减少84.58%；现券买卖成交354笔、比2016年减少69.72%，成交量184.93亿元、比2016年减少72.94%。

【票据市场】 2017年，全市票据业务累计发生额536.75亿元，比2016年增加43.27%。其中，银行承兑汇票累计签发43.58亿元，比2016年减少78.77%；票据贴现累计发生额491.07亿元，比2016年增加196.78%；再贴现累计发生额2.09亿元，比2016年减少45.71%。年末票据余额34.44

亿元，比2016年减少80.97%，其中，银行承兑汇票余额26.35亿元，比2016年减少70.59%；票据贴现余额7.47亿元，比2016年减少69.91%；再贴现余额0.62亿元，比2016年减少70.16%。受银行负债成本上升、市场利率攀升等因素影响，年内全市贷款利率呈逐季小幅回升趋势，12月末全市贷款加权平均利率6.28%，票据贴现利率1—4季度分别为5.282%、6.097%、5.804%、5.258%。

（人行市中心支行）

金融监管

【概况】　截至2017年年末，辖内有政策性银行、国有商业银行、股份制商业银行、城市商业银行、邮政储蓄银行、农村商业银行、农村信用社和村镇银行8类17家银行业机构（其中法人机构5家），营业网点531个，从业人员6125人。年末全市银行业资产总额2148.85亿元，其中，各项贷款余额826.87亿元，比年初增长16.56%，贷款余额全省排名第12，增幅排名第4。年末负债总额2069.66亿元，其中，各项存款余额1703.56亿元，比年初增长13%，存款余额全省排名第12，增幅排名第7。年末不良贷款余额26.76亿元，不良率3.24%，分别比年初增加8.24亿元、上升0.63个百分点，不良贷款余额和不良率分别在全省排名第15和第14。是年，全市银行业机构实现净利润12.49亿元。

【服务实体经济】　截至2017年年末，全市银行业各项贷款余额826.87亿元，比2016年增长16.56%。组织银企对接活动，推广银税互动模式，涉农贷款、小微企业贷款分别实现“涉农信贷投放持续增长”和“三个不低于”目标。督导辖内银行组建债委会企业106家，涉及金额330亿元。全年召开银行债委会会议66次，审议并通过事项209项。推动金融精准扶贫，年末全市银行业扶贫小额贷款余额2.30亿元，比年初增长335.70%，支持建档立卡贫困户5850户，比年初增加4229户。组织辖内银行业金融机构开展捐赠图书公益活动。开展“金融知识进万家”宣传服务月活动，辖内银行业机构累计参与网点524个，设立户外集中宣传点309个，宣传受众40.45万人次。开展消费者权益保护工作，全年接到消费者投诉67件，办结率100%。

【金融风险防控】　2017年，开展以“三违反”“三套利”“四不当”“银行业市场乱象”等专项治理，全年现场检查银行机构7个，发现问题89个，涉及金额173.79亿元，提出整改意见38条。帮扶12户困难企业化解债务违约风险。自贡银监分局协助市经济和信息化委核实工业企业“应急周转金”和“提升贷”，防范融资风险。引导银行业处置不良资产，年末辖内银行业不良贷款26.76亿元，不良率3.24%。开展地方政府融资平台全口径债务监测、分析工作，按季开展房地产行业、产能过剩行业等领域信贷情况与风险状况的监测分析。督促银行机构加强压力测试和流动性互助机制建设。推进互联网风险整治，自贡银监分局联合市公安局开展第五轮银行业安全风险评估。开展非法集资治理，管控信息科技风险、声誉风险、操作风险、外部风险传染等，确保辖内金融领域不发生系统性区域性风险。

【银行业改革】　2017年，督促辖内银行法人机构将党的领导贯穿到公司治理各个环节，推动实现从严治党和公司治理良性互动。强化“两会一层”履职监管，按条线监管约谈辖内法人机构，督促各层级责任落实。组织开展对银行法人机构监事长的述职考评，督促其履行监督职能。采取监管约谈、业务培训、数据监测等措施，推动市内银行监管评级辅导工作。通过监管约谈、现场指导、积极沟通请示等方式，督促银行各改制机构化解风险，自贡农村商业银行与富顺农村商业银行完成改制并开业。

（谢　磊）

金融服务

【多层次资本市场体系建设】 3月22日，组织召开“2017年自贡市加快推进多层次资本市场建设工作会议”，邀请上海证券交易所、深圳证券交易所和全国股转系统的专家为市内企业进行资本市场融资培训，搭建企业与证券界沟通交流平台。支持符合条件的企业上市或挂牌，出台《关于调整企业在天府（四川）联合股权交易中心挂牌奖励方式及标准》等配套政策，激发企业在天府（四川）联合股权交易中心挂牌积极性。成立“推动企业在资本市场挂牌融资工程指挥部”，指挥长由分管副市长担任，指挥部办公室设在市金融工作局，采取到企业考察、召开专题座谈会、举办培训讲座等方式，推动127家企业在资本市场上市挂牌和融资，挂牌数居川南地区第一位。推动企业通过多层次资本市场开展直接融资，全年累计实现融资25.2亿元；成立由自贡市产权交易所与西南联合产权交易所合作的西南联合产权交易所自贡分所，推动全市企业国有产权规范交易，促进资源要素有序配置流转。成立天府商品交易所自贡盐交易中心，该中心是国内首家、国际唯一的以盐为主体的大宗商品交易中心。

【金融助力招商】 4月27日，举行“金融支持自贡建设全国老工业城市转型升级示范区签约活动”，市政府分别与5家省级金融管理部门签订战略合作备忘录，与18家金融机构签订金融支持自贡转型发展战略合作协议，授信额度2800亿元，10家省、市金融机构与市内8个项目业主单位签订合作协议，意向合作金额约200亿元。引进光大银行、万联证券、国网英大证券等金融机构在自贡市开设分支机构，华夏人寿和安诚财险获准在自贡市设立分支机构。

【推动保险业健康发展】 7月，市政府出台《关于加快发展现代保险服务业的实施意见》（自府发〔2017〕15号）。8月12日，召开全市保险服务业工作专题会，落实各相关部门责任，部署保险服务业发展工作。是年，开展具有自贡特色的“政银保”等信用贷款保证保险工作，“政银保”信用贷款保证保险采取财政提供风险基金、银行按一定倍数放大贷款、保险公司提供信用保证保险模式，解决中小微企业及涉农企业、家庭农场、专业大户融资难问题。推动信用保证保险试点工作在荣县取得成功，自贡市现代服务业“财银联动”创新资金项目于9月启动并发放第一笔贷款60万元。探索保险资金支持重大项目融资方式，市政府与中国人寿保险公司四川省分公司签订战略发展合作协议，争取中国人寿集团公司投资支持和服务自贡经济社会发展和民生建设。

【金融风险防范和化解】 2017年，建立完善贷款风险补偿机制，推动荣县、富顺县、沿滩区、自流井区、高新区等先后设立1000万元～3000万元额度的贷款风险补偿金。组织为期1个月的全市打击和处置非法集资集中宣传活动19场次，发放宣传资料1.1万份，参与群众2700人次。开展涉嫌非法集资风险专项排查活动和辖内企业集资风险排查工作，建立全市首批非法集资严重失信人员名单。推动准金融机构监管，在全市范围内组织开展小额贷款公司和融资担保公司合规经营检查，对存在经营问题的公司及时采取警示和责令整改；集中清理整顿交易场所，对全市交易场所及省外交易场所会员单位进行现场摸排调查，取缔非法证券交易活动，维护地方金融秩序。

【推动金融机构改革】 5月，“自贡市商业银行”更名为“自贡银行”，并有序推进该行增资扩股工作。推进农村信用社改制，大安信用联社、中新信用联社、沿滩信用联社合并设立自贡农商银行并于10月挂牌开业，富顺和荣县2家县级信用联社启动改制工作。

【组团参加天府金融博览会】 11月24日至26日，组织自贡企业参加首届天府金融博览会并设立自贡展馆，自贡银行、市国有资本投资运营集团有限公司、自贡高新国有资本投资运营集团有限公司、市城市建设投资开发集团有限公司、市文化旅游投资开发有限公司等5家企业以“金融点亮灯城”为主题，向全国展示自贡金融形象，提升全市金融影响力和软实力。副省长朱鹤新到自贡展馆考察，听取自贡市金融服务地方和实体经济的情况汇报，并对金融创新发展提出要求。市金融工作局获天府金融博览会组委会“最佳组织奖”。

【金融支持精准扶贫】 2017年，制定《自贡市推进普惠金融发展规划（2017—2020）》，构建多层次、广覆盖的普惠金融服务体系。6月，召开农业政策性金融服务全市脱贫攻坚对接会，促进金融业支持脱贫攻坚工作。全年发放精准扶贫贷款额30余亿元，支持建档立卡贫困户5503户，完成市扶贫办下达年度任务的154%。

（秦建国）

银行业

【农发行市分行】 2017年，全行投放各类贷款16.14亿元，年末贷款余额60.55亿元，主要支持板仓片区棚改、卧龙湖棚改、农村公路升级改造等重点项目。全年累计投放各类粮油贷款0.6亿元，支持企业收购、销售、轮换粮油12385吨。累计到位易地扶贫搬迁资金4.95亿元，支付3.12亿元，支付率63%。探索推行扶贫过桥贷款，申报并获批扶贫过桥贷款项目7个，金额15亿元，助力新建和改善农村公路近500公里。新获批棚改项目3个，金额17.05亿元，投放棚改贷款10.3亿元，重点支持板仓片区棚改、卧龙湖棚改、荣县东城棚改等项目，助力改造棚户区面积253万平方米，搬迁安置居民1.56万户。全年实现账面利润1.31亿元，比2016年增长11.39%，实现历史最好经营绩效。

（龙 泷）

【工行自贡分行】 2017年年末，全行总资产负债规模近270亿元。是年，通过投放项目、中小企业、个人贷款等表内外融资，支持全市经济发展。依托互联网优势落实e－ICBC3.0战略，推进“专业联动＋银商合作＋线上线下场景构建”等平台建设，促进“融e联、融e购、融e行、工银e支付”等互联网业务品牌发展。截至年底，该行在全市建有150余台ATM、XDM等自动柜员机和1家融e购O2O线下体验店。年内实现案件事故率为零、监管处罚为零的目标。

（汪 晋）

【农行自贡分行】 2017年年末，全行各项存款余额224.22亿元，较年初增长32.16亿元。各项贷款余额123.72亿元，较年初增长15.29亿元，创历史新高。实现中间业务收入1.35亿元，实现营业收入6.47亿元，实现拨备前利润4.30亿元。各项贷款存量、增量“四行”（工行自贡分行、中行自贡分行、建行自贡分行、农行自贡分行）占比41.89%、40.22%。该行与市城市建设投资开发有限公司、自贡汇东发展股份有限公司签订战略合作协议，推进“东部新城生态示范区工程”“四川卫生康复职业学院新校区综合体”“东部新城地下综合管廊建设工程”等重点项目建设，助力自贡建设“全国老工业城市转型升级示范区”。是年，农行自贡分行审批通过国家、省、市级重点项目24个，信贷资金99.05亿元，其中，投放19个项目，信贷40.58亿元；储备项目22个，涉及信贷440亿元。推广针对农民进城购房设计的住房贷款产品，累计发放农民安家贷1049户共3亿元。推进农户养老贷，累计投放480户，金额4700万元。建成有效助农取款点2343个，行政村覆盖率77.7%；惠农e通平台累计上线商户数2117户，全年实现交易1.78万笔，交易金额2.4亿元。新签订生活类代缴费项目2个，新打造助农取款服务点示范站1个、示范点7个、金融扶贫示范村1个。对6031

户建档立卡贫困户授信 1.88 亿元，采用“四方合作模式”发放精准扶贫小额贷款 810 户共 4010 万元，精准扶贫小额贷款余额 4894 万元。开展农银 e 管家与企业 ERP 直联模式，解决企业对账耗时、账务处理繁杂等问题，实现银企双赢。推进商户条码支付业务。推进“惠农贷”、小额扶贫贷款，形成“双基合作惠农贷款”金融服务模式。全年净增住房按揭贷款超 8.5 亿元，占全部个人贷款增量的 96%。开办农行 ETC 信用卡，推出高速公路通行费 9 折优惠、1 元洗车等活动，方便市民出行。开通水费代收业务，自流井、贡井、沿滩、大安 4 区用水家庭户和工业户可通过农行网上银行、掌上银行、自助缴费终端、“银讯通”等自助渠道实现水费查询和缴费。全行连续 16 年未发生案件事故和重大风险事件。全年堵截诈骗案件 8 起，涉及金额 5.61 万元，堵截伪造凭证案件 1 起，防范火灾事故 1 起。

（周梦芸）

【中行自贡分行】 2017 年，全行实现营业收入 2.43 亿元，比 2016 年减少 7.36%；实现净利润 7758.83 万元，比 2016 年减少 30.21%；实现中间业务净收入 5468.75 万元，比 2016 年增长 5.85%；实现净利息收入 1.85 亿元，比 2016 年减少 10.02%。年末全行本外币存款时点余额（含理财）101.91 亿元，较年初减少 8.81 亿元；人民币总存款时点余额 99.94 亿元，较年初减少 8.07 亿元。本外币总存款（含理财）日均余额 94.42 亿元，较年初增长 0.77 亿元；人民币总存款日均余额 92.60 亿元，较年初增加 1.04 万元。人民币贷款余额 41.45 亿元，较年初增加 3.87 亿元，增幅 10.29%；外币贷款余额 5.87 万美元，较年初增加 0.70 万美元，增幅 13.50%。

（中行自贡分行）

【建行自贡分行】 截至 2017 年年末，全行在市内设有 24 个经营网点。年末各项贷款（不含信用卡）余额 55.49 亿元，比年初增长 8.98 亿元。其中，个人类贷款余额 35.15 亿元，比年初增加 2.65 亿元；公司贷款（不含小企业）余额 17.30 亿元，比年初增长 4.90 亿元；小企业贷款余额 3.05 亿元，比年初增长 1.56 亿元。年末不良贷款余额 1238 万元，不良率 0.20%。全年一般性存款（储蓄存款不含保本型理财产品余额，下同）日均余额 110.14 亿元，其中对公日均存款余额 31.13 亿元，储蓄存款日均余额 79.01 亿元。存款时点余额 115.52 亿元，其中，对公时点存款余额 34.63 亿元；储蓄时点存款余额 80.90 亿元。个人储蓄时点存款新增余额排名全市四行（工行、中行、农行、建行）第一，新增个人储蓄核心存款排名全省建行系统第一。全年实现中间业务净收入 8868 万元，比 2016 年增加 1010 万元，其中，公司类中间业务收入 1752 万元；个金类中间业务收入 6735 万元；个贷类中间业务收入 381 万元。全年实现账面利润 1.56 亿元。全年对公、对私全量客户分别新增 1068 户和 3.96 万户；对公账户净新增数排名全省建行系统第 9，个人有效客户（加权前）新增数排名全省建行系统第 1。

（贺小兰）

【交行自贡分行】 2017 年，全行实现利润、资产负债业务新突破。把握“服务实体经济”主线，以渠道建设为依托，打造银政、银企合作平台。通过融资融券、棚改基金、资产证券化、政府购买服务等业务品种，为地方经济转型提供融资支持；拓展商业票据贴现业务，提高服务小微企业能力，解决融资难问题。开展社区金融服务，借助广场舞大赛、金融知识普及月活动等推动消费者权益保护宣传教育。

（杨　雪）

【自贡农商银行】 由原大安农村信用联社、沿滩农村信用联社和中新信用联社合并组建，2017 年 10 月 16 日成立并对外营业。全行辖自流井、贡井、大安、沿滩 4 个一级支行、81 个营业网点，有 607 名员工；年末资产总额 160.78 亿元，存贷规模 237.92 亿元（存款 146.22 亿元，贷款 91.7 亿元）。

年末涉农贷款余额较年初净增 13.61 亿元，增速 10.37%；小微企业贷款余额比 2016 年增加 16.33 亿元，增速 18.1%，比各项贷款增速高 6.12 个百分点。推出满足工业企业短期流动资金需求的“提升贷”信贷产品，为重点企业提供信贷支持 0.29 亿元；针对涉农企业推出“农村产权抵押贷款”，累计发放农村土地承包经营权抵押贷款 1.45 亿元；创新纯信用、无抵押的“退税贷”产品，为退税企业授信 0.42 亿元；推出“创业贷”“鑫科贷”系列产品，信贷支持科创型企业 5.43 亿元。是年，为全市 4.9 万户贫困户建档立卡，发放扶贫小额信用贷款 1.57 亿元；推出“扶贫小额贷款＋贫困户＋产业龙头企业＋地方政府”“扶贫小额贷款＋农户技术”扶贫模式，发放产业扶贫贷款 7.08 亿元，带动 2360 户贫困户脱贫；与当地政府签订“金融支持失地农民购买社保”的战略合作协议，为失地农民发放社保贷款 0.73 亿元；义务承担各级政府对农户的粮食直补、退耕还林、危房改造等 20 余项惠农补贴资金代发；累计建立助农取款服务点 499 个，拓宽普惠金融在农村地区的服务渠道；在全市多个贫困村开展“金融夜校系列讲座”，为贫困农户发展农业生产、借助金融支持实现脱贫致富提供帮助。

（黄慧君）

【自贡银行】　2017 年年末，全行（原市商业银行）注册资本 20.15 亿元，有员工 710 余人，营业网点 32 个；发起设立“金堂汇金村镇银行”，集团资产总额 806.94 亿元；各项存款余额 461.35 亿元，各项贷款余额 194.21 亿元，分别较年初增长 33.71%、16.45%、26.36%；资本充足率 11.85%，实现利润 6.67 亿元。获“2017 年中国城商行品牌价值 100 强”“全国资产规模千亿元以下城市商业银行综合竞争能力排名第四”等荣誉。实施产业转型升级重点领域信贷投放，全年新增贷款 34.8 亿元，增幅 25.23%，超全年银行业平均水平近 2 倍。推动 20 亿元绿色金融债发行，参与各类产业发展基金设立，首期募集 1.43 亿元市扶贫基金，投放 7.9 亿元自流井区产业投资基金，投放 1000 万元高新区产业投资基金。全年对接全市重大项目 22 个，投放资金 13.4 亿元。深化“新型银政担”合作，推广“支小贷”“支小再贷”“支小彩灯文化贷”等特色信贷产品，全年累计获人行支小再贷款 12.2 亿元，累计支持小微企业 133 户，为企业节约财务费用 2208 万元。落实差异化信贷与“去产能”政策，制定“一企一策”帮扶措施，全年对 35 户出现阶段性风险的企业实施定向帮扶。助推普惠金融和精准扶贫，累计发放 15 万余张居民健康卡，率先实现银社 2.2 万名参保人员缴费功能；累计发放返乡农民工、下岗失业人员、大学生、妇女等群体创业贷款 8123.3 万元，支持创业者 2000 余人次，直接带动就业人数超 5000 人；个人小额扶贫信用贷款余额 25.6 万元，产业带动扶贫贷款余额 11.4 亿元，带动建档立卡贫困户 114 人脱贫。打造星级服务网点，南湖支行、荣县支行、富顺富州大道支行获“中国银行业文明规范服务四星级营业网点”称号，是全省年度内创建四星级网点数最多的城市商业银行。

（吉　昕）

【邮储银行市分行】　2017 年，全行实现自营业务收入 2.85 亿元，比 2016 年增长 5.84%；实现利润 1.31 亿元，增长 1.24%。年末各项存款余额 245.46 亿元，增加 23.11 亿元；各项贷款余额 45.47 亿元，增加 6.84 亿元。其中，扶贫小额信用贷款余额 3340 万元，小微企业贷款余额 5.33 亿元。全年发放个人经营性贷款 6336 笔 18.92 亿元，该类贷款年末余额 18.35 亿元，列全市金融机构第 2 位；发放个人消费贷款 4681 笔 1.02 亿元，该类贷款年末余额 20.61 亿元，列全市金融机构第 5 位。打造银政企联动发展平台，分别与市政府、沿滩区政府、市文化旅游投资开发有限公司、市国有资本投资运营集团有限公司、农发行市分行签订战略合作协议。开展代发工资、社保、农保、低保及各项财政补贴等金融服务，全年新增5台CRS、4台存折取款机、42台ITM自助发卡机。推动优友宝电商平台建设功能，助力本地特产（冷吃兔、豆花蘸水、烘肘）线上销售。

（李燕霞）

【自贡中成村镇银行】 截至2017年年末，全行下设自流井、大安、荣县、富顺、贡井、沿滩和汇川等7个一级支行及荣县新城和荣县长山2个二级支行，实现全市所有区、县营业网点全覆盖。年末，各项存款余额6.39亿元；各项贷款余额9.01亿元，其中，涉农贷款占比87.57%，较2016年增加0.39个百分点，小微贷款占比66.35%，较2016年增加1个百分点。年末全行贷款户数2614户，较2016年增长37.07%，全行户均贷款34.47万元。资本充足率14.04%，核心资本充足率12.93%，不良贷款率2.28%，各项监管财务指标达标。全行涉农贷款余额7.89亿元，较年初增长0.51亿元，涉农贷款增速较各项贷款增速超0.48个百分点，达到监管要求；全行小微贷款余额5.98亿元，较年初增长0.45亿元，小微贷款增速较各项贷款增速超1.63个百分点，小微“三个不低于”达到监管要求。全行扶贫贷款余额2240.5万元，其中产业带动扶贫贷款2219.4万元。是年，全行实际新增贷款2.3亿元，户均贷款22万元，新增不良贷款36万元，无终极风险。全年累计新开立对公账户93户，带动存款余额8700万元，日均存款4500万元。全行年内安装POS和当面付362户，到账1.55亿元，较2016年净增长1.39亿元；全年办理代发业务3642户，金额5685万元，较2016年分别增加2183户和4126万元。全年投放个人住房按揭贷、银团贷款、薪酬通、天府随心贷、消费贷等贷款496笔1.83亿元。全年累计增加定期储蓄存款860万元。截至2017年年末，拟诉信贷案件51件，金额4358万元；诉讼中案件10件，金额2286万元；执行中案件70件，金额8328万元。开展对担保公司风险贷款代偿对接及清收，全年压降担保类贷款4617万元。

（杨　青）

【乐山市商行自贡分行】 2017年年末，全行各项存款余额7.74亿元，各类贷款余额6.87亿元；全年实现经营收入2284.26万元。先后成立富顺支行、荣县支行、龙湖社区支行，探索服务领域及对象。是年，为沿滩区仙市镇上水村村委会捐赠扶贫资金3万元。通过捐赠扶贫、信贷扶贫、人事扶贫、机构扶贫等形式捐赠资金累计超100万元。

（乐山市商行自贡分行）

【攀枝花市商行自贡分行】 4月，攀枝花市商行自贡分行作为自贡域内唯一一家异地金融机构代表，与市政府签订全国首批老工业城市转型升级示范区战略合作协议。截至2017年年底，有6个营业网点，资产总额破13亿元，存款余额12.8亿元，累计向域内企业及个人发放贷款破25亿元，累计纳税2700万元。

（谢光洪）

【天府银行自贡分行】 截至2017年12月末，全行（原南充市商行自贡分行）资产总额5.18亿元，各项贷款余额2.83亿元，没有不良贷款；负债总额5.21亿元，各项存款4.19亿元。年末小微企业贷款余额2.4亿元，“三农”贷款余额0.98亿元，完成总行小微单列信贷任务的116.8%。是年，开立非税收入账户，取得非税收入收缴资格。完成水费、气费代缴代扣签约工作，拓展交通罚没、广电收视费、电话费、党费代缴代收等便民服务功能。推进学费、教辅费代收平台建设，该行与新华文轩集团自贡分公司达成协议，拟于2018年春季在汇东实验学校、旭川中学开展教辅资料费代收试点，并在2018年秋季入学时向全市推广。开发彩灯信贷产品，年末彩灯企业授信余额2960万元。完成2家农业公司授信审批，年末贷款余额730万元。该行与正大集团合作，制订在自贡地区发展百户农户代养场计划。推广“天府易住”酒店管理服务平台，与市内8家酒店签订合作协议。

（天府银行自贡分行）

【恒丰银行自贡分行】 2017年年末，全行资产8.1亿元，各项存款余额2.32亿元，各项贷款余额19.7亿元。不良贷款为零。存贷比指标自2016年12月开业后连续13个月位居全市各银行业机构第1。支持自贡交通投资开发公司、荣县大佛寺、自贡市英祥建筑安装工程有限公司等实体经济发展。累计销售理财产品约2.1亿元，先进一贯理财平台新增市内个人投资客户643户；处理业务凭证2.03万笔，开立个人结算账户1592户，开立单位银行结算账户84户，支付工具“恒星付”新增商户数300余户。

（张 翻）

【光大银行自贡分行】 1月25日，光大银行自贡分行在汇东新区丹桂大街188号开业。2017年年末，全行各项存款余额8.24亿元；贷款余额1.86亿元，持有债券1.8亿元；AUM时点余额2.87亿元。是年，推动光大银行成都分行与市政府签署战略合作协议，光大银行自贡分行将按该协议在5年内向自贡市重点建设项目提供80亿元投融资（含债券融资）支持。

（洪吉宝）

保险业

【概况】 2017年，全市保险行业实现保费收入38.85亿元，比2016年增长17.7%，保费收入排位居全省第14，增速高于全省4.82个百分点。其中，产险业实现保费收入9.90亿元，比2016年增长6.5%；寿险业实现保费收入28.95亿元，比2016年增长22.1%。累计处理各种赔（给）付案件42.96万件，支付赔（给）付款15.15亿元。上缴营业税金及附加1617.04万元。保险深度2.96%，保险密度1397.08元。截至年底，全市有28家保险公司，其中，产险14家、寿险14家，有代理公司20家，从业人员1.32万人，153个机构网点。

【协会工作】 5月2日，市保险协会与市法院、市交警支队、市司法局联合成立道路交通事故纠纷联调联动中心，受理交通事故保险纠纷。截至年底，该中心调解由市法院、市交警支队和市内保险公司委托案件25件，调解成功22件，调解件数和成功件数均位列川南城市之首。在全市开展“扶贫保”工作，全年惠及3.22万户贫困户，人均保费60元，覆盖率100%，承担风险保障18.13亿元。人保财险、中国人寿、太平洋产寿险、平安产寿险等10多家保险机构开展对口扶贫，投入资金近80万元。启动全市城乡居民住宅地震巨灾保险工作，太平洋产险、平安财险等11家产险公司承保该险种，人保财险为首席承保人，全年承保14.16万户，保费收入497万元，提供风险保障39亿元。自贡快处中心（汇东）全年受理案件1917件，比2016年增长1.48%，日均接案6件，为3834名机动车驾驶人提供道路交通事故处理和查勘定损服务。出台《自贡市人民政府关于加快发展现代保险服务业的实施意见》（自府发〔2017〕15号），召开全市35个政府部门、28家保险公司参加的全市保险服务业工作专题会，推动全市保险业发展。全年发现涉嫌保险欺诈违法案件246件，涉案金额1271.27万元，减损1243.64万元。其中，向市公安局经侦支队、交警支队报案86件，涉案金额89.46万元，减损55.83万元；保险公司自行处理案件160件，涉案金额1181.81万元，减损1187.81万元。连续12年开展营销人员诚信等级评定和行业诚信明星评选工作，年内评出120名诚信明星。

（市保险协会）

【人保财险自贡市分公司】 2017年，实现保费收入3.77亿元，比2016年增加0.22亿元，增长6.15%，承担风险2367.95亿元。成立助贷险专营机构，为24名客户提供保障，承担风险221万元，实现保费收入101万元；通过共保体形式首席承保自贡市城乡居民地震巨灾保险，为14.16万户城乡居民提供保障，承担风险39.48亿元，实现保费收入497万元，其中份额内保费167万元；推进“扶贫保”，为1.83万户贫困人口提供保障，承担风险10.26亿元，实现保费109万元。处理赔案3.60万件，赔款金额1.71亿元；上缴各类税金2478.22万元；代扣代缴车船税2269.95万元。

（人保财险自贡市分公司）

【中国人寿自贡市分公司】 2017年，实现保费收入6.59亿元，占年度预算的114.9%，比2016年增长19.6%。其中，首年期交保费1.34亿元，首次破亿元。公司占全市保险市场份额22.8%，保持自贡寿险第1位。中标续办2017—2019年度全市居民大病保险，年度承保人数254万人。承办市内4区2县职工补充医疗保险，承保人数超16万人。6月，中国人寿自贡市分公司与四川理工学院签订《实习基地共建协议书》，推动双方合作发展。作为“唯一指定保险合作伙伴”，为2017首届自贡恐龙国际马拉松赛参赛人员和志愿者提供保险保障。向荣县高山镇贫困户捐款3万元，支持养殖业发展；向富顺县万寿镇洞上村捐款3万元，用于安全饮用水改造。是年，通过“中国人寿电商扶贫惠生活”平台，以购买扶贫产品的形式帮扶对口扶贫县。

（郝金超）

【太平洋寿险自贡中心支公司】 2017年，公司实现总保费收入2.76亿元，比2016年增长29.57%，占全市保险市场份额8.97%。其中，个体险新保标准保费3.51亿元，比2016年增长62.5%；个体险新保期交保费8363.73万元，市场份额15.13%，位居上市同业公司第3；渠道业务保费收入2430万元，比2016年增长32.14%，市场排位第3；非健康险总量1773万元，比2016年增长18.3%，市场排位第1。全年累计满期给付4074件，比2016年上升245.55%；给付金额5896.23万元，比2016年上升282.81%。处理各类赔案8643件，比2016年上升23.51%；赔款金额2323.1万元，比2016年上升12.47%。上缴各类税金626.63万元，比2016年提高35.48%。是年，向全市60岁以上的老年人及贫困学生累计捐赠物资38.58万元。

（郑　静）

【太平洋产险自贡中心支公司】 2017年，公司实现总保费收入1.10亿元，比2016年同期上涨3.38%。其中，车险保费收入9504.22万元；非车险保费收入1488.05万元。全年受理车险、非车险各类报案1.7万件，报案结案率100.58%；赔款支出5823.70万元，其中，车险赔款5204.99万元，非车险赔款618.71万元，全年实现利润846.85万元。代扣代缴车船税3.32万辆，实现代征率100%；保险金额407.40亿元，比2016年增长21.82%。承接大安区政府采购中心、荣县政府采购中心、富顺县富兴公共交通运业有限公司、华西能源工业股份有限公司等车险项目，承接四川省汽车运输自贡集团富顺振兴有限公司、四川富顺县华茂运输有限公司的车险、承运人责任险；承接自贡市第一建筑工程有限公司、重庆广聚建筑工程有限公司市政工程项目险；承接自贡市英祥房地产开发有限公司、四川雄飞集团有限责任公司等企财险业务。中标自贡市政策性农业保险，统保2017—2018年度荣县地区农业保险，全年实现农业险保费收入783.46万元。完成27个乡镇“三农”服务站和296个村级服务点的保险网络建设。

（万春艳）

【平安产险自贡中心支公司】 2017年，实现总保费收入2.22亿元，比2016年增长12.2%；处理赔案1.29万件，赔款金额8365.44万元；上缴各类税金2910.95万元。

（平安产险自贡中心支公司）

【平安寿险自贡中心支公司】 2017年，公司实现总保费4.09亿元，其中，新契约个体险营销渠道1.59亿元、银行代理渠道381.1万元，赔款支出3260.1万元。是年，个体险新单保费自贡市场占有率第1位。

（张雪梅）

【泰康人寿自贡中心支公司】 2017年，公司实现标准保费收入4600.57万元，比2016年减少9.1%。其中，个体险实现标准保费3841.08万元，比2016年增长7.9%；银行保险实现规模保费5686.9万元（标准保费759.49万元），比2016年减少49.5%。全年保险赔付金额531.55万元。其中，个体险赔付805件，赔付金额435.90万元；银行保险赔付24件，赔付金额95.65万元。通过“健保通”服务理赔金额38.11万元，赔付148件。

（曾祥丽）

【中华财险自贡中心支公司】 2017年，公司实现保费收入6781万元，比2016年下降8.64%，在全市财险公司中市场份额占6.9%，排名第4。全年累计承办城市型信用保证保险业务14笔，涉农类信用保证保险业务11笔，撬动信贷资金3029万元。公司与市商务局、工行自贡分行签订“政银保”信用保证保险业务三方合作协议，完成四川理工学院校方责任险和无过失责任险承保工作，开辟非车新板块业务。全年累计支付赔案1.48万件（含农险），比2016年减少19%；全年支付赔款4956万元（农险赔款1059万元），比2016年减少27.4%。全年走访慰问贫困户50余户，累计捐赠衣物、书籍、资金折算价值0.35万元。全年上缴各类税收824万元，代收代缴车船税等511万元。

（刘　莉）

【大地财险自贡中心支公司】 2017年，公司实现利润715.67万元，在大地公司四川分公司系统内市场份额排名第1。全年实现保费收入5750.29万元，较2016年增长1.99%；处理各类赔案6551件，支付赔款2665.36万元，结案率102.1%。截至年底，公司在全市保险市场份额占比5.8%，列第5位。

（大地财险自贡中心支公司）

【华安财险自贡中心支公司】 2017年，公司实现保费收入1068.64万元，增长率居全行业之首。落实国家保监会《关于进一步规范财产保险市场秩序工作方案》精神和行业协会自律规定，全年未受到客户投诉，未受到行政处罚。

（华安财险自贡中心支公司）

【永安财险自贡中心支公司】 2017年，公司中标市内医疗责任险业务180万元、大西洋股份公司及集团公司车险与财产险业务24万元。全年实现保费收入2064.96万元，比2016年增长11%，市场占有率2.1%；赔款支出1144.58万元，比2016年下降12%。全年受理各类赔案1530余件，其中，赔付万元以上赔案214件（赔付金额821.96万元）。上缴营业税金及其他税金113万元，代扣代缴个人所得税22.32万元，代扣代缴车船税247.34万元。

（魏群兰）

【天安财险自贡中心支公司】 2017年，公司总保费收入2136.12万元，比2016年增长25.69%，超行业增速19.15个百分点。其中，新单保费收入1936.86万元，续期保费收入199.26万元。市场份额2.2%，全市排名第7。赔款和给付支出828.65万元，比2016年增长20.96%。全年处理各类赔案1565件。代收代缴车船税169.08万元，代扣代缴个人所得税2.9万元，上缴营业税金及其他税金19.97万元。是年，公司实现全成本利润151.1万元。

（张　健）

【安邦财险自贡中心支公司】 2017年，公司完成保费收入365.51万元，其中，富顺机构完成122.42万元，占全辖保费收入的33.49%；市本级完成保费243.09万元，占比66.51%。代收代缴车船税17.07万元。全年赔款支出147.89万元。

（安邦财险自贡中心支公司）

【中宏保险自贡市自流井营销服务部】 2017年，实现总保费收入3552.78万元，比2016年增长29.81%。其中，个体险保费3357.21万元，比2016年增长29%；团体险保费191.67万元，比2016年增长44.79%。全年赔款及给付203件，赔款及给付总额57.8万元，其中，短期险理赔款金额55.4万元，件数169件；死伤医疗险给付金额2.4万元，件数34件；年金给付金额103.5万元，件数871件；退保金额130.9万元，件数158件。全年上缴税金6.73万元，较2016年下降47.72%；代收代缴税金55.42万元，较2016年增长16.37%。

（中宏保险自贡市自流井营销服务部）

【民生人寿自贡中心支公司】 2017年，公司实现保费收入2900.43万元，赔（给）付金额410.09万元。年末，辖富顺县支公司、荣县支公司2个四级机构。全年对社会团体开展义务反洗钱、反销售误导、反非法集资等宣传活动25次。推广E行销、推出“民生微信管家”APP，提升服务水平。

（民生人寿自贡中心支公司）

【新华保险自贡中心支公司】 2017年，公司实现规模保费1.28亿元，居全省系统内第11名，占自贡市寿险市场份额4.17%。全年给付理赔款588万元，案件总量855件。其中，身故及伤残赔付37件，理赔金额291.31万元；医疗赔付790件，理赔金额171.43万元；其他（重疾）赔付28件，理赔金额125.26万元。

（张亚非）

【华泰财险自贡中心支公司】 2017年，公司实现保费收入1578.42万元，比2016年上涨19.02%，其中，车险保费完成1172.73万元、非车险保费完成405.69万元，市场占有率1.7%；赔款支出698.64万元，比2016年上涨35.97%；全年接报案1489件，全年实现利润215.15万元。全年上缴税收103.18万元，代收代缴车船税210.86万元。累计成立17家EA门店，为驻点社区居民提供承保和理赔服务。

（华泰财险自贡中心支公司）

【合众人寿自贡中心支公司】 2017年，公司实现保费收入3193.03万元，比2016年增长30.38%。全年累计满期给付和年金给付821件，给付金额691.14万元；处理各类赔案189件，赔款金额64.96万元，理赔结案时效1.2天，客户满意度100%；死亡及医疗给付件数38件，给付金额34.86万元。全年上缴各种税款32.23万元，其中，代扣代缴个人所得税31.70万元，营业税金及附加税金0.53万元。是年，举办合众人寿“用心出发，让爱回家”助学行活动，为杰克森关爱中心捐款捐物3万余元。

（合众人寿自贡中心支公司）

【人保寿险自贡中心支公司】 2017年，公司实现总保费收入4.39亿元，其中，首年期交保费7789.32万元（首年标准保费6826万元），比2016年增长13.98%；10年期以上期交保费1914万元。代理财产险业务1158万元。全年累计满期给付1.55亿元，比2016年增长15.25%；处理各类理赔案件1101件，赔款金额1349.54万元，比2016年增长10.83%。城镇职工补充医疗保险参保人数24.10万人，理赔人数6.57万人，理赔金额3181.50万元。扶贫保险承保6378户1.97万人，承保金额70.88万元，理赔人数245人，理赔金额33.44万元。上缴各类税金516.5万元。

（人保寿险自贡中心支公司）

【太平人寿自贡中心支公司】 2017年，公司实现保费收入7871.27万元，比2016年增长26.08%。其中，个体险渠道保费收入3268.37万元，比2016年增长67.43%；团体险渠道保费收入56万元，比2016年增长73.91%；银行、邮政代理渠道保费收入4506.82万元，比2016年增长6.19%；电销渠道保费收入31.34万元，比2016年增长129.94%；其他渠道保费收入8.74万元，比2016年增长668.85%。全年赔款及给付金额813.88万元，比2016年增长138.67%，赔付件数1974件。年金给付金额322.84万元，比2016年增长28.56%，给付件数1395件。

（太平人寿自贡中心支公司）

【国寿财险自贡中心支公司】 2017年，公司实现保费收入4640万元，比2016年增长9.72%，高于全市财险市场增速3.35个百分点，市场份额4.7%，市场排名第6。全年受理3942起理赔案件，比2016年上升28%，其中，已决案件3639件，赔付2551.34万元。全年查处保险欺诈案件15件，挽回直接经济损失36万余元。全年上缴营业税金及附加179万元，代扣代缴个人所得税19万元，代收车船税368万元。

（国寿财险自贡中心支公司）

【锦泰财险自贡中心支公司】 2017年，公司实现保费收入2104.9万元，比2016年下降7.93%，占自贡财险市场份额2.13%，名列第8位，比2016年下降1位。是年，公司受理各类赔付案件2137件，其中，已决案件1993件，已决赔款1001.55万元；未决案件144件，未决赔款437.51万元。公司与市内5家保险公司组成共保体，中标自贡市医疗机构医疗责任保险项目，成为该项目首席承保商。

（锦泰财险自贡中心支公司）

【太平财险自贡中心支公司】 2017年，公司承保车辆3106辆，实现保险金额61.17亿元，保费收入1330万元（比2016年同期下降4.11%）。赔付金额650万元，赔付件数1726件，其中5万元以上赔案8件。未出现财产险类保险欺诈司法案件。全年上缴各类税金154.35万元。

（太平财险自贡中心支公司）

【农银人寿自贡中心支公司】 2017年，公司完成规模保费5984万元，其中，期交保费收入1534.24万元，年度计划达成率109.59%。

（农银人寿自贡中心支公司）

【光大永明人寿自贡市自流井区支公司】 2017年，公司实现总保费收入1.69亿元（不含万能险），比2016年增长2277.15%；赔（给）付金额185.9万元；上缴各类税金57.1万元。年度经营效益在分公司系统内名列前茅。公司负责人黎香被评为和讯网“2016年度杰出保险经理人”，为四川地区唯一获奖的保险经理人。

（李　玲）

【恒大人寿自贡中心支公司】 2017年，公司实现总保费收入3.52亿元，比2016年增长1450.7%；全年处理各类理赔案52件，赔款金额116.8万元。全年实缴税金15.3万元，代扣代缴个人所得税及附加费369.24万元。

（税雪良）

【华夏保险自贡中心支公司】 2017年，公司实现总保费收入0.23亿元；年度保费规模1087万元；处理赔案8件，赔款金额0.73万元；上缴各类税金89万元。

（华夏保险自贡中心支公司）

【安诚财险自贡中心支公司】 该公司成立于2017年9月。全年实现保费收入450万元。处理各类理赔案157件，赔款金额28.5万元。上缴营业税金及附加0.27万元、增值税进项税额0.35万元。

（安诚财险自贡中心支公司）

证券业

【华西证券自贡五星街营业部】 截至2017年12月31日，管理正常资金账户客户7.96万户。全年完成各类业务收入7529.11万元，年末增值签约客户保有量较2016年净增2680户，总数达1.43万户。完成对400余名长期滞留营业部使用现场交易方式客户取消现场交易权限，开通并使用非现场交易方式（网交、手机委托）的转化工作。全年实现“双融”总收入3554.52万元，占经纪业务总收入47.23%，其中，金融产品收入127.98万元。全年新增管理客户7577户，服务客户资产约14.2亿元。全年服务拟在股权交易中心挂牌交易企业300余家，集中推荐挂牌企业104家，成功挂牌101家，成功率97.12%。

（华西证券自贡五星街营业部）

【华西证券自贡丹桂街营业部】 截至2017年，营业部实现四板企业挂牌90多家。全年新增客户6296户，年末客户总数5.09万户、客户总资产21.07亿元；全年完成交易255亿元，实现收入3575万元，创造利润1575万元。

（叶相玲）

【中投证券自贡丹桂南大街营业部】 2017年年末，营业部合格账户数4.55万户。举办“天下牛人汇”大赛、投资者沙龙、“3·15”金融消费者权益日、反洗钱宣传、打击非法证券宣传等专题活动，提高专业服务能力，保护投资者合法权益。巩固私募综合外包及证券经济服务等业务，发展股权、债券融资等业务。

（戚巧云）

【国都证券自贡紫薇路营业部】 2017年年末，营业部有客户资金账户1365户，全年新增客户160余户。A股、基金、债券交易总额24.9亿元，托管客户资产9200余万元。

（国都证券自贡紫薇路营业部）

【国信证券自贡紫薇路营业部】 2017年年末，营业部客户资金账户数2023户，全年新开加存量总成交41.7亿元。

（国信证券自贡紫薇路营业部）

【海通证券自贡丹桂街营业部】 2017年年末，营业部客户资金账户2.35万户，客户资产6.08亿元，A股、基金、国债交易总额168.17亿元；融资融券业务客户113户，融资融券授信总额1.22亿元。全年完成收入908.50万元，实现利润228.07万元。开展“3·15”投资者、反洗钱、防范非法证券知识普及活动和投资者适当性管理活动，发放宣传折页和手册578份，向客户发送警示短信13.43万条。举办9次投资者教育讲座，参加人数200人次。新客户回访100%，存量客户回访率15.94%。

（海通证券自贡丹桂街营业部）

【光大证券自贡汇川路营业部】 2017年年末，营业部总客户资金账户1657户，全年实现A股、基金、国债交易总额9.46亿元。是年，营业部通过投资者教育专栏、短信息、Led广告显示屏、宣传折页等形式进行反洗钱、打击非法证券活动等宣传，保护投资者权益。举办“3·15”投资者教育普及活动，提高投资者专业知识，防范各种金融骗局。

（杨 波）

【英大证券自贡汇川路营业部】 2017年6月14日，营业部揭牌成立。截至年底，开立资金账户199户，实现A股、基金、国债交易总额3.05亿元。

（廖 丽）

【万联证券自贡汇川路营业部】 2017年3月7日，营业部正式开业运营。截至2017年12月31日，总客户资金账户1126户，实现A股、基金、国债交易总额5.52亿元。

（宋太鹏）

科技与知识产权

概 述

2017年，围绕市委、市政府决策部署和老工业城市产业转型升级示范区建设，以“六大行动”为统揽，实施创新驱动发展战略，发挥科技创新在推动供给侧结构性改革中的支撑引领作用，聚焦资源聚集、科技服务、产业培育、技术创新，加速科技成果转移转化，为全市“推动振兴发展、决胜全面小康”提供科技支撑。全年新建省级以上科技创新平台2个，17项科技成果（含专利）获国家、省级表彰奖励，全市实现专利申请2469件，增长25.8%，高新技术产业产值占工业总产值比重达31%，科技对经济增长贡献率54%，区域创新能力和知识产权综合发展指数持续保持全省前列。

科技产业

【科技项目实施】 2017年，加强科技项目实施，重点支持节能环保装备制造、新材料、电子信息、生物医药和现代农业等优势产业的技术创新、成果转化。全年培育自主创新产品31个，10个产品纳入全省战略性新兴产品和重点新产品名单，其中“智能细胞式生产模式——车架焊接示范工程”“航空发动机整体闭式叶环（盘）制造技术研究及应用”“清洁高效锅炉智能制造数字化车间”“等离子体高温熔融裂解危险废弃物关键技术及装备开发”“大型水轮机叶片再制造用WC基系列硬面材料及其应用技术”等23项产业链重大攻关项目获省科技厅重点支持。是年，全市实施各类科技计划项目262项，其中省及以上科技计划项目91项，定额资助国家授权专利1141项，颁发科技杰出贡献奖、进步奖、专利奖90项，引导全社会科技创新投入11.2亿元，科技进步对经济增长的贡献率54%，全社会科技研发投入占GDP比重达0.9%。

【工业科技】 2017年，市委、市政府印发《关于加快建设国家老工业城市产业转型升级示范区的实施意见》，制订工业城市产业转型升级《科技创新专项实施方案》，配套制订实施科技改革《重大科研基础设施和大型科研仪器向社会开放的实施意见》。发挥科技创新对产业的支撑引领作用，制订实施《节能环保装备产业推进方案》《航空与燃机发展推进方案》《高新技术和新兴产业“双倍增”行动计划》《产业梯次发展行动计划》等7个产业推进方案和行动计划。推进全市节能环保、新材料、航空与燃机、生物医药等重点产业技术研发、工艺变革和高新技术产品研发，全年组织实施国家和省级重大科技项目13项，重点实施“航空发动机整体闭式叶环（盘）制造关键技术研究及应用”“清洁高效锅炉智能制造数字化车间”“等离子法制备高纯导电炭黑关键技术研究”等攻关项目。促进中小企业技术开发，“新型抽油泵阀球阀座产品开发”“高强度耐高温高纯石墨组件”“DW-2/(6-8)-150型高压无油润滑氢气压缩机”等3个项目纳入省级科技型中小企业技术创新基金支持，“煤层气页岩气智能联动控制球阀研发”“高性能可带锈涂装涂料研究”等53个项目纳入市级重点科技支撑计划实施。

【农业科技】 2017年，重点开展生物医药和农业科技实验示范，培育和壮大区域优势特色产业，重点支持四川安益生物科技有限公司与中科院天津生物研究所研发合作，推进全市生物医药产业化试验基地建设；依托自贡春兰茶业有限公司，立足荣县产业开展“自贡地区茶叶质量安全体系建设”。全年争取各级农民合作社专项资金500万元，推广科技新品种15个、新技术5项、新模式2种。制定年度科技扶贫工作计划和实施方案，推进全市科技服务平台体系建设、科技扶贫示范体系建设、产业技术支撑体系建设、科学普及和技术培训体系建设。全年实施科技产业扶贫项目8项，其中，国家级1项、省级2项、市级5项；开展送科技下乡6次，创建市级科技扶贫示范村2个、科技扶贫示范户8户，启动产业化龙头企业助推科技扶贫和科研院所帮扶2种科技扶贫模式，落实项目资金155万元。

科技创新与成果

【创新平台建设】 2017年，推动研发、服务、孵化全链条产业创新平台建设，四川理工学院成功创建省级大学科技园。该科技园由省科技厅、省教育厅批复，以“创新、转化、创业”为宗旨，采取“一园三区”模式，整合四川理工学院汇东校区、营盘校区、黄岭校区大学科技园资源，发挥师生创新创业动力，兴办科技型企业，服务地方经济。推进省级科技创新平台建设，申报四川省智能运输机械、泵业和彩灯3个省级工程技术研究中心，四川省智能运输机械省级工程技术研究中心通过省科技厅组织的专家评审；富顺县蜀佳味业有限公司技术中心创建为省级企业技术中心。推进市级企业创新平台建设，建成自贡海川公司“航空零部件3D打印工程实验室”，四川自贡百味斋食品股份有限公司“百味斋技术研发中心”等10个企业技术研发机构建成为市级中小企业研发机构；四川健能制药有限公司等9个企业技术中心建成为市级企业技术中心。

【成果转化与应用】 2017年，全市10项科技成果获2016年度四川省科技进步奖，其中，二等奖2项、三等奖8项，获奖数量居全省第3位；评选奖励2017年度自贡市科技进步奖41项，获奖项目中达国际国内领先水平的32项。全年市级科技获奖项目转化实现销售收入18.2亿元，上缴税金1.3亿元，利润2.2亿元。全年组织实施市级以上科技成果转化项目25项，重点推动实施核电军工焊接材料等10项重大科技成果产业化，实现项目产值19.82亿元。全年登记技术合同274项，实现技术合同成交额3.7亿元，实现知识产权质押融资0.88亿元，科技进步对经济增长的贡献率54%。

【高新科技产业发展】 2017年，推动高新技术产品开发培育，新增东方电气集团东方锅炉股份有限公司“300兆瓦等级湿式静电除尘器”、四川大西洋公司“X70级管线钢焊条CHE607GX”、四川国立能源公司“Q38/950－5－2.45/400型隧道窑余热锅炉”、自贡华西泵阀公司“RZJ41H水电用高性能零泄漏排污截止阀”、自贡市佳世特密封制品公司“DN400管道用新型复合橡胶密封圈”等重点产品5个，全市省级自主创新产品累计81个。按国家修订后的高新技术企业认定办法，开展国家高新技术企业培育和辅导，组织四川西艾氟科技有限公司、自贡成华汽车零部件有限公司、四川金软科技有限公司申报国家高新技术企业，全年新增国家高新技术企业3户，全市高新技术企业总数46户，形成新材料、节能机电、生物医药等高新技术产业群体。支持成长期科技型中小微企业技术创新，重点培育四川科达节能有限责任公司、四川西艾氟科技有限责任公司、自贡市鸿飞电碳制品有限责任公司、自贡市佳源炉业有限公司等科技型中小微企业7户。是年，全市高新技术产业产值占全市工业总产值的比重为31%。

科技活动

【科技普及】 2017年，利用科技之春、科普宣传月等综合性科技节点，组织开展“创新驱动发展，科技富农惠民”主题宣传活动，为服务群众提供创新创业指导、农技知识培训和免费义诊等，全年累计发放各类科普读本2.5万份，服务群众7000余人。利用报纸杂志、电视网络等宣传载体，报道全市在科技创新、产业发展、知识产权等方面取得的成效，策划并推出银政合作推动科技金融服务、校地院企产学研合作、重大科技成果攻关与转化、科技体制创新改革等一批科技专题报道，编辑出版《自贡日报·科技专刊》20期，在全社会营造创新创造氛围。

【合作与交流】 2017年，拓展校地合作，与清华大学签署第二轮校地合作协议，推进浙江大学自贡创新中心省级工业技术研究院建设，与四川大学共同推动校地合作专项资金和四川大学技术转移中心自贡分中心建设。围绕高端成长型产业、传统优势产业发展，推动全市产学研用合作，其中，自贡中天胜新材料科技有限公司与佛山科博明珠数码电子有限公司签订“聚酰亚胺微球产品在扬声器领域的应用和开发”合作协议，四川理工学院、东方电气集团东方锅炉股份有限公司、自贡中天胜新材料科技有限公司签订“聚酰亚胺涂料在锅炉换热器领域的应用与开发”三方合作协议，自贡锋锐新材料有限公司与四川理工学院签订“碳化硅开发产学研”合作协议，四川川油公司与四川理工学院签订“固体氧化物燃料电池委托研发协议”。截至年底，全市大中型工业企业及50%的中小企业均开展产学研合作和协同创新。组织挚诚科技有限公司、中昊晨光化工研究院、四川省自贡运输机械集团股份有限公司等50余户企业参加中国国际高新技术成果交易会、中国科技城绵阳科技博览会、中国西部国际博览会等高端科技展会，帮助企业搭建对外展示交流平台，促进高新技术成果交易、专利技术产品推广及招商引资。

知识产权

【管理服务】 2017年，推动企业实施科研、生产、销售等全过程知识产权管理，全年启动10家企业开展“贯标”（贯彻ISO 9000质量管理体系标准、ISO 14000环境管理体系标准和OHSAS 18000职业健康安全管理体系规范）工作，3家企业通过“贯标”认证。发挥知识产权中介服务机构作用，推行知识产权托管服务模式，建立特派员派遣工作机制，帮助企业实现知识产权成果“由专到利、由知到资”转变，全年派遣知识产权特派员10人，指导2家企业开展知识产权托管服务试点，服务企业300余户（次）。打造知识产权公共服务集中化平台，依托自贡市知识产权服务中心，集聚知识产权公共服务交易平台等19个公共服务平台信息资源，整合全市专利代理中介服务机构和专利运营公司的服务团队，推进知识产权“一站式”综合服务，全年开展各类对接活动100余次，实现供需对接项目200余项。推进国家知识产权试点城市建设，指导自贡高新区国家知识产权示范园区建设，启动富顺县新一轮强县工程试点县建设，推动大安区示范区建设，其中，自贡高新区和晨光工业园区2家省级知识产权示范园区通过复核，硬质合金公司晋升为国家知识产权示范企业，四川运输机械公司等3家企业晋升为国家知识产权优势企业。截至年底，全市累计创建国家级知识产权示范企业和优势企业9家、省级知识产权试点示范和优势培育企业36家、市级知识产权试点示范和优势企业105家。

【专利培育与应用】 2017年，推行企业、院校专利创新倍增行动，以高新技术企业、知识产权试点示范企业、科技型中小微企业、高校和重点科研院所为重点，通过政策支持、加大资金引导、下达目标任务等措施，促进创新研发成果产权化。全年专利申请量2469件，比2016年增长25.8%，其中，申请发明专利727件，增长16.9%；授权量196件，增长16.7%；万人发明专利拥有量3.1件，比2016年增长10.7%。东方电气集团东方锅炉股份有限公司“一种大型锅炉SNCR脱硝枪喷射系统及其使用方法”、中昊晨光院化工研究院“一种聚四氟乙烯分散树脂的制备方法”获中国专利优秀奖；中昊晨光院化工研究院等5家企业获省专利奖5项，其中，省专利一等奖一项，专利奖获奖总数创历史之最，居全省前列。全市新增实施专利138项，新增产值41亿元，新增利税5亿元，46个项目获省、市专利实施与促进专项资金支持。新建自贡市知识产权质押融资服务平台，开启“互联网+质押融资”服务模式，发挥科技与金融创新联席会议作用，促成四川凯茨阀门公司等5家企业专利质押融资0.88亿元，全市累计实现知识产权（专利）质押融资3.76亿元。

【维权保护】 2017年，四川（自贡）知识产权举报投诉与维权援助中心获批建设，成功举办知识产权维权援助和审判“三合一”研讨会。联合工商、文化等管理部门，以民生、重大项目和优势产业等领域为重点，借助知识产权宣传周、“双十一”电商节等重大活动节点，开展“双打”和“雷霆”专项行动，全年累计出动执法人员61人次，开展集中执法检查23次，公开案件信息30件，检查重点销售商铺29家，检查商品2.9万余件，查处涉嫌假冒专利产品案件94件，首次办理跨省移送案件6件，受理专利侵权纠纷案154件，办案量比2016年增长24.7倍，结案率100%。

【宣传培训】 2017年，以知识产权宣传月、专利活动周、世界知识产权日等重大活动为载体，以广播、电视、报刊、网络等大众传媒为主要阵地，开展知识产权进企业、进学校、进园区、进社会“四进”活动，营造尊重知识、崇尚创新、诚信守法的知识产权文化氛围。全年开展集中宣传活动7次，组织知识产权竞赛1次，发送宣传短信300余条，发表宣传稿件74篇（次），接受群众咨询900余次，发放知识产权宣传资料1.8万份，制作宣传横幅、展板7个。面向科研院所、重点企业、中小微企业及在校生先后举办7次企业知识产权培训，培训900余人。发挥中国知识产权远程教育平台自贡分站作用，全年举办知识产权培训和实务培训班8期，注册976人，线上培训2.3万余人次。

科技人才

【育才机制】 2017年，完善科技创新人才队伍建设政策措施，制定《自贡市激励科技人员创新创业若干政策》《自贡市职务科技成果权属混合所有制改革试点实施方案》《自贡市高端人才引进储备管理办法（试行）》等，释放科技人员创新创业活力。围绕全市产业发展，推动科技创新人才梯队建设，发掘培养本土高层次科技创新人才。组织开展自贡市第四批高层次人才“双千计划”和第三届“自贡市青年科技创新苗子工程”评选工作。

【育才成果】 2017年，四川大西洋焊接材料股份有限公司蒋勇和东方电气集团东方锅炉股份有限公司易广宙获第十届自贡市科技杰出贡献奖。是年，评选培养全市第四批“双千计划”杰出创新人才9人、优秀专家29人、创新创业团队4个，引进“双千计划”领军人才1人、优秀专家2人、领军团队1个。6名在校大学生获第三届市级科技创新苗子工程立项支持。全年获四川省2017年科技创业人才项目1项、青年科技基金项目1项、青年科技创新研究团队2个、重大科技成果转化示范项目2项，35名专家被纳入省科技进步奖励评审专家库。

（市科技局）

教育·体育

概　述

2017年年末，全市有各级各类学校（园）713所，在校生44.16万人，教职工2.81万人。其中，幼儿园427所，在园幼儿7.01万人，3～5岁幼儿毛入园率88.7%；小学119所（另有教学点263个），在校学生17.75万人，小学学龄儿童净入学率100%；初中（含九年制学校）117所，在校初中生8.10万人，义务教育巩固率97.2%；普通高中21所，在校学生4.11万人，高中阶段毛入学率89.2%；中等职业学校19所，在校学生2.38万人；特殊教育学校6所，在校学生780人；工读学校1所，在册学生40人。高等院校3所，在校学生4.52万人。是年，承办全国赛事2项（全国飞行器暨科研类项目大赛、全国象棋棋王赛〈四川赛区〉）、省级赛事5项（四川省全民健身活动日启动仪式、省老年围棋赛、省业余足球联赛、省智力运动进社区桥牌赛、省校园足球联赛总决赛），成功举办第13届市运会、自贡恐龙国际马拉松比赛。在全国第13届运动会中，31名自贡籍或自贡输送运动员参加12个竞技项目，获5银、8铜及25个前八名。完成农民健身工程36个，全民健身路径40条，实现全市贫困村体育器材全覆盖。大型体育场馆免费低收费开放服务累计总人数247.07万人，开放体育场馆273天，超额完成省、市目标任务。

教育教学改革

【概况】 2017年，市教育体育局落实中央、省委和市委改革决策部署，围绕“推动振兴发展、决胜全面小康”主题，推进各项改革工作。全年有10项任务列入市委重点改革工作台账，有6项任务列入市委改革落实台账，其中，市领导直接抓方案落实清单2项、专项改革方案销账清单1项、重大改革试点落实清单2项、市委重大改革任务清单1项。

【保障机制】 2017年，市教育体育局成立以党委书记、局长为第一责任人的改革工作领导小组，形成“一把手”负总责、分管领导直接抓的工作格局。具体由政策法规科负责牵头、协调工作，确保“组织、人员、责任、措施”四到位，定期召开专题工作会议进行研究部署。各区县教育局、各直属院校成立相应工作机构，将工作职责明确到岗、细化到人。

【试点项目】 2017年，出台城乡义务教育一体化发展、“全面改薄”专项督导、足球改革等专项改革方案。编制集团化办学、学区化管理等办学体制改革实施方案。在沿滩区全域开展交互式网络课堂覆盖农村偏远学校等自主创新改革事项。全市实施课堂教学模式改革的中小学增加到83所，占比30%。探索德育活动课程化改革，确定品格教育试点学校45所。探索依法治校改革，逐步完善依法治校机制。推进乡村教师支持计划，推行义务教育学校校长教师轮岗交流，结对帮扶学校68对，派出665名优秀教师到偏远农村学校支教，选拔226名教师上挂锻炼、60名教师到“三区”支教。强化挂牌督导工作，完成“全面改薄”等专项督导，将重点工作纳入督查目标考核。开展“3+2”中高职衔接教学改革试点、“现代学徒制”试点、职教集团运行机制建设试点，省级综改试点项目“产教融合制度建设”被省教育体改办评为优秀等次。制定《自贡市推进职业院校分类自主招考和注册入学改革的实施意见》和《自贡市教育和体育局关于加快推进民办教育发展的实施意见》。

【社会办学】 4月，市教育体育局组织相关科（室）人员组成检查组，对市属17所民办教育机构开展2016年工作年检，并向社会公示年检结果，接受社会监督。9月，自贡成都外国语学校开学，自贡市“开明开放多元办学”取得阶段性成果。优化、整合职业教育资源，锦江职业技术学校暂停招生，龙锦职业技术学校与自贡职业技术学校合作办学。

【中小学课堂教学改革】 2017年，继续推进中小学课堂教学改革，将全市整体实施“先学后教”类课堂教学模式改革的中小学扩大到83所学校，其课堂教学改革情况纳入对区县、学校的目标考核，推动中小学课堂教学改革。是年，在富顺一中、自贡一中初中部、高新区汇西小学召开全市中小学课堂教学改革现场会。

各类教育

【学前教育】 2017年，落实《国务院关于当前发展学前教育的若干意见》及省、市实施意见精神，出台推进学前教育改革发展的各项政策措施。市、区县教育部门制定并实施第三期学前教育行动计划，扩大公办园数量。全市新建乡镇公办园11所、改扩建4所，学前三年幼儿毛入园率88.7%。制定出台《自贡市普惠性民办幼儿园认定及管理办法（试行）》《关于城镇小区配套幼儿园规划建设和管理使用的实施意见》，鼓励社会力量举办普惠性幼儿园。开展向民办幼儿园购买服务试点，自流井区、贡井区、大安区为试点区县，向民办幼儿园购买学位1362个。截至年底，全市普惠性学前资源覆盖率86.2%，小区配套幼儿园所数占城镇新建小区规划幼儿园比例为76%。开展市级示范性幼儿园评估认定工作，新评估认定市级示范性幼儿园4所。

【义务教育】 2017年，出台《自贡市人民政府关于统筹推进县域内城乡义务教育一体化改革发展的实施意见》，强化“以县为主”管理责任，加大财政投入力度，按标准配备师资队伍，加强控辍保学，严格督查考核，巩固普及程度。荣县、贡井区、富顺县通过县域内义务教育基本均衡发展国家认定，在川南第一、全省第四个全域通过国家认定，提前一年完成规划任务。坚持以流入地和公办学校为主原则，100%统筹解决进城农民工、流动人口随迁子女和进城落户农民子女在城区学校平等接受义务教育。全面实施消除义务教育学校大班额专项规划，要求起始年级班额控制在小学45人、初中50人以内，并纳入对区县、学校目标考核。全市义务教育阶段学校没有新产生56人以上大班额，自流井区、高新区按规划消除66人以上超大班额。

【职业技术教育】 2017年，推进中德合作职业教育试点推广项目，2015级航空及燃机零部件机械制造专业学生全部被海川公司安排在企业顶岗实习，汽车机电维修专业学生被市内多个4S店接收实习；养老护理专业大专班于2017年秋季实现开班，进入实质性合作阶段。5月，举办自贡市中等职业学校第10届专业技能大赛，设置9个竞赛项目，涉及8个大类专业，覆盖全市21所中职学校，180余名学生参加比赛。在全省中职学校技能大赛中，自贡市获一等奖3个、二等奖7个、三等奖11个。10月26日至28日，“2017年全国康复治疗职业教育学术大会及第三届全国康复治疗技术专业学生技能大赛”在四川卫生康复职业学院举办，四川卫生康复职业学院获团体一等奖及多个奖项，连续3次获全国康复治疗技术专业学生技能大赛一等奖。11月，市教育和体育局举办第14届全国中等职业学校“文明风采”竞赛活动市级初赛，有书法、绘画、摄影、视频、创新设计、特设项目、职业生涯规划、征文演讲、器乐、声乐、曲艺、舞蹈12个项目，评选出一等奖48个、二等奖91个、三等奖148个，6个学校获竞赛优秀组织奖，121位教师获优秀指导教师奖。开展“现代学徒制”试点，省盐业学校被批准为全省第三批“现代学徒制”试点学校，全市累计有4个试点学校。截至年底，全市有5所“9+3”学校，其中，藏区学校3所，彝区学校2所。“9+3”在校学生311人，毕业生就业率100%。

【普通高中教育】 2017年，推进普通高中招生制度改革，实行省级示范性普通高中自主招生，并将省级示范性普通高中招生指标均衡分配比例调整为60%。加强品牌普通高中建设，扩大优质高中教育资源。江姐中学创建省二级示范性普通高中通过省专家组评估验收，自贡22中创建成为市级示范性普通高中，自贡成都外国语学校实现首年招生。开展普通高中选课走班试点工作，确定蜀光中学、荣县中学为省级选课走班教学改革试点学校，在全市普通高中学校中同期开展试点探索。推进课堂教学改革，全面实施集体备课制度，加强高三备考督查指导，提高普通高中教育质量。全市普通高考一本上线比2016年增加112人，二本上线比2016年增加174人，高考成绩总体呈上升趋势。

【高等教育】 截至2017年年底，四川理工学院有教职工2000余人，其中，专任教师1638人，教授、副教授占比超过40%；具有博士、硕士学位教师占比近80%。学校有国家杰出青年科学基金获得者、中组部“千人计划”等省部级以上专家53人次。学校有特聘教授、兼职教授、客座教授100余人，其中，两院院士4人，“长江学者”特聘教授、国家杰出青年科学基金获得者12人。学校有21个二级学院，82个本科专业，面向全国27个省（市、自治区）招生，有全日制在校本科生、研究生、留学生等3万余人。学校有化学工艺、模式识别与智能系统、发酵工程3个省重点学科；有化学工程与技术、控制科学与工程、机械工程、管理科学与工程4个一级学科硕士点和发酵工程一个二级学科硕士点；有硕士学位授权点40个。10月24日，省教育厅官方网站发布《关于2017年列入四川省高等学校设置评议委员会考察的申报设置高等学校的公示》，省高等学校设置评议委员对四川理工学院申请更名为“四川科技大学”进行实地考察，更名方案获通过。四川卫生康复职业学院设有普通高职、初中起点五年制高职、普通中专、成人大专办学层次，开设有临床医学、针灸推拿、护理、康复治疗技术、医学影像技术、药学、医学检验技术、助产、医学美容技术、中药学10个专业，其中省级“现代学徒制”试点专业1个。截至2017年8月，有在校生6803人，其中，全日制专科学生4965人，中职学生1405人，非全日制专科学历教育学生433人。学院有教职工415人，其中，专任教师245人、副高及以上职称61人、博士1人、硕士76人。学院附属医院（市第一人民医院、市第四人民医院）师资库兼职教师623人，每学年200余名兼职教师承担专业课教学任务。学院新校区项目位于自贡东部新城，总规划用地63.33公顷，总建筑面积20.39万平方米，计划总投资15亿元，已完成12栋宿舍楼、5栋教学楼及第二食堂的验线工作和7栋宿舍楼和5栋教学楼的验基工作。自贡广播电视大学有校本部、荣县分校、富顺分校3个办学实体。富顺分校是全国示范性县级电大，荣县分校是省示范性县级电大。全系统有教职工130余人，外聘兼职教师200余人，办学层次包括中职、专科、本科、研究生教育等，开设有本、专科专业40余个，有各类学历教育在学学生8500余人。在四川电大对市级（系统）电大2017年度综合业务考评中，自贡电大获一等奖。

【特殊教育】 2017年，出台《自贡市人民政府关于进一步加快全市特殊教育改革和发展的意见》，草拟《自贡市第二期特殊教育提升计划（2017—2020年）》。特殊教育保障机制基本健全，残疾学生资助实现全覆盖，家庭经济困难的残疾学生生活费补助提高到每生每年4000元。完善特殊教育体系，实现从学前到高中全程特殊教育。推进特殊教育学校建设，全市6个区县全部设立特殊教育学校。特殊教育学校生均预算内公用经费保持6000元标准；市级财政首次设立特殊教育专项经费10万元。全市6～14周岁残疾儿童入学人数2285人，残疾儿童少年义务教育入学率95.6%。扩大特殊教育招生规模，6所特殊教育学校在校残疾学生780人，为历史最高水平。坚持实施残疾学生随班就读工作，开展送教上门服务。

【四川理工学院宜宾校区启用】 9月17日，四川理工学院宜宾校区举行开学典礼，以白酒学院命名的校区投入使用。该校区位于宜宾市临港经济技术开发区，占地133.33公顷，于2017年2月开工建设。截至年底，四川理工学院有自贡汇东校区、自贡营盘校区、自贡黄岭校区和宜宾白酒学院校区4个校区。

【自贡成都外国语学校开学】 9月4日，自贡成都外国语学校举行开学典礼，800余名学生（幼儿园、小学、初中、高中）成为学校首批学生。该校位于自贡普润城园区，由成都外国语学校与自贡普润控股集团共建，于2016年6月开工建设。学校总占地面积23.33公顷，总投资6亿元，其中，项目一期占地面积10公顷，计划投资3亿元。

【四川卫生康复职业学院组团参加“第三届全国康复治疗技术专业学生技能大赛”】 10月26日至10月28日，第三届全国康复治疗技术专业学生技能大赛在自贡市举行。经过比赛，四川卫生康复职业学院获“第三届全国康复治疗技术专业学生技能大赛”团体一等奖及多个奖项，并连续3次蝉联全国康复治疗技术专业学生技能大赛一等奖。大赛由中国康复医学会康复医学教育专业委员会、全国卫生行指委康复治疗类专业教学指导委员会主办，四川卫生康复职业学院承办。大赛组委会由中国康复医学会的43名专家组成，参赛学校60所，涉及22个省、直辖市、自治区，参赛学生222人，是历届参赛人数最多、规模最大的一次。

师资队伍

【教师队伍建设】 2017年，完善师德师风建设长效机制，推进“三个一批”师德师风主题活动，开展“筑梦教育、情暖盐都——2017年自贡市最美教师”评选宣传活动，评选“2017年自贡市最美教师”20人，30名教师获提名奖。拓展补充农村教师渠道，采取直接考核方式招聘补充音乐、体育、美术专业教师；市教育体育局和成都师范学院、内江师范学院、绵阳师范学院合作，在部分农村学校建立实习基地，从音、体、美专业毕业生中遴选60名大学生到基地学校顶岗实习支教。实施“教育领军人才培育计划”，培育市级教育专家84人、学科带头人233人、名教师66人、骨干教师126人。开展教师交流工作，选派362名优秀教师到偏远农村学校支教，选派60人到冕宁县、德昌县支教，选派1名优秀教师到荥经县支教。推进中小学教师职称评聘和岗位设置工作，出台《关

于城市（含县城）中小学（含幼儿园）、电教机构教师专业技术水平评价标准条件的补充通知》，评审通过省特级教师11人和正高级教师5人。

【干部队伍建设】 2017年，开展教育系统优秀干部人才递进培养，以“集中培训、跟岗锻炼、返岗实践、课题研究、成果转换、跟踪管理”的思路，开启“实践+成果+实践”培训模式。全市培养年轻干部人才101人，充实中小学校班子后备力量。

基础建设

【校区建设】 2017年，继续实施新一轮学前教育行动计划，开工新建、改扩建15所公办幼儿园。继续实施“全面改善贫困地区义务教育薄弱学校改造计划”，开工建设73所学校129个项目，面积10.57万平方米；完成81所学校244.20万台（件、套、册）设施设备、图书等采购。引进自贡成都嘉祥外国语学校落户自贡，完成基本建设投资3.51亿元。全市教育固定资产入统项目67个，完成投资21.71亿元。

【信息化建设】 2017年，全市教育信息化投入1.81亿元，新实施校校通、班班通建设工程，100%学校实现校校通，建成一批数字化校园学校，实现校园内一般区域有线覆盖，重点区域有线、无线全覆盖，其中20所学校实现校园内无线全覆盖。全市新购计算机3369台，改扩（新）建网络教室67间、录播教室34间。市教育音视频专网为全市100余所学校提供6套卫视节目和2套自制节目，实现远程课堂直播、录播和点播。市教育资源公共服务平台教师注册人数19735人，人人通比例达70%以上；全市教师在资源公共服务平台注册率98%；注册教师均开通个人空间，通过平台内收集、下载各类资源及收看其他学校优质课堂直播等，各项活动点击率10余万次。开展交互式网络课堂教学模式试点，制定并印发《自贡市推进交互式网络课堂覆盖农村和偏远学校实施方案》，沿滩区全域推进交互式网络课堂直播教学活动。在蜀光中学、自贡一中、市第二十八中学校开展英语学科信息化教学试点，试点班级4个。

【教育扶贫】 2017年，教育资助各类学生34.6万人次，资助金额4.46亿元，学前教育到高等教育实现资助全覆盖，资金投入较2016年增长17.32%。学前教育减免8415名“三儿”保教费904.74万元；义务教育投入2.61亿元落实“三免两补”政策；中等职业教育投入4660.26万元，免除2.13万名中等职业学校学生学费和838人次建档立卡贫困家庭学生住宿费、课本费、作业本费和技能鉴定费，为3889人发放国家助学金，为1257名建档立卡贫困家庭学生发放生活补助；普通高中投入2933.51万元，免除9887名家庭经济困难学生学费，为1.46万名家庭经济困难学生发放国家助学金；高等教育投入9939.27万元，为1581名高校学生发放奖助学金，补助754名建档立卡贫困家庭本、专科生学费和生活费，为140名家庭经济困难大学新生提供中央彩票专项公益金资助，为1.14万人发放助学贷款，为1574名市属高校助学贷款学生贴息和补偿风险金。

综合素质教育

【德育】 2017年，按新版《中小学德育工作指南》加强学校德育工作体系建设，推进德育活动课程化工程，完善校长负责制，以理想信念教育、社会主义核心价值观教育、生态文明教育、心理健康教育、中华优秀传统文化教育为主要内容，构建全体教职工和学生共同参与的德育工作体系。加强校园文化建设，召开校园文化建设现场会，表彰10所校园文化建设示范学校。加强市级心理健康特色学校创建工作，加大人力、物力、财力投入，评比心理健康教育特色学校10所。开展心理健康教育月活动，举行心理教育优质课展评325场。开展学校、社区结对活动，69所学校与69个社区签订结对协议，开展“一对一”结对共建活动，各学校组织师生到社区开展志愿服务、文艺活动、家教活动等“创文”活动累计3400余次。组织“小手拉大手，共创文明城”系列活动，开展主题班会1600余节次，主题家长会2000余次，印发宣传资料40余万份。开展“寻找最美家庭 传承优良家风家训”文明家庭创建活动，召开全市家长学校工作推进会，印发《关于切实加强全市家长学校建设的工作意见》，表彰150余个“文明家庭”“书香家庭”及280个“文明好家长”。宣传“美德少年”“最美教师”“道德模范”等先进典型，表彰30名市级美德少年。举行“童心向党”文艺汇演，47个作品获市级表彰。开展“中国梦·我的梦”棋文化演讲比赛，60名师生获市级表彰。开展环境教育系列主题班会267场，发放环保宣传资料5000份，组织12所学校参与“美境行动”环保项目竞赛，7所学校获省级表彰。表彰市级“三好学生”1040人、优秀学生干部220人、先进班集体200个。

【阳光体育】 2017年，全面落实大课间体育活动和课外体育锻炼工作，保障学生每天1小时校园体育活动时间。完成学校体育“五年行动计划”保障条件，落实教育部学校体育“三个办法”（《学生体质健康监测评价办法》《中小学校体育工作评估办法》《学校体育工作年度报告办法》），全面实施《国家学生体质健康标准》，测试和数据上报100%完成。组织开展全市中小学生“三好杯”“萌芽杯”田径、足球、排球、篮球、乒乓球、游泳比赛等各类活动。以“阳光体育、快乐足球”为主题，开展校园足球运动，7月29日至8月6日承办全省青少年校园足球联赛总决赛（高中组）；举办首届自贡市中小学校园“冠军杯”足球比赛；举行自贡市第三届中小学“学、爱、玩”校园足球联赛总决赛，77支男女队、1586多名运动员参加比赛；组织3支代表队参加四川省校园足球联赛总决赛，其中，江姐中学初中女子组获四川省校园足球联赛冠军，蜀光中学获高中男子组冠军。举办自贡市中小学（幼儿园）棋文化讲故事、演讲比赛、棋类比赛。评估命名自贡市校园足球示范学校14所，“自贡市阳光体育示范学校”16所，创建全国校园足球特色学校建设单位10个。推进自流井区全省体育工作改革整体推进试点工作。

【艺术教育】 2017年，落实国务院《关于全面加强和改进学校美育工作的意见》精神，深化艺术课程教学改革，提高艺术教育教学质量。落实艺术教育五年行动计划目标任务，抓好艺术设施设备和师资建设，改善艺术教育条件。举办2017年艺术教育现场推进会，搭建区域艺术教育交流平台。组织开展“四川省第十二届优秀艺术人才大赛”。中心校以上学校均建立学生艺术团。举行庆祝六一国际儿童节文艺演出。推进艺术特色学校建设，全年建成市级艺术特色学校10所、省级艺术特色学校3所、全国传统文化艺术传承学校2所。组织开展第14届全国中等职业学校“文明风采”竞赛活动市级初赛，参与作品近800个，获奖作品近200个。开展艺术骨干教师培训，培训人数600人次。举行第3届全市中小学生“喜迎新年唱响校园”合唱比赛活动。

【卫生教育】 2017年，加强学校卫生常规管理、饮用水卫生、食品安全工作，推进“明厨亮灶”建设。实施食堂网格化管理，开展健康教育宣传，落实传染病防控工作，组织学校卫生、食品安全、禁毒防艾等专项督查，杜绝学校卫生安全责任事故发生。开展禁毒教育“五个一”活动，加强学校禁毒防艾骨干培训，培训200余人次。市教育体育局联合市禁毒办建立6个禁毒教育示范基地。在“6·26国际禁毒日”和“12·1世界艾滋病日”开展主题活动。是年，学校食品安全、预防艾滋病教育、禁毒教育工作均获市政府考核一等奖。

学校管理

【教育科研】 2017年，申报省教育厅教育科研资助金课题立项6项，其中重点课题1项。评审立项自贡市第三届市级微型课题项目520余项。推荐29项课题成果参加省政府第六届教学成果奖评审，有9项成果获奖，其中，一等奖1项、二等奖5项、三等奖3项。推荐12项课题成果参加2017年四川省资助金课题“研究阶段成果”评审，有11项成果获奖，其中，一等奖2项、二等奖3项、三等奖6项。推荐8项教育发展改革科研成果参加四川省第三届优秀成果评选，8项成果全部获奖，其中，一等奖2项、二等奖3项、三等奖3项。5月18日，自贡市2017年教育科研成果推广会在江姐中学召开，推广四川省教育科研资助金项目重点课题、江姐中学《中学女子运动员“四三”心理训练模式的探究》。12月1日，自贡市2017年教育科研培训暨成果推广会在自流井区基础教育中心举行，推广自流井区漆树乡中心小学校获2017年省政府第六届教学成果“二等奖”的科研成果《农村小学生劳动技术教育“323”策略》。完成自贡市第三届微型课题成果评选，有368个项目参评，评出一等奖60项、二等奖119项、三等奖147项。

【后勤工作】 2017年，推进学校食堂“两化一建”工作（自主化经营、精细化管理，构建“阳光食堂”），建立学校食堂安全管理网络体系，全市义务教育阶段学校的学生食堂实现“自办自管”。利用春秋开学或转季节之机对所有市属学校食堂、公寓进行常规检查，对区县部分学校进行督查和抽查，全年检查学校264所（次）。推进学校后勤标准化建设和管理，按“以评促建、以评促改、重在建设”原则，鼓励学校参加省级“示范性标准化学生食堂”创建，全市有5所学校获“省级示范性标准化学生食堂”称号。推进队伍建设，全年开展业务培训3次，有1200人次参加；召开“全市学校食堂管理工作现场会”，开展“食堂自办自管财务管理知识”专题培训，汇编印发《关于食堂管理的实施办法》。市教育体育局联合市质监局、市工商局对全市学校的学生服装、作业本质量进行专项检查，质量均符合国家质量标准或采购标准。

【行业风险体系建设】 2017年，推进全市教育系统风险保障服务体系建设，校方责任保险实现“应保尽保”“足额投保”，参保率100%；学生“居民医保”知晓率100%，投保率97.5%；中职学生实习实训责任保险实现“应保尽保”；其他商业涉教保险市场规范，没有出现违规违纪行为。

体 育

【体育设施】 2017年，争取到省级和市级体育彩票公益金55万元，用于加强公共体育设施建设。截至年底，全市建成行政村农民体育健身工程720个、乡镇农民体育健身工程7个，其中，省级农民体育健身工程示范点3个、国家级农民体育健身工程示范点1个；全民健身路径工程566个；全民健身中心2个（国家级全民健身中心1个）；全民健身广场275个；社区多功能运动场16个；健身步道88公里；体育公园5个、户外体育营地3个，实现城市社区全民健身设施全覆盖。

【群众体育】 9月，自贡市体育中心健美操代表队在第六届全国全民健身操舞大赛总决赛中，分别获儿童组别（7—12岁）规定表演轻器械二级第一名和自编运动舞蹈第一名。是年，全市新增市级单项体育协会2个，市级体育协会累计36个。推行“一行业多协会”模式，发挥协会在组织群众体育赛事、服务全民健身方面的专业性优势。加强全市社会体育指导员队伍建设，为全市60个省级贫困村举办为期2周的社会体育指导员培训班，参与培训人数120余人，全市累计有国家级社会体育指导员20人、一级社会体育指导员135人、二级社会体育指导员2000余人。推进国民体质监测工作，开展公益体质监测志愿服务，完成国民体质监测1000余人次。全市开展城乡体育健身活动、群众性全民健身赛事115余项次，参与人数约110万人次。

【竞技体育】 2017年，自贡组队参加全国跳水冠军赛，获男子团体亚军、女子团体季军。在全国青少年保龄球锦标赛上，1人获U12男单冠军、2人获U16女双冠军、1人获U16女子全能赛冠军、2人获U16混双赛冠军，自贡代表队获4金、3银、3铜及5个第4名、3个第5名、5个第6名，并获“体育道德风尚奖”，获奖总数、参赛人数、整体技术水平均创历史新高。在四川省青少年体育锦标赛上，全市37支队伍、853名运动员参加21个项目比赛，获47金、35银、35铜。参加四川省校园足球总决赛，蜀光中学获高中男子组冠军、江姐中学获初中女子组冠军。参加四川省中学生羽毛球比赛，富顺二中获团体总分第1名。参加中国中学生排球联赛，自贡一中获男排第3名。参加全国校园足球总决赛，江姐中学获高中女子组第6名。

【自贡恐龙国际马拉松比赛】 12月10日上午9点，“自贡银行”2017自贡恐龙国际马拉松在南湖体育中心开跑。比赛设半程马拉松和欢乐跑2个项目，13个国家及地区的9910名跑者参加比赛。凉山州高三学生沙正友以1小时8分的成绩获半程马拉松赛男子组冠军，10分钟后埃塞俄比亚运动员梭脊索获半程马拉松女子组冠军。

【首届青少年攀岩锦标赛】 12月23日至24日，由市体育总会主办，荣县体育总会、自贡户外运动协会、荣县银九谷旅游开发公司承办的自贡市首届青少年攀岩锦标赛在银九谷攀岩场举行。全市各区县的40余名选手参加比赛。比赛设男女速度赛2个组别，年龄在8至11周岁之间。经过比赛，男子组黎建庭以58秒19获冠军，女子组李洛萱以1分31秒获冠军。

【首届中小学生“三好杯”“萌芽杯”气排球比赛】 12月15日至16日，由市教育体育局主办，市排球运动协会承办的自贡市首届中小学生“三好杯”“萌芽杯”气排球比赛在市蜀光绿盛实验学校南湖校区举行。16支队伍经过2天比赛，最终自贡一中获男子甲组冠军，荣县中学获女子甲组、女子乙组冠军，蜀光绿盛实验学校获男子乙组冠军。

【首届电子竞技运动会】 7月18日至19日，由市教育体育局指导，市网络竞技协会主办的“自贡市第一届电子竞技运动会腾讯王卡杯王者荣耀争霸赛”在南湖体育中心进行决赛。前期经过3周的海选，从110支报名队伍中产生16支队伍进入决赛。经过比赛，“为所欲为战队”获冠军，“柠檬红茶战队”“TBE战队”分获亚军和季军。该届电子竞技运动会600余人参赛，观众1万余人，平均每场赛事现场参与人数1000多人。

【体育训练】 2017年，规范运动员管理，完成151名运动员注册工作。截至年底，有国家青少年保龄球训练基地1个、2014—2017年周期四川省高水平体育后备人才基地2个、四川省男子排球后备人才培训基地1个、四川省女子足球后备人才培训基地1个、2014—2017年周期省级幼儿体育基地3个、省级体操特色幼儿园13个。全市有体育传统项目学校41所，青少年体育俱乐部14个。

【体育产业】 2017年，出台《加快发展体育产业促进体育消费的实施意见》，成立自贡体育产业协会，建成沿滩火箭湖等3个户外运动拓展培训基地。指导市航空运动协会申报国家级航空飞行营地，已争取到国家级航空飞行营地资质。完成体育产业基本单位名录库建设。引入北京青鸟盛地体育发展有限公司参与市体育中心南湖体育场北区五人制、七人制足球活动中心建设。将川南国际网球中心交由市网球协会托管运营。推进沿滩区多功能体育公园项目建设和市射击场搬迁新建，开展市体育中心南湖游泳馆和综合馆项目前期准备工作。修订完善《经营高危险性体育项目管理工作实施意见》，强化分类管理与日常监管。全年完成体彩销量1.14亿元，比2016年增长127万元。争取专项补助资金290.1万元，全年大型体育场馆免费、低收费开放服务人数338.18万人次，开放330天以上，举办公益性讲座、培训、体育、文化活动150余次，超额完成省、市目标任务。

（市教育体育局）

文 化

概 述

2017 年，按“文化兴业”与“文化铸魂”要求，推进自贡独具特色的国际文化旅游目的地和全省文化强市建设。是年，市文化广电新闻出版局被省政府评为第六届中国成都国际非物质文化遗产节组织工作先进集体，被省新闻出版广电局评为在中共十九大安全保障工作中做出突出贡献单位和全省新闻出版广电（版权）行政处罚案卷评查工作优秀组织单位，被省版权局评为作品版权登记工作中做出突出成绩单位。

体制改革

【管理体制改革】 2017 年，市政府出台《自贡市推进基层综合性文化服务中心建设实施方案》。完成自贡市图书馆总分馆制试点，贡井区图书馆、市第三十四中学图书馆被确定为市图书馆总分馆制试点建设单位。推进新一轮文化执法改革，《自贡市关于进一步深化文化市场综合行政执法改革的实施意见（送审稿）》经市委、市政府审议通过。自贡市广播电视台由市文广新局所属事业单位调整为市委宣传部所属事业单位，市文广新局负责业务指导。

【管理机制改革】 2017 年，出台《自贡市优秀文艺作品扶持办法（试行）》《自贡市政府购买文艺产品和服务实施方案（试行）》，激励规范艺术创作与演出。首次出台《自贡市扶持民营实体书店发展奖补资金暂行办法》，金钥匙书店等 3 家民营实体书城获 20 万元奖补资金。

公共文化服务

【设施建设】 2017 年，基本完成市文化艺术中心一期工程（市文化馆项目）室外装饰，启动实施内部装饰和线路布局。完成市图书馆整体改造。开展川南 6 地市图书馆地方文献资源共建共享交流合作。完成区域文化共建共享平台建设并投入使用。推进省级公共文化服务示范区县创建和四区（自流井区、贡井区、大安区、沿滩区）图书馆、乡镇出版物数字化发行网点等公共文化服务设施建设，完成 1128 个行政村农家书屋书目补充更新，大安区完成“三馆建设”审批手续，沿滩区完成“三馆建设”前期规划和征地，沿滩区卫坪镇、自流井区五星街磨子井社区 2 个数字化发行网点的电子图书期刊点击量、下载量分别位居全省第八和第九。完成第六次全国县级以上图书馆评估定级，市图书馆在全省公共图书馆中名列前茅。全市公共图书馆公共数字文化工程通过省实地抽查考核验收。全市贯彻执行《四川省公共图书馆条例》情况在省人大常委会执法检查中得到认可。

【队伍建设】 2017 年，规范演员、舞台技术、群文艺术专业职称评审条件，送评高级、中级、初级专业技术人员 50 余人。统筹设岗解决自贡世界地质公园管理处、中国彩灯博物馆专业技术人员晋升问题，以考核招聘方式解决原曲艺剧团人员身份问题。以遴选、公招等方式补充文化系统人员18人，以柔性引进办法吸纳各类人才30余人，举办培训31期1300余人次。建立文化系统高层次人才信息库和领导干部联系专家制度，全系统51人具有副高级以上职称，21人拥有研究生及以上学历。23人被评为全市优秀宣传文化人才，6人被推荐为省优秀专家和学术技术带头人，1人被评为自贡市“双千计划”人才，市歌舞曲艺演艺有限公司陈正平当选中共十九大代表。是年，全市文化系统提拔正县级领导干部1人、调研员1人、副调研员1人、正科级领导干部4人、副科级领导干部2人。全年组织声乐、舞蹈、器乐、戏剧小品、美术、书法、摄影等群众文化辅导培训80余场次。

【文化民生工程】 2017年，完成30个广播“村村响”升级改造、5340户电视“户户通”建设任务和60个贫困村文化活动室新建或改扩建，免费放映1.35万场农村公益电影和300场社区公益电影，为17个贫困村捐赠图书2000册，对10个村（社区）或学校采取一对一“结对子”模式进行文化帮扶，举办送文化下基层等群众文化活动1620场次，占目标任务的108%，服务群众60余万人，开展“三馆一站”免费开放等文化惠民行动。沿滩区联络镇高滩村、大安区新店镇何院村、富顺县永年镇菜田村、荣县墨林乡吕仙村被评为四川省“文化扶贫示范村”。

文化活动

【大型文化活动】 2017年，以“文明新盐都·快乐自贡人”为主题，组织开展喜迎中共十九大、自贡春晚、新年音乐会、庆祝建党96周年主题文艺晚会、纪念中国人民解放军建军90周年文艺晚会、2017年自贡市小戏小品巡演、市第十五届舞蹈新作比赛、市第十六届“十大歌手”比赛、市第十九届戏剧小品比赛、“文化自贡·书香盐都”全民阅读、“振兴川剧”35周年系列活动及川南四市川剧折子戏巡演、曲艺进校园等重大文化活动36场次。自贡市第十六届文化艺术节举办演艺、比赛、展览等4大类22项主体活动、26场专场文化活动，新创剧节目近200个，3000余名群众演员登台献技，观众超20万人次。围绕“净化荧屏声频，讲好四川故事”主题，组织选送编辑记者参加十佳主持人评选活动和冕宁行——纪念红军长征80周年采风。

【文化惠民活动】 2017年，全市文化专业院团实施文化惠民和常态化演出716场次，占全年目标任务的180%，观众超100万人次。自贡川剧团在贡井陈家祠堂、市盐业历史博物馆每月定期开展4场文化惠民戏曲驻场演出，在自贡恐龙博物馆、荣县大佛等景区景点开展自贡杂技、川剧、歌舞常态化演出。全市各文化专业院团在自贡灯会大舞台、第二届草雕节期间举办专场演出，向游客宣传自贡文化。全市各文化专业院团开展“结对子、种文化”活动，对10个社区（村）或学校进行文化帮扶并形成长效机制。

【宣传报道】 2017年，围绕中共十九大和省第十一次党代会召开，开展会前、会中、会后新闻报道策划，《自贡新闻》《新闻时空》《直播盐都》等重点新闻栏目指派记者专题采访，开设党的十九大、十九大时光、十九大看变化、学习贯彻省党代会精神等专栏，推出系列报道、专访、综述评论等，多角度、多形式进行全面宣传报道。《自贡日

报》《自贡晚报》、自贡广播电视台专版专题宣传全市文化工作特色亮点。《中国文化报》《中国文物报》《四川日报》《自贡日报》等刊发自贡文化产业、文物文博、文艺创作演出等文章200余篇，中央电视台、四川电视台、自贡广播电视台等刊播自贡文化消息300余条，网站刊发、转载文章800余条。改版提升与编辑出版《自贡文化》杂志4期，刊发公共文化、舞台集萃、文物文博、文化产业、文化人物、文艺作品、文化杂谈、文化资讯等文章100余篇，图片500余幅。推广运营自贡文化政务微信平台，丰富完善栏目图文信息，全年编发文化信息1200余条，图片2000余幅。

艺术创作

【舞蹈】 2017年，《幸福小院》获四川省舞蹈新作比赛创作一等奖、表演二等奖，《红盐道》获创作、表演二等奖，《沟通》入围四川省舞蹈新作比赛决赛。

【歌曲】 2017年，创作完成女声三重唱《山寨素描》、女声独唱《大地情深》、和声表演唱《遥远的妈妈》、军歌联唱《我是一个兵》、器乐合奏《星》、二胡独奏《三门峡畅想曲》等曲目。自贡籍歌手甘笠童获全国嘉陵江之声流行音乐大赛个人演唱组全国总冠军。

【杂技】 2017年，《父亲》获省第三届曲艺杂技木偶皮影比赛二等奖，《戏曲花坛》入围省第三届曲艺杂技木偶皮影比赛决赛。《变伞——雨中情》获2017年欢乐谷杯全国魔术精英挑战赛银奖。

【曲艺】 2017年，谐剧《旋转的椅子》、方言小品《生财有道》、话剧小品《空秀丹青——飞翔的维纳斯》入围省第十六届戏剧小品（小戏）比赛决赛。四川竹琴《盐都壮美图》入围省第三届曲艺杂技木偶皮影赛决赛，并获2018年度国家艺术基金舞台艺术（小型剧节目）扶持项目。金钱板《钱串串》入围省第三届曲艺杂技木偶皮影赛决赛。

【戏剧】 2017年，大型原创歌剧《盐神》作为四川唯一入选的“中国民族歌剧传承发展工程”重点扶持剧目和“复兴路上颂党恩——四川省十月演出季”重点剧目，在成都西婵国际剧场完成首演，并在江苏徐州举行的第三届中国歌剧节展演，获“第三届中国歌剧节入选参演剧目”。大型原创川剧《惊蛰》完成剧本创作并得到文化部剧本扶持工程“买断移植剧本”项目支持。大型原创川剧《还我河山》获四川省第十四届精神文明建设省“五个一工程”优秀作品奖。

【绘画】 2017年，举办“春风化雨——10名家迎春书画展”。新创作美术作品20余幅，与凉山州联合举办“彝族风情”美术摄影作品交流展。

【媒介作品】 2017年，原创广播电视公益广告作品《传承工匠精神 创造不朽经典》《传承经典 振兴川剧》和《同心携手 共享阳光》分获省第六届广播电视公益广告创作大赛电视类一、二、三等奖，《阅读：飞翔篇》《创新》和《返哺之恩》分获省第六届广播电视公益广告创作大赛广播类一、二、三等奖，获奖等次、数量名列全省市州之首。《自贡，一座有盐有味的城市》获2017年度“美丽四川——美景”影视作品创作推动活动提名奖，《好人曹翔》获2017年度“美丽四川——好人”影视作品创作推动活动提名奖。全市26件作品在四川广播电视节目评审推选中获奖，获奖率 84%，名列全省市州前茅。

文化遗产保护

【文物保护】 2017 年，完成吉成井盐作坊遗址维修保护工程等 16 个文物保护项目的资金申报，到位国家、省级资金 1520 万元，6 个国家级文物保护项目分别立项和入统国家发改委“十三五”项目库。健全市级文物保护项目库和国家、省、市、县四级文物保护网络，完成 28 个市级文物保护单位评审、13 个国家级文物保护单位与 22 个省级文物保护单位申报、首批 8 个历史文化街区划定和 65 座历史建筑确定，成立全省首个古迹遗址保护协会盐业历史遗迹保护专业委员会暨自贡市古迹遗址保护协会。完成方特恐龙王国、川南城际铁路富顺段明代墓葬群等重大项目考古发掘和张伯卿公馆、吉成井、桓侯宫等 10 余个重大文物维修工程，贡井陈家祠堂被打造为对外免费开放的群众文化阵地及青少年爱国主义教育基地，王爷庙被打造为盐商生活体验馆并正式对外开放，引入社会资金 2000 余万元对东源井古盐场、胡氏民居进行保护开发。市人大常委会通过开展现场调查、立法调研、公开听证和修改完善、专题立法审议等程序，推进《自贡市井盐文化遗迹保护管理条例》立法工作。

【自贡世界地质公园扩园申请成功】 2017 年，自贡世界地质公园扩园申请由联合国教科文组织执行局第 201 次会议正式通过。自贡世界地质公园是一个面积 1630.46 平方公里、有连续边界、内容丰富、美学与科学价值兼有的地质公园，它的扩园申请成功成为中国地质公园建设里程碑式案例。是年，举办自贡世界地质公园边界行科考活动。

【博物馆事业】 2017 年，组织自贡恐龙博物馆、市盐业历史博物馆开展可移动文物收集补充和科学教育、文化旅游系列活动，举办“中国恐龙”邮票首发式、自贡井盐工业遗迹及川滇古盐道考察、中国首届《井神》祭祀、中国博物馆学会博物馆数字化委员会 2017 年会、盛世华彩——宋瓷博物馆馆藏文物精品展、琴润盐都——明代古琴体验活动、第四届恐龙复活节等活动，自贡恐龙博物馆、市盐业历史博物馆全年接待游客约 100 万人次，比 2016 年增长 63%。市盐业历史博物馆获评国家一级博物馆，自贡成为全国地市级城市中少有的拥有 2 座国家一级博物馆的文化名城。是年，市盐业历史博物馆珍贵文物预防性保护项目成为全省第一个通过国家验收的博物馆预防性保护项目，中国彩灯博物馆完成陈列改造。

【非物质文化遗产】 2017 年，组织全市国家级、省级、市级“非遗”项目参加第六届成都国际非物质文化遗产节，文化部副部长项兆伦及省文化厅领导到自贡主题馆参观指导。围绕“传承发展的生动实践”主题，举办自贡非物质文化遗产及民俗展示、展演、展销活动，以图文、精品、技艺等形式集中宣传展示近 10 年全市非物质文化遗产保护取得的成就，44 项国家、省、市级非物质文化遗产项目和民间民俗参加展示展演。市政府正式公布 12 个第五批自贡市非物质文化遗产名录。组织开展非物质文化遗产进校园活动 10 场次。与凉山州开展书画、摄影及非物质文化遗产展示交流活动。完成《自贡民俗之四 · 民歌民谣》的收集整理。

文化产业

【产业服务引导】 2017年，审批彩灯外展23批次，配合办理涉外工伤保险11次。组织申报"一带一路"2018年文化贸易重点项目6个、省级文化产业对外文化贸易示范基地2个。开展制定彩灯发展规划、设立彩灯展示区等工作，推动国家级彩灯文化产品出口质量安全示范区创建。组织企业参加中阿经贸文化交流峰会、深圳文博会、西部进出口商品展、成都第四届文化创意周展览等展会，对文化企业进行电子商务培训。建立服务业统计名录库，新增4户规模以上文化企业，21户入统规模以上文化企业全年实现营业收入5.14亿元；清理完善规模以下企业名录库，新增规模以下文化企业80户，入统规模以下文化企业119户。

【项目招商推介】 2017年，挖掘"盐龙灯"特色文化资源，策划包装推出重大文化产业项目22个，总投资约660亿元，超全年目标任务340%。在浙江举办招商推介会，现场签约"智慧城市"、彩灯产业2个项目，总投资70亿元，超全年目标任务100%。与浙江大丰实业、广州锐丰科技、杭州宝江投资、功夫动漫等企业对接洽谈自贡大剧院和彩灯、恐龙、音乐文化资源等文化产业项目。全年引进市外资金1.1亿元，超年度目标任务10%；争取各类资金1.45亿元，比2016年增长124%。

【文化项目及园区建设】 2017年，推进中华彩灯大世界项目，完成与成都华侨城的商务谈判，投入4亿元完成征地拆迁763.33公顷、房屋拆迁协议签订468户。中国彩灯之乡文化创意产业园完成投资1200余万元，成功举办第二届草雕节暨首届乡村音乐节。龙腾"彩灯·恐龙"文化产业创意园完成投资2000余万元，平整场地1.4万平方米，开工建设主体建筑。是年，自贡市被评为国家级出口彩灯文化产品质量安全示范区，是全国首个文化产品质量安全示范区。全年入库在统全社会固定资产投资项目25个，实现固定资产投资15.5亿元，超年度目标任务93%。

【彩灯业】 2017年，分别与全国友协、中国图书进出口集团公司签署《关于推动自贡灯会走向全球战略合作框架协议》，自贡灯会成为中国"春节文化走出去"国家行动计划的重要项目。开展"感知中国·环球灯会——中华彩灯G20汉堡行"等活动，自贡灯会实现从区域文化品牌到"环球灯会"国际性文化品牌的转变。是年，全市彩灯企业在国内85个城市举办122场灯展，在国外21个国家（地区）47个城市举办53场展会，实现营业收入近10亿元，其中，彩灯文化贸易出口额2500万美元，居全省传统文化产品出口数和贸易额前列；仿真恐龙企业在国内42个城市签订53个订单，在国外28个国家（地区）签订70个订单，实现营业收入近5亿元。截至年底，全市彩灯企业631家，其中专营企业211家，年产值超20亿元。

【文化旅游业】 2017年春节、国庆等节日期间，全市主要文化旅游景区接待游客58万余人次，实现旅游收入2580余万元，分别比2016年增长5.45%和7.5%。

【演艺娱乐业】 2017年，与昆明、遵义、凉山、宜宾等10个市州共同组建川滇黔渝市州文艺院团联盟，签订文艺产品输出战略协议，自贡专业院团接外演、商演近200场。

【新闻出版业】 2017年，组织新华文轩门店和基层网点、民营书店在核心位置设立专区、专柜，开展迎接中共十九大重点主题出版物展示展销活动。全市印刷企业实现年总产值1.52亿元，出版物发行单位实现年销售总额2970万元。

【文化贸易交流】 2017年，全市8户彩灯企业和1个项目被商务部等6部委评为年度国家文化出口重点企业和重点项目。市杂技团演艺有限责任公司、市歌舞曲艺演艺有限责任公司与中艺、海天等彩灯公司联合推出对外文化交流和外贸项目6个，分别到美国、加拿大、西班牙、日本等国家举办展演230场。市杂技团演艺有限责任公司应邀到香港参加“庆祝香港回归20周年”系列演出。到上海、绍兴、东莞、大连4个城市举办恐龙外展、盐文化科普活动，接待观众逾300万人次，展览总收入130余万元。

文化市场监管

【行政审批】 2017年，新增三级联审事项4项，市级行政审批事项共10项、三级联审事项共7项。完成98家印刷企业、227家出版物经营单位、7家公开报刊、3家省内媒体驻自贡记者站、5家媒体单位259个记者证、6个出版物数字化发行网点的核验核查，审批变更5家印刷企业，新批2家印刷企业、118家内资出版物准印证申请。

【监管整治】 2017年，实施“扫黄打非”进基层网格化管理，5个社区被评为全省“扫黄打非”进基层网格化管理示范网格。配套建立新闻从业人员数据库，完善全市266名新闻从业人员电子档案。集中清查全市印刷企业、寄递企业和出版物市场，规范经营秩序。深化全国文化市场监管服务平台和“扫黄打非”信息管理系统的推广应用，开展中共十九大文化市场专项保障、文化市场专项整治、“扫黄打非”五大专项行动、广播电视播出传输秩序治理、“双随机一公开”监管和非法出版物集中销毁等活动，全年出动文化市场综合执法人员1.06万人次，检查场所5851家次，责令改正116家次，删除网上有害信息702条。受理“12318”举报87件，办结率100%。全年办结文化执法案件153件，其中，获评全国文化市场重大案件1件、全省文化市场十大案件1件、全省文化市场重大案件2件，办案数量和获奖数创历史新高，位居全省第二，“扫黄打非”工作3次获全省通报表扬。推进全国文明城市创建等“三创联动”工作，发放调查问卷5000余份，整改问题点位230个。

【安全管理】 2017年，制定《关于建立文化市场安全管理长效机制的实施意见》和印发《关于进一步规范文化市场安全生产管理工作的通知》。组织开展文化市场消防安全培训7次，举办大型消防应急救援疏散演练3次，文化行业经营业主约800人次参加。组织开展安全生产月宣讲活动，向群众重点讲解消防安全“四个能力”“三提示”“一懂三会”和“六个严禁”，发放宣传资料1100余册，现场解答100余名群众咨询提问。先后组织开展文化市场安全生产督查、汛期安全生产和夏季消防、冬春火灾防控等专项行动，全市出动执法人员8413人次，检查场所4893家次，发现安全隐患并责令整改54家，办理安全类案件3件，隐患消除率100%。

图书出版发行

【出版印刷管理】 2017年，开展全覆盖排查整治“问题地图”等出版物市场专项行动，全年出动执法人员2716人次，检查1381家次，办理新闻广电出版类案件7个。对车站、地下商场、隧道、音像制品商店等重点区域开展突击检查，严密封堵非法出版物、严厉惩治侵权盗版行为。在春、秋季开展中小学教辅材料及“三科”教材教辅出版印刷发行专项检查，检查中小学40所、校园周边出版物和印刷经营单位60家，责令整改3家，查缴“口袋本”非法出版物、儿童仿真版人民币纸钱包、盗版光碟等300余件。

【版权保护】 2017年，免费登记版权作品3179件，超省下达目标任务30.6%。征集中共历史、改革发展、自贡文化等方面重点出版选题53个。海天文化公司成为全市首家获四川省版权示范单位称号的企业，为全省获该荣誉的4家企业之一。

【图书出版】 2017年，出版《盐都》《赵熙题刻辑》《井盐诗魂》等，实现收入16万元。

【图书阅览】 2017年，市图书馆采购图书1.14万种2.29万册，比2016年增长8.2%。订阅报刊530种，征集地方文献125种279册，其他赠书23种61册。全面清查和整理馆藏地方文献，完成地方文献数字化1万页，实现国家图书馆公开课资源建设50集、网事典藏100个、元数据仓储3万条、政府公开信息整合1万余条。通过网站开通试用“云图数字有声图书馆”“书香自贡图书馆”“联图就业培训资源库”“库客数字音乐图书馆”“银狐考试题库”等24种电子资源。触摸式电子图书借阅机及移动图书馆平台全年下载量8000余册。全年市图书馆接待读者25.6万人次，网页点击7万余次，新办借书卡1348张，建立咨询档案200余份。

【图书活动】 2017年，“文化自贡·书香盐都”全民阅读活动在沿滩区启动，全市机关干部、中小学师生、基层文化骨干、军警官兵、文化志愿者、社区群众等近1000人参加启动仪式。活动期间，举办“爱国情·民族魂”自贡市第三届经典诵读活动比赛、“感动自贡历史人物”公益讲座、残疾人读书演讲比赛、新书好书推荐、送书下乡等全民阅读活动50余场次。其中，举办“美丽家园·放飞梦想”第四届青少年DIY自制图书活动，收到6个区县12所学校报送的600余本纸质自制图书和电子书作品，优秀获奖作品通过申请知识产权保护存于图书馆；组织参加第二届“点亮心灯 共享资源”残疾人演讲比赛和“书香承载梦想 阅读点亮人生”全国优秀盲人读者交流活动，魏家强获全国“百名盲人优秀读者”称号，王伟、刘延玲获全国“阅读达人”称号；重点开展红色盐商侯策名、胡慎怡堂的历史思考、颜桂馨堂三俊杰、放牛娃出身的仁商余述怀、盐场望族河东王——践行大义精神的盐商典范王三畏堂、罗筱元与罗华垓、也谈李四友堂的兴衰、“土工程师”盐商——熊左周等8场“感动自贡的人和事”系列公益讲座，听众1200余人次；举行“少儿沐书香”图书馆主题游，接待7所幼儿园350名幼儿及家长；以“爱祖国·扬军威”为主题的纪念建军90周年全民征文活动收到600余篇文章，对二等奖以上优秀文章进行汇编出版；《两地书 母子情》获全省“悦读家”活动总决赛优秀奖；精选20多部爱国影片到军营、企业、乡镇、社区、学校举办纪念“七七卢沟桥事变”80周年爱国影片展播活动，累计展播102场次；开展“吉语传情·嘉联迎春”电子有声贺卡、“书香博闻·金鸡唱榜”趣味闯关答题、“九州同庆·最美年俗”摄影在线有奖征集、“数图有礼·资源贺岁”线下主题展览等为内容的2017年网络书香过大年活动，实现读者的互动和参与。借助流动图书车开展下基层服务和“三下乡”活动55次，接待读者2000余人次，发放《农村科技致富信息》5300份，为基层阅览室交换图书6000册。

报 刊

【报刊发行】 2017年，全市公开发行报纸有《自贡日报》《自贡晚报》《四川理工学院报》，发行量2126.6万份，其中，《自贡日报》《自贡晚报》发行量2117万份；公开发行期刊有《中国井矿盐》《盐业史研究》《四川理工学院学报（社科类）》《四川理工学院学报（自然科学类）》，发行量6万册；非公开发行有《自贡文化》《自贡人大》《自贡政报》等27种报刊型连续性或一次性内部资料。

【报刊活动】 2017年，《自贡日报》主要推出《推动振兴发展决胜全面小康》《干起来拼起来推动自贡振兴发展》《挂图作战撸起袖子抓项目》《聚焦自贡建设全国老工业城市产业转型升级示范区》《干起来拼起来 深入推进党员干部作风建设》《以党的十九大精神为指引 推动振兴发展 决胜全面小康》《新征程 新作为》《聚焦重大项目》《三创联动进行时》《创建全国文明城市 共建共享美好家园》《践行社会主义核心价值观》《党建先锋》《党务公开》《脱贫攻坚》《自贡故事》等特色专栏；围绕市委、市政府中心工作，刊发《以一流标准一流举措开展好今年工作》《我市2017年第二批重大项目集中开工》《我市2017年第四批45个重大项目集中开工》《确保今年9月招生入读 龙湖实验学校项目进展顺利》等促投资、稳增长、调结构、惠民生方面的报道；全国、全省“两会”期间，刊发自贡地区人大代表、政协委员专访、意见建议、提案摘要等，重点刊发习近平参加四川代表团审议时的重要讲话；开设13个“创文”宣传专栏，刊发《刘永湘在全市创建全国文明城市工作推进会上强调打好创文“保提名求升位”攻坚战》《我市召开创建文明城市现场会》《龙湖远达社区弘扬社会主义核心价值观一瞥》等稿件668篇；开设《砥砺奋进的五年 以优异成绩迎接党的十九大》等专栏，刊发《洋土豆变“金蛋蛋”——大党村产业扶贫效带来的新变化》《购物更加舒心便捷——且看物流业给百姓带来的变化》等反映基层工作和群众生活的报道；开设《干起来 拼起来 推动自贡振兴发展》《党建先锋 盐都英才展风采》等专栏，刊发《李刚在全市党员干部作风建设工作会上强调一步一个脚印抓好各项工作落实用实际行动为建设城乡一体繁荣幸福新自贡作出应有的贡献》《确保行政权力高效优质运行——我市开展专项整治速记》等新闻稿，宣传全市党的建设及鲜活经验、先进典型与显著成效；开设《记者走乡镇》《乐乐进社区》等专栏，运用记者专访、现场、手记、札记、小议、时评等新闻报道元素刊发《创新工作方式“放大”百姓诉求——马冲口街道开启党建新路子》等文稿；推出《富顺川戏迷 在落寞中守护艺术瑰宝》《欢乐连箫 珍稀民间小调演绎乡野风情》《“志”存高远写春秋——自贡两代地方志编修者的故事》《百年龚扇“指尖瑰宝”续写传奇》等体现自贡历史文化的稿件，将周末“文化版”的封面大特写打造为一个文化拳头品牌；免费制作30幅极富自贡地方特色的公益广告，刊发社会主义核心价值观、图说我们的价值观、讲文明树新风、环保、禁毒防治艾滋病、文明旅游等公益广告276次共82.21个整版，发挥公益广告成风化人的教育引导作用。是年，《自贡日报》获省级以上新闻奖作品27件，其中，《“三个评价”折射城里姑娘的担当——记大安区新店镇何院村“第一书记”王珊娟》《不缺掌声缺人才——自贡杂技光耀背后的现实困境》获省新闻奖二等奖，《自贡川剧盛名下难掩几分忧虑》获中国城市党报新闻奖一等奖，《琴声如诉 穿越600年时空——自贡馆藏明代古琴“复活”记》《急诊科里 一根藤上“7个葫芦娃”——探访一医院7名男护士鲜为人知的故事》获省报纸副刊作品奖一等奖。《自贡晚报》主要推出《市两会特别报道》《推动振兴发展决胜全面小康》《打赢环保翻身仗》等专栏，对全市时政、经济、文化进行宣传报道；刊发《上翻转课堂 学生要掏3500元购平板电脑》《搭救落水夫妇 村里人能来的都来了》《渔战》《松毛虫肆虐青山岭》《这才是自贡人的“深夜食堂”》《这小小的女孩啊 离死亡这么近这么近》《一碗面温暖一座城》《筑梦蓝天·自贡航模大赛系列报道》《女孩跨城“求助”是“穿越失忆”还是亲情缺失?》《万“马”聚盐都 奔跑中感受自贡风采》《老电影院要拆了 这里有你的故事吗?》《“龚锁长”修锁时坠亡 连素未谋面的人都来为他捐款》等民生社会新闻，发挥都市类报纸关注民生、舆论监督的作用；《生活超市》立足民生需求、关注市民生活，为市民提供天气、生活用品、交通出行等服务信息；《今日关注》围绕热点关注、深度报道和舆论监督定位，推出《〈自贡市物业管理条例〉将从明年1月1日起施行》《23岁的汇东加油站 今天和大家说再见》等稿件；《法治进行时》用案例和讲故事等形式，展现“法治自贡”建设进程；以“夕阳未老 我们正好”为主题，每周六推出《老爸老妈》周刊，为中老年群体提供服务信息；《悦周末》周刊设《盐码头》《有趣的世界》《网事缤纷》《最体娱》等版面，为读者提供符合周末阅读习惯的新闻和信息；《自贡大教育》周刊开辟《约封面》《蓓乐园》《小螺号》等栏目、版面，在自贡本地教育、挖掘典型个人、分享教育心得方面为关注自贡教育的市民提供展示窗口，推出中高考学校成果展示等专题。《自贡日报》《自贡晚报》、自贡网80多名记者（编辑）组成4个全媒体采访小分队，开展大型主题集成式系列采访报道活动。在《以党的十九大精神为指引 推动振兴发展 决胜全面小康》《脱贫攻坚》《自贡故事》专栏中刊发《搬进新房子 蔬菜“老把式”迎来新生 刘仕明 大安区回龙镇关帝村贫困户》《小小茶叶树 托起致富奔小康大梦想 段惠兰 荣县铁厂镇山王村贫困户》等稿件。

广播电影电视

【基础建设】 2017年，推进“高清自贡 智慧广电”建设，荣县和富顺县广播电视台分别推出

“掌上荣县”“富顺眼”手机客户端，自贡广播电视台完成综合频道高清化设备招标，自贡日报社完成文传系统、视频演播室建设。自贡广播电视台交通广播获国家新闻出版广电总局批准。

【产业发展】 2017年，新建太平洋荣县影院，荣县嘉华电影院、雄飞假日影城歇业。全市12家电影院实现票房收入6552万元，比2016年增长16.04%。

【行业管理】 2017年，对全市广电系统65名安全播出责任单位领导和业务骨干进行广播电视安全播出培训。开展广播电视安全播出检查和应急演练，确保中共十九大和省、市党代会等重要保障时期、时点的安全播出，全市广播电视实现零停播、零插播。实施广播电视播出传输秩序治理，市文广新局会同市无线电管委会办公室、市公安局、市国安局等部门查处6座“黑广播”发射台。

（王 云）

地方志

【概况】 2017年，全市地方志工作以习近平新时代中国特色社会主义思想为指导，学习贯彻中共十九大精神，围绕市委、市政府中心工作和省地方志办工作要求，组织实施全国、全省和全市地方志事业“十三五”发展规划，落实《中共自贡市委办公室自贡市人民政府办公室关于进一步加强和改进新形势下地方志工作的意见》，依法开展修志编鉴主业和地情资源开发利用、地方志信息化建设、理论研究等工作，推动地方志事业转型升级。3月，《大安区志（1989—2006）》正式公开发行，全市第二轮市、区（县）修志任务全面完成。5月30日（端午节），央视综合频道晚间黄金时段播出大型纪录片《中国影像方志·富顺篇》。9月17日，《自贡日报》头版以《“志”存高远写春秋——自贡两代地方志编修者的故事》为题，讲述全市两代方志工作者直笔著信史、彰善引风气的故事，自贡网等主流媒体对该内容进行转载。年底前，《贡井年鉴》《沿滩年鉴》相继出版，全市区县综合年鉴提前实现一年一鉴、公开出版全覆盖目标。

【《自贡年鉴（2017）》出版】 《自贡年鉴（2017）》是由自贡市政府主办、《自贡年鉴》编纂委员会编纂的第23部综合年鉴，2017年10月由方志出版社出版，全书90.6万字，设38个类目，记述自贡市2016年自然、政治、经济、文化和社会等方面的基本情况、重大事件及主要发展变化。设领导关怀、重要会议、城乡建设、经济建设、文化建设、社会建设、区县建设、创文活动8个图片专栏，共刊载图片184幅。

【综合年鉴实现全覆盖】 2017年，市地方志办强化编鉴主业，推进地方志“十三五”规划落实。2月底至3月初，先后派员到贡井区、沿滩区开展地方志重点工作调研，督促落实“一纳入八到位”及国家和省的地方志工作政策及部署、综合年鉴编纂出版工作。3月至4月，贡井区和沿滩区先后由区委、区政府召开会议，部署和启动综合年鉴编纂工作。全年先后派出6批次人员到贡井区、沿滩区开展年鉴编纂业务培训，帮助编纂人员提高业务工作水平。12月，《贡井年鉴》《沿滩年鉴》出版发行，全市的区县综合年鉴工作实现全覆盖，全市规划提前1年、比全国、全省提前3年实现“所有区县综合年鉴一年一鉴、公开出版”的目标。

【《自贡大事记》按季出版】 2017年，《自贡大事记》封面版式实现创刊后的首次改版设计，并按月主动搜集大事记资料，按季督促区县和部门报送大事记资料，确保《自贡大事记》按季出版发行。全年文字定稿近7万字，出版印刷4期共2000册。

【部门（行业）志编修】 2017年，继续推进第二轮修志工作，鼓励部门（行业）开展志书编修。先后指导市地税局、市防震减灾局、民盟自贡市委、市国税局等开展部门（行业）志编修工作，审稿量300万余字，并提出书面修改意见和建议。

【地情资料库建设工作】 2017年，先后与近30家单位或个人达成资料交换意向，收集省内外志书15套20余册，省内外年鉴25套，征集到出生于四川盐业世家的王余杞后人整理的《王余杞文集》1套2册和《汶川特大地震抗震救灾志》等史料。至2017年年底，市地方志地情资料室陈列自贡辖区内志书、年鉴、地情资料书籍500多种，省内外各类志鉴书籍、业务指导用书等1600多种。

【地情资料开发利用】 2017年，利用地方志地情资源开展研究，挖掘整理本土历史文化，形成一批编研成果，先后在国家、省、市、县媒体发表文章20余篇次，在扩大地方志影响力的同时助推优秀传统文化传承发展。其中，《曾国藩重视修志》在《方志中国》手机报第69期“名人与方志”栏目发表；《富顺“三任知县”陈锡鬯的非凡人生》在《自贡日报》整版发表，并在自贡网手机客户端“夜读盐都”和“凤凰网四川·人物”及《盐商文化》转载；《“张献忠沉银”的富顺印记》在“自贡网·特稿”发表，并在《自贡日报》整版刊发；《段玉裁与诗书画》《富顺名宦册上的眉山人》在《眉山地方志》发表；《刘光第生命里的六位女性》在《巴蜀家风》发表；《刘光第〈山水志〉略注》在《刘光第研究》发表。3月至4月，完成《中国地方志年鉴（2017）》《治川史鉴》自贡条目编写报送。组织开展《巴山皓月　蜀水清风——四川革命先辈先烈及历代先贤名人家风家训辑要》编写工作，对刘光第、段玉裁、陆游、雷铁崖、宋育仁、赵熙、但懋辛、李宗吾等8名先贤的家风家训素材进行再查证、再补充、再提炼，最终形成2.3万字的定稿。

【承编《巴蜀史志·封面故事》】 2017年，完成2017年第1期《巴蜀史志·封面故事》自贡专题的编写任务，撰写与自贡相关的专题文章2篇。其中，《追根溯源话富顺》梳理富顺县的历史沿革，并配以《富顺建置沿革简表》，上溯至夏，下迄于今，展示千年盐文化；《狮市古镇的名人轶事》突出记述历史文化名镇的才子名人，提升狮市古镇在省内外的影响力。

【《自贡市乡镇简志》编纂完成】 2017年，完成《自贡市乡镇简志》编纂，形成约20万字的定稿，实现内部出版印刷。该书是全市首部条目体乡镇简志，收录各区县（含高新区管委会）75个镇、21个乡和13个街道，主体为各乡镇（街道）条目，包括乡镇（街道）位置、境域与建置沿革、乡镇（街道）名称由来、环境资源与人口、经济发展、社会状况、名胜古迹等。10月，召开全市区县地方志工作会，部署《自贡市乡镇概览》编纂工作。

【网站建设】 2017年，在对全市第一、二轮志书和市、区县综合年鉴进行数字化处理的基础上，加快推动地方志信息化建设。2月27日，“自贡地方志”频道正式入驻市政府网站集约化平台。该频道利用全市地方志资源，借助“互联网+地方志”模式宣传地方志事业发展、推广地方志成果、传承自贡历史文化，设“组织机构、政务公开、自贡概览、自贡人物、风物名胜、地情开发、理论研究、政策法规、志鉴记”等版块，共20余个子栏目。全年上传资料信息150余份，其中上传地方志成果20余部。

【地方志理论研究】 2017年，组织全市各区县地方志办公室开展理论文章撰写和成果报送工作，共推荐8篇理论文章参选全省地方志理论研讨活动，数量列全省第二名。其中，市地方志办完成自选课题《地方志工作机构设置及人员配置研究》《新形势下加强地方志宣传工作研究》两篇文章的撰稿工作。5月，论文《〈厦门市志（1996—2005）〉浅读略谈》入选《第五届中国地方志学术年会论文集》并公开出版，论文《地方志服务“一带一路”建设的路径与方法》入选《第六届中国地方志学术年会论文集》并公开出版。至8月底，市地方志办参与完成省级重点课题——《地方志工作机构设置、人员配备及素质结构模型研究》的相关研究工作，形成7000余字的研究成果。12月，市地方志办被省地方志办评为“全省方志理论研究工作先进单位”。

【《自贡年鉴（2016）》获全国地方志优秀成果三等奖】 8月，中国地方志指导小组、中国地方志学会以中指组字〔2017〕4号文发布《全国地方志优秀成果（年鉴类）通报表扬名单》。其中，《自贡年鉴（2016）》获全国地方志优秀成果（年鉴类）三等奖，为全省4部获奖的地市级综合年鉴之一。

（市地方志办）

档　案

【概况】 2017年年底，全市档案馆馆藏档案、资料145.7万卷（册）共49.2万件，其中，市档案馆馆藏档案、资料49.2万卷（册）共13.0万件。全年全市各级国家档案馆接待档案利用者

5.4万人次，提供利用档案8.5万卷次，其中，市档案馆接待查档人员2234人次，提供利用档案1.74万卷次；新接收进馆各门类档案7195卷、33884件，其中，市档案馆接收4127卷、31934件，区、县档案馆接收3068卷、1950件。

【档案业务指导】 2017年，市档案局服务全市“三创联动”中心工作，抽调1名副局长全程参与指导全国文明城市创建档案业务；指导重大建设项目档案工作，与市发改委联合印发《关于进一步加强重点建设项目档案管理服务“项目年”工作的通知》等文件，对川南城际铁路自贡段等27个省、市重点民生项目进行现场指导监督，对36个省重大项目档案实施登记。通过业务培训、现场调研等对全市221个机关、企事业单位进行业务指导。开展精准扶贫档案示范村创建工作，确定大安区永嘉乡瓦高村等30个村为全市脱贫攻坚规范化建设档案示范村。落实《加强我市土地承包经营权档案管理的基本意见》和《农村土地承包经营权确权登记颁证档案管理规范》，完成沿滩区联络镇农村土地确权档案整理试点工作。推进实施《四川省档案工作规范化管理办法》《会计档案管理办法》《归档文件整理规则》，加强档案基础业务。

【档案法治工作】 2017年，完成14项行政权力清单的审核、确认工作，完成56条行政权力事项运行。对各区县档案局、26个市级机关事业单位进行档案执法检查，超年度目标任务23%，并督促相关单位整改发现的问题。组织实施“七五”普法规划，开展《中华人民共和国档案法》学习宣传，邀请省档案局专家举办档案法治专题讲座，252人接受教育；利用“12·4”法制宣传日开展档案法进机关、进企业、进社区、进校园宣传活动。

【档案信息化建设】 2017年，开展数字化档案馆建设，市档案馆完成350万页纸质档案数字化；开展国家重点档案目录体系建设，市档案馆组织人员录入档案目录数据28万条；完善市档案数据中心建设，建设数据容灾备份系统和实施数据中心存储扩容。全年全市各级国家档案馆完成900万页档案扫描，录入数字化档案目录423.56万条。

【档案资源开发】 2017年，市档案馆利用中国档案文献遗产之一的自贡盐业契约档案，与江苏凤凰出版社合作，完成国家出版基金项目《自贡盐业历史档案·契约卷》丛书编写，该系列丛书共18册、4672页，向海内外公开出版发行；荣县档案局与四川大学合作编辑出版《抗战续》；贡井区档案局配合贡井区作家协会编辑出版《盐史花露》《贡井文史》；各区、县档案局独立或配合相关部门完成13部志书、年鉴等编写工作。

【档案接收工作】 2017年，全面开展市级机关事业单位和破产改制单位档案摸底调查，全年接收自贡铸钢公司等11个单位档案5128卷、32111件；整理自贡华峰电子有限公司等9个破产国企档案7768卷，归档1421卷；征集档案资料61册，其中，幸代明个人作品55件，杨源、邓科等捐赠的知名人士作品《颜子世家谱》《赵熙书法研究》《自贡盐商杨氏宗、六朝金族信札选》等；对自贡市无线电一厂等50个单位共99589卷档案进行清理鉴定销毁。

【档案宣传教育】 2017年，利用“6·9”国际档案日及“12·4”法制宣传日等开展档案宣传。全市各机关、企事业单位在办公区域或公共场所悬挂、张贴、播放档案宣传标语、横幅近200条，各单位利用微信公众号、QQ群、手机短信传播档案知识和文化等；开辟《自贡日报》“档案——我们共同的记忆”专栏，全年刊出11期；在《自贡日报》《四川档案》《中国档案报》《中国档案》等报刊刊发稿件35篇，在人民网、中国网、四川新闻网、自贡网、今日头条等网站发表稿件30篇；市、区县组织档案人员开展继续教育和业务培训，共培训29批次，参训人员2268人次。

（陈彰兰）

灯 贸

【第23届自贡国际恐龙灯会经贸交易会】 1月22日开幕，历时53天，日均接待中外观灯游客3.72万人次，总收入8100万元，比2016年增长36.8%，获“最具国际影响力节庆”“四川消费我点赞”服务类十佳称号。第23届自贡国际恐龙灯会以“多彩新丝路、最炫中国风”为主题，130余组大中型彩灯以中国形象、全球视野、中国故事、国际表达为理念，展示新时期现代彩灯艺术。打造城区 28 条主街大道、64 个景观节点的灯组（饰）亮化美化工程，借助灯会推进全域灯城建设。该届灯会期间，组织开展 18 项重大经贸文体活动，带动全市社会消费品零售总额实现 100.72 亿元，比 2016 年增长 13.6%，增幅居全省第 5 位。其中，推出总投资约 1500 亿元的航空、汽车零部件制造和装备制造业、IT 信息业、生物医药、交通、基础设施等领域项目 180 个，并通过举办第七届“携手灯城·龙聚盐都”招商推介会暨自贡通用航空发展论坛、自贡市军民融合共促航空与新材料产业发展大会等活动，全市新签约总投资额 141.1 亿元的重大招商引资项目 25 个，实现经贸交易额 92 亿元。

【灯会宣传】 1 月 10 日，市政府在北京举办全国友协 2017 年新春招待会暨中国·自贡灯会全球推介会，文化部、国务院新闻办等部（委）领导，46 国驻华使节、13 家驻北京外国商会、协会代表，50 多家海内外媒体代表参加，美国《中华商报》、韩国《中央日报》、日本《J－cast news》、《俄罗斯报》等 19 家海外主流媒体和《人民日报》、中央人民广播电台、中央电视台、《环球时报》、人民网等 29 家国内主流媒体进行专门报道。央视《东方时空》、新闻频道先后 6 次在黄金时段现场直播第 23 届自贡国际恐龙灯会开幕式，并对春节期间到美国、英国、新加坡等国家和地区灯会展出进行连线报道；央视科教频道播出自贡特色文化专题节目。中国国际电视台（CGTN）用 6 种语言通过 6 个频道向全球观众专题报道自贡灯会 45 分钟，并在 CGTN 微博平台进行 1 小时实时直播，开创国家级融媒体直播先河。CGTN 对自贡灯会的直播首次使用网络直播、海外直播连线、无人机航拍、GOPRO 等技术，实现直播节目在 CGTNapp、Facebook、新浪微博等新媒体同步直播，灯会开幕式晚 CGTN 网络直播的 Facebook 受众 96 万人，新浪微博访问量 14 万人。《人民日报》、新华社、中央人民广播电台、中国新闻社、人民网、新华网、《环球时报》、国际在线、《四川日报》、四川广播电视台、《华西都市报》、新浪网、腾讯大成网、《香港商报》《香港紫荆杂志》及成都、内江、乐山、泸州等市州日报、晚报、电视台等近 60 家媒体对自贡灯会进行宣传报道 660 余条，推送微博微信 500 余条。新华社刊发长篇通讯，对自贡灯会历史文化、产业实践、现实基础、发展前景等进行分析，对自贡创新发展彩灯文化给予评价。灯会期间，《四川日报》、四川在线、四川新闻网、《华西都市报》《四川经济日报》等媒体对自贡灯会及城市道路交通节点改造、灯城灯饰亮化、彩灯景观打造、城乡环境综合治理、城市风貌塑造等内容进行宣传。《自贡日报》《自贡晚报》、自贡广播电视台等本地媒体和网络平台宣传报道城市形象、灯会盛况、公益公告等 1000 余条（次）。

【“中国灯城”建设】 2017 年，全市从节能、环保、再利用等方面全新打造 28 条主街大道街道、64 个景观节点灯组、4 种类型指路标识，投入 230 万元新建和维护 24 组城区灯饰亮化作品，城区摆放鲜花 102 万盆，设置文明提示标识标牌，在主城区、东环线等新栽补栽各类花灌木 7 万余株，主要街道与节点的亮化设计注重一条街道一个特色、一个节点一个景观，三个主要高速公路出口与灯会路标融合应用“盐、龙、灯”文化符号，形成“一河碧波、两岸灯彩，三灯（园灯、街灯、河灯）齐辉”的夜色景观，展现“中国灯城”魅力。

【第 24 届自贡国际恐龙灯会筹备工作】 2017 年，筹备以“中国颂歌”为主题的第 24 届自贡国际恐龙灯会，总体策划、创意设计、灯组评比、招标投标、制作安装与宣传营销有序推进。历时半年打磨，从近600幅原创设计作品中遴选出8大板块、60个节点、130余组大中型彩灯作品，通过“中国元素”展示中华民族团结统一、爱好和平、勤劳勇敢、自强不息的伟大民族精神，并以“一带一路”倡议美好愿景、新时代民族复兴力量、共圆伟大“中国梦”情怀为内容呈现。实施城区灯组（饰）亮化和美化工程，新增“恐龙灯饰群阵”和“第二届中国·荣县大佛文化灯会”分会场，打造全域灯城概念。

【彩灯公园建设管理】 2017年，投入资金35万元实施中国彩灯博物馆陈列改造工程，完成精品厅、和平尊灯组及屋顶防水补漏等周边环境更新改造。通过向池塘灌注自来水9000余吨、种植荷花等水生植物及投放鱼苗、泼洒硫酸铜等措施，改善彩灯公园水质。完成彩灯公园灯塔垮塌堡坎抢险重建工程，确保入园游客安全。维护园内护栏、堡坎、路灯，清运垃圾800吨，取缔流动摊位20余个，确保园内环境整洁美观。

（王 云）

卫生·计生

概　述

2017年，全市卫生计生系统以“建设‘健康自贡’，全面提升人民群众健康水平”为主线，以“医疗服务品牌化，公共服务均等化，康养服务产业化”为路径，打造名医名科名院区域品牌和川南康疗养生养老基地，全面推进医药卫生体制改革、健康扶贫、项目建设、全民预防保健等工作。是年，自贡建成全省唯一的全国创建幸福家庭活动示范市；市妇幼保健院被确定为“四川省首批省级儿童早期发展示范基地”；市精神卫生中心被确定为“四川省老年病示范医院”，并创建为国家住院医师规范化培训基地。市疾病预防控制中心成为国家中西部地区唯一一家加入国家致病菌识别网的地市级疾控中心；市四医院被确定为全国老年健康急救一体化示范基地、基层医院急诊急救能力培训基地；贡井区五宝镇、沿滩区仙市镇、大安区大山铺镇、富顺县代寺镇被命名为“国家卫生乡镇”。

卫生计生机构及人员

【卫生计生机构】　2017年年底，全市有卫生计生机构2331个（所），其中，疾病预防控制中心7个、卫生执法监督所8个、妇幼保健院7个、中心血站1个、医院68所、社区卫生服务中心（站）30个、卫生院96所、诊所（门诊部）511个、村卫生室1600个；开放床位2万余张，每千人口有床位6.43张。

【卫生计生人员】　2017年年底，全市卫生计生人员23893人，首次突破2万人。其中，卫生技术人员18542人、执业（助理）医师6721人、注册护士（师）8235人。每千人口有卫生技术人员6.20人，每千人口有执业（助理）医师2.36人，每千人口有注册护士2.64人。

医疗卫生服务

【诊疗服务】　2017年，全市医疗卫生计生机构总诊疗人次数为1627.21万人次，较2016年增加112.20万人次，增长7.40%。全市居民到医疗卫生计生机构平均就诊5.85次，较2016年增加0.38次。

【住院服务】　2017年，全市各级各类医疗卫生机构入院人数66.08万人，较2016年增长4.30%；出院人数65.60万人，较2016年增长3.50%。每百人急诊的入院人数7.2人（不含诊所、门诊部、村卫生室），较2016年增加0.1人。

【健康扶贫】　2017年，全面实施健康扶贫“五大行动”和“十一免两补一减一控”医疗扶持政策，全年13.77万人次贫困人口免一般诊疗费、院内会诊费等费用782万元。完善“两保、三救助、三基金”医疗保障网，贫困患者县域内住院和慢性病门诊费用个人支付占比控制在10%内。是年，集中救治患食管癌等9类大病贫困患者244人，救治率90.3%。健全重病兜底保障长效机制，出台《自贡市防止因病致贫因病返贫20条措施》，卫生扶贫救助基金向重病贫困患者倾斜，全年救助重病贫困患者人数4.1万人次，发放救助金额606.7万元。开展健康扶贫“八个一”活动，完成19个贫困村卫生室标准化建设，为4.54万名在家贫困人口免费开展健康体检，贫困人口健康动态管理率100%。在全省率先建立脱贫攻坚问责制度，获省卫生计生委领导批示“宣传推广”。

医疗技术及设备

【医疗技术】 2017年，卫生计生系统获2017年度市科技进步奖项目16项，其中，二等奖1项、三等奖15项。完成4项科研项目结题鉴定工作，其中，3项获市政府科技进步三等奖，3项获市科技局重大科技计划项目立项。完成国家级继续教育项目1项，省级继续教育项目6项，市级继续教育项目32项，基地级继续教育项目14项。

【医疗设备】 2017年年底，全市医疗卫生计生机构万元以上设备14368台，总价值17.36亿元，较2016年增长18.72%。其中，10万元以下11325台，10万元至49万元2529台，50万元至99万元291台，100万元以上223台。

医疗管理

【“名医名科名院”建设工程】 2017年，建成省级重点专科2个，省级重点学科1个，实现全市省级医学重点学科零的突破。市一医院、市四医院胸痛中心创建为国家级胸痛中心，市一医院作为国家卫生计生委脑卒中基地医院获“2016年脑卒中高危人群筛查和干预项目先进集体”，市四医院建成全国首批老年健康急救一体化示范基地。强化医疗质控中心规范管理，市护理质控中心、市肾脏病质控中心分别被评为2017年“省优秀护理质控中心”“省优秀肾脏病质控中心”。

【医疗废物管理】 2017年，建立医疗废物规范处置流程，出台《自贡市医疗卫生机构医疗废物规范化管理指导意见》，从医疗废物管理环节、管理人员配置和职责、职业防护与培训、管理制度等方面指导规范医疗废物管理。

【无偿献血工作】 2017年，自贡市连续第五年获“全国无偿献血先进市”称号。开展首届自贡市“盐都好人·最美献血者”和五星级爱心血库单位代表活动，“国际在线”“四川在线”等10余家媒体关注报道。

疾病防治

【概况】 2017年，全市报告法定传染病发病率303.80/10万，较2016年下降5.33%，连续14年低于全省平均水平。

【主要病种防控】 2017年，推进国家第三轮艾滋病防治城市示范区建设。全面启动结核病分级诊疗和综合防治服务模式国家级试点工作，新型结核病防治体系初步形成，接受国家卫生计生委督导后获肯定。强化严重精神障碍患者管理，患者在册率5.27‰，管理率91.33%，治疗率66.57%，居全省前列。国家免疫规划疫苗接种率99.78%。是年，西部地区唯一的国家致病菌识别网区域中心实验室落户市疾控中心。

公共卫生

【妇幼健康服务】 2017 年，开展母婴安全保障行动，建立健全市、县产儿科救治中心和调度中心及产科专家应急救治工作机制，开展全市孕产妇急诊急救演练，提高危急重症救治能力，全年救治危急重症孕产妇 12 例。规范实施免费婚前医学检查、孕前优生检查及农村孕产妇住院分娩、“两癌”筛查等妇幼重大公共卫生项目，提高出生人口质量。强化出生缺陷防控，新生儿疾病筛查、产前筛查（诊断）覆盖人群 12 万余人，目标人群覆盖率 90% 以上。开展示范创建，荣县建成 2017 年“妇幼健康优质服务省级示范县”。拓展健康服务项目，市妇幼保健院建成全省首家独立遗传分子实验室。是年，全市孕产妇住院分娩率 99.99%，孕产妇、婴儿、5 岁以下儿童死亡率分别控制在 24.1/10 万、3.28‰、5.48‰。

【爱国卫生】 2017 年，推进国家卫生城市创建，开展爱国卫生、市容环境卫生、食品安全、重点场所公共卫生、交通秩序治理等 7 个专项整治行动，清理垃圾 23 万吨、清除卫生死角和“牛皮癣” 8.2 万处、治理越门经营 5.1 万个，查处道路交通违法 43.3 万余起，市容环境得到改善。开展卫生健康细胞创建，新建国家卫生乡镇 2 个、省级卫生乡镇 7 个、省级卫生村 62 个，全市省级卫生乡镇、省级卫生村覆盖率分别达 44.6%、92.7%。是年，市卫生计生委、市城乡管理执法局、自贡高新区社会事业局 3 个单位被表彰为全省爱国卫生先进集体，8 人被表彰为全省爱国卫生先进个人。

【综合监督执法】 2017 年，完善并落实“双随机、一公开”抽查机制，健全检查对象名录库和执法检查人员名录库。组织开展医疗卫生、饮用水卫生、学校卫生、公共场所卫生、职业放射卫生、计划生育及中医药日常监督检查和 10 项重点专项整治，全年检查各级各类单位 7034 家，监督覆盖率 100%，查处行政处罚案件 293 件、罚没金额 72.39 万元，分别比 2016 年提升 141%、157%。全面实行医疗机构、医务人员不良执业行为记分管理，医师不良执业行为记分管理人数 147 人，是 2016 年的 11.3 倍。强化监督执法稽查，2 件行政处罚案例分获国家、市级优秀案例奖。

【食品安全】 2017 年，开展食品安全风险监测，采集监测样品 493 件，样品监测总任务完成率 100.69%，项目参数任务完成率 100.73%。将 14 家二级以上医疗机构全部纳入哨点医院，采集报送食源性疾病病例信息 1722 例，全年无食源性异常病例和异常健康事件报告。是年，市疾控中心被确立为川南食品安全风险监测区域中心。

【卫生应急】 2017 年，推动全市卫生应急综合能力建设，科学及时有效处置人感染 H7N9 疫情、霍乱病例等突发公共卫生事件。组织参加卫生应急技能竞赛，自贡市代表队获全省卫生应急技能竞赛团体二等奖，5 名队员分获 3 个竞赛项目个人名次，有 2 人获“四川省卫生应急技能标兵”称号。

卫生计生项目与设施

【项目建设】 2017 年，四川卫生康复职业学院新校区项目、卧龙湖康疗中心项目进入主体基础施工，市疾控中心业务用房、市妇幼保健院门诊二期和附属工程、贡井区疾病预防控制中心业务用房、荣县中医医院住院大楼等项目完工，市第一人民医院全科医生临床培养基地和儿科大楼、荣县妇幼保健院综合业务用房、富顺县中医医院业务用房、大安区疾病预防控制中心业务用房、沿滩区疾病预防控制中心综合实验楼、荣县人民医院城北院区改扩建和富顺县第三人民医院内外科业务楼等项目加快推进。

【设施资产】 2017年年底，全市卫生计生机构总资产67.52亿元，较2016年增加14.20%，其中，负债26.64亿元、净资产40.88亿元。资产负债率39.45%，较2016年上升1.44个百分点。

中　医

【体系建设】 2017年，完善中医药管理体系，调整充实自贡市推进中医药强市建设工作领导小组，增挂市中医药管理局牌子。实施中医药业务项目16个，市妇幼保健院通过全国妇幼保健机构中医药工作示范单位实地评估，在全市69个乡镇卫生院、社区卫生服务中心开展中医馆建设。市中医医院护理学、针灸科2个国家级重点专科接受国家中医药管理局复核，新立项4个市级中医重点专科。发挥中医特色优势，推动304种优势病种中医诊疗方案和临床路径实施。

【合作发展】 2017年，市政府与省中医药管理局、成都中医药大学签订《局市合作备忘录》《战略合作框架协议》，市一医院、市中医院、市四医院、市妇幼保健院分别与成都中医药大学签订合作协议，重点从医疗、教育、科研、人才等方面开展合作，提升全市中医药区域影响力。

医药卫生体制改革

【出台自贡市深化医药卫生体制改革规划】 12月12日，市政府印发《自贡市深化医药卫生体制改革规划（2017—2020年）》，提出到2020年的目标：建立健全覆盖城乡居民的基本医疗卫生制度，实现人人享有基本医疗卫生服务，适应人民群众多层次、多元化医疗卫生需求，因病致贫、因病返贫得到有效解决，个人卫生支出占卫生总费用的比例控制在30%以内，人均预期寿命达到77.59岁，孕产妇死亡率控制在19/10万以内，婴儿死亡率控制在5‰以内，5岁以下儿童死亡率控制在7‰以内，居民主要健康指标居全省前列。

【公立医院改革】 2017年，全面实施公立医疗机构药品采购“两票制”。巩固取消药品加成改革成果，全市公立医院药品让利患者1.48亿元，药占比降低到23.87%，为全省最低。启动医疗服务价格改革，放开公立医院机构特需服务及部分个性化需求较强、市场化程度较高的服务项目，完成市属医疗机构80余种医疗服务项目价格调整，实行甲状腺全切除等101个单病种收费。完善管理体制机制，在市一医院、市三医院开展人员总量控制试点，在市妇幼保健院开展人事薪酬制度改革试点。医疗纠纷人民调解与医疗责任险统保相结合的医疗纠纷处置机制基本形成，公立医院医责险投保率100%。

【分级诊疗】 2017年，推进家庭医生签约服务，组建基层健康管理服务团队2562个，城乡居民签约率52%，其中，重点人群签约率81.5%。规范优化双向转诊流程，开通基层转诊患者绿色通道，二级以上医疗机构100%与基层医疗卫生机构签订双向转诊协议，6家三级医院与63所县级医院、民营医院及基层医疗机构签订医疗联合体建设协议。促进优质医疗资源下沉基层，拓宽对口帮扶内涵，实现对各区县人民医院、妇幼保健院、基层医疗机构、二级民营医疗机构对口支援全覆盖。推进医师多点执业，全年49名医师申请多点执业，为2016年的3.46倍。印发《自贡市推进医联体建设和发展实施意见》，探索建立城市医疗集团、县域医疗共同体及专科医疗联盟。打造远程医疗协作网，依托市属三级医院建成区域医学影像、心电、检验等远程诊断协同服务平台，与86家基层医疗机构开展远程医疗服务，服务患者15万人次。采取“乡聘村用、医院派驻、协议服务”等形式推进乡村“一体化”管理，“村医乡聘”率35.02%。

【基层医疗服务能力建设】 2017年，市、区县财政投入2900余万元，实施乡镇、村（社区）医疗卫生机构规范化标准化建设，“两化”率达82%，其中，113个计划退出贫困村卫生室全部达甲级村卫生室标准。强化基层队伍建设，培训基层医务人员0.5万余人次，实现村医培训全覆盖；签订农村订单定向培养医学学生150人；采取乡聘村用、招考入编等形式解决村医身份，以协议服务、医院派驻等形式健全村医队伍。提升村医待遇，为离岗老年村医、在岗村医分别新增50%、100%发放生活困难补助、养老保险缴费补助。扩大职业风险防范保障范围，免费为在岗村医购买意外伤害保险。

【全市二级以上公立医院101个病种试行按病种收费】 12月20日起，全市二级以上公立医院医疗机构推出甲状腺全切除术等101个病种试行按病种收费。凡主诊断、主操作、麻醉方式符合按病种收费的病例纳入按病种收费范围。

计划生育管理服务

【计生管理】 2017年，落实生育登记服务制度，网上办理生育登记19020例，及时受理率、办结率均100%。全年出生人口33961人，其中，一孩占比52.21%、二孩占比45.13%，人口出生率10.31‰；死亡人口22128人，人口死亡率6.72‰；自然增长11833人，人口自然增长率3.59‰；符合政策生育人数33404人，符合政策生育率98.36%。开展流动人口计划生育技术服务、优生优育、生殖健康、奖励扶助、生育关怀救助等服务，基本公共卫生计生服务覆盖率96%。流动人口信息采集率、入库率98%以上。自流井区建成全省首批流动人口卫生计生均等化服务示范区。

【计生帮扶】 2017年，落实计划生育特殊家庭“两项制度”，发放奖扶特扶资金9381.54万余元，惠及60574人。建立计生特殊家庭就诊绿色通道、免费体检、重大传统节日和扶助对象生日慰问、领导结对帮扶和联系人制度，试点开展计划生育家庭居家养老照护，发放慰问金354.5万元。率先在全省购买计划生育特别扶助对象住院护理保险，全年1034人次获赔住院护理补贴82.93万元。

卫生计生宣传

【信息宣传】 2017年，围绕健康中国自贡行动、医药卫生体制改革、健康扶贫等重点工作开展宣传报道，组织健康扶贫、H7N9疫情防控、医改进展情况、项目建设新闻发布会。在省级以上主要媒体发稿453篇，其中国家级媒体采用109篇。完善舆情监测处置机制，全年未发生重大负面舆情。

【阵地建设】 2017年，加强网评员队伍建设，新发展乡镇医疗机构、卫生计生行政部门网评员76人，全市卫生计生系统226名网评员全部纳入市委宣传部网评员管理。自流井区舒坪镇人口健康文化小区、大安区牛佛镇马儿山人口健康主题公园、富顺县狮市镇马鞍村人口健康文化广场等一批宣传阵地建成。市一医院、市四医院、荣县人民医院、沿滩区仙市镇卫生院创建为全市社会主义核心价值观示范点。

人才队伍和科研教育

【队伍建设】 2017年，全市补充卫生计生人才824人，比2016增长33.5%，其中，补充硕士研究生140人、博士研究生1人，补充副高级职称2人。深化人事制度改革，出台《自贡市创新和完善机关事业单位人事管理意见》，规范人员补充方式、编制、职称、岗位管理。出台《市属有关医疗卫生事业单位绩效工资总量核定暂行办法》，在市妇幼保健院探索薪酬制度改革试点。开展评先推优，市疾控中心、市中医医院何爱国、贡井区龙潭镇将军村乡村医生刘利分获全国卫生计生系统先进集体、先进工作者及劳动模范称号；评选自贡市名医培育对象44人、优秀医学专家培育对象330人。

【科研教育】 2017年，推动科研与医疗卫生协同发展，促进科技成果向临床应用转移转化。全市卫生计生系统获2017年度市科技进步奖二等奖1项、三等奖15项，占全市获奖项目的39%。

（李　询）

人力资源和社会保障

概　述

2017年，全市实现城镇新增就业4.35万人，比2016年增长4.3%。城镇失业人员再就业1.39万人，就业困难人员再就业0.49万人，城镇登记失业率控制在4.4%以内。养老、医疗、失业、工伤、生育保险参保人数分别为183.93万人、293.49万人、15.00万人、18.90万人、14.97万人，企业职工养老、医疗、失业、工伤、生育保险费征缴收入分别为25.29亿元、13.36亿元、2.81亿元、0.92亿元、0.43亿元。全年支付养老待遇金101亿元，其中城镇企业职工养老保险金83亿元。新增各类专业人才1万余人、技能人才8161人。实现城镇居民人均可支配收入31016元，增速9%，排名全省第3。劳动人事争议仲裁结案率99.2%，劳动人事争议调解成功率66.1%，劳动保障监察举报投诉案件结案率100%。建成“自贡人社通”手机APP并正式上线运行，登录查询量超16.23万人次。制发社保卡150万张，建立社保卡人社服务窗口和银行服务网点515个，实现社保卡11项业务全市通办。

人事人才工作

【人事制度改革及人才队伍建设】　2017年，全面实施人事制度改革，出台《自贡市创新和完善机关事业单位人事管理的意见》《关于创新和完善市级机关事业单位补充人员工作九条措施》《关于鼓励科技人员创办（领办）企业试点的意见》等。全市公开考试录用公务员（参公人员）630人，公开遴选市级机关工作人员131人，补充事业单位工作人员1827人。加强专业技术人才队伍建设，出台《自贡市新设立人才平台资助办法（试行）》，引进高层次、急需紧缺人才269人，新增各类专业技术人才1万余人；获批引智项目9项，争取资助经费103万元。培养“盐都工匠”，新增技能人才8161人、高技能人才1496人，建成省级高技能人才培训基地1个，争取项目资金300万元。

【人事考试】　2017年，组织国家、省、市各类人事考试23项，84318人次参加考试，其中，职称、执（职）业资格考试12项，12054人次参考；公开招录、招聘考试11项，72264人次参考。全年考试考务工作没有发生失、泄密和安全责任事故。

【中德合作职业教育试点推广项目】　2017年，推进中德合作职业教育试点推广项目，中德航空及燃机零部件制造项目、汽车机电维修项目12个试点班招收选拔420名学生，其中130名学生进入顶岗实习阶段。组织教学交流、技术培训、校企合作等活动100余次，引进国内外专家200多人次，中德实验班学生和项目教师获市级以上奖励及表彰89人次。中德养老护理项目开展3期7批次培训，全市医疗养老机构管理人员、护理专业人员300人培训，合格率100%。推进中德养老护理培训合作项目，德国蕾娜范集团与汇东股份有限公司合作成立蕾娜范（自贡）养老服务有限公司，德国蕾娜范集团与四川卫生康复职业学院合作开办中德养老护理班。

【自贡广播电视大学获准设立“四川省专业技术人员继续教育基地”】 经省人力资源和社会保障厅批准，自贡广播电视大学获准设立“四川省专业技术人员继续教育基地”，为全市第5家设立的“四川省专业技术人员继续教育基地”单位。该基地主要对专业技术人员进行补充更新知识、扩展知识结构、提高综合素质和创新创业能力培训，是培养培训高层次、急需紧缺和骨干专业技术人才的省级服务平台。

就业创业

【就业工作】 2017年，出台《关于做好当前和今后一段时期就业创业工作的实施意见》《就业创业补助资金管理办法》，开展就业援助月、农民工返乡就业、高校毕业生双选洽谈会等专项活动，促进建档立卡贫困人员、高校毕业生等重点群体就业，举办招聘会578场，提供岗位数28.55万个，提供职业指导服务6.25万人次，提供就业推荐服务3.15万人次，实现城镇新增就业4.35万人。拓展农村劳动力转移输出渠道，转移输出农村劳动力91万人。发挥失业保险稳定岗位作用，发放稳岗补贴1289.45万元，惠及293户企业和3.78万名职工。开展失业保险支持参保职工提升职业技能行动，发放补贴28.55万元，惠及158名职工。

【创业工作】 2017年，出台《自贡市创业担保贷款实施办法》，组织开展创业引领者专项活动暨创业培训讲师大赛，举办四川省第一届“天府杯”创业大赛自贡赛区暨自贡市第二届高校毕业生创业大赛和第二届“返乡创业之星”大赛，评选大学生创业组、返乡下乡创业组、创业创富组共30个优秀创业项目，发放奖金48万元。在省“天府杯”创业大赛总决赛中，市人力资源社会保障局获优秀组织奖，自贡海天文化公司获大赛优胜奖。全年新增创业2403人，创业带动就业1.35万人，发放创业补贴、创业担保贷款等1179万元，新建市级大学生创新创业园区（孵化基地）4个、省级高校毕业生创业孵化基地2个。

【就业扶贫】 2017年，探索“插花式”扶贫新路径，推进“就业脱贫发展一批”。完善“一库五名单”，实现贫困劳动力动态管理。以农业“一区六园”为引领，推广“龙头企业（专合社）+基地+贫困户”模式，建成自贡灯彩文化产业有限公司等7个就业扶贫基地。以“一人就业，一家脱贫”为主题，开展就业扶贫专场招聘会205场，送岗位信息下乡124场，提供岗位7.3万余个次。开发农村公益性岗位，兜底安置贫困劳动力就业3031人。全市贫困家庭劳动力实现就业2.86万人。

【自贡市公共就业创业服务中心成立】 3月1日，自贡市职业介绍服务中心和自贡市就业训练中心整合组建为自贡市公共就业创业服务中心，为自贡市人力资源和社会保障局下属的公益一类事业单位。

就业培训

【技能和创业培训】 2017年，组织农民工、大学生等各类重点群体参加“岗前培训+技能提升培训”“技能培训+创业培训”“创业+项目培训”“SYB+GYB”等各类培训。开展就业技能培训6203人，培训后实现就业4197人，发放补贴资金350.00万元；开展创业培训3487人，培训后成功创业516人，发放补贴资金233.04万元。

【扶贫培训】 2017年，举办跨市（州）扶贫专班、农民夜校、培训流动课堂、培训流动专车等，采取进村、进组、进院坝开展实用科学技术、种养殖实用技术等扶贫培训。全年实施就业和技能等扶贫培训3032人，补贴资金163.06万元。举办扶贫专班12个班次，培训670人。

【首届跨县区就业培训“扶贫专班”】 10月13日，全市首届跨县区就业培训“扶贫专班”开学典礼在市职业培训学院举行。该扶贫专班由全市四区两县建档立卡贫困家庭的30名学员参加，培训工种为维修电工，培训时间1个月。跨县区扶贫专班实行免费培训，学员的培训费、生活费及交通费等费用由有关专项资金解决。

社会保险

【全民参保登记】 2017年，完成全民参保入户登记，调查信息入库率100%，入库数据334.45万条。该项工作在全省工作会议上作经验交流2次，设计制作的宣传帽、宣传袋等宣传物品被选入全国全民参保登记工作会成果展示。

【被征地农民参保】 2017年，实行“日报告”“周调度”“督查督办”机制，妥善解决5.53万名被征地农民社会保险参保问题，征收社保费用49.28亿元。

【完善医保政策】 3月，印发《自贡市居民基本医疗保险市级统筹实施方案》。4月，印发《自贡市居民基本医疗保险门诊特殊疾病管理办法》，将肺心病、冠心病等33种病情相对稳定、需长期在门诊治疗的疾病纳入居民门诊特殊疾病管理。12月，印发《关于对我市公立医院实施按病种付费的通知》，要求全市二级及以上公立医疗机构对甲状腺全切术等101个病种实行按病种收费。

【落实社保扶贫政策】 2017年，全市符合参保条件的建档立卡贫困人口参加养老保险7.55万人、医疗保险14.88万人、大病保险14.88万人，参保率均达100%。县域内政策范围内住院费用全额报销，涉及医疗费用报销总额1.35亿元4.28万人次。医疗费用县域内住院总费用和县域内慢性病门诊维持治疗医疗费用个人支付占比控制在10%以内。

【医保基金智能化监管审核】 2017年，完善医保基金智能监审系统功能和规则，将居民医保纳入监控，通过“自动拦截”“实时监控”“电子医嘱”“智能审核”四大功能提高智能监审的精确性、客观性，增强经办风险防控能力，全年查出违规金额759.96万元。10月，医保智能监审系统建设在全省医保工作会上作经验交流。

【养老金认证清理】 2017年，以8个社保经办机构、96个街道（乡镇）、236个社区、16个行政村、1户企业等认证平台为基础，开展养老金就近认证，全年认证企业职工退休人员30.84万人，认证率95.57%，完成省级目标任务。专项核查养老保险重点指标疑点信息1.86万条，追回1.09万人冒领养老金1134.49万元。

【社保经办业务下延】 2017年，制定全市统一的标准化流程22项，组织各级社保经办机构开展操作技能培训，开通系统授权，将城乡居民社会保险参保登记、城乡居民养老保险费缴纳、城乡居民社会保险个人权益记录查询等事项延伸至社区，形成“27+1”社区社保服务项目。

【企业减负】 2017年，继续执行企业职工基本养老保险单位缴费比例降低1%和现行最低缴费工资标准，分别累计为企业减负养老保险费3736.17万元和5692.58万元；继续执行失业保险单位缴费比例降低0.9%标准，累计为企业减负5494.07万元；继续执行生育保险单位缴费比例降低0.1%标准，累计为企业减负716.49万元。

【乡镇医保直通平台和“村医通”APP】 7月，印发《自贡市医保“村医通”APP和直通平台建设实施方案》，推动居民医保支付业务下延，在乡镇卫生院统一建设医保支付直通平台，实现乡镇卫生院医保费用实时结算、监管；引入“互联网+”认证网络，建设“村医通”手机APP，实现村卫生室门诊统筹即时结算和乡村医生上门诊疗服务即时结算，从根本上解决基层特别是边远地区群众“看病报销难”的问题，降低手工报销给医保基金带来的安全隐患。2017年，该应用平台在1248个村卫生室运行，全市通过“村医通”手机APP联网结算27.32万人次。

【“自贡人社通”手机APP上线运行】 11月28日，“自贡人社通”手机APP上线运行，方便市民快捷查询本人参保基本信息，各项社会保险（城镇职工养老保险、基本医疗保险、工伤保险、生育保险、失业保险）的参保缴费及待遇发放情况，医保个人账户收支情况，社会保障卡有关信息以及人社部门最新政策公告、办事指南、公开招考、招聘求职等资讯。

【社保卡发行应用】 2017年，印发《自贡市社会保障卡发行应用工作实施方案》，完成参保人员基础数据清理156.95万人，建立社保卡人社服务窗口和社保卡银行服务网点515个，制发卡150万张。推进社会保障卡应用，实现社保卡在社会保险等业务领域中的电子凭证、缴费和待遇领取、就医结算、信息查询等功能应用，社保卡11项业务全市通办。

【综合柜员制试点】 2017年，市本级投入100余万元，集中采购和改建综合柜员制设施设备，打造市本级现代化监控指挥平台。按“一窗受理，简单业务即时办、复杂业务专柜办、特殊业务限时办”思路，制定三个阶段综合柜员制渐进实施的路线图。12月25日，在市本级、大安区正式启动社保综合柜员制试点工作。

【异地就医直接结算】 6月，实现跨省异地就医直接结算。9月，接入国家异地就医联网结算平台三级定点医疗机构6家。是年，全市参保群众在市外就医联网结算3344人次，总费用6527万元，其中医保支付3433万元，与2016年同期相比分别增长42%、51%、43%；市外参保人员在自贡市就医联网结算2464人次，总费用3460万元，应支付费用2028万元，与2016年同期相比分别增长66%、68%、63%。

劳动关系和收入分配

【和谐劳动关系构建】 2017年，印发《贯彻落实〈关于构建和谐劳动关系的实施意见〉重要政策措施分工方案》，成立自贡市协调劳动关系三方委员会。实行劳动合同制度，全市企业劳动合同签订率95.5%。健全集体协商和集体合同制度，开展集体协商“集中要约月”活动，建成省级集体协商示范单位3个。

【收入分配改革】 2017年，出台《市属国有企业负责人薪酬管理监督检查暂行办法》，推进国企薪酬制度改革。强化企业工资指导，印发《关于加强国有企业工资总额管理和2016年国有企业工资指导线结算工作的通知》。推进法官、检察官工资制度改革试点。推进公立医院薪酬制度改革试点，印发《自贡市市属有关医疗卫生事业单位绩效工资总量核定暂行办法》，扩大高校科研院所和医疗卫生机构收入分配自主权。

劳动保障执法维权

【劳动监察执法】 2017年，开展“拖欠农民工工资问题专项整治行动”“农民工工资支付情况季度排查”“农民工工资支付情况专项检查”“清理整顿人力资源市场专项行动”“用人单位遵守劳动用工和社会保险法律法规情况专项检查”等各类执法检查，开展用人单位2016年度劳动保障情况书面审查。全年受理并依法查处群众举报、投诉案件837件，当期处理结案率100%，法定时限内结案率100%，向司法机关移送拒不支付劳动报酬案件2件、骗取社保待遇案件2件，公安机关立案2件。向社会公布重大劳动保障违法行为案件2件。

【劳动保障维权】 2017年，办理劳动人事争议案件1059件，为劳动者挽回经济损失3034.83万元，法定时效内结案率99.2%。

（市人力资源社会保障局）

民政·居民生活

民　政

【概况】　2017年年末，全市有村1128个、社区299个。敬老院96所，全年集中供养6936人、分散供养17246人；日间照料中心459个；社会救助机构7个，全年救助人员18601人次。建有应急避难场所82处，面积191万平方米。年末优抚对象22275人，2017年退役士兵1365人，其中安置转业士官63人。

【城乡基层组织建设】　2017年，完成全市第十届村（居）民委会换届选举工作，实现100%村（社区）直选，一次性选举成功率99%，处置群众来信来访5件次，比第九届减少70%。100%建立村（居）务监督委员会，100%制定完善村规民约（居民公约），先后开展政策解释指导100余次，培训村社区干部3000余人次。推进基层组织信用代码赋码工作，全市1128个村、296个社区首次拥有全国统一的“身份证号码”。争取社区建设补助资金124.18万元，区县投入1105.6万元，新建综合服务设施2399平方米，新增14个综合服务设施面积300平方米以上的社区服务中心，社区综合服务设施覆盖率96%。探索社区综合信息平台建设，建成南湖逸都智慧小区，在自流井区开展社区中心化建设试点，构建智慧社区。推动“社区减负”，取消社区出具证明的事务200余项，保留14项。推进农村社区试点，建成市级农村社区22个。参与全国文明城市创建工作，编制《社区创文工作手册》，与100个社区结对帮扶，引导市级部门投入近100万元解决社区困难问题210余个。探索以“三社联动”为主要支撑的基层治理模式，实践形式多样的基层治理路径。将基层民主自治延伸到基层最小单元格，在沿滩区省定贫困村通过试点院落“微自治”，解决贫困村居民自我管理、自我监督、自我服务等问题。在自流井区选取4个社区探索建立“三委两中心一室”的自治组织体系，重点打造服务平台信息化、阵地建设标准化、管理服务制度化，提升社区中心服务功能。在贡井区、荣县部分社区试点“三事分治”“三事分流”，将社区服务分流成“大事、小事、私事”，分别制定三事清单，划定职责边界，实行对单服务，强化社区自治功能。利用区划资源服务经济发展，支持富顺县“撤县设市（县级）”和荣县申报“千年古县”，启动行政区划微调工作，调整涉及自流井区、贡井区、大安区等3个区10个地块294公顷的管辖区域，解决主城区行政界线“犬牙交错”问题，推进县域经济发展。收集地名成果数据4万余条，完成全国第二次地名普查工作，在全省地名普查工作培训会上交流发言。

【优抚安置】　2017年，接收安置退役士兵1365人，岗位安置转业士官63人。帮扶困难优

抚对象，协调落实军队退役人员公益性岗位459个，将1884名军队退役人员纳入低保保障范围，走访慰问1.79万名退役士兵，挂牌帮扶9名重点优抚对象。开展拥军优属系列活动，举行烈士公祭活动、“四个一”庆“八一”活动。保障军休人员“政治和生活”待遇，新建成荣县光荣院，荣县干休所、富顺县干休所创建为省级规范化建设达标单位。

【社会救助】 2017年，规范临时救助管理，实施临时救助1.86万人次890万元，平均救助478元/人。开展冬春救助，成功应对“7·5”“7·19”洪涝灾害和“9·1”荣县双古镇崩塌等自然灾害救助，全年拨付自然灾害救助金1200万元，发放棉被5300床、棉大衣2000件。设立电波救助站、社区临时救助点，线上线下救助流浪乞讨人员。城乡特困人员集中供养标准分别提高到600元/月、500元/月，分散供养标准分别提高到500元/月、400元/月，集中供养6936人、分散供养17246人。推进社会扶贫工作，推动低保政策与扶贫政策衔接，巩固“两线合一”成果，推进低保兜底一批、医疗救助一批、临救帮扶一批，将5.2万名精准贫困户纳入低保保障范围。建立市公益社会组织孵化中心，引导动员35个社会组织参加全市脱贫攻坚工作，帮扶贫困户2320人，投入各类扶贫资金及物资35万元。

【社会福利和慈善事业】 2017年，探索推进城乡养老服务一体化建设，支持社会力量通过民办公助、公建民营、贷款贴息等方式参与养老服务业发展。全年新增民办养老机构17家，新增床位2081张，补贴资金2145万元。招商引进中国红十字总会事业发展中心签约自贡农村养老试点项目，探索托管农村敬老院管理服务，探索推动“公建民营”养老服务改革试点。启动农村敬老院标准化建设，选取1/3的敬老院进行试点。大安区中心敬老院完成主体工程建设，改造28个敬老院950张床位。先后争取到自流井区社会福利院养护楼建设、沿滩区社会福利院老年养护楼改扩建等2个中央预算内投资项目，计划投资计2093万元，中央、省补助1115万元。大安区中心敬老院、市社会福利院养护楼等中央预算内投资项目完成主体工程建设，沿滩区社会福利院老年养护楼改扩建项目开工建设；自流井区社会福利院养护楼建设项目完成项目立项、土地勘界、设计图等前期工作。推进“医养结合”试点，支持市正润养老护理院等市级医养结合示范单位发展，争取到医养结合补贴资金500万元。开展养老服务质量年建设活动，实施消防安全、食品卫生安全等专项整治，投入消防补贴资金982万元整治安全隐患。全市养老院基础性指标不合格机构整治率100%，基础指标整治合格率96%。自贡市上善颐养老年公寓被评为省级金牌养老机构。实施抱团招商，先后与北京一百加教育咨询有限公司、成都德仁堂集团、四川人寿保险公司自贡分公司、深圳慈善公益网等客商对接洽谈，引进七星湖养老公寓项目、自流井区荣边老年养护中心等，签约项目资金2亿元。全年新签约重大项目1个，包装重大项目14个，到位市外项目资金1.3亿元（全部为省外项目资金）。全年建成城乡日间照料中心113个，新增公办养老机构床位1078张，新增民办机构床位2081张，为7.9万名困难家庭中的失能半失能老人和80周岁以上高龄老人提供居家养老服务。建立自贡市困境儿童保障和农村留守儿童关爱保护工作联席会议制度，市政府出台《自贡市加强农村留守儿童关爱保护实施方案》《自贡市加强困境儿童保障工作的实施方案》，持续开展农村留守儿童“合力监护、相伴成长”关爱保护专项行动，督促区县乡镇签订农村留守儿童监护确认书3.36万份，减少农村留守儿童6924人。提高孤儿养育标准，为338名孤儿发放生活补助金382万元。

【婚姻家庭】 2017年，推进婚姻登记工作规范化建设，通过省民政厅检查验收。自流井区、荣县和富顺县婚姻登记处开展婚姻家庭辅导和结婚办证服务。基本完成1980年以来的婚姻登记历史数据补录工作，方便社会查询；全年办理结婚登记2.18万对，离婚登记1.03万对。

【社会事务管理】 2017年，建立自贡市殡葬改革工作联席会议制度，深化殡葬行风建设。推进节地生态安葬工作，指导荣县做好节地生态安葬省级试点县探索试点。协调推动市殡仪服务中心设立、市殡仪馆迁建及市南山公墓扩建征地等工作。举办首届“文化民政·祭祀文化节”。市民政局与市广播电视台签订战略合作协议，设立爱心救助服务点，开启线上电波救助新模式。与社区结对帮扶，在大安区华大社区挂牌设立社区临时救助点，探索线下延伸救助。通过主动救助、创新救助，先后救助流浪乞讨人员1.35万人次，医疗救治129人，安置37人，提供家庭暴力庇护9人次。

【上善颐养苑老年公寓获评“四川示范性社区居家养老机构”】 9月26日，首届四川医养结合四川首届医养产业精英峰会暨“四川金牌养老机构”公益评选活动闭幕，自贡市推荐的上善颐养苑老年公寓被评选为“四川示范性社区居家养老机构”，全省仅5家机构获此荣誉。

【自贡地名走进“中国地名文化大直播”】 9月21日，由中国科技新闻学会主办、光明网承办的“中国地名文化大直播”用1小时时间直播自贡地名文化。该次直播全国仅有西安、重庆、洛阳等10个城市入选，自贡是四川唯一直播的城市。直播走进荣县大佛景区，邀请荣县申报千年古县办公室专家吴岷钟、荣县作家协会主席余世清担任嘉宾，讲述荣县大佛景区的地名文化、历史渊源及诗人陆游凉亭赋诗等故事，介绍荣县“一城三佛”、世界地质公园、千年盐井、灯会展览、桫椤谷、恐龙群遗址等特色景点。

（陆　奇）

居民生活

【城镇居民收入】 2017年，全市城镇居民人均可支配收入31016元，较2016年增加2561元，增长9.0%。其中，工资性收入16468元，经营净收入3842元，财产净收入1411元，转移净收入9295元。

【城镇居民消费】 2017年，全市城镇居民人均消费性支出20208元，比2016年人均增加798元，增长4.1%。其中，食品支出7845元，衣着支出1758元，居住支出3139元，医疗保健支出1399元，交通和通信支出2149元，教育文化娱乐服务支出1813元。城镇居民恩格尔系数38.8%。

【农村居民收入】 2017年，全市农民人均可支配收入14380元，比2016年增加1188元，增长9.0%。其中，工资性收入6433元，经营净收入4065元，财产净收入399元，转移净收入3483元。

【农村居民消费】 2017年，全市农民人均消费支出11790元，比2016年增加1213元，增长11.5%。其中，食品支出4820元，衣着支出616元，居住支出2237元，生活用品及服务支出787元，医疗保健支出1064元，交通和通信支出1363元，教育文化娱乐服务支出712元。农村居民恩格尔系数40.9%。

【居民住房】 2017年，城镇居民人均住房建筑面积35.57平方米；农民人均居住住房面积48.42平方米。

【居民耐用消费品拥有量】 2017年，居民耐用消费品升级换代趋势明显，以汽车、家电等为主体的耐用消费品需求得到释放。其中，农村居民部分耐用品拥有量上升速度较快，摩托车、太阳能热水器、移动电话等每百户拥有量超过城镇。

2017年城乡居民每百户耐用消费品拥有情况

表3

指标名称	单位	全体	城镇	农村
（一）家用汽车	辆	17.66	20.19	14.83
（二）摩托车	辆	30.18	21.87	39.47
（三）电冰箱（柜）	台	98.03	100.56	95.20

续表3

指标名称	单位	全体	城镇	农村
（四）洗衣机	台	95.36	97.94	92.48
（五）热水器	台	84.23	98.32	68.49
其中：太阳能热水器	台	9.96	2.06	18.80
（六）空调	台	111.84	150.47	68.66
（七）彩色电视机	台	130.32	139.72	119.81
（八）照相机	台	10.01	17.66	1.46
（九）计算机	台	37.68	61.50	11.06
其中：接入互联网的计算机	台	32.46	53.46	8.98
（十）中高档乐器	架	1.38	2.24	0.42
（十一）固定电话	部	46.32	67.01	23.19
（十二）移动电话	部	231.68	226.64	237.32
其中：接入互联网的移动电话	部	125.29	145.51	102.68

（肖　帆）

民族·宗教

概　述

2017年7月，市委召开全市民族宗教工作会议，并通报表扬全市民族团结进步模范集体20个、模范个人29人。市委、市政府出台《关于做好新形势下民族工作的实施意见》（自委发〔2017〕35号）、《关于加强和改进新形势下宗教工作的实施意见》（自委发〔2017〕34号），拍摄制作《自贡民族宗教史载百年启示》宣传教育片并在全市民族宗教工作会议上宣传展示。将市委宗教工作联席会议调整为市委民族宗教工作联席会议，联席会议办公室设在市委统战部，成员单位由原来的13个增加到30个。落实《关于加强市县两级民族宗教工作力量的通知》，将市、县民宗局统一由市政府办挂牌调整为与同级党委统战部合署办公，并增加民宗局领导职数和编制。市委、市政府中心学习组率先学习新修订的《宗教事务条例》。

民族工作

【概况】　自贡是一个散杂居少数民族地区。2017年年末，全市有彝族、藏族、回族、苗族、土家族等42个少数民族6492人，其中，农村少数民族人口5190人，占比79.94%；城市少数民族1302人，占比20.06%。常住及外来流动少数民族约2万人，以彝族、藏族、回族、苗族、维吾尔族等民族居多，主要来自省内三州和乐山地区，其次来自云、贵、渝地区和西北地区，呈逐年增加趋势。大多数常住少数民族人口是因工作、婚姻生活等原因迁移到自贡市，世居少数民族人口很少。

【落实民族政策和项目】　2017年，实施少数民族发展项目9个，争取省民宗委少数民族发展资金39.3万元。全年发放民族特需商品定点生产企业生产贷款贴息审核意见函12件，帮助民族特需商品定点生产企业申请贴息贷款8200万元。落实清真饮食补助经费7万元，自2018年起纳入部门年度预算。争取少数民族工作机动金、散杂居少数民族发展金、少数民族扶贫专项资金、宗教场所维修资金，申报解决民族团结进步创建活动与和谐寺观教堂创建活动等项目政策。

【“民族团结进步”创建活动】　2017年，结合创建全国文明城市和依法治市工作，继续开展“民族团结进步”创建“六进”活动，重点推动宣传阵地建设和民族政策法规社会宣传。是年，新建毛家坝社区少数民族联络站，在大安区打造少数民族文化广场1个和民族文化活动之家1个，印发《民族工作常识手册》《民族文化知识手册》1万余册，集中打造7处民族工作和民族文化宣传长廊。连续5年组织全市民族特需商品定点生产企业为“9+3”少数民族学生捐订《民族》杂志3万余份。举办城市流动少数民族文明规范座谈会、少数民族干部联谊座谈会、“祖国至上，我们同心同行同向”党员干部同民族学生联谊活动等重大活动。

（张　建）

宗教工作

【概况】 截至2017年年底，自贡市有佛教、道教、基督教、天主教、伊斯兰教5个宗教，有市佛教协会、市基督教三自爱国运动委员会、市天主教爱国会、市伊斯兰教协会等全市性宗教团体4个，有荣县天主教爱国会、荣县基督教三自爱国运动委员会、荣县佛教协会、富顺县佛教协会、富顺县天主教爱国会、贡井区天主教爱国会等区县性宗教团体6个。批准开放宗教活动场所且完成场所赋码工作43处，其中，佛教28处、天主教5处、基督教9处、伊斯兰教1处；批准在建宗教场所6处；纳入依法管理的基督教以堂带点活动点20处。经认定备案的宗教教职人员82人，其中，佛教75人、伊斯兰教1人、天主教2人、基督教4人。各种信徒在册3.5万人，宗教界代表人士、团体和场所民主管理组织成员近300人，信教群众30万余人。佛教场所挂牌26处。

【落实宗教政策】 2017年，完成荣县基督教福音堂作为全国宗教场所财税监管试点工作，完成宗教基础信息库联网及宗教活动场所统一社会信用代码网上赋码和颁证工作；组织全市基层民族宗教干部、宗教界代表人士参加全国、省、市专题学习新修订的《宗教事务条例》；指导帮助自贡市基督教爱国会完成换届选举工作。

【宗教场所与协会建设】 2017年5月，邀请同济大学规划建设专家考察自贡宗教场所，修改完善《关于做好自贡市宗教活动场所规范建设及合理布局规划的建议》。推进檀木林天主教堂高新区选址、基督教桐子坳礼拜堂大安区新布点工作。成立自贡市众缘普济公益慈善促进会，完善社会团体法人资格。

【和谐寺观教堂创建活动】 2017年，以“规范”为主题开展和谐寺观教堂创建活动，借助“法律七进”活动推进宗教场所依法管理，选取荣县基督教福音堂为试点场所，对场所内部管理、财务财税规范进行指导。在圣诞节、开斋节、春节、“五一”、端午等重大节日期间和重要敏感时期开展安全、维稳和防暴恐专项检查，在沿滩区金桥寺开展全市宗教活动场所消防演练，落实安全工作“痕迹管理”。举办宗教界“讲好中国故事之爱国爱教宗教领袖”故事会，引导宗教界开展“扶贫助学”行动，拍摄《喜迎十九大，祖国至上，我们同心同行同向》民族宗教主题活动微视频，引导宗教界弘扬宗教优良传统、坚持跟党走。

（张　建）

区县概况

自流井区

概　貌

【位置　面积　人口】　自流井区地处四川省自贡市中心区，是全市政治、经济、文化中心，是市党、政、军机关所在地。位于四川盆地南部浅丘地带，东邻沿滩区卫坪镇、兴隆镇、永安镇，南与沿滩区富全镇、贡井区莲花镇、宜宾市宜宾县接壤，西邻贡井区长土镇、建设镇、桥头镇，北与大安区凤凰乡、和平乡接壤。2017年年末，全区总面积152.94平方公里，辖4个街道、3个镇、4个乡、51个村、51个社区。年末户籍人口36.83万人。

【建置沿革】　自流井区原属富顺县。民国28年（1939）因盐设市，富顺县第五区全部划归自贡市，其中桐垱、长垞2镇即为今自流井区。民国31年（1942），桐垱镇改为自井镇。民国33年（1944）改镇为区，自井镇改为第一区，长垞镇改为第二区，直至自贡市解放。1950年3月，一、二区合并称一区。1953年命名为自流井区，所辖红旗、永胜、世平、巩固4个乡合并为红旗、永胜2乡；6月，2乡划自贡市郊区管辖，自流井区成为纯城市区。1957年1月，大安区合并于自流井区，1960年又分设。1960年6月，和平、凤凰和红旗3个公社先后划归自流井区。1979年7月，和平、凤凰和红旗公社划归大安区，自流井区再次成为纯城市区。2005年8月1日，沿滩区仲权镇、高峰乡、舒坪镇、农团乡、漆树乡、大安区红旗乡、贡井区荣边镇划归自流井区管辖。2005年8月9日，自流井区政府将所辖红旗乡成建制委托自贡高新区管委会管理。2006年5月21日，设立丹桂街办事处、学苑街办事处，由自流井区政府委托自贡高新区管委会管理。2012年12月1日，自流井区将高峰乡整体托管给自贡高新区管委会管理。

【自然环境】　境内地势西北高、东北低，无大山。属中亚热带湿润季风气候，春旱、夏热、秋雨、冬暖，雨量丰富集中，无霜期长，平均323天，阴天多，湿度大，霜雪少，热量充足，四季分明。旭水河、威远河在区境西北双河口汇合后称釜溪河，河水由西向东蜿蜒流经区内，再经沿滩区后到富顺县李家湾入沱江，属沱江水系，全长74公里，河面平均宽60米，平均天然流量为42.25立方米/秒。

【自然资源】　境内有大量天然气和卤水资源，曾有中国最早进行大规模开采的气田。卤水资源中除含大量氯化钠外，还有硼、钾、碘、锂、锶、铷、铯等30多种化学元素，为盐业和盐化工业发展的主要物质资源。另有岩盐、型砂等可供开采利用资源。

【旅游资源】　境内有各级文物保护单位及文物点328处。国家级文物保护单位西秦会馆，始建于清乾隆元年（1736），占地面积3000平方米，为清代陕西籍盐商集资修建的同乡会馆。国家级文物保护单位桓侯宫，又名张飞庙、张爷庙，为旧时屠宰行业会馆。省级文物保护单位人称“釜溪第一楼”的王爷庙，是一座精美的清代中期建筑，占地面积1000平方米，现存戏楼为省内不多见的川剧舞台。市级文物保护单位小桥井，是自贡保留的唯一的清乾隆时期开凿的天然气井，是全国生产时间最长的天然气井。位于石塔上后山坡的彩灯公园，为享誉中外的历届“自贡灯会”主会场所在地，园内建有全国唯一的“中国彩灯博物馆”。境内飞龙峡风景区是国家AA级自然生态旅游风景区和国家级水利风景区、省级森林公园，拥有全市中心方圆20平方公里内保存最完好的自然生态旅游资源，水库面积26余公顷，库容量264万立方米，森林面积3200公顷。2017年年末，全区森林覆盖率34.38%，绿化覆盖率31.1%，人均公园绿地面积9平方米。

【交通】 自流井区地理位置优越，内（江）昆（明）铁路穿境而过，过境的内（江）乐（山）公路、内（江）昆（明）高等级公路连接成渝高速公路和西南出海通道，距成都、重庆200余公里。2017年年末，辖区公路总里程352.88公里，城市公共交通线路34条（里程约810公里），境内铁路19.5公里，河道通航里程20.6公里。

【邮电通信】 境内邮政、互联网、有线电视、固定电话、移动电话覆盖全区城乡。邮政营业窗口实现现代化，封发邮件实现机械化，报刊发行实现微机化，电信通讯实现交换程控化，信息传输实现数字化，电信、移动、联通联网自动化。城乡有线电视、电话、移动通信、宽带普及率位居全市前列。

政治建设

【区委办公室工作】 2017年，起草文稿400余件，其中，区委发文69件、区委办发文127件。完成区委第十一届代表大会第二次会议的筹备组织及上级领导到区调研等会务工作及活动安排，完成区委十一届二次全委会、区委十一届三次全委会、区委十一届四次全委会、区委常委班子2017年度民主生活会、区委常委班子环保专题民主生活会和15次全区性会议会务工作。完成重要接待和服务10次。

【人大工作】 2017年，召开区人大常委会会议7次，听取和审议“一府两院”工作报告14次，提出意见建议43条；开展视察、执法检查23次；开展调研14项，形成调研报告6份。召开主任会议9次，听取和审议“一府两院”工作汇报2次，提出审议意见7条。全年依法作出决议、决定11项；任命国家机关工作人员59人次，免职14人次，补选市人大代表2人。全年办理代表意见建议48件，接待群众253人次，收集意见建议88条，办实事42件，受理群众来信来访85件次。

【政府办公室工作】 2017年，完成150余次会议讲话材料和80余篇汇报材料的撰写工作，完成各类调研文章17篇，编辑区政府常务会议纪要22期、《政务信息》39期。开展会前学法15次，开展行政执法培训2次。公开行政权力4333项，通过门户网站填报信息4183条，公开信息2842条，被市上采编信息1350条。开展应急演练8次，成功处置群体性事件38起，排查、预警各类不稳定因素及群体性事件苗头320余起。承办区人大代表意见建议48件、区政协委员提案108件，承办市人大代表意见建议2件、市政协委员提案5件。

【政协工作】 2017年，召开常委会议5次、主席会议10次、专委会对口联系会议4次；召开无主题协商座谈会4次，开展各类协商活动20次，形成协商专报11份，提出协商意见189条。对政府10件民生实事办理、脱贫攻坚工作、农村危房改造等进行监督性视察，提出批评和意见建议。督查全国文明城市创建、环保、城乡环境综合治理工作，报送情况报告16份；组织政协委员参加环保调研座谈会，提出构建联动治理体系等意见建议20多条。全年政协各参加单位、政协委员提出提案125件，立案108件。向全国政协、省政协、市政协和区委报送社情民意信息、重要信息123条；向各级新闻媒体报送新闻稿件236篇。

【纪检监察工作】 2017年，开展扶贫领域突出问题专项整治和环保督察追责问责工作，责令18个单位限时整改问题475个，纪律处分4人。开展“一线监督”34次，约谈提醒21人。实施“三级常态督查”“五大行动”和“五项整治”，各级纪检监察组织开展监督检查1339次，发现并纠正问题258个，问责262人次，查处并通报曝光违反中央八项规定精神案件11件11人。收集群众反映问题1.04万个，解决8540个。开展百日攻坚和扶贫领域突出问题专项巡察，整治问题135个，查处群众身边不正之风和腐败问题36件，退还违纪款物1.18万元。全年立案查处52件52人，其中科级干部占31.4%、一般干部占5.9%、村（社区）干部占43.1%、普通党员19.6%。运用“四种形态”处理165人次，其中，批评教育、诫勉谈话等方式处理113人次，给予党纪轻处分和组织处理35人，给予党纪重处分10人，开除党籍并移送司法机关7人。开展纪检监察系统内部“体检行动”，处置纪检监察干部、纪检监察组织问题线索4件，给予2名纪检干部党纪处分，取消3名科级纪检干部年度考核评优资格。

【组织工作】 2017年，任免干部223人，其中，提拔正科干部36人、副科干部85人，交流科级领导干部79人，免职23人。15名干部取消试用期并按期正式任职。全年培训各类干部1.45万人次，其中，党校主体班培训660人次，各类精品专题培训近750人次，网络培训1200余人次，上级调训18班次100人次。举办贯彻中共十九大精神培训班32期，培训近3000人次；围绕学习贯彻中共十八届六中全会和省委十届九次全会精神，举办专题培训班3期，培训400人次；围绕学习贯彻省第十一次党代会精神，举办专题培训班9期，培训1100人次；分级举办脱贫攻坚专题培训班3期，培训300余人次；分级举办党章党规党纪专题培训班6期、培训300余人次。开展集中谈话、个别谈话、任前谈话、提醒谈话1000余人次。组织干部集中观看警示片1000余人次，聘请5名专家专题讲授廉政知识，组织200多人参观廉政警示教育基地，提醒、函询、诫勉80余人次。全年组织老干部集中学习中央重要会议精神3次，发放各种学习资料400余份。

【宣传工作】 2017年，到农村、学校、社区、企业开展各类主题宣讲300余场次，开展各类“微”宣讲200余场次。在自贡首届盐博会期间，通过网络直播向国内外70余万网友展示“千年盐都”的悠久历史文化和自贡小“三绝”等非遗项目。面向全区发出快乐阅读倡议书、宣传标语，举办各类读书活动60余场。举行首届自流井区道德模范颁奖典礼，对9名道德模范、10名身边好人、5名公益志愿之星集体、10名公益志愿之星个人进行集中表扬。朱建平家庭被评为四川省文明家庭，珍珠寺王氏家族家规入选天府好家规50强。开展美德少年推荐评选活动，4人获评市级美德少年，20人获评区级美德少年。在中央人民广播电台、人民网、《四川日报》等中央及省主流媒体发稿2500篇次。在《自贡日报》、自贡电视台等市级主流媒体发稿4500余条次；制作电视专题片24期，自流井区新闻外宣网站全年发布新闻信息4000余条，其中，文字新闻600余条，视频新闻100余条；更新楼宇等户外视频3000余条次；发送手机报《自流井快讯》320余期，计4900余条次。全年编发《自流井》内刊4期。

【统战工作】 2017年，成立自流井区“同心”专家志愿者服务团，下设农业、医卫、社会事业服务、法律服务等8个分团，授服务团团旗，聘请142名“同心”专家志愿者并颁发聘书。成立自流井区新的社会阶层人士联谊会，选举联谊会会长1人、副会长7人、秘书长1人、理事14人，联谊会有50名成员组成。开展“法律七进”活动，解决法藏寺后山围墙裂缝安全隐患，调查处理涉及民族、宗教信访问题、集体事件2起。全年接待台商到农团乡和荣边镇参观2批次10余人。完成台胞彭荫刚1万元助学金发放工作。

【政法工作】 2017年，排查受理各类矛盾纠纷2723件，调解成功2072件。在劳动争议、征地拆迁、土地承包等领域，建立专业调解组织13个，培育市级四星级人民调解委员会1个、一级调解员2人、个人调解室3个，建立由41名专家、优秀调解员组成的调解人才库。建成农村“雪亮工程”监控探头54个，覆盖农村10村；建成城市“雪亮工程”监控探头300余个，覆盖城区23个社区。累计办理民生服务事项1627件，报告特殊人群信息4464条，收集社情民意2.86万条，发现并报告治安隐患信息348条。全年收集群众反映问题6657件，处置整改6035件，回访群众4870人。

【公安工作】 2017年，全区接报警1.06万起，其中，刑事发案1498起。破刑事案件898起，刑事拘留345人，取保候审182人，提请逮捕166人，移送起诉282人；查处行政案件818件，行政处罚605人，其中，行政拘留363人；抓获历年逃犯16人。破获“黄赌”刑事治安案件46起，抓获“黄赌”违法犯罪人员78人，收缴销毁各类赌博机50余台；停业整顿按摩房、歌舞娱乐场所2家、取缔3家；破获涉毒刑事案件41件，打击处理涉毒犯罪嫌疑人 57 人，查处吸毒违法人员 316 人，强制隔离戒毒 93 人，缴获各类毒品 3.3 千克。破获经济类案件 13 起，抓获各类违法犯罪嫌疑人 45 人，起诉 38 人，挽回直接经济损失 750 万元；收集、排查、分析各类涉众型经济犯罪预警信息 19 条。全年收集各类情报信息 420 条，预警不稳定因素 209 起。

【刑事检察】 2017 年，批准逮捕各类刑事犯罪嫌疑人 289 人，提起公诉 535 人，对证据不足、不构成犯罪和无社会危险性的，决定不批捕 132 人、不起诉 20 人；立案查办职务犯罪案件 11 件 18 人，其中，查办贪污贿赂案件 9 件 13 人、渎职侵权案件 2 件 5 人；受理举报、控告 30 件，办理刑事申诉 3 件，处理群众来信来访 55 件，检察长接待来访群众 20 余人次。以检察干警进学校、进社区、邀请青少年走进检察的方式，开展"预防校园欺凌""预防性侵害""远离毒品"等主题法治宣讲 12 次，组织模拟法庭 2 次，开展法治夏令营 1 期，受教育 2000 余人次。监督公安机关不应当立案而立案 3 件 5 人，监督公安机关应当立案而不立案 4 件 4 人，纠正漏捕 11 人、漏诉 16 人。

【法院工作】 2017 年，受理各类案件 6316 件，审执结 6079 件。其中，受理刑事案件 464 件，审结 443 件，判处 595 人刑罚；判处抢劫、绑架和盗窃、抢夺等犯罪案件 143 件 204 人；依法打击各类毒品犯罪、开设赌场等妨害社会管理秩序犯罪案件 77 件 93 人；打击集资诈骗、非法吸收公众存款等涉众型经济犯罪 17 件 11 人；审理民商案件 3806 件，审结案件 3650 件，调解 513 件，撤诉 1319 件；受理交通案件 166 件，判决 98 件，调解 34 件，撤诉 21 件；受理行政诉讼案件 43 件，审结 43 件。全年诉讼服务中心信访室登记信访 108 件，接受咨询 159 件 300 余人次；诉讼服务中心领导值班 322 人次，接受咨询 1100 余人次，登记信访 70 件，其中，民事 10 件、刑事 10 件、执行 49 件、其他信访 1 件。

【司法行政】 2017 年，全区各级人民调解委员会排查矛盾纠纷 421 件，受理纠纷 761 件，调解成功 749 件，调解道路交通纠纷 229 件。区法律援助中心办理各类法律援助案件 221 件，办理法律援助咨询等其他法律援助事项 2028 件，法律援助 2470 人次，为受援人避免或挽回经济损失 600 余万元。宜意律师事务所为城乡居民提供法律咨询服务 260 人次，为企业提供"法律体检"36 件次，办理各类案件 196 件，办结 192 件。全年办理国内民事类公证 1122 件，接待法律咨询 8015 人次，为当事人代写、修改法律文书 2315 件次，为政府旧城改造、棚户区拆迁办理公证 600 多件。接收监所释放的刑满人员 81 人，期满解除矫正的社区服刑人员 74 人；新接收社区服刑人员 95 人，解除 74 人，转出 1 人，撤销缓刑 1 人，警告 2 人次；社区服刑人员在册在矫人员 114 人。

【保密工作】 2017 年，推动保密法和相关保密文件的学习教育和贯彻落实，增强全区干部职工的保密意识。对全区进行涉密网络国产化核查摸底工作，防止泄密事件发生。完成 2017 年度中央、省委文件清退工作。

【党史编研】 2017 年，完成区党史基本著作《中国共产党自贡市自流井历史》和《自贡市自流井区执政实录（2016 年卷）》编辑出版工作。开展纪念卢德铭烈士牺牲 90 周年党史人物宣讲报告会，挖掘、整理卢德铭、李仲权、李筱亭烈士事迹，并汇编成册、结集出版。利用自流井区新闻外网站、《自流井手机报》《自流井》等宣传平台，刊登党史工作动态和党史宣传文章。

【党校工作】 2017 年，举办各类培训 46 期，培训学员 4000 余人。其中，举办自流井区第十届村（社区）"两委"干部暨第一书记岗前培训班 1 期；区入党积极分子培训班和中石油自贡销售分公司入党积极分子培训班各 1 期；村、社区干部党性教育专题培训班 3 期；协助组织部开展优秀年轻干部人才递进培训班 1 期；举办干部大课堂 4 期；举办社区党校和农民夜校培训班 36 期。拓展宣讲平台，到高新区红旗乡开展十九大宣讲 4 场次。围绕

“五个自贡”“三中心一新城”核心战略开展调研，完成《自流井区坚持民生优先，形成共建共享新格局研究》《自贡大众创业万众创新推进城市转型升级示范区的思考》等5个自贡市党校系统调研课题并结题。

【武装工作】 2017年，完成夏秋季征兵任务，其中，大学生征集比例60%。先后组织自贡六中、自贡二十二中、绿盛实验学校和四川理工学院9000余名新生军训。利用展板、橱窗等载体向干部职工和民兵预备役人员宣传党的创新理论，制作展板、橱窗20余期，编印发放学习资料1000余份。组织民兵综合应急分队、民兵防空分队、机枪连、新质民兵分队、民兵护路分队、女子民兵分队等进行军事训练，参训民兵3800余人次。组织民兵预备役人员1000余人次，完成应急维稳、环境绿化、山林灭火、防汛救灾、城乡环境综合整治等任务。

【工会工作】 2017年年末，全区独立基层工会368个，联合基层工会17个，涵盖基层单位1341个，职工2.83万人，会员2.77万人。全区149个独立建会企业建立工资集体协商制度142个；通过建立覆盖小企业994户的17个区域（行业）性联合工会，签订区域（行业）性工资集体合同，覆盖面达100%。开展“工会就业创业援助月”“春风行动”、送岗位到基层等各种就业服务活动，为410名下岗失业人员（农民工）实现再就业；为268名建档困难职工实施医疗、生活和意外灾害救助，救助金额36.40万元；为426名（年内新增65人）困难职工办理“工会爱心乘车卡”；向300名困难职工发放“工会爱心电力卡”。筹集“金秋助学”资金，帮助44名困难职工（农民工）子女就学。

【共青团工作】 2017年，全区发展团员280人。通过“青年之声”平台和共青团官方微信微博，发布“不忘初心跟党走”“中长期青年发展规划解读”等时政微信210条，累计阅读量2万余次。“@共青团自流井区委”发布博文1500余条，累计阅读量150万人次。基层团组织在全区团员青年中开展“弘扬雷锋精神 展现青春风采”“德铭讲堂——沿着先辈的足迹前行”等社会主义核心价值观主题教育和“入团入队”等主题仪式40余场次。资助贫困大学生22人，落实助学金10.2万元。申报青年创业项目3个，通过省项目办审核1个，为1名创业青年争取无息贷款资金10万元。联合区就业部门开展青工技能、农村青年创业等专题培训4次，参训人员300余人次。举办“放空压力 轻装前行”心理团体辅导和单身青年联谊会等城乡青年交流活动6次，为全区青年搭建交友平台，参与人数100余人。开展留守学生帮扶活动近50次，参与志愿者300余人次，受帮扶留守学生2600余人次。组织50余名青年志愿者参与自贡市首届盐博会志愿服务工作。

【妇联工作】 2017年，全区400余名机关女职工参加“健康转转，幸福满满——自流井区机关女干部‘庆三八’趣味比赛”。举办“把爱留下，送爱回家”“暖冬送岗位”等女性就业专场招聘会2场，参加企业34家，收集就业意愿400余条、岗位信息300余个，发放各种宣传资料2000余份。区妇联联合区就业局、区内全国巾帼现代农业科技示范基地及彩灯培训示范基地等开展专业技能培训2期，培训90余人。春节期间筹集慰问金、毛毯、棉被、儿童羽绒服、食用油、“母亲邮包”等物资近9万元，慰问全区380余名贫困妇女儿童、“两癌”妇女。建立贫困女童数据库，开展“春蕾计划”捐助，资助金按小学每学年400元、初中每学年600元、高中每学年800元发放。区妇联联合区卫生和计划生育局、区妇幼保健院开展城乡适龄妇女（乡镇全覆盖）免费“两癌”筛查6722人次。是年，全区评选26户“最美家庭”，其中，10户家庭被评选为“自贡市最美家庭”。在全区11所学校开展防性侵讲座14场、播放防性侵手偶剧14场、防性侵主题活动8场，服务女童2900人次。全年“雅心心理咨询室”开展“一对一”心理咨询24人次。

【工商联工作】 2017年，集中组织各类学习6次，制发各类宣传学习材料400余份，举办构建

“亲”“清”新型政商关系论坛，组织非公有制经济人士50余人次开展理想信念教育实践活动。协调和解决企业发展中的转贷、政策落实、经济纠纷、融资等问题50余件次。聘请四川省工商联副主席、四川大学商学院教授、博士生导师、中国民营经济理事会理事李光金教授就“当前经济形势与企业业务转型”进行专题讲座，组织企业家代表到上海、山东等地及高校学习考察，开展交流活动，与眉山市丹林县、仁寿县、青神县商会建立友好工商联（商会）。帮扶企业开展智力培训120余人次、解决就业50余人、捐助济困80余户。

【政务服务工作】 2017年，受理政府采购项目112个，成交项目91个；受理工程采购项目46个，成交项目42个。实施法律援助85人次，职业介绍1624人次，帮助实现就业1273人次，惠民医院就诊423人次，惠民药房购药686人次。开设网上预审体验区，体验人数57人次，实现网上咨询、预审67例。开展政务服务进社区活动，现场为居民办理事项30余项，接受群众咨询200余人次，发放各种宣传资料400余份。全年受理办结行政审批及公共服务事项咨询件831件，受理办结其他服务事项7万件，办结率100%。

【群众工作】 2017年，受理群众信访总量1293件（人）次；接待来访群众131批1286人次，其中，集体访54批1093人次，网络投诉交办件7件。全年信访件及时受理率和按期办结率均100%。县级领导参加领导接待日接访266天，现场接待处置群众来访81批909人次，其中，集体访39批797人次。分别完成省、市信访局交办积案1件、4件和自行排查的信访积案14件。办理人民网信访件99件，市委书记、市长信箱信访件37件，办理网上信访信息系统来信、来访、网投、省长信箱、省委书记信箱转送（交办）件73件，办理市“12345”便民呼叫中心信访件10件。

经济建设

【主要经济指标】 2017年，全区地区生产总值313.82亿元，比2016年（下同）增长6.9%。其中，第一产业增加值5.03亿元，增长4.1%；第二产业增加值89.07亿元，下降0.9%；第三产业增加值219.72亿元，增长10.6%。非公有制经济增加值144.36亿元，增长6.2%。区属规模以上工业增加值40.02亿元，增长3.1%。社会消费品零售总额211.28亿元，增长11.2%。区属全社会固定资产投资193.1亿元，增长5.3%。地方级一般预算收入6.44亿元，增长15.7%；地方公共预算支出18.54亿元，增长11.3%。城镇居民人均可支配收入3.03万元，农民人均可支配收入1.57万元。粮食总产量2.89万吨，油料产量0.28万吨，蔬菜产量8.7万吨，肉类总产量1.02万吨。农业增加值5亿元，增长4%。

【工业经济】 2017年年末，全区区属规模以上工业企业40户，全年实现现价产值177.66亿元，比2016年下降4.68%。其中，机械与装备制造行业实现产值135.49亿元，农产品加工行业实现产值18.79亿元，能源与化工行业实现产值16.74亿元，新材料与包装制品行业实现产值1.99亿元，其他行业实现产值4.64亿元。全区规模以上工业企业增加值比2016年增长3.1%，实现销售收入171.43亿元，实现利润4.8亿元。

【园区建设】 2017年，自流井工业园区实施重大项目28个，年度投资55亿元，签约项目总投资230亿元，引进重大项目5个，取得土地批文49.33公顷，新增承载能力43.33公顷。重点实施以“三港”建设、产业培育、新城开发为主要内容的项目建设，其中，大西洋焊接产业园投产，成都外国语学校（自贡普润校区）建成并按期开校，舒坪镇生活污水处理工程初步建成，自贡南铁路物流基地开工建设，西南（自贡）无水港项目点火试车，自贡“一带一路”对外开放中心景观工程主体建设完成并实施配套建设，川南国际农贸城一期基本建成，西南农商（国际）物流港完成场地平整并启动营销中心建设，科技创新中小企业孵化园完成6万平方米厂房建设。

【农村工作】 2017年，全区建成幸福美丽新村7个，完成12个市级“四好村”及7个省级“四好村”创建；建成“1+6”村级公共服务阵地16个；尖山景区被评为“四川生态休闲旅游目的地”。实施现代农业示范园区建设，引进牧天食品、天野农业等8户企业与70余个农民专业合作社到园区发展，带动农民增收500余万元。培育省、市、区级农业产业化重点龙头企业19家；新发展农民专业合作社3家，累计81家；新培育家庭农场5家，累计44家。对全区5家农业产业化龙头企业和农民专业合作社提供“助农贷”支持，累计担保贷款1240万元。完成仲权镇群光村、竹元村土地增减挂钩项目建设，安置农户162户741人。登记农村土地承包农户1.58万户，明确承包人5.66万人，完成调查登记地块21.61万块，实测标准面积5806.67公顷。

【种植业】 2017年，全区粮食种植面积5066公顷，油料种植面积1203公顷，蔬菜种植面积2900公顷。推广主导品种23个、主推技术18项，推广面积7466.67公顷，完成666.67公顷“中稻+再生稻”示范种植，推行配方施肥面积4346.67公顷。病虫绿色防控面积1000公顷，种植膜侧玉米333.33公顷，完成666.67公顷“玉—豆”种植面积，建成漆树乡玫瑰李种植示范基地和柳源生猪养殖示范基地。开展农产品质量安全监督抽检，抽样1597个，合格率98%以上。开展新型职业农民培训96人，农民实用技术培训2640人。

【畜牧业】 2017年，全区生猪出栏8.12万头，肉牛出栏0.18万头，肉羊出栏2.07万只，家禽出栏120.04万羽。免疫猪瘟1.59万头，免疫猪口蹄疫1.59万头、猪蓝耳病1.57万头、牛口蹄疫233头、羊口蹄疫0.2万只、禽流感55.28万羽、新城疫52.52万羽；消毒圈舍面积44.76万平方米。累计免疫犬只1177只，全部填发犬只免疫证（一犬一证，有效期1年），建立犬只免疫档案。全年检查农药、兽药、饲料、农资生产经营单位883家次，整顿市场42个次；办理行政处罚案件4个，结案4个。

【林业】 2017年年末，全区有2123.2公顷天然林资源，退耕还林622.37公顷，个人和集体公益林管护面积2040.07公顷。组织区级森林防火应急演练1次、各林区乡镇演练4次。悬挂森林防火横幅标语60幅、墙标35幅、林区警示牌600块。对竹（木）材经营加工单位开展调运检疫，发放种苗产地植物检疫登记证7家，开具森林植物调运检疫证19份。开展飞机防治松褐天牛病虫害666.67公顷，防治松墨天牛病虫害387.6公顷；采取安装320套诱捕器、释放20万头肿腿蜂、设置700株诱木等措施，防治松褐天牛病虫害作业面1596.33公顷，清除松树中的倒木、枯死木、腐木7739株。查处林业行政违法案件2起。

【旅游】 2017年，举办四川省花卉（果类）生态旅游节暨自贡市第十八届飞龙峡桃花节、桃李芬芳和金秋旅游系列活动，接待游客16.6万余人次。推进一站式游客服务中心建设，规范完善景区内外80余处英、日、韩文字翻译的标识标牌和导向系统，增加公共信息图形符号100余块、游客公共休息设施30余处、观景平台3处。健全旅游安全体系，新装安全护栏6.8公里，维修护栏2.6公里，新增20处监控探头和森林消防站1座。举办景区讲解员、景区安全员培训班20多期，受训300余人次。

【商贸流通】 2017年，全区服务业增加值175.9亿元，社会消费品零售总额145.3亿元。组织企业参加“川货全国行”“万企出国门”“惠民购物全川行”“电子商务峰会”“中国餐饮博览会”和“西博会”等活动，组织农团食用菌合作社、牧天食品有限公司等20余家企业到上海、广州、长春、长沙等城市参加展销会、博览会，为企业提供对外招商平台。建设1个乡（镇）电商服务站，升级改造1个村级电商服务网点；培育茶码头、果畅通等本土农产品电商企业5家，引导乡镇5户以上企业参加省级市场拓展“三大活动”。

【招商引资】 2017年，全区新签约重大项目22个，总投资额128.84亿元。其中，新签约10亿元以上产业项目5个，在各重大招商活动中签约15个项目。全区包装重大项目27个，涵盖电子信息业、生物医药业、农业、现代服务业、交通、基础设施、棚改等领域。区党政主要领导带队招商83次。全年参加重大招商活动及客商来访5次。

【财政工作】 2017年，全区地方一般公共预算收入6.44亿元，全区财政总支出26.12亿元；

税收收入 5.02 亿元，增长 15.8%；全区民生支出 11.55 亿元，占全年一般公共预算支出的 75.1%。全年政府采购项目节约资金 684 万元，节约率 12%；项目评审审减金额 1900 万元。开展全区财务大检查，通过现场抽查原始凭证和账簿方式，对 2013 年至 2016 年全区 34 个一级预算单位（包括所有乡镇街道）的财政资金收支情况进行检查。

【国税工作】 2017 年，全区完成国家税收收入 17.13 亿元，增长 6.14%。其中，完成区级收入 2.73 亿元，增长 1481.09%。开展风险应对任务 20 批次（53 户），入库税款及滞纳金 2424 万元。注销清算核算 711 户，补税 18.47 万元。核查增值税抵扣凭证 502 份，查补税款 237 万元，核减留抵 1.87 万元，加收滞纳金 4.74 万元。清理失控发票 248 份，转出增值税进项税额 108.34 万元。对新建工程项目进行清理，入库税款 173.69 万元。对各类涉税违法行为处以罚款 9.26 万元。追缴完清欠税企业 40 户，追缴往年欠税 269.59 万元，加收滞纳金 96.06 万元。全年落实各项税收优惠 4.72 亿元。

【地税工作】 2017 年，全区地税组织各项收入 5.97 亿元，同口径增长 14.29%。其中税收收入 5.06 亿元，基金附加收入 9133 万元。落实税收优惠政策，减免税款 1377 万元，其中，减免房产税 120 万元、土地使用税 95 万元、企业所得税 846 万元、个人所得税 42 万元、车船税 39 万元、契税 150 万元、其他税费 85 万元。查办案件 8 户，入库 93 万元，其中督导自查 19 户，补税 1784 万元。推广使用“天府 e 税”、网上办税和微信公众号等自助终端服务，纳税人网报开通率 99%，申报率 90% 以上。

【科技工作】 2017 年，实施国家、省、市级科技项目 15 项。开展专题科普宣传 3 次，参加科普活动工作人员 40 人次，发放技术资料万余份，服务群众 3000 人次。全区专利申请量 361 件，其中，发明专利申请量 132 件，实用新型 211 件，外观专利 18 件。组成“问诊团”，上门对企事业单位和技术人员进行专利申请业务指导培训，累计开展指导 30 余次。

【发展和改革工作】 2017 年，全区 122 个重大项目完成投资 154 亿元，其中，10 个省级重点项目累计完成投资 35.32 亿元，16 个市级重大项目累计完成投资 92.3 亿元。审批政府投资项目 267 个，备案企业投资项目 150 个。开展价格监督检查 110 余次，处理投诉举报、咨询件 100 余件，完成价格认定 184 件，认定标的 144.31 万元。签订粮食生产安全责任书 11 份，开展粮食质量安全等业务培训 5 次，开展粮食安全隐患大检查，排查整治各类安全隐患 10 余处，组织抽检粮食收购网点 9 家，建立监测网点 4 个。

【统计工作】 2017 年，开展统计监测预警工作，提供《预警预测专刊》6 期、统计分析 12 篇、统计专报 8 篇。完善《统计年鉴》《统计公报》，编印《统计信息月刊》11 期，报送各类业务信息 131 篇，及时更新政府网站统计信息。对 193 户联网直报企业（项目）开展全面自查和重点抽查，对统计台账不完善、迟报、漏报、错报等行为进行检查与纠正。每月对增减变动幅度异常的企业，发放统计执法查询书，全年发放统计执法查询书 85 份。开展 5 年一次的住户调查换户工作，涉及全区 9 个乡镇、街道的 41 个村委会、44 个社区，在全区 8 万多户家庭户中随机抽选 100 户家庭，作为 2018 年至 2022 年的城乡住户调查样本。

【审计工作】 2017 年，完成审计项目 40 项、专项审计调查 1 项，其中，国定项目 2 项、省定项目 4 项、市定项目 2 项、自定项目 33 项。24 个工程项目累计送审金额 1.05 亿元，审定金额 9270 万元，审减金额 1263 万元。出具审计决定 29 份，审计决定执行率 100%。查出主要问题金额 9090 万元，其中，违规金额 1831 万元、管理不规范金额 7259 万元、损益（收支）不实金额 185 万元，出具审计报告和专项审计调查报告 41 篇。审计处罚金额 9036 万元，移送司法机关、纪检监察机关和有关部门处理事项 4 件，移送处理人员 7 人。审计促进整改落实有关问题金额 9029 万元，审计后挽回（避免）损失 1981 万元，审计核减投资额 1981 万元，移送处理落实事项 1 件。向社会公告审计结果 11 篇。

【工商管理】 2017 年，新增各类市场主体 2655 户、注册资本 69.8 亿元，年末全区企业 3283 户、个体工商户 1 万户。发放“五证合一”“多证合一”营业执照 2585 张，“三证整合”营业执照

4876张；受理网上企业名称预先核准申请105件，全程电子化登记12户；发布54户企业简易注销公告，办结23户。新申报注册商标279件，成功注册227件，全区累积注册商标1247件，其中，驰名商标2件、著名商标7件、知名商标23件、四川名牌7个。开展“强化商品质量监管”等6项专项行动，立案查处各类违法案件204件，其中，万元以上大案15件，移送司法机关案件2件。全年查处各类违法违章案件613件，其中立案查处208件，案值60余万元，结案198件，依法移送司法机关案件2件。

【质量技术监督】 2017年，开展安全隐患治理专项行动，检查特种设备生产、使用单位137家，涉及特种设备345台，发出监察指令书8份。检查农资经营户83户次，抽检化肥5批次，查处案件12件。查处取缔无证无照经营40户，规范亮照经营1000余户。对大型超市、专卖店能效标识进行检查，完成诚信计量自我承诺单位18户，检查计量器具2.1万余件。

【供销工作】 2017年，实现经营服务总额6.7亿元，其中，社会商品零售总额实现2.24亿元，农业生产资料销售总额实现0.24亿元，农副产品购进总额实现2.31亿元，再生资源回收利用总额0.88亿元。签约草堂山散养土鸡产销体系建设项目，实现项目投资5000万元。销售各类化肥2500余吨、农药10余吨、农地膜10余吨、种子10余吨。成立区供销公司乡镇分公司（乡镇供销社），在吉林、干塘、尖山、竹元、星星、新国等6个试点村组建村集体公司（村级农村综合服务社），开展各类农业社会化服务。将供销社农资销售网点、日用品商店改建成农村电商服务站点60余个，新建自供连锁超市8个。

城乡建设

【市政设施建设】 2017年，维修整治城区主街大道人行护栏约1200米，油漆护栏1.1万米；维修更换透水砖、拉丝砖、花岗石等人行道砖约3240平方米；粉刷解放桥、水涯居大桥桥面、桥墩约1385平方米；主城区（老城区）沥青道路中修两次，面积1万余平方米；竹棚子路（含大桥）及解放路东段砼路面道路沥青黑化约7000平方米；强化城市快速通道设施管护，维修路沿石约670米，人行道砖（块）维修约520平方米，实施东环线快速通道沥青道路病害维修整治5600平方米。维修、更换路灯电缆9200余米；维修路灯1200余盏。灯会期间，在彩灯公园进出口及各摆渡点增设临时照明120盏；升级改造竹棚子桥路灯25柱、体育南路路灯22柱。

【住房保障】 2017年，直管公房大修1500平方米，中修4500平方米，小修1900户次；直管公房租金收入700余万元；清理转租转让5户，调剂安置住房困难户10户。完成五星街辖内半边街12组第20、25、35栋公房的拆除、补偿及承租户安置善后工作。全区享受廉租住房租金补贴1171户，发放廉租住房租金补贴金82.65万元。新增廉租住房补贴发放户95户。

【棚户区改造】 2017年，完成檀木林、自由路和光大街3条特色街区、“年代自贡”、社区中心化（富台山、磨子井、解放桥、大湾井4个社区）、富台山社区、老城区（珍珠寺片区）、鸿鹤坝老工业区（关外片区）排水系统改造工程、釜溪河生态历史文化长廊建设改造工程、骑坳井和新华印刷厂棚户区改造地块城市设计等20多个项目的方案设计。新启动棚户区改造项目15个，其中，釜溪东路、五星街农贸市场、新华印刷厂等11个项目完成房屋征收，塘坎上、三台寺、中华路西段、三八路一品湾4个地块完成既定征收部分。续建完成棚户区改造征收项目6个。21个棚户区改造项目完成签约1.4万余户，建成阳光华苑、檀香蓝天、财富水岸等棚户区改造项目，光凤片区、顺龙坝、东兴寺、西山等棚户区安置房改造完成7万平方米，棚户区改造项目安置住户近5000户，其中，迁入新居3000余户。

【园林绿化】 2017年，全区养护绿地面积300多万平方米，鲜花补换128万株（盆），绿化工程建设面积22万平方米。移植、补植树木700多株，对自流井区老城区进行树木排危500余株。在西山路、东兴寺等处种植灌木约3万株、地被花卉7万平方米、乔木6000余株；在大安盐厂、水涯居电业局、自贡二中滨河路种植灌木8000余株、地被花卉2万余株、乔木1000余株；完成漆树乡养星湖湿地公园建设项目、尖山风景区创建国家

AAAA级旅游景区提升改造项目及伍（家坡）富（全）路1.1公里景区道路绿化工程、尖山风景区游客接待中心工程。

【交通】 2017年，完成县乡道改造20.07公里，村道建设16.15公里。飞龙峡旅游快速通道（G247）施工便道全线打通，形成路床约11公里。年末辖区国道29.26公里、省道25.53公里、县道31.65公里、乡道53.28公里、专用道0.4公里、村道212.89公里；桥梁28座1254.9延米。境内有铁路19.5公里，途经舒坪、仲权等乡镇；有厂矿专用铁路自鸿线（自流井—鸿鹤坝）4.75公里、自安线（自流井—大安）1.2公里。通航里程20.6公里，其中，6级航道8.1公里、7级航道12.5公里，渡口3道，渡船2艘。全区有客运站7个，货运站1个，港湾式车站13个。

【环境保护】 2017年，完成辖区内重点排污企业监督性监测、乡镇污水处理厂监测、委托监测等58次；完成乡镇饮用水源监测3次；完成城市功能区噪声监测4次、城市交通噪声监测1次、城市区域噪声监测1次；配合环保执法、城管综合执法监测26次。审批227个新改扩建项目环境影响评价报告，其中，出具报告表49个，备案登记表178个。春节期间出动执法人员100余人次、车辆20余台次，没收非法销售的烟花爆竹30余箱（饼），查处非法经营摊点10余处，教育劝阻非法经营人员10人次，警告30余人次。开展春季露天禁烧专项行动，出动执法人员150人次、车辆75台次，处罚焚烧行为10起。

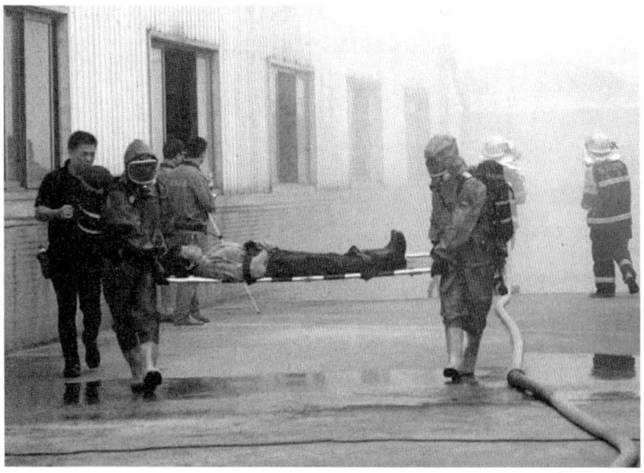

【国土资源管理】 2017年，全区耕地保护面积5941公顷，基本农田保护面积3286公顷。上报农用地转征收10个批次、2个独立选址项目，报征用地总面积138.38公顷；征地12.59公顷，清理征地项目54个；全年供地7宗，总面积42.08公顷。对全区132平方公里范围内地质灾害隐患进行全面排查，排查隐患点26处、在建工程10处、重点区域120处、主要交通干线96公里。开展地质灾害培训38次，资料发放115份，信息报送24次。开展国土资源动态巡查92次，下达责令停工通知书26份，下达责令整改通知书24份；开展土地供后监管巡查21次，涉及地块13宗、面积162.06公顷。

【水务】 2017年，全区整治和新建渠道约27公里，整治山坪塘、石河堰、提灌站等水利设施193座（处）、新建30座（处），重点解决荣边镇、仲权镇、漆树乡、舒坪镇金华村片区、农团乡新国村片区等干旱水缺问题。开展全区6条河流水面清漂保洁，累计清理打捞各类漂浮物7420吨，出动船只441只次、人员618人次、挖掘机8台次。实施河道生态补水，从仲权镇双龙水库向金鱼河河道实施生态补水20万立方米，促进河道水质改善。开展金鱼河清淤疏浚工程，完成一期4.43公里清淤工作。出台《自流井区河长制工作运行规则》《自流井区全面落实河长制工作方案》，编制完成6条河流“一河一策”管理保护方案和目标、问题、任务、责任“四个清单”，建立完善“1+1+4”的河长制工作体系。

【人民防空】 2017年，在农团乡中心小学、自贡市第三十五中、漆树乡中心小学、德铭中学和自贡市第二十二中学等开展人防知识宣传。开展“9·18”人防宣传，发放《防空防灾知识读本》《民防知识读本》等宣传资料约2000份。配合市级、区级相关部门完成“自贡市2017年防灾救灾综合实战演练”“富顺文体中心演习”。完成老城区人防工程测绘，新街片区、文化宫、中华路、解放路等干道及连片24个人防工程总面积约2.8万平方米。

【消防】 2017年，办理建设工程消防设计备案1个、竣工验收备案2个；下发建设工程消防设计审核意见书3份、验收意见书3份；办理公众聚集场所营业（使用）前消防安全检查合格证7本。钟云山路消防中队接警出动222次，出动车辆253

台次，出动官兵1297人次，抢救疏散被困人员12人，保护财产价值200余万元，灭火成功率100%。检查单位和场所4021个，发现并督促整改火灾隐患8315件，填发责令改正通知书3122份，下发行政处罚决定书154份，罚款金额29.28万元，责令“三停”（停产停业、停止使用、停止施工）66家，临时查封51家，对4个存在重大火灾隐患的场所报请区政府挂牌督办，年内全部整改摘牌。是年，全区发生一般火灾18起，无伤亡人数，直接财产损失138.34万元。全年无1例重特大火灾事故发生。

【防震减灾】 2017年，利用“3·29”“5·12”“7·28”等重要地震纪念日和特殊时段，在全区范围内开展防灾减灾知识进机关、进学校、进社区、进企业等“七进”宣传活动；结合防震减灾科普示范学校创建，将防震减灾知识纳入中小学素质教育内容。全年开展宣传教育活动5场次，设立主题展板40多张，设置科普示范画廊宣传点36个，新安装电子显示屏2个，悬挂横幅12条，接受群众咨询500余人次，发放防震减灾宣传资料10余种6000余份。

【城市管理】 2017年，出动执法队员万余人次，规范占道（越门）经营3万余起，取缔游摊、野摊500余个，拆除各类违法建设7000余平方米，清除13万余处“牛皮癣”，设置便民张贴栏52块；完成梅西广场店招统一更换制作，拆除、清理违章设置广告和店招300余幅，面积5000余平方米。拉网式排查城区餐饮企业，对未安装油烟净化设施的餐馆、食堂发放整改通知书500余份。新建垃圾池50个，改造垃圾池50个，新增垃圾桶200个。城市生活垃圾无害化处理率96.5%，餐厨垃圾无害化处理率40%，医疗固废物处置综合利用率97.9%。

【海事管理】 2017年，出动检查组20次、检查人员975人次、检查车235辆次，检查各类船舶3324艘，其中，渡口船184艘次、客船357艘次、游乐船2052艘次、清漂船739艘次；检查客渡码头426道次，播放安全宣传片42次，接受群众咨询420人次。转发各类安全文件170份，发放安全宣传图片、资料、传单1050余张，安全标语350余幅。船舶报检率100%，报废率100%。

文化建设

【文化体育】 2017年，开展各类重大文化活动22场，群众文化活动112场次。为42家农家书屋补充书籍2520本，开展流动图书进校园、进乡镇、进社区活动，送书近1000册。组织开展民俗“车灯”表演培训、图像处理培训、舞台妆培训等6期，培训基层文化专干、农家书屋管理员400余人次。开展社区“法治电影周”活动，在4个街道的社区放映8场次坝坝电影；利用每月一村一场次的农村公益电影平台，播放法治电影10余部。农村公益电影放映504场，观众2万余人次。开展“创文”网吧、校园周边环境专项整治，出动60余人次，检查互联网上网营业场所65家次及书刊、音像店20家次，检查图书音像店22家次、打字印刷店64家次，查收非法印刷复制品300余册、盗版图书500余册。组织300余名运动员参加自贡市第十三届运动会，自流井区代表团获团体冠军及体育道德风尚奖。开展文物安全检查20次，出动检查人员50余人次，检查各级文物保护单位50余家次，下达整改通知书1份。

【精神文明建设】 2017年，以文明城市创建知识、公民道德规范、公共文明礼仪、自贡文明市民规范等为主要内容，编发《市民手册》15万份。举行首届自流井区道德模范颁奖典礼，对9名道德模范、10名身边好人、5名公益志愿之星集体、10名公益志愿之星个人进行表彰。开展文明家庭申报活动，朱建平家庭被评为四川省文明家庭，珍珠寺王氏家族家规入选天府好家规50强。开展美德少年推荐评选活动，4人获市级美德少年，20人获区级美德少年。开展以党员志愿者为主体的“党员奉献日”“创文明，优环境，盐都先锋在行动”活动，以巾帼志愿者为主体的“巾帼扮靓自流井 文明时尚我先行”文明宣传活动，以老干部志愿者为主体的“向中国式过马路说不”文明交通劝导活动，以青年志愿者为主体的“青春爱心 情暖自流井”爱心敬老活动，以社区志愿者为主体的“温暖星期五”扶贫帮困等活动。

【档案】 2017年，接收档案141卷，接待查询档案群众4752人次，提供利用档案9504卷次，累计复印纸质档案9820余页。开展“6·9国际档案日”集中宣传活动；摆放宣传海报8幅，悬挂宣传横幅1条，发放宣传资料1000余份，接受市民群众咨询400人次。

【地方志】 2017年，完成《四川年鉴（2017）》《自贡年鉴（2017）》自流井篇资料的搜集、组稿、编辑和上报工作。其中，《四川年鉴（2017）》自流井篇收录条目5条，总字数0.2万字；《自贡年鉴（2017）》收录类目7个、条目86个，总字数2.5万字。编纂《自流井年鉴（2017）》并面向全国公开出版发行。编纂完成《自流井图鉴（2017）》。编印全区大事记2期（每半年1期），总计10.7万字，记述全区每月发生的大事、要事、特事、新事。

社会建设

【教育】 2017年年末，区内有中小学校39所（含小学教学点6个），其中，高完中4所、初中4所、九年一贯制学校6所（含民办学校1所）、小学18所（含民办学校1所）、特殊教育学校1所。秋季小学招生2186人，初中招生865人，高中招生796人；初中毕业率99.6%，小学毕业率100%；小学在校学生辍学率为零，初中在校学生辍学率0.3%，高中在校学生辍学率0.8%。开展拉网式安全隐患排查8次，整治各类安全隐患300余处。参加普通高考3467人，其中，文科1429人、理科1556人、对口高职482人；参加成人高考2474人，其中，文科409人、理科837人、专升本1228人；自学考试参考3312人、6416科次。

【卫生】 2017年年末，区内有各级各类医疗卫生机构258家，实有床位1785张，卫生技术人员2317人，执业（含助理）医师1128人，注册护士905人，其他技术人员101人。总诊疗132.1万人次，门急诊115万人，出院3.57万人次。为2228名建档立卡贫困人口免费健康体检，体检率100%，贫困人口家庭医生服务签约率100%。实施贫困白内障患者复明手术75例。核发“医疗机构执业许可证”3家，注销9家，校验153家，停业7家。出动执法人员30人次，取缔流动非法牙医摊点2处，没收非法药械1箱。开展“三创”督查1272户次，处理投诉举报13件，行政处罚公共场所1户、生活饮用水1户、医疗机构4户，罚款8800元。

【计划生育】 2017年，全区出生人口3016人，人口出生率7.87‰，自然增长率2.71‰，符合政策生育率99.47%。生育登记1907例，其中，一孩登记1082例、二孩登记825例。发放奖励扶助金134.59万元、特别扶助金955.81万元。为特殊家庭发放慰问金126.47万元。征收社会抚养费53例，征收总额70.04万元。打造“流动人口服务健康小屋”2个，建成省级流动人口基本公共卫生计生服务均等化示范区。为1283名目标人群进行免费孕前优生健康检查，完成自愿免费婚前医学检查2040对。

【劳动就业】 2017年，城镇新增就业1.06万人，失业人员实现再就业3793人，“4050”等就业困难人员实现再就业1587人，城镇登记失业率控制在3.9%以内，全区“零就业”家庭动态为零。申报高校毕业生创业补贴80人，发放创业补贴80万元；申请创业担保贷款8人，发放贷款80万元。组织开展青年劳动者技能培训709人，贫困家庭职业培训266人，创业培训1210人，品牌培训260人。开发公益性岗位1126个，用于安置“4050”等就业困难人员。

【社会保险】 2017年，城镇职工基本养老保险参保5.84万人；执行企业制度职工参保3.35万人；执行机关事业单位制度职工参保3616人；城乡居民基本养老保险参保4.01万人；失业保险参保1.23万人；工伤保险参保1.86万人；生育保险参保1.43万人。机关事业单位退休人员养老金领取资格认证2755人，企业退休人员认证1.7万人，城乡居民养老保险待遇领取资格认证1.33万人。稽核用人单位335家2800余人，发放催缴通知198

份，征收社保欠费532.57万元。

【医疗保险】 2017年，城镇职工基本医疗保险参保2.69万人；城乡居民基本医疗保险参保22.33万人，居民参保率99.75%。建档立卡贫困人口县域内住院1318人次，住院总费用537.81万元；建档立卡贫困人口县域内门诊慢性病就诊114人次，总费用2.74万元。通过查房、抽查病历、查医院药店“进、销、存”与系统上传数据比对等多种形式，稽核定点医疗机构、药店153个，现场检查428人次，查处违反协议问题并按协议管理规定扣费31万元。

【民政】 2017年，城市低保累计保障7.31万人次，发放低保金2151.34万元；农村低保累计保障4.95万人次，发放低保金777.25万元。全区有城市特困供养人员254人、农村特困供养人员490人，全年发放供养金335.36万元。事后医疗救助2500人次，支出救助金764.85万元；临时救助1132名困难群众，支出救助金105.72万元。安置符合政府安排工作条件的退役士官8人，接收退役士兵113人，接收退休士官1人，接收一级伤残军人1人。新增民办养老机构4家，新增床位723张；维修改造公办养老机构床位160张；建成城乡社区日间照料中心13个，建成仲权镇黄家村和郭街大湾井社区2个日间照料中心示范点位；为4000名老人提供居家养老服务。全区有孤儿16人，其中，机构养育4人、散居12人，发放孤儿生活费18万元。全年办理婚姻登记5164对，其中，办理结婚登记2338对，办理离婚登记1512对，补发结婚证1142对，补发离婚证172对。发放高龄老人长寿补贴金2.92万人次155.52万元。

【食品药品监管】 2017年，检查学校食堂123家次，养老院食堂48所次。对全区59个学校食堂实行网格化管理，开展“明厨亮灶”改造工程537家，对辖区内11名农村群宴厨师造册建档。开展企业约谈2次，在大型超市设立快检室1个、在农贸市场设立快检室3个。检查药化生产企业23家次、医疗器械经营单位175家次，与3家药品生产企业签订安全生产承诺书。全年评价药品不良反应病例报告740例，评价医疗器械不良事件150例、化妆品不良反应37例。开展二类医疗器械经营备案（零售）26家。食品抽检466批次，抽检合格率98%，抽样品种含食用油、酒、水产品等26个食品大类。药品抽检40批次，抽检合格率100%；快速检测602批次。出动执法人员5300余人次，检查4100余户次，落实问题整改178项。新办食品经营许可证910份；“三小”备案登记315件；初审“药品经营许可证”新办及变更36家；评定餐饮企业640家，其中，优秀12家、良好49家。

【安全生产监管】 2017年，组织开展各类安全培训10次，培训人员910余人次。组织执法检查组201个，检查企事业单位470家，排查各类安全隐患443处。检查企业192个次，取缔非法经营户9个，依法扣押非法经营产品230千克，查处各类安全隐患181件，督促整改181件；回填废旧枯井85口，水井加盖298口，设置警示标志251处。将全区11家重大危险企业作为实时监控点，实现远程监控自动报警。督促239家生产经营单位入网开展安全隐患自查自改自报，指导1家烟花爆竹生产企业完成机械化改造，2家“两重点一重大”危化品企业完成自动化改造。

【残联工作】 2017年，新核发残疾人证552本。帮助2442名城乡残疾人实现居家灵活就业，扶持657名农村贫困残疾人发展生产，为497名城乡残疾人适配急需的基本型辅助器具，为86名残疾人家庭实施无障碍设施改造。康复救助23名贫困家庭脑瘫儿童，为3名0～6岁贫困家庭重度听力残疾儿童提供康复救助。为40名有代步车的下肢残疾人发放每人每年365元的机动代步车燃油补贴。资助54名残疾学生和4名残疾人子女大学新生上学。为20名0～7岁智残儿童提供康复训练救助，为5名0～6岁孤独症儿童提供康复训练救助，为7名残疾人免费配发矫形器。为符合条件的26名贫困患者提供免费复明手术。

乡镇街道概况

【舒坪镇】 2017年年末，辖10个村、106个村民小组和15个居民小组。户籍总人口2.5万人，其中，农业人口1.5万人、城镇人口1万人。常住人口2.8万人。全镇规模以上工业总产值31.5亿元，固定资产投资总额8.12亿元，农业增加值1.39亿元。发放低保金263.88万元，发放医疗救助金 198 人 41.6 万元；向因灾困难群众发放救助资金 18.12 万元。发放粮食直补、退耕还林、农机补贴 133.3 万元。

【仲权镇】 2017 年年末，辖 11 个村、130 个村民小组和 1 个社区。常住人口 2.53 万人。实现农业生产总值 2.43 亿元，固定资产投资 7.2 亿元，招商引资 5.4 亿元，重大项目投资 4.76 亿元；农民人均可支配收入 1.57 万元，城镇居民人均可支配收入 3.3 万元。土地整治 30 余公顷，病险水库加固除危 9 处，灌溉设施修复整治 13 处。是年，仲权镇成功申报全国特色小镇，获四川省网络评选人气小镇第一名。

【荣边镇】 2017 年年末，辖 12 个村、104 个村民小组和 1 个社区。总人口 1.59 万人，其中，农业人口 1.53 万人。全年外出务工 6988 人。全镇耕地面积 985.14 公顷，林地面积 812.37 公顷。农业总收入 3.83 亿元，农业增加值 8177.9 万元；规模以上工业现价总产值 4.11 亿元，完成固定资产投资 7.43 亿元。全镇新型农村合作医疗参保 1.27 万人，城乡居民养老保险参保 6448 人；发放最低生活保障 金 458 人 133 万元，发放临时救助金及物资 46 人 1.14 万元，发放大病医疗救助金 158 人 26.58 万元。

【农团乡】 2017 年年末，辖 5 个村、46 个村民小组和 1 个社区。年末总人口 5417 人，其中，农业人口 5127 人、社区常住人口 290 人。常年外出务工人员 2800 人。完成地区生产总值 1.39 亿元，完成全社会固定资产投资 4.25 亿元，农业增加值增长 4%，农民人均纯收入 1.7 万元。发放农村低保金 259 人 90.23 万元，发放城市低保金 14 人 5.52 万元。大病救助 110 人次，发放救助金 16.35 万元。春荒救济困难户 971 人次，发放救济金 8.68 万元。新型城乡居民基本养老保险参保 2931 人，新型农村合作医疗参保 4586 人。

【漆树乡】 2017 年年末，辖 4 个村、35 个村民小组和 1 个社区、2 个居民小组。总人口 6844 人，其中，农业人口 6315 人。常住人口 6426 人。全年地区生产总值 3.24 亿元，社会固定资产投资 4.6 亿元，招商引资 9.2 亿元，农民人均可支配收入 1.43 万元。发放农村低保金 428 户 546 人次 135 万余元、城市低保金 41 户 45 人次 24 万余元；发放临时生活救助金 150 人次 2.5 万余元；发放冬令春荒救济金 525 人次 9.11 万元；发放大病医疗救助金 60 余人次 28.7 万余元。

【新街街道】 2017 年年末，辖 4 个社区、86 个居民小组。有居民 7900 户 2.86 万人。全年新增就业人员 875 人，就业困难人员实现就业 296 人，公益性岗位安置 79 人，就业援助对象 13 人，办理就业失业登记证 166 本，困难认定 63 人。居民基本医疗保险新参保 359 人，城乡居民养老保险总参保数 321 人，小额人身意外伤害险参保 226 人。发放低保对象住院救助金 13.05 万元，发放临时救济金 2000 元。

【五星街道】 2017 年年末，辖 6 个社区、107 个居民小组。居民 1.67 万户，户籍人口 6.4 万人。新增就业和再就业 1188 人，其中困难人员就业 469 人。利用公益性岗位安置 132 人；成立社区服务网点 251 个，安置人员 1781 人。城镇居民基本养老保险新参保 38 人，小额人身意外保险参保 834 份，城镇居民基本医疗保险续保 100%，补充医疗保险参保 7428 人，全民参保登记入户 1883 人。退休职工社会化管理认证 1.23 万人，免费为 438 人办理社保卡。

【东兴寺街道】 2017 年年末，辖 14 个社区。年末总人口 8.33 万人。城镇新增就业 1110 人，城镇失业人员再就业 936 人，就业困难人员再就业 238 人，为 710 人办理就业失业登记证，城镇居民基本养老保险参保 828 人。全年困难救助 70 人，发放救助金 2.49 万元；医疗救助 159 人，发放救助金 34.25 万元。

【郭家坳街道】 2017 年年末，辖 5 个社区、81 个居民小组。年末总人口 4.25 万人。城镇新增就业 1066 人，城镇失业人员再就业 1036 人，就业困难人员再就业512人。城镇居民基本医疗保险参保1.12万人；城乡居民基本养老保险参保740人；企业退休人员领取养老金资格认证完成率100%。全街享受低保1319户1971人，发放低保金680万余元。临时救济204人，发放救济金6.7万元；医疗救助292人，发放救助金48.9万元。

（自贡市自流井区地方志办）

贡井区

概　貌

【位置　面积　人口】　贡井区系自贡市辖区，位于自贡市中部。辖区面积410平方公里，全区辖成佳、龙潭、五宝、长土、建设、艾叶、桥头、白庙、莲花9个镇，章佳、牛尾2个乡，筱溪、贡井2个街道，1个工业集中区，有33个社区、149个村、1304个村民小组。截至2017年年底，全区总人口287531人，其中男性145750人，女性141781人；非农业人口96613人，农业人口190918人；18周岁以下43889人，18至60周岁171080人，60周岁以上72562人。

【建置沿革】　贡井区历史悠久，是四川井矿盐生产的肇始地之一。早在东汉时期，就有獠人凿井取卤煎盐。到北周武帝时期，由于开凿一口闻名遐迩的盐井大公井而建置名“公井镇”，里人曰“公井”。在唐代以前，大公井与富顺县富世盐井享誉四川。明嘉靖年间（1522—1566），大公井生产之盐品质上乘，作为朝廷贡品，而改“公井”为“贡井”，沿用至今。民国28年（1939）9月1日，自贡建市。“自贡”之名源于两口著名盐井自流井和贡井（公井）。时，贡井地区为三区、四区、五区。1949年12月5日，贡井和平解放。1950年，三区、四区合并为二区。1953年1月，二区改称贡井区。

【自然资源】　贡井区位于川中盆地南部，地貌浅丘，属沱江流域的旭水河自西向东横贯全境。亚热带气候，年平均气温17.8℃，年积温6539.9℃。常年月平均气温最高温度27.8℃（8月），最低7.5℃（1月）。年平均日照为1238小时。年均降雨量1048.7毫米。气候温和，雨量充沛，相对湿度80%左右。年蒸发量972毫米。全年阴雨天多、雾日多、空气透明度小。日照多集中于夏季。日照时数历年平均为1247.2小时，属全国日照时数偏少的地区之一。全区主要河道96.79公里，已开发利用量为1.32亿立方米，占水资源总量31%。人均水资源量448立方米，亩均水资源599立方米。

【旅游资源】　贡井区历史悠久，旅游文化资源丰富。有享誉盛名的大公井、世界钻井史上地质结构罕见的全国重点文物保护单位东源井。有千年盐业历史文化沉积的全国重点文物保护单位“茶马古道”之老街、河街（大公井古城），有旭水河艾叶至五皇洞段盐运古水道之平康桥堰闸码头（全国重点文物保护单位茶马古道之盐运码头）、八里秦淮、平桥堰闸、中桥堰闸、五皇洞堰闸。有城中平桥瀑布景观，有全国文物保护单位张伯卿公馆，有省级文物保护单位南华宫、贵州庙、天禄堂、中坝庄园、胡元和民居和艾叶雷公坡崖墓群，有自贡地区佛教文化重要寺庙天池寺等60多座宫、观、庙、寺（祠），有南、北环路沿线的花卉生产基地、三台梨花、固胜农民新村、七星湖旅游度假新村、国家AAAA级景区花香田园、莲花竹海、龙潭白鹭群、龙王水库白鹭群等，形成乡村休闲观光和特色美食旅游及牛尾—莲花—桥头远郊自然生态、欢乐暴走旅游线路。2011年3月，牛尾乡石柱村二组发现国家二级保护野生动物金猫。

【交通】　贡井区地处川南地区中心地带，距省会成都市200余公里，距宜宾市40余公里，均有高速公路、铁路相连。有乐自隆高速公路过境。境内有省、县、乡村公路635公里，形成以省道乐（山）自（贡）路、隆（昌）雅（安）路（S305）、资（中）泸（州）路（S207）为骨架，县道北环路、资（中）贡（井）路、自（贡）犍（为）路、双龙路、高（山）黎（明）路为支撑，乡村道为网络的交通格局。2017年年末，全区有水域通航里程70余公里，渡口2个，客运码头1座；二级客运站1个，乡村客运站11个。

政治建设

【区委办公室工作】　2017年，出台区委文件77件、区委办文件142件，召开全区性会议36次。

向省委办报送信息30条、向市委办报送信息554条。县级领导到基层调研1581次。加大对航空工业园区、脱贫攻坚、棚户区改造、招商引资、环境保护等项目建设的督查力度，发出督查通报39期，督查专报32期。专题研究防邪工作2次，制作并发放反邪教法制宣传品1000余份。2017年，编撰完成《中国共产党自贡市贡井区委执政实录（2016年卷）》和《中国共产党自贡市贡井区历史（1921—2002）（第一卷）》。编发《中共自贡市贡井区委员会制度规定汇编》300余册。

【人大工作】 2017年，召开区人大常委会议7次、主任会议18次，听取审议"一府两院"工作报告18项，作出决议决定12项，提出审议意见12项，检查法律法规实施情况3部，对区司法局、区环境保护局和区工商行政管理局开展工作评议。全年任免国家机关工作人员24人次。受理群众来信来访35件46人次，报送市人大备案审查7件，备案审查规范性文件19件。培训市、区和乡镇三级新任代表600余人次，组织参加上级培训27人次。代表列席、公民旁听常委会会议、代表参加常委会组织的执法检查、工作评议和视察调研等活动，全年累计156人次，提出意见建议312条，形成调研报告6篇。辖区市、区和乡镇三级人大代表走访联系群众5142人次，收集意见建议334条；帮扶困难群众3113人次，落实帮扶资金195万元。区人大机关帮助对口联系村协调资金200万元，使用机关行政经费8万元用于扶贫发展生产。选派33名组成人员和人大干部参加全国、省和市人大组织的履职业务培训。全年编发《工作简报》12期、《情况反映》9期、《常委会会议公报》7期，区级专栏刊登信息109篇，在《四川权力报》《自贡人大》等省市级以上新闻媒体刊发送各类稿件56篇次。区第十八届人大一次会议和闭会期间的90件建议意见，全部办结并答复代表，代表满意率97.7%，基本满意率2.3%。

【政府办公室工作】 2017年，收到并传送中央、国务院、省委、省政府、市委、市政府公文1016件（机要文件169件）。区政府发文194件（不包括函件和党组文件），区政府办发文66件（不包括函件和党组文件），上报请示、报告类文件122件。通过区政府门户网站发送公开信息2678条、通过市政府门户网站传递公开信息343条，全年开展信息公开指导和督查60余次。全区开通政务微博9个，开通微信公众平台7个。聘用专职特约信息员1人，专兼职信息工作人员6人。全年编发《贡井政务信息》15期，报送政务信息600余条，其中，市级采用100余条。创建应急文化阵地2处，其中西城湿地应急文化公园进入市级称号评选名单。全年开展各类大型应急演练13个，受训人群4000余人。全年排查地质灾害隐患12处，有8处整改完毕，对无法整改的4处隐患落实长期监控措施。全年领导批示台账跟踪办理172件，开展重大项目督查82次，发出督查通报29期，形成督查专报29期。区人大代表建议意见90件，办理27件、正在办理55件、待办8件；区政协委员提案134件，办理67件、正在办理65件、待办2件，人大代表和政协委员提案办理结果满意率均达100%。2017年，资助对口联系乡镇扶贫资金5万元，用于改善乡村道路。全年承办区政府常务会议21次，区政府全体（扩大）会、项目工作推进会、经济形势分析会等大型会议10余次，接待各类视察和检查50余次。

【政协工作】 2017年，收到提案162件（合并提案25件，未予立案3件，审查立案134件），参与撰写提案的委员186人次。其中办理67件，占提案总数的50%；待办65件，占提案总数的48.5%；不能办理的2件，占提案总数的1.5%，提案办理满意率100%。全年集中开展调研活动11项、视察活动18项、议政活动19项，形成19份调研视察报告、11份协商意见。全年为区乡镇基础设施、产业升级等项目建设协调资金900余万元、引入捐助和协调解决帮扶资金524万元。区政协委员的帮扶纪实在《四川政协报》《自贡日报》专题报道。全年主席会成员走访委员企业27人次，帮助协调解决实际困难13件。

【纪检监察】 2017年，全区纪检监察处置问题线索258件，比2016年增长141%。立案查处68件、增长30.7%，查处科级干部18人（科级领导干部10人、非领导职务3人、指定管辖5人），移送司法6人。新建2个区级谈话室。年度工作目标分解为7个方面55项具体任务，交由25名县级领导、12个牵头部门负责。签订主体责任书71份，监督责任书30份。完成惩防体系建设6个大项、36个小项任务。全年开展纪检监察17次，检查单位620个（次），发现并整改问题65个，移送案源线索1条。实施诫勉30人，通报批评单位6个，通报批评6人，责令作出书面检查6人，批评教育11人，“双责”约谈11人，提醒谈话74人，对2名干部实行责任追究。对重大决策推进情况开展督查82次，查处违反中央八项规定问题8起14人，印发督查通报29期。走访群众9万余人，收集问题6560个，解决2155个，解释作答4405个，群众满意率99.18%；主动说清问题32人，组织甄别问题64个，组织处理32人，退出违纪资金13.14万元。组织开展联合督察17次，平台督办9次，发现并整改问题25个，形成运行情况通报11期，审核处理行政权力平台风险点467件次、监察点438件次，处理报警点124件次。对3个区级部门和1个乡镇开展一级廉政风险岗位抽查审计。在全区11个乡镇全面推广农村基层廉情预警综合管理平台，清理农村集体资金3731.93万元，查出管理不规范资金43.73万元。印发《2017年贡井区纪检监察系统内部“体检行动”实施方案》，对辖区各级纪检监察干部进行“年度体检”。查处违纪违法人员，有3人被立案审查。组织观看《粮仓里的硕鼠》《打铁还需自身硬》等警示教育片6900余人次；编辑《贡井区警示教育读本》；旁听涉嫌职务犯罪公诉案件庭审70余人次，参观教育基地1100余人次。打造公井讲堂，挖掘并宣传学习胡元和家训、余述怀家风，其中胡氏家训获评全省“十佳天府好家规”。

【巡察工作】 3月，区委巡察工作领导小组办公室成立，对辖区机关各部门和企事业单位党组织履行巡察监督职能。全年开展常规巡察4轮共12个单位，发现问题224个，移交问题线索16条，向区委提出建议6条，向被巡察单位提出建议48条，完成本届巡察任务20%。开展扶贫领域突出问题暨整治“微腐败”专项巡察，全区各乡镇和区农牧林业局接受检查，发现问题242个，移交问题线索52条。

【组织工作】 2017年，全区基层党组织494个，其中，区级党委（党工委、党总支）25个、二级党委（党总支）24个、党支部445个（含新建“两新”党支部6个），有党员1.22万人。全年新发展党员174人。全区公务员637人，其中中共党员554人。评选表彰2016—2017年度贡井区优秀人才7人，每人奖励2万元。龙潭镇中坝村党支部、育才小学党支部、区检察院党支部分别被评为市级基层党建示范单位。全年培训党员近2000人、培训发展对象139人，培训干部1.10万人次。举办专题培训班5次，调训干部440余人次。在全区公开遴选科级培养对象、村（社区）主要负责人培养对象59人。有28名年轻干部参加在职研究生入学考试。全年通过公招、签约、柔性引进各类急需人才271人，区委组织部与9所高校、科研机构开展合作。全年实施提醒谈话120余人次，领导干部述职述廉287人次、对3名领导干部进行经济责任审计，任前公示干部96人、重大事项及外出报告633人次。下派181名村（社区）党组织第一书记，其中，市级选派36人，区级选派145人。第一书记为当地发展特色产业31个，引进项目22个，引入资金近500万元。全区开办农民夜校149个，集中教学4352学时、上门送学1276次，参学党员群众3万余人次。全年对1300余名老党员发放慰问补贴和生活补贴。

【直属机关工作】 2017年，直属机关有基层党组织35个，其中，二级党委2个，党支部33个，党员594人。年内成立区投资促进局党支部、区商务局党支部，撤销区商务旅游和投资促进局党支部，撤销区科技局党支部，将区文体广电和新闻出版局党支部更名为区文体旅游和外事侨务局党支部。全年组织驻村帮扶工作培训3次，培训380人次，开展工作督查15次，实现对全区149个村定点扶贫工作全覆盖。实施帮扶项目47个，投入资金357.44万元；协调落实帮扶项目81个，引入帮扶资金1380万元。区食品药品监督局代表区直机关组队参加贡井区宪法和中共十九大知识竞赛活动，获团体二等奖；直属机关篮球队获2017年职工篮球比赛第2名。

【人事人才工作】 2017年，公开招聘公务员87人（含4名选调生），事业单位人员189人。通过签约方式引进重点高校毕业生14人（农牧林业局3人、卫计局3人、教育局8人）。截至年末，全区有公务员637人，其中，区级部门340人，乡镇政府145人，街道办事处18人；参公人员134人；事业单位2559人。是年，为重点工程项目建设抽借调45人；晋级升职5人；完成全区政府序列116人的职务任免请示工作。

【宣传工作】 2017年，区委举办专题中心学习会18场，宣讲会920余场次，宣讲对象3.20万人次。区委常委专题研究意识形态工作5次，向全委会报告1次，专题督查2次。组织撰写学习调研理论文章300余篇。申报市社会科学研究课题5个，立项1个。在中央、省、市级媒体用稿3200余条（篇），出刊《贡井宣传》4期，区委宣传部与自贡电台续办《话说西城》栏目，刊播48期160篇次。“贡井之窗”外宣网站改版升级，达8个专题专栏，刊发新闻稿件和图片2200篇次。策划并推出“今日贡井”手机报，发送16期。全区收集影视类平面类作品31件，其中，制作的外宣片《此间少年》获全国第二届平安中国微电影微视频比赛“最佳微电影”和“优秀编剧”2项大奖。组织开展道德讲堂700场次，申报“四川好人”20人。4名少年获自贡市第三届美德少年称号。建成国家级文明村镇4个（占全市文明村镇数近50%），省级文明单位、文明村7个，市级文明单位41个，区级文明单位、文明乡镇和文明村（社区）164个。全年开展志愿服务活动130余次，服务群众3000余人次。出版发行贡井区首部集体文学专著《贡井文学作品集》。原创舞蹈《五宝花生花》获市第十五届舞蹈新作比赛一等奖，原创小品《相亲》获市艺术节小品比赛二等奖。组织开展群众性文化活动175场，免费放映农村公益电影1788场次。处置网络舆情20余起，新增40余名网评员。6批次基层骨干参加省、市、区宣传文化骨干培训；12批次干部参加中宣部及市、区干部培训。

【统战工作】 2017年，全区有党外领导干部30人，其中，副县级5人、正科级4人、副科级21人。在11个政府部门安排11名党外科级领导干部。区人大常委会副主任中，有党外副主任1人；区人大常委会委员中，有党外委员11人。区政协副主席中，有党外副主席2人；区政协常委中，有党外政协常委22人。全年组织统一战线成员集中学习教育活动25次，参加人员近800人次，撰写学习中共十九大精神体会文章30余篇。区委常委会研究统战工作4次、听取统战工作汇报3次；区委党校开办统一战线成员专项培训1次，参加培训55人。设立区政府民族宗教事务局，与区委统战部合署办公；增设区统战部副部长1人，增核行政编制2名，统战工作在党建考核中占比由5分增至8分。召开全区各类情况通报会8次，收集建议意见30余条。聘请10名特约检察员、特约监察员、特约审计员和特约教育督导员，开展作风检查、审计监督、教育督导4次，检查单位24个。在民主党派聘请5名脱贫攻坚民主监督员，组织专题调研5次，形成调研报告5篇。区民族宗教工作在2017年全市民族宗教和对台工作会上作交流，全年走访慰问台胞台属10人次。有4名非公有制经济人士被选担任村（社区）第一书记。

【政法工作】 2017年，区委常委会听取维稳工作汇报4次，召开全区信访维稳工作会5次，开展风险评估23件次，举办各类法制学习36场次，宣讲活动23场次。开展维稳和反恐等大型应急演练4次，参演人数2300余人次。全年受理各类网格化民生服务事件3.06万件，收集社情民意1.68万件，走访特殊人群3.98万人次；发出网格化服务管理通报11期。全区排查各类矛盾纠纷1093件，调解成功1064件，调处成功率97.35%。劝返上访人员15人次。刑事案件发案率下降21.91%，破案率上升33.02%；治安案件查处率上升9.34%。接受法律援助案件135件，解答咨询1425人次。微博直播庭审29次，完成全区24个村、143个点位的“雪亮工程”安装建设并投入使用；完成2个乡镇（街道）、4个村（社区）综合治理中心建设任务。全年参与政法系统业务培训162人次，外出考察54人次，组织收看收听各级政法讲堂859人次。有法学会专职工作人员1人，发展个人会员155人、团体会员31个，向市法学会推荐理事5名。第四届“治蜀兴川”法治论坛征文活动获三等奖论文1篇，推荐报送第五届“董必武法学成果奖”作品1篇，参与“创平安看四川”作品征集、“十大法治案件”评选等法制宣传活动，征集参选作品30余件。区法院拍摄的以解决执行难为主题的微电影《不会放过你》首映成功；区检察院拍摄的微电影《此间少年》在“全国第二届平安中国微电影微视频比赛”中获“最佳微电影”和“优秀编剧”2项大奖。是年，贡井区被评为“自贡市十九大期间信访维稳工作先进集体”和“自贡市维护社会稳定和社会治安综合治理工作双优单位”。

【公安工作】 2017年，辖区接处警4319起，出动警力1.30万人次。立刑事案件781起，发案数较2016年下降21.66%；破案445起，破案数较2016年上升23.27%，刑事案件破案率56.98%，较2016年上升20.77%。全年抓获各类犯罪嫌疑人278人（提请逮捕108人、起诉189人、刑拘249人、取保候审206人、监视居住16人、强制戒毒49人），追回网上逃犯45人。受理治安案件797起，受理数比2016年上升0.63%，查处733起，查处数比2016年上升10.39%，治安案件查处率91.97%，比2016年上升8.13%，治安处罚334人，其中治安拘留154人。破获省公安厅挂牌案件1起、市公安局挂牌案件4起，命案1起（故意伤害致人死亡）。破“两抢一盗一诈骗”案件355起，打掉各类犯罪团伙19个93人，追缴各类赃款赃物价值50余万元。收缴各类枪支18支、破涉毒刑事案件26起（部级目标案1件），缴获各类毒品2000余克。破获经济类案件17起，挽回经济损失620余万元。打掉黄赌窝点29个，刑事处罚39人、治安处罚146人。在主城区常设2个武装屯警点，新组建摩托车骑巡队，购置警用摩托车12辆，配发移动警务通71部，武装巡逻日均盘查人员300人、车辆90辆。

【检察工作】 2017年，立案查办职务犯罪案件8件16人（贪污贿赂犯罪案件6件11人、渎职侵权案件2件5人），查办人数比2016年上升45.5%。批准逮捕各类刑事犯罪嫌疑人105人，比2016年上升7.1%；提起公诉169人，比2016年上升20.7%，有罪判决率100%。依法审查、办理和答复控告、申诉和举报案件26件；受理民事、行政、执行监督案件16件，办结全市首例国有资产保护领域公益诉讼案件。全年开展法治宣传活动12场，受教育群众800余人次。公开发布法律文书139份，重要案件信息32条。开展司法救助7人，发放救助金4万余元。办理未成年人犯罪案件6件，开展中小学校法治教育18次。提出防范违法犯罪检察建议14件，为企业提供法律服务20余次。开展工程招投标等领域行贿犯罪档案查询196件次，摸排行政违法线索15起，办理督促行政机关履行职责案件4件。督促移送案件3件，监督侦查机关立案7件，纠正不当立案4件，追加逮捕3人，追加起诉5人，建议行政机关移送涉嫌犯罪案件7件。办理生效裁判结果监督案件6件，办理行政违法行为监督案件6件，介入刑事案件侦查16次，公开发布法律文书139份、重要案件信息32条。依法对辖区内159人监外执行罪犯的活动进行监督，办理社区矫正执行监督案件13件。依托检察门户网站和“两微一端”等新媒体推进检务公开，推送149期检务宣传内容，发布检察信息1074条。创新宣传载体，推出“微视讯”和“微播报”等4个栏目，拍摄微电影、公益视频等作品15部。其中，微电影《此间少年》在中央政法委举办的全国第二届平安中国微电影微视频比赛中获“最佳微电影”和“优秀编剧奖”2项大奖。是年，区检察院被确定为全省检察机关智慧公诉、大数据人工智能辅助办案系统建设工作试点院，是全省检察机关人工智能语音识别系统应用的唯一试点院。

【法院工作】 2017年，受理案件2247件，审结2183件，法定审限内结案率100%。其中，受理刑事案件125件，审结125件，判处被告人179人；受理民商事案件1448件，审结1393件，结案标的2.72亿元；受理行政诉讼案件11件，行政非诉案件9件，全部结案；受理执行案件485件，执行终结476件，执行到位金额9338万元。

【司法工作】 2017年，受理调解民间纠纷219件，调解成功216件，成功率98.6%。增设治安纠纷人民调解委员会3个，调解室5个。组建讲师团、宣传队和志愿者团队3个、普法小分队13个。提供法律援助服务2850人次，其中，办理法律援助案件184件、其他法律援助事项2482人次；提供律师服务80件，基层法律服务所提供法律服务86件，公证处办理公证案件865件。全年接收社区服刑人员102人，解除社区矫正66人，建档率100%；社区服刑人员定位监管率100%，受司法机关委托开展社会调查评估89件。衔接刑满释放人员143人，衔接率100%、安置率98%、帮教率100%，建过渡性安置帮教基地3个，全年社区服刑人员未发生恶性刑事案件。年内联合出台《贡井区关于推动人民调解、社会调解等组织驻人民法院诉讼服务中心的实施意见》和《贡井区2017年“法律七进”工作要点》及《考评办法》，清理执法部门普法责任清单45份，开设法治讲座20余场，律师进乡村巡回讲座14场。组织全区法律征文比赛、考试、知识竞赛等大型法治宣传活动56场，培养“法律明白人”1400人。

【机构编制管理】 2017年，全区机构总数217个，其中，行政机构57个，事业单位158个（含残联），政法机构2个；政法类派出机构16个（基层司法所13个、法庭2个、检察室1个）。全区机关事业单位编制总数4281人，其中，机关编制802人，政法系统编制160人，事业单位编制3319人（含残联）。全区机关事业单位在编在职人员3616人，其中，党政群机关行政编制在职人员448人、工勤人员35人，乡镇街道行政编制230人、工勤人员16人，政法专项编制实有人数138人、工勤11人；各类事业单位实有人数2738人（含残联）。全年完成4个职能部门的涉改任务，调整并完善贡井区2017年责任清单4547项，机构职能整合后，新增挂牌8个、撤销5个。启用各级各类编制计划300名，其中行政编制53名、政法专项编制10名、事业编制（含参公）237名。办理事业单位设立登记6项，变更登记37项，注销登记3项，办结率100%。完成2016年度事业单位报告公示167件，应检登记率和登记合格率均100%。

【党校工作】 2017年，举办各类培训班16期，培训2900余人（集中培训1522人），培训班次和培训人数比2016年分别增长2.2倍和3.9倍。其中，主体班5期，培训415人，包括领导干部读书班、优秀年轻干部人才培训班、学习贯彻省第十一次党代会精神专题培训班、机关公务员培训班和专业技术人员继续教育骨干培训班；委托培训11期，培训1107人，主要包括2017年村（社区）党组织书记和村（社区）主任培训班，农村党员、流动党员和“两新”组织党员示范培训班；举办全区政协委员专题培训班等。全区公务员、专业技术人员参加培训和考试人数2900人次。全年申报2项市级调研课题，完成《浅议贡井区镇村干部作风建设》《围绕中心服务大局科学精准选人用人》两项课题调研任务。指导学员完成48篇调研文章，公开招聘教师2人。

【信访和群众工作】 2017年，全区受理群众来信来访总量2647件人次，比2016年下降4.54%。其中，区信访局受理2019件人次，较2016年增加100件人次，上升5.2%；乡镇（街道）、区级部门受理628件，比2016年减少226件；区法院受理件比2016年减少5件。全年区群众工作中心接待群众814批2302人次，较2016年增加72批500人次。通过现场政策疏导化解486批863人次、移交办理212件，重复信访116件736人次，初信初访化解率85.3%。全年区级党政领导周五接待日60次，接待来访群众64批220人次；区级领导阅批处理群众来信来访10件，书面交办10件，办结率100%。全年通过网上信访平台和中央、省、市直转的网上信访件267件，比2016年上升29.6%。全区所有乡镇（街道）、重点区级部门全部接入四川省网上信访信息系统，应用率100%。完成全区视频接访系统建设工作。全区实施定期集中排查16次，查出隐患380件次，化解347件，化解率91.3%；开展督查督办活动39次，累计督办信访事项89件次。市级交办区信访积案3件已办结，息诉息访2件。全区各级领导干部下访9700次，参与干部2.12万人次，解决信访问题736个。全年发放政策法规宣传资料1万余份。

【工会工作】 2017年，新建工会6个，发展会员95人。全区建档困难职工1296户，覆盖2894人。完成《自贡市贡井区总工会改革实施方案》目标任务。全年有300余人参加基层工会干部培训，送培50人次。向4名困难职工提供法律援助，资助资金6000元。制作防艾禁毒宣传牌600个，组织全区40名市级劳模进行免费健康体检。向高龄劳模和困难劳模发放生活困难补助金、慰问金及慰问品价值40万余元，共40余人次。全年投入“送温暖”资金26.68万元，帮扶慰问困难职工560户；帮助250名城镇下岗失业人员实现再就业；筹集“金秋助学”资金19.5万元，帮助110名困难职工或农民工家庭子女就学；对675名困难职工进行生活和医疗救助58.44万元，为全区335户困难职工家庭办理爱心乘车卡和爱心电力卡，总价值5.58万元。全区“女工大病互助保险”参与人数2748人，投保3053份、投保金额26.95万元，有19名患癌女职工获赔付21万元；参加“职工住院保险”人数1109人，参保金额12.13万元，有107名因病住院职工申请赔付12.79万元。捐助关心下一代基金1万元，“六一”筹集资金1.08万元慰问54名贫困儿童。3名企业职工代表的提案分别获全市优秀职工代表提案征集评选活动一、二、三等奖，其中1项获第二批四川省优秀职工代表提案三等奖。全年举办区职工技能大赛3次、举办区第八届“安康杯”知识竞赛活动，有34户企业参加。

【共青团工作】 2017年，区直属团组织21个，村（社区）团组织181个，非公有制企业团组织31个，团工委2个。全区学校团委3个，团支部76个。团区委机关在编人员3人。完成全区乡镇（街道）团委换届工作，选出新一届团委委员67人，其中，专职团委书记、副书记26人，兼职副书记13人。开展主题教育宣传活动20余场次，参与志愿者500余人次，受教育青少年超1万人次。开展公益活动10余场，发放传单3000多份。初步形成“四微三Q”的青年新媒体工作格局，建立24个网评站（点），网评员30人。团区委官方微博“@青春贡井”获全市区县团委微博榜、微博话题榜前10名。全年慰问建卡贫困留守学生80人次，筹集帮扶资金及物资50多万元，争取希望小学捐款等项目资金60万元。为5名贫困生争取到助学金2.5万元，帮扶留守儿童、贫困青少年500余人，慰问贫困户5户和贫困农村留守学生及特殊儿童500人，发放物资价值3万余元。为患癌高中生筹集手术善款4万余元，助其重返校园。培育农村青年致富带头人15人，青年突击队2支。为农村创业青年申报3个省青年创业促进计划（SYE）项目，争取创业基金30万元。全年发布暑期实习岗位60个。

【妇联工作】 2017年，有系统妇委会10个、乡镇妇联11个（9个镇、2个乡）、街道妇联2个；村妇代会149个、社区妇代会31个；女企业协会1个，会员32人；女领导干部联谊会1个，会员117人。全区有2个社区（乡镇）确定为市级示范妇联组织建设点、有3个社区（乡镇）创建为市级示范妇女之家。区妇联牵头实施群团活动中心建设项目，组建中共自贡市贡井区大群团联合支部委员会，成立大群团“晨曦心灵驿站”，开展群团心理咨询服务工作。全年举办妇联主席培训班1期，有13名乡镇（街）、182名村（居）妇联主席参加培训。在全市率先编制《贡井区妇女工作手册》《贡井区基层妇女工作制度》和《贡井区基层妇女工作台账》。在7个乡镇开展贫困妇女家政培训2场，200名贫困妇女接受培训。举办“三八”斗舞比赛专场，有16支参赛队、3支表演队共200人参加，现场观众800余人。慰问全区18所小学、480余名学生，慰问金11.18万余元。在11个乡镇开展下乡维权巡展活动，发放宣传资料5000余份，接受法律咨询100余人次，送出维权服务联系卡2000余张。开展巾帼维权讲座5场次，400余名党员干部接受培训。在13个乡镇街道开展新春送温暖活动，慰问贫困妇幼286人，慰问品价值14.47万余元。为120名贫困母亲和留守儿童进行健康咨询和检查，举办“让爱回家守护成长”大型招聘会，460余人参加，入场招聘单位14家，提供就业岗位100余个，发放宣传资料2000余份，接受政策维权咨询700余人次。

【残联工作】 2017年年末，全区残疾人总数1.05万人，办证率45.05%，持证人数9371人，持证残疾人落实覆盖率100%。发放重度残疾人护理补贴2897人，发放补贴资金192.84万元。9月召开区残疾人联合会第六次代表大会，选举产生区残联新一届领导班子和专门机构。全年为贫困残疾人适配辅助器具393人，救助贫困家庭脑瘫儿童28人，救助贫困家庭听力残疾儿童5人，为29名贫困白内障患者实施免费复明手术，为2名0~6岁家庭经济困难残疾儿童实施康复救助，为40名精神病患者提供服药、住院救助。建成3个省级残疾人“双创”示范基地、3个市级示范基地。全区安置残疾人就业68人。协助民政发放困难残疾人生活补贴3060人，发放资金49.27万元。全年举办残疾人种养殖培训班3期，参加培训300余人；建成省、市两级残疾人培育示范基地各3个。

【工商联工作】 2017年，区总商会下设7个基层分会，有会员411户（人），其中，企业会员197户、个人会员211人（老工商业者2人）、团体会员3户。推荐4名非公有制企业人士担任村党组织第一书记；推荐3名企业负责人为区政协委员，有31名非公有制经济人士被选为区政协委员，报送新社会阶层人士33人。向市、区人大和政协提出建议提案12条。全年各基层商会扶贫捐款捐物40余万元，慰问100余户（人）。会员投资4000万元新建花香田园农业主题公园；投资近500万元修建横跨成佳等3镇4村3公里的标准二级路面道路；投资6亿元，建成年产值上千万元的黄栀子种植基地；计划投资6亿元进行中药材产业园项目建设。开办农民夜校，进行农业实用技术培训。推荐报送市十大经济人物3人，评出1名“自贡市2016年度（首届）十大经济人物”，选出1名省十一次党代会代表。

经济建设

【主要经济指标】 2017年，全区地区生产总值（GDP）154.87亿元，比2016年增长9.8%。其中，第一产业增加值16.75亿元、第二产业增加值96.41亿元、第三产业增加值41.71亿元。非公有制经济实现增加值98.96亿元，比2016年增长9.9%，占GDP比重63.9%。在非公经济中，民营经济增加值92.6亿元，增长9.9%。固定资产投资82.2亿元，比2016年增长26.5%。社会消费品零售总额56.3亿元，比2016年增长13%。进出口总额2617万美元，其中，进口总额437万美元，出口总额2180万美元。一般公共预算总收入19.89亿元，比2016年增长19%。地方一般公共预算收入2.01亿元，地方一般公共预算支出17.44亿元。国税、地税实现税收4.3亿元，比2016年增长20.2%。城镇居民人均可支配收入3.05万元，农民人均可支配收入1.49万元。

【工业】 2017年年末，全区工业企业398户，其中规模以上工业企业72户。规模以上工业总产值361.12亿元，比2016年增长23.25%；规模以上工业增加值增长12.7%，名列全市第2；实现利润7.8亿元。新增规模以上工业企业9户，净增规模以上工业企业7户。高新技术产业总产值142亿元。战略性新兴产业总产值增长15.2%，占规模以上工业增加值29.5%。绝缘子、塑胶建材等传统优势产业总产值增长20.9%。完成工业投资18亿元，技改投资24.9亿元。自贡航空产业园区新增承载能力200公顷，完成目标任务的150%。5月，在成都举行自贡市2017年航空产业投资推介会暨项目签约仪式，签约自贡川商示范园、川南润滑油仓储物流配送中心、鲨鱼两座轻型运动飞机组装及零部件生产等8个项目。8月，举办2017年中国国际飞行器设计挑战赛暨科研类全国航空航天模型公开赛（自贡站）活动。

【自贡航空产业园】 2017年，园区总产值226.42亿元，增长16.7%；工业增加值增速12.7%。社会固定资产投资23.6亿元，其中工业固定资产投资7亿元。规模以上工业企业减少1户，新增3户，31户规模以上工业企业生产稳中有增。园区报征土地527.67公顷、批回270.13公顷、供地134.27公顷、可用135.87公顷，形成5平方公里承载能力；筹集4亿余元完成3600余人农转非。出台《自贡航空产业园招商引资引智扶持办法（试行）》，明确26条扶持办法；完善修订《招商引资引智优惠政策》，成立5个专门招商小分队。举办或参与大型专题招商活动6次，到浙江、上海、北京、深圳、成都等地招商考察23次，到省发改委、省经信委、中航、川航等部门（单位）联系工作50余次。园区累计签约D6飞机合资研发、四川大华通用飞机生产基地、北京首直自贡通航运营基地、北航通航产业研究中心等研发、制造、运营、引智类项目30个，建成自贡凤鸣通用机场等项目10个，开工建设四川大华通用飞机生产基地等项目10个，完成市委提出的“311”目标任务。包装储备项目49个，对接川发展川南航空产业发展综合示范区、顺丰物流、天机智汇无人机等21个项目。设立20亿元航空与燃机产业发展基金，组建国有平台四川港通开发建设有限公司，园区综合服务中心、安置房、道路建设等项目融资2.9亿元，进行31亿元棚户区（城中村）改造项目贷款可研编制，全年累计争取扶持资金1.4亿元。

【农业】 2017年，全区粮食作物播种面积1.97万公顷，粮食总产10.8万吨。新种植水果70公顷、蔬菜73.33公顷、花卉苗木33.33公顷，种植“春提早、秋延后”特色优质蔬菜200公顷。畜牧产值10.32亿元，出栏生猪30.07万头、肉牛927头、羊12.37万只、家禽320.36万羽、肉兔520.1万只。年肉产量3.16万吨、禽蛋产量7094吨、牛奶产量7314吨。林业总产值3.91亿元，完成造林556.67公顷，退耕还林928.67公顷，森林覆盖率31.43%。农民人均林业纯收入590元，固定资产投资2.88亿元。

【商贸】 2017年，服务业增加值41.71亿元，比2016年增长9.6%；社会消费品零售总额56.3亿元，比2016年增长13%；全区餐饮和住宿业营业额5.04亿元，比2016年增长12.66%；进出口总额2617万美元，进口总额437万美元，出口总额2180万美元。新增限上商贸和规模以上服务业企业14户、商贸企业10户、服务业企业4户。新增进出口备案企业8户、进出口实绩企业5户。开展迎春购物月活动和贡井区花香田园花博会，组织动员汽贸企业开展大型汽车展销、促销活动，仁孚奔驰、庞大汽贸、建国汽贸、四达汽贸、盛大汽贸等参加展销56户次。全年销售车辆1.5万台，销售额31.3亿元。组织成佳自然香大头菜、五宝花生、手工面、四方酥等特色农副产品企业参加“川货全国行”上海、广州、长春、重庆站等活动，“惠民购物全川行动”宜宾、安岳站活动，以及“花香田园乡村旅游节·名优特产品展销”活动，参展企业实现现场销售59万元，达成意向协议866万元，有意加盟商家52家。

【旅游】 2017年，全年实现旅游总收入43.56亿元，比2016年增长24.5%，旅游人次1150万人次，增长4.5%。花香田园建成国家AAAA级旅游景区，五彩荷园评定为国家AA级旅游景区。评定三星级农家乐5家，申报四星级农家乐评定2家，龙潭旭龙谷大酒店评定为2星级旅游饭店。申报特色乡镇1个、精品村寨1个。形成不同特色休闲观光农业带3条，覆盖11个乡镇，占农业产值40%。建成彩色林木基地50公顷，投资10亿元建成日月彩虹田园综合体一期，投资2亿元建成五彩荷园二期。开展“多彩贡井·乡韵之旅”第二届贡井乡村旅游年活动，举办2017年四川美丽田园欢乐游启动仪式暨川南首届迎春花卉博览会、2017年全国航空航天模型公开赛（自贡站）、自贡市第13届乡村旅游节开幕式、花香田园潍坊风筝节、艾叶古镇早糯玉米文化节、贡井荷花文化节、龙潭首届葡萄文化节、建设龙都早香柚文化节、白庙第三届血橙采摘月开园仪式等活动，打造精品旅游线路12条，开展旅游特色商品展销4次。全年乡村旅游接待人数突破700万人次，旅游综合收入26亿元。

【招商引资】 2017年，全区到位市外项目资金134.48亿元，其中固定资产投资类资金65.7亿元，到位省外资金88.4亿元，分别完成目标任务的124.5%、117.3%、144.9%。新签约重大项目34个，其中，5亿元以上16个、10亿元以上5个，分别完成目标任务的212.5%、266.7%、166.7%。党政主要领导带队招商85次，完成目标任务的366.7%。先后在成都、北京、杭州等地举办招商引资引智推介会11场，其中，专题举办航空产业投资推介会3场。在全市率先成立5支行业小分队，精准招商45次。收集整理企业家资料527户，拜访知名企业143次200余家，收集有价值项目线索83条。对航空与燃机、汽贸服务、文化旅游等重点发展产业进行摸底调查，包装储备项目73个，其中重大项目39个，总投资额1285.2亿元。

【财政】 2017年，全区财政收入总量19.89亿元，其中地方一般公共预算收入完成2.01亿元，同口径增长15.66%。一般公共预算支出总量19.89亿元，其中全区一般公共预算支出完成17.43亿元，为调整预算18.12亿元的96.24%，比2016年增长15.45%。全年民生支出12.63亿元，占公共财政支出的72.31%。其中，教育支出2.78

亿元、科技文化事业支出2157万元、卫生计生支出1.3亿元、农业支出1.37亿元、社会保障支出2.06亿元、城市建设支出4.14亿元。全年评审政府性投资项目206个，送审金额5.23亿元，审减金额2158.1万元，审减率4.13%。实施政府采购399单次，申报金额2.51亿元，实际采购金额2.32亿元，节资率7.4%。

【国税】 2017年，全区国税组织收入2.35亿元，其中增值税收入1.91亿元、四大行业改征增值税完成5290万元、企业所得税收入4394万元、消费税25万元、个人所得税720元。完成市、区两级税收收入7186万元，其中区级税收收入5030万元。组织评估税款及滞纳金入库713.73万元。办理税收减免退税4978万元，其中高新技术企业减免58万元、促进残疾人就业减免退税625万元、其他减免4295万元。全年办理出口退（免）税230万元，免抵1262万元。

【地税】 2017年，全区地税组织收入2.11亿元，同口径增长12.84%，增收2305万元，其中税收收入1.95亿元，同口径增长13.47%，增收2215万元。区级收入1.08亿元，同口径增长12.95%，增收1234万元，其中税收收入9765万元，同口径增长13.57%，增收1167万元。各项税收优惠7078万元，其中，增值税1138万元、营业税1万元、企业所得税848万元、个人所得税1859万元、房产税16万元、印花税44万元、城镇土地使用税120万元、土地增值税973万元、车船税1万元、契税2078万元。

【科技工作】 2017年，全区高新技术产业总产值142亿元。全区申报科技项目8项，获上级补助资金586万元；申报专利181项，完成市下目标任务的109.7%，其中发明专利47件，完成市下目标任务的111.9%。全年科技成果转化新增产值5亿元，科技进步对经济增长贡献率55%。华刚硬质合金新材料公司获省“著名商标”称号，海川实业公司首获“市政府质量奖”，赛尔阀门获“四川名牌”称号，健能制药成功创建市企业技术中心。组织学生参加省第32届青少年科技创新大赛获一等奖；组织学生参加市科技创新大赛获一等奖；组织学生参加市第十二届青少年科技创新大赛获“市长奖”。

【招投标管理】 2017年，稽查政府性投资项目，核准43个政府性投资项目招标事项；85个项目开展规范招标投标活动，预算控制价2.04亿元，为政府节约资金3432.69万元，节资率16.84%。审批项目45个，投资17.1亿元；转报项目1个，投资3.2亿元；备案项目12个，投资25亿元。

【粮食管理及粮油购销】 2017年，完成2016年度社会粮油供需平衡调查、全国粮食清仓查库、粮食安全责任制考核、粮库智能化申报、粮食产后服务、放心粮油工程绩效自评等工作。签订粮食应急预案协议和粮食行业安全责任书。每季度开展重点粮食企业、粮库安全检查，全年未发生安全事故。全年粮食购进9.77万吨，销售2.5万吨，转化7.13万吨；油脂购进2789吨，销售2983吨。

【价格监管】 2017年，开展价格监测预警，报送月报12期、周报48期和8期节日期间相关商品价格监测。开展重大节假日前夕市场检查和教育、涉农、涉企、易地扶贫搬迁建材价格、物业管理、停车收费等专项检查168人次、632户次。开展收费管理、收费公示、犯罪物品价格鉴定，为司法部门及行政执法机关案件进行价格鉴证评估43件，鉴证评估标的37.57万元。受理群众来电、来访25件，办结回复25件，办结率100%。

【统计工作】 2017年，组织全区142个“四上企业”按月向国家统计局数据采集平台报送数据、177个固定资产投资项目按月向省统计局数据采集平台报送数据。城乡一体化调查户156户，其中，城镇80户、农村76户。1月1日，第三次全国农业普查启动入户登记，3月底完成全区农户、规模户、农业经营单位、乡镇、村等5类表格入户普查。普查农户6.02万户、规模户391户、经营单位394户。向省、市农普办推荐“最美普查员”17人，优秀指导员8人。印发《自贡市贡井区深化统计管理体制改革实施方案》，制定《贡井区乡镇（街道）及园区专职综合统计员考核办法（试行）》和《贡井区乡镇（街道）及园区专职综合统计员管理办法》，对专职综合统计员实行双重管理。明确园区、乡镇（街道）和部门统计职能职责，制定和完善园区、乡镇（街道）统计工作制度13个。

【审计工作】 2017年，完成审计项目61个，其中，同级预算执行审计2个、同级决算草案审计1

个、部门预算执行审计3个、乡镇财政决算审计1个、专项资金审计4个、专项审计调查2个、专项跟踪审计5个、政府性投资审计40个、领导干部任期经济责任审计3个。审计查出违规金额78.64万元，管理不规范金额1.26亿元，核减政府投资913.4万元。提出审计建议40条，移送问题线索3个。

【质量技术监督】 2017年，备案全区15个单位的69台计量器具。建立3C认证产品生产企业一企一档，开展儿童玩具、汽车配件、电线电缆等3C专项检查，出动检查人员12人次。全年有33家企业通过ISO 9001质量管理体系认证，无公害农产品认证1个，有机产品认证1个，绿色食品认证14个。全区纳入监管的特种设备制造单位13家，充装单位4家，使用单位127家。有检验检测单位1家，在用特种设备1.2万台（含气瓶）。开展特种设备安全隐患排查、涉氨制冷特种设备安全监管、大型游乐设施安全监管、高考考点周边特种设备安全监管等专项整治12次。下达“特种设备安全监察指令书”12份，发现安全隐患12处，整改12处。是年，贡井区新申报成功四川名牌1个，市政府质量奖1个。全区累计获“四川名牌”称号企业6户，获市政府质量奖企业1户，有国家地理标志保护产品1个，质量信誉AAA级企业5户、AA级企业3户，获“四川省质量管理先进单位”称号企业5家，7户企业取得13项采标认可。

【工商行政管理】 2017年，全区新增市场主体2610户，新增注册资本金12.46亿元。组织各类专项行动29次，出动执法人员1700余人次，出动执法车辆102台次，检查经营户2800户次，查处经济违法违章案件52件，罚没款19.64万元。办理“先照后证”企业1515户、个体工商户4244户，办理“五证合一”营业执照2510户。开展“3·15国际消费者权益日”宣传咨询活动，现场接受咨询275人次，消费者参与人数3400余人，发放宣传资料3160份，受理投诉11件，解决11件。重点领域消费维权执法，检查企业和个体工商户2432户次，检查各类市场104个次，查处消费侵权大要案1件。开展流通领域商品质量抽检，抽检69个批次，37个批次不合格；单独立案5件，罚没款1.9万元；合并立案7件，罚款3600元。开展保护老年消费者合法权益专项行动，建立老年消费纠纷调解工作站1个，联合检查15次，召开专题动员会5次，组织老年消费者宣传教育5次，发放宣传资料680份，为消费者挽回经济损失4.8万元。受理投诉299件，处理283件，办结率94.6%。完成动产抵押13件，抵押金额1.59亿元，担保数额1.02亿元；股权出质登记9件，出质股权数额6186.07万元，被担保债权数额4456.24万元。

【供销工作】 2017年，实现经营服务总额8.19亿元，利润总额651万元，销售总额3.83亿元，消费品零售额2.2亿元，农资供应总额3908万元，农副产品收购总额2.25亿元。新建农民合作社14个，其中联合社1个。自然香大头菜专合社、桥头红茅烧酒业有限公司、五宝宝新隆联合社贴牌自贡市农产品区域性公共品牌“自然贡品”。自贡市俊玉水产养殖专业合作社、自贡市五宝宏运花生专业合作社、自贡市宝绿土豆专业合作社被评为省级示范社。累计建立副食品、农业生产资料供应及农副产品收购网450个。

城乡建设

【城乡规划】 2017年，《贡井伍家坡、建设路片区棚户区改造城市设计及公井古城保护规划》获市政府常务会通过。白庙镇刘家村、石岭村、银匠村、白庙村和建设镇中心村5个新村规划通过专家评审会。完成17个新村规划初稿编制，进入审批环节。发放“乡村建设规划许可证”23件、“建设用地规划许可证”2件。

【棚户区改造】 2017年，向阳、伍家坡、公井古城（包括枣子园、泥塘塆、老街河街）、长土镇胜利路等片区改造全部开工。伍家坡片区共1549户，签约1535户；泥塘湾片区共465户，签约464户；胜利路兜底房源地块共281户，签约281户；胜利路片区二期共1696户，签约1660户。

【市政基础设施建设与维护】 2017年，投资约387万元的育才路道路整治一期工程竣工，改建沥青砼道路面积约1100平方米。旭水河及金鱼河排污管道维修工程完工，更换及新安污水管约1300米，疏通明沟约240米，维修资金8万余元。完成西环线（天池山路）建设项目，道路全长约3200米，总投资约6000万元。新建枣子园地下停车场，停车位591个，投资约4000万元。启动育才路停车场建设，停车位233个，投资约3000万元。启动实施长征大道及盐马路城市公共艺术及环境整体提升项目，长征大道及盐马路道路两侧全长约3400米，预计总投资约9100万元。全年新安装人行道方砖2950平方米、路缘石1525米，维修树池130个，新增广场座椅52把，完成砼地面850平方米，更换下水窗148套，更换检查井75套，维修下水道280米，疏通下水道2200米，疏通下水窗680个。新增市政路灯82盏，新铺设和更换架空线1300米，更换S305、新育才小学等道路电缆线3100米，更换金架具15套、微控电脑41个、交流接触器26个、空气开关137个、镇流器302套、马路弯管50套、节能灯773支、高压钠灯305支。

【房地产开发】 2017年，全区房地产开发投资总额13.1亿元，比2016年增长148.09%。全区商品房销售面积16.53万平方米，比2016年增长36%。

【住房保障】 2017年，全区保障性住房续建项目完成公租房三期192套、廉租房四期320套。国有直管公房大、中维修约5400平方米，涉及1180户。全年发放廉租房租金补贴1645户2514人114.8万元。

【交通】 2017年，投资5680万元，改善贡芝路、建秀路、贡建路、荣宜路、长吉路、桥中路等农村公路47.1公里。投入资金500余万元，建成白庙镇建设村、长土镇大坡村等村道16.7公里；争取补助资金330万元，建设白房村、团结村、团山村等通村公路17公里。投资615万元，实施牛尾大桥、龙潭老大桥危桥改造工程，新建二堰滩渡改公路桥（麻柳树桥）。年末，境内公路通车里程862.7公里，旭水河、牛尾河水域通航里程60余公里。有公交路线25条，投入运营车辆192台；农村客运线路48条，投入运营车辆113台。客运量467.19万人，旅客周转量1.54亿人公里。有货物运输车辆4647台，货运量1728.93万吨，货物周转量19.19亿吨公里。

【环境保护】 2017年，旭水河四个监测断面实测类型除长土河断面为Ⅳ类水质，其余断面均为Ⅴ类，基本消除旭水河贡井段劣Ⅴ类水质。旭水河主要污染因子高锰酸盐指数平均浓度5.0毫克/升、总磷平均浓度0.26毫克/升、氨氮平均浓度为0.66毫克/升。乡镇集中式饮用水源地达标率33.3%，较2016年上升11.1%。环境空气监测351天，总体达标天数205天，其中优级天数41天。声环境质量基本保持稳定，全区环境噪声昼间平均等效声级57.3分贝（A），处于55.1～60.0之间，较2016年全区昼间平均等效声级58.9分贝（A）略有好转。全年处罚焚烧现象25起，罚款6750元，约谈4个乡镇主要负责人，扣除乡镇运转经费16万元。处罚企业96户。受理各类环境信访投诉141件，处理141件，处理率100%。开展“两考禁噪”专项行动，实施夜间两考禁噪专项巡查5次，发放两考禁噪宣传资料500余份。完成自贡市莲花竹制品有限公司、自贡市红茅烧有限公司2户燃煤企业“煤改气”工作。

【国土资源管理】 2017年，土地报征15批次，报征面积288.06公顷。完成项目供地9宗，供地面积33.72公顷，其中，以招拍挂方式出让土地5宗，面积28.57公顷，实现土地出让收益5.31亿元；以划拨方式供地4宗，供地面积5.15公顷。投入资金5300万元，启动实施桥头镇石房等4个村、章佳乡凤凰等4个村、五宝镇田坝等5个村土地整理项目建设，项目覆盖13个自然村，整治规模2800公顷。全区划定基本农田1.65万公顷，落实永久基本农田图斑1.94万个，逐级签订基本农田保护目标责任书1233份，签订基本农田农户保护卡4万余份，设置基本农田保护标志牌14块、保护界桩148个。纠正违法用地行为13起，发放责令停止违法行为通知书59份，责令改正违法行为通知书47份。实施征地补偿163.43公顷，兑现征地补偿费1.2亿元；农房拆迁462户，拆迁面积5.92万平方米；安置462户，安置面积6.64万平方米；办理征地农转非1669人。

【人民防空】 2017年，开展防空防灾知识进乡镇、学校、社区宣传活动8次，发放宣传资料8000余份，摆放宣传展板80余张，大型横标10幅。完成筱溪街雷公滩社区人防战时（应急）人口疏散集结点基地建设。举办“3·1”国际民防日、“5·12”防空防震应急疏散演练、“9·18”防空警报鸣放宣传活动。

【城乡环境综合治理】 2017年，分3期撤销育才路摊区，拆除179个摊架，81户摊区商户入驻“女人街”服装城经营。拆除盐马路、长征大道、杨家坝片区、育才路摊区等乱搭乱建450处，总面积9100余平方米。责令施工方冲洗污染路面60次，下达整改通知4份，教育整改建筑工地3家，处罚建筑工地3家，发送工作协办函3份；摸排消纳场14个，联合预审上报消纳场5个，查处违规倾倒渣土8次。整治和规范乡镇非正规垃圾堆放点，新改建垃圾池200个，建成成佳镇、艾叶镇公厕，建设成佳镇、五宝镇垃圾压缩中转站。打造长土镇三台村村庄生活垃圾无害化处理示范点。城市生活垃圾无害化处理率96.5%，农村生活垃圾有效处置率92.5%，餐厨垃圾处理率40%。

文化建设

【精神文明建设】 2017年，围绕全国文明城市创建，开展宣传1500余场次，向市民发放宣传资料30余万份，设计制作公益广告1400余幅。开展先进典型推荐评选活动，曹翔家庭被评为四川省首届“文明家庭”；4名少年获市第二届“美德少年”称号；教师曾新宇进入“四川好人榜”；检察院荣文平获市级“道德模范”提名奖；胡元海家族家训家规被评为省首届十佳“天府好家规”。建成国家级文明村镇4个，省级文明单位、文明村7个，市级文明单位41个，区级文明单位164个。开展创建龙潭镇中坝村第五届“全国文明村”工作，成佳镇、建设镇、固胜村和长土镇元坝村通过全国文明镇（村）复查，国网四川省电力公司自贡供电公司贡井客户服务中心获省“文明单位”称号。开设道德讲堂700余期，制作弘扬好家风家训、社会主义核心价值观家风书签宣传品2000余份。开展志愿服务活动130余次，服务群众3000余人次。

【文体设施建设】 2017年，完成2015—2017年农家书屋图书补充更新工作，建立首个市基层图书馆分馆——育才小学分馆，“三馆一站”免费开放。升级改造成佳、五宝、龙潭综合文化站，农村公益电影免费放映1788场次，安装“户户通”1000户。

【文化活动】 2017年，围绕“共创全国文明城市，同筑幸福美好西城”主题开展系列活动，在陈家祠堂举行“共沐阳光·扶残助残·有你有我”——盲人吴祥2017年圆梦新春音乐会；在青杠林广场举行“龙腾狮跃闹元宵 喜庆祥和过大年”活动和元宵节民俗展演暨“非遗”展示活动。举办“庆祝建军九十周年——双拥军民联欢文艺汇演”“书香西城，全民阅读”“童心向党”文艺汇演、“不忘初心·砥砺前行——迎接党的十九大”中秋诗会等大型文艺活动。开展各类群众性文化活动175余场。舞蹈《五宝花生花》获市第十六届文化艺术节舞蹈新作比赛创作一等奖，表演二等奖；小品《相亲》获市第十六届文化艺术节戏剧小品比赛创作二等奖，表演二等奖，贡井区获市第十六届艺术节优秀组织奖。

【文物保护】 2017年，完成国家文物保护单位张伯卿公馆维修保护一期工程，张伯卿公馆安防工程方案在国家文物局立项获专项资金。实施省文物保护单位胡氏民居大门、绣楼修缮和安防工程，完成工程量50%。省文物局批准南华宫、贵州庙保护规划和维修设计方案。实施省级文物保护单位陈家祠白蚁防治工程、夏洞寺屋面捡漏及环境整治。实施国家级文物保护单位东源井古盐场保护利用规划编制。引入社会资本参与文物保护和利用，恢复古法制盐生产车间。

【档案工作】 2017年，接收22个单位2600余卷到期档案移交进馆。完成区级单位档案规范化管理达省级标准复查和认定工作。建成区档案馆档案利用中心，建成巾帼文明示范窗口，开展节假日预约查档、电话查档、民生档案异地跨馆查档服务，接待档案利用者3177人次，提供档案4188卷。馆藏文书档案进行全文数字化扫描，截至年底，数字化扫描3893卷。

【地方志工作】 2017年，编纂出版首部综合年鉴——《贡井年鉴（2017）》，全书50余万字，设类目30个、分目191个、条目2035个，有照片191张，综合反映全区政治、经济、文化和社会发展概况，展现地区特色和时代特色。编辑报送《自贡年鉴（2017）》（贡井篇）资料，共2.6万余字，87个条目及反映全区经济文化建设成果照片28张。

社会建设

【教育】 2017年年底，全区有中、小学及幼儿园83所，其中，公办中、小学及幼儿园30所（纯小学15所、纯初中4所、九年制学校6所、附设初中部高完中2所、附设小学部和初中部职高1所、幼儿园1所，辅读校1所），民办职高2所，民办幼儿园51所。公办学校在校学生237万余人，其中，小学1.47万余人，初中4685人，普高3406人，职高732人（民办277人），公办幼儿园214人，民办6235人。全区公办学校、直属事业单位在职教职工1583人，其中，专任教师1500人。3～5岁学龄前儿童入园率79%；秋季小学招生2125人，适龄儿童入学率100%；初中招生1777人；普通高中招生900人；职业高中招生600人。普通高考报名1098人，本科一次性上线301人（普通类227人+艺体58人+职教16人），专科上线1061人；中考报名1362人。初2018届生物、地理结业考试参考人数1300人。成人高考149人，自学考试3次。田家炳中学学生王藜蓉以779.5分名列全市中考总分第1名。建立“留守学生之家”20个，青少年活动中心公益教学点20个，劳动基地学校实践点8个，山区留守儿童爱心辅导站2个，资助贫困大学新生184人，为841名大学新生办理助学贷款670.09万元。参加“卡尔美·邛海杯”全国青少年足球邀请赛，U18组旭川一队获金奖，守门员肖章浩获金手套奖。参加省第十二届中小学生艺术人才大赛获44个一等奖；市“童心向党”庆“六一”文艺汇演，育才小学节目获4个一等奖；龙潭中学谢雨菲作品“一种电饭锅的功能增强配件”在省第三十二届科技创新大赛中获一等奖；旭川中学“平桥瀑布生态功能考察”获市长奖。

【卫生与计划生育】 2017年年末，区内乡镇（街道）卫生计生机构13个，专干28人，其中，公务员13人、事业编制11人、其他4人。行政村（社区）184个，配备计生专干184人，其中，街道社区专职专干16人，乡镇村兼职专干168人，报酬落实184人。有区级协会1个，乡镇（街道）级协会13个，村（社区）级协会185个，非公有制企业（流动人口）协会组织8个，行业计生协会5个，有团体会员136个，个人会员9035人。建立城乡居民健康档案25.90万份，规范化管理高血压病人1.35万人、糖尿病病人3630人。区内有卫生机构247家，其中：医院7家，社区卫生服务中心（站）5家，乡镇卫生院11家，诊所、医务室、村卫生室等221家，专业公共卫生机构3家。卫生技术人员2396人，其中，执业（助理）医师803人，注册护士1153人。编制床位2921张，实有床位3757张。全年总诊疗135.47万人次，收治入院7.32万人次，出院7.32万人次。强化规范化预防接种门诊建设，建成“AAA级接种单位标准”3个，“AA级接种单位标准”9个。全年出生2723人，出生率9.37‰；死亡6457人，死亡率22.23‰，自然增长率负12.86‰。

【社会保障】 2017年，全区参加企业养老保险2.98万人、工伤保险1.00万人、生育保险8000人、医疗保险1.78万人、失业保险8300人、机关事业单位养老保险3900人、城乡居民养老保险8.81万人，分别完成下达目标任务的130%、105%、126%、100%、104%、102%、107%。征收企业养老保险金9.09亿元（清收欠款517万元）、工伤保险249万元、生育保险155万元、医疗保险5715万元、失业保险292万元、机关事业单位养老保险6715万元、职业年金1232万元、城乡居民保险664万元。发放城乡居民养老保险超龄人员养老金3832万元，支付城镇职工医疗费5395.27万元、城乡居民医疗费1.52亿元、工伤保险待遇460.15万元、生育保险待遇479.58万元。

【就业服务】 2017年，在泰丰和平广场、龙潭镇、五宝镇、成佳镇、建设镇、人力资源市场举办“2017年春风行动就业专场招聘会”“就业脱贫春风行动下乡招聘会”和“贡井区2017年就业扶贫专场招聘会”18场。进场招聘单位累计179个，发放就业创业政策宣传资料4960份，对820名城乡劳动者开展公共就业创业服务，达成就业意向性协议510人，其中建档立卡贫困劳动者186人。

【民政工作】 2017年，累计发放城乡低保17.02万人次3374.53万元。其中，发放城市低保累计7.98万人次2132.15万元，发放农村低保累计9.04万人次1242.38万元。全年累计保障残疾人生活补助3.66万人次292.36万元。救助受灾人口9592人138.22万元。发放高龄补助153.43万元。全区1803户纳入农村最低生活保障。办理结婚登记1897对，离婚登记1049对。100岁及以上老人24人，最高年龄108岁。

【食品药品监管】 2017年年末，全区有食品生产企业38家，食品流通经营单位1306家，餐饮服务单位888家；药品生产企业1家，药包材企业1家，药品流通领域经营企业（零售）119家，三类医疗器械经营企业16家，药品、医疗器械使用单位237家；保健食品经营企业347家；化妆品经营企业70家。食品经营许可新办188家，注销38家，换证53家，变更9家；办理“三小”备案登记700户。二类医疗器械备案13家；药械化不良反应报告950例，其中严重报告73例；开展飞行检查29家，收回GSP证书2家，当场处罚55家次，责令改正60家次。食品抽检159批次，食品快检600批次，食用农产品监督抽检270批次，药品抽检40批次，化妆品抽检7批次，不合格18批次，合格率98.33%。查获各类食品药品违法违规案件126件，结案126件，当场处罚86件，收缴罚没物资食品类106公斤、药械类18个品规，罚没款45.3万元，涉嫌犯罪移交公安机关案1件。

【安全生产管理】 2017年，全区发生生产性事故14件，死亡7人，受伤17人，直接经济损失485.40万元，与2016年相比事件件数下降76.67%、死亡人数上升14.28%、受伤人数下降50%、直接经济损失上升216%。全年未发生较大及以上事故，安全生产形势总体稳定。排查安全隐患1435条，全部治理。对全区原有的105家职业病危害申报企业进行梳理和分类，规范职业健康监管工作。全区企业投入200多万元，完善作业场所职业病危害防护设施设备，改善作业环境和条件。组织开展“安全生产月”宣传教育活动，发放宣传资料3万余份，展示安全生产宣传展板85块，悬挂横幅63幅，张贴安全生产宣传挂图100余张，现场咨询群众6000余人。

乡镇街道概况

【成佳镇】 辖36个村341个村民小组、1个社区4个居民小组，辖区面积80.24平方公里。2017年年末，户籍总人口5.5万人。全年规模以上企业累计实现工业总产值4.1亿元，全社会固定资产投资4.92亿元，其中工业投资2亿元。全年实现农业总产值7.4亿元，农民人均纯收入1.24万元，比2016年增长10%。财政一般预算收入6867.74万元，农业总产值7.4亿元，比2016年增长10%。全年签约重大项目2个，包装项目6个，到位市外资金8亿元，以中石油29号钻井平台项目为主的一系列重点项目顺利推进。

【龙潭镇】 辖18个村162个村民小组、1个社区6个居民小组。2017年年末，全镇总人口3.10万人，比2016年减少260人。粮食播种面积3533.33公顷，产量2万吨。蔬菜播栽面积2000公顷，产量20万吨，产值2.5亿元；生猪出栏3.7万头。是年，地方级财政收入13.58万元；固定资产投资完成1.62亿元；城镇居民人均可支配收入3.05万元，增长8.9%；农民人均纯收入14855元，增长9.1%；社会消费品零售总额2.18亿元。基本公用支出371.22万元，比2016年实际支出下降1.57%。

【五宝镇】 辖23个村160个村民小组、1个社区6个居民小组。2017年年末，户籍人口3.16万人，其中，农业人口2.9万人、非农业人口2.49万人。生产总值7.62亿元，比2016年增长8%；财政一般预算收入23.61万元，比2016年增长10%；固定资产投资2.36亿元，比2016年增长15%；农民人均纯收入1.11万元，比2016年增长11%。

【长土镇】 辖10个村77个村民小组、5个社区66个居民小组。2017年年末，户籍人口2.19万人，其中非农业人口1.19万人。是年，包装项目3个，完成签约2个，实际到位资金6.2亿元；完成固定资产投资2.6亿元。新入统企业2个，规模以上工业企业产值49亿元。农民人均纯收入1.42万元，耕地地力保护补贴面积339.4公顷。

【建设镇】 辖11个村98个村民小组、1个社区3个居民小组。2017年年末，户籍人口1.49万人，其中农业人口1.33万人。全社会固定资产投资完成2亿元；工业总产值完成73.34亿元，比2016年增长9.02%；招商引资5.43亿元；农村居民可支配收入1.41万元，增长11%。花香田园七星湖旅游景区成功创建国家AAAA级旅游景区。固胜村建成2017年全国综合减灾示范社区。1月，建设镇被评为四川省乡村旅游特色乡镇。

【艾叶镇】 辖10个村84个村民小组、3个社区29个居民小组。2017年年末，总人口2.09万人，其中农村人口1.39万人。艾叶镇属第六批中国历史文化名镇、四川省第三批百镇建设行动试点镇（旅游类）。全镇地方级财政一般预算收入140.14万元；完成各项工业指标27.17亿元，新增规模企业1个，工业固定投入7520万元；完成招商引资4.96亿元。农民人均纯收入1020元。李家桥商业街被评为自贡市特色商业街。完成六房村“1+4”综合示范村创建工作。六房村被市委、市政府命名为市级“四好村”。

【桥头镇】 辖7个村82个村民小组、1个社区4个居民小组。2017年年末，全镇户数4929户，总人口1.52万人，财政总收入1919.43万元，固定资产投入2亿元。全镇水产养殖面积266.67公顷，年水产品产量3500吨，实现水产品产值3000余万元。人口自然增长率3.59‰，计划生育率9.42%。农民人均纯收入1.28万元。农民人均可支配收入1.36万元，较2016年增长8.2%；城镇居民人均可支配收入1.3万元。

【白庙镇】 辖8个村80个村民小组、1个社区2个居民小组。辖区面积21.6平方公里。2017年年末，总人口1.27万人，其中非农业人口659人。财政一般预算收入1067.7万元，农业总产值1.73亿元，农业增加值比2016年增长4.1%，固定资产投资1.2亿元。农民人均纯收入1.33万元。

【莲花镇】 辖11个村80个村民小组、1个社区1个居民小组。辖区面积44.33平方公里。2017年年末，有3960户1.28万人，其中非农业人口541人。是年，实现地区生产总值3.16亿元，农业增加值2397.5万元，财政一般公共预算收入3.46万元，城乡居民人均可支配收入2.75万元，农民人均纯收入1.48万元。

【章佳乡】 辖7个村70个村民小组、1个社区。辖区面积17.4平方公里。2017年年末，全乡总人口1.03万人。生产总值增长8.3%。种植优质水稻400公顷、杂交玉米360公顷、优质水果120

公顷、生态水产养殖53.33公顷、大头菜种植40公顷，畜牧业产值占农业总产值55%。整理土地666.66公顷，包装项目4个，签约重大项目2个，招商引资1.5亿元，固定资产投资8049万元。农民人均纯收入1.26万元。

【牛尾乡】 辖8个村54个村民小组、1个社区。辖区面积42.80平方公里。2017年年末，户籍人口9613人。是年，全乡地区生产总值2.88亿元，财政收入723.48万元。到位市外项目资金2.2亿元，开工项目4个。植树造林1.5万株、封山育林1423公顷、退耕还林167公顷，年末累计总面积1800公顷。农民人均纯收入1.04万元，比2016年增长11.2%。

【筱溪街道】 辖12个社区318个居民小组。辖区面积5.5平方公里。2017年年末，户籍人口4.32万人。筱溪街是贡井区政治、经济、文化、贸易中心，贡井区委、区政府驻地。有国家级四川自贡高新技术产业园区贡井区工业集中区，有工业企业46户，规模以上工业企业26户。川南汽贸产业园面积4万平方公里，汽车销售、配套服务产业入驻企业26户，4S店20个，销售收入10亿元。

【贡井街道】 辖4个社区78个居民小组。面积约2平方公里。2017年年末，总人口1.7万人。贡井街是自贡古盐文化发源地，老街河街历史文化街区核心保护区面积约2平方公里。泥塘湾片区棚户区改造累计完成签约464户，安置房地块出让完成地勘、地灾、销户工作。在建项目有天池山路（西环线）和体育场地下停车场。

（自贡市贡井区地方志办）

大安区

概　貌

【位置　面积　人口】 大安区位于自贡市东北部，是自贡市中心区之一，东南与隆昌市、富顺县接壤，东北与内江市东兴区毗邻，西北与威远县相接，西南与自流井区、沿滩区相连，辖区面积398.81平方公里，辖9个镇、3个乡、4个街道。2017年年末，总户数16.05万户，户籍总人口44.00万人，比上2016年减少0.87万人。其中，城镇人口19.64万人，乡村人口24.36万人；男性22.24万人，女性21.76万人。全区出生人口4297人，死亡人口2696人；符合政策生育率9.6%，人口自然增长率3.58‰。年末常住人口43.38万人，其中，城镇人口22.05万人，乡村人口21.33万人，城镇化率50.82%。

【政区沿革】 大安区原属富顺县，民国28年（1939）划归自贡市管辖。民国33年，由新垱镇（大文）改为自贡市第六区。1950年3—6月，由第六、七、九区合并为第三区。1953年，改称大坟堡区。1955年8月，经省政府批准改称大安区，1957年合入自流井区。1959年成立大安区人民公社（区级），直属自贡市。1961年7月，恢复大安区建制，沿袭至今。1978年4月，划入富顺县何市区所辖何市、群乐、鸳鸯、永和、永嘉、新店等6个公社。1979年7月，划入自流井区3个公社。1984年，公社改称乡。1988年，撤销何市乡建立何市镇。1994年，撤销爱和乡建立大山铺镇。1995年，撤销团结乡、胜利乡、群乐乡、新店乡，建立团结镇、胜利镇、三多寨镇（原群乐乡）、新店镇。2001年4月，由14个乡镇，调整合并为10个乡镇。2005年8月，划入富顺县牛佛镇、庙坝镇、回龙镇，划出红旗乡归自流井区。2017年年末，辖凤凰、和平、永嘉3乡，新民、团结、大山铺、三多寨、何市、新店、牛佛、庙坝、回龙9个镇，大安、龙井、马冲口、凉高山4个街道。

【自然环境矿产资源】 境内系四川南部丘陵区，群丘起伏连绵，北高南低，多为馒头山，棹状方山，鸡爪丘，系丘陵地貌类型。气候条件优越，属亚热带湿润气候，四季分明，无霜期长，雨量充足。地下矿藏丰富，已探明的有岩盐、卤水、天然气、石灰石、石料、型砂、河沙、卵石、沙金、页岩、黏土等200余种，以岩盐、卤水、天然气、石料著称。境内属沱江水系一级、二级支流。釜溪河流域为沱江水系一级支流，威远河、长滩河、旭水河流域为沱江水系二级支流，沱江河流域面积最大，占36.7%。多年平均流量1.44亿立方米，流域面积147.15平方公里。

【农林牧资源】 粮食作物以水稻、玉米、红苕、小麦为主，多种经济作物以油、麻、蔗、灯草为主，经济林以柑橘、梨、桃、橙、早香柚等著称，蔬菜品种多，具有11个大类170多个品种，尤以二叶子韭黄、葱黄、大白菜、辣椒、生姜、白萝卜、蕉藕闻名于市内外。饲养畜禽40余个品种，以猪、牛、奶牛、山羊、鸡、鸭、鹅、兔为主。鱼有鲤、鲈、鲶、合鳃型4个目、17科、26个品种，其中鲤科19个品种，占73%；以鲤、鲫鱼、白鲢、花鲢为主。观赏鱼有3大类60余个品种，以创鱼、孔雀、燕鱼、神仙、地图、红绿灯鱼为主。

【人文自然景观】 境内旅游资源丰富，有世界三大恐龙自然博物馆之一的自贡恐龙博物馆（“中国旅游胜地40佳”之一，联合国教科文组织批准为世界地质公园），有世界第一口人工开凿的超千米深井——燊海井（国家级文物保护单位），有距今1.6亿年的长山岭硅化木（市级文物保护单位），有全市第一口岩盐井——发源井（市级文物保护单位）。有风光秀丽的燊海公园、青龙湖、中国玫瑰海、神奇的葛仙山、牛王山、西山公园等，有集观赏娱乐垂钓为一体的北龙半岛；中国历史文化名镇——牛佛镇，川南古寨堡三多寨、青莲寺、佛子寺、弘发寺、观音阁。建成著名红岩英烈江竹筠（江姐）故居、邓萍故居等红色旅游景点，自贡市烈士陵园坐落在大安街长堰塘抡口山。

政治建设

【区委工作】 2017年，围绕中共十九大和省、市党代会精神召开区委中心组学习会12次。实施优秀年轻干部人才培养递进“双百”计划，选派46名年轻干部到“三个一线”挂职锻炼，全年交流、提拔干部150余人次，建立高端人才储备中心，面向全国引进高层次人才3人。举办“喜迎十九大”“村官励志事例”等新型主题党日活动108次，整顿软弱涣散基层党组织30个，选派121名干部充实脱贫帮扶力量；发放村社干部廉洁履职奖励金177万元。开展各类监督检查320余次，立案审查审结81件，对189名新任、交流科级领导干部开展廉政谈话。区政务服务中心标准化建设项目建成运行，公务用车制度改革全面实施。

【人大工作】 2017年，开展视察、调查、执法检查32次；召开常委会会议8次，作出决议、决定8项，形成审议意见9份，作出重大决定3个。任免国家机关工作人员44人次（任命36人次、免职8人次）。首次对区发改局等5个政府部门负责人开展履职情况询问，依法对常委会任命人员进行年度述职满意度测评。各级人大代表联系贫困户970户，捐款捐物140.92万元。引领发展项目45个，协调解决问题1146个。开展北部工业园区规划建设和东北部新城开发、国家知识产权强县工程示范区建设情况等专题视察5次，形成视察报告5篇。

【政府及政府办公室工作】 2017年，落实供给侧结构性改革措施50条，兑现财政扶持企业发展资金164.3万元，帮助15户企业申请应急周转资金2.05亿元，协助36户企业获市级及以上专项资金1430万元。是年，先后召开招商引资推介暨项目信息发布会、2017年农业农村工作暨脱贫攻坚春季攻势行动动员会、对外开放暨工业服务业发展工作会、全区脱贫攻坚春季攻势行动现场会、全区城乡环境综合治理推进会。全年开展调研20余次，形成《创新局面 实现新跨越 建设新大安》《当前我区行政权力依法规范公开运行工作现状及对策》《大安区招大引强“开门红”》等专题文章6篇，编发《决策参考》16期，向《自贡日报》推送文章60余篇。全年完成政府工作报告、专题会议领导讲话等重要文稿50余篇。组织参与行风热线1期及《盐都问政》3期，办理行风热线问题28件，办理网站留言意见信箱33件。承办市人大代表建议、政协委员提案6件；承办区人大代表、政协委员提案278件。全年编发《政务信息》55期，报送市政府办信息737条，被采用108条。围绕招商引资、重大项目、经济指标、脱贫攻坚、环境保护、民生工程等开展专项督查100余次，制发通报30余期。承办区级以上领导批示15件，拟督查专报16期。开展重大项目推进、城乡环境治理、环保督促整改、非法预拌混凝土搅拌站取缔等专项工作督查督办50余次。取缔中央、省、市环保督察的13个非法预拌混凝土搅拌站。全年制发各类文件380件，承办请示、报告1963件，接收办理各类公文3985件。完善区政府常务会议议题提交流程，全年筹备区政府常务会18次，协调会务282次。

【政协工作】 2017年，助力自贡北部工业园、川南现代服务业聚集发展示范园、国际文化旅游目的地等重大工程建设，多次到贵州、成都、重庆、冕宁等地考察，学习西南智能终端制造产业园项目及红色旅游开发、农牧互动种养循环等先进经验。参与盘活聚酯公司等闲置资产，协商解决电力、土地等问题，助推全区产业转型升级。全年分解经审查立案的提案118件，办结115件，正在办理3件。围绕招商引资、重大项目、生态建设、民生改善、依法治理等区委区政府重点工作，选定旧城改造、招商企业运行、加快国际文化旅游目的地建设、大气污染防治等6个课题开展调研；制订调研方案6个，成立调研组6个；全年开展调研152次，形成《关于大安区建设“国际文化旅游目的地”的调研报告》《关于扩大建安和房地产企业税源总量有关情况的报告》等4篇报告。邀请民主党派、无党派人士对全区农产品质量监管、乡村生态旅游产业打造、提案办理等工作情况开展专题视察9次，提出意见建议85条。民主评议区教育局、区人社局、区公安分局工作。反映社情民意信息60条，其中转报市政协31条，采用6条。

【纪检监察】 2017年，“双责”约谈86人，“一案双查”7人。对8个党委（党组）开展常规巡察，对16个乡镇街道开展“微腐败”专项巡察，发现问题549个，问责、处理25人。督促整改问题359个，查处违反中央八项规定精神典型案例18件次。开展“10+X”专项整治和“三项整改”回头看，问责、处分、曝光32人。集中整治“微腐败”，重点围绕基层“小五长”（基层站〈所〉长、村〈居〉书记、主任、组长）等开展专项行动，有72人次主动向组织说清问题，整改问题128个，立案查处“小五长”29人，其做法在全省交流。严肃查处脱贫攻坚、环境保护、项目建设等领域吃拿卡要、虚报冒领、贪污挪用等案件229件，立案84件，给予纪律处分和组织处理90人，其中给予党纪政纪重处分或重大职务调整23人次，开除党籍并移送司法机关5人。

【巡察工作】 4月20日，中共自贡市大安区委巡察工作领导小组办公室成立。截至年底，开展两轮常规巡察和一轮专项巡察，常规巡察8个党委（党组），专项巡察对乡镇街道全覆盖，累计谈话374人，走访村民235户，查阅资料2140余卷（盒），发现问题494个，按规定转交办理16个，向区纪委移交线索126个，问责27人（党纪政纪处分25人）。

【组织工作】 2017年，对区管领导班子运行情况进行全覆盖调研，调整班子50余个，调整干部150余人次。围绕“四个合格”要求，建立示范党组织50个、示范单位30个、示范岗120个。开展道德模范和先进典型巡回宣讲3期，举办“寻找最美党务干部演讲”“村官励志事例竞展”等活动，拍摄党建微视频8部。整改党建责任落实不到位、组织生活流于形式等问题11个。选派46名年轻干部到基层一线挂职锻炼，对全区干部进行全覆盖谈心谈话，采纳意见93条，解决实际困难40件。对3名不适应现岗位领导干部进行调整。接受429名区管干部个人重大事项报告。统筹实施精品班、主体班、常规班培训，累计培训干部5000余人次。分层分类开展谈话函询178件。率先在全市区县建立高端人才储备中心，设置事业专编20名。在四川大学举办招才引智活动，有20余名专业人才投递简历。首批引进硕士研究生3人。全年落实人才专项资金200余万元。兑现廉洁履职奖励金150余万元。为1900余名老党员发放补贴49万余元。专题召开“小个专”企业党建工作会，为26个新建企业支部集中授牌，兑现62个“两新”党组织党建补助资金18.9万元。投入资金1900余万元打造党建示范带，涵盖7大类23个点位。从乡镇事业编制人员、优秀村干部中选拔13人进入乡镇领导班子，选派124名机关干部和企业党员到村社区任第一书记，有3人被评为全省干部驻村帮扶先进个人。

【宣传工作】 制发《2017年度区委中心组理论学习安排意见》《关于2017年度党委（党组）中心组理论学习的意见》《学习贯彻省第十一次党代会精神宣讲工作方案》。邀请“退居二线”的老领导组成区委宣传团，在全区巡回宣讲8场，指导、督查全区机关开展周五学习活动。《大安》杂志围绕省、市、区党代会精神宣传“推动振兴发展决胜全面小康”、脱贫攻坚、纪检监察体制改革、依法治区、创建全国文明城市、项目推进等中心工作，面向全区领导干部征稿300余篇。开展落实习近平“7·26”讲话、十八届六中全会、省第十一次党代会和市、区党代会精神系列宣传，全区制作大型立柱广告6块，悬挂横幅标语500余条，更换橱窗展板30余块，利用LED屏开展宣传1000余频次。推出系列主题宣传报道，《自贡日报》头版头条刊发《大安区坚持以党建引领促发展，强力推进“一带一园”建设——种好新一轮农村改革“实验田”》等稿件60余条；《人民日报》刊发《让“出笼”行为得不偿失》等稿件40余条；向社会各界推介《大气 大商 大美 大安》招商片和《幸福美丽新大安》形象宣传片，报道重大招商活动10余次；《四川日报》刊发《大安区推出57个招商项目》《三大重点项目落户自贡大安区》等稿件30余条；《四川新闻》刊播或刊发《自贡大安区：用产业链串起脱贫希望》等稿件70余条；重点宣传何市镇雁溪谷、凤凰乡花语人间、团结镇中国玫瑰海等乡村旅游项目，刊发稿件40余条。

【精神文明建设】 2017年，推荐“身边好人”5人，其中，2人分获第四届自贡市见义勇为模范、诚实守信模范称号，3人分获第四届自贡市助人为乐模范提名奖、敬业奉献模范提名奖、孝老爱亲模范提名奖。在春节、元宵节、清明节、端午节、中秋节开展“暖冬行、爱传递”“欢天喜地闹元宵”“清明祭英烈”“我们的节日·端午”“我们的节日·中秋”等主题活动。8户家庭入选市级“最美家庭”，3户家庭入选省级“最美家庭”，其中周治芳家庭被评为全国最美家庭。江姐中学、凤凰学校、牛佛中学被评为市文明校园，其中江姐中学、凤凰学校评为省级文明校园。62个村被命名为区级文明村。

【统战工作】 2017年，接待台湾同胞参观燊海井2批次100余人。市工商联与中行自贡分行签订“商会+银行+企业”战略合作协议，该行对大西洋焊接材料有限公司、川南建材贸易公司、自贡硬质合金有限公司等20余企业支持金额约13.5亿元；与大安区政府签订50亿元战略合作协议，为方特恐龙王国、城际铁路、新城车业等中、小企业合作融资32亿元。召开在外人士新春座谈会，现场签订自贡盐味源食品有限公司万坛泡菜生产线等项目，总投资2.2亿元；新民镇、牛佛镇、回龙镇、何市镇、三多寨镇等召开在外人士座谈会，签订项目3个。协助民营企业办理工商、税务、融资、信息、培训、不动产抵押等业务，为企业协调融资12次，实现贷款4亿元，帮助企业降低财务成本200余万元。举办党外后备干部、非公经济代表人士、民营企业管理人员、大安干部大讲堂等培训，培训党外干部600余人次。选派4名党外干部上挂省、市有关单位，选派8名党外干部下派基层一线。新提拔党外科级领导干部6人，交流任职2人。

【武装工作】 2017年，组织200名民兵参加全市防灾救灾大演练。在军分区组织的年度军事考核中，有3名干部参考获全优。利用空军场站和驻地消防部队资源，组织骨干民兵70名集中试训5天，得到省军区点名表扬。全年出动民兵4批600人次进行防灾救灾演练、维护治安秩序。开展征兵工作，印制宣传年画1.2万份，围绕征兵“五率”开展兵役登记、应征报名、体检、政治考核、新兵审定、役前训练、跟踪管理等工作，对入伍大学生进行现金奖励。对立功现役军人开展送喜报、送慰问金、送光荣军属牌等活动。

【政法工作】 2017年，“平安建设”群众满意度测评在全省区县排第20名，比2016年上升7名。建立信访维稳专项资金80万元。追责处理案件2件，涉及单位2个。排查和化解稳控影响社会稳定事件104件、重点群体7个、重点人员45人，其中县级领导包案重点事件31件、重点人员18人。在中共十九大期间，劝阻、劝返48人次，实现“零进京、零上访、零非访、精神病人零失控”目标。制定社会稳定风险评估39件，完成安保维稳任务52次；成功处置凤凰乡变压器致人死亡等突发事件18件，处置凤鸣苑安置房建设工程等涉稳事件30余件；组织司法机关强拆搬迁和拆除违法建筑3次。化解省、市上访老户9人。举办“法治夜校”44期，听众2300余人；开展“法律诊所”活动138次，调解纠纷537条，咨询人数4200余人。接到涉法涉诉来信来访10余件，转交相关部门办理7件。

【公安工作】 2017年，全区立刑事案件1032起，破案558起，破案率54.07%；抓获刑事作案成员261人，其中，提请逮捕129人、公诉129人。查处行政案件411起，查获违法人员537人，其中，行政拘留177人、罚款327人、警告8人、其他25人。处置“1·16”出租车群体、“7·15”凤凰装修工触电身亡、“8·11”楼房湾水库建设事件、“9·20”永嘉乡儿童溺亡和“10·15”中医院患者意外坠亡等事件23起。破获涉毒案件29起，抓获犯罪嫌疑人44人，收缴各类毒品1.54公斤，查处吸毒人员291人，捣毁吸毒窝点13个，强制戒毒88人。破获涉黄涉赌刑事案件26件、治安案件26件，打掉赌博、卖淫窝点25个，挡获参赌人员242人，缴获赌博机具19台、赌资15万余元。破获多发性侵财犯罪案件486起，被盗抢车辆21台，追缴赃款赃物300余万元。侦破省督办的“上田坝医保诈骗案”、吴文彬等人系列技术性开锁案、“4·22”抢劫案、“5·17”系列砸车盗窃案。破获市督办的“9·6”聚众斗殴案和“周孝开”等人寻衅滋事案；打掉涉恶团伙2个，抓获涉恶犯罪嫌疑人42人。盘查车辆4.20万余台次，抓获网上逃犯23人，挡获被盗抢机动车7辆，移交各类人员130人，协助抓获各类违法犯罪人员54人。

【检察工作】 2017年，立案查办工程建设、招投标等环节职务犯罪5件8人。惩治合同诈骗、集资诈骗、非法吸收公众存款等破坏市场经济秩序和破坏金融秩序犯罪，批捕、起诉7件18人。成功办理刘某某非法吸收公众存款5300余万元案及首例虚开增值税专用发票案。批捕、起诉制售有毒有害食品、假药劣药等犯罪2件5人。成功办理杨某等人利用“王者荣耀”手机游戏进行网络诈骗案及凉高山上田坝社区卫生站负责人王某某骗取医疗保险基金200余万元案。依法办理危害环境污染案2件6人。立案查办职务犯罪案15件15人。依法查办市检察院交办的市粮食局原局长、市水务集团原董事长阳某某等7人涉嫌贪污、受贿、滥用职权、玩忽职守窝串案，涉案金额600余万元，侦查终结提起公诉6人，法院开庭审理4人，均作出有罪判决。批准逮捕刑事犯罪嫌疑人140人，提起公诉269人。严惩故意杀人、故意伤害、强奸、放火等严重暴力犯罪，批捕11人，起诉18人。打击“两抢一盗”、诈骗等多发性侵财犯罪，批捕69人，起诉96人。批捕涉枪涉爆、危险驾驶等犯罪嫌疑人4人，起诉23人。参与禁毒严打专项行动，批捕毒品犯罪30人，起诉31人。

【审判工作】 2017年，受理刑事案件149件，结案133件，结案率89.26%。依法审理涉案金额达8000余万元的虚开增值税发票案；依法审理受害群众609户、涉案金额5000万余元的非法吸收存款案；依法审理自贡水务集团原董事长阳某某受贿案和荣县原副县长荣某某受贿、玩忽职守案；依法审理首例“考试作弊”案，10名被告人全部获刑。依法适用缓刑75人，免予刑事处罚4人。受理民商事案件2189件，结案1869件，结案率85.38%。受理行政诉讼案件91件，结案87件，结案率95.6%。受理执行案件1334件，结案993件，执结率74.43%，执行标的到位率41.04%，到位标的2.72亿元。

【司法行政】 2017年，各级人民调解组织受理民间纠纷367件，调解367件，调解成功364件，调解率100%，调解成功率99%。安置刑释解教241人，安置率97%；帮教246人，帮教率99%。为困难群众提供咨询1932人次，受理法律援助案件201件，受援1070人，为困难群众挽回经济损失300万元。办理公证案件480件，办理涉及棚户区公证350件，办理农转非批量公证8500余件，为全区重大项目办理公证案件4000件，合同履行率100%。为群众上门办理公证服务120余次，为困难群众减免公证费用10万元。全区3个法律服务所办理案件196件，律师和法律工作者队伍参与经济纠纷案件98件，为企业挽回经济损失410多万元。

【编办工作】 2017年，动态调整区级部门权力清单，清理认领权力4451项，比市级确定县级权力5141项减少690项，减幅13.4%。调整行政许可目录清单，全区行政许可目录清单从182项调为169项。印发《关于做好区级行政权力责任清单动态调整工作通知》，按权责“一一对应”编制行政权力责任清单4620项。结合三定方案和行政权力责任清单，理清建设、住房保障等6个部门权责。加强区商务局口岸与物流监管职责，在内设机构“综合业务股”加挂“大安区口岸与物流办公室”牌子，实行“两块牌子、一套人马”；将金融监管职责从区政府办划转区财政局；将民族宗教工作职责从区政府办划转区委统战部，设区政府民族宗教事务局，与区委统战部合署办公，并在区政府保留名称，核定编制3名；调整区目督办职责，设置内设机构4个；在区委组织部挂牌设立“区委非公经济和社会组织工委”，作为区委正科级派出机构。在全市率先成立高端人才服务中心，核定日常管理服务人员编制3名，引进人才专项周转事业编制20名。在区环境监测站挂“区固体废物与化学品管理中心”牌子，在乡镇街道办事机构加挂“环境保护办公室”牌子，实现区环境监管工作全覆盖；区环保局增设环境监察执法大队、环境监测站，人员编制16名，调入12人；增核科级领导职数1名。在乡镇综合办事机构“统筹城乡经济社会发展办公室”增挂“统计工作站”牌子，在街道综合办事机构“党政办公室”增挂“名录库管理办公室”牌子，每个乡镇（街道）至少配备1名专（兼）职综合统计员。建立“4+X”综合执法新模式，成立城乡综合执法中心，相对集中行使执法权。组建区委巡察办，下设3个巡察组。梳理分类全区事业单位166个。委托6个区级部门下放37项行政权力至5个试点乡镇。全年组建事业机构6个，整合撤销事业机构10个。调整领导职数11个，增核编制31名，启用编制56名，核减事业编制295名，收回节余编制75名。

【人事工作】 2017年，实施优秀年轻干部人才递进培养“双百”工程，遴选党政综合类培养对象100人，事业类培养对象100人。制定《引进高层次和紧缺专业人才办法》，引进高端人才3人，招录公务员85人，事业单位人员133人。制定《机关事业单位工作人员待岗培训管理办法（试行）》，把称职（合格）以下等次的机关事业单位人员纳入待岗培训管理，提高干部队伍整体素质和工作效能。

【信访工作】 2017年，全区信访总量1664件，其中，来访1271件次，现场办结、处理1164件，转交办107件，按期办结率100%。来信8件，比2016年减少7件；来电38件，比2016年增加8件；网上信访347件，比2016年增加47件。全年“走基层、畅民意、化民怨、解民忧”大下访活动11次，开展1次群众工作月活动；2项活动发放宣传资料1.49万份，接待群众1958人次，接待反映信访问题1721件，登记信访问题148件，现场解答64件，交办84件，应按期办结79件，实办结78件，占应办结的98.73%。其中，参加满意度评价的70件中，群众满意和基本满意64件，不满意6件，未参加评价8件，正办理5件。全年梳理信访案件46件，重点人员18人。集中排查21次，排查出信访突出问题和不稳定因素96件，化解84件，其余11件正在化解；召开信访联席会议11次，集中研判疑难和突出信访问题26件。

【党校工作】 2017年，举行“推进脱贫攻坚、项目工作、旧城改造与开发保护、产业转型升级与工业园区建设、十九大精神解读”5期专题讲座，全区副科级以上领导干部1600余人次参加培训。举办新任村、社区党组织书记岗位培训班，全区121名党组织书记参加培训。举办2017年优秀年轻干部和人才递进培训班，全区92名副科级以上后备干部参加培训。举办2017年党组织第一书记专题培训班，全区124名第一书记参加培训。举办2017年党务干部培训班，全区42名党委（党工委）副书记和组织委员参加培训。举办2017年“产业发展暨园区建设”专题培训班。组织各乡镇长、部门主要领导或分管领导35人到浙江大学参加培训。围绕“大安区发展中遇到的困难、制约大安发展的瓶颈因素”开展调研，撰写《关于把大安区打造为中国井盐文化康养产业园的可行性研究》和《开发大安世界地质公园 打造自贡恐龙王国的对策研究》。

【工会工作】 2017年，帮扶凤凰乡永胜村、团结镇土柱村等打造党群示范中心阵地建设，支持大安街洞口井“创文”资金1.5万元，分期分批安排干部职工到社区做文明劝导员。筹措资金14.98万元，为532名因病致贫、临时困难和特困的职工实施医疗、生活救助，发放爱心乘车卡、爱心电力卡、连心卡。筹措资金10.95万元，对89名省、市劳模开展慰问和健康体检；召开部分劳模座谈会，组织观看文艺演出、视察重大项目建设；建立先进代表人才库；举办6场劳模、先进人物先进事迹巡回报告会。组织26人次志愿者走访慰问困难职工子女，为职工子女无偿辅导，赠送价值2000多元的学习用具。帮扶在生活中遇到突发性、临时性、特殊性困难的女职工（包括女劳模、女先进、单亲女职工、女农民工等）5人，发放慰问金1万元。资助大学新生54人，资金14.2万元。资助高中、中专（中职）新生30人，资金3万元。筹集资金4000元，慰问凤凰学校困难职工子女和农民工留守子女。

【共青团】 2017年，组织开展五四文艺表演，创新性探索弹幕实时评论，展现大安青年形象。成立青春志愿舞蹈队，有队员22人。争取自贡监狱等单位支持，为留守儿童、困境儿童赠送暖冬礼包近10万元。组织杰克森关爱中心的70余名学生，在恐龙欢乐王国开展“共享大安新生活、快乐幸福过六一”活动。联合和平乡团委在金桂社区益民菜市场开展爱心义卖活动，筹集爱心资金615.7元。组织志愿者到永嘉乡瓦高村、新民镇白果冲村开展“快乐童趣”手工制作、禁毒宣传、英语兴趣班、敬老助老志愿服务、暑期安全知识宣传、端午包粽子送温暖等主题活动32次。组织10名西南财经大学学生到永嘉乡开展暑期“三下乡”活动。开展“金色童年·梦想飞扬”公益活动，向大安区苏泊尔小学220名学生（含38名建档立卡贫困户儿童）赠送募捐物品。

【妇联工作】 2017年，利用“妇女之家”开展母亲课堂讲座102场、妇女创业就业培训12期，受益妇女儿童5000余人次。1月底，120个村、社妇代会改称妇联，实现“5个100%”目标。完成乡、镇、街道妇联区域化建设改革，选举产生乡、镇、街道妇联主席120人、兼职副主席213人、执委653人。创建20个示范“妇女之家”（含市级、区级、乡镇级）。组织辖区40户家庭开展“家庭欢乐斗”才艺比赛。推选9个家庭为自贡市“最美家庭”。开展“让爱回家，守护成长”关爱留守儿童活动12期，救助贫困母亲200余人（含“两癌”贫困妇女19人）、贫困儿童300余人，赠送26万元的慰问资金和物资。募集“春蕾计划”助学金3.7万元，帮助23名贫困学生继续学业。利用“3·8”妇女节、“5·15”国际家庭日、“6·1”儿童节等开展女童防性侵知识讲座、校园暴力预防知识讲座、禁毒知识进校园活动。

【党史工作】 2017年，举办“学党史、知党情、跟党走”知识测试，邀请原旭川中学校长陆坚在江姐中学作题为《邓萍——血染遵义杜鹃红》的专题报告。编纂发行《大安执政实录（2017卷）》，全书由概述、执政方略、执政实践和附录组成，配图片28幅，共390页51万字，主要收录区委全年重大决策、重点工作、领导活动、主要成就等内容。编纂发行《大安党史（1921—2002）》，全书分3篇13章38节，约30万字，主要记述中国共产党领导大安人民开展革命斗争、实施社会主义改造、推进中国特色社会主义建设的历程。

经济建设

【经济指标】 2017年，全区实现地区生产总值（GDP）212.93亿元，比2016年增长7.6%（以下简称增长）。其中，第一产业增加值14.56亿元，增长4.1%，对经济增长的贡献率为3.9%，拉动经济增长0.3个百分点；第二产业增加值136.02亿元，增长7.9%，对经济增长的贡献率为68.3%，拉动经济增长5.2个百分点；第三产业增加值62.35亿元，增长7.6%，对经济增长的贡献率为27.8%，拉动经济增长2.1个百分点。农业增加值、规模以上工业增加值、服务业增加值分别增长4%、8.8%、8.5%。地方一般公共预算收入3.63亿元、增长16.6%；其中税收收入2.18亿元、增长1.09%。城、乡居民人均可支配收入分别达3.14万元、1.43万元，增长8.8%和9%。

【固定资产投资】 2017年，全区完成固定资产投资143.16亿元，比2016年（下同）增长19.3%。其中第一产业投资6.34亿元，下降29.0%；第二产业投资38.88亿元，增长6.3%；第三产业投资97.94亿元，增长31.4%。

【工业】 2017年，辖区内全部工业企业总产值433.55亿元，实现工业增加值131.86亿元，增长7.9%。工业增加值能耗为0.49吨标准煤/万元，比2016年下降8.88%。规模以上工业企业总户数89户，实现工业总产值417.43亿元，增长17.1%；工业增加值增长8.8%；实现主营业务收入419.50亿元，增长12.2%；实现利润总额16.99亿元，增长8.6%；实现销售产值416.46亿元，增长16.9%，产销率99.77%。在规模以上工业中，农副产品加工业实现产值12.56亿元，增长21.0%；化学原料及化学制品制造业实现产值64.84亿元，增长18.9%；医药制造业实现产值24.22亿元，增长11.5%；橡胶和塑料制品业实现产值14.79亿元，增长21.8%；非金属矿物制造业实现产值21.51亿元，增长16.7%；黑色金属冶炼和压延加工业实现产值13.37亿元，增长19.2%；有色金属冶炼和压延加工业实现产值26.82亿元，增长20.2%；通用设备制造业实现产值148.93亿元，增长16.3%；专用设备制造业实现产值13.98亿元，下降1.7%；电气机械及器材制造业产值25.49亿元，增长25.5%。股份合作企业实现产值4.57亿元，增长12.4%；股份制企业实现产值396.44亿元，增长17.7%；外商及港澳台商投资企业实现产值13.50亿元，增长13.6%；其他经济类型企业实现2.92亿元，下降17.7%。

【建筑企业】 2017年，全区建筑企业实现总产值23.16亿元，增长28.2%；实现增加值4.48亿元，增长8.8%。房屋建筑施工面积109.54万平方米，增长40.9%，其中新开工面积70.54万平方米，增长90.1%；房屋建筑竣工面积58.87万平方米，增长12.2%。截至年底，全区拥有资质以上建筑企业15户。

【项目建设】 2017年，全区3个省级重点项目、11个市级重大项目、110个区级重大项目分别完成投资10.9亿元、50.4亿元、101.3亿元，带动全社会固定资产投资143.16亿元、增长19.3%。其中，大安寨隧道等45个项目开工，推进大安区妇幼保健院等33个项目建设，花语人间旅游风景区等32个项目实现主体竣工。争取到用地计划指标246.6公顷，完成土地征收0.13万公顷。组建鑫安股权投资基金管理有限公司，采取“PPP”模式启动重大项目建设，注资500万元“提升贷”增信补偿金，缓解中小企业融资难问题。争取到城镇保障性安居工程等项目303个、上级各类资金30.06亿元。

【农村工作】 2017年，推进22个扶贫专项工作方案，全年完成省下达14个贫困村摘帽、687户1724人脱贫的目标，完成市下达3929名贫困人口减贫、13个贫困村退出达标的目标。全区贫困发生率降至1.83%。完成4134人易地扶贫搬迁。新建幸福美丽新村24个，建成扶贫新村14个，创建省级“四好村”12个、市级“四好村”33个、区级“四好村”42个。搬迁建新村聚居点9个，新建新村民居166户，实施旧村落民居改造提升503户，建“1+6”村级活动阵地5个、村民活动广场5个。建村组道路18.2公里、便民道33公里，实施土地整理13.33公顷，新建和改造提灌站4座、山坪塘15口，配套渠系4.5公里，安全饮水、生活用电、天然气、广播电视、宽带网络实现全覆盖。全省幸福美丽新村示范县通过省、市年度考核，并获全省优秀等次。新增土地流转面积251.33公顷，土地流转率增加5.87个百分点。培育“一村一品”专业村21个。集中流转土地266.67公顷、发展“川早Ⅱ号”优质核桃73.33公顷、园林苗木233.33公顷、花卉观光基地66.67公顷、健康水产养殖40公顷。建鸡棚481条，出栏肉鸡794.3万羽，实现农户收益2100余万元。建游客接待中心1个，发展星级农家乐18个，新增市级重点龙头企业1户、省级后备龙头企业1户、农民合作社20个。

【农林牧渔】 2017年，巩固发展中稻+再生稻、酿酒高粱等特色粮油生产基地1.15万公顷；新发展柑橘166.67公顷，高换嫁接33.33公顷；启动大安区现代农业示范园区建设，基础设施建设累计投入3412万元。完成林地保有量0.66万公顷，人工造林面积473.33公顷，公益林补偿386.67公顷，新发展珍稀树木、柑橘、核桃、藤椒366.67公顷，巩固退耕还林成果0.16万公顷。发展年出栏4000头生猪养殖场1个、年出栏1000～2000头以上的生猪养殖场3个、年出栏500～1000头的生猪养殖场3个、年出栏2万羽以上的肉鸡养殖场（小区）147个。创建国家级标准化示范场1个。截至年底，出栏肉鸡794.3万羽，销售收入2.38亿元，实现农户收益2144.6万元。水产品总产量7808吨，超目标任务16吨。推广池塘高效增氧技术、池塘微生态制剂水质调控技术、渔用膨化饲料应用技术等新技术3项。

【旅游事业】 2017年，挖掘井盐、恐龙、寨堡、红色等特色旅游资源，发展乡村旅游。全年接待旅游总人数945.4万人次，实现旅游总收入56.23亿元。制订《关于编制大安区旅游规划的相关请示》《大安区全域旅游规划采购方案》《大安区旅游发展总体规划采购方案》等文件。启动燊海井和中国玫瑰海创国家AAAA级景区工作，景观资源与景观质量通过专家评审。恐龙欢乐王国、花语人间、玫瑰海、雁溪谷等文旅项目相继开园。推进自贡恐龙文化科技产业园、华侨城·中国灯城等重点旅游项目。

【工商与质量监督】 2017年，全区新登记各类企业506户、个体工商户3097户、农民专业合作社49户，分别比2016年增长49.1%、60.16%、104.17%。窗口登记办理行政许可（审批）事项5607件，评议满意率、现场办结率、按时办结率保持100%。发放“多证合一”营业执照409户。推行企业登记全程电子化和电子营业执照改革，27户企业申请网上登记，25户办理营业执照。公示2016年企业、个体户、农专社年报率分别为100%、99.91%、100%，即时信息公示率99.31%。推进涉企信息归集与共享，与全区34个部门签订协同监管联合惩戒协作备忘录。推荐3户民营企业参加省、市“诚信守法企业”示范创建工作。复评省著名商标2件、市知名商标8件。天花井、华夏阀门等7户企业的10个品牌评选为四川名牌，3户企业获国家地理标志产品“自贡火边子牛肉”专用标志使用权。开展为期100天的“红盾春雷行动”，立案21件，结案19件，被国家、省、市媒体多次宣传报道。抽检儿童消费品8批次。查处侵权假冒、虚假宣传等网络违法行为2起；查处商标侵权案2件；查处虚假广告案4件。调解合同争议7件。开展强制检定计量器具备案工作和3C认证产品的监督检查。开展燃煤锅炉节能减排攻坚战，清查在用锅炉76台，报废注销12台。办理股权出质登记19件，担保债权金额2.35亿元；办理动产抵押登记28件，实现融资1.1亿元。协调邮储银行为个体私营企业会员办理贷款34笔，贷款金额771万元，为个体、企业、农专社在银行开户、贷款出具登记证明资料270余份。行政权力办件受理1703件、办结1683件。评选诚信文明经营户114户。为自贡仲华东北部新城项目、大山铺特色小城镇、燊龙文化旅游开发、鑫安股权投资基金等17个重大项目提供“保姆式”服务。

【招商引资】 2017年，全区到位市外资金120亿元，占市下达目标任务108亿元的111%，其中形成固定资产投资类资金63亿元；省外资金到位83亿元，占目标任务的136%。新签约重大招商引资项目34个。其中，新签约5亿元以上重大项目16个、10亿元以上重大项目8个。包装重大项目31个，其中5亿元以上重大项目16个。项目履约率100%，项目开工率86.7%，项目到位资金率56.98%。党政主要领导带队外出招商75次，开展重大招商活动8次，接待外地客商考察150批次，收集储备一大批项目线索；组建专业招商小分队120余次，引进西南智能终端制造产业园、上海双箭纺织品5万纱锭及250台无梭布机织布生产线项目等优质产业转移项目。举办以旧城改造、国际文化旅游目的地为主题的各类大型招商活动9次，推介重点项目70个，投资额近416亿元，现场签订青龙湖乐活小镇、中科生态生物质发电项目等产业项目21个，项目总投资额341.4亿元。

【科技工作】 2017年，组织申报国家、省、市科技项目47项，获立项36项，争取资金780万元。其中，工业类项目33个，资金650万元；农业类项目4个，资金114万元。全区有高新技术企业20户、农业科技与服务单位23个。全年申请专利524件，比2016年增长22.4%，其中获专利授权185件。组织开展“中国流动科技馆巡展”大型科普活动，参展人员8000余人；开展大安区科技征文活动，从高中组、初中组和小学组评选出18篇优秀作文予以表彰和推荐，市第34中学2个参赛作品在第32届省青少年科技创新大赛获一等奖。投入17万元，在团结镇土柱村建超百米的“大安区科普长廊”。举办专业户养鸡技术知识培训，30余人次参加。组建大安科普艺术团，创作《科学赞》《桑海井之歌》等11首科普歌曲，并制作成MTV，到村、社演出30余场，受众人数2万余人次。

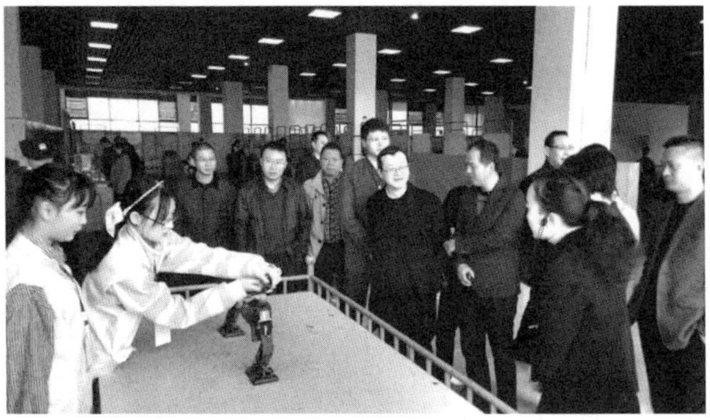

【财政收支】 2017年，全区完成财政总收入8.02亿元，比2016年（下同）增长38.9%；其中公共财政预算收入3.63亿元，增长16.0%。在公共财政预算收入中，税收性收入2.18亿元，增长0.9%；非税收性收入1.45亿元，增长49.9%。国税收入4.08亿元，增长32.5%；地税收入2.42亿元，下降20.5%。全年公共财政预算支出17.94亿元，增长11.8%。其中，一般公共服务支出2.36亿元，占公共财政支出的13.2%，增长83.3%；社会保障性支出2.69亿元，占公共财政支出的15.0%，下降15.5%；教育支出2.88亿元，占公共财政支出的16.0%，增长24.4%；医疗卫生支出1.49亿元，占公共财政支出的8.3%，下降44.4%。

【国税】 2017年，全区国税完成税收总收入4.09亿元，其中，中央级收入2.09亿元，地方级收入2亿元。在地方级收入中，市、区两级完成1.28亿元（区本级完成8944万元）。清理欠税947.55万元。清缴2016年企业所得税应纳税额3193.42万元。在风险核查中，完成税收风险类收入1298万元。全年办理免抵2692.77万元、退税7408.59万元。网上办税申报率达95%以上。

【地税】 2017年，全区地税完成总收入2.75亿元，同口径下降1.06%。其中，税收收入2.42亿元，同口径下降3.16%；基金附加3271万元，同口径增长17.49%。省级及以下地方级税收收入累计入库2.05亿元，同口径下降5.83%；省级税收收入入库2161万元，同口径增长1.19%；区本级税收累计入库1.29亿元，同口径增长228.90%。清缴历年欠税305万元。专项稽查建安、房产行业，查补税费45.04万元；查处非法发票37份，查补税款滞纳金41.29万元；办理涉税举报案2件，查补税款滞纳金126.25万元。受理年所得12万元以上个人所得税自行申报441人。企业所得税汇算清缴422户，入库企业所得税413.20万元。房产入库税1337.54万元，城镇土地使用税入库1895.86万元，车船税入库163.57万元，入库土地增值税694.41万元，入库契税3105.36万元，入库印花税597.62万元，资源税入库127.71万元，城建税入库2300.06万元。耕地占用税入库5946.85万元。评估入库税收153.36万元。

【物价管理】 2017年，居民消费价格总水平比2016年上涨1.3%。其中，食品价格下降2.5%，非食品价格上涨2.3%，服务项目价格上涨3.8%，商品零售价格上涨0.9%。工业生产者出厂价格上涨4.4%，工业生产者购进价格上涨7.0%。非居民用气价格每立方米降低0.13元。桑海井景区成人门票价格由20元/人次调为27元/人次。组织30

人次开展粮、油、肉、禽、蛋、蔬及成品油、液化气、农资等价格专项检查和巡查，重点对节假日期间景区、商场、超市、农贸市场及停车收费等价格进行监督检查和禽流感应急价格监测。处理“12358”平台17起咨询件，行政处罚1起停车场乱收费案件。办理刑事涉案物品价格认定案件61件，认定总金额60.59万元，涉及物品有机动车、手机、电脑等。

【审计工作】 2017年，开展2016年度区本级财政预算执行和其他财政收支情况、2016年同级财政决算草案、2016年省财政转贷下拨置换债券资金使用情况审计，涉及金额5.27亿元。审计区人社局、区医保局、区社会保障局、区就业局部门预决算，涉及金额447.22万元。审计区地税局专项经费预算执行等情况，审计出违规发放个人津补贴11.97万元、超预算支会议费1.03万元。专项审计2016年扶贫资金，涉及向动态调整不及时的清退户发放扶贫资金等问题，1家农村专业合作社和1家农业产业有限公司弄虚作假骗取财政补助资金，1家农村资金互助合作社侵占农户利益，分别移送市纪检监察机关调查处理。审计7个乡镇实施的易地扶贫搬迁项目验收涉嫌弄虚作假问题和2名公职人员关系人违规享受低保问题，分别移送区纪检监察机关调查处理。审计政府投资（审核）项目98个，送审（核）工程造价4.78亿元，审减工程造价4075.42万元。

【统计工作】 2017年，按月编辑出版《大安区统计月报》，上报统计信息76条，编印《统计分析》14期、《统计工作动态》4期，编制并公布《大安区2017年国民经济和社会发展统计公报》。全年向区委办和区政府办报送统计信息100条、预警预测分析4篇、统计分析13篇、统计工作动态3篇。对23户联网直报单位进行执法检查，完成对77876户农户、196户规模农业经营户、318户农业经营单位及乡、村普查表的数据采集上报。指导乡镇农业普查工作，通过全省第三次全国农业普查事后质量抽查。

【商务工作】 2017年，全区社会消费品零售总额比2016年增长13.3%；货物进出口额22亿元，比2016年增长21.49%；服务业固定资产投资18.13亿元，超目标任务50个百分点。新入统9户规模以上、限额以上商贸企业，全区规模以上、限额以上企业累计63户。全年争取项目资金741.51万元，比2016年增长86.6%，超目标任务12个百分点。示范园内重大项目21个，含市级重大项目5个，省级重点项目1个。恐龙欢乐王国公园、自贡中国玫瑰海、乐奥海洋馆等项目建成投入运营。重点在建项目有川南建材市场、大山铺铁路物流园专用线、嘉祥外国语学校。引进云南顺隆投资有限公司投资兴建董家农贸市场（邻里中心）项目；引进北京驮丰高新科技股份有限公司投资建设大安区驮背运输枢纽中心项目；引进自贡亘古龙腾科技有限公司等7户企业投资承办恐龙创意主题公园及度假旅游区项目；引进中化石油湖南有限公司投资兴建中航油四川公司川南油库项目；引进自贡市汇民商业管理有限公司与120余家农村专合社、40余户种养殖户形成稳定供销合作关系。平台注册餐饮客户500余家，配送机关单位食堂30余家，实现销售收入500余万元。组织辖区企业参加“惠民购物全川行动”“川货全国行”等展会展销活动11场，实现销售收入450万元，签订意向协议5700余万元。辖区重点商贸企业（东大家居城、川南建材市场、圣地亚等）实现销售收入9.53亿元；辖区重点旅游景点（恐龙欢乐王国公园、花语人间、中国玫瑰海、雁溪谷等）接待游客140万人次，实现销售收入3600万元。

【供销工作】 2017年，组建自贡市大安区汇农农资有限公司，新组建何市镇供销社，履行基层供销社服务“三农”职能。以庙坝肉牛专合社为基础，整合农资、庄稼医院、电子商务等资源，组建庙坝镇供销社。引进成都业主组建自贡市汇民商业管理有限公司，开发搭建“B2B2C”平台，即“电子代销网”和“汇民菜鲜生”，组织专合社、专业大户及农民同电子商务公司合作，形成“公司+专合社+生产基地”模式。是年，投入300余万元，建电商平台2个，建区、乡、村三级电商服务中心（站）9个，月交易额近400万元。

【公共资源交易】 2017年，组织政府采购104次（货物类73次、服务类14次、工程类17次），预算金额5505.00万元，中标、成交金额4091.77万元，节约资金1413.23万元，节约率25.67%。全区实施协议供货采购项目272个，采购金额407.71万元；受理进场交易比选项目（包括代理机构比选、建设工程施工等）61个。

城乡建设

【城镇规划】 2017年，完成何市、牛佛、团结、三多寨等7个场镇规划编制和专家组审定，并报市规委会审批；完成团结镇朝天寺欧洲风情小镇规划建设方案编制；完成9个贫困村易地搬迁集聚点规划选址及建设方案、5个党群服务中心场地建设规划选址及建设方案。完成牛佛镇房地产开发项目金牛御景园、何市立华养鸡饲料厂、庙坝房地产开发建设等项目的规划建设方案编审。

【城镇建设】 2017年，推进仁和路、广华路、盐都大道城市公共艺术及环境整体提升工程建设，完成楼房湾大山铺新农村安置点、团结镇高坎村安置点土石方工程招投标。开展青龙湖乐活小镇（恐龙湖国际旅游度假小镇）、自贡国际恐龙马拉松赛道项目建设。推进东部新城地下管廊、大安寨隧道、大安旧城棚户区道路改造等项目建设。整治沙鱼坝道路、上盐井道路、上田坝棉纺厂道路、高硐消防通道等15条背街小巷。推进桑海公园创国家AAAA级景区，完成生态停车场、景观大道、运动步道建设及风貌整治。完成回龙镇截污管道、牛佛镇排污管网工程建设，启动东北部新城污水处理厂场平工程。完成大安区规划展示厅设计制作布展一体化项目建设。

【东北部新城开发】 2017年，投资约1400万元，建成燎鹅路东段项目路床，完成85%人行道等辅助配套设施建设。3月，全区首个"PPP"项目——东城雅苑、东城雅筑、东城雅郡、光明雅庭等4个安置房项目开工。4月，开工建设成自泸高速大安连接线二期工程，施工便道全面贯通，完成路基工程25%；开工建设燎北路中间隔离带绿化工程。6月30日，进场清理大山铺铁路物流园区B3道路表土。完成盐北路、堰凉路等支道工程施工图设计、财评手续、标书编制、挂网招标。推进龙乡大道北二段、东北部新城X6路、自贡国际恐龙马拉松赛道及配套基础设施"PPP"项目、区行政中心支一路和支二路等前期工作。区综合档案馆完成主体工程，启动屋面防水施工；区妇幼保健院新建项目完成平基工程和施工、监理招标，处于主体工程建设阶段；区文化艺术馆完成地下室部分，正开展主体建设；上堰湿地公园（市民公园）、区体育场馆项目进入前期工作。对朝土路、北环路、桑海井路、东环线大安段等主街要道进行全天候清扫保洁和洒水降尘，清理卫生死角48处，清除垃圾5000余吨；在恐龙馆、皮革城周边和桑海井大山铺段免费安装47台新款太阳能广告垃圾箱。先后取缔占道经营48个，劝导和教育流摊约4000人次；拆除违章搭建2处约70平方米，查处整治不文明施工和带泥上路、沿途撒漏现象400余起。

【国土管理】 2017年，土地报征24个批次，3个独立选址项目，报征总面积895.42公顷。东部新城土地报征17个批次，报征面积440.04公顷；市级项目双河口—凤凰坝片区综合治理示范项目涉及3个批次，报征面积81.57公顷；大安区区级项目马拉松赛道安置房、楼房湾水库安置房、燎鹅路（东段）、大山铺旧城改造、凤凰坝保障房、牛佛镇中心校及幼儿园迁建项目、牛佛红萝卜加工厂、大山铺旧城改造2期报征4个批次，报征面积49.62公顷。楼房湾水库、北环快速通道、川南城际铁路3个独立选址项目报征面积324.19公顷。全年出让土地10宗，涉及面积105.77公顷，出让价款9.14亿元。征收补偿自贡东部新城、中华彩灯大世界、川南城际铁路、方特恐龙王国公园、釜溪河综合治理、大山铺特色小城镇、北环快速通道、汇兴路一号桥、牛佛二桥连接线等47个项目1326.12公顷土地款，完成征地农转非12843人公证、户口迁移及社保参保。房屋拆迁1761户23.77万平方米。按司法程序强制搬迁50余户。复垦工矿废弃地利用试点项目，规划复垦地块43个，面积6.45公顷，拟复垦为旱地0.08公顷，水田2.25公顷。

【环境保护】 2017年，各乡镇与3万余户农户签订露天禁烧承诺书，每户按20元标准补贴堆占费用。登记危险废物申报企事业单位56家，收集32家危险废物管理计划书。开展集中式饮用水环境整治工作，要求乡镇按规范化管理要求开展标志标牌和物理隔离设施建设。截至年底，全区11个乡镇集中式饮用水源地设置标识标牌136块（保护区界碑6块、水源地保护区警示牌130块）、隔离防护设施1.53万米。立案查处环境违法案件85

件，下达行政处罚决定书76份，责令改正违法行为决定书42份，其中，按新修订的《中华人民共和国环境保护法》4个配套办理限产停产案件2起、查封扣押案件3起，罚款金额121.3万元。完成84户排污企业申报登记、数据录入和审核汇总，保证排污申报登记填写规范、内容全面、数据真实。执行排污费征收政策，全年征收排污费31.1万元。受理群众投诉367件，调处率100%，结案率96%以上。调查处理中央环保督查组交办信访件11件，省环保督察组交办信访件25件和市环保督察组交办信访件13件。受理建设项目环境影响评价申请45份，经审查符合环境影响评价审批条件45份，项目按时办结率100%。清理环保违法违规政府投资项目166个，其中，办理环评手续162个，关停项目4个。

【水利建设】 2017年，完成固定资产投资5.3亿元，争取项目资金3021万元。完成楼房湾水库枢纽及附属工程建设，并通过水库蓄水安全鉴定。争取长滩河和威远河防洪治理工程中央资金2058万元，完成施工和监理单位招标工作，11月开工建设。完成2015—2016年省级水资源费节水型社会重点县建设项目的合同完工验收。完成东北部新城水厂工程一期建设，开工建设水厂二期工程，安装长河、狮子、高店、关刀、关家、关帝、优胜、瓦高、新房9个贫困村配套管网约600公里。团结渠春灌放水345万立方米，保障团结渠灌区范围内3000余公顷春耕生产满栽满插；维修整治沱江提灌渠，保障永嘉乡和牛佛镇渠道灌区533.33公顷满插满栽；维修整治牛王山提灌渠，保障牛佛镇渠道灌区133.33公顷满插满栽。编制10条河流“一河一策”管理保护方案，开展金鱼河河道清淤。督促乡镇及街道对全区10条主要河流进行清漂保洁，截至年底，河面清漂1.50万吨。

【住房保障】 2017年，征收马冲口大西洋棚户区房屋2386户，占地51.33公顷，9月25日公布项目安置补偿方案（征求意见稿），年内签订模拟征收协议。该棚改涉及东北部新城城中村占地约13.73公顷，分东城雅居、东城雅郡、东城雅苑、东城雅筑4个项目，建设3243套约39.67万平方米安置房。模拟签订大山铺片区棚改（一期），占地约37.2公顷，需征收房屋1401户约19.54万平方米，9月30日公布该项目安置补偿方案（征求意见稿），年内基本完成房屋征收协议。征收吉成井地块房屋，拆除房屋630户，支付征收补偿资金7700万元。拆除大安旧城一期二批856户4.75万平方米，977户居民中房屋签约973户，交房969户，发放870户约1.4亿元征收补偿款。是年，全区实施建设保障性住房1368套，近10万平方米，其中董家冲经济适用住房二期工程413套竣工。年内新增24户廉租住房租金补贴。审核发放公房私搭偏房593户，补偿金额411.78万元。保障性住房租金收缴790万元。维修房屋7301.6平方米。

【交通】 2017年，S207大安区过境公路改线工程（大山铺铁路物流园区段）竣工并完成审计；实施县乡道改造提升工程149公里。截至年末，全区公路通车里程810.20公里，其中：高速公路32.40公里，一级公路19.93公里，二级公路37.75公里，三级公路43.38公里，四级公路628.49公里，等外公路48.25公里。全年交通运输、仓储和邮政业实现增加值9.56亿元，比2016年增长4.0%；固定资产投资13.69亿元，增长44.67%。大山铺铁路物流园区骨干道路全面完工并审计；牛佛沱江二桥8月31日合龙，12月底完成引桥和主桥桥面附属设施施工，完成投资7505.8万元；成（都）自（贡）泸（州）赤（水）高速公路大安互通连接线进入路基土石方挖填作业阶段，完成投资6000万元；完成S309自贡舒坪工业园至自贡港公路工程可行性研究报告、初步设计及初步设计批复，报省交通厅批复；内（江）富（顺）南（溪）高速公路及辖区连接线完成工程可行性研究报告，进入省交通厅行业评审；沱江航道升级改造工程完成工程可行性编制，选址报告获批，风险评估报告获泸州、自贡维稳办出具项目风险评估备案意见。加宽并黑化新店镇何院村村道、何市镇阮家村村道。投入812万元，建成庙坝镇九房村、新民镇柏树村、三多寨狮子村、团结镇朝天村等贫困村产业发展道路23.2公里。投资1297.65万元，改造贫困村村道81.1公里；投入322万元，建成贫困村渡改桥3座，受益群众7000余人；投资580万元，实施黄桷村村道改造提升工程（共4期）。在沱江建11个重点监控水域视频监控系统和海事监控中心，对客渡船舶、工程船、货船开展船载视频试运行。

【城乡管理执法】 2017年，坚持主街大道每天洒水降尘4次，每周冲洗1次，特殊天气每天洒水6次。仁和路、广华路、盐都大道等3条主街24小时保洁。全年清运垃圾2.38万吨，清除卫生死角3000余处。取缔违规户外广告、标识标牌、店招店牌和占牌，治理占道经营1万余起。查处违法建设54件，面积约2.41万平方米，罚款22.42万元，发出处罚告知书30件，发出处罚决定书30件。对31个建筑工地进行检查，发现不规范施工工地7个，要求限期整改2个，立案调查处罚5个，处罚金额2万余元。清理河岸垃圾2646.5吨。

文化建设

【规划与设施建设】 2017年，制定户户通建设方案、广播村村响升级改造建设方案、农家书屋图书补充更新方案和农家书屋补充更新方案。建设贫困村文化活动室22个，建设基层公共文化服务网点12个，建设省下达直播卫星用户1000户，放映公益电影1776场，完成10个广播村村响升级任务。"三馆"建设项目主体即将封顶。新店镇何院村入选全省"文化扶贫示范村"，成为全市入选的2个村之一。

【文化执法】 2017年，在全市率先开展文化市场非现场执法试点工作。全年出动执法人员1413人次，检查文化娱乐场所612家次，当场处罚4家次，立案调查7件。查办的"嘉丰好声音"系列案件中《成都某文化传媒有限公司变更演出节目未重新报批》一案，获文化部通报表扬，是全省获奖的5个重大案件之一。

【文化活动和艺术创作】 2017年，开展群众文化活动近100场次。在自贡市第二届残疾人演讲比赛中，选送的《双拐女孩的梦》获一等奖。小品节目《感受红色》作为自贡市唯一入选的戏剧类作品入围全省"群星奖"。

【公共体育】 2017年，安装14个省级脱贫贫困村和8个市级脱贫贫困村体育健身器材，全区26个贫困村实现体育设施全覆盖。参加市第十三届运动会，获钓鱼比赛第五名、游泳比赛第三名、门球比赛第六名、桥牌比赛第六名、太极拳剑比赛第四名、武术比赛获第一名，大安区获突出贡献奖。

【文物保护】 2017年，实施牛佛古镇传统村落保护利用项目，完成牛佛万寿宫保护维修工程，完成城际高铁、自贡恐龙文化科技产业园及大山铺铁路物流园重大项目考古调查工作，完成楼房湾水库工程李庄宅院迁移保护工程手续报批及勘察设计工作。配合省考古研究院到何市镇、三多寨镇实施高铁考古调查。完成李亨祠堂排危抢险工程和李庄异地搬迁保护方案编制。

【档案工作】 2017年，区档案馆及地下车库项目完成主体、外墙、室内地面墙面、水电、消防、电梯、通风管网等装饰装修安装，该项目占地0.62公顷，建筑面积5000平方米，于2016年9月开工。2017—2018年档案数字化加工招标方案通过审批，年底确定供应商，计划扫描230万页。档案复查达标单位8个，其中，医院1所、学校4所、乡镇3个。全年接待查阅档案人员2300余人次，提供档案1万余卷次。选派干部参加省、市、区业务培训5场次，参训120余人次。

【地方志工作】 2017年，《大安区志（1989—2006）》出版发行，全书31篇、138章、510节，共773页130万字，配图110幅；印刷1200本、制作光盘1200张。《大安年鉴（2016）》编纂出版，全书分史迹影像、概况、大事记、专文、特载、政治、经济、文化、社会、城乡建设、附录等11个大类、1200余个条目，文字73.6万字，配图320幅。《大安年鉴（2017）》编纂出版，全书设史迹影像、概况、大事记、专文、特载、政治、经济、文化、社会、城乡建设、乡镇、街道、人物、附录、索引15个大类，条目1400多条，文字68.4万字，配图196幅。编纂《治川史鉴》大安区部分；编报《自贡年鉴（2017）》大安区资料，共4.71万字，配图18幅；编报《四川年鉴（2017）》大安区资料，分8个目、1个表册，共3600多字；启动《大安乡镇（街）概览》编纂，重点挖掘全区文物古迹、历史文化、名人轶事、民间传说等史料。

社会建设

【教育】 2017年，争取资金7547万元，投资4300万元，新建校舍及运动场3.51万平方米，消除危房1.27万平方米。批准设立自贡市大安区红泡泡幼儿园、自贡市大安区金贝贝幼儿园、自贡市大安区恒大名都诺贝儿幼儿园、自贡市大安区金摇篮培训学校、自贡市大安区飞翔培训学校。运用新型民办公助机制支持社会资本建设公益性幼儿园试点（即“PPP”项目），引进自贡启会优幼稚园项目并签订正式办学协议。是年，投入资金40万元，向贝贝佳、霞光和小天使3所民办普惠性幼儿园实施政府购买学前教育学位604个。高中1025名毕业生参加考试，一次性上本科线255人，较2016年增加101人，上线率24.88%；上重点本科14人，与2016年持平；本科上线人数和上线率均创历史最好成绩。初中2440名毕业生参加中考，上省级示范性高中777人，其中上省一级示范性普通高中437人。资助经济困难及建档立卡贫困学生14759人次780.19万元，办理大学新生生源地助学贷款1260名955.5万元。组织干部职工结对帮扶和送教上门3026人。投入6万余元为71户贫困户送温暖和资助学生131人次，救助困难师生100余人共10万元。筹集教育扶贫救助资金515万元，资助学生1446人，金额96.56万元。投入610余万元，建成7所学校43套班级多媒体教学设备和2所学校计算机网络教室，完善、更新14所学校计算机及信息化设备。实现乡镇学校互联网全覆盖、网络教学环境全覆盖，70%以上学校接入宽带达10兆。举办自贡市中小学“学、爱、玩”校园足球联赛大安赛区比赛，全区61个组别参加比赛。参加自贡市第33届中小学生运动会，牛佛中心校、大安小学、牛佛中学、外国语学校、江姐中学分获一、二、三等奖。

【民政工作】 2017年，发放城市低保10.9万人次，资金3000万元，人均月补差274.94元；发放农村低保11.82万人次，资金1523.52万元，月人均补助128.93元。全年取消城乡低保享受对象1956户3000人。清退不符合救助条件的特困人员130人，新审批特困人员240人。发放农村特困供养金2.82万人次，资金901.74万元；全年发放城市特困供养金4692人次，资金315万元。补助1.78万名城乡特殊困难人员基本医疗保险资金267万元；全年城乡医疗救助3500人次，资金864万元，其中，精准扶贫对象800人次，资金27.5万元。新增民办养老机构床位50张，占目标任务的116%；维修改造公办养老机构床位110张，占目标任务的110%。建设城乡社区日间照料中心14个，占目标任务的100%。居家养老服务补贴覆盖1.40万人，占目标任务的110%。发放精简职工救济金410人次，资金19万元。发放80周岁以上老年人高龄津贴3.2万人次，资金34万元。为2.8万名优抚对象发放抚恤补助金1542万元，为6名军休干部发放调标补助金1.7万元，为106名重点优抚对象发放医疗补助资金25.6万元，为90名2016年退役士兵发放一次性地方经济补助金107.4万元，为53名退役士官发放一次性地方经济补助金270.2万元，为343名义务兵家属发放优待金366万元。

【就业和社会保障】 2017年，组织送岗位、送培训、送政策下基层活动10余场，提供就业服务400余人次。开展彩灯制作、家政服务、中式餐饮等培训14场，围绕全区重点项目、重大工程推行“订单式”“定向式”培训，对中国玫瑰海景区50名员工进行在岗培训。全区城镇新增就业4419人，完成目标任务的113.31%；城镇登记失业率控制在4.20%。加强劳动监察，建立完善“三方驻会”制度，每周一、五上午由区人社局、区工会、区工商联等仲裁委员会成员单位派员驻会参与、监督仲裁办案，设立巡回法庭，实现“裁审对接”，全年受理工资拖欠投诉129件，追讨工资4229.92万元；接到人事争议仲裁案件115件（28件不予受理），受理立案87件，结案率100%。在全市率先开展企业和城乡居保、机关养老保险退休认证，追回违规、重复领取社保资金84.34万元，违规领取失业保险金6.61万元，违规领取医疗保险金3.08万元。在全市率先完成城乡居民养老保险兜底，为8617名建档立卡贫困人员缴纳养老保险86.17万元，完成目标任务的260%。为全区18977名建档立卡贫困人口参保，实现建档立卡贫困人口参保率100%。

【医疗卫生】 2017年年末，辖区内有医疗卫生机构344个，其中，市级（三级）医院2个、疾控中心1个、区级医疗机构3个、乡镇卫生院12个、社区卫生服务中心4个、民营医疗机构6个、个体诊所120个、村卫生室196个。是年，疫苗接种率99.84%，免费治疗艾滋病420人，免费治疗结核病187人，免费为10438名贫困人员开展健康体检，免费为75名贫困白内障患者开展复明手术，免费为2名0~6岁的残疾儿童提供脑瘫康复训练，对29名贫困孕产妇住院予以免费，分娩补助11.44万元。组建健康扶贫医疗队19支，开展义务巡诊82次，提供健康咨询服务2.04万人次，免费为贫困户开展健康体检10438人次。开展农村基础设施、农村改水改厕、城乡环境卫生整洁、镇村医疗卫生服务、病媒生物防治，控制传染病流行等工作，结合全国第29个爱国卫生月活动和创建国家卫生城市，在全区统一开展除“四害”。检查医疗机构124家（次）、放射场所15个、公共场所21次、学校71所、幼儿园46所，下达卫生监督意见书277份，行政处罚13起，罚款1.32万元，打击非法行医4起。

【人口和计划生育】 2017年，全区出生4297人，出生率9.60‰；死亡2696人，死亡率6.02‰；自然增长率3.58‰，符合政策生育率98.81%，出生性别比106.69。发放独生子女父母奖励金17067户24980人，计144.98万元。奖励农村享受计划生育扶助4430人425.28万元，特别扶助987人705.12万元，一次性慰问独生子女伤残死亡家庭128户64万元。

【安全监管】 2017年，全区发生各类伤亡事故77起，其中生产经营性死亡事故4起，死亡4人，受伤75人，直接经济损失168.79万元，与2016年相比4项指标“三降一升”。严格追究安全生产事故查处和责任，全年立案查处违法违规行为7起，对4起生产安全事故进行调查处理，遵循“四不放过”原则，追究相关责任人11人，责任单位7个。

【食品药品监管】 2017年，办理“食品经营许可证”402件，发放“三小”备案证110张。以“拔毒瘤保平安”食品药品安全百日会战专项行动为主线，开展专项整治25次。量化分级评定餐饮单位326家。推行“明厨亮灶”工程，全区214家餐饮实施“隔断厨房”或“透明厨房”。出动执法人员2550人次，检查食品企业3800户次，快速检测食品581批次，抽检食品200批次。审核报送药品、医疗器械不良反应445例。检查药品、医疗器械及化妆品企业760户次，抽检药品40批次、化妆品7批次。查处违法案件100件，结案91件，罚没金额46万余元，移送涉嫌犯罪案件3件，公安机关立案侦查1件。

【残联工作】 2017年，落实386.82万元为5252名重度残疾人发放护理费用补贴；落实24.03万元为208名建档立卡贫困残疾人发放扶贫补贴；投入资金4.8万元帮助515名贫困农村残疾人发展生产。为81名肢体残疾人发放燃机动轮椅车燃油补贴2.96万元，为15名贫困残疾人和残疾人子女大学生发放助学金5.2万元，为90名在特殊教育学校就读的残疾学生发放生活费补贴6.74万元，为325名困难残疾人送去“残疾人温暖万家行”慰问物资5.5万元。举办残疾人职业技能培训班4期，农村实用技术培训班12期，累计培训残疾人500人余次。投入资金26万元帮助3620名城乡残疾人居家灵活就业，为236名城乡残疾人提供创业（就业）直补。创建市级残疾人就业示范基地3个，示范户3户，发放创建帮扶专项资金2.4万元。投入2.6万元为26名贫困白内障患者实施免费复明手术；投入46.60万元为573名贫困残疾人配发轮椅、拐杖、助行器等康复辅助器具；投入23.05万元帮助80户贫困残疾人家庭进行无障碍设施改造；残疾人家庭医生签约服务率94.98%。争取15万元的残疾人健身器材，完成区残疾人康复（健身）体育活动室标准化建设。

乡镇街道概况

【凤凰乡】 2017年，全乡实现税收2356.85万元，支出2140.35万元。规模工业总产值86.25亿元。固定资产投资6.96亿元，其中，工业投资1.09亿元。招商引资省外到位资金7.90亿元、市外到位资金11.89亿元，招商引资签约项目6个，其中，5亿元项目4个，10亿元项目2个。发展精品蔬菜53.33公顷，重点培育大棚蔬菜2.33公顷，累计发展大棚9公顷。发展观光花木15.67公顷。

发展生猪4030头。建档立卡贫困户36户68人，全部实现脱贫。

【和平乡】 2017年，全乡完成到位市外资金17.87亿元，完成目标任务127.61%；固定资产投资类资金8.53亿元，完成目标任务152.25%。包装5亿以上重大项目5个，完成目标任务125%。新签约重大项目2个，其中，签约10亿元以上重大项目1个。全年粮食总产量1006吨，农业增加值增长5%，农民人均纯收入1.49万元，增长8%。

【新民镇】 2017年，全乡工业总产值58亿元，占全年目标104.15%；固定资产投入16亿元，占全年目标144%；农作物播种面积3007.33公顷，产量1.03万吨；财政收入2204.2万元，其中，税收2200万元，非税收入4.2万元。东城雅筑、东城雅郡安置房、北互通连接线、西南智能终端项目分别于2月底、3月底、5月底、9月底开工。举办重大招商2次，包装项目6个。总投资超过20亿元的西南智能终端制造产业园项目落户该镇。

【团结镇】 2017年，全乡财税收入804.9万元。农民人均纯收入1.26万元。全社会固定资产投资8.5亿元，其中，工业投资2亿元，商贸服务业1.5亿元。规模以上工业增加值53亿元，增长20.47%；实现利润1.09亿元，增长8.92%。粮食总产量7613吨。“团结镇生姜”申报国家地理商标成功。总投资2.8亿元的自贡“中国玫瑰海”一期项目于4月开园营业。市外招商18.57亿元，5亿元以上项目2个。新签约重大项目3个、特别重大项目2个（10亿元以上1个、5亿元以上1个）。恐龙大道二期、北环快速通道、方特恐龙王国公园等重大项目征地78.87公顷、拆迁房屋197户，办理农转非726人。

【大山铺镇】 2017年，全镇地区生产总值73.93亿元，工业增加值8.52亿元，社会消费品零售总额0.82亿元，财政收入1705.91万元，全社会固定资产投资12.45亿元。规模以上工业总产值70.38亿元，增长15.11%；利润总额1.41亿元，增长23.68%。新签约亿元以上重大招商项目6个，其中，10亿元以上项目4个。到位市外资金30.5亿元，占目标任务的117.3%，较2016年增长111.8%。

【三多寨镇】 2017年，全镇固定资产投资3.9亿元，占目标任务的100%；招商引资6.5亿元，占目标任务的108%；规模以上工业企业总产值6.1亿元，占全年目标任务的100%。完成税收182.47万元，占目标任务的146%。申报三多寨工业小区建设项目，引进冷吃兔加工企业，与四川颐和康养老服务有限公司签订意向性协议，协助四川宏康建筑有限公司技术改造，协助龙鑫碎石厂扩大规模，增加环保设施。恐龙景观公司发展为规模以上企业，产品销售国外供不应求。

【何市镇】 2017年，全镇实现规模工业总产值2.95亿元，比2016年增长18%；规模工业增加值完成0.88亿元，比2016年增长19%；营业收入2.04亿元，比2016年增长20%；利润实现2.94亿元，比2016年增长16%。完成固定资产投入2.42亿元，比2016年增长6%。招商引资完成8.49亿元，比2016年增长38%。

【新店镇】 2017年，全镇固定资产投资1.84亿元，其中，工业固定资产投资9035万元，商贸固定资产投资2313万元。全年实现财政收入109.06万元。农民人均可支配收入1.5万元。招商引资1.88亿元，引进四川皓禾生态农业有限责任公司，打造“新希望·皓禾”3万头生猪标准化示范场暨农业生态循环示范园。

【永嘉乡】 2017年，全乡财税收入19万余元。到成都、杭州、广州、天津、宜宾等地招商6次，引进自贡市大安区永嘉生猪标准化示范场暨农业生态循环建设、自贡永嘉粮油机械化生产建设、大安区永嘉乡瓦高村饲料加工厂等项目10个。培育新上规模企业1户。以“龙头企业+专合社+农户”形式发展千亩核桃产业园，依托自贡市咏仪农业有限公司发展川早2号核桃133.33公顷。

【牛佛镇】 2017年，全镇实现地区生产总值18亿元，地方财政税收2400万元，社会固定资产投资5.5亿元，社会消费品零售总额3.52亿元。招商引资市外资金8亿元，到位省外资金4.5亿元，到位市外资金7.97亿元。牛佛镇房地产开发、牛佛镇公共租赁住房、牛佛红萝卜龙粗加工及精加工、牛佛镇王爷庙社区集中成片传统村落保护利用工程等项目总投资1.15亿元。

【庙坝镇】 2017年，全镇财政总收入1340万元，税收87万元。招商引资到位资金3.16亿元，其中，省外资金1.4亿元。固定资产投资金2.23亿元。乡镇企业总产值9亿元，其中，乡镇工业总产值1.17亿元，收入6420万元，实现利税460万元。民营企业4家，年产值4.13万元。农民外出务工收入8342万元，比2016年增长1.2倍。农业总产值3.45亿元，比2016年增长5.1%。

【回龙镇】 2017年，全镇固定资产投资1.57亿元，比2016年增长10%。财税收入290.16万元。农民人均可支配收入1.2万元。招商引资2.16亿元，完成任务的154%。投资约480万元，在关帝村流转第一期土地29.73公顷和庆华村30公顷种植九叶青花椒及蔬菜等。推动优胜水产养殖、古井黄金蜜柚种植、双柏核桃种植、庆华花椒种植、红珠车厘子种植五大基地建设。

【龙井街道】 2017年，全街社会固定资产投资2.02亿元。工业产值2.6亿元。重大招商引资1亿元以上项目1个，完成招商引资洽谈会2次。城乡居民养老保险参保548人，参保率97%；新增就业1036人，城镇登记失业率控制在4%以内。落实计划生育特殊家庭关怀扶助政策，全年正常享受特扶95户141人，发扶助金100.46万元。

【马冲口街道】 2017年，全街工业产值32亿元，比2016年增长14%，占年目标106%。规模以上服务业企业营业收入比2016年增长22%，超目标任务2%。限额以上商贸企业销售额增速23%，超目标增速3%；限额以上商贸企业零售额增速25%，超目标增速5%。培育大西洋进出口公司、百姓家宴等规模企业6个。举办成都市自贡工业校友会招商推介会，引进四川旭源养老集团、自贡诺成体育产业协会，全年引进市外资金1.9亿元，比2016年增长50%，占年目标105%。固定资产投资2亿元，比2016年增长25%，占年目标100%。新签约旭源养老服务产业化、生猪屠宰、汤姆逊玻璃制品等重大项目3个。

【大安街道】 2017年，全街规模工业总产值20.8亿元，规模工业企业主营业务收入20.42亿元。限额以上商贸企业零售额增长26%，规模以上服务营业收入增长36%。固定资产投资2.2亿元。招商到位资金4.48亿元（省外3.23亿元）。城镇居民人均可支配收入2886元/月。办理中央第五环保督察组交办件1件（彬彬餐馆环保问题）。大安老街棚改一期一批、二批项目正式征收2698户，征收一期二批新增地块96户，吉成井棚改项目新增41户私房。

【凉高山街道】 2017年，全街社会固定资产投资2亿元，占区下目标任务的133.3%，其中工业固定资产投资1.8亿元。全街工业总产值破32亿元，工业增加值3.5%，占区下目标任务的106.1%。居民人均可支配收入4288元，完成区下目标任务。规模以上工业增加值16%，占区下目标任务的106%。服务业增加值20%，社会消费品零售总额增长20%。招商引资项目1个，签约资金1亿元。

（自贡市大安区地方志办）

沿滩区

概　貌

【位置　面积　人口】 沿滩区位于四川盆地南部，沱江一级支流釜溪河下游，地处自贡市南郊，介于北纬29°23′19″至29°67′53″、东经104°40′42″至105°58′0″之间，东、南与富顺县交界，西与自流井区和宜宾县毗邻，北与大安区接壤。区政府驻地沿滩镇，距省会成都220余公里。2017年年末，辖区面积469平方公里，户籍总人口39.16万人，其中，农业人口26.37万人、非农业人口12.79万人。常住人口34.9万人，其中，城镇人口14.12万人、乡村人口20.78万人，城镇化率40.5%，比2016年提高0.3个百分点。

【建置沿革】 沿滩区原名自贡市郊区，成立于1953年，其时辖地为今自流井、大安、贡井所辖部分地域的20个行政乡，即红旗、太平、永胜、三台、天池、黄桷、和平、民乐、新燕、爱国、团结、互助、胜利、世平、永安、新胜、建设、水平、新华、固胜。1959年2月，将其分别属于富顺、宜宾两县部分地域划归郊区。1961年7月，将郊区成立之初所划的地域分别划回自流井、大安、贡井3个区。1983年3月，郊区更名为沿滩区，时辖地完全是从富顺、宜宾两县划拨的原部分地域。2005年8月1日起将沿滩区所辖的舒坪、高峰、仲权、农团、漆树5个乡镇划入自流井区，将富顺县所辖的瓦市、仙市2个镇划入沿滩区。2007年7月1日，将四川省自贡个体私营经济发展园区管理委员会划归自贡高新技术产业开发区托管。2017年年末，辖区内有沿滩、邓关、永安、黄市、联络、富全、王井、卫坪、兴隆、瓦市、仙市11镇和九洪、刘山2乡，有23个社区、170个村。

【地质水文】 沿滩境内地势西北高、东南低，海拔多在300米~400米之间，属缓坡低丘、缓坡中丘地貌类型，其中绝大部分地区属浅丘地带，无成型山脉，宜耕面积大。沱江从大安流经境内瓦市，长6.87公里。沱江一级支流釜溪河沿区境东部自北向南蜿蜒而下，过境段长57公里，另有长5公里以上的河流14条，其干支流总长239公里。境内小（一）型水库9座，小（二）型水库40座，总库容5278万立方米；山坪塘3419口、石河堰111座。

【气候】 全境地处中亚热带季风气候区，属川西夏旱和川东伏旱过渡地带，热量丰富，雨量充沛，四季分明，年均降雨量1032毫米，主要集中在6—9月，年均气温17.8℃，年无霜期323天~354天，具有发展农业的天然优势。2017年全区平均气温18.9℃，较常年偏高1.0℃，居历史第3高位；降水量1025.4毫米，比2016年总降水量少14%。

【自然资源】 境内自然资源丰富，沱江一级支流釜溪河有沿滩水电站1座。主要矿藏有黄（黑）卤、天然气、砂岩、页岩、石灰石、河沙等。野生植物有药材60余种，野生动物以鸟类、鱼类为主，以及龟、鳖、野兔等。森林面积13534.27公顷，森林覆盖率28.92%，主要树种有巨桉、香樟、女贞、黄桷树、小叶榕、马尾松、青冈、湿地松、柏木、银杏、香椿、杨树、桂花等。全区有古树19株，已录入全国古树名木管理系统，其中，黄桷树11株、龙眼6株、银杏2株，树龄均在100年~200年，均为三级古树。有耕地面积2.65万公顷，主要种植花生、油菜、大豆、芝麻、甘蔗、优质柑橘、花椒、蚕桑等经济作物和水稻、小麦、玉米、高粱、红薯等粮食作物。禽畜养殖以生猪、肉牛、黑山羊、鸡、鸭、鹅、兔为主。

【旅游资源】 境内主要旅游资源有金银湖风景区、仙市古镇等。以井盐文化主根系为依托萌生发展的仙市古镇，始建于1400多年前的隋代，1992年被列为四川省历史文化名镇，2007年5月被建设部、国家文物局评选为第三批中国历史文化名镇。有星级农家乐17家、旅行社分社9家，有仙市古镇、联络玉寺山森林公园、永安观音湖、刘山草雕等旅游景点23个。仙市古镇和永安观音湖通过创建国家AAAA级旅游景区景观资源与景观质量专家评审。

政治建设

【区委办公室工作】 2017年，审核办理区委、区委办公室文件95件、区委常委会会议纪要34件，编发《沿滩信息》26期、《区情周报》48期、办公室通报20期、沿滩调研4期；开展专题督查80余次，报送《督查专报》19期，印发《督查通报》39期。完成第十二届委员会第三次全体会议、环境保护述职会议、区四大班子联席（扩大）会等45次大型会议会务工作。调研形成《关于高铁经济产业园规划建设的建议》资政报告，并在《四川省党史部门资政文章选集（2017）》《自贡党史》等刊物上刊发。起草制定《区委全面深化改革领导小组2017年工作要点》《区委全面深化改革领导小组2017年改革落实台账》等文件，编发《沿滩改革》22期。完成《中国共产党自贡市沿滩历史（1926—2002）》《中国共产党自贡市沿滩区执政实录（2016年卷）》编纂出版。

【人大工作】 2017年，召开常委会会议12次，召开主任会议18次；听取和审议“一府两院”工作报告45个，作出决议决定33项，形成审议意见15份；开展专题询问、专项视察、工作调研、执法检查25次；评议政府工作部门5个。审议区政府关于国民经济和社会发展计划执行情况、政府债务工作报告，对招商引资、服务业发展、财税工作开展专题调研，审查批准区政府财政预决算报告、审计报告等，对沿滩新城基础设施建设、棚户区改造等开展视察调研，提出意见建议。任免国家机关工作人员75人次。组织常委会组成人员、乡镇人大主席参加培训86人次；指导乡镇人大主席团开展代表集中培训750余人次。开展辖区内市、区代表小组活动28次，对污水处理厂、半岛大道、农业产业发展和易地扶贫搬迁开展视察调研；开展“脱贫攻坚——人大代表再行动”活动，为困难群众解决住房、就医、入学等问题68个。区第十八届人大一次会议确定的1件议案和代表提出的50件建议全部办结，代表满意率100%，问题解决率80%。

【区政府办公室工作】 2017年，制发区政府和区政府办各类文件436件，受理省、市、区各类文件2992件，处理各乡镇、部门请示、报告628件。召开全区综合性会议5次，承办区政府常务会会议17次，区政府全体（扩大）会议1次，区政府党组会议13次。组织全区项目推进工作会议、沿滩区经济分析与统计工作会议、沿滩区发展与改革工作会议等20余场。全年印发《政务信息》47期，采编信息753条。报送各类信息809条，其中市政府每日要情、图片信息采用130条。全区电子政务外网覆盖率100%，主动公开政府信息18.83万条。全年起草重要文稿200余篇。开展专题调研20余次，形成调研报告8篇。投资1200万元，建设沿滩区政府应急指挥平台。出台《2017年度法治政府建设工作安排》。动态调整行政权力事项，形成《自贡市沿滩区行政权力清单（2017年本）》并予以公布。落实行政决策两级合法性审查制度，全年审核各类文件100余件，提出合法性审查意见300余条。强化行政复议诉讼工作，落实行政机关负责人出庭应诉制度，全年区政府受理行政复议案件1件，撤销1件；以区政府为被告的诉讼2件，驳回诉讼请求2件。

【政协工作】 2017年，召开区政协九届常委会议4次，召开区政协九届主席会议9次。区政协第九届一次会议上，委员提出提案108件，经审查同意立案97件，其中，A类提案50件，占总数的51.5%；B类提案45件，占总数的46.4%；C类提案2件，占总数的2.1%。8月底前，均办理答复提案人，满意率100%。围绕经济建设、脱贫攻坚、城市建设、社会治理等组织开展专题调研14次，形成专题调研报告14份，向区委提交《关于源头预防综合治理信访问题的建议》等9份调研报告。向市政协报送《关于进一步加强委员履职的报告》《坚持创新驱动推动产业转型升级》等5篇报告。

【纪检监察工作】 2017年，沿滩区在市党风廉政建设社会评价测评中连续第2年位居全市区县第一，全省社会评价测评排名、分数上升，重回全省“第一方阵”。4月20日，区委巡察工作领导小组办公室挂牌成立并启动首轮巡察。出台《关于强化纪律保障服务发展大局的若干措施》，围绕“五大兴区行动”、脱贫攻坚、生态环境保护等开展集中督查，严肃问责75人次。坚持暗访、查处、追责、曝光“四管齐下”，发现并督促整改问题94个。围绕厉行节约、公务接待等4个重点，督促完善配套制度10余个。开展作风建设“5+1”专项整治，集中整治为官不为、慢作为、不真不实等作风问题，纠正和解决共性问题6项、个性问题20个。督促整改社会评价、盐都问政、行风热线等反馈问题200余个，问责15人。开展“走遍沿滩”活动，镇村组三级干部全覆盖入户走访，推动解决问题2078个。全年问责13个单位、99人，启动“一案双查”2起4人。全年规范处置问题线索256件次，立案98件，处分85人。运用“四种形态”处理275人次，其中，批评教育、谈话函询190人次、占69.1%；纪律轻处分、组织调整76人次、占27.6%；纪律重处分、重大职务调整9人次、占3.3%。

【组织工作】 2017年，全区有县处级干部32人、科级领导干部439人、区级党群机关干部263

人。建立完善13个乡镇领导班子和26个区级部门领导班子结构模型，制定《沿滩区区管领导班子和领导干部综合分析研判办法（试行）》。培养入党积极分子284人，从中发展党员243人。建立和完善村级后备干部选拔、培训、任用机制，动态选拔村级后备干部346人。举办全区村（社区）党组织第一书记、支部书记、党务干部等主体培训班5期，培训550余人次。推进局、乡领导班子调整补充，提拔科级领导干部60人，交流72人，挂职8人，免职23人，试用期转正13人。推荐3名副县级领导干部，调任3名事业领导干部为行政科级领导干部。公开遴选2名副校长、60名科级领导干部递进培养对象。选派122人到脱贫攻坚、项目一线实践锻炼。建立200万元人才发展专项资金，成立区高端人才引进储备（服务）中心，设立20个引才专项事业编制。启动区首届学术和技术带头人及其后备人选评选工作。沿滩科技孵化园（大学生创业园）被评为市级大学生创业园。搭建校地园企合作平台，推荐四川飞球、自贡金成硬质合金2个创新团队参加市"双千计划"人才项目评选。建成省、市级农民夜校示范点位5个。截至年底，全区有直属党委（党工委）25个，党总支20个，党支部459个，其中，乡镇党委13个，村级党组织152个（包括1个村村联建党组织、1个村居联建党组织），社区党组织21个。全区有党员10692人，其中，农村党员5564人、机关党员1100人、事业单位党员1081人，女党员2818人，35岁及以下的党员2437人，大专以上学历党员3679人。

【宣传工作】 2017年，推进创建全国文明城市工作，制作工地围挡公益广告3万平方米、墙体公益广告2000余平方米、大型公益广告30块、灯杆公益广告400余幅，印制发放《创建全国文明城市宣传挂画》《创建全国文明城市市民手册》20万余份等。登记备案机关事业单位网站16个、政务微博9个、微信公众账号18个，举办"区三会"等新闻发布会5场次。建立新闻通讯员队伍80余人，全年举办（指导）新闻发布会6次。策划制作《千年盐运·画美沿滩》形象宣传片。与四川期刊传媒集团《一带一路报道》杂志社合作，出版《奋进沿滩》形象画册。率先建成集新闻宣传、信息发布、政策解读、便民惠民、传树典型于一体的"今日沿滩"电信ITV宣传平台，发展用户4万余户。在各级各类媒体上稿近4300余篇，其中，在中央、省级媒体上稿1243篇（条）。创建各级各类文明单位92个，其中，省级文明单位1个、市级文明社区2个、市级文明示范窗口1个、区级文明村66个、区级文明单位17个、区文明校园示范学校5所、市级文明校园3所。开展首届沿滩区道德模范评比表彰活动，评出道德模范10人，提名奖10人；获第五届四川省道德模范1人；获第四届自贡市道德模范2人，提名奖3人。首届自贡市乡村学校少年宫建设论坛，沿滩区9人获奖，为全市获奖人数最多的区县，有2人在论坛上做交流。开通志愿服务网络平台和志愿新闻管理平台，机关单位志愿者注册率100%，社区注册率13%以上。

【统战工作】 2017年，沿滩区有民盟沿滩区支部、民建沿滩区支部、农工沿滩区支部3个民主党派支部，成员111人，其中，民盟37人，民建46人，农工28人。全年民主党派发展新成员5人，组织关系转出2人。自贡市党外知识分子联谊会沿滩分会有成员20人。全区党外副科级以上领导干部21人，其中，副县级实职干部2人，正科级领导干部2人，副科级领导干部17人。开展专题协商、调研协商、人事协商、情况通报等政党协商11次。党外人士撰写提案42件，调研报告7篇，其中3篇调研报告获全市统战系统"推动振兴发展，决胜全面小康"征文二等奖和三等奖。在全市率先聘请8名党外人士为脱贫攻坚工作民主监督员。打造工业园区、新城区2个党外人士实训基地，在全区遴选18名优秀党外代表人士在工业园区、新城区、东部新城仙市拆迁指挥部参加实践锻炼。开展"万企帮万村"活动和"百千万工程"，结对帮扶21个贫困村。募集帮扶资金150余万元，帮助沿滩镇詹井村、黄市镇水井沟村等贫困村改善发展条件。资助200名大学新生40多万元，对全区初中以上37名学生进行帮扶，征集资金6万余元。慰问全区42户贫困少数民族、宗教代表人士；联合自贡市众缘普济慈善促进会对40名彝族学生进行捐资助学，募捐约25000元。关心关注台资企业，帮助解决实际困难6件。

【政法工作】 2017年，受理执行案件1423件，执结1366件，执行到位金额2.08亿元。审理全市首例电信诈骗案，受理各类民商事案件1595件，审结1502件，结案率94.17%，结案标的4.1亿元。全年批准逮捕各类刑事犯罪嫌疑人59件70人，起诉84人104件；对构成犯罪，但无社会危害性的案件作出不批准逮捕21人；对犯罪情节轻微，依法不需要判处刑罚的作出不起诉决定4人。查办和预防职务犯罪，到东部新城仙市片区等12个重大项目开展法律跟踪服务工作，先后在重大工程建设、粮食系统、水务系统等领域查办窝案18件19人，区检察院“3·11”办案组被省检察院授予“二等功办案组”。全年出动警力1万余人次，确保复合绿道、高铁等重点工程建设“零阻工”。建立全市首个法律援助工作站，全年提供法律援助2532人次，受理援助案件162件，挽回经济损失340余万元。基层法律顾问办理各类案件487件，避免和挽回各类经济损失3亿元。全年排查矛盾纠纷2451件，比2016年增长39%，调解成功2423件，调解成功率98.7%。全年刑事案件发案698件下降24.05%，破案416件，比2016年上升26.06%，辖区未出现严重治安热点、难点问题。年内全省平安建设群众满意度测评沿滩区排名全省第19，位居全市区县第1。创建2个市级“十佳平安小区”和1个“十佳品牌调解室”，建成13个三级综治中心和15个调解室、司法工作室，板仓社区等创新社会治理及农村“雪亮工程”建设得到省委常委、政法委书记邓勇肯定。在全市率先建成社区戒毒康复中心，自贡十四中成功创建省级毒品预防教育示范学校。加快“雪亮工程”“天网工程”建设，新增天网309个点位、826路图像，启动实施第二批127个村516个点位“雪亮工程”建设，在全市率先实现城乡监控全覆盖。建立现代警务和执法权力运行机制、公安机关管理体制及人民警察管理制度，“1+N”执法管理体系获全国公安机关改革创新大赛优秀奖，并入选全市十大“重大法治事件”。

【机构改革】 2017年，优化政府机构设置，组建外事侨务和旅游局；整合食品药品监管、工商行政管理和质量技术监督机构行政和执法职责组建市场监督管理局、市场监督管理执法大队；调整设置区民族宗教工作机构，取消在区政府办公室加挂的“自贡市沿滩区人民政府民族宗教事务办公室”牌子，设置自贡市沿滩区人民政府民族宗教事务局，与区委统战部合署办公。完善强化职能机构设置，为水务、环保、统计等部门增加内设机构8个，增加挂牌7个。推进盐业监管体制改革，完成盐业监管职责划转涉及的机构编制事项。促进区级部门依法履职，动态调整编制并公布区级行政权力责任清单4937项。优化事业单位资源配置，强化公益服务职责机构设置，事业机构先后撤销2个、调整设置5个、新设3个（森林病虫防治检疫站、龙湖中学和高端人才储备服务中心）。完成生产经营类事业机构改革，撤销沿滩汽车客运站。加强事业单位管理，完成教育、卫生计生系统47个事业单位“三定”制定。出台《区级行政事业空编集中管理暂行办法》《关于进一步规范全区机关事业单位编制使用和上下编管理的通知》，盘活区级存量编制资源72名。召开编委会议6次，核批各类机构使用编制计划343名，核减各类单位编制61名，动态调整各类编制220名。推进机关群团统一社会信用代码赋码颁（换）证和机关事业单位政务和公益域名注册、缴费和续费工作，完成率100%。

【武装工作】 2017年，投入经费近4万元，补充购置维稳器材、抢险装备、保障物资等3大类500余件（套），各乡镇（街道）添置约1万元的战备物资器材。健全日、周、月情况报告制度，接受省军区、自贡军分区抽点100余次，辖区13个乡镇民兵应急排轮流担任区战备值班分队。年度集中组训民兵2000余人次，组织民兵综合应急连紧急拉动3次；挑选军训教官30人，完成1200余名学生军训任务。组织专武干部集训4期。落实三人三锁联管和定期入库检查等制度，定期维护保养武器装备，定期对保管员进行政治考核、签订安全责任书。落实征兵“五率”考核标准，大学生征集比例37.5%。

【工会工作】 2017年，组织职工开展劳动竞赛活动，企业活动开展面达95%，参与职工超2万人次，创造经济价值200余万元。举办沿滩区护士节知识技能大赛，15个代表队60名医疗护理人员参加技能竞赛。开展群众性技术创新活动，企业开展活动面达90%以上，职工参与面达95%以上。全区参与提合理化建议职工200人次，提出建议30余条，企事业采纳建议22条，实施14条，节约、创造经济价值200余万元。投入资金52.22万元，对1110名建档困难职工、困难群众及困难家庭留守儿童进行“送温暖”全覆盖走访慰问。组织招聘会13场，为400余名困难职工提供就业岗位。实施工会组织和工会会员实名制管理，办理工会会员卡2505张。开展“五一劳动奖”推荐评选工作，沿滩区有2个单位、3个班组和2人分获省、市奖励。举办沿滩区庆“五一”职工趣味运动会，全区机关事业单位的30支代表队、500余名运动员参赛。组织全区职工代表20人参加自贡市第六届工会工作者运动会，获优秀组织奖。举办“书香三八”职工读书活动，沿滩区委办公室工会等3个单位获优秀单位奖。年末，全区工会组织416个，会员13万余人。

【共青团工作】 2017年，举行“区委书记与优秀青年面对面”座谈会、原创诗歌朗诵比赛等活动。累计发出书信1000余份，网络点击率6000余次。开展“快乐学校”志愿服务活动，7名大学生志愿者、23名困难留守儿童及家长参加安全自护教育、心理疏导、科技教学等活动。举办“最美沿滩·志愿相聚”志愿者联谊活动，40名单身青年参与。开展4期以“情暖童心·与爱同行”为主题的秋季开学大礼包活动，慰问建档立卡、贫困留守儿童150人。推进全区乡镇团委换届，12个乡镇选举产生团委书记12人、专兼职副书记29人、团委委员109人。开展“青年陶艺班”、道德巡讲、留守女童自护教育等活动4期8次，覆盖青年3000余人。组织贫困学生体验城市生活、城乡学生结对交友、送流动青少年宫下乡等活动10余次，覆盖青少年2000余人。开展6次创全国文明城市志愿活动，发放宣传单3000余份，服务3200余人次；开展志愿课堂，安全教育等志愿服务活动6次，服务青少年500人次；开展环境卫生治理，助贫困户插秧栽苗、植树护绿等志愿活动10余次，惠及群众2000余人次。培育沿滩第一个公益服务类社会组织——益心社工。实施“童伴计划”“盐义仓”等公益项目，在贫困村开展助老服务、青年产技拓展等服务80余次，全年累计700人次留守儿童参加“童伴之家”活动。帮助2个创业青年申报SYE项目，获15万元免息、免担保贷款。

【妇联工作】 2017年，推进乡镇妇联区域化建设改革工作，黄市镇作为全市试点乡镇率先召开第一次妇女代表大会，选举产生1名主席、1名专职副主席和4名兼职副主席，组成全市第一个乡镇妇联领导班子。13个乡镇完成改建工作。推进村（社区）“会改联”工作，在全市率先完成154个村、21个社区村（社区）妇代会改建妇联工作，选举产生村（社区）妇联主席175人，兼职副主席219人，执委委员482人。“村（居）委”班子中100%有女性、村（社区）妇联主席100%进村（居）“两委”。建立区、乡、村三级妇联组织，实现妇联组织全覆盖。协调自贡花派制衣有限公司在沿滩镇詹井村实施妇女居家灵活就业，对20余名留守妇女进行缝纫技能培训。开展“向幸福出发”——寻找“最美家庭”推荐活动，评选出10户区级“最美家庭”和8户市级“最美家庭”。开展“好婆婆、好媳妇”等评选活动，涌现出代表人物40人。开展“幸福使者·母亲课堂”宣讲活动100场，受益群众9500人次。区妇联的家庭教育工作在创建全国文明城市工作第三方评估时，2次获全市妇联系统第1名。

【信访和群众工作】 2017年，发放信访工作宣传资料112份，接待群众28人次，收集意见建议9条，现场解决矛盾纠纷3个。在2016年度创建“三无”活动中被省信访工作联席会议办公室评为先进区（县）。视频接访系统完成建设安装及调试，实现省、市、区视频联动接访。开展“群众工作月”活动，15个部门到乡镇现场服务8次，县级领导参与现场服务16人次，受理政策法规咨询1280余人次，收集群众意见建议110条次，受理信访问题32件（当场解决8件）。黄市镇上访人何宽林缠访6年的“三跨三分离”信访事项，成功移交凉山州盐源县。“沿滩区群众接待中心法律援助工作站”揭牌，成为全市首个在信访部门建立的法律援助工作站。全市十九大期间信访工作经验交流会在沿滩区召开，沿滩区是会上唯一作经验交流的区（县）。

【政务服务】 2017年，推进审批事项“放、管、服”改革，全区行政许可事项减少到177项，平均承诺办理时限比法定时限缩短65%以上，按时办结率100%。推进“互联网+政务服务”建设，确保一体化政务服务平台于12月1日上线运行；开展并联审批工作，在沿滩工业集中区管委会开展“政务服务直通车”进园区活动，网上办理61个投资项目审批事项。推进“多证合一”改革，把6个部门、15个涉企证照事项整合到一个营业执照上，按照“一套材料、一表登记、一窗受理”工作模式，核发加载统一社会信用代码的“二十证合一”营业执照。全年全区上网运行行政权力案件6.35万件。

经济建设

【主要经济指标】 2017年，地区生产总值实现166.81亿元，比2016年增长9.9%。其中，第一产业增加值17.73亿元，增长4.2%；第二产业增加值115.81亿元，增长11.4%；第三产业增加值33.28亿元，增长8%。三次产业对经济增长的贡献率分别为5%、77.9%、17.1%，分别拉动经济增长0.5个百分点、7.7个百分点和1.7个百分点。人均地区生产总值50260元。三次产业结构比重由2016年的12.5∶68.1∶19.4调整为10.6∶69.4∶20.0。

【种植业】 2017年，全区完成小春粮食播栽面积7300公顷，总产量2.39万吨；大春粮食播栽面积2.19万公顷，总产量15.15万吨，较2016年增加1.06万吨。全年粮食作物播种面积2.92万公顷，粮食总产量17.54万吨。蔬菜种植面积1.01万公顷，总产量26.07万吨。水果总面积3973.33万公顷，其中，柑橘园总面积1826.67公顷，总产量0.33万吨。

【林业】 2017年，全区实现林业总产值5.04亿元，其中，第一产业1.91亿元、第二产业0.73亿元、第三产业2.40亿元。农民人均林业收入762元。全区林业用地面积8261.71公顷，其中，有林地面积7240.85公顷（竹林面积4746.05公顷）；灌木林地1010.08公顷；未成林地面积10.78公顷。全区公益林面积1304.40公顷，商品林面积5170.71公顷。全区森林面积13534.27公顷，森林覆盖率28.92%。全区活立木总蓄积28.44万立方米，其中，公益林蓄积6522.46立方米；商品林蓄积5.32万立方米；散生木蓄积17.60万立方米；四旁树等其他蓄积4.37万立方米；非规划林地蓄积4933立方米。连续第4次组织承办全市“3·12”义务植树活动，组织全区干部群众参加植树3300人次，植树1.65万株，带动社会造林73.33公顷。推进柑橘、花椒两大产业建设和城乡绿化工程等造林项目建设，完成造林绿化473.33公顷。推进全区林业乡村生态游发展，林业生态旅游收入2.40亿元。全年完成新一轮退耕还林工程26.67公顷。继续巩固退耕还林成果2646.67公顷，生态公益林管护1313.35公顷。公益林1314公顷保险实现全覆盖，商品林在林农自愿基础上做到应保尽保。建成林业专合社12个，其中，国家级示范社2个，地方示范社3个，一般社7个。全年办理占用征收林地28宗，面积87.54公顷。全年办理林木采伐许可证110.89立方米。组织开展打击非法占用林地等涉林违法犯罪专项行动，查处违法案件1起，打击非法占用林地1起。

【畜牧业】 2017年，全区生猪出栏24.52万头、肉羊9.10万只、肉牛2300头、小家禽278.82万羽、肉兔出栏466.77万只。肉类总产量2.88万吨，禽蛋产量0.86万吨。畜牧业产值8.13亿元，生猪等主要畜禽规模化养殖比重67%。全区有华侨凤凰、恒博、安益生物、川强、金饭碗、联合6家配合饲料企业和中皓化工饲料添加剂企业，饲料经营户55户，兽药经营点26家。全区出栏生猪50头以上养殖场（户）924户，其中1000头以上生猪标准化养殖场9个。年出栏肉羊30只以上153户。年出栏肉兔2000只以上15户，其中出栏1万只以上规模养殖场5户。年蛋鸡存栏1000只以上106户，存栏1万只以上25户。

【水产养殖】 2017年，全区水域总面积7333.33公顷，占辖区面积的15.6%。全区宜渔可养水面6933.33公顷，其中，池塘1393.33公顷，水库580公顷，河堰113.33公顷，稻田4606.67公顷。江河天然水面近666.67公顷。全区有鱼类11科47种，其中，土著鱼类35种，引进养殖鱼类12种，水产养殖食用品种24种。全区养殖面积3480公顷，其中，池塘860公顷，水库360公顷，河堰60公顷，稻田2200公顷。完成水产品总产量1.35万吨，其中，名特优0.56万吨，占总产量的41.24%；完成渔业经济总产值3.38亿元，渔业增加值2.17亿元。

【工业经济】 2017年，全区实现规模以上工业总产值382.2亿元，比2016年增长20.7%，位列全市第一；规模工业增加值84.9亿元，增速为14.6%，增速位列全市第一；有国家高新技术企业

14户、省级技术中心企业4户、市级技术中心企业12户，技术创新位列全市第一；连续第5年位列全省前20名，工业对地区生产总值的贡献率75.4%。

【商贸流通】 2017年，全区服务业增加值完成33.28亿元，比2016年增长8%，对全区经济增长贡献率为17.1%。服务业完成税收1.29亿元，比2016年下降56.6%。累计实现社会消费品零售总额70.24亿元，增长11.9%。全年完成商贸固定资产投资7.66亿元，比2016年增长86.4%，服务业固定资产投资占全区固定资产投资72.3%。重大项目投资完成19.52亿元。投资1.09亿元，新建果丰农贸市场、改建仙市农贸市场、兴隆农贸市场。全区有限额以上商贸企业50户，其中法人企业16户。批发和零售业实现增加值4.75亿元，比2016年增长7.3%。全区餐饮住宿业实现增加值2.38亿元，比2016年增长7.4%。全区电商交易额约10.8亿元，其中网络零售交易额5亿元，新增电商企业11家。

【供销合作】 2017年，实现经营服务总额3.75亿元，其中，消费品零售总额1.15亿元，农资供应总额3151.5万元，农副产品收购总额4500万元，再生资源回收总额7698万元。改革试点单位瓦市综合商店恢复重建。新发展农民专合社3个，供销社领办协办专合社达20个；建立农产品直销店13个，经营收入260万元，实现利润20万元；7个农民专合社电子商务销售额350万元，实现利润12万元。建成24个回收站（点），存活率100%，废品回收利用率58%以上。九叶青花椒、太源井晒醋成为第一批获准使用自贡市区域性公共品牌“自然贡品”的地方特色产品。

【财政税收】 2017年，全区财政总收入6.53亿元，比2016年增长8.72%。一般公共预算收入3.17亿元，同口径增长17.12%。一般性转移支付收入6.77亿元，专项转移性支付收入4.75亿元，地方政府一般债务转贷收入4.25亿元。全区一般公共预算支出16.42亿元，上解支出8161万元，地方政府一般债务还本支出3.01亿元，安排预算稳定调节基金1256万元。年终全区滚存结转1.83亿元。全年国税收入2.97亿元，地税收入2.53亿元。

【招商引资】 2017年，全区到位市外项目资金127.5亿元，其中形成固定资产投资88.8亿元；到位省外项目资金101.2亿元。全年包装重大项目33个，全区新签约招商引资重大项目29个，签约金额106.2亿元，其中5亿元以上项目12个。市督办项目实现履约率89.66%、开工率89.66%、资金到位率14.36%；省督办项目实现履约率100%、开工率90.69%，资金到位率31.93%。全年自主举办招商引资活动7场，包装推出重点产业类项目70个，总投资708亿元，签约或意向性签约项目37个，达成意向性投资489.96亿元，其中举办全国老工业城市转型升级示范区·自贡市沿滩区2017年广州投资推介会暨项目签约仪式、2017年自贡市沿滩区杭州投资促进活动暨项目签约仪式等大型投资推介会4次；组织参加中外知名企业四川行、西博会、科博会、“龙聚盐都·携手灯城”等省、市级平台招商活动，累计平台签约或意向签约项目26个，总投资112.95亿元。引进全智能车辆底盘及自动伸缩软顶生产、年产50万套汽车轮胎塑料制品生产等天非尼迪上下游产业链项目11个。自贡市对外开放领导小组授予沿滩区“2017年度投资促进工作先进单位”称号。

【科技推广】 2017年，指导彩灯之乡、平扬农业、中天胜等申报科技项目36项，获资金支持668.6万元（建设资金410万元）。组织实施高性能聚酰亚胺防腐防火涂层制备关键技术、海洋防腐用聚酰亚胺涂料合成关键技术研究等市级以上项目20项。晨光机具、金成硬合、盛鑫源3户企业获市级知识产权试点企业。全区实现高新技术产值105.71亿元。全年申请专利135件，其中发明专利62件。金成硬合、惠科达、天龙化工等企业66件专利获资助，运输机械获省专利二等奖，凯茨阀门获省专利三等奖。仙市水产协会获“四川省首届农村乡土人才创新创业大赛”铜奖。九叶青花椒高效经营技术研究与推广应用获年度自贡市科学技术进步奖二等奖。“聚酰亚胺产品研发中心”“彩灯研发中心”被认定为市级中小企业研发中心。举办2017年“中国流动科技馆四川巡展”自贡沿滩站巡展活动。

【统计与调查】 2017年，每月开展专业经济分析，每季度开展经济运行分析，全年开展分析预测20余次，向区委、区政府领导提供综合经济分析运行6次。入统规模以上工业企业4户，入统限额以上商贸法人单位12户、规模服务业3户、资质建筑业企业1户、房产地企业2户。发布《沿滩区2016年国民经济和社会发展统计公报》，编发《统计专报》18期、《统计信息季刊》4期、《沿滩经济要情》8期、经济分析12篇。实施机构改革，区统计局增设总统计师，新设基层统计管理办、大数据中心、执法监督局；乡镇（工业园区）设置统计工作站和名录库管理办公室，明确至少1名综合统计人员。推进14个乡镇（园区）统计规范化建设，完成3个乡镇规范化市级达标验收。建立沿滩区脱贫攻坚“APP”统计系统。开展第三次全国农业普查工作，完成全区82405户普通户、310户规模农业经营户、274户农业经营单位现场登记；完成13个乡镇、167个村、9个社区普查联网直报；完成数据查询纠错和验收工作，沿滩区代表全市接受省农业普查第五督查组督查，有26人受到省、市表彰。

【审计管理】 2017年，审计单位56个，其中，审计项目55个，专项审计调查项目1个。查出主要问题金额1.06亿元，其中，违规金额7万元、管理不规范金额1.06亿元；审计发现非金额计量问题5个；损益（收支）不实金额2万元；出具审计报告和专项审计调查报告47篇。审计处理处罚金额1.06亿元，其中，应上缴财政618万元、应减少财政拨款或补贴1318万元、应归还原渠道资金8501万元、应调账处理金额175万元。审计促进整改落实问题金额1.05亿元；审计促进拨付资金到位155万元；审计后挽回（避免）损失1.05亿元；核减投资1305万元；审计提出建议219条，被采纳219条；提交审计信息34篇。完成各类政府投资审计项目40个、资源环保审计1个。

【工商行政管理】 2017年，实施“先照后证”、注册资本实缴改认缴等“宽进”措施，开展“三证整合”“五证合一”和全程电子化登记等制度改革，启动“二十证合一”工作。全区新登记各类市场主体2273户，其中全程电子登记22户；退出市场5户，办理多证合一41户，换发“三证整合”营业执照1173张。实施地标、“三名”商标培育计划，企业注册商标47件，新申报知名、著名商标5件，新培育著名商标、知名商标各1件，指导6件知名商标复审工作。建立“12315”消委分会13个、投诉站（联络点）176个，全年受理投诉155件，为消费者挽回经济损失20.5万元，办结率、满意率100%。开展市场专项整治，立案查处各类违法违章案件196件，结案176件，移送司法机关4件，罚没入库12.19万元。

【物价监管】 2017年，完成价调基金项目验收，降低非民用天然气价0.13元/立方米。完成水利工程供水价格成本调查、收费目录清单管理、涉农收费项目和价格公示、涉企政府定价的经营服务性收费清理公示、亿城上海花园经济适用房成本监审及定价。推进医疗服务价格改革，放开公立医疗机构部分医疗服务项目价格；完成价格认定26件，涉案金额24.76万元；完成省价格认定质量交叉检查。

【质量技术监督】 2017年，九洪西瓜省级农业标准化示范项目通过验收；指导中天胜新材料有限公司申报《特种聚酰亚胺树脂》《聚酰亚胺泡沫》2项产品标准，实现沿滩区申报产品标准零突破。截至年底，中天胜新材料有限公司成为全市唯一申报省级产品标准的企业。全年新培育四川名牌企业6家。淘汰注销2013年9月10日以后新建的燃煤锅炉4台，检查特种设备使用单位25家，发现隐患7处，下达监察指令书7份，完成整改6处，停产整改1处。打击质量安全违法行为，开展“红盾春雷”“拔毒瘤保平安”“质检利剑”等10个专项行动，整治重点区域276处。

城乡建设

【城乡规划建设】 2017年，启动编制《自贡市高铁产业园概念规划》《自贡食品工业园控制性详细规划》《邓太片区建设规划及控制性详细规划》《金银湖片区镇村一体规划》《沿滩区砂石场布局规划》等规划，完成仙市镇狮吼村、邓关镇大力村等8个中心村规划。推进沿滩城区基础设施建设，完成犀牛口大桥、半岛大道等基础设施建设；实施开元路、远程路改造工程，启动物流园区、城区商贸中心建设。建设时代大道东段、兴业路等城区主干道，建成龙湖实验中学等配套设施，推进会展中心、恒大商贸城等重大项目建设。推进邓关、仙市“百镇建设行动”省级试点镇建设；引进众禾农业开发公司等5家企业，打造永安镇休闲旅游镇、黄市镇亲子小镇特色小城镇。完成小城镇综合开发0.4万平方米，实现转移人口2600余人。推进“三大片区”棚户区改造，沿滩镇安置房建设完成1、2号楼的主体建设及室内装饰；邓关棚户区改造安置房主体完工，模拟征收累计签订协议175份；糍粑坳安置房1号楼启动土石方建设，2至5号楼完成室内室外装饰工程。启动东部新城（沿滩片区）城中村改造3300户。

【新城建设】 2017年，沿滩新城完成招商引资52.8亿元，土地出让5批次41公顷，固定资产投资22亿元。完成时代大道东段等道路约4.2公里路基建设和路面黑化1公里。实施新城内10千伏电力管道施工约650米、时代大道东段自来水管约3000米、天然气主管约1500米、通讯主管约1600米管道敷设。创兴城、恒大绿洲、贡爵府等8个房产项目开发面积12万平方米，建成龙湖中学一期教学楼、实验楼并招收初一年级6个班306名学生；二期幼儿园、行政楼、图书馆等主体开工并完成工程量的80%；果丰农贸集市完成投资1亿元，主体竣工。

【新村建设】 2017年，实施永安镇瓦市村、联络镇胡桥村等11个幸福美丽新村建设，完成投资2523.7万元。完成创建省级“四好村”12个、市级“四好村”44个、区级“四好村”50个。从新村、新业、新貌、新风4个方面，高起点、高标准制定沿滩镇詹井村、瓦市镇沙溪村等8个2017年示范中心村发展规划。实施示范中心村建设任务项目化，统筹整合各项目资金和社会各类资金2.19亿元，精准投向中心村建设。

【交通运输】 2017年，完善“十三五”交通运输发展专项规划，编制完成《2016—2018村组道路规划》和《2016—2020年沿滩区精准扶贫农村公路建设专项规划方案》。争取部、省补助资金3.67亿元。开展自（贡）泸（州）大件路建设、G348自贡段拓宽改造的前期工作，自泸大件路于2017年6月在黄市镇农丰村开工建设。推进S213线沿滩区段改线工程，其中，一标段自（贡）隆（昌）高速公路出口至簸箕滩大桥路面工程完工；二标段簸箕滩大桥至成（都）自（贡）泸（州）赤（水）高速公路瓦市出口完成“PPP”项目社会资本招标；三标段完成沿滩城区至仙市大桥施工图设计。是年年末，全区有公路里程918公里。有客货运输车辆3049辆，其中，客运公司2个、客运车辆111辆，出租汽车公司5个、出租汽车383辆，货运业户254户、货运车辆2555辆。有客运码头4个、渡口9道，有各类船舶206艘。全年完成客运量252.36万人、旅客周转量8636.27万人公里，完成货运量642.13万吨，货物周转量7.3亿吨公里。全年水上运输完成客运量5.14万人、旅客周转量40.34万人公里，完成货运量45.87万吨、货物周转量1024.16万吨公里。

【水利】 2017年，完成2016年度省级小型农田水利工程建设项目，通过上级部门的绩效考核并举办现场会，项目完成投资1702.3万元。完成燕子岩等7座新增病险水库的初步设计报告编制工作，4个水库项目列入全省病险水库除险加固计划并拟于2018年下达项目建设资金。完成沿滩区2018年高效节水灌溉项目实施方案编制工作，并通过市水务局、市财政局审批。推进沿滩区农村小型水利工程确权颁证工作，完成全区4325个小型农田水利工程的现状调查，开展四至界限勘测。

【房地产】 2017年，房地产开发投资完成12.6亿元，商品房屋施工面积160.38万平方米，商品房销售23.56万平方米。修建公租房2337套、竣工1384套，预分配公租房40套，按季度发放廉租住房补贴38.8万元。

【国土资源管理】 2017年，报征土地17个批次，面积278.24公顷，保障中华彩灯大世界（华侨城）、东部新城安置房和基础设施、沿滩食品工业园等省、市级项目用地需求。全年依法按批次征收土地189.92公顷，保障东部新城中华彩灯大世界（华侨城）、东部新城安置房、沿滩食品工业园等项目，安置被征地拆迁农户 488 户，拆迁面积约 5. 6 万平方米。全年完成土地供应 73. 92 公顷，其中，划拨用地 6. 77 公顷，出让用地 67. 15 公顷，出让金 16. 37 亿万元。全年投入 7205. 29 万元，实施 4 个土地整理项目，建成高标准基本农田 3076. 25 公顷。全区招拍挂出证土地 13 宗，土地面积 67. 15 公顷，实现土地出证价款 16. 37 亿元。

【环境保护】 2017 年，全区环境空气优良天数 228 天，达标率 64. 04%，比 2016 年（208 天）提高 9. 62%；可吸入颗粒物 PM_{10}浓度均值 91. 6 微克/立方米，比 2016 年上升 2. 12%；细颗粒物 $PM_{2.5}$浓度均值 70. 6 微克/立方米，比 2016 年下降 1. 56%。完成总量减排任务，釜溪河沿滩段出境断面达标率 33. 3%，比 2016 年提高 8. 3%。开展春秋两季露天禁烧专项行动，落实区、镇、村三级防控工作，重点督查 S305 沿线的沿滩镇、兴隆镇和仙市镇。加大对秸秆焚烧当事人处罚力度，立案查处王井镇和永安镇 2 起秸秆焚烧当事人。组织开展建筑、道路扬尘专项整改行动，现场整改问题 50 余个。按照“两断三清”工作要求，对辖区内 10 家非法预拌混凝土搅拌站予以取缔。推进釜溪河流域综合治理，投资 3000 万元实施釜溪河沿滩区堤防综合建设项目，总长 1. 4 公里。开展乡镇生活污水处理厂运行管理督查专项行动，完成污水管网建设 5. 8 公里。乡镇污水处理设施日均处理量 4100 立方米，污水处理率 75%；城区生活污水处理厂年日均处理量 3100 立方米，污水处理率 92%。

【市政管理】 2017 年，实行环卫市场化运作，13 个乡镇实现全覆盖，形成机械化、环保化的环卫服务运营系统。巩固城区主街大道 24 小时保洁成果，城市道路机械化清扫率 85%。新建公厕 2 座，新（改）建垃圾库 3 座、垃圾池 1026 个，增配垃圾桶、果皮箱等 1245 个。实现城市生活垃圾无害化处理率 97%，农村生活垃圾无害化处理率 95%，医疗废弃物无害化处置率 97%，餐厨垃圾无害化处理率 36%。检查渣土、沙石运输车辆 1180 余台次，查处违法违规车辆 35 辆。114 家餐饮企业油烟净化装置安装率 48%。拆除户外广告牌 58 块 2160 平方米，清理“牛皮癣”、小标识广告 698 处。开展建筑工地、道路扬尘专项整治，全年检查工地 80 余处、治理扬尘污染 6 个、开展专项治理 25 次。

文化建设

【文化活动】 2017 年，开展群众性文化活动 189 场次，开展送文化下乡活动 27 场次。举办“龙腾狮跃”闹元宵民俗展演活动，13 个乡镇民俗技艺、健身舞节目在区文体广场展演；在乡镇开展 6 场春节惠民文艺演出活动。举办“文化自贡·书香盐都”自贡市全民阅读活动启动仪式，向 17 个贫困村农家书屋赠送图书 2000 余册；开展“全民读书月”活动，沿滩区瓦市镇沱湾村 12 组盲人读者魏家强获评全国“百名优秀读者”称号。举办第四届汉字听写大赛，全区 10 多个学校的 50 余名学生参赛。举办“诗韵端午·书香龙湖”沿滩区图书馆第三届端午诗会。

【体育】 2017 年，举办沿滩区庆“五一”职工趣味运动会；组织参加自贡市第十三届运动会青少年、成人 2 个组别 20 个项目的比赛，取得运动成绩和精神文明双丰收；年度培训三级体育社会指导员 130 人，开展健身操（舞）、骑游、徒步走、乒乓球、太极拳（剑）、健身秧歌、健身腰鼓、羽毛球、三人篮球等群众性体育活动，创建全省柔力球之乡。举办沿滩区中小学生田径运动会、足球比赛；组队参加自贡市中小学生田径运动会，获初中组团体总分第一名；在自贡市第 33 届小学生“萌芽杯”女子篮球比赛中，仙市镇大岩学校女子篮球队获冠军。组队参加省田径锦标赛，沿滩中学陈雨滋获跳远项目第三名。沿滩区多功能体育公园项目完成勘察、设计等，在黄市镇、兴隆镇兴隆场社区、仙市镇上水村实施乡镇、村级农民体育健身工程。

【广播电视】 2017 年，推进脱贫摘帽村综合文化活动室、农家书屋、留守儿童文化之家、农民工文化驿站、电视户户通、广播“村村响”建设，实施 11 个脱贫村文化室建设和 5 个村广播“村村响”应急平台建设，1000 户困难群众安装电视接收设备。放映农村公益电影 1848 场次，13 个乡镇实现全覆盖。恒大影城票房收入破 800 万元，观影人数 30 万余人。

【档案管理】 2017 年，建立档案查阅绿色通道，设立“114”档案电话查询平台（电话：5538661），落实现场查阅、电话咨询、预约查询等制度，预约 158 个服务对象。完善档案利用安全防范机制，在查阅室、档案库房、档案馆周边安置电子监控设备，杜绝档案利用过程中出现档案资料涂改、损毁等违规行为发生。规范全区重大项目档案管理工作。完善档案数字化建设，在电子文档管理系统中建立档案馆检索体系，有18.5万条提供计算机检索查阅；区数字化档案馆完成录入8441卷、22.33万条、172.36万页，约占库存档案的26%。全年接待查阅利用2932人次，比2016年增加17%，其中，婚姻、土地、招工、知青等档案查阅利用1360人次，文书档案查阅180人次，退伍军人档案565人次，其他档案查阅75人次。12月26日，投资960万元的自贡市沿滩区县级综合档案馆项目开工建设。

【地方志工作】 2017年，首部《沿滩年鉴》公开出版发行。完成《自贡年鉴（2017）》沿滩部分文字和图片的编纂报送工作，文字共3.5万余字；完成季度大事记收录整理。开展《自贡市乡镇概览》沿滩部分的编纂工作。参与旧城改造，与建设指挥部一起对老城棚户区现状进行地面拍照和空中航拍，收集保存滨河路片区、洪沟片区、犀牛口片区3个区域的相关资料，为城市发展存史留痕。全程参与“沿滩发展规划馆”和犀牛口景观工程“文化墙”建设方案审定和图纸制作，提供图文资料并审核文稿，推进方志文化融入“大文化”。协助“九洪西瓜”地理标志商标申报，完善“地名+品名”的地理标志商标申报条件。

社会建设

【教育】 2017年年末，沿滩区有中学12所、小学12所、九年制学校2所、独立公办幼儿园1所、特殊教育学校1所、教师进修学校1所、村级小学43所。有专业技术人员1800人，其中，副高级人员280人，中级职称912人，初级职称518人；有市级以上名教师13人、名校长4人、市教育专家8人、学科带头人25人。将九洪乡中心幼儿园委托富顺北湖幼儿园举办，打破“公办”和“民办”固有模式，实现学前教育办园模式多元化。确定沿滩第二小学校等9所中小学为全区第一批特色学校创建试点校。全区有民办学校33所，其中，民办幼儿园32所，成人培训学校1所，民办学校在校学生4556人。投入1.8亿元建设龙湖中学，于秋季招生投入使用；龙湖幼儿园完成主体施工；启动龙湖小学建设项目。投入6000万元推进4个标准化乡镇中心园建设，投入2000万元建设学校综合楼、学生食堂和标准化运动场，惠及14所学校。投入300多万元对19所村级小学进行升级改造。

【卫生】 2017年年末，全区有医疗卫生机构190个，其中，公立医院2个，民营医院3个（歇业2个），妇幼保健机构1个，疾病预防控制机构1个，乡镇（中心）卫生院13个（含高新区托管卫坪镇中心卫生院），社区卫生服务中心1个，社区卫生服务站1个，村卫生室168个（含高新托管14个村卫生室）。有床位1200张，医疗卫生技术人员832人，其中，执业及助理医师507人，注册护士299人。是年，争取项目资金4384万元，区疾控中心综合实验楼项目11月底开工。黄市、邓关2个乡镇卫生院新建业务用房建成投入使用。全区村卫生室标准化建设完成90个，乡镇卫生院及社区规范化建设完成90%。基层医疗卫生机构公共卫生服务功能应用使用率100%，基本医疗功能使用率80%。建立城乡居民电子健康档案27.45万份，管理高血压2.44万人，管理糖尿病患者7019人。国家免疫规划疫苗报告接种率99%以上。

【人口和计划生育】 2017年，发放独生子女父母奖励105.95万元。为全区农村部分计划生育奖励扶助5697人，特别扶助437人发放奖特扶助金861.88万元。落实“全面两孩”政策，开展宣传培训82次，培训4000余人，“全面两孩”政策知晓率95%以上。全年出生人口4351人，出生率11.04‰。符合政策生育率99.22%，死亡率6.96‰；人口自然增长率4.08‰。

【人事管理】 2017年，考核引进教育、卫生紧缺人才25人，招录公务员（参公管理人员）87人、事业人员145人、“三支一扶”人员15人。开展公务员初任培训39人，推选出20名学术技术带头人和27名学术技术带头人后备人选。推进落实员额内法官、检察官工资制度改革，完成员额内法官、检察官工资套改工作。完成165名机关事业单位工作人员连续工龄认定及调整工作，完成188名新录聘用人员试用期工资核定，完成3500余人次按年度考核结果正常增资工作，完成32人工人技术等级考核、办证、工资调整工作。

【就业服务】 2017年，组织“就业援助月”等常规及扶贫专场招聘会25场次，206个用人单位提供岗位3871个，求职人数3529余人，现场签订意向性用工协议123人。开展就业失业状况登记、动态管理，办理“就业失业登记证”640个，城镇登记失业人员510人。全年申报公益性（就业困难人员）岗位156人，发放补贴373.74万元。在四川理工学院开展高校毕业生SYB创业培训，培训学员120人。在卫坪、邓关等乡镇举办花卉园艺、计算机操作等青年劳动者技能培训，培训学员208人。在自贡市飞鱼职业学校开办钳工培训，培训学员60人。在自贡龙锦职业技术学校举办彩灯制作培训，培训学员100人。帮助返乡人员实现创业130人，为41名高校毕业生发放创业补贴41万元。发放失业保险待遇3103人次、303.25万元，发放失地农民失业保险479人、341.77万元。

【社会保障】 2017年，率先在全市范围内完成全民参保登记的数据采集、录入、回盘工作。通过认证平台认证的企业职工养老保险待遇领取资格人数为17684人，认证率99%。完成机关事业单位退休人员养老金资格认证2490人，认证率100%。对全区2008年4月11日以前的老征地农民、2008年4月11日以后的已获批文在建项目和未获批文项目失地农民、现在任村（社区）干部未参加企业职工基本养老保险情况进行清理。办理川南城际铁路自贡段、东部新城建设、自（贡）隆（昌）高速公路自贡段等项目新、老征地农民参保人数8429人，征收基金8.92亿元。开展城乡居民养老保险向企业职工养老保险转移接续工作，办理城乡居民养老保险向企业职工养老保险转移1191人，转移资金135.02万元。开展全区老农保人员核对、清理及并轨工作，老农保人员并入城乡居保4579人，退保4206人，并入和退保资金170余万元。

【民政】 2017年，将城市低保保障标准每人每月430元提至470元，农村低保保障标准每人每月260元提至275元。城乡低保累计保障25.19万人次，发放城乡低保资金4411万元，其中，城市低保累计保障7.41万人次，发放城市低保资金1952.33万元，月人均补助263.48元；农村低保累计保障17.78万人次，发放农村低保资金2458.67万元，月人均定额补助138.27元。城乡医疗累计救助2.79万人次，累计救助支出885.08万元。清理认定城乡特困人员，2017年年末全区有城乡特困人员3476人，其中，城市特困人员1553人，农村特困人员1923人。累计发放残疾人生活补贴5.03万人、403.78万元。建成城乡日间照料中心13个。新增养老床位100张，新改扩建公办养老机构4所。创建全国综合减灾示范社区1个。完成第十届村（居）民委员会换届选举工作，选出村委会成员462人。全年办理结婚登记2526对，办理离婚登记1048对。按《中华人民共和国收养法》开展儿童收养登记，全年办理收养登记24件。

【食品药品监管】 2017年，全区配备173名村（社区）食品安全协管员，实现区、乡、村三级食品安全监管网络全覆盖。建成食用农产品和食品快速检测室2个、在建4个。九洪西瓜省级农业标准化示范项目通过验收。组织完成17家GSP认证资料初审、10家新开办药品零售企业经营许可及GSP认证检查、6家变更药品零售企业认证检查、5家新开办药品零售企业的跟踪检查。开展食品安全监督抽检，抽检合格率97.8%，“三品一标”农产品抽检合格率100%。完成药品监督性抽样40批次、化妆品监督性抽样7批次，合格率均为100%。检查食品生产经营单位1000余家次，全年立案查处食品药品类案件62件，结案60件。

【安全生产】 2017年，全区发生生产安全事故14起，比2016年下降6.67%；死亡5人，比2016年下降64.29%。全区乡镇、部门排查隐患3197处，整改隐患3185处，隐患整改率99.62%；生产经营单位自查自报隐患1121处，落实整改资金228.63万元，整改到位1215处，隐患整改率

99.5%。对道路交通、建筑施工、消防、危险化学品、烟花爆竹、特种设备、水利、人员密集场所、非煤矿山等开展为期4个月的安全生产大检查，检查企事业和生产经营单位（场所）894家次，排查安全隐患292条（重大隐患1条），投入隐患整治资金37.2万元，整治一般隐患291条，完成对富全新兴大米加工厂重大安全生产隐患治理。

【残疾人帮扶】 2017年，残疾人“量服”平台数据库录入1.54万人，为8753名持证残疾人制定帮扶发展方案，落实服务11万余项次。全区建档立卡贫困残疾人1689人，占全区建档立卡贫困户的10.5%，已全面脱贫。为4611名重度残疾人发放护理补贴318.45万元；为4486名困难残疾人发放生活补贴270.32万元。召开沿滩区残疾人联合会第五次代表大会，选举产生理事长1人，副理事长1人，残协协会主席5人、副主席5人、秘书长5人。核发第二代残疾人证2591个。为白内障患者实施复明手术26例，为肢体残疾人安装假肢6例、矫形器12例，免费发放轮椅、拐杖等辅助器具396台（件）。组织由35名残疾人组成的代表团参加自贡市第二十届残疾人运动会。

乡镇概况

【沿滩镇】 位于市区东南部，沿滩区委、区政府所在地。辖区面积36.2平方公里。辖12个村、137个村民小组和4个社区、20个居民小组，2017年年末总人口45604人，其中城镇人口1.8万余人。年末企业户数320户，其中规模以上工业企业8户，涉及住宿、餐饮、食品、饲料、建筑、建材、化工、机械行业等。完成规模以上工业总产值33.1亿元，规模以上工业增加值10.6亿元，固定资产投资6.2亿元，地方财政收入9013.99万元，城乡居民人均可支配收入9538元。有各类医疗机构3所、各类学校8所、敬老院等养老福利机构2个。

【邓关镇】 位于区境东南部，辖区面积17平方公里。镇政府驻地邓关镇顺昌美村，距区政府驻地15千米。辖6个村45个村民小组和2个社区20个居民小组。年末总人口19113人，其中城镇人口6239人；耕地面积778公顷。境内主要矿产资源有黄、黑卤、天然气、石油、煤。年末企业户数33户，其中规模及以上企业7户，主要涉及化工、机械等行业。全年实现地区生产总值24.5亿元，工业增加值7.3亿元，农业增加值8739万元，城镇居民人可支配收入31547元，农民人均纯收入10500元，全社会固定资产投资2.78亿元，地方财政收入1991.62万元。拥有各类医疗机构8个、各类学校4所、敬老院等养老福利机构1个。

【王井镇】 位于区境东南部，辖区面积25.7平方公里。镇政府驻地王井正街8号，距区政府驻地5公里。辖10个村、89个村民小组和1个社区、3个居民小组。2017年年末总人口19063人，其中城镇人口1937人。耕地面积1408.32公顷。年末企业户数103户，其中规模及以上企业10户，主要涉及机械化工、食品、建材建筑等行业。全年实现地区生产总值6亿元，工业增加值6.71亿元，农业增加值1.25亿元，全社会固定资产投资2.9亿元，地方财政收入882万元，城镇居民人可支配收入29355元，农民人均纯收入14532元。有各类医疗机构1个、各类学校5所、敬老院1所。

【九洪乡】 位于区境南部，距市中心32公里、距S305线8公里，与邓关、王井、黄市、刘山、联络及富顺县板桥、永年等乡镇接壤，辖区面积51.8平方公里。辖13个村、193个村民小组和1个社区、6个居民小组。2017年年末总人口32276人，其中城镇人口879人。耕地面积1675公顷。主要旅游景区（景点）有九洪乡火箭湖休闲度假中心、九洪乡家清农场、九洪乡平扬农场。年末企业户数102户，其中规模及以上企业1户。全年工业增加值556.7万元，农业增加值4.1亿元，全社会固定资产投资2.1亿元，地方财政收入1928.76万元，城镇居民人可支配收入29512元，农民人均纯收入9270元。有各类医疗机构16个、各类学校8所、敬老院1所。

【黄市镇】 位于区境中部偏东，辖区面积34.5平方公里。镇政府驻地黄镇铺社区，距区政府驻地7公里。辖12个村、138个村民小组和1个社区、5个居民小组。2017年年末总人口29652人，其中城镇人口2000人。耕地面积1343公顷。境内主要旅游景区（景点）有天香童年亲子农场、梅林小河边等。年末企业户数320户，其中规模及以上企业6户，主要涉及建工建材、饲料、竹草编、肉食品等行业。全年实现地区生产总值6.28亿元，全社会固定资产投资2.4亿元，地方财政收入2235.2万元，农民人均纯收入19951.43元。有各类医疗机构1个、各类学校4所、敬老院1所。

【永安镇】 位于沿滩区腹心地带。镇政府驻地金龙路141号，距区政府驻地13公里。辖12个村、127个村民小组和1个社区、2个居民小组。2017年年末总人口24903人，其中城镇人口4000人。耕地面积1793公顷。境内有观音湖风景区。年末企业户数32户，其中规模及以上企业5户，主要涉及丝绸、机械等行业。全年实现地区生产总值12.58亿元，工业增加值5亿元，农业增加值2亿元，全社会固定资产投资3亿元，地方财政收入3300万元，城镇居民人均可支配收入29382元，农民人均纯收入10516元。有各类医疗机构1个、各类学校9所、敬老院等养老福利机构1个。

【刘山乡】 位于沿滩区西南部，辖区面积17.88平方公里。乡政府驻地刘家山社区，距区政府驻地13公里。辖7个村和1个社区。2017年年末总人口15380人，其中城镇人口447人。耕地面积632公顷。主要旅游景区（景点）有草雕观光园、樱花观赏基地。年末企业户数6户，其中规模及以上企业1户，主要涉及旅游、农业等行业。全年实现地区生产总值2.32亿元，全社会固定资产投资4.86亿元，地方财政收入1101.62万元。有各类医疗机构8个、各类学校5所、敬老院1所，有民营“福乐园”养老机构1个。

【联络镇】 位于沿滩区西南部，辖区面积32.2平方公里。镇政府驻地周场社区，距区政府驻地18公里。辖9个村、121个村民小组和1个社区、2个居民小组，其中，胡桥村、高滩村打造为幸福美丽新村，八一村、海涛村、新华村被评为市级“四好村”。2017年年末总人口21751人，其中城镇人口1049人。耕地面积1346公顷。境内土壤肥沃，适宜水稻、油菜、花生等作物生长，举办玉寺山森林公园徒步大型寻宝活动。年末企业户数46户。全年实现地区生产总值3620万元，工业增加值143万元，农业增加值347万元，全社会固定资产投资3亿元，地方财政收入1529.5万元，城镇居民人可支配收入29501元，农民人均纯收入14234元。有各类医疗机构10个、各类学校9所、敬老院1所。

【卫坪镇】 位于区境北部，东与仙市镇相连、南与沿滩镇毗邻、西与红旗乡交界、北与高新区接壤。辖区面积9.44平方公里。镇政府驻地沙坪街12号，距区政府驻地约7公里。辖5个村、35个村民小组。2017年年末总人口54167人（高新区板仓街道托管36437人），耕地面积239.2公顷。年末企业户数187户，其中规模及以上企业14户，主要涉及金属品、食品制造、造纸、房地产等行业。全年实现地区生产总值13.14亿元，工业增加值3.12亿元，全社会固定资产投资21.24亿元，地方财政收入2100万元。辖区内有小学1所、幼儿园1所。

【兴隆镇】 位于区境西北部，辖区面积27.88平方公里。镇政府驻地兴隆场市街55号，距区政府驻地16公里。辖8个村、89个村民小组和1个社区、5个居民小组。2017年年末总人口18249人，其中城镇人口7112人。耕地面积766公顷。境内主要矿产资源有页岩气、井盐，主要旅游景区（景点）有永二井、观音寺、油壶石。年末企业户数11户，其中规模及以上企业2户，主要涉及机械管件加工制造等行业。全年实现地区生产总值8.26亿元，工业增加值2.26亿元，农业增加值9178.83万元，全社会固定资产投资2.75亿元，地方财政收入1338.9万元，城镇居民人可支配收入29501元，农民人均纯收入14233元。有各类医疗机构1个、各类学校2所、敬老院1所。

【富全镇】 位于区境西部，辖区面积32.45平方公里。镇政府驻地市街118号，距区政府驻地30公里。辖9个村、100个村民小组和1个社区、2个居民小组。2017年年末总人口24685人，其中城镇人口1036人。耕地面积2214公顷。主要旅游景区有龙氹风景区、沿溪“八骏竹”、望龙山等22个景观景点。年末企业户数5户，其中规模及以上企业3户，主要涉及运输、木材等行业。全年实现地区生产总值7.23亿元，农业增加值增长4%，全社会固定资产投资2.4亿元，地方财政收入2046.92万元，农民人均纯收入10465元。有各类医疗机构1个、各类学校4所、敬老院等养老福利机构4个。

【仙市镇】 位于沿滩区北部，辖区面积55.34平方公里。镇政府驻地仙滩社区新街子，距区政府驻地9.1公里。辖26个村、220个村民小组和1个社区、4个居民小组。2017年年末总人口40641人，其中城镇人口6100人。耕地面积2247公顷。境内主要旅游景区（景点）有陈家祠堂、仙女峪。年末企业户数110户，其中规模及以上企业2户，主要涉及制造业、食品加工等行业。全年实现地区生产总值2亿元，工业增加值增长16%，农业增加值增长4.95%，全社会固定资产投资9.3亿元，地方财政收入2406.2万元，城镇居民人可支配收入29501元，农民人均纯收入14233元。有各类医疗机构36个、各类学校8所、敬老院等养老福利机构2个。

【瓦市镇】 位于区境东部，辖区面积59.86平方公里。乡镇政府驻地太平街33号，距区政府驻地10公里。辖24个村、246个村民小组和1个社区、5个居民小组。2017年年末总人口46651人，其中城镇人口3450人。耕地面积3536.5公顷。年末企业户数94户，其中规模及以上企业1户，主要涉及农业和商贸业等行业。全年实现地区生产总值18.46亿元，农业增加值增长3.9%，全社会固定资产投资2.6亿元，地方财政收入1770万元，城镇居民人均可支配收22965元，农民人均可支配收入11080元。有各类医疗机构1个、各类学校15所、敬老院1所。

（自贡市沿滩区地方志办）

荣　县

概　貌

【位置　面积　人口】 荣县地处四川盆地南部，属自贡市管辖。东邻威远县、自贡市贡井区，南界宜宾县，西连井研县、犍为县，北接仁寿县。辖区面积1605平方公里，辖21个镇、6个乡，有51个社区、296个村。2017年年末总人口67.64万人，自然增长率为－3.35‰。

【建置】 远古为青阳封国。后相传为古夜郎国，《太平寰宇记》云："荣州，和义郡，今理旭川县，禹贡梁州之域，古夜郎之国。"西周时为荣公封国。秦为蜀郡南安县地。西汉时属犍为郡南安县。晋义熙十年（414），因荣地有铁山产铁，置为冶官县。隋开皇十三年（593），在今县城设大牢县治。唐贞观元年（627），设为旭川县治。宋改县名为"荣德"，明代起称"荣县"至今。从唐永徽二年（651）起，至明洪武九年（1376），先后为荣州、和义郡、绍熙府、绍熙府军民宣抚司、绍熙路总管府的治所。清宣统三年（1911）9月25日，吴玉章、王天杰在县城宣布荣县独立，建立军政府，"首义实先天下"。民国元年（1912）设县公署，隶属于嘉定府。民国24年（1935），隶属于四川省第二行政督察区专员公署，县公署更名县政府。1949年12月6日，荣县解放，隶属于川南行政公署资中专区（后名内江专区）。1978年4月，荣县划归自贡市。

【气候】 2017年，荣县平均气温18.5℃，较常年偏高0.9℃，居历史第2高位；年总降水量721.9毫米，较常年偏少23%；年总日照时数为1391.9小时，较常年偏多14%。

【自然资源】 2001年矿产普查，全县发现矿产地111处，主要矿产13种，分别为天然气气田、煤井田、岩盐、石灰岩、石英砂岩、陶瓷原料、膨润土、建筑石料、页岩矿、建筑用砂、含钾水云母黏土岩、菱铁矿、铜。其中，前10种矿产已开发利用，后3种为矿化点。县境内煤矿均属烟煤，有煤炭资源储量5416万吨，2011年探明较好煤质储量1亿吨以上。岩盐有固体岩盐矿床2处，即威西岩盐矿、高山岩盐矿，主要分布于长山镇、来牟镇、高山镇，资源储量60亿吨。石灰岩矿（水泥用灰岩、石料）主产3个片区，有矿产地29处，其中大中型号矿产地各1个，现有资源量2.73亿吨，预测资源量24亿吨。长石石英砂岩分布在墨林乡、东兴镇、保华镇、长山镇等地，资源量3947.03万吨。2016年探明页岩气储量5万亿立方米，约占全国页岩气估值的1/6。荣县的河流可分为两大水系6个流域，即：岷江水系越溪河流域、沙溪河流域、芒溪河流域；沱江水系旭水河流域、中溪河流域、威远河流域，境内有大小河流72条，总长934.25公里，其中，长度在10公里以上的28条，6~10公里的44条。境内其他支流主要有臭水河、照石河、中溪河等。越溪河属岷江水系一级支流，为荣县过境河流，在县境内长115公里，流域面积730平方公里，年径流总量4.8亿立方米；主要支流有仁和溪、朱家河、太公河、斑竹河、牛尾河、沙溪河等。有小井沟水库和双溪水库，其中，小井沟水库位于保华镇，最大坝高88.37米，库容1.66亿立方米；双溪水库位于县城北，库容5800万立方米。

【旅游资源】 荣县五山（荣德山、荣梨山、荣隐山、野客山、铁山）四水（越溪河、沙溪河、中溪河、旭水河）之间，名胜古迹众多。唐宋以来，有“荣州胜景”“荣州八景”；清乾隆后，县内名胜被概括为“荣州十二景”。2013年，成功创建为省级旅游标准化示范县。全县自然人文景观主要有国家AAAA级景区2个（荣县大佛文化旅游景区、荣县玉章故里文化旅游景区），国家AA级景区1个（双溪湖风景区），省级自然风景区2个（桫椤谷、高石梯森林公园）；国家级文物保护单位3处（大佛寺、吴玉章故居、镇南塔），省级文物保护单位7处（荣县军政府旧址、吕仙崖摩崖造像、荣县二佛、后龙山摩崖造像、来牟黎氏墓、蟠龙刘氏家族墓、旭水酒作坊遗址），市级文物保护单位9处，县级文物保护单位28处。

政治建设

【县委工作】 2017年，召开县委全体（扩大）会议1次，常委会会议31次。运转重要文件2100余次，制发各类文件530余件，报送党内规范性文件55件，起草全国农业农村可持续示范县申报材料等重大文稿5篇。起草两市三县越溪河流域治理工作对接会等重要经验交流材料10余篇。完善更新点位材料65篇。编印《领导批示》12期，《办公室通报》15期，办理中央和省委文件290件，市委文件300件。发出督查通报110期、督查专报32期。每月定期向全县正科级以上领导干部发送2条保密提醒短信，共发送1.1万条。完成《中共荣县历史》第三卷（1978—2002）编写工作。《中共荣县县委执政实录（2015年卷）》印刷出版。在四川党史文献网、四川党史工作简讯、市委党研室党政网、今日头条累计发表党史信息67条次。

【人大监督】 2017年，召开县人大常委会12次，召开主任会议16次。作出关于批准2016年县本级财政预算调整、关于批准2017年财政预算调整方案（债务）等决议。作出关于批准旭阳镇板板桥城中村棚户区改造项目纳入县财政中长期预算规划、关于批准将吴玉章故里乡村旅游开发项目上级补助专项资金分年度列入财政预算等决定。审议通过国民经济和社会事业发展计划、财政预决算执行及审计查出问题整改情况报告，审议通过法院、检察院和公安工作情况报告，促进司法机关、执法机关规范行政权力。审议通过“六五”普法工作情况及“七五”普法规划等报告。依法任免国家机关工作人员37人次。

【政府工作】 2017年，召开县政府全体（扩大）会1次，召开县政府常务会议20次。指导乡镇、部门建立完善预案42个。开展县级应急演练4次，高山镇学校和县人民医院被评选为市级基层应急管理示范单位。“荣县应急文化长廊”获市级应急文化阵地称号。完成5件县政府规范性文件审查。接到行政复议申请33件，受理20件，法定期限内办结率100%。清理县级行政权力事项5145项（不含行政许可），并在政府网站公告《荣县县级权力清单（2017年本）》。发出督办函40期、督查提示10期，形成《督查专报》32期，开展专项督查300余次，明察暗访100余次，发出督查通报115期。办结市政府转交市人大代表建议4件、市政协提案6件，荣县第十八届人民代表第一次会议议案2件、代表建议意见85件、县政协第十四届委员会第一次会议提案件159件。

【政协工作】 2017年，召开县政协常委会会议4次，主席会议19次。在全省政协工作经验交流会上作题为“抓住牛鼻子，多出金点子”的大会发言。对十四届一次全会后立案的159件提案实行网上提交和网上办理，全部办结回复。向35个县级职能部门派驻民主监督员175人。组织开展促进茶叶（中药材、油茶）“一、二、三”产业融合发展、推进荣县油茶产业健康发展、荣县土陶文化产业发展、引进名校资源打造玉章教育品牌、探索推进混合所有制经济改革、老旧小区微改观、社区服务中心建设、提高提案办理质量、建设现代物流园区、进一步发挥政协委员作用等10个专题调研。首次开展监督性调研，形成《关于下决心解决部分企业当前困难和问题的报告》。向县委、县政府报送《建言参考》和《社情民意》18期，向省、市政协报送社情民意信息12条、重要信息28条，其中社情民意信息《加强我省农村“五小”水源治理》被省政协采用。撰写提案173件、立案159件。

【纪检工作】 2017年，“县委党风廉政建设责任制领导小组”更名“县委县政府党风廉政建设责任制领导小组”。240余名党政主要负责人向县纪委全委会述责述廉，1名县委常委班子成员、5名单位“一把手”在县纪委全委会现场述责述廉。启动“一案双查”10件，批评教育1人、诫勉4人、党内警告4人，1个党组织作出书面检查。首次委托第三方调查机构开展县级党风廉政建设群众满意度调查。对全县2016年党风廉政建设社会评价暨政风行风民主评议排名靠后的12个单位党政主要负责人开展集体约谈。2017年，全县社会评价排名全省第46位。在留佳、双石、长山、过水4个乡镇试点村（社区）开展干部廉洁履职“差评”工作。承办全市治理“微腐败”暨百日攻坚行动动员部署现场会。出台10项措施防治“小五长”微腐败行为，访谈群众9.6万人次，收集处理诉求或问题4000余个，全县92名党员干部主动向组织说清问题。在全市率先组建县级巡察机构，被省委巡视工作领导小组确定为县级巡察工作联系点。健全“四位一体”信访举报平台，受理纪检监察信访举报336件次。被省纪委确定为全省信访举报工作标准化建设示范县。长山镇、双石镇、过水镇完成基层信访举报办理工作规范化标准化建设。全县纪检监察组织党纪政纪立案157件。实践“四种形态”处理705人次。将国土系统腐败案拍摄为警示教育片，选取15起典型案例编辑成警示教育读本。全县2000余名干部再次排查岗位廉政风险点。对4970项行政权力依法规范公开运行情况进行监督，发出问题信息提示单106份。创建“廉洁文化进村居示范点”27个，在新桥镇赶场冲村打造全市首个农村干部警示教育示范点。

【组织工作】 2017年，出台《荣县推进“两学一做”学习教育常态化制度化的实施方案》。拍摄微电影《有的人》，在全县流动宣讲邹德才先进事迹。定向招录紧缺领域干部人才337人，分类遴选递进干部80人，储备年轻干部166人。抽调92名优秀干部到重点工程一线实践锻炼。选派112名干部到农业农村一线任第一书记。举办各类干部培训班221期，培训党员干部4万余人次。开展农民夜校示范创建工作，评选出县级示范校27个，示范基地6个，示范课5堂，其中双石镇蔡家堰村被评为省级农民夜校示范校。对10名领导干部进行经济责任审计。出台《干部考察员制度》，培养干部考察员50人。开展“智汇荣州·三百行动”，引入100名优秀人才。新增10所高校和科研院所与荣县开展项目合作研发。评选命名优秀专家20人，名中医5人。开展市“双千计划”申报工作，四川巴尔中兽药研发创新团队入选“顶尖创业创新团队”、四川绿茗春茶业有限公司龚正礼入选“领军人才”、荣县林业局侯学勇入选“优秀专家”。

【机关党建工作】 2017年，全县直属机关基层党组织41个，其中，机关党委4个，直属党总支12个，直属党支部25个，有中共党员1500余人。培训党员发展对象和党务干部98人次。培养入党积极分子33人，发展党员15人，转正党员11人。确定6个基层党支部为软弱涣散基层党组织。对19个总支（支部）进行换届和补选。开展3个县级示范点和2个县直机关工委示范点创建活动。向上级党委建议开除党籍1人、党内警告处分1人，直接处分违纪党员8人。

【宣传工作】 2017年，召开县委中心组学习会16次。建立荣县社科人才储备库及科普基地7处。组织开展重大外宣采访4次，邀请记者320余人次集中采访报道，外宣用稿量位列全市第1。在中央级重点媒体刊发稿件1190篇，在市级媒体刊发2010篇。成立网络舆情中心，对全县412个属地内网站进行网络安全专项检查，清理出有害信息网站32个，关闭9个。开展“传承优良家风·争做时代好人”主题活动、大佛文化灯会、大佛文化旅游节、“田园荣州·美丽乡约”和“大美新荣州·共筑中国梦”系列文化活动，推进千年古县申报工作。

【统战工作】 2017年，全县有民革荣县总支、民盟荣县总支、民建荣县总支3个民主党派，成员196人。全年新发展民主党派成员14人。引导非公有制经济人士参与助推县域经济发展、“万企帮万村”、捐资助学等光彩事业活动，为160余名大学新生捐助学金37万元。开展少数民族及宗教信仰情况、宗教场所及教职人员调研，荣县大佛寺经批准筹备设立佛教固定活动处所，在基督教堂开展全国财税监管试点工作。打造新的社会阶层人士统一战线示范基地2个（绿茗春、荣县同城）。《五措并举出实招　民主办教见成效——荣县天主教爱国会民主办教新路》获2016年度全省统战工作实践创新成果奖。

【政法工作】 2017年，印发《荣县政法队伍综合考评实施办法（试行）》。11名法学会会员分别获第十二届中国法学青年论坛优秀奖、第四届治蜀兴川法治论坛二、三等奖和优秀奖。“农村法治宣传教育实效问题”课题成功立项省法学会课题。开展“棚户区改造”、移民安置、大佛文化灯会等重大事项稳定风险评估33件。排查各类矛盾纠纷198件，化解率90%。建成县级综治中心，2个镇级综治中心和4个村（社区）综治中心。推进“雪亮工程”二期，完成27个乡镇254个村的点位规划。深化网格化服务管理，98名专职网格员到位上岗，网格化系统办结事件3.21万件次。创新寄递物流监管模式，成立荣县邮政管理局和荣县邮政业服务中心。成立旭阳、河西治安调委会，度佳、乐德、长山、双古、双石驻所调解工作室。深化平安创建活动，向市推荐4个“十佳平安小区”单位。李西桥、刘兴钊获“见义勇为公民”称号。建立以村居干部、网格员、治安联防队员6000余人为主的信息网络。建立医疗纠纷、道路交通事故、劳动争议等行业性、专业性调解组织30个，旭阳镇人民调解委员会被司法部授予“全国模范人民调解委员会”。完成首轮法官、检察官入额遴选等工作，实现院长、庭长带头办案制度。在全市率先出台《关于建立和完善刑事拘留检察监督的规定（试行）》。

【公安工作】 2017年，启动刑侦机构改革，建立旭阳河西刑侦中队派驻到旭阳河西派出所；合并观山镇、鼎新镇派出所到来牟镇、双石镇派出所；将县交警大队驻荣单位整合为公安局内设机构；启动完善辅警改革。投入1073万元，开展信息化建设。对全县122家旅店940名从业人员、39家废旧收购站点72名从业人员、12家旧货流动21名从业人员、176家机动车修理业384名从业人员、33家加油站、13家44个网点物流寄递业、91家娱乐场所等行业场所人员实行治安管理。推进“一标三实”信息采集规范化，采录标准地址49.53万条、实有人口51.16万人、实有单位2.71万家、实有房屋44.62万套。受理各类报警电话4.95万起。搜集不稳定因素情报信息528条，破获邪教案件4件。刑事立案1181件，破案639件，抓获犯罪嫌疑人569人，拘留379人，提请逮捕220人。抓获省外逃犯22人，抓获历年逃犯12人。侦破部督案1件、省督案4件、市督案3件。全年发命案4起、破4起，实现命案现案连续6年全破。经济犯罪立案29件、破案23件。路查路检机动车20万余辆次，纠处各类交通违法行为10万余起，行政拘留70人次，查获饮酒驾驶525人。破获毒品刑事案件45起、行政案件183起，抓获毒品犯罪嫌疑人54人、吸毒人员307人。侦破“2016·11·08特大贩卖毒品案”省级目标案，缴获毒品9.06公斤。荣县新一中建成市禁毒教育示范基地。接治安警情1173起，立案查处1098起，治安处罚671人。开展“缉枪治爆”行动，对14家涉爆企业开展隐患排查，追缴火药枪45支、过期炸药448.4公斤、雷管52枚。

【检察工作】 2017年，受理公安机关提请批准逮捕案件229件297人，批准和决定逮捕刑事犯罪177件222人。受理移送审查起诉案件328件489人，提起公诉290件418人。立案查办职务犯罪案件16件23人。对应当立案而不立案的监督立案7件8人，不应当立案而立案的监督撤案5件5人。对不构成犯罪、证据不足或犯罪情节轻微不需要判处刑罚的，依法不批捕75人、不起诉8人。书面纠正侦查活动违法9件，追捕犯罪嫌疑人3人。打造“梧桐心语工作室”，创建和提升未成年人检察工作品牌。出台《性侵案件未成年被害人国家司法救助工作办法（试行）》。首次编印《未成年人刑事检察工作白皮书（2015—2017）》。制定案件流程监控工作规定，累计监控案件557件。

【审判工作】 2017年，受理刑事案件282件，审结277件，依法对375人判处刑罚。受理民商事案件2759件，审结2688件，标的额3.57亿元。受理行政诉讼案件16件，审结16件，审查非诉行政案件52件。推进行政首长出庭应诉制度，行政首长出庭率100%。受理执行案件1800件，执结1732件，标的额4.22亿元。在全市率先将查询财产范围扩展到被执行人支付宝账户，查控被执行人财产1.1万次。完成诉讼服务中心升级改造，实现网上预约立案、案件查询、信访投诉、视频接访等功能。创新微信视频调解案件等便民举措，巡回开庭120余件（次）。公开裁判文书4884份，发布审判执行流程信息4000余条，互联网直播庭审39件。

【司法工作】 2017年，编制县“七五”普法规划（2016—2020年）。继续选配76名律师担任村（社区）法律顾问，实现“一村（社区）一法律顾问”全覆盖。在首义广场建成法治教育基地，在新城星河公园建成“社会主义核心价值观——法治主题公园”。受理矛盾纠纷2335件，调解成功2305件。完善司法行政工作平台OA系统，实现27个司法所电子政务外网全覆盖。在马石村新设立全县首个村级司法行政工作室。接收社区服刑人员549人。办理各类法律援助案件338件，开展“农民工讨薪维权”专项活动，受理17名农民工讨薪法律援助申请，涉及欠薪26万余元。

【武装工作】 2017年，坚持党委集中议训制度，健全日、周、月情况报告制度，接受军分区以上抽点100余次；规范基层武装部和民兵情报信息站建设，搜集报送有价值信息50余条。组织民兵集训4628人次。对预定新兵进行封闭式集中军事训练，完成新兵征集任务。创建退伍军人创业示范基地。

【消防工作】 2017年，开展专项整治10次，检查单位3305家，发现和整改隐患752处，查封78家，“三停”64家，警告16人，销案重大火灾隐患单位4家，核查群众举报投诉3起。接处警271起，出动车辆292辆次，出动警力1788人次，抢救被困群众19人，疏散被困人员1131人，抢救财产价值417万元。

【工会工作】 2017年年末，全县辖乡镇总工会1个、区域性工会联合会50个、行业工会联合会5个、乡镇工会联合会27个、工业园区工会联合会1个、局工会联合会8个、基层工会1158个，工会会员24.68万人。新建工会组织10个，已建会非公有制企业605个，累计签订工资集体协议365份。695个企事业单位推行职工（代表）大会制度，681个企事业单位推行厂务、校务、院务公开工作。开展“安康杯”“颂党恩、听党话、跟党走”党建带群建主题活动和第三届“最美劳动者”评选活动。建立调解委员会组织730个，建立劳动法律监督组织743个，维权巡视员5人，安全生产监督员350人，签订集体合同200个。筹集送温暖资金29万元，慰问480余人。发放救助金29.2万元129人。发放金秋助学金21.2万元91人。新建县级职工书屋12个。

【妇联工作】 2017年，全县有乡镇妇联27个，机关妇委会（含工业园区妇委会）114个，村（社区）妇联346个。申创省级“巾帼文明岗”1个、市县级“巾帼文明岗”14个、市县级“巾帼创业就业示范基地”13个、市县级“示范妇女儿童之家”84个。举办“巾帼维权大讲堂”讲座5场，“幸福使者·母亲课堂”讲座112场。慰问重特大疾病妇女儿童11人，发放救助金5.1万元。争取115万元“两癌”救助金。举办“让爱回家·守护成长”援助留守儿童父母返乡创业就业招聘会，为妇女提供就业岗位1200个。完成乡镇妇联区域化建设改革和村（社区）“会改联”改革任务。选举产生村（社区）妇联主席346人，兼职副主席363人，妇联执委1628人。选举产生乡镇妇联主席27人，专职副主席16人，兼职副主席123人，执委683人。

【群众和信访工作】 2017年，信访总量为2126批6416人；到县集体访171批3543人次，分别上升2%和51%；县长信箱37件，上升19%；

省网上信访信息系统289件，上升83%；人民网留言268条，上升15%；县长信箱60件，上升46%；县本级网投平台16件，上升300%；市委书记、市长信箱平台48件，下降45%。涉及县9项民生工程80项考核指标中，有45项超额完成目标任务，有35项完成目标任务；22件民生实事32项考核指标中，有12项超额完成目标任务，有20项完成目标任务。排查出矛盾纠纷和突出问题76件，其中，省督查系统交办2件，市领导包案8件，全部办结；息诉息访8件，息访率80%。召开信访联席会4次，解决信访突出问题21个。

【政务服务】 2017年，建立25个机关管理服务标准体系。县一体化平台网上受理数2027项，办结1988项。留佳镇、度佳镇2个乡镇便民服务中心和45个村（社区）便民服务室升级达标建设工作通过市政务中心验收。27个乡镇便民服务中心全部开通行政审批通用软件系统。县住房公积金中心与委贷银行（建行、农行、中行）分别入住政务服务中心服务大厅，合署办公。6月28日起，实现企业全程电子化登记。7月17日，荣县优德医疗器械有限公司实现通过电子化预先核准、注册登记并打印电子化登记营业执照，首次实现与登记人员“零”见面。7月25日，四川盛浩源泰建设工程有限公司成功签收首份由企业实行网上申请、办结并通过邮政寄递的营业执照。

经济建设

【主要经济指标】 2017年，全县实现地区生产总值195.19亿元，比2016年增长8.8%。其中，第一产业增加值45.32亿元，增长4.2%；第二产业增加值76.55亿元，增长10%；第三产业增加值73.33亿元，增长10%。三次产业对经济增长的贡献率分别为11.7%、45.4%、42.9%，分别拉动经济增长1.0个百分点、4.0个百分点、3.8个百分点。三次产业结构由2016年年末的21.3∶51.1∶27.6调整为23.2∶39.2∶37.6。全年人均地区生产总值33486元。非公有制经济增加值12.41亿元，增长8.7%，占GDP的比重为63.6%，对GDP增长的贡献率为61.4%，其中，第一产业13.55亿元，增长4.2%；第二产业66.28亿元，增长9.9%；第三产业44.32亿元，增长8.5%。

【农业】 2017年，全县农业增加值实现46亿元，比2016年增长3.9%。推进“一环两廊十园区”建设，规划建设20万亩茶叶产业园。新建渠道35公里，改善、新增有效灌面1333.33公顷，建成2266.67公顷高标准农田，实现耕地保有量6.43万公顷。粮食产量43.31万吨；基本建成“中稻+再生稻”核心示范区2000公顷，再生稻最高亩产381.37公斤，再创全省次适宜区历史新高；蔬菜产量64.2万吨，增长5.9%；出栏畜禽2524万头（只），创建省级标准化养殖场3个，新增省级标准化畜禽养殖示范场3个、市级标准化畜禽示范场2个，新建6个生猪标准化规模养殖场（小区）。全县涉农企业注册220余家，其中，农业产业化龙头企业国家级1家、省级11家、市级45家；注册农民专业合作社436个，其中，国家级示范社10个（新增4个）、省级示范社18个（新增7个）；注册家庭农场815个，其中省级示范场10个（新增4个）；培育种养大户8650户。创建绿色农产品基地1.93万公顷。是年，荣县申报为第一批国家农业可持续发展试验示范区，是全省唯一获此荣誉的区县；创建为全省农民增收新产业新业态示范县。

【林业】 2017年，全县植树340万株，造林面积3266.67公顷，其中新造林面积2133.33公顷，森林覆盖率42%，比2016年增加0.5个百分点。管护国有林1473.33公顷，巩固退耕还林成果5473.33公顷，补偿集体和个人所有公益林1.16万公顷。办理林木采伐蓄积3.96万立方米，涉及采伐面积709.7公顷，办理活立木采集1534株。办理使用林地6宗、面积6.53公顷。

【工业】 2017年，全县新增规模以上工业企业8家，规模以上工业总产值178亿元，比2016年增长22%。工业园区新增86.8公顷，新引进兴威机器等3家规模以上企业和7家小微企业。驰宇盐品等6家企业分别与清华大学等高校院所签订战略合作协议，研发新产品15个；旭阳药业等3家企业建成“市级企业技术中心”；巴尔、绿茗春、驰宇盐品、四川花语等企业产品获第十二届“四川名牌”产品，自贡雄丰粮油有限公司“桫椤谷”、四川巴尔农牧集团公司“巴尔”、荣县明峰陶业有限公司“明峰”获市知名商标称号。完成《荣县成渝经济产业配套示范区建设调研报告》调研和编制。成立“荣县陶瓷协会”，出台《关于推动土陶产业转型升级的实施意见》，中国建筑卫生陶瓷协会授予荣县“中国（西部）陶都”称号。新增招商引资项目 16 个，市外省内项目到位资金 5.15 亿元、省外项目到位资金 7.18 亿元。使用应急周转金为企业转贷 5.5 亿元，发放信用保证保险贷款和助保贷等 1.1 亿元。

【商贸旅游】 2017 年，全县服务业增加值 73.33 亿元，比 2016 年增长 10.0%；社会消费品零售总额 89.69 亿元，增长 13.1%；自营出口额 1623 万元；新增入统单位 11 户。完成商务固定资产投资 6.25 亿元。沃尔玛商业中心建成开业。俊鸿鞋业等外向型龙头企业扩大出口，实现出口额目标 600 万美元。绿茗春成为全县第一家取得出口茶商检资质企业。启动《荣县城乡商业业态及荣县中心城区农贸市场规划》编制工作。首次组织 14 家企业实施“互联网 +”企业转型升级工程项目。投资 500 万元的荣县省级电子商务进农村综合示范县项目建设完成。四川大农和农业开发有限公司“大农和云”平台，实现线上交易额 5000 余万元，全年电商交易额 3 亿余元。举办“第一届大佛灯会”“2017 荣县美吉特国际美食暨商品博览会”等活动。组织企业参加“川货全国行”“西博会”“农博会”“广交会”等活动，开展零售商促销活动 500 余次，销售额 1.5 亿元。全县在册登记餐饮店 700 余家，酒店 50 余家。推进建设首个五星级酒店天宇·威斯顿国际酒店。争取旅游项目资金 150 万元，用于白坡村创建省级旅游扶贫示范村项目和玉章故居景区培育提升项目。完成“玉章故里·漫画小镇”一期工程和“如来福城”文化旅游区项目建设筹备工作，完成大佛国家 AAAA 级景区整改工作。全年接待游客 375 万人，实现旅游综合收入 63 亿元。

【财政与金融】 2017 年，全县完成地方一般公共预算收入 6.04 亿元，比 2016 年增长 15.6%。支出 42.64 亿元，增长 26%；政府性基金预算收入 11 亿元，支出 5.23 亿元；国有资本经营预算收入完成 16 万元，支出 13 万元；社会保险基金收入 1.21 亿元，支出 0.99 亿元；财政专户管理资金收入 1970 万元，支出 1952 万元。金融机构各项存款余额 236.67 亿元，增长 7.6%。各项贷款余额 131.98 亿元，增长 27.6%。

【重大项目建设】 2017 年，全县重大项目 133 个，总投资 580.2 亿元，其中，续建项目 31 个，新开工项目 76 个，储备项 26 个。落实 28 个县级特别重大项目、127 个县级重大项目推进责任，全年重大项目完成投资 82.5 亿元。全年完成投资 100.5 亿元，占年度计划 107.3%。

【科技创新】 2017 年，获上级科技计划项目立项 17 个，立项经费 138 万元。四川金岁方药业有限公司、县中医医院、四川巴尔农牧集团有限公司等 4 家企业获市科技进步奖、专利奖。专利申请 168 件，授权专利 58 件。四川大农和农业开发有限公司被命名为市第五批院士（专家）工作站。

【统计工作】 2017 年，抽取 11 个乡镇、15 个调查小区、150 个住户作为收支调查户。落实生猪存栏、出栏、补栏数据。重新抽选并确定粮食产量对地遥感抽样调查样本，全县样本村 20 个。完成第三次全国农业普查入户登记、数据处理、评先评优和评估总结工作。完成全县 27 个乡镇、345 个村（居）普查区、4016 个普查小区纸质普查表和 PDA 同步登记、录入、上报工作。

【审计工作】 2017 年，完成各类审计项目 65

个，审计查出金额3.2亿元。完成县财政局荣县2016年国家农业综合开发高标准农田建设项目资金审计等7个项目专项资金审计或审计调查，审计专项资金总额1.57亿元。开展县级财政2016年预算执行审计，县级财政2016年决算（草案）编制审计，县地方税务局2016年税收征管情况审计，以及县人民法院等4个县级部门2016年度预算执行情况和其他财政收支情况审计，审计查处问题金额2.48亿元。完成36个政府性投资项目竣工决（结）算审计，核减工程造价4177万元。

【市场监督管理】 2017年，完成各类食品抽送检677批次、食品快速检测1284批次、药品抽送检91批次、化妆品抽送检15批次。食品药品合格率97.55%，未发生重大以上食品药品安全事件。开展食品药品、保健产品等专项整治行动42项，查处办结食品药品类案件233件，案件罚没款108.35万元。新增商标注册20件，新培育省著名商标2件、知名商标4件，转让及名义变更8件。

城乡建设

【城乡规划】 2017年，旧城控规、河西新区拓展区控规通过县规委会审议；荣县城市设计工作启动；“两河四岸”一期、梧桐湖片区城中村、双溪湖片区城中村棚户区改造工程启动前期规划设计工作；完成双溪生态旅游小镇及双溪水库涵养管护道规划设计；荣县东西入口功能改造提升工程完成规划红线范围、设计方案审查、施工图设计；旭水河流域生态修复工程完成项目招标工作，进行河道整治和景观设计工作；完成原S305线和两条高速公路300米可视范围农房风貌整治方案规划设计工作。完善高山镇、复兴乡总规，观山镇等8个镇乡总规报批。

【基础设施建设】 2017年，完成长山镇、双石镇国家级重点镇、省级试点镇建设项目；荣县辖区内高速路和G348国道房屋风貌整治工作一期竣工验收；城区东西入口功能提升改造工程进行管网改造（雨污水管道建设）、道路系统改造，完成开挖管槽2400米，土石方约6万立方米，砼浇筑约1530立方米，雨污水管各安装约2400米，完成80%临街建筑立面风貌整治工作。

【市政设施】 2017年，维修线路4500余米，更换路灯750余盏。对城区主街主道5000米下水道进行清掏，修复破损人行道、道路500余平方米；路沿石200余米；修复更换井盖250块。完成新城夜宵集中摊区扩容升级及北门桥桥面维修等工程，引进四川能投智慧城市投资有限公司投入2983.28万元，实施荣县智慧城市物联网平台建设及路灯节能升级改造及排危改造项目。

【交通与通信】 2017年，全县公路总里程2647.22公里，其中，高速公路59.38公里，国道57.87公里，县道294.67公里，乡道281.25公里，村道1929公里，专用公路24.6公里。有机动车7.1184万辆，其中，汽车2.19万辆，摩托车4.92万辆。公交车8路，营运公交汽车34辆。出租汽车80辆。邮电业务总量4.69亿元，邮电主营业务收入3.99亿元。本地固定电话用户7.30万户，移动电话用户47.23万户，国际互联网用户11.19万户。

【水利设施】 2017年，建设县雨水管渠、防涝管网和县城污水管网工程项目，总投资6.7亿元。投资3600万元，完成旭阳药业至县供电局左幅路段2.4公里和旭水大桥段0.3公里雨水、污水管网铺设；投资2517.61万元，在14个乡镇、16个村实施小型农田水利、高效节水灌溉工程项目。投资951.2万元开工建设应急抗旱水源工程，完成建设任务的80%。投资181万元完成小型水库移民扶持基金工程项目。投资1.9亿元，完成荣县双龙桥水库建设工程项目EPC招标和道路拓宽2公里及堆料场地平整工作。预算总投资15.41亿元，启动荣县旭水河流域生态修复工程项目。

【村镇建设】 2017年，全县完成40个幸福美丽新村、1个特色乡镇、1个中心村、2个新村聚居点、3个新农家大院建设任务，总体投资1.76亿元。创建年度省级“四好村”20个、市级“四好村”74个，命名县级“四好村”105个。

【房地产】 2017年，全县房地产开发投资13.37亿元，比2016年增长2.6%。全部商品房屋施工面积110.60万平方米，增长16.2%；销售商品房5863套（间），面积45.3万平方米，销售额26.1亿元。

【保障性住房】 2017年，263套公租房开工建设，来牟镇学校、东兴镇学校公租房竣工验收投入使用。公开购买的749套公租房签订购买合同，实现开工建设。全年发放住房租金补贴7661户，补贴1.45万人，保障面积78.9万平方米，发放补贴资金157.81万元。

【棚户区改造】 2017年，东街、附东街和东桥街棚户区改造项目A地块1号楼实施主体工程建设，B地块进场施工，C地块基础施工基本完成；旭阳镇朝阳片区棚户区改造工程基本完成。新开工棚改项目5个，总任务8840户。启动城区“两河四岸”（一期）棚户区改造项目模拟签约工作，B2、B3、C1、C2及D2地块正式征收完成，进入房屋拆除程序，其中C1、C2全部拆除，并兑付完成349户征收补偿款。

【农村危破房建设】 2017年，争取农村危房改造指标2333户，补助资金3841.6万元。完成全县土坯房调查摸底及“四类人员”住房情况调查摸底工作。

【供电】 2017年，供区内有220千伏变电站1座，110千伏变电站4座，35千伏变电座7座，总容量9.13万千伏安；输电线路58条，其中，35千伏线路9条、10千伏线路49条，线路总长1127.13公里。全年完成售电量（含金龙）5.1亿千瓦时，农业生产、居民、商业等用电分别增长38.25%、9.07%、29.66%。累计实现售电收入3.05亿元。

【供气】 2017年，供区内有配气站1座，Φ219、Φ159、Φ108供气主管各1根，输气里程17.5公里，城区环状输气管道240公里，累计发展城市天然气用户6万余户，其中工商用气2000余户。投入整改资金169万元，对城区地埋钢质燃气管线及部分老旧燃气设施进行更新改造。全年销售天然气3120万立方米，户安工程4527户。

【供水】 2017年，供区内有集中供水工程39处（县城2处、乡镇37处）；有生活污水处理厂（设施）32处（县城1处、乡镇31处），日处理生活污水能力4.42万立方米，完成处理生活污水1025.5万立方米；完成县城区污水处理设施配套管网工程锁江桥至县城污水处理厂段建设任务；完成旭阳中心水厂项目工程建设和业主初验任务。

【环境保护】 2017年，城区环境空气质量达标天数256天。接受中央、省和市三级环保督察，自查环境问题38个。中央环保督察组现场点位问题9项，完成整改8项，推进整改1项。清理“小散乱污”企业58户，完成整治42户。征收排污费144.18万元，收缴罚没收入605.78万元。推行“河长制”，完成越溪河、旭水河、沙溪河、东川水、月波河等18条主要河流的“一河一策”方案编制；实施河道水面清漂保洁、河岸垃圾清理、取缔网箱养鱼、治理各类污水直排入河、取缔禁养区规模化畜禽养殖、开展污染源调查6个专项行动，清理水面漂浮物1.2万余吨，清理河岸垃圾1000余吨，关闭畜禽养殖场121户，取缔网箱养鱼1处，关闭和限期关闭“小散乱污”企业24户、整改和限期整改企业34户。

【饮用水源保护】 2017年，建立《荣县集中式饮用水巡查制度》，实行部门、乡镇、村组三级管理方式。投入800万元，对长山镇、来牟镇、观山镇、复兴乡和铁厂镇集中式饮用水源地保护区实施规范化建设。建设6立方米沼气池210个、20立方米沼气池81个、45立方米沼气池9个，化粪池10个。投入620万元，对19个乡镇集中式饮用水水源地规范化建设，安装物理隔离网3.1万余米，设置标志标牌300余块。

【国土资源管理】 2017年，上报农用地转用计划内指标84.67公顷，争取计划外指标31.66公顷。完成A3－15地块、A3－15b地块、A4－01地块收储。拍卖成交2宗国有建设用地使用权，出让面积9.26公顷。成交4宗国有建设用地使用权，出让面积2.8公顷，成交价款2345.83万元。投资3亿元在过水镇等5个乡镇实施的增减挂钩试点项目，拟结余挂钩周转指标59.76公顷。

【小井沟水利工程建设】 2017年，大坝填筑至设计坝顶高程430.2米。4#—10#副坝完工，完成总工程量99.5%。输水干渠工程全面完成。10月10日充水试验成功，10月15日试通水成功并向旭水河补水，11月1日正式向双溪水库补水，12月20日完成补水目标。

文化建设

【公共文化建设】 2017年，申报创建省级现代公共文化服务体系示范县。建成县级“四馆两中心”、乡镇文化站27个、村（社区）综合文化活动室296个、农家（社区）书屋346个。完成“省市非遗保护项目”“省级民间文化艺术之乡”阵地设施建设。完成漫画村创作培训基地建设，成立荣县农民漫画创作基地。实施“三馆一站”免费开放等文化民生工程，免费开放3万小时，接待6.55万人次；吴玉章故居陈列馆、军政府旧址等爱国主义教育基地免费接待参观者2.5万人次。是年，“玉章故里”创建为国家AAAA级景区。

【精神文明建设】 2017年，在全县开展12大类20个核心价值观示范点建设，全市社会主义核心价值观建设现场经验交流会在荣县召开，荣县在会上作经验交流并被推荐为省级示范县。命名县级文明村镇88个、文明单位10个、文明社区5个、文明窗口2个、文明行业2个。命名“荣县十大文明校园”和“荣县十佳文明家庭”各10个。评选出第五届荣县道德模范10人、“荣县好人”20人、最美家庭10户、星级文明户60户，美德少年10人。开展“学习雷锋做美德少年”“向国旗敬礼”、家风家训进学校等主题活动。开展“乡村学校少年宫”“做一个有道德的人”“心海护航”示范学校建设。旭阳镇富南学校和乐德镇小学校获评省文明校园。成立“创文”指挥部，重点建设新城广场、星河公园等18个“创文”主题宣传示范点，对12个城区社区、30个行业窗口、17个重点责任单位实施督查。

【文化体育活动】 2017年，举办“龙腾狮跃闹元宵”非物质文化遗产展演暨春晚节目选拔活动颁奖晚会、《中国恐龙》邮票发行仪式暨“书香荣州·全民阅读”经典诵读、喜迎十九大暨春晚乡镇海选系列活动、送文化下乡等县、乡、村三级群众文化活动900余场次。完成年度农家书屋补充更新配送发放工作。开展元旦万人长跑、足球赛、第三届乒乓球联赛、篮球赛等体育活动50余场次。

【文物遗产保护】 2017年，完成第七批市级文物保护单位申报资料报送工作，开展第九批省级文物保护单位申报相关准备工作。完成吴玉章故居陈列馆保护维修工程相关工作，《四川散见唐宋佛道龛窟内容总录·自贡卷》编撰出版发行。开展文物征集，征集石碑7通，木刻2块。完善文物保护单位“四有”档案和馆藏文物记录档案工作。

【新闻出版与广电事业】 2017年，制作播出《荣县新闻》260期，2500余条；生活服务栏目《荣山旭水》100期、特色栏目《廉洁荣州》3期；制作《城乡环境整治乱曝光片》专题片。推进广播电视“村村通”“村村响”工程建设。发展双向数字电视用户3000余户，完成3552场电影放映任务。完成“村村响”第三期100个行政村设备维护任务。推进农村电影公益放映全数字化，全年放映场次3558场，累计观影人数14.25万人次，实现“一村一月一场电影”。

【档案管理】 2017年，完成全县133个重大建设项目档案登记和督导工作。投入50余万元实施年度馆藏部分档案数字化项目，完成全文数字化馆藏132万页。全年接待查阅利用档案2.69万人次、2.89万卷次。

【地方志工作】 2017年，《荣县年鉴（2017）》编纂出版，《荣县大事记》出刊4期。完成《四川年鉴·市州县》《自贡年鉴（2017）·区县》涉及荣县图文资料征编报送工作。开展《乡镇概览》编纂。参与“千年古县”申报工作，完成“建置沿革、历史地位、历史文化、地方文化”等版块文字5万余字，提供图片30余幅。

社会建设

【教育】 2017年年末，全县有各级各类公办学校60所，其中，普通高中4所、职业中学2所、单设初中5所、九年制学校19所、小学25所、幼儿园3所、特校1所、电大进修校1所。学校附设幼儿园50所、民办幼儿园69所、民办职业中学1所。学生6.59万人，其中，高中1.01万人、初中1.31万人、小学3.10万人、在园幼儿1.17万人。有在职教师3899人。高考文考一本上线400人，上线率居全市第一；文科一本上线率超出全省平均水平。接受国家教育督导团复核，“全国义务教育均衡发展县”获评估认定。荣县中学被评为“省级应急教育示范学校”，荣县一中创建为“四川省阳光体育示范学校”；富南学校、乐德学校创建为“四川省文明校园示范学校”；县青少年代表团参加市第十三届运动会获团体总分第一名。

【卫生与计划生育】 2017年，全县医疗卫生机构576个，其中，综合医院9个、中医医院1个、中西医结合医院1个、专科医院2个、妇幼保健院1个、疾病预防控制中心及卫生计生监督执法大队各1个、乡镇（中心）卫生院27个、社区卫生服务中心（站）3个、村卫生室438个、门诊部1个、个体诊所83个、医务室8个。卫生计生人员3875人。是年，为1.76万户发放计生扶助2965.39万元，为2.01万名农村妇女开展宫颈癌检查，为2080名农村妇女开展乳腺癌检查，免费婚前体检3168.5对。创建国家级卫生乡镇1个；省级卫生乡镇2个、卫生村14个、卫生单位8个、无烟单位8个；市级卫生乡镇3个、卫生村14个、卫生单位8个、无烟单位8个。是年，荣县创建为省级妇幼卫生优质服务先进县、全省医疗信息化应用示范县、全省饮用水卫生监测示范区。

【社会保障】 2017年，全县机关事业单位养老保险参保1.67万人，其中，离退休6900人、在职9800人；企业职工基本养老保险参保12.29万人，其中，离退休6.30万人、在职5.99万人；城乡居民养老保险参保27.4万人；城镇职工医疗保险参保1.70万人；居民基本医疗保险参保58.74万人；失业保险参保1.24万人；工伤保险参保3.08万人；生育保险参保1.38万人。征收机关事业单位养老保险费1.87亿元、企业职工养老保险费10.23亿元、城乡居民养老保险费1986万元、城镇职工基本医疗保险费1.12亿元、居民基本医疗保险费9797万元、失业保险费3651.01万元、工伤保险费1603.12万元、生育保险费394.63万元。支付机关事业单位退休人员养老金3.28亿元、企业离退休人员养老金11.83亿元、城乡居民养老保险金9651万元、医疗保险金4.52亿元、失业保险金2764.96万元、工伤保险金3532.28万元、生育保险金735.91万元。完成首批“老机保”个人缴费清退工作，清退6401人2317.19万元。

【人事管理】 2017年，全县公招公务员（参公人员）76人、事业人员355人。评审初级专业技术职称327人，评审中级专业技术职称170人。办理初、中、高级专业技术资格证书3600余个。完成机关553人、事业6874人正常晋升工作。办理机关64人、事业单位201人退休，认定174人连续工龄，审批27人享受遗属生活困难补助，审批7人享受浮动工资。

【就业服务】 2017年，城镇新增就业8707人，城镇登记失业率4.2%。转移农村劳动力24.98万人，劳务收入44.96亿元。开展专场招聘会24场，提供就业岗位3758个。受理劳动者维权举报投诉案54件，涉及劳动者4234人次，兑现拖欠劳动者工资6100万元。处理劳动人事争议案725件，其中调解结案321件，涉案金额483万元。

【民政工作】 2017年，争取民政资金1.87亿元，民政系统完成固定资产投资1.10亿元。县光荣院建设工程验收合格交付使用，救灾储备库项目启动，县殡仪馆改扩建项目进入实施阶段。城市低保新增506人，退出3312人；农村低保新增3488人，清退4622人。全县城市低保对象1.23万户2.05万人，月保障金额545.01万元，累计保障26.35万人次，累计保障金额6837.59万元；农村低保对象2.35万户2.80万人，月保障金额422.42万元，累计保障33.97万人次，保障金额5127.55万元。城乡医疗救助10.18万人次，救助金额3382.19万元。有乡镇敬老院27所，五保供养人数6775人，集中供养1642人。孤儿65人，其中社会散居64人，发放孤儿养育金57.83万元。为2.93万人发放冬春救助资金407.15万元。发放优抚对象抚恤补助3587.51万元，新批享受优抚待遇161人。拨付福彩公益金144.18万元，用于改造提升福利机构和其他公益事业。新成立荣县慈善会，接收各界捐款95.93万元，救助困难群众125人143.62万元。火化遗体5419具，火化率100%。办理婚姻登记9127对。完成第十届村（居）民委员会换届选举，选举产生村（居）民委员会成员1176人。成立登记社会组织8个，注销5个，变更15个。办理老年优待证2084本。旭阳镇金鱼村、双古镇白云桥村、铁厂镇大平村老协被省老龄办确定为年度敬老爱老助老基层示范点。

【扶贫移民工作】 2017年，组织实施中央、省、市、县扶贫开发项目，其中，中央、省第一批财政专项扶贫开发项目资金1105万元、第二批扶贫开发项目资金378万元；市级第一批财政专项扶贫资金项目资金105万元、第三批财政专项扶贫资金项目资金180万元；县级第一批财政专项扶贫资金产业扶持入户项目资金500万元，第二批县级扶贫开发项目资金200万元。整合资金8.2亿元进行扶贫开发，其中用于贫困村、贫困户资金1.15亿元，实施项目（政策）79个。建立28个扶贫协会，成立自贡首个政协委员爱心助困帮扶金。投入贫困村产业扶持基金1600万元，培育21个地方特色农产品品牌，建成20万亩菜畜、20万亩果畜、80万亩优质粮油、7万亩蚕桑、5万亩健康水产养殖基地、30万亩茶及油茶基地。建立5554名农村移民后期生活补助档案和专门账户，兑现补助资金333.24万元。争取到位大中型水库移民后期扶持项目资金460万元，项目在留佳镇、保华镇等10个乡镇实施。完成搬迁安置8713人。规划农村移民集中安置点3个、移民新村15个，竣工16个，在建1个。建立健全干部驻村帮扶工作“五个制度”，全县28名县级领导、90个县级部门、33个驻村工作组、32名第一书记、32名农技员与32个贫困村结成一对一帮扶。

【安全生产】 2017年，建成望佳镇、高山镇2个省级安全社区。13个煤矿、9个非煤矿山企业和危化品及烟花爆竹企业安全生产标准化率100%。2个煤矿按新标准建成二级安全生产标准化示范矿井，1个煤矿完成机械化改造，2个煤矿关闭。建微型消防站54个。修订《荣县安全生产事故灾难应急预案》总体预案1个、专业预案5个、部门预案12个，开展应急演练12次。开展矿产检查93次，查出安全隐患609条。全年安全事故80起，死亡17人，直接经济损失242.2万元。

【残疾人帮扶】 2017年，县“量服”平台入库残疾人2.73万人，提供个性化服务需求34.74万项次。荣县被表彰为2016年度全省“量服组联”工作先进单位。为5608名重度残疾人发放重度护理补贴367.87万元。投入56万元，为1247名贫困残疾人适配辅助器。投入30万元，为36名脑瘫残疾儿童实施手术或康复训练。救助贫困家庭重度听力残疾儿童8人。投入23.31万元，完成84户残疾人无障碍改造。实施白内障患者免费复明手术450例。为260名精神病人提供定额免费服药。为490名智力残疾人提供护理等服务。筛查确定80名智力残疾儿童到定点康复机构进行康复训练。投入28.19万元，为7559残疾人开展培训。投入12.68万元，帮扶1445名贫困残疾人发展生产。青松液化石油气有限责任公司、来牟镇裕源生猪养殖家庭农场、复兴乡健康超市被市残联命名为残疾人创业示范基地；观山镇大坝坪村茶场、龚良贵家庭农场、廖付金生猪养殖场、伍学军艺术工作室被市残联命名残疾人创业示范户。是年，征缴残保金511万元。

【居民生活】 2017年，城镇常住居民人均可支配收入2.96万元，比2016年增长9.08%。城市居民人均消费性支出2.06万元，增长7.55%。农村常住居民可支配收入1.42万元，增长8.90%。农村居民人均消费支出1.24万元，增长8.63%。

乡镇概况

【旭阳镇】 辖区面积140.04平方公里，其中城区面积14.5平方公里。辖26个村329个村民小组、13个社区197个居民小组。2017年年末，总人口15.74万人，人口自然增长率2.8‰。耕地面积3663.13公顷，林地面积2878.10公顷，森林覆盖率33.4%。全年地区生产总值89.9亿元，工业总产值67.45亿元，社会固定资产投资5亿元，招商引资5.21亿元，城镇居民人均可支配收入2.96万元，农村居民人均可支配收入1.72万元。

【留佳镇】 辖区面积82.68平方公里，辖13个村234个村民小组、1个社区9个居民小组。2017年年末，总人口3.97万人，人口自然增长率2.1‰。全年地区生产总值8.63亿元，工业增加值3586万元，社会消费品零售总额1.05亿元，城镇常住居民人均可支配收入2.96万元，农村常住居民人均可支配收入1.42万元，招商引资3.17亿元。地方公共财政收入1901.22万元，财政预算支出1902.79万元。

【双石镇】 辖区面积56.98平方公里。辖12个村245个村民小组、2个社区10个居民小组。2017年年末，总人口3.78万人，人口自然增长率负3.68‰。耕地面积2884公顷，林地505.74公顷，林木覆盖率9%。全年地区生产总值11.02亿元，规模以上工业总产值7.67亿元，社会固定资产投资完成2.74亿元，社会消费品零售总额3.27亿元，城镇居民人均可支配收入2.85万元，农村居民人均可支配收入2.25万元。

【乐德镇】 辖区面积87.61平方公里，辖17个村213个村民小组、2个社区。2017年年末，总人口3.33万人，人口自然增长2.21‰。耕地面积2753.33公顷，林地面积1783.68公顷，森林覆盖率24.5%。全年地区生产总值7.41亿元，农业总产值2.74亿元，社会固定资产投资1.8亿元，招商引资1.59亿元，社会消费品零售总额3.6亿元，农民人均纯收入1.25万元。

【长山镇】 辖区面积80.06平方公里。辖13个村190个村民小组。2017年年末，全镇总人口3.45万人，人口自然增长率1.38‰。耕地面积1520公顷，林地3286.67公顷，森林覆盖率45.5%。全年地区生产总值22.22亿元，工业总产值10.41亿元，农业总产值1.29亿元，全社会固定资产投资3.22亿元，社会消费品零售总额3.17亿元，城乡居民人均可支配收入2.43万元。

【高山镇】 辖区面积70.01平方公里，辖22个村224个村民小组、2个社区5个居民小组。2017年年末，总人口3.02万人，人口自然增长率0.88‰。耕地面积1995.5公顷，林地面积1144.84公顷，林木覆盖率25%。全年全社会固定资产投资1.56亿元，社会商品零售总额7611万元，工业总产值6.2亿元，农业总产值3亿元，农民人均纯收入1.49万元。

【双古镇】 辖区面积95.77平方公里，辖18个村203个村民小组、1个社区。2017年年末，总人口2.55万人，人口自然增长率0.7%。全年地区生产总值8.15亿元，工业增加值2.47亿元，全社会固定资产投资2.13亿元，社会消费品零售总额8558万元，公共财政预算收入675.47万元，城乡居民人均可支配收入1.39万元。

【度佳镇】 辖区面积83.41平方公里，辖11个村194个村民小组、2个社区6个居民小组。2017年年末，总人口2.69万人，人口自然增长率负0.34‰。耕地面积1958公顷，林地面积120公顷，森林覆盖率32%。全年地区生产总值18.2亿元，工业总产值13亿元，全社会固定资产投资1.91亿元，社会消费品零售总额0.31亿元，城乡居民人均纯收入1.35万元。

【来牟镇】 辖区面积56.94平方公里。辖9个村189个村民小组、2个社区6个居民小组。2017年年末，总人口2.64万人，人口自然增长率负1.8‰。耕地面积1651公顷，森林面积2028公顷，森林覆盖率39%。有乡镇企业37户。全年农业总产值4.2亿元，工业总产值32亿元，固定资产投资3.6亿元，招商引资2.4亿元，农民人均可支配收入1.53万元、增长14.5%。

【保华镇】 辖区面积66.93平方公里，辖10个村149个村民小组、2个社区3个居民小组。2017年年末，总人口2.37万人，人口自然增长率负1.82‰。耕地面积1666.27公顷，林地面积906.67公顷，森林覆盖率32.6%。全年地区生产总值4.73亿元，农业总产值3.7亿元，工业产值1.034亿元，固定资产投资1.64亿元，全社会商品零售总额3.8亿元，招商引资2.7亿元，农民人均可支配收入1.48万元。

【过水镇】 辖区面积48.47平方公里。辖9个村163个村民小组、2个社区。2017年年末，总人口2.35万人，人口自然增长率负0.98‰。耕地面积1726.67公顷，林地240公顷，森林覆盖率21%。全年地区生产总值3.54亿元，全社会固定投资1.43亿元，社会商品零售总额230.9万元，招商引资2.96亿元，城乡居民人均可支配收入1.52万元。

【鼎新镇】 辖区面积53.3平方公里，辖11个村143个村民小组、1个社区5个居民小组。2017年年末，总人口2.26万人，人口自然增长率负2.38‰。耕地面积1666.67公顷，林地面积1215公顷，森林覆盖率45.8%。全年地区生产总值8.56亿元，农业总产值7.4亿元，固定资产投资1.01亿元，招商引资1.87亿元，社会商品零售总额2.1亿元，农民人均纯收入2.02万元。

【东佳镇】 辖区面积79.93平方公里，辖8个村146个村民小组、1个社区5个居民小组。总人口2.09万人，人口自然增长率负0.69‰。耕地面积1968公顷，林地面积520公顷，森林覆盖率41.45%。地区生产总值7.43亿元。工业总产值6900万元，全社会固定资产投资1.16亿元，社会消费品零售总额1.82亿元。农民人均纯收入1.47万元。

【河口镇】 辖区面积66.44平方公里。辖8个村162个村民小组、2个社区3个居民小组。2017年年末，总人口2.06万人，人口自然增长0.15‰。耕地面积1632.47公顷，林地面积1379.5公顷，森林覆盖率36.52%。全年地区生产总值5.59亿元，工业总产值5830万元，农业总产值1.47亿元，农民人均纯收入1.34万元，社会消费品零售总额4321.32万元，社会固定资产投资6935万元，招商引资2.09亿元。

【望佳镇】 辖区面积31.91平方公里，辖11个村145个村民小组、1个社区5个居民小组。2017年年末，总人口1.97万人，人口自然增长率3.02‰。耕地面积1413.33公顷，森林覆盖率11.5%。有乡镇企业4个。全年工业总产值3287万元，农业总产值2.23亿元，招商引资1.6亿元，农民人均可支配收入1.9万元。

【观山镇】 辖区面积44.28平方公里，辖18个村150个村民小组、2个社区8个居民小组。2017年年末，总人口1.99万人，人口自然增长率0.052‰。耕地面积1326.67公顷，森林覆盖率35%。全年地区生产总值6.06亿元，农业增加值2.85亿元，乡镇企业总产值2.75亿元，招商引资1.24亿元，社会固定资产1.24亿元，社会商品零售总额1.71亿元，农民人均纯收入1.48万元。

【新桥镇】 辖区面积52.41平方公里，辖8个村100个村民小组、1个社区5个居民小组。2017年年末，总人口1.82万人，人口自然增长率2‰。耕地面积1420公顷，森林覆盖率35%。乡镇企业14个，其中规模以上企业3家。全年工业增加值6250万元，全社会固定资产投资1.5亿元，招商引资2.88亿元，招商引资2.20亿元，农民人均纯收入1.41万元。

【古文镇】 辖区面积49.90平方公里，辖10个村129个村民小组、2个社区。2017年年末，总人口1.6万人，人口自然增长率负1.43‰。耕地面积2106.22公顷，森林覆盖率40.86%。全年地区生产总值4.11亿元，农业总产值1.86亿元，工业总产值9732万元，财政总收入1300万元，固定资产投资1.39亿元，社会消费品零售总额2.64亿元，农民人均纯收入1.25万元。

【铁厂镇】 辖区面积59.2平方公里，辖10个村108个村民小组、1个社区。2017年年末，总人口1.31万人，人口自然增长率负1.29‰。耕地面积708公顷，林地面积2866公顷，森林覆盖率48%。有乡镇企业14个。全年地区生产总值7.05亿元，农业总产值1.26万元，全社会固定资产投资1.1亿元，招商引资1.87亿元，社会商品零售总额3.2亿元。

【正紫镇】 辖区面积37.64平方公里。辖8个村75个村民小组、1个社区4个居民小组。2017年年末，总人口1.07万人，人口自然增长率1.1‰。耕地面积1703.7公顷，森林覆盖率28.6%。有乡镇企业2个。全年地区生产总值1.22亿元，农业总产值1.99亿元，社会固定资产投资1.2亿元，社会消费品零售总额9186.2万元，招商引资2.22亿元，农民人均纯收入1.29万元。

【东兴镇】 辖区面积58.08平方公里，辖6个村64个村民小组、1个社区。2017年年末，总人口7826人，人口自然增长率3.32‰。耕地面积

551.6 公顷，林地面积 4153.33 公顷，森林覆盖率 69.5%。有乡镇企业 10 个。全年地区生产总值 4.14 亿元，工业总产值 2.84 亿元，农业总产值 8586 万元，社会固定资产投资 8023 万元，社会消费品零售总额 4180 万元，招商引资 1.5 亿元，农民人均纯收入 1.96 万元。

【古佳乡】 辖区面积 38.09 平方公里，辖 8 个村 89 个村民小组、1 个社区 1 个居民小组。2017 年年末，总人口 1.05 万人，人口自然增长率 1.35‰。耕地面积 839.73 公顷，林地面积 1063.27 公顷，森林覆盖率 38.9%。有乡镇企业 16 个。全年地区生产总值 9233 万元，农业总产值 1.24 亿元，乡镇企业总产值 945 万元，招商引资 1.60 亿元，农民人均纯收入 1.28 万元。

【复兴乡】 辖区面积 21.52 平方公里，辖 8 个村 74 个村民小组、1 个社区 1 个居民小组。2017 年年末，总人口 8338 人，人口自然增长率负 1.68‰。耕地面积 566.13 公顷，林地面积 551.73 公顷，森林覆盖率 79%。有乡镇企业 3 个。全年地区生产总值 9993 万元，固定资产投资 5000 万元，社会商品零售总额 6000 万元，农业总产值 4510 万元，乡镇企业产值 800 万元，城乡居民人均可支配收入 1.30 万元。

【墨林乡】 辖区面积 43.03 平方公里。辖 7 个村 73 个村民小组、1 个社区。2017 年年末，总人口 8380 人，人口自然增长率负 5.2%。耕地面积 508.33 公顷，林地面积 2800 公顷，森林覆盖率 65%。乡镇企业 4 个。全年地区生产总值 2.41 亿元，工农业总产值 1.08 亿元，农业增加值 372.69 万元，固定资产投资和招商引资 6463.8 万元，农村居民人均可支配收入实现 1.15 万元。

【雷音乡】 辖区面积 37.34 平方公里，辖 4 个村 60 个村民小组、1 个社区。2017 年年末，总人口 8149 人，人口自然增长率 3.25‰。耕地面积 596.2 公顷，森林覆盖率 60%。全年地区生产总值 1.16 亿元，农业总产值 8596 万元，招商引资 1.11 亿元，农民人均纯收入 1.24 万元。

【于佳乡】 辖区面积 21.49 平方公里，辖 6 个村 60 个村民小组、1 个社区 3 个居民小组。2017 年年末，总人口 8090 人，人口自然增长率 3.58‰。耕地面积 451 公顷，林地面积 677 公顷，森林覆盖率 43%。有乡镇企业 15 个。全年地区生产总值 1.09 亿元，农业总产值 5437 万元，全社会固定资产投资 6364 万元，社会消费品零售总额 6324.6 万元，乡镇企业收入 2620 万元，农村居民人均可支配收入 1.20 万元。

【金花乡】 辖区面积 41.54 平方公里。辖 5 个村 63 个村民小组、1 个社区。2017 年年末，总人口 6918 人，人口自然增长率 2.43‰。有耕地面积 933.33 公顷，森林覆盖率 60.2%。全年全社会固定资产投资 7260 万元，社会商品零售额 2100 余万元，招商引资 8425 万元。

（荣县地方志办）

富顺县

概　貌

【位置 面积 人口】 富顺县地处四川盆地南部、沱江下游，位于北纬 28°55′～29°19′、东经 104°40′～105°16′。东邻内江市隆昌市、泸州市泸县；南接宜宾市南溪区、江安县；西靠自贡市沿滩区，宜宾市宜宾县；北连自贡市大安区、沿滩区，内江市隆昌市。县政府驻地富世镇，距省会成都 200 余公里。2017 年年末，辖区面积 1342 平方公里，人口 107.56 万人。其中，农业人口 67.16 万人，常住人口 77.39 万人，城镇化率 40.51%。人口出生率 11.46‰，人口自然增长率 4.96‰。

【建置沿革】 富顺县原为古代江阳县治域，北周天和二年（567）划出富世盐井及周围地区，设雒原郡及所辖之富世县。隋开皇二年（582），撤郡存县，隶于泸州，县域约1500平方公里。唐贞观二十三年（649），更名富义县。北宋乾德四年（966），升县为监，隶于梓州（潼川）府路，境域约3000平方公里。太平兴国元年（976），改名富顺盐监。元世祖至元十二年（1275），改富顺监为富顺安抚使司；至元二十年（1283），升为州，隶于四川行中书省之叙州路。明洪武四年（1371），降州为县，隶于叙州府。清代因之。民国前期，先后隶于川南道、永宁道。民国17年（1928），裁道，隶属四川省。民国24年（1935），隶于四川省第七行政督察区，县域2208平方公里。中华人民共和国成立后，先后隶于泸县、隆昌、泸州、宜宾专区。1983年3月，划归自贡市管辖。2001年4月，撤区并镇，全县辖27个镇、4个乡。2005年7月，自贡市区划调整，县域庙坝镇、牛佛镇、回龙镇划归大安区管辖，瓦市镇、仙市镇划归沿滩区管辖，辖区面积由1603平方公里减为1342平方公里，全县辖22个镇、4个乡。

【地质水文】 县境地势由北向南倾斜，地形以馒头状浅丘为主，占总面积90%以上。浅丘多由页岩和泥岩组成，相对高度20～60米，坡缓土厚，宜耕种。河流属沱江水系，沱江由北向南纵贯县境，境内河段长94公里，年径流总量110.7亿立方米。另有大小溪河367条，其中，长度10公里以上、流域面积30平方公里以上溪河25条，长度50公里以上、流域面积100平方公里以上溪河3条。

【气候】 2017年，气候特点是气温偏高，日照偏多，降水偏少且时空分布不均。冬、夏季气温异常偏高，冬季为有记录以来最暖冬季，盛夏高温酷热持续时间长；春、秋季气温正常略偏高，连阴雨、秋绵雨天气明显。汛期暴雨天气次数较常年略偏少，出现“7·6”特大暴雨天气，造成严重洪涝灾害，局部出现雷暴、大风天气。年内高温酷热时间长，出现冬干、春旱、夏旱和中度伏旱天气。年平均气温18.9℃，较常年平均偏高0.9℃。年极端最高气温38.8℃，较历年最高偏低2.5℃。年极端最低气温2.1℃，较历年最低偏高3.8℃。年总降水量770.6毫米，较常年总降水量偏少24%。年总日照时数1197.8小时，较常年总日照时数偏多9%。

【自然资源】 县境自然资源丰富，沱江富顺段可开发电能6.8万千瓦，建有装机容量1.4万千瓦、1.8万千瓦水电站各1座。有煤炭、石灰石、卵石、河沙、建筑石料等矿产资源14种，矿产地148处。野生植物有药材60余种，野生动物以鸟类、鱼类为主，以及龟、鳖、野兔等。2017年年末，森林面积3.1万公顷，森林覆盖率35.8%，主要树种有马尾松、杉树、大头茶桉、泡桐、笋竹等。有耕地面积7.18万公顷，主要种植水稻、小麦、玉米、高粱、红薯等粮食作物和花生、油菜、大豆、芝麻、甘蔗、优质柑橘、茶叶、蚕桑等经济作物。禽畜养殖以生猪、肉牛、黑山羊、鸡、鸭、鹅、兔为主。

【旅游资源】 县城有国家级文物保护单位富顺文庙、省级文物保护单位“戊戌六君子”之一的刘光第墓，有西湖、五府山、钟秀山、千佛寺、回澜塔、天然石佛、福源灏清代民居、后街—市中花园古城区等景区景点，富顺文庙·西湖景区创建AAAA级景区。因黄泥滩、黄葛灏电站筑坝拦江发电，在县境沱江段形成2座人工湖；沿江有明清建筑风貌保存完好的四川省历史文化名镇——狮市古镇，中国历史文化名镇——赵化古镇，以及与合川钓鱼城齐名的虎头城古遗址等。青山岭山脉横贯县境东南，山中有传闻明朝建文皇帝隐居的金田寺遗址，有始建于明朝末年的普法寺，天池湖景区坐落其间；其尖山坡一带，具有独特的喀斯特地貌，有上、下仙鹅洞及仙女洞等溶洞。李桥镇五条沟景区10平方公里，山高林密，风光秀美。年末，县境有森林公园2个、旅游景区5个。

政治建设

【重大决策】 2017年，县委全面履行管党治党“两个主体责任”，3月6日，县委印发《中共富顺县委常委会议事决策规则》《中共富顺县委工作规则》《关于贯彻落实“三重一大”事项集体决策制度的实施意见》，落实党内监督制度，突出县委常委会谋大事、议大事、管大事的职责，推进科学民主依法决策，防范决策风险。11月6日，县委印发《富顺县落实市委巡察组反馈意见整改工作方案》，对市委第三巡察组巡视县党风廉政建设和反腐败工作、执行党的政治纪律、贯彻落实中央八项规定和省委市委相关规定精神、执行民主集中制和干部选拔任用等情况反馈的4个方面存在的14条主要问题，提出整改目标、责任分工、具体措施、工作要求，确保整改落实。5月17日，县委、县政府印发《关于2017年加快推进新型工业化进程的意见》，提出目标：全县规模以上工业总产值实现328.78亿元，增长18%；规模以上工业增加值实现85亿元，增长11%，力争增长12%；培育6户成长型企业升级入统规模以上企业，力争达10户；工业固定资产投资完成24亿元，力争完成25亿元。并根据目标确定相应工作重点、措施办法。8月10日，县委、县政府印发《富顺县2017年创建第五届四川省文明城市实施方案》《富顺县2017—2019年创建第五届四川省文明城市工作规划》，提出文明城市创建一系列工作措施，确保2019年建成“省级文明城市”。

【县委工作】 2017年，县委围绕建设四川经济强县、川南教育县、宜居中等城市、撤县设市目标，开展“两学一做”常态化教育活动，组织十九大精神学习贯彻，推动脱贫攻坚、自贡衡水一中富顺学校等重大项目建设，促进经济社会协调发展。全年召开县委全委（扩大）会议、县委常委会、县委常委班子民主生活会及各类大会50余次，其中，县委常委会24次，县委全委（扩大）会议2次。全年编写《富顺信息》《社情民意》等33期，上报省市信息800余条，被采用130余条。重点课题调研25次，形成相应调研报告。围绕脱贫攻坚、重大项目、经济发展、招商引资、环境保护、安全生产等党委政府重大决策部署开展督查70余次，形成督查通报43期、发出督查提醒函5件次，约谈6个乡镇主要领导。编辑出版《中国共产党富顺执政实录（2016年卷）》、《中共富顺历史（1978—2002）》等党史资料。是年，富顺县获全市综合目标考核第一名。

【人大监督】 2017年，县人大常委会批准2016年县本级财政决算、2017年县本级财政预算调整方案，依法、及时作出同意撤县设市的决议。开展2018年预算（草案）编制、城乡建设用地增减挂钩试点、新型农业经营主体发展、市场监督管理、春耕生产备耕、“河长制”推行、河道采砂监管、金融保险和邮电信息工作及经营情况、交通运输管理及公交改革、棚户区改造及旧城复兴、赵化及狮市古镇打造、大坡上水库移民区基础设施项目建设、城乡居民医保一体化、行政服务中心建设等专题调研，推进经济强县建设。视察脱贫攻坚年度扶贫计划实施、城区缓堵保畅体系建设和管理、社会治安防控体系建设、北湖公园和釜溪河湿地公园及休闲文化广场建设、镇溪河流域饮用水水源地保护、自贡衡水一中富顺学校、西区九年制学校、富顺二中改扩建等项目推进情况。执法检查《中华人民共和国环境保护法》《中华人民共和国精神卫生法》《中华人民共和国农产品质量安全法》《中华人民共和国老年人权益保障法》《四川省食品小作坊、小经营店及摊贩管理条例》《自贡市集中饮用水水源地保护条例》6部法律法规实施情况。依法按程序任免国家机关工作人员，补选县人大代表12人、罢免1人、接受辞职10人，任命国家机关工作人员57人、免职40人、接受辞职3人。督办代表议案1件、建议意见174件。建立“三联系”制度，走访群众1.05万人次，帮助解决问题1456个。开展代表向选民报告履职情况试点工作。受理来信来访136件次。

【政府工作】 2017年，推进政府“放、管、服”改革，县政府门户网站公开政府文件、财政预决算等政务信息6489条。政府常务会“会前学法”13次，学习《中华人民共和国招投标法》《中华人民共和国民办教育促进法》《中华人民共和国统计法实施条例》《中华人民共和国审计法》等法律法规及规范性文件。围绕招商引资、项目建设、脱贫攻坚、环保、教育等重点工作，召开政府常务会议20次，作出“招商引资管理”“城市棚户区改造”“污染防治”等重大决策。举办“农特产品新春展销会”“深圳投资推介会暨项目签约仪式”“重大项目集中开工”等活动。调整产业结构，推进城乡基础设施建设，促进经济社会和谐发展，全年地区生产总值268.16亿元，比2016年增长9%。实施民生工程，全年民生支出33.81亿元。创新“六大机制”，实施“六大工程”，夯实“六大基础”，完成省定19个贫困村退出、省定5821人的脱贫任务。

【政治协商】 2017年，开展民主监督，就效能与廉政工作测评党政、公共服务部门63个，民主评议单位2个。推动参政议政与集体协商，向县委、县政府提出关于经济发展、教育强县、城乡建设、脱贫攻坚等意见建议110条，调研豆花文化村规划建设、教育强县工作，协商县城区背街小巷道路建设及亮化绿化、脱贫攻坚等工作。双月协商文物保护、城乡饮用水安全保障和县城停车难等重点工作，形成协商意见35条，县委、县政府采纳18条。民主协商及信任投票县委拟提拔任用的140名科级领导干部人选。开展“我为扶贫攻坚做件事”活动，310名政协委员全部参与脱贫攻坚，累计开展各类帮扶活动3216件次，捐赠现金和物资1000余万元，定向招录工人200余人，受益人数近10万人。全年召开常委会7次、主席会11次。县政协十五届一次全会期间收到提案180件，立案167件，提案办理满意率和基本满意率均100%。召开富顺县政协六十周年座谈会，编印《富顺政协六十周年（2007—2017）》文史丛书。在《四川政协报》等省级以上报刊、网络媒体发表稿件48篇；在《自贡日报》等市、县级报刊、网络媒体发表稿件66篇。

【纪检监察】 2017年，落实“两个责任”，构建以县委为龙头、乡镇和部门党委（党组）为支撑、村级党组织为基础的县乡村“三级联动”工作格局。查处“一案双查”“两个责任”落实不力党委2个、责任人5人。开展作风建设、“三公”经费、扶贫领域腐败等专项整治，问责139人29个单位，清退违规、违纪资金16.43万元。取消评优评先资格60人、曝光43人。升级改版《西湖问政》，开展“廉政大讲堂”30次共510人次接受教育，组织党员领导干部参加法院庭审旁听8批次300余人次，到各类教育基地接受警示教育30批次400余人次。深化“惩防衔接、一体联动”机制，发放廉情预警提示卡133张、警示卡11张。坚持每季度发放党务村务公开“明白卡”。上线阳光富顺APP，督促职能部门公示惠民政策落实情况。建立村（社区）干部廉洁履职工作体系，编制小微清单，梳理负面清单65条，实行“驾照式量化”扣分，扎紧“微权力”笼子。受理检举控告类信访举报486（件）次，处置问题线索615件，立案232件，处分231人，其中科局级干部20人（“一把手”10人）。出台《县委2017—2021年巡察工作规划》及《2017年巡察工作计划》，开展2轮常规巡察、1次专项巡察，发现问题78个，移交线索45条。是年，全县党风廉政建设社会评价满意度指数89.45，在全省排名由第37位升至第18位。

【组织工作】 2017年，深化“学、做、改”，落实县级党员领导干部双重组织生活制度，坚持党支部“三会一课”制度，开展宣讲会、讲党课2000余场次，学习中共十九大精神。开展“千师进万户”“关爱民生、健康扶贫”“我是服务明星”等示范行动，“两学一做”学习教育常态化、制度化，完成40项限期整改事项，长期整改28项事项成效明显。选派140余名领导干部和优秀年轻干部到“三个一线”工作锻炼，提拔优秀干部64人。完成县级部门和县属事业单位领导班子调整配备，选配35岁以下年轻干部59人，其中乡镇党政正职4人；使用女干部68人、党外干部16人，其中，3名女干部、2名党外干部担任部门正职。县乡干部交流44人。全县遴选正科级培养对象19人、副科级培养对象79人，采取“党校+高校+体验式教学”的方式进行培养锻炼。举办读书班，采取“领导讲+专家讲”方式，专题培训领导干部160余人，全年累计送培各类干部人才6万余人次。年末，全县有党政机关干部2623人，其中，县级领导干部31人，正科级干部193人，副科级干部373人。建有党委51个、党组36个、党总支40个、党支部921个。发展党员330人，党员总数3.24万人。

【思想政治宣传】 2017年，成立县委宣传思想工作领导小组，制订《富顺县贯彻落实党委（党组）意识形态工作责任制考核办法》，开展网络依法治理。成立“富顺县学习贯彻党的十九大精神宣讲团”“富顺县省第十一次党代会精神宣讲团”“理论骨干宣讲团”“百姓宣讲团”，宣讲700余场次，听众8万人次。制订《富顺县党委（党组）中心组2017年理论学习安排意见》，组织开展全县县级领导干部理论考试。开展"时刻听党的话·永远跟党走"爱国主义教育读书和全民阅读"六进"、第七届中国·富顺豆花文化节暨第二届文化名人故乡行等系列活动，编辑出版《富顺历史》《郑诵先诗词对联选》《易昌辑诗集》等文化系列丛书，推广传唱《富顺豆花》《小城轶事》等本土歌曲。开展社会主义核心价值观教育，推进"道德讲堂"建设，徐基本等6人被评为第四届自贡市道德模范，王万安等5人被评为"四川好人"，表扬"富顺文明好司机"30人。琵琶镇土地村和童寺镇分获"全国文明村""全国文明镇"称号，安溪镇安福村等105个村被评为县级文明村。创建省级"文明校园示范校"4所、县级"文明校园示范校"26所、县级"文明校园达标校"45所。全年播出《富顺新闻》《一周新闻回顾》300期，用稿2000余条；编辑出版《富顺宣传》100期，用稿5000余件；编发《富顺手机报》230余期，用稿1850余条。在中央电视台、人民网、中国新闻网、《四川日报》、四川电视台等中央及省级主流媒体发稿1300余篇，在《自贡日报》、自贡电视台等市级主流媒体发稿2000余篇；中央电视台大型纪录片《中国影像方志·富顺篇》在央视综合频道黄金时段播出。编辑《舆情快报》17期，创办《舆情参考》。

【政法工作】 2017年，全县政法系统开展"两学一做"学习教育常态化制度化和"四对照四提升 做忠诚卫士"专题教育。制定依法复工方案、协助拆除方案24件，现场指挥强制拆除16次，依法拆除房屋28栋1.7万平方米，确保川南城际铁路、自（贡）隆（昌）高速公路连接线、北湖公园、琵琶220千伏变电站等重大项目推进。依法处理黄桷树人防工程项目、富都建设工程有限公司等8个拖欠工程款和民工工资事件。全年社会稳定风险评估134件，收集不稳定因素136条（重点涉稳问题49条），提出化解建议46条。成功处置医患纠纷、安全责任事故28件、非正常死亡19件。立刑事案件2085件，侦破1379起（侦破命案3起，实现连续12年94起命案全破），逮捕226人，移送起诉441人。推进国家监察体制改革，县检察院内设机构合为"六部一处一组"，压缩60%，遴选25名员额检察官，建立"独任检察官+检察官办案组"办案单元，批准逮捕刑事犯罪嫌疑人207人，提起公诉513人（起诉破坏生态环境犯罪3人）。县法院推动司法改革，遴选40名员额法官，受理各类案件6886件，审执结6618件。各级调解组织排查、调处各类矛盾纠纷3699件，调解成功3679件，成功率99.5%。律师提供法律服务731件、基层法律服务649件。办理公证案件3750件，接受委托司法鉴定案件400件，法律援助案件362余件。是年，安置帮教对象621人，有社区矫正人员386人，再犯罪率控制在0.2%以内。

【统战工作】 2017年，召开迎春座谈会、党风廉政建设情况通报会等10次，收集统战对象意见和建议150余条。调研土地流转、棚户区改造、自贡衡水一中富顺学校、脱贫攻坚、北湖公园推进情况，开展送医、送春联、送科技"三下乡"活动。成立新的社会阶层人士联谊会。落实民主党派和无党派人士办公场地，考察拟发展民主党派成员21人。开展"不忘合作初心，继续携手前进""守法诚信、坚定信心"专题教育活动，组织参观宜宾赵一曼纪念馆、张澜故居、抗日战争纪念馆、邓小平故居、朱德纪念馆、川陕革命根据地博物馆、巴山游击队纪念馆，接受红色革命传统教育。引导非公有制经济人士参与公益事业，远达集团、世臻建筑、红谷实业等一批民营企业及企业家为教育、扶贫等捐款1669.25万元，投入“万企帮万村”1亿多元。开展“民族团结进步创建”“和谐寺观教堂”创建活动。推动侨务、对台和海外统战工作，建立板桥镇侨心书屋1座，走访慰问台胞、台属，接待台湾乡土文化青年协会张嘉哲等一行9人参观富顺文庙。

【脱贫攻坚】 2017年，创新“161”推进保障机制、财政“54321”资金整合机制、干部驻村帮扶“54321”机制、易地搬迁联审机制、返乡创业扶贫机制、社会扶贫机制等“六大机制”，实施新居建设、产业培育、乡村道路、公共服务、技能培训、环境保护等“六大工程”，夯实全面落实生活保障、全面落实教育保障、全面落实医疗保障、以兜底政策筑牢脱贫底线、以优惠政策推进民生改善、以“回头看”“回头帮”补齐脱贫短板等“六大基础”，全面完成省定19个贫困村退出、省定5821人的脱贫任务。

【机构编制】 2017年，建立县委巡察机构，组建县投资促进局、县商务局、县市场监督管理局，完成民族宗教职责划转和机构设置工作；设立县依法治县领导小组办公室、县委非公有制经济和社会组织工委。新设晨光园区企业环保管理中心、县国土资源局信息中心、县现代农业园区建设促进中心等6个事业单位，整合社事中心、高新技术创业服务中心等4个事业单位，撤销县国土资源勘测队、县地价评估事务所等3个事业单位。全县党政群机关、参公管理事业单位启用公招计划129人，其中，行政编制68人、参公编制61人。启用事业编制750人，其中，教育系统340人、卫生计生系统210人、乡镇及其他事业单位160人、机动指标40人。年末全县党政群机构76个，其中，党委工作部门10个，党委其他工作部门1个；政府工作部门25个，县政府派出机构1个；群团机构8个；人大、政协、法院、检察院机关各1个；民主党派机关1个；乡镇行政机构26个。全县事业单位372个，其中，县级294个，乡镇78个。行政编制2337人（含政法专项编制642人），事业编制1.47万人（含参公管理事业编制719人）。

【民主党派和工商联】 2017年，县境有民革、民建、民盟、农工等民主党派4个，民主党派成员319人，其中，民革68人，民建56人，民盟63人，农工132人。县工商联在非公有制经济人士中开展以“守法诚信、坚定信心”为重点的理想信念教育实践活动。组织非公有制经济人士参加中国人民大学研修班、县内企业管理税收政策与法规等知识培训200余人次。成立县总商会酒类行业商会、海南商会，全县异地商会达7个。全年新发展企业会员85个、个人会员7人。会员企业参与“万企帮万村”“光彩事业”、捐资助学等活动，捐赠1100余万元。县工商联主要领导带队外出招商5次，引进省外资金3.8亿元，固定资产投资3000万元。

【武装工作】 2017年，开展军事训练和点验，组织民兵预备役人员投入县域经济建设和社会治理。累计出动民兵预备役人员1000余人次，实施山火扑救、抗洪及维稳执勤。检查验收26个乡镇的民兵队伍、基层武装部建设情况。规范战备库室和民兵武器弹药仓库管理。开展国防教育，完成夏、秋季征兵任务。“八一”、春节期间走访慰问复员退伍军人、现役军人、军烈属家庭及获三等功以上军人家庭。走访慰问困难群众、困难党员、留守儿童25人，发放慰问金6.4万元。

【工会工作】 2017年，起草《关于充分发挥群团组织优势助力脱贫攻坚的实施意见》，向县委常委会汇报群团工作1次，召开县政府与群团部门联席会1次、群团部门工作联系会5次。开展劳动竞赛和职工提合理化建议等活动，企业参与面90%以上，参与职工1.8万人次。全县3人、2户企业、3个班组分获市“五一劳动奖章”“五一劳动奖状”“工人先锋号”。督查安全生产、劳动保护、职业病防治5次，督促63户职业危害严重企业签订专项合同。开展法律援助行动，为10名困难职工提供法律援助金1.5万元。签订工资集体协议480份，建会企业工资集体协议签订率90%以上。开展“春送岗位”活动，举办春风行动招聘会2场，提供岗位3000余个，帮助450人实现再就业；开展“夏送清凉”活动，走访慰问一线职工1.1万人次，送资金53.3万元；开展“秋送助学”活动，资助困难职工（农民工）子女71人，发放助学金17.9万元；开展“冬送温暖”活动，筹集资金115.52万元，对1854人建档困难职工（农民工）开展全覆盖走访慰问。日常救助困难职工520人，发放医疗和生活救助金55.85万元。女职工互助保险参保2311人，赔付23人34万元。年末，全县有工会组织1281个，会员33.2万人。

【共青团工作】 2017年，在狮市镇马安村等4个村开展省关爱留守“童伴计划”、市“盐义仓”贫困村聚力公益项目。5000余名团员参与“学习习近平系列讲话精神，做合格共青团员”活动。举办“根脉情·强县梦——我为教育添光彩”为主题的第十五届县青少年风采大赛暨中小学生艺术节，1800多名学生展示艺术风采。组织200余名青年参加“相约金竹·梦圆花田”为主题的富顺县第六届青年联谊活动。开展关爱留守、助残助困助学、春运暖冬服务、文明创建、植绿护绿、环境整治、防艾禁毒等志愿服务活动40余场次，义务植树2000余株，创建“青年林”1个。开展“栋梁工程——家乡助你上大学”贫困学生资助活动，累计为260余名学生发放助学金60余万元。关心下一代公益协会筹措136万余元专项经费，关爱特殊青少年群体。为1081名无户青少年上户，为9名孤儿落实政策待遇；组织100名建档立卡贫困青少年参加“绿色环保，健康成长”青少年夏令营；县关工委关爱艺术团送文化进校园活动8次，服务师生1.2万余人次。全年新发展团员1940人。年末基层团组织1109个，团干部404人，团员2.04万人。

【妇联工作】 2017年，举办“让爱回家，守护成长——援助留守儿童父母返乡创业就业”专场招聘会3场，170人就业。开展“美丽家园 巾帼共建”脱贫攻坚行动技能培训24期，受训1200人。创建全国巾帼文明岗1个、市巾帼文明岗3个，建成种、养殖示范基地6个，申创市创业就业示范基地3个，就业、创业妇女800余人。开展“向幸福出发”寻找“最美家庭”活动，举行宣传评荐活动30次，征集最美家庭57户。举办庆“三八”女职工趣味运动会，41个队近600人参加3个项目比赛。开展《中华人民共和国反家庭暴力法》《中华人民共和国未成年人保护法》和“禁毒、防艾”宣传活动，发放资料2.1万份，接待咨询人员500余人。向200名留守儿童、250名贫困母亲发放价值90万元的爱心物资。2.4万名35～64岁农村妇女参加“两癌”检查，14名“两癌”妇女受助14万元。是年，有机关、企事业单位妇女组织57个，镇（乡）妇联26个，村、社区妇联374个。

【政务服务】 2017年，经省政府同意，开展相对集中行政许可权试点，12月29日，挂牌成立县行政审批局、县政务服务和公共资源交易中心（挂政府采购中心牌子）。行政许可675项、公共服务562项实现网上申报、预审，简单事项网上直接办理，全年办理政务服务事项1783件、网上预审事项1767件。换发企业和个体户多证合一执照1.07万户。办理行政权力事项（除行政审批外）17.63万件，预警纠错170件。37个县级部门和单位200余人进驻县政务服务中心窗口，办结行政审批（服务）事项31.08万件，承诺提速53.33%，办理提速99.48%，提前办结率、按时办结率、现场办结率均100%。4个乡镇便民服务中心和50个村（社区）便民服务室升级达标；乡镇便民服务中心办结全民服务事项18.27万件，村（社区）便民服务室累计咨询18.91万件（办结15.92万件），特色服务7.65万件。投入44.58万元建成电子招标平台，完成公共资源交易项目374宗。招投标和政府采购预算总金额18.01亿元，实际成交14.92亿元，节约3.08亿元。

【信访和群众工作】 2017年，全县受理群众信访2872件次，比2016年上升39.75%。坚持县领导定期信访接待制度，领导包案化解省挂牌督办积案难案2件、市级领导包案的信访积案5件，全部办结。坚持每月矛盾纠纷排查，元旦春节、全国“两会”、“一带一路”峰会、省第十一次党代会、中共十九大期间等重大敏感时期开展专项排查，排查矛盾纠纷986件，化解961件。县信访局会同县纪委、县政法委、县目督办对初信初访办理、矛盾纠纷排查、信访积案化解工作进行督查，通报未按期办理信访件和办理不规范的责任单位，电话约谈部分单位主要领导。

经济建设

【主要经济指标】 2017年，全县地区生产总值268.16亿元，比2016年增长9%。其中，第一产业增加值43.55亿元，增长4.2%；第二产业增加值146.62亿元，增长9.8%；第三产业增加值99.99亿元，增长10.1%。三次产业比重由2016年17.3:53:29.7调整为16.2:46.5:37.3。全社会固定资产投资154.25亿元，增长21.8%。社会消费品零售总额123.22亿元，增长13.1%。全年农业产值71.39亿元，增长4.2%。工业增加值96.81亿元，增长10.3%。民营经济增加值149.12亿元，增长9%，对经济增长贡献率56%，拉动经济增长5.1个百分点。城镇居民可支配收入3.02万元，增长9.2%；农村居民可支配收入1.43万元，增长9.1%。

【种植业】 2017年，投资1.32亿元，完成高标准农田等项目建设，推进水稻病虫害专业化统防统治与绿色防控融合技术。建成中稻+再生稻产业基地3.01万公顷、创吨粮工程6843.42公顷，建成“骑龙—代寺、中石—古佛—童寺、宝庆—万寿—龙万”水稻万亩示范片3个，再生稻有收面积2.82万公顷；建成高粱+再生高粱产业基地1万公顷。种植蔬菜面积1.15万公顷，总产40.87万吨，产值约6.8亿元；种植柑橘等水果面积1.87万公顷，产量12.15万吨，产值5.17亿元。全年粮食播种面积7.09万公顷，总产量51.84万吨。连续第10次获省政府粮食生产“丰收杯”奖。

【林业】 2017年，投资151.4万元，实施天保工程二期森林管护抚育2067.7公顷；实施新一轮退耕还林13.34公顷，兑现政策补助17.44万元；投入森林生态效益补偿基金78.43万元，补偿国家及省级重点公益林森林生态效益3148.5公顷。全年人工造林1830公顷，改造低效低产林220公顷，抚育森林面积9740公顷，“四旁植树”438.7万株。实施林业产业项目17个，投资3.01亿元。实现林业总产值21.62亿元，农民人均林业收入1648元。发生森林火警148起，意外死亡1人，森林火灾损失率0.06‰。林木采伐许可134件，采伐蓄积1512.94立方米，出材957.7立方米。开展“林地行动”“利剑行动”“环保守护绿川行动”，森林公安接（处）警167起，破获森林案件27起。年末，全县森林面积3.15万公顷，森林覆盖率35.8%。

【畜牧业】 2017年，推进30万头生猪产业化生态循环经济项目，完成10万头生猪产业化、南方现代草地畜牧业项目等重大项目建设；创建省级标准化示范场4个，市级标准化示范场6个。环保整治农业面源污染，排查畜禽养殖场771个，关闭搬迁203个，整改509个；排查屠宰企业31户，关闭6户、停业整改16户。全年出栏生猪60.64万头，比2016年减少4.8%；出栏肉羊48.24万只，比2016年减少0.1%；出栏肉牛1.18万头，比2016年减少0.6%；出栏肉兔1756.06万只，比2016年增长3.5%；出栏小家禽850万羽（白鹅出栏134.04万羽），比2016年减少5.3%。肉类总产量8.63万吨，比2016年减少2.1%；禽蛋产量1.24万吨，比2016年减少4.2%。

【水产养殖】 2017年，实施稻田综合种养及生态健康养殖、省级稻渔综合示范区创建等现代农业发展工程水产产业发展项目。开展基层水产技术推广工作，遴选水产技术指导人员12人，带动水产养殖1200户。推广异育银鲫“中科3号”、长丰鲢鱼、斑点叉尾鮰、泥鳅4个优良品种和水产养殖节能减排技术、稻田综合种养技术。新申报无公害水产基地1个、无公害水产品6个、无公害复查换证基地1个、水产品8个。在镇溪河等天然水域增殖放流大口鲇、翘嘴鲌、中华倒刺鲃等鱼苗14万余尾。全县水产养殖面积2279公顷，投放鱼苗总量5141吨，水产品总产量1.97万吨（淡水养殖1.84万吨、淡水捕捞1230吨），渔业总产值4.01亿元。

【工业经济】 2017年，促进产业调整升级，祥龙农副产品加工基地、红谷实业等8个技术改造项目投产，贡富食品、宜江酒业、垚鑫建材等县级重大工业项目竣工投产。节能减排淘汰四川顺麒等7户企业落后产能，通过省市节能监察中心验收。是年，全县规模以上工业企业实现主营业务收入296.7亿元，比2016年增长19.25%；增加值79亿元，增长11.7%；利润总额18.6亿元，增长36.56%。年末规模以上工业企业116家，比2016年增加6家，规模以上工业企业产值超1亿元企业53家，其中排名前10位的企业为四川东方变压器集团有限公司、中昊晨光化工研究院、富顺县恒信昌纺织有限公司、四川富益电力股份有限公司、四川省旺林堂药业有限公司、自贡市红谷实业有限公司、四川省自贡市益州电力线路器材有限公司、四川省远达集团富顺县美乐食品有限公司、富顺县电力金具有限公司、自贡市富源车辆部件有限公司。

【工业园区建设】 2017 年，晨光工业园区采取“一对一”追踪管理，推进 22 个重特大项目（续建项目 9 个，新开工项目 12 个，储备项目 1 个）建设。全年招商引资签约项目 9 个，到位资金 32 亿元，形成固定资产 11 亿元。四川西艾氟科技有限公司等 2 户企业申报为高新技术企业，园区企业报送专利申请 145 件。是年，园区工业生产总值 275.12 亿元，比 2016 年增长 21.26%；主营业务收入 255.86 亿元，增长 19.8%；利税总额 25.06 亿元，增幅 54.87%；固定资产投资 23.51 亿元。钢化玻璃、世山建材、泓达贸易、中建机械等 4 户企业升级为规模以上企业并纳入统计范围。服装产业园区完成投资 1.5 亿元，其中基础设施投资约 1000 万元。服装产业园实现工业总产值 25 亿元，其中，规模以上企业 20.06 亿元，主营收入 23.25 亿元；实现税收 860 万元，完成固定资产投资 6069 万元；新签约入驻君子林全产业链、年产 360 万台空气净化器等生产性项目 5 家，新纳入统计范围的规模以上企业 1 户，建成投产项目 2 个。

【商务流通】 2017 年，组织 20 余户企业参加川货全国行、西博会、广交会、上交会等展会，签订订单 2 亿元。举办“迎春购物月”暨首届名优农产品展销会、瑞祥商贸城第五届青岛啤酒节、富农橘园自贡市第三届泼水节及葡萄采摘节、第六届豆花文化旅游节农副产品展销会等活动，促进内需增长。有农贸市场 108 个，占地 46.62 公顷，经营面积 35.92 万平方米，摊位 1.68 万个，入场经营户 1.61 万户。全年服务业增加值实现 99.99 亿元，增长 10.1%；社会消费品零售总额实现 123.22 亿元，增长 13.1%，其中，城镇实现 78.97 亿元，增长 13%；乡村实现 44.25 亿元，增长 13.2%；商贸固定资产投资 9.68 亿元，招引客商实现贸易资金 17 亿元；对外出口贸易 1.85 亿元。新增入统限额以上企业 22 户、重点服务业企业 2 户、外贸进出口备案企业 2 户。

【供销合作】 2017 年，建骑龙镇、彭庙镇、石道乡、长滩镇等 4 个新型基层供销社和县鑫兴农供销合作商贸有限公司；新发展农民专业合作社 4 个，吸纳成员社 1 个、加盟社 2 个，规范农村社区综合服务社 5 个、规范运行农民专业合作社 2 个、新建农产品产销对接直营店 8 个。供销系统有基层供销社、属公司及社会企业成员社 26 个、专业合作社 57 个。实现经营服务总额 14.05 亿元，销售总额 7.65 亿元；消费品零售额 5.54 亿元，农资供应总额 6902 万元；农副产品收购总额 4.56 亿元；再生资源回收总额 9228 万元；实现利润总额 900 万元，帮助农民人均增收 21.7 元。

【财政税收】 2017 年，将县财政局内设机构整合为“两办八股一中心”。是年，全县民生支出 33.8 亿元，占公共财政支出的 72%。脱贫攻坚整合各类资金 12.75 亿元。筹措 41.7 亿元，支持“古城复兴”、棚户区改造、自贡衡水一中富顺学校、乐（山）自（贡）隆（昌）高速公路连接线、农村基础设施等重点工程建设。构建“3 + N”国有企业实体化运行格局，组建一级、二级集团公司各 1 个，资产总额 167.5 亿元。融资、争取专项建设基金等形式筹资 39.32 亿元，用于棚户区改造、脱贫攻坚、教育发展等重点项目。出资设立“助保贷”“惠农贷”“支农贷”“富农贷”“企业应急周转金”等信贷业务，为实体经济提供 2.6 亿元信贷资金支持。落地 PPP 项目 7 个，吸引社会资本 16 亿元。全年国税收入 6.89 亿元，地税收入 5.94 亿元。地方一般公共预算收入完成 8.5 亿元，比 2016 年增长 24.3%；一般公共预算支出完成 46.9 亿元，增长 23.36%。

【金融保险】 2017 年年末，县境有银行业金融机构 9 家，金融机构存款余额 320.5 亿元，比 2016 年增长 8.3%；贷款余额 168 亿元，比 2016 年增长 14.3%。有保险业经营机构 15 家，全年保费收入 6.17 亿元，比 2016 年减少 10.5%，其中，寿险累计实现保费 4.62 亿元，减少 17.1%；产险累计实现保费 1.54 亿元，增加 4.5%。

【国有资产运营管理】 2017 年，门面出租 46 个，租金收入 49.56 万元。拍卖自强贸易有限公司原综合楼门面 4 个，成交价 524 万元。办理 3 户职工房改、13 个门面过户手续。为西湖、文庙片区棚改、自贡衡水一中富顺学校等项目融资担保 7.76 亿元，为 18 户企业提供 35 次应急临时周转资金额 1.97 亿元。

【招商引资】 2017年，县主要领导带队到北京、天津等地开展招商活动84次，接待到县考察大型企业300余户，举办深圳、宁波、富顺现代农业投资推介会等重大招商活动16次，签订重大项目44个，涉及总投资330亿元。包装重大项目42个，编制《富顺县招商引资项目目册》《富顺投资指南》《500强企业名录》《来访（重点）客商名录》。新签约重大招商引资项目52个（特别重大项目14个、10亿元及以上项目4个），引进到位市外资金153亿元（省外资金116亿元），形成固定资产投资68亿元。

【项目推进】 2017年，组建重大产业、教育强县、旧城复兴、基础设施、脱贫攻坚、高铁建设6个项目建设指挥部，协调解决项目推进中存在的困难和问题。建立联席会议、全程监管、督察通报、目标考核制度，推动项目各环节工作落实。全县实施重大项目161个，总投资644.25亿元，完成年度投资133.47亿元，占年度计划110.91%。

【科技推广】 2017年，组织知识产权保护宣传活动3次，举办企业知识产权培训4期，培训人员350多人次。全年申请专利332件，专利授权191件。资助专利75件13.15万元，向省知识产权局申报专利实施与促进类项目6项。开展知识产权执法检查2次，调处涉嫌假冒专利1件。成华汽车零部件有限公司、四川西艾氟科技有限公司申报为国家高新技术企业；富顺县蜀佳味业有限公司技术中心申报为省级企业技术中心。是年，申报科技项目53项，其中，省农业科技成果转化项目1项、省级科技计划项目9项、省专利实施与促进项目6项、市级重点科技计划项目17项、县级科技创新基金项目20项，获省、市科技补助经费355万元。

【工商行政管理】 2017年，推进商事制度改革，实施“互联网+工商登记”全程电子化登记、“二十证合一”，换发企业“多证合一”新版执照4516户，个体户“三证整合”新版执照7491余户，新办理各类市场主体资格登记4903户。开展保护知名企业知名品牌“双保”专项执法行动，立案查处侵犯注册商标专用权案件12件，结案11件，罚没金额3.65万元。指导申报著名商标2个、市知名商标2个，复审省著名商标10个、知名商标16个，8户企业的12个品种获“四川省第十二届四川名牌”。立案查处违法案件531件，结案466件，成功创建“无传销示范县”。开展“2017网络市场监管专项行动”，检查网站、网店经营者37户，责令整改网站1个次。受理消费者投诉215件，办结210件，为消费者挽回经济损失16.8万元。

【食品药品安全监管】 2017年，开展“拔毒瘤保平安”百日会战、学校食堂及养老机构食堂食品安全、网络订餐、药品流通领域专项整治“回头看”等15项专项整治。立案查处各类食品药品违法违规案件241件，处罚没款近70万元，移送公安机关立案侦查3件。检查药械化妆品生产经营使用单位965家，责令整改33家、立案6件、申请撤销GSP证书2家、收回GSP证书8家。备案药品、医疗器械、化妆品不良反应监测报告554例，桌面推演药品和医疗器械安全突发事件Ⅳ应急演练1次。食品抽检1208批次，不合格59批次。食品快检13个品种1368批次。

【质量技术监督】 2017年，编制全县标准化体系建设5年规划，17户企业标准实现网上公开。开展“质检利剑”春风行动，检查农资生产企业31户次；开展钢材专项执法，检查2户钢铁生产加工企业6次，取缔“地条钢”专项巡查3次；危化品专项检查抽检生产企业2户、鞭炮生产经营企业8户；特种行业监督检查企事业单位180家（次），排查一般隐患25项，整改完成24项，取缔10台燃煤锅炉使用，立案查处电梯维保案并罚款2万元。举办首届“政府质量奖”，4户企业获奖。

【审计监督】 2017年，财政预算审计县财政局、县地税局及县法院、县人力资源社会保障局，发现9个问题。扶贫资金专项审计14个乡镇、9个县级部门、105户农户、45个产业扶贫项目。资源环保审计调查城乡集中式饮用水水源地保护情况。经济责任审计县交通投资公司、永年中学、龙万乡、飞龙镇、县文广新局等5个单位。投资审计完成94个项目，送审金额7.86亿元，审定金额7.13亿元，审减金额7306.6万元，审减率9.29%。全过程跟踪审计大坡上水库、赵化大桥、北湖公园、成（都）自（贡）泸（州）赤（水）高速公路连接线、农村公路改善、自贡衡水一中富顺学校、旧城改造、“两横五纵”城市风貌打造等8个项目。全年审计（调查）项目119个（含政府投资项目94个），查出违纪违规金额2.38亿元，减少财政拨款或补贴7306.6万元、缴纳其他资金1.62亿元、归还原渠道资金302万元、调账处理22万元，提出审计建议168条。

【物价监管】 2017年，组织房地产市场、商品房明码标价、城区停车收费、教育、医疗、电力等价格专项检查，“12358”价格举报电话受理价格收费投诉30件。受理刑事案件122件、行政机关委托案件2件，鉴证金额284.12万元。4月1日起，取消销售电价中包含的城市公用事业附加0.01元/千瓦时。9月1日起，非居民用天然气销售价格降低0.13元/立方米。

【统计与调查】 2017年，富顺县被确定为全省首批20个统计改革试点县；成立基层统计管理办公室和统计执法监督大队，乡镇、部门成立统计工作站，乡镇综合统计人员实行乡镇、县统计局双重管理。实施工业、农业、服务业、科技等专业统计30余套，编发《富顺县统计月报》11期1430册，撰写《统计分析》15期、政研文章1篇、统计信息64篇。人口变动抽样调查抽取富世镇共和村、古佛镇凤仪村和石道乡石道场社区为样本小区，样本小区人口出生率11.41‰、死亡率14.97‰。第三次全国农业普查入户登记农户22万余户、农业生产规模户和经营单位1200余户。接受全省一套表报表单位统计执法检查，调查单位299家，未发现虚假入统单位。完成全县384个村（社区）住户调查样本轮换抽样框信息更新、抽选住户和落实调查户工作，在全县设立调查网点3500个，实施城乡居民收支14个镇乡、20个调查网点、200户记账户的调查。开展春耕备耕、农田水利设施、农村土地流转、秋粮收购、禽蛋产销、主要农产品增值、快递业、生猪产业等专项调查，自主开展县内二孩生育调查，实施常规调查16项。

城乡建设

【规划与建设】 2017年，编制南环路久泰坝片区、晨光科技园区空间布局、县城沱江两岸景观设计、骑龙农副产品加工园区等规划。编制赵化镇、万寿镇等15个镇乡总体规划或控规，启动李桥镇等6个镇乡控规编制。办理规划设计条件32件、选址意见书47件、用地规划许可证35件、工程规划许可证33件，核发建设工程竣工规划合格证5件。县城区竣工规划核实办理9件，总建筑面积30.88万平方米；镇乡规划核实办理7件，总建筑面积5523.22平方米。全县启动棚户区改造1.02万户，农村危房改造1004户。签订县城四大棚户区房屋征收协议1277户。年末有建筑业企业96户。全年建筑业产值79.38亿元，比2016年增长30.3%。县城建成区面积扩至24.5平方公里，常住人口27万人，城镇化率40.51%。

【交通运输】 2017年，自（贡）隆（昌）高速公路富顺连接线建成通车，赵化大桥主跨合龙，扶贫村道建成143公里，硬化34个贫困村主干道，推进农村路网改善工程（一期）、成（都）自（贡）泸（州）赤（水）高速公路连接线拓宽工程、S436（北环线）、沱江航道升级改造工程、自贡至泸州港公路等项目建设。富兴公交运业有限公司投运公交车92辆，开通公交线路13条。年末全县公路总里程2313.38公里，有客运车辆452辆1.14万个客位，应急储备运力10辆385个客位，城市公交车84辆，出租汽车260辆。全年客运量1505万人次，旅客周转量4.53亿人次公里；公路货运量260.41万吨，货物周转量1.93亿吨公里。水运通航160.65公里，17个有船乡镇、3个航运企业、6个码头，拥有客货运船舶337艘（1.76万总吨位，动力功率1.28万千瓦）。全年水上客运量53.12万人次，货运量112万吨。

【水利】 2017年，依法审批水保方案40个，征收水资源费247万元。建立“河长制”，设立河长1373人，建立巡查、督办考核、联合清漂等9个机制和19条河“一河一策”方案。设置65个县级河流断面监测点和10个水库水质监测点。“清河”专项行动投资1500余万元，出动1.3万余人次，清理漂浮物3.5万余吨，清除垃圾点200余处。实施饮水源保护，县城饮用水源达标率100%，乡镇集中式饮用水源达标率稳步提高。大坡上水库、镇溪河流域污水处理设施及配套管网、城西水厂、省级水利专项发展及小型水库后期建设、小型病险水库除险加固和安全饮水提质增效6个项目，完成投资2.07亿元。全年水利固定资产投资7.2亿元，新建和整治各类水利工程290余处，新增、改善和恢复灌溉1387.36公顷，解决1.42万人安全饮水问题，水土流失治理25平方公里。年末，蓄水0.87亿立方米。

【城市供水】 2017年，高硐取水站起机运行1.59万小时，取水1838万立方米，比2016年增长9%；出厂水量1782万立方米，比2016年增长10%；售水量1262万立方米，比2016年增长5.2%。监测原水、出厂水、管网水5918次，综合水质合格率96%。处理污水811万立方米。发展用户1.08万户，上缴水资源费183万元。全年经营总收入3832万元，比2016年增长10%。

【电力供给】 2017年，编制电网滚动规划，上报2018年项目储备。国网四川省电力公司投资1.8亿元，换装智能电表36万只。琵琶输变电工程、琵琶—意志110千伏线路建成。农网改造、村村通动力电工程完成投资4013万元。新建改造10千伏线路41.3公里，新增配电变压器93台，新建改造低压线路256公里。黄葛灏、黄泥滩水电站总装机容量3.16万千瓦，年发电量1.76亿千瓦时。自发自供电量19亿千瓦时，销售电量5.38亿千瓦时。年末全县拥有4个110千伏变电站、17个35千伏变电站（含1个开关站），拥有110千伏线路7.96公里、35千伏线路215.28公里、10千伏线路1906.42公里，配电变压器4068台。供电面积1350平方公里，供电户数36万户，供电人口120余万人。

【城市供气】 2017年，天然气购进量4.58亿立方米，比2016年增加416万立方米。全年天然气购进总值7286万元，比2016年增加170万元。天然气销售总收入1.44亿元，比2016年减少4万元。

【邮政通信】 2017年，全县邮政业务收入1.09亿元。电信富顺分公司投资1200万元，建设4G光纤端口4.2万个，累计光纤皮长8万公里，覆盖用户40余万户，宽带用户12万户，天翼手机用户20万户，电信电视用户11万户，主营业务收入1.27亿元。移动富顺分公司投资2000万元，实施TD—LTE网络建设，新建成4G基站100个（累计701个）；投资1872万元实施光纤到户工程，覆盖用户7.8万户。联通富顺分公司投资1000万元，开通4G基站53个，4G信号覆盖率98.9%。年末全县固定电话用户11.88万户、移动电话用户67.48万户、互联网宽带用户16.29万户。邮电业务总量5.91亿元，其中，邮政1.05亿元、电信4.86亿元。

【房地产开发与管理】 2017年，全县发放1434户廉租住房租赁补贴164万元。时代广场等13个小区建成投用，滨江一号等9个房地产项目有序推进。房地产开发投资31.95亿元，商品房施工面积187.32万平方米（住宅施工面积137.74万平方米）。全年销售商品房78.74万平方米（商品住房面积70.41万平方米），增长66.78%，销售额36.8亿元。新增住房公积金缴纳单位68个、职工

2187人，归集金额3.4亿元；累计缴纳单位676个、职工3.13万人，公积金总额18.12亿元、余额10.16亿元。年内向408个单位的1203户职工发放个人贷款4.17亿元；累计向408个单位8336名职工发放住房贷款15.97亿元，贷款余额10.8亿元。

【幸福美丽新村建设】 2017年，投资1.6亿元，建设幸福美丽新村43个，涉及项目534个，惠及农户3.05万户、贫困户1360户。新建成农村居民集聚点58个，配套建设路、水、电、信息等基础设施，建成新村产业道230公里、便民路370公里，新建成“1+6”公共服务中心19个。新创建县级“四好村”90个、市级88个、省级20个。童寺镇获评全国文明乡镇，琵琶镇土地村获评全国文明村。

【国土资源管理】 2017年，全县征收集体土地106.11公顷，安置农转非人员3723人，支付征地补偿资金1.29亿元，拆除农房663户，拆除面积10.82万平方米，支付拆迁补偿资金1.75亿元，缴纳“农转非”人员社保预存资金3.35亿元。出让国有建设用地21宗57.10公顷，收入20.20亿元。划拨国有土地7宗2.01公顷，划拨国有建设用地补办出让3.03公顷，收益439.06万元。审批农村宅基地2574户30.31公顷，供地29.33公顷。土地整理项目完成798.85公顷，新增耕地83.88公顷，新开工土地整理4339.84公顷。查出地质灾害隐患点111个，投入1055.38万元完成避险搬迁安置14户。编报县“十三五”矿产资源总体规划，跟踪巡查32户矿山企业，拍卖3宗新设采矿权，收益192万元，扩大矿区范围和增划矿产资源5宗，收益114.08万元。颁发不动产权利证书2.15万本，办理不动产登记证明1.50万份。

【环境保护】 2017年，开展环保督察年活动，排查建立7个环保突出问题清单台账，开展7大环保专项行动，组建环保工作资料档案255盒3565条，43件中央环保督察组转办信访件全部按程序办结。立案查处环境违法案件267件，罚没金额711.85万元，申请法院强制执行案件8起，查封扣押9件，停产整治1件，报送公安机关行政拘留1件。处理环境投诉举报案件558件，办结率95.52%。可吸入颗粒物（PM_{10}）年均值83微克/立方米，比2016年下降12微克/立方米；$PM_{2.5}$浓度均值58微克/立方米，比2016年下降10微克/立方米，空气质量优良天数263天。实施“河长制”，开展河道水面清漂、垃圾治理和饮用水源标准化建设，启动镇溪河流域6个乡镇污水处理厂提标改造工程，县城集中式饮用水源水质达标率100%，乡镇集中式饮用水源达标率53.8%。是年，沱江出境断面水质明显改善，获省“三江”流域（沱江）水环境赔偿金326.6万元，大气污染防治市绩效单项目标考评排名第一。

【市政建设管理】 2017年，投资2126万元，改造祥云路等4条道路工程，建设紫晶悦城地下广场，维修改造顺达苑排水沟、晨光二厂至邓（关）隆（昌）道路等工程，维修市政路面3.2万平方米，维修路灯1900盏次，新增路灯22盏。新建改造垃圾库4座、公厕3座。县城区清运生活垃圾4.19万吨，无害化处理率96.5%。规范整治占道经营商户1.8万余户次，清理城区乱喷涂、乱张贴小广告1.26万处，拆除大型户外广告35块、横幅230余幅。露天烧烤油烟净化装置安装率95%。投入6000余万元，开展晨光院周边环境卫生秩序风貌整治、富顺文庙·西湖AAAA级景区及第24届自贡恐龙灯会富顺分会场特色项目打造。智慧城市数字化城管系统建成投用。县城新城区100.63万平方米及老城区第二轮清扫保洁外包广东美保环境技术有限公司。

文化建设

【文化活动】 2017年，举办中老年合唱、少年儿童音乐、舞蹈、书画、主持人培训班，组织“依法治县文化惠民”送文化下乡、第二届农产品展销会、第六届迎春文艺晚会、寻找最美乡村旅游节等文艺演出，舞蹈《糍粑海椒香又辣》参加央视《乡约》栏目走进富顺拍摄。组织、承办、协办文化艺术活动122余场，业务骨干1.45万人参加活动，观众12.8万人。小品《就帮你》、舞蹈《养蚕姑娘采桑忙》分获自贡市第十六届文化艺术节创作一等奖、优秀奖，2名选手获十大歌手称号，书法美术摄影获一等奖1人、二等奖4人、三等奖1人。全县开放公共图书馆1个、文化馆1个、体育健身馆1座、文体中心1座，开放镇乡综合文化站26个、农家书屋318个。有文化学会、协会14个。

【体育运动】 2017年，培训体育指导员及裁判员200余人次。举办元旦迎新年健身长跑、“龙腾狮跃闹元宵”、自贡市第四届国标舞大赛、县第九届运动会暨第十三届老年人运动会、全民健身日县运会、“江阴周庄”2017年中国体育彩票全国象棋业余棋王赛四川赛区自贡市富顺县预选赛等比赛。组队参加四川省青少年羽毛球锦标赛，富顺获4金3银1铜；组队参加2017“白云里铺”杯四川省中学生羽毛球锦标赛，获高中男子团体、男子单打、女子单打、男子双打、混合双打冠军；巫雨琪获“威克多杯”全国青少年羽毛球分站赛（宁波站）季军。富顺获自贡市第十三届运动会团体第四名、四川省广场舞比赛第六名。县文体中心承接欧美职业国际篮球对抗赛。年末全县有体育协会20个，会员5600余人。

【文物与非物质文化遗产保护】 2017年，开展第八批国家级文物保护和第九批省级文物保护申报，上报省级文物保护《廻澜塔维修方案》。维修代寺川主庙、狮市川主庙，抢险排危互助宋氏民宅、谢持故里、晏熊祠等文物。富顺文庙展陈完成基装，刘光第故居陈列馆、自贡市盐业历史博物馆狮市分馆竣工。在文庙、赵化镇、狮市古镇举办国学讲座、开笔礼、成童礼、成人礼等活动。赵化大贰、左氏骨科、万寿酒业等15项获非物质文化遗产待选项目，富顺玻璃吹塑、富顺秸秆工艺画、富顺高桌狮灯、童寺唢呐等5个项目备选申报第五批省级非物质文化遗产。狮市中学被授予“富顺连箫传习基地”。年末县境有国家级文物保护单位1个、省级文物保护单位8个、市级文物保护单位20个、县级文物保护单位20个；馆藏文物975件，其中，一级文物4件、二级文物9件、三级文物216件。

【广播电视】 2017年，县电视台播出《富顺新闻》《一周新闻回顾》300期2000条和《关注》50期。改版栏目“西湖问政”，市级媒体用稿100余件，省级媒体用稿7件。APP手机电视“富顺眼”开通。县广播电台开通“村村响农村广播节目”、《富顺新天地》《生活在富顺》等节目，每天播出时长15小时。组织电影放映队11支，投入数字放映设备11台，在全县村、社区放映3936场，观众21.7万人次。年末有线广播电视传输干线3360.73公里，全年净增高清用户8917户，累计2.61万户；净增互动用户5132户，累计1.8万户；净增宽带用户3422户，累计2.0万户。广播综合覆盖人口107.5万人，覆盖率99%。电视综合覆盖人口107.5万人，覆盖率99%。

【档案管理】 2017年，举办文书档案、会计档案、档案信息化和规范化管理、重大项目档案培训共8期，培训760人次。指导全县各立档单位归档2016年文书档案1.03万盒14.72万件，征集各类资料200余册。更新、健全档案接收名册和全宗名册，收（征）集各类资料126册。接收工程档案234盒234件，接收99个立档单位的数字档案电子文件。数字化200万页馆藏民生档案、481卷民国档案，累计数字化档案750万页。149个单位使用《四川省电子文档管理系统》软件。县国家综合档案馆（新馆）建成，该项目2016年12月开工，占地1公顷，投资3200万元，建筑面积6800平方米，2017年12月底完工。是年，全县档案工作规范化管理达省级标准单位240个（一级14个、二级24个、三级202个）。

【地方志工作】 2017年，编纂《富顺年鉴（2017）》，综合反映全县2016年政治、经济、文化、社会事业、居民生活等概况，由四川科技出版社公开出版发行。编报《四川年鉴（2017）》《自贡年鉴（2017）》富顺部分资料。编辑上报《自贡市乡镇（街道）概览》富顺部分资料，反映县境政治经济文化社会发展概况、26个镇乡经济、历史、文化特色。发放《自贡年鉴（2016）》80册、《富顺年鉴（2016）》400余册。为撤县设市、古城复兴等中心工作和重大项目提供地情资料支持，服务全县经济社会事业发展。

【宗教活动】 2017年，县境有佛教、伊斯兰教、天主教、基督教等宗教团体4个。开放富世镇千佛寺、万寿镇普法寺、兜山镇云峰寺、富和乡雷音寺、赵化镇罗汉寺、童寺镇同心寺等佛教寺庙6座。县佛教协会倡导“敬香、合理放生、建设生态寺院”，组织慈善捐赠6000余元，举办观音会等活动，有信众1万余人。县内有清真寺1座，信教群众100余人，年内组织开斋节、古尔邦节等宗教活动。有位于县城、安溪2地的天主教堂各1座，教友704人，全年组织瞻礼节庆活动8次。有基督教堂1处，信教群众100余人，年内组织复活节、圣诞节等活动。

社会建设

【教育】 2017年，推进“川南教育强县”建设，制订《富顺县教育事业“十三五”规划(2016—2020)》，印发《富顺县建设“川南教育强县”实施意见》《2017年富顺县建设教育强县工作绩效目标考核实施办法》，将“教育强县”工作纳入县级部门、镇乡绩效目标考核。安排2200万元，补助高中学校办学，奖励优秀学校、校长、教师。自贡衡水一中富顺学校等146个项目开工建设，总投资17.95亿元。减免23.85万人次儿童、中小学生费用1.21亿元，资助1205名大学新生学费、生活费633.07万元，为4890名大学生办理信用助学贷款3889.58万元。制订《富顺县教育扶贫专项2017年工作计划》，2600多人参与“1+X”结对帮扶和插花式扶贫。创建“全国责任督学挂牌督导创新县”并通过教育部评估验收，通过国家义务教育均衡发展督导评估验收。各类培训参培教师1.8万余人次，教师参加各级各类比赛获市级奖项205个、省级24个、国家级9个。高考本科一批上线578人、本科上线2528人，全市文科前10名中富顺县占8人，全市理科前10名中富顺县占3人。年末，全县有普通中学56所，职业中学1所，小学34所，教学点146个，幼儿园94所，电大进修校1所，特殊教育学校1所；有在校中小学学生10.2万人，在职教职工6415人。

【卫生】 2017年，县人民医院、县中医院、县妇幼保健院分别与四川大学华西医学院、成都军区总医院、华西妇女儿童医院、西南医科大学附属医院等4家三级甲等医院签订合作协议。全年项目建设固定资产投资4.72亿元，永年镇中心卫生院新兴门诊、西区医院、爱心医院主体完工，县中医院东区分院业务楼、晨光医院改建开工建设，县保健院、县人民医院、县精神病院整体搬迁投入使用。完善公共卫生体系，免疫规划疫苗接种率99.42%；建立居民规范化电子健康档案78.9万份，建档率95.05%；全面取消公立医院药品加成，患者受益400.15万元。年末全县有医疗卫生机构784个，其中，公立医院4家、卫生监督机构1个、疾病预防控制中心1个、乡镇（中心）卫生院26家、村卫生室647个、社会办医机构8个，床位3900张。医疗卫生技术人员2741人，其中，执业医师（含助理）935人，注册护师、护士1152人。富世镇等5个镇中心卫生院被评为国家级群众满意的乡镇卫生院，宝庆乡被命名为四川省卫生乡镇。

【人口和计划生育】 2017年，投入2535.14万元构建计划生育家庭发展支持体系。其中，奖励扶助农村计划生育家庭2087.62万元、奖励独生子女父母141.94万元。婚前医学检查9832人，免费孕前优生健康检查6988人，免费计划生育技术服务4.11万人。符合政策生育人数1.23万人，符合政策生育率98.16%。全年出生人口1.25万人，人口出生率11.46‰，人口自然增长率4.96‰。

【民政】 2017年，开展低保精准识别，建档立卡贫困人口临时生活救助比例70%以上，纳入城乡低保保障5.88万人，发放低保金1.05亿元。供养“五保”对象7084人，支付生活费2796.51万元，集中供养率25.27%。补助97名孤儿生活费103.76万元。医疗救助7.8万人次2713.1万元，临时救助1196户次128.33万元。办理老年证2356个，发放80周岁以上高龄补贴690万元。新建城乡日间照料中心24个，新增和维修改造床位500张。通过政府购买服务，为1.07万名60周岁以上失能、半失能和80周岁以上的高龄老人提供居家养老服务支持。县城建成9个应急避难场所，创建“全国综合减灾示范社区”1个。发放优抚对象抚恤补助金4791.06万元；接收安置退役士兵（官）486人。办理结婚登记7417对、离婚登记2917对，补领结婚登记4248对、补领离婚登记217对；办理收养登记4个（例）。登记或备案社会组织30

个，社会组织年检率98%。年末有社会组织375个。撤县设市前期基础性工作完成，并通过市委全委会审定。

【残疾人帮扶】 2017年，征收残疾人就业保证金600万元。发放重度残疾人护理补贴8237人次500万元，发放残疾人扶贫对象生活费补贴110人24.6万元，发放机动轮椅车燃油补贴104人次3.83万元，补助居家托养精神智力三级残疾人420人28万元。投入210万元，改造40户农村贫困残疾人危房、实施150户贫困残疾人家庭无障碍改造、帮助1265名残疾人发展畜禽养殖业。投入54万元，为61名贫困残疾儿童实施康复训练、手术与配置矫形器和辅助器具。是年，新办残疾人证3702份，数字化管理残疾人2.56万人。

【人事管理】 2017年，新招录用公务员192人、事业人员477人，考核聘用事业人员138人；推荐上报突出贡献优秀专家3人、学术技术带头人1人，定向考聘大学生村干部9人。年末县内企业有军转干部262人、自主择业军转干部18人，全年安置转业士官16人。办理公务员（含参公）试用期转正126人，组织公务员初任培训215人、优秀公务员培训120人；办理事业单位人员调动近490人、人事关系代理及岗位晋升1000余人。

【就业服务】 2017年，组织创业、品牌、青年技能及建档立卡贫困人员培训2588人。发放高校毕业生创业补贴、建档立卡贫困家庭劳动力创业补贴84万元。发放失业保险金4860人次486.44万元、被征地农民失业保险待遇2567人次1900.51万元。发放14户企业失业保险稳岗补贴45.1万元。是年，城镇新增就业8563人，其中，城镇失业人员再就业1888人、就业困难对象实现就业930人，城镇登记失业率控制在3.9%。农村劳动力转移就业38万人，实现劳务收入69亿元。县培训中心与县工商联返乡创业中心合并成立县返乡创业中心。受理劳动人事争议案件173件，结案127件，为劳动者挽回经济损失400余万元。处理农民工工资投诉案件86件，帮助1100名农民工追讨工资710万元。

【社会保障】 2017年，企业职工养老保险参保5.9万人、保险费征缴13.23亿元，工伤保险参保2.76万人、保险费征缴1243.39万元，生育保险参保2.35万人、保险费征缴514.01万元，医疗保险（含城乡居民医疗保险）参保95万人、保险费征缴1.5亿元，失业保险参保1.84万人、保险费征缴3246.61万元，机关事业养老保险参保1.35万人、保险费征收2.36亿元，城乡居民养老保险参保37万人（缴费人数10.52万人）、保险费征收3043.64万元。中央转移支付新型农村居民基本养老保险资金1.29亿元，省转移支付新型农村居民基本养老保险资金828.78万元。发出《社会保险催缴通知书》130户（份）、《社保欠费催缴决定书》15户（份），申请法院对富源化工、华迪起重机械运输公司等6户企业强制执行，追回欠费171万元。年末全县统筹企业离退休人员7.39万人，比2016年增加5939人。支付养老金14.50亿元，月人均养老金1641.19元。养老金资格系统认证离退休人员6.38万人，认证率95.25%。发放16.18万名城乡居民养老金1.53亿元，社会化发放率、按时足额支付率均100%。

【安全生产】 2017年，开展安全宣传教育、培训，组织道路交通事故、危险化学品泄漏、汛期抢险等应急演练，提高群众安全意识和应急处置能力。关闭五家口、吉安、兜山煤矿，开展液氨使用专项治理、危险化学品安全综合治理、烟花爆竹安全生产攻坚等行动，检查企业116户，发出限期整改指令书22份、复查意见书12份，发现隐患270处，督促整改270处。推广西艾氟公司、东湖镇、代寺镇经验，制订奖励方案，推动安全标准、安全社区建设。是年，发生各类事故150起，死亡14人、伤24人，经济损失191.2万元。

乡镇概况

【富世镇】 地处沱江河下游西岸，属县政府驻地，辖区面积48.59平方公里。境有国家重点文物保护单位——富顺文庙，以及西湖、千佛岩等景区景点。2017年年末，辖13个村及20个社区。居民户数5.61万户，户籍人口18万人，常住人口23万人。年内投资额上亿元的重大项目2个，招商引资完成8.9亿元。新增规模以上工业企业1户，规模以上工业总产值实现47.03亿元。新增重点服务业2户，限额以上商贸企业22户，社会销售品零售总额39.41亿元。全年固定资产投资62.44亿元，地区生产总值77.01亿元，地方公共财政收入4681万元，农村居民人均可支配收入1.7万元，城镇居民人均可支配收入3.23万元。

【东湖镇】 位于沱江东岸，辖区面积70.66平方公里。镇政府驻地东街，与县城隔沱江相望，是县城东区交通枢纽。2017年年末，辖22个村及3个社区。居民户数2.04万户，人口6.99万人。发展水果采摘园1个，面积20.01公顷。发展年出栏生猪100头规模养猪大户20个、规模养殖企业1户。招商引资4.6亿元，招商新引进重大项目2个；新签约项目4个，总金额近15亿元，引资6亿元。建有中国·豆花村等20余家农家乐，带动就业5000余人。有工业企业80余户，其中规模以上企业12户，工业总产值42.8亿元。全年地区生产总值31亿元，社会销售品零售总额1.36亿元，服务业增加值5.23亿元，农业产值4.88亿元、增加值2.68万元，固定资产投资12.14亿元，农民人均纯收入1.48万元，城镇居民人均可支配收入3.02万元。农村劳动力转移3.47万人，务工收入5.4亿元。

【狮市镇】 位于县境东北部，辖区面积43.01平方公里。镇政府驻地狮子滩，距县城13公里。古镇属省级历史文化名镇，保留有天后宫、禹王宫、川主庙、文昌庙等明清建筑。2017年年末，辖12个村、2个社区。居民户数9546户，人口3.31万人。有工业企业11家，其中规模以上企业3家。全年规模以上工业总产值1.32亿元，工业总产值1.53亿元。招商引进七里荷塘水产、圣果园生态农业5家企业。管护甜橙面积1038.13公顷，挂果面积230余公顷；投产桂圆面积66.8公顷，产量649吨。培育年出栏生猪200头以上养殖大户5户。全年地区生产总值5.83亿元，固定资产投资6.1亿元，招商引资新签约2.7亿元，社会消费品零售额2.55亿元，农村居民可支配收入1.49万元，城镇居民可支配收入2.78万元。

【代寺镇】 地处县境东部，辖区面积72.3平方公里。镇政府驻地代寺场镇，距县城13公里。2017年年末，辖18个村、2个社区。居民户数2.54万户，人口7.2万人。是年，巩固发展水稻—再生稻2334.5公顷、高粱—再生高粱667公顷、大棚蔬菜33.35公顷，连续5年被评为“全县粮食生产先进镇”。新发展德康公司年出栏1000头生猪规模养殖户1户。新培育富戎包装厂、垚鑫建材2户规模以上企业，有规模以上工业企业9户，总产值30.5亿元。纺织服装园区年度投资1.2亿元，实现工业总产值20.65亿元，其中规模以上企业18.57亿元；主营业收入18.33亿元，实现税收860万元；完成固定资产投资1.16亿元，其中基础设施投资5142万元。镇境有集市3个，有限额以上服务业企业6户，全社会消费品零售总额5.14亿元。全年地区生产总值13.58亿元，农村居民人均可支配收入1.52万元，城镇居民人均可支配收入2.93万元。代寺镇被全国爱国卫生委员会命名为“全国卫生镇”。

【琵琶镇】 位于县境东南部，辖区面积55.11平方公里。有煤炭、石英砂、石灰石、沙石等矿产资源，出产徐家粉条、观音寺白酒等优质农产品。镇政府驻地琵琶场，距县城13公里。2017年年末，辖13个村及1个社区。居民户数1.16万户，人口4.05万人。是年，新签约重大项目2个，到位资金1.4亿元。有工业企业12户（其中规模以上企业1户）。全年地区生产总值7.68亿元，固定资产投资4亿元，工业总产值2.4亿元，农业总产值3.76亿元，服务业产值2.03亿元，农民人均可支配收入1.44万元，城镇居民人均可支配收入2.66万元。转移农村劳动力1.93万人，实现劳务收入1.67亿元。组织开展富顺县琵琶镇第二届乡村旅游节。

【骑龙镇】 位于县境东北部，辖区面积69.02平方公里。镇政府驻地骑龙场，距县城16公里。2017年年末，辖20个村及3个社区。居民户数1.6万户，人口6万人。是年，示范种植中稻—再生稻1334公顷、高粱—再生高粱266.8公顷、绿色花生667公顷，管护甜橙867.1公顷。工业技术改造项目投资8000余万元。工业总产值4.63亿元，增长10.9%。全年地区生产总值20.72亿元，地方级税收收入323.62万元，农业增加值4.98亿元，规模以上工业总产值8.19亿元，服务业增加值3.01亿元，固定资产投资4.6亿元，社会消费品零售总额8.29亿元，城镇居民人均可支配收入2.78万元，农民人均纯收入1.43万元。非物质文化遗产普查9处，文物保护单位15处。农民外出务工2.68万人，收入1.85亿元。

【中石镇】 位于县境东部，辖区面积30.54平方公里。镇政府驻地中兴场，距县城24公里。2017年年末，辖9个村及1个社区。居民户数7349户，人口2.61万人。是年，建成“中稻+再生稻”示范基地800.4公顷。重点培育畜牧、水产养殖大户4户，有畜禽规模养殖场3户。招商引进项目3个，到位市外资金9080万元，形成固定资产7080万元。有工业企业4户，产值1.69亿元。全年地区生产总值4.37亿元，增长8.3%。其中，农业增加值1.52亿元，增长3.8%；第二产业增加值1.64亿元，增长14.2%；第三产业增加值1.19亿元，增长10.5%。全社会固定资产投资1.9亿元。社会消费品零售总额1.48亿元，增长13.8%。农民人均纯收入1.36万元，增长28.7%；城镇居民可支配收入2.75万元，增长15%。投资17.45万元新建2000平方米富强文化广场。

【龙万乡】 位于县境东部，辖区面积50.77平方公里。乡政府驻地万坳场，距县城13公里。2017年年末，辖14个村及2个社区。居民户数1.01万户，人口3.46万人。是年，建成马童路两翼粮食高产创建核心示范片80.04公顷，带动“中稻+再生稻”种植面积1320.66公顷。优质高粱种植466.9公顷，郎酒集团定向收购1200吨。花椒种植400.2公顷。新建成五余村6.67公顷生态垂钓基地、华利村4万只小香鸡养殖基地，全乡有家庭农场25家、农民专业合作社12家。招商引进五余村羽绒加工厂等项目8个，引进资金1.2亿元，形成固定资产1亿元。投资852万元，加宽改建道路4.3公里，实施下井等3村节水型项目、万坳社区风貌整治、龙硐社区路亮化工程项目。是年，地区生产总值4.27亿元，农业增加值1.39亿元，第二产业增加值1.54亿元，第三产业增加值1.52亿元。全社会固定资产投资2.3亿元，社会消费品零售总额4.35亿元，农民人均可支配收入1.25万元，城镇居民人均可支配收入2.49万元。组队参加县第九届运动会暨十三届老年人运动会健身气功比赛，分获易筋经单项奖第一名、团体奖第三名。

【互助镇】 位于县境北部，辖区面积49.74平方公里。有天然气、建筑石料等资源。镇政府驻地古佛坎场，距县城8公里。2017年年末，辖13个村及1个社区。居民户数1.09万户，人口3.89万人。是年，甜橙总面积901.38公顷，挂果731.76公顷，产量1.1万吨，产值2480万元。招商引进川阳生态观光园等项目4个，引资1.58亿元。有企业22户，产值1.73亿元，规模以上工业企业1户，产值4968万元。全镇地区生产总值5.43亿元，地方财政收入136.8万元，农业增加值1.59亿元，服务业增加值1.56亿元，社会消费品销售总额2.22亿元，农村居民人均可支配收入1.53万元，城镇居民人均可支配收入2.71万元。全年劳动力转移1.43万人，劳务收入1.7亿元。

【童寺镇】 位于县境东部，辖区面积53.09平方公里。有煤炭、石灰石、石英砂等矿产资源。镇政府驻地童寺场，距县城27公里。2017年年末，辖12个村及2个社区。居民户数1.16万户，人口3.8万人。是年，推广优质“中稻+再生稻”1110.55公顷，平均亩产513千克；优质“笋竹基地”800.4公顷，产鲜笋1103吨，增加农民收入112万元；优质“甜橙基地”100.05公顷，增加农民收入312万元；大棚种植西瓜6.67公顷。招商引进项目8个，引资3.34亿元。全年地区生产总值11.87亿元，规模以上工业总产值2.58亿元，全社会固定资产投资3.81亿元，农业增加值2.95亿元，第三产业增加值5.75亿元，社会消费品零售总额8.91亿元，农民人均可支配收入1.54万元，城镇居民人均可支配收入2.57万元。

【宝庆乡】 位于县境东南部，辖区面积31.49平方公里。有煤炭、石灰石、页岩等矿产资源及天池湖景区。乡政府驻地众兴场，距县城33公里。2017年年末，辖8个村及1个社区。居民户数6389户，人口2.22万人。是年，建成“优质中稻+再生稻”吨粮田666.67公顷、高产示范13.33公顷，“高粱+再生高粱”种植336.8公顷。天池湖天然生态养殖鲢鱼、鳙鱼、罗非鱼等7个品种，获农业部无公害农产品证书和四川省水产局无公害水产品产地认定证书。改良柑橘品种33.35公顷，建成甘家村凤凰湖花卉苗木基地13.34公顷。有规模以上工业企业1家。全年地区生产总值3.98亿元，其中，第一产业增加值1.08亿元，第二产业增加值1.61亿元，第三产业增加值1.29亿元。全乡工业总产值7817万元，全社会固定资产投资1.88亿元，社会消费品零售总额5582万元，农民人均可支配收入1.42万元，城镇居民人均可支配收入2.62万元。外出务工9351人，劳务收入2.87亿元。

【古佛镇】 位于县境东部，辖区面积30.44平方公里。有煤炭、石英砂等矿产，出产柑橘、甜柚、桂圆等优质水果。镇政府驻地古佛场，距县城36公里。2017年年末，辖8个村及1个社区。居民户数7827户，人口2.6万人。是年，巩固提升“中稻+再生稻”万亩吨粮田基地，高产示范片规范化栽培200.1公顷。连续6年被评为全县“粮食生产先进乡镇”。有规模工业企业2户，工业产值4.85亿元。全年地区生产总值6.4亿元，农业增加值1.22亿元，全社会固定资产投资2.37亿元，社会消费品零售总额2.42亿元，城镇居民人均可支配收入2.33万元，农村居民人均可支配收入1.05万元，招商引资5000万元。农村劳动力转移9252人，实现劳务收入1.57亿元。

【赵化镇】 位于县境南部，辖区面积49.82平方公里。镇政府驻地赵化场，距县城40公里。境有刘光第衣冠冢、培村门厅、“两湖会馆”等文物保护单位，是中国历史文化名镇。2017年年末，辖11个村及2个社区。居民户数1.42万户，人口4.05万人。是年，新签约3000万元以上项目5个，招商引资3.5亿元。编制赵化镇沱江滨河带（滨河堤）、银蛇溪湿地公园总规和详规，投资200万元建成赵化古牌匾陈列馆、计生文化广场等，举办第二届刘光第研究会、古镇“成人礼”等活动。申报为四川省首批特色小镇。转移农村劳动力1.64万人，劳务收入4亿元。全年实现地区生产总值7.98亿元，农业增加值1.53亿元，固定资产投资4.14亿元，农村居民人均可支配收入1.41万元，城镇居民人均可支配收入2.82万元。

【万寿镇】 位于县境东南部，辖区面积49.02平方公里。有煤、高岭土等矿产资源，青山岭森林公园坐落境内。镇政府驻地万寿场，距县城28公里。2017年年末，辖9个村及1个社区。居民户数8866户，人口3.12万人。是年，以“公司+基地+专合社+农户”模式，流转土地200.1公顷种植铁皮石斛，建成油茶产业基地133.4公顷，流转10公顷土地发展冷水鱼等特色水产养殖。有工业企业12家，工业总产值7.57亿元。其中，规模工业企业3家，总产值7.2亿元。招商引资新签约3000万元以上项目2个，到位市外资金1.33亿元。全年地区生产总值709亿元，全社会固定资产投资3.39亿元，城镇居民人均可支配收入2.42万元，农村居民人均可支配收入1.28万元。

【安溪镇】 位于县境南部，辖区面积75.12平方公里。有煤炭、石英砂、料石、陶土等矿产，有“小三峡”之称的表峰峡、金田寺、尖山坡、仙鹅洞、天主教堂、四川大学“五七干校”旧址等旅游资源。镇政府驻地安溪场，距县城32公里。2017年年末，辖11个村及2个社区。居民户数1.3万户，人口4.34万人。是年，推广优质稻1463.13公顷，蓄留再生稻1306.5公顷、再生高粱171.33公顷。年末森林覆盖率33.33%。有黑山羊规模养殖户3户，年出栏800头以上生猪养殖户12户。招商引进项目8个，到位市外资金1.9亿元，形成固定资产投资1.03亿元。有工业企业23户，总产值8.02亿元，利润总额4950万元。全年地区生产总值11.17亿元，规模以上工业企业增加值8.4亿元，服务业增加值2.68亿元，全社会固定资产投资3.1亿元，农村居民人均可支配收入1.31万元，城镇居民人均可支配收入2.64万元。农村劳力转移1.8万人。

【飞龙镇】 位于县境东南部，与南溪、江安、泸县等3县（区）交界，辖区面积50.2平方公里。镇政府驻地飞龙场，距县城52公里。2017年年末，辖11个村及2个社区。居民户数1.08万户，人口3.78万人。是年，试点水稻规范化栽培，成片蓄留再生稻面积106.72公顷。有规模养猪场5个、蛋鸡场2个、白鹅养殖场1个、养羊基地3个。全年蚕茧发种8000张，产茧320余吨，实现产值1500万元。招商引进自贡中润天然气有限公司管网延伸及安装工程等项目5个，引进市外资金1.04亿元，形成固定资产投资9180万元。有工业企业5户（规模以上企业2户），产值4.1亿元。全年地区生产总值5.16亿元，农业增加值1.58亿元，规模以上工业总产值0.94亿元，服务业增加值1.68亿元，全社会固定资产投资2.89亿元，社会消费品零售总额3.99亿元，农村居民人均可支配收入1.21万元，城镇居民人均可支配收入2.57万元。

【怀德镇】 地处县境东南，辖区面积46.37平方公里，属四川省小城镇综合改革试点镇。镇政府驻地怀德场，距县城37公里。2017年年末，辖13个村及2个社区。居民户数1.13万户，人口3.89万人。是年，实施“中稻+再生稻”高产示范片项目，规划再生高粱高产示范片167公顷。投资550万元，建养牛场、德康生猪养殖场、龙虾养殖基地各1个。培育各类养殖大户30余户。招商引资新签约3000万元以上项目4个，其中重大项目2个，到位市外资金2.4亿元，形成固定资产投资2.3亿元。全年地区生产总值7.63亿元，规模以上工业总产值6.51亿元，固定资产投资3.21亿元，第三产业产值2.53亿元，农业总产值1.85亿元，社会消费品零售总额0.96亿元，农村居民人均可支配收入1.41万元，城镇居民人均可支配收入2.83万元。中央投资674万元的2514平方米公租房、共和街棚户区改造主体工程完工。

【长滩镇】 位于县境东南部，镇域东北、东南、西南三面与泸县接壤，辖区面积26.27平方公里。属四川省农业厅检测认定的无公害蔬菜基地，出产茄子、菜豆等农业部农产品安全中心检测认定的无公害蔬菜品种18个。镇政府驻地长滩坝，距县城64公里。2017年年末，辖8个村及1个社区。居民户数5435户，人口2.15万人。其中，农业人口1.91万人。是年，新增无公害蔬菜面积300公顷，无公害蔬菜种植总面积750公顷，年产量6万吨，产值1亿元；新栽植优质红心柚65公顷，优质水果总面积500公顷，年产量4.2万吨，产值8500万元。新增生猪养殖大户3户、养羊大户2户、家禽养殖大户14户、种兔大户2户，蜂蜜产量21吨。招商引进红青浓农业有限公司、四德农业有限公司、永洪后勤服务有限公司、溢祥科技有限公司等项目，到位资金2.01亿元，形成固定资产1.66亿元。工业以酒类生产为主，集聚有宜江酒业、戎春酒业等企业。全年地区生产总值4.6亿元，增长8%；地方财政收入143.9万元；规模以上工业总产值5.75亿元，增长26%；全社会固定资产投资2.5亿元，增长30%；社会消费品零售总额1.89亿元，增长14.5%；农村居民人均可支配收入1.18万元，城镇居民人均可支配收入2.44万元。

【石道乡】 位于县境东南部，辖区面积25.38平方公里。乡政府驻地石道场，距县城53公里。2017年年末，辖7个村及1个社区。居民户数5496户，人口2.04万人。是年，形成以龙滩、塘冲、石河、谭家、同安村为核心的中稻—再生稻示范区667公顷和高粱—再生高粱示范区433.55公顷。出栏黑山羊2.38万只，新建鱼苗繁育基地1.33公顷。招商引进项目5个，到位资金1.16亿元（到位省外资金7360万元）。有规模以上企业1户，产值4617万元。组队参加县第九届运动会，获团体总分第二名，女子羽毛球队获团体第一名。转移农村劳动力8502人，劳务收入1.39亿元。全年地区生产总值3.51亿元，全社会固定资产投资1.4亿元，社会消费品零售总额1.89亿元，农村居民人均可支配收入1.19万元，城镇居民人均可支配收入2.44万元。

【永年镇】 位于县境西部，辖区面积67.87平方公里，属省级小城镇建设和市级扩权强镇试点镇。镇政府驻地永年场，距县城12公里。2017年年末，辖15个村及1个社区。居民户数1.4万户，人口5.1万人。是年，发展有机草莓、葡萄、油桃、梨、柑橘、无花果等水果面积243公顷，发展花卉苗圃53公顷，保有花椒总面积230公顷。投资1.5亿元的锦盛园10万头生猪养殖基地及天翔蛋鸡20万只等项目建成投产。招商引进顺龙天然气、惠诚蛋鸡养殖园等项目7个，引资6.04亿元，有规模工业企业8户，21户工业企业实现产值12.5亿元。全年地区生产总值9.14亿元，增长10.17%。其中，农业增加值2.06亿元，增长5.06%；第二产业增加值4.58亿元，增长12.4%；第三产业增加值2.50亿元，增长11.82%。全社会固定资产投资5.56亿元，增长24%。社会消费品零售总额1.52亿元，增长14.59%。农民人均纯收入1.48万元，增长9.3%；城镇居民人均可支配收入2.88万元，增长9.3%。农村劳动力输出2.15万人，劳务收入3.9亿元。

【彭庙镇】 地处县境西南部，辖区面积46.68平方公里。镇政府驻地彭庙场，距县城25公里。2017年年末，辖10个村及1个社区。居民户数7445户，人口2.72万人。是年，种植枇杷8公顷、西瓜66.6公顷、核桃及花卉苗木74.5公顷、蔬菜400公顷、中药材20公顷、生姜14公顷。新建1000头生猪养殖项目2个，新增黑山羊养殖专业户6户，蜂蜜产量18吨。招商引资引进德康生猪等项目，引进资金1亿元。有规模以上工业企业1家，总产值9360万元。全年地区生产总值4.28亿元，农业增加值1.64亿元，服务业增加值1.24亿元，固定资产投资1.65亿元，社会消费品零售总额3.2亿元，农民人均纯收入1.44万元，城镇居民人均可支配收入2.61万元。劳务输出7000人次，收入2.2亿元。

【兜山镇】 位于县境南部，辖区面积73.23平方公里。有煤炭、石英砂等矿产资源和云峰寺、九龙湖等旅游景区。镇政府驻地猫儿山，距县城18公里。2017年年末，辖13个村及2个社区。居民户数1.17万户，人口4.35万人。是年，新建家庭农场5个，有新型农业经营主体97个。其中，畜禽经营主体42个、家庭农场31个、农民合作社8个、公司3户。推进斑竹村柑橘种植基地、柏山经济林基地、香炉村牧草种植基地、赵家村核桃基地、双林村特色休闲农业及百里冲生态农业基地打造。招商引进嘉禾正义农业生态观光园等项目4个，引进资金1.75亿元。全年地区生产总值7.09亿元，全社会固定资产投资2.51亿元，社会消费品零售总额4.25亿元，农民人均纯收入1.45万元，城镇居民人均可支配收入2.79万元。劳动力输出1.86万人，劳务收入3.16亿元。投入资金2197万元，硬化道路27条43.7公里。

【板桥镇】 位于县境西部，辖区面积57.15平方公里。境有木桥沟水库，出产甜橙、黄花藤梨等优质水果。镇政府驻地板桥坝，距县城22公里。2017年年末，辖15个村及1个社区。居民户数1.35万户，人口4.3万人。是年，连片种植甜橙、黄花梨256.4公顷，种植田藕、“春不老”萝卜等蔬菜398公顷，种植花卉苗木16.67公顷。建成1000头生猪规模养殖场4个，200头以上生猪养殖户10户。招商引进富顺县玫瑰园一期工程项目、升永新型砖窑新建厂区工程、富顺县巨能建筑材料有限公司扩能技改项目、自贡富顺盐都人家酱腌菜新建厂区、板桥镇综合农贸市场工程等5个项目，引资6.62亿元。有工业企业5家，产值9600万元。全年地区生产总值8.73亿元，农村居民人均可支配收入1.8万元，城镇居民可支配收入2.72万元，全社会固定资产投资6.31亿元。

【李桥镇】 位于县境西南部，辖区面积71.33平方公里。五条沟自然景区坐落境内。镇政府驻地李桥场，距县城34公里。2017年年末，辖13个村及2个社区。居民户数8848户，人口3.34万人。是年，发展五条沟景区周边观赏性经济作物133.4公顷。发展小龙虾等特色水产养殖66.7公顷，发展规模畜禽养殖户15户。蜂蜜产量14.5吨。招商引资到位资金9500万元，形成固定资产投资5825万元。全年地区生产总值4.22亿元，固定资产投资2.5亿元，社会消费品零售总额2.3亿元，农民人均纯收入1.27万元，城镇居民人均可支配收入2.5万元。投资1200余万元，改造农村电网759户，安装自来水、天然气510户，新建村级公路30公里。转移输出劳动力1.22万人，劳务收入2.3亿元。

【福善镇】 位于县境西南部，辖区面积68.51平方公里。镇政府驻地从善场，距县城34公里。2017年年末，辖13个村及1个社区。居民户数1万户，人口3.97万人。是年，新发展农业经营主体27户。种植油茶、茯苓、砂仁、黑桃、桃李、柑橘、饲料桑、茶叶等772.18公顷。蜜蜂产量62吨。镇溪河福善段放养翘嘴鲌10万尾、南方鲇5万尾、泥鳅3万条。招商投资新签约项目3个2.6亿元，引资9000万元。全镇有3家工业企业，总产值1487万元，利润338万元。全年地区生产总值403亿元，增长8.3%；固定资产投资9840万元；社会消费品零售总额1.74亿万元，增长12.6%；城镇居民人均可支配收入2.4万元，农民人均纯收入1.43万元。外出务工1.64万人，劳务收入4.12亿元。

【富和乡】 地处县境西部，辖区面积24.55平方公里。有天然气、石油、盐卤等矿产资源。乡政府驻地长石塔，距县城33公里。2017年年末，辖7个村及1个社区。居民户数4747户，人口1.69万人。是年，调整栽植茵红李果树60公顷，总面积150公顷，挂果40公顷，产量6吨，产值3万元。全年招商引资2088万元，地区生产总值2.33亿元，社会固定资产投资833万元，社会消费品零售总额1.31亿元，农民人均纯收入9486元，城镇居民人均可支配收入1.89万元。转移农村劳动力7780人，劳务收入1.2亿元。

（富顺县地方志办）

自贡高新技术产业开发区

概　貌

【位置　面积　人口】 自贡高新技术产业开发区（以下简称自贡高新区或高新区）地处自贡市中心南侧，位于北纬28°55′37″～29°38′25″、东经104°02′49″～105°16′11″之间。隔釜溪河与老城区相望，东南与沿滩区，东北、西南与自流井区，西与大安区相邻。规划控制面积100平方公里，其中，宜居生活区30平方公里、产业发展区40平方公里、科技创新区10平方公里、旅游度假区20平方公里。截至2017年年末，托管面积65.39平方公里，开发面积34.95平方公里。辖丹桂街道、学苑街道、板仓街道和红旗乡、高峰乡，有45个社区、763个居民小组、21个村、195个村民小组。年末常住人口约26万人，其中，户籍人口18.03万人，比2016年增长2.79%；男性8.62万人，女性9.41万人；城市人口15.58万人，占86.41%；农业人口2.45万人，占13.59%；少数民族152人。

【设置沿革】 自贡高新区于1992年5月经省政府批准成立。同年9月，省编制委员会批复成立自贡高新技术产业开发区管理委员会。1994年6月，市委、市政府决定大安区红旗乡从7月1日起纳入高新区管委会统一领导和管理。2006年1月，国家发改委公告确认自贡高新区为省级开发区，更名四川自贡高新技术产业园区。2007年3月，板仓工业园区移交高新区管委会管理。2011年6月，国务院批复自贡高新区升级为国家高新技术产业开发区。2012年12月1日起，自流井区高峰乡移交高新区管委会管理。

【自然环境与资源】 高新区系四川盆地南部浅丘陵地形，地势西高东低，地貌属背斜构造低丘地带，地表山露多为砂岩和页岩，土壤多为紫色，肥力中等，磷、钾含量较高，酸碱度呈中性略偏酸，有利于农作物生长。釜溪河由西向东再转南沿高新区边界流往沿滩区。主要文化旅游资源有一对山、妙观寺、玉川公祠、南湖公园、汇东公园、狮子山公园、釜溪河文化博览园（原釜溪河复合绿道）、卧龙湖、盐卤浴“海汤神泉”等。

【气候】 属亚热带湿润季风气候，春旱、夏热、秋雨、冬暖，无霜期长，四季分明，年平均气温18℃。多年平均降雨量1000毫米，常年盛行风向4—6月以东南风为主，其余时间以西北风和北风为主。

【交通概况】 高新区是自贡市的城市新区和产业新区，城市主要道路80余公里。城区的汇东路、汇兴路、汇川路、紫薇路、南湖路、南环路贯穿东西，丹桂大街、兴川街、通达街、龙汇街、南苑街—南林街、西苑街—西林街贯通南北，形成“六纵六横”城市道路网络，文化路、春华路、华园街、学苑街等支道与主干道相接，将汇东新城与南湖生态城连成一体，并延伸至卧龙湖国际旅游区。板仓工业园区内东西走向的板仓路、玉川路、金川路、龙乡大道和南北走向的荣川路、富川路、卫里路、锦里路、新源路、茂源路、东环路形成“七纵四横”的园区道路骨架，并与南岸科技新区“一环两横三纵”道路相连。在建或规划南湖生态城、卧龙湖旅游区道路14条，总长18.7公里；板仓工业园区、南岸科技新区道路24条，总长64.79公里。区内有自贡客运中心、南湖立交桥、渝昆（重庆—昆明）高速公路汇东收费站等重要交通设施，100余条公交线路通达全市；经内（江）宜（宾）、成渝（成都—重庆）、渝昆（重庆—昆明）、乐（山）自（贡）高速公路至成都、重庆各200余公里，南下宜宾70公里即可达最近机场和长江港口；临近自贡火车客、货运站，经内（江）昆（明）、成渝（成都—重庆）铁路，内（江）宜（宾）、渝昆（重庆—昆明）、乐（山）自（贡）高速公路连接成都、重庆、昆明，可通达全国。

【经济社会发展概况】 2017年，全区实现地区生产总值190.6亿元，增长10.8%，其中，第一产业增加值3665万元，增长4.2%；第二产业增加值79.9亿元，增长11.1%；第三产业增加值110.3亿元，增长10.4%；三次产业增加值比重为0.2∶41.9∶57.9，二产业、三产业对全区经济增长贡献率分别占32.5%、67.4%。规模工业总产值152.7亿元，增长24.1%；规模工业增加值37.6亿元，增长12.9%；固定资产投资总额86.4亿元，下降8.6%；社会消费品零售总额83.6亿元，增长8.5%；财政总收入37.4亿元，增长2.6%，其中公共财政预算收入8.9亿元，增长17.1%；财政总支出37.39亿元，增长2.6%，其中地方公共财政预算支出13.43亿元，增长7.96%；税收收入18.75亿元，增长16.4%；城镇居民人均可支配收入3.65万元，增长9%。

【自贡高新区在全国排名第76位】 2017年，科技部火炬中心通报国家高新区评价结果，自贡高新区在146个国家高新区和苏州工业园（共147个单位）中综合排名第76。单项排名中，自贡高新区知识创造和技术创新能力列第92，产业升级和结构优化能力列第56，国际化和参与全球竞争能力列第43，可持续发展能力列第81。

政治建设

【省领导到高新区调研】 2017年，省委书记王东明，省政府原省长、省关工委执行主任张中伟，省委副书记、省长尹力，省委副书记邓小刚，省委常委黄新初，省委常委、宣传部部长甘霖，省政协副主席、省总工会主席李登菊，省军区政委冷志义等先后到高新区调研。

【纪检监察】 2017年，编制“两个责任”清单，分解6大项40小项任务，构建“逐级分解+一人一单”“全程纪实+定期检查”“量化考核+社会评价”“一案双查+一票否决”四大压力传导机制。组织收看《盐都问政》和警示教育片，参观市廉政警示教育基地，召开集体廉政谈话会，创新廉政文化建设，开展“听廉讲廉”、廉政知识竞赛、廉政文艺演出、举办信访举报开放日等活动，创建廉政文化优秀示范单位3个、示范单位6个。建立廉政风险防控机制，加强关键岗位权力运行监控，建立重大工程八大预防网络。印发慢作为不作为乱作为问责、政商关系行为规范、负面言行清单等强化纪律保障促进转型升级系列规定。开展作风建设五大专项整治行动，谈心谈话155人次，明察暗访5次，检查单位54个次，查纠问题27个，处理违纪案件5件，问责11人。办理检举控告类信访案件47件次，党纪立案14人，党纪政纪处分6人，其中党内警告4人、党内严重警告1人、撤销党内职务1人，全区通报批评3人，约谈单位主要负责人3人，清退违纪资金24.9万元。

【组织工作】 2017年年末，全区基层党组织367个，其中高新区党工委直属党组织26个，党员8163人。年内新建党组织10个，发展党员79人，预备党员转正77人。落实党建经费307.33万元，改扩建基层党组织活动阵地2个；举办党务培训班1期，各级培训党务工作者252人次；举办入党积极分子培训班1期，培训110人；选送党员干部参加各级各类培训3000人次。完成村（社区）党组织换届，选举产生村（社区）党组织委员223人。开展基层党建示范创建，机关党组织与“两新”组织结对共建19对。建立高新区党群服务中心，创建区示范党组织11个、市示范党组织3个。推荐县级领导干部5人；调整选任机关部门、事业单位负责人35人，其中科级干部32人；交流科级干部3人；选派村（社区）党组织第一书记54人，其中市级机关选派11人。引进人才73人，推荐省“千人计划”创新团队2个，获市“2016年度十大经济人物”6人。

【宣传工作】 2017年，组织学习中共十八届六中全会、中共十九大精神和习近平新时代中国特色社会主义思想，成立宣讲团和10个分团，召开集体备课会、宣讲员培训会，实现党员干部学习全覆盖。党工委中心组安排12个专题集中学习研讨或自学，领导干部撰写论文或调研报告1篇以上。主题宣传报道4次，微活动、微直播4次，微信平台发布信息90余期，在全国、省媒体发稿700余篇，其中《多点支撑 重点培育——自贡高新区创新创业成效初显》获优秀奖。加强舆情管理和引导，召开新闻通气会2次，处置、引导舆情20余条，编发《高新舆情》30期。

【机构改革】 2017年，梳理高新区党工委、管委会、纪工委、工业区管理办公室主要职责，优化内设机构，设立党政办公室（目标督查办公室）、党群工作部（人力资源局、工会）、监察审计局、社会管理局（社会治安综合治理委员会办公室）、发展改革与科学技术局（统计局）、经济运行局（信息化办公室）、城市建设和管理执法局（旅游园林局）、投资促进局、财政金融局、社会事业局、环境保护与安全生产监督局、行政审批局（企业服务局）12个部门。设立群团组织2个，双重管理行政执法单位部门9个，市级部门派出单位7个，托管乡（街道）5个。事业单位31个，其中市直属9个，高新区直属（托管）22个。

【人事改革】 2017年，实施内设机构及直属事业单位人事制度改革，涉及179个岗位，直接聘任、竞岗聘任169人。其中，直接聘任部门正、副职岗位33人；竞岗聘任部门（直属事业单位）副职岗位5人；竞聘主办竞岗131人（机关118人、直属事业单位13人）。建立“委领导—部门领导—主办”三级管理架构，推行岗位绩效薪酬机制，建立基本薪酬与岗位绩效相结合收入分配制度。年末，全区在编在册公务员（含参公管理）153人，事业1309人，在编工勤36人。年度考核表彰优秀公务员19人，其中记三等功3人；优秀事业单位人员202人。

【行政审批服务】 2017年，开展“两集中、两到位”、并联审批和政务服务标准化、信息化建设，承办公共服务事项149项、行政许可事项148项，完善91项行政许可事项目录、审批要件清单。实行“一号申请、一窗受理、一网同办”，全年受理办结政务服务事项3万件，其中行政审批2.22万件、公共服务7810件；窗口办理2.18万件，网上办理8250件；上门服务138次，休息日预约服务85次，延时服务65次，委托代办132件。进入审批平台办理项目151个，其中审批53个、核准1个、备案97个，项目立项总投资375亿元。办理提速100%，符合要求的报件当即受理，平均办结时间0.1个工作日，当日受理办结99.14%，提前办结率、按时办结率和现场办结率100%，群众评议满意、基本满意率100%。申报获批国家预算内资金支持项目4个，资金1.63亿元。升级达标村（社区）便民服务室12个。

【法治建设】 2017年，建立区、部门、乡（街道）主导、全社会共同参与的普法联动机制，开展各级法制宣传活动70余次，发放资料10万余份，举办律师讲堂进村（社区）35次，法治电影进村（社区）12次，建立法治教育基地2个，培训“法律明白人”1000余人。党政办公会会前学法常态化，干部学法守法用法情况纳入考核和年度述职述廉。在公园、广场、车站、商场、社区等设置法治宣传栏或电子显示屏，开展法律进机关、进学校、进乡村（社区）、进企业、进寺庙、进单位，推进各类群体学法、用法、守法。完善法律顾问制度，实施重大行政决策合法性评估，加强执法监督，实行执法责任制、案件评议制和执法过错追究制。年内，接收社区矫正人员113人，实行“一人一档，个案矫正”和“三阶段教育”（接收前入矫教育、矫正期常规教育、期满解矫教育），组织学习教育36次、社区服务102次、心理测评2次，调查评估28人，警告7人，解矫91人，年末社区在矫109人。安置帮教刑释人员116人。

【社会治安综合治理】 2017年，开展社会治安立体化防控体系建设，构建高新区大队、乡（街道）支队、村（社区）分队组成的治安巡逻和人防、物防、技防“三防”网络，177个服务管理网格更新录入事件9793件、流动人口信息7083条、特殊人群信息755条，落实肇事肇祸精神障碍患者监护。报送省大调解工作信息管理系统矛盾纠纷1658件，调解结案1622件，化解率97.83%。开展南湖逸都、南湖郡、香逸美地、林涧美墅治安防控智能化试点。全年盗、抢、骗等侵财性案件下降27.15%。

【维护社会稳定】 2017年，构建村（社区）、乡（街道）、区稳定信息获取、报送、研判、会商和共享机制，突出敏感期、重要会议、重大活动、节假日稳控工作，关注企业改制、征地拆迁、项目建设、农民工工资、民间集资、社会民生等问题，实行“日常滚动排查，敏感期集中排查、专项工作重点排查”，排查重点不稳定因素78件，前置预防化解73件，领导包案化解11件，实施稳控5件，处置突发事件6件、群体性事件5件，办结市挂牌信访案件2件。全年风险评估50件，其中“第三方”评估2件。处置敏感社情民意、网络舆情30件，网络谣言1件。

【公安工作】 2017年，接处警1.29万件，下降0.54%；立刑事案件1538件，下降31.34%；破案1018件，破案率66.19%，上升25.63%。抓获犯罪嫌疑人1080人，其中提请逮捕147人，挽回经济损失490余万元。受理治安案件1242件，查处1239件，查处率99.76%，行政处罚644人。处置群体性聚集事件28件。落实三级网格化巡防，构筑“点、线、面、圈”社会治安防控体系，打造平安小区、商圈、公园“三个平安”品牌。收缴枪支75把、子弹563发、管制刀具285把、仿真枪114支，破获涉枪案3件。查处毒品犯罪45人、吸毒264人，破获省目标毒品案2件，缴获毒品3777.91克。侦破“9·11”“6·24”故意杀人案。立经济案件77件，破案29件，抓获经济犯罪嫌疑人45人，起诉41人。起诉扒窃、盗窃等侵财案件107人，判决涉恶犯罪58人。

【信访和群众工作】 2017年，受理群众来访220批次1205人次，比2016年增加79批142人次，其中，初访186批979人次、重复访34批226人次、集体访33批875人次，来访反映问题220件。网上信访件155件，上级交转办信访件13件，市委书记、市长信箱信访件72件，人民网留言16件，中央、省直转信访件97件，“12345”市便民呼叫中心13件。群众网上信访、书面信访和上级交办件全部办理回复，其中，领导包案化解信访积案10件。干部“六下访”走访5048人次，解决苗头性问题56个，处理信访130件，落实帮扶资金44.38万元。

【工会】 2017年，全区职工4.54万人，工会会员4.53万人，基层工会组织318个，涵盖法人单位3576个，其中，新建工会组织7个，新发展会员289人。专职工会干部35人，兼职工会干部1058人。创建示范工会30个，合格以上职工之家269个，其中模范职工之家39个。签订工资集体合同210份，覆盖企业2886家，创建年度市非公有制企业厂务公开民主管理示范单位2家、工资集体协商示范单位3家、省劳动关系和谐企业3家、劳动关系和谐街道1个、市劳动关系和谐企业7家。规模以上企业开展劳动竞赛68家，参加比赛职工4200余人。获“五一劳动奖”4项。补助困难、大病职工和慰问职工67.49万元，贫困职工子女助学64人12.4万元。创建全国职工书屋3个、省文化驿站1个、市文化驿站2个、市职工书屋6个、区职工书屋23个。

【共青团】 2017年，团区委有下属团组织18个、团员1065人，其中新发展团员396人，有4名团员发展成为中共预备党员。开展“一学一做”（学习总书记讲话，做合格共青团员）主题教育实践活动，组织“不忘初心跟党走”主题团日、“争做文明小市民，践行核心价值观”“创新引领未来、创业成就梦想”大学生创新创业大赛、创建团员先锋岗（队）等活动，奖励创新创业企业10家，获批四川青年创业促进计划项目1个。新注册团员志愿者400人，开展义务植树、结对帮扶留守贫困儿童和“五失”青少年等活动。

【妇女儿童】 2017年，新创市“巾帼文明岗”1个，获省“五一巾帼标兵”1人。开展家庭美德教育、深化幸福家庭创建活动；举办妇女法律维权讲座1期、妇女保健讲座2场；新办理女职工大病保险2098份，生育保险补助56人13.8万元。30名志愿者对180余名留守、低保家庭儿童进行沟通交流、心理抚慰、品格教育，指导儿童完成书法、科普等作品200余件。建立首个免费青少年活动中心，建档留守女童安全护送120人。

经济建设

【工业】 2017年，全区工业总产值169.8亿元，其中，83家规模工业企业工业总产值152.7亿元，比2016年增长24.1%；规模工业增加值37.6亿元，增长12.9%。主营业务收入133.8亿元，增长27%；营业利润7.32亿元，增长25%。节能环保装备、新材料、电子信息三类产业实现总产值138.8亿元，占工业总产值90.8%。新增战略性新兴产业企业5家，总数36家，战略性新兴产业增加值占36.5%，占规模工业总产值58.9%，增长14.2%。年度重大项目24个，其中，新建21个，续建3个，完成投资57亿元，建成投产13个。推进石墨烯、生物科技、电子信息产业园建设，其中电子信息产业园进驻企业13家，投产或部分投产8家。申报“专精特新”企业6家，获省机械工业50强企业2家。

【商贸服务业】 2017年，列入限额以上商贸企业培育计划企业36家，规模以上服务业企业62家，服务业增加值110.3亿元，比2016年增长10.4%。社会消费品零售总额83.6亿元，增长8.5%，其中，批发业6.8亿元，增长9.6%；零售业59.4亿元，增长8%；住宿业9000万元，增长12.1%；餐饮业16.5亿元，增长9.9%。外贸备案企业49家，增加12家，外贸进出口总额2.51亿元，增长5.63%，其中，出口2.38亿元，增长6.48%；进口1338万元，下降7.53%。推进五大新兴先导型产业发展，向上争取服务业发展促进资金981.17万元。组织年货节、“惠民购物全川行动”“美食家”等促销活动5场，成交金额1008万元。升级社区便民店，打造特色美食街区4条、专业市场14个、农贸市场7个。有电子商务企业15家，构建“让我来居家智慧养老” “盐帮阿姨”“O2O”“盐帮食材B2B电商云”等电商平台。综合保税区完成投资4.6亿元，推进12万平方米基础设施和标准厂房建设。

【招商引资】 2017年，引进到位市外项目资金155.4亿元，其中省外资金108亿元，固定资产投资类资金81.5亿元。签约1亿元以上项目39个，其中5亿元以上项目17个。履约项目33个，开工32个。规划产品产业链17条，储备项目50余个，总投资382亿元。其中，节能环保装备制造业5个，投资30亿元；新能源及新能源汽车产业4个，投资100亿元；电子信息产业18个，投资120亿元；生物医药产业2个，投资2亿元；新材料产业5个，投资10亿元；南岸科技新区7个，投资20亿元；其他项目10余个，投资近100亿元。参加第七届“携手灯城·龙聚盐都”大型招商会、

“中外知名企业四川行”“四川·台湾产业合作推介会”“西投会”等招商引资活动，拜访客商300余人。“走出去”招商和小分队招商90余次，到深圳、杭州等地招商，考察企业和项目100余个。“请进来”招商100余次，接待客商500余人。

【重大项目建设】 2017年，全区计划重大项目75个，其中，产业项目44个、基础设施项目14个、社会事业及民生项目17个，总投资421.4亿元，年度计划投资115.7亿元，全年完成投资123.1亿元。列入省、市重大项目22个，年度计划投资41.4亿元，完成投资70.3亿元。31个政府投资项目完成投资20.6亿元，44个社会投入项目完成投资102.5亿元。续建32个，计划投资41.1亿元，完成投资45.8亿元；计划新建项目43个，实际开工38个，计划投资74.6亿元，完成投资77.2亿元。

【一区三园】 2017年，推进自贡综合保税区、石墨烯产业园、生物科技产业园和电子信息产业园建设，总投资151.6亿元，年内完成投资42.6亿元。综合保税区投资4.6亿元，1栋厂房主体封顶，5栋厂房建设中；石墨烯产业园投资1.88亿元，完成基础工程；生物科技产业园投资3亿元，主体完工，进入外装环节；电子信息产业园8个项目投资33.2亿元，采用租赁厂房生产，并新建厂房和生产线。

【财政】 2017年，全区财政总收入37.39亿元，比2016年增长3.35%。其中，地方公共财政预算收入8.88亿元，增长17.1%；基金预算收入16.57亿元，下降10.24%。上划中央、省、市11.94亿元，增长23.55%。财政总支出47.3亿元，增长11.56%，其中，地方公共财政预算支出13.43亿元，增长8.03%；基金支出18.06亿元，下降5.54%；债务还本支出15.81亿元，增长45.85%。支出产业扶持专项资金2.43亿元，增长82.71%；建设性支出（含征地、拆迁、安置）35.51亿元，增长7.81%。财政直接支付业务3062笔32.37亿元，授权支付1.13万笔3.93亿元。完善财政评审机制，委托评审项目118个，完成评审项目80个，送审金额12.1亿元，审定金额11.75亿元，审减3500万元，审减率2.9%。政府采购473件，采购金额19.08亿元，节约资金600万元。

【国家税务】 2017年，全区国税收入首次破10亿元。国税纳税人1.32万户。全年完成税收收入10.03亿元，增收2.35亿元，其中增值税8.02亿元、企业所得税2亿元、消费税106.13万元。完成地方级收入2.89亿元，增收3788万元；区级收入2.1亿元，增收2840万元。出口退（免）税2391万元，税收减免2.16亿元。

【地方税务】 2017年，全区地方税务纳税人1.21万户，其中个体工商户6431户。入库总收入8.84亿元，增收1.12亿元。其中，税收收入8.22亿元，增长15.43%；基金附加收入6300万元，增长7.29%。区级税收收入4.32亿元，增长14.68%。评估纳税户34户，评估入库税费798.75万元，清理补缴个人所得税及滞纳金288.5万元。减免13家西部大开发企业所得税3796.54万元、137家小微企业税收145.09万元。

【审计】 2017年，审计政府投资工程78个，总金额6.37亿元，审减1208万元，审减率1.9%，出具审计意见书39件，提出审计建议20余条。审计浙江大学自贡创新中心2016年度财政拨付专项资金收支情况。协助市审计局审计同级财政预算执行情况等。

【科技创新】　2017 年，全区研发经费支出占地区生产总值 2%，国家、省、市各级科技项目立项 38 个，获批资金 2388 万元。新认定高新技术企业 4 家，累计 26 家；新增企业研发中心 3 家，累计 39 家，其中省级以上企业研发中心 9 家；实施技术攻关项目 30 余项。科技进步贡献率 56%，高新技术产业产值 126 亿元，占规模以上工业产值 82.9%。产值过亿高新技术企业 6 家，占产值上亿企业 70%。新入驻孵化器企业 3 家，园外孵化企业 5 家，大学生创业项目 12 个。获省科技进步奖 5 项、市科技进步奖 13 项、市青少年科技创新市长奖 3 项。

【知识产权】　2017 年，制定《国家知识产权示范园区自贡高新技术产业开发区工作规划(2017—2019)》，完善知识产权服务中心及维权援助中心服务体系，构建"线上 + 线下"服务格局，重点服务企业 30 余家，新增国家知识产权优势企业 3 家。申请专利 730 件，增长 5.3%，其中发明专利 278 件；授权专利 392 件，增长 11.68%，拥有 PCT 专利 2 件。高新区管委会专利奖励 108 万元，获市年度专利奖 8 件，占全市 47.06%；获省专利奖二等奖 1 件、三等奖 2 件。签订技术合同交易额近 1 亿元，专利技术转化 22 项，新增产值 10 亿元、利税 2 亿元。推进国家知识产权质押融资试点园区建设，建立知识产权质押融资制度和体系，引导、扶持企业采取知识产权质押等方式实现知识产权市场价值，拓宽中小企业融资渠道，新增知识产权质押融资 2898 万元，累计知识产权质押融资超 1 亿元。

【工商行政管理】　2017 年年末，高新区实有市场主体 1.93 万家，比 2016 年增长 34.03%；注册资本（金）总额 564.1 亿元，增长 58.96%。国有、集体及其控股企业 169 家，注册资本（金）10.21 亿元，分别增长 25.19%、18.17%；私营企业 7769 家，注册资本（金）544.14 亿元，分别增长 4.14%、59.07%；外资企业 43 家，注册资本（金）6875.42 万美元，分别下降 4.44%、16.78%；个体工商户 1.14 万户，资金总额 5.46 亿元，分别增长 4.81%、12.11%。是年，检查经营主体 5100 家次，检查各类专业市场 400 个次，纠正轻微违法 500 余件，责令整改 180 家次，查处无证经营 5 家，疏导办证 60 家，取缔 2 家，立案查处 89 件，案值 79.91 万元。抽检商品 169 批次，不合格 70 批次，发布不合格商品信息 30 条、消费警示 20 条。受理消费投诉 812 件，挽回消费者经济损失 45.2 万元。评出市年度"维护消费者权益"示范单位 11 家。

【质量技术监督】　2017 年，全区品牌建设创 4 个全市第一或唯一：第 12 届四川名牌 27 件，占全市 45.1%，全市第一；第 2 届市政府质量获奖企业 2 家，占全市 50%，全市第一；获省"知名品牌示范区"，全市唯一；节能环保装备产业登上全国区域品牌价值百强榜，以 157.85 亿元品牌价值进入全国制造业区域品牌 30 强，自贡唯一，品牌价值全市第一。开展"质量提升"行动，引导企业增品种、提品质、创品牌，建设质量信用体系，生产许可证企业抽查率 30%，食品包材、容器和工具企业质量安全风险排查覆盖率 100%，培育报送争创第 13 届四川名牌企业 6 家。一对一标准提升服务企业 11 家，初步构建节能环保装备四大产业链技术标准体系。检查特种设备单位 109 家，督促整改隐患 12 处，技术诊断电梯 1040 台，更换、改造使用 15 年以上电梯 7 台。

【统计工作】　2017 年，制定《高新区深化统计管理体制改革实施方案》，设立高新区统计局和普查中心，乡（街道）经济发展办公室增挂统计工作站和名录库管理站牌子，配齐区、部门（乡、街道）专兼职统计人员。清理基本单位名录库，新入名录库单位 2260 个。采用"面访调查 + 网上直报平台"组合方式，加强统计调查研究、经济运行预警监测，实施企业运行监测，拓展社情民意调查。完成火炬统计及分析报告，编发统计信息 25 篇，统计分析、内参 12 篇，年度发展报告 2 篇。开展第三次全国农业普查，高峰乡、板仓街道确权耕地面积 1333.79 公顷，确权林地面积 48.61 公顷，农作物播种面积 1194.59 公顷，其中，蔬菜播种面积 127.38 公顷，淡水养殖面积 3.27 公顷；生猪存栏 7972 头，牛存栏 111 头，羊存栏 439 头，家禽存栏 4.31 万只。

城乡建设

【城乡规划】　2017 年，调整《板仓工业园区一、二期控制性详细规划》《板仓三期控制性详细规划》《自贡市南湖生态城控制性详细规划》等，编制《卧龙湖片区产业策划与城市设计》，报市规划局通过专家论证，编制自贡综合保税区规划和起步区设计方案、东区邻里中心设计方案、魏明伦戏剧馆建设方案等。完成汇兴路理工学院地下通道、板仓东四路支路、卧龙大道三期、南林街延伸段、卧龙湖公园连接线道路交通规划优化设计和汇东路改造提升方案。下达规划设计条件22件，核发建设项目选址意见书15件，审查建设项目规划设计方案和建筑设计方案20件，核发建设用地规划许可证22件、面积189.26万平方米，建设工程规划许可证37件、面积161.23万平方米。核发建设项目规划竣工核实通知书41件，核实竣工建筑面积173.96万平方米，发出城镇居民房屋买卖规划用地性质通知书127件。

【城区建设】 2017年，全区建设重点项目17个（新建8个、续建9个），计划总投资51.21亿元，年度计划投资12.05亿元，完成投资13.22亿元。其中，政府性投资项目13个（新建4个、续建9个），计划总投资10.09亿元，年度计划投资3.37亿元，完成投资3.41亿元；社会投资新建项目4个，计划总投资41.12亿元，年度计划投资8.68亿元，完成投资9.81亿元。南林街、东兴寺立交桥竣工通车，丹桂北大街综合改造、紫竹苑安置房、汇西小学三期室外工程、汇兴小学校园提升工程、丹桂南大街高速路口管道改造竣工，推进纬四路、汇福苑、狮子山安置房、南湖社区卫生服务中心、汇西人防广场等建设，汇东路、汇川路等道路综合改造完成60%。恐龙灯会园外亮化工程装饰行道树彩灯1240棵，灯光雕400根，制作、维修灯组13组。

【卧龙湖旅游区建设】 2017年，实施重点项目9个（新建5个、续建4个），计划投资18.5亿元，完成投资19.6亿元，其中，政府投资完成10.6亿元，占54.08%；社会投资完成9亿元，占45.92%。推进卧龙湖医养中心一期基础施工，开工建设湿地公园二期、社区卫生服务中心、汇东实验学校桑海森林分校，景苑三期安置房竣工交付15万平方米，卧龙湖一期安置房主体断水35万平方米，新建日处理900吨临时污水处理站竣工投入使用，卧龙大道二期一标段建成通车662.7米、二标段开工建设。

【建筑与房地产】 2017年，核发建设工程施工许可证10件，审批水土保持方案10件，水土保持方案报告表2件，验收水土保持设施1个。24个房地产项目完成投资47.3亿元，占全区投资54.7%。商品房销售面积129.5万平方米，增长20%；销售额72.74亿元，增长27%。安置房开工建设40万平方米，竣工60万平方米；棚户区改造竣工移交3482套38万平方米，新分配公租房251套，廉租房补贴60户4万元。获“盐都杯”优质工程金奖3个、银奖5个。征收行政事业性收费（基金）1.56亿元。

【园林绿化】 截至2017年年末，高新区绿地面积952.58万平方米，绿地率36.01%；绿化覆盖面积1098.32万平方米，绿化覆盖率38.77%；公园绿地面积380.19万平方米，人均公园绿地面积14.91平方米；绿地率、绿化覆盖率、人均公园绿地面积指标高于国家园林城市标准。政府投资管护绿地117万平方米，公园242万平方米；社会投资管护绿地430万平方米。年内，实施零星工程50个，移植补植乔木654株，灌木2.3万平方米，培植摆放草花150万盆。

【环境保护】 2017年，城区吸入颗粒物（PM_{10}）平均浓度均值92.8微克/立方米，比2016年降低4微克/立方米；细颗粒物（$PM_{2.5}$）平均浓度均值66.9微克/立方米，降低7.21%；空气质量优良天数219天，与2016年持平；环境噪声平均等效声级56.2分贝。实行环境网格化监管，建立9条（座）河流水库河长制，新建污水处理站6个，餐饮企业安装油烟净化器占70%。审批项目19个，环境影响登记表备案项目193个，备案管理项目3个。清查违法违规项目21个，整改验收8个，限期整改10个，立案查处3个。整改中央、省和市三级环保督察反馈问题及投诉176个，限期整改环保违法工业企业25家、在建工地扬尘污染4个、油烟扰民餐饮烧烤经营户40家、汽车维修企业6家，处理露天焚烧隐患8起、查处2起，关停砂石厂1家，关闭或搬迁畜禽养殖场80余家。评出市环境信用良好企业4家。

【国土资源管理】 2017年，省政府批准高新区2016年报送6批用地征地批文，批准征收面积146.12公顷。全年购买占补平衡指标331.88公顷，报送10批次建设用地，面积195.85公顷。签订征收集体土地170.29公顷补偿安置协议，农转非2000人，拆迁房屋755户7.9万平方米，支付土地和安置补偿费7288.43万元，土地调整费22.76万元。土地供应优先保障民生和重大项目，全年供应土地23宗，面积568.17公顷，其中，经营性用地6宗，面积23.6公顷；工业用地8宗，面积29.09公顷；划拨用地11宗，面积15.86公顷。土地集约利用更新评价由8.25平方公里扩大到33.25平方公里。责令停止违法用地2宗，查处违法用地96平方米，发出督促开、竣工通知书70余份。清理低效闲置土地27宗，办理延期开、竣工手续26宗，收回土地1宗。储备土地20.53公顷。向市不动产登记中心移交6248盒、2355宗地和上万卷城镇地籍档案，验收竣工经营性用地和工业项目用地190宗，现场权属调查和确权267宗，供地权属审核58宗，净地登记权属调查和现场核实16宗。

【城市管理】 2017年，数字化城市管理平台受理、立案城市管理问题5.08万件，比2016年增长49.02%，处置率99.97%；结案5.07万件，结案率99.84%；按期处置4.84万件，按期处置率95.3%。拆除未按规范设置广告牌匾617块，面积9500平方米，规范店招店牌335块。检查餐厨废弃物处理企业526家次，教育整改124家，集中收运处置餐厨废弃物3700余吨。检查工地建筑垃圾处理2140余次，督促整改1326件，查处12件；检查建筑垃圾运输车8000余辆，处罚违规车9辆。取缔占道经营2.2万件，劝离游摊4717个，暂扣占道广告161块，引导露天烧烤进店经营35家，取缔占道夜宵摊15家。查处违法建设445处，拆除211处，面积2万平方米。釜溪河文化博览园环境和自行车禁行整治取缔游摊300余个，拆除违搭乱建28处700平方米，收购经营自行车3830辆。高新区获市城乡环境综合治理考核一等奖，高新区城管执法大队获市城乡管理行政执法责任制考核第一名。

【环境卫生】 2017年，纳入城市环卫管理70余条主街、背街及广场263万平方米，直管城市公共厕所8座、垃圾库33座，各种环卫车辆54辆。实现清扫保洁全域化，道路、地段、广场分片包干到组，分段落实到人。定期抹洗果皮箱、护栏、电杆，捡拾树池、绿化带垃圾，巡回清除“牛皮癣”。全年清运垃圾7万吨，道路每天冲洗降尘4次，升级改造公共厕所7个，养护灌木1.4万平方米、行道树2158株，修补人行道1.87万平方米、路沿1794米，市政设施完好率、亮灯率98%以上。

【信息化建设】 2017年，辖区建有3G基站686个、4G基站345个，建设光纤7939皮长公里、管道3423孔公里，形成电信网、有线电视网、计算机网等信息通信网络，4G、光纤覆盖率100%，无线数字城市WLAN（无线局域网）热点覆盖率80%。投入信息化建设资金6700万元，比2016年增长83%。升级区政务中心和3街道2乡的政务大厅行政效能监控系统，建设城市监控二期抓拍点位36个、高空监控点位3个、道路智能报警系统15套、卡口系统1套和中心管理平台1个。完成丹桂北大街视频监控改造。高新区公共视频监控系统完成前端点位安装255个，连接630路视频，添加平台630路，新平台视频与市公安局平台对接。完成釜溪河文化博览园景区监控设施、WiFi覆盖、中心机房等建设。

文化建设

【精神文明建设】 2017年，以培育和践行社会主义核心价值观为主线，围绕全市争创第五届全国文明城市，开展公民道德建设宣传教育月、“我推荐、我评议身边好人”、义诊、文明劝导、美化城乡环境等活动。制作资料、宣传品150余种，设大型标语50余处、绿雕2处、道路隔离带宣传挂牌170块、窗花剪纸造型钢架16块、建筑围挡3万平方米。举办高新区道德讲堂4期，各单位举办道德讲堂163次，参加1万余人次。志愿者队伍63支，注册队员1238人，开展“25小时志愿服务”，设志愿服务站（点）38个，志愿服务活动75次，做好人好事4300余件次。表彰高新区首届道德模范12人，累计创建市级以上文明单位17个、文明服务窗口6个、文明村（社区）10个。

【文化体育设施建设】 截至2017年年末，全区建有乡（街道）文化站（中心）4个，社区文化活动室22个，村（社区）书屋53个，农民工文化驿站3个，农村广播“村村响”21个。新安装乒乓球桌28张、户外体育儿童娱乐设施2件、健身路径22件，维修、更换健身路径219件。辖区有城市广场6个、运动场17个、篮球场31个、网球场22个、羽毛球场43个、足球场10个、门球场2个、游泳池13个、健身馆（会所）6个。

【文化活动】 2017年，举办“金鸡报春·高新再起航”暨2017迎春文艺晚会、“五月青春汗水扬·三次创业铸辉煌”文艺晚会、“扬清风正气·展高新形象”廉政文艺晚会、“文化惠民·情系百姓”送文化下基层、“我要上春晚”节目海选、国学诵读比赛等大型文化活动20余场，参加演出3000余人次，观众2万余人次。放映公益电影252场。创作10余件舞蹈、健身操、双簧、情景剧等文艺作品，其中，情景剧《婷婷的故事》获市第十六届文化艺术节、第十九届戏剧小品比赛二等奖，《环卫工》《约定》获省第三届职工微电影大赛优秀作品奖。

【体育】 2017年，举办“龙腾狮跃闹元宵”、健身操展演、健步走、高新区第二届“三人制”篮球赛、“五人制”足球赛和乡（街道）、村（社区）运动会等活动，组队参加省、市健身展示交流。200余人组团参加市第十三届运动会，网球、羽毛球、太极拳剑、门球、男子气排球获冠军，乒乓球、游泳获亚军，棋牌、钓鱼、男子篮球获季军，综合排名区（县）第二。

【文化产业】 2017年，全区新增规模以上文化服务业10家，在建文化经营项目2个，推进洽谈“彩灯音乐节”项目。全区文化经营单位235家，其中，歌舞娱乐厅16家，网吧31家，政务报刊亭64家，游戏游艺3家，出版物经营43家，印刷10家，电影院3家，文艺表演团体1家，其他64家。板仓工业园区彩灯生产基地制造的彩灯多次出国展出。

【文化市场管理】 2017年，开展文化经营企业年度审验登记，新审批出版物经营企业4家、互联网经营企业3家、歌舞娱乐厅2家，更换法定代表人2家。检查电子游戏场所17家次、巡查校园周边书刊零售店和文具店65家次，查处娱乐场所超时营业5家、噪音扰民5件，处理投诉122件。打击宣扬伪科学、迷信、淫秽色情非法出版物行为，检查出版物经营单位100余家次，销毁盗版出版物1000余册。

【玉川公祠保护】 2017年，实施玉川公祠抢险排危，搬迁拆除周边房屋18户，投资17.6万元用于加固和防漏处理。经省、市文物专家现场评审认为，抢险排危工程符合验收标准，玉川公祠漏雨、垮塌等隐患基本消除。开展资料整理工作，向国家文物局申报文化遗产保护建筑。

【档案工作】 2017年，文书档案立卷归档84盒1400余件。整理补充人事档案、党员档案和重点工程、民生档案40多件（盒）。指导乡（街道）、企事业单位整理档案。提供档案查询服务200余次、利用和研发资料200余份。

【地方志工作】 编纂《自贡高新区年鉴（2017）》30余万字，收录照片300余张。编辑报送《自贡市乡镇（街道）概览》材料1.6万字，完成《四川年鉴（2017）》《中国高新技术产业开发区年鉴（2017年）》图文征稿任务。

社会建设

【教育】 2017年年末，全区有直属中小学校8所；幼儿园37所，其中，直属公办幼儿园1所，公办学校附属幼儿园2所，民办幼儿园34所（新办5所），在园幼儿6598人；民办非学历教育培训机构12所（新办3所）。直属中小学毕业率100%，小学毕业1761人；初中毕业暨升学考试1538人。高中录取1371人，升学率89.14%，其中国家级示范高中录取526人，占38.37%。秋季中小学招生5375人，增招1035人。年末，在校中小学生386个班1.95万人，其中，小学285个班1.45万人、初中101个班5007人。是年，教育投入1.88亿元，比2016年增长12.3%。投入2500万元改善办学条件，迁建卫坪中心校，建设汇西小学三期室外工程，改造汇兴小学校园。开工建设汇东实验学校桑海森林分校和卧龙湖景苑幼儿园。安排外来务工人员子女236人、拆迁户子女342人就近入学。教师分层、分类、分岗位梯队发展，公开考试招聘33人，双向交流45人，参加各级各类培训151批4318人次，新评市级学科名师、学科骨干、德育名师、德育骨干18人，累计219人。年末，有中小学教师1092人、幼儿教师948人，其中公办幼儿教师79人。学生参加省第十三届中小学生优秀艺术人才大赛获奖1232人次，参加市青少年科技创新大赛获市长奖3个，参加市“百年追梦、全面小康”演讲和故事比赛获奖6人。表彰市三好学生48人、市优秀学生干部16人、市先进班集体13个；表彰区三好学生79人、区优秀学生干部49人、区先进班集体25个。

【医疗卫生】 截至2017年年末，全区有医疗卫生机构93家，其中市属和市注册5家。区属地管理在册医护人员1138人，其中，医生507人，医师注册及变更注册294人，护士注册及变更注册152人。全年财政投入医疗卫生支出4378万元，比2016年增长91.26%。门诊、急诊诊疗35.6万人次，住院2.4万人次，上门服务230人次。建立居民健康档案18.35万份。免疫规划疫苗接种8.92万人次，接种率99.85%。开展医疗机构公众健康宣传咨询和义诊活动237次，咨询服务2.51万人次，义诊302次，健康知识讲座128次。新办、换发卫生许可证758家，培训公共场所从业人员630人次，检查公共场所794家，发出《卫生监督意见书》930件。报告法定传染病13种1025例，发病率485.1/10万，下降14.73%。处置聚集性疫情2起。

【就业服务】 2017年，开展农村劳动力品牌培训60人、青年劳动者技能培训69人。网络、校企合作、线下平台发布招聘信息150次，组织招聘会8场。城镇新增就业2523人，其中失业人员再就业1841人、就业困难人员就业206人，城镇登记失业率控制在4.4%以内；设置公益性岗位118个，补贴145万元。区内有省级高校毕业生创新创业园1个、见习基地6个，高校毕业生创业实现就业39人。举办大学生创业大赛，推荐参加市第二届高校毕业生创业大赛11人，获三等奖3人。

【社会保险】 2017年，全民参保登记并录入信息库7971人，办理被征地农民养老保险、医疗保险、失业保险等1.97万人次，小额人身意外保险参保1万人，城镇居民医疗保险参保续保9.7万人，农村居民养老保险2247人。社会化管理退休人员2.49万人，实名登记认证2.35万人，认证率94.36%。

【民政工作】 2017年，全区社会救助及补助3408.78万元。发放城乡低保金1250.53万元，其中，城市低保金1078.89万元，月人均补差269.4元；农村低保金171.64万元，月人均补差150元。年末，城乡低保4377人，减少577人，其中，城市3290人，减少234人；农村1087人，减少342人。优抚4362人次，发放抚恤、补助金等266.9万元，医疗补贴64人10.8万元。贫困群众门诊医疗救助178人次12.96万元，住院医疗救助534人次139.08万元，补助低保、特困供养、优抚对象、重残等特殊困难人员5652人。至是年年末，建有老年公寓9所，床位445张，入住238人；村（社区）日间照料中心28所，其中新建6所，进入中心216人；居家养老服务3500人，政府补贴363万元。完成第十届村（居）民委员会换届，选举村（居）民委员会成员316人，新建社区1个。

【人口与计划生育】 2017年，全区出生人口1578人，其中，一孩800人、二孩766人、多孩12人；男孩815人，女孩763人。人口自然增长率4.82‰。死亡788人，死亡率4.81‰。育龄妇女健康检查2.34万人次，孕前优生检查822人次，优生优育技术服务351人次，流动人口管理率98.4%。独生子女父母奖励7022人42.13万元；特别扶助家庭扶助、慰问等40.59万元。

【残联工作】 2017年，落实残疾人组织、资金、设施保障，征收残保金618万元。领证残疾人2591人，录入“量服”（量体裁衣式个性化服务）数据库3826人。白内障复明手术免费16人，康复训练贫困脑瘫儿童23人、重度听力残疾儿童3人、智力残疾儿童16人。“阳光家园”计划补贴114人6.84万元，重度残疾人护理费补贴1004人72.57万元。捐赠家庭经济困难残疾人适配辅助器具160件，残疾人家庭无障碍改造10户，帮助残疾人就业10人，开展“温暖万家行”活动，慰问贫困残疾人150人2.3万元。

【食品药品管理】 截至2017年年末，全区有食品生产企业14家、流通企业1217家、药品生产企业1家、批发企业5家、零售药店180家、医疗器械销售企业178家、化妆品销售企业84家、餐饮服务单位1456家、“三小”（食品小作坊、小经营店、小摊贩）经营者624家。全年办理食品经营许可证1314件，其中，新办885件、换证429件、注销133家。药品GSP（药品经营质量管理规范）认证26家，第二类医疗器械备案162家，其中新增备案21家。重大活动食品安全保障19次，群宴“双备案”167次。抽检食品409批次，处理不合格食品16批次，合格率96.08%；抽检药品40批次，合格率100%。立案查处食品药品违法案157件，查扣涉案食品200公斤、药品及医疗器械30个品规，罚没45.74万元，移送涉嫌食品经营犯罪2件。处理投诉举报229件、网络舆情29件。是年，在华商·国际城设立全市首个餐饮商圈食品安全监管中心。

【安全管理】 2017年，全区发生生产安全事故5件，死亡1人，受伤7人，直接经济损失77.05万元。开展消防、道路交通、危化品安全、应急救援、防震减灾、职业卫生健康等教育培训和安全宣传活动170余次。组织企业负责人、安全管理人员、职业卫生管理人员参加上级安全培训28人次。加油、加气站危险化学品企业安全风险分类评级13家，关停搬迁加油站1家。排查一般隐患3568处，治理3515处，整改率98.54%，进入省安全隐患排查治理信息系统企事业单位231家，通过系统上报一般隐患整改1219个。是年，丹桂街通过省安全社区验收。

【道路交通管理】 2017年，属地化管理道路174.8公里、机动车8.25万辆、驾驶员11.2万人，其中，重点管理驾驶员1813人、车辆1608辆。全年接处警6923件，增长27.64%；受理交通事故3558件，与2016年持平；交通事故致死13人，下降23.53%；受伤1052人，上升18.2%；直接经济损失232.58万元，上升15.52%。

【消防】 2017年，全区发生一般性火灾9起，比2016年下降52.63%；直接财产损失3.59万元，下降95.78%。培训单位负责人、消防从业人员497人，人员密集场所设置消防安全“三提示”宣传告示牌500余块，大型户外宣传标语3块，LED显示屏滚动播放消防公益广告3000余次，进社区张贴通告800余张，开放消防站48次，参观群众6000余人。开展“夏季消防大排查大整治”“冬春火灾防控”等行动，查出火灾隐患和违法行为9771件，责令“三停”47家，临时查封场所62

个，办理消防行政案件117件。接处警156次，出动消防车255辆次、警力1270人次，抢救被困人员36人，抢救财产价值25.1万元。

乡镇街道概况

【红旗乡】 位于汇川路南、南环路北，辖区面积10.45平方公里。乡政府驻兴川南街255号大沙坪综合楼。辖南湖生态城和3个村、27个村民小组及15个社区、241个居民小组。2017年年末常住人口约8万人，其中农业人口571人。境内主要旅游景点有南湖公园。辖区商贸、餐饮、文化、体育、房地产等产业发达，注册企业近1000家，个体私营工商户1000余户，从业人员超过1万人。全年，签约投资项目3个，共18.5亿元，到位11.79亿元，限额以上商贸企业零售额增长23.92%。

【高峰乡】 辖卧龙湖旅游区，辖区面积12.94平方公里。乡政府驻高峰寺社区汇高路169号。辖6个村、44个村民小组和3个社区、17个居民小组。2017年年末，户籍人口1.13万人。辖区有学校1所、卫生院1所、敬老院1所，旅游资源有卧龙湖湿地公园、盐卤浴温泉等。耕地面积442.59公顷，粮食总产量15万吨，农业补贴80.86万元，流转土地423.29公顷。

【丹桂街道】 位于汇东龙汇北街以东，辖区面积3.22平方公里。街道办事处驻华园街258号。辖11个社区、236个居民小组。2017年年末，常住人口8.39万人，其中户籍人口7.1万人。辖区经济发达，交通便利，物流通畅，商贸繁荣，基础设施完善。有义务教育学校3所、幼儿园12所、医院5所、公园1座、特色餐饮街3条、高档服饰街2条、电影城2座。

【学苑街道】 位于汇东龙汇北街以西，辖区面积3.28平方公里。街道办事处驻学苑街28号。辖12个社区、235个居民小组。2017年年末，常住人口8.8万人。辖区交通便利，商贸繁荣，文化氛围浓厚，有机关企事业单位119家，个体私营经营户2000余家，有大专院校2所、中小学3所、幼儿园9所、医院4所、公园1座，自然景观有一对山、妙观寺。全年签约产业项目4个，到位资金11.76亿元，限额以上商贸企业社会消费品零售总额6.36亿元。

【板仓街道】 位于高新区东南部，辖区面积35.5平方公里。街道办事处驻沿滩区糍粑坳卫里街18号。辖12个村、124个村民小组和4个社区、34个居民小组。2017年年末，总人口3.69万人。辖区有板仓工业园区、南岸科技新区、市职业技术学校、市一医院板仓分院、卫坪卫生院、敬老院和2所中小学。主要景点为釜溪河文化博览园（国家AAAA级景区）。

（高新区党政办公室）

人物·荣誉

2017年自贡市入选“中国好人”名单

韩天学	自贡市沿滩区特殊教育学校教师

2017年自贡市入选“中国好医生”名单

李爽乐	自贡市第一人民医院眼科医生

2017年自贡市入选“四川好人”名单

王万安	自贡市富顺县石道乡谭家村村民
孔建伟	自贡市中国东方电气集团东方锅炉股份有限公司电焊工（高级技师）
李爽乐	自贡市第一人民医院眼科主任
郑常敏	自贡市富顺县农牧业局总农艺师
朱小平	国网四川富顺县供电有限责任公司线路检修工
宋付先	自贡市富顺县宝庆乡骡田村村民
曾晓勇	自贡市大安区何市镇黄桷村红卫种养殖专合社负责人
曾新宇	自贡市贡井区育才小学教师
邹德才	生前系自贡市荣县铁厂镇山王村党支部书记

王淑华　　　自贡市大安区新店镇共和村村民
陈昌国　　　自贡市富顺县华茂公司五公司出租车驾驶员

2017年自贡市入选“四川省第五届道德模范”名单

一、见义勇为模范
徐基本、王富高、邓久才（集体）　自贡市富顺县永年镇蔡湾村村民
二、孝老爱亲模范
韩天学　自贡市沿滩区特殊教育学校教师

（市精神文明办）

2017年自贡市获四川省“五一劳动奖章”名单

余　欢　　　东方电气集团东方锅炉有限公司电焊工
陈　林　　　富顺县市场监督管理局下派骑龙镇龙须村第一书记（脱贫攻坚）

2017年自贡市入选“四川工匠”名单

孔建伟　　　东方电气集团东方锅炉股份有限公司

2017年自贡市获“四川工匠”提名奖名单

黄荣洪　　　东方电气集团东方锅炉股份有限公司

（市总工会）

2017年自贡市获全国特级优秀人民警察名单

曾有成　　富顺县公安局网络安全监察大队主任科员

2017年自贡市获全国农业先进工作者名单

吴　剑　　荣县正紫镇农业服务中心副主任、四川大农和农业开发有限公司总经理

2017年自贡市获全国巾帼建功标兵名单

叶秋棠　　自贡市市第一人民医院医生

2017年自贡市获全国“六五”普法先进个人名单

张长奇　　富顺县司法局法制宣传股股长

2017年自贡市获全国模范人民调解员名单

李剑平　　自流井区医疗纠纷人民调解委员会调解员
乔　剑　　大安区马冲口街沙鱼坝社区人民调解委员会调解员

2017年自贡市获全国卫生计生系统劳动模范名单

刘　利　　　　贡井区龙潭镇将军村乡村医生

2017年自贡市获全国卫生计生系统先进工作者名单

何爱国　　　　自贡市中医医院医生

自贡市获2016年全省脱贫攻坚“五个一”驻村帮扶先进个人名单

一、优秀第一书记

王珊娟　　　　大安区新店镇副镇长、何院村党支部第一书记

曾宗林　　　　富顺县彭庙镇纪委副书记、团坝村党支部第一书记曾宗林

李　畅　　　　荣县旭阳镇干部、马石村党支部第一书记

二、优秀驻村干部

孟　飞　　　　自贡市妇幼保健院保卫科副科长、大安区回龙镇关帝村驻村工作组副组长

三、优秀农技员

曾向荣　　　　大安区农牧林业局农经股股长、三多寨镇联合村驻村工作组农技员

朱德高　　　　富顺县农牧业局蚕桑技术推广中心副主任、飞龙镇促进村驻村工作组农技员

邱　源　　　　自贡市农牧业局经作站站长、荣县旭阳镇马石村驻村工作组农技员

第四届自贡市十大道德模范名单

一、助人为乐模范

聂文静（女） 32岁，中共党员，沿滩区机关事务服务中心接待服务室主任

王万安 46岁，中共党员，四川耀进劳务公司董事长

二、见义勇为模范

徐基本、王富高、邓久才（团体） 3人均为富顺县永年镇蔡湾村村民

甘 涛 30岁，大安区何市镇黄桷村3组村民

三、诚实守信模范

张德桂（女） 74岁，中共党员，大安区何市镇何家场社区1组居民

陈昌国 44岁，富顺县华茂公司五公司出租车驾驶员

四、敬业奉献模范

黄云红（女） 45岁，富顺县环境卫生管理所环卫工人

邹德才 53岁，中共党员，生前系荣县铁厂镇山王村党支部书记

五、孝老爱亲模范

韩天学 31岁，沿滩区特殊教育学校教师

朱德洪 50岁，中共党员，荣县国税局副主任科员

第四届自贡市道德模范提名奖名单

一、助人为乐模范提名奖

胡根文 67岁，中共党员，荣县鼎新镇老当村15组村民组长

曾维金 75岁，大安区三多寨初级中学退休教师

罗吕京 29岁，共青团员，沿滩公安分局富全派出所辅警

朱 进 25岁，共青团员，沿滩区沿滩新城板仓社区居民

二、诚实守信模范提名奖

曾民帆 31岁，中共党员，自贡市云帆锦绣新型建材有限公司法人、董事长

朱伯权 73岁，荣县过水镇刘家庙村6组村民

三、敬业奉献模范提名奖

陈翠微（女） 36岁，中共党员，自贡市交通警察支队大安区交警大队民警

赵正芳（女） 55岁，中共党员，自贡市康乐中心院长

四、孝老爱亲模范提名奖

杨荣峰　　46 岁，中共党员，自贡硬质合金有限责任公司党委办公室专职秘书

荣文平　　49 岁，中共党员，贡井区人民检察院党组成员、纪检组组长

（市精神文明办）

2017 年自贡市获全国“六五”普法先进县名单

荣　县

2017 年自贡市获全国平安建设先进县名单

贡井区

2017 年自贡市获全国模范出入境管理支队名单

自贡市公安局出入境管理支队

2017 年自贡市获全国巾帼建功先进集体名单

自贡市妇幼保健院

2017年自贡市获全国模范人民调解委员会名单

荣县旭阳镇人民调解委员会

2017年自贡市获全国卫生计生系统先进集体名单

自贡市疾控中心

自贡市获2013—2016年度全国群众体育先进单位名单

自贡市教育和体育局
自贡市老年人体育协会
自贡市棋类协会
富顺县文体广电旅游和新闻出版局
自贡市体育中心
贡井区旭川青少年体育俱乐部

自贡市入选第五届全国文明单位名单

自贡市人民检察院

自贡市入选第一届全国文明校园名单

自贡市育才小学

自贡市获2016年全省脱贫攻坚“五个一”驻村帮扶先进集体名单

大安区
自贡市市直机关工委
自贡市农牧业局
沿滩区人力资源社会保障

组织机构主要负责人名录

（截至2017年12月31日）

【中国共产党自贡市委员会】

市委书记：李　刚
市委副书记：何树平、李国贵
市委常委：王　猛、李　清、徐其斌
　　　　　刘　敏、刘笑禹、李红强
　　　　　唐　杰、张邦举
市委秘书长：吴　丕
市委办公室主任：赖　平
市纪委书记：李　清
市委组织部部长：刘　敏
市委宣传部部长：唐　杰
市委统战部部长：徐其斌
市委政法委书记：刘笑禹
市直机关工委书记：李绍彬
市委农工委主任：李雍麟
市委编办主任：邹传红
市委群工局（市政府信访局）局长：游　华
市委巡察办主任：刘崇君
市委政研室主任：空缺
市接待办主任、党组书记：邹　嫚
市精神文明办主任：钟　健
市委老干局局长：张　刚
市委党校（市行政学院）校长（院长）：
　　刘　敏
市综治办主任：陈　巍
市维稳办主任：郭彧楚

市委市政府目标督查办主任：李　琳
市委防邪办主任：空缺
市委台办主任：李弘明
市委党建办主任：陈金洪
市委外宣办（市政府新闻办）主任：李　林
市委党史研究室主任：魏家骏
自贡日报社总编辑、党组书记：陈　东
市委保密办主任：李　刚

【自贡市人民代表大会常务委员会】

主　任：谭　豹
副主任：石岷嘉、杨征宇、胡开洪、詹　勇
　　蒲定波、官　勇
秘书长：熊开来
办公室主任：罗昌茂
研究室主任：张光敏
预算工委主任：罗亚西
法制委员会主任委员：刘　剑
内务司法委员会主任委员：李　冰
财政经济委员会主任委员：张义恒
教科文卫委员会主任委员：卓　越
农业与农村委员会主任委员：周朝喜
城环资委员会主任委员：罗庆全
人事代表委员会主任委员：杨洪明

【自贡市人民政府】

市　长：何树平
副市长：王　猛、何　洪、李红强、曾明全
　　李世宏、袁　熙、龙腾鑫、鲜光鹏
　　陈张铭
市政府秘书长：黄雪智
市政府办公室主任：肖永忠
市发展改革委员会（市物价局、市粮食局）主任、党组书记：龚焕楷
市经济和信息化委员会主任、党组书记：徐明远
市教育和体育局局长、党组书记：周　耘
市科学技术和知识产权局局长、党组书记：杨洪春
市公安局局长、党委书记：何　洪
市民政局局长、党组书记：谭如剑
市司法局局长、党委书记：吴　兰
市财政局局长、党组书记：张　序
市人力资源和社会保障局（市公务员局）局长、党组书记：卢春艳
市规划管理局局长、党组书记：王永峰
市住房和城乡建设局局长、党组书记：杨万山
市交通运输局局长、党组书记：黄如贝
市水务局局长、党组书记：冯永志
市农牧业局局长、党组书记：李　勇
市林业局局长、党组书记：陈　军
市商务局局长、党组书记：许建平
市文化广电新闻出版局局长、党组书记：陈　刚
市卫生和计划生育委员会主任、党组书记：黄　麟
市审计局局长、党组书记：何　忠
市环境保护局局长、党组书记：向　军
市统计局局长、党组书记：刘晓彬
市旅游发展委员会主任、党组书记：邓　玲
市城乡管理行政执法局局长、党组书记：黄万波
市安全生产监督管理局局长、党组书记：李懋强
市国有资产监督管理委员会主任：舒国兴
市投资促进委员会主任、党组书记：朱　斌
市政务服务中心主任、党组书记：刘庭会
市人民防空办公室主任、党组书记：周　颜
市食品药品监督管理局局长、党组书记：张松杨
市工商行政管理局局长、党组书记：余　忠
市质量技术监督局局长、党组书记：李泽贵
自贡高新技术产业开发区管委会党工委书记：张邦举，主任：单　鑫
市地方志办主任：陈思禄
市供销社主任、党组书记：刘学良
市防震减灾局局长、党组书记：陈文康
市档案局（馆）局（馆）长、党组书记：黄晓燕
自贡仲裁委主任：阳胜平
市住房公积金管理中心主任、党组书记：赖文利
四川卫生康复职业学院党组书记：刘建辉，

院长：曾晓奇
市政府研究室主任：江声全
市政府法制办主任：黄晓春
市政府民宗局局长：李续延

【中国人民政治协商会议自贡市委员会】
主　席：游开余
副主席：王孝谦、叶智英、肖光俊、徐武斌
　　　　杨玉康、毛　碧、杨廷卫
秘书长：徐玉华
办公室主任：黄文坤
研究室主任：陈启恒
提案委委员会主任：李　杨
学习文史委员会主任：王　武
经济委员会主任：樊勇毅
教科文委员会主任：徐晓春
法制群团委员会主任：龚德明
外事联谊委员会主任：殷嘉茂
人口资源环境委员会主任：王炜伟
农业委员会主任：张琪聪
委员联络委员会主任：王忠伟

【中国共产党自贡市纪律检查委员会】
书　记：李　清
副书记：倪　勇、龚作真、张永红
常　委：曾德培、李雁梅、程世晋、明登勇

【自贡市中级人民法院】
院长、党组书记：张天智

【自贡市人民检察院】
检察长、党组书记：田　丰

【民主党派和工商联】
民革自贡市委主委：叶智英
民盟自贡市委主委：石岷嘉
民建自贡市委主委：王孝谦
农工党自贡市委主委：徐武斌
九三学社自贡市委主委：陈张铭
自贡市工商联（民间商会）党组书记：
　刘　义，主席（会长）：但积忠

【社会团体】
自贡市总工会主席：李国贵，常务副主席、党组书记：宋国强
共青团自贡市委书记、党组书记：俞秉兰
自贡市妇联主席、党组书记：沈焰林
自贡市科协副主席、党组书记：郑向东
自贡市文联主席、党组书记：刘建勇
自贡市侨联主席：空缺
自贡市社科联党组书记：王　平
自贡市残联党组书记：丁世良

【区县】
自流井区委书记：曾　健
自流井区人大常委会主任：何永海
自流井区区长：黄志勇
自流井区政协主席：刘茂常
贡井区委书记：黄　劲
贡井区人大常委会主任：林　勇
贡井区区长：张洪涛
贡井区政协主席：罗洪艳
大安区委书记：张昭国
大安区人大常委会主任：钟　淳
大安区区长：杨　斌
大安区政协主席：罗旭东
沿滩区委书记：邹天才
沿滩区人大常委会主任：黄翠梅
沿滩区区长：易　冬
沿滩区政协主席：王朝华
荣县县委书记：韩明祝
荣县人大常委会主任：宋成文
荣县县长：郑小清
荣县政协主席：邹崇霞
富顺县委书记：邹登权
富顺县人大常委会主任：郭　洁
富顺县县长：曹友良
富顺县政协主席：程刚远
注：市委部门、市政府部门所属的事业单位略
（市委组织部）

【省管部门】
市国土资源局党委书记、局长：曹　军

自贡气象局党组书记、局长：杨培勇
自贡国家税务局党组书记、局长：王小明
自贡地方税务局党组书记、局长：向道明
自贡国安局党委书记、局长：李善根
自贡烟草专卖局局长：高　华
自贡市邮政管理局党组书记、局长：黄贵明
成都海关驻自贡办事处主任：詹　柯
国家统计局自贡调查队党组书记、队长：
曹烈祥

附　录

附录一

中共自贡市委 2017 年文件目录

1. 中共自贡市委自贡市人民政府关于坚持城乡统筹推进农业供给侧结构性改革增强农业农村发展新动力的意见（自委发〔2017〕1 号）

2. 中共自贡市委关于加强和规范党内政治生活严格党内监督巩固发展良好政治生态的实施意见（自委发〔2017〕3 号）

3. 中共自贡市委关于印发《中共自贡市委 2017 年工作要点》的通知（自委发〔2017〕5 号）

4. 中共自贡市委关于印发《中共自贡市委工作规则》的通知（自委发〔2017〕6 号）

5. 中共自贡市委自贡市人民政府关于 2016 年度全市目标绩效综合考评结果的通报（自委发〔2017〕7 号）

6. 中共自贡市委关于印发《十二届中共自贡市委 2017—2021 年巡察工作规划》的通知（自委发〔2017〕8 号）

7. 中共自贡市委自贡市人民政府关于印发《自贡市法治政府建设工作方案（2016—2020）》的通知（自委发〔2017〕9 号）

8. 中共自贡市委关于全覆盖常态化选派村（社区）党组织第一书记的通知（自委发〔2017〕10 号）

9. 中共自贡市委自贡市人民政府关于命名自贡市第三批高层次人才“双千计划”团队和个人的决定（自委发〔2017〕13 号）

10. 中共自贡市委自贡市人民政府关于印发《自贡市全面落实河长制工作方案》的通知（自委发〔2017〕14 号）

11. 中共自贡市委自贡市人民政府关于深化投融资体制改革的实施意见（自委发〔2017〕15 号）

12. 中共自贡市委关于认真学习贯彻省委书记王东明莅市调研督导重要指示暨在川南经济区发展座谈会上重要讲话精神的通知（自委发〔2017〕16 号）

13. 中共自贡市委自贡市人民政府关于命名自贡市第五批院士（专家）工作站的通知（自委发〔2017〕18 号）

14. 中共自贡市委自贡市人民政府关于 2017 年党风廉政建设和反腐败工作的意见（自委发〔2017〕19 号）

15. 中共自贡市委自贡市人民政府关于印发《自贡市法治宣传教育第七个五年规划（2016—2020 年）》的通知（自委发〔2017〕20 号）

16. 中共自贡市委自贡市人民政府关于表扬

2011—2015 年全市法治宣传教育先进集体和先进个人的通报（自委发〔2017〕21 号）

17. 中共自贡市委自贡市人民政府关于对 2016 年工业成长型十佳企业给予奖励的决定（自委发〔2017〕22 号）

18. 中共自贡市委自贡市人民政府关于对 2016 年工业综合实力十强企业奖励的决定（自委发〔2017〕23 号）

19. 中共自贡市委关于印发《加强社会主义协商民主建设的十项措施》的通知（自委发〔2017〕24 号）

20. 中共自贡市委关于认真学习贯彻省第十一次党代会精神的通知（自委发〔2017〕25 号）

21. 中共自贡市委自贡市人民政府关于命名富顺县青山村等 17 个村为市级“四好村”的通报（自委发〔2017〕26 号）

22. 中共自贡市委自贡市人民政府关于印发《自贡市深入推进环境问题整改做好迎接中央环保督察工作总体方案》的通知（自委发〔2017〕28 号）

23. 中共自贡市委关于加强新形势下基层党组织建设的意见（自委发〔2017〕29 号）

24. 中共自贡市委自贡市人民政府关于加快建设国家老工业城市产业转型升级示范区的实施意见（自委发〔2017〕30 号）

25. 中共自贡市委关于授予邹德才同志“全市优秀共产党员”称号的决定（自委发〔2017〕31 号）

26. 中共自贡市委自贡市人民政府关于印发《“健康自贡 2030”规划纲要》的通知（自委发〔2017〕33 号）

27. 中共自贡市委关于认真学习宣传贯彻党的十九大精神的通知（自委发〔2017〕36 号）

28. 中共自贡市委关于设立中共自贡市法学会党组的通知（自委发〔2017〕37 号）

29. 中共自贡市委自贡市人民政府关于认真贯彻落实《省委省政府做好中央环保督察后续工作进一步加强生态环境保护总体安排》的通知（自委发〔2017〕38 号）

30. 中共自贡市委自贡市人民政府关于命名自流井区东风村等 273 个村为市级“四好村”的通报（自委发〔2017〕39 号）

31. 中共自贡市委自贡市人民政府关于命名自贡市最佳文明单位、文明单位、文明村镇、文明社区、文明行业的请示（自委发〔2017〕41 号）

32. 中共自贡市委自贡市人民政府关于深入推进城市执法体制改革改进城市管理工作的实施意见（自委发〔2017〕42 号）

33. 中共自贡市委自贡市人民政府关于推进安全生产领域改革发展的实施意见（自委发〔2017〕43 号）

自贡市人民政府2017年重要文件目录

1.《自贡市人民政府关于印发自贡市创建国家卫生城市实施方案的通知》（自府发〔2017〕2号）

2.《自贡市人民政府关于调整完善市与区分税制财政体制的通知》（自府发〔2017〕3号）

3.《自贡市人民政府关于印发2017年立法计划的通知》（自府发〔2017〕5号）

4.《自贡市人民政府关于印发加强困境儿童保障工作实施方案的通知》（自府发〔2017〕8号）

5.《自贡市人民政府关于印发加强农村留守儿童关爱保护工作实施方案的通知》（自府发〔2017〕9号）

6.《自贡市人民政府印发促进经济稳定增长推进供给侧结构性改革政策措施的通知》（自府发〔2017〕10号）

7.《自贡市人民政府关于印发自贡市人民政府工作规则的通知》（自府发〔2017〕11号）

8.《自贡市人民政府印发土壤污染防治行动计划自贡市工作方案的通知》（自府发〔2017〕13号）

9.《自贡市人民政府关于加快发展现代保险服务业的实施意见》（自府发〔2017〕15号）

10.《自贡市人民政府关于加快推进社会信用体系建设的实施意见》（自府发〔2017〕16号）

11.《自贡市人民政府关于印发自贡市政务信息资源共享管理暂行办法的通知》（自府发〔2017〕21号）

12.《自贡市人民政府关于进一步加快旅游业改革发展的实施意见》（自府发〔2017〕24号）

13.《自贡市人民政府印发关于激发重点群体活力带动城乡居民增收实施方案的通知》（自府发〔2017〕26号）

14.《自贡市人民政府关于促进加工贸易创新发展的实施意见》（自府发〔2017〕29号）

15.《自贡市人民政府关于印发自贡市加快推进"互联网+政务服务"工作方案的通知》（自府发〔2017〕30号）

16.《自贡市人民政府关于印发自贡市深化市级财政科技计划管理改革方案的通知》（自府发〔2017〕31号）

17.《自贡市人民政府关于改革和完善国有资产管理体制的实施意见》（自府发〔2017〕34号）

18.《自贡市人民政府关于统筹推进县域内城乡义务教育一体化改革发展的实施意见》（自府发〔2017〕35号）

19.《自贡市人民政府关于进一步加强和改进政府投资建设项目审计工作的通知》（自府发〔2017〕37号）

20.《自贡市人民政府办公室印发政府投资非经营性项目代建管理办法（试行）的通知》（自府办发〔2017〕2号）

21.《自贡市人民政府办公室关于精准帮扶困难工业企业的意见》（自府办发〔2017〕19号）

22.《自贡市人民政府办公室关于进一步加强"110"社会服务应急联动工作的实施意见》（自府办发〔2017〕21号）

23.《自贡市人民政府办公室关于印发自贡市2017年推进供给侧结构性改革工作方案的通知》（自府办发〔2017〕29号）

24.《自贡市人民政府办公室关于健全生态保护补偿机制的实施意见》（自府办发〔2017〕34号）

25.《自贡市人民政府办公室关于建立病死畜禽

无害化处理机制的实施意见》（自府办发〔2017〕41号）

26.《自贡市人民政府办公室关于印发自贡市建立完善守信联合激励和失信联合惩戒制度加快推进社会诚信建设实施方案的通知》（自府办发〔2017〕44号）

27.《自贡市人民政府办公室印发自贡市建设省级医养结合试点市实施方案的通知》（自府办发〔2017〕56号）

28.《自贡市人民政府办公室关于支持返乡下乡人员创业创新促进农村一二三产业融合发展的实施意见》（自府办发〔2017〕61号）

29.《自贡市人民政府办公室关于印发自贡市村（社区）证明事项取消和保留清单的通知》（自府办发〔2017〕62号）

30.《自贡市人民政府办公室印发自贡市应急文化阵地建设工作实施方案的通知》（自府办发〔2017〕65号）

31.《自贡市人民政府办公室关于印发自贡市建设"高清自贡 智慧广电"实施方案的通知》（自府办发〔2017〕66号）

32.《自贡市人民政府办公室关于印发自贡市推进基层综合性文化服务中心建设实施方案的通知》（自府办发〔2017〕69号）

33.《自贡市人民政府办公室关于印发自贡市深化制造业与互联网融合发展实施方案的通知》（自府办发〔2017〕70号）

34.《自贡市人民政府办公室印发自贡市"地沟油"专项整治工作实施方案的通知》（自府办发〔2017〕72号）

35.《自贡市人民政府办公室关于支持新型农业经营主体开展农业社会化服务的实施意见》（自府办发〔2017〕75号）

36.《自贡市人民政府办公室关于进一步加强矿产资源开发利用促进生态环境保护的通知》（自府办发〔2017〕78号）

37.《自贡市人民政府办公室关于印发自贡市完善集体林权制度实施方案的通知》（自府办发〔2017〕81号）

38.《自贡市人民政府办公室关于加快农产品加工业发展的实施意见》（自府办发〔2017〕82号）

39.《自贡市人民政府办公室关于推进医疗联合体建设和发展的实施意见》（自府办发〔2017〕88号）

40.《自贡市人民政府办公室关于印发自贡市加强和改进行政应诉工作实施方案的通知》（自府办发〔2017〕90号）

41.《自贡市人民政府办公室关于印发自贡市盐业监管体制改革方案的通知》（自府办发〔2017〕91号）

42.《自贡市人民政府办公室关于印发自贡市行政执法过错责任追究办法的通知》（自府办发〔2017〕94号）

43.《自贡市人民政府办公室关于加强和改进企业国有资产监督防止国有资产流失的实施意见》（自府办发〔2017〕95号）

44.《自贡市人民政府办公室印发自贡市行政决策合法性审查规定的通知》（自府办发〔2017〕99号）

45.《自贡市人民政府办公室关于加快我市现代水产产业发展的实施意见》（自府办发〔2017〕100号）

46.《自贡市人民政府办公室关于印发自贡市足球改革发展实施意见的通知》（自府办发〔2017〕103号）

47.《自贡市人民政府办公室关于印发自贡市招商引资工业项目奖励试行办法的通知》（自府办发〔2017〕104号）

附录三

文件选辑

中共自贡市委　自贡市人民政府
关于印发《自贡市全面落实河长制工作方案》的通知

（自委发〔2017〕14 号）

高新区党工委、管委会，各区县党委和人民政府，市级各部门：

经市委、市政府领导同意，现将《自贡市全面落实河长制工作方案》印发给你们，请结合实际，认真贯彻落实。

中共自贡市委

自贡市人民政府

2017 年 3 月 30 日

自贡市全面落实河长制工作方案

根据省委、省政府印发的《四川省贯彻落实〈关于全面推行河长制的意见〉实施方案》（川委发〔2017〕3 号）和《中共自贡市委关于推进绿色发展建设美丽自贡的决定》（自委发〔2016〕19 号）精神，为加强我市水环境治理，加快建设“天蓝地绿水清、宜居宜业宜游”的美丽自贡，结合我市实际，特制定本工作方案。

一、总体要求

（一）指导思想

全面贯彻党的十八大和十八届三中、四中、五中、六中全会精神，深入学习贯彻习近平总书记系列重要讲话精神，紧紧围绕统筹推进“五位一体”总体布局和协调推进“四个全面”战略布局，牢固树立创新发展理念，认真落实党中央、国务院决策部署，坚持节水优先、空间均衡、系统治理、两手发力，以保护水资源、防治水污染、改善水环境、修复水生态为主要任务，在全市范围内全面落实河长制，构建责任明确、协调有序、监管严格、保护有力的河湖（含水库，下同）管理保护机制，切实推进生态建设和环境保护，持续改善水环境质量，为推动振兴发展、决胜全面小康提供坚实的水环境保障。

（二）总体目标

加快推进落实河长制各项工作，2017 年全面建立全市河长制组织体系，实现市、县、乡各级河道河长全覆盖，工作机制建立完善并有效运行；制定出台各级河长制工作方案，细化实化水资源保护、水域岸线管理、水污染防治、水环境治理、水生态修复、执法监管等任务，明确部门责任，有效遏制乱占乱建、乱围乱堵、乱采乱挖、乱倒乱排现象；完成一河一策（一湖一策）方案制定，建立河湖治理管护目标、问题、任务、责任清单。2018 年，通过推进河湖综合治理，实现全市河湖管理范围内无大面积漂浮物、无新增违章建筑、无污水直排“三无”目标。到2020年，力争全面消除城市黑臭水体和劣Ⅴ类水体，河流水质达水功能区标准。

（三）基本原则

坚持生态优先、绿色发展。牢固树立尊重自然、顺应自然、保护自然的理念，处理好河湖管理保护与开发利用的关系，强化规划约束，促进河湖休养生息、维护河湖生态功能。

坚持党政领导、部门联动。建立健全以党政领导负责制为核心的责任体系，明确各级河长职责，强化工作措施，协调各方力量，形成一级抓一级、层层抓落实的工作格局。

坚持问题导向、因地制宜。立足不同地区不同河湖实际，统筹上下游、左右岸，实行一河一策（一湖一策），解决好河湖管理保护中的突出问题。

坚持属地管理、条块结合。以块为主、属地管理、分级负责，逐级逐河段落实河长，明确各级各河段河长、各级各部门职责，夯实河湖管理保护的属地责任。

坚持强化监督、严格考核。依法治水管水，建立健全河湖管理保护监督考核和责任追究制度，拓展公众参与渠道，营造全社会共同关心和保护河湖的良好氛围。

二、主要工作内容

（一）建立组织体系

1. 成立自贡市全面落实河长制工作领导小组。由市委书记担任组长，市长、市委副书记担任副组长，市级党政有关领导担任成员。领导小组负责统筹协调全市全面落实河长制有关工作，研究制定落实河长制工作重要政策措施，研究解决跨部门、跨领域、跨流域重点难点问题，督促检查重点工作落实情况。

2. 市级设立第一总河长、总河长和总河长办公室。市委书记担任第一总河长，市长担任总河长。总河长办公室主任由市政府分管水务工作的副市长兼任，副主任由市政府有关副秘书长及市水务局、市环保局主要负责人兼任，市级有关部门负责人为成员，总河长办公室实行河长联络员制度。市河长制办公室设在市水务局，具体组织实施市级河长制相关工作。

3. 分级分段设立河长。沱江自贡段、釜溪河、威远河自贡段、旭水河、越溪河自贡段5大主要河流河段分别由市级党政领导担任河长。各区县党委、政府作为河湖管理保护责任主体，于2017年3月底前明确本行政区域主要河湖河长及各级各段河长，并在2017年4月底公示，细化实化河长职责，设置相应的河长制办公室，建立工作机制，明确牵头单位和组成部门，落实人员和经费，制定河长制办公室工作规则。

（二）明确工作职责

1. 河长职责。

第一总河长、总河长负责领导全市行政区域内河长制工作，分别承担总督导、总调度职责。各级河长是所辖河湖保护管理的直接责任人。市级河长负责指导、协调所辖河湖保护管理工作，督导下级河长和市级有关责任部门履行职责。区县河长负责牵头推进辖区河湖管理和保护工作，协调解决实际问题，检查督促下级河长和相关部门履行职责。

2. 河长制办公室职责。

负责协调、督促、落实领导小组、第一总河长、总河长、河长会议确定的事项；起草市级工作方案、相关制度及考核办法，指导各区县制定河长制工作方案、明确工作目标任务，督导各区县同步全面落实河长制相关工作；督促市级各有关部门按照职能职责，落实责任，协调联动，共同推进河湖管理保护工作。

3. 市级相关单位职责。

市委宣传部负责组织河湖保护管理的宣传报道和舆论引导工作。

市委编办负责河长制办公室的设置等工作。

市目督办负责检查督促河长制工作进度、阶段目标的完成情况。

市发改委负责把河长制工作纳入全市国民经济和社会发展规划，协调推进河湖保护有关重点项目。

市经济和信息化委负责推进淘汰落后产能，推广工业节水工艺、技术和装备。

市公安局负责依法打击破坏河湖环境、影响社会公共安全的违法犯罪行为。

市监察局负责对监察对象履行河长制工作职责情况的监察。

市财政局负责落实河长制工作专项经费，协调河湖保护管理所需资金，监督资金使用。

市国土资源局负责开展土地资源开发整治过程中的环境保护工作，负责协调河湖治理项目用地保障和河道及水利工程土地权属确权登记。

市规划局负责河湖保护管理范围内的城乡规划工作。

市住房城乡建设局负责河湖保护管理范围内的城乡建设、城镇园林绿化和市政工程的监督管理。

市交通运输局负责全市通航水域内航道养护、水路运输管理等方面的污染防治。

市水务局负责开展水资源保护、河湖水情监测，推进节水型社会建设，组织实施水土流失防治、河道划界确权、河湖保洁、河道采砂管理、堤防工程建设、城镇生活污水处理设施建设和运营管理等工作，依法查处水事违法违规行为。

市农牧业局负责牵头开展农业面源、畜禽养殖和水产养殖污染防治工作，实施农村生活污水净化处理，推进农业废弃物综合利用，依法依规查处破坏渔业资源的行为。

市林业局负责推进生态公益林管护和营造林建设，协调推进河流沿岸绿化和湿地保护。

市环保局负责推进工业企业污染控制，检查督促工业企业污水达标排放，开展入河污染源的调查执法和达标排放监管，实施全市地表水水质监测和饮用水源地划分、保护及监管工作。

市城乡管理执法局负责城乡环境治理工作，指导农村生活垃圾处理。

（三）健全工作机制

建立河长负责、一河一策（一湖一策）、综合施策、多方共治的河长制工作机制，建立河长会议制度、信息共享制度、工作督察制度等配套工作制度，协调解决河湖管理保护的重点难点问题，定期通报河湖管理保护情况，对河长制实施情况和河长履职情况进行督察。市、区县河长制办公室要加强组织协调，督促相关部门、单位按照职责分工，密切配合，协调联动，落实责任，共同推进河湖管理保护工作，形成河湖管理保护长效机制。

（四）落实工作任务

1. 调查摸底，确定河湖分级名录。认真调查分析我市河湖现状，根据河湖自然属性、跨行政区域情况及对经济社会发展、生态环境影响的重要性，抓紧提出由市级领导担任河长的河湖名录，督促指导各区县、乡镇（街道）确定河湖名录和河长。

2. 统筹河流保护管理规划，制定一河一策（一湖一策）的河湖保护管理方案。开展水资源、水环境、水生态调研，摸清辖区内河湖现状，根据河流功能定位，遵循河流自然规律和经济社会发展规律，坚持严格保护与合理使用相结合，统筹考虑地区水资源条件、环境承载能力、防洪要求和生态安全。注重生态环境保护和可持续发展，将河湖管理保护与地方经济社会发展统筹谋划，编制河湖管理保护规划，制定切实可行的一河一策（一湖一策）治理保护方案，建立完善具体河湖的目标、问题、任务和责任清单，明确河湖存在的问题、治理目标、治理措施、治理期限、工作计划及资金筹集等要素，妥善解决管理保护的突出问题。

3. 落实最严格水资源管理制度。进一步落实“用水总量控制、用水效率控制、水功能区限制纳污和水资源管理责任与考核”四项制度和严守“水资源开发利用、用水效率和水功能区限制纳污”三条红线，健全控制指标体系，着力加强监督考核。进一步落实水资源论证、取水许可和有偿使用制度，积极探索水权制度改革，推进水权交易试点。加快水资源管理系统和监测系统建设，探索建立区域水资源、水环境承载能力监测评价体系。严格入河排污口监督管理，开展入河排污口调查，核定水功能区纳污能力，明确水功能区的允许纳污总量。全面推进节水型社会建设，加强工业、城镇、农业节水。

4. 开展江河源头和饮用水源地保护。加强越溪河、镇溪河、小井沟水库、双溪水库、木桥沟水库等重要饮用水源涵养地的水环境保护，划定禁止开发范围，实现饮用水源地保护区污水“零排放”。加快水源涵养林建设，加强天然林保护，大力实施退耕还林，提高森林蓄积量。依法划定饮用水水源保护区，禁止在水源保护区内开展一切与水源保护无关的活动。强化饮用水水源应急管理，建立完善饮用水水源地突发事件应急预案。

5. 加强水体污染综合防治。深入贯彻国家《水污染防治行动计划》及省、市相应工作方案，明确各方职责，分头推进落实。推进生活污水处理设施建设，2020年底前，建成东部新城生活污水处理厂（一期）、舒坪生活污水处理厂等污水处理项目，完成贡井污水处理厂（一期）提标改造；到2020年，乡镇生活污水集中处理率达到80%，中心城区生活污水处理率达到95%。力促各类工业园区污水处理设施建设，到2017年底，完成自贡晨光科技园、自贡沿滩机械装备制造园、荣县工业园区、贡井工业园区等的工业污水处理设施建设，实现园区工业污废水达标排放。加强农业面源污染防治，大力发展生态循环农业，推广应用测土配方施肥技术，引导农民科学施肥。强化规模畜禽养殖粪污治理，禁止违规排放，科学划定禁养区和宜养区，合理确定养殖畜种和规模，大力推广种养结合生态循环发展模式。加强水产养殖监管，积极推行健康生态养殖。强化跨界断面和重点水域水质监测，按照统一的标准规范开展水质水量监测和评价，及时发布监测结果。建立水质恶化倒查机制，追溯污染来源，严格落实整治责任和限期整改措施。

6. 推动河流生态环境保护与水生态修复。加大水生态保护与修复力度，以提高水的流动性为手段，增强水环境承载能力，实施自贡市中心城区水系连通示范工程建设和中小河流治理，构建良好的水生态系统。进一步完善河道保洁长效管理机制，以沱江自贡段、釜溪河、威远河自贡段、旭水河、越溪河自贡段等主要河段为重点，深入推进河道水面清漂保洁专项行动，全面清除河道管理范围内的废弃物，恢复河道功能，显著改善水环境。落实生产项目水土保持“三同时”制度，开展水土流失综合治理，推进坡耕地、生态清洁型小流域治理，实行水生生物增殖放流，推进河流沿岸绿化造林，实施生态补水，加强水生态环境修复。深入推进农村环境连片整治，以农村生活污水治理、垃圾处理为重点，加强对河道、池塘、沟渠两旁及水面垃圾的清理，建立健全农村水环境卫生长效机制。

7. 加强水域岸线及采砂管理。按照“先易后难、因地制宜”的原则推动河湖管理范围和保护范围划界确权工作。加强涉河建设项目管理，严格履行报批程序和行政许可。坚持河道巡查和“蓝线”管理制度，及时掌握河道岸线变化动态和开发利用情况，发现和处置非法占用岸线资源及设置河道障碍物等行为。按照保护优先、总量控制和有序开采的原则，科学制定河道采砂规划，完善日常执法巡查制度，加强采砂作业监管。

8. 加强行政执法监管。统筹水务、环保、农牧业、林业、国土资源、交通运输、规划、建设等部门涉及河流保护管理的行政执法职能，建立水务部门牵头的河流保护管理联合执法机制，开展河流“乱占乱建、乱围乱堵、乱采乱挖、乱倒乱排”等突出问题的专项整治。健全行政执法与刑事司法衔接配合机制，严厉打击非法侵占水域岸线、擅自取水排污、非法采砂、非法采矿洗矿、倾倒废弃物以及电、毒、炸鱼等破坏河流生态环境的违法犯罪行为。

9. 强化河湖治理重点项目建设。各级各部门要根据河湖治理保护工作需要，做好城乡水资源配置、水环境治理、水污染防治、水生态修复、污水处理等领域项目的规划、储备及前期工作，创新投融资模式，积极争取中央和省级财政投入，探索建立河湖治理项目收益补偿机制，吸引社会资本参与河湖治理重点项目建设。

10. 完善河流保护管理制度。建立河流保护管理生态补偿制度，将河流保护管理工作纳入生态补偿范围，生态补偿资金重点用于河流保护管理工作。建立网格化、全方位的河流水域岸线巡查检查制度和违法行为报告制度，强化日常监督和考核问责。

（五）阶段性工作目标

1. 2017年4月底前完成市、区县两级河长制工作方案。

2. 2017年4月底前设立市、区县河长制办公室。

3. 2017年4月底前完成河湖摸底调查，建立河湖名录，明确各级各段河长，设立公示牌公示。

4. 2017年5月底前完成乡镇一级河长制工作方案。

5. 2017年6月底前建立完善市、区县两级河长制相关制度及考核办法。

6. 2017年底前完成市、区县两级一河一策（一湖一策）工作方案制定，建立目标、问题、任务、责任4个清单。

7. 2017年底前开展河湖水域岸线专项清理整治

行动，集中整治乱占乱建、乱围乱堵、乱采乱挖、乱倒乱排现象。

三、相关工作要求

（一）加强组织领导

各级党委、政府要把全面落实河长制，保护河湖健康，作为落实绿色发展理念、推进生态文明建设的重要工作，加强领导、明确责任、狠抓落实。各区县党政主要负责人要分别担任第一总河长、总河长，并担任1条河流的河长，带头落实河长制工作。全面建立市、区县、乡镇（街道）三级河长体系，重要河流河段要设立村级河段长，各级河长负责组织领导相应河湖的管理和保护工作。市级实行全面落实河长制工作领导小组领导下的河长负责制，构建党政主导、部门联动、责任明确、协调有序的河湖管理保护组织领导体系。

（二）强化经费保障

各级政府要将河长制专项经费纳入同级财政预算，足额安排落实。重点保障规划编制、水文监测、信息平台建设、河湖保洁、执法巡查、水利工程维护、河流划界确权、河长制办公室日常经费、突出问题整治及技术服务等工作经费。

（三）加强信息公开和信息报送

通过主要媒体向社会公告河长名单，在河湖显著位置设置河长公示牌，标明河长职责、管护目标、监督电话等内容。建立全面推行河长制的信息报送制度，动态跟踪进展情况。各区县河长制办公室每月将贯彻落实进展情况报送市河长制办公室，第一次报送时间为2017年4月15日前；每年12月10日前将年度总结报送市河长制办公室。

（四）加强宣传引导

各级党委宣传部门要将河长制工作纳入宣传计划，制定专项宣传方案，加强宣传教育，增强公众对河湖保护的责任意识和参与意识，广泛凝聚社会共识，营造全社会关注河湖、保护河湖的良好氛围。鼓励基层大胆探索，勇于创新，积极开展推行河长制情况的跟踪调研，总结推广好做法、好经验、好举措、好政策。

（五）严格考核问责

建立工作督察制度。各级河长负责牵头组织督察工作，对河长制实施情况和河长履职情况进行督察。加强河长制工作的督查督办，市目督办对落实河长制重点工作实施情况开展专项督查并进行通报。对落实河长制工作不力，水资源管理、水污染防治、水环境治理、水岸线管护、水生态修复责任不落实、措施不到位、执法不严的，严格追究责任；对成绩突出的河长及责任单位按国家相关规定进行表扬奖励。

（六）加强社会监督

自觉接受人大、政协监督，支持各民主党派、工商联、无党派人士、非政府组织参与河湖管理保护。认真办理群众对河湖管理的投诉举报和意见建议，办理结果要及时向社会公开。鼓励、引导民间环保组织有序参与，聘请相关专家学者、生态文明志愿者、政风行风监督员等对河湖管理保护工作进行监督和评价，适时开展河湖管理保护第三方评估。

中共自贡市委　自贡市人民政府
关于加快建设国家老工业城市产业转型升级示范区的实施意见

（自委发〔2017〕30号）

高新区党工委、管委会，各区县党委和人民政府，市级各部门：

为扎实抓好转型升级，推动振兴发展，让老工业城市焕发出青春活力和时代风采，按照国家发改委等五部委印发的《关于支持首批老工业城市和资源型城市产业转型升级示范区建设的通知》（发改振兴〔2017〕671号）要求，现就自贡建设国家老工业城市产业转型升级示范区提出如下实施意见。

一、总体要求

（一）指导思想。深入贯彻习近平总书记系列重要讲话精神和治国理政新理念新思想新战略，认真落实省委“三大发展战略”和市第十二次党代会重大部署，紧扣“推动振兴发展、决胜全面小康”主题，突出统筹城乡、转型突破、追赶跨越工作基调，牢牢把握“三个加快”发展定位，坚持以转型升级为主线、创新驱动为引领、放开放活为动力，加快传统优势产业改造升级和延伸产业链，加快节能环保、新材料、航空与燃机、生物医药等新兴产业发展，推进工业化和信息化深度融合发展，力争在全国老工业城市产业转型升级中率先突破、作出示范。

（二）发展目标。到2021年，力争建成传统产业转型升级示范市、新兴产业培育壮大示范市、现代服务业特色发展示范市和金融生态示范市，工业总产值突破3000亿元，地区生产总值突破2000亿元，地方公共财政预算收入突破100亿元。

二、主要任务

（三）打造国家节能环保装备示范基地。以自主创新和动力转换为支撑，加强技术研发和科技攻关，加快科技服务模式创新，培育发展一批骨干企业和拳头产品，打造区域性节能环保装备科技成果转化基地。突出重大工程和示范项目带动，在固体废弃物治理、大气和水污染治理等重点领域实现突破，推进节能技术装备、环保技术装备、资源综合利用技术装备产业化，推动传统机械制造向节能环保和高端装备制造转型。到2021年，节能环保装备制造基地研发创新能力明显提高，重点领域关键技术和核心装备达到国际先进水平，节能环保装备产业主营业务收入达到620亿元以上，打造在全国有影响力的节能环保装备产业示范基地。

（四）打造国家新材料产业化基地。以新材料产品标准、应用标准为核心，建设相互配套、紧密衔接的新材料产品标准、方法标准、基础标准体系，推动产、检、研协调发展，促进新材料产业发展和技术创新。依托新材料龙头企业组建行业联盟，探索建立联盟标准。通过新产品开发和重大项目带动，延伸产品链和产业链，培育和壮大一批国际竞争力强的新材料企业，以有机氟与硅材料、聚酰亚胺、金属及复合材料、焊接材料、石墨烯材料为重点，加快推进新型碳材料和精细化工材料产业转型升级，发展壮大高分子合成材料和金属基复合材料产业，做大做强环境友好材料产业，进一步巩固提升自贡国家新材料产业化基地的领先地位。到2021年，新材料产业产值达500亿元以上，建成西南地区综合实力最强的国家新材料高新技术产业化基地和国家科技兴贸（新材料）创新基地。

（五）打造通用航空产业国际合作示范基地。以航空燃机零部件制造业为基础，成链式发展航空与燃机产业，加快打造航空与燃机零部件、航空与燃机新材料、航空飞行器三大研发制造基地，推动关联产业高端、高效发展。深入推进航空文旅创意产业合作，打造涵盖研发、制造、应用、服务的通用航空全产业链，高起点建设航空产业园。积极对接国家重大专项，融入世界航空产业链，着力引进通用飞机制造生产线，推进自主研发、生产制造同步发展。到2021年，航空制造业及航空运营服务业主营业务收入达到500亿元，建成川南航空与燃机零部件研发生产基地、西部航空与燃机新材料研发应用基地、西南通用航空飞机制造组装和服务基地。

（六）打造大健康产业示范基地。以生物医药和康养产业融合发展为路径，制定出台大健康产业发展规划，推动医养高度融合发展。加强与全球顶尖生物研究所和知名高校的技术合作，积极组建生物化工工程重点实验室、生物化工综合研发中心，推进工业生物产业化试验基地建设。以自贡生物科技产业园为基础，推进医药中间体产业化、规模化发展。加快产品升级和产品结构调整，培育壮大以产品研发、成果孵化为主导的生物产业，着力发展生物医药产业集群。依托丰富的医疗资源和盐卤资源，打造川南康疗养生养老基地。到2021年，生物及医药产业主营业务收入达100亿元以上，建成在国内具有影响力的生物制造产业化试验基地，健康服务业增加值年均增幅达到15%左右。

（七）打造名优特传统优势产业示范基地。以提高市场占有率和产品外向度为目标，实施传统制造产业改造提升行动。抢抓盐业体制改革机遇，推进盐业向深加工延伸，重点发展调味品、含盐保健、高端含盐护肤日化系列产品，建立联合运营销售网络。促进盐化工向精细化工转型升级，重点发展“两碱”下游产品和有机氟、有机硅系列，建设国家盐及盐化工基地，打造国内一流特色氯氟化工基地。创新传统制盐业产业模式，加速向盐旅游、盐文化、盐帮美食等行业跨界发展。推动省、市共同设立川盐发展基金，支持我市盐业加快发展。发展壮大绿色食品加工业，支持农副食品加工业特色化、集聚化、品牌化、绿色化发展，推进粗加工向精深加工转型，打造名优特“自然贡品”，建成全省重要的农产品精深加工基地，形成产销配套、服务川渝的农产品加工供应基地。到2021年，打造400亿盐产业集群、400亿绿色食品加工业集群。

（八）打造一批转型升级特色产业园区。突出抓好示范园区建设，突破性推进自贡国家高新区转型升级，重点打造节能环保装备、新材料、生物医药和新一代电子信息产业集群，建成超1000亿研发智造型高新区。推进沿滩工业园区扩区升位，加快发展化工及新材料、机电装备制造、绿色食品加工、多资源循环综合利用等主导产业，建成1000亿省级高新区。加快培育自贡航空产业园，着力打造以航空与燃机零部件制造、通用飞机研发生产、航空运营、航空服务为特色的航空产业集群，建成500亿产业园区，力争建成国家级经开区。统筹推进富顺晨光、荣县工业园区建成省级工业园区，加快建成自流井现代综合物流园区，规划建设高铁、牛佛临港重装和多资源循环综合利用等特色产业园区。争创一批国家和省级新型工业化产业示范基地。支持示范园区探索实行企业投资项目承诺制审批，创新示范园区环评管理机制，以规划环评为基础，依法依规简化具体项目环评的程序和内容。

（九）打造独具特色的国际文化旅游目的地。强化名牌精品和大项目带动作用，打造串联盐文化遗迹遗存的精品旅游线路。依托“盐龙灯”三张名片，大力引进战略投资者和国际运营商，建设卧龙湖国际盐疗养生度假区、自贡方特恐龙王国、中国彩灯城等一批标志性项目，积极打造国际井盐文化博览园、恐龙文化旅游区、彩灯文化中心。建设一批航空文化、工业文化、汽车文化、佛儒文化景区景点，打造文化旅游新名片。落实全域景区理念，以文化创意产业为核心，推进全资源整合、全要素调动、全链条延伸的文旅产业融合发展，实现自贡向品牌全球化、业态多元化、服务精品化的文化旅游强市跨越。到2021年，实现旅游经济综合收入500亿元，接待国内外游客突破4000万人次。

（十）打造金融生态示范市。夯实金融基础，建立完善金融监管体系，提高金融风险处置效率，到2021年，存贷比力争达到60%。建立多层次立体化投融资体系及配套机制，鼓励企业上市融资，积极培育新三板后备企业，推动企业在天府（四川）联合股权交易中心挂牌融资。探索政府和社会资本合作的金融参与模式，积极尝试运用资产证券化融资和绿色债务融资等工具。全面参与全省“险资入川”工作，积极争取保险资金投资我市重大项目。建立创新、融资、孵化、产业承接和转型升级五大产业投资基金。优化金融服务，鼓励金融机构为我市产业转型升级提供融资规划、财务顾问等服务，实现金融与实体经济发展的精准对接。

三、主要支撑

（十一）推进重点领域改革。深入开展以军民深度融合为重点的全面创新改革试验，打通“军转民”“民参军”双向互动通道，打造以新材料、航空与燃机关键零部件及系统件制造为核心的军民融合产业发展集聚区，建设省级军民融合示范区。创造性推广省全面创新改革试验经验成果。深化供给侧结构性改革，贯彻落实省、市促进经济稳定增长推进供给侧结构性改革的政策措施，全市每年降低发展成本不低于5亿元。坚持以管资本为主，全面深化国资国企改革，制定优化国有资本布局结构的指导意见，实现80%以上的国有资本向文化旅游、节能环保装备等新兴产业以及城乡基础设施、公共服务、金融等领域集中。加快国企改革遗留问题处置，全面完成18户国有“僵尸企业”出清重组任务，实施厂办大企业改革，创造条件积极争取解决盐业企业历史遗留问题。积极推进市属国有企业发展混合所有制经济，到2021年，国有核心骨干企业混合所有制改革面达80%以上。改革产业发展体制机制，开展农村一、二、三产业融合发展试点，完善市、区县、产业园区管理体制，构建市、区县、乡镇（街道）共建共享的产业发展机制。积极争创国家级服务业综合改革试点市。

（十二）推进创新驱动发展。强化企业创新主体地位，支持创新骨干企业主导建立产业技术创新联盟，参与制定技术创新计划、规划和标准。推动战略性新兴产业重点创新，节能环保产业依托东锅公司、华西能源等5户骨干企业，创新发展高效节能、固体废弃物治理、清洁能源等8类装备；航空与燃机产业依托海川实业等骨干企业，创新发展航空与燃机零部件、航空与燃机新材料等产业；新材料产业依托中昊晨光、中天胜等4户优势骨干企业，创新发展高分子合成材料、精细化工材料等五大新材料产业；新能源汽车及零部件产业依托新能源汽车制造企业，创新发展轻卡、皮卡及新能源汽车等整车制造，以及相配套的零部件产业；生物医药产业依托安益生物、健能制药等优势骨干企业，创新发展生物药品、保健品、新型农药等产业；页岩气产业依托中石油、中石化，加快开采步伐，创新发展以天然气为原料和燃料的工业项目。以“互联网+制造”为突破口，实施智能制造示范工程，打造一批“中国制造2025”示范企业。推动浙江大学自贡创新中心升建为省级工业技术研究院，加快构建高新区大孵化平台。加强知识产权保护，创建国家知识产权示范城市。

（十三）推进开放合作发展。坚持全域开放，着力构建全方位、立体式、多层次、宽领域的开放格局。主动对接“一带一路”、长江经济带等国家战略，全面开展成渝经济区跨区域合作和交流，积极推进示范园区与重庆、成都等中心城市和东部地区及欧美发达地区建立产业合作园区，探索创新合作的新模式新机制。全面落实市委、市政府《关于加强招商引资提升开放水平的意见》（自委发〔2016〕20号）及配套文件，进一步提升我市开放型经济水平。围绕“633”产业转型升级，实施“引进来”战略，在产业链、技术链、创新链、价值链、营销链上加强招商引资、引智，鼓励引进商贸物流、研发设计、服务外包、文化创意等现代服务业，五年力争到位市外项目资金5000亿元以上。依托彩灯文化等特色文化品牌及锅炉、机械、电机、电器等优势产品，实施“走出去”战略。积极创建国家级综合保税区。支持境外“工程承包”等合作模式，扩大工程承包、设计咨询等服务贸易出口，提升自贡企业的国际影响力。

（十四）推进城乡一体化发展。坚持城乡联动、产城相融、园城一体，构建以G348产城融合带为轴线，自贡国家高新区（含自贡航空产业园区）和沿滩、荣县、富顺晨光工业园区为支撑的产业空间布局。强化规划引领，构建“一主两副多组团”城乡新形态，促进城乡规划、基础设施、产业发展、公共服务、生态环境、市场体系一体化。做优做精中心城市，坚持新区开发和旧城改造并重，集中力量推动东部新城、卧龙湖片区开发建设，抓好城市棚户区改造三年攻坚，加快海绵城市和地下综合管廊建设。推动大数据开发利用，加快建设智慧城市。依托农村地域风貌和资源特点，打破行政区划界限，以经济和人文特色相融合的方式，组团式推进特色镇和中心村发展。到2021年，城镇化率超过57%，城乡居民人均可支配收入比2010年翻一番以上。

（十五）推进川渝滇黔重要综合交通枢纽建设。突出交通先行，加快形成“七纵六横两航一环”立体交通骨干网络。建成川南城际铁路、蓉昆高铁成自段，规划建设雅眉乐自城际铁路、自贡城市轨道交通。推进成都—荣县—宜宾、内江—富顺—南溪高速公路自贡段建设，加快建设自贡至泸州港公路，规划建设成自渝快速通道。建成自贡凤鸣通用机场，规划建设荣县、富顺县通用机场，实施沱江航道六改四工程，建设牛佛港和李家湾港。构建“四环四横四纵”主、次干路网体系，改造提升道路系统通行能力，实施G348荣富段城市道路改造，加快铁路物流基地基础设施建设。加强组团间快速交通联系，新改建农村公路2000公里以上，实现乡乡通油路、村村通硬化路，形成内畅外达、方便快捷的立体交通网络。

（十六）推进生态环境建设。深入推进三大污染防治行动计划，到2021年，全市水、大气、土壤等环境质量实现根本性改观。实施“一江三河”治理行动，重点推进釜溪河流域综合治理，全面消除釜溪河劣Ⅴ类水体。全面落实河长制，地表水优良水质断面比例较2016年提高30个百分点以上。新建、改造一批城乡生活污水处理设施，推进工业聚集区污水处理设施建设。抓好“一大三中”水库项目建设，加快向家坝自贡灌区建设，实施中心城区水系连通工程，构建多水源、全市域、互联互通的水网体系。以“减排、抑尘、压煤、治车、控耗”为重点，全市细颗粒物年均浓度比2016年下降20%以上。建立健全土壤污染防治体系，启动重度污染土地修复治理试点，全市受污染耕地与污染地块安全利用率分别达到94%、90%。树立全域绿化生态理念，森林覆盖率稳定在35%以上，城市绿地率达到38%。强化资源综合利用和循环使用，构建资源消耗低、环境污染少、产业结构科学合理的工业体系，不断提升生产与环境的相容度。

（十七）推进公共服务建设。深化公共教育供给侧结构性改革，提高公共教育服务能力与水平。全面推进义务教育学校标准化建设，实施名校提升行动，加快建设省级一流示范性普通高中；整合优质职教资源，建设一批职业教育集团。推进公共卫生均等化，开展基本公共卫生和重大公共卫生服务。推进医疗卫生品牌化，全面完成基层医疗机构规范化、标准化建设，建设一批全省知名、优势明显的特色专科和川南领先、省内一流的品牌医院。扩大社会保险覆盖面，完善社会保障体系。落实企业人员分流安置政策措施，按规定、多渠道妥善处理转型升级企业、困难企业、停（破）产企业员工社会保险关系转移接续手续。完善就业创业公共服务体系，加大就业援助力度，强化下岗职工、失业人员等重点困难群体就业创业帮扶力度，确保零就业家庭至少一人实现就业。发展公共文化服务，构建现代公共文化服务体系。实施文化惠民工程，推动群众文化繁荣发展。

四、保障措施

（十八）强化政治保障。着力提升思想认识，把示范区建设与自贡兴衰、个人荣辱紧密联系起来，积极提升工作标准和执行力。成立自贡市老工业城市产业转型升级示范区建设领导小组，增设示范区建设办公室。建立考评监督机制，适时开展督促检查，将考核结果作为干部选拔任用和奖惩的重要依据，确保建设任务落到实处。深化"放管服"改革，推进政府职能优化转变，简化优化服务流程、创新服务方式，提升政务服务效率和公共服务供给效率。大幅减少和规范涉企收费及审批评估事项，落实好各项减税降费措施，切实降低企业负担。

（十九）强化项目保障。实施一批战略性、支撑性、带动性强的重大项目，以重大项目助推产业向产业链、价值链高端升级。重点推动多资源综合利用、通用飞机制造、石墨烯等条件成熟的重点项目及早开工，加快推进在建项目尽快投产达产。强化重大项目储备，重点梳理包装工业制造、产业园区平台、现代服务业、示范区配套基础设施和配套生态环境建设等方面项目，着力抓好已储备的600余个总投资5100亿元项目前期工作，逐年选择一批成熟项目纳入年度重点项目计划。突破性开展对外招商、对内挖潜、对上争取、对下用力相关工作，全社会固定资产投资五年累计突破5000亿元，支撑自贡产业转型升级示范区建设。

（二十）强化政策保障。制定加快推进老工业城市产业转型升级示范区建设的配套政策，认真梳理和落实老工业基地调整改造、西部大开发、全面深化改革、全创、创业创新等已出台的相关政策，积极主动争取产业、创新、投资、金融、土地、税收、社保等优惠政策。积极探索老工业城市产业转型升级示范区先行先试的有效途径，探索传统优势产业改造升级、新兴产业培育发展、军民融合发展、"两化"深度融合等有效途径，在观念创新上先人一步、在体制创新上优人一招、在机制创新上高人一筹、在科技创新上快人一拍，创造全国老工业城市产业转型升级示范区建设的"自贡模式"。

（二十一）强化人才保障。坚持"好干部"标准、省委"三重"用人导向，打造一支"四有"干部队伍，为老工业城市产业转型升级示范区建设提供坚强的干部保障。加强与海内外高校和科研院所的合作，支持四川理工学院升级为大学，加快四川卫生康复职业学院新校区和中国民航飞行学院自贡分院建设，培育组建自贡职业技术学院、四川旅游职业学院，全面推进中德合作职业教育试点。依托浙江大学自贡创新中心，支持创建高层次人才服务实践基地。创新人才培养引进、激励评价、使用流动、保障服务等机制，构建智力开发体系。以实施"双千计划"为抓手，围绕工业转型、金融创新、文旅结合、统筹城乡等领域培育引进人才。放眼全球、全国知名顶尖专家学者，采取灵活多样方式引智借智用智，建立自贡老工业城市产业转型升级新型智库。

（二十二）强化环境保障。深入开展"三创联动"，进一步健全联创工作机制。深入开展创建国家文明城市攻坚行动，组织开展群众性精神文明创建活动，着力培塑开明开放、创新创造、苦干实干的城市时代精神。全面推进国家卫生城市创建，扎实开展"五大专项整治"，实施城乡环境综合治理，推进城市管理体制改革，营造宜居宜业宜游的生活环境。积极创建省级环保模范城市，实施环境保护治理“六大工程”。全面推进依法治市，坚持法治城市、法治政府、法治社会一体建设。依法、稳妥处置历史遗留问题，维护社会大局稳定。加快推进社会信用体系建设，建立完善诚信激励和失信惩戒机制，建设法治政府，实现市场主体依法诚信经营，塑造公平诚信的法治环境。加强典型示范宣传报道，营造转型突破、追赶跨越、振兴发展舆论环境。

中共自贡市委
自贡市人民政府
2017年8月10日

中共自贡市委　自贡市人民政府
关于深入推进城市执法体制改革改进城市管理工作的实施意见

（自委发〔2017〕42号）

高新区党工委、管委会，各区县党委和人民政府，市级各部门：

为全面贯彻落实省委、省政府印发的《关于深入推进城市执法体制改革改进城市管理工作的实施意见》（川委发〔2017〕5号）精神，扎实推进我市城市执法体制改革，提升城市管理和公共服务水平，现提出如下实施意见。

一、总体要求

坚持以人为本、依法治理、源头治理、权责一致、协调创新的基本原则，紧密结合简政放权、放管结合、优化服务和推进转变政府职能、规范行政权力运行等工作，紧紧围绕我市“推动振兴发展、决胜全面小康”主题，进一步建立完善城市管理执法体制机制，努力构建管理、执法、服务“三位一体”的城市管理执法格局，推动城市管理走向城市治理，促进城市运行高效有序，推进城乡一体繁荣幸福新自贡建设。

2017年底前，实现市、区县政府城市管理领域的机构综合设置，市、区县两级城市管理执法部门基本完成权力清单和责任清单的调整、制定、公布工作；在现有城乡管理和相对集中行政处罚权的基础上，整合市政公用设施运行管理、园林绿化管理的全部和公共空间秩序管理、环境保护管理、交通管理、应急管理等方面的部分城市管理工作，实现城乡规划管理、住房城乡建设领域全部行政处罚权和环保、工商、水务、食品药品监管的部分行政处罚权的集中行使；统一全市城市管理执法人员执法制式服装和标志标识；市、区县整合形成数字化城市管理平台。到2018年，进一步理顺城市管理执法体制，划清职责和权力边界；完善市、区县、部门协调联动和监督考核机制；完成全市城市管理执法系统干部轮训和执法人员持证上岗工作。到2020年，理顺全市城市管理执法体制，完善法律法规标准体系和保障机制，机构和队伍建设明显加强，服务便民高效的现代城市治理体系有效形成，城市管理效能大幅提高，人民群众满意度、获得感显著提升。

二、主要任务

（一）完善城市管理执法体制机制

1. 明确城市管理职责范围。城市管理的主要职责是市政管理、环境管理、交通管理、应急管理和城市规划实施管理等。具体实施范围包括：市政公用设施运行管理、市容环境卫生管理、园林绿化管理等方面的全部工作；市、区县政府依法确定的，与城市管理密切相关、需要纳入统一管理的公共空间秩序管理、违法建设治理、环境保护管理、交通管理、应急管理等方面的部分工作。

2. 明确城市管理综合执法范围。城市管理综合执法范围主要是：城乡规划、住房城乡建设和城市管理领域法律法规规章规定的全部行政处罚权；环境保护管理方面社会生活噪声污染、建筑施工噪声污染、建筑施工扬尘污染、餐饮服务业油烟污染、露天烧烤污染、城市焚烧沥青塑料垃圾等烟尘和恶臭污染、露天焚烧秸秆落叶等烟尘污染、燃放烟花爆竹污染等的行政处罚权；工商管理方面户外公共场所无照经营、违规设置户外广告的行政处罚权；水务管理方面向城市河道倾倒废弃物和垃圾及违规取土、城市河道违法建筑物拆除等的行政处罚权；食品药品监管方面户外公共场所食品销售和餐饮摊点无证经营、违法回收贩卖药品等的行政处罚权。上述领域外的行政处罚权原则上不纳入城市管理综合执法范围。上述领域内确需集中行使的其他行政处罚权及相应的行政强制权，应是与群众生产生活密切相关、执法频率高、多头执法扰民问题突出、专业技术要求适宜、与城市管理密切相关的事项，由市、县政府报省政府批准。城市管理主管部门可以实施上述范围内法律法规规定的行政处罚权有关的行政强制措施。科学划分城市管理部门与相关行政主管部门的权力和责任，有关管理和执法权责划转城市管理部门后，原主管部门不再行使。城市管理部门应当定期将执行行政处罚或行政强制情况、履行职责情况反馈相关业务主管部门，实现末端执法与源头治理有机结合。

交通管理方面侵占城市道路（含机动车道、非机动车道、人行道、背街小巷、公共场所等）、违法停放车辆等的行政处罚权暂不划转，仍由公安交通管理部门负责实施。

3. 规范城市管理和执法机构设置。按照属地管理、权责一致原则，整合城市管理和执法机构。市、区县推行城市管理领域大部门制改革，整合市政公用、市容环卫、园林绿化、城市管理执法等相关职能，划清管理和执法职责边界，实现城市管理和执法机构综合设置，实行区县一级执法为主，落实执法重心下移和执法事项属地化管理。在市本级设立自贡市城市管理执法局，作为市政府工作部门，为全市城市管理和执法的行政主管部门，同时设立自贡市城市管理综合执法监督机构。在高新区设立高新区城市管理执法分局，为市城市管理执法局派驻机构，由市城市管理执法局委托高新区管委会管理。在各区县设立城市管理执法局，作为同级政府工作部门，负责辖区城市管理和执法工作。各区县城市管理执法局、高新区城市管理执法分局分别设立城市管理执法大队，并向所辖街道（乡镇）派驻综合执法中队。

按照“权随事走、人随事调、费随事转”原则，整合、划转相关机构、职能、编制和人员，确保城市管理和执法工作有序推进。

4. 明确市、区县城市管理执法局职责。市城市管理执法局主要负责全市城市管理、综合执法和城乡环境综合治理等方面统筹管理、组织协调、行业指导、监督检查、考核评价；负责市级统筹的城市管理执法领域审批、管理和监督执行工作；负责统筹市级城市管理、环卫设施、环境治理等项目的建设、管理和监督工作；负责全市城市管理综合执法工作的统一指挥调度、业务领导、监督考核、执法监察、执法资格管理和统一培训工作；负责城乡规划建设和城市管理等领域内市级审批和管理事项的执法工作，以及上级交办、跨区域、重大、复杂以及其他不适合由区县城市管理执法部门办理的违法违规案件的查处等工作。高新区城市管理执法分局负责辖区城市管理、综合执法和城乡环境综合治理的具体实施工作；具体负责辖区市政公用设施、市容环境卫生、园林绿化等方面的全部维护管理工作；承担辖区公共空间秩序管理、环境保护管理、交通管理、应急管理等方面的部分管理工作；负责集中行使除市级保留的城乡规划建设管理方面的部分执法权以外的所有城乡规划、住房城乡建设和城市管理领域法律法规规章规定的全部行政处罚权及有关的行政强制措施；负责集中行使环境保护管理、工商管理、水务管理、食品药品监管方面的部分行政处罚权及有关的行政强制措施；负责辖区城乡规划建设和城市管理等领域内审批和管理事项的执法工作；负责辖区违法建设的治理工作，组织实施辖区违法建筑物、构筑物和不符合城市容貌标准及城乡环境综合治理标准的设施、广告牌匾、乱搭乱建等拆除工作；负责辖区街道（乡镇）、有关部门城市管理执法工作的业务指导、监督检查、考核评价等工作。在城市管理和执法过程中产生的后续责任，由高新区管委会承担。

区城市管理执法局主要负责区本级城市管理、综合执法和城乡环境综合治理的具体实施工作；具体负责辖区市政公用设施、市容环境卫生、园林绿化等方面的全部维护管理工作；承担辖区公共空间秩序管理、环境保护管理、交通管理、应急管理等方面的部分管理工作；负责集中行使除市级保留的城乡规划建设管理方面的部分行政执法权以外的所有城乡规划、住房城乡建设和城市管理领域法律法规规章规定的全部行政处罚权及有关的行政强制措施；负责集中行使环境保护管理、工商管理、水务管理、食品药品监管方面的部分行政处罚权及有关的行政强制措施；负责区级城乡规划建设和城市管等领域内审批和管理事项的执法工作；负责违法建设的治理工作，组织实施辖区违法建筑物、构筑物和不符合城市容貌标准及城乡环境综合治理标准的设施、广告牌匾、乱搭乱建等拆除工作；负责辖区街道（乡镇）、有关部门城市管理执法工作的业务指导、监督检查、考核评价等工作。

县城市管理执法局主要负责县本级城市管理、综合执法和城乡环境综合治理等方面统筹管理、组织协调、行业指导、监督检查、考核评价；负责县本级城市管理、综合执法和城乡环境综合治理工作；负责辖区乡镇、有关部门城市管理执法工作的业务指导、监督检查、考核评价等。

各街道（乡镇）城市管理综合执法中队主要承担辖区内城市管理、综合执法和城乡环境综合治理的具体实施工作，在城市管理和执法过程中产生的后续责任，由区县城市管理执法局承担。

5. 建立科学规范的双重管理体制。实行市级统筹、条块结合、以块为主的双重管理体制，进一步强化市级统筹管理功能，突出区县具体负责和在城市管理执法中的主体责任，明确各街道（乡镇）具体实施的责任，确立社区（村）在城市管理中的基础作用。各区县城市管理和综合执法业务工作接受市城市管理执法部门的领导和监督。日常管理和执法工作以辖区为主，全市统一的、重大的、专项的、应急抢险的城市管理事项、综合执法任务受市城市管理执法部门统一指挥、调度、管理和监督。区县城市管理执法局负责人的调整、交流、晋升和年度考核等，由辖区党委征求市城市管理执法局意见；高新区城市管理执法分局负责人的调整、交流、晋升和年度考核等，由高新区党工委征得市城市管理执法局同意；街道（乡镇）综合执法中队负责人的调整、交流、晋升和年度考核等，由所在区县城市管理执法局、高新区城市管理执法分局负责，同时应当征求辖区街道（乡镇）党（工）委的意见。

（二）强化城市执法队伍建设

6. 优化执法力量和统一装备。根据城市管理和综合执法工作特点和需要，合理设置岗位，科学确定城市管理执法人员的配备，推进执法重心下移，推动城市管理执法人员力量向基层倾斜。到2020年，城市管理执法人员按照不低于城市常住人口的万分之三配备。在核定的行政编制数额内，执法人员应当使用行政编制，暂不具备条件可使用事业编制。对于区域面积大、流动人口多、管理任务重的地区，可适度提高执法人员配备比例。执行统一制式服装和标志标识、执法执勤用车、城管装备配备标准，切实改善执法办公条件。

7. 严格执法队伍管理和培训。建立市、区县城市管理执法人员职务级别调整、交流轮岗、教育培训、奖励惩戒、退出等制度，严格按照公务员法有关规定录用和使用执法人员，加大接收安置军转干部的力度，加强领导班子和干部队伍建设，完善干部任用和人才选拔机制，打造政治坚定、作风优良、纪律严明、廉洁务实的执法队伍。

8. 规范协管队伍管理。探索建立优秀协管人员、乡镇环境管理员招聘机制。市、区县两级城市管理主管部门可根据实际工作需要，采取招用或劳务派遣等形式适当配置城市管理执法协管人员。协管人员数量原则上不超过在编人员，并随城市管理体制改革逐步减少。严格资格准入条件，健全协管人员招聘、管理、培训、奖惩、退出等制度，制定城市管理执法协管人员管理规范，统一制式服装和标志标识。建立和完善协管人员持证上岗、编号管理、考核奖惩等制度。协管人员只能配合执法人员从事宣传教育、巡查、信息收集、违法行为劝阻等辅助性事务，不得从事具体行政执法工作。协管人员从事执法辅助事务以及超越辅助事务所形成的后续责任，由本级城市管理执法部门承担。

（三）严格规范城市执法行为

9. 制定权责清单。全面清理调整现有城市管理和执法职责，明确城市管理执法部门与其他涉及城市管理的职能部门的职责边界，依法建立城市管理执法部门的权力和责任清单，并向社会公开，实行动态管理和调整。

10. 规范执法制度。市、区县城市管理主管部门要对执法具体环节和有关程序作出详细规定，规范执法行为和执法用语。建立行政处罚案件定期清理制度，落实行政执法裁量标准，建立健全执法全过程记录制度。严格执行重大执法决定法制审核等制度，加强执法全过程监督。

11. 改进执法方式。严格规范公正文明执法，积极回应社会关切，依法查处群众反映强烈的重点领域违法问题。城市管理执法人员要严格依据法定程序、权限开展执法活动。依法规范行使行政检查权和行政强制权，严禁随意采取强制执法措施。引导群众自觉守法，及时化解矛盾纠纷。推行网上行政服务工作，依托信息化技术，综合利用视频一体化技术，探索快速处置、非现场执法等新型执法模式。

12. 完善执法监督机制。增强执法透明度，主动接受监督，实行执法公示制度。全面落实行政执法责任制，实行执法办案评议考核、案卷评查、责任追究和纠错问责制。强化执法监督和考核问责，把考核结果与执法人员职务晋升、目标绩效奖励等挂钩。强化执法监督工作，坚决排除对执法活动的非法干预，防止和克服保护主义。

（四）提高城市管理水平

13. 提高市政公用设施运行能力。市、区县应当建立规划、建设、管理部门有机衔接和良性互动机制。市、区县城市管理主管部门应当作为同级规划委员会成员单位，提前介入市政公用设施项目规划、建设等前期工作，及时研究提出调整完善意见；规划、住房城乡建设部门要及时将城市规划设计、开发建设情况提供给城市管理主管部门，严格依法执行规划，确保城市规划、建设满足管理需要，从源头上提高市政公用设施运行管理水平。市政公用设施建设完成后，管理信息应当及时移交城市管理主管部门，并建立完备的城建档案，实现档案信息共享。遵循“先地下、后地上”实施原则，市政管线应与城市道路同步建设、同步改造。加强城市道路开挖统筹管理，实施统一恢复，保证恢复质量，加大对违章开挖、占用道路的打击处罚力度。加强城市地下管廊管理，健全标准规范和管理制度。加强城市道路、桥梁、隧道、路灯、燃气、给排水和垃圾处理等市政设施管护和公用行业管理，保障安全高效运行。

14. 规范城市公共空间管理。加强城市公共空间的建筑物和构筑物外立面管理和色调控制，加快推进城市各类杆管线入地和规整工作。规范报刊亭、公交候车亭、配电设施、通信设施、执勤亭等户外公共设施设置，统一外观标识、统一规范设置、统一管理标准。加强户外广告、店招店牌、路名牌、指示牌和门牌等统一设置管理，体现自贡特色风貌。优化公共场所小品、文化体育设施建设，提升城市公共空间品味。及时制止、依法查处擅自变更建设项目规划设计和用途、违规占用公共空间及乱贴乱画乱挂、乱设乱安装设施设备、乱设广告及牌匾标识等行为，严厉打击和依法查处违法用地、违法建设、违章搭建等行为，全面清查并治理违法建设，坚决遏制新增违法建设。加强地下空间管理，统筹协调地下地上设施建设运行，依法查处擅自侵占、开挖地下空间等行为。

15. 优化城市交通管理。整顿城市交通秩序，加强城市出租客运市场管理，重点强化在车站、码头、商场、医院、学校、农贸市场等大型公共场所和居民住宅小区的出租车和其他车辆的管理。加强静态交通秩序管理，严格查处违法停放车辆的行为，强化停车设施规划建设运营管理，综合治理非法占道停车及非法挪用、占用停车设施，鼓励社会资本投入停车场建设，鼓励单位停车场错时对外开放，逐步缓解停车难问题。

16. 改善城市人居环境。强化城乡环境综合治理，健全完善治理体系、考核制度和问责机制。切实加大城市园林绿化、环卫保洁和大气、噪声、固体废物、河湖水系等环境管理投入力度，实施城市修补和生态修复，开展城市内涝和黑臭水体治理、污水处理、大气污染防治，逐步解决棚户区、城中村、老旧小区、城乡接合部、场镇、村庄院落的脏乱差问题。改善小区基础设施，规范物业服务秩序，加大住宅小区环境治理力度，严厉打击住宅小区内私搭乱建、侵占绿地、乱贴乱画乱挂、噪声污染等破坏小区环境的违法行为。规范城乡农贸市场、花鸟宠物等以路为市的自由市场的环境卫生秩序，加大执法力度。全面开展农村人居环境整治行动，深化农村环境综合治理，以建设美丽宜居村庄为导向，以农村垃圾、污水治理和村容村貌提升为主要内容，统筹推进绿色村庄建设。加强绿色建筑监督管理，规范建设施工现场管理，推行绿色施工，严控噪声扰民、施工扬尘和渣土运输抛洒。倡导垃圾分类投放收集、综合循环利用，统筹固体废弃物和垃圾处置，加大协同处理力度，推进垃圾减量化、资源化、无害化管理。加强废弃电器电子产品回收处理和医疗垃圾、其他有毒有害垃圾集中处理管理。深入开展全国文明城市、国家卫生城市、省级环保模范城市创建，提升城乡环境综合治理水平。

17. 提高城市应急管理水平。市、区县要强化城市综合防灾和安全设施建设，建立完善城市管理领域安全监管责任制，强化重大危险源监控，加强城市基础设施安全风险隐患排查，建立分级、分类、动态管理制度。健全城市抗震、防洪、排涝、消防、交通、应对自然灾害应急指挥体系，完善城市管理应急响应机制，建立专业化、职业化的应急救援队伍，完善城市生命通道系统，加强应急避难场所、设施设备建设管理，保证各类应急物资储备，提高突发事件处置能力。建立应急预案动态调整管理制度，经常性开展疏散转移、自救互救等安全防灾综合演练。做好应对自然灾害等突发事件的军地协调工作。

18. 推进城市管理数字化、精细化、智慧化。加强市政设施运行管理、环境管理、应急管理等城市管理数字化平台建设和功能整合拓展。整合市、区县数字化城市管理平台，并逐步向乡镇延伸。加快数字化城市管理向智慧化升级，实现感知、分析、服务、指挥、监察“五位一体”，建立高位监督、高位协调、高位考核的数字化城管监督考核体系。整合城市管理相关电话服务平台，拓展“12319”城市管理服务热线功能，实现与“110”报警电话等热线的对接。建立多部门公共数据资源互联互通、开放共享和协同应用机制。推进智慧城市建设，加强城市基础设施智慧化管理与监控服务，加快市政公用设施智慧化改造升级。加快城市管理和综合执法档案信息化建设，探索运用智慧城市管理系统。建设“城管通”移动执法系统，提高案件的发现率和处理率，提升执法效能。

（五）创新城市治理方式

19. 推进市场化进程。吸引社会力量和社会资本参与城市管理，通过搭建政府和社会资本合作（PPP）平台，推进市政设施、公用事业、公共交通、便民设施、农贸市场等的市场化运营。通过委托、承包、购买服务等方式，推行道路桥梁、园林绿化管养作业和环卫保洁、垃圾处理、公共交通由政府向社会购买服务，加大购买力度，形成政府主导、企业经营、市场运作的养护管理新机制。逐步建立由政府向社会购买城市管理执法辅助性事务等服务机制。

20. 实施网格化管理。建立健全市、区县、街道（乡镇）、社区（村）管理网络，科学划分网格单元，将城市管理、社会管理、综合治理和公共服务事项纳入网格化管理。推行“城管进社区（村）”新型执法模式，建立社区（村）干部、社区（村）网格员、片区民警、城管队员、环卫工人、辖区单位间的整体联动机制，及时发现和快速处置问题，有效实现政府对社会的公共管理和服务。

21. 发挥基层组织作用。加强社区（村）服务型党组织建设，发挥基层党组织在基层社会治理中的领导核心作用、政府在基层社会治理中的主导作用和社会多元主体的参与作用。开展平安社区（村）创建活动，依法建立社区（村）公共事务准入制度，规范公众参与城市治理的范围、权利和途径，建立健全城市管理志愿服务宣传动员、组织管理、激励扶持等制度和组织协调机制，推进执法信息公开，引导社会组织、市场中介机构和公民法人参与、监督城市治理，形成多元共治、良性互动的城市治理模式。

22. 提高全民城市文明意识。加强城市文明教育，发挥各级党组织和工会、共青团、妇联等群团组织的作用，突出抓好新市民、青少年的教育和培训，建立完善市民行为规范，增强市民文明素质和法治意识。加强社会诚信建设，城市管理执法信息记入市场主体信用档案，并纳入行业监管体系和社会信用信息系统。

（六）完善保障机制建设

23. 加强法制保障。加强城市管理和执法方面的地方立法工作，全面清理现行制度规定中与推进城市管理执法体制改革不相适应的内容，定期开展地方性法规、规章和规范性文件清理工作，及时向社会公布清理结果。制定完善城市管理执法方面的地方性法规、规章。明晰城市管理执法范围、程序，规范城市管理执法权责。制定完善城市管理和综合执法各项标准，形成完备的标准体系。

24. 加强经费保障。按照事权与支出责任相适应的原则，理顺并明晰市、区县城市管理执法事权，健全责任明确、分级分类负担、收支脱钩、财政保障的城市管理执法经费保障机制。各级政府要加大财政保障力度，将城市管理经费列入同级财政预算。科学核定城市管理执法经费，城市管理及综合执法业务涉及的市容环境卫生、市政设施养护、绿化管理、综合执法等经费与城市发展速度、建成区规模、养护标准、城市管理执法手段更新等相适应。根据城市管理和执法工作需要，增加对城市管理执法人员制式服装和标志标识、执法执勤用车及装备、技术等方面资金投入，保障执法工作需要。统筹使用城市管理执法有关资金，依法合规对城市管理执法工作实施考核。

25. 加强部门联动。有关行政管理部门应当将与城市管理执法有关审批、监督管理事项及时通报城市管理主管部门，城市管理主管部门应当将实施行政处罚的情况和发现的问题通报有关行政部门，并提出管理建议。城市管理主管部门查处重大、复杂或者争议较大的违法行为时，规划、住房城乡建设、环保、工商、水务、食品药品监管、公安、交通运输、国土资源等有关行政部门应对违法行为的现场检查和勘验等予以配合。建立健全各类规划、建设等审批许可与行政处罚文书相互抄告制度。规划、住房城乡建设、环保、工商、水务、食品药品监管、公安、交通运输、国土资源等部门要同城市管理主管部门建立执法协作联动机制，构建信息共享、案件通报、案件移送机制，根据城市管理主管部门的协作办理文件，相关部门应及时提供执法证据材料。根据各类企业和个人违法行为的处罚情况，实行行业黑名单制度，由城市管理主管部门与公安、规划、住房城乡建设、工商、银行等单位联合公布受到处罚的单位和个人，并同企业的许可、资质、个人资格、征信等挂钩。

26. 加强司法衔接。市、区县两级政府要建立城市管理主管部门与公安机关、检察机关、审判机关信息共享、案情通报、案件移送等制度，明确刑事司法对接部门和职责，做好大案要案的联合查处或移交查处，实现行政处罚与刑事处罚无缝对接。公安机关要及时、有效依法打击妨碍城市管理执法和暴力抗法的行为，对拒绝、阻碍或以暴力、威胁手段阻碍城市管理执法人员依法执行公务的行为，及时依法作出处理，对涉嫌犯罪的，应当依法追究法律责任。全市统筹建立市、区县公安城管联勤联动执法工作机制，由市、区县公安机关向同级城市管理主管部门派驻专门执勤力量，明确联动执法范围与清单，承担城市管理执法保障任务。审判机关要加强法律指导，推动建立城市管理执法巡回法庭，建立简易案件快速审执机制，及时审理、执行涉及城市管理执法的案件。加大城市管理执法行政处罚决定的行政和司法强制执行力度以及非诉行政处罚案件的执行力度。检察机关要加强法律监督，及时受理涉及城市管理行政执法的案件。检察机关有权对城市管理执法部门在行政执法中发现涉嫌犯罪案件线索的移送情况进行监督，城市管理执法部门对发现涉嫌犯罪案件线索移送不畅的，可以向检察机关反映并申请检察机关立案监督。建立法律顾问制度，引入律师参与，提升城市管理执法工作质效。建立城市管理执法过程的公证制度，提高执法公信力。

三、保障措施

（一）切实加强组织领导。各级党委和政府要加强对城市管理和执法工作的组织领导，履行好领导责任，坚持常抓常议，推动各项工作落实，强化城市管理和执法工作。市城市管理执法局要切实履行全市城市管理和综合执法的主管部门职责，强化对推进城市管理执法体制改革改进城市管理工作的组织协调、指导监督、检查考核。市委编办要加强对城市管理和执法机构设置、职责界定等工作的监督指导。市政府法制办要加强改革方案合法性审查、法制保障等工作，协调解决执法争议，组织做好执法监督及执法人员的资格管理、教育培训等工作。市人力资源社会保障局要加强城市管理和执法机构人事工作的监督指导，按规定落实好城市管理执法人员和协管人员工资福利、工伤保险等有关保障政策。市民政局要督查落实城市管理执法人员、协管人员抚恤等政策措施，加强城市社区（村）网格化、信息化、扁平化建设与管理。市财政局要加大城市管理执法的投入，做好城市管理经费保障工作。市级相关部门要强化大局意识、责任意识，加强协调配合，做好职责衔接，支持和配合城市管理执法体制改革工作。

（二）健全完善协调机制。建立以市委书记为顾问、市长为主任的市城市管理委员会（市城乡环境综合治理工作领导小组），统筹研究决策全市城市管理和综合执法工作中的重大问题。市城市管理委员会（市城乡环境综合治理工作领导小组）下设办公室（设在市城市管理执法局），负责具体组织执行上级重要决策部署、重大专项整治行动，负责全市城市管理和综合执法工作的统筹协调、目标分解、监督检查、考核奖惩。各区县、街道（乡镇）要建立相应的协调机构。

（三）建立综合考核制度。加强城市管理执法效能考核，将城市管理执法、城乡环境治理、执法保障、队伍建设、执法管理效果、专项治理成效等城市治理工作纳入对各区县和有关部门经济社会发展综合评价体系和领导干部政绩考核体系、综合目标绩效考核体系。各级组织、监察、目标督查和城市管理主管部门要将考核结果作为区县、有关部门、街道（乡镇）的党政领导班子、领导干部综合考核评价的重要依据，实施奖惩，以推动各级党委和政府、有关部门履职尽责。积极推广绩效管理和服务承诺制度，建立城市管理行政问责制度，健全社会公众满意度评价及第三方考评机制，引进社会中介机构定期开展评估，构建市民监督、网络监督等社会化评价体系，形成市民评价、社会评价、专业机构评价的有机互补。

中共自贡市委

自贡市人民政府

2017年12月29日

自贡市人民政府
关于调整完善市与区分税制财政体制的通知

（自府发〔2017〕3号）

各区人民政府、高新区管委会，市级各部门：

根据中央、省、市关于全面深化财税体制改革、完善公共财政体系的决策部署，为进一步优化市场资源配置，充分调动区级推进发展的积极性，促进全市经济社会持续、稳定、健康发展，市政府决定对现行市与区分税制财政体制进行调整完善。现就有关事项通知如下：

一、基本原则

（一）夯实基础。通过完善市与区分税制财政管理体制，逐步做大区级财政收入规模，夯实区级财力基础，提高区级财政保障能力。

（二）均衡发展。通过完善市与区分税制财政管理体制，充分调动各区发展经济、培植财源的积极性，促进全市共同发展、均衡发展。

（三）健全机制。通过完善市与区分税制财政管理体制，在确保市、区既得利益的基础上，建立健全“总额分成、比例统一”的税收收入共享机制，促进市场资源配置优化和形成公平的市场环境。

（四）优化事权。通过完善市与区分税制财政管理体制，理顺优化部分市、区事权，逐步建立健全事权与支出责任相适应的市、区管理体制。

二、改革内容

（一）收入划分。维持现行市、区财政体制税收收入范围和属地化征管方式，提高各区税收收入（省以下市、区分成部分，下同）分享比例。市与各区（不含高新区，下同）税收收入分享比例统一调整为市30%、区70%，就地分别缴入市、区财政国库。取消教育费附加收入、地方教育附加收入、残疾人就业保障金收入市、区共享。将市本级原参与分享的教育费附加收入、地方教育附加收入和残疾人就业保障金收入调整为区级固定收入（其中，市级行政事业单位缴纳的残疾人就业保障金收入作为市级固定收入）。

（二）基数划转。以2014年为基期年对各项税收收入、教育费附加收入、地方教育附加收入、残疾人就业保障金收入进行基数划转，通过市对区定额结算补助方式办理。

（三）过渡期政策。从2016年1月1日起，实行2年过渡期政策。过渡期内，若区级年度收入完成数达不到市级下划的2014年收入基数，市财政将相应增加对该区的结算补助。

（四）执行时间。自2016年1月1日起执行。

三、配套措施

（一）市与高新区的财政管理体制严格按市委、市政府《关于促进自贡国家高新技术产业开发区加快发展二十条政策措施的意见》（自委发〔2016〕25号）有关规定执行，从2016年1月1日起同步实施。

（二）市政府《关于加快沿滩新城区建设有关问题的通知》（自府发〔2005〕29号）中有关财税扶持政策从2016年1月1日起停止执行。

（三）市政府办公室《转发市财政局关于市对区县财政实行激励约束考核和缓解区县财政困难补助的意见的通知》（自府办发〔2007〕2号）、《关于调整市级财税征收工作经费管理办法的通知》（自府办发〔2010〕29号）从2016年1月1日起停止执行。对区县的财政收入考核办法和市级财税收入征收部门征收工作经费管理办法另行制订。

（四）清理下放部分事权。将部分市属学校、城乡管理执法区级机构、交通运输区县机构等下放到属地区县级管理，并相应划转财政保障经费，具体方案另行制订。

自贡市人民政府

2017年1月22日

自贡市人民政府
关于印发自贡市深化市级财政科技计划管理改革方案的通知

（自府发〔2017〕31号）

各区、县人民政府，高新区管委会，市级各部门：

现将《自贡市深化市级财政科技计划管理改革方案》印发给你们，请结合实际，认真贯彻落实。

自贡市人民政府

2017年11月21日

自贡市深化市级财政科技计划管理改革方案

为深化科技计划管理改革，构建科学合理的科技计划体系和规范有效的科技计划管理机制，按照《四川省人民政府关于印发四川省深化省级财政科技计划管理改革方案的通知》（川府发〔2017〕5号）精神，结合自贡实际，制定本方案。

一、总体要求

（一）总体思路

深入实施创新驱动发展战略，牢固树立创新、协调、绿色、开放、共享的发展理念，坚持科技创新和体制机制创新双轮驱动，遵循科技创新规律，强化顶层设计，坚持目标导向，聚焦发展重点，加强制度建设，充分发挥市场对科技资源的配置作用，扩大科研单位和科技人员自主权，充分激发科研人员创新创业积极性，营造科学高效、公开透明的科研环境，实现从科研管理到创新服务的转变，为自贡老工业城市转型升级和振兴发展提供强有力的科技支撑。

（二）改革目标

通过深化科技计划管理改革，加快建立包括应用基础研究、重点科技攻关、科技成果转化、专利实施与促进、科技创新基地（平台）及创新人才和苗子等布局合理、定位清晰，符合科技创新规律的科技计划体系，形成分类管理、系统全面、科学规范、公开透明、监管有力、目标明确和绩效导向的科研项目和资金管理机制，建立完善统一的科技管理信息系统，进一步提高科技计划管理效率，提升财政资金使用效益。实现科技计划更加注重战略谋划和宏观布局，更加注重资源统筹和协调联动，更加聚焦经济社会发展重大需求，促进科技成果的应用加速转化。

（三）基本原则

问题导向，统筹推进。针对现行科技计划管理的突出问题，找准突破口，统筹推进，分步实施，增强改革的系统性、全面性和协同性。

聚焦发展，突出重点。面向经济社会发展的重大科技需求，围绕产业链部署创新链，围绕创新链配置资金链，实现上下游创新的无缝衔接。

遵循规律，激励创新。遵循科学研究、技术创新和成果转化运用规律，放管服结合，营造鼓励创新、激励人才、优化科技资源配置的良好环境。

规范管理，注重绩效。健全管理制度，优化管理流程，明确科研项目、资金管理各方职责，加强监督检查和责任倒查，提高科研项目的水平、质量和效益。

二、重点任务

从构建体系、完善机制、优化流程、建设制度着手，按照科技创新规律，整合现有市级科技计划，设置应用基础研究计划、重点科技攻关计划、科技成果转移转化引导计划、专利实施与促进计划、科技创新基地（平台）及创新人才和苗子计划。按照科研活动及科研项目属性，建立以质量和绩效为导向的分类评价机制，鼓励探索，宽容失败。围绕市委市政府关注的重大科技创新任务，推进跨部门、跨行业、跨区域协作和产学研协同创新，营造科研创新良好环境。

（一）构建布局合理、定位清晰、符合科技创新规律的科技计划体系

1. 应用基础研究计划。突出原始创新，聚焦全市经济社会发展战略性、基础性、前瞻性的科技问题，开展基础研究和前沿技术研究，创新理论和方法，强化前期应用技术开发和成果储备，培养优秀科技人才，提升原始创新能力。

2. 重点科技攻关计划。突出技术支撑，聚焦全市产业发展和公益民生等重点领域的技术需求，开展重大关键技术攻关和科技合作，着力解决制约产业创新、民生改善与社会进步的技术问题，提升自主创新能力。突出引领产业发展，针对我市优势特色产业、高端成长型产业重大需求，开展核心技术、关键共性技术和以企业为主体的产学研重大技术协同攻关，形成行业领先关键技术、先进工艺、创新产品和自主知识产权，实现主导产业转型升级、新兴产业加快培育和壮大。

3. 科技成果转移转化计划。突出产业化导向，充分发挥政府财政资金的杠杆撬动作用，引导企业真正成为技术创新研发投入、科研组织和成果转化的主体，支持企业牵头实施科技成果转化项目、培育创新产品、开展产业化示范。加速推动科技含量高、市场前景好、能促进我市优势主导产业和战略性新兴产业做大做强的科技成果转化和落地。每年实施一批重大科技成果转化项目，促进科技成果商品化、资本化、产业化。

4. 专利实施与促进计划。实施知识产权战略，加大国家知识产权示范城市创建力度。支持专利实施和转化项目，重点支持拥有有效专利权、无专利纠纷、符合我市产业政策，具有良好市场前景的专利技术转化项目。

5. 科技创新基地（平台）及创新人才和苗子计划。重点支持科研基础条件、科学研究、工程化开发、转移转化、企业孵化、产业园区、科学技术普及等科技创新基地（平台）建设和能力提升，促进科技资源开放共享，提升科技创新的条件保障能力和产业化服务能力。重点推动科技人员和大学生创新创业，支持一批高端科技人员服务企业、帮助企业解决技术瓶颈的创新项目。支持高校在读大学生、研究生及毕业 5 年内在我市企业工作的科技创新苗子，着力培养科技人才。

（二）完善科研项目分类评价及资助机制

1. 应用基础研究项目。立足人才培养，突出原始创新，通过同行评议、公开择优的方式，确定研究任务和承担者，减少项目执行中的检查评价，激发科研人员的积极性和创造性，稳步提升我市原始创新能力。采取以竞争性、稳定性无偿资助方式为主的支持方式。

2. 重点研发项目。对产业发展、重大公益需求、重大创新产品开发、高端产业培育等重点研发项目，强化顶层设计，以关键技术、核心技术和共

性技术的技术创新与集成水平、资源整合程度、自主知识产权、推广应用前景、经济效益及社会效益等要素为评价重点，采取竞争立项和组织实施相结合，财政资金引导、事前资助、鼓励引导企业加大投入的支持方式。

3. 科技成果转移转化项目。对成果转化示范类项目、创新产品培育项目，重点引导企业吸纳高校、科研院所的科研成果，以创新性、先进性、产业化前景、自主知识产权和经济效益为评价重点，采取竞争立项、财政资金引导、事前资助和事后补助相结合的方式。对科技金融风险补偿类项目、科技服务业建设项目，以风投与银证保等金融机构的产品创新、服务创新、模式创新、服务能力和投入强度、项目建设进度、实施效果、示范带动效应、项目社会经济效益为评价重点，采取贷款贴息、事后补助的方式。支持科技成果转化相关的信息服务、产业服务、融资服务及转化平台建设，重点支持新材料、航空燃机、节能环保装备、生物医药、现代农业等领域具有核心竞争力的成果转化和产业化项目，支持获奖科技成果、转移落地成果、取得明显效益的重大科技成果转化和推广示范。

4. 专利实施与促进项目。采取竞争立项、财政资金引导、事前资助和事后补助等方式，重点支持知识产权试点示范优势培育企业、国家知识产权强县（区）及省级以上试点示范园区的专利转化，支持知识产权贯标和专利质押成功企业的专利转化，支持专利文献数据库建设、专利信息利用与分析等，支持开展专利战略研究、知识产权（专利）宣传培训等。

5. 科技创新基地（平台）、创新人才和苗子计划。以科研基础、研究水平、科研创新潜力、发展前景等为评价重点，采取择优选择、无偿资助等方式。

（三）建立职责规范、公开透明的项目管理决策机制

1. 改革项目指南制定和发布机制。根据我市“十三五”科技创新规划和市委、市政府重大工作部署以及年度科技工作目标任务，编制项目指南。扩大项目指南编制参与范围，建立由产学研多方参与的项目指南论证机制。明确科技研发项目的支持方向和范围，项目数量及经费支持方式，申报金额、申报条件、申报材料以及其他相关申报要求。自项目指南发布日到项目申报受理截止日原则上不少于30天。

2. 完善项目评审机制。根据不同科技计划创新活动特点，分类制定科学合理、定性与定量相结合的评审指标体系。完善专家库建设，与科技厅专家库对接共享。规范评审专家行为，建立评审专家回避制度、承诺制度、信用记录制度，提高项目评审质量。完善评审方式，竞争性项目评审以网络评审为主，重大项目在网络评审的基础上可采取二次评审、答辩、现场考察等方式。优化项目预算评审，按照“目标相关性、政策相符性、经济合理性”原则，客观、公平、科学地评审项目。建立完善的项目预算动态调整备案机制。

3. 规范项目立项决策程序。建立公开透明、公平竞争的项目遴选机制。在评审、论证的基础上，按一定比例择优建立项目备选库。坚持集体讨论、民主决策原则，从项目备选库中择优确定立项项目。以专家评审意见作为项目立项的重要依据，充分考虑区域、行业、领域、重点产业及青年人才培养等，解决立项决策自由裁量权问题。健全立项管理的内部控制制度，全面实行痕迹管理，实现立项过程“可查询、可追溯”。加强项目查重，避免一题多报或重复资助。

4. 强化项目实施过程管理。规范项目任务合同书签订，建立项目实施重大事项报告制度，如遇目标调整、内容更改、项目负责人变更、关键技术方案变更、不可抗拒的因素等对项目执行产生重大影响的情况必须及时报告。完善项目动态调整机制，规范项目调整程序和各方职责。加强项目中期检查或绩效评估，对项目实施不力的要加强督导，对存在违规行为的要责成项目承担单位限期整改，对问题严重的要暂停项目实施或终止实施，终止项目按程序收回财政科研资金。加大对项目实施和经费使用中违规违纪违法行为的惩处力度。

5. 加强项目验收和结题审查。项目完成后，项目承担单位应当及时作好总结，提交科技报告，编制项目经费决算报告，按时按要求提交验收申请。项目管理部门应当及时组织验收。根据项目不同类型，可以采取委托验收、集中验收、单独验收以及同行评议、第三方评估、用户测评等验收方式。项

目任务合同书是项目验收依据。到期不申请验收和验收不合格的项目，将项目负责人和承担单位列入不良科研信用记录。

6. 强化项目实施过程管理主体责任。项目承担单位履行项目实施法人主体责任，负责项目实施的具体管理，对项目经费进行独立核算，对项目完成及实施效果负责。项目推荐单位要加强推荐项目管理，切实履行组织实施和验收等环节的相应职责，监督、检查项目的执行情况和经费使用情况。科技主管部门要健全服务机制，协调解决项目实施中出现的新情况、新问题。

（四）改进市级财政科研项目资金管理

1. 简化预算编制，下放预算调剂权限。根据科研活动规律和特点，改进预算编制方法。下放预算调剂权限，在项目总预算不变的情况下，将直接费用中的材料费、测试化验加工费、燃料动力费、出版/文献/信息传播/知识产权事务费及其他支出预算调剂权下放给项目承担单位。简化预算编制科目，合并会议费、差旅费、科技合作和交流费科目，由科研人员结合需要统筹安排使用，其中不超过直接费用10%的，不提供预算测算依据。

2. 提高间接费用比重，加大绩效激励力度。市级财政科技计划专项中实行公开竞争方式的研发类项目，均要设立间接费用，按照超额累退比例法计算，其额度为不超过直接费用扣除设备购置费后余额的一定比例，即余额在100万元（含）以下的为30%，100万元以上的为20%，软科学类和软件开发类项目不超过科研项目专项经费总额的60%。加大对科研人员的激励，取消绩效支出比例限制。项目承担单位在统筹安排间接费用时，要处理好合理分摊间接成本和对科研人员激励的关系，绩效支出安排与科研人员在项目工作中的实际贡献挂钩。

3. 明确劳务费开支范围，不设比例限制。参与项目研究的研究生、博士后、访问学者、项目聘用的研究人员、科研辅助人员等均可开支劳务性费用。项目聘用人员的劳务费开支标准，参照当地科学研究和技术服务业从业人员平均工资水平，根据其在项目研究中承担的工作任务确定，其社会保险补助纳入劳务费科目列支。劳务费预算不设比例限制，由项目承担单位和科研人员据实编制。

4. 改进结转结余资金留用处理方式。项目实施期间，年度剩余资金可结转下一年度继续使用。项目完成任务目标并通过验收后，结余资金按规定留归项目承担单位使用，在2年内由项目承担单位统筹安排用于科研活动的直接支出；2年后未使用完的，按规定收回。

5. 改进市属高校、科研院所教学科研人员差旅费管理。市属高校、科研院所可根据教学、科研、管理工作实际需要，按照实事求是、精简高效、厉行节约的原则，研究制定差旅费管理办法，合理确定教学科研人员乘坐交通工具等级和住宿费标准。对于难以取得住宿费发票的，市属高校、科研院所在确保真实性的前提下，据实报销城市间交通费，并按规定标准发放伙食补助费和市内交通费。

6. 完善市属高校、科研院所会议管理。市属高校、科研院所因教学、科研需要举办的业务性会议（如学术会议、研讨会、评审会、座谈会、答辩会等），其次数、天数、人数及会议费开支范围、标准等，由市属高校、科研院所按照实事求是、精简高效、厉行节约的原则确定。会议代表参加会议所发生的城市间交通费，原则上按差旅费管理规定由所在单位报销；因工作需要，邀请国内外专家、学者和有关人员参加会议，对确需负担的城市间交通费、国际旅费，可由主办单位在项目会议费等费用中报销。

7. 改进市属高校、科研院所政府采购管理。市属高校、科研院所可自行采购科研仪器设备，自行选择科研仪器设备评审专家。市财政局要简化政府采购项目预算调剂和变更政府采购方式审批流程。市属高校、科研院所要切实做好设备采购的监督管理，做到全程公开、透明、可追溯。

（五）完善科技项目管理信息系统

1. 优化科技项目平台管理系统。进一步完善申报管理、立项管理、中期管理、验收管理、专家库管理，实现项目申请、受理、评审、立项审批、任务合同书签订、项目调整、中期检查、项目验收、绩效评价等全环节智能化、信息化和简易化，做到项目管理实时监控、全程监督和及时预警。

2. 提高科技项目统计信息化水平。通过科技项目平台管理系统，加强科技统计工作，将申报单位信息、项目申请信息、实施成效、进度管理等录入系统，方便快速进行统计查询，提高项目管理效率，为科技决策提供有效依据。

（六）加强科技计划管理相关配套制度建设

1. 修改完善科技计划项目经费管理办法。修改完善《自贡市科技专项资金管理办法》，改进和规范计划管理流程，提高资金使用效率。明确项目管理各方职责，规范项目立项、实施、中期管理、验收、绩效评估及监督检查等主要内容，规范项目全过程管理。

2. 建立信息公开制度。除涉密及法律法规另有规定外，项目主管部门应当按规定向社会公开科研项目的立项信息、验收结果和资金安排等信息，接受社会监督。项目承担单位应当在单位内部公开项目立项、主要研究人员、资金使用、大型仪器设备购置以及项目研究成果等情况，接受内部监督。

3. 完善科研信用管理制度。对项目承担单位和科研人员、评估评审专家、项目推荐单位及项目管理人员等项目参与主体，建立覆盖指南编制、项目申请、评审、立项、执行、验收全过程的科研信用记录制度。将严重不良信用记录者记入“黑名单”，阶段性或永久取消其申请市级财政资助项目或参与项目管理的资格。

4. 改进专家遴选制度。建立完善专家数据库，制定专家库管理规范，明确专家遴选标准，邀请省内外高水平专家参与项目评审及过程管理。实行专家信用记录，规范专家行为。实行评估评审专家轮换、调整机制和回避、承诺制度。保证项目管理的公正性和科学性。

5. 建立绩效考评与监督制度。建立科技计划绩效评价制度，组织评估评价和监督检查。建立监督制度，对科技计划、项目、资金的管理和执行情况开展检查、督导和问责，促进管理的科学规范、公平公开，提高财政科技资金使用效益。制定科技计划管理工作人员职业道德与行为规范，完善覆盖项目决策、管理、实施主体的逐级考核问责制度。

6. 实行科技报告制度和成果登记。建立自贡市科技报告共享服务平台和成果评价共享服务平台，对市级财政资金支持的科研项目，项目负责人必须按标准和规范提交科技报告并进行成果评价，实现我市科技资源持续积累、完善保存和开放共享。科技报告提交、共享情况及成果评价作为对其后续支持的重要依据。

三、实施进度

改革工作按照整体设计、逐步推进、制度跟进的原则开展。

2017 年，深入推进科技计划管理改革，改革形成新的管理机制和经费资助机制，完成科技计划和资金管理制度、相关配套办法制定。

2018 年，完善管理制度，根据改革实施情况进行动态调整，营造良好的科技创新环境。

四、工作要求

（一）高度重视，切实加强组织领导。深刻认识科技计划管理改革的重大意义，准确把握各项改革要求，高度重视、精心组织、周密安排，以更大力度，在更广范围、更深层次上加快推进改革，确保改革取得实质性进展。

（二）明确分工，加强统筹协调。各级科技、财政部门要发挥好统筹协调作用，加强与有关部门的沟通协商，建立职责明确、分工负责的协同工作机制。相关部门要积极配合，立足部门职能，主动改革。

（三）完善制度，确保规范管理。制定完善与改革配套的管理办法，建立健全科技计划管理行为规范，明确参与科技计划项目管理各方的权力和责任，做到规范、有序、高效，不断深化科技计划管理体制改革。

（四）加强督查，务求取得实效。相关部门要各负其责，加强跟踪、督促检查，及时协调解决工作中存在的困难和问题，确保各项改革措施逐一落实到位。

自贡市人民政府
关于改革和完善国有资产管理体制的实施意见

（自府发〔2017〕34号）

各区、县人民政府，高新区管委会，市级各部门：

为贯彻落实省政府《关于改革和完善国有资产管理体制的实施意见》（川府发〔2017〕19号）精神，进一步改革和完善我市国有资产管理体制，不断提高国有经济发展质量和效益，现提出以下实施意见。

一、总体要求

（一）指导思想

认真贯彻落实党的十九大精神和中央、省、市决策部署，坚持社会主义市场经济改革方向，尊重市场经济规律和企业发展规律，以管资本为主加强国有资产监管，改革完善国有资本授权经营体制，切实确立国有企业的市场主体地位，防止国有资产流失，推进国有资产监管机构职能转变，更好地适应市场化、现代化、国际化新形势和经济发展新常态，理直气壮地做强做优做大国有企业，不断增强国有经济活力、控制力、影响力和抗风险能力，为推动自贡老工业城市产业转型升级、振兴发展提供有力支撑。

（二）基本原则

市场导向，权责明晰。发挥市场配置资源的决定性作用，理顺政府与国有企业的出资关系，建立健全现代企业制度，完善公司法人治理结构，依法确立国有企业市场主体地位。

统筹安排，重点突出。以资本为纽带，以产权为基础，依法行使国有股东权利，优化国资布局、规范资本运作、提高资本回报、维护资本安全，激发企业改革发展的动力和创新转型活力。

分类监管，放管结合。实行分类监管和考核，提升国有资本监管的科学性、针对性和有效性。按照权责明确、监管高效、规范透明的要求，依法放权，科学管理，确保国有资产保值增值。

分步实施，有序推进。处理好改革、发展和稳定的关系，坚持先行试点、分步实施，突出改革和完善国有资产管理体制的系统性、协调性，有序推进相关配套改革，充分调动企业家和职工的积极性。

二、主要任务

（一）全面推进国有资产监管机构职能转变

1. 明确国有资产监管机构职责定位。科学界定国有资产出资人监管边界，全市各级国有资产监管机构根据授权代表本级人民政府对监管企业依法履行出资人职责，专司国有资产监管，不行使政府公共管理职能，不干预企业自主经营权。注重通过完善公司法人治理结构依法行使国有股东权利。

2. 优化国有资产监管机构职能。坚持以管资本为主加强国有资产监管，围绕增强监管企业活力和提高效率，聚焦监管内容，该管的要科学管理、决不缺位，不该管的要依法放权、决不越位。将依法应由企业自主经营决策的事项归位于企业；加强对所出资企业集团的整体监管，将延伸到子企业的管理事项原则上归位于一级企业，由一级企业依法依规决策；将国有资产监管机构配合承担的政府公共管理职能，归位于政府相关部门和单位。

3. 突出国有资产监管重点。以资本为纽带，以产权为基础，重点管好国有资本布局、规范资本运作、提高资本回报、维护资本安全。一是突出战略规划引领。紧紧围绕服务“三个加快”战略定位，按照调整优化“存量”、做大高端“增量”的思路，坚持以市场为导向、以企业为主体，有进有退、有所为有所不为，加快推进国有资本“进退并转”，调整优化布局结构。二是突出国有资本运营质量和企业财务状况监测。建立健全国有资本运营动态监控体系，加强企业财务状况监测，强化对企业负债、现金流、担保等重点指标及风险业务的监控，对国有资本运营中存在突出问题的企业予以警示。三是突出经营业绩考核。改进和完善经营业绩考核体系，综合考核国有资本运营质量、效率和收益，引入经济增加值作为效益考核指标之一，并将创新转型、重大改革任务、财务短板指标、履行社会责任等纳入考核指标体系。完善激励约束机制，将企业负责人考核评价结果与职务任免、薪酬待遇有机结合。深化国有企业负责人薪酬制度改革，用3年左右的时间，建立与选任方式相匹配、与企业功能性质相适应、与经营业绩相挂钩的差异化薪酬分配办法，合理确定企业负责人薪酬水平。建立健全与劳动力市场基本接轨、与企业功能分类和行业特性相适应、与企业经济效益和劳动生产率挂钩的职工工资决定和正常增长机制。四是突出国有资产监管。强化国有产权流转环节监管，加大国有产权进场交易力度，建立健全资产评估机构动态管理机制，完善监督检查工作体系。加强和改进外派监事会制度，加快推进企业总法律顾问制度建设，建立健全国有企业审计监督体系和违法违规经营责任追究体系、企业负责人经济责任审计体系、国有企业重大决策失误和失职渎职责任追究倒查机制。探索建立容错纠错机制。

4. 改进国有资产监管方式和手段。大力推进依法监管，着力创新监管方式和手段。一是推进分类监管。按照国有企业功能和类别实行分类监管，将市属国有企业分为竞争类和功能类企业，针对企业不同功能定位，在战略规划制定、资本运作模式、人员选用机制、经营业绩考核等方面，研究制定差异化的监管目标、监管重点和监管措施，实施更加科学、精准、有效的分类监管，合理界定国资监管部门和行业主管部门的监管职责。二是推进依法监管。明确出资人职责定位，健全完善出资人监管权力和责任清单，按照事前规范制度、事中加强监控、事后强化问责的思路，运用法治化、市场化监管方式，切实减少出资人审批核准事项。依法将国资监管具体要求体现在公司章程中，通过“一企一策”制定公司章程、规范董事会运作、严格选派和管理股东代表和董事监事，将国有出资人意志有效体现在公司治理结构中。三是推进统一监管。加快建立健全国有资产统一监管制度、统一统计评价、统一考核管理“三统一”制度，提高国有企业监管实效。四是推进阳光监管。完善国有资产和国有企业信息公开制度，设立统一的信息公开网络平台，在不涉及国家秘密和企业商业秘密的前提下，依法依规及时准确地披露国有资本整体运营情况、企业国有资产保值增值及经营业绩考核总体情况、国有资产监管制度和监督检查情况，以及国有企业公司治理和管理架构、财务状况、关联交易、企业负责人薪酬等信息，建设阳光国企。积极促进企业上市，利用市场和社会力量促进监管。

（二）改革完善国有资本授权经营体制

5. 改革完善国资监管机制。健全完善四大国有资本投资运营公司法人治理结构，进一步理顺国有资本投资运营公司与所属子公司的关系，加快建立“国资监管机构—国有资本投资运营公司—若干全资或控股子公司、参股企业”的运行架构，构建我市“1+4+N”监管体系。协调推进区县国有资本投资运营公司与市级国有资本投资运营公司对接、整合，壮大我市国有资本投资运营公司投融资实力。

6. 明确国有资产监管机构与国有资本投资运营公司的关系。政府授权国有资产监管机构依法对国有资本投资、运营公司履行出资人职责。国有资产监管机构根据行业和企业特点，2018年全面启动国有资本授权经营改革，按照“放得下、接得住、管得好”的要求，明确对国有资本投资、运营公司授权的内容、范围和方式，依法落实国有资本投资、运营公司董事会职权。国有资本投资、运营公司对授权范围内的国有资本履行出资人职责，作为国有资本市场化运作的专业平台，依法自主开展国有资本运作，对所出资企业行使股东职责，维护股东合法权益，按照责权对应原则切实承担起国有资产保值增值责任。

7. 界定国有资本投资运营公司与所出资企业的关系。国有资本投资、运营公司依据公司法等相关法律法规，对所出资企业依法行使股东权利，以出资额为限承担有限责任。以财务性持股为主，建立财务管控模式，重点关注国有资本流动和增值状况；或以对战略性核心业务控股为主，建立以战略目标和财务效益为主的管控模式，重点关注所出资企业执行公司战略和资本回报状况。

8. 推进国有资本投资、运营公司转型发展。加快推进国有资本投资、运营公司功能转换定位，建设集持股管理、投融资、资本运作、资产运营管理于一体的自主经营、自负盈亏的市场主体。加快推进市场化融资，通过发行公司债、企业债、实施PPP、股权融资、上市融资、资产证券化、海外融资等多种方式，拓宽融资渠道，提升直接融资能力。加快推进市场化投资，政府类投资项目及其他经营项目一律按市场化运作模式进行投资建设，支持国有资本投资、运营公司以股权、债权的形式投资实体经济，提升实体化运营能力。加快提升资本运作能力，整合国有资产，大幅度提升资产证券化水平，不断提高国有资本流动性和盈利水平，加快推进集团化经营。

（三）提高国有资本配置和运营效率

9. 完善国有资本布局和结构调整机制。政府有关部门制定完善经济社会发展规划、产业政策和国有资本收益管理规则。国有资产监管机构根据政府宏观政策和有关管理要求，完善国有资本进退机制，制定国有资本投资负面清单，推动国有资本集中投向关系全市经济社会发展的重要行业和关键领域。到2020年，实现80%以上的国有资本向我市文化旅游、航空与燃机和新材料等战略性新兴产业、城乡基础设施建设、公共服务、金融五大领域集中，发挥国有资本在推动老工业城市产业转型升级中的重要支撑作用。

10. 推进国有资本优化重组。做实做强国有资本投资、运营公司，到2020年，市属国有企业资产规模达2000亿元以上。推动四川大西洋焊接材料股份有限公司实施智能制造，加快建成国家智能制造示范企业。加快推进混合所有制改革，引导各类社会资本参与我市国资国企改革，着力提升自贡市燃气有限责任公司、自贡市智慧城市网络科技有限责任公司、自贡市保安服务有限公司发展能力和服务能力。积极开展跨市、跨省并购重组，探索海外并购重组，扩大全市国有资本规模。鼓励以创投基金、风投基金等形式，提前布局战略性新兴产业、高端成长型产业的初创企业和成长期企业。

11. 提高国有资本运营效率。充分利用境内外多层次资本市场，加快企业改制上市步伐。发挥上市公司平台优势，加大并购重组力度，努力提升国有资本证券化水平。加强国有企业与中央、省属企业、高等院校、科研院所等的创新资源对接，加快技术创新、产品创新、管理创新和商业模式创新。

12. 加快处置低效无效资产。建立健全优胜劣汰市场化退出机制，加快淘汰落后产能和化解过剩产能，处置低效无效资产。按照兼并重组盘活一批、破产关闭退出一批的思路，结合供给侧结构性改革，用3年左右时间全面完成全市18户国有"僵尸企业"出清重组任务，进一步提升国有资产的质量和效率。

13. 完善国有资本经营预算管理制度。按照"统筹兼顾、适度集中，相对独立、相互衔接，分级编制、逐步实施"的原则，建立覆盖全市国有企业、分级管理的国有资本经营预算管理制度。到2020年，独立核算的市属国有企业纳入国有资本经营预算编制范围达100%，国有资本收益上缴比例逐步达到25%以上。合理安排国有资本经营预算支出，将支出用于解决国有企业历史遗留问题及相关改革成本支出、对国有企业的资本金注入及国有企业政策性补贴等方面。

三、组织保障

14. 优化市场化发展环境。推进政府职能转变，进一步减少审批事项，区分政府公共管理职能与国有资产出资人管理职能，为国有资产管理体制改革提供良好环境。大幅度削减政府通过国有企业行政性配置资源事项，深入推进政府向社会力量购买服务工作，逐步扩大购买范围和规模。建立对公共服务类企业政策性亏损和非公共服务类企业承担的公共业务性亏损的合理补偿机制，对因历史原因、政策因素等形成的亏损，通过政策性项目、服务补偿、资本金注入等多种方式补亏。

15. 完善相关配套政策。健全完善国有资产监管制度体系，组织对我市现有国有资产监督管理制度和规范性文件进行全面清理，做好相关管理制度和规范性文件的立改废释工作。落实国有企业重组整合涉及的资产评估增值、土地变更登记和国有资产无偿划转等方面的税收优惠政策。完善国有企业土地和房屋权属管理相关政策，探索存量土地盘活利用有效路径。出台加快剥离国有企业办社会职能和解决历史遗留问题实施方案，建立政府和国有企业合理分担改革成本的机制。明确国有企业改制重组过程中涉及的债权债务承接主体和责任，完善国有企业退出的相关政策，依法妥善处理劳动关系调整和社会保险关系接续等相关问题。

16. 健全工作推进机制。加强组织领导，统筹协调推进我市国有资产管理体制改革工作，推动重大改革政策措施落实，协调解决改革中出现的问题。各有关部门和单位要依据本实施意见，按照职责分工制定相应的改革配套政策，并切实抓好落实。

金融、文化等企业的国有资产管理，国家和省另有规定的依其规定执行。

各区县政府可结合实际制定具体改革实施方案，确保国有资产管理体制改革顺利推进，全面完成各项改革任务。

自贡市人民政府

2017 年 11 月 25 日

自贡市人民政府办公室
印发《自贡市政府投资非经营性项目代建管理办法（试行)》的通知

（自府办发〔2017〕2 号）

各区、县人民政府、高新区管委会，市级各部门：

《自贡市政府投资非经营性项目代建管理办法（试行)》已经市政府同意，现印发给你们，请遵照执行。

自贡市人民政府办公室

2017 年 1 月 6 日

自贡市政府投资非经营性项目代建管理办法（试行）

第一章　总　则

第一条　为进一步深化政府投资体制改革，提高政府投资项目专业化管理水平，确保工程质量、建设工期，提高投资效益，促进廉政建设，依据国务院和省政府有关规定，结合自贡实际，制定本办法。

第二条　全部使用政府性资金、政府性资金占项目总投资比例超过 50%，以及政府性资金占比低于 50%、但政府拥有项目建设实际控制权且总投资额在 500 万元以上（含 500 万元）的市本级非经营性项目（交通、水利项目除外），依照本办法实行代建制。

第三条　项目代建应遵循责权一致、界面清晰、目标管理的原则，积极推行专业化、集约化管理模式，实现政府投资职能、工程建设职能和使用或管理职能三分离。

第四条　本办法所称代建制，是指市政府设立的专门代建机构代表项目单位行使项目建设和投资管理的主体职责，负责政府投资非经营性项目建设管理具体事务及相关工作的一种建设管理模式。

本办法所称项目单位是指实行预算管理的机关事业单位、社会团体等项目使用单位，市政基础设施的项目管理单位和通过融资方式筹措政府投资非经营性项目建设资金并由财政资金偿还的项目融资公司。

本办法所称代建单位是指履行建设单位职责和义务、组织实施项目建设的代建主体，包括市政府投资非经营性项目代建中心（以下简称市代建中心）和市政府批准的负责项目代建的其他部门或单位。

市代建中心是市政府设立的专门代建机构，代建市本级政府投资的非经营性项目。根据工作需要，项目单位也可在报市政府批准后，委托其他部门或单位负责项目代建工作，市代建中心负责日常监管。

第五条　本办法所称市本级政府投资，是指市级财政投入或财政担保的贷款投入。包括：

（一）政府一般公共预算安排的基本建设支出；

（二）地方政府债券；

（三）纳入财政预算管理的各种政府性基金；

（四）使用国家对外借款或者担保所筹资金；

（五）使用国际组织和外国政府援助资金；

（六）贷款合同中无特别规定的国际金融组织和外国政府贷款；

（七）行政事业单位的自有资金和国有资产变现资金；

（八）国家政策性贷款或由政府财政资金负责偿还的融资资金；

（九）法律法规规定的其他财政性资金。

第六条　本办法所称非经营性项目，是指不以营利为目的的各类房屋建筑、市政基础设施及相应配套设施。

第七条　采用融资方式建设的非经营性项目，由项目融资公司和市代建中心作为双业主联合实施，融资公司负责资金筹措，市代建中心负责建设管理工作。

第八条　具有下列情形之一的政府投资非经营性项目可以不实行代建：

（一）项目单位具有项目管理能力的；

（二）涉及国家安全、保密的；

（三）经市政府批准不实行代建的；

（四）其他不宜实行代建管理的。

第二章　建设管理

第九条　市代建中心主要承担下列职责：

（一）指导全市政府投资非经营性项目代建制工作，培育代建市场，开展代建业务培训；

（二）制定项目代建管理规则、实施细则、运行程序；

（三）负责市本级政府投资非经营性项目的全过程代建工作；负责安全、投资、质量和工期控制，防止超规模、超标准、超概算、超工期；竣工验收后移交项目和资料等；

（四）负责监督管理其他代建单位的建设管理和投资控制。

第十条　项目单位主要承担下列职责：

（一）对项目的建设性质、规模、标准、使用功能提出要求；

（二）负责落实项目建设资金；

（三）监督代建项目的工程质量和施工进度，监督代建单位的代建行为；

（四）参加项目建设中的重大事项的研究、决策及相关协调工作，参加项目竣工验收；

（五）负责工程项目竣工财务决算，并接受审计；

（六）负责接收移交的档案资料和固定资产。

项目单位可以提出合理化建议，其中超项目概算的设计变更，应按程序报原概算审批机构批准后实施。

第十一条　相关行政主管部门依法对项目代建制工作有关事项履行各自职责。

（一）城乡建设住房保障部门牵头负责项目代建制工作，负责项目选址、建设工程规划许可、建设工程施工许可的审批工作。对代建项目的勘察、设计、施工、监理等建设行为及工程质量、安全等实施监管。

（二）发展改革部门负责项目计划实施的监督管理，审批（核准）项目建议书、可行性研究报告、初步设计、工程概算、招标事项等。

（三）公安部门负责消防审查或备案，负责对项目建设现场社会治安的督导检查，建立社会治安预防机制，维护正常的项目建设治安秩序，保障项目顺利实施。

（四）财政部门负责项目预算评审、资金拨付，并对资金使用情况进行监督管理，参加竣工验收，批复项目竣工财务决（结）算。

（五）国土资源部门负责项目用地报批工作，指导和协调项目建设用地征收、拆迁安置补偿和原有土地处置等问题。

（六）审计部门负责将重大项目纳入年度审计计划，对项目投资情况依法进行审计，监督政府投资资金的有效使用。

（七）监察机关负责受理项目建设举报，查处违规、违纪、违法行为。

（八）政府其他部门按照职责权限负责项目建设的相关审批和监督工作。

第十二条　项目单位应当在项目立项审批后与市代建中心签署委托代建书。

第十三条　市代建中心承担的代建项目，可以根据项目实际，依法对外聘用专业技术人员，或选择项目管理公司开展技术合作，协助完成项目管理任务。对外聘用专业技术人员、选择项目管理公司应实行合同管理。

第十四条　项目管理公司应当具有工程勘察、设计、施工、监理、造价咨询等一项或多项资质，并采用工程招标、政府采购等竞争方式确定。

从事工程项目管理的专业技术人员应当具备工程师、建造师、监理工程师、造价工程师等一项或多项执业资格。

第十五条　代建项目必须严格执行基本建设程序，严格控制工程投资，禁止边勘察、边设计、边施工。

第十六条　代建项目必须执行项目责任制和质量安全生产责任制。

第十七条　工程勘察、设计、施工、监理等各方责任主体应当执行质量、安全要求，实行工程质量、安全终身负责制。

第十八条　代建项目实行目标管理，市代建中心应当按照项目特点和项目单位要求开展建设管理工作，细化、分解工程质量、安全、进度、投资、环保等目标责任，制定项目管理的各项制度。

第三章　投资管理

第十九条　代建单位应当会同项目单位编制项目概算书，并报发展改革部门审批。

项目单位和代建单位应当严格执行限额设计，做好工程变更、签证、索赔等管理工作。

第二十条　有下列特殊情形需调整项目概算的，由代建单位会同项目单位提出申请，在财政评审后按照原审批程序报批：

（一）不可抗力的重大自然灾害；

（二）国家重大政策调整；

（三）水文、地质等实际状况与工程勘察出现重大偏差；

（四）使用功能的重大改变；

（五）城市规划的重大调整；

（六）法律法规规定的其他情形。

第二十一条　实行代建制的项目列支项目代建管理费计入项目总投资成本。已经列支代建管理费的项目不得再行列支建设单位管理费，项目单位前期工作发生的必要费用除外。

第二十二条　严格项目管理费开支标准和核算办法。代建管理费由市代建中心会同项目单位编制，报同级财政部门审核。

（一）代建项目管理费由同级财政部门根据项目特点、建设内容，按照基建财务制度规定的项目建设单位管理费标准核定，并计入项目建设成本；因特殊原因需要增加的，由财政部门重新核定。

（二）需要选择项目管理公司的，市代建中心应编制项目管理费标准，报财政部门评审确定；实际发生的费用计入项目建设成本。

（三）财政部门对代建项目的投资管理工作进行专项考核。

第二十三条　列入年度投资计划的代建项目，代建单位应当会同项目单位编制建设资金年度使用计划，报发展改革部门下达年度投资计划；财政部门依据年度投资计划安排项目资金预算。

项目单位自筹资金的代建项目，代建单位应根据项目建设安排编制建设资金年度使用计划，报项目单位安排项目资金。

第二十四条　切实做好建设资金拨付和监督检查。

（一）项目单位应会同代建单位严格按照国家规定的基建支出预算、基建财务会计制度等进行管理，单独建账核算，定期向财政部门报送相关材料。

（二）代建单位按项目实施进度核准工程造价。

（三）财政部门负责项目资金监督检查管理，对资金申请、使用、财务报表等进行审查，加强监管。

第二十五条　加强项目会计核算，做好项目竣工财务决算和资产交付管理工作。

（一）项目管理费实行专项核算。代建单位应认真整理项目管理费会计核算账目，形成书面材料，经财政部门审核后，移交项目单位统一核算。

（二）项目竣工财务决算的编报和批复。项目竣工后，由项目单位会同项目代建单位按照基建财务制度编报项目竣工财务决算（内容包括项目管理费），报财政部门审批。列入审计计划的重大项目报审计机关审计。

（三）财政部门批复项目竣工财务决算后，项目代建单位应将项目工程技术、财务资料按规定归档并移交项目单位。

第四章 监督管理

第二十六条 项目单位必须严格执行项目代建管理规定。对应该代建而未代建的项目，市国土资源局不予办理用地手续，市城乡建设住房保障局不予办理施工许可证，市财政局不予拨付工程建设资金，市审计局不予办理竣工审计决算。

第二十七条 代建单位应接受发展改革、财政、城乡建设住房保障、审计等部门和项目单位的监督、检查；对未经批准导致超概算、超工期等情形的，严格追究有关人员的责任。

代建单位在工程实施中存在过失或偏差行为，可能造成重大损失或严重影响代建管理目标实现的，有关部门和项目单位应当对代建单位进行约谈，必要时可由相关行政主管部门对责任人员进行处罚。

第二十八条 建立代建项目后评价制度，总结经验教训，完善代建项目科学管理机制。

第二十九条 项目单位不得有下列行为：

（一）干预正常的代建管理行为；

（二）违反规定要求代建单位和施工单位指定分包或指定材料、设备供应商；

（三）擅自调整工期、质量、投资等代建管理目标；

（四）影响实现代建目标的其他行为；

（五）法律法规规定的其他禁止行为。

第三十条 代建单位不得有下列行为：

（一）未经批准擅自调整建设内容、建设规模、建设标准及代建管理目标；

（二）滥用职权、徇私舞弊；

（三）玩忽职守、不履行法定职责；

（四）索取、收受财物或者谋取其他不正当利益；

（五）依法应招标而不招标，以及不按照规定招投标；

（六）违反基本建设程序；

（七）违法进行设计变更、现场签证或者明示、暗示降低工程建设强制性标准；

（八）违反项目资金使用和财务管理规定；

（九）影响实现代建目标的其他行为；

（十）法律法规规定的其他禁止行为。

第三十一条 相关行政主管部门、代建中心、项目单位及其他参建单位有违法违规行为的，根据情节轻重，依法追究单位及有关人员的行政责任和经济责任，情节严重的，移送纪检监察机关或司法机关依法处理。

第五章 附 则

第三十二条 市城乡建设住房保障局负责制定项目单位项目管理能力标准。

第三十三条 区、县政府（含高新区）投资的非经营性项目参照本办法执行。

第三十四条 本办法自公布之日起30日后施行，有效期为两年。

自贡市人民政府办公室
关于印发自贡市盐业监管体制改革方案的通知

（自府办发〔2017〕91号）

各区、县人民政府，市政府各部门：

《自贡市盐业监管体制改革方案》已经省政府审批，现印发给你们，并就有关事宜通知如下，请结合实际认真组织实施。

一、确保食盐质量和供应安全

各区县政府、市级相关部门要把保障人民群众食盐安全放在首要位置，以确保食盐质量安全和供应安全为核心，加强过渡期食盐安全监管，做好食盐价格检测，加大打击制贩假盐力度，确保人民群众吃得起盐、吃上放心盐。

二、着力形成改革工作合力

各区县政府要加强对本区县盐业体制改革工作的组织领导，加快建立政府负总责，盐业主管机构牵头负责，各部门分工负责、协同配合的工作机制，确保改革平稳有序推进。

三、明确改革任务时间节点

2017年盐业体制改革过渡期内，各区县原有监管体制和职责分工不变，确保食盐监管新旧体制平稳过渡。各区县政府要切实增强责任感、使命感和紧迫感，全面落实食盐监管体制改革涉及的机构设置、人员编制等工作任务，于2017年11月27日前将本区县食盐监管体制改革方案报市政府审批。

自贡市人民政府办公室

2017年11月23日

自贡市盐业监管体制改革方案

为认真贯彻落实省政府《关于印发四川省盐业体制改革实施方案的通知》（川府发〔2016〕64号）精神，根据省政府办公厅《关于印发四川省盐业监管体制改革方案的通知》（川办发〔2017〕54号）要求，结合自贡市实际，制定本方案。

一、总体要求

按照国家和省盐业体制改革总体安排部署，以确保食盐质量安全和供应安全为核心，以坚持食盐专营制度为基础，加快推进供给侧结构性改革，适应简政放权、放管结合、优化服务的要求，理顺管理体制，推进政企分开，调整食盐监管职能，落实、强化监管责任，建立经济和信息化部门负责盐业行业管理和食盐生产经营监管、食品药品监管部门负责食盐质量安全市场监管、相关部门协调配合的盐业监管新体系，营造公平竞争、监管到位的市场环境，促进我市食盐行业安全、可持续发展。

二、职能调整

市、区（县）经济和信息化部门为当地盐业主管部门，负责辖区内盐业行业管理与食盐专营管理工作；市、区（县）食品药品监管部门负责当地的食盐质量安全管理和监督执法。

三、主要职责

（一）市经济和信息化委负责全市盐业行业管理和食盐专营管理工作

1. 组织贯彻落实国家、省食盐专营政策和相关盐业法规规章，拟订全市有关盐业规范性文件；

2. 依法查处食盐违法违规生产经营行为；

3. 负责组织编制全市盐行业发展规划，制定产业政策；

4. 指导和推动盐行业结构调整、技术进步；

5. 制定和组织实施食盐供应应急预案，落实食盐储备制度；

6. 会同有关部门建立食盐生产、批发企业及其负责人和高管人员信用记录，纳入国家统一的社会信用体系，对有违法失信行为的企业及高管依法实施联合惩戒；

7. 负责推动市内食盐定点生产企业加快建设食盐电子追溯体系，实现食盐来源可追溯、流向可查询、风险可防范、责任可追究；

8. 指导工业盐生产经营企业建立生产、销售记录制度，协同相关部门依法查处无标识或标识不清的盐产品；

9. 配合物价管理部门做好食盐零售价格市场监测和特殊情况下的价格干预工作，保持食盐价格基本稳定；

10. 配合卫生计生部门做好碘缺乏病防治监测与宣传工作；

11. 负责盐业行业的统计、分析，监测盐行业经济运行态势，协调处理行业发展中的重大问题；

12. 指导区（县）经济和信息化部门盐业行业管理与食盐专营管理工作；

13. 承办市政府交办的有关全市盐业行业管理、食盐专营管理的其他事项。

（二）市食品药品监管局负责全市食盐质量安全管理与监督工作

1. 贯彻执行国家、省有关食盐质量安全监督管理的方针政策和法律法规，会同起草有关规范性文件，监督实施食盐质量安全监管规范；

2. 组织指导全市食盐生产、经营、消费环节质量安全监管，组织开展食盐质量安全的日常监管、专项整治、监督抽查和快速检测工作；

3. 组织指导全市食盐生产企业飞行检查和责任约谈工作，指导食盐生产企业落实食品安全主体责任；

4. 建立问题食盐召回和处置制度并监督实施；

5. 组织开展食盐安全性评价和风险监测，负责食盐安全风险排查、风险预警和风险交流；

6. 负责食盐质量安全事故应急体系建设，组织和指导食盐质量安全事故应急处置和调查处理工作，监督事故查处落实情况；

7. 组织开展食盐质量安全宣传和科普教育，配合卫生计生部门做好碘缺乏病防治监测与宣传工作；

8. 配合经济和信息化部门推进食盐生产、经营者诚信自律体系建设；

9. 负责食盐质量安全信息化建设、统计、数据库建立和数据分析；

10. 组织实施食盐质量安全监督管理的稽查制度，负责组织查处食盐质量安全重大违法案件，组织指导监督区县食盐质量安全稽查执法工作，协调督办跨区域食盐质量安全重大违法案件，受理食盐质量安全的投诉举报，依法查处食盐质量安全违法违规行为；

11. 指导区（县）食品药品监管部门食盐质量安全监管工作；

12. 承办市政府交办的有关食盐质量安全监督管理的其他事项。

（三）各区（县）参照市级层面做法对职责分工进行相应调整。

四、机构编制

（一）在市经济和信息化委增挂自贡市盐务管理局的牌子，按程序报省编办审批。在市经济和信息化委、市食品药品监管局明确专门的工作机构，分别负责全市盐业行业管理、食盐专营管理职责，以及食盐质量安全监管职责。采取适量增编和部门挖潜调剂相结合的方法，保证两部门新增盐业管理职责工作所需编制。

（二）各区（县）比照市级层面做法，按照机构编制统一领导、分级负责原则，结合本区县实际明确盐业管理和食盐安全监管相应机构并核定编制，确保盐业相关管理职责只加强不削弱，各项工作正常运转，不出现“空档”“断档”。

五、现有执法人员分流安置

按照“考调招录一批、离岗待退一批、培训转岗一批、协商解除合同一批”的方式，对现有执法人员进行分流安置。依法妥善制定职工安置方案，经职工代表大会审议通过，并报上级主管部门批准后实施。

六、组织实施

市级建立由市政府领导牵头负责，市编办、市发改委、市经济和信息化委、市公安局、市人力资源社会保障局、市食品药品监管局等部门组成的盐业体制改革联席会议制度，统筹推进全市盐业体制改革各项工作。各区（县）负责编制本辖区盐业监管体制改革实施方案，建立盐业体制改革协调机制，统筹解决改革所涉及的编制调整、经费来源、人员安置等事宜，确保2017年12月31日前盐业监管体制调整到位。

自贡市人民政府办公室
关于印发自贡市招商引资工业项目奖励试行办法的通知

（自府办发〔2017〕104号）

各区、县人民政府，高新区管委会，市级相关部门：

《自贡市招商引资工业项目奖励试行办法》已经2017年10月30日市委第38次常委会议、2017年10月26日市政府第25次常务会议审议同意，现印发给你们，请认真贯彻执行。

自贡市人民政府办公室

2017年12月28日

自贡市招商引资工业项目奖励试行办法

为进一步加大招商引资力度，鼓励、调动社会各界的招商引资积极性，促进我市经济发展，特制定本办法。

一、奖励项目范围

（一）本办法所称项目，是指在本办法实施后新签约，在自贡市行政区域内，符合国家产业政策，固定资产投资总额在5000万元以上（不含各级政府在招商引资时给予该项目的财政补贴、扶持资金，土地价款、政府性投融资平台公司或政府引导基金投入部分；国内外客商和友好人士捐赠资金部分）的工业项目（以上条件须同时满足）。

（二）下列情况不属于本办法奖励项目范围：通过公开招投标方式进行招商的工业项目。

二、奖励对象的确认

（一）奖励对象是指首次提供有效信息，将市外的投资人或企业引荐到我市，实现项目签约落户、开工建设、竣工达产，并对其投资行为和建设过程直接履行联系、介绍、咨询、服务等职责的社会组织或个人。

（二）奖励对象由投资业主、项目落户区县（含高新区管委会，下同）共同认定，报市投资促进委备案。

（三）以下人员不列入奖励范围：

1. 党和国家机关、人民团体中的党政干部；具有行政管理职能的事业单位中的党政干部，其他事业单位中相当于县（处）级以上党政领导干部；领导班子由省部级以上党委管理的企业的中层以上领导干部，领导班子由地厅级党委管理的企业的领导班子中的领导干部。

2. 法律法规规定的其他情形。

三、奖励标准

对项目奖励对象，按照招商引资合同双方共同委托的具有相应资质的评估机构认定的固定资产实际投资额的3‰给予奖励，最高不超过500万元；分期建设的项目，按当期认定的固定资产实际投资额进行计算，累积奖励金额最高不超过500万元。

四、奖励时序

奖励资金兑现时序为：项目主体工程开工，按其当期固定资产投资的3‰给予奖励，最高不超过100万元；项目竣工投产，按其当期固定资产投资的3‰给予奖励，最高不超过150万元；项目达到约定经济指标，奖励总金额的剩余部分。

五、奖励资金来源

（一）奖励资金按“谁受益、谁承担”的原则，由项目落户区县财政负担。

（二）投资总金额及固定资产投资、引资奖励资金均以人民币计算。

六、奖励申请、核发程序

（一）奖励申请

1. 登记备案。在投资合同正式签订后，项目奖励对象持有效身份证明到项目落户区县投资促进局办理奖励对象登记手续，填写《自贡市招商引资奖励登记备案表》，并提供以下材料：奖励对象身份证原件及复印件（奖励对象为法人单位的，需提交企业营业执照、组织机构代码证、税务登记证或新版营业执照）、项目投资业主身份证复印件、项目基本情况介绍。登记备案表经项目投资业主、落户区县认可后报市投资促进委备案。同一个项目只认定1个项目引荐人，奖励对象实行一次性登记备案，备案后不得变更或重复申报登记。

2. 奖励申请。项目奖励对象向项目落户区县投资促进局提供《自贡市招商引资奖励申请表》，并按时序提供相关资料。

（二）奖励确认

1. 项目落户区县投资促进局正式受理招商引资项目奖励对象奖励申请后30个工作日内，会同相关部门进行核查。

2. 通过审查后，由项目落户区县政府向社会公示拟奖励的项目、奖励对象及奖励金额。公示期为7个工作日。

3. 公示期满无异议后，由项目落户区县政府在30个工作日内兑现奖励，并将奖励结果报市投资促进委备案。

（三）上述奖金由发放奖金的机关代扣代缴个人或企业所得税后，以人民币支付，其他货币与人民币的汇率折算以银行结汇凭证为准。

七、附则

（一）对弄虚作假或相互串通恶意骗取招商引资奖励的，一经查实，立即撤销奖励，收回奖励资金，并提请有关单位追究直接责任人员和有关人员的责任。

（二）如项目公司在竣工投产前出现破产、倒闭、停业、失联等情形，导致该项目烂尾，不能达到招商引资协议约定的投资额度及竣工达产等主要合同指标，奖励对象应当将其按分期建设已领取的奖金全额退还，退还时间按发放奖金的机关退款通知所规定的时间执行。

（三）中介招商、委托招商、以商招商等符合条件的项目，参照本办法执行。

（四）本办法由市投资促进委负责解释。

（五）本办法自发布之日起实施，有效期2年。

附件：1. 自贡市招商引资奖励登记备案表（略）

2. 自贡市招商引资奖励申请表（略）

索　引

本索引采用内容分析索引法，按索引主题词汉语拼音字母顺序排序。

0～9

1 号提案　30　149　151　164
“633”转型升级　5　35　252

A

艾叶古镇　75　84　270　281　369
艾叶镇　67　71　212　243　373　376
艾滋病防治　331
爱心公益　2　19　71　74　91　98　240　243　275　285　321
安溪镇　205　427　441

B

白酒学院　311
白庙镇　371　372　376
百强名村　85
板仓街道　192　246　408　444　450　456
板桥镇　71　175　222　428　443
办学体制改革　30　151　308
宝庆乡　437　440　457
保华镇　410　420　421
北环快速通道　19　77　80　141　221　222　234　388　393
避难场所　148　341　437　485
标准化示范场　263　384　393　430
病种收费　238　333　334　338
不动产登记　138　209　246　435　452

C

彩灯博物馆　281　317　320　329　348
彩灯之乡　79　86　87　128　164　283　321　401
草雕节　266　283　318　321
厕所革命　9　21　23　37　214　282
产城融合带　7　36　234　479
产权文化　307
长山镇　55　58　71　180　191　214　282　410　411　416　417　421
长滩镇　431　442
长土镇　95　226　249　347　371　372　373　376
常态化选派　2　40　70　468
常住人口　55　359　360　377　394　423　433　439　444　456　483
撤县设市　1　25　112　140　341　425　436　438
陈存根　72　110　127　240

陈文华 72 111 150 152
成佳镇 58 65 170 171 217 373 375
承包经营权确权登记 266 327
城市功能研究 89 120
城市规划展览馆 6 23 70 213
城市竞争力 3 80
城市名片 30 149 158 239
橙色预警 75 97
驰名商标 240 259 260 355
持续高温 82
传统村落保护 30 149 212 214 390 393
创新基金 253 304 432
创业补贴 25 44 337 358 406 438
创业担保 25 337 358
创业服务中心 337 428
创意产业 83 87 128 282 283 321 477 478
春风行动 287 289 351 375 428 432
春旱 57 347 424 444
崔保华 86 111 128
村村响 44 318 390 404 418 436 453
村医通 339

D

达标退出 8 26 37
大安街道 394
大班额 9 26 37 309
大调解工作 447
大佛文化 65 74 146 283 329 410 412
大坡上水库 225 425 433 434
大气联防联控 47 202
大山铺物流园 270
大山铺镇 66 80 81 85 162 217 330 377 393
大数据 7 23 25 36 103 144 155 184 230 231 236 249 287 365 402 479
代表资格审查 11 129 130 132 133 134 135
代寺镇 81 291 330 438 439
丹桂街道 444 456
道德模范 120 313 349 357 373 379 418 427 453 458 461
邓关镇 176 403 407
邓萍 119 281 378 383
邓小刚 42 43 87 111 116 128 445
低速电动汽车 78
低碳生活 36 109
地方立法 9 11 14 17 27 37 129 131 134 135 186 212 257 485
地理标志产品 240 385
地理商标 393
地貌 28 55 361 377 395 424 444
地名普查 341
地名文化 343
地下综合管廊 6 19 23 145 211 213 295 479
地质公园扩园 39 75 119 210 320
地质公园网络 95
地质遗迹 75 88 203
递进培养 70 115 121 126 160 312 382 397
第三方评估 27 41 399 476 490
第三轮巡察城 89
第四次全国经济普查 237
第一名 85 95 228 236 314 360 390 404 419 425 440 442 452
典型案例 73 91 116 155 172 174 183 195 207 242 246 379 411
电波救助 342 343
电动智能车 67 251
鼎新镇 412 422 461
东北部新城 7 25 36 38 109 211 215 378 385 389
东湖镇 93 438 439
东佳镇 58 422
东兴寺街道 246 360
东兴镇 410 417 422
冬干 57 424
动物无害化处理 89 264
栋梁工程 181 429

兜山镇　437　443
豆花蘸水　93　268　298
读书班　74　102　112　115　121　366　426
度佳镇　222　282　414　421
渡改桥　389
多证合一　19　27　28　185　239　354　385
　400　402　429　432

E

恩格尔系数　343

F

发明专利　62　307　354　370　401　450
法律顾问　76　113　138　163　175　185　187
　195　288　398　413　447　486　494
法律七进　9　37　105　190　193　196　346
　349　366
返乡创业　24　337　413　428　429　438
范锐平　69　116
“放管服”改革　8　19　27　187　213　287　480
飞龙峡　23　203　220　265　283　348　353　356
飞龙镇　58　85　128　142　175　433　442　460
飞行教学　74
非法吸收公众存款　189　192　350　381
分级诊疗　42　331　333
凤凰乡　347　380　382　392
孵化园　79　85　95　97　256　352　397
伏旱　56　57　146　395　424
扶贫示范村　119　282　295　305　318　390　415
福善镇　443
釜溪河流域综合治理　2　12　13　16　17　30　47
　82　84　103　128　130　134
　135　136　139　152　160
　161　226　404　479
妇女儿童之家　413
复兴乡　71　416　417　420　423
富和乡　162　163　164　437　444
富全镇　227　347　408
富世镇　68　71　75　214　423　433　437　438
富顺文庙　84　85　94　215　281　282　424
　428　435　436　439

G

甘霖　69　110　445
高峰乡　347　444　450　456
高烽　94　152
高龄津贴　391
高山镇　300　410　416　420　421
高铁产业　402
高铁枢纽站　221
高校联盟　77　108
工程技术研究中心　234　251　252　305
工匠精神　6　22　92　319
工矿废弃地　209　388
工人先锋号　167　428
工业集中度　5　35
工业强县　88　233　248
工业遗迹　215　320
工业增加值能耗　248　258　383
公交都市　24　83　222
公立医院改革　30　163　333
公信力　27　486
公益诉讼　191　192　365
公益性岗位　44　337　342　358　360　454
龚扇　78　324
贡井街道　377
贡献率　59　250　269　288　304　305　370
　383　400　401　414　430　445　450
古城复兴　82　278　282　431　436
古佛镇　433　441
古佳乡　423
古文镇　58422
挂牌督办　183　187　357　429
观山镇　412　416　417　420　422
冠军　70　73　76　78　82　84　85　88　90　95
　178　245　313　315　319　357　404　436
　453
光彩事业　122　412　428
轨道交通　23　25　53　64　70　83　479

郭家坳街道　360
国际马拉松　20　40　95　142　146　169　179　299　308　315
国际文化旅游目的地　4　12　17　23　30　39　53　75　130　133　135　149　151　233　281　317　379　385　478
国家 AAAA 级　1　6　18　23　35　82　84　233　281　355　361　369　376　385　388　395　410　415　418　456
国家高新技术　24　305　400　432　444　488
国家卫生乡镇　81　330　332
国家助学金　312
过水镇　222　411　418　422　461

H

H_7N_9　2　20　40　78　332　334
海洋馆　387
韩启德　31　86　111　120　128　164　200
焊接产业园　5　18　22　65　94　95　111　128　248　352
何市镇　69　71　75　89　264　377　380　387　389　390　393　457　461
和平乡　347　383　393
和谐寺观　345　346　428
河长制工作　7　36　203　207　226　356　468　472　473　474　475　476
河口镇　222　226　422
核心竞争力　9　105　490
核心商圈　6　35
红旗乡　171　178　347　350　377　408　444　456
互助镇　58　96　440
户户通　318　373　390　404
怀德镇　442
环球灯会　25　39　81　110　321
环球灯展　64　110
桓侯宫　320　347
缓堵保畅　12　24　132　135　169　211　215　234　425
黄市镇　71　181　217　397　399　403　404　407
黄新初　64　110　445
回龙镇　71　324　377　380　388　394　424　460
汇兴路一号桥　19　23　90　213　388
混合所有制　8　24　36　42　137　231　234　307　411　478　495

J

基层依法治理体系　22　99　252
集群注册　87　239
集散中心　94282
集中式饮用水源　25　47　48　202　203　372　388　417　434　435
记分管理　332
祭祀文化　343
家长学校　171　181　312　313
家居城　387
家庭医生　9　20　178　333　358　392
嘉祥　20　26　245　312　387
监察体制改革　2　10　38　124　154　155　379　427
监管体制改革　97　124　142　252　398　471　499　500　501
建设镇　226　267　347　371　373　375　376
建置　54　326　347　361　395　409　419　423
健康村镇　66
健康扶贫　163　330　331　334　392　426
健康文化　334
江姐　82　85　89　119　155　176　181　281　310　313　314　315　378　380　383　391
僵尸企业　5　35　478　495
节水灌溉　227　234　403　416
杰出青年　310
捷克轻型飞机　248
巾帼文明岗　74　170　171　172　413　429　448
金花乡　423
金奖　79　84　86　88　93　260　268　271　374　380　451
金牌　62　85　167　342　343
金鱼河　7　48　81　92　128　139　227　356　372　389
精准招商　19　51　53　101　103　369

九洪乡 163 405 407
绝收 58
军民融合 5 19 29 41 50 68 83 84 101 108 126 143 149 150 151 199 234 248 328 478 480

K

康养产业 82 382 477
科技金融 42 72 83 234 236 306 490
科技进步奖 73 76 138 234 305 307 331 335 415 450
科学技术奖 76 143 165
可持续发展报告 87
空气优良天数 7 25 36 404
恐龙王国公园 30 52 107 108 213 388 393
恐龙邮票 76
快检室 90 242 359
宽带乡村工程 230

L

垃圾分类 26 485
来牟镇 71 85 410 412 417 420 421
赖明 86 89 111 164
老旧小区改造 6 35 216
老年病医院 26 68 95
老盐场 1957 6 23 119 215 282
乐德镇 222 418 421
雷音乡 71 282 423
狸狐洞水库 225 286
离婚登记 343 359 375 406 437
李登菊 67 80 84 87 93 110 278 445
李桥镇 82 281 424 433 443
历史文化名镇 7 35 92 212 214 326 376 378 395 424 439 441
立体交通 6 35 479
莲花镇 58 347 376
联络镇 58 88 160 227 318 327 403 408
廉政风险点 411
凉高山街道 394
两个责任 2 10 38 43 155 191 426 445
两票制 333
领军 5 8 21 24 35 36 307 311 411
刘道平 83
刘光第 88 326 424 436 441
刘捷 70 142
刘山乡 164 283 408
刘晓峰 31 82 111 128 152 163 200
留佳镇 58 71 414 420 421
龙湖中学 398 403 405
龙井街道 394
龙潭镇 55 84 120 182 335 363 373 375 460
龙万乡 72 433 440
楼房湾水库 225 381 388 389 390
卢德铭 126 155 177 281 350
露天禁烧 356 388 404
轮岗交流 114 308

M

马冲口街道 324 394
玫瑰小镇 50 276
美德少年 120 313 349 357 364 373 418
萌芽杯 313 315 404
苗子工程 307
庙坝镇 72 163 377 387 389 394 424
民族节庆 79
明厨亮灶 242 313 359 392
明代墓葬群 68 72 320
墨林乡 71 75 212 214 318 410 423

N

耐用消费品 343
南岸科技新区 25 85 445 448 456
牛佛镇 71 75 212 214 222 334 377 378 380 388 389 393 424
牛尾乡 71 164 165 361 377
农村土地流转 261 262 266 433
农贸城 6 18 67 233 262 272 273 352

农民工工资 217 340 438 447
农民健身工程 83 308
农民夜校 44 49 115 125 249 338 350 363 368 397 411
农团乡 347 349 356 360
暖冬 57 120 169 181 351 380 383 424 429

P

PPP 项目 66 140 431
彭庙镇 48 205 431 443 460
彭宇行 95 111 112
棚改购房 93 211
棚户区改造项目 139 355 410 417
琵琶镇 85 120 121 163 427 435 439
贫困发生率 43 384
品牌创建 6 24 35 70 181 266
品牌价值 70 240 297 450
普润电商基地 233 271

Q

“七五”普法 20 27 129 195 289 327 410 413
漆树乡 162 262 283 314 347 353 355 356 360
骑龙镇 58 431 439 458
企业登记注册 19 93
企业技术中心 249 251 252 255 305 370 414 432
契约 300 327
桥头镇 71 347 372 376
亲子农场 407
曲凤宏 68 120 122 127 163
全国农业普查 64 237 370 387 402 415 433 450
全面改薄 42 308 309
全民健身路径 62 308 314
全民阅读 318 323 373 404 418 427

R

人工智能 147 365
人均公园绿地 211 217 348 451
人气小镇 85 360
任免机制 15
日间照料中心 341 342 359 391 406 437 455
荣边镇 267 273 347 349 356 360
入学率 44 62 308 311 374
入园率 308 309 374

S

三创联动 4 6 13 17 36 46 47 102 108 118 218 322 323 327 480
三大战役 4 5 7 12 17 19 28 36 47 101 102 137 205
三多寨镇 71 80 217 377 380 390 393 460
“三公”经费开支 153
三级联审 185 245 322
三免两补 312
“三网”融合 23
三支一扶 406
扫黄打非 322
森林覆盖率 59 348 368 395 400 414 421 422 423 424 430 441 480
森林公园 94 265 348 395 408 410 424 441
山体滑坡 58
商品房销售 60 216 232 372 403 451
哨点医院 332
社区矫正 163 183 196 365 427 447
燊税 288 289
生产者出厂价格 63 233 386
生产者购进价格 63 233 386
生态安葬 343
生态补水 13 48 139 140 356 356 475
生态旅游 65 84 265 283 348 353 379 400 416

生态修复 25 28 52 82 146 226 234 416 472 475 476 484
生物质发电 22 67 385
省级高新区 5 23 35 233 256 478
省级特色小镇 79 211 214
狮市镇 44 48 68 69 80 81 94 97 154 161 171 176 205 242 291 334 429 439
湿地公园 7 70 81 217 355 388 425 441 451 456
石道乡 58 431 433 442 457
实战演练 75 125 144 200 224 356
市长奖 140 174 370 374 450 454
市运会 2 20 40 308
市政广场 211
首发式 39 320
舒坪物流园 270
舒坪镇 203 334 347 352 356 359
数字化城市管理 218 452 481 485
双倍增 22 248 304
双创票据 69 85 138
"双创"平台 25
双古镇 55 222 342 420 421
双千计划 76 99 117 138 307 318 397 411 468 480
双石镇 55 68 71 147 154 411 412 416 421
双随机 27 28 49 147 186 203 241 288 322 332
双溪水库 47 48 203 204 206 410 416 418 474
水系连通 6 13 19 23 35 80 139 140 234 475 479
四川名牌 18 65 233 240 252 259 355 370 371 385 402 414 432 450
四大投资集团 72
"四好村"创建 17 26 170 261 352
四种形态 2 10 38 40 155 349 396 411
宋海 73 120 122 128 162

T

桃花节 353
陶都 97415
特级教师 312
特派员 306
特色产业园 101 478
特色街区 4 80 108 355
特殊疾病管理 338
特邀监察员 154 163
体育产业 87 316 394
体质监测 314
铁厂镇 55 75 222 324 417 420 422 457 461
铁腕治霾 19 40 47 206
童寺镇 120 168 427 435 437 440
统计体制改革 82 236
投融资集团 70
团结镇 92 98 176 181 377 380 382 386 388 389 393
托管服务 272 306
脱贫人口 44
沱江二桥 19 220 222 389
沱江航道 6 23 35 161 221 222 234 389 433 479

W

瓦市镇 175 403 404 409 424
万企帮万村 9 45 121 166 397 412 428
万寿镇 222 226 300 433 437 441
王东明 72 86 101 110 113 114 127 131 150 153 157 200 445 468
王井镇 266 404 407
王正荣 82 111
网格化管理 9 37 99 102 237 313 322 359 485
网络课堂 42 308 312
网络实验室 75
网络司法拍卖 72 194

网络舆情　74　218　242　364　412　447　455
望佳镇　420　422
微电影　168　176　177　190　193　196　201　364　365　411　453
卫坪镇　317　347　405　408
卫生城市　17　28　47　199　332　392　470　480　485
卫生村　332　419
卫生体制改革　9　26　37　42　330　333　334
温暖万家行　178　392　455
文创公园　19　211
文化博览园　4　84　107　108　143　281　444　452　456　478
文化旅游区　4　415　478
文化艺术节　88　119　283　318　373　435　453
污染防治攻坚　48　25
污染源　25　48　49　111　191　203　206　417　474
无水港　270　352
五宝镇　81　214　261　330　372　373　375　376
五星街道　360
五一劳动奖　91　167　258　399　428　448　458
物流港　80　352
物业管理条例　2　11　12　14　130　132　133　134　135　163　212　216　257　324
雾霾　20　56

X

西博会　18　53　112　353　401　415　431
西南智能终端产业园　18　50　70　233　248　276
西秦会馆　24　212　215　347
夏旱　57　395　424
仙市镇　68　71　81　94　212　214　267　298　330　334　403　404　408　409　424
先导型服务业　6　22　101
先行区　4　17　30　53　75
县级以上龙头企业　59
现代农业示范园　17　85　263　352　384
乡村振兴战略实施　16
乡土人才　174　401
乡镇简志　326
详细规划　140　212　213　249　402　450　451
相对高差　55
向家坝灌区工程　225
项目年　5　18　22　34　51　52　100　215　233　243　244　327
小井沟水利工程　141　225　286　418
筱溪街道　377
校地合作　7　24　73　74　105　117　306
新的社会阶层　96　121　122　349　412　427
新店镇　44　69　318　324　377　389　390　393　458　460
新街街道　214　360
新民镇　70　77　78　225　226　380　383　389　393
新桥镇　411　422
新校区　20　26　64　67　69　142　213　295　310　332　480
新型政商关系　20　27　140　165　166　352
薪酬制度　235　333　335　339　494
信访积案　2　20　123　183　352　366　429　447
兴隆镇　160　347　404　408
星级农家乐　77　282　284　369　384　395
行政复议　186　187　396　410
行政区划微调　1　20　97　112　141　341
行政权力事项　289　327　396　410　429
幸福美丽新村　4　7　19　24　26　35　43　44　94　101　148　352　384　403　408　416　435
性别比　55　392
旭阳镇　71　76　410　412　417　418　420　421　460　463
学徒制　309　310
学苑街道　444　456
雪亮工程　183　184　230　349　364　398　412

Y

沿滩镇 140 394 397 399 403 404 407 408
盐帮美食 6 18 35 94 271 282 478
盐都工匠 6 336

盐都问政 43 20 118 153 154 155 156 163 186 378 396 445
“盐都先锋”行动 10 38
盐都之心 6 23 35
盐交易中心 23 96 294
盐文化科普基地 180
盐业博览会 2 20 23 29 279
盐业体制 29 144 149 150 151 158 161 238 477 499 500 501
阳光家园 455
杨洪波 72 92 111 143
野生动物 56 361 395 424
页岩气勘探 71 233
一案双查 38 10 155 379 396 411 426 445
一标三实 237 412
一村一品 261 384
一河一策 19 139 226 356 389 417 434 472 473 474 475
一级博物馆 2 20 90 119 320
医疗联合体 26 92 334 471
医养结合 2 16 20 30 89 342 343 471
移动电话用户 61 416 434
遗产节 78 317 320
义务教育一体化 9 37 42 308 309 470
议事规则 16 155
异地就医直接结算 339
易地扶贫搬迁 2 19 39 44 69 85 140 160 261 286 295 370 384 387 396
尹力 94 107 111 128 445
应急周转金 249 293 415 431
影视拍摄基地 87
影像方志 77 325 427
永安镇 71 217 347 403 404 408
永嘉乡 94 327 381 383 389 393
永久基本农田 2 7 35 208 209 234 372
永年镇 318 437 442 458 461
优二兴三 1 4 5 18 49 102 189
优秀案例 144 192 332
优质教育 21 26 42
尤政 96 97
于佳乡 55 423
玉章故里 6 84 94 111 119 128 154 281 282 410 415 418
员工持股 42
院士 66 76 97 98 137 173 174 234 310 415 468

Z

在线监控 49 203 206
债务限额管理 25
战略性新兴产品 304
张伯卿 320 361 373
张茅 67 110 127 143
章佳乡 372 376
赵化沱江大桥 96 220 222
赵化镇 19 71 79 85 88 96 166 214 222 261 262 433 436 437 441
赵熙 323 326 327
正紫镇 98 422 459
政府购买服务 8 25 36 129 131 138 139 190 197 296 437
政府性投资项目 370 416 451
政务服务环境 8 36
政治生态 13 34 64 100 101 102 103 104 112 115 136 153 468
政治巡察 10 38
知识产权试点 89 306 401 490
执法联动协作 185
执政实录 126 350 362 383 396 410 425
直接经济损失 58 227 302 350 375 392 420 455

直接融资　53　233　234　294　495
职务犯罪　189　190　192　350　363　365　381　398　412
职业教育集团　42　69　480
质量安全体系　305
质押融资　25　42　234　305　307　450
治理微腐败　79
中德合作　42　309　336　480
中国彩灯节　90　94　145
中国灯城　20　23　74　78　281　328　385
中国好医生　91　457
中国玫瑰海　94　181　267　378　380　385　387　391　393
中华彩灯大世界　6　19　23　35　51　52　53　108　119　139　208　213　233　279　321　388　403
中石镇　71　440
中央环保督察　40　49　83　105　123　140　141　206　207　217　417　435　469
中医药　20　26　89　92　117　140　249　332　333
仲权镇　19　79　83　85　180　214　217　243　261　347　353　356　359　360
重大项目储备　53　480
重点保护　56　260
重点产业培育　94　100　111
重污染天气　47　48　74　91　97　144　146　202　223
朱鹤新　74　93　142　277　295
主题公园　19　65　66　70　91　96　103　201　233　266　334　368　387　413
住房租赁　9　26　37　434
注册登记　236　239　414
著名商标　65　240　252　259　260　355　370　385　402　416　432
专利侵权　307
专利拥有量　307
专项改革　41　42　235　308
专项视察　12　135　396
专业化招商　8　36　101
转型升级行动　18　22　233　269
资产证券化　8　24　36　41　296　478　495
资源储量　55　409　410
资质　59　125　126　161　216　217　234　316　384　402　415　486　498　502
姊妹公园　67　78　88　90
自贡成都外国语学校　20　238　239　310　311
自贡春晚　119　318
自贡大事记　325
自贡东部新城　211　265　310　388
自贡凤鸣通用机场　39　40　97　142　143　248　255　368　479
自贡航空产业园　40　65　72　73　82　83　84　86　87　93　95　97　110　124　127　128　142　193　199　208　212　213　248　249　251　256　257　281　368　478　479
自贡衡水一中富顺学校　425　427　431　433　437
自贡冷吃兔　93　240
自贡年鉴　325　326　358　374　390　405　419　436
自贡味道　75
自然贡品　6　19　24　35　233　261　272　371　401　478
宗教团体　346　437
综合保税区　8　25　37　94　108　111　128　213　280　448　449　451　479
综合发展指数　304
综合柜员制　339
综合示范区　101　279　368　430
走班教学　310
足球改革　308　471
足球联赛　80　82　308　313　391
最美家庭　77　92　172　312　351　380　383　399　418　429
最美教师　311　313
最美劳动者　413